Pays de la Loire

Cofondateurs : Philippe GLOAGUEN et Michel DUVAL

Directeur de collection et auteur
Philippe GLOAGUEN

Secrétaire général
Gavin's CLEMENTE-RUIZ

Rédacteurs en chef
Amanda KERAVEL (France)
Benoît LUCCHINI (Étranger)

Directrice administrative
Bénédicte GLOAGUEN

Conseiller à la rédaction
Pierre JOSSE

Responsable voyages
Carole BORDES

Direction éditoriale
Élise ERNEST

Rédaction
Isabelle AL SUBAIHI
Emmanuelle BAUQUIS
Mathilde de BOISGROLLIER
Thierry BROUARD
Marie BURIN des ROZIERS
Diane CAPRON
Véronique de CHARDON
Laura CHARLIER
Florence CHARMETANT
Fiona DEBRABANDER
Anne-Caroline DUMAS
Éléonore FRIESS
Géraldine LEMAUF-BEAUVOIS
Olivier PAGE
Alain PALLIER
Anne POINSOT
André PONCELET

2021/22

hachette

TABLE DES MATIÈRES

Situé à la lisière de 3 départements, la Vendée, les Deux-Sèvres et la Charente-Maritime, le Marais poitevin est traité à la fois dans les guides *Pays de la Loire*, *Poitou* et *Les Charentes*. En effet, il nous paraissait incongru soit de le découper en départements, soit de l'évincer totalement d'un des 3 guides.

PRÉAMBULE

COMMENT Y ALLER ? 34

☎ **112 :** c'est le numéro d'urgence commun à la France et à tous les pays de l'UE, à composer en cas d'accident, d'agression ou de détresse. Il permet de se faire localiser et aider en français, tout en améliorant les délais d'intervention des services de secours.

Pictogrammes du Routard

Établissements

- Hôtel, auberge, chambre d'hôtes
- Camping
- Restaurant
- Terrasse
- Pizzeria
- Boulangerie, sandwicherie
- Pâtisserie
- Glacier
- Café, salon de thé
- Café, bar
- Bar musical
- Club, boîte de nuit
- Salle de spectacle
- Boutique, magasin, marché

Infos pratiques

- Office de tourisme
- Poste
- Accès Internet
- Hôpital, urgences
- Adapté aux personnes handicapées

Sites

- Présente un intérêt touristique
- Point de vue
- Plage
- Spot de surf
- Site de plongée
- Recommandé pour les enfants
- Inscrit au Patrimoine mondial de l'Unesco
- Pas de côté

Transports

- Aéroport
- Gare ferroviaire
- Gare routière, arrêt de bus
- Station de métro
- Station de tramway
- Parking
- Taxi
- Taxi collectif
- Bateau
- Bateau fluvial
- Piste cyclable, parcours à vélo

Le Marais poitevin

Site inscrit au Patrimoine mondial de l'Unesco
NORD
ILLE-ET-VILAINE (35)
Fougères
Rennes
MORBIHAN (56)
Vannes
Canal de Nantes à Brest
Redon
Craon
Pouancé
Châteaubriant
Noyant-la-Gravoyère
Vallée du Don
Forêt du Gâvre
Guenrouët
Blain
Candé
Erdre
Mesquer-Quimiac
Piriac-sur-Mer
La Turballe
Guérande
Marais salants
Le Croisic
Batz-sur-Mer
Le Pouliguen
Pont-Château
LOIRE-ATLANTIQUE (44) p. 44
Parc naturel régional de Brière
La Baule
St-Nazaire
Paimbœuf
Pornichet
St-Brevin-les-Pins
La Plaine-sur-Mer
Canal maritime de la basse Loire
Nort-sur-Erdre
Sucé-sur-Erdre
Oudon
Ancenis
St-Florent-le-Vieil
Champtoceaux
Divatte
NANTES
Le Loroux-Bottereau
Vallet
Le Pallet
Vertou
Clisson
Lac de Grand-Lieu
Préfailles
Pornic
Villeneuve-en-Retz
Les Moutiers-en-Retz
Saint-Philbert-de-Grand-Lieu
Tiffauges
Montaigu
Île de Noirmoutier
Machecoul-Saint-Même
Bouin
Beauvoir-sur-M.
La Barre-de-Monts
Notre-Dame-de-Monts
Challans
Le Puy-du-Fou
Les Herbiers
Les Lucs-sur-Boulogne
Saint-Jean-de-Monts
Île d'Yeu
St-Gilles-Croix-de-Vie
Chantonnay
LA ROCHE-SUR-YON
Brétignolles-sur-Mer
Talmont-St-Hilaire
VENDÉE (85) p. 416
Les Sables-d'Olonne
Luçon
OCÉAN ATLANTIQUE
MARAIS POITEVIN p. 526
La Tranche-sur-Mer
L'Aiguillon-sur-Mer
A
B
1
2
3
4
D 700
N 164
N12
E 50
D 137
A 84
E 3
D 30
N 157
D 163
N 24
N 166
D 177
N 137
D 41
D 775
N 165
E 60
D 163
D 923
D 178
D 164
A 11
D 751
D 723
D 213
A 83
N 249
D 752
E 62
D 149
D 117
D 753
D 38
D 937
D 763
A 87
D 160
D 948
D 746
D 949

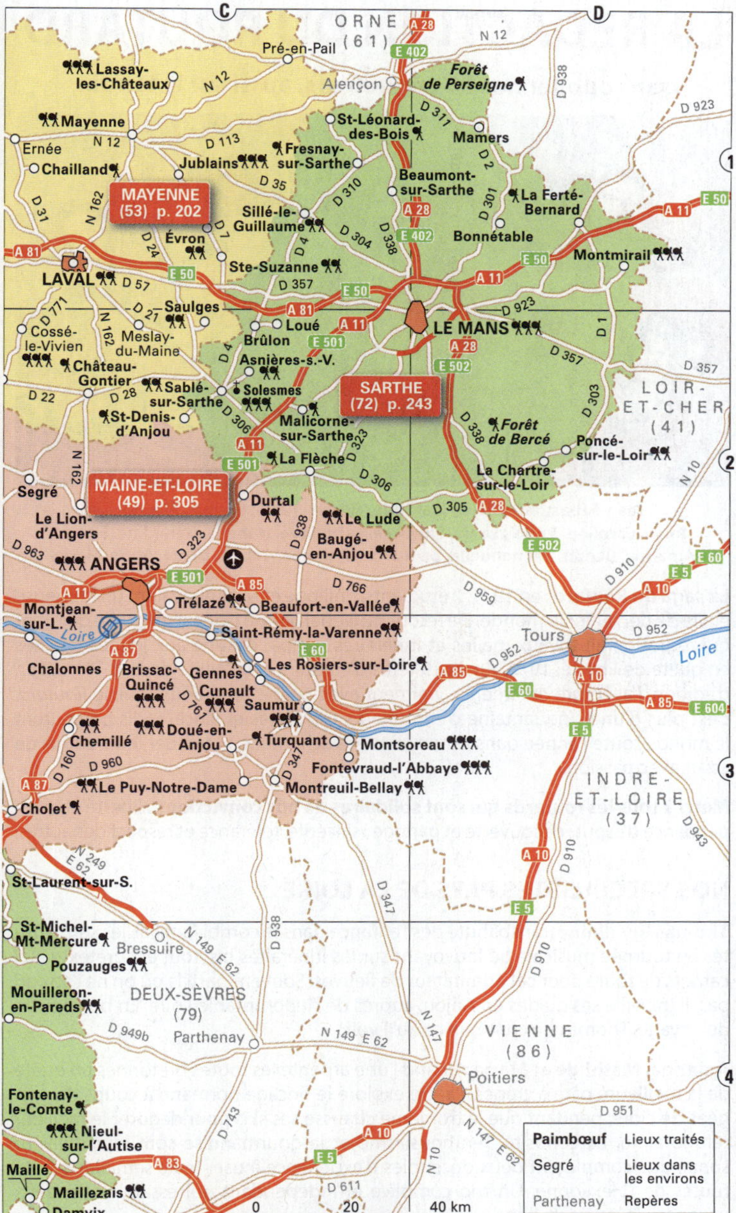

PAYS DE LA LOIRE

LA RÉDACTION DU ROUTARD

(sans oublier nos 50 enquêteurs, aussi sur le terrain)

© R. Delalande et E. Dessons

Jean-Sébastien, Olivier, Mathilde, Thierry, Alain, Gavin's, Éléonore, Anne-Caroline, André, Laura, Florence, Véronique, Isabelle, Géraldine, Fiona, Amanda, Benoît, Emmanuelle, Bénédicte, Philippe, Carole, Diane, Anne, Marie.

La saga du *Routard* : en 1971, 2 étudiants, Philippe et Michel, avaient une furieuse envie de découvrir le monde. De retour du Népal germe l'idée d'un guide différent qui regrouperait tuyaux malins et itinéraires sympa, destiné aux jeunes fauchés en quête de liberté. 1973. Après 19 refus d'éditeurs et la faillite de leur 1re maison d'édition, l'aventure commence vraiment avec Hachette. Aujourd'hui, le *Routard,* c'est plus d'une cinquantaine d'enquêteurs impliqués et sincères. Ils parcourent le monde toute l'année dans l'anonymat et s'acharnent à restituer leurs coups de cœur avec passion.

Merci à tous les routards qui sont solidaires de nos convictions : liberté et indépendance d'esprit ; découverte et partage ; sincérité, tolérance et respect des autres.

NOS SPÉCIALISTES PAYS DE LA LOIRE

Thomas Rivallain : transbahuté dès l'enfance dans le combi familial, les sens affutés en tournée musicale ou louvoyant sur les itinéraires bis, tout est prétexte aux carnets de route pour cet admirateur de fleuves. Souvent parti là où on ne l'attend pas, il travaille ses guides en Anjou, auprès de l'indomptable Loire. En bon apôtre du voyage, Thomas ne croit que ce qu'il voit.

Amanda, Mathilde et Marie : quand l'une arpente les routes bretonnes en quête de la meilleure pâte à crêpes, l'autre explore le bocage normand à coups de gorgées de cidre, pendant que la troisième chausse ses skis pour dégoter le meilleur refuge alpin. La curiosité, l'enthousiasme et la gourmandise sont leur meilleur sonar, que complètent deux décennies d'expérience à user leurs semelles sur les routes de l'Hexagone. Un trio complice et indépendant qui essaie, entre deux voyages, de garder la ligne.

Éric Milet : né à Saint-Nazaire, il a passé son enfance à regarder s'éloigner les bateaux. 1er voyage à 15 ans. Seul. Depuis, il n'a pas cessé. Voyager, c'est comme une petite vie dans la vie : on naît, on vit, on meurt… et on renaît (ouf !). Juste l'envie de voir, de toucher, de sentir. Envie de raconter, aussi, qu'on arrive du bout du monde ou du fond de son jardin.

UN GRAND MERCI

Pour cette nouvelle édition, nous remercions particulièrement :

- **Adeline Legras,** de Loire-Atlantique Développement ;
- **Katia Forêt** et l'équipe du *Voyage à Nantes* ;
- **Marie Bibard** et **Arnaud Glize,** de l'office de tourisme de Saint-Nazaire ;
- **Ingrid Perrais,** de l'office de tourisme de La Baule-Guérande ;
- **Brigitte Toucane-Juvin** et l'office de tourisme de Pornic ;
- **Céline Grasset,** du pays d'Ancenis ;
- **Michel Talvard** et **Stéphanie Boutemy,** de Mayenne Tourisme ;
- **Maxime Guillon,** de Sarthe Développement ;
- **Margaux Seillé,** de l'office de tourisme de la vallée du Loir ;
- Anjou Tourisme ;
- **Olivier Bouchereau** de l'office de tourisme d'Angers ;
- **Émilie Arribas** et l'office de tourisme du Saumurois ;
- **Fabienne Couton-Lainé,** de Vendée Expansion ;
- **Marie Bruley,** chargée de promotion à Noirmoutier.

Et bien sûr tous les autres offices de tourisme qui, année après année, nous apportent leur aide précieuse. Impossible de tous les citer !

« OSONS LE PAS DE CÔTÉ »

Le surtourisme ? Tous concernés. Et pourtant, à l'écart des grands flux touristiques, il existe plein de pépites méconnues, souvent oubliées des circuits trop encombrés. Ici un site ignoré ; là un quartier secret ; plus loin un village caché au charme discret, avec un troquet d'une autre époque. Il existe une infinité de lieux peinards que l'on a envie de mettre en avant avec ce pictogramme. Un vagabondage enfin calme favorisé aussi par les **visites aux heures creuses**. Vive le *slow trip* !

#osonslepasdecote

UNE PANDÉMIE INOUÏE !

Depuis toujours, le **Guide du *Routard* se plaît à dénicher hôteliers et restaurateurs** qui accueillent nos lecteurs avec sourire et professionnalisme. Malgré toute notre vigilance, certains d'entre eux auront malheureusement fermé quand ce livre sortira. De même, les horaires et modalités d'accueil de certains sites et musées auront été momentanément modifiés. Cette terrible **pandémie de Coronavirus** a, on le sait, des conséquences importantes pour tous les professionnels du tourisme. **Nous sommes de tout cœur avec eux !**

Le *Routard* est imprimé sur un papier issu de forêts gérées.

I.S.B.N. 978-2-01-712939-4

Le phare des Barges

« La Loire, un grand fleuve de sable, quelquefois mouillé. »
Jules Renard

Normandie, Bretagne, Aquitaine… La côte océane a ses divas au caractère affirmé. En Pays de la Loire, on fait plutôt dans la douceur. Ici, vaille que vaille, la Bretagne donne la main aux Charentes, la Normandie épouse le Val de Loire, le Poitou lance ses racines vers l'Île-de-France. Souvent, d'ailleurs, l'impressionnisme y confine au pointillisme. L'uniformité cache en effet un maillage étroit de petits pays singularisés par l'histoire et les traditions : **Perche, Maine, Anjou…**
Guère de réelle cohérence donc dans cette région de pays agglomérés qui pourtant fut l'une des rares à ne subir ni morcellement ni fusion lors du récent débat sur la réforme des territoires. Nantes, l'ultra-dynamique capitale de la région, n'en finit pas de jongler entre son passé breton et son statut de grande sœur en Pays de la Loire…
Si les 5 départements des Pays de la Loire furent réunis arbitrairement, la région ligérienne ressemble bien à une **réduction fidèle de la France,** qui passe déjà pour le pays le plus varié d'Europe. C'est ce qui la rend attachante à tous. La Loire qui l'irrigue d'est en ouest fut longtemps la frontière symbolique qui séparait les 2 moitiés de la France.
En les enrôlant aujourd'hui sous son nom jusqu'à la porte océane de son estuaire, le plus long fleuve de France a fait triompher la cohérence géographique sur les atavismes de l'Histoire.

La vallée de la Loire

NOS COUPS DE CŒUR

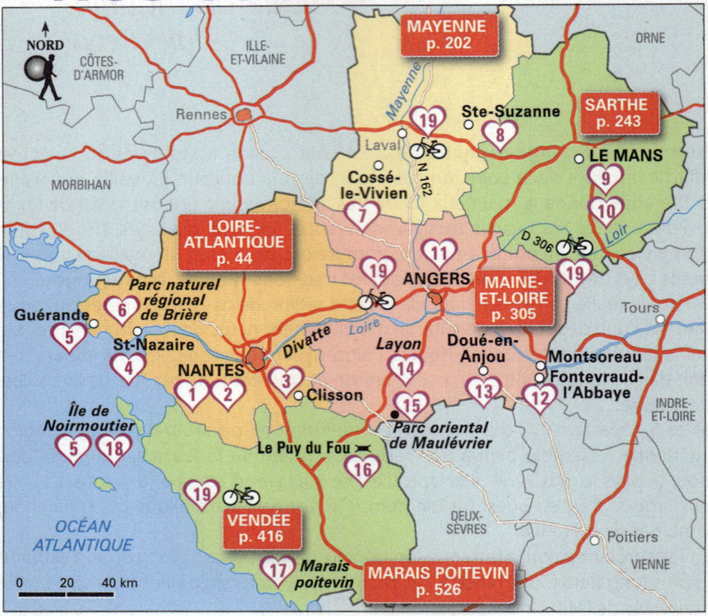

(1) Partir à l'assaut du château des ducs de Bretagne, qui abrite le passionnant musée d'Histoire de Nantes.

Le château, reconstruit à la fin du XVe s et récemment rénové, vit naître la duchesse Anne, 2 fois reine de France. Le circuit des remparts permet d'en prendre toute la mesure et d'admirer l'élégante résidence ducale en pierre de tuffeau. Le musée évoque, de manière interactive, le fameux édit de Nantes, la sombre période de l'esclavage, la Révolution et tous les événements phares de la ville. *p. 66*

Bon à savoir : *gratuit jusqu'à 18 ans et pour ts le 1er dim du mois (hors juil-août).*

• chateaunantes.fr •

2 **S'émerveiller devant les délirantes Machines de l'île à Nantes, à la croisée des univers de Jules Verne et de Léonard de Vinci.**

Dans les hangars des anciens chantiers navals, place au rêve face aux drôles de bestioles imaginées par les déglingués François Delarozière et Pierre Orefice. Un projet génial, en évolution permanente. L'*Éléphant* est aujourd'hui devenu un emblème de Nantes avec sa trompe articulée arrosant les spectateurs. Quant au *Carrousel des mondes marins*, démentiel manège-sculpture de près de 25 m de haut, il vous embarque sur une mer peuplée de créatures fantasmagoriques. Celles de *L'Arbre aux hérons*, quant à elles, prennent vie dans les ateliers p. 74

3 Respirer une atmosphère de Toscane au hasard des petites rues de Clisson, aux confins de l'Anjou et du Poitou, à la frontière de la Bretagne.

On se sent en Italie dans cette ville du sud de Nantes, recréée sur mesure au XIXe s par Frédéric Lemot, sculpteur de Napoléon, tombé sous le charme des lieux. Il achète les ruines du château et aménage la Garenne en jardin romantique, tandis que les plantes méditerranéennes font leur apparition. La ville prend alors une allure de peinture et inspire les artistes du moment : Flaubert, Théophile Gautier, ou encore Alexandre Dumas. *p. 89*

© Blanchot Philippe/hemis.fr

4 Embarquer à bord d'*Escal'Atlantic* à Saint-Nazaire et revivre les grandes heures des paquebots transatlantiques.

Un endroit unique, aménagé dans l'ancienne et colossale base sous-marine, sur plus de 3 500 m^2. Comme des millions de passagers d'un continent à l'autre, on pénètre dans le hall d'un paquebot puis on explore ses différents espaces, des cabines à la salle des machines. On en prend plein les mirettes, qu'on soit petit ou grand, persuadé d'être sur un vrai navire et de s'offrir, en quelques minutes, une traversée transatlantique (iceberg et vaisseau fantôme compris !).

Bon à savoir : *une visite à coupler avec le sous-marin* Espadon. *p. 131, 132*

© Rieger Bertrand/hemis.fr

5 Se faire conter la fabuleuse histoire du sel dans les marais salants de Guérande ou de Noirmoutier.

Il faut s'y promener à vélo ou en voiture, de préférence tôt le matin ou en soirée, une fois que le soleil se couche. Les couleurs y sont exceptionnelles avec toutes les nuances de gris, d'argent, de bleu, de vert, de mauve des bruyères et de blanc du sel, bien évidemment…

Bon à savoir : c'est l'occasion de rapporter gros sel, fleur de sel ou sel aromatisé : des paludiers vendent leur production le long des routes. Ça ne manque pas de sel ! *p. 162, 470*

6 Embarquer sur un bateau à fond plat et explorer le parc naturel régional de Brière, paradis des ornithologues.

2e marais de France après la Camargue, la Grande Brière se présente comme une mosaïque de canaux, de plans d'eau, de roselières, de prairies inondables. Immense tourbière que les pluies d'automne transforment en une vaste étendue d'eau, la Brière permet la présence d'une faune et d'une flore spécifiques. En outre, près de 3 000 chaumières en matériau du cru sont référencées, créant une atmosphère et un environnement uniques. La Brière se découvre au fil de l'eau ou d'une promenade, au plus près des animaux. *p. 170*

7 Se laisser surprendre par les statues gigantesques et colorées de l'étonnant Robert Tatin à Cossé-le-Vivien, en Mayenne.

Un site artistique à ne pas manquer ! Des statues gigantesques comme sorties du sol vous accueillent dans ce véritable palais d'art en pleine nature. Tous les tableaux et sculptures colorés sont l'œuvre d'un touche-à-tout génial, un « œuvrier » comme il se définissait lui-même, tel un frère du Douanier Rousseau, émule d'un Picasso, frère d'armes de Gaudí, pour ne citer que des « parents » proches. Grand aventurier, il prisait le calembour, le paradoxe et le symbole. Rien n'a changé depuis sa disparition. *p. 217*

8 Tomber sous le charme de Sainte-Suzanne, « Plus Beau Village de France » de la Mayenne.

Avec ses remparts fortifiés, son château élégant, son église du XIVe s, le clocher habitué aux coups de foudre et ses mignonnes ruelles médiévales toutes pavées, ce village se révèle tout aussi attachant de loin pour la vue que de l'intérieur pour son ambiance. Du haut des remparts de cette ancienne place forte du XIe s bâtie sur une colline surplombant l'Erve, saluez la ténacité de Guillaume le Conquérant, qui y avait établi son camp et qui mourut sans avoir pu la prendre. *p. 226*

9 **Découvrir au Mans, les soirs d'été, la cité Plantagenêt illuminée et ses ruelles datant du Moyen Âge, lors de la Nuit des Chimères.**

La vieille ville revêt un habit de lumière des plus enchanteur en plusieurs lieux autour de la cathédrale : *Entre anges et démons* (chevet), *Royales Chimères* (porche royal), *Les Anges musiciens* (grand portail roman)… Une quinzaine d'autres sites, au détour d'une rue, dévoilent de mystérieux portraits sur un pignon de mur, un arbre ou un élément de muraille. Une visite de 2h, lumineuse, musicale, très réussie… et gratuite. *p. 254*

10 Saluer le chêne Boppe et s'enfoncer toujours plus dans la dense forêt de Bercé, classée « Forêt d'exception » en 2017.

Elle fascine pour ses chênes plusieurs fois centenaires, dressés fièrement comme des « i » vertigineux. Le village de Jupilles et son centre Carnuta constituent le centre névralgique de cette forêt riche en balades, à parcourir à cheval, à vélo ou à pied. *p. 282*

© Guy Christian/hemis.fr

11 Déchiffrer l'*Apocalypse* sur les tentures du château d'Angers, ce chef-d'œuvre incomparable du XIVe s exposé dans la grande galerie.

Il fallut 7 ans pour exécuter cette tapisserie, la plus ancienne d'une telle dimension ! L'histoire de cette immense bande dessinée (de plus de 100 m de long), actuellement composée de 67 scènes, est un vrai roman. Découpée, utilisée comme paillasson, couverture pour les chevaux… Ce n'est qu'au XIXe s que ce gigantesque puzzle fut reconstitué en grande partie. Ne manquez pas la comparaison avec les tapisseries de Jean Lurçat dans la même ville, *Le Chant du monde,* écho contemporain exécuté de 1957 à 1966. *p. 321*

© Eurasia Press/Photononstop

12 **Longer la Loire en fin de journée, quand le soleil se couche, il repeint en doré les façades des villages entre Saumur et Fontevraud.**

Le tuffeau, une roche calcaire de la Loire, servit à bâtir les plus beaux châteaux de la vallée. Puis les carrières furent transformées en troglodytes (troglo pour les intimes !). Vision charmante quand les falaises de ces villages se mordorent sous les rayons du soleil, comme à Montsoreau ou à Turquant. À proximité, visiter l'abbaye royale de Fontevraud, la nécropole des Plantagenêt. C'est l'un des plus fascinants ensembles monastiques d'Europe. On peut y admirer les saisissants gisants d'Henri II, Richard Cœur de Lion, Aliénor d'Aquitaine et Isabelle d'Angoulême. *p. 353, 354, 356, 358*

13 **Faire un insolite tour du monde animal dans un labyrinthe de troglos au Bioparc de Doué-en-Anjou.**

Relief escarpé d'anciennes carrières de falun, caves cathédrales et abondante végétation de bambous… Un environnement atypique pour des reconstitutions de milieux étonnantes de réalisme, comme le vaste chaos du « Cratère des carnivores ». Dans ce Bioparc dévoué à la conservation d'espèces menacées, 20 % du site se trouve en troglo, un plus appréciable en cas de grosse chaleur ! Composer son itinéraire en fonction des animations ou des repas des animaux.

***Bon à savoir :** prendre toujours les allées de droite pour voir ts les enclos.* *p. 369*

14 Découvrir les grands crus du Layon et de Savennières, dans la région d'Angers.

Vendangés artisanalement à la main, les coteaux-du-layon sont raffinés et moelleux. Après fermentation, cela donne des vins à la superbe robe d'or et aux reflets de vert. Bouquet très délicat et fruité dès la 1re année, il atteint des sommets après plusieurs années d'épanouissement. Quant au savennières, une autre célébrité de la région, c'est un blanc sec et corsé, parfois cultivé en biodynamie. Mais la région regorge d'autres vedettes, des muscadets nantais aux effervescents saumurois, en passant par les discrets jasnières de la vallée du Loir. *p. 373, 381*

15 **Allier sérénité et exotisme au parc oriental de Maulévrier, au sud de Cholet, le plus grand jardin japonais d'Europe créé au début du XXe s.**
Plus qu'un jardin, c'est une allégorie de la vie, avec ses saisons, fleurie au printemps, colorée à l'automne, dans une promenade spirituelle qui va de la naissance à la mort. Les arbres japonais sont taillés avec art de plusieurs façons, en nuage, en transparence ou en moutonnement. De mai à septembre, à découvrir la nuit, en musique ou en poésie. Une allégorie de la vie qui sied parfaitement au merveilleux potager du château Colbert voisin. Un must pour les épicuriens. *p. 390*

16 **Remonter le temps au *Grand Parc* du Puy du Fou, un parc à thème qui raconte à sa manière l'histoire de France à travers des spectacles grandioses.**

Des courses de chars dans un stadium gallo-romain de 6 000 places à l'attaque d'un fort de l'an mil par les méchants Vikings, le Puy du Fou brasse allègrement les époques pour apprendre en s'amusant ou vice versa. Certains soirs d'été, la célèbre *Cinéscénie* constitue le plus grand spectacle nocturne du monde joué par plus de 2 800 bénévoles devant 13 000 spectateurs. Une inattendue revanche sur l'histoire dans ce bocage vendéen marqué par de sinistres guerres civiles ! *p. 432, 434*

17 **Se perdre dans les dédales aquatiques du Marais poitevin.** Située aux confins de la Vendée, des Deux-Sèvres et de la Charente-Maritime, qui n'a pas rêvé de cette Venise verte, jungle bocagère qui décline ses différents verts à l'infini au travers de tunnels étroits perdus dans la chevelure des arbres ? Elle se découvre en barque (une trentaine d'embarcadères), en prenant son temps. N'hésitez pas non plus à marcher pour apprécier cet air étrange aux parfums de terre et d'eau douce. Et laissez-vous pénétrer par l'esprit unique des abbayes de Maillezais et de Nieul-sur-l'Autise. *p. 526, 530, 532*

18 S'engager sur le passage du Gois de Noirmoutier, en Vendée, avant que la marée ne remonte.

Jusqu'à la construction du pont en 1971, cette route de 4,15 km à travers la mer était le seul moyen de rallier à pied l'île au continent. On ne peut franchir le Gois qu'à marée basse pendant environ 3h. Sa disparition biquotidienne, lorsque les 2 vagues se rejoignent en quelques minutes, n'en finit pas d'étonner… Mais attention, la mer peut réserver de mauvaises surprises à ceux qui la défient. Sueurs froides lors des *Foulées du Gois* en juin, où les meilleurs coureurs se lancent alors que les flots commencent à recouvrir la chaussée ! *p. 467*

19 Parcourir la région à vélo, sillonnée par un impressionnant réseau de pistes cyclables interconnectées, certaines faisant l'objet de guides du *Routard* spécifiques.

Avec *La Loire à Vélo,* arpentez l'Anjou et le Pays nantais ; avec *La Vélodyssée ou la Vélocéane,* le littoral atlantique de la Vendée à la Bretagne ; avec *La Vélo Francette,* les 65 km de halage et les voies vertes de la Mayenne pour rallier la Normandie à La Rochelle ; en Sarthe, la vallée du Loir. Gros atouts : peu de relief, on peut parfois mettre son vélo dans le train et, tout au long des itinéraires, des hébergements agréés, loueurs de vélos, réparateurs, etc. *La Loire à Vélo* à elle seule est sillonnée par près de 1 million de cyclistes chaque année ! *p. 41*

La rivière de la Sarthe au Mans

ITINÉRAIRES CONSEILLÉS

Les essentiels

À vélo, en bateau ou en voiture, découvrez les 2 visages des Pays de la Loire : **la côte atlantique** d'une part, **la vallée de la Loire et ses affluents** d'autre part. **Nantes (1)** l'hyperactive vous surprendra à coup sûr, avant de vous lancer sur les 450 km du **littoral.** Vers le nord, des villes balnéaires qui sentent bon les vacances autour de **La Baule** et de **la Côte d'Amour (2),** vers le sud celles de Vendée, spécialement indiquées pour les familles, **du pays de Monts à La Tranche-sur-Mer (3).** Empruntez le fameux **passage du Gois de Noirmoutier (4)** sur votre route pour **le Marais poitevin (5)** et réécrivez l'histoire de France au **Puy du Fou (6).** Une bonne introduction aux romantiques **paysages de Loire,** classés au Patrimoine de l'Unesco, aux nobles vignobles et aux châteaux de tuffeau en remontant le cours de l'histoire, justement. Vous voilà sur les traces des Plantagenêt, d'**Angers (7)** à **Fontevraud (8),** jusqu'**au Mans (9).** Le nord des Pays de la Loire est celui des petits pays, nés des affluents de la Loire : le Loir (à ne pas confondre !), la Sarthe, la Mayenne. Rétrogradez aux **24 Heures (9),** vous parviendrez en douceur à **Sainte-Suzanne (10),** ravissante petite cité médiévale mayennaise.

Budget serré

Consultez les offices de tourisme pour connaître les **musées gratuits** certains jours et les ***pass*** offrant des réductions. À **Nantes (1),** les musées sont par exemple gratuits pour les moins de 18 ans et, pour tous, le 1er dimanche du mois sauf en juillet-août. Outre les **plages,** pensez aux **bases de loisirs (2) :** Guenrouët, Sillé-le-Guillaume, lac de Ribou à Cholet… La région possède également une quarantaine de **Petites Cités de caractère (3),** des musées à ciel ouvert si agréables pour flâner *(• pcc-paysdelaloire.fr •)*, surtout en Sarthe, Maine-et-Loire et Mayenne. La vue sur le **pont de Saint-Nazaire (4),** le **romantisme de la Loire (5)** entre Nantes et Saumur, le panorama depuis le **mont des Avaloirs (6)…** On vous laisse dénicher toutes sortes de tableaux grandeur nature qui ne coûtent rien. Sans oublier les **balades à vélo le long de la Loire et ses affluents (7),** ou en **forêt (8),** comme celles du Gâvre, de Perseigne, de Bercé ou de Charnie…

La réserve ornithologique de L'Île-d'Olonne

Pas de vacances sans Histoire

Marre des châteaux de sable ? Pensez « Histoire » en Pays de la Loire, on vous répondra **Puy du Fou (1)** bien sûr. Mais pas seulement ! Difficile de mentionner tous les châteaux, abbayes et églises qui jalonnent la Loire et ses affluents. **L'est de la Mayenne (2)** concentre sur un petit territoire des sites allant de la préhistoire au Moyen Âge. Pour les guerres de Vendée, rendez-vous dans **le bocage (3),** au nord de La Roche-sur-Yon. Les traces de la Seconde Guerre mondiale sont à voir au **Grand Blockhaus de Batz** et au **blockhaus hôpital des Sables-d'Olonne (4)** alors que le petit village de **Mouilleron-en-Pareds (5)** donna naissance aux signataires des 2 armistices du XXe s : Clemenceau et de Lattre de Tassigny ! Hormis les cathédrales et cités médiévales de **Nantes (6),** du **Mans (7)** et d'**Angers (8),** brodez l'histoire dans les villes de **Guérande (9), Saumur (10), Clisson (11), Saint-Florent-le-Vieil (12)** ou encore **Montsoreau (13), et on en oublie !**

Avec des enfants

De **La Baule à La Tranche-sur-Mer (1),** les plages ne manquent pas pour revivre *Les Vacances de M. Hulot*. Rendez-vous aux aquariums comme celui **du Croisic (2)** et cap sur l'Amérique à bord du paquebot d'***Escal'Atlantic*** **(3)** à Saint-Nazaire.

En plus de l'inévitable **Puy du Fou (4),** pensez aux accrobranches et aux bases de loisirs. Jouez aux explorateurs en barque dans le **Marais poitevin (5)** ou aux chevaliers **à l'assaut des très nombreux châteaux (6),** comme celui de Barbe-Bleue. Brrr ! Trottez jusqu'à **Saumur (7)** pour ses chevaux et ayez une pensée pour les Hobbits dans les troglodytes. À **Nantes (8),** vous ne vous tromperez pas avec le monde imaginaire des Machines de l'île. Sortie au poil au **Bioparc troglo de Doué-en-Anjou (9),** à moins d'opter pour un safari dans la savane de **Planète Sauvage (10)** ou de passer la nuit avec les tigres blancs au **zoo de La Flèche (11).**

Le zoo de La Flèche

© Brusini Aurélien/hemis.fr

Les Sables-d'Olonne

Interview #experienceroutard

Par la rédaction du *Routard*

Un secret viticole bien gardé ?

Les vins du Loir. Vous lisez bien, il ne manque pas de « e » ! Discrets et pourtant délicieux, ceux-ci s'épanouissent dans le sud de la Sarthe, à l'ombre des vins de Loire. Heureux les privilégiés qui goûteront cette production confidentielle de coteaux-du-loir, un surprenant rouge poivré (cépage pineau d'Aunis, rare !). Quant au jasnières, il s'agit d'un chenin sec fruité à la délicate robe jaune, apprécié pour son goût de pierre à fusil. Après bien des « Oh » de surprises et des « Ah » de plaisir, le vignoble du Loir a définitivement gagné ses lettres de noblesse et n'a décidément pas à rougir de ses illustres voisins ligériens.

Une région hors piste à explorer ?

Le Bocage vendéen, rebaptisé ici « **Vendée Vallée** ». D'ailleurs, on ajouterait volontiers un « s » à « vallée » tant le relief nous a surpris, tout en arrondis, de rivières en sommets, contredisant l'idée que la Vendée est toute plate. En parcourant ces paysages apaisants, l'histoire de la Vendée prend forme ici à chaque virage. À vélo, la route se met souvent à descendre ou surtout à monter tout en zigzaguant. Et, croyez-nous, quand on a atteint les 290 m de Saint-Michel-Mont-Mercure, le sommet de la Vendée, on a soudain le sentiment d'avoir pris la Bastille !

Un film à voir ou à revoir ?

On n'a pas trouvé mieux que ***Les Vacances de M. Hulot*** pour évoquer l'ambiance familiale des séjours balnéaires en Pays de la Loire. Si Jacques Tati a tourné le film en 1951 sur la plage Saint-Marc, près de Saint-Nazaire, l'histoire pourrait aussi bien se passer sur la plage des Dames à Noirmoutier, à La Baule, à Saint-Jean-de-Monts ou aux Sables-d'Olonne. Au programme, pins maritimes, mimosas et châteaux de sable, dans une joyeuse tranquillité. Noter qu'à Saint-Marc une belle statue du célèbre acteur à la pipe contemple la mer.

Une expérience à vivre ?

Rien de tel que de vivre le fleuve Loire de l'intérieur, à son rythme et en pagayant sans trop se forcer. Un must même ! Les loueurs de **canoës, kayaks** et même de ***paddles*** sont nombreux tout le long du fleuve et de ses affluents, la Sarthe, la Mayenne, l'Erdre... Plus authentiques et originales, les sorties en **toues,** ces bateaux à fond plat typiques de la Loire, **cabanées ou non.** Autre option, sympa comme tout : une escapade les yeux (presque) fermés et à moins de 10 km/h en **bateau sans permis.** Un terrain de jeu parfait pour les marins en herbe et les adeptes de *slow life* que nous sommes.

COMMENT Y ALLER ?

EN VOITURE

Le covoiturage

Le principe est économique, écologique et convivial. Il s'agit de mettre en relation un chauffeur et des passagers afin de partager le trajet et les frais, que ce soit de manière régulière ou occasionnelle. • *blablacar.fr* • (disponible sur le Web et sur mobile). L'inscription est gratuite.

Tarifs autoroutiers

• *autoroutes.fr* • Le portail des autoroutes bien utile pour préparer son voyage en France et en Europe. Renseignements sur les temps de trajet, conditions de circulation et prix sur tous les tronçons autoroutiers de l'Hexagone.

Location de voiture

■ ***ADA :*** Ada propose des véhicules particuliers et utilitaires à la location, à petits prix partout en France. Les véhicules sont disponibles en agence, mais aussi en libre-service. Grâce à l'application mobile, vous pouvez récupérer votre véhicule avec votre smartphone 24h/24 et 7j/7. Plus d'attente en agence et donc un gain de temps considérable. Location possible dès 18 ans, sans surcoût. Offres sur l'application ***Ada*** et sur • *ada.fr* • Réduc de 10 % sur votre location avec le code *ROUTARD*.

■ ***BSP Auto :*** *BSP Auto* est un courtier qui propose, sur son moteur de réservation en ligne, les locations de véhicules des grandes compagnies de location, assurant un très bon niveau de service. Les prix comparés sont attractifs et comprennent les assurances et, le plus souvent, le kilométrage illimité. Le plus : vous ne payez votre location que 5 jours avant le départ. ☎ *01-43-46-20-74 (tlj 9h-21h30, w-e 9h-20h).* • *bsp-auto.com* • *Réduc de 5 % aux lecteurs de ce guide avec le code « routard21 ».*

EN BUS

Le réseau de bus longue distance s'étant intensifié ces dernières années, le plus pratique est de consulter le comparateur de billets d'autocars • *comparabus.com* • qui regroupe et compare les prix des différentes compagnies présentes en France. À vous de voir en temps réel les liaisons existantes. Un lien vers les compagnies permet d'acheter ses billets en direct.

EN TRAIN

Au départ de Paris

🚂 Les TGV partent de la ***gare Montparnasse*** et, en région parisienne, des gares Aéroport-Charles-de-Gaulle, Marne-la-Vallée – Chessy et Massy-TGV.

➢ ***TGV Atlantique direct pour Nantes*** (2h), ***Saint-Nazaire*** (2h40), ***La Baule*** (3h) ou ***Le Croisic*** (env 3h30), via ***Le Mans*** (50 mn) et ***Angers*** (1h30). Nombreuses fréquences, ttes les 30 mn-1h30. Pour Le Mans, en plus du TGV, plusieurs trains Corail/j. (env 1h).

➢ Également des TGV directs pour ***Laval*** (1h30), ***Les Sables-d'Olonne*** (3h25) ou encore ***La Roche-sur-Yon*** (3h).

Au départ de la province

➢ ***Lille :*** TGV Atlantique directs avec Le Mans, Angers et Nantes (4h avec

Lille) via Roissy-Charles-de-Gaulle (3h15 avec Nantes), Marne-la-Vallée et Massy.

➢ ***Lyon :*** TGV directs avec Angers et Nantes.

➢ ***Strasbourg :*** TGV directs avec Nantes via Le Mans et Angers.

➢ ***Bordeaux :*** trains interrégionaux avec Nantes. Compter env 4h.

Renseignements et réservations

– ***Internet :*** ● *oui.sncf* ●

– ***Téléphone :*** ☎ *36-35 (appel gratuit).*

– Également dans les gares, les boutiques SNCF et les agences de voyages agréées.

Pour voyager au meilleur prix

La SNCF propose des services et tarifs adaptés à chacun de vos voyages.

➢ ***Prem's :*** des petits prix disponibles toute l'année. Billets échangeables et remboursables (offres soumises à conditions). Impossible de poser des options de réservation sur ces billets : il faut les payer immédiatement.

➢ ***Les cartes de réduction :*** pour ceux qui voyagent régulièrement, profitez de 30 % de réduction avec les cartes *Avantage Famille, Jeune, Week-end* ou *Senior+* (49 €, valables 1 an).

Comment circuler dans la région des Pays de la Loire ?

Avec *Aléop en TER,* trouvez votre rythme et voyagez écomobile ! Différentes tarifications en fonction de votre façon de voyager.

➢ L'***Abonnement Tutti Illimité,*** pour les trajets quotidiens. Pour les moins de 26 ans, un tarif encore plus avantageux !

➢ La ***carte Mezzo*** ou la ***carte Mezzo - 26,*** pour voyager toute l'année à - 50 %.

➢ Le ***forfait Multi*** : 2 jours de voyages illimités, jusqu'à 5 personnes, au prix unique de 45 €.

➢ Enfin, pour vos voyages occasionnels, profitez du ***Billet Ecco*** en ligne : des tarifs à partir de 2 € et jusqu'à 20 € maximum sur toutes les destinations dans la région des Pays de la Loire.

➢ Également des tarifs ***Billet Live*** à 5 € vers une sélection d'événements.

Pour tout renseignement

– ***Nº Vert :*** ☎ *0800-210-800 (service et appel gratuits ; lun-ven 7h-20h, sam 8h-13h).*

– ***Internet :*** ● *paysdelaloire.ter.sncf.com* ●

– Sur l'appli « Assistant SNCF » (appli mobile gratuite).

– Sur le fil Twitter @TERPays2LaLoire.

– Sur la page Facebook TERPaysdelaLoire.

EN AVION

✈ **Aéroport de Nantes-Atlantique :** *à* ***Bouguenais.*** *☎ 0892-568-800 (infos vocales ; 0,40 €/mn). ● nantes.aeroport.fr ● À 15 km au sud-ouest du centre. Liaison par navette aéroport (trajet env 20 mn ; 9 €) avec le centre-ville ttes les 40 mn tlj (● tan.fr ●).* Dessert quotidiennement Paris et plusieurs grandes villes régionales ainsi que de nombreuses villes européennes, notamment avec Air France et des compagnies *low-cost* (Easyjet, Ryanair...).

▲ **AIR FRANCE**

Rens et résas au ☎ 36-54 (prix d'un appel local ; tlj 6h30-22h), sur ● airfrance.fr ●, dans les agences Air France (fermées dim) et dans ttes les agences de voyages.

➢ Air France dessert Nantes avec des vols directs quotidiens sur Paris-Roissy-Charles-de-Gaulle et Orly-Ouest.

➢ D'autres liaisons nationales ou internationales.

Air France propose à tous des tarifs attractifs toute l'année. Pour consulter les meilleures offres du moment, allez directement sur la page « Nos meilleurs tarifs » sur ● *airfrance.fr* ● *Flying Blue,* le programme de fidélité gratuit d'Air France-KLM, permet de gagner des *miles* en voyageant sur les vols Air France, KLM et les compagnies membres de *Skyteam.*

BON À SAVOIR AVANT LE DÉPART

ABC des Pays de la Loire

- ***Superficie :*** 32 100 km² (5,9 % du territoire national).
- ***Préfecture régionale :*** Nantes (Loire-Atlantique).
- ***Préfectures départementales :*** Angers (Maine-et-Loire), Laval (Mayenne), Le Mans (Sarthe), La Roche-sur-Yon (Vendée).
- ***Population :*** 3 787 000 hab. (1/3 en Loire-Atlantique).
- ***Signes particuliers :*** 450 km de littoral ; Nantes-Saint-Nazaire, 1er port de la façade atlantique ; 3e région la plus jeune de France (31 % de moins de 24 ans).

INFOS UTILES

Adresses et infos utiles

■ ***Agence régionale des Pays de la Loire :*** ☎ 02-40-89-89-89. ● *enpaysdelaloire.com* ● *culture.paysdelaloire.fr* ● Sites de la structure régionale en charge du tourisme. Agenda des festivals de l'été notamment.

■ ***Gîtes de France :*** ● *gites-de-france.com/fr/location-vacances-en-pays-de-la-loire* ● Les résas sont à faire auprès des relais départementaux des *Gîtes de France* (indiqués dans ce guide en introduction de chaque département).

➢ À la recherche d'une idée de rando ? Hop, on tape le numéro du département (voire plus précisément le nom d'un bourg ou d'une ville) sur ● *visorando.com* ●, éventuellement la durée et le niveau de difficulté souhaités, et, magique, les suggestions apparaissent ! D'emblée sont alors précisées clairement d'autres infos (dénivelées, coordonnées GPS du point de départ, en boucle ou pas). Un site collaboratif qui permet de consulter/imprimer le descriptif de la balade, bien sûr, mais aussi l'extrait de carte IGN au 1/25 000 concerné. Le tout complété par les avis des randonneurs.
– Dans le même ordre d'idée, voir le site ● *mongr.fr* ● Un autre site de la rando itinérante, celui de la FFRandonnée et de ses milliers de bénévoles qui maintiennent les GR® de France accessibles.
● ***routard.com*** ● Le site de voyage nº 1, avec près de 800 000 membres et plusieurs millions d'internautes chaque mois. Pour s'inspirer et s'organiser, près de 300 guides destinations actualisés, avec les infos pratiques, les incontournables et les dernières actus, ainsi que les reportages terrain et idées week-end de la rédaction. Partagez vos expériences avec la communauté de voyageurs : forums de discussion avec avis et bons plans, carnets de route et photos de voyage. Enfin, vous trouverez tout pour vos vols, hébergements, voitures et activités, sans oublier nos suggestions pour réserver votre voyage au meilleur prix.
Bon à savoir : entre 2 parutions, des événements fortuits (conditions d'accès aux sites, fermetures inopinées, etc.) peuvent intervenir et modifier vos projets de

voyage ou de visite. Pour éviter les déconvenues, nous vous recommandons de consulter la rubrique « Inspirations » par région et cliquer sur l'onglet « Actus ».

● *editions303.com* ● Très belle revue consacrée aux Pays de la Loire ; on la trouve dans les musées, les librairies spécialisées ou dans les Maisons de la presse.

Carte internationale d'étudiant (carte ISIC)

Elle prouve le statut d'étudiant dans le monde entier et offre de nombreuses réductions (billets d'avion, hôtels et auberges de jeunesse, assurances, cartes SIM internationales, location de voiture...).

Renseignements et inscriptions

- ***En France :*** ● *isic.fr* ● *Tarif : 13 € pour 1 année scolaire.*
- ***En Belgique :*** ● *isic.be* ●
- ***En Suisse :*** ● *isic.ch* ●
- ***Au Canada :*** ● *isiccanada.ca* ●

Carte d'adhésion internationale aux auberges de jeunesse (FUAJ)

Cette carte vous ouvre les portes des 4 000 auberges de jeunesse du réseau *HI-Hostelling International* en France et dans le monde. Elle permet aussi de bénéficier de tarifs préférentiels avec les partenaires des auberges de jeunesse *HI* (locations de voitures, excursions et activités variées). Il n'y a pas de limite d'âge pour séjourner en auberge de jeunesse ; il faut simplement être adhérent. Carte valable 1 an à compter de la date d'achat (sur Internet ou dans les AJ).

Renseignements et inscriptions

- ***En France :*** ● *hihostels.com* ●
- ***En Belgique :*** ● *lesaubergesdejeunesse.be* ●
- ***En Suisse :*** ● *youthhostel.ch* ●
- ***Au Canada :*** ● *hihostels.ca* ●

Si vous prévoyez un séjour itinérant, vous pouvez réserver plusieurs auberges en une seule fois en France et dans le monde

Monuments et musées nationaux

Les monuments et musées nationaux sont gratuits pour les enseignants et les jeunes Européens de moins de 26 ans. ● *monuments-nationaux.fr* ● *rmngp.fr* ● Pour la région Pays de la Loire sont concernés : le musée des Deux Victoires Clemenceau-de Lattre à Mouilleron-en-Pareds (Vendée) et le château d'Angers (Maine-et-Loire, appartenant également au cercle restreint des domaines nationaux).

BUDGET

Nous indiquons ci-après l'échelle des tarifs auxquels nous nous référons pour l'ensemble de nos guides France.

Recommandation à ceux qui souhaitent profiter des réductions et avantages proposés dans le *Routard* par les hôteliers et les restaurateurs

À l'hôtel, pensez à les demander **au moment de la réservation** ou bien lors de votre **arrivée.** Elles ne sont valables que pour les réservations en direct et non cumulables avec d'autres offres promotionnelles (notamment sur Internet). Au restaurant, parlez-en **au moment** de la commande et surtout **avant** que l'addition ne soit établie. Poser votre *Routard* sur la table ne suffit pas : le personnel de salle n'est pas toujours au courant, et une fois le ticket de caisse imprimé, il est difficile de modifier le total. En cas de doute, montrez la notice relative à l'établissement dans le ***Routard* de l'année** et, bien sûr, ne manquez pas de nous faire part de toute difficulté rencontrée.

Hébergement

D'une manière générale, nous indiquons des ***fourchettes de prix*** allant de la chambre double la moins chère en basse saison à la plus chère en haute saison. Ce qui implique parfois d'importantes fourchettes de prix, pas toujours en adéquation avec la rubrique dans laquelle l'établissement est cité. Le classement retenu est donc celui du prix moyen des chambres et de leur rapport qualité-prix.

– Les tarifs des ***campings*** sont calculés sur la base d'un emplacement pour deux avec voiture et tente. Ils sont classés en tête de rubrique « Où dormir ? ».

– Pour les ***auberges de jeunesse,*** le tarif indiqué est celui du lit en dortoir et parfois de la chambre double, quand il y en a.

– En ***chambres d'hôtes,*** les prix sont donnés sur la base d'une chambre double. Ils incluent le petit déjeuner. Les cartes de paiement sont rarement acceptées. En cas contraire, nous indiquons « CB acceptées ».

– Concernant les ***hôtels,*** le prix retenu reste celui d'une nuit en chambre double (sans petit déjeuner). La fourchette de prix englobe toutes les saisons, mais il est important de noter que dans les grandes villes les prix baissent significativement le week-end. Lorsque l'établissement dispose de chambres familiales, nous l'indiquons sans précision de prix.

– ***Bon marché :*** jusqu'à 60 €.
– ***Prix moyens :*** de 60 à 90 €.
– ***Chic :*** de 90 à 120 €.
– ***Plus chic :*** de 120 à 150 €.
– ***Beaucoup plus chic :*** plus de 150 €.

– ***Logis*** est la 1re chaîne de restaurateurs-hôteliers indépendants en Europe avec 2 200 établissements répartis dans 8 pays. Fort de ses 70 années d'expérience, le réseau offre l'assurance d'un accueil personnalisé et chaleureux, d'un hébergement de qualité ainsi que d'une restauration faite maison mettant à l'honneur produits locaux et de saison. Engagés sur les territoires, tous les *Logis* sont impliqués dans une démarche d'économie locale, privilégiant les circuits courts et les produits régionaux. Plus d'infos : ● *logishotels.com* ●

Restos

Notre critère de classement est le prix du 1er menu servi le soir (hors boissons). Les notions de « Prix moyens » ou « Plus chic » n'engagent donc que les prix, pas le cadre, même si souvent ils vont de pair. Ainsi, certains restos gastronomiques (et chics) qui proposent parfois d'intéressantes formules au déjeuner seront malgré

tout classés dans la rubrique « Plus chic » en raison des tarifs pratiqués le soir. Ne boudez donc pas cette rubrique, qui recèle parfois d'intéressantes pépites. Enfin, la rubrique « Sur le pouce » référence des adresses que l'on recommande pour les sandwichs et plats à emporter. Les tarifs correspondent généralement à la rubrique « Très bon marché ».
- ***Très bon marché :*** moins de 15 €.
- ***Bon marché :*** de 15 à 25 €.
- ***Prix moyens :*** de 25 à 35 €.
- ***Chic :*** de 35 à 50 €.
- ***Plus chic :*** plus de 50 €.

LA RÉGION À VÉLO

La région Pays de la Loire présente un gros atout pour le vélo : il n'y a pas beaucoup de relief sur ses ***3 000 km de pistes cyclables*** ! Plusieurs réseaux souvent connectés entre eux sillonnent la région, dont les plus connus sont ***La Loire à Vélo, Vélocéan*** (de Roscoff à Nantes) et ***La Vélodyssée*** (de l'Angleterre à la côte basque). Également ***La Vélo Francette*** (400 km), un circuit entre la Manche (Ouistreham) et l'Atlantique (La Rochelle) traversant la Mayenne par le chemin de halage notamment et le Maine-et-Loire. À signaler aussi, ***La Sarthe à Vélo, La Vélobuissonnière*** (de la Normandie aux châteaux de la Loire via Saumur), ***La Vallée du Loir à Vélo,*** l'itinéraire ***Layon-Aubance en Anjou*** ou les ***voies vertes de Mayenne.*** Pour ne pas perdre les pédales dans ce dédale, consulter la carte interactive des pistes vélo en Pays de la Loire : • *francevelotourisme.com/destinations/pays-de-la-loire-a-velo* •

Pour les sportifs et pour les familles, nous éditons **des *Routard* spéciaux**. En Pays de la Loire sont concernés ***La Loire à Vélo,*** qui suit la célèbre piste cyclable de Cuffy à Saint-Nazaire, ***La Vélodyssée*** (l'Atlantique à vélo, de Roscoff à Hendaye) et ***La Vélo Francette,*** qui traverse la Mayenne. Cartes en couleur, étapes avec hébergement et restos, locations et réparations de vélos... En vente dans toutes les bonnes crèmeries.

La Loire à Vélo

Les Régions Centre et Pays de la Loire ont créé des pistes cyclables le long de la Loire afin de rallier Cuffy (dans la région de Nevers) à Saint-Brevin-les-Pins et Saint-Nazaire (côte atlantique) à 2-roues (800 km), en passant par Orléans, Blois, Tours, Chinon, Saumur, Angers, Ancenis, Nantes... Un véritable succès qui s'inscrit dans le projet européen d'*EuroVelo 6,* à travers 10 pays sur 3 650 km. Plus de 900 km de tronçons sécurisés et balisés de *La Loire à Vélo* jalonnent le parcours, empruntés tous les ans par près de 1 million de cyclistes ! Tout au long de celui-ci, des hébergements sont habilités à accueillir les cyclistes, et leur réservent des services adéquats (espace clos pour les vélos, repas adaptés, réparation, etc.) : campings, hôtels, chambres d'hôtes... De même, des loueurs et réparateurs professionnels de vélos sont prêts à faciliter le périple des cyclistes. Et en été, possibilité de faire voyager son vélo avec l'opération Train Vélo Loire, entre Orléans et Le Croisic (en TER ou, avec réservation sur les trains Intercités).
Pour toute info (tronçons aménagés, hébergements et séjours clés en main, animations, etc.), consulter les fiches *La Loire à Vélo,* disponibles auprès des comités départementaux de tourisme ou sur le site • *loireavelo.fr* • (téléchargement possible).

La Vélodyssée

Dans un autre décor mais dans le même esprit, *La Vélodyssée* (la partie française de l'*EuroVelo 1* Norvège-Portugal) permet de rallier la Bretagne au Pays basque, de Roscoff à Hendaye, en longeant la côte atlantique en deux temps trois mouvements (enfin... un peu plus, c'est la plus longue véloroute de France !). *La Vélodyssée* est caractérisée par la diversité des milieux traversés, entre eau salée et eau douce, forêts et pinèdes, marais salants et parcs à huîtres, plages de sable fin et zones humides... Au menu des Pays de la Loire (400 km) : le canal de Nantes à Brest (avec un *Routard* dédié, *Canaux de Bretagne* !), Nantes, l'estuaire de la Loire et le littoral vendéen.

LIVRES DE ROUTE

– ***Dictionnaire amoureux de la Loire,*** de Danièle Sallenave (Plon, 2014, 977 p.). « Ma terre natale est un fleuve, la Loire. » Avec ces mots, l'auteure angevine et académicienne fixe le cap de ce portrait documenté en forme d'abécédaire. De « Ablettes » à « Jean Zay », elle joue avec le temps, la géographie, les distances et les personnages sans jamais perdre le fil de ce fleuve à qui à son tour elle donne vie.

– ***Aventures en Loire,*** de Bernard Ollivier (poche, Phébus Édition, 2009, 218 p.). 1 000 km sur les bords de Loire depuis sa source du mont Gerbier-de-Jonc jusqu'à Nantes, d'abord à pied puis en canoë. On chemine avec Bernard Ollivier au gré de ses découvertes, de ses rencontres, de ses émotions... et l'on vérifie avec lui si la vie est vraiment un long fleuve tranquille.

– ***La Cuisine des châteaux de la Loire,*** de Gilles et Bleuzen Du Pontavice (Éditions Ouest-France, 2016, 144 p.). Les châteaux regorgent de secrets... et même de secrets de cuisine. Passez de l'un à l'autre (avec son descriptif et quelques photos) et de recette en recette, transmises de génération en génération, ancestrales et originales. Voici une autre façon de découvrir les châteaux de la Loire.

– ***Les Champs d'honneur,*** de Jean Rouaud (poche, Éditions Flammarion, 2019, 224 p.). Prix Goncourt 1990. Ça se passe en Loire-Inférieure, juste après la guerre, une famille face à la mort, la sienne... mais ça pourrait être la nôtre. Tendresse, subtilité sont les maîtres mots de ce chef-d'œuvre dont le ton et le souvenir happent le lecteur. Du même auteur, ***Carnac ou le Prince des lignes*** (Seuil, 2000, 32 p.) décrit avec la même tendresse cette région chère à l'écrivain, dans un style plus proche de la poésie.

– ***Monts et Merveilles, nouvelles fraîches,*** de René-Guy Cadou (Éditions du Rocher, 1997, 91 p.), est une description poétique, en prose, entre rêves et hallucinations, se rapportant à la Brière par cette figure de la région dont on peut visiter la maison.

– ***Vipère au poing,*** d'Hervé Bazin (Le Livre de Poche). Roman largement autobiographique, qui se passe dans le Segréen natal de l'auteur. Jean Rezeau, alias Brasse-Bouillon, et ses frères tentent de résister à l'autorité de leur mère qu'ils ont surnommée Folcoche. De l'humour au premier abord et, à travers les lignes, une vraie douleur de l'enfance ainsi qu'un combat sincère contre une certaine conception de la société et de l'éducation.

Au rayon B.D.

– ***Les Mauvaises Gens,*** d'Étienne Davodeau (Delcourt, rééd. 2018, 184 p.). Cette passionnante B.D. aux allures de reportage fut réalisée à la fois avec beaucoup de force et de délicatesse par un enfant du pays. À travers l'histoire de ses parents, c'est les Mauges des années 1950 qu'il raconte, passant de la tutelle du curé à celle du patron. La B.D. a reçu entre autres le prix du scénario et le prix public du meilleur album au Festival d'Angoulême en 2006.

– ***Anne de Bretagne,*** de Cédric Tchao (Casterman et Éd. du Château des Ducs de Bretagne, 2019, 192 p.). Un manga drôle et ludique pour évoquer la jeunesse de cette femme emblématique de Nantes et de la Bretagne. Il fallait oser ! Suivez le korrigan (petit lutin) dans les couloirs du château, revisitez le Moyen Âge et dénouez les ficelles du pouvoir autour de la jeune Anne qui fut 2 fois reine de France !

– ***Les Quantités négligeables,*** de Manu Larcenet (Dargaud, 2004, 64 p.). Une B.D. pleine de sensibilité, qui parle entre autres d'hommes ordinaires bossant dans un chantier naval. 2e tome du *Combat ordinaire,* à bouquiner face à une grue de l'île de Nantes ou, évidemment, à Saint-Nazaire.

PERSONNES HANDICAPÉES

Tourisme et Handicap

Créé par le secrétariat d'État à la consommation et au tourisme en partenariat avec les professionnels du tourisme et les associations représentant les personnes handicapées, ce label permet d'identifier les lieux de vacances (hôtels, campings, sites naturels, etc.), de loisirs ou de culture (musées, monuments, etc.) mais aussi des offices de tourisme accessibles aux personnes en situation de handicap. Cette accessibilité, visualisée par un pictogramme correspondant aux 4 types de handicap (moteur, visuel, auditif et mental), garantit accueil, accessibilité, confort et une utilisation des services proposés avec un maximum d'autonomie dans un environnement sécurisant.

Pour connaître la liste des sites labellisés par départements ● *tourisme-handicaps.org* ●

Par ailleurs, dans notre guide, nous indiquons par le logo ♿ les établissements qui possèdent un accès ou des chambres pouvant accueillir des personnes handicapées. Certaines adresses sont équipées selon les critères les plus modernes. D'autres, plus simples, plus anciennes aussi, sans répondre aux normes les plus récentes, favorisent l'accueil des personnes handicapées en facilitant l'accès à leur établissement, tant sur le plan matériel que sur le plan humain. Appelez donc auparavant pour savoir si l'équipement de l'hôtel ou du resto est compatible avec votre niveau de mobilité.

LA LOIRE-ATLANTIQUE

• Carte *p. 46-47*

ABC de la Loire-Atlantique

- ❑ ***Population :*** 1 426 000 hab.
- ❑ ***Préfecture :*** Nantes (309 000 hab.), 8e agglomération de France.
- ❑ ***Sous-préfectures :*** Ancenis-Saint-Géréon, Saint-Nazaire et Châteaubriant.
- ❑ ***Superficie :*** 6 815 km².
- ❑ ***Point culminant :*** 116 m, autour de Châteaubriant.
- ❑ ***Signes particuliers :*** 2 zones humides protégées, le lac de Grand-Lieu et la Brière (2e marais de France après la Camargue) ; le Grand Port Nantes - Saint-Nazaire, 4e port maritime de France ; 1 seule île maritime (Dumet).

Étonnant département que cette Loire-Atlantique, bretonne géographiquement, historiquement aussi, mais tête de pont totalement excentrée de la région Pays de la Loire ! Le nord du département est marqué du sceau breton, alors que le sud est attiré vers la Vendée. La Loire marque la limite entre ces 2 cultures tout en les rapprochant, grâce à la quinzaine de ponts qui se succèdent d'Ancenis à Saint-Nazaire et aux bacs de Loire.
Cité des ducs de Bretagne, injustement rattachée par le gouvernement pétainiste aux Pays de la Loire et confirmée dans ce rôle lors de la réforme des régions en 2015, Nantes reste déchirée par sa double appartenance. C'est ce qui forge aussi sa fascinante personnalité.
C'est l'eau qui apaise tout ce petit monde, avec la Loire tout d'abord, qui s'étend sur 110 km dans le département. Le parc de la Brière ensuite, 2e marais de France, puis le lac de Grand-Lieu, l'un des plus grands de l'Hexagone, les 2 000 ha de marais salants, et, bien entendu, l'océan, dont les côtes somptueuses, elles aussi sauvages, répondent aux noms de Jade, d'Amour ou Sauvage. Elles enchantent résidents et touristes sur plus de 130 km (dont près de 70 km de plages et 16 ports de plaisance). Jamais loin, vecteurs d'échanges et d'innovations, la Loire et l'Atlantique ont joué depuis le Moyen Âge un rôle complémentaire dans l'économie du département et de la région, avec notamment le tristement célèbre commerce triangulaire, mais aussi l'importation de produits exotiques ou, aujourd'hui, la construction navale à Saint-Nazaire et le fameux vignoble nantais, berceau des muscadets et des gros-plants.

Adresses utiles

ℹ ***Loire-Atlantique Développement :*** ☎ *02-40-20-20-44.* • *tourisme-loireatlantique.com* • Multiservice et bien documenté, une source d'inspiration pour vos vacances en Loire-Atlantique.

■ ***Relais départemental des Gîtes de France :*** *9, rue Alessandro-Volta, 44470* ***Carquefou.*** ☎ *02-51-72-95-65 (accueil téléphonique lun-ven 9h-17h30).* • *gites-de-france-loire-atlantique.com* • Gère plusieurs centaines de gîtes et chambres sur le département.

■ ***Comité départemental de randonnée pédestre :*** *☎ 02-51-83-17-86.* • *loire-atlantique.ffrandonnee.fr* • Propose des conseils et des sorties de randonnées dans tout le département. Topoguides en vente.

– Réseau de bus régional Aléop : *☎ 09-69-39-40-44.* • *aleop.paysdelaloire.fr* • Penser à la ligne tram-train Nantes-Châteaubriant (possibilité de voyager avec son vélo).

NANTES [naoned] (44000) 309 400 hab. *Carte Loire-Atlantique, C3*

• Pour les plans de Nantes, se reporter au plan détachable en fin de guide.

« Nantes est peut-être la seule ville de France, avec Paris, où j'ai l'impression que peut m'arriver quelque chose qui en vaut la peine. »

André Breton

« Ni tout à fait terrienne, ni tout à fait maritime. Ni chair, ni poisson, juste ce qu'il faut pour faire une sirène. » Complétons ces mots de Julien Gracq en précisant qu'elle n'est ni tout à fait bretonne ni tout à fait ligérienne. Mais aïe !... laissons là les tiraillements identitaires, Nantes est une sirène souriante, dont le charme agit instantanément et en profondeur.

Fier port estuarien au milieu des terres, Nantes n'a jamais autant séduit ! La preuve, les nombreux nouveaux arrivants qui s'installent chaque année dans cette 8e agglomération de France pour profiter de sa qualité de vie. Sans avoir renié un passé qu'elle regarde avec lucidité (voir le Mémorial de l'abolition de l'esclavage), aujourd'hui sa vision porte loin, vers un futur qu'elle saisit à bras-le-corps.

Quelques reliefs du Moyen Âge, un château éclatant qui fait le point sur son histoire, un quartier XVIIIe s d'une grande cohérence, un secteur piéton vaste et sans cesse élargi, un maillage de transports hors du commun, une nouvelle gare signée Ricciotti (l'architecte du MuCEM de Marseille), l'incroyable réhabilitation de l'île de Nantes, sans oublier un musée d'arts nouvelle génération... la ville est parvenue avec habileté à renouer le fil des siècles, en le liant par d'immenses espaces verts.

Le grand fleuve indomptable, à qui l'on a coupé des bras, est plus que jamais présent. Redevenu le corps central d'un papillon qui a retrouvé sa 2de aile (la rive gauche), pour mieux prendre son envol.

Oui, Nantes a de quoi séduire. Pas seulement grâce à ses habits tout neufs, mais aussi à l'esprit d'aventure qui souffle dans ses voiles, avec comme partie émergée de l'iceberg son dynamisme culturel (Lieu Unique, Machines de l'île, Folle Journée, Voyage à Nantes – le parcours permanent et l'événement estival...).

La fière cité des ducs de Bretagne est une vraie boîte à idées, toujours en quête de nouvelles manières de conjuguer le « vivre ensemble ». Pas étonnant qu'elle connaisse l'une des plus fortes croissances des métropoles de France.

NANTES DANS L'HISTOIRE

Sous les Romains, ***Condevincum,*** où vivent les Namnètes, d'où le nom de Nantes, est déjà un centre actif qui bénéficie de sa situation au confluent de l'Erdre et de la Loire. Après avoir subi les invasions saxonnes au Ve s, la ville se réorganise au

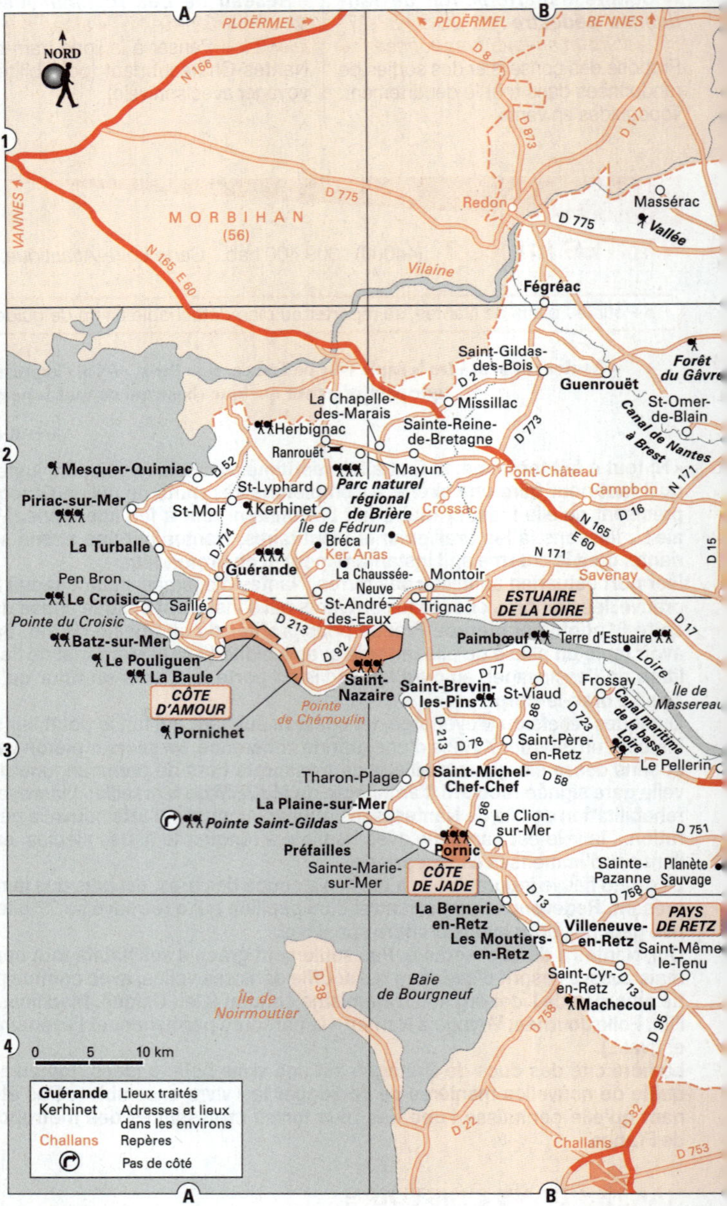

NORD
PLOËRMEL
RENNES
VANNES
N 166
N 165 E 60
D 775
D 8
D 873
D 177
MORBIHAN
(56)
Vilaine
Redon
Masserac
Vallée
Fégréac
Saint-Gildas-des-Bois
Guenrouët
Forêt du Gâvre
St-Omer-de-Blain
Canal de Nantes à Brest
Missillac
La Chapelle-des-Marais
Sainte-Reine-de-Bretagne
Herbignac
Ranrouët
Mayun
Pont-Château
Mesquer-Quimiac
Piriac-sur-Mer
St-Lyphard
Parc naturel régional de Brière
Campbon
St-Molf
Kerhinet
Crossac
La Turballe
Île de Fédrun
Bréca
Ker Anas
Guérande
La Chaussée-Neuve
Montoir
Savenay
Pen Bron
Le Croisic
Saillé
St-André-des-Eaux
Trignac
ESTUAIRE DE LA LOIRE
Pointe du Croisic
Batz-sur-Mer
Le Pouliguen
La Baule
CÔTE D'AMOUR
Pornichet
Saint-Nazaire
Pointe de Chémoulin
Paimbœuf
Terre d'Estuaire
Loire
Saint-Brevin-les-Pins
St-Viaud
Frossay
Île de Massereau
Canal maritime de la basse Loire
Saint-Père-en-Retz
Le Pellerin
Tharon-Plage
Saint-Michel-Chef-Chef
La Plaine-sur-Mer
Pointe Saint-Gildas
Le Clion-sur-Mer
Préfailles
Pornic
Sainte-Marie-sur-Mer
CÔTE DE JADE
Sainte-Pazanne
Planète Sauvage
La Bernerie-en-Retz
Les Moutiers-en-Retz
PAYS DE RETZ
Villeneuve-en-Retz
Saint-Même-le-Tenu
Saint-Cyr-en-Retz
Machecoul
Baie de Bourgneuf
Île de Noirmoutier
Challans
D 2
D 773
D 52
D 774
D 213
D 92
D 16
N 171
N 165 E 60
D 15
D 17
D 77
D 86
D 723
D 78
D 58
D 751
D 758
D 13
D 95
D 38
D 22
D 32
D 753
0 5 10 km
Guérande Lieux traités
Kerhinet Adresses et lieux dans les environs
Challans Repères
Pas de côté

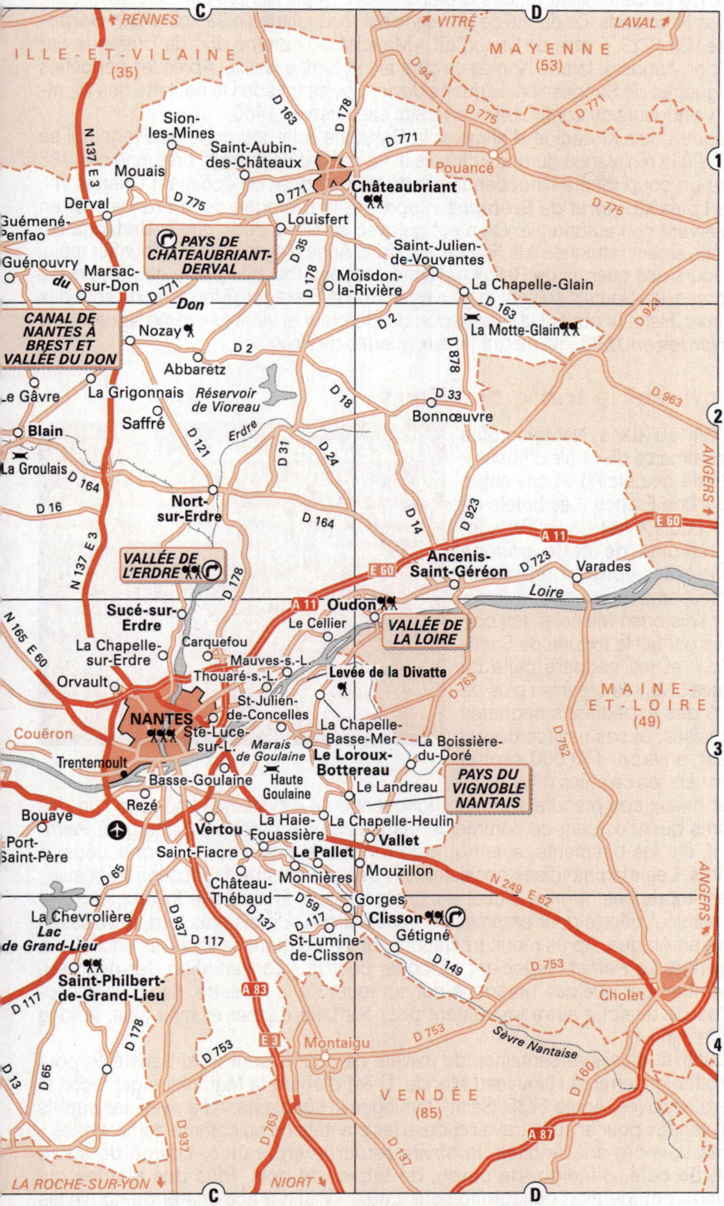

LA LOIRE-ATLANTIQUE

VIe s. ***Nominoë*** devient roi des Bretons en 842. Mais Nantes est envahie ensuite par les Normands. Le duché de Bretagne est reconstitué en 936 par ***Alain Barbe-Torte.*** En 1213, Pierre de Dreux, dit « Mauclerc », nommé duc de Bretagne par Philippe Auguste, fait de Nantes sa capitale et fortifie la ville. Après les péripéties des guerres de Succession, le duché devient puissant sous la houlette des Montfort, vainqueurs du conflit. Une université est créée en 1460.
Lorsque Louis XI décide d'annexer la Bretagne à la couronne de France, il se heurte à la résistance du duc François II. La défaite de l'armée bretonne en 1488 porte un coup fatal à l'indépendance de la Bretagne. En épousant Charles VIII, puis Louis XII, ***Anne de Bretagne*** rapproche la Bretagne de la France tout en préservant son autonomie. Ce n'est qu'avec sa fille Claude que la Bretagne est définitivement rattachée à la France, en 1532, Anne n'ayant pas eu d'héritier mâle.
Au cours des guerres de Religion, Nantes est peu touchée par le calvinisme. Au contraire, les Nantais suivent le gouverneur de la Bretagne, Mercœur, du côté des ligueurs. Henri IV obtient la soumission de Mercœur et vient lui-même signer l'***édit de Nantes en 1598,*** qui mettra fin aux guerres de Religion.

Nantes et la traite des Noirs

Du XVIIe au XIXe s, Nantes profite du commerce du « bois d'ébène » (la traite des Noirs) et devient le 1er port de France. Les hôtels de style Louis XV et Louis XVI sont les témoins de cette période prospère, voire fastueuse. Honteusement.
Pour l'historien Michelet, les corsaires ont fait la fortune de Saint-Malo... et les négriers celle de Nantes ! Nantes organisa plus de 40 % des expéditions négrières françaises, et ses navires déportèrent environ 450 000 captifs noirs vers les colonies d'Amérique.

UN COMMERCE ODIEUX

Aux XVIIe et XVIIIe s, tout comme Bordeaux, Nantes réalisait son commerce en droite ligne vers les Antilles. Même si, à la différence de Bordeaux, les cales de ses bateaux partaient chargées d'eau-de-vie (et non de vin), elles revenaient elles aussi des colonies avec du sucre, du cacao et du café. Mais face à la pénurie de main-d'œuvre des colonies, les esclaves remplacèrent l'alcool. Le commerce triangulaire était né.

Pour mieux comprendre comment fonctionne ce « système », suivons l'un des navires qui effectuent ce commerce triangulaire. Le bateau est chargé à Paimbœuf, car les bâtiments, ayant un trop fort tirant d'eau, ne peuvent accéder à Nantes. Les marchandises consistent en des produits de fabrication française : toiles imprimées, armes, alcool auxquels s'ajoute la pacotille (bijoux, verroterie, miroir...) offerte pour entamer les négociations. 2 mois plus tard, le vaisseau arrive en Afrique. Après moult tractations, on embarque des esclaves enchaînés. L'ouvrage *Le Parfait Négociant* propose, pour la « conservation des nègres », d'« embarquer quelque personne qui sût jouer de la musette, de la vielle, violon ou de quelque autre instrument pour les faire danser et tenir gais, le long du chemin ».
Au XVIIIe s, plusieurs centaines de milliers de captifs sont ainsi transférés pour exploiter les terres du Nouveau Monde. C'est d'abord la Martinique qui reçoit le plus d'esclaves. Après 1735, Saint-Domingue la supplante. À l'arrivée, les captifs sont vendus pour ensuite travailler dans les plantations ou comme domestiques.
Après la vente aux Antilles, le navire retourne en France, chargé de sucre brut, de café, d'indigo, de coton, de tabac, de bois. Plus des plantes qui deviendront mention obligatoire sous Louis XV afin d'acclimater de nouvelles variétés botaniques dans le royaume de France. De 1715 à 1775, on enregistre 787 retours de navires négriers, soit la moitié de la traite française. Effroyable période, rappelée par l'émouvant Mémorial de l'abolition de l'esclavage, inauguré en 2012.

Mais la véritable fortune de Nantes se fait surtout avec le commerce des matières premières. On traite le sucre à Nantes : de cette époque datent les grandes raffineries nantaises. Le coton également est travaillé à Nantes, et le financier Graslin crée la 1re manufacture d'indiennes (cotonnades imprimées) de la ville. Les indiennes réalisées prennent ensuite le chemin de l'Afrique.
Les ambitions de la bourgeoisie nantaise croissent avec sa richesse. Les armateurs se font élire aux États de Bretagne, ce qui ne va pas sans quelques aigreurs. Le commerce nantais souffre, par ailleurs, de la contrainte des barrières douanières... Tout cela explique pourquoi la bourgeoisie de la ville accueille favorablement la Révolution.

Les troubles de la Révolution

Si, avec la Révolution, Nantes devient le chef-lieu de la Loire-Inférieure, elle n'en connaît pas moins une période bien troublée.
- ***L'attaque de Nantes :*** en 1793, les 2 armées royales de Charette et de Cathelineau attaquent la ville. La résistance est vive, et Cathelineau est tué place Viarme.
- ***Les noyades de Carrier :*** en octobre 1793, chassé par le maire de Rennes, Carrier est envoyé par la Convention à Nantes pour « purger le corps politique de toutes les mauvaises humeurs qui y circulent ». La Terreur se développe avec les délations des dames négrières enrichies, jalouses des aristocrates. Jugeant la guillotine insuffisante pour tuer les suspects et les prisonniers, Carrier fait embarquer une centaine de condamnés sur une embarcation qui est ensuite sabordée au milieu de la Loire. Et il recommence l'opération maintes fois. En tout, il fait guillotiner, fusiller et noyer jusqu'à 13 000 personnes selon les royalistes (2 000 selon les républicains !). À la suite des plaintes des Nantais, Carrier sera jugé puis exécuté sur ordre de Robespierre.
- ***La mort de Charette :*** après le débarquement raté des émigrés à Quiberon, Charette reprend les armes. Il est capturé et fusillé place Viarme le 29 mars 1796.

Le XIXe siècle : Nantes, ville industrielle

Le blocus continental, l'abolition de la traite des Noirs, décidée par la Révolution mais vraiment effective en 1848 (ce qui n'empêchera pas les Nantais de fabriquer pour les autres pays des navires négriers pendant encore plusieurs dizaines d'années !), l'invention de la fabrication du sucre à partir de la betterave, l'essor du chemin de fer et l'ensablement de la Loire constituent de sérieux handicaps à la croissance économique de la ville.

MÉMOIRES D'OUTRE-TOMBE

Dans ses célèbres écrits intimes, Chateaubriand évoque son père. Aristocrate appauvri, despotique et taciturne, il s'enrichit grâce à l'esclavage. D'abord capitaine, il devint négrier entre Nantes et Saint-Domingue. Cet enrichissement nauséabond lui permit d'acheter le château de Combourg. Le fils traîna sa mélancolie en se réfugiant dans les livres.

Nantes opère pourtant sa reconversion dans les ***conserveries,*** les ***biscuiteries*** (Biscuiterie nantaise et Lefèvre-Utile, BN et LU pour les intimes) et la ***métallurgie.***
En 1856, un avant-port est créé à Saint-Nazaire.
Et les dragages de la Loire, à la fin du XIXe s, redonnent un nouvel élan au commerce maritime. En 1914, Nantes accueille encore les grands cap-horniers, déjà concurrencés par les vapeurs transatlantiques armés à Saint-Nazaire.

Au cours du XXe siècle

De ***grands travaux*** bouleversent le visage de Nantes : les îles Feydeau et Gloriette sont rattachées à la rive droite par le comblement des anciens bras de la Loire.

L'Erdre est détournée dans un tunnel. La ***culture des légumes*** sur les terres humides (marais) des bords de Loire se développe alors. Les maraîchers qui cultivent carottes, navets, poireaux, mâche, etc. se partagent les bonnes terres avec les ***fleuristes*** (85 % du muguet vendu le 1er mai vient de Nantes) et avec les ***vignerons*** du muscadet. Pas étonnant que Nantes accueille le 2e plus grand MIN (marché d'intérêt national) de France après Rungis. Pendant la Seconde Guerre mondiale, Nantes n'échappe pas aux bombardements (des Alliés) en septembre 1943, qui coûteront la vie à des milliers de personnes et détruiront partiellement le centre, et plus particulièrement le magnifique magasin *Decré,* œuvre Art déco de l'architecte Sauvage (auteur de *La Samaritaine* à Paris). Le ***cours des Cinquante-Otages*** doit son nom à la répression qui suivra l'exécution, le 20 octobre 1941, du colonel Hotz, commandant allemand. Les Allemands annoncent que 50 otages seront abattus si les coupables ne se livrent pas. 2 jours plus tard, 48 personnes sont fusillées en représailles, dont 27 sont des internés du camp de Châteaubriant. Parmi eux, Guy Môquet, qui laisse une lettre émouvante à ses parents, Charles Michels, député communiste du 15e arrondissement de Paris, et Jean-Pierre Timbaud, secrétaire de la Fédération des métaux CGT en région parisienne. Cet événement marque le véritable début de la Résistance.
Le général de Gaulle fera de Nantes une des 5 villes « Compagnon de la Libération ».

Nantes aujourd'hui

Régulièrement plébiscitée pour sa qualité de vie, Nantes s'affiche comme la 3e grande métropole de France par sa croissance démographique et la croissance d'emplois. Grâce à une riche vie universitaire (plus de 60 000 étudiants) et à une industrie diversifiée (BN, Beghin-Say, l'aérospatiale...), Nantes s'impose comme le 1er pôle économique du Grand Ouest. Le taux de croissance de l'économie nantaise est 2 fois supérieur à celui de la moyenne française, le développement du secteur tertiaire étant spectaculaire, favorisé par les décentralisations (INSEE, SNCF, ministère des Affaires étrangères, etc.).
En même temps, la volonté d'alliance entre Nantes et Saint-Nazaire s'affirme de plus en plus pour le développement d'une métropole européenne. Aujourd'hui, le Grand Port maritime de Nantes - Saint-Nazaire est le 4e port français (pétrole, gaz, charbon, tourteaux, céréales, bois) et possède la 1re raffinerie de France à Donges. En 2007, 2009 et 2012, un pont artistique a été établi grâce à l'événement *Estuaire,* devenu un parcours permanent enrichi ponctuellement, un musée à ciel ouvert constitué d'œuvres contemporaines le long de la Loire, à découvrir sur les 60 km d'estuaire reliant Nantes à Saint-Nazaire *(• estuaire.info •).*

Adresses et infos utiles

Informations touristiques

i ***Nantes Tourisme*** *(centre détachable E3,* ***1****)* **:** *9, rue des États. ☎ 0892-464-044 (0,35 €/mn + prix d'appel). Central de résa accessible sur • nantes-tourisme.com • Tlj : sept-juin, 10h-18h (17h dim et j. fériés) ; juil-août, 9h-19h. Juil-août, également un espace d'accueil dans la station Prouvé du parc des Chantiers, sur l'île de Nantes (plan détachable C5 ; tlj 10h-18h).* Sur place ou en ligne : hébergements, séjours week-ends à thème, visites guidées et thématiques, billetterie...
– ♿ ***Espace d'information dédié à l'accessibilité :*** recense l'offre accessible sur le territoire (événements, parcours...) et propose des outils compensatoires (vidéos en LSF, documents en relief, livret en braille, etc.).
– ***Circuits et visites guidées :*** toutes sortes d'idées de balades dans Nantes, avec audioguide ou en visite guidée, seul ou en famille (promenade nantaise, promenade commentée des

belvédères, cours secrètes et passages couverts, île de Nantes...). De 3 visites par semaine à 3 visites par jour, voire en nocturne. Également une formule #MONGUIDE, en format privé et en prenant des chemins de traverse (5 parcours).

– ***Pass Nantes*** **:** en vente à Nantes Tourisme, sur son site et dans certains hôtels. Sésame magique ! Forfaits de 24h, 48h ou 72h (respectivement à 26, 35 et 45 € ; tarif réduit pour les 4-17 ans, les étudiants de moins de 26 ans, et *pass* famille 2 adultes et 2 enfants), tous très attractifs ! Offre un (seul) accès illimité à la Galerie des Machines ou au Carrousel des mondes marins, à tous les musées, sites touristiques, promenades fluviales sur l'Erdre avec les *Bateaux Nantais,* visites guidées, au petit train de Nantes, à l'ensemble du réseau de transport *(citytour),* sans compter des réductions diverses et variées. Donne de plus accès à des sites en dehors de Nantes comme le château de Clisson, *Escal'Atlantic* et EOL centre éolien à Saint-Nazaire...

– ***Bon plan :*** remise de 10 % sur le tarif plein pour toute réservation sur • *nantes-tourisme.com* • ou au ☎ *0892-464-044 (0,35 €/mn + prix d'appel).*

– Sur place également, la boutique ***Le Bazar Officiel du Voyage*** propose de nombreux objets « made in Nantes » créatifs, artistiques et insolites. Réduc avec le *Pass Nantes.*

– ***Pour découvrir Nantes avec un habitant :*** • *greeters-nantes.com* •

Transports

Espace Transport TAN *(Transport de l'agglomération nantaise)* **:** ☎ *02-40-444-444 (n° Azur).* • *tan.fr* • *Ticket à l'unité : 1,70 € (valable 1h).* Pour toutes infos et achats, se rendre à l'***Espace Mobilité Commerce*** *(centre détachable E3 ; 2, allée Brancas ; lun-sam).* Gère le réseau de bus, tram (lignes 1, 2 et 3, plus le *Busway* ligne 4), *Navibus* (navette fluviale) et TER sur Nantes, la métropole, le département et même plus loin. S'occupe également du service *Bicloo* (voir plus loin). Les cyclistes peuvent prendre le tramway tous les jours avant 7h ou après 19h, mais aussi le dimanche, les jours fériés et pendant les 2 mois d'été.

Taxis : ***Allo Taxis,*** ☎ *02-40-69-22-22.*

■ ***Location de voitures :*** *quelques loueurs dans le quartier de la gare, comme* ***Europcar Auto 44*** *(☎ 02-40-47-19-38) ou* ***Ada*** *(☎ 02-53-39-73-20).*

Navibus : • *tan.fr* • Liaisons bateau : l'une permet de traverser la Loire et de rejoindre Trentemoult en 6 mn. Départ à la gare maritime *(Ⓣ Gare-Maritime, ligne 1 ; plan détachable B-C4 ; navette ttes les 10-20 mn env, jusqu'à 0h10 ven-sam en été).* Génial pour aller déjeuner et revenir dans la journée. Une autre permet de traverser l'Erdre du campus universitaire au quartier de Port-Boyer, au nord de Nantes. La 3e relie le *Hangar à Bananes* au Bas-Chantenay.

P ***Parkings :*** si vous venez en voiture, on vous conseille de stationner dans les parkings Relais (P + R), situés à l'extérieur de la ville, à environ 5-10 km du centre (payants). Liste et carte à Nantes Tourisme ou sur Internet. Tous ces parkings sont reliés au centre par tram, *Busway* ou bus *(passage ttes les 10-20 mn max).* Dans le centre, on conseille le parking de la Cathédrale.

Location de vélos

On compte pas moins de 570 km de voies cyclables dans Nantes Métropole. Au cœur de la ville, ce n'est pas toujours très pratique mais c'est toujours mieux que la voiture ! Avec • *geovelo.nantesmetropole.fr* •, calculez vos itinéraire et temps de parcours. Pratique !

Bicloo de Nantes : ☎ *01-30-79-33-44.* • *bicloo.nantesmetropole.fr* • Point d'accueil au Carré Feydeau, plus une centaine de stations dans le centre-ville et alentour. Conseillé à partir de 2 jours (trop de démarches pour une seule journée !). Tickets de 1 et 3 jours *(2-5 € les 30 premières mn).* Excellente carte, disponible à Nantes Tourisme.

Détours de Loire *(plan détachable F3,* ***5****)* **:** *Drôle de Barge, quai Malakoff.* ☎ *02-55-10-11-74. Avr-oct, sur résa*

LA LOIRE-ATLANTIQUE

dim. Le meilleur loueur de vélos et de toutes sortes d'accessoires (charrette pour enfant, remorque à bagages...) en ville. Propose des circuits avec restitution du vélo sur d'autres sites, le long de la Loire ou le long du canal de Nantes à Brest.

L'Îlot Familles : *île de Nantes, parc des Chantiers. 07-60-22-74-81. • ilot-familles.com •* Des cycles pour toutes les familles et toutes les situations.

Marchés

– ***Marché de Talensac*** *(plan détachable D-E2)* **:** *rue de Talensac. Sous les halles (qui datent de 1934) et autour. Tlj sauf lun 7h-13h, plus en nocturne jeu 16h-20h.* Le « grand » marché couvert de Nantes. Bouchers, poissonniers, mais aussi traiteurs exotiques, fromagerie Beillevaire (adresse historique en ville), de nombreux maraîchers du coin, *La Petite Boulangerie* de Franck Desperier, Meilleur Ouvrier de France, ou encore le chocolatier Vincent Guerlais, « agitateur de papilles », comme il se définit...

– ***Marché bio*** *(centre détachable D3)* **:** *pl. de la Bourse. Mer mat.*

– ***Marché aux puces*** *(plan détachable D2)* **:** *pl. Viarme. Sam 8h-13h.*

– ***Marché de la Petite-Hollande*** *(centre détachable D-E3)* **:** *pl. de la Petite-Hollande. Sam 8h-13h15.* Le plus grand marché alimentaire de la ville. Également des vêtements et du bricolage. Attention, ne pas stationner dans le secteur le vendredi soir : fourrière assurée.

– ***Les Mardis du livre*** *(centre détachable D3)* **:** *pl. de la Bourse. Mar 13h-19h.* Des tonnes de livres d'occase.

– ***Marché de Bottière-Chénaie :*** *pl. Jacques-Yves-Cousteau. Mer 16h-19h30.* Le seul avec horaires du soir.

– ***Marché bio de Trentemoult*** *(hors plan détachable par A6)* **:** *sam 8h-13h.* Allez-y en *Navibus,* c'est plus écolo !

Où dormir ?

Bon à savoir, Nantes étant une ville d'affaires, la plupart des hôtels proposent des tarifs vraiment intéressants le week-end. Par ailleurs, dans le cadre du *Voyage à Nantes,* certains hôtels nantais proposent des chambres décorées par des artistes, il y en a toute une collection. Liste et central de réservations : ☎ *0892-464-044 (0,35 €/mn + prix d'appel). • nantes-tourisme.com •*

CAMPING

Nantes Camping *(hors plan détachable par D1,* ***10****)* **:** *21, bd du Petit-Port. ☎ 02-40-74-47-94. • nantes-camping@nge-nantes.fr • nantes-camping.fr • En bus, lignes 26 et 20, arrêt Petit-Port. Ⓣ Morrhonnière-Petit-Port (ligne 2). En voiture, sur le périphérique nord, prendre la sortie 39, direction porte de La Chapelle. ♿ Tte l'année (pas d'emplacements tente nov-avr). Tentes 25-50 € ; locatifs. 160 empl.* Terrain au bord d'un ruisseau, dans le coin des universités. Fort bien équipé et très pratique (à 10 mn du centre-ville en tramway), ce camping est engagé dans une démarche écoresponsable. Très arboré. Bar-resto, jardin, aire de jeux, pétanque, ping-pong, bar-resto et épicerie, et un minigolf insolite inspiré de l'univers de Jules Verne. Piscine juste en face, gratuite pour les clients du camping. Location de vélos.

APPARTEMENTS EN VILLE

Nantes propose quelques formules vraiment originales pour se loger en appartement.

Welcome Home Nantes : *06-72-77-43-85. • welcomehome-nantes@live.fr • À partir de 52 €.* Un choix d'appartements d'hôtes de charme situés au cœur de Nantes. Au choix, « Le Petit T » *(110, rue du Général-Buat),* une ancienne conciergerie près de la basilique, réhabilitée en petite maison pour 3 avec jardin, ou « L'Antichambre de la Duchesse » *(1, rue Mathelin-Rodier),* un studio pour 3 avec vue directe sur le château.

Appart'City Nantes Centre *(centre détachable E3,* ***12****)* **:** *4, rue des*

Petites-Écuries. ☎ 02-28-08-10-20. • nantes-centre@appartcity.com • appartcity.com • Les appartements de 2 à 4 personnes offrent un équipement de standing avec un coin cuisine ainsi qu'un espace bureau avec Internet. En couple ou en famille, l'appart-hôtel permet d'économiser sur son budget restauration. Ces établissements proposent des services (parfois) identiques à ceux des hôtels comme une bagagerie et le petit déjeuner.

Surprenantes – Destinations : *86, quai de la Fosse. ☎ 09-67-20-97-81. 06-38-44-49-98. • contact@surprenantes.com • surprenantes.com • Nuit env 100-160 €, dégressif. Attention, 2 nuits min parfois demandées pdt vac scol.* Un concept « surprenant » d'appartements bien situés en centre-ville et au-delà, conçus selon des thématiques liées au patrimoine historique et culturel de Nantes. Confort correct (certaines mezzanines peuvent être étroites) et ambiances réussies pour un voyage en soi.

HÔTELS

Vieille ville

Prix moyens

Hôtel Duquesne *(centre détachable E2,* ***13****) : 12, allée Duquesne (cours des Cinquante-Otages). ☎ 02-40-47-57-24. • info@hotel-duquesne-nantes.com • hotel-duquesne-nantes.com •* ♿ Hôtel classique et familial, au calme, même si certaines chambres donnent sur le cours des Cinquante-Otages. De bon confort (double vitrage, ascenseur...), elles sont coquettes et sobres à la fois. Salles de bains pour la plupart très joliment rénovées.

De chic à plus chic

Hôtel La Pérouse *(centre détachable E3,* ***14****) : 3, allée Duquesne (cours des Cinquante-Otages). ☎ 02-40-89-75-00. • information@hotel-laperouse.fr • hotel-laperouse.fr • Ⓣ Place-du-Cirque (ligne 2).* ♿ *Doubles standard 99-279 € ; supérieures également ; petit déj 16 € avec des produits locaux. Stationnement payant à 50 m (adresse GPS pour dépose-minute : 3, rue Armand-Brossard). Écolabel européen.* Cet hôtel iconique, construit par les architectes Barto et Barto, a obtenu le label Patrimoine du XXe s. Ce gros bloc de granit tout blanc, à la façade penchée (en référence aux immeubles de l'île Feydeau) traverse les années sans prendre une ride. À l'intérieur, du bois clair, du verre, de la pierre, de l'espace, et mobilier signé par des designers contemporains... Dans le bar, des créations originales réalisées à partir de matériaux électroniques de récupération. Dans les chambres, spacieuses et indémodables dans leur parti pris de sobriété, des salles de bains avec lavabo transparent. Accueil pro et charmant.

Okko Hôtel *(centre détachable E3,* ***16****) : 15 bis, rue de Strasbourg. ☎ 02-52-20-00-70. • nantes4401@okkohotels.com • okkohotels.com/hotels/nantes •* ♿ *Doubles 100-200 €, apéritif non alcoolisé et snacking compris ; petit déj 14 €. Parking payant selon dispo.* Cet hôtel récent se cache derrière une discrète façade moderne. La surprise vient des 80 chambres, lumineuses et calmes, conçues comme des cocons. La clientèle, d'affaires en semaine, apprécie visiblement ce style conjuguant design épuré mi-scandinave mi-futuriste et fonctionnalité d'un établissement qui mise sur le haut de gamme. Salle fitness sur réservation et *aperitivo* à 18h30. Accueil attentionné.

Quartier Graslin

Bon marché

Hôtel Saint-Patrick *(centre détachable E3,* ***15****) : 7, rue Saint-Nicolas. ☎ 02-40-48-48-80. • hotelsaintpatrick44@gmail.com • hotel-saintpatrick.com • Réception au 3e étage, 17h-20h30. Congés : fêtes de fin d'année. Doubles avec w-c sur le palier ou privés 52-59 € ; familiales. Un petit déj/chambre par nuit offert le w-e sur présentation de ce guide.* En plein centre-ville, cet hôtel étroit mais qui monte haut

LA LOIRE-ATLANTIQUE

(4 étages sans ascenseur) est une vraie aubaine pour les petits budgets. C'est nickel et avec double vitrage (bonne nouvelle, car il y a quelques terrasses de bars sur la place). Un ensemble fort convenable et une ambiance routarde très sympa, à l'image de l'accueil et de la fresque murale dans les escaliers ou de la sculpture en façade.

De prix moyens à chic

Hôtel Amiral (centre détachable D3, **19**) : 26 bis, rue Scribe. ☎ 02-40-73-56-69. • amiral@hotel-nantes.fr • hotel-nantes.fr • Doubles 68-124 € ; familiales. Réduc de 10 % sur présentation de ce guide. Hôtel moderne et agréable, à l'image de ce hall tendance et accueillant. C'est en tout cas l'un des établissements les plus engagés dans le développement durable, primé pour cela en 2015. Chambres pas bien grandes mais fonctionnelles et plutôt coquettes. Préférer celles sur l'arrière. Petit déjeuner avec produits bio et locaux. Une adresse fiable qui a su opérer une réhabilitation de qualité. Accueil toujours au top.

Hôtel Voltaire Opéra (centre détachable D3, **20**) : 10, rue Gresset. ☎ 02-40-73-31-04. • resas@hvonantes.com • hotelvoltaireoperanantes.com • ♿ Doubles standard 65-160 €. Dans un immeuble ancien doté d'une jolie façade décorée, des chambres confortables, à la déco sobre et élégante, personnalisées et tranquilles. La rue n'est pas des plus fréquentée. Excellent accueil.

De chic à plus chic

Oceania – Hôtel de France (centre détachable D3, **17**) : 24, rue Crébillon. ☎ 02-40-73-57-91. • oceania.hoteldefrance@oceaniahotels.com • oceaniahotels.com • Doubles à partir de 89 €. Parking public payant. Au cœur du quartier chic, l'*Hôtel de France* a opéré une mue bluffante qui a su préserver les volumes et le caractère de l'ancien hôtel particulier, notamment cet escalier monumental en fer forgé, tout en imprimant un style résolument moderne et coloré. Immense hall surplombé de sa coupole. Chambres spacieuses, parfaitement insonorisées et lumineuses, au confort 4 étoiles. Mention très spéciale pour le petit déj-buffet. Espace fitness et bar-salon de thé cosy (ouv 11h-23h).

Maisons du Monde (centre détachable D3, **22**) : 2 bis, rue Santeuil. ☎ 02-40-73-46-68. • nantes@maisonsdumondehotel.com • maisonsdumondehotel.com • Doubles à partir de 80 € ; petit déj 18 €. Quand un groupe hôtelier et une chaîne de mobilier de maison croisent leurs savoir-faire, cela donne une cinquantaine de séduisantes chambres à thème, tout confort et de gamme variable : nature, rock, exo-chic, explo-chic, classique... Pas de réception mais un salon ouvert aux gens du quartier, une cuisine commune comme à la maison, et au final un lieu convivial en plein centre.

Micr'Home (centre détachable D3, **21**) : 12, rue de la Fosse. ☎ 0892-464-044 (0,35 €/mn + prix d'appel). • nantes-tourisme.com • À partir de 100 €, sans le petit déj. Notre repaire le plus curieux et le plus étriqué à Nantes, un appartement de 26 m² sur 3 niveaux de 2 m de large, lovés entre 2 murs dans une ruelle. De la micro-architecture développée dans le cadre du Voyage à Nantes, totalement déroutante et conceptuelle, d'autant qu'on accède aux lieux seulement par une échelle rétractable !

Best Western Hôtel Graslin (centre détachable D3, **23**) : 1, rue Piron. ☎ 02-40-69-72-91. • info@hotel-graslin.com • hotel-graslin.com • Doubles à partir de 65 ou 85 €. Chambres modernes, plus ou moins spacieuses. Très agréable lounge-bar avec de généreux fauteuils. Bel accueil. Le tout dans une ambiance Jules Verne, à l'image de la salle de petit déj évoquant le sous-marin de Némo.

Quartier de la gare

De prix moyens à chic

Hôtel Abat-Jour (plan détachable F2, **26**) : 17, rue Geoffroy-Drouet. ☎ 02-40-74-35-95. • abat.jour@wanadoo.fr • Attention, réception *fermée 13h-17h. Doubles 60-84 € hors congrès et événements.* Petit hôtel au calme, à proximité de la cathédrale. On apprécie les chambres « supérieures », très cosy et meublées avec beaucoup de goût. Chacune est personnalisée et dégage sa propre atmosphère : tons gris, taupe, mauve ou chocolat, toujours cosy. Tout simplement un bon rapport qualité-prix !

Hôtel du Château *(centre détachable F2,* ***24****) : 5, pl. de la Duchesse-Anne. ☎ 02-40-74-17-16. • hotelduchateau44@orange.fr • hotel-du-chateau-nantes.fr • Accès au fond d'un couloir et réception au 1er étage (ouv 7h30-13h30 – 9h-13h30 w-e –, 17h30-22h). Doubles 56-80 € ; familiales (vue sur les toits ou le château). Réduc de 2 € sur la 1re nuitée en résa directe sur présentation de ce guide.* Une adresse assez rare dans son genre, au rapport qualité-prix-emplacement franchement compétitif. Ce petit hôtel, tout en escalier, propose une douzaine de chambres simples, claires, personnalisées, relookées façon maison de famille, aux couleurs douces et fraîches. Les portes sont joliment décorées de textes sur des personnes ayant appartenu à la cour d'Anne de Bretagne. Salles d'eau minimalistes mais double vitrage efficace. Accueil prévenant.

L'Hôtel *(centre détachable F2,* ***28****) : 6, rue Henri-IV. ☎ 02-40-29-30-31. • info@nanteshotel.com • nanteshotel.com • À 300 m de la gare. Chambres standard (vue arrière) ou supérieures (vue château ou jardins) 79-169 €. Parking payant.* Un 3-étoiles confortable, idéalement situé à l'arrière du château, sur lequel donnent certaines chambres. Hall élégant. Déco résolument moderne, jouant avec le blanc et les tonalités sourdes. Conception tendance également, avec des salles de bains ouvertes sur la chambre (pour certaines). Pas très spacieuses, en revanche, mais agréablement meublées.

Beaucoup plus chic

Hôtel Sozo *(plan détachable G2,* ***32****) : 16, rue Frédéric-Cailliaud. ☎ 02-51-82-40-00. • reception@sozohotel.fr • sozohotel.fr • ♿ À deux pas de la gare. Doubles 100-360 € ; suite également ; petit déj 19 €. Parking payant (15 €/nuit).* En retrait de la rue, un boutique-hôtel surprenant, logé dans une chapelle du XIXe s avec vue sur le jardin des Plantes. D'emblée, la réception, installée dans le chœur et qui a conservé ses vitraux, impressionne par son volume et sa luminosité. La déco des chambres extra-confortables et d'une blancheur monacale, au design épuré, met parfaitement en valeur l'architecture spécifique du lieu et la pierre. Petit déjeuner copieux et bio. Assurément une formidable transformation architecturale pour ce lieu béni des dieux. Également un espace sensoriel (accès payant).

Un peu au nord

Prix moyens

Hôtel Saint-Yves *(plan détachable F1,* ***30****) : 154, rue du Général-Buat. ☎ 02-40-74-48-42. • reservation@hotel-saintyves.fr • hotel-saintyves.fr • Bus nos 21 ou 23 pour le centre. Doubles 69-90 €.* Bien qu'un peu excentré, en bus on n'est qu'à 10 petites minutes du centre. Chaque chambre est personnalisée, décorée avec un goût sûr et même un vrai talent. Et puis, au fond, un beau petit bout de jardin, très apprécié de la clientèle d'habitués, complète élégamment ce petit nid d'amour. Tout cela à des prix vraiment très démocratiques.

Où manger ?

Outre les nombreux restos exotiques du quartier Bouffay et les restos « bon marché » qui font la joie des étudiants nantais, la ville regorge d'établissements qui mettent en valeur les produits locaux, mais pas seulement. Nantes est devenue une destination gastronomique, et dans des gammes de prix raisonnables. Pour trouver la table de ses rêves, outre notre sélection, consulter le site (à jour) • *lestablesdenantes.fr* •, qui répertorie nombre de restaurants nantais par critères de sélection.

Dans la vieille ville et à proximité

Sur le pouce

Nantes se prête à baguenauder dans les espaces verts ou à s'attarder sur un banc face à un monument ou à une œuvre d'art contemporain. Alors, amis lecteurs, n'hésitez pas à aller écumer les nombreux marchés, qui proposent de bonnes spécialités locales et régionales.

La Cuillère en Coin *(centre détachable E2, **40**) : 21, rue de Strasbourg (à l'angle de la rue Beau-Soleil). ☎ 02-40-89-16-93. Seulement lun-ven 12h-15h. Formules 11,80-15,50 €.* Un petit bout d'adresse vert pomme, qui distille avec fraîcheur de bien belles soupes, salades, quiches et toujours un plat mijoté. Rien que du frais, rien que du bon, toujours de saison, et ça ne troue pas le porte-monnaie. Sur place ou à emporter. Accueil adorable.

Dubrown Burger *(centre détachable E2, **47**) : 12, rue Saint-Léonard. Fermé dim-lun. Env 10-15 €.* Ici, fast-food rime avec *good,* « pas de *bullshit* », comme ils l'affichent. Viande bovine française et pain boulanger (agrémenté de graines de courge ou de pavot) constituent la base de recettes pour certaines vraiment originales : fourme d'Ambert-oignons caramélisés, ananas rôti-cheddar. Pour le reste, viande juteuse et frites délicieuses. Tiens, ça aussi ça rime...

Dînette *(centre détachable E3, **48**) : 12, rue du Château. ☎ 02-51-82-79-13. Tlj 12h-18h30. Compter 10-20 €.* Il a du style ce petit salon de thé gourmand qui propose des formules vraiment épatantes au déj. Salades composées de produits frais, soupes, tartes salées onctueuses et pâtisseries maison. Parfait pour une... déjeunette entre copines ! Fait salon de thé l'après-midi. *Autre adresse 11, rue Saint-Léonard.*

Chop Chop *(centre détachable E2-3, **41**) : 11, rue Saint-Léonard. ☎ 02-40-12-10-60. • chopchopnantes@gmail.com • Lun-sam 9h-18h. Fermé dim. Petits plats env 6-14 €.* Sur place, mais surtout à emporter, la touche un brin british de ce *coffee shop* enthousiasme les gens du quartier avides d'authenticité et de simplicité. En plus d'un café, ils ne savent que choisir entre tartes salées, *sausage rolls, carrot cakes* et verrines... à accompagner d'une bière bio.

Bon marché

Le Coin des Crêpes *(centre détachable E3, **45**) : 2, rue Armand-Brossard. ☎ 02-40-35-39-36. Fermé dim-lun. Repas env 20 €.* Comme pour marquer une identité bretonne incontestable, Nantes regorge de bonnes crêperies. Celle-ci fait partie du top 5 avec une sélection de produits locaux et bio de préférence, et des réalisations irréprochables. Les 2 salles – dont 1 à l'étage –, aménagées dans le goût de l'époque, et la large terrasse sur voie semi-piétonne dès les beaux jours offrent un cadre de dégustation des plus plaisant. Accueil impeccable et coin épicerie.

Le Reflet *(centre détachable E2-3, **97**) : 4, rue des Trois-Croissants. ☎ 02-40-20-33-86. • restaurant.lereflet@gmail.com • Ouv le midi mar-ven, plus le soir jeu-sam. Fermé dim-lun. Formules déj 13-17,50 € ; dîner 24-29 €.* Un restaurant extraordinaire, comme les autres tout en étant différent. Car ici ce sont des jeunes en situation de handicap qui se relaient pour servir une cuisine de marché fine, fraîche et contemporaine. Tout a été conçu pour faciliter le service : on tamponne les plats sélectionnés sur une carte, les assiettes ont été fabriquées spécialement, le mobilier adapté en cuisine. Au plafond, toiles abstraites créées avec les jeunes. L'ambiance est tout simplement au sourire, à la bienveillance, à l'humour et à la gourmandise. Un bon et beau moment pour faire changer le regard sur le handicap. Et un véritable succès, à tel point que *Le Reflet* a ouvert un restaurant à Paris en 2019.

De prix moyens à chic

Le Bouchon *(centre détachable E2, **46**) : 7, rue Bossuet. ☎ 02-40-20-08-44. 06-83-18-04-95. • lebouchon.restaurant@orange.fr • Fermé sam midi et dim-lun. Résa vivement conseillée. Formules déj en sem env 14-17 € ; menus 26-34 €. Digestif maison offert sur présentation de ce guide.* Dans une jolie maison à pans de bois avec un beau jardin, une cuisine innovante et surprenante à tendance gastro, où se mêlent parfums et saveurs d'ailleurs. Part belle faite aux légumes, « frais pour de vrai » comme affiché. Service impeccable et sans chichis.

Pickles *(centre détachable E2, **53**) : 2, rue du Marais. ☎ 02-51-84-11-89. • picklesnantes@gmail.com • pickles-restaurant.com • Fermé dim-lun. Congés : 1re sem de janv et 24-26 déc. Formules déj 18-22 € ; menus 45-52 €.* Adieu la City ! Consultant dans une vie antérieure, l'Anglais Dominic Quirke a passé son CAP et effectué son apprentissage dans de grandes maisons. Aujourd'hui, dans son bistrot « industriel », il met son savoir-faire au service d'une cuisine néobistrotière, bien dans son temps. Chaque jour, le marché et l'humeur créative du chef impriment la tendance du menu avec des plats joliment présentés, aux saveurs métissées, et mâtinées d'influences britanniques. *Of course !* Desserts extra à ne pas bouder.

Sources *(centre détachable E2-3, **143**) : 22, rue de Verdun. ☎ 02-40-89-42-42. Fermé dim-lun et mar soir. Menus 19-23 € le midi en sem ; menus-dégustation 48-64 €.* La salle s'allonge sur plusieurs demi-niveaux jusqu'à la cuisine ouverte. De la délicatesse et une indéniable touche féminine, tant dans la déco colorée qu'à la carte, les saveurs subtiles à base d'herbes et épices à redécouvrir, et les plats présentés comme des petites œuvres d'art. Une pause savoureuse et guillerette dans le vieux centre, là où la maison abritait auparavant une épicerie fine. On comprend mieux !

L'Aménité *(centre détachable E2, **49**) : 4, rue Fénelon. ☎ 02-40-20-03-46. Lun-ven à partir de 12h et 20h. Fermé le w-e. Menus 19-24 € le midi, 36-49 € le soir.* Le dico définit l'aménité comme de la « douceur accompagnée de grâce et de politesse ». Ajoutons à ce portrait flatteur une agréable déco dans les tons bleu royal agrémentée des tableaux de la galerie voisine, une précision d'horloger dans le mariage des saveurs et la palette d'un peintre quand les plats se présentent à vous. La cuisine est légère et réjouissante. Du grand art pour ce bistrot chic et bio à l'âme écolo.

L'Étrillum *(centre détachable E2, **54**) : 22, rue Armand-Brossard. ☎ 02-40-12-10-38. • contact@etrillum.fr • Fermé le w-e. Menus 18 € (midi)-36 €.* Ce bar à vins tout en longueur, au décor typiquement bistrotier, laisse entrevoir au fond, dans sa cuisine ouverte, un chef appliqué et inspiré. Chaque jour, il revoit son ardoise en fonction du marché et réalise tout sur place. Aux formules simples, courtes et abordables du déjeuner se substitue une ardoise plus élaborée le soir avec de vrais fonds de sauce, des accompagnements travaillés et des présentations soignées. Simple et efficace.

Lamaccotte *(centre détachable E2, **101**) : 7, rue Saint-Denis. ☎ 02-85-37-42-30. Fermé dim-lun. Le midi, menus 20-25 € ; le soir, menus découverte 4 ou 6 plats 38-48 €.* Ce restaurant propose des produits frais de qualité. La cuisine nous enchante par sa précision, par les associations de saveurs et par l'attention particulière portée aux légumes. La présentation des plats, soignée et graphique, ajoute encore au plaisir de la table. Desserts gourmands à souhait. L'accueil est au diapason, pro, souriant et carré.

Dans le quartier Graslin et autour

Très bon marché

Le Badérioc *(centre détachable D3, **57**) : 4, rue du Chapeau-Rouge. ☎ 02-28-08-96-91. • lebaderioc@gmail.com • Lun-sam 11h-16h. Congés : 3 sem en août et fêtes de fin d'année. Plat env 15 €.* Petit self adorable où se retrouvent les habitués du

LA LOIRE-ATLANTIQUE

quartier dans une ambiance conviviale et un décor coloré. Tout est là, et on se sert soi-même. Un peu comme chez soi. On prend une barquette pour un plat, puis une salade, une soupe, une tarte, une quiche ou un gâteau au chocolat... Et on se régale avec le sourire. Pour une poignée d'euros, un rendez-vous sympathique comme Nantes sait en créer. Quelques tables en terrasse, été comme hiver.

|●| ***Crêperie Heb-Ken*** *(centre détachable D3,* ***58****) : 5, rue de Guérande. ☎ 02-40-48-79-03. • creperie-hebken@orange.fr • Tlj sauf dim. Résa préférable le soir. Carte 10-15 €.* Un accueil direct et surtout des crêpes goûteuses copieusement garnies. Voilà le menu ! On tient là l'une des meilleures crêperies nantaises. Prévoir du temps pour faire son choix, la carte affiche plus d'une centaine de combinaisons.

|●| ***Le Poisson Paré*** *(centre détachable D3,* ***96****) : 12, quai de la Fosse. ☎ 02-40-35-42-05. Ouv le midi mar-sam, plus le soir jeu-ven. Formules déj env 12-17 € ; plat env 11 €.* Une pause sympa et sans façons pour un *fish & chips* tout en légèreté avec frites maison et poisson frais. Mais on peut le préférer plus classique en filet avec des légumes bretons bio, ou sous forme de rillettes, dans une salade, etc. Bref, une pause iodée sympa dans une petite salle bien dans l'air du temps. Pour ne rien gâcher, jolie sélection de vins et accueil souriant.

Bon marché

|●| ***Le Petit Boucot*** *(centre détachable D3,* ***98****) : 3, rue Lekain. ☎ 02-53-97-04-04. Fermé sam midi et dim-lun. Congés : 1 sem en janv et 2 sem en août. Formules déj 18-21 € ; plats à partir de 20 €. Digestif maison offert sur présentation de ce guide.* Le boucot, c'est la délicieuse et iodée petite crevette grise pêchée dans le coin. Frédéric Chiron propose dans une petite salle gris-bleu apaisante avec ses murs de pierre une cuisine simple mais créative et goûteuse, mâtinée de quelques épices pour relever le tout. Le soir, c'est un peu plus élaboré, mais on reste bien dans la même volonté de surprendre et de faire plaisir. Service agréable et de bon conseil. Un excellent rapport qualité-prix. Résa impérative, cela va sans dire !

|●| ☂ ***La Cigale*** *(centre détachable D3,* ***59****) : 4, pl. Graslin. ☎ 02-51-84-94-94. • salle@lacigale.com • Face au théâtre Graslin (l'opéra). Service continu tlj 7h30-0h30 (y compris dim, pratique !). Formules déj en sem 16-27,50 € ; le soir, menus 24,90-27,50 € ; dim à partir de 31 € le midi, 19 € le soir ; intéressant menu enfants 11 €.* L'adresse incontournable, immortalisée par Jacques Demy et Anouk Aimée dans *Lola.* Inauguré en 1895, c'est un pur chef-d'œuvre de l'Art nouveau, classé aux Monuments historiques. La cuisine généreuse met en valeur les produits et les recettes régionales, mais pas seulement. En été, terrasse très agréable donnant sur la magnifique place Graslin.

|●| ***Beckett's Canteen*** *(centre détachable D3,* ***43****) : 3, rue Guépin. ☎ 02-40-48-76-46. Ouv le midi tlj sauf dim, plus le soir ven. Formules déj 17,50-20,50 € ; menus 21,50-25,50 €.* Comme son nom le laisse entendre, ce petit resto *trendy* et cosy est tenu par un Irlandais, aussi francophone que l'était l'auteur d'*En attendant Godot.* Mais hormis la *Guinness* à la pression, rien d'irlandais dans cette cuisine fraîche et goûteuse qui fait volontiers le tour du monde. Petite terrasse tranquille dans sa rue piétonne. Prix aussi gentils que l'accueil.

De prix moyens à chic

|●| ***Song*** *(centre détachable D3,* ***60****) : 5, rue Santeuil. ☎ 02-40-20-88-07. • contact@restaurant-song.fr • Fermé dim-lun. Résa indispensable. Formule déj en sem env 16-20 € ; plats 18-28 €.* Éclairages tamisés, éléments de décor épurés, ambiance intime : bienvenue dans ce temple raffiné de la cuisine asiatique version nouvelle cuisine... Aux commandes, une femme qui se plaît à revisiter les classiques asiatiques en y apportant une sacrée touche d'originalité et certaines créations plus inattendues. Excellents desserts,

aux présentations graphiques, et une belle sélection de vins au verre à prix d'amis. Également un comptoir vente à emporter.

|●| *Roza* *(centre détachable C-D3,* ***50****) : 3, pl. de la Monnaie. ☎ 02-40-54-01-87. • reservationroza@hotmail.com • Fermé le w-e. Menus 20-25 € le midi ; plats 25-29 €.* Cette référence bistronomique nantaise a fait son nid face au tranquille square du Muséum d'histoire naturelle. Pas de parade, ce n'est pas le genre de la maison, mais un cadre chic et une carte choc qui ne manquent pas de style. Avec la formule du midi on ne se fait pas plumer tandis que les plats alignent les bons points. Une adresse en bonne place sur notre liste rouge des espèces à protéger.

Sur l'île Feydeau et dans le quartier du Champ-de-Mars

Très bon marché

|●| *Bad Hunter* *(centre détachable E3,* ***51****) : 1, allée de la Maison-Rouge. ☎ 02-53-78-65-18. Ouv le midi en sem, plus le soir ven. Fermé w-e. Résa conseillée. Env 15 €.* Une cantine de quartier qui fait le buzz à midi, à l'heure du coup de feu. Carte végétarienne et bio qui ravit les bosseurs du coin en chasse d'une bonne table, dans une ambiance animée avec ses tables à touche-touche. Terrasse sur la rue. Une affaire imbattable pour le porte-monnaie.

De bon marché à prix moyens

|●| ☂ *Totum* *(centre détachable E3,* ***100****) : 11, quai Turenne. 📱 06-10-53-22-20. • hello@totumcantine.bio • Mar-sam. Congés : 2de quinzaine de sept et autour de Noël. Formules env 16-22 €. Café offert pour la formule 3 plats sur présentation de ce guide.* Une petite cantine, bio, végane et sans gluten (comme l'indique la carte), installée dans les salles basses d'un bel immeuble du quai Turenne. Elle propose une ardoise alléchante avec des plats élaborés et de la créativité. Les légumes, les graines, les épices sont associés dans des plats pleins de saveurs et de bien-être. Madame est une sommelière de renom, le bonheur total ! Terrasse sur le quai. Pour les accros, la maison a ouvert une 2e adresse plus sage, au 11, rue Fouré.

|●| *Les Chants d'Avril* *(centre détachable F3,* ***44****) : 2, rue Laennec. ☎ 02-40-89-34-76. Fermé le soir lun-mer et le w-e. Formules déj 19-22,50 € ; le soir, menu 31,50 €.* Historique décor de bistrot qui a conservé, depuis les années 1950, des fresques murales à la gloire du Pays nantais, et des banquettes de moleskine verte. Menu mystère à base de produits d'une éclatante fraîcheur, très joliment travaillés. Vins (mystère aussi !) très, très bien choisis. Une belle surprise, effectivement. Et le chef a même lancé sa propre gamme d'épices, vendue en moulins.

|●| *Les Frères Piers* *(plan détachable F3,* ***68****) : 40 bis, rue Fouré. ☎ 02-40-48-26-24. • contact@lesfrerespiers.com • Fermé dim-lun et j. fériés. Formules déj 18-21 € ; carte env 45 €.* Le chef va chercher l'originalité de ses plats à la fois dans une présentation pleine de rebondissements et dans des saveurs simples parfaitement coordonnées aux spécialités de légumes et produits de la mer à l'ardoise selon les saisons. Les 2 salles aux murs massifs en pierres apparentes sont égayées de toiles modernes pleines de couleurs, et le service décontracté mais efficace ne gâche rien à l'affaire.

|●| ☕ *Le P'tit qu'a fait* *(centre détachable E-F3,* ***69****) : 11, rue des Olivettes. ☎ 09-52-67-31-26. • lpqf44@gmail.com • Ouv le midi seulement, mar-sam 11h-17h30. Formule déj en sem 13,90 € ; brunch 17,90 € ; carte 15-20 €. Café offert sur présentation de ce guide.* « Troquet ludique et familial », un lieu de vie à fréquenter donc avec des enfants : salle de jeux rien que pour eux et, régulièrement, des ateliers sur résa (cabaret, modelage...). Sinon, on mange frais, local, bon et (souvent) bio dans cette souriante petite salle colorée meublée récup et qui accueille des expos.

Chic

L'Atelier d'Alain (centre détachable F4, **72**) : *24, rue des Olivettes. ☎ 02-40-84-38-66. Fermé sam midi et dim. Formules env 17-20 € le midi, 33-37 € le soir ; plats env 15-30 €.* Alain Ruffault a rouvert l'ancienne boucherie de papa, devenue son atelier de cuisine. Une salle couleur anis s'ouvre sur la cuisine. Les casseroles en cuivre au mur ne sont pas là pour la frime. On y concocte, sous vos yeux, des plats inventifs, sûrs d'eux, parfaitement maîtrisés, offrant de subtiles saveurs qui titillent les palais. Carte de plus de 500 vins. Et puis, si vous avez des velléités, Alain propose des cours. Accueil bourgeois dans le bon sens du terme.

L'U.NI (plan détachable F3, **70**) : *36, rue Fouré. ☎ 02-40-75-53-05. • restaurant-l.uni@orange.fr • ♿ Fermé mer midi et le w-e. Congés : 2 sem début janv, 2 sem début mai et 3 sem en août. Résa plus que conseillée. Formule déj en sem 23 € ; menus à partir de 44 € ; carte env 60 €.* Le *L'U* est un clin d'œil à l'ancienne usine de biscuits voisine. Le *NI* c'est pour Nicolas, jeune chef installé dans ce vaste espace contemporain, ancien second d'Éric Guérin à *La Mare aux Oiseaux*, entre autres enrichissantes expériences. Le tout est une abréviation de l'« Univers de Nicolas ». Un univers riche de légumes rares (auxquels Nicolas voue un amour immodéré) ; locaux, bio et de fulgurantes idées de plats. À des prix encore accessibles, l'une des belles tables de Nantes.

Maison Baron Lefèvre (plan détachable F4, **74**) : *33, rue de Rieux. ☎ 02-40-89-20-20. ♿ Fermé dim-lun et j. fériés. Menus 18,50 € (midi en sem)-28 € ; plats env 15-30 €.* Un ancien entrepôt a donné naissance à ce chaleureux restaurant à l'espace généreux. Plancher large, cave à vins sous grille, batterie de casseroles et vieille gazinière constituent un décor rustique et élégant à la fois (tables nappées). La plupart des plats changent tous les jours, et la majorité des légumes proviennent du jardin. Une cuisine somme toute classique sans souci d'inventions culinaires mais où l'on sert ce que l'on sait faire. Épicerie fine à l'entrée.

Sur l'île de Nantes

De très bon marché à bon marché

Kiosko (plan détachable D4, **52**) : *31 bis, rue de la Tour-d'Auvergne. ☎ 02-40-74-57-88. ♿ Lun-ven 9h-20h. Env 10-15 €.* Ce lieu tendance aligne les tables et les bons points, pour son cadre bien vu, façon espace industriel aménagé de bois brut et pour sa cuisine simple et locale. Bocaux, bagels, jus énergisants, soupes et desserts maison... C'est bon, c'est bio et c'est parfait pour une pause à toute heure.

Ti Lichous (plan détachable F4, **80**) : *12, rue Grande-Biesse. ☎ 02-40-35-44-60. • tilichous@gmail.com • Ⓣ Vincent-Gâche. ♿ Ouv le midi seulement, lun-sam ; les soirs et w-e sur résa. Compter 10-25 €.* Traduction : « La Maison des Gourmands »... et des bons mangeurs, serait-on tenté d'ajouter. Car ici on ne mégote pas sur le contenu de l'assiette. Du breton, rien que du breton et pas que de la galette. La cuisine traditionnelle y est à l'honneur, avec entre autres un *kig ha farz* d'anthologie servi le jeudi. Le cadre coloré et la chaleur du service apportent bien du réconfort dans ce quartier tristounet. D'ailleurs, la clientèle des bureaux alentour s'y bouscule. C'est souvent complet, mais avec une petite bolée de cidre au comptoir, ça tourne vite.

De chic à plus chic

Lulu Rouget (plan détachable D5, **42**) : *4, pl. Albert-Camus. ☎ 02-40-47-47-98. • contact@lulurouget.fr • ♿ Fermé dim-lun. Menus déj 35-65 € ; le soir, menus « Yeux fermés » 65-95 €.* Cet espace contemporain, c'est chez Ludovic, alias Lulu, un chef d'ici formé dans quelques grandes maisons d'ailleurs (*Troisgros* à Roanne, pour n'en citer qu'une) et qui n'a pas traîné à se faire un (sur)nom puis à gagner son étoile. L'enseigne donne aussi une idée de ce qu'on mange chez Lulu : du poisson en général et du rouget en particulier (son rouget laqué au beurre de cassis est devenu un classique). Superbes plats très personnels, y compris les desserts. Service décontracté mais professionnel juste ce qu'il faut. Carte des vins avec 200 références.

Le 1 (plan détachable D4, **77**) : *1, rue Olympe-de-Gouges. ☎ 02-40-08-28-00. Tlj ; service continu 12h-23h. Formules 16-19 € (midi en sem), puis 28 € ; plats 19-26 €.* Un bel espace vitré en bord de Loire, un mobilier contemporain boisé et confortable, une terrasse extérieure colorée (œuvre du parcours *Estuaire*) et un chef que l'on voit s'activer dans sa cuisine ouverte : voilà *Le 1*. Aux menus, de beaux produits régionaux travaillés avec soin (brochets, anguilles, écrevisses, canard...), rehaussés à la carte de touches plus originales. L'appel du grand large se fait aussi sentir : saveurs indiennes, charcuterie ibérique ou délicatesses japonaises sont régulièrement invitées à la carte. Service pro et souriant.

Sur la butte Sainte-Anne

Le Havre (plan détachable B5, **79**) : *4, rue de l'Hermitage. ☎ 02-40-73-29-19. Lun-ven le midi seulement. Congés : se renseigner. Formule env 19 €. Apéritif maison offert sur présentation de ce guide.* Un resto d'habitués façon bistrot au pied de la butte rouge de Sainte-Anne. Sans façons, on choisit d'abord son lit (chaque table jouxte une tête de lit), puis on se met à table. Le menu, pas dispendieux pour un sou, propose une bonne cuisine traditionnelle, maison à 90 %...

Un peu au nord du centre-ville

L'Océanide (plan détachable E2, **83**) : *2, rue Paul-Bellamy. ☎ 02-40-20-32-28. • restaurant.oceanide@orange.fr • Ⓣ Cinquante-Otages (ligne 2). Fermé lun soir et dim. Menus 21,90 € (midi en sem), puis 32-58 € ; carte env 50 €.* Le chef breton se fournit au grand marché de Talensac et travaille essentiellement les produits locaux. Comble du raffinement, au-delà des produits principaux aux justes cuissons (on recommande les spécialités de poisson et fruits de mer), il ne délaisse rien dans sa composition : les légumes de saison, parfois inattendus, mais aussi les sauces qui présentent des saveurs tout aussi délicates. Quand arrive la carte des desserts maison et des cafés, on a déjà pardonné l'aménagement un peu froid de la salle.

Où prendre un petit déjeuner ? Où boire un thé ? Où déguster une glace ?

La Cigale (centre détachable D3, **59**) : *4, pl. Graslin. Voir « Où manger ? ».* Un des hauts lieux de la vie nantaise, qui ouvre ses portes au petit matin et vous invite à commencer la journée par un petit déj délicieux dans un décor Art nouveau naissant de superbe facture. Plusieurs formules, du simple café-croissant à l'assiette de saumon fumé, sans oublier le brunch.

La Passagère (centre détachable D3, **85**) : *passage Pommeraye et accès par la rue du Puits-d'Argent. ☎ 02-40-89-50-50. ♿ Mar-sam 10h30 (9h30 sam)-19h.* Sous l'escalier du passage de la Pommeraye (entrée à l'entresol), les propriétaires de la *Maison Baron Lefèvre* (voir plus haut « Où manger ? ») ont ouvert ce salon de thé raffiné... pour une clientèle qui ne l'est pas moins ! Cela dit, l'ambiance et le service adorable invitent à la détente. Surtout l'on savoure de délicieuses pâtisseries maison. Également à emporter.

Amorino (centre détachable E3, **55**) : *23, rue du Château. Tlj 11h (12h en sem)-minuit.* Boissons à la glace, *gelato burgers,* glaces sur mesure en forme de fleurs... La maison ne manque pas d'originalité, ni les glaces de goût.

La Fraiseraie (centre détachable D3, **56**) : *1, pl. de la Bourse. Tlj jusqu'à 19h.* On y fait la queue pour déguster une bonne glace à la fraise de Pornic, mais aussi au cassis de Bourgogne ou

LA LOIRE-ATLANTIQUE

aux myrtilles du Massif central. Entre autres... D'autres comptoirs en ville et près des Machines de l'île.

Où boire un verre ?

Dans la vieille ville et à proximité

Le Bar du Coin *(centre détachable E3, **90**)* **:** *21, rue de la Juiverie.* ☎ *02-40-47-55-05. Tlj à partir de 12h.* Un des QG des étudiants (qui vont, tout simplement, au « barduc »), de l'apéro à plus tard dans la nuit. Sa grande terrasse, à l'ombre de l'église Sainte-Croix, dans la rue piétonne, est particulièrement convoitée. Concert les jeudi et vendredi hors saison.

La Comédie des Vins *(centre détachable D3, **95**)* **:** *4, rue de Suffren.* ☎ *02-40-73-11-68.* ● *lacomediedesvins@hotmail.fr* ● *Tlj sauf dim-lun 18h-minuit. Congés : 1re quinzaine de janv et 3 sem en août-sept.* Adorable petit lieu où les vins sont joliment mis à l'honneur par une trentaine de flacons proposés au verre mais qui tournent régulièrement. Accueil souriant, conseils professionnels. Pour mettre un peu de solide dans le liquide, quelques savoureuses tartines sont proposées. Les costards-cravates y font halte après le boulot, quelques bobos complètent le décor, attirés par le judicieux choix de plus de 350 bouteilles, à emporter ou à déguster sur place. Petite terrasse sur rue.

Derrière la Cité des Congrès, sur le quai du canal Saint-Félix *(plan détachable F3)*, agréables terrasses de la guinguette flottante du ***Petit Baigneur*** entre parasols et plantes vertes ou encore celle *arty* de la ***brasserie Félix*** (œuvre du parcours *Estuaire*) avec son architecture verticale.

Dans le quartier Graslin

Radisson Blu Hotel *(centre détachable D2, **99**)* **:** *6, pl. Aristide-Briand.* ☎ *02-72-00-10-00.* ♿ *Fermé sam midi et dim.* Installé dans l'ancien palais de justice de Nantes, datant du XIXe s et en activité jusqu'en 2000, entièrement réaménagé et relooké, voici l'un des très luxueux et originaux hôtels nantais. À défaut de pouvoir dormir dans l'une des 150 superbes chambres design, on vous recommande d'aller prendre un verre ou dîner dans l'impressionnante ex-salle des pas perdus (les petits déj se prennent dans l'ancienne cour d'assises). On y prendrait bien perpét !

Dînette *(centre détachable E3, **48**)* **:** *12, rue du Château. Voir plus haut la rubrique « Où manger ? ».*

Sur l'île de Nantes

Le Hangar à Bananes *(plan détachable B-C5, **103**)* **:** *21, quai des Antilles.* Au bout de l'île de Nantes, l'un des coins branchés de la ville, qui attire familles et promeneurs en journée, dans la *Hab Galerie*, un lieu d'exposition consacré à l'art contemporain, puis la jeunesse festive nantaise en soirée. Difficile de recommander un bar plutôt qu'un autre, ils sont une quinzaine en rang d'oignons à étaler leurs transats face à la Loire. Tous arborent une déco design et originale, certains ont une salle pour danser ou recevoir des musiciens. On choisira selon l'humeur, l'heure et la clientèle du jour déjà présente.

L'Absence *(plan détachable E4, **105**)* **:** *parvis de l'Ensan, 6, quai François-Mitterrand. En été, mar-sam de 15h au coucher du soleil ; sinon horaires plus retreints et fermé le w-e en hiver.* Un bar-snack installé dans cette sorte de gros glaçon, une œuvre d'art contemporain du parcours *Estuaire*... Étonnant endroit, donc, avec son comptoir en pavés bretons, prolongé d'une grande terrasse. Quelques petits trucs à grignoter tout au long de la journée.

Où boire un verre... tardif ?

Nantes est une ville étudiante, donc on sort tard. La plupart des bars de nuit et des pubs se trouvent dans le quartier du Bouffay, le vieux centre piéton, dans le quartier Graslin, mais également au *Hangar à Bananes* sur l'île de Nantes ou au *Lieu Unique*, près de la gare.

Dans la vieille ville et à proximité

La Maison Café *(centre détachable F2,* ***110****)* **:** *4, rue Lebrun. ☎ 02-40-37-04-12. Tlj 15h (17h dim)-2h.* L'un de nos bistrots favoris à Nantes. La déco kitsch et colorée, très réussie, reproduit avec astuce les pièces d'une maison des années 1970, dont chacune possède son ambiance, sa lumière et ses objets typiques. Également quelques tables dans la cour, chauffée en hiver, près de la fontaine, où il ne manque que les nains de jardin ! Bonne musique, bon accueil, bon esprit et bières pas chères. Pour la jeunesse bohème moderne.

Le P'ti Zinc *(centre détachable E3,* ***111****)* **:** *10, rue de l'Emery. ☎ 02-40-20-04-08. Tlj 17h-2h.* Une grande terrasse dans un recoin du quartier piéton, où l'on se dispute une table libre pour ne plus la quitter. Un bon lieu d'observation des déambulations chaotiques des fêtards du week-end. Petite mezzanine et minuscule bar à l'intérieur. Les cocktails au rhum sont dosés costaud !

Buck Mulligan's *(centre détachable E3,* ***113****)* **:** *12, rue du Château. ☎ 02-40-20-02-72. • buckmulligans.fr • Tlj 16h-2h (minuit dim).* Un pub irlandais sympa comme tout, distillant une bonne ambiance et tirant la *Murphy's* bien comme il se doit. Chaque jeudi, concert autour du blues. Autres soirées musicales de temps en temps et session irlandaise 1 dimanche sur 2. Pour un peu, on se croirait sur l'île d'Émeraude. Extra !

Au Chien Stupide *(centre détachable E3,* ***114****)* **:** *4, rue des Carmélites. ☎ 02-40-20-58-39. Tlj 12h (16h30 dim)-2h.* Ambiance éminemment jeune, musique et murs couverts de posters. Passer *the door* pour une bonne mousse arrosée de décibels avec vinyles des années 1950 à 1970. Le week-end, on peut même apporter ses collectors pour les écouter en société. Généreuse terrasse sur la rue passante.

Le Jeroboam *(centre détachable E2,* ***94****)* **:** *19, rue Léon-Blum. ☎ 02-72-02-30-47. Mar-sam 18h-2h.* Vins naturels et tapas (y compris sucrés), à boire ou à manger, dans les 2 cas on est sur du qualitatif. Le tout dans une ambiance chaleureuse de briques et de lumières douces.

Dans le quartier Graslin et autour

Le Pickwick's *(centre détachable D3,* ***115****)* **:** *3, rue Rameau. ☎ 02-40-73-13-62. Tlj 17h-4h. Concert chaque sem.* Étonnant bar en demi-cercle, idéal pour une rencontre. Ambiance assez jeune. Pour ceux qui grelottent de soif à une heure avancée de la nuit, ce bar bien connu ferme tous les jours à 4h du matin ! On y fête aussi enterrement de vie de célibataire, anniversaire, départ, et toute occasion pour se retrouver jusqu'à pas d'heure...

Où sortir ?

Le Floride *(plan détachable C5,* ***130****)* **:** *4, rue de Saint-Dominque. ☎ 02-40-47-66-80. • facebook.com/leflorid enantes • À la pointe ouest de l'île de Nantes (proche du Hangar à Bananes). Jeu-sam 23h-5h (23h30-7h en été).* Concerts régulièrement, sauf en été, pour faire connaître les groupes qui démarrent. C'est LA boîte rock de Nantes, une référence en la matière, toujours à la pointe de l'actualité musicale, que papa a créée il y a plus de 30 ans et que le fiston DJ entretient.

Le Lieu Unique – CRDC – Scène nationale de Nantes *(plan détachable F3,* ***133****)* **:** *quai Ferdinand-Favre. ☎ 02-40-12-14-34. • lelieuunique.com • Bar tlj, jusqu'à 20h dim-lun, 1h ou 2h le reste de la sem.* Lieu culturel de la ville depuis 2000, installé dans l'ancienne biscuiterie LU, cette adresse porte décidément bien son nom. Elle intègre dans le même espace salles de concerts, de spectacle, d'expo, un bar, un resto et même un hammam, etc. Agréable terrasse ombragée avec chaises longues. Programmation éclectique (musiques, théâtre d'avant-garde, danse contemporaine et expos d'art contemporain). Au sous-sol, *Hammam Zein* (● *zeinorientalspa.fr* ●). Jolie salle de détente et accès à la tour à partir de 2021. Thé à la menthe offert.

Espace Paul-Fort – Pannonica *(plan détachable D2, **132**) : 9, rue Basse-Porte. ☎ 02-51-72-10-10.* ● *pannonica.com* ● *Face au marché de Talensac. Fermé en été.* Dans la grande salle de 500 places assises, l'association Nantes Jazz Action programme toute l'actualité du jazz. En sous-sol, dans une ambiance cosy, *Le Pannonica,* club de 140 places, reçoit les grands noms du jazz européen et international.

Où trouver les spécialités nantaises et régionales ?

Maison Lemaître *(centre détachable E3, **140**) : 12, rue de la Paix. ☎ 02-40-47-04-12. Mar-sam 10h15-19h ou 19h30.* Une des plus jolies épiceries fines de la ville. Bon gâteau nantais (base de poudre d'amandes et de rhum), mouzillon (gâteau sec que l'on trempe généralement dans le muscadet), palets nantais... Et puis des sardines sous toutes les formes, dont des sardines chaudes à la nantaise, sel de Guérande. Également un grand choix de bouteilles et du Nantillais.

Chocolaterie Gautier-Debotté *(centre détachable D3, **141**) : 9, rue de la Fosse. ☎ 02-40-48-23-19. Lun-sam 9h (14h lun)-19h15 (19h lun). Fermé lun en juil-août.* Spécialités de berlingots artisanaux, mascarons nantais (de délicieux chocolats feuilletés et enrobés de chocolat noir, surmontés d'un mascaron, ce masque qui orne le fronton des immeubles du XVIIIe s), madeleines parfumées et « raisins à la liqueur ». Dans une merveilleuse boutique-bonbonnière de style Art déco comme on n'en fait plus, aux murs recouverts de boiseries et croulant sous les lustres en cristal. *Autres boutiques 15, rue Crébillon (centre détachable D3), où l'on trouve le fameux gâteau nantais, rue de Budapest et 2, rue des Hauts-Pavés (plan détachable D2).*

Les Rigolettes Nantaises *(centre détachable E2-3, **143**) : 18, rue de Verdun. ☎ 02-40-48-00-39. Lun-sam 10h-19h.* C'est ici que vous pourrez acheter les rigolettes nantaises, ces délicieux bonbons fourrés à la pulpe de fruits, et le fameux gâteau nantais, une vieille recette remise au goût du jour par LU.

ABC Terroirs *(centre détachable E2, **144**) : 5, pl. Saint-Pierre. ☎ 02-40-89-76-26. Lun-sam 9h30-19h30.* Un très large choix de spécialités régionales, de Nantes au Grand Ouest, représentant une centaine d'artisans. Des produits salés, alcoolisés (une cinquantaine de producteurs de muscadet...) ou sucrés, qui se déclinent aussi en paniers cadeau. Gâteau nantais, petit-beurre revisité, boudin séché, rillettes de Loire... On ne sait plus où donner de la tête ! *Autre boutique 9, rue Franklin.*

Confiserie La Friande *(plan détachable E2, **146**) : 12, rue Paul-Bellamy. ☎ 02-40-20-14-68. Lun-sam 9h45 (14h30 lun)-19h.* Une boutique qui fait son beurre avec le petit LU, mis ici dans tous ses états. De beaux articles, bien qu'assez chers.

L'Atelier Saint-Michel *(centre détachable D3, **147**) : 16, rue de la Fosse. ☎ 02-28-44-71-52. Lun-sam 10h-19h.* La vitrine nantaise de la biscuiterie de Saint-Michel-Chef-Chef qui produit, entre autres, les fameuses *galettes St Michel.*

Carli *(centre détachable E3, **148**) : 5, rue de la Paix. ☎ 02-40-47-16-41. Lun-sam 10h-14h, 15h-19h ; dim 9h30-13h.* Ce chantre des douceurs sucrées revisite notamment le petit-beurre nantais, vendu nature ou enrobé de chocolat. On y trouve même une salutaire boîte de 1ers secours... au chocolat. Vend également le gâteau nantais.

Le Bazar Officiel du Voyage *(centre détachable E3) : 9, rue des États.* La boutique de *Nantes Tourisme* propose de nombreux objets « made in Nantes » créatifs, artistiques et insolites. Réduc

avec le *Pass Nantes.* D'autres boutiques aux *Machines de l'île,* au château, au *Hangar à Bananes...*
Noter que des dizaines de commerçants estampillés « Le Voyage passe par ici » proposent des collectors à acheter, à déguster, et d'autres pour se faire beau... il y en a pour tous les goûts ! ● *levoyageanantes.fr/le-voyage-passe-par-ici/* ●

À voir

Le Voyage à Nantes : *en juil-août.* ● *levoyageanantes.fr* ● Il s'agit d'un parcours artistique permanent réactivé chaque été par un événement. Une ligne verte, matérialisée au sol, sillonne la ville sur 19 km environ et permet de ne rien manquer du Voyage à Nantes, le « VAN » pour les intimes. Une cinquantaine d'étapes toute l'année et une soixantaine au cours de l'été, intégrant des œuvres contemporaines, des lieux de convivialité, les principaux sites incontournables de la ville (certains comme le théâtre Graslin s'ouvrent « en grand » en juillet et août). Mais aussi des *playgrounds,* des aires de jeux originales et surprenantes. Noter également la collaboration des commerçants, des hôteliers et de la SEMITAN, la société de transports en commun, pour créer 3 collections du VAN réalisées par des artistes : des chambres, des enseignes et des e.busway. C'est simple, on ne sait plus où donner de la tête !

LA LOIRE-ATLANTIQUE

La vieille ville et le quartier du Bouffay
(centre détachable E-F2-3)

La cathédrale Saint-Pierre-et-Saint-Paul *(centre détachable E-F2)* **:** *pl. Saint-Pierre. Conditions d'accès à vérifier suite à l'incendie de juil 2020, qui a notamment détruit le grand orgue.*
Vous serez frappé par l'unité de style de l'édifice (gothique flamboyant) malgré la durée de sa construction (1434-1891), due, entre autres, à des problèmes de financement. Sur la façade, remarquables portails à voussures finement sculptées. Les 2 tours, érigées en 1508, ont une hauteur de 63 m. Autant l'extérieur paraît simple, autant l'intérieur, restauré après l'incendie de la charpente en 1972 (représenté sur un tableau dans l'une des chapelles du chœur), surprend par sa splendeur et sa luminosité. La nef, avec ses 37,50 m de hauteur, est particulièrement majestueuse. On est presque saisi par la beauté des bas-reliefs entourant les piliers à l'entrée. Les 500 m² de vitraux modernes, réalisés (de 1977 à 1982) par Jean Le Moal et Anne Le Chevalier, procurent au chœur une coloration flamboyante. Les cryptes se visitent (lire plus loin). Dans le transept sud, tombeau pré-Renaissance de François II et Marguerite de Foix, qu'Anne de Bretagne, leur fille, commanda à Michel Colombe. Dans le transept nord, cénotaphe de Lamoricière, encadré de 4 statues symbolisant la Charité, la Force, la Sagesse et la Foi.

LE « P » DU PUITS

Au fil de vos balades dans les rues de Nantes, observez donc certains numéros de plaque des immeubles du XVIIIe s. Point de « b » pour « bis » ou de « t » pour « ter ». Ici, c'est le « p » qui prend le relais, une des règles imposées par le maire de la ville à cette époque, pour signaler les maisons dotées d'un puits. Elles pouvaient contribuer à éteindre un incendie.

Le square de la Psallette *(centre détachable E-F2)* **:** *sur le côté droit de la cathédrale.* Il relie le cours du même nom à la place Saint-Pierre. Dans le jardin, un hôtel particulier du XVe s et d'anciens vestiges de remparts.

Les cryptes de la cathédrale (centre détachable F2) : *entrée à l'arrière de la cathédrale, sq. de la Psallette. ☎ 0892-464-044 (0,35 €/mn + prix d'appel). Conditions d'accès à vérifier suite à l'incendie de juillet 2020 qui a endommagé la cathédrale.* Une partie de la crypte, du XIXe s, est située juste sous le chevet de la cathédrale. 4 alcôves présentent l'histoire de la cathédrale. La crypte romane (XIe s) abrite de belles vitrines d'objets religieux. Noter la *Vierge à l'Enfant,* une terre cuite du XVIIe s réalisée par Charles Hoyau.

La place du Maréchal-Foch (centre détachable E-F2) : *entre les cours Saint-Pierre et Saint-André.* Les Nantais s'obstinent à l'appeler place Louis-XVI à cause de la statue qui s'élève au milieu. C'est l'une des rares en France représentant ce roi (dont deux rien qu'en Loire-Atlantique). La place est bordée d'un superbe ensemble architectural, conçu au XVIIIe s. Près de la cathédrale, la porte Saint-Pierre, unique porte vestige de l'enceinte médiévale remaniée au XVe s et posée sur un mur gallo-romain.

Le château des ducs de Bretagne (centre détachable F3) : *☎ 0811-46-46-44 (0,05 €/mn + prix d'appel). • chateaunantes.fr • ♿ (label 4 handicaps, visioguide). Extérieurs (cour et remparts en accès libre) tlj 8h30-19h (20h juil-août). Musée tlj sauf lun 10h-18h (tlj 10h-19h juil-août). Entrée musée et expo : 8 € visite libre, 12 € visite guidée ; réduc ; gratuit jusqu'à 18 ans et pour ts le 1er dim du mois (hors juil-août). Pass annuel : 10 €. Audioguide et visioguide : 2 € (y compris en breton). Librairie-boutique richement fournie. Nombreux événements et manifestations.*

LE FEU AUX FESSES

En 1832, Marie-Caroline, duchesse de Berry, voulut se soulever contre le pouvoir. Recherchée par la police, elle se planqua derrière la cheminée d'un appartement à Nantes, près de la cathédrale. Lors de la fouille, on fit du feu car il faisait froid. Sa robe prit feu ! Elle urina dessus pour l'éteindre. Finalement, à moitié asphyxiée, la duchesse se livra.

Un peu d'histoire

Le château jouait un rôle défensif, en bordure est des murailles qui protégeaient la ville, pour surveiller la route de Paris et la navigation sur la Loire. Il vit la naissance de la duchesse Anne, 2 fois reine de France par ses mariages successifs avec Charles VIII et Louis XII. Avant de passer le pont-levis, voir sa sculpture en bronze. En août 1532, François Ier, usufruitier du duché, y promulgua l'édit prononçant « l'union perpétuelle des pays et duché de Bretagne avec le royaume de France ». C'est ainsi que le château des ducs de Bretagne devint aux XVIe et XVIIe s le logis breton des rois de France.

L'extérieur

L'édifice en tant que tel s'apprécie de l'extérieur, et le ***circuit des remparts*** permet d'en prendre la mesure. À moins d'opter en été pour le déroutant ***Paysage glissé,*** un toboggan d'acier de 50 m, suspendu le long du mur d'enceinte, côté douves. Il offre un panorama particulier sur la cour, les jardins et le quartier médiéval. Une fois passées les rudes murailles en bloc de granit, on découvre côté cour l'élégante résidence ducale en pierre de tuffeau d'inspiration Renaissance, resplendissante avec les façades du Grand Logis et du Grand Gouvernement. Belle mise en lumière extérieure le soir.

MÊME PAS PEUR !

L'ambitieux et frondeur cardinal de Retz (1613-1679), homme d'État et rival de Mazarin, fut emprisonné au château de Nantes. À l'aide d'une corde cachée sous sa soutane, il s'en échappa par une fenêtre en 1654, puis se cassa une épaule en chutant de cheval rue de Richebourg. Il finit libre à Rome et resta très influent jusqu'à sa mort.

Le musée d'Histoire de Nantes

L'intérieur du château accueille le ***musée d'Histoire de Nantes*** de la période médiévale à nos jours, tout au long d'un passionnant parcours, à la fois chronologique et thématique en 7 séquences. On découvre ainsi, au fil d'une trentaine de salles combinant fort intelligemment pièces de collection et installations multimédias, l'évolution et les événements qui ont contribué à forger l'identité de Nantes. Les salles ne sont pas surchargées, laissant tout loisir d'en faire un tour exhaustif. Le parcours se fait sur les 2 corps de logis du château : dans le 1er on ne fait que monter. Puis dans le 2d, on ne fait que descendre ! Entre les deux, passage obligé par une haute salle voûtée dotée d'une étonnante cheminée perchée qui culmine à plusieurs mètres.

– ***1re partie (salles 2 à 17) : de la période médiévale à la fin du XVIIIe s.*** 2 projections intéressantes, en préambule, sur l'histoire d'Anne de Bretagne (au sous-sol) et sur celle du château ***(salle 6).*** Les 1res salles évoquent le passé militaire avec notamment des graffitis ***(salle 4)*** de prêtres réfractaires enfermés ici durant la Révolution et une ***maquette de Nantes fortifiée au Moyen Âge.***

Les salles suivantes sont consacrées au négoce et à l'or noir ***au XVIIIe s, Nantes est alors le 1er port négrier de France.*** Portraits sans équivoque du riche couple de négociants nantais les Deurbroucq ***(salle 11),*** représentés chacun avec son esclave-domestique (voir les colliers de servitude). Dans la ***salle 13*** (habillée comme l'entrepont d'un navire négrier), voir le terrible plan du navire *La Marie Séraphique* ! Noter aussi ces entraves de chevilles et poignets, tellement lourdes de sens. La ***salle 17*** (écrans interactifs sur la ville au XVIIIe s, 1ers daguerréotypes, etc.) permet le passage dans le 2d corps de logis.

LE CODE NOIR

Promulgué par Louis XIV, ce texte abject régissait les conditions de vie des esclaves dans les « îles à sucre ». Il s'agissait notamment d'éviter le métissage : en effet, les enfants nés de l'union d'une esclave avec un maître blanc sortaient de leur statut d'esclave pour devenir libres. Aucun mariage entre esclaves ne pouvait se faire sans le consentement du maître. Ils étaient considérés comme des « biens meubles » : on se répartissait les esclaves lors des successions, comme n'importe quel objet.

– ***2e partie du parcours (salles 18 à 32) : de la Révolution française à nos jours.*** Brève évocation de la Révolution avec les fameuses ***noyades ordonnées par Jean-Baptiste Carrier*** pour mettre fin à l'insurrection vendéenne et un tableau saisissant représentant Olympe Mello de la Métairie, ses 3 filles et sa bonne, au pied de l'échafaud en 1793. Après cette période tourmentée, on retrouve ***Nantes, port colonial et industriel*** qui doit faire face à la concurrence du nouveau port de Saint-Nazaire et développe ses biscuiteries, conserveries et savonneries. Prenez le temps d'observer et de manipuler la ***grande maquette interactive du port de Nantes entre 1900 et 1927*** dans la ***salle 21.***

Les dernières salles sont consacrées au ***quotidien des Nantais durant les 2 guerres mondiales.*** La Première Guerre ***(salles 26 et 27)*** est présentée dans des salles tapissées de bois qui évoquent les tranchées. Si la ville n'est pas située sur le théâtre des opérations, la guerre y est bien présente par le biais des 130 000 blessés qu'elle accueille dans 18 hôpitaux et des 40 000 hommes mobilisés dont 7 000 ne reviendront pas. N'oublions pas non plus le ***débarquement des Anglais à Saint-Nazaire en 1914 et celui des Américains en 1917.***

C'est par un discours de Hitler que l'on pénètre dans la partie consacrée à la ***Seconde Guerre mondiale (salles 28 et 29).*** Aucun sujet n'est évité : Occupation, collaboration (édifiantes lettres de dénonciation, portrait du maire vichyste nommé par Pétain, Henry Orrion, réélu de 1947 à 1965 !), et Résistance avec une salle à l'atmosphère particulièrement oppressante, dédiée aux 50 otages et à la déportation des juifs. La période se clôt par l'évocation des ***bombardements***

de septembre 1943 qui firent 1 500 victimes et par celle de la ***poche de Saint-Nazaire*** libérée le 8 mai 1945 au terme de violents combats. L'ensemble est porté par une muséographie soucieuse de restituer l'humain au cœur de la tourmente avec les noms et les photos des bourreaux et des victimes, des films projetés sur grand écran et des objets soigneusement choisis, dons des Nantais au musée. Évocation également du ***naufrage du Lancastria,*** coulé par les Allemands au large, le 17 juin 1940. Il fit plus de 5 000 morts (des soldats britanniques), mais cet échec militaire fut étouffé par les autorités.
Le parcours se termine avec une vidéo ludique de 10 mn évoquant les transformations de Nantes des années 1950 jusqu'à nos jours, ses personnages emblématiques, les spectacles, les monuments, etc. Et par un clin d'œil au manga de Cédric Tchao sur Anne de Bretagne, sorti en 2019.

🚶 ***Le square Élisa-Mercœur*** *(centre détachable E-F3)* **:** *au pied du château, côté sud, traverser la ligne de tramway.* Un miroir d'eau de 1 300 m² (dont les jets fonctionnent d'avril à octobre), des jeux géants pour enfants sur lesquels veille un dragon en bois conçu par l'artiste Kinya Maruyama et des arbres en bronze envahis d'oiseaux... Parfait pour recharger les batteries et se rafraîchir. Dans la continuité, amusez-vous au *Feydball* sur l'esplanade Carré Feydeau un espace sportif tout en anamorphose et allez admirer les façades du quartier Feydeau (voir plus loin).

🚶🚶🚶 ***Du château à la place du Bouffay*** *(centre détachable E-F3)* **:** gagner la vieille ville par la rue du Château (remarquer, au nº 14, l'*hôtel de Goulaine,* du XVIIᵉ s) et son beau ***Café Sélect*** au décor Art déco. ***Place du Pilori,*** outre les *Galeries Lafayette,* on trouve, au nº 12, 2 beaux mascarons, *Jean qui rit* et *Jean qui pleure.* Emprunter ensuite la rue des Chapeliers, prolongée par la rue des Petites-Écuries. On pénètre alors dans le quartier dit « du Bouffay », cœur médiéval de la cité. Pas vraiment d'homogénéité dans ce secteur touché par les bombardements alliés durant la dernière guerre. Animation permanente le soir avec les nombreux bars étudiants et petits restos qui occupent les rues piétonnes. Place du Bouffay, trône une amusante sculpture de Philippe Ramette, *Pas de côté,* symbolisant l'audace de la ville. Au nº 11 de la rue de la Juiverie, bas-reliefs énigmatiques probablement réalisés par un céramiste qui présentait là ses modèles. Au nº 7, l'une des dernières maisons à pans de bois des XVᵉ-XVIᵉ s. Passage Bouchaud, voir la *Jungle intérieure* et ses plantes en pots, une œuvre conçue en 2018.

MAUVAISE PIOCHE

Le jour de l'exécution du comte de Chalais (accusé d'avoir conspiré contre Louis XIII) sur la place du Bouffay, ses amis, désirant le sauver, enlevèrent le bourreau. Mais ce dernier fut remplacé par un autre condamné à mort, un cordonnier. Équipé d'une épée non aiguisée et d'une hache à manche trop court, l'inexpérimenté dut s'y reprendre à 35 reprises avant d'achever sa besogne... Au 20ᵉ coup, le comte était toujours conscient. Une boucherie !

🚶 Dans le même secteur, les amateurs d'architecture Art déco auront sans doute remarqué plusieurs façades aux mosaïques multicolores. La plus célèbre, au nº 26 rue de la Marne *(centre détachable E3),* est celle de l'ancien ***magasin des Rigolettes de Charles Bohu.*** D'autres jolies façades attirent l'œil, comme celle du ***Café du Cinéma,*** 8, rue des Carmélites *(centre détachable E2).*

🚶 ***La place Sainte-Croix*** *(centre détachable E3)* **:** on y trouve l'***église Sainte-Croix,*** de style jésuite. La façade et le portail sont de 1685, mais le registre au-dessus date du XIXᵉ s, tout comme la tour avec anges sonnant de la trompette. C'est ici que fut baptisé le petit Jules Verne en 1828. À proximité, le ***passage Sainte-Croix*** *(☎ 02-51-83-23-75),* l'un des lieux culturels de Nantes, propose expos, conférences et débats sur de nombreux sujets *(mar-sam 12h-18h30 – tlj 10h-19h en été).*

On parvient ensuite à la ***place*** voisine ***du Change*** *(centre détachable E3).* C'était le point de convergence de tous les grands axes, et donc le plus grand carrefour commercial et d'échanges de la ville. Sur le plan architectural, c'est un ensemble hétéroclite, du Moyen Âge à l'après-guerre. Au nº 2, superbe *maison dite des Apothicaires,* du XVe s, l'une des rares à pans de bois et encorbellement, décorée de quelques sculptures en bois polychromes (elle abrite la Maison de la poésie).

Le cours des Cinquante-Otages *(centre détachable E2-3)* **:** large artère coupant en deux le centre-ville dans le sens nord-sud, il suit l'ancien cours de l'Erdre, dévié à partir de 1940 et occupé depuis par une ligne de tramway. Impossible de manquer la ***tour Bretagne*** qui le domine de ses 145 m. Nantes aurait pu se passer de ce gratte-ciel hideux, ambition de l'époque quand il fut inauguré en 1976. Il fut « vendu » comme le seul building entre Paris et New York ! Un projet de réhabilitation est en cours.

IRONIE DE L'HISTOIRE

Le 20 octobre 1941, le lieutenant-colonel Hotz, qui commandait les forces d'occupation à Nantes, fut abattu près de la cathédrale par un jeune résistant. En représailles, 50 personnes furent prises en otages et 48 furent exécutées le 22 octobre. C'est pour leur rendre hommage que les anciens quais de l'Erdre furent baptisés, en 1944, « cours des Cinquante-Otages ». Or, c'est ce même Karl Hotz, alors ingénieur, qui avait aménagé l'Erdre en 1926, au titre des dommages de la Première Guerre mondiale.

Le quartier Graslin et autour
(centre et plan détachables D3-4)

Tout un quartier entièrement pensé au XVIIIe s par le receveur général des fermes du royaume, le sieur Graslin, qui acheta de vastes terrains en vue de construire un ensemble d'immeubles de rapport dominant le port.

La place du Commerce *(centre détachable D-E3)* **:** *située sur l'ancien port au vin.* Le palais de la Bourse fut édifié par Mathurin Crucy au début du XIXe s, dans le style néoclassique. Il accueille aujourd'hui la *Fnac.* Place toujours très animée, avec ses nombreux cafés.

La place Royale *(centre détachable D3)* **:** construite à la fin du XVIIIe s par Crucy, architecte de la ville, puis bombardée en 1943, elle fut reconstruite à l'identique. Au centre, fontaine de granit bleu et bronze représentant la Loire (sous la forme d'Amphitrite, fille de Neptune) et ses affluents, surmontée de la Ville de Nantes. Celle-ci se dresse le poing levé, non pas pour manifester (bien que l'endroit serve de point de ralliement à toutes les manifs nantaises), mais parce qu'elle est censée tenir un trident régulièrement subtilisé. Une blague de potache ! Ah, les jeunes...

Le passage Pommeraye *(centre détachable D3)* **:** ouvert en 1843 sous Louis-Philippe, il fut créé pour relier de manière monumentale la Bourse et le quartier Graslin où siégeaient les banques et les assurances. Devenu le symbole même de la ville, cet étonnant passage couvert *(fermé le soir à 20h)* fut filmé par le cinéaste Jacques Demy dans *Une chambre en ville* et dans *Lola,* où Anouk Aimée descend l'escalier. Long de 134 m, il tient son originalité de son escalier central, compensant la dénivelée de 9,40 m entre les 2 extrémités du passage mais qui posa bien des problèmes techniques aux architectes. Sa décoration (escalier et statues) devint une sorte de vitrine du savoir-faire de la ville. Rien n'était trop beau ni trop cher. À tel point que M. Pommeraye finit le chantier en faisant faillite. Bordé de belles boutiques, le passage est toujours très animé et rejoint la galerie commerçante moderne *Cœur de Nantes.*

La rue Crébillon *(centre détachable D3)* **:** cette rue piétonne est en quelque sorte le « faubourg Saint-Honoré » de Nantes. C'est ici que s'exprime au mieux l'expression « immeubles de rapport » dans lesquels investissait la bourgeoisie locale.

La place Graslin et le Grand Théâtre *(centre détachable D3)* **:** le Grand Théâtre (1788), voulu par Graslin lui-même, fut construit dans un style purement néoclassique, toujours par Crucy. Au n° 4, brasserie *La Cigale,* splendide établissement inauguré en 1895, véritable délire de mosaïques, peintures, céramiques, tapisseries, boiseries (voir « Où manger ? »). La place, désormais piétonne, est joliment mise en lumière la nuit par d'élégants lampadaires signés Nicolas Fedorenko.

ÇA SWINGUE À NANTES

Le 1er concert de jazz en France fut donné au théâtre Graslin le 12 février 1918 par les Harlem Hellfighters (les combattants de l'enfer !), issus d'une division de militaires spécialement créée afin que les Noirs américains ne soient pas mélangés aux soldats blancs !

Le cours Cambronne *(centre détachable D3)* **:** à l'angle de la brasserie *La Cigale* s'amorce ce cours de grande élégance qui porte le nom d'un général né à Nantes (1770) et mort en 1842 à 2 pas de son lieu de naissance, après avoir participé à toutes les guerres de la Révolution puis de l'Empire. Ce cours fut dessiné par Crucy (encore lui) et achevé en 1848. Il est piéton et bordé d'immeubles rythmés d'éléments d'une remarquable unité architecturale : soubassements granitiques, terrasses au 1er niveau, balcons filants, sobres pilastres. Dans le jardin, vous observerez l'une des 5 fontaines Wallace de Nantes (les autres sont à Paris !), l'amusant *Éloge de la transgression,* une sculpture signée Philippe Ramette (une écolière s'échappant de son socle) et, à l'extrémité ouest du cours, les toilettes publiques, d'époque, les plus chics en ville ! Un charme et un cadre exceptionnels (on parle du cours).

CRU SUR PAROLE

Au centre du cours Cambronne, le bronze du général nantais (1770-1842) porte ses célèbres paroles prononcées à Waterloo : « La garde meurt mais ne se rend pas. » Quant au légendaire mot « merde » qui s'ensuivit, s'il est passé à la postérité, c'est parce qu'il a été évoqué par Victor Hugo dans Les Misérables, *alors qu'il ne fut vraisemblablement jamais prononcé par le général.*

Le Muséum d'histoire naturelle *(centre détachable D3)* **:** *sq. Louis-Bureau, pl. de la Monnaie.* ☎ *02-40-41-55-00.* • *museum.nantesmetropole.fr* • *Tlj sauf mar et certains j. fériés 10h-18h (tlj 10h-19h l'été). Entrée : 4 € ; réduc ; gratuit moins de 18 ans et pour ts le 1er dim du mois sept-juin.* Au rez-de-chaussée, les sciences de la Terre (minéralogie, géologie, paléontologie), un vivarium de serpents régionaux et un fossile de baleine préhistorique (un *basilosorus*). Nombre de roches à toucher, pour une fois ! Voir également la très belle collection de météorites dont 3 microparticules de... Mars. Au 1er étage, la zoologie, spécialisée dans les vertébrés. Outre les animaux en peau (empaillés quoi) ou en solution (dans des bocaux), de nombreux squelettes, comme celui du rorqual commun, du grand pingouin (disparu), de l'éléphant d'Asie, du python... Dans les vitrines de la mezzanine, remarquable collection d'oiseaux du monde entier.

Tout près, le ***musée Dobrée*** *(plan détachable C3)* : *bâtiment aux murs de pierre rouge, 18, rue Voltaire. En* ***travaux*** *mais ouverture régulière des espaces pour des expos temporaires présentant une partie des collections d'archéologie (mar-dim 14h-18h).* Le musée abrite notamment le reliquaire en or du cœur d'Anne de Bretagne. Celui-ci a fait la une des journaux en 2018 quand il a été volé en pleine nuit puis retrouvé 1 semaine plus tard du côté de Saint-Nazaire. Ouf !

Le quai de la Fosse *(centre détachable C-D4)* **:** la Loire venait lécher le quai jusque dans les années 1930. De nombreux immeubles d'armateurs du milieu du XVIIIe s témoignent de l'époque florissante du commerce maritime à Nantes. Au-delà du pont Anne-de-Bretagne (qui symbolise la frontière officielle entre la Loire fluviale et la Loire maritime), côté ouest, l'espace se transforme en ***quai des Plantes,*** pépinière à ciel ouvert, une longue allée bordée de centaines d'arbres en gestation et d'espaces de détente (buvette, tables de pique-nique, mobilier urbain en bois pour *chatter*...). Côté est, le ***Mémorial de l'abolition de l'esclavage*** est installé sous le quai (voir ci-après). On gagne ensuite la ***médiathèque Jacques-Demy*** (repérer la plaque rendant hommage à Lulu la Nantaise, scène culte de la cuisine dans *Les Tontons flingueurs*) et le ***musée de l'Imprimerie*** attenant.

Le Mémorial de l'abolition de l'esclavage *(plan détachable C-D4)* **:** *quai de la Fosse, entre le pont Anne-de-Bretagne et la passerelle Victor-Schœlcher. • memorial.nantes.fr • Tlj 9h-18h (20h de mi-mai à mi-sept). GRATUIT.* Inauguré en 2012, il est signé Krzysztof Wodiczko et Julian Bonder. Un lieu à la fois émouvant et nécessaire. Ce parcours méditatif emprunte une promenade souterraine, sous les quais de la Loire. Le choix du site n'est évidemment pas anodin, le quai de la Fosse constituait le point de départ et d'arrivée des navires négriers dans le cadre du commerce triangulaire. L'histoire de la traite atlantique y est traitée de manière chronologique, sur fond de témoignages. L'autre partie rappelle, avec des citations de nombreux penseurs comme Toussaint Louverture, Martin Luther King ou encore Nelson Mandela, le combat pour l'abolition de l'esclavage. Le parcours se termine symboliquement à la lumière du jour avec la Déclaration universelle des Droits de l'homme de 1948. Sur le quai, dans des pavés translucides, sont gravés les noms des plus de 1 800 (vous avez bien lu !) expéditions négrières qui partirent de Nantes au cours du XVIIIe s.

Le musée de l'Imprimerie *(centre détachable D4)* **:** *24, quai de la Fosse. ☎ 02-40-73-26-55. • musee-imprimerie.com • ♿ À côté de la médiathèque Jacques-Demy. Lun-sam 10h-12h, 14h-17h30. Fermé dim et j. fériés, plus sam en été. Excellente visite guidée (on la conseille !) de 2h à 14h30. Entrée : 8 € ; réduc, notamment sur présentation de ce guide. Pour les enfants, livret de jeux.* Une poignée de bénévoles passionnés et patients font revivre des imprimantes d'un autre âge, chacune constituant une véritable œuvre d'art technologique. L'***atelier,*** qui fonctionne toujours, en abrite une dizaine de toutes les époques et toutes les tailles, mais surtout des XVIIIe et XIXe s. Les différentes techniques de l'imprimerie y sont présentées avec intelligence et pédagogie. De Gutenberg jusqu'à la lithographie, on passe en revue 3 grandes techniques : la typographie, la lithographie et la taille douce. Dans la ***2e salle,*** vitrines de matériels d'imprimerie. Une plongée atypique dans un monde d'engrenages, de lettres, d'encres et de papier.

LES E-MAILS DU MOYEN @GE !

Aujourd'hui, le signe @ est entré dans notre quotidien, mais son origine date du Moyen Âge, comme abréviation du « ad » latin, le « d » entourant le « a ». Puis les Américains le reprirent au XIXe s, comme abréviation de « at » pour désigner un prix. L'arobase a ainsi toujours figuré sur les machines à écrire depuis le XIXe s, puis sur les claviers d'ordinateur avant d'être choisi par Ray Tomlinson, l'inventeur de l'e-mail en 1971.

L'île Feydeau *(centre détachable E3)*

Une « île » qui n'en est plus une depuis le comblement des bras de Loire, commencé en 1926. Mais les Nantais l'appellent toujours ainsi. De récents aménagements l'ont d'ailleurs symboliquement entourée d'un fleuve de verdure : de

larges pelouses côté ***Turenne*** et une allée de platanes côté ***Duguay-Trouin,*** en travaux (repérer tout de même les balcons filants du ***Temple du Goût*** au n° 16).
Si les anciens quais se devinent, le quartier demeure toujours isolé du reste de la ville. Tout a débuté par le projet d'un lotissement pour Nantais nantis en 1723 en place d'un banc de sable marécageux. De 1740 à 1780, en plein commerce triangulaire, de superbes immeubles de rapport s'y construisent pour les armateurs négociants. Chaque propriétaire a affirmé sa fortune et son goût dans la décoration des façades. On n'avait pas la fortune discrète. C'est le cas notamment ***place de la Petite-Hollande*** (limite ouest) où résidaient les grands marchands hollandais. Au n° 1, l'hôtel le plus ancien de l'île, tout penché. Au n° 3, le plus grand, l'hôtel de la Villestreux, le seul avec porte cochère.
Sur les pas du bambin Jules Verne, né au 4, cours Olivier-de-Clisson (il y a une plaque), partons en voyage sur ce « bateau de pierre » avant de nous amuser au *Feydball* sur l'esplanade Carré Feydeau, un espace sportif tout en anamorphose.
– Bon à savoir : *Nantes Tourisme* propose une visite du quartier avec audioguide, mais pour accéder à certaines cours d'immeubles, nous conseillons la visite guidée « Cours secrètes et passages couverts ».

👁👁 ***Le quai Turenne*** *(centre détachable E3)* **:** c'est d'ici qu'on a la meilleure vue d'ensemble sur les bâtiments et leurs façades au coude à coude, orientés vers le sud. La pierre blanche (le tuffeau de Loire) et les sculptures sont mises en valeur par le moindre rayon de soleil. Les techniques de fondations sur pilotis (sur le modèle des villes hollandaises) n'auront pas suffi : côté ouest du tramway, certains bâtiments sont aujourd'hui tout de guingois, comme agités par une houle trop forte. Repérer les mascarons sur les façades comme aux nos 10, 10 bis, 13 (dit immeuble Perraudeau, les balcons ont en outre un style différent à chaque étage, un signe d'opulence), etc.

👁👁 ***La rue Kervégan*** *(centre détachable E3)* **:** du nom du maire de Nantes de 1789 à 1791, c'est l'une des rues les plus pittoresques de Nantes avec ses petits pavés. Les balcons « filants » (qui regroupent plusieurs fenêtres) constituent l'une des particularités de l'île Feydeau. Pour illustrer la richesse de leurs commanditaires, les architectes ont déployé toutes les formes connues d'encorbellements : sur console, sur trompe... Ils firent appel aux meilleurs serruriers, qui réalisèrent des chefs-d'œuvre de ferronnerie. Aux nos 13 et 19, on notera les très belles façades ornées de corsaires.

👁 ***Le Mur tombé du ciel*** *(centre détachable E3)* **:** *pl. Ricordeau (tt à côté de l'hôtel-Dieu).* Imaginé par la compagnie Royal de Luxe, ce mur met en scène dans un style coloré à la Diego Rivera, le peintre mexicain, les personnages, sites et événements les plus représentatifs de Nantes. Détail des personnages téléchargeable sur • *trompe-l-oeil.info/Murspeints/details.php?* • *(Nantes / Tombé du ciel)*

L'île de Nantes *(plan détachable, entre les 2 bras de la Loire)*

L'île de Nantes résulte de la fusion de plusieurs îles à partir de 1926 : Beaulieu (à l'est), Petite et Grande Biesse (au nord) et Sainte-Anne (au sud-ouest). Modelée par l'homme, la nature se livrera tout entière aux desseins industriels modernes, dont les chantiers navals qui produisent leur dernier navire en 1987.
Désindustrialisation, carcasses d'anciennes usines, grues immobiles, il fallait rebondir. La mixité entre habitat, bâtiments administratifs, entreprises et espaces verts ou de loisirs constitue l'ossature de la constante réhabilitation. De même, un gros effort est fait pour garder le maximum de témoignages du passé industriel de l'île. Ainsi, pavés, rails, grues, piles de l'ancien pont transbordeur (démonté en 1958), cales sèches ou anciens bâtiments tiennent un rôle et ont été réutilisés, transformés, redessinés dans ce gigantesque chantier à ciel ouvert.

On distingue ainsi le ***quartier de la Création*** (la partie à l'ouest du tramway, de l'école d'Architecture au *Hangar à Bananes*), qui comprend le palais de justice par Jean Nouvel, le quai François-Mitterrand... ou encore le parc des Chantiers (des *Machines* jusqu'au *Hangar*). On peut y voir ***In a Silent Way,*** une œuvre de Nathalie Talec (2020) : 2 sculptures monumentales de visages féminins évoquant les cultures numériques.
Le ***quartier Beaulieu,*** à l'est, plus résidentiel, accueille l'hôtel de Région dont le parvis est surmonté d'une œuvre du parcours *Estuaire* de François Morellet. Voir aussi le centre commercial relooké par Patrick Bouchain (l'architecte du *Lieu Unique*), la guinguette-belvédère à étage inaugurée en 2019, le ***jardin des Fonderies*** *(plan détachable F4-5),* réalisé sous une ancienne halle des Fonderies de l'Atlantique, ouverte aux 4 vents. Un mélange réussi de fer et de vert (ouverture à vérifier cependant).
L'île conserve néanmoins encore un quartier plus populaire, plus intime, autour de la ***place de la République*** avec des maisons basses du XIXᵉ s et des petits commerces qui tranchent avec le modernisme du reste de l'île.
L'île est parsemée d'œuvres du parcours *Estuaire* et des installations du Voyage à Nantes. On n'en mentionne que quelques-unes, mais vous les retrouverez toutes en suivant la ligne verte du Voyage à Nantes. Ne pas manquer, par exemple, l'œuvre de François Morellet *(De temps en temps)* sur le bâtiment Harmonie Atlantique, ou encore *L'Arbre à basket* (par l'agence A/LTA). Des visites commentées (gratuites avec le *Pass Nantes*) et des parcours audioguidés sont proposés toute l'année avec • *nantes.tourisme.com* •
– ***Info pratique :*** attention, l'île est assez grande. Accès en tramway 2 et 3, arrêt Vincent-Gâche, ou à pied via la passerelle Schœlcher (face au palais de justice) pour la partie ouest de l'île. Ensuite, exploration à pied ou à vélo, à moins d'emprunter le Chronobus C5 pour se rendre tout à l'ouest de l'île (*Anneaux* de Buren et *Hangar à Bananes*) ou la ligne Navibus du *Hangar à Bananes* vers le Bas-Chantenay. Avec, en récompense, une microbrasserie artisanale à l'arrivée, la *LAB (Little Atlantique Brewery ; plan détachable A6).*

La passerelle Victor-Schœlcher et le palais de justice *(plan détachable D4)* ***:*** *entre la médiathèque et l'île de Nantes.* Ⓣ *Médiathèque (ligne 1).*
Réalisée en 2001 par les fameux architectes Barto et Barto, cette passerelle montée sur vérins lance ses 150 m d'acier et béton armé pour relier la ville au palais de justice.
On aime ou pas ce bâtiment moderne, noir et imposant, à la riche conception due à Jean Nouvel. La transparence du bâtiment (transparence de la justice ?) crée un lien entre la vieille ville et ce quartier en mutation. Ici, le carré est roi : le carré, c'est l'équité ! En rouge, les textes fondateurs du droit français et les citations défilent sur des panneaux d'affichage digital, une œuvre de l'artiste américaine Jenny Holzer.

Le quartier de la Création et le quai François-Mitterrand *(plan détachable D4, B5-6 et C4-5)* ***:*** *face au quai de la Fosse.*
Cette partie ouest de l'île de Nantes dispose d'édifices culturels, d'immeubles d'habitation, de bureaux qui éclosent comme des champignons... Depuis la passerelle Schœlcher et le palais de justice, des aménagements se développent au fil de l'eau pour ajouter une dimension végétale à cette agréable balade le long de la berge nord de la Loire (très courue le dimanche par les familles).
Au programme, les piles du ***pont transbordeur*** (sous le pont Anne-de-Bretagne), le bar-restaurant flottant ***Le Nantilus, La Fabrique*** (l'espace de création et d'expérimentation culturelles de la ville, • *lafabrique.nantes.fr* •), le site des ***Machines de l'île,*** les ***cales sèches*** des chantiers navals transformées en jardin pour enfants et en plage de sable, le ***restaurant « Le 1 »,*** avec sa terrasse de toiles la ***Canadienne,*** le curieux espace de jeux ***Ping-Pong Park*** de Laurent Perbos (raquettes et balles à disposition au restaurant *Au Bureau*), square Mabon, la ***Pêcherie*** (une plate-forme avec gradins sur la Loire) ou bien encore la ***Pointe noire,*** un module à facettes géométriques installé sur la terrasse de l'*Esperance Café.* Sans oublier les

8 œuvres *Estuaire,* dont les ***Anneaux de Buren*** et, enfin, tout à l'ouest, le ***Hangar à Bananes*** et les anciennes ***grues Titan.***
C'est en toute logique que l'***École nationale supérieure d'architecture*** (terrasse accessible sur le toit), conçue par le cabinet Lacaton et Vassal, s'y est installée, tandis que l'***école des beaux-arts de Nantes*** s'est glissée sous les structures métalliques des anciennes halles Alstom (architecte : Franklin Azzi). Derrière le palais de justice, voir aussi l'immanquable ***édifice IDM,*** comme enrobé d'une résille métallique qu'on appelle « Manny » car son revêtement rappelle, selon certains, la fourrure du mammouth du film *L'Âge de glace* ! C'est (tendre l'oreille) une sculpture sonore de Rolf Julius. Et vous ne pouvez pas rater, juste devant, les déroutants passages piétons d'Angela Bulloch (2 œuvres du parcours *Estuaire*). Oserez-vous traverser ? À deux pas, encore une surprenante œuvre d'art contemporain du parcours *Estuaire* avec le *Mètre à ruban* géant de Lilian Bourgeat, qui s'étend dans la cour d'un immeuble. Voir également *Traverses,* boulevard Léon-Bureau.

Les Machines de l'île *(plan détachable C-D4)* **:** *bd Léon-Bureau. ☎ 0810-12-12-25 (0,05 €/mn + prix d'appel). • lesmachines-nantes.fr • Ⓣ Chantiers-Navals (ligne 1). Juil-août, tlj 10h-19h ; début avr-fin juin et sept-oct, tlj sauf lun 10h-17h (18h sam-dim et tlj pdt vac scol) ; de début fév-début avr et nov-déc, tlj sauf lun 14h-17h (18h w-e et vac scol). Fermé janv, réouverture avt vac de fév.* Voyage en Éléphant *(durée 45 mn), vente de billets en continu pour le j. même. Visite de la* Galerie des Machines *ou* Voyage en Éléphant *: 8,50 € ; réduc.* Carrousel des mondes marins *: « mode découverte » 6,90 €, réduc ; « mode forain » 8,50 €, réduc. Boutique-librairie.*
Les ateliers de la compagnie *La Machine* se sont installés dans les hangars des anciens chantiers navals. À découvrir en surplomb, juchés sur une coursive. Ils permettent d'observer le processus de création des drôles de bestioles imaginées par les géniaux François Delarozière et Pierre Orefice qui iront ensuite enchanter les habitants d'autres villes : d'improbables machines à la croisée des mondes de Jules Verne et des automates de Léonard de Vinci. En moyenne, 50 artisans de différents métiers interviennent ici. Un projet génial, en évolution permanente, qui fait vivre ce coin de Nantes en lui redonnant sa part de rêve. Films et photos reviennent sur les dessous du *Grand Éléphant,* devenu porte-drapeau de la ville et du *Carrousel,* entre mécanique et poésie. Ce *Carrousel des mondes marins* fonctionne depuis 2012, en attendant *L'Arbre aux hérons,* sculpture qui devrait être terminée pour 2023 et installée dans l'ancienne carrière du Bas-Chantenay, de l'autre côté du fleuve.
– ***La Galerie des Machines :*** *compter 45 mn-1h.* On y découvre tout le monde animal et végétal destiné à animer *L'Arbre aux hérons,* ce projet dément d'une sculpture monumentale (50 m de diamètre, 32 m de haut, 22 branches représentant un linéaire de 1 km dont 450 m accessibles en promenade), une cité dans le ciel équipée de jardins suspendus. Voir la maquette au 1/5 présentant les éléments structurants de l'*Arbre.* Depuis 2007, un écosystème propre à l'arbre a fait l'objet d'une mise en culture afin de favoriser l'enracinement du végétal dans l'acier.
Temps forts de la visite : un héron de 8 m d'envergure qui survole la *Galerie,* un colibri porte-épée, un colibri géant, un vol d'oies, une araignée géante animée par 5 personnes, une fourmi qui court sur un tapis roulant, un paresseux, une chenille arpenteuse qui se déplace sur une branche, des plantes mécaniques carnivores... Nouveauté 2020 : la Parade des oiseaux amoureux.
– ***Le Carrousel des mondes marins :*** ce manège de près de 25 m de haut et de 22 m de diamètre est installé en bord de Loire. Démentielle sculpture de 3 niveaux, dédiée à la mer (la surface, les fonds marins et les abysses), c'est un véritable théâtre à 360°, peuplé de créatures fantasmagoriques qui s'animent dans une ambiance musicale maritime. Avant d'embarquer sur l'une des 35 créatures marines, prendre le temps de lire les panneaux explicatifs et de voir fonctionner les 3 niveaux de la structure. Raie manta, calamar à rétropropulsion, bateau-tempête,

tortue-girafe, attelage marin ou luminaire des grands fonds, autant de sculptures de bois et de métal articulées et mues par des systèmes mécaniques fascinants d'ingéniosité. Selon les périodes, 2 modes de fonctionnement : mode forain (avec possibilité d'un embarquement) ou mode découverte avec présentation par un machiniste.
– ***Le Grand Éléphant :*** le proboscidien de Nantes est le cousin de celui « dressé » par la célèbre compagnie Royal de Luxe pour ses grandioses spectacles de rue. Ce pachyderme, haut de 12 m, peut embarquer une cinquantaine de personnes à son bord pour une promenade de 30 mn (à la vitesse record de 3 km/h et à l'aide d'un moteur hybride respectueux de l'environnement, plus de 20 000 km parcourus en 10 ans !). La sortie est évidemment spectaculaire, et la foule se presse pour voir l'impressionnante bête se mouvoir. De l'intérieur, on découvre les engrenages, tandis qu'un conducteur et un machiniste actionnent l'éléphant qui barrit et dont la trompe articulée arrose les spectateurs. Évidemment, c'est un spectacle incontournable avec des enfants !

Le Café de la Branche *(plan détachable D4,* ***104****) :* *bd Léon-Bureau, devant les Machines de l'île. ☎ 02-51-17-48-86. Tlj 9h30-20h (21h en été). Fermé janv.* Après avoir visité les *Machines de l'île* et fait un tour en *Éléphant* ou sur le *Carrousel,* une petite halte s'impose dans ce sympathique café pour se remettre de ses émotions.

Les Anneaux de Buren *(plan détachable B-C5) : sur le quai des Antilles.* Œuvre issue du parcours *Estuaire,* ces 18 anneaux ont fait leur trou sur les quais de Loire. Lumineux de nuit, ils alignent des couleurs vives visibles de loin.

Le Hangar 32 *(plan détachable C5) : quai des Antilles. • iledenantes.com • Ven-dim 14h-18h (en été, mar-dim 14h-19h).* Lieu d'expo du projet urbain « Île de Nantes ». Ce lieu explique l'histoire et l'évolution de la friche industrielle avec maquettes, outils pédagogiques et images de synthèse à l'appui.

Juste à côté, le ***Hangar à Bananes*** *(plan détachable B-C5)* court jusqu'à l'extrémité ouest de l'île. Autrefois destiné au mûrissement des bananes, il a réussi son stage de reconversion en lieu de sortie branché. Restos, bars qui se mettent en scène, boîtes de nuit. *La Cantine (ouv fin avr-début oct)* est un vaste espace convivial avec de grandes tables, installé sous des serres, qui permet de se restaurer correctement avec des produits provenant du potager voisin de 900 m². Sur place, une aire de jeux insolite et fantasque, *La Colline,* imaginée par le collectif *Appelle-moi papa,* et ***Invendus – Bottes,*** une œuvre de Lilian Bourgeat, une paire de bottes XXL avec 2 pieds droits de... 3 m de haut (2020). On y trouve également un espace dédié à l'art contemporain, la ***Hab Galerie*** *(☎ 02-28-08-77-28).*

Les grues Titan *(plan détachable C5 et B6) :* impossible de les rater, elles se voient de loin ! La jaune, classée Monument historique, est la plus vieille (1954) et levait jusqu'à 80 t. En face, tout récent ***musée de l'Affiche*** *(26, mail des Chantiers ; • le-mana.com •).* La grue grise fut sauvée in extremis de la destruction et trône à la proue de l'île. Au pied de la grue grise, point de vue sur *Lunar Tree,* des artistes Mrzyk & Moriceau, créée pour le parcours *Estuaire* et installée de l'autre côté sur la butte Sainte-Anne. D'un blanc immaculé le jour, elle dégage un halo lumineux la nuit. Au pied de la grue jaune, œuvre du parcours *Estuaire* de Vincent Mauger, *Résolution des forces en présence,* tel un énorme hérisson composé de pieux en bois.

La butte Sainte-Anne *(plan détachable A-B4-5)*

La butte Sainte-Anne a toujours été le creuset des nouveaux arrivants à Nantes, un endroit populaire dont la réputation était plutôt à marée basse dans les beaux salons de la ville.

La butte Sainte-Anne se révèle aujourd'hui un lieu paisible, les petits jardins et les maisons ouvrières une véritable aubaine pour une population un poil bobo. Voir l'œuvre *Lunar Tree,* de Mrzyk & Moriceau, square Maurice-Schwob, le parc clos des Oblates, rue Philippe-de-Broca, qui surplombe la Loire, ou encore le *Belvédère de l'Hermitage* de Tadashi Kawamata (une plate-forme aux allures de nid géant, suspendu au-dessus du vide et accessible depuis la rue de l'Hermitage). Quant à *L'Arbre aux hérons* des Machines de l'île, il devrait trouver sa place en 2023 dans l'ancienne carrière *Misery* du Bas-Chantenay, transformée pour l'occasion en ***Jardin extraordinaire.*** Celui-ci est inspiré de Jules Verne. Ambiance tropicale, cascade de 25 m, pas moins de 7 belvédères, escalier en acier et mur d'escalade à terme... Pas de doute, le quartier devrait connaître une cure de jouvence dans les prochaines années, d'autant qu'il est désormais relié par navette fluviale au *Hangar à Bananes* et qu'une microbrasserie artisanale avec bar-restaurant s'est installée au n° 23 du boulevard de Chantenay, la *LAB (Little Atlantique Brewery ; plan détachable A6),* dans une ancienne huilerie.

La table d'orientation de la butte Sainte-Anne *(plan détachable B5)* **:** *esplanade Jean-Bruneau.* Dans le prolongement du quai de la Fosse. Idéal pour avoir une bonne vue d'ensemble de la ville. Amusant, elle date de 1958 et n'a jamais été remise à jour depuis ! La vue embrasse tout le port, l'île de Nantes et les rives sud de la Loire. Sur place, statues de bronze du capitaine Nemo qui fait le point avec son sextant et du jeune Jules en habit de mousse qui le regarde avec admiration, œuvres de l'artiste nantaise Élisabeth Cibot (2005).

Le musée Jules-Verne *(plan détachable B5)* **:** *3, rue de l'Hermitage. ☎ 02-40-69-72-52. • julesverne.nantesmetropole.fr • Ⓣ Gare-Maritime (ligne 1), puis 10 mn de marche. ♿ Tlj sauf mar et j. fériés 14h-18h, plus sam 10h-12h. Entrée : 3 € ; réduc ; gratuit moins de 18 ans et pour ts le 1er dim du mois sept-juin. Visite guidée dim hors 1er dim du mois à 15h. Appli téléchargeable (parcours culturel et ludique).* Installé dans une belle maison du XIXe s surplombant le port (mais sans rapport avec la famille Verne), ce musée dédié à Jules Verne, né en 1828 à Nantes, fait revivre par différents documents (lettres, manuscrits, affiches...) et audiovisuels les sources d'inspiration et l'œuvre de l'écrivain : la mer, le voyage, l'aventure, la science... Audiovisuel intéressant « Jules Verne et la mécanique des souvenirs ». Au sous-sol, diffusion régulière de films documentaires et de films pour les enfants.

Le planétarium *(plan détachable B5)* **:** *8, rue des Acadiens. ☎ 02-40-73-99-23. • nantes.fr/le-planetarium • Ⓣ Gare-Maritime (ligne 1), puis 10 mn à pied. ♿ Lun-ven 10h-12h30, 13h30-18h ; sam-dim 13h30-18h. Résa conseillée, horaires des séances, selon âges et thèmes, sur le site. Entrée : 6 € ; réduc.* Ce petit théâtre d'étoiles très familial permet, sur fond de coupole hémisphérique, d'appréhender l'infiniment grand et de mieux comprendre le mouvement des planètes. Déconseillé aux moins de 5 ans.

La fresque des Acadiens *(plan détachable B5)* **:** *rue des Acadiens, face à l'entrée du planétarium.* Cette fresque murale de 1993, rénovée en 2019 par l'artiste lui-même (Robert Dafford), permet un petit rappel historique... En 1713, Louis XIV signe le traité d'Utrecht et cède l'Acadie à l'Angleterre. Les colons français subissent une pression de plus en plus forte des Anglais avant d'être déportés en masse (1755) : c'est le « Grand Dérangement ». Après 7 ans de captivité sur le sol britannique, ils peuvent enfin regagner la mère patrie et ils atterrissent sur la façade atlantique, en particulier à Nantes en attendant leur nouveau départ pour la Louisiane. Une 2de fresque se situe à côté, copie de celle réalisée par Robert Dafford en Louisiane (à l'arrivée !) en 1996.

Le musée naval Maillé-Brézé *(plan détachable C4)* **:** *quai de la Fosse. ☎ 09-79-18-33-51. • maillebreze.com • Ⓣ Gare-Maritime (ligne 1). Visites guidées seulement : départs 14h30-16h (durée : 1h-1h30) ; l'été et pour les groupes,*

1 visite théâtralisée certains mat (durée : 1h15-1h45). Entrée : 8-10 € ; réduc. Pour découvrir la vie à bord et l'équipement d'un escorteur d'escadre (qui a « joué » dans le film *Dunkerque* de Christopher Nolan), visite guidée par des bénévoles. Option possible pour visiter la salle des machines. On pénètre dans les tréfonds du bâtiment, véritable usine à gaz. Passionnant.

La galerie Le Rayon Vert : *1, rue Sainte-Marthe. ☎ 02-40-71-88-27. Jeu-sam 15h-19h, dim 11h-17h.* Galerie associative dédiée à l'art contemporain, qui a pour objectif de faire découvrir les œuvres de jeunes artistes avec leurs regards décalés sur Nantes et leurs questionnements sur le quotidien.

Autour de la gare ferroviaire *(plan détachable F2-3)*

L'esplanade de la Gare Nord a changé de visage depuis 2019 et s'est tournée vers le jardin des Plantes, sous le crayon de l'architecte Ricciotti. C'est la 1re étape de l'« Étoile verte », une étoile à 5 branches qui mettra en réseau 5 cours d'eau avec les grands parcs et espaces verts de la ville. Au-dessus de la gare, immense passerelle-mezzanine de béton et de verre qui surplombe les voies de chemin de fer.

Les quartiers de Malakoff et du ***Champ-de-Mars*** sont eux aussi en complète métamorphose avec quelques jolies audaces architecturales. Voir notamment l'aérien pont Éric-Tabarly ou la surprenante tribune nord du stade Marcel-Saupin. Agences de com', cabinets d'architectes et restos de jeunes chefs doués s'y sont installés. Au nord du quartier Malakoff, *Péage sauvage,* œuvre du parcours *Estuaire,* installée aux abords de la Petite Amazonie, enclave de nature dans l'espace urbain, classée Natura 2000. Derrière la Cité des Congrès, originale terrasse à l'architecture verticale de la *brasserie Félix,* au-dessus du canal Saint-Félix.

La tour LU *(plan détachable F3)* ***: ouv à partir de 2021.*** Édifiées en 1903, les tours LU allaient à l'origine par paire, mais l'une fut détruite pour laisser place à des bâtiments. Quand l'usine LU déménage en 1986, le site devient une friche industrielle vouée à la démolition, puis un lieu de manifestations culturelles, avant de devenir, en 1999, ***Le Lieu Unique*** sous la houlette de Jean Blaise, qui lui donne une âme, un sens, un mouvement perpétuel.

DES DIRIGEANTS SULFUREUX

Le FC Nantes fut fondé en 1943 par Jean Le Guillou et Marcel Saupin, membres du groupe sans équivoque « Collaboration ». Le 1er, entrepreneur de BTP, fit fortune en passant des marchés avec les Allemands. Les bénéfices lui permirent d'acheter une écurie de chevaux de course. La casaque noir et jaune d'un des jockeys donna les couleurs du club et le surnom aux joueurs nantais : « les Canaris ». Arrêté à la Libération, Le Guillou s'exila en Suisse pour revenir en France en 1951. Il prit la direction du club en 1955. Saupin décédé, on donna son nom à un stade de Nantes !

UN BISCUIT LU ET APPROUVÉ

Constitué d'une pâte cuite 2 fois, d'où son nom, le biscuit LU ne contient plus d'eau et donc ne moisit pas. Voilà pourquoi il constitue l'alimentation de base des marins. Pas étonnant que les biscuiteries LU se soient installées dans un port. Ce biscuit plaisir séduisit rapidement les demi-mondaines (on disait « cocottes ») du quartier de Graslin autour d'un thé... des colonies, évidemment.

– Ne pas manquer à la nuit tombée *Nymphéa,* œuvre du parcours *Estuaire,* réalisée par Ange Leccia.

Le Grenier du Siècle *(plan détachable F3)* **:** *quai Ferdinand-Favre, au* Lieu Unique *(voir ci-avant).* Du 1er octobre au 1er décembre 1999, chaque personne qui le désirait a pu déposer un objet personnel représentatif du XXe s. Chaque objet a ensuite été répertorié, conditionné dans une boîte en fer-blanc (il y en a 11 855 !) et acheminé dans un lieu créé à cet effet, où il a été scellé dans la double paroi translucide (conçue par l'artiste plasticien Patrick Bouchain) d'un pan de mur de l'ancienne usine. Ce témoignage aux générations suivantes sera révélé le 1er janvier 2100 (non, ce n'est pas une erreur de frappe !), à 17h précisément.

Le musée d'Arts de Nantes *(plan détachable F2)* **:** *10, rue Georges-Clemenceau. ☎ 02-51-17-45-00. Tlj 11h (10h juil-août)-19h (21h jeu). Fermé mar, 1er janv, 1er mai, 1er nov et 25 déc. Entrée : 8 € ; réduc ; gratuit moins de 18 ans et pour ts le 1er dim du mois sauf juil-août. Pass illimité 1 an : 10 €. Consignes, librairie-boutique. Programme d'activités culturelles et 3 grandes expos temporaires/an. Plan pratique par couleurs. Appli mobile « Ma visite » téléchargeable gratuitement.*

Un musée pour tous les arts

Dès l'entrée, le souci de clarté et de luminosité est évident dans le ***grand hall*** dégagé et le ***patio*** aux lignes épurées destiné à accueillir des expos temporaires. Après 6 années de travaux, le musée des Beaux-Arts de Nantes a rouvert sous une nouvelle appellation, signifiant ainsi sa volonté d'ouverture à tous les arts du XIIIe au XXIe s. Au ***palais du XIXe s*** riche de sa collection de peinture est venu s'ajouter une extension de 2 000 m², le ***Cube,*** conçu pour accueillir la collection d'art contemporain, l'une des plus importantes en France, avec celle de Grenoble. Le nouveau bâtiment s'inscrit dans la continuité par sa sobriété et l'emploi du tuffeau blanc de Loire. Enfin, la ***chapelle de l'Oratoire*** est destinée aux arts visuels contemporains.

Ancien versus moderne

La majeure partie de l'art ancien du musée provient de l'achat en 1810 de la riche collection du diplomate nantais François Cacault. La ***présentation des collections*** est originale dans sa volonté de ***confronter l'art ancien à l'art contemporain,*** dans un souci d'échange stimulant pour l'esprit du visiteur, invité à réfléchir sur le traitement d'un même sujet selon les époques. On retrouve ainsi, dans certaines salles, des tableaux classiques en regard d'œuvres contemporaines, à l'exemple de l'accrochage autour du fameux *Portrait de Mme de Senonnes,* d'Ingres.

Zoom sur les artistes nantais

Autre caractéristique de cette nouvelle présentation, la volonté de mettre en avant des ***artistes nantais ou ayant vécu à Nantes,*** comme les ***frères Sablet,*** peintres de la bourgeoisie nantaise au XVIIIe s, dont on peut admirer toute une série de portraits ; mais aussi ***Jules-Élie Delaunay,*** spécialiste de la peinture d'histoire (on lui doit les peintures de la nef du Panthéon à Paris), dont le musée de Nantes possède la plus grande collection ; sans oublier ***James Tissot,*** auquel le musée consacre une salle avec la *Suite de l'enfant*

UNE BONNE AFFAIRE

Les frères Cacault – François, diplomate et collectionneur, et Pierre – avaient projeté la création d'un musée-école à Clisson, suite au refus de la Ville de Nantes en 1790. Mais François mourut en 1805. En 1810, privé de revenus, son frère décida alors de vendre la collection à Paris. Alerté, le maire de Nantes fit bloquer le convoi et décida d'acheter la collection moyennant 30 000 francs ainsi que le versement d'une rente viagère à Pierre. Ce dernier mourut 2 jours après la signature du contrat !

prodigue en 4 tableaux. Citons encore ***Maxime Maufra*** et ***Charles Le Roux,*** représentants de l'école nantaise du paysage, ou bien encore ***Edgard Maxence,*** élève de Gustave Moreau.

L'art ancien

Au ***rez-de-chaussée*** (salles 1-9), on remonte le temps en commençant par les ***primitifs italiens*** (depuis le XIIIe s) jusqu'au tout début du XIXe s avec la ***légende napoléonienne (Gros).*** On découvre les écoles française, flamande et italienne au cours des siècles : la ***Renaissance (le Pérugin, le Tintoret),*** le XVIIe s ***(Gentileschi, Vouet, Champaigne),*** le XVIIIe s et ses théâtralités galantes (***Watteau, Greuze*** et ***Lancret***). Le point d'orgue du rez-de-chaussée reste la salle caravagesque (salle 4), avec son exceptionnel ensemble de 3 ***Georges de La Tour*** (dont *Le Songe de saint Joseph* et *Le Vielleur*).

LA TOUR AUX OUBLIETTES

Georges de La Tour est resté longtemps dans l'oubli. Quand les 3 tableaux entrèrent au musée de Nantes, Le Vielleur *fut attribué à un peintre espagnol,* Le Reniement de saint Pierre *à un artiste hollandais et* Le Songe de saint Joseph *était carrément anonyme. Il faudra le passage d'un historien allemand en 1913 ayant remarqué* Le Nouveau-né *au musée de Rennes pour que le véritable auteur soit identifié.*

Le XIXe siècle

Le XIXe s est traité au ***1er étage*** (salles 10-18 et 23-24), à travers une collection particulièrement riche dont les *Cribleuses de blé,* de **Courbet,** constituent un des points forts. Grande galerie consacrée à la ***peinture d'histoire*** avec des œuvres monumentales de Paul Delaroche ou Dubufe père *(Le Paradis perdu)* et un salon oriental où l'on retrouve Delacroix, notamment. Gigantesques et impressionnantes toiles aussi bien par la taille que par le sujet dans la « galerie des désastres » avec le terrifiant *Défilé de la Hache,* de Paul Buffet, ou l'angoissant *Déluge,* de Léon-François Comerre. On gagne avec soulagement les salles suivantes dédiées aux *Trois ombres* de ***Rodin*** et aux ***impressionnistes.*** Voir des *Nymphéas* de ***Monet,*** mais aussi ***Courbet, Ingres, Tissot...***

UNE VICTOIRE CONTRE LE MACHISME

Naguère, les métiers artistiques étaient réservés aux hommes, les femmes sculpteurs ou peintres étaient peu nombreuses. Voilà pourquoi les 2 médailles remportées par la sculpture Le Jeune Gaulois prisonnier *d'Hélène Bertaux (1825-1909) furent considérées comme une véritable victoire. Soutenue par son compagnon, cette artiste se battit pour la place des femmes dans l'art et réalisa plusieurs chefs-d'œuvre, dont celui-ci.*

L'art moderne

Le musée, qui s'est ouvert à la peinture abstraite dès 1947, possède une ***riche collection d'art moderne*** (1er étage, salles 19-22). Une salle est d'ailleurs consacrée à ***Kandinsky,*** dont le musée de Nantes fut la 1re collection publique à posséder une des œuvres. On pourra admirer dans la galerie autour du patio des œuvres de ***fauves*** (notamment un très beau *Nu jaune* de ***Sonia Delaunay***) ou de ***cubistes*** suivis des ***surréalistes*** comme ***Max Ernst.*** On termine avec la multiplicité de l'expression de l'abstraction avec ***Soulages,*** le Choletais ***François Morellet*** ou ***Vera Molnar,*** pour ne citer que ceux-là.

Le Cube

Fidèle à sa vocation de défricheur, le musée s'est constitué une importante ***collection d'art contemporain,*** représentative de la création la plus pointue depuis les années 1960, avec de nombreuses œuvres dans le domaine de la ***vidéo.*** Compte tenu de sa richesse, il fallait un lieu dédié pour l'abriter. La collection est ainsi présentée sur les ***4 niveaux du Cube*** selon des thématiques et sur des plateaux qui permettent toutes les configurations possibles en fonction des œuvres exposées et notamment des installations. Parmi les artistes fétiches du musée, Simon Hantaï, Fabrice Hyber, Anish Kapoor, Dominique Blais...

Le Café du Musée : *☎ 02-51-12-93-09. Tlj sauf mar 11h-19h (21h jeu). Déjeuner, snacking salé et sucré, afterwork ou brunch dim...* La carte s'inspire des saveurs de la région en privilégiant les produits frais et de saison. Carte des vins dans le même esprit.

Le jardin des Plantes *(plan détachable F-G2)* **:** *entrée rue Stanislas-Baudry ou rue Écorchard, juste au nord de la gare. ☎ 02-40-41-65-09. • jardins.nantes.fr • 20 mars-22 oct, tlj 8h30-20h ; jusqu'à 18h30 au début du printemps et à l'automne, et 17h30 l'hiver. Visites guidées gratuites et régulières des serres. Agréable Café de l'Orangerie avec vaste terrasse.* Ce jardin de 7 ha trouve son origine dès l'Ancien Régime, quand les capitaines de navires sont exhortés à rapporter des plantes exotiques dans leurs cales. Louis XIV organise un 1er jardin qui servira, dit-il, « au soulagement des malades et à l'embellissement de la ville ». Aujourd'hui, le plus vieux magnolia de France, planté à l'ouverture du jardin en 1807, d'une circonférence de 2,30 m, trône fièrement au milieu de ce jardin. Il constitue un agréable havre de verdure et de fraîcheur qui accueille plus de 1 million de visiteurs par an. S'y promener au printemps, lorsque les camélias sont en fleur (plus de 650 variétés sont présentées sur les 1 000 de la collection complète) : c'est un enchantement. À voir également, une orangerie, un palmarium, une serre à cactées et les orchidées de serre chaude et froide, un enclos de chèvres, un bassin d'eau, une pataugeoire ainsi qu'un espace de jeux amusant et très original pour les enfants, le *Depodepo,* imaginé par Claude Ponti, le célèbre illustrateur jeunesse.

Nantes la verte

Avec 57 m² d'espaces verts par habitant de la métropole, Nantes se place dans le peloton de tête des villes vertes. Au-delà de la densité remarquable en espaces verts, du jardin des Plantes au parc du Grand-Blottereau et du réseau exceptionnel de rivières (46 km de balade au bord de l'Erdre, de la Chézine, du Cens, de la Sèvre, du Gesvres...), une coulée verte se dessine peu à peu de la gare à la butte Sainte-Anne. La métropole nantaise est par ailleurs souvent citée dans le développement des transports collectifs et la lutte contre les gaz à effet de serre.

L'île de Versailles *(plan détachable E1)* **:** *Ⓣ Saint-Mihiel (ligne 2). Mêmes horaires que le jardin des Plantes.* À la fin des années 1980, la ville a aménagé cette île artificielle en un superbe jardin japonais ponctué de cascades, bassins, plages de galets... Nombreuses essences telles qu'azalées, rhododendrons, bambous et même séquoias. Un véritable dépaysement oriental dans le cœur de la ville, avec des locations de petits bateaux électriques et de canoës-kayaks pour se promener sur la rivière, des jeux pour enfants, des coins pour pique-niquer et un jardin zen. L'ensemble est très réussi et attire beaucoup de familles aux beaux jours. À voir aussi, la *Maison de l'Erdre,* initiation aux différents écosystèmes de l'Erdre, et ses aquariums réunissant toutes les espèces ovipares de la rivière *(GRATUIT).* On y évoque les activités aujourd'hui disparues de la batellerie et des bateaux-lavoirs. Expos temporaires.

La vallée de la Chézine – Parc de Procé *(plan détachable A-B1-2)* **:** *06-76-08-97-82. Accès au parc de Procé : bus nos C6 ou 54. Mêmes horaires que le jardin des Plantes.* Petite vallée piétonne incroyablement préservée de l'urbanisme, en plein cœur de la cité nantaise. Certes, les immeubles ne sont jamais bien loin, mais cette coulée verte de 1,5 km est des plus bucolique. La rivière serpente dans un val peuplé d'arbres et de rhododendrons, sous d'improbables murs de pierre moussus. Le tout aboutit au joli parc de Procé, avec ses vallonnements paysagers et son **Babybob** (piste d'anciennes voitures à roulettes pour enfants).

Le parc et les serres du Grand-Blottereau *(hors plan détachable par G2) : bd Auguste-Peneau. ☎ 02-40-41-65-09. À l'est de Nantes. Ⓣ Mairie-de-Doulon (ligne 1). Bus n° 12, arrêt Grand-Blottereau. Tlj 8h30-20h en été, 18h30 au printemps et à l'automne, et 17h30 en hiver. Visite guidée des serres d'agronomie tropicale.* Sur 37 ha, un tour du monde des écosystèmes des régions exotiques des 5 continents. 3 grands espaces : une rocaille méditerranéenne, un jardin coréen et un bayou de Louisiane. Les serres du *jardin d'agronomie tropicale* abritent une collection unique de plantes exotiques « utilitaires » : riz, cacao, ananas, banane, coton, girofle...

LA LOIRE-ATLANTIQUE

Fêtes et manifestations

- ***La Folle Journée :*** *fin janv-début fév. • follejournee.fr •* 5 journées en fait, à Nantes et dans la région. De la musique classique, mais pas seulement, sur un thème nouveau chaque année. Places bon marché et un succès... fou.
- ***Festival du cinéma espagnol de Nantes :*** *fin mars-début avr. • cinespagnol-nantes.com •*
- ***Carnaval de Nantes :*** *3 j. autour de la mi-avr.* L'un des plus importants de France.
- ***Aux Heures d'été :*** *de juil à mi-août, mar-ven. • auxheuresete.com •* Lectures, concerts, cinéma de plein air, contes pour enfants...
- ***Les Rendez-vous de l'Erdre :*** *fin août. • rendezvouserdre.com •* Festival autour de la navigation de rivière et du jazz, avec spectacles et concerts sur l'Erdre.
- ***Les Tables de Nantes, l'événement :*** *fin sept.* Rendez-vous conviviaux et gourmands autour de la transition alimentaire.
- ***Les Celtomania :*** *d'oct à mi-nov. • celtomania.fr •* Un festival voué à la culture celtique dans plusieurs lieux en ville et dans tout le département.
- ***Les Utopiales :*** *5 j. oct-nov, à la Cité des Congrès. • utopiales.org •* Festival international de science-fiction.
- ***Festival des 3 continents :*** *1 sem en nov, dans plusieurs cinémas. • 3continents.com •* Riche cinématographie d'Afrique, d'Asie et d'Amérique latine.

DANS LES ENVIRONS DE NANTES

TRENTEMOULT-REZÉ *(44400 ; plan détachable A-B6)*

Ⓒ *Sur la rive gauche de la Loire, juste après l'île de Nantes et avt le pont de Cheviré. On y accède en voiture en prenant la direction de Noirmoutier-Rezé. Il est agréable aussi de s'y rendre depuis le centre de Nantes par la navette fluviale, le Navibus (voir « Adresses et infos utiles »).*

L'ancien village de pêcheurs Trentemoult a été, dans la 2de moitié du XIXe s, un lieu de résidence pour des capitaines cap-horniers qui se firent construire des maisons bourgeoises, repérables aux palmiers qu'ils plantèrent, dit-on, en souvenir de leurs voyages. Malgré la forte urbanisation de Rezé et sa zone commerçante et industrielle Atout Sud, ce petit port a gardé son apparence pittoresque. Ruelles étroites, maisons individuelles à façades colorées, dotées de petits jardins surélevés pour échapper aux colères de la Loire, le quartier présente des attraits touristiques et résidentiels prisés. Il servit de cadre au tournage des films *La Reine blanche,* avec Catherine Deneuve, et *La Demoiselle d'honneur,* de Claude Chabrol. Aujourd'hui, il fait le bonheur des agents immobiliers et celui des bobos avec ses restos et bars. On peut y admirer le *Pendule* de Roman Signer, une œuvre du parcours *Estuaire,* un grand balancier de 7 m de haut, accroché à une ancienne centrale à béton. Un peu plus loin, le site des anciens abattoirs accueille quant à lui une curieuse cité évolutive, *Transfert,* où l'art s'exprime à ciel ouvert sous la houlette d'artistes, architectes, scénographes...

À voir

Le Chronographe : *21, rue Saint-Lupien, 44400* ***Rezé.*** *☎ 02-52-10-83-20. • lechronographe.nantesmetropole.fr • Bus n°s 30 ou 97, arrêt Le Corbusier ; Ⓣ Diderot (ligne 3) ou Gare-de-Pont-Rousseau (ligne 2). Compter env 30 mn depuis le centre de Nantes. ♿ Juil-août, mar-dim 14h-19h ; fermé lun. Sept-juin, mer-dim 14h-18h ; fermé lun-mar et certains j. fériés. Congés : début janv-début fév. Entrée : 3 € ; réduc. Expos temporaires ; ateliers enfants pdt vac scol.*
L'archéologie n'est pas forcément la science la plus facile à présenter. Ce centre d'interprétation s'y emploie pourtant avec talent.
Le ***Chronographe,*** structure originale enveloppée de bois, se dresse au cœur même de l'antique port de la Gaule romaine Ratatium, une zone de 20 000 m² fouillée depuis les années 1980. Avant de commencer la visite, monter au belvédère pour une vue d'ensemble du site. Une table d'orientation en réalité augmentée, très bien conçue, permet de se représenter le port de Ratatium tel qu'il était entre le Ier et le IIIe s. La Loire coulait autrefois au niveau de la route nationale. Dans le bâtiment, ouvert sur l'extérieur par de larges baies vitrées, le parcours s'organise en séquences consacrées chacune à une thématique, à la découverte de Ratatium et à un aspect spécifique du travail de l'archéologue, à partir d'un objet précis. Les cartels concis et les dispositifs interactifs rendent la visite à la fois attractive et pédagogique.
– En sortant, allez voir la ***chapelle Saint-Lupien,*** un millefeuille archéologique dans lequel on descend pour remonter le temps depuis les vestiges gallo-romains en passant par les sépultures chrétiennes, jusqu'à la chapelle construite au XVe s et transformée en grange au XIXe s. Gageons que cette visite fera naître des vocations !

La Maison radieuse de Le Corbusier *(hors plan détachable par C6)* **:** *à* ***Rezé,*** *derrière l'hôtel de ville. ☎ 02-40-84-43-60. • maisonradieuse.org • Visite guidée seulement, sur rdv, mer à 16h et sam à 11h (plus parfois 9h30 en fonction de l'affluence). Fréquences et j. de visite plus nombreux en été. Durée : 45 mn. Billetterie à l'accueil de la mairie. Entrée : 5 € ; réduc ; gratuit moins de 12 ans.*
Il en existe cinq au monde : à Marseille, à Rezé, à Briey-en-Forêt, à Firminy et à Berlin. Visionnaire ? À son époque, Le Corbusier a bouleversé la façon d'envisager l'urbanisme. Il concevait ses immeubles comme des villages verticaux (les couloirs s'appelaient ici des rues), offrant un confort nouveau pour ses occupants, où l'esprit de communauté était au centre de la réflexion, afin de concilier vie collective et individuelle.

CORBU, CE GRAND MÉCONNU

Le Corbusier fut l'un des plus grands architectes français... né en Suisse. Égoïste, vaniteux, opportuniste, il adorait les idées mégalomaniaques mais s'intéressait peu au suivi de ses chantiers. Un de ses projets détruisait la moitié de Paris ! En 1941 et 1942, il s'installa à Vichy, pour mieux séduire ce bon (!) maréchal Pétain. Il mourut en 1965, d'une noyade en Méditerranée. « Corbu » eut droit à des funérailles nationales orchestrées par Malraux, qui n'avait peur de rien.

Les 294 appartements (du studio au T6), en duplex pour la plupart, longs de 16 m, donnent sur les 2 côtés de l'immeuble. Bien insonorisés, ventilés, avec l'eau chaude... ils jouissent d'un grand confort dans le monde des logements sociaux de l'après-guerre, en pleine crise. Ambitieux, le projet devait intégrer une poste, des commerces, ainsi qu'une école maternelle (qui existe toujours, mais ne se visite pas). Trop onéreux, les projets du grand architecte ont souvent tourné court, les municipalités ne retenant de lui que l'idée de sordides barres de béton. La visite guidée de l'appartement témoin, le n° 601, remeublé au goût des années 1950, permet de mieux comprendre les ambitions de l'architecte, ses visions utopistes de la vie collective.

Balades en bateau

Croisières-promenades : *avec les* ***Bateaux Nantais.*** *☎ 02-40-14-51-14. • bateaux-nantais.fr • Départ de la gare fluviale de* ***Nantes,*** *quai de la Motte-Rouge (plan détachable E1). Résa conseillée (départs fixes). Parking payant.*

Croisières Estuaire : *avr-oct, au départ de* ***Nantes*** *ou de* ***Saint-Nazaire.*** *☎ 02-40-69-40-40 ou 02-40-75-75-02. • marineetloire.fr • Durée : env 2h30.* Pour découvrir autrement l'estuaire : flore et faune, histoire fluviale et industrielle, ainsi que les œuvres du parcours *Estuaire* qui dialoguent avec les paysages, lors d'une croisière commentée de 2h30. Autre formule à certaines dates : croisière musicale nocturne.

Noter que depuis 2020 on peut aussi faire une croisière autour de l'île de Nantes, au départ de Chantenay (1h30). *• nantes-tourisme.com/fr/croisiere/croisiere-tour-de-l-ile-de-nantes •*

Bateaux électriques : ***Ruban Vert,*** *au départ de* ***l'île de Versailles à Nantes,*** *de* ***Sucé-sur-Erdre*** *ou de* ***Nort-sur-Erdre.*** *• location-bateaux-electriques.com •* Embarcations silencieuses et sans permis. Également avec ***Floating-Nantes*** *(• floating-nantes.com •),* qui loue aussi ***paddles*** et **canoë-kayaks**.

Promenade-découverte en toue cabanée : *sur résa tte l'année avec* ***La Toue de Nantes,*** *📱 06-81-87-64-49, • latouedenantes.fr • Ou la* ***Gabara1715,*** *📱 06-74-45-95-59, • gabara1715.fr •* Sur l'Erdre ou la Loire, dégustation possible.

LE PAYS DU VIGNOBLE NANTAIS

Le vignoble nantais est le plus grand vignoble de vin blanc d'appellation mono-cépage au monde. Le roi de ce pays s'appelle le muscadet, vin blanc sec, vif et léger, qui figure parmi les plus anciennes appellations d'origine protégée (AOP) de France. On en parle ici mais sa zone de production dépasse largement la région nantaise à proprement parler.
Pour plus de renseignements, se procurer les excellentes brochures gratuites sur le vignoble, son patrimoine et ses producteurs, auprès des 2 offices de tourisme du Vignoble de Nantes (Vallet et Clisson), consulter *• levignobledenantes-tourisme.com •* **(liste de caves viticoles) et se référer aux labels Vignobles & Découvertes ou Caves touristiques du vignoble de Loire®.**
– ***Le Voyage dans le vignoble :*** le Voyage à Nantes propose une boucle touristique de 100 km à travers ce grand jardin viticole du Val de Loire, entre les bords de la Sèvre et de la Maine. Une douzaine d'étapes, jalonnées de caves, domaines viticoles, restaurants, hébergements et activités de loisirs.
Également un ***parcours à vélo sécurisé*** de 10 km, de Nantes à Vertou. Il longe le chemin de halage de la Sèvre Nantaise.

MUSCADET ET AUTRES VINS DE LA RÉGION

Longtemps considéré comme un simple « bon p'tit blanc », le muscadet a considérablement évolué ces dernières années, grâce notamment à la mise en place d'appellations « village », mettant en valeur les différents terroirs, instaurant ainsi des crus de muscadet « haut de gamme » dont certains sont bio et élevés en biodynamie. Cela dit, la région produit plusieurs autres vins, souvent confondus, voire méconnus.

– ***Le muscadet :*** issu d'un cépage appelé melon de Bourgogne. Il représente 85 % de la production locale de vins blancs secs et fut apporté de Bourgogne au XVIIe s semble-t-il. La 1re mention historique du « muscadet » remonte à 1635. Aujourd'hui, la majeure partie de la production de muscadet repose au moins tout l'hiver sur ses levures naturelles de fermentation (les lies, qui ressemblent à un précipité jaunâtre). Il garde ainsi toute sa fraîcheur et présente de légers pétillements. On dit alors qu'il a du « perlant ». La méthode sur lie perpétue une tradition qui voulait que l'on garde la meilleure cuvée pour les fêtes. On trouve 4 AOP de muscadet : *muscadet-sèvre-et-maine, muscadet-côtes-de-grand-lieu, muscadet-coteaux-de-la-loire* et le muscadet tout court qui bénéficie d'une AOP régionale. Contrairement aux idées reçues, un muscadet bien équilibré peut très bien vieillir. Noter que le vignoble de Nantes est labellisé Vignobles & Découvertes pour les offres œnotouristiques qu'il propose.

– ***Le gros-plant :*** dans ce vignoble nantais, on croise également le cépage joliment nommé folle blanche, dont on fait le gros-plant, à boire dans l'année. Il s'accommode très bien avec des huîtres. Cette AOP régionale s'est fortement améliorée et est elle aussi de plus en plus vinifiée sur lie.

– ***Le grolleau :*** d'origine tourangelle et plus récent dans la famille, ce vin d'apéritif fin, gris ou rosé, connaît un grand succès du côté de la Loire et auprès des touristes.

– ***Le coteaux-d'ancenis :*** également une AOP régionale. Il se présente en blanc (chenin et malvoisie), mais surtout en rouge (gamay à 80 % et cabernet).

– ***Les vins de pays :*** les vignerons du coin produisent dans la foulée des vins de pays non dénués d'intérêt, à base de cépages chardonnay, pinot gris ou encore un cépage ancien localement appelé *côt,* ailleurs appelé malbec.

Où acheter du bon vin ?

Pas facile de faire un choix exhaustif. Voici les adresses que nous avons rencontrées, mais il y en a beaucoup d'autres tout aussi recommandables. Il est fortement conseillé de téléphoner avant de s'y rendre.

Domaines Landron : *Jo Landron, 3, impasse du Fief-du-Breil, 44690* ***La Haie-Fouassière.*** *☎ 02-40-54-83-27. • domaines-landron.com • Sur rdv.* Très impliqué dans une démarche biologique et biodynamique, ce vigneron charismatique exploite le domaine de la Louvetrie et le château de la Carizière. Ses vins, tous délicieux, expriment parfaitement la typicité du terroir. Du fameux Amphibolite, vif et minéral, au plus complexe Fief du Breil, on adore !

Domaine Bonnet-Huteau : *Jean-Jacques et Rémi Bonnet, La Levraudière, 44330* ***La Chapelle-Heulin.*** *☎ 02-40-06-73-87. • bonnet-huteau.com • Lun-ven et sam mat.* Eux aussi très impliqués dans une démarche biologique et biodynamique, ces vignerons perfectionnistes travaillent une partie de leurs vins avec une méthode pour le moins inattendue en région nantaise puisqu'ils vinifient leur *medolia* dans de grands œufs en terre cuite de 700 l et sans sulfites, comme pouvaient l'être les vins de l'Antiquité.

Domaine du Mauperthuis : *Marcel et Jacqueline Cormerais, Beauregard, 44330* ***Mouzillon.*** *☎ 02-40-33-95-25.*

● *domainedumauperthuis.com* ● *À 15 km au sud de Nantes. À la sortie de Mouzillon.* Un propriétaire récoltant qui présente une gamme de vins en blanc sec, rouge ou rosé. Gros-plant et vins de pays notamment.

La Renouère : *Jean-Luc Viaud, La Renouère, 44430* ***Le Landreau.*** *☎ 02-53-78-13-25. 06-70-61-54-84.* ● *domainejeanlucviaud.fr* ● *À la sortie du Landreau sur la route de Vallet.* Ce vigneron pratique la culture raisonnée, et sélectionne son raisin dès les vendanges en isolant chaque parcelle en cave. « Fleur de Panloup » est une cuvée intimiste, d'une étonnante pureté.

Pour une dégustation plus classique, se rendre à ***La Cave des Muscadet,*** à Clisson, ou à la ***Maison du muscadet,*** à Vallet.

Manifestation

– ***Muscadétours :*** *3 j. en oct. Infos auprès des 2 accueils de l'office de tourisme du Vignoble de Nantes (Clisson et Vallet).* Nombreuses animations dans des lieux emblématiques du vignoble.

VERTOU [GWERZHAV]

(44120) 23 600 hab. *Carte Loire-Atlantique, C3*

À 12 km à peine de Nantes, l'histoire de cette petite ville résidentielle des bords de Sèvre est liée à celle d'un saint Martin local. Notre homme, disciple de saint Félix, alors évêque de Nantes, y fonda 2 abbayes au VIe s et encouragea le développement du vignoble. À partir du IXe s, fermement décidés à faciliter la navigation fluviale et le commerce du vin, les moines édifièrent une chaussée dans le but de réguler le débit de la Sèvre. Plus tard, armateurs et fortunés de Nantes y construisirent des maisons de villégiature (des folies) entourées de vigne, qu'on appelait « maisons de bouteille » et qui jalonnent encore aujourd'hui les bords de Sèvre.

Adresse utile

Bel Abord : *17, quai de la Chaussée-des-Moines. 06-60-02-41-75.* ● *bel-abord-location.fr* ● Location de vélos à assistance électrique à Vertou et dans les environs. Balades découverte et dégustation dans le vignoble.

Où dormir ? Où manger ?

De prix moyens à chic

Hôtel de la Haute Forêt : *53, bd de l'Europe. ☎ 02-40-34-01-74.* ● *hotel-vertou.com* ● *Dans le centre. Congés : août et en fin d'année. Doubles à partir de 70 €.* Cet établissement moderne et fonctionnel est idéalement situé à deux pas de Nantes et du vignoble. Un bon point de chute, d'autant que l'accueil est chaleureux et que les chambres rénovées et confortables se révèlent d'un bon rapport qualité-prix.

Chambres d'hôtes Au Gré du Hasard : *3, allée de la Reine-Margot. 06-67-40-58-30.* ● *nadine@au-gre-du-hasard.fr* ● *au-gre-du-hasard.fr* ● *À 5 mn du Busway pour Nantes. Doubles 76-92 €.* Planquée dans un quartier résidentiel sans grand charme, cette grosse maison bourgeoise d'autrefois en a beaucoup plus. Tout comme ses chambres confortables et joliment aménagées. Accueil décontracté. Petite piscine semi-couverte. Et la verdoyante vallée de la Sèvre est à deux pas.

La Cantine ô Moines : *12, quai de la Chaussée-aux-Moines. ☎ 02-40-34-21-33. • lacantineomoines@gmail.com • lacantineauxmoines.fr • Tlj. Formule déj en sem 18,90 € ; menus 30-60 € ; carte env 35 €. Digestif maison offert sur présentation de ce guide.* Devanture moderne en véranda pour ce resto façon lounge, et sa brochette de tables sur le bord de la Moine aux beaux jours. Une adresse de cuisine régionale très bien réalisée, parfois rehaussée d'accents exotiques. Le tout servi accompagné de bons muscadets – ne pas hésiter à demander conseil, ici on maîtrise le sujet !

Le Laurier Fleuri : *460, route de Clisson. ☎ 02-51-79-01-01. Fermé dim-lun. Formule déj en sem 23 € ; menus à partir de 37 €.* De l'extérieur, très classique, rien ne laisse deviner la qualité de cet ancien relais de diligence. Ici, le jeune chef, formé dans de grandes maisons, réalise des plats modernes et créatifs, au gré d'assiettes très graphiques concoctées avec les produits du marché. Le tout dans un cadre contemporain. Une adresse rafraîchissante ! Et pour ceux qui ont profité de la belle carte des vins, quelques chambres à l'étage...

Où dormir ? Où manger dans les environs ?

De très bon marché à bon marché

Le Pan Coupé : *35, rue du Pot-Gris, 44690* ***Château-Thébaud.*** *☎ 02-40-06-52-50. • lepancoupe@orange.fr • lepancoupe.fr • Centre-bourg. Lun-ven le midi seulement (sam-dim sur résa). Formule déj en sem 12 € ; menus env 30-35 €. Digestif 2 cl offert sur présentation de ce guide.* Petite adresse sans chichis tenue par Julien et sa souriante équipe. Ici, on se rencontre autour du copieux buffet des entrées ou des desserts avant d'aller s'asseoir en salle pour passer commande de son plat du jour (4 propositions). Basique et pas cher.

Auberge La Gaillotière : *La Gaillotière, 44690* ***Château-Thébaud.*** *☎ 02-28-21-31-16. • contact@auberge-la-gaillotiere.fr • ♿ À 6 km au sud de Vertou. Fermé dim-lun. Congés : 3 sem en fév-mars et 3 sem en août. Formule déj en sem env 16 € ; menus 23-30 €. Café offert sur présentation de ce guide.* Une adresse traditionnelle au cœur du vignoble, avec une belle salle rustique prolongée par une séduisante terrasse dès les 1ers soleils. Les 3 menus (petite, moyenne et grande faim) mettent en valeur les produits locaux ; ils changent tous les 15 jours. Parmi les musts, la terrine de foie gras de canard maison. Accueil souriant et de bon conseil. La maison propose aussi 2 gîtes (6 personnes).

Plus chic

Chambres d'hôtes au château de Goulaine : *voir plus loin « Dans les environs de Vertou ». Double 115 €.* Ça en jette ! Avec ses remparts, ses douves et ses jardins à la française, cet élégant château classé du XVe s ne laisse pas indifférent. Dans les chambres en revanche, confort actuel : déco sobre, dans les tons gris perle, et des salles de bains contemporaines. Le petit déj se prend quant à lui dans le salon familial. La classe !

Chambres d'hôtes La Demeure de Saint-Fiacre : *Les Gras-Moutons, 44690* ***Saint-Fiacre-sur-Maine.*** *📱 06-77-13-27-98. • contact@lademeure.fr • lademeure.fr • À env 5 km au sud-est de Vertou. Doubles 127-135 € ; familiales. Un petit déj par chambre/nuit offert sur présentation de ce guide.* Dans les dépendances d'une ancienne seigneurie du XVIe s, des chambres alliant luxe, raffinement et design. Thomas, artiste allemand bourlingueur, s'est posé en ces lieux pour réaliser ses rêves d'architecture, de décoration et d'accueil. Son petit déj, concocté à base de produits faits maison, est un pur moment de plaisir. Une belle adresse.

À voir. À faire

La chaussée des Moines : *en contrebas du centre-ville.* Très joli coin, idéal pour une balade dominicale ou après un bon repas. Rendez-vous des pêcheurs et mouillage pour les plaisanciers. Expo au moulin Gautron situé en face et à l'atelier du moulin.

La remontée de la Sèvre en bateau : *départ de la chaussée des Moines. Avr-juin et sept, mer, w-e et j. fériés ; juil-août, tlj. On peut louer un bateau électrique sans permis, très maniable et silencieux, auprès de* ***Ruban Vert*** *(☎ 02-51-81-04-24 ; • location-bateaux-electriques.com •).* Agréable balade à la découverte des châteaux qui bordent la rivière, de la faune et de la flore.

Sortie commentée sur la Sèvre : *avec* ***Sèvre Intime.*** *06-20-29-49-04. • erdreintime.weonea.com •* À bord de la vedette *Gratitude.*

Locations de canoës, kayaks et paddles : *avr-sept, w-e (tlj juil-août), auprès du* ***club de canoë-kayak de Vertou,*** *bd Guichet-Sérex, dans le parc de loisirs du Loiry. ☎ 02-40-34-29-97. • canoekayakvertou.com •*

DANS LES ENVIRONS DE VERTOU

Le château de Goulaine : *44115* ***Haute-Goulaine.*** *☎ 02-40-54-91-42. • contact@chateaudegoulaine.fr • chateaudegoulaine.fr • (accès partiel). À 15 km au sud de Nantes. Vac scol (printemps, été et automne) : 14h-18h30 ; précisions sur le site. Entrée : 10 € ; réduc ; gratuit jusqu'à 5 ans. Visite guidée (sans supplément, réserver) ou libre avec des fiches pour le château. Chasse au trésor pour les enfants.* Passé les douves et les remparts flanquant la tour des archives, on découvre un magnifique château classé du XVe s, resté dans la même famille depuis pas moins d'une trentaine de générations ! La visite commentée est riche en anecdotes sur ce dernier château de la Loire avant l'estuaire encore habité. Dans les salons (tapisseries du XVIIe s, cheminées, cabinet de curiosités...), la chambre du roi (Louis XIV y aurait piqué un roupillon en 1661, la veille de l'arrestation de Nicolas Fouquet par d'Artagnan) et les cuisines, la visite montre bien comment l'environnement naturel et les événements historiques ont eu une incidence directe sur l'architecture du château.

La base de loisirs nature de Pont Caffino : *44690* ***Maisdon-sur-Sèvre.*** *☎ 02-40-06-54-07. • pontcaffino.fr •* Voici un site étonnant de 8 ha, parfait pour les amoureux de pleine nature, où l'on peut faire de l'escalade, de la tyrolienne au-dessus de la rivière, du tir à l'arc, du canoë, du *paddle,* du kayak-polo, de l'équitation... puis pique-niquer tranquillement avant d'aller jouer aux boules ou de se promener dans le petit canyon de la vallée de la Maine. Intéressante passe à poissons construite au pied des falaises.

Le belvédère de Château-Thébaud *(44037)* **:** *situé derrière la mairie.* Aménagé en 2020, il offre une vue panoramique sur le site de la base de loisirs de Pont Caffino, à 40 m en contrebas, et sur les vignes au-dessus de la Maine. Tout cela grâce à un ponton en porte-à-faux qui s'élance dans le vide au-delà du promontoire existant, sur 20 m. Décoiffant !

LE PALLET [ar palez]

(44330) 3 200 hab. *Carte Loire-Atlantique, C3*

Dans un registre plus rigolo mais néanmoins bénéfique à l'élaboration du muscadet, Le Pallet est également réputé pour son gabbro, une roche magmatique somme toute assez rare sur terre mais courante au fond des océans ainsi que sur la Lune...

Où dormir dans le coin ?

De bon marché à prix moyens

Chambres d'hôtes La Maison des Landes : *Les Landes, 44330* ***Mouzillon.*** *☎ 02-40-06-96-00. 06-65-06-84-85. • aubing@orange.fr • maisondeslandes44.fr • À env 4 km du Pallet. Double env 67 €.* Isolées au cœur des vignes, dans les anciens chais de la propriété, une poignée de chambres avec terrasse privative, à la déco soignée et aux couleurs au goût du jour, avec salle de bains à l'italienne. Belle harmonie entre modernisme et tradition. En prime, vaste salle commune avec cuisine équipée et cheminée.

Chambres d'hôtes Fleur de Vigne : *23, La Maisdonnière, 44690* ***Monnières.*** *☎ 02-40-54-65-59. 06-08-27-07-64. • anneyvesmaillard@orange.fr • fleurdevigne.com • À 2 km du Pallet, dans le centre de Monnières. Double 64 € ; familiales.* Chambres d'hôtes bien au calme, lumineuses et agréablement restaurées, dans une courette fleurie et bien entretenue. Cuisine tout équipée et salon mis à la disposition des hôtes. Yves, votre hôte, vous proposera sûrement une petite dégustation car il produit un excellent muscadet...

À voir

Le musée du Vignoble nantais : *82, rue Pierre-Abélard. ☎ 02-40-80-90-13. • musee-vignoble-nantais.eu • Dim-ven (tlj juil-août) : de mi-juin à mi-sept, 10h-18h ; d'avr à mi-juin et de mi-sept à mi-nov, 14h-18h. Fermé sam (sauf juil-août) et de mi-nov à fin mars. Compter 1h30 de visite. Entrée : 5 € ; réduc ; gratuit moins de 12 ans. Visite guidée dim à 15h30.*
Un musée passionnant, où l'on apprend tout sur l'histoire, les appellations, l'évolution des techniques ou les anecdotes liées au célèbre vignoble du muscadet. Le parcours, à la fois thématique et chronologique, suit les étapes de l'élaboration du vin, depuis le travail de la vigne jusqu'à la mise en bouteilles. Collection d'objets et d'outils de différentes époques, dont les 1ers tracteurs enjambeurs à avoir arpenté le vignoble nantais ! Ne pas manquer également l'impressionnante salle des pressoirs avec pupitres interactifs. En parallèle, toutes sortes d'animations pour les enfants (à partir de 6 ans) autour des objets du vigneron.

UN PUCERON QUI FAIT TACHE

En 1862, un certain Joseph-Antoine Borty de Roquemaure, dans le Gard, importa des ceps de vigne du Nouveau Monde... pour voir. Et, avec eux, un puceron aussi microscopique que ravageur, qui se répandit sur tout le territoire et détruisit une grande partie des vignes françaises. C'est le terrible phylloxéra. Il avait vu ! Seules les vignes cultivées dans un sol sableux échappèrent à ce fléau...

Enfin, dans un tout autre registre, une salle est consacrée à la vie et à l'œuvre de Pierre Abélard (vidéo et quelques gravures). Dégustation après chaque visite. Dehors, conservatoire du vignoble avec les différents cépages du Pays nantais d'avant et après le phylloxéra, maladie qui ravagea le vignoble français à la fin du XIXe s, et point de départ d'un sentier de randonnée au cœur des vignes. À visiter sans modération !

DANS LES ENVIRONS DU PALLET

À quelques kilomètres du village, sur la route de Monnières, à droite après le pont, voir aussi la ***cale du port Domino,*** minuscule et charmant hameau qui rappelle le rôle joué par la Sèvre pour l'expédition du vin.

Le port de La Haie-Fouassière *(44690)* **:** à 6 km au nord du Pallet. Bordé par la Sèvre, l'adorable petit port est le spot idéal pour une promenade, une partie de pêche ou un pique-nique aux beaux jours. Et pour s'amuser, il accueille depuis 2020 une aire de jeux originale, pensée comme des géométries origamiques, avec notamment une tyrolienne. La Haie-Fouassière abrite l'usine LU (autrefois dans le centre de Nantes). À l'entrée, un curieux rond-point avec soucoupe volante et extraterrestres, tenant chacun un symbole de la ville : un petit LU, une bouteille de muscadet et une fouace, ce gâteau créé au XIXe s et censé atténuer pendant les vendanges les effets du muscadet...

Mouzillon *(44330)* **:** village fondé par les moines de Vertou sur l'ancienne voie romaine reliant Rouen à Bordeaux. Mouzillon est célèbre pour son pont gallo-roman à 4 arches qui franchit la Sanguèze, et pour le petit mouzillon, ce biscuit sec en couronne dentelée fabriqué au village (boutique). Sans sel ni matières grasses, à base de froment et d'amandes, il accompagne parfaitement un verre de muscadet.

CLISSON [klisɔ̃]

(44190) 7 000 hab. *Carte Loire-Atlantique, C-D4*

Aux confins de l'Anjou et du Poitou, marquant la limite sud du vignoble nantais, Clisson est stratégiquement posée aux marches de Bretagne. Cette jolie petite bourgade, où l'on déambule le nez au vent de placettes en escaliers rappelle un peu la Toscane. Mise à sac en 1793 par les colonnes infernales lors des guerres de Vendée, Clisson fut entièrement reconstruite.

En 1796, les frères nantais Pierre et François Cacault y fondent un musée-école. En 1805, répondant à leur invite, le sculpteur de Napoléon, Frédéric Lemot, tombe sous le charme des lieux et achète les ruines du château et les 13 ha du parc de la Garenne. Il l'aménage en jardin romantique inspiré de l'Antiquité. La ville affirme dès lors son caractère « italien ». La tuile et la brique se marient bientôt à l'ardoise, au granit, tandis que les plantes méditerranéennes font leur apparition sur les bords de la Sèvre.

Séduites par l'atmosphère qui s'en dégage, les grandes plumes de l'époque viennent y chercher l'inspiration, d'Alexandre Dumas à Flaubert, de Jules Sandeau à George Sand. Belle de jour comme de nuit, Clisson demeure depuis synonyme de dolce vita. On s'y presse le week-end pour pique-niquer en famille, et puisque cette petite cité est décidemment pleine de surprises, elle organise chaque année l'un des festivals de musique hard-rock les plus côtés du genre, le célèbre Hellfest avec sur 3 jours plus de 180 000 festivaliers tatoués !

Arriver – Quitter

➢ ***En train :*** à 20 mn de Nantes par la ligne Les Sables-d'Olonne/ La Roche-sur-Yon ou celle de Cholet. Plusieurs trains directs/j.

Adresses et info utiles

Office de tourisme du Vignoble de Nantes : *pl. du Minage. ☎ 02-40-54-02-95. • levignobledenantes.com • À côté des halles. Tlj (sauf dim mat et lun nov-fév). Fermé 1er janv et 25 déc.* Visites guidées de la ville *(lun à 11h et sam à 15h en juil-août)* et visites théâtrales *(dim à 16h et mar à 18h en juil-août).* Billetteries : spectacles, Puy du Fou, événements de la région, bateaux pour l'île d'Yeu, etc. Infos sur la *BIP (festival de rue ; juil-août, chaque mar et dim ap-m),* spectacle insolite et musical pour découvrir la ville, son histoire et son patrimoine.

■ ***Le Caveau des Vignerons :*** *mêmes locaux et mêmes horaires que l'office de tourisme.* Dégustations gratuites des vins du vignoble et rencontres avec les viticulteurs locaux le week-end en été.

– ***Marchés :*** *mar et ven mat (le plus important), sous les halles.*

Où dormir ? Où manger ?

Camping

Camping du Moulin : *route de Nantes. ☎ 02-40-54-44-48. • campingdumoulin@onlycamp.fr • onlycamp.fr • ♿ (1 mobile home). À 500 m du centre-ville, dans la zone commerciale de Calin. Mars-oct. Autour de 12 € pour 2 ; mobile homes.* Emplacements ombragés, en surplomb de la rivière. Agréable malgré la proximité de la zone commerciale. Laverie.

Très bon marché

Dolce Caffè : *2, pl. Notre-Dame. ☎ 02-40-04-69-13. • rossi.nicolas74@gmail.com • En contrebas de l'église. Tlj sauf lun.* Puisque Clisson c'est l'Italie, voici un charmant petit snack à l'italienne avec *focaccia* généreuse et pizza. Bons gâteaux pour le dessert (le proprio est boulanger-pâtissier de métier), cafés bien serrés et même des vins de la Botte triés sur le volet. Simple, frais, bon et vraiment pas cher.

Prix moyens

Chambres d'hôtes Hom'Gaia : *1, le Bourg-Cornu. 📱 06-78-94-15-27. • homgaia@gmail.com • homgaia-chambredhotes-clisson.fr • ♿ Double 79 € ; familiales.* Il y a de bonnes ondes à *Hom'Gaia* ! Il faut dire que la maison a été construite avec des matériaux écolo, et agencée selon les principes du feng shui. Résultat, on se sent aussitôt à l'aise dans le salon-salle à manger très lumineux ou dans les jolies chambres tout confort (belles salles d'eau avec douches à l'italienne). Bon petit déj bio, espace de bien-être. Idéal pour se ressourcer.

Auberge du Château : *2, rue de la Collégiale. ☎ 02-40-54-32-08. 📱 06-44-12-06-34. • aubergeduchateau@wanadoo.fr • aubergeduchateau-clisson.fr • L'été, ouv midi et soir ; sept-juin, ouv le midi jeu-mar, plus le soir ven-sam. Fermé mer tte l'année. Congés : de mi-août à début sept. Menu 18 € (déj en sem), puis 30-34 €. Café offert sur présentation de ce guide.* Au pied du vieux pont de pierre, un resto à l'excellent rapport qualité-prix, avec une superbe terrasse en véranda pour profiter de la romantique vue sur la Sèvre nantaise. À l'image de la déco moderne, la cuisine s'amuse à surprendre avec quelques touches créatives.

Restaurant de la Vallée : *1, rue de la Vallée. ☎ 02-40-54-36-23. • famillederame@wanadoo.fr •*

restaurant-delavallee.com • En hte saison, fermé dim-lun ; en basse saison, fermé dim soir-mar et le soir mer-jeu. Résa hautement conseillée. Formule déj en sem 23,50 € ; menus 35-40 €. Bonne cuisine du marché, travaillée avec soin et ponctuée çà et là de petites touches épicées et exotiques. Belles assiettes gourmandes autour du poisson ou du canard. En prime, une terrasse abritée géniale surplombant la Sèvre, avec une vue imprenable sur le château et la ville. Tout nous a plu : le cadre, l'accueil et l'assiette.

De chic à plus chic

Villa Saint-Antoine : *8, rue Saint-Antoine. ☎ 02-40-85-46-46. • contact@hotel-villa-saint-antoine.com • hotel-villa-saint-antoine.com • Resto fermé les 24-25 déc et le midi du 31 déc. Doubles 104-250 €. Formules déj en sem 18,50-24,50 € ; menus 27-45 €.* Installée dans les anciennes tanneries au bord de la Sèvre, la *Villa Saint-Antoine* (classée 4 étoiles) propose des chambres à la fois sobres et lumineuses – certaines mansardées – donnant tantôt sur la ville, tantôt sur la Sèvre. La table est à la hauteur avec une cuisine de saison inventive et audacieuse. Belle terrasse avec piscine chauffée, offrant la meilleure vue possible sur le château. Spa ouvert à la clientèle extérieure. Une grande réussite !

Où dormir ? Où manger dans les environs ?

Camping

Camping Coin de Ciel : *37, Le Tremblay, 44190* ***Saint-Lumine-de-Clisson.*** *07-79-45-74-24. • campingcoindeciel@gmail.com • camping-nantes-atlantique-clisson.fr • À 10 km à l'ouest de Clisson. Tte l'année. Forfait pour 2 env 12 € ; mobile homes 4-6 pers. CB refusées. 16 empl.* En pleine cambrousse, dans un hameau, un camping de poche tranquille et ombragé, bordé de champs. Salle à vivre (frigo, micro-ondes, jeux de société et de quoi casser la croûte à l'abri quand il pleut), laverie et sanitaires corrects. Rustique et sans chichis.

Prix moyens

Chambres d'hôtes La Sarmentille : *19, Les Beillard, 44190* ***Gorges.*** *☎ 02-40-03-96-45. • lasarmentille@orange.fr • la.sarmentille.free.fr • À 4 km au nord-ouest de Clisson. Doubles 60-76 €. Table d'hôtes sur résa 23 €.* Dans un ancien pressoir rénové et largement modernisé, 2 petites chambres mignonnes comme tout, à la déco soignée (pierres apparentes, jolis meubles). Belle pièce à vivre avec cuisine à partager.

Gîtes La Sauzaie : *La Sauzaie, 44190* ***Gétigné.*** *☎ 02-40-54-26-65. • giteslasauzaie@gmail.com • gitelasauzaie.com • À 7 km de Clisson, par la route de Boussay et de Cholet (D 149). Compter 350-650 €/sem en gîte ; nuitée en chambre d'hôtes 60-70 €.* Dans un parc vallonné de 12 ha, une belle longère au bord des chutes d'eau de la Sèvre, tenue par un couple franco-irlandais. Dans leur maison, plusieurs gîtes pour 6-7 personnes, et des chambres d'hôtes, bien arrangées et tout confort (salle de bains privée mais sur le palier pour l'une d'elles). Certains soirs, c'est la fête dans le pub irlandais aménagé dans un bâtiment annexe ou lorsqu'on prépare des pizzas maison dans le vieux four à pain. Piscine, sentier de randonnée jusqu'à Clisson.

Auberge de la Madeleine : *3, rue de la Navette, 44190* ***Gétigné.*** *☎ 09-61-62-03-92. • contact@aubergedelamadeleine.fr • Derrière la boulangerie* Babonneau. *Mar-ven pour le menu « Bistro » (21 €) ; ven soir-dim midi pour le menu « Resto » (36 €). Résa conseillée.* Cette adresse qui n'a rien à cacher (la cuisine est en vitrine) réserve de belles surprises à vos papilles. Dans un cadre épuré mettant en valeur une assiette joliment composée, le chef travaille les produits de saison tout en finesse. Formule « Bistro » en semaine, formule « Resto » le week-end, la messe est dite ! Reste plus qu'à choisir le vin, et à ce petit jeu-là, la maison réserve là encore quelques belles surprises de terroir.

À voir

Le château : *☎ 02-40-54-02-22. • grand-patrimoine.loire-atlantique.fr • Mai-sept, tlj sauf mar (tlj juil-août) 10h30-18h ; oct-avr, tlj sauf mar 14h-17h30. Visites guidées à 11h, 14h30 et 16h (hors saison, se renseigner). Fermé janv, 1er et 11 nov, 24-25 et 31 déc. Compter env 50 mn de visite. Entrée : 3 € (6 € avec visite guidée) ; réduc ; gratuit moins de 14 ans. Nombreuses animations gratuites en saison.*
Vestige de l'activité belliqueuse du connétable Olivier de Clisson, la silhouette fantomatique du Moyen Âge, domine fièrement la Sèvre nantaise et la Moine. Édifié par sa puissante famille dès le XIe s, ce château stratégiquement placé aux confins des marches de Bretagne, d'Anjou et du Poitou, constitue un bel exemple de l'évolution de l'architecture défensive. Il fut même d'une importance capitale jusqu'au XVe s, date à laquelle Marguerite de Clisson, accusée de trahison, fut dépossédée de ses biens au profit du duc de Bretagne. Après de nombreuses prises d'armes entre Bretons catholiques et Poitevins protestants pendant les guerres de Religion (2de moitié du XVIe s), lesquelles engendreront destructions et reconstructions, il sera finalement ruiné par les colonnes infernales pendant les guerres de Vendée en 1794.
D'un point de vue plus poétique, il représente le château médiéval tel que se l'imaginaient les romantiques, de Rousseau à Musset. Rien d'étonnant, donc, à ce que le sculpteur François-Frédéric Lemot, tombé en admiration devant lui dès 1807, invite ses amis peintres et graveurs à reproduire cette ruine magnifique et tourmentée.
Aujourd'hui, on se balade parmi les colossaux vestiges de ce lieu chargé d'histoire, dont certaines parties sont toujours en cours de restauration. De la cour et des chemins de ronde des puissants remparts, jolie vue sur les toits et le quartier de la Trinité, du nom de l'église qui s'y tient. Pour étoffer la visite, vidéo historique dans la tour Saint-Louis.

Les halles : une belle bâtisse du XIVe s, à la charpente aux 3 essences (chêne, sapin et châtaignier), qui abrite le marché. Elles jouxtent des halles italiennes du XIXe s où se trouvent le caveau des producteurs de vin et l'office de tourisme. Utilisées par les Bleus (républicains) ou les Blancs (royalistes) comme base de repli, elles ne furent jamais incendiées, car trop utiles. Depuis, le marché s'y tient toujours *(mar et ven mat)*.

La rue Tire-Jarrets : elle descend des halles vers la Sèvre et doit son nom aux malfrats qui, après le marché, détroussaient les marchands retournant chez eux, le jarret bien rempli de leurs gains (le mot « jarret » désignant leur bourse de cuir).

La rue de la Collégiale : avec son pin parasol qui surplombe la rue et que l'on retrouve sur toutes les photos de Clisson. De cette même rue part, à droite en remontant, la rue du Cul-Chaud, qui tire son nom du bateau-lavoir qui se trouvait au débouché de la ruelle, au bord de la Sèvre. Les lavandières, pour ne pas avoir froid, avaient coutume de s'asseoir au-dessus d'un brasero...

Le pont Saint-Antoine et le pont de la Vallée : ces 2 ponts en granit du XVe s, construits par François II, le père d'Anne de Bretagne, sont tous deux classés Monuments historiques. Le premier possède une voûte légère faite de 2 arches, tandis que l'autre compte 5 éperons.

Le domaine de la Garenne-Lemot : ☎ 02-40-54-75-85. ● *grand-patrimoine.loire-atlantique.fr* ● *Parc tlj : avr-sept, 9h-20h ; oct-mars, 9h30-18h30. GRATUIT. Visites guidées pour le parc mai-sept, pour le parc et la villa juil-sept (horaires en ligne) : 3 € ; réduc ; gratuit moins de 14 ans.*
– La Maison du jardinier : mai-sept, tlj sauf lun 10h30-13h, 14h-18h ; oct-avr, mer-dim 14h-17h30 (seulement le w-e 14h-17h30 nov-déc). Fermé en janv, 1er et 11 nov, 24-25 et 31 déc. GRATUIT.
– La villa Lemot : ouv pour les expos temporaires aux mêmes horaires. GRATUIT.
À la fin du XVIIIe s, ruinée, la ville se remet à peine des guerres de Vendée. Ce qui reste du château veille sur un océan de gravats, la Sèvre s'étire doucement au creux d'un vallon, des arènes granitiques pointent, mangées par les lichens... Le tout dessine un paysage éminemment pittoresque au sens littéral du terme, savoir « qui se peint ». Les frères Cacault achètent la ruine dans le but d'en faire un musée. Le sculpteur François-Frédéric Lemot, prix de Rome en 1790, les rejoint. Il est littéralement subjugué par la beauté du site. Pour lui, le mythe du voyage en Italie s'effondre. L'Italie est là, à Clisson et nulle part ailleurs !
Le jardinier-sculpteur achète alors un terrain et entreprend des plantations. Rien de bien exotique, non, les essences du terroir sont privilégiées. ***Il s'agit de construire un paysage et non de faire un jardin botanique.*** Puis, à la manière du peintre Poussin dans son atelier, le sculpteur saupoudre son terrain de *fabriques,* ces petits « construits » qui font écho à la nature : un temple, une colonne, une grotte, une statue, un obélisque... Lemot étudie, trace, rectifie. Tout ça par correspondance.
Plus tard, avec l'aide de Mathurin Crucy, l'architecte du théâtre Graslin de Nantes, il construit la villa, puis la maison du jardinier, copie conforme des fermes fortifiées de l'Italie centrale. Le style comme les matériaux essaimeront d'ailleurs un peu partout aux alentours, conférant à la région de Clisson une note italienne des plus délicate. Aujourd'hui le domaine de la Garenne-Lemot en appelle à la réflexion sur la fulgurance, la persistance et la saisonnalité ; il accueille les joggeurs du dimanche et des expos d'art contemporain.

On peut également aller admirer la ***Garenne-Valentin,*** bâtie pour Jacques-Charles Valentin, ami de Frédéric Lemot, sur le site d'un ancien couvent de bénédictines. Joli reste de cloître XVIIe s, typique de l'architecture religieuse mauriste. Remarquable porche néoclassique du XIXe s en tuffeau. La Moine coule en contrebas du parc, très bien aménagé. Un agréable petit sentier rejoint l'église de la Trinité au départ du viaduc.

Le viaduc : il date des années 1840 et, avec ses 15 arches, il surplombe la Moine à une hauteur de 20 m. À voir le soir et de nuit en été, avec le bel éclairage sur la ville et le château. Superbe point de vue.

La chapelle des Templiers : *presque à la sortie de Clisson, en direction de Cugand (c'est fléché).* Cette église édifiée à la fin du XIIe s appartenait aux chevaliers de Malte, successeurs des Templiers. Hélas, il lui manque maintenant son toit.

Le parc du Hellfest hors saison : *ouv à la visite (libre) début juil-fin avr. GRATUIT.* Rien à voir avec l'ambiance XVIIIe s du parc voisin de la Garenne-Lemot. Ici, l'esprit est plutôt postapocalyptique et se singularise par de gigantesques œuvres artistiques en bois et en acier. Durant le festival (3 jours en juin), c'est liberté, fraternité et guitares saturées pour les « métalleux ».

À voir. À faire pas loin

Le moulin à papier du Liveau : *moulin de Liveau, 44190* ***Gorges.*** *06-16-11-89-50.* ● *lemoulinapapierduliveau.com* ● *À env 5 km, direction Nantes (D 59). Ouv avr-oct. Selon les j., visite libre 14h-18h ou visites avec ateliers* *à 14h30, 15h30, 16h30 et 17h30 : consulter le programme. Entrée : env 4-7 € selon visite ; réduc. Expos temporaires en accès libre.* Ce moulin à eau en bord de Sèvre nantaise a repris du service en 2015 après une complète rénovation pour se consacrer à la production de papier, comme il le fit au XIXe s. Remarquable séchoir à l'italienne notamment. Expo, animations et ateliers. Chacun repart avec la feuille qu'il a fabriquée et imprimée sur une vieille presse à bras, ou encore avec son *pop-up*. Ne pas manquer la balade dans le bois de buis à proximité.

Canoë-kayak :* Gétigné Canoë-kayak,** *26, rue de Terbin, 44190* ***Gétigné. *☎ 02-40-54-04-82. • getignecanoekayak.fr • Juil-août, tlj ; hors saison, se renseigner.* À la découverte de la Sèvre. Location à la journée, balades nocturnes commentées autour du château et du viaduc et stages découverte. *Également avec* ***Canoë-kayak Clisson,*** *au moulin de Plessard, 85610* ***Cugand.*** *☎ 02-40-54-39-59. • ckclisson.fr •*

Manifestations

Toutes les manifestations sur *• levignobledenantes.com •*

– ***Les Mascarades :*** *un w-e en mai.* Un carnaval à l'italienne, avec des dizaines de personnages en costume vénitien !
– ***Montmartre à Clisson :*** *début juin.* Exposition et concours de peinture, carnets de croquis, modelage et photos.
– ***Hellfest :*** *3 j. le w-e le plus proche du 21 juin.* Le plus important événement français dédié aux musiques metal et assimilées ! Plus de 150 groupes du monde entier sur 6 scènes et un public tatoué, chevelu et ébouriffé déferlant sur Clisson.
– ***Les Italiennes :*** *en alternance avec « Les Médiévales » (une fête entre le village et le château), courant juil.* Festival in dans le cadre enchanteur de la Garenne-Valentin et off un peu partout dans la ville. 2 thèmes dominent : la danse et la photographie. Mais il y a plein d'autres surprises... italiennes !
– ***Randissimo :*** *2e w-e de sept.* Randonnées à thème, gratuites et accompagnées, pédestres ou en canoë, pour découvrir le patrimoine de toute la vallée.

VALLET [gwaled] (44330) 9 000 hab. *Carte Loire-Atlantique, D3*

Petite ville dynamique au cœur du vignoble nantais avec grande église néo-gothique (voir les vitraux). Il y a une centaine d'années, on ne commandait pas au comptoir un muscadet, mais un « vallet ». D'où le titre de « capitale du muscadet » dont s'honore la ville, et sa devise : ***Je suis la vigne, vous êtes les sarments.*** **C'est aussi à Vallet que fut créée la recette du canard au muscadet, en 1958.**

Adresses et info utiles

Office de tourisme du Vignoble de Nantes : *2 bis, pl. Charles-de-Gaulle. ☎ 02-40-36-35-87. • levignobledenantes-tourisme.com • Mar-sam.* Billetterie : Puy du Fou, spectacles, traversées pour l'île d'Yeu, etc.

Maison du muscadet : *5, route d'Ancenis. ☎ 02-40-36-25-95. À l'entrée du centre-ville. Juin-sept, tlj 10h-12h, 14h-18h30 (18h sept) ; avr-mai, lun-sam 10h-12h, 14h-18h30 (plus les dim de w-e de pont) ;*

le reste de l'année, ouv jusqu'à 17h30 ou 18h (fermé dim-lun). Une cave associative où l'on peut goûter à la production d'une vingtaine de viticulteurs du canton, sélectionnés par un jury professionnel. Dégustation gratuite.

– ***Marché :*** *dim mat.*

Où camper ? Où manger dans le coin ?

Camping

Camping à la ferme de la Péquinière : *La Péquinière, 44430* ***La Boissière-du-Doré.*** *☎ 02-40-33-70-49. 06-37-89-02-49. • accueil@pequiniere.fr • À env 12 km. Passer le zoo de La Boissière-du-Doré, prendre à droite et suivre le fléchage sur 2 km. Forfait pour 2 env 10 €. CB refusées.* Au bord d'un étang, 6 emplacements bien ombragés dans un champ, avec vue dégagée sur la campagne. Tout simple, mais bloc sanitaire nickel. Jeux pour les enfants, barbecue et terrain de pétanque. Visite des activités de la ferme, avec découverte des animaux, sur réservation.

De bon marché à prix moyens

À la Petite Ruelle : *5, rue Ribateau, à Vallet. ☎ 02-40-36-61-98. 06-30-50-81-15. • alapetiteruelle@orange.fr • Derrière la mairie. Fermé sam midi, dim soir et lun. Résa conseillée. Formules à l'ardoise env 16 € (déj en sem)-26 €. Café offert sur présentation de ce guide.* Dans une ruelle étroite, un réjouissant petit resto décoré de toutes sortes d'objets suspendus : vieux outils agricoles... et même une chaise ! Le midi et le soir, sélection à l'ardoise : peu de propositions mais que du « maison » renouvelé tous les 3 services ! Au final, une cuisine de saison atypique et surprenante. Un resto traditionnel qui se la joue décalé en cassant les codes.

Au Fil des Saisons : *20, pl. Charles-de-Gaulle, à Vallet. ☎ 02-40-36-30-05. • aufildessaisons44@hotmail.com • aufildsaisons.com • Sur la pl. de l'église. Fermé dim soir, mar soir et mer. Formules déj en sem 12,50-16,50 € ; menus 23-32 € ; carte env 35 €. Verre de vin offert pour un menu consommé sur présentation de ce guide.* Une salle classique avec ses poutres au plafond, voilà de quoi mettre en confiance. Ici, on sert une cuisine traditionnelle maison, de saison et sans flonflons. Accueil délicat de surcroît. Pour ceux qui aiment les produits locaux travaillés avec soin, poussez la porte sans hésiter !

À faire

Balades dans le vignoble : une cinquantaine de circuits pédestres à faire dans le vignoble, dont plusieurs autour de Vallet, pour découvrir les vignes, le patrimoine, les rivières. Par exemple, le *circuit des coteaux* passe devant les vergers du Cléray, où l'on peut goûter la fameuse confiture de mûroises. Fiches détaillées et randoguides du vignoble dans les offices de tourisme ou à télécharger gratuitement sur *• levignobledenantes-tourisme.com/la-rando/pedestre/ •*

> **FIN DU VOYAGE**
>
> *Un des carrés du cimetière de Vallet abrite une vingtaine de tombes plutôt impressionnantes : de vrais mausolées, en fait, en marbre et en verre. Il s'agit des sépultures de familles de gens du voyage qui, par tradition et depuis plus d'un siècle, se font inhumer à Vallet. On parle d'ailleurs ici de « cimetière des gitans ».*

Le vignoble à vélo : plusieurs boucles entre 9 et 32 km connectées les unes avec les autres pour découvrir le vignoble de Nantes à VTC ou VTT... Plans des circuits à l'office de tourisme ou à télécharger gratuitement sur le site internet.

DANS LES ENVIRONS DE VALLET

Le parc zoologique de La Boissière-du-Doré *(44430) :* ☎ *02-40-33-70-32.* • *zoo-boissiere.com* • *À 10 km au nord de Vallet. Juil-août, tlj 10h-19h ; avr-juin et sept, tlj 11h-19h ; oct, tlj 11h-18h ; de mi-fév à mars et 1re quinzaine de nov, mer, w-e, j. fériés et vac scol 14h-18h ; billetterie fermée 2h plus tôt. Fermé de mi-nov à mi-fév. Entrée : env 23 € ; env 17 € enfant ; gratuit moins de 3 ans.* Une plaine africaine (où l'on peut aussi passer la nuit dans un *lodge*) et une forêt amazonienne en pleins Pays de la Loire pour voir évoluer, entre autres, rhinocéros, girafes, oryx, paresseux et pythons... On peut aussi admirer des gorilles, des orangs-outans et même des loups, lions, tigres, guépards, ours. Au total, plus de 700 animaux sur 19 ha et plus de 50 naissances chaque année. Spectacle en vol libre d'une cinquantaine d'oiseaux. Quant aux plus petits, ils apprécieront sans doute la miniferme.

LE LOROUX-BOTTEREAU [Lavreer-an-Botorel]

(44330) 8 100 hab. *Carte Loire-Atlantique, C3*

Entre collines et vallons, marais et petits bois confinés, Le Loroux-Bottereau est la 2e commune viticole du département avec ses 1 400 ha de vignes. Ce bourg paisible est aussi influencé par la Loire, toute proche, sa douceur de vivre et ses restos gastronomiques sur la levée de la Divatte. Son histoire a été particulièrement marquée par la Révolution française, les « gars du Loroux » constituant une véritable « division d'élite » au sein de « l'armée » vendéenne. On ne s'étonne pas de trouver, au milieu de la grand-place, une (rare) statue de Louis XVI en souvenir des 4 500 Lorousains tombés sous les feux des colonnes infernales pendant les guerres de Vendée.

Où dormir dans le coin ?

De prix moyens à chic

Chambres d'hôtes Il était une fois chez moi : *10, route de Nantes, au Loroux-Bottereau.* *06-51-02-09-91.* • *ibigorgne@gmail.com* • *iletaitunefoischezmoi.fr* • *Dans le centre. Doubles 70-85 € ; également des gîtes (2 nuitées min).* Une chose est sûre, Isabelle aime recevoir dans sa grande maison de caractère : chez elle, on se sent vite chez soi. Les chambres (et les gîtes) ne sont pas en reste. Douillettes, décorées de beaux objets chinés mêlant l'ancien et le moderne, elles sont irrésistibles et pleines de personnalité. Du charme à revendre.

Chambres d'hôtes Le Clos de la Brevère : *hameau de la Brevère, 44430* ***La Remaudière.*** ☎ *02-40-33-74-75.* *06-50-22-88-27.* • *leclosdelabrevere.fr* • *À env 8 km à l'est. Avr-oct. Résa conseillée, enfants non souhaités. Double env 100 €.* Isolée au bord d'une route en pleine campagne, cette grande maison parfaitement entretenue comprend 2 chambres très soignées dans 2 bâtiments indépendants et un gîte pour 3. Pas mal de petits plus : accès à une cuisine commune, à une salle de sport et au beau jardin où l'on se prélasse en terrasse sous le chêne. Accueil sympathique. Bien, mais pas donné.

À voir. À faire

Les marais de Goulaine : ils s'étendent sur 1 500 ha et hébergent canards, foulques, hérons cendrés et une flore variée. Ils se découvrent à pied par les sentiers, en été, quand les marais sont asséchés, ou en barque à partir du port du Millau, de l'Angle-Essort ou du Montru. Ces marais sont aussi ***la plus grande frayère à brochets d'Europe.*** Un seul pont pour traverser le marais, celui de l'Ouen, entre Haute-Goulaine et Le Loroux-Bottereau.

Au Pont-de-l'Ouen, à Haute-Goulaine, ***La Maison Bleue*** : ☎ *02-40-54-55-50.* • *loire-goulaine.fr* • *Avr-oct, lun-ven 14h-17h, dim 15h30-18h30.* Espace pédagogique qui propose expos en lien avec le marais classé ***site Natura 2000,*** animations nature et promenades.

De l'autre côté du pont, gravir la petite butte de la Roche (47 m) pour le ***panorama.***

LE PAYS DE RETZ

Voici l'un de ces pays que l'on aurait tort de ne faire que traverser ! Avec ses bocages et ses forêts, le pays de Retz (prononcer « Ré ») abrite les marais bretons au sud, la grande baie de Bourgneuf et, à l'ouest, la Côte de Jade avec Pornic, l'une des toutes 1res stations balnéaires de France, une terre de vignobles (le muscadet-côtes-de-grand-lieu) autour de la réserve naturelle du lac de Grand-Lieu, et un doux pays intérieur délimité au nord par la Loire.

SAINT-PHILBERT-DE-GRAND-LIEU [saint-filberzh-dheaz] ET LE LAC DE GRAND-LIEU

(44310) 8 900 hab. *Carte Loire-Atlantique, C4*

« Capitale » du pays de Grand-Lieu, Saint-Philbert dispose de restos, d'un camping, d'un office de tourisme et d'une superbe abbatiale qui a soufflé ses 1 200 bougies en 2019.
Tout près s'étend une zone naturelle protégée : le fameux lac de Grand-Lieu. Un espace bien caché qui n'est accessible que depuis 2 endroits : la Maison des pêcheurs de la Chevrolière et le lieu-dit les Pierres-Aigües à Saint-Aignan. Pour une approche plus complète, se rendre à la Maison du lac de Grand-Lieu à Bouaye ou emprunter à pied ou à vélo le « sentier du tour du lac de Grand-Lieu ». Sinon, partir à l'ascension du clocher de l'église de Saint-Lumine-de-Coutais (40 m, 158 marches). Pour cela, profiter de la permanence du dimanche après-midi, ou demander la clé de l'église à la mairie, à la bibliothèque ou au café *Le Luminois* (2 €, penser à prendre des jumelles et à rendre la clé !). Attention, escalier vraiment pas évident (surtout si vous êtes sujet au vertige). En hiver, c'est même le lac de plaine le plus grand de France avec ses 6 300 à 7 000 ha (contre seulement 3 000 à 3 500 ha en été). Sa faune compte plus de 270 espèces d'oiseaux, et ce lac serait la plus grande héronnière d'Europe. Sa topographie change sans cesse en fonction de la météo, bousculant ses roselières au gré des vents.

Adresses utiles

Office de tourisme : *2, pl. de l'Abbatiale, à Saint-Philbert.* ☎ *02-40-78-73-88.* • *grandlieu-tourisme.fr* • *Avr-oct, mar-dim 10h-12h30, 14h-18h30 (fermé lun) ; nov-mars, mer, ven et w-e 14h30-17h30 (fermé lun-mar et* *jeu).* Infos sur l'architecture de l'époque carolingienne, les randos pédestres et les sorties nature. Boutique.

Autre bureau d'information touristique à La Chevrolière *(44118)* **:** *16, rue Yves-Brisson. ☎ 02-40-31-36-46. Mêmes horaires que l'office de tourisme.*

Où dormir ?

Hôtel La Bosselle : *12, rue du Port. ☎ 02-28-91-07-43. • labosselle.com • Double 69 €.* À un jet de pierre de l'abbatiale, cet hôtel pour VRP en vadrouille offre une petite quinzaine de chambres proprettes. L'une d'elles est même spécialement dédiée aux familles. Établissement bien tenu disposant d'un accueil aimable.

Où dormir dans les environs ?

Camping rural Le Relais des Garennes : *à La Bauche-Coiffée, 44140* ***Montbert.*** *☎ 02-40-04-78-73. • lerelaisdesgarennes@gmail.com • camping-lerelaisdesgarennes.com • (label 4 handicaps). Entre Saint-Philbert et Aigrefeuille. Ouv juin-sept. Forfait pour 2 env 11,50 €. CB refusées. Un produit du jardin, du poulailler ou du verger offert sur présentation de ce guide.* Pour les amoureux de nature : une chênaie très ombragée mais aussi des emplacements généreux au soleil, le long d'une rivière et à proximité d'un étang. Le bourg (commerces) et la piscine du village sont accessibles par un chemin de traverse en moins de 10 mn... Camping de poche simple, convivial et très calme. Bloc sanitaire nickel et salle commune.

Chambres d'hôtes Château du Bois de la Noé : *8, allée de la Roseraie, 44830* ***Bouaye.*** *☎ 02-51-11-10-94. • contact@chateau-boisdelanoe.com • chateau-boisdelanoe.com • À 15 mn au sud-ouest de Nantes, direction Noirmoutier/Pornic par la D 751. Doubles à partir de 100 €.* Planquée dans un quartier tranquille, une somptueuse folie nantaise du XVIe s ayant vu passer Aristide Briand. Aujourd'hui, dans une ambiance parquets lustrés, toile de Jouy, lustres à pampilles et oreillers à froufrous, cette vénérable demeure accueille les hôtes les plus exigeants dans le parc de 2 ha, planté d'essences rares. Un terrain de tennis, un étang et une piscine complètent cette offre hors du temps.

À voir. À faire

Le lac : il se divise en 3 parties. La réserve naturelle nationale au centre, puis une surface appartenant à la Région et gérée par la Fédération des chasseurs de Loire-Atlantique, enfin, une partie appartenant à des particuliers. Jusqu'en 1977, une grande partie du lac était propriété de la famille du parfumeur Guerlain, lequel avait l'habitude d'y inviter les grands de ce monde pour des parties de chasse au colvert. Aujourd'hui, un grand débat règne autour du lac entre écologistes, pêcheurs

DE L'UTILITÉ D'ÊTRE AU PARFUM

Le parfumeur Guerlain, propiétaire du lac de Grand-Lieu, en fit don à l'État en 1977 sous condition que le lac soit classé réserve naturelle. Aujourd'hui, pour pouvoir intégrer la Coopérative des pêcheurs professionnels de Grand-Lieu, le candidat doit être armé de patience (plusieurs années d'attente parfois). Ils sont seulement 7 (120 au début du siècle dernier), les places se renouvellent rarement !

et agriculteurs. Il faut faire aussi avec la loi sur l'eau et la législation européenne. Car le lac est menacé, avec une profondeur désormais inférieure à 2 m en été, sans compter la présence de plusieurs espèces invasives comme l'écrevisse de Louisiane, le ragondin et un végétal particulièrement tenace : la jussie. Pas facile tout ça ! Tout savoir sur le lac grâce au *Pass Grand-Lieu* : *formule 5 sites (la Maison du lac de Grand-Lieu, la Maison des pêcheurs du lac de Grand-Lieu, l'observatoire ornithologique de Passay, l'abbatiale Déas et le clocher de Saint-Lumine-de-Coutais) 13 € ; réduc ; existe aussi en formule 3 sites (10 €) sans l'observatoire de Passay ni le clocher de Saint-Lumine.*

La Maison du lac de Grand-Lieu : *rue du Lac, à* **Bouaye.** *☎ 02-28-25-19-07. • maisondulacdegrandlieu.com • ♿ (label 4 handicaps). Juil-août, tlj sauf lun 10h-18h30 ; le reste de l'année, consulter leur site. Dernière admission 1h avt fermeture. Résa fortement conseillée (places limitées). Visite : 3-8 € selon formule (centre d'expo, sentier guidé ou non, pavillon) ; réduc ; gratuit moins de 6 ans. Programme d'animations pour le public familial.* Le centre – une belle structure contemporaine s'intégrant bien dans la végétation – présente une exposition moderne, dynamique et ludique sur le lac de Grand-Lieu, ses paysages et les espèces animales et végétales qui l'habitent, ainsi que des expos temporaires. Très intéressant, mais pour découvrir vraiment le lac, il faut emprunter seul, ou dans le cadre des visites guidées, un parcours de 1 km passant au milieu de différents types de paysages et conduisant au *Pavillon Guerlain.* Ce dernier n'est en revanche accessible que sur réservation (nombre de places limitées). Construit dans les années 1960 par la famille Guerlain, alors propriétaire du lac, il faisait office de pavillon de chasse. Le lac fut cédé à l'État à condition de devenir une réserve naturelle protégée et que la pêche professionnelle puisse y continuer. Après une déambulation dans le *Pavillon,* animé de sons et de projections évoquant l'univers fantastique du lac, prenez le temps d'observer une dernière fois le lac depuis la *terrasse* avec les jumelles mises à votre disposition.

La Maison des pêcheurs du lac de Grand-Lieu : *16, rue Yves-Brisson, Passay, 44118* **La Chevrolière.** *☎ 02-40-31-36-46. • grandlieu-tourisme.fr • ♿ Avr-oct, tlj sauf lun 10h-12h30, 14h-18h30 ; le reste de l'année, consulter leur site. Entrée : 4 € ; réduc ; gratuit moins de 6 ans. Juin-sept, visites commentées (nocturnes en juil-août).* Dans l'espace muséographique du seul village de pêcheurs autour du lac, cet espace à la scénographie moderne évoque plusieurs thèmes illustrés par des images d'archives et des objets donnés par les habitants : le quotidien des pêcheurs à travers le temps, le matériel utilisé, la faune et la flore, la description du lac. Intéressant et très ludique, d'autant qu'il y a même des embarcations traditionnelles et des aquariums farcis de poissons (mais sans beurre blanc). Enfin, à l'étage d'une tour panoramique de 12 m, dotée de binoculaires, on peut contempler le lac et, à l'occasion, les oiseaux. Sur le bord de la route d'accès, noter le niveau des crues les plus importantes (1936 et 1988).

Le site de l'abbatiale – Déas : *entrée par l'office de tourisme (mêmes horaires). • grandlieu-tourisme.fr • Tarif : 4 € ; réduc ; gratuit moins de 6 ans. Comprend la visite de l'abbatiale, du jardin médiéval et des expos temporaires. Visite libre, ou commentée l'été (5 €) et tte l'année sur résa ; compter 45 mn. Attention : les horaires peuvent être modifiés selon programmation culturelle, se renseigner sur leur site avt de venir.*
Une belle bâtisse de facture carolingienne (datée de 819), où ombres et lumières jouent à cache-cache entre les voûtes de brique et de pierre. Élevée en tant que prieurale carolingienne à Déas en 847 par les moines de Noirmoutier en l'honneur de Philibert (617-684), moine contemporain du bon roi Dagobert (celui qui avait mis sa culotte à l'envers), ce petit bijou d'architecture romane voit affluer les pèlerins pendant tout le Moyen Âge en raison des miracles qu'on prêtait au saint homme, avant de subir les avanies du temps et des guerres de Religions. Classé monument historique dès 1896, il sera de nouveau ouvert aux célébrations liturgiques en 1936.

Aujourd'hui, ce bel ensemble a retrouvé toute sa splendeur. Peut-être ferez-vous le traditionnel vœu, en passant sous le sarcophage du saint...
– *La nef carolingienne :* architecture de transition entre l'Antiquité et l'art roman. Certains éléments romains ont été utilisés dans les arcs. Lourds piliers et arcs en damier. Déjà apparaît l'évolution vers le type d'abbaye bénédictine en forme de croix. À noter enfin quelques vestiges de fresques.
– *La crypte de saint Philibert :* on peut y voir le sarcophage mérovingien en marbre du saint. Le reste des reliques se trouve à Tournus (sauf son crâne qui a été dérobé en 1998).
– *La chapelle Sainte-Anne :* dédiée à la patronne des pêcheurs, derrière la crypte. Remarquez l'ex-voto du Xe s.
– *Les jardins de l'abbaye :* un petit jardin médiéval a été reconstitué, inspiré de Saint-Gall. On note que, contrairement aux jardins monastiques, on ne trouve pas de potager. En revanche, on observe un herbarium de plantes médicinales (le jardin des simples), un verger et le jardin du cloître. Un lieu fort paisible.
– Pour terminer, une dépendance accueille de petites expos temporaires et une collection d'animaux naturalisés.

L'église Saint-Philbert : *ouv le mat seulement.* L'autre église du village ! Observer la vingtaine de vitraux de la nef datés de 1936, réalisés par les ateliers Gruber, encore actifs et spécialistes des vitraux du Moyen Âge. Ils ont également réalisé ceux de l'abbatiale. Beaux orgues.

– ***Le parc de la Boulogne :*** *sur l'île du même nom.* Les jours chauds d'été, cette base, avec son plan d'eau aménagé et ses baignades surveillées, permet de se rafraîchir tout en s'amusant. Activités multiples.

Fête

– ***Fête des Pêcheurs :*** *15 août, à Passay, 44118* ***La Chevrolière.*** Une occasion de promenades en barque sur le lac. Démonstration de pêche, vente de poissons à la criée.

DANS LES ENVIRONS DE SAINT-PHILBERT-DE-GRAND-LIEU

Planète Sauvage : *44710* ***Port-Saint-Père.*** *☎ 02-40-04-82-82. • planetesauvage.com • À 18 km au nord-ouest de Saint-Philbert, de l'autre côté du lac. Pour une partie du site, l'accès se fait seulement avec sa voiture personnelle, ou en raid 4x4 (hors pistes et commentaires du guide animalier, avec supplément). Ouv mars-nov : avr-sept, tlj ; les autres mois, variable : consulter le site ; fermeture des caisses 2h ou 2h30 plus tôt selon saison. Compter env 28 € ; env 21 € enfant ; gratuit moins de 3 ans. Préférer le mat à l'ouverture pour mieux découvrir les animaux et éviter la foule, ou à partir de 12h.* La grande affaire ici, c'est la « Piste Safari », un grand circuit de 10 km en sens unique où évoluent plus de 1 000 animaux et 150 espèces « en liberté ». Les animaux, pas vraiment farouches, s'approchent volontiers des véhicules. Rigolo avec les chèvres naines, mais nettement plus impressionnant avec un lion ou un éléphant ! *Planète Sauvage,* c'est aussi une cité marine avec des grands dauphins en captivité (le Canada vient d'abolir cette pratique), le parcours des Incas avec une tripotée d'animaux d'Amérique du Sud, une forêt des singes et un parcours jungle (250 m de pont en liane) ou encore un chemin de brousse avec village de Kirikou.
On peut même y passer la nuit dans un *lodge* au plus près des animaux d'Afrique ou dans un camp mongol *(sur résa au ☎ 02-40-04-89-88 ou sur le site web).*

MACHECOUL-SAINT-MÊME [machikoul]

(44270) 7 900 hab. *Carte Loire-Atlantique, B4*

Certains ne prononcent pas le « l » final. Machecoul est une petite ville célèbre pour son château ayant appartenu à Gilles de Rais, illustre personnage qui aurait inspiré Charles Perrault pour son Barbe-Bleue. Autre célébrité dans le département : Pascal Beillevaire, affineur de plus de 400 spécialités fromagères (l'entreprise se visite). Machecoul est aussi étroitement lié à la notoriété de la « petite reine », puisque c'est ici que sont nés les cycles Gitane, qui firent les belles heures du Tour de France cycliste dans les années 1970-1980, d'Anquetil à Greg Lemond en passant par Bernard Hinault...
Les alentours de Machecoul ont, quant à eux, des airs de Vendée, avec les maisons basses, les belles promenades à proximité et les nombreux maraîchers produisant de la mâche ainsi que le muguet du 1er mai.

Adresse et infos utiles

Office de tourisme Sud Retz Atlantique : *14, pl. des Halles. ☎ 02-40-31-42-87. • tourisme-regiondemachecoul.fr • Juil-août, mar-sam et dim mat 9h30-12h30, 14h-18h30 ; horaires réduits hors saison.* Organise en été des visites thématiques de la ville et du Marais breton. Billetterie avec tarifs réduits.

➢ Machecoul se situe sur la ligne ferroviaire Nantes (à 45 mn)-Challans et sur la ligne de bus Nantes - Saint-Gilles-Croix-de-Vie.

– **_Marchés :_** *mer mat dans tte la ville et sam mat sous les belles et grandes halles.*

Où dormir ?

Camping municipal La Rabine : *allée de la Rabine. ☎ 02-40-02-30-48. • camprabine@wanadoo.fr • camping-la-rabine.com • ♿ Avr-sept. Forfait pour 2 env 13 € ; loc de mobile homes, de chalets (murs bois, toits en toile) et d'une roulotte. 131 empl.* Au bord de la rivière du Falleron, à 500 m du centre-ville et à côté d'un complexe sportif, avec tennis, piscine... Emplacements bien verts, en partie ombragés saupoudrés de diverses sortes d'hébergements dont un tonneau !

Chambres d'hôtes Firmin et Rosalie : *4, rue de la Forêt. ☎ 02-40-78-53-18. • firminetrosalie.fr • Double env 60 € ; gîte 4-6 pers. CB refusées.* Dans une rue tranquille, cette grande maison et ses dépendances dotées d'un jardin fleuri, maintes fois primé, et d'une piscine disposent de chambres fraîches et bien arrangées. Celles de la maison principale se partagent la salle de bains : bien pour les familles. Équipement bébé et jeux à disposition.

À voir

Le château : *☎ 02-40-78-50-42. • chateaudemachecoul.over-blog.com • De juil à mi-sept, seulement mer à 15h (plus à 17h de mi-juil à mi-août) ; sur résa tte l'année pour les groupes à partir de 8 pers. Visite d'env 2h commentée par les propriétaires : 8 € ; réduc ; gratuit jusqu'à 15 ans.* Ancienne capitale du pays de Retz, Machecoul a conservé les ruines imposantes de son château, construit sur les bords du Falleron au XIIIe s. Il devint ensuite la propriété de la famille Montmorency-Laval au XVe s. L'un de ses membres, Gilles de Rais, en fut propriétaire avant d'être jugé et exécuté à Nantes. Puis le château connut des heures funestes : un incendie le ravagea en 1782, et on récupéra ses pierres pendant la Révolution. Aujourd'hui, ses adorables propriétaires se battent pour initier de nouveaux chantiers de fouille et restaurer ce haut lieu de l'histoire locale. Passionnés et passionnants, ils entament la visite par une présentation détaillée du château dans une belle grange (diaporama à l'appui), avant de parcourir le site. Fossés, casemates, tours et remparts sont alors autant de prétexte à de nouvelles anecdotes. Très intéressant. Des spectacles médiévaux ont lieu sur place en juillet (voir ci-après « Manifestations »).

La fromagerie Beillevaire : *11, rue Denis-Papin, ZI La Seiglerie. ☎ 02-72-74-08-30. • beillevaire.com • Visite guidée sur résa (1h) : 8 € ; visite libre sans résa (30 mn-2h) : 3 € ; réduc. Visites avec dégustation également et soirée ven.*

Manifestations

Pour ts ces spectacles médiévaux payants, résas auprès de l'office de tourisme Sud Retz Atlantique.

– **Dîner-spectacle médiéval :** *pdt le w-e de l'Ascension. • medievales-machecoul.fr •* Sous les grandes halles, avec les acteurs du parcours théâtral de juillet. Festin médiéval.

– **Spectacle médiéval nocturne :** *5 j. fin juil. • raiscreations.com •* Spectacle itinérant et interactif.

DANS LES ENVIRONS DE MACHECOUL-SAINT-MÊME

Le Marais breton : *prendre la direction de Bouin ; tourner à droite direction Port-la-Roche,* **Saint-Cyr-en-Retz.** L'idéal est de découvrir ce lieu très « nature » à pied ou à vélo (sentier d'interprétation). Belle balade au milieu des marais.

– **Location de canoës :** *aire de loisirs de* **Saint-Même-le-Tenu** *(44270). 📱 06-85-59-93-44. • avtenumemois.fr • À env 5 km. Juil-août, tlj 13h (10h dim)-19h ; horaires réduits hors saison.* Pour louer à l'heure ou à la demi-journée un kayak ou un canoë et aller à la découverte de la rivière du Tenu.

C'EST PAR OÙ LA MER ?

Le Tenu a bluffé plus d'un pêcheur, car c'est la seule rivière de France dont la particularité est de couler dans les 2 sens. La raison ? Sa faible pente (40 cm seulement sur tout son cours), associée au phénomène de piston du canal de la Martinière. L'hiver, le Tenu coule vers la Loire pour évacuer le trop-plein des zones humides du pays de Retz, alors qu'en période de sécheresse, une fois les vannes ouvertes, le courant s'inverse pour remplir le marais.

VILLENEUVE-EN-RETZ (BOURGNEUF-EN-RETZ)

[BOURC'HNEVEZ-RAEZ]

(44580) 4 930 hab. *Carte Loire-Atlantique, B4*

Bourgneuf fut pendant longtemps l'un des plus grands ports exportateurs de sel d'Europe. Des bateaux venaient de la Hanse teutonique chargés de pierres de lest (elles ont servi à paver les rues de la ville) et repartaient chargés

de sel, tissus, eaux-de-vie, harengs... Quelques belles maisons d'armateurs rappellent ce passé prospère. Avec l'envasement de la baie, Bourgneuf connut le début de son déclin. Aujourd'hui, on savoure sa jolie côte et son impressionnante baie, où ostréiculteurs et sauniers ont élu domicile. Ces derniers organisent même des visites et commercialisent le sel récolté dans leurs salines.

Adresse utile

Bureau d'information touristique de Villeneuve-en-Retz (à Bourgneuf) : *La Salorge, route de Bouin. ☎ 02-40-21-17-88. À l'entrée de la ville par la D 758, près du rond-point. Juil-août, lun-sam 10h-13h, 15h-18h30, dim et j. fériés 9h30-13h30 ; horaires réduits hors saison.* Billetterie, location de vélos.

Où dormir ? Où manger dans le coin ?

La Bourrine : *route de Pornic, chemin de la Culée, à Bourgneuf. ☎ 02-40-21-40-69. • la.bourrine@wanadoo.fr • restaurant-labourrine.com • Resto fermé dim soir-lun hors saison. Doubles à partir de 69 €. Menus env 18 € (sauf w-e), puis 24-33 €.* Même si la situation en bord de route peut rebuter, les chambres sont bien insonorisées et se révèlent agréables depuis leur rénovation dans un style contemporain sobre et élégant. Resto de cuisine locale : anguille, cuisses de grenouille, magrets de canard...

Le Repaire du Hibou : *1, Le Breil, 44680* ***Sainte-Pazanne.*** *☎ 02-40-02-48-34. 06-70-95-32-50. • lerepaireduhibou@orange.fr • le-repaire-du-hibou.fr • Prendre la D 79 entre Sainte-Pazanne et Frenay-en-Retz puis tourner à gauche au niveau du Breil. Pour 2, cabane perchée 160 € et roulotte env 110 € (petit déj 12,50 €) ; frais de ménage 30-40 € en supplément. Repas sur résa 30 €.* En pleine campagne, au cœur d'un parc de 5 ha, les chaleureux propriétaires ont aménagé 3 cabanes perchées pleines de charme autour d'un étang, toutes parfaitement équipées, sans oublier le poêle pour l'hiver. Dans chacune d'elles, des jumelles, des livres et des jeux en relation avec la nature. On salue le ponton de pêche accessible aux fauteuils roulants (pêche *no kill*). Mais, pour une ambiance bohème-chic, c'est la roulotte hyper cosy qui garantit de belles soirées autour du barbecue !

À voir. À faire

Le musée du Pays de Retz : *6, rue des Moines. ☎ 02-40-21-40-83. • museedupaysderetz.fr • Juil-août, tlj 15h-19h ; avr-juin et sept-oct, mar-dim 14h30-18h30 (fermé lun). Entrée : 5 € ; réduc ; gratuit moins de 6 ans.* Ce vaste musée à l'ancienne mode ne manque pas de charme : il évoque en détail le passé du pays de Retz au gré de nombreuses sections présentant les métiers de la terre, de la mer et du sel, mais aussi l'école d'antan et bien sûr les costumes et les coiffes traditionnels. Des scènes de la vie quotidienne ont même été reconstituées avec soin (bourrine, auberge, cordonnerie, forge, sabotier...). Très réussi ! Dans un tout autre registre, collection minéralogique et archéologique, ainsi qu'un four gaulois. Bref, chacun y trouvera son compte. Animations en été (voir programmation sur leur site).

Visite du marais salant : ***Daniel Robard,*** *06-68-15-12-40. • seldebourgneuf@yahoo.fr • sel-de-bourgneuf.eu • Visite commentée mai-oct, tlj à 10h30 (sur rdv). Nocturnes de pleine lune en été.*

LES MOUTIERS-EN-RETZ [MOUSTEROÙ-RAEZ]

(44760) 1 570 hab. *Carte Loire-Atlantique, B4*

Une agréable bourgade donnant sur la baie de Bourgneuf, paisible, avec ses pêcheurs, sur la route des huîtres. Tel est ce bourg dont l'église abrite un grand retable classé, datant du XVIIe s. Les Moutiers ont su charmer des peintres comme Robert Louis Antral, Marie Laurencin, et inspirèrent les poètes Marc Elder, René-Guy Cadou ou encore Paul Fort. Près de Prigny, au château des Brefs (commune de Pornic), ex-propriété des Gallimard, Albert Camus vint écrire *La Peste*.

Adresse utile

Bureau d'information touristique des Moutiers-en-Retz : *14, pl. de l'Église-Madame. ☎ 02-40-82-74-00. ● pornic.com ● Juil-août, tlj sauf dim ap-m 10h-13h, 15h-18h30 ; hors saison, consulter le site pour les horaires.* Infos sur les hébergements, manifestations, sorties nature ou équestres et visites guidées dans les marais ou la dune du Collet. Billetterie bus, sites touristiques, bateaux vers l'île d'Yeu... Location de vélos.

Où camper ? Où manger ? Où déguster une bonne glace ?

Domaine du Collet : *route Verte. ☎ 02-40-21-40-92. 06-89-94-40-10. ● domaineducollet@orange.fr ● domaine-du-collet.com ● Avr-oct. En saison, forfaits pour 2 env 21-35 € ; mobile homes 4-6 pers.* Séparé de la baie par la petite route côtière, ce beau camping 4 étoiles profite d'un environnement privilégié, à la fois séduisant et calme. Super équipé : piscine chauffée et couverte, espace aqualudique, tennis, minigolf, ping-pong, fitness, pêche en étang, promenades à cheval. Nombreuses animations et soirées dansantes en été.

La Bonne Auberge : *5, av. de la Mer. ☎ 02-40-82-75-43. ● bailly-thibault@orange.fr ● Tlj de mi-juil à fin août ; fermé dim soir-lun et jeu soir le reste de l'année. Congés : fin janv-début fév et 2 dernières sem d'oct. Formules déj en sem 16-19 € ; menus 25 € (sauf sam soir et dim)-35 €. Café offert sur présentation de ce guide.* Cela fait bien un siècle que cette *Bonne Auberge* tient ses promesses. Avec, aujourd'hui, une cuisine de tradition qui respire juste ce qu'il faut de l'air du temps, des petites salles classiques et une tranquille terrasse à l'abri des regards. Ceux qui préfèrent un repas plus simple fleurant bon les vacances opteront pour les moules, bien cuisinées, mais servies seulement en terrasse.

Les Délices de l'Air Marin : *2 bis, La Fradouillère. 06-32-50-54-80. ● delicesairmarin.com ●* Cette exploitation familiale produit des glaces 100 % artisanales à base du lait de la ferme et de produits locaux : caramel au beurre salé, café de *La Brûlerie de Pornic*, des sorbets et même du curé nantais !

Où découvrir des produits locaux ?

Plusieurs professionnels ouvrent leurs portes aux visiteurs de passage. N'hésitez pas !

Salines de Millac : *salorge (boutique), chemin des Jaunais aux Moutiers et marais salant, route de*

Millac. 06-11-23-87-75. • salines-de-millac.com • Visites guidées de mi-juin à mi-sept (appeler Nathalie pour connaître les horaires). Compter 3 € ; réduc.

Saline Tenue de Mareil : *infos à l'office de tourisme ou en téléphonant au 07-83-06-94-64. Visites guidées en juil-août. Compter 3 € ; réduc.* Découverte des fours à sel, fonctionnement d'un marais salant...

Domaine du Sillon Côtier : *chemin de Trélebourg. ☎ 02-40-64-77-29. • domaine-sillon-cotier.com • Juil-août, lun mat et mar-sam 10h-12h30, 15h30-18h30 (fermé dim et lun ap-m) ; horaires restreints le reste de l'année.* Dégustation de vins et découverte du vignoble.

À voir. À faire

La chapelle de Prigny : *à 1 km du bourg, direction Arthon-en-Retz. Visites guidées ou libres mer 14h30-17h30 en juil-août (participation libre), et concerts classiques mer à 21h en juil-août.* Belle chapelle du XIe s, cachée dans les pins et entourée de murs en pierre, située sur l'ancien chemin des pèlerins de Saint-Jacques-de-Compostelle (voir la coquille sculptée sur la façade). Observez le pied de la statue de saint Guénolé, les jeunes filles y plantaient des épingles pour trouver l'âme sœur. À l'intérieur, 3 retables du XVIIe s, une Vierge normande du XIIIe s et une ancre viking du Xe s.

La lanterne des morts : *en plein centre des Moutiers-en-Retz, à côté de l'église Saint-Pierre.* Étonnant et rare monument datant du XIIe s, de 7 m de haut. C'est probablement la dernière en France encore en fonctionnement. La tour est percée de 3 petites fenêtres pour laisser entrevoir une lumière. Cette lumière est toujours allumée pour la nuit des trépassés (qui a dit d'Halloween ?) et à chaque fois qu'un décès survient dans la commune.

Le port du Collet et la baie de Bourgneuf : au débouché de l'ancienne « baie de Bretagne », le Collet était autrefois l'un des plus grands ports exportateurs de sel d'Europe. Du fait de ses estacades en bois, les gens du coin l'appellent le « port chinois ». On accède, depuis Bourgneuf, par une petite route qui traverse le port (visite et arrêt dégustation d'huîtres possibles) puis offre un joli point de vue sur la baie, l'île de Noirmoutier, la digue de Bouin et les polders, avant de rejoindre La Bernerie. Tout au long du cordon dunaire, les pêcheries se succèdent.

La route ***Vélocéan/La Vélodyssée*** passe par ici, croise un ***sentier piéton*** et longe la côte, la belle dune du Collet et le Marais breton, le fameux *marô* comme on dit par ici *(• le-maro.fr •).* Sinon, de belles randos à faire dans ces espaces protégés au cœur du marais de Lyarne (site classé Ramsar) telles que le circuit de la Baie, le circuit de la Campagne et le circuit du Collet.

LA CÔTE DE JADE

On la surnomme ainsi en raison de la couleur de son eau et du chapelet de petites stations balnéaires – de La Bernerie à Saint-Michel-Chef-Chef – que le littoral égrène sur une cinquantaine de kilomètres et dont Pornic s'enorgueillit d'être la perle. Une côte protégée, belle et sauvage, aux nombreux sentiers aménagés.

LA BERNERIE-EN-RETZ [KERVERNER-RAEZ]

(44760) 2 950 hab. *Carte Loire-Atlantique, B4*

La Bernerie fut longtemps réputée pour ses chantiers navals. C'est en effet ici que l'on construisait les chattes, ces trois-mâts à fond plat qui n'avaient ni poupe ni proue (pour faciliter les manœuvres) et qui furent les navires de commerce les plus employés dans le coin au XVIIIe s. Aujourd'hui, La Bernerie est une station balnéaire familiale, offrant une ravissante plage de sable et un grand bassin d'eau permettant de se baigner à toute heure sans dépendre des marées. Belle promenade aménagée sur le front de mer.

Adresse utile

ℹ ***Bureau d'information touristique :*** *3, chaussée du Pays-de-Retz (derrière le marché). ☎ 02-40-82-70-99. • pornic.com • Juil-août, lun-sam 10h-13h, 15h-18h30, dim et j. fériés 9h30-13h30 (fermé dim ap-m) ; consulter le site pour les horaires hors saison.* Fiches rando. Billetterie pour les grands sites et événements de la région.

Où dormir ? Où manger ? Où boire un verre ?

Hôtel Le Grand Large – Restaurant Les Arômes : *17, rue de la Corderie. ☎ 02-40-64-70-03. • legrandlarge-hotel@orange.fr • hotel-legrandlarge.com • ♿ Resto tlj sauf le midi lun-mar en juil-août, plus dim soir hors saison. Doubles 63-75 € ; familiales. Formule 17,60 € sauf sam soir et dim midi ; menus 28,90-32,90 € ; carte 35-40 €. Café offert sur présentation de ce guide.* À deux pas du centre, idéalement situé sur le front de mer, juste au-dessus de la plage. Une chaleureuse maison familiale, aux chambres bien équipées et toutes différentes. Quelques-unes avec vue sur l'océan, ou balcon bien au calme. Au resto panoramique, produits frais et cuisine avec de l'idée. Une bonne adresse.

Les Tontons Nageurs : *24, av. de Noirmoutier (sur la grande plage). ☎ 02-40-64-11-31. Tte l'année, consulter le compte Facebook pour les horaires. Live ven hors juil-août. Plats env 15-20 €.* Un petit rade les pieds dans le sable, pas prise de tête pour un sou et disposant d'une terrasse à même la plage. On y sert la pêche du jour, des crustacés (mais pas que) et on y boit du vin (ou du cidre) bio. Idéal pour déjeuner en amoureux tout en gardant un œil sur sa progéniture occupée à faire des pâtés de sable. Un must au coucher du soleil.

PORNIC [PORNIZH]

(44210) 14 700 hab. *Carte Loire-Atlantique, B3*

Pornic fut appréciée dès le début du XIXe s pour la qualité de ses eaux ferrugineuses et ses bains de mer. Un lieu de villégiature réputé que fréquentèrent en leur temps Michelet, Malot, Léautaud ou Renoir. Avant eux, d'intrépides racleurs d'océan s'étaient embarqués sur des morutiers en partance vers Terre-Neuve, sur des bricks armés en corsaires ou des goélettes et dundees voués au grand commerce atlantique. Aujourd'hui, Pornic est l'une des

communes de Loire-Atlantique les plus appréciées, avec 15 km de criques et de ravissantes villas de bord de mer, que l'on peut découvrir en suivant le chemin des douaniers. Pour la visite, on conseille de laisser sa voiture à la gare et de continuer à pied. La ville est connue pour ses fraises, sa faïencerie, sa brasserie *(La Brigantine)* et le seul fabricant du célèbre fromage le *curé nantais.*

Arriver – Quitter

➢ ***En train ou en bus :*** ***SNCF*** *(☎ 36-35 ; appel gratuit) ou* ***Aléop*** *(☎ 09-69-39-40-44 ; 0,15 €/mn).* Plusieurs liaisons/j. en train (TER) et en bus avec Nantes (1h) tte l'année.

Adresses et info utiles

i ***Office de tourisme :*** *pl. de la Gare. ☎ 02-40-82-04-40. ● pornic.com ● Juil-août, lun-sam 9h30-19h, dim 10h-18h ; consulter le site pour les horaires hors saison.* Visites guidées de Pornic à pied, plusieurs thèmes proposés (unique moyen d'accéder au château, propriété privée), réservation obligatoire. Billetterie pour la traversée vers l'île d'Yeu et pour les grands sites et événements de la région à tarifs préférentiels. Propose également des formules hébergement + activités.

■ ***Location de vélos et scooters :*** ***Sea Bike & Sun,*** *23, quai du Commandant-l'Herminier. ☎ 02-51-18-16-37. ● sea-bike-and-sun.fr ●* Une gamme complète de vélos traditionnels et électriques.

– ***Marchés :*** *à Pornic même, jeu et dim, pl. des Halles ; mer et sam, parking de la Birochère ; mer et sam, pl. de la Libération, à* ***Sainte-Marie-sur-Mer.***

Où dormir à Pornic et dans les environs ?

Campings

⛺ ***Camping La Madrague :*** *chemin de la Madrague, à Pornic. ☎ 02-40-82-06-73. ● madrague@capfun.com ● capfun.com ● À la sortie Pornic-Ouest. Avr-sept. Forfaits pour 2 env 15-48 € ; tentes aménagées, roulottes et mobile homes.* En bord de mer, l'un des rares campings de la Côte de Jade où les emplacements pour tentes sont à l'écart des mobile homes, directement en bord de plage. Emplacements tranquilles et bien ombragés sous les pins. Snack, 2 piscines chauffées dont une couverte, super aire de jeux pour enfants, toboggans aquatiques et animations. Un des meilleurs dans le coin.

⛺ ***Camping Cap Fun Le Patisseau :*** *29, rue du Patisseau, à Pornic. ☎ 02-40-82-10-39. ● patisseau@capfun.com ● capfun.com ● ♿ À la sortie Pornic-Noirmoutier. Avr-sept. Forfaits pour 2 env 30-45 € ; tentes safari lodge, mobile homes, chalets et Cocosweet.* À 2,5 km de la plage et du centre-ville, ce camping superbement équipé offre un espace aquatique chauffé avec sauna et salle de fitness, terrains de basket et de beach-volley, et toboggans. Préférer si possible les emplacements boisés. Nombreuses animations pour enfants et soirées. Location de vélos. Bar et resto sur place.

De prix moyens à chic

🏠 ***Chambres d'hôtes Le Jardin de Retz :*** *1, chemin des Mousseaux, à Pornic. ☎ 02-40-82-02-29. 📱 06-30-07-07-66. ● lejardinderetz.fr ● Doubles 98-115 €.* Dans une longère du XIXe s donnant sur un beau jardin luxuriant, proche du château, 3 chambres joliment arrangées dont 1 louée en formule gîte à la semaine. C'est calme et bucolique, et pourtant à 3 mn du port.

🏠 ***Chambres d'hôtes La Belle

Verte : *Le Tabier.* ☎ *02-51-18-26-54.* 📱 *06-74-67-03-93.* • *contact@labelleverte-pornic.com* • *labelleverte-pornic.com* • ♿ *À env 7 km du centre, direction Saint-Nazaire. Doubles 55-85 €.* Isolées en pleine campagne, 3 chambres de plain-pied, colorées et joliment aménagées, à côté d'une ancienne ferme bâtie en brique et pierre. Verte, cette adresse l'est assurément : verte comme le jardin idéal pour bouquiner, ou comme la dimension écolo de l'endroit (label Écogîte et petit déj bio). Cuisine à disposition.

🏠 🍽 ***Chambres d'hôtes et gîtes La Marette :*** *Le Marais Mainguy,* ***Le Clion-sur-Mer.*** ☎ *02-40-64-65-04.* 📱 *06-70-26-29-08.* • *lamarette.pornic@gmail.com* • *la-marette.fr* • ♿ *À 5 km de la mer. Doubles à partir de 90 € ; gîtes à la sem ou au w-e hors saison.* Galettes St Michel *offertes sur présentation de ce guide.* En pleine campagne, une ancienne ferme métamorphosée en hébergement de luxe. Les chambres comme les gîtes sont élégamment meublés et tout confort, mais ce qui fait la différence, c'est le grand jardin, la piscine chauffée ainsi que l'espace bien-être avec spa et hammam. Idéal pour cocooner !

🏠 ***La Rêverie :*** *4 bis, chemin des garennes, à Pornic.* 📱 *06-33-47-91-04.* • *lareveriepornic@gmail.com* • *lareverie-pornic.fr* • *Doubles env 100-150 €.* Le tandem Henri-Geneviève a mis le paquet pour fabriquer de toutes pièces un véritable petit nid d'amour. Reprenant les codes architecturaux locaux de Gourmalon (mais sans les fioritures), voici 4 belles chambres dont 3 de plain-pied, toutes plus lumineuses les unes que les autres. Espaces communs cosy, salle de petit déj vintage et une piscine où l'on peut vraiment nager. Accueil adorable dans ces chambres d'hôtes primées en 2019 par les *Gîtes de France*.

🏠 ***Hôtel Beau Soleil :*** *70, quai Leray (pl. du Petit-Nice), à Pornic.* ☎ *02-40-82-34-58.* • *contact@hotel-beausoleil-pornic.com* • *hotel-beausoleil-pornic.com* • *Doubles env 75-135 €.* Un petit hôtel qui offre surtout l'avantage d'être sur le port et près du château, donc très central. Dans les étages (sans ascenseur), des chambres pas bien grandes mais claires et avec tout le confort attendu. La majorité d'entre elles, les plus chères, a vue sur le port. On prend son petit déj dans de la vaisselle provenant de la faïencerie de Pornic.

🏠 🍽 ⛱ ***Auberge La Fontaine aux Bretons :*** *rue des Nöels, au lieu-dit La Fontaine-aux-Bretons.* ☎ *02-51-74-07-07.* • *infos@lafontaineauxbretons.fr* • *lafontaineauxbretons.fr* • ♿ *À 2 km du port de Pornic, direction La Bernerie. Avr-sept, resto ouv tlj ; oct-mars, fermé dim soir et lun. Doubles 95-170 €. Formules à la carte 28-58 €.* Cette très belle auberge a investi le site d'une ancienne étape des pèlerins pour Saint-Jacques-de-Compostelle. Les bâtiments ont été complètement relookés avec beaucoup de goût, dans un esprit écolo-chic. Des chambres, des studios, des maisonnettes et des appartements, certains avec vue sur la mer. Pas mal de petits plus : piscine, tennis, jardin d'herbes aromatiques, parc... l'ambiance est résolument antistress. Sentier des douaniers à deux pas. Fait également resto dans une vaste salle au cadre rustique superbe.

Où manger ?

De bon marché à prix moyens

🍽 ***Le Jardin de l'Olivier :*** *23, rue des Sables.* ☎ *02-51-74-69-30. Fermé lun et dim soir, plus mar midi en saison ou dim midi hors saison. Congés : 3 sem en nov. Menus-carte à l'ardoise env 25-30 €.* Le resto des bons copains, tenu par Denis, personnage haut en couleur qui sait mettre à l'aise ses hôtes. Cet ancien sommelier s'est offert les services d'un excellent cuistot, dont la petite cuisine est ouverte sur la salle à la déco très simple, sans chichis. Le foie gras et le tartare de pétoncles, accompagnés d'un vin recommandé par le patron, sauront exciter vos papilles. Un lieu convivial où l'on se régale à petits prix.

🍽 ***Le Retz :*** *12, rue de la Marine.*

☎ *02-40-82-19-78.* 📱 *06-16-55-15-13.* ● *leretztorant@hotmail.fr* ● *Fermé le midi lun-mar, plus le soir dim-mar hors saison. Congés : fin déc-début fév. Formules déj sauf dim 14,90-17,90 € ; carte 25-30 €.* La 1re impression est bonne : une salle agréable au décor sobrement contemporain s'ouvrant sur la cuisine. Bon point confirmé par l'accueil et le service, impeccables. Produits d'ici et cuisine (parfois) d'ailleurs. C'est simple, frais, bon et joliment présenté pour une cuisine en perpétuelle évolution.

Crêperie La Fraiseraie : *35-37, pl. du Petit-Nice.* ☎ *02-40-82-39-65. Fermé dim soir et mar hors saison. Compter 15-20 €.* Sans aucun doute un des emplacements les plus agréables à Pornic avec vue sur le port et la corniche de Gourmalon depuis la terrasse. Galettes élaborées avec de la farine bio et déclinées avec les produits de la région, notamment le curé nantais. Pour accompagner, cidre de La Gacilly ou bière locale, la *Brigantine*. En dessert, les glaces maison qui font la réputation bien méritée de *La Fraiseraie*.

Pornic Fish & Chips : *13, quai du Commandant-L'Herminier.* ☎ *02-51-18-93-71. Tlj midi et soir. Fermé janv et lun-mar hors saison. Env 12-15 €. Café offert sur présentation de ce guide.* C'est l'antenne de la célèbre adresse homonyme de Pornichet tenue par Dorothee, une Écossaise pour qui le *fish & chips* n'a plus de secret. Poisson pané et frites de compét', à déguster dans la petite salle ou en terrasse avec vue sur le port.

Le Bistronomi'k : *20, rue de la Marine.* ☎ *02-44-06-50-03. Tlj sauf mar-mer. À l'ardoise midi et soir à partir de 19 € ; menu 26 €.* C'est le type de resto où l'on aime se retrouver entre potes, dans une ambiance décontractée. Formule à l'ardoise à prix ras des pâquerettes en semaine. Le soir, on y vient pour la qualité de la viande, issue, comme de nombreux produits proposés ici, de producteurs locaux ayant opté pour une agriculture raisonnée.

La Crêperie de la Source : *106, rue de la Source (plage de la Source).* ☎ *02-51-74-29-36. Tlj 12h-21h en été ; fermé le soir lun-mar, plus mer hors saison. Carte 20-25 €.* La terrasse surplombant la mer et la vue (même de l'intérieur) font de cette crêperie une référence à Pornic. L'assiette y est goûteuse et l'accueil particulièrement attentionné, même si ça reste un peu cher quand même.

Chic

Le 21 : *21, rue de la Plage-de-la-Birochère.* ☎ *02-51-18-15-95.* ● *le21-pornic@orange.fr* ● ♿ *Fermé mar et mer midi, plus lun soir et mer soir hors saison. Congés : 2de quinzaine de nov. Formule déj en sem 24 € ; carte 40-45 €.* Salle chaleureuse, façon bistrot chic donnant sur le large. Dans la cuisine ouverte, le chef mitonne en direct des plats soignés, puisant son inspiration dans le terroir local et des produits de qualité. Cuisine maîtrisée et gourmande. Sans parler de la cave et de ses 300 références de vins.

Où manger une bonne glace et de bonnes fraises ? Où déguster une demi-douzaine d'huîtres sur le pouce ?

Magasin de la Fraiseraie de Pornic : *pl. du Petit-Nice.* ☎ *02-40-82-41-61. Sur le vieux port. En saison, tlj 9h-22h.* Depuis des lustres, on y vient pour déguster une bonne glace à la fraise de Pornic. On y trouve aussi des sirops, liqueurs, confitures et autres produits, tous dérivés de la fraise.

Rêve de Glace : *2, quai Leray. Sur le port. En saison, tlj jusqu'à 23h.* Beau choix de crèmes glacées et sorbets réalisés par un artisan glacier.

Fleur des Ondes : *bateau amarré dans le vieux port entre le château et la gare.* 📱 *06-63-81-80-06. Avr-oct, plus 2 sem en fév et à Noël si la météo le permet : tlj 11h-15h, 17h-22h en saison ; fermé mer hors vac. Formule*

LA LOIRE-ATLANTIQUE

6 huîtres + 1 verre de pif 11 €. Christophe, Mélanie et Denis auraient pu prendre le large, mais ils ont préféré amarrer cet authentique langoustinier datant des années 1950 dans le port de Pornic. Ici, c'est du basique : à peine de quoi s'asseoir pour déguster une demi-douzaine d'huîtres avec du pain, du beurre, un quart de citron ou une vinaigrette à l'échalote, un verre de vin blanc sec local, et basta !

À voir

Le château : une 1re construction en bois remonterait au Xe s. Subsistent des parties des XIIIe et XVe s. Ancienne propriété, au XVe s, du fameux Gilles de Rais, ce château a été remanié à plusieurs reprises au cours du XIXe s. À l'emplacement de l'ancienne place d'armes, la promenade de la Terrasse fut un temps un lieu à la mode, tandis que la plage de la Sablière, toute proche, constituait un lieu prisé des amateurs de bains de mer. Aujourd'hui, la promenade relie le centre-ville au port de plaisance de la Noëveillard.

Les férus d'histoire et de gros cailloux ne manqueront pas, plus au nord, non loin du golf, le ***tumulus des Mousseaux,*** site mégalithique classé (indiqué).

L'étang du Val-Saint-Martin : *au nord de la ville, au-delà de la 4-voies.* Rendez-vous des familles, on peut en faire le tour à pied.
– Sur place, ***Pornic Aventure*** : *06-16-05-55-36. • pornic-aventure.com • Tte l'année : juil-août, tlj 9h30-19h30 ; hors saison, consulter le site.* Une centaine d'ateliers sur 9 parcours comprenant 900 m de tyrolienne au-dessus de l'eau. Ça décoiffe !

La corniche de la Noëveillard : *partir au pied du château pour rejoindre la plage, puis longer la côte par la corniche et atteindre la plage principale de Pornic, la Noëveillard, qui jouxte le port de plaisance.* Une toile de Renoir la représente, réalisée par l'artiste lors de son séjour durant l'été 1892. On peut continuer la balade en passant par ***Sainte-Marie-sur-Mer,*** charmante commune rattachée à Pornic, et arriver à la ***plage du Porteau.*** Vous aurez déjà fait une bonne heure de marche, occupé à commenter et à détailler les villas qui bordent l'océan, construites au milieu du XIXe s, notamment par de riches industriels de la région. Les plus courageux pourront continuer jusqu'au ***Portmain,*** où la côte se fait alors plus sauvage, ou même jusqu'à la ***pointe Saint-Gildas*** (compter 3h de marche).

La corniche de Gourmalon : de l'autre côté du port, elle fut investie par les villas balnéaires plus tardivement que l'autre côté de Pornic, ce qui explique un plan plus géométrique. Le ***chemin des douaniers*** qui longe la côte jusqu'à la ***plage de la Boutinardière*** (compter 3h de marche) permet dans sa 1re partie d'admirer les villas situées sur la rive d'en face, notamment *La Malouine* sur son rocher à proximité du château, une des plus anciennes (début du XIXe s). Passé le vieux port et la ***pointe de Gourmalon,*** on aperçoit au large l'île de Noirmoutier. Le chemin se poursuit, bordé côté mer de pêcheries et de criques, et côté terre de diverses villas. À noter que certaines d'entre elles, construites à la fin du XIXe s, se singularisent par l'utilisation de la brique ou du bois et par leurs kiosques qui permettaient d'observer le trafic

COMMENT RAILLER LES COCUS

Lancés en 1848, « les trains de plaisir », qui assuraient la desserte des stations balnéaires à tarif réduit, permettaient entre autres aux époux retenus à la ville pour leurs affaires pendant la semaine de rejoindre le week-end leurs épouses restées à la plage. Ces trains circulèrent jusque dans les années 1930. On les appelait avec goguenardise les « trains des cocus » !

maritime tout en s'abritant du soleil ou du vent. Très chic ! En chemin, vous pourrez profiter de la ***plage de la Source,*** dominée par le centre de thalasso et son resto, ainsi que de la ***plage de la Birochère,*** où l'on trouve le bar *Le 21.* Également les ***plages de la Joselière*** et ***de la Boutinardière,*** sans oublier quelques dolmens à découvrir.

La fromagerie du Curé Nantais : *16, rue du Dr-Auguste-Guilmin. ☎ 02-40-82-28-08. • curenantais.com • À la sortie de Pornic vers Noirmoutier par la D 751. Mar-sam 9h-13h, 14h30-19h. Fermé dim-lun. Visite de la fromagerie mar-ven à 9h30 en juil-août ; mar-ven à 10h le reste de l'année ; compter 1h ; entrée : 2 €.* Le plus célèbre des fromages de Loire-Atlantique est fabriqué sur les hauteurs de Pornic. Créé en 1880 à Saint-Julien-de-Concelles, près de Nantes, sur les conseils d'un curé, il a été réhabilité un siècle après sa création par Georges Parola, un crémier passionné. Aujourd'hui, l'ensemble des restaurateurs de la région le mettent à la carte, mais il est aussi exporté à l'étranger, notamment vers le Japon, où il fait fureur.

UN CURÉ TOUT EN RONDEUR

Entre le munster et le reblochon, au lait frais de vache et affiné sur des planches d'épicéa, le « curé nantais » était carré à l'origine (200 g). Il devint rond (800 g) après la guerre, pour finir parfumé au muscadet depuis quelques années. Du vin de messe ?

La Faïencerie de Pornic : *rue de la Faïencerie. ☎ 02-51-74-19-10. • faiencerie-pornic.fr • Visite de l'usine (45 mn) sur résa obligatoirement (places limitées) mar et jeu à 14h30 (5 €). Magasin ouv lun-sam 10h-12h30, 14h-19h (18h, voire 17h hors saison) ; fermé dim et j. fériés, plus lun en janv.* Célèbre pour ses fameux bols-prénom à oreilles (300 000 exemplaires vendus chaque année). On peut suivre dans l'usine leur fabrication, mais une vidéo de 20 mn dans la salle d'expo de la boutique en dévoile les principales étapes. Ateliers pour enfants désirant peindre leurs propres motifs (récupération de sa pièce 4-5 jours plus tard, après cuisson). Du traditionnel pur jus !

La Brasserie de la Côte de Jade : *13, rue Becquerel, Z.I. La Blavetière. ☎ 02-40-82-87-16. • biere-pornic.com • Visite juil-août, lun-ven à 15h et 17h ; avr-juin et sept, mar et jeu à 16h (2,50 €).* Cette sympathique brasserie artisanale propose de découvrir la fabrication des 7 bières locales 100 % naturelles (dont une IPA) qu'elle élabore sous la marque ***Brigantine,*** à travers une visite commentée suivie d'une petite vidéo et d'une dégustation de la gamme.

À faire

Le club nautique du port de plaisance : *à la base de la Noëveillard. ☎ 02-40-82-34-72. • cnpornic.com • Tte l'année.* Propose pour tous niveaux des stages de voile, de planche à voile, d'aviron et de kayak de mer.

Fun club Joselière : *plage de la Joselière. 📱 06-85-57-26-63. • funclubjoseliere.fr • Au sud de Pornic, en direction de La Bernerie. Juin-sept (juil-août, tlj 10h-19h en continu). Résa conseillée. Loc de kayaks, paddles et catamarans. CB refusées.* Petite association qui dispose d'engins de plage. Ambiance conviviale.

Sorties nature : avec l'***Association Hirondelle*** *(☎ 02-51-74-02-62 ; • associationhirondelle.fr •)* ou avec ***Échos Nature,*** Julie Hennenfent *(📱 06-71-48-50-23 ; • julie@echosnature.fr •)* et Vincent Leroux *(📱 06-86-59-38-90 ; • vincent@echosnature.fr •).* Balades nature avec des guides naturalistes professionnels, notamment à la rencontre des algues. Infos dans les offices de tourisme.

Balades et randos nautiques : *☎ 02-40-82-04-40 (office de tourisme de Pornic). Hors vac scol : 📱 06-72-88-18-54 (Florent). • kayaknomade.fr • 23-35 €*

selon balade (transport entre lieux d'arrivée et de départ inclus) ; réduc. Balades en kayak de mer de 2h à la journée, avec un moniteur diplômé, pour partir à la découverte de la côte de Pornic jusqu'à la pointe Saint-Gildas et autour de l'île de Noirmoutier.

Dans un autre style, possibilité de cure de ***thalassothérapie*** au centre ***Alliance Pornic*** *(☎ 02-40-82-21-21 ; • thalassopornic.com •).*

Promenades en baie de Bourgneuf à bord d'un vieux gréement, le ***Corsaires de Retz,*** magnifique ketch de 16 m. Sorties de 2h30 à la journée ou sur 2 jours (week-end croisière) jusqu'à Noirmoutier avec ou sans escale *(📱 06-72-17-90-32).* Sinon, promenades commentées à bord de l'*Évasion III,* à la découverte de la **Côte de Jade,** et sorties de ***pêche en mer en baie de Bourgneuf*** *(📱 06-10-01-82-29 ; mai-oct, tlj ; billets en vente dans les offices de tourisme).*

Fête et manifestations

– ***Les Estivales :*** *juil-août.* Animations sur les quais du vieux port, dans la ville haute et les bourgs de Sainte-Marie et du Clion.
– ***Les Parenthèses de Pornic :*** *de mi-juil à mi-août, dans les jardins du château.* Festival de théâtre proposé par la compagnie du Catogan.
– ***Fête de la Saint-Gilles :*** *dernier w-e d'août.* Défilé, bagadoù et cercles celtiques de danses en costumes traditionnels.
– ***Les balades artistiques :*** *dernier w-e de sept-1er w-e d'oct.* Une quarantaine d'artistes de Pornic ouvrent la porte de leur atelier pour une immersion dans le monde de l'art.

PRÉFAILLES [pradvael]

(44770) 1 280 hab. *Carte Loire-Atlantique, A-B3*

Paisible cité balnéaire que prolonge la pointe Saint-Gildas, Préfailles, à l'instar de sa grande sœur Pornic, est la destination week-end toute trouvée des Nantais en vadrouille. Son nom viendrait du latin *pratum fagi,* pré du hêtre *(fagus).* Cette petite station a d'abord été connue pour sa source d'eau ferrugineuse découverte au XVIIIe s. Le *Grand Bazar* (et son invraisemblable collection de cerfs-volants anciens), véritable institution ici depuis le début du siècle dernier, témoigne aujourd'hui encore de ce tourisme d'autrefois.

Comment y aller ?

➢ ***En bus :*** réseau ***Aléop.*** *Rens auprès du bureau d'information touristique ou au ☎ 09-69-39-40-44.* Plusieurs liaisons/j. avec Pornic, Saint-Brevin, Nantes et Saint-Nazaire.

Adresse utile

ℹ ***Bureau d'information touristique :*** *29, Grande-Rue. ☎ 02-40-21-62-22. • pornic.com • Juil-août, lun-sam 10h-13h, 15h-18h30, dim et j. fériés 9h30-13h30 (fermé dim ap-m) ; consulter le site pour les horaires hors saison.* Billetterie bus, bateaux vers l'île d'Yeu, sites touristiques et spectacles.

Où dormir ? Où manger ?

Camping

Camping de la Prée : *chemin de la Prée. ☎ 02-40-21-02-64. • contact@camping-prefailles.com • camping-prefailles.com • Avr-sept. Forfaits pour 2 env 15-25 € ; mobile homes 2-5 pers.* Un petit camping à taille humaine comme on les aime, entretenu avec soin par les chaleureux propriétaires. Pas de piscine mais la plage est en accès direct. Très calme, agréablement ombragé et fleuri.

De prix moyens à chic

Hôtel Le Calluna : *route de la Pointe-Saint-Gildas. ☎ 02-40-21-61-18. 06-21-05-92-55. • reservation@lecalluna.com • lecalluna.com • Resto fermé lun, ven soir et dim soir hors saison. Doubles à partir de 75 €. Carte env 35 €. Café offert sur présentation de ce guide.* Ce grand établissement occupe une situation privilégiée. Chambres classiques et un brin vintage pour celles encore en attente de rénovation, ou très joliment aménagées dans un style balnéaire chic pour celles déjà relookées. Tant qu'à faire, préférer celles avec balcon donnant sur l'océan. Piscine chauffée couverte, espace bien-être avec sauna, massages... Brasserie et restaurant sur place. Pas mal tout ça !

Les Viviers de Port-Meleu : *corniche de Port-Meleu. ☎ 02-40-21-60-75. De mi-mars à mi-nov, tlj sauf lun-mar. Compter 20-30 €.* Bar-resto les pieds dans le sable, accroché aux rochers. Bien sûr, vue superbe sur le large et déco marine ad hoc. Cuisine iodée selon l'envie du chef : choucroute de la mer, marmite du corsaire, spécialités de moules... donc pas forcément le jour où vous passerez, mais soyez tranquille, les produits sont frais. Bon plateau de fruits de mer sur commande.

À voir. À faire

La pointe Saint-Gildas : *à 2 km à l'ouest de Préfailles.* Au bout, un parking et la lande littorale la plus étendue de Loire-Atlantique, classée réserve naturelle régionale. Elle permet de profiter d'une très belle vue sur le pont de Saint-Nazaire, le musée du Sémaphore et quelques vestiges du mur de l'Atlantique. C'est aussi le point de départ d'un agréable sentier (2,5 km) qui longe la côte et le « Far Ouest » du pays de Retz, sauvage avec ses reliefs en proie aux assauts de l'océan.

Le sémaphore de la pointe Saint-Gildas : *rue du Sémaphore (dans le « phare »). ☎ 02-40-21-01-21. • pornicagglo.fr • (rdc). Se garer au parking de la Pointe ; accès à pied en 2 mn. Avr-Toussaint : juil-août, tlj 10h-13h, 14h30-19h ; hors saison, tlj sauf mar 10h-13h, 14h30-18h (17h30 oct). Compter 45 mn de visite. Visites guidées sur résa. Entrée : 4,50 € ; réduc ; forfait famille 12 €. Expos temporaires gratuites. Nocturnes estivales animées par un conférencier à 20h30 en juil-août.* Point de vue stratégique sur l'océan, cet ancien poste de guet devient sémaphore en 1862 (surveillance militaire), puis phare en 1954.

DÉCOMPTE MACABRE

L'histoire (et Hollywood) ont retenu le naufrage du Titanic. *Pourtant, celui du* Lancastria, *coulé le 17 juin 1940 par l'aviation allemande, face à la pointe Saint-Gildas, a fait au moins 4 000 victimes, soit près de 3 fois plus que le* Titanic. *On ne connaîtra le chiffre exact de ces victimes qu'en 2040, secret défense oblige : ce paquebot avait été réquisitionné pour évacuer des soldats britanniques cantonnés en France.*

À l'extérieur, un mât sémaphorique de 12 m installé au milieu d'imposantes bouées de balisage permet de se familiariser avec les techniques de surveillance des côtes. À l'intérieur, sections modernes et interactives sur le quotidien des gardiens de phare, l'évolution des communications maritimes et les grands naufrages de l'estuaire de la Loire. Pour étoffer le propos : maquettes, lentille de Fresnel, objets retrouvés sur des épaves, vidéo et bornes radio relatant l'histoire de tragédies comme celles du *Saint-Philbert* en 1931 ou du *Lancastria* en 1940. Au dernier étage, une terrasse pour observer la baie de Bourgneuf et l'estuaire de la Loire. Un musée plaisant et instructif.

Le centre nautique de la pointe Saint-Gildas : *06-79-53-25-10. • prefailles.fr • De mars à mi-nov : juil-août, lun-ven 9h-12h, 14h-18h, l'ap-m seulement le w-e ; hors saison, tlj sauf dim-lun 9h-12h, 14h-17h.* École de voile proposant des balades en goélette, stages de voile à partir de 5 ans, cours particuliers, location de catamarans *(Hobbie Cat),* dériveurs et kayaks.

Nombreuses ***balades*** à faire à pied : circuit du *Tour de la Pointe* (7,3 km) et celui de la *Vallée de Pasquin* (5,5 km, dans la lande de Préfailles). Depuis la grande plage, le sentier qui borde la côte surplombe les falaises. Fiches rando disponibles gratuitement à l'office de tourisme. Également à vélo, en suivant le circuit balisé *Vélocéan.*

Manifestation

– ***Les Musicales :*** *juil.* Festival international de musique (classique, jazz, musiques du monde) avec de grandes pointures.

LA PLAINE-SUR-MER [plaen-raez]

(44770) 4 350 hab. *Carte Loire-Atlantique, B3*

Limitrophe de Préfailles, le littoral de La Plaine-sur-Mer, orienté au nord, est adouci par un cordon dunaire ponctué de criques rocheuses où s'abritent des petits ports : La Gravette, Le Cormier... La Plaine-sur-Mer récolte 50 % de la production de moules du département. Un paradis pour l'amateur de pêche à pied ! D'ailleurs, La Plaine-sur-mer est le but de promenade prisé des marcheurs et des familles à la recherche de coquillages. Car ici on trouve bigorneaux et berniques. Attention, la pêche à pied répond à des normes strictes consignées dans le *Guide des bonnes pratiques,* remis gratuitement dans les offices de tourisme. Elle est limitée à 5 kg de moules et à 4 kg de coques et d'huîtres par personne et par marée (ça devrait suffire !)...
Les amateurs de farniente, eux, apprécieront particulièrement la plage du Cormier avec ses pêcheries très photogéniques.

Adresse utile

Bureau d'information touristique : *1, rue de la Croix-Mouraud. ☎ 02-40-21-52-52. • pornic.com • Au carrefour central du bourg. Juil-août, lun-sam 10h-13h, 15h-18h30, dim et j. fériés 9h30-13h30 (fermé dim ap-m) ; consulter le site pour les horaires hors saison.* Se procurer le *Guide découverte du bord de mer* (8 parcours sur les plus de 6 km de côte et alentour) et le *Guide découverte de l'église.*

Où dormir ? Où manger ?

Au Retour du Marché : *3 pl. Paul-Lamirault. ☎ 02-51-18-24-79. Ouv le midi mar-sam, plus le soir ven-sam. Fermé dim-lun. Résa fortement conseillée. Le midi en sem, menu du marché env 20 € ; autres menus 28-34 €.* Dans un tout petit resto bien dans l'air du temps, à la fois chic et cosy, Emmanuel et Karine vous accueillent pour une cuisine élaborée à partir de produits de saison. Si le poisson tient souvent le haut de l'affiche, la maison ne boude pas pour autant la volaille et le bœuf. Sublimissimes desserts. Le tout pour une assiette présentée comme une œuvre d'art. Chapeau !

Hôtel-restaurant Anne de Bretagne : *port de la Gravette, 163, bd de la Tara. ☎ 02-40-21-54-72. • bienvenue@annedebretagne.com • annedebretagne.com • Resto fermé lun-mar, plus dim soir sept-avr. Congés : janv. Doubles standard 150-190 € ; supérieures. Menu « Balade en pays de Retz » le midi mer-ven 39 € ; autres menus 85-165 €.* Bâtisse contemporaine à taille humaine superbement située. Elle sert d'écrin à l'expression d'un chef doublement étoilé proposant une cuisine subtile, inventive et « iodée », appuyée par une sélection de vins impressionnante (plus de 1 000 étiquettes). Salle à manger tout à la fois design et lumineuse orientée vers le grand large, avec, au loin, le pont de Saint-Nazaire. Les chambres sont au diapason : sobres et maîtrisées. Elles donnent sur le jardin (avec terrasse) ou sur la mer. Copieux petit déj-buffet. Piscine chauffée et tennis. Une adresse pour se faire plaisir.

À voir. À faire dans le coin

Demander le programme des animations et sorties au bureau d'information touristique.

Le jardin des Lakas : *dans le centre.* Très beau parc renfermant un intéressant pavillon de chasse, un kiosque et un jardin botanique, « Lakabotanica ». Nombreuses **animations** : en avril importante *fête des Plantes.*

Randonnées à thème dans les alentours et **sorties nature,** dont la pêche à pied, organisées avec un guide d'*Échos Nature. Inscriptions auprès du bureau d'info touristique.*

SAINT-MICHEL-CHEF-CHEF [sant-mikael-keveger]

(44730) 5 140 hab. *Carte Loire-Atlantique, B3*

Petite commune littorale qui englobe la station balnéaire de Tharon-Plage. Son nom actuel provient sans doute de sa forme ancienne Saint-Michel-de-Chevesché, elle-même issue du bas-latin Terra de Chevesché, ancien nom de la pointe Saint-Gildas. On y trouve l'usine où sont fabriquées les fameuses *galettes St Michel.*

Adresse et info utiles

Bureau d'information touristique : *sq. de Jade, av. de la Convention, à Tharon-Plage. ☎ 02-40-27-82-54. • pornic.com • Juil-août, lun-sam*

10h-13h, 15h-18h30, dim et j. fériés 9h30-13h30 (fermé dim ap-m) ; consulter le site pour les horaires hors saison. Tarifs préférentiels pour certains sites touristiques locaux.

– **Marchés :** *tte l'année, sam av. de la Convention, à* ***Tharon-Plage*** *; juil-août, mar et ven pl. du Marché, à* ***Tharon-Plage*** *; mer tte l'année et sam juil-août pl. de l'Église, à Saint-Michel.*

Où dormir ? Où manger ?

Camping

Camping Le Haut Village : *4, route de l'Étang. ☎ 02-40-39-93-45. • camping.hv@orange.fr • hautvillage.fr • Entre Saint-Michel et Tharon. Congés : vac de Noël. Empl. pour 2 env 10-22 € ; locatif.* Un camping qui surfe sur la vague des hébergements insolites en proposant à ses hôtes de loger tantôt dans une carlingue d'avion, tantôt dans un wagon-lit SNCF, un bus ou encore une roulotte. Passé l'effet de surprise, ça reste aussi un camping classique avec pléiade de mobile homes et de bungalows. Sinon, espace aquatique avec piscine chauffée et toboggan.

De bon marché à prix moyens

La Brise de Mer : *97, rue du Redois. ☎ 02-40-27-86-49. • info@labrisedemer.com • labrisedemer.com • Env 28-40 €/pers, avec petit déj.* À mi-chemin entre l'hôtel et l'auberge de jeunesse, cette grande maison de vacances garantit un séjour à prix doux dans une ambiance conviviale. Chambres toutes simples, sobres et nickel, dotées de douches privées (à l'intérieur ou sur le palier) et de sanitaires communs. Coin salon-TV, salle à manger lumineuse et, à l'arrière, un grand jardin où les enfants s'en donnent à cœur joie. À 200 m de la plage, c'est un bon plan !

Crêperie Le Bac à Blé : *67, bd de la République,* ***Tharon-Plage****. ☎ 02-40-64-90-90. Sur la 1re av. parallèle à la mer. Jeu-dim (tlj juil-août) 12h-19h. Congés : de mi-nov à début fév. Résa conseillée. Carte 15-20 €.* Dans un cadre agréable, on découvre bien plus qu'une crêperie. Charlotte, la patronne, se révèle intraitable sur la qualité de la farine bio et la fraîcheur des ingrédients depuis près de 30 ans. Même la sauce tomate est maison. Pour changer, on peut commander hors saison de généreux couscous. Accueil aimable.

À faire

La boutique des galettes St Michel : *8, rue de Chevecier. ☎ 02-51-74-75-44. • atelierstmichel.fr • Boutique et* Le St Michel Café *ouv tlj (horaires différents selon saison : en été, 9h30-19h30).* La notoriété de cette commune est liée à ses fameuses *galettes St Michel.* Créée en 1905 par un enfant du pays, Joseph Grellier, la biscuiterie fonctionne toujours. Boutique sur place avec toute la gamme et surtout des boîtes inédites : *galettes St Michel, sablés de Retz, palets Roudor...* Et salon de thé pour la dégustation.

Char à voile : *avec* ***Le Centre Nautique La Cormorane,*** *bd de l'Océan, à* ***Tharon-Plage.*** *☎ 02-40-27-82-99. 📱 06-16-50-23-35. • cncormorane.com • Tte l'année. Résa possible en ligne.* École de char à voile proposant des stages sur 2, 3 ou 5 jours à partir de 8 ans.

Surf : *avec* ***Atlantic Surf Academy,*** *plage de Gohaud, route de Gohaud, à Saint-Michel-Chef-Chef. 📱 07-83-73-11-00. • atlanticsurfacademy.fr •* Cours, stages et location de surfs pour adultes et enfants à partir de 5 ans.

L'ESTUAIRE DE LA LOIRE

Quand bien même les effets de la marée se font sentir jusqu'à Ancenis, à 30 km en amont de Nantes, c'est officiellement au port de Nantes que commence l'estuaire. La Loire décrit alors une ultime et large courbe dont la forme en conque caractéristique est reprise pour le logo de la ville de Nantes. La limite officielle entre eaux douces et eaux salées est fixée à Cordemais.
La profondeur du chenal reste à peu près constante de Nantes à Paimbœuf (environ 6 m) et s'accentue brutalement jusqu'à 14 m à partir de Donges. Le sable charrié mais aussi les travaux de dragage ou de comblement renouvellent sans cesse sa géographie.
Sillonné de chenaux, parsemé d'îles et bordé de marais, l'estuaire ravit les pêcheurs d'aloses, d'anguilles et de saumons, ainsi que les ornithologues pour les nombreux migrateurs qui y font escale. Sans oublier les promeneurs, grâce aux chemins de randonnée ponctués d'œuvres d'art contemporain sur le parcours Estuaire, de part et d'autre de ses rives, comme le parcours Sémaphores de Vincent Mauger depuis 2019 (5 points de vue sur la Loire, du pont de Cheviré à celui de Saint-Nazaire).

SAINT-BREVIN-LES-PINS [sant-bregwin]

(44250) 13 800 hab. *Carte Loire-Atlantique, B3*

Les pins maritimes, plantés dans les années 1860 pour lutter contre l'avancée des dunes, ne tardèrent pas à transformer cet embryon de station balnéaire en destination mondaine très appréciée. Depuis, la vague de béton – quoique moins conséquente qu'à La Baule – est passée par là. Résultat : un semis de petites maisons de villégiature, réparties en 4 quartiers distincts : Mindin au nord (où se trouvent le musée et le pont de Saint-Nazaire), les Pins au centre (paradis des retraités et des familles en goguette), l'Océan et l'Ermitage tout au sud (la partie la plus jeune, avec sa plage et son spot de kitesurf).
Pour la petite histoire, la ville tiendrait son nom de Bregwin, archevêque de Canterbury au VIIIe s, à qui l'église est dédiée. Enfin, c'est de Mindin, le 15 novembre 1766, que Bougainville a pris la mer à bord de la Boudeuse (construite aux chantiers d'Indret) pour réaliser ce qui fut le tout 1er tour du monde français à la voile.

Adresses et infos utiles

Office de tourisme des Pins : *10, rue de l'Église. ☎ 02-40-27-24-32. ● saint-brevin.com ● Juil-août, lun-sam 9h30-13h, 14h-19h, dim et j. fériés 14h30-18h30 ; horaires restreints hors saison.* Vente de tickets de bus pour Nantes, Saint-Nazaire, Paimbœuf, Pornic... Billets pour l'île d'Yeu, le *Legendia Parc, Planète Sauvage,* Belle-Île, le golfe du Morbihan... Tarifs préférentiels pour certains sites touristiques locaux. Fiches de rando et circuits VTC aux alentours.

Office de tourisme de l'Océan : *pl. René-Guy-Cadou, quartier de l'Océan. Mêmes horaires.*

➢ ***Le Brévibus :*** transport urbain qui dessert la commune en 3 itinéraires. Télécharger l'itinéraire et les horaires sur le site de l'office de tourisme. *GRATUIT.*

Location de vélos, y compris électriques : ***Cap en Liberté,*** *11, av. de la Tour-Carrée. ☎ 02-40-27-34-33.*

– ***Marchés :*** *jeu et dim mat, pl. Baslé,*

quartier des Pins. L'un des plus grands de la région. Également sam mat dans le quartier de l'Océan et mer mat en juil-août dans le quartier de l'Ermitage. En juil-août, marché nocturne lun et mer 20h-minuit dans le quartier de l'Océan et ven 20h-minuit dans le quartier des Pins.

Où dormir ? Où manger ?

Camping

Camping de la Courance : *110, av. du Maréchal-Foch. ☎ 02-40-27-22-91. • info@campinglacourance.fr • campinglacourance.fr • ♿ Forfaits pour 2 env 19-33 € ; locatifs également.* Un beau camping ombragé, avec accès à la mer, bien équipé et bien tenu. Seulement 50 emplacements (50 % d'entre eux réservés aux vélos) perdus dans une forêt de mobile homes et bungalows toilés ! Animations en été. Piscine couverte chauffée et piscine naturelle, toboggan, pataugeoire pour enfants.

De prix moyens à chic

Résidence Odalys Le Domaine de l'Océan : *chemin de la Bridelais, quartier de l'Océan. ☎ 02-40-27-75-26. • domainedelocean@odalys-vacances.com • Avr-sept. Compter 435-1 120 €/sem en été pour un 2-pièces 2-4 pers (loc de linge de lit et de toilette sur place, ménage final inclus).* Charmante petite résidence, idéalement située, à seulement 600 m de la grande plage. Pimpantes avec leurs façades blanches et leurs volets bleu ciel, les maisonnettes 2 ou 3 pièces de la résidence peuvent accueillir jusqu'à 6 personnes. Une adresse familiale et conviviale, avec grande piscine chauffée *(juin-sept).* Aire de jeux et salle de fitness.

Le Pacôme les Autres : *55, av. du Président-Roosevelt, quartier de l'Océan. ☎ 09-86-23-41-86. ♿ Tlj. Formule déj en sem env 18 € ; menus env 27-35 €.* Petit resto sans prétention proposant une cuisine bistrotière majoritairement orientée mer, bien ficelée et à base de produits frais. Le tout cornaqué par une équipe (Fred au fourneau, Rose au service) avenante, pour ne pas dire « pas comme les autres ». Pensez à réserver si vous souhaitez déjeuner en terrasse.

À voir. À faire

Le musée de la Marine : *pl. Bougainville (au pied du pont de Saint-Nazaire, hors plan par D1). ☎ 02-40-27-00-64. • museemarinemindin.wordpress.com • ♿ Juil-août, tlj sauf lun et sam mat 10h-12h30, 14h30-19h15 ; horaires restreints hors saison. Dernier billet 30 mn avt fermeture. Entrée : 6 € ; forfait famille ; gratuit moins de 12 ans. Livret-jeux pour les enfants.* Situé dans le fort de Mindin défendu par un pont-levis et un canon récupéré sur *Le Juste,* navire coulé pendant la bataille des Cardinaux (1759), ce petit musée abrite environ 65 maquettes de navires de guerre, de commerce ou de pêche, dont des répliques de plus de 1 m du *France,* du *Normandie* ou du porte-avions *Foch* ou encore celle du superpétrolier *Batilus* qui impressionne souvent les enfants. Toutes ces réalisations minutieuses ainsi qu'une collection d'objets de marine et de tableaux sont utilisées chaque année pour étoffer l'exposition temporaire du moment. Ça vaut le coup d'œil.

À l'extérieur, petit jardin botanique et un ponton avançant sur l'estuaire qui offre une extraordinaire vue sur le pont de Saint-Nazaire et sur l'étonnante sculpture du ***Serpent d'océan de Huang Yong Ping*** : installé pour l'édition 2012 du parcours artistique *Estuaire,* un squelette d'aluminium long de 130 m qui ne laisse dépasser que sa gueule ouverte à marée haute.

Les mégalithes de Saint-Brevin : *rens auprès de l'office de tourisme.* L'ensemble de la commune est parsemé de vestiges mégalithiques.

École de voile – Centre nautique de Saint-Brevin : base nautique du Pointeau, bd de l'Océan. ☎ 02-40-64-49-41. • sportsnautiquesbrevinois.fr • Tlj en saison. Location, stages et cours à la carte : Optimist, planche et char à voile, kayak, catamaran, *paddle...*

Les circuits cyclistes ***Vélocéan*** et ***La Vélodyssée,*** qui se faufilent le long du littoral du pays de Retz, passent par Saint-Brevin. La ville constitue aussi, avec Saint-Nazaire, l'ultime étape de ***La Loire à Vélo.***

Manifestations

– ***Festival Côté mer :*** *juil-août, concerts et spectacles mar-ven.*
– ***Festival pyrotechnique international :*** *3e ou 4e sam d'août.* Grands feux d'artifice tirés de la plage en musique.

DANS LES ENVIRONS DE SAINT-BREVIN-LES-PINS

Le Conservatoire des vieux métiers : *44560* ***Saint-Père-en-Retz.*** *☎ 02-40-21-74-46. À 11 km au sud-est de Saint-Brevin (fléché). Juin-sept : juil-août, tlj 14h-18h30 ; juin et sept, w-e seulement. Entrée : 6 € ; réduc.* Les nostalgiques de vieux métiers ne manqueront pas d'y faire une visite. Le conservatoire retrace sur 1 500 m² l'économie du pays de Retz au XVIIIe s : mise en scène des gestes, animation des engins, etc.

À voir également dans le bourg, la ***Maison du lavoir*** : *rue de Pornic, 44560* ***Saint-Père-en-Retz.*** *Mêmes tél et horaires que le Conservatoire des vieux métiers. Entrée : 2 € ; réduc.* À côté d'un vieux lavoir de 150 ans – impressionnant par ses dimensions et entièrement retapé –, la maison expose une collection de photos et d'objets anciens.

PAIMBŒUF (44560)

3 200 hab. *Carte Loire-Atlantique, B3*

À 12 km à l'est de l'embouchure de la Loire et de Saint-Brevin. Ce qui n'était qu'un petit port modeste au début du XVIIe s connut une époque prospère durant plus de 2 siècles. En effet, l'ensablement de la Loire ne permettant plus aux navires de remonter le cours du fleuve, ces derniers étaient contraints de décharger leurs marchandises à Paimbœuf. La petite ville devint alors l'avant-port de Nantes et des chantiers navals s'y développèrent. C'est à Paimboeuf, en 1810, que fut construite la tristement célèbre frégate La Méduse qui fit naufrage au large des côtes de l'actuelle Mauritanie.
Cependant, au milieu du XIXe s, l'approfondissement du chenal de la Loire et la concurrence de Saint-Nazaire portèrent un coup fatal à son expansion. Aujourd'hui Paimboeuf semble endormie dans l'histoire. Le soir, le reflet dans la Loire des néons de la raffinerie de Donges, située pile poil en face sur l'autre rive, lui confère une atmosphère particulière.

Adresses utiles

Office de tourisme : *quai Sadi-Carnot, le « hangar ». ☎ 02-40-27-53-82. • saint-brevin.com • Juil-août, tlj 9h30-12h30, 14h-18h ; le reste de l'année, mar-sam (fermé dim-lun) et le mat seulement nov-mars.* Tarifs préférentiels pour certains sites touristiques locaux. Parcours d'interprétation du patrimoine de Paimbœuf.

■ **Quai Vert :** *au bord du canal de la Martinière, village du Migron, 44320* ***Frossay.*** *☎ 02-28-53-51-62. • quai-vert.com • Juil-août, tlj 10h-19h ; horaires restreints hors saison.* Location de vélos, tandems, remorques pour enfants, mais aussi kayaks, *paddles* et embarcations à pédales.

Où dormir ? Où manger ?

Camping l'Estuaire : *quai Éole. ☎ 02-40-27-84-53. • contact@campinglestuaire.fr • campinglestuaire.fr • Ouv Pâques-Toussaint. Forfaits pour 2 env 20-28 € en été ; chalets toilés, bungalows et mobile homes réservables à la nuitée.* Un camping bien ombragé par de grands pins. Posé en bord de Loire à l'écart du village, il est du genre tranquille, car mis à part quelques tournois de ping-pong en été, pas bézef d'animation. On y trouve quand même 2 piscines, dont une couverte et chauffée, et un snack-bar.

Café de la Loire : *4, quai Boulay-Paty. ☎ 02-28-53-71-24. • facebook • Tlj sauf lun-mar.* Ce petit rade, resté dans son jus depuis des lustres, se revendique le café le plus à l'ouest de la Loire. Faut dire que Vincent mène son petit « cabinet de poésie générale » tambour battant en organisant des expos et des concerts (voir sa page Facebook). Toute l'année, on y vient causer alternatif et décroissance autour d'un verre de vin (ou de jus) bio, tandis qu'en été l'endroit prend parfois des allures de guinguette. Pour calmer l'estomac, paninis et rillettes de poisson.

À voir. À faire

L'église Saint-Louis : *tlj 10h-17h (19h juil-août).* Les 2 architectes nantais qui avaient concouru pour le projet de la construction du Sacré-Cœur à Paris furent choisis pour réaliser l'église de Paimbœuf. Construite de 1877 à 1912, cette église de style néobyzantin avec sa coupole, son plan en croix grecque et ses couleurs intérieures... est devenue un lieu de culte unique en Loire-Atlantique. L'autel baroque est composé de plusieurs marbres précieux et est classé aux Monuments historiques.

Parcours d'interprétation du patrimoine de Paimbœuf : *dépliant à l'office de tourisme.* À l'époque florissante et animée de Paimbœuf, une foule de marins débarquaient en ville. Tandis que leurs capitaines regagnaient leurs hôtels particuliers, matelots et moussaillons empruntaient d'étroits passages pour rejoindre les rues parallèles aux quais afin d'y trouver logis. Les immeubles populaires de la rue du Général-de-Gaulle sont aujourd'hui restaurés, et sur leurs façades subsistent quelques beaux balcons en fer forgé.

Agréable ***promenade le long des quais Éole et Gautreau*** : façades originales et colorées, maisons d'armateurs, avec, là encore, quelques beaux balcons.

Le Jardin étoilé de Kinya Maruyama : *quai Edmond-Libert. Au bord du fleuve, en amont de l'office de tourisme.* Un jardin complètement fou, tout en flèches de bois, imaginé par l'artiste japonais qui trouvait une ressemblance entre la Loire et la rivière Mogami de son pays natal. Avant d'y aller et pour comprendre ce que l'artiste a voulu exprimer dans ces structures géantes et ludiques, vous pouvez passer à l'office de tourisme, qui vous délivrera la notice explicative.

DANS LES ENVIRONS DE PAIMBŒUF

Corsept *(44560) : à 2 km à l'ouest de Paimbœuf, également au bord de la Loire.* Vieille église où fut pratiqué un culte à saint Martin de Vertou dès le XVᵉ s. Dans la maison du Pasquiaud séjourna le peintre ***Jean-Baptiste Corot.*** 3 sentiers pédestres, dont un qui permet de découvrir des mégalithes, nombreux dans la région.

Le sentier découverte de l'Estuaire : au départ de l'ancien petit port de la Maison Verte, abandonné depuis les années 1960 mais récemment rénové, ce sentier pédestre et praticable à vélo longe les bords de Loire sur 6 km, permettant de découvrir la faune et la flore locales, les pêcheries, ainsi qu'un belvédère d'observation.

La base de loisirs TSN44 de Saint-Viaud *(44320)* ***:*** *à 4 km de Paimbœuf. ☎ 02-40-39-15-92. ● tsn44.com ● Petite restauration.* Le téléski nautique (TSN) ou *wakeboard* permet d'enchaîner des figures et des sauts sur un plan d'eau grâce à des installations de traction immobiles. On y trouve aussi une grande structure de jeux gonflable sur l'eau. Location de *paddles.*

LE CANAL MARITIME DE LA BASSE LOIRE

Carte Loire-Atlantique, B3

À une vingtaine de kilomètres de Nantes, un véritable havre de paix, à l'ombre de saules et de peupliers. Le *canal de La Martinière,* autre nom qui lui est attribué, court sur 15 km, du village de La Martinière (commune du Pellerin, au sud) au Carnet (commune de Saint-Viaud, au nord). Il est fermé à chaque extrémité par une écluse. À Saint-Viaud, voir le cadran solaire monumental derrière l'église.

UN PEU D'HISTOIRE

Au XIXe s, l'ensablement progressif de la Loire empêche les bateaux de remonter l'estuaire jusqu'à Nantes. La survie du port de Nantes est en jeu. En 1876, un député s'écrie à la tribune : « La Loire s'ensable, la Loire se perd, la Loire se ruine. » On pense alors à créer un canal entre Le Pellerin et Paimbœuf afin d'éviter les pièges que constituent désormais les passes entre les îles qui se sont formées au fil du temps. Commencés en 1882, les travaux dureront 10 ans grâce au travail acharné de 1 000 ouvriers.

Cependant, le progrès technique allant bon train, le dragage de la Loire devient bientôt possible, autorisant les grands navires à reprendre la route qu'ils empruntaient jadis. Le fameux canal devient alors inutile. En 1911, il est finalement fermé à la grande navigation pour servir de cimetière aux grands trois-mâts.

Depuis les années 1960, il n'est plus fréquenté que par les riverains et les plaisanciers. Sa grande utilité est désormais de réguler le niveau d'eau des marais du pays de Retz, lequel subit d'importantes variations de hauteur entre l'hiver et l'été. Une promenade a été aménagée, qui fait le bonheur des Nantais le week-end.

Où dormir dans les environs ?

Chambres d'hôtes de la Roche : *17, route de la Roche, 44320* ***Frossay.*** *06-63-26-48-16. ● bienvenueala roche@gmail.com ● chambres-hotes-de-la-roche.com ● Indiqué depuis Le Migron. Double env 85 €. Pas d'enfants de moins de 10 ans. Parking privé.* Sur l'itinéraire de *La Loire à Vélo,* 2 chambres dignes d'un magazine de déco. Grandes, organisées en duplex et décorées discrètement sur le thème de l'Asie, elles sont cosy à souhait ! Ajoutez différents recoins dans le jardin pour se relaxer et vous obtenez un point de chute idéal à 200 m des balades du canal.

À voir. À faire

Balade le long du canal : *au départ du village de* ***La Martinière.*** Maisons anciennes et écluse de grande navigation. Longer la rive droite jusqu'aux ***Champs-Neufs.*** Là : barrage et écluse avec sa machinerie visitable à certaines dates, remise en état *(**ACCAM,** ☎ 02-40-22-50-94 ; ● canal-maritime-basse-loire.fr ● ; visite juil-août seulement, jeu ap-m ; 2 €).* Suivre ensuite la rive gauche jusqu'au ***Migron,*** petit bourg typique du sud-Loire. Le ***Quai Vert,*** un établissement géré par l'association Pilote la Vie, propose des activités culturelles et de découverte de la nature, ainsi que la location de vélos, *paddles,* canoës et kayaks *(☎ 02-28-53-51-62 ; ● quai-vert.com ●).*

Le bateau mou ou « Misconceivable » : *écluse de La Martinière, à 2 km du Pellerin. Accessible depuis Couëron par un bac traversier (GRATUIT) ou depuis Bouguenais par la D 723.* Dans un site charmant (apporter le pique-nique), drôle de bateau en arrêt dans l'espace, une quille dans le vide, une hélice dans rien, qui tord sa proue vers les eaux de la Loire. Œuvre moderne d'Erwin Wurm, du parcours artistique *Estuaire.*

DES SAINTS ANIMÉS

À l'entrée de Saint-Jean-de-Boiseau, en arrivant du Pellerin, se tient la petite chapelle de Bethléem, du XVe s. Un sculpteur local s'est inspiré du cinéma fantastique hollywoodien et de la culture manga pour reconstituer les pinacles (contreforts de pierre en hauteur). Résultat : des chimères qui ont les traits de Goldorak, des Gremlins ou de la créature d'Alien ! Bonne idée pour attirer le badaud vers Dieu.

Vol en ULM au-dessus du canal : ***Rand-Kar,*** *44320* ***Frossay.*** *☎ 02-40-64-21-66. ● randkar.fr ● Sur rdv. De 15 mn à la journée complète. Compter 50 € pour un baptême de 15 mn (140 € de l'heure).* Ce petit club, tenu par une équipe passionnée, propose plusieurs circuits en ULM dans la région (biplace avec pilote). Un spectacle qui vaut vraiment le coup, même si le coût peut freiner vos ardeurs.

Défi Nature : *parc du château de la Rousselière, 44320* ***Frossay.*** *☎ 02-40-39-79-59. ● definature.com ● Juil-août, tlj 10h-19h ; avr-juin et sept, mer, w-e et ponts 11h-18h ; vac scol de Pâques, tlj 14h-18h. À partir de 2 ans. Tarifs « Escal'arbres » : env 6 € 2-5 ans, puis 6-23 € selon activité.* On grimpe, on s'accroche, on dévale, on glisse... même en nocturne. Également jeux-énigmes, courses d'orientation...

DANS LES ENVIRONS DU CANAL

Legendia Parc : *La Poitevinière, D 78 (route de Saint-Père-en-Retz à Frossay), 44320* ***Frossay.*** *☎ 02-40-39-75-06. ● legendiaparc.com ● ♿ De mi-fév à mi-nov, tlj 10h-18h ou 19h selon période (billetterie jusqu'à 16h30 ou 17h). Entrée : 14,50-19 € selon période ; 9,50-13,50 € 3-12 ans ; réduc. Achat possible en ligne.* Un lieu atypique qui mêle l'univers des contes et des légendes à celui d'un parc animalier. Au gré des 33 ha parcourus de circuits scénographiés, on croise daims, wapitis, cerfs Sika du Japon, rapaces, ours, loups et même un serval... Plus de 400 animaux au total. Spectacles et animations féeriques. En fin d'année, spectacle et animations *L'Arche de Noël.*

La réserve ornithologique de l'île de Massereau et du Migron : paradis des oiseaux migrateurs. 400 ha de roselières, saulaies et prairies où s'égayent hérons cendrés, sarcelles, bécassines... Possibilité de visites guidées (infos aux offices de tourisme de Paimbœuf et Saint-Brevin).

Le bac du Pellerin : *• inforoutes.loire-atlantique.fr • (rubrique « Bacs de Loire »). Tte l'année, ttes les 20 mn, 6h20-20h20, voire 21h20 dim et j. fériés de mi-juin à mi-sept. GRATUIT.* Comme le faisaient autrefois les pèlerins en route vers Saint-Jacques-de-Compostelle, on traverse la Loire avec ce bac qui permettait (et permet toujours) également aux ouvriers « sud-Loire » d'aller travailler « nord-Loire ». Il offre aujourd'hui aux touristes l'occasion d'une minicroisière sur le fleuve sauvage. C'est le dernier des bacs sur la Loire en fonctionnement.

SUR L'AUTRE RIVE (NORD) DE LA LOIRE

Terre d'Estuaire : *sur le port, 44360* ***Cordemais*** *(accessible par le bac du Pellerin, voir ci-dessus). ☎ 02-85-67-04-80. • terredestuaire.com • ♿ Fév-oct, tlj 10h-18h (19h juil-août). Entrée : env 11 € ; réduc ; pass famille 29 €. Expos temporaires en accès libre.*

Sur 1 000 m², ce centre d'interprétation, implanté à proximité de la centrale à charbon de Cordemais, entend sensibiliser le grand public à l'***importance de l'estuaire de la Loire*** en tant que voie navigable, mais aussi à l'impérieuse nécessité de ***maintenir les écosystèmes et la biodiversité.*** Doté d'une muséographie interactive, il tente de réconcilier l'implantation des industries locales avec le milieu naturel (on y croirait presque). Il évoque par ailleurs l'importance du commerce du sel dans la région au fil des siècles et dresse l'inventaire des incursions marines en basse Loire, des Vikings à Jacques Cassard. Une ***petite nacelle perchée à 25 m d'altitude*** (référence à Jules Verne) offre un panorama à 360° sur l'estuaire (certes partiellement masqué par un gros tas de charbon). La visite du site se poursuit à l'extérieur grâce à un parcours naturaliste qui permet d'observer les oiseaux. Jeux pour enfants et cafétéria sur place.

– ***Une toue assure la liaison Paimbœuf-Lavau*** pour une petite visite guidée comprenant une pause gourmande *(juin-sept ; voir le site).*

– Des ***hébergements insolites,*** conçus par des étudiants de l'école d'architecture de Nantes, sont proposés à la location *(de mi-avr à mi-oct)* pour une immersion dans l'écosystème de l'estuaire et pour permettre d'observer les oiseaux.

SAINT-NAZAIRE [sant nazer]

(44600) 70 000 hab. *Carte Loire-Atlantique, A-B3*

• Plan *p. 126-127*

Bienvenue dans une ville qu'il faut savoir regarder par 2 fois ! Très souvent victime d'une image stéréotypée de ville industrielle, Saint-Nazaire – ville aux mille facettes – révèle à juste titre une vraie atmosphère. À la fois touchante et humaine, il fait bon y vivre. On y découvre un pôle touristique créatif et passionnant, ainsi qu'une vingtaine de plages et criques aux ambiances et aux paysages différents, dont 6 surveillées, 2 aménagées pour les personnes en situation de handicap et 3 labellisées Pavillon bleu. On

UN GUIDE AD HOC

Les villes fidèlement représentées dans les ouvrages d'Hergé ne sont pas légion, Saint-Nazaire figure au palmarès. Des panneaux de 4 m × 3 m immortalisent les épisodes nazairiens des aventures de Tintin en plusieurs points de la ville. La similitude des lieux est souvent frappante.

allait oublier les animations de front de mer, les bars, les petits restos et une pléiade d'activités à l'adresse des enfants.
Saint-Naz l'industrielle, graphique en diable, ravira également les amateurs de poésie urbaine avec ses grands paquebots de croisière en construction, ses docks et ses rues écartelées à tous vents. Cette véritable invitation au voyage rappelle qu'il n'y a pas si longtemps la belle ligérienne constituait la tête de pont de la Compagnie générale transatlantique pour l'Amérique centrale.
De ce glorieux passé restent des visites à faire en famille : *Escal'Atlantic,* le sous-marin *Espadon,* l'Écomusée, sans oublier, pour les amoureux de la nature, la plage de M.-Hulot à Saint-Marc-sur-Mer, le parc naturel régional de la Grande Brière ou le pittoresque chemin des douaniers qui longe la mer jusqu'à la baie de La Baule. Alors ne boudons pas notre plaisir, revoyons nos idées : Saint-Nazaire est une ville qui se mérite !

UN PEU D'HISTOIRE

Si, en 1830, seuls quelque 800 habitants peuplent ses petites rues tortueuses avec notamment les « pilotes de Loire », ces marins qui orientaient les bateaux sur le fleuve, c'est l'arrivée du chemin de fer qui va modifier en profondeur le destin de la cité. Avec la construction de bassins en eau profonde sous Napoléon III en 1862, l'Écossais John Scott créé le 1er chantier naval de paquebots. Les grands « transats » prennent forme dans cette ville, « clé de l'estuaire » (blason avec une clé sur une voile) dont la devise est *Aperit et nemo claudit* (« Elle ouvre et personne ne ferme »). On accourt alors de toutes les provinces vers cette « Petite Californie bretonne ».
En 1917, Saint-Nazaire sert de port de débarquement à l'armée américaine, au même titre que Brest. Sur le front de mer, le « Sammy », un soldat bras en croix en équilibre sur un aigle, rappelle cet événement. Durant la Seconde Guerre mondiale, Saint-Nazaire est détruite à 85 % par les bombardements.
La reconstruction, confiée à l'architecte Grand Prix de Rome Noël Le Maresquier, doit permettre de loger rapidement autant d'habitants que possible. On voit alors surgir une ville neuve et aérée avec ses rues tracées au cordeau, à angle droit et ses immeubles anguleux de pierre et de béton.

DU BÉTON TRÈS RÉSISTANT

Durant la Seconde Guerre mondiale, la base sous-marine de Saint-Nazaire, écrou indestructible de la marine allemande sur l'Atlantique, causa la perte de la ville. Les tapis de bombes des raids alliés détruisirent la majeure partie de Saint-Nazaire, mais la base résista et elle dresse aujourd'hui encore ses tonnes de béton. Saint-Nazaire fut la dernière ville libérée en Europe : le 11 mai 1945, 15 jours après le suicide de Hitler !

Aujourd'hui, Saint-Nazaire est une « ville à la mer » qui se découvre et s'apprécie facilement à pied, autour du *Paquebot* et du *Ruban Bleu,* ses espaces commerciaux à ciel ouvert, mais surtout le long du front de mer avec pour point de départ (et point névralgique) la place du Commando.
Côté chantiers navals, c'est une histoire toujours renouvelée et riche d'un siècle et demi de construction de palaces flottants comme le *Normandie,* le *France,* le *Queen Mary 2* et, plus récemment, le plus grand paquebot du monde, *Harmony of the Seas,* ainsi que son jumeau le *Symphony of the Seas.*

Adresses et infos utiles

i *Office de tourisme* *(plan B2) : bd de la Légion-d'Honneur, base sous-marine.* ☎ *02-40-22-40-65.* • *saint-nazaire-tourisme.com* • *Tte*

l'année sauf 2 premières sem de janv.
@ **Zones wifi :** *autour de la gare et à la base sous-marine (office de tourisme), mais aussi sur le front de mer, dans le centre-ville et le long des plages de Villès-Martin et de Saint-Marc-sur-Mer (M.-Hulot).*
– *Les greeters :* balade gratuite (compter 2h) avec des habitants bénévoles du territoire de Saint-Nazaire. Seule contrainte (et non des moindres), s'inscrire en ligne 15 jours avant auprès de l'office de tourisme : ● *saint-nazaire.greeters.fr* ●

Transports

Gare TGV *(plan B1) :* ☎ *36-35 (appel gratuit).* Plusieurs liaisons/j. avec Paris-Montparnasse.
■ **Boutique STRAN** *(plan B1,* **1***) : 6, pl. Sémard.* ☎ *02-40-00-75-75.* ● *stran.fr* ● *Lun-ven 7h30-18h45 ; sam 9h-12h, 13h30-17h. Fermé dim.* Vente des tickets de bus : lignes urbaines *STRAN* (dont *HélYce,* un service de bus rapide en site propre) et réseau départemental *Aléop (☎ 09-69-39-40-44).*
Location de vélos : City Bike, *55, rue des Halles ;* ☎ *02-49-52-42-31. Ou avec* **VélYcéo,** *boutique STRAN, 6, pl. Sémard ;* ☎ *02-40-00-75-75 ;* ● *velyceo.com* ● *De la ½ journée à la sem.* Vélos classiques ou à assistance électrique.
P En ville, on trouve aisément à stationner ; certains ***parkings*** sont gratuits, comme celui du centre commercial *Le Ruban Bleu.* Bon à savoir : une navette, *Zenibus,* relie le grand parking gratuit du théâtre Simone-Veil, tout à côté de la base sous-marine (*Escal'Atlantic,* office de tourisme...), au centre-ville, toutes les 30 mn *(gratuit).*

Où dormir ?

Dans le centre

Bon marché

La Belle Étoile *(plan B2,* **12***) : 45, rue Jean-Jaurès.* ☎ *02-40-22-55-93.* ● *hotellabelleetoile44.fr* ● *Doubles 55-57 €. Parking gratuit.* En plein centre-ville, un hôtel de poche à la gestion familiale qui offre une dizaine de chambres pimpantes et colorées dont 1 familiale (2 chambres communicantes) et 1 toute petite pour le voyageur solitaire. Bel accueil de Karine, la maîtresse des lieux, qui sert le petit déj à table.
Chambres d'hôtes La Tête sur l'Oreiller *(plan B3,* **13***) : 17 bis, av. du Général-de-Gaulle.* *06-59-51-83-45.* ● *agnesmay44@gmail.com* ● *Doubles 60-70 € ; familiales.* Ancienne monitrice de voile désormais amarrée dans la ville des paquebots de croisière, Agnès tient bon le cap. Après avoir tiré des « bords carrés » au début, elle file maintenant « bon plein » en proposant des chambres à la fois sobres, lumineuses et sans télé. Cuisine à la disposition de ses hôtes, on se sent vraiment chez soi. Accueil gentil comme tout.

Vers l'est

Prix moyens

Maison d'hôtes La Compagnie des 5 Mondes *(plan C1,* **17***) : 8, rue de Trignac.* *06-98-03-42-11.* ● *g.joigneault@gmail.com* ● *lacompagniedes5mondes.fr* ● *Double 60 € ; gîtes.* Veillée par le portique des chantiers navals, une adresse anti-mouron, peu banale et moderne, avec ses couleurs pleines de soleil qui ont littéralement métamorphosé cet ancien bar de quartier. Déco contemporaine et très soignée, agrémentée de jolies références marines pour la chambre individuelle et les 4 studios agencés autour d'une courette-patio. Accueil extra de Géraldine.

Vers l'ouest

De bon marché à prix moyens

Éco Nuit *(hors plan par A3,* **14***) : 5, rue des Troènes.* ☎ *02-40-66-71-79.* ● *reception-saintnazaire@econuit.*

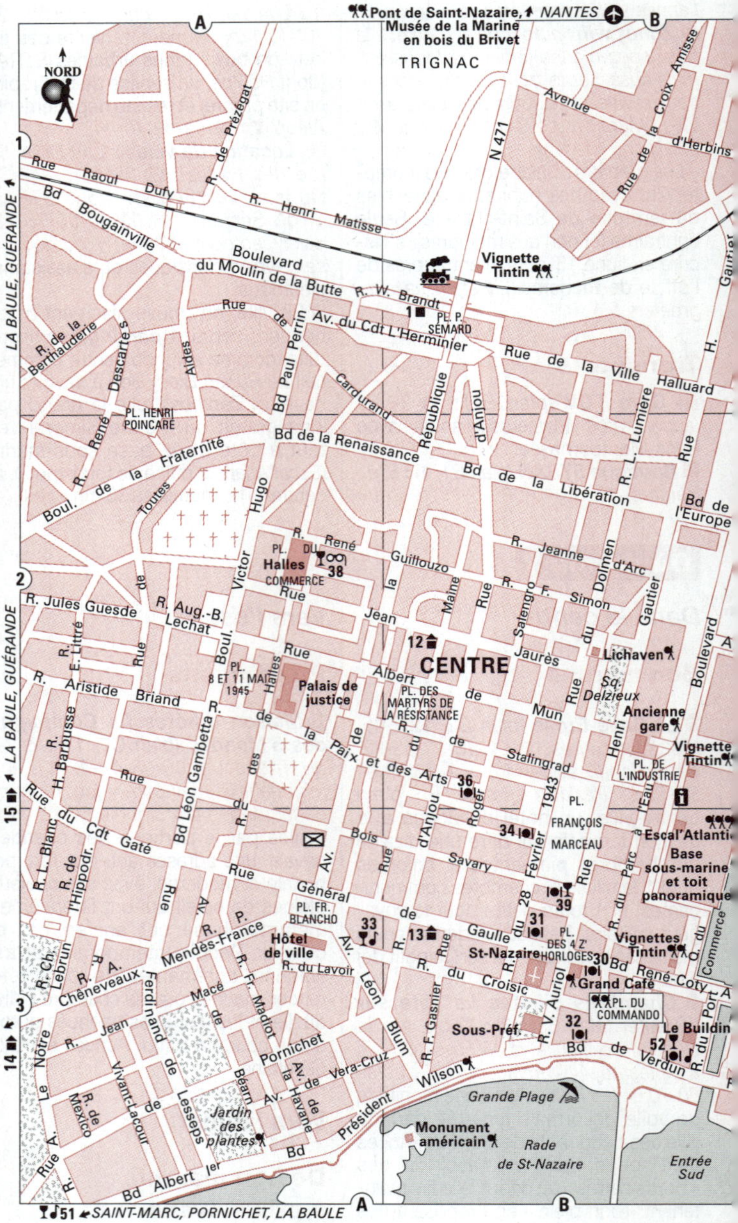
Pont de Saint-Nazaire, Musée de la Marine en bois du Brivet
NANTES
TRIGNAC
NORD
A
B
1
2
3
LA BAULE, GUÉRANDE
15
14
Rue Raoul Dufy
R. de Prézégat
R. Henri Matisse
Bd Bougainville
Boulevard du Moulin de la Butte
R. W. Brandt
Vignette Tintin
1
PL. P. SÉMARD
Av. du Cdt L'Herminier
N 471
Avenue d'Herbins
Rue de la Croix Amisse
Rue de la Ville Halluard
R. de la Berthauderie
R. Descartes
Aldes
Bd Paul Perrin
Cardurand
République
d'Anjou
PL. HENRI POINCARÉ
René
Bd de la Renaissance
Bd de la Libération
R. L. Lumière
Boul. de la Fraternité
Toutes
Victor Hugo
Bd de l'Europe
PL. DU COMMERCE
Halles
René Guillouzo
38
R. Jeanne d'Arc
R. F. Simon
R. Jules Guesde
R. Aug.-B. Lechat
Rue Jean Jaurès
12
CENTRE
Maine
Salengro
Dolmen
Gautier
Lichaven
R. E. Littré
Boul. Gambetta
PL. 8 ET 11 MAI 1945
Palais de justice
Albert de Mun
PL. DES MARTYRS DE LA RÉSISTANCE
Sq. Delzieux
Ancienne gare
R. Aristide Briand
R. de la Paix et des Arts
R. de Stalingrad
Henri
Vignette Tintin
PL. DE L'INDUSTRIE
R. H. Barbusse
Bd Léon Gambetta
R. des
36
Roger
1943
PL. FRANÇOIS MARCEAU
Rue du Cdt Gaté
R. du Bois Savary
34
Escal'Atlantic
Base sous-marine et toit panoramique
R. L. Blanc
R. de l'Hippodr.
Av. Général de Gaulle
28 Février
PL. FR. BLANCHO
39
R. du Parc à l'Eau
Boulevard
33
13
31
PL. DES 4 Z' HORLOGES
Vignettes Tintin
Q. du Commerce
R. Ch. Lebrun
R. A. Chêneveaux
R. P. Mendès-France
Hôtel de ville
R. du Lavoir
Av. Léon Blum
St-Nazaire
R. du Croisic
30
Bd René-Coty
Grand Café
PL. DU COMMANDO
Ferdinand de Lesseps
Macé
R. Fr. Madiot
R. V. Auriol
Sous-Préf.
32
Le Building
R. du Port
R. Jean
Le Nôtre
R. de Mexico
Vivant-Lacour
Béarn
Pornichet
Av. de la Havane
Av. de Vera-Cruz
R. F. Gasnier
Bd Président Wilson
Bd de Verdun
52
Grande Plage
Jardin des plantes
Monument américain
Rade de St-Nazaire
Entrée Sud
Rue A.
Bd Albert Ier
51
SAINT-MARC, PORNICHET, LA BAULE

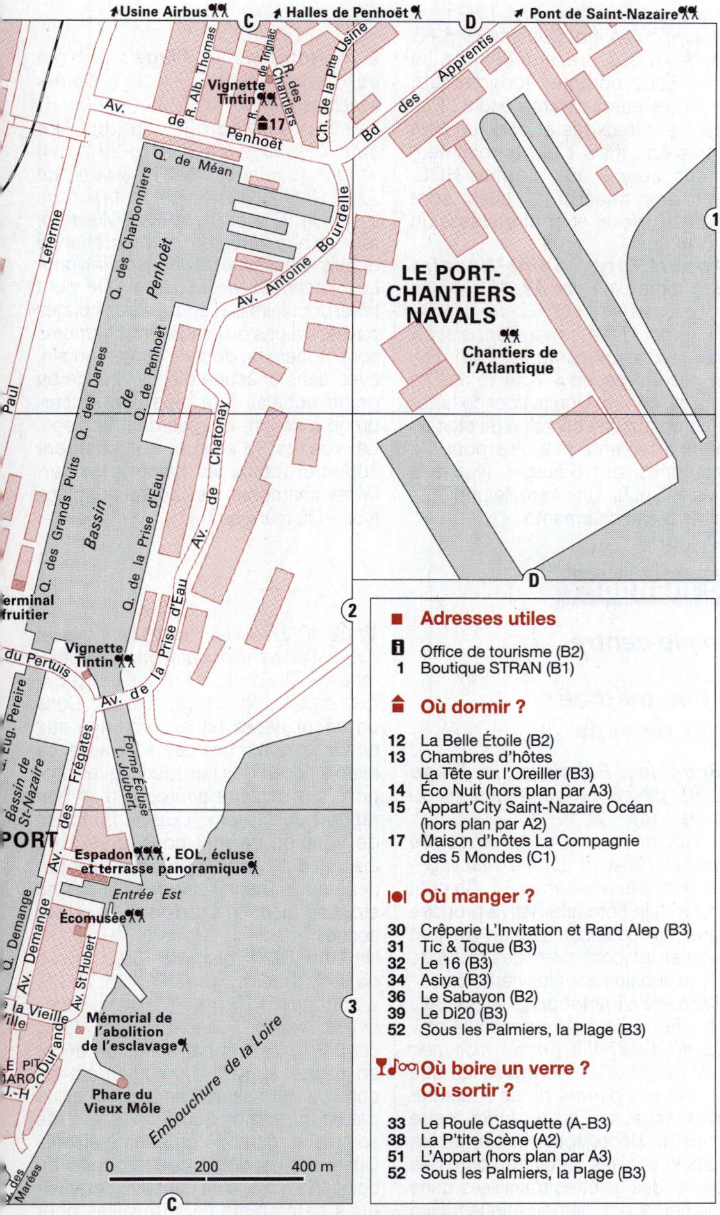

Adresses utiles

- Office de tourisme (B2)
- 1 Boutique STRAN (B1)

Où dormir ?

- 12 La Belle Étoile (B2)
- 13 Chambres d'hôtes La Tête sur l'Oreiller (B3)
- 14 Éco Nuit (hors plan par A3)
- 15 Appart'City Saint-Nazaire Océan (hors plan par A2)
- 17 Maison d'hôtes La Compagnie des 5 Mondes (C1)

Où manger ?

- 30 Crêperie L'Invitation et Rand Alep (B3)
- 31 Tic & Toque (B3)
- 32 Le 16 (B3)
- 34 Asiya (B3)
- 36 Le Sabayon (B2)
- 39 Le Di20 (B3)
- 52 Sous les Palmiers, la Plage (B3)

Où boire un verre ? Où sortir ?

- 33 Le Roule Casquette (A-B3)
- 38 La P'tite Scène (A2)
- 51 L'Appart (hors plan par A3)
- 52 Sous les Palmiers, la Plage (B3)

SAINT-NAZAIRE

com • econuit.com • ♿ À 10-15 mn en voiture du centre. Doubles 39-89 €. Café offert sur présentation de ce guide. Éco, comme économique, donc, mais aussi comme écolo ! Pas en centre-ville certes et dans un coin pas très fun, mais c'est un bâtiment joliment conçu aux normes HQE. Quant aux chambres, elles sont modernes, nickel et confortables. Un bon plan.

Appart'City Saint-Nazaire Océan *(hors plan par A2,* ***15****) :* *4, rue Jeanne-Chauvin. ☎ 02-77-81-54-54. • saintnazaire-ocean@appartcity.com • appartcity.com/apparthotel-saint-nazaire-ocean • ♿ À 15 mn en voiture du centre.* Une résidence hôtelière comptant une centaine de studios et d'appartements meublés pour 1 à 6 personnes, sur 6 étages (vue aux étages 4, 5 et 6). Une formule pratique, à défaut d'être charmante.

Chic

Hôtel de la Plage : *37, rue du Commandant-Charcot, à* ***Saint-Marc-sur-Mer.*** *☎ 02-40-91-99-01. • reception@hotel-delaplage.fr • hotel-delaplage.fr • ♿ À 15-20 mn en voiture du centre. Doubles à partir de 71 €. Café offert sur présentation de ce guide.* C'est sûr, ce *Best Western,* rénové régulièrement, a bien changé depuis le passage de Jacques Tati pour *Les Vacances de M. Hulot.* De petit hôtel populaire de l'époque des congés payés, il a pris du grade : les chambres sont modernes, de style contemporain, avec dans chacune d'elles l'image du grand échalas à la pipe. On se surprend à sourire en regardant la plage. La vue est d'ailleurs franchement superbe depuis les balcons de certaines chambres. Restaurant sur place (voir « Où manger ? »).

Où manger ?

Dans le centre

De bon marché à prix moyens

Sous les Palmiers, la Plage *(plan B3,* ***52****) :* *8, bd de Verdun (pl. du Commando). ☎ 02-40-22-13-97. • cafesouslespalmiers@gmail.com • Fermé lun. Résa obligatoire. Plat végétarien le midi lun-ven env 12 €.* Ce petit bar-resto à la fibre alternative propose chaque jour de la semaine un vrai plat végétarien élaboré avec des produits bio. Une aubaine pour les herbivores !

Crêperie L'Invitation *(plan B3,* ***30****) :* *21, bd René-Coty (quartier du Port). ☎ 02-40-42-07-93. Fermé mar-mer. Repas env 15-20 €.* Hormis le fait que cette crêperie permet de se sustenter un dimanche soir ou un lundi, cette adresse au décor tout simple (tables carrées et chaises de bistrot) offre des crêpes et des galettes travaillées dans la tradition à prix démocratiques. *Fish & chips* et moules en saison. Accueil souriant.

Tic & Toque *(plan B3,* ***31****) :* *10, av. du Général-de-Gaulle. ☎ 02-40-22-59-58. Fermé sam midi et dim-lun (et certains soirs quand le cuistot est HS). Formule à moins de 15 € le midi en sem, compter 25 € le soir.* Dans un décor assez banal, prolongé aux beaux jours par une petite terrasse, ce resto à l'écart des flux touristiques propose une assiette goûteuse d'un bon rapport qualité-prix. Cuisine française de terre ou de mer concoctée avec élégance à base de produits frais par Jean-Louis Delphin, pour qui la cuisine est quasiment un sacerdoce. Excellent accueil.

Le Di20 *(plan B3,* ***39****) :* *7, rue du Bois-Savary. ☎ 02-40-15-19-20. • contact@di20.fr • ♿ Fermé dim-lun et j. fériés. Formule déj env 15 € ; carte 25-30 €.* Un bar à vins au décor en rouge et noir. Une clientèle de copains qui assure l'ambiance, et un patron qui sait de quoi il parle : il a été sommelier dans de grandes maisons. Charcuteries corses ou produits du coin (andouille, curé nantais...) et quelques petits plats plus travaillés pour accompagner. Cave juste à côté.

Rand Alep *(plan B3,* ***30****) :* *23, bd René-Coty. ☎ 09-54-59-95-58. Tlj. Plats 11-22 €.* Accueillis à

Saint-Nazaire avec une quarantaine de réfugiés syriens en 2016, Reem et Mahmoud ont baptisé leur restaurant en souvenir de leur petite fille Rand, décédée dans des conditions tragiques pendant leur exil. Grâce à leur énergie et à leur générosité, appuyés par des Nazairiens, ils ont ouvert ce restaurant où l'on mange « comme à la maison ». *Mezze,* fallafels, *kebbeh* (boulettes de boulgour au bœuf), *chawarma* et en dessert l'une des délicieuses pâtisseries concoctées par Reem. Un vrai voyage gustatif au pays du Levant.

Asiya *(plan B3,* ***34****) : 21, rue du 28-Février-1943. 09-81-60-65-71. Mer-dim 18h-21h, plus le midi jeu-sam. Plats à « prix moyens ».* Un resto de poche qui propose une cuisine japonaise préparée comme il se doit à base de produits extra frais. Madame est japonaise, c'est elle qui cuisine, tandis que monsieur est au service. Alors du poulet *teriyaki* (toujours à la carte) au saumon *chirashi* en passant par les beignets de fruits de mer ou les émincés de légumes, vous découvrirez que la cuisine nipponne n'est pas que celle des sushis.

Place du Commando *(plan B3),* désormais point névralgique de l'animation nazairienne, plusieurs restaurants ***(La Plage, Le Bar Iodé, Barapom, La Fabrik...)*** ainsi que les bars ***Sous les Palmiers, la Plage*** (voir ci-dessus) et ***La Baleine Déshydratée.***

Chic

Le Sabayon *(plan B2,* ***36****) : 7, rue de la Paix-et-des-Arts. ☎ 02-40-01-88-61. 06-73-97-07-15. • touzeau.landry@orange.fr • lesabayon.wixsite.com • Fermé dim-lun. Congés : de fin fév à mi-mars et de fin juil à mi-août. Résa fortement conseillée. Menus 22,90-52 € ; carte 30-35 €.* Petit resto discret au cadre passe-partout, qui régale le palais d'une cuisine recherchée et élaborée avec soin. Ici, la mer est dans l'assiette (pêche du jour), mais les amateurs de viande ne seront pas en reste. Impossible d'échapper au dessert, vrai dilemme pour les amateurs de chocolat (*Valrhona,* s'il vous plaît !). Et si vous êtes plus de 6, demandez le salon, très agréable.

Le 16 *(plan B3,* ***32****) : 16, bd de Verdun. ☎ 02-40-15-41-89. Tlj sauf dim. Formule déj en sem 17 € ; menu max 30 € ; carte 30-40 €.* La façade bretonnisante avec ses murs de granit abrite un intérieur contemporain dans les tons gris. L'ardoise semble d'ailleurs la meilleure amie de ce maître restaurateur qui élabore ses menus en fonction du marché dans un style traditionnel revisité. Petite terrasse en front de mer en été.

À Saint-Marc-sur-Mer

Le Centre : *2, rue du Commandant-Charcot. ☎ 02-40-91-90-22. • cafeconcert-lecentre.fr • Tlj (resto fermé dim). Formule et menu déj en sem moins de 13 € ; carte 20-25 €.* Le rayon du *Centre,* c'est d'abord la cuisine thaïe, indienne ou vietnamienne et qui tape dans le mille ! Copieuse, savoureuse et relevée sans excès, elle fait le bonheur des nombreux habitués qui investissent les grandes tablées de la terrasse couverte. Mais les soirs de concert, changement de registre : c'est la salle de bistrot qui affiche complet lorsque les groupes s'emparent de la scène ! Très festif.

Le France : *plage de M.-Hulot (rue du Commandant-Charcot). ☎ 02-40-91-96-13. • resto@lefrance.net • En été, tlj sauf mar midi ; hors saison, seulement le soir dim-ven. Réserver, surtout le w-e. Formule déj tlj sauf dim et j. fériés env 16 € ; menu 34,90 €. Apéritif maison offert sur présentation de ce guide.* Ça dépote dans cette grande brasserie posée à même le sable, où tous les Nazairiens aiment à se retrouver autour de moules-frites, d'un plateau de fruits de mer ou d'un plat de bistrot simple, du genre salades et tartares. Ambiance touristique mais excellent accueil, service diligent et cuisine honorable compte tenu du cadre et des prix au déjeuner.

Au rez-de-chaussée de l'***Hôtel de la Plage*** (voir « Où dormir ? »), on recommande vivement le restaurant-brasserie ***La Plage de Monsieur Hulot.*** *Tlj midi et soir en sem, en continu 12h-22h30 ven-dim.*

Formules déj en sem 15-19 € (hors vac et j. fériés) ; menu 30 €. Des menus autour de la mer servis dans une salle panoramique ou sur une terrasse posée sur le sable. C'est le moment ou jamais de se prendre pour M. Hulot.

Où boire un verre ? Où sortir ?

La place du Commando *(plan B3)* **:** c'est désormais le point de rassemblement des oiseaux de nuit en partance pour leurs migrations nocturnes. En particulier autour de la très conceptuelle ***Baleine Déshydratée*** *(tlj 10h-2h)*, un bar à bières connecté qui propose d'assécher les cartes bleues au centime près à mesure que les verres se remplissent. Elle est pas belle, la mousse ?

Sous les Palmiers, la Plage *(plan B3,* ***52****)* **:** *8, bd de Verdun. ☎ 02-40-22-13-97. • cafesouslespalmiers@gmail.com • Tlj sauf lun 10h-20h.* La plage ? Elle est bien là, et il y a même une poignée de transats pour regarder la mer en sirotant un vin bio issu de petits producteurs, une bière artisanale ou un jus de fruits provenant du commerce équitable ! Bref, un café-littéraire sympa comme tout avec sa programmation d'événements conviviaux (concerts, bouquinerie itinérante, expos...). Consulter la page Facebook.

L'Appart *(hors plan par A3,* ***51****)* **:** *182, rue de Pornichet (proche du rond-point de Sautron et du Carrousel). ☎ 02-40-70-84-95. Lun-sam 17h-4h. Fermé dim.* Accoudé à un fût de 200 l, avachi dans un des fauteuils dépareillés ou sagement attablé le nez au vent du petit patio planqué à l'arrière, vous saurez apprécier à sa juste valeur l'atmosphère coolissime qui règne chez Habib en dégustant de délicieux *mezze*. Pour la musique ? Téléphonez !

Le Roule Casquette *(plan A-B3,* ***33****)* **:** *36, rue du Croisic. ☎ 02-40-19-11-09. Mar-sam 17h-23h30 (minuit sam). Fermé dim-lun.* Un bar à vins qui se revendique adepte du bio, voire de la biodynamie, et qui propose des tapas du même acabit. Bref, de quoi contenter les fines gueules qui prennent soin de leur santé. En plus, on peut goûter avant de se décider et repartir avec sa bouteille. Bons conseils de Sophie. Programmation musicale certains soirs (voir le compte Facebook).

La P'tite Scène *(plan A2,* ***38****)* **:** *14, pl. du Commerce (sur le côté des halles couvertes). Mar-ven et dim mat 9h-13h30 (13h mer-jeu), 17h-20h (20h30 jeu, 22h30 ven) ; sam 17h-22h. Fermé dim soir et lun.* Quand 2 amies de longue date se mettent en tête d'assouvir de conserve leur passion pour le théâtre, ça donne un gentil petit cabaret doté d'une scène intimiste où se produisent des troupes chaque vendredi mais pas seulement. Évidemment, de quoi grignoter (tapas, planches apéro) et se rafraîchir le gosier.

Sur le front de mer *(plan A3 ; bd Albert-Ier)*, 3 terrasses ouvertes par beau temps (les bars sont des « cubes » assez design), **Le Bara-K** et **La Pêch'rie,** face aux pêcheries, ainsi que **Le Cap,** à côté du *skatepark*.

Directement sur le sable, ***Le P'tit Baigneur,*** plage Villès-Martin. *Avr-fin sept.*

Le V.I.P. **:** *base sous-marine, alvéole 14, bd de la Légion-d'Honneur. ☎ 02-51-10-00-00. • levip-saintnazaire.com • Concerts oct-juin.* La salle de « musiques actuelles » locale. Groupes locaux et d'envergure internationale s'y produisent. Souvent une belle programmation à prix doux.

À voir

Les visites de « Saint-Nazaire Renversante »

Les 4 sites touristiques (Escal'Atlantic, *le sous-marin* Espadon, *EOL Centre éolien et l'Écomusée de Saint-Nazaire) ont la même* ***billetterie centrale*** *(juste à côté de l'office de tourisme)* ***et en ligne*** *(• saint-nazaire-tourisme.com •). ☎ 02-28-540-640.*

*– **Horaires** : ce sont les mêmes pour les 4 sites. Tte l'année, à partir des 1res vac de fév : fév-oct, tlj sauf lun en mars et certains lun en juin et sept-oct ; nov-déc, ouv seulement dim hors vac scol, et tlj pdt vac scol.* ***Horaires : 10h-13h, 14h-18h (10h-20h juil-août) ; dernière entrée 1h avt fermeture.*** *Fermé 1er janv et 24-25 déc.*
*– **Tarifs :** variables selon les sites ;* PassPort *4 sites valable tte l'année à 25 €, ½ tarif 4-17 ans. Autres bons plans et prix malins en ligne sur ● saint-nazaire-tourisme.com/les-visites/les-bons-plans/ ●* ***Tarif réduit adulte pour ttes les visites sur présentation de ce guide en billetterie (offre non cumulable avec d'autres réduc).***
*– On y prend également ses billets (résa obligatoire) pour les **visites guidées** des chantiers de l'Atlantique, d'Airbus Saint-Nazaire et du Grand Port maritime Nantes - Saint-Nazaire, ainsi que pour les **croisières découverte** sur le littoral.*
C'est de la base sous-marine, où se trouvent ***Escal'Atlantic*** et la billetterie centrale des lieux de visite qui composent ***Saint-Nazaire Renversante,*** que l'on embarque pour les différents sites du port de Saint-Nazaire. L'alvéole 14 (à l'extrémité de la base côté port) abrite le ***LiFE*** *(Lieu international des formes émergentes)* et ***Le VIP,*** la scène des musiques actuelles (voir plus haut « Où boire un verre ? Où sortir ? »), 2 lieux de création artistique.
– Visites guidées « La base sous-marine histoire d'une reconquête » (et, plus spécifique aux familles, « Sensations béton ») : *avr-oct. Résa conseillée au ☎ 02-28-540-640 ou sur ● saint-nazaire-tourisme.com ● Tarif : 6 € ; réduc.* Découverte de la base, son histoire et son architecture, et surtout de sa reconquête par la ville, à travers le projet urbain autour du port.
– Demander le programme de la ***Saison patrimoine*** : des itinéraires classiques, inattendus ou buissonniers, de mars à décembre. Mais aussi des visites guidées, ateliers, conférences, randonnées urbaines, pour petits et grands (gratuit ou payant). *Résa sur ● saint-nazaire-musees.com ●*
– Tous les sites de visites et visites d'entreprises ainsi que l'office de tourisme sont labellisés Qualité tourisme.

Escal'Atlantic *(plan B3) : situé dans 2 alvéoles de l'ancienne base sous-marine. ♿ Voir horaires plus haut ; dernier ticket 1h avt fermeture. Compter env 1h30 en visite libre. Entrée : 14 € ; ½ tarif 4-17 ans ; réduc.*
La scénographie de cet espace hors norme est épatante. Plus qu'un musée, *Escal'Atlantic* est d'abord une expérience originale, un voyage interactif captivant. Il plonge les visiteurs dans l'univers formidable des géants des mers qui ont emmené durant plus d'un siècle des millions de passagers d'un continent à l'autre. Et, quitte à bien faire, on invite les visiteurs... à embarquer aussi !
Le pied à peine posé sur la passerelle conduisant au hall d'embarquement inspiré du *Normandie* (panneaux de laque d'origine), on prend la mesure de cette reconstitution géniale qui occupe 3 700 m². Au gré de la balade dans les entrailles du paquebot, on découvre les cabines, la timonerie, la salle des machines, les chambres froides, les salons (superbe salon de musique du *Liberté*)... le tout agrémenté de films d'archives (évoquant l'émigration de plus de 60 millions d'Européens, les voyages d'agrément...) et décorés de mobiliers et d'objets authentiques provenant de navires célèbres, comme la vaisselle du *Normandie.* Jetez d'ailleurs un œil aux menus : haute gastronomie, champagne, élégance... d'imparables arguments de vente ! Mais tout a une fin. On constate qu'en 1958 le nombre de voyageurs par voie aérienne supplanta pour la 1re fois celui des voyageurs qui se rendaient en Atlantique nord par voie maritime. On en prend dans tous les cas plein les mirettes, qu'on soit petit ou grand, persuadé d'être sur un vrai paquebot et, une fois « en mer », de nuit sur le pont-promenade, on a franchement l'impression de s'offrir en quelques minutes une traversée transatlantique (iceberg et vaisseau fantôme compris !).

Le toit de la base sous-marine *(plan B2-3) : accès par une rampe piétonne ou par l'ascenseur situé derrière la billetterie centrale. Tlj 9h-17h (22h en été).* Beau point de vue depuis ses terrasses. Petite promenade romantique (si, si !), vraiment agréable au coucher du soleil en été. L'entrée du port apparaît alors à vos pieds, avec l'écluse fortifiée, les chantiers navals, le pont au loin, l'estuaire, le début de l'océan... et l'Amérique si vous avez une bonne vue ! Aux environs immédiats : le bassin de la ***forme-écluse Joubert*** *(plan C2-3)*, aux dimensions impressionnantes : 350 m de long sur 53 m de large et 16,50 m de profondeur. Tout proche, le ***pont Levant.*** Coup d'œil également sur le quartier autour du port, conçu par l'architecte catalan Manuel de Sola, avec, entre autres, sur la vaste esplanade qui sépare le centre commercial *Le Ruban Bleu* de la base sous-marine, une monumentale « sirène » multicolore, œuvre de la sculptrice Federica Matta.

L'OPÉRATION *CHARIOT*

Si la poche de Saint-Nazaire reste dans tous les esprits, peu se souviennent de l'opération Chariot *du 28 mars 1942... Et pourtant ! Les Anglais montèrent une improbable opération pour remonter de nuit l'estuaire très militarisé de la Loire et aller faire exploser la forme-écluse Joubert en plein centre de Saint-Nazaire, à l'aide d'un destroyer bourré d'explosifs. Le but était d'affaiblir la flotte allemande. Opération réussie, mais sur les 611 hommes du commando, tous volontaires, seuls 227 rentrèrent sains et saufs.*

Œuvre du parcours artistique *Estuaire* : le ***Jardin du Tiers-Paysage,*** de Gilles Clément, est un espace en triptyque qui tire parti des 3 dispositifs de l'architecture en place, à savoir les chambres d'éclatement des bombes, les travées non recouvertes et la fosse. Les 107 trembles qui surgissent du béton possèdent des feuilles brillant à la lumière et s'agitant au moindre souffle de vent.

L'écluse fortifiée *(plan C3)* **:** la plus vieille écluse de Saint-Nazaire, bâtie en 1856 pour donner accès au bassin en eau profonde où mouillaient les 1ers paquebots. Elle fut remaniée par les Allemands pendant la guerre. Et les bombardements alliés massifs n'ont pas eu plus raison d'elle que de la base sous-marine toute proche.

La terrasse panoramique de l'écluse fortifiée *(plan C3)* **:** *mêmes horaires que le sous-marin* Espadon *et* EOL Centre éolien *installés dessous.* De là encore, joli point de vue à 360° agrémenté de 4 tables de lecture du paysage.

Œuvre du parcours artistique *Estuaire* : ***Suite de triangles,*** à partir d'un point de vue situé sur le toit de la terrasse. Felice Varini a matérialisé en 2007 une « ligne horizontale rouge » qui embrasse le paysage du port. Telle une partition, les formes disposées successivement sur le haut et le bas de cette ligne scandent le paysage en différentes séquences. L'œuvre, dressée sur 2 km, est la plus grande jamais réalisée par l'artiste.

Le sous-marin Espadon *(plan C3)* **:** *av. de la Forme-Écluse, sous l'écluse fortifiée, à côté d'EOL Centre éolien. Voir horaires plus haut (rénovation en 2021, se renseigner sur la période de fermeture) ; dernier ticket 30 mn avt fermeture. Sur résa. Visite audioguidée (30 mn). Entrée : 10 € ; ½ tarif 4-17 ans ; réduc.* Une visite à ne pas rater, car c'est une rare occasion de visiter un sous-marin à flot, bien protégé dans l'écluse fortifiée.

OUÏE FINE

*Si vous voulez devenir les « oreilles d'or » d'un sous-marin, sachez qu'il vous faudra passer par une école spéciale située à Toulon. On vous y apprend, en 4 ans, à reconnaître les signaux sonores de tous les sous-marins en circulation dans le monde, mais aussi l'empreinte d'un iceberg ou d'un animal marin ! Vous aurez d'ailleurs droit à une mise en oreille pendant la visite de l'*Espadon.

Ce bâtiment, né après la Seconde Guerre mondiale, en mission de 1960 à 1985, parcourut l'équivalent de 17 fois le tour de la Terre, et fut le premier à naviguer sous la banquise... En pénétrant dans ce boyau large d'à peine 50 cm par endroits, unique voie de circulation reliant les postes de combat et les espaces de vie, on peine à imaginer les conditions de vie des 65 hommes d'équipage pendant 45 jours en mer ! Il y a pourtant tout le nécessaire : couchettes, cuisine, w-c et une douche... d'eau de mer froide ! Sans compter les séances de cinéma organisées pour les sous-mariniers dans la salle des torpilles (car la plus vaste) ! Du haut de ses sous-marins nucléaires, la flotte française regarde désormais avec condescendance ce genre de vieux loup de mer.

EOL Centre éolien : *av. de la Forme-Écluse, sous l'écluse fortifiée, à côté du sous-marin* Espadon. *Mêmes horaires que le sous-marin. Tarif : 6 € ; ½ tarif 4-17 ans ; réduc. Visite libre (env 45 mn).* Il s'agit du 1er site de visite en France consacré à l'éolien en mer et aux énergies marines renouvelables. Un lieu interactif pour découvrir les secrets du vent à travers l'histoire, entre aventure technologique et humaine. Même si c'est quand même vite vu, on apprend plein de choses. Le site donne des clés de compréhension sur le principe de transition énergétique. On explique ce qu'est un parc éolien off-shore et, pour clore la visite, on a même droit à un petit vent frais ! Il est vrai qu'en la matière Saint-Nazaire ne manque pas d'air !

***L'Écomusée de Saint-Nazaire** (plan C3) :* *av. Saint-Hubert, près de l'écluse fortifiée. Voir horaires plus haut ; dernier billet 45 mn avt fermeture. Durée : env 45 mn. Entrée : 5 € ; ½ tarif 4-17 ans ; réduc. Noter que c'est payant tte l'année mais gratuit le 1er dim du mois (hors juil-août). Plan fourni à l'entrée.*
Un beau musée à la présentation soignée qui aide à comprendre le destin hors norme d'une ville construite 2 fois en un siècle. Après quelques explications sur les origines d'un 1er port avérées dès le Néolithique, on entre de plain-pied dans l'histoire moderne jusqu'à l'époque épique des voyages transatlantiques (inauguration de la ligne Saint-Nazaire/Veracruz en 1862) ainsi que celle de la construction maritime. Une vingtaine de belles maquettes de l'*Impératrice Eugénie,* le 1er paquebot en 1864, au célèbre *France* (1962), dernier transatlantique français. Également une partie intéressante sur les hydravions, car on oublie souvent le prestigieux passé de pionnier de Saint-Nazaire dans le domaine de l'aéronautique.
À l'étage, sur les galeries, on s'intéresse justement à cette industrie (Airbus), avant d'évoquer l'âge sombre de la ville : les dommages causés par les bombardements, la vie difficile des 124 000 « empochés » coincés dans la poche de Saint-Nazaire et la reconstruction au lendemain du conflit. Très pédagogique. Expos temporaires et programmation culturelle annuelle : consulter la *Saison patrimoine.*

Face à l'écomusée, étrange ***Mémorial de l'abolition de l'esclavage*** *(plan C3)* : œuvre de Mayo placée dans l'eau, à l'emplacement de l'embarcadère de l'ancien traversier (bac de Mindin). Noter que la femme regarde au loin et a brisé ses chaînes. À côté, le Vieux Môle ou « les rochers gluants » décrits par Balzac. Belle vue sur l'estuaire et le pont. Table d'orientation de Tintin à proximité du Vieux Môle.

***Les Chantiers de l'Atlantique** (plan D1-2) :* *circuit en autocar, départ depuis la billetterie centrale située sous la base sous-marine. Visite guidée de 2h (sauf en janv). Résa obligatoire au ☎ 02-28-540-640 ou en ligne (voir plus haut). Indiquer nom, prénom, date et lieu de naissance de ts les participants. Tarif : 17 € ; ½ tarif 4-17 ans ; réduc.* C'est la fierté de la ville. Depuis 1864, ce sont plus de 600 navires qui sont sortis des chantiers navals, du paquebot au cargo, en passant par les pétroliers et les méthaniers ! Jusqu'à la crise de 2020, cette entreprise générait plus de 6 000 emplois. Elle construit avant tout des paquebots de croisière, sans parler de la recherche dans le domaine des énergies marines renouvelables. La visite, passionnante, permet de pénétrer en bus dans un site gigantesque de

LA LOIRE-ATLANTIQUE

110 ha d'ordinaire interdit au public, pour s'approcher au plus près des chantiers où les bateaux se découvrent à différents stades de leur construction : découpe des tôles, assemblage des panneaux et des énormes blocs... le tout manœuvré par des portiques géants, le plus grand pouvant soulever quelque 1 250 t. En cours de balade, les visiteurs sont même invités à descendre dans une cale de construction.

Dans le quartier des chantiers navals, on peut encore se promener dans les ***halles de Penhoët*** *(hors plan par C1)* ; chaque mercredi matin et samedi matin s'y tient le marché. Ces halles, rappelant celles de Baltard, datent de 1878. Juste devant, le ***pavillon des douches publiques,*** désormais fermé au public. Et puisque que vous êtes là, pensez à télécharger l'appli gratuite « Baludik » pour aider Julie à résoudre son enquête !

L'usine Airbus Saint-Nazaire *(hors plan par C1)* ***:*** *circuit en autocar, départ depuis la billetterie centrale située sous la base sous-marine. Visite guidée de 2h (sauf en janv). Résa obligatoire (voir plus haut), au moins 48h à l'avance. Lors de la résa, indiquer nom, prénom, date et lieu de naissance de ts les participants. Passeport ou carte d'identité obligatoire le j. de la visite. Tarif : 17 € ; ½ tarif 4-17 ans ; réduc.* Site industriel qui fait partie d'un réseau complexe où les pièces sont fabriquées et assemblées dans plusieurs usines à l'échelle européenne. Saint-Nazaire est le 2e site de production d'Airbus en France après Toulouse, avec plus de 2 400 salariés – 2 sites mis à mal suite à la crise économique débutée en 2020. Spectacle assuré ! Les coups de rivets finaux sont donnés à Toulouse. Depuis les ateliers et les passerelles de visite, on fait face aux avions en cours d'assemblage. L'organisation du travail, la propreté et la luminosité des ateliers, tout est impressionnant, de même que le nombre de rivets qui viennent fixer les tronçons de fuselage ! Une carlingue d'ailleurs bien fine quand on y pense : entre 2 et 4 mm !

QUAND LA NAVALE S'ENVOIE EN L'AIR

À Saint-Nazaire, l'aéronautique est née de la mer : au début des années 1920, lors d'une grave crise de la construction navale, les chantiers cherchèrent à se diversifier et se tournèrent vers l'aéronautique. On construit des hydravions. Au fil des années, des avions très différents sortirent des ateliers nazairiens : Vautour, Caravelle, même des tronçons pour Concorde... Le 1er Airbus fut livré en décembre 1970.

Le Grand Port maritime Nantes -Saint-Nazaire : *Circuit en autocar, départ depuis la billetterie centrale située sous la base sous-marine. Visite guidée de 2h (sauf en janv). Résa obligatoire (voir plus haut), au moins 48h à l'avance. Lors de la résa, indiquer nom, prénom, date et lieu de naissance de ts les participants. Passeport ou carte d'identité obligatoire à partir de 16 ans le j. de la visite. Tarif : 17 € ; ½ tarif 4-17 ans ; réduc.* Un nom à rallonge pour le 1er port de la façade atlantique française, acteur économique majeur dans la région, relié à 400 ports dans le monde entier et accueillant près de 3 000 navires par an. La visite part de la base sous-marine. Après la partie urbaine du port, le car suit la route portuaire à la découverte des terminaux et des entreprises. Grâce aux explications du guide, le chargement ou le déchargement de navires très spécifiques, la manutention des conteneurs, un chargement de pales d'éoliennes ou le départ de tronçons d'Airbus sont replacés dans le contexte de l'économie maritime. En été, découverte des terminaux depuis l'estuaire de la Loire, avec la croisière « Saint-Nazaire sur mer » (voir plus loin « À faire »).

Le pont de Saint-Nazaire *(hors plan par B1 et D1)* ***:*** *à franchir en voiture (GRATUIT). En saison, pour les cyclistes, des navettes gratuites assurent la traversée du pont de Saint-Nazaire jusqu'à Saint-Brevin (☎ 02-51-82-62-62 ;*

● loire-atlantique.fr/velo ● ; début mai – ponts – et de mi-juin à début sept, tlj 9h30-18h30). Majestueux, il domine l'embouchure et on le voit de (presque) partout. Long de 3 556 m, haut de 61 m, inauguré en 1975, c'est l'un des ponts à haubans les plus grands d'Europe. Élégant, avec ses poteaux distinctifs rouge et blanc, son tracé ondule en S entre Saint-Brevin au sud et Saint-Nazaire au nord. Sa pente fait tout de même 5,6 %. Il a définitivement remplacé le bac qui effectuait la traversée de la Loire entre Mindin et le quartier du Petit Maroc à Saint-Nazaire.

La ville

Les vignettes Tintin : la ville et les docks sont jalonnés par 6 vignettes *(plan B1 ; plan C1 ; plan C2 ; plan B3 ; plan B2)* évoquant le plus célèbre des petits reporters à la houppette (qui a soufflé ses 90 bougies en 2019) et, mille milliards de mille sabords, le capitaine non moins fameux pour ses jurons. L'association nazairienne ***Les 7 Soleils*** a mis en place ces impressionnants panneaux qui font référence à l'album d'Hergé *Les Sept Boules de cristal,* l'un des rares épisodes qui localise clairement la ville où se déroule l'intrigue *(plan disponible à l'office de tourisme ou sur ● saint-nazaire-tourisme.com ●).* Table d'orientation indiquant les points de chute du reporter dans ses différents périples, sur le port, près du Vieux Môle.

Du côté du port : à l'angle de la place des Quat'z-Horloges, le ***Grand Café*** *(plan B3)* abrite des ***salles d'exposition dédiées à l'art contemporain.*** Il a été miraculeusement épargné par les bombardements. Mention spéciale doit être faite également à l'***ancienne gare*** *(plan B2)* de 1867, prolongée d'un audacieux bâtiment contemporain et devenue le théâtre Simone-Veil.

Le dolmen des 3 pierres ou lichaven *(plan B2)* **:** *rue du Dolmen.* Au cœur d'un quartier de petits immeubles où on ne s'attend pas vraiment à trouver ce genre de monument s'élève un ***lichaven*** ou ***trilithe,*** haut de plus de 3 m et lourd de 5 t, précédé d'un menhir, datant d'au moins 4 000 ans av. J.-C.

Le front de mer

Comme l'affirme haut et fort son slogan, la destination touristique Saint-Nazaire est littéralement « Renversante » ! Avec en contrepoint de la zone industrielle des chantiers navals, une large promenade en front de mer (3 km) qui affirme aussi son côté balnéaire. Cette dernière est scandée de sympathiques terrasses de café, on y trouve des ***jeux pour enfants*** à même la plage, un ***skatepark*** et, ***en été, une base nautique*** où l'on peut louer des catamarans, des planches à voile ou des pirogues. Les vélos y sont également les bienvenus. Cette promenade suit le littoral jusqu'à la baie de La Baule par le ***chemin des douaniers*** (retour possible en bus).

On accède au front de mer par la ***place du Commando*** *(plan B3),* désormais point névralgique de l'animation nazairienne. Des restaurants ***(La Plage, Le Bar Iodé, Barapom, La Fabrik...)*** ainsi que les bars ***Sous les Palmiers, la Plage*** et ***La Baleine Déshydratée,*** des tables de pique-nique sous les pins, des brumisateurs l'été, des gradins pour les spectacles de plein air, des parasols connectés et le wifi gratuit... En deux enjambées, on se retrouve les pieds dans le sable sur la ***Grande Plage.*** Les plus jeunes s'en donnent à cœur joie dans l'***espace de jeux.*** Noter que certains de ces jeux, qui semblent faits de bois flotté, sont adaptés aux enfants à mobilité réduite.

Un peu plus loin, au sommet d'un rocher, pris dans l'eau, se dresse, debout sur un aigle, un soldat brandissant l'épée de Lafayette. C'est le ***Monument du soldat américain*** *ou* ***Sammy*** *(plan B3),* œuvre de l'artiste américaine Gertrude V. Whitney,

LA LOIRE-ATLANTIQUE

inauguré en 1926 par le général Pershing en souvenir des vétérans américains de la guerre de 1914-1918 et des 190 000 soldats américains qui sont passés par le port de Saint-Nazaire, qui fut une importante base américaine en 1917. Dynamitée par les nazis le 13 décembre 1941, soit 2 jours seulement après la déclaration de guerre du IIIe Reich à l'encontre des Américains, cette statue a été reconstruite presque à l'identique en 1989.

Boulevard Wilson *(plan A-B3)* subsistent quelques vieilles maisons, dont l'ex-*Hôtel Wilson,* au n° 36, qui se démarque avec sa façade néoflamande en brique rouge et pierre blanche. Les rues voisines ***(avenue de La Havane, rue Georges-Villebois-Mareuil)*** cachent aussi de beaux alignements de maisons mitoyennes, de la fin du XIXe s dans le quartier dit de la Havane. Cossues, elles présentent souvent de jolis balcons en fer forgé. Leurs noms rappellent souvent les liaisons maritimes qu'entretenait la Compagnie générale transatlantique entre Saint-Nazaire et l'Amérique centrale. À découvrir avec la visite guidée « Un tour de Saint-Nazaire en 90 mn » *(infos sur ● saint-nazaire-tourisme.com ●).*

Pour se mettre au vert (en gardant les yeux sur le bleu de l'océan), profiter du ***jardin des Plantes*** *(plan A3),* créé en 1886 et riche d'espèces typiques du littoral breton. Plus loin, le ***Parc paysager*** s'étend sur 50 ha gagnés sur un ancien marais, avec un lac, des tables de pique-nique et un ***skatepark*** très fréquenté, avec vue sur mer. Tout cela donne presque à Saint-Nazaire des airs de Californie. Les *riders* apprécieront : c'est le seul *skatepark* en France où l'on peut se mesurer à un *full pipe* !

Pas loin du centre

La plage de M. Hulot *(plage* ***Saint-Marc*** *; hors plan par A3)* **:** *à 4 km du centre-ville en allant vers Pornichet. Bus Stran, ligne U3.* Le quartier balnéaire de Saint-Marc se révèle bien agréable et dynamique avec son marché (dimanche, jeudi et en nocturne à plusieurs reprises pendant l'été) et la plage très mignonne. Cerise sur le gâteau, ***c'est ici que Jacques Tati a tourné en 1951 les immortelles*** **Vacances de M. Hulot** (sorti en 1953). Depuis, tout a bien changé… Si l'*Hôtel-restaurant de la Plage* (voir « Où dormir ? Vers l'ouest ») est toujours là, et les rochers aussi, le décor de carton-pâte a laissé place aux constructions. La promenade a été réaménagée, un miniparcours « Dans les pas de M. Hulot » est proposé et une belle statue de l'acteur-réalisateur (par le sculpteur Emmanuel Debarre) contemple la mer, mais des collectionneurs mal intentionnés lui volent régulièrement sa pipe…
Noter que la plage, l'une des 3 classées Pavillon bleu de la ville, a obtenu le label Handiplage. Elle met à disposition des fauteuils pour les personnes à mobilité réduite pendant sa période de surveillance *(juil-août).* Dispositif similaire à la plage de Villès-Martin, plus proche du centre-ville.

PAS DE VACANCES POUR TATI

À la sortie du film en 1953, certains critiques reprochèrent à Jacques Tati l'absence de véritable scénario dans Les Vacances de M. Hulot. *Le cinéaste était pourtant très pointilleux. Il monta et remonta sans cesse son film. Ainsi, en 1963, le rythme des images fut accéléré. Et ce, jusqu'en 1978, où il posa une ultime fois sa caméra dans le sable de Saint-Marc et y tourna une nouvelle scène, inspirée des* Dents de la mer !

L'école itinérante ***Line up*** *(07-83-89-57-22 ; ● ecolelineup.com ●)* propose des cours de kitesurf, *landkite* et *stand-up paddle.*

Le tumulus de Dissignac : *route de Dissignac (D 492), à 5 km du centre-ville. Rens au ☎ 02-28-540-640 Ou sur ● saint-nazaire-tourisme.com ● Suivre la* *direction Océanis depuis le centre-ville. Visite seulement en juil-août ; visible de l'extérieur le reste de l'année. Tarif : 6 € ; ½ tarif 4-17 ans ; réduc.* Considéré comme l'un des plus beaux sites mégalithiques de France (construit avant les pyramides d'Égypte !), c'est le plus vieux monument du département (5 500 ans av. J.-C.). L'intérieur comporte 2 chambres funéraires, dont l'une présente une dalle aux symboles gravés.

Le musée de la Marine en bois du Brivet *(hors plan par B1)* **:** *6, rue de Châteaubriand, 44550* ***Montoir-de-Bretagne.*** *☎ 02-40-45-58-22. • marineenboisdubrivet.fr • Fin juin-début sept, tlj 10h-12h, 14h-18h. GRATUIT. Remontées du Brivet en chaland mer soir en été sur résa (payant, retour en bus).* Créé par une bande de passionnés, ce musée vite vu mais richement documenté s'échelonne sur 4 siècles d'histoire. Au fil des quelques salles garnies de belles maquettes et d'objets d'époque, tout sur les marins de Brière, leurs épouses restées au pays, les origines de la construction navale, l'implication des soldats américains débarqués à Montoir entre 1917 et 1919... Une visite complémentaire à celle de l'Écomusée de Saint-Nazaire. L'association propose aussi la visite du ***jardin médiéval des Caves*** *(fin mai-fin sept ; GRATUIT)* sur le site du domaine seigneurial de l'Ormois.

EN PREMIERE LIGNE

Les cahiers de doléances ordonnés par Louis XVI en 1789 revêtent à Montoir un aspect tout particulier : ces lignes recueillant l'avis des paroissiens français furent ici presque exclusivement rédigées par des femmes. Leurs maris voguant sur toutes les mers pendant parfois plusieurs années, les Montoirines géraient en effet les biens de la famille par acte notarié et suppléaient ainsi à leurs époux absents.

À faire

Croisières découvertes en bateau de promenade le long du littoral : *résa conseillée à la billetterie centrale (☎ 02-28-540-640). • saint-nazaire-tourisme.com • Juil-août. Croisière commentée de 1h30 ou 2h. Compter 24 € ; ½ tarif 4-17 ans ; réduc.*

– *Croisière « Saint-Nazaire sur mer » :* Saint-Marc (littoral préservé et peu construit, entre falaises, criques et plages) et l'estuaire (installations industrielles et portuaires). Passage spectaculaire sous le pont de Saint-Nazaire. Durée : 2h.

– *Croisière nocturne « Route des Phares » :* départ au coucher du soleil pour débusquer phares et feux. Durée : 2h.

– *Croisière apéritive musicale « Accords Maritimes » :* cap sur Saint-Marc-sur-Mer, un verre à la main, en compagnie de musiciens et d'un narrateur. Durée : 1h30.

– *Croisière « Le port, vues d'estuaire » :* terminaux portuaires et univers de l'éolien marin avec visite d'EOL Centre éolien. Durée : 1h30 + 30 mn de visite.

Balade artistique : au gré de la balade dans les rues de Saint-Nazaire, immenses peintures murales, expos dans des lieux insolites, petits personnages bleus créés par un graffeur local... Brochure *L'Art en ville à Saint-Nazaire* disponible à l'office de tourisme et en téléchargement gratuit sur *• saint-nazaire-tourisme •*

Randonnées pédestres et à vélo

Le chemin des douaniers : plusieurs points de départ, par exemple près du phare de Villès-Martin ou du *Camping de l'Ève,* non loin de la plaisante route côtière D 292 en direction de Pornichet et de la baie de La Baule. Sentier qui suit la falaise et fait partie du ***célèbre GR 34 qui longe tout le littoral breton.*** Le tronçon Saint-Nazaire/barrage d'Arzal (145 km) sur la Vilaine a d'ailleurs été inauguré en 2018. À Saint-Nazaire, ce chemin permet, sur plus de 10 km, d'égrener au passage les 20 plages de la ville, toutes plus charmantes les unes que les autres. On n'imagine pas forcément qu'elle en possède autant ! 6 d'entre elles sont surveillées pendant l'été, 2 labellisées Handiplage et 3 classées Pavillon Bleu. Le fin du fin, c'est d'emprunter la balade du front de mer à partir de la place du Commando et de terminer au port de plaisance de Pornichet. Retour en bus possible *(ligne 13, puis bus HélYce ; • stran.fr •).*

– ***Escapades nature, à pied et à vélo :*** en été, immergez-vous en plein cœur du parc naturel régional de Brière en compagnie d'une guide-naturaliste pour découvrir les marais. *Infos et résa à l'office de tourisme de Saint-Nazaire (• saint-nazaire-tourisme.com •) ou à celui de Saint-André-des-Eaux.*

La Loire à Vélo : Saint-Nazaire constitue le terminus (ou le point de départ) de *La Loire à Vélo.* En saison, des navettes gratuites assurent la traversée du pont de Saint-Nazaire jusqu'à Saint-Brevin puisque le trajet commence (ou finit) Sud-Loire *(☎ 02-51-82-62-62 ; • loire-atlantique.fr/velo • ; début mai – ponts – et de mi-juin à début sept, tlj 9h30-18h30).*

D'ici part aussi l'itinéraire *Manche-Océan* entre Saint-Nazaire et Saint-Malo, qui longe la côte avant de se diriger vers la vallée de la Vilaine, puis la vallée de la Rance.

Fête et manifestations

– ***Festival Folk en scènes :*** *mars.* Concerts pop, folk, à Trignac, Besné, Montoir-de-Bretagne (communes de l'agglomération nazairienne).
– ***Festival Bouge :*** *juin. • festivalbouge.com •* Musique, sport et danse dans le quartier de Méan-Penhoët à Saint-Nazaire.
– ***Grande Marée :*** *1er sam de juin.* Pique-nique géant sur la plage et spectacles de rue.
– ***Saint-Nazaire côté plages :*** *juil-août.* Événements, animations ludiques, sportives et culturelles sur les plages de Saint-Nazaire.
– ***Farniente Festival :*** *juil, sur la plage Saint-Marc. • farniente-festival.org •* Un festival de musique à la fois poétique, festif et rebelle. Programmation très libre !
– ***Festival Les Escales :*** *3 j. fin juil, dans le port de la ville. ☎ 02-51-10-00-00. • festival-les-escales.com • Payant.* Sur le site portuaire, 3 jours de concerts pop, rock, folk, électro, world, entre têtes d'affiche et artistes en découverte.
– ***Fête des Chalands fleuris en Brière :*** *début août. • chalandsfleuris.fr •* Une grande fête villageoise et colorée sur les chalands, embarcations à fond plat traditionnelles de Brière, à La Chaussée-Neuve (Saint-André-des-Eaux).

LA CÔTE D'AMOUR

Joli nom pour cette parcelle de côte qui, de Saint-Nazaire, remonte vers Piriac en passant par La Baule, Le Croisic, Guérande... Il vient d'un concours organisé en 1913 par le journal La Mouette, et ferait référence au bois d'Amour situé à La Baule. L'atmosphère romantique est bien au rendez-vous, même si désormais les locaux empruntent plus l'expression « la presqu'île » pour décrire la région. Un bon plan en tout cas : bien desservie, la Côte d'Amour peut aisément se découvrir en bus ou à vélo et on y accède facilement en TGV.

PORNICHET [poRnizhan]

(44380) 11 000 hab. *Carte Loire-Atlantique, A3*

Pornichet partage la baie avec sa voisine La Baule et possède son propre casino, un port de plaisance, une gare et 2 centres de thalasso. Bref, tous les atouts indispensables à une station balnéaire, avec la particularité d'être un peu moins « m'as-tu-vu » que sa voisine bauloise, un peu plus axée famille et enfants, aussi. Ses plages de Bonne-Source et de Sainte-Marguerite servent de faire-valoir à un agréable sentier côtier qui se poursuit jusqu'à Saint-Nazaire. Idéal pour bénéficier de nombreux points de vue. Belle balade à faire en ville, aussi, pour découvrir certaines jolies villas (visites guidées avec l'office de tourisme).

Adresses et info utiles

i *Office de tourisme :* *3, bd de la République. ☎ 02-40-61-33-33. • pornichet.fr • Sur la pl. du Marché. Juil-août, tlj 9h30-19h. Avr-juin et sept, tlj 9h30-13h, 14h-18h. Oct-mars, tlj sauf dim 10h-13h, 14h-17h30. Vac d'hiver, de la Toussaint et de Noël, tlj sauf dim 9h30-13h, 14h-18h.* Billetterie nautisme, loisirs et sites à visiter à tarifs préférentiels. Parcours de randonnées à pied ou à vélo. Organise également des visites (1h-1h30 ou 2h avec dégustation de produits locaux) toute l'année. Animations gratuites, les Vendredis des P'tits Loups, aux vacances de printemps et d'été. Boutique. Point contact SNCF hors juillet-août.

Gare SNCF : *pl. Aristide-Briand. ☎ 36-35 (appel gratuit).* En saison, 3-4 TGV/j. de la ligne Paris-Le Croisic s'y arrêtent. Sinon, TER.

➢ ***Liaisons en bus :*** *vente de tickets à l'office de tourisme.* Pour la presqu'île, réseaux *Aléop (☎ 09-69-39-40-44)* et *Lila (☎ 02-40-62-32-33).* Avec Saint-Nazaire, bus *Stran* ttes les 30 mn *(☎ 02-40-00-75-75).* Navette gratuite l'été (dessert les campings, le marché et les plages).

Location de vélos : ***Ride All,*** *52, bd des Océanides. ☎ 02-40-61-58-17. • ride-all.com •* Loue également des rollers. ***Les Cycles de la Baie,*** *74, av. du Général-de-Gaulle. ☎ 02-40-42-39-09. Service* ***Velycéo*** *à la gare. ☎ 0800-105-110.*

Où dormir ? Où manger ?

Camping

Camping Bel Air : *165, av. de Bonne-Source, quartier* ***Sainte-Marguerite.*** *☎ 02-40-61-10-78. • reception@belairpornichet.com • belairpornichet.fr • Accès par la route côtière de Saint-Nazaire. Avr-oct. Pour 2, compter 14-50 € ; loc de lodges toilés, chalets en bois et mobile homes 2-6 pers. 294 empl.* Dans un quartier résidentiel calme, à deux pas de la plage, un grand camping familial disposant d'hébergements variés. Nombreuses animations en juillet-août, club de plage pour enfants, resto, bar. Parc aquatique dont une partie couverte.

De très bon marché à bon marché

|●| *Pornichet Fish & Chips :* *8, av. Barthou. 📱 06-65-48-17-14. Derrière la poste. Fermé lun-mar hors juil-août. Congés : janv. Sur place ou à emporter. Compter env 10-12 €. Café offert sur présentation de ce guide.* Un resto rapide tout simple de spécialités britanniques. Évidemment, c'est surtout le *fish & chips* qui vaut le coup,

LA LOIRE-ATLANTIQUE

accompagné de frites maison, comme il se doit !

Le Loup Salé : *face au 128, bd des Océanides. ☎ 02-40-61-35-70. • lls44@outlook.com • Avr-oct. Fermé mar-mer hors saison. Compter env 15 €.* D'emblée, ce qui met tout le monde d'accord, c'est la vue géniale sur la baie depuis la jolie terrasse surélevée. Et comme les galettes et les crêpes se révèlent bien bonnes, on en fait vite son QG !

Le Tibidabo : *21, bd de l'Océan (plage de Sainte-Marguerite). ☎ 09-62-53-60-04. • letibidabo@gmail.com • À côté de l'école de voile Éole. Avr-sept, tlj si la météo le permet. En été pour le petit déj, le déj et le dîner (le midi et pour l'apéro du soir en avant et après-saison). Carte env 25 €.* Bar-resto de plage servant une cuisine assez passe-partout mais bien faite, à consommer sur la terrasse sur pilotis ou carrément les pieds dans le sable. Idéal pour un apéro au coucher du soleil.

Prix moyens

Normandy Hôtel : *120, av. de Mazy. ☎ 02-40-61-03-08. • info@normandyhotel.fr • normandyhotel.fr • Face à la gare sur la place piétonne. Doubles env 60-100 €.* Dans une élégante maison de style anglo-normand située dans le quartier qui bouge le soir, des chambres coquettes et toutes différentes, certaines avec bow-window. Très bon accueil. Restaurant sur place. Loue aussi des vélos.

Résidence Prestige Odalys de la Plage : *70, bd des Océanides. ☎ 02-40-19-12-80. • odalys-vacances.com • Tte l'année. À partir de 70 € la nuit pour 2 (linge de toilette fourni, lits faits à l'arrivée).* Situation privilégiée au pied de la plage des Libraires, à deux pas du centre-ville et à proximité d'un centre de thalassothérapie. Le site compte 75 studios et appartements entièrement équipés. Penser à demander une vue mer ! Piscine extérieure chauffée.

Le Danicheff : *45, av. du Général-de-Gaulle. ☎ 02-40-61-07-32. ♿ Doubles 62-76 €.* Petit hôtel familial sans prétention et convivial, dont la petite dizaine de chambres se révèle très bien entretenue et d'un confort suffisant. Bon rapport qualité-prix. Accueil sympathique.

Le Bourlingueur : *153, av. de Mazy. ☎ 02-40-15-58-36. 📱 06-24-60-54-40. • lebourlingueurpornichet@yahoo.fr • ♿ Dans la rue piétonne face à la gare. Fermé lun hors juil-août. Formules déj en sem 12,90-15,90 € ; carte 25-30 €. Rhum vanille maison offert sur présentation de ce guide.* Cuisine du monde, musique du monde, déco du monde... Quand un routard pose enfin ses valises, cela donne un joyeux mix de recettes entre pizzas, *kum ka kaï* ou encore *pad thaï*. Et comme la formule plaît bien, que ce soit en terrasse ou dans la salle toute colorée, il y a souvent... du monde !

De chic à plus chic

Chambres d'hôtes La Villa Marine : *12, av. M.-Mercier. ☎ 02-40-19-95-46. 📱 06-08-88-43-42. • contact@lavillamarine-labaule.com • lavillamarine-labaule.com • À env 3 km du rond-point de l'office de tourisme, en direction de Sainte-Marguerite. Doubles 100-120 €.* Sur la colline boisée et classée qui domine la plage de Sainte-Marguerite (à environ 500 m), une villa moderne nichée au cœur d'un quartier résidentiel très tranquille. On y trouve des chambres contemporaines pleines de charme, colorées et très cosy, toutes dotées de terrasses privatives. Petit déj copieux et vaste salle commune. Spa et possibilité de massages et soins esthétiques. Accueil aux petits soins.

Villa Flornoy : *7, av. Flornoy. ☎ 02-40-11-60-00. • contact@villa-flornoy.com • villa-flornoy.com • ♿ Dans une ruelle face à l'hôtel de ville. Resto ouv le soir. Congés : 2-3 sem aux fêtes de fin d'année. Doubles 99-159 €. Menu unique 21 €.* Dans une rue tranquille, à une encablure de la plage, cette ancienne pension de famille, datant de 1837, propose des chambres à la fois ravissantes (lambris, toile de Jouy) et très confort. Petit jardin pour bouquiner, piscine chauffée et couverte, à disposition des hôtes toute l'année pour se détendre. Un vrai petit chez-soi.

Domaine Ker Juliette : *2, av. des Bleuets. ☎ 02-40-11-22-00. • kerjuliette@hmc-hotels.com • hotel-kerjuliette-bretagne.com • Dans un quartier résidentiel calme, en direction de Saint-Marc. Doubles et appartements (jusqu'à 7 pers).* Complexe familial rassemblant à la fois des chambres d'hôtel et des appartements, tous de bon confort. Les différents bâtiments de taille moyenne qui les accueillent sont répartis dans un joli parc arboré de 4 ha. Ici, plein d'occasions de faire du sport : piscine, tennis, jeux de ballon... Et la plage n'est qu'à 100 m. On apprécie la qualité de l'accueil et des services, comme le restaurant par exemple.

Le Régent : *150, bd des Océanides. ☎ 02-40-61-04-04. • hotel@le-regent.fr • le-regent.fr • Doubles 99-189 €.* Sur le front de mer, un bel hôtel dans la même famille depuis 1956. Idéalement placé, il recèle des chambres pas toujours bien grandes mais très confortables. Spa avec hammam et jacuzzi inclus dans la prestation. Excellent accueil.

Le Récif : *112, av. de la Bonne-Source. ☎ 02-40-61-61-20. Avr-oct, tlj sauf mar-mer hors saison 11h30-20h. Pas de résa. Plats 16-25 €.* Petite paillote bobo-relax posée sur la plage de la Bonne-Source, qui œuvre à l'heure du déjeuner. Plats simples, du genre poisson du moment, tartare sauce thaïe ou pâtes, pas donnés dans l'ensemble, mais la vue vaut son pesant de cacahuètes.

Où boire un verre ?

La P'tite Case : *sur le port de plaisance. 06-18-43-41-72. • laptitecase@orange.fr • Avr-oct : tlj 17h30-2h en été, fermé lun-mer en basse saison.* Une rhumerie festive et haute en couleur, où l'on s'accoude aux tonneaux le temps d'un bon cocktail, en profitant des concerts des vendredi et samedi soir.

À voir. À faire

La plage et le boulevard de bord de mer : ici, les grandes résidences n'ont pas encore complètement dévoré toutes les vieilles villas d'avant-guerre. À la pointe du Congrigoux (direction Saint-Marc-sur-Mer), on trouve une table d'orientation, un point pique-nique et des jeux pour enfants.

Le port de plaisance et le square Hervo : port presque entièrement fermé et tourné vers la mer, haut-lieu des entraînements d'hiver pour tous les « voileux » du coin. Normal, c'est le plus grand de la région. Quelques terrasses de cafés et restos tout autour, idéales pour observer les bateaux en suçant des glaces à l'eau. Le square Hervo, lui, ancien espace dunaire situé entre les Océanides et le port d'échouage, a été entièrement repensé en 2019. On y trouve maintenant des jeux pour enfants (dont un bassin pour faire voguer les petits bateaux), un carrousel et un marchand de gaufres.

La pointe du Bé : *prendre l'av. du Commandant-Boitard au rond-point de l'Europe.* Un autre paysage s'offre à vous. Le long de la côte rocheuse, les belles villas se succèdent, à l'ombre des pins, pour une promenade à la fraîche les jours de grosse chaleur. On découvre la chapelle Sainte-Anne, avec son toit en carène de bateau retournée, près de laquelle Julien Gracq venait en vacances, et l'étonnant château des Tourelles, entièrement réhabilité, devenu une thalasso.

Randonnées pédestres : *à partir du chemin de Baudry ou des Forges.* 2 sentiers balisés de randonnée à pied, de 8 et 16 km, complétés par un ***parcours historique jalonné de 30 panneaux explicatifs*** sur les constructions emblématiques de Pornichet (renseignements à l'office de tourisme). Pour changer des joies du bord de mer.

LA LOIRE-ATLANTIQUE

Le sentier du littoral : une promenade aménagée le long de l'océan, alternant criques et rochers, permettant de rejoindre Saint-Nazaire, via Saint-Marguerite et Saint-Marc-sur-Mer (plage de M.-Hulot).

– ***Centres de thalassothérapie :*** ***Thalasso.com Valdys,*** *66, bd des Océanides.* ☎ *02-40-61-89-97.* • *baie-de-la-baule.thalasso.com* • Soins, jets d'eau sous-marins, rivière à contre-courant, espaces balnéo, etc. *Et* ***Relais Thalasso Château des Tourelles,*** *pointe du Bé.* ☎ *02-40-60-80-80.* • *thalasso-tourelles.com* • Complexe avec accès direct à l'océan, soins en espace privatif et espace hydromarin.

– Tout près sur le front de mer, le ***casino Partouche*** *(☎ 02-40-61-05-48 ; tlj 10h-4h),* avec ses machines à sous, ses jeux, mais aussi un resto face à la mer *(tlj midi et soir).*

Manifestations

– ***Vendredis des P'tits Loups :*** *ts les ven des vac de printemps et d'été.* Les incontournables animations gratuites (ateliers, spectacles, découvertes...) pour les enfants.
– ***Les Renc'Arts :*** *juil-août. GRATUIT. Programme complet auprès de l'office de tourisme.* Arts de la rue et musiques « métissées ».
– ***Matins Toniks :*** *en été.* Activités bien-être : yoga, qi gong, étirement postural.

LA BAULE [AR BAOL]

(44500) 15 500 hab. *Carte Loire-Atlantique, A3*

• Plan *p. 144-145*

Le terme « baule » est dérivé d'un mot breton *baol,* qui désignait jadis un espace marécageux isolé de la mer par un cordon dunaire. Cette « bôle » (terme francisé) devient la station balnéaire d'Escoublac (le village original) dans la 2de moitié du XIXe s, alors que se développe un peu partout en France la mode des bains de mer. « La Bôle » ou « La Baule » prend réellement son essor avec l'arrivée du train (voir sa jolie gare rénovée). La station revêt alors des allures de « Deauville nantais », avec ses villas à colombages à l'ombre des pins et ses estivants en maillots rayés.
Formant un arc de cercle sur 9 km de long, entre Pornichet et Le Pouliguen (5 km sur La Baule proprement dit), la baie de La Baule constitue la plus longue plage d'Europe. Elle a même fait son entrée dans le club des plus belles baies du monde en 2011 !
Faut dire qu'à 3h de TGV de Paris la station a de quoi séduire, avec son atmosphère à la fois familiale et bourgeoise et plus de 2 000 villas d'époque, que l'on découvre à pied ou à vélo. Le site fut souvent source d'inspiration pour le cinéma : *Lola* de Jacques Demy en 1961, *La Baule-les-Pins* de Diane Kurys en 1990, pour ne citer que les plus connus...
La Baule est dotée d'une baie très sécurisante pour l'apprentissage de la navigation et d'écoles de voile (les frères Peyron et Pajot ont débuté ici). Mais la pratique des autres sports n'est pas en reste pour peu qu'on en ait les moyens : tennis, polo, golf, équitation... Reste plus qu'à filer vous acheter un short, des socquettes bleues, une paire de *docksides* et à porter le pull négligemment posé sur les épaules !

LA LOIRE-ATLANTIQUE

Adresses et infos utiles

Office de tourisme (plan B1) : *8, pl. de la Victoire. ☎ 02-40-24-34-44. • labaule-guerande.com • Près de la gare. Fermé dim oct-mars.* Central de réservations pour les logements. Billetterie pour les spectacles, parcs, bus et traversées maritimes. Propose, sur résa, des visites de la ville d'avant et après 1920, à vélo (venir avec le sien) et à pied.

Gare routière (plan B1) : *à la gare SNCF. ☎ 02-40-60-32-57. Guichets ouv lun-ven, plus sam juil-août, 8h45-12h, 14h30-18h15 (fermé dim) ; sinon, vente de carnets de 10 billets (bus Aléop) à l'office de tourisme (20 % de réduc).* Pour tout renseignement sur les liaisons interurbaines de la presqu'île de Guérande, contacter le réseau *Aléop* à la gare routière. *• aleop.paysdelaloire.fr •*

Navettes gratuites : *ttes les 20 mn, en été seulement. Dernier départ de la pl. des Salines (parking possible) à 19h40. Trajet : Place-des-Salines, Victoire, Hennecart, Hôtel-de-Ville, Marché, Victoire, Place-des-Salines.* Pratique, vu les difficultés de circulation et de stationnement en saison...

Location de vélos : Chaillou, *213, av. du Maréchal-de-Lattre-de-Tassigny. ☎ 02-40-60-07-06.*

– **Météo marine :** *• meteofrance.com/previsions-meteo-marine •*

Où dormir ?

Camping

Camping Le Bois d'Amour (plan D1, **10**) : *10, allée de Diane. ☎ 02-51-20-41-94. • contact@olela.fr • olela.fr • ♿ Près de la gare de La Baule-les-Pins. De mi-mai à mi-sept. Forfait pour 2 env 16 € ; mobile homes, bungalows toilés et Cocosweet. 150 empl.* Camping familial tranquille, aménagé dans un parc boisé de 4 ha à 1,5 km de la plage. Emplacements ombragés, agréables et bien tenus, offrant plusieurs types d'hébergement allant du traditionnel mobile home pour 6 personnes aux *Cocosweet* sans sanitaires. Location de vélos. Sentier du Bois-d'Amour tout à côté. Piscine. Quant à la voie ferrée qui passe à proximité, pas de panique, le trafic est faible !

De prix moyens à chic

Hôtel Mona Lisa (plan B1, **12**) : *42, av. Georges-Clemenceau. ☎ 02-40-60-21-33. • hotelmonalisa-labaule.com • À proximité de la gare. Doubles 60-145 €.* À 10 mn à pied de la plage, ce petit hôtel familial 3 étoiles à la façade discrète cache bien son jeu. Dès le hall, on découvre une déco soignée, à la fois pimpante et colorée, et ça continue sur les 2 étages (sans ascenseur) où sont réparties les chambres, tout confort. Certaines disposent même d'une douche hydromassante. Jardin de poche avec transats. Table de ping-pong. Excellent accueil.

Hôtel Le Saint-Pierre (plan A1, **11**) : *124, av. du Maréchal-de-Lattre-de-Tassigny. ☎ 02-40-24-05-41. • contact@hotel-saint-pierre.com • hotel-saint-pierre.com • Doubles 60-140 €.* Cette grande villa de style balnéaire a tout pour plaire : des chambres coquettes, toutes différentes et de bon confort (les familiales disposent même d'alcôves très pratiques pour les enfants), des prix très raisonnables et un accueil chaleureux et plein d'humour (par ailleurs de bon conseil pour votre découverte de la ville). On s'y sent comme à la maison. Plage à 5 mn à pied.

Hostellerie du Bois (plan D1-2, **14**) : *65, av. Lajarrige. ☎ 02-40-60-24-78. • hostellerie-du-bois@wanadoo.fr • hostellerie-du-bois.com • À 300 m de la plage. De mi-mars à mi-nov et pour les fêtes de fin d'année. Doubles 62-89 €.* Une belle villa classée au patrimoine de La Baule, fraîche, agréable, pleine de fleurs, le tout à l'ombre des pins. Parties communes avec bibliothèque, petit salon, jardin ombragé. Si

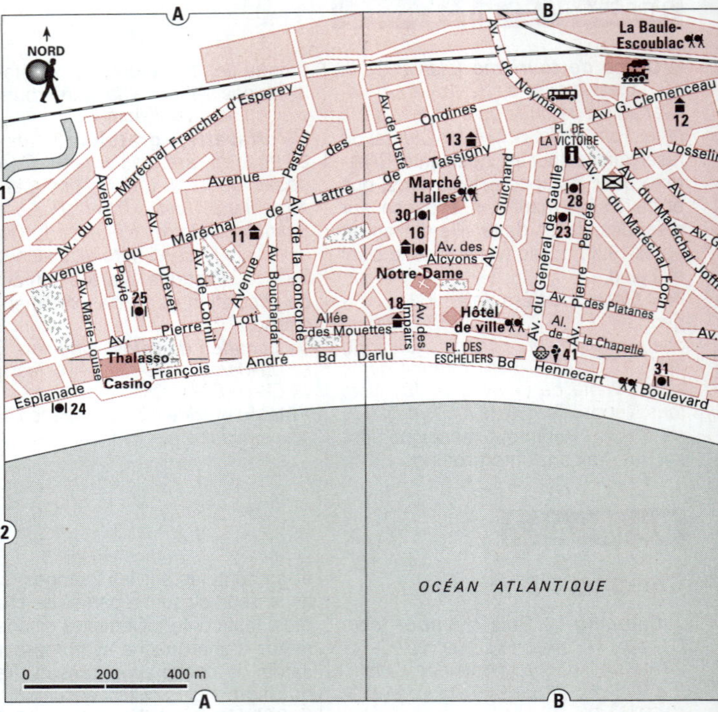

Adresse utile

- Office de tourisme (B1)

Où dormir ?

10 Camping Le Bois d'Amour (D1)
11 Hôtel Le Saint-Pierre (A1)
12 Hôtel Mona Lisa (B1)
13 Hôtel des Dunes (B1)
14 Hostellerie du Bois (D1-2)
15 Chambres d'hôtes La Villa d'Escoublac (hors plan par D1)
16 Hôtel Saint-Christophe (B1)
18 Hôtel Brittany (B1)
19 Villa La Ruche (hors plan par A1)

les chambres ne vous feront pas tourner la tête côté déco, elles n'en demeurent pas moins confortables, avec une bonne literie. Excellent accueil, arrangeant et tout sourire.

Chambres d'hôtes La Villa d'Escoublac *(hors plan par D1,* ***15****)* ***:*** *8, rue du Radeau. 06-20-40-00-92. • lebertceline29@gmail.com • chambresdhotes-labaule.com • À la sortie d'Escoublac direction Guérande. Doubles 70-140 €. Parking clos. Réduc de 10 % pour min 3 nuits consécutives sur présentation de ce guide.* Bien en retrait de la route, cette adresse de charme emmenée par Céline offre une vraie petite oasis de détente autour de sa piscine chauffée *(mai-sept)* et de son jacuzzi extérieur. Dans sa maison entièrement parquetée, des chambres avec accès indépendant et au design épuré. Sinon, plein de petites attentions : jeux de société, location de vélos, massages...

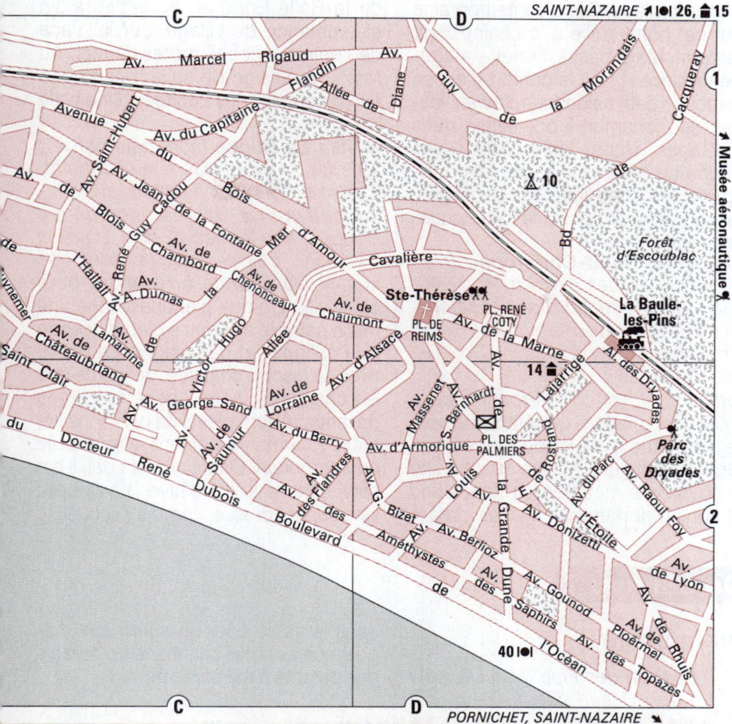

LA BAULE

Où manger ?	30 Le Billot (B1)
23 La Bergerie (B1)	31 Crêperie Les Sablons (B2)
24 Le Club de l'Étoile (A2)	40 Les Clan des Fish (D2)
25 14 Avenue (A1)	**Où déguster de bonnes douceurs ?**
26 Le Carpe Diem (hors plan par D1)	41 Confiserie Manuel (B1-2)
28 La Baule Fish & Chips (B1)	

Hôtel des Dunes *(plan B1,* ***13****) : 277, av. du Maréchal-de-Lattre-de-Tassigny. ☎ 02-51-75-07-10. • info@hotel-des-dunes.com • hotel-des-dunes.com • Doubles 65-120 €. Parking clos payant.* Dans un style typiquement baulois avec colombages, un intérieur de charme assez bien réussi qui joue sur les éclairages, le bois, le cuir. Dans les chambres, la déco s'affiche plus standard, mais elle reste somme toute assez chaude, avec des petites touches de couleur savamment dosées. Beaux espaces de détente avec jeux de société. Terrasse. Accueil pro.

De chic à plus chic

Hôtel Brittany *(plan B1,* ***18****) : 7, av. des Impairs. ☎ 02-40-60-30-25. • info@hotelbrittany.com • hotel-brittany-la-baule.com • Doubles à partir de 70 €.* Bien situé, à 2 mn à pied de la plage. Déco contemporaine pour cet hôtel affilié à la chaîne *Best Western.* Mais passé l'effet « magazine de déco », tout le confort y est en revanche : petit salon feutré au rez-de-chaussée, chambres douillettes dans les étages, toutes différentes, avec douche ou baignoire à jets, clim. Les supérieures sont vraiment luxueuses. Et il y a même un bar sur le toit ! Accueil charmant.

Hôtel Saint-Christophe *(plan B1, **16**) : 1, av. des Alcyons. ☎ 02-40-62-40-00. • reception@st-christophe.com • st-christophe.com • Resto fermé dim-lun hors saison. Doubles env 70-230 €. Formule déj 16,50 € ; menus 21 € (midi)-37 €.* Propriété de la famille Flammarion, cet établissement élégant, situé à un jet de pierre de la plage, compte une grosse quarantaine de chambres meublées à l'ancienne ou non, réparties sur 4 villas datant de la Belle Époque. Agréable jardin et ambiance de village, sur la place de l'église. Accueil professionnel. Au resto, la cuisine de saison classique fait le bonheur des habitués. Une belle adresse.

Villa La Ruche *(hors plan par A1, **19**) : 6 bis, av. du Général-Berthelot. 06-18-65-18-24. • contact@villa-laruche.com • villa-laruche.com • Congés : env 22 déc-22 janv. Doubles 95-155 €. Les enfants ne sont pas admis.* Du charme à revendre pour cette villa typique planquée dans une ruelle paisible à 10 mn à pied du centre du Pouliguen et des plages. Le jardin, avec sa piscine chauffée, de même que les chambres (pour 2 personnes, pas davantage) sont pleins de personnalité, mêlant harmonieusement le rétro et le contemporain. Quant au petit déj, il est servi dans le jardin d'hiver. La classe ! Une super adresse, comme l'accueil.

Où manger ?

Sur la plage

Le Clan des Fish *(plan D2, **40**) : 56, bd de l'Océan. ☎ 09-81-97-87-82. • aureliehusson44@gmail.com • Avr-sept ; tlj en été. Formule déj max 20 € ; formule homard 30 €.* Parmi les restos de plage les plus agréables de la baie du fait de son isolement. L'idée, ici, c'est de « démocratiser » le prix du homard frais. On apprécie les guillemets et on consomme ledit carapacé, rôti à la fleur de sel, dans de la gentille vaisselle émaillée garnie d'une portion de frites et de salade verte.

Le Club de l'Étoile *(plan A2, **24**) : plage de l'Étoile, esplanade Lucien-Barrière. ☎ 02-40-24-44-81. Fermé mar-mer en basse saison. Env 20-30 €.* Avant tout le paradis des bambins avec son portique et son trampoline posés sur le sable. C'est aussi un restaurant où dès le matin on sert des petits déjeuners. Au déjeuner, le chef (un vrai !) propose une carte de suggestions maison, du simple croque aux plats plus travaillés avec des produits frais. En journée, on y sert crêpes et en-cas, tandis qu'en fin de journée on prend place dans les fauteuils les pieds dans le sable pour un apéro romantique face au soleil couchant. Le paradis des parents n'est plus très loin !

Ailleurs en ville

Très bon marché

La Baule Fish & Chips *(plan B1, **28**) : 1, allée des Camélias. ☎ 09-72-86-74-10. 07-81-81-77-99. Tlj sauf lun, mar soir et mer soir hors saison, 12h-14h30, 19h-22h. Env 10-15 €. Café offert sur présentation de ce guide.* C'est l'antenne de la célèbre adresse homonyme de Pornichet. Alors on prend les mêmes recettes et on recommence : super *fish & chips,* à dévorer avec ses frites maison en terrasse, ou en salle dans une ambiance scandinave en cas de crachin.

De bon marché à prix moyens

Crêperie Les Sablons *(plan B2, **31**) : 6, bd René-Dubois. ☎ 02-40-11-36-11. Fermé mar-mer hors saison.*

Carte 15-20 €. Plateaux de fruits de mer plus chers. *Les Sablons* a tout bon ! D'abord, sa terrasse : en surplomb de la rue, qui profite d'une vue géniale sur la baie. Ensuite, sa cuisine : de belles galettes bien garnies avec des assemblages de produits originaux et des fruits de mer fameux pour leur fraîcheur, qui fidélisent les amateurs. Enfin, l'accueil : chaleureux et attentif. Pas un grain de sable dans l'engrenage.

|●| *Le Billot* *(plan B1, **30**) : pl. du Marché. ☎ 02-40-60-00-00. Fermé dim soir et lun. Formules déj 15-19 € ; plats 16-23 €.* Dans la famille « bistrot », une bonne pioche. Le cadre est plaisant et la grande terrasse ensoleillée surplombe la place du Marché. Produits locaux bien travaillés pour des classiques de bistrot ou de brasserie : tartare, moules marinière... ainsi que d'excellentes viandes (on vient ici pour ça). Accueil d'une vraie sincérité et service aux petits soins, même en cas d'affluence.

|●| *La Bergerie* *(plan B1, **23**) : 114, av. du Général-de-Gaulle. ☎ 02-40-60-23-41. ● info@labergerielabaule.fr ● Fermé mer-jeu. Formule déj sauf dim 16 € ; menus 24-34 €.* Bon, on oublie le temps d'un repas qu'on est au bord de la mer, puisqu'ici le style est plutôt campagnard, voire carrément alpin. Ben oui, une bergerie... Alors on y vient surtout pour les grillades au feu de bois, des pizzas, et même des spécialités montagnardes comme la tartiflette. Copieux et très convivial.

Chic

|●| *Le Carpe Diem* *(hors plan par D1, **26**) : 29, av. Jean-Boutroux. ● contact@le-carpediem.fr ● Fermé mar-mer en hte saison, sinon mar soir, mer et dim soir. Formule déj en sem 23 € ; menus 36-56 € ; table d'hôtes 48 €, boisson comprise. Apéritif maison offert sur présentation de ce guide.* *Voir « Le parc naturel régional de Brière. Où dormir ? Où manger ? Côté ouest du parc ».*

|●| *14 Avenue* *(plan A1, **25**) : 14, av. Pavie. ☎ 02-40-60-09-21. Fermé lun-mar et dim soir (ouv tlj sauf lun en été). Formules déj en sem 18-24 € ; menu 41 € ; carte 40-50 €.* Pour un bon poisson, c'est ici que cela se passe. D'ailleurs, on fait carrément son choix en zieutant la pêche du jour présentée à table et commentée avec précision ! Extra-frais, donc, et surtout cuisiné avec justesse. Le tout loin des foules, dans une salle moderne ou en terrasse dans un quartier tranquille.

Où déguster de bonnes douceurs ?

Confiserie Manuel *(plan B1-2, **41**) : 2, av. du Général-de-Gaulle. ☎ 02-40-60-20-66. En été, tlj 9h30-13h, 14h30-22h30 (voire 23h30).* Une institution fondée par un Espagnol venu de Santander, Manuel Ortiz, qui a baptisé en 1937 sa sucette maison la *niniche.* À La Baule, on trouve toujours dans cette vaste boutique moderne – et depuis 1950 – des *niniches* (dont la célèbre Bauloise au caramel au sel de Guérande) et autres bonbons. *Batidos* et *granizados* pour rappeler les origines de cette affaire de famille. Bonnes glaces aussi.

À voir. À faire

La plage et la promenade de front de mer : 9 km de sable fin, très large à marée basse et offrant un superbe espace de jeux. À marée haute, c'est un très beau stade nautique. Le front de mer est accessible aux fauteuils roulants. La partie la plus agréable reste celle en direction du Pouliguen, à partir du grand hôtel *L'Hermitage,* puisque les voitures ne passent plus à proximité.

Pour les découvertes architecturales, dirigez vos pas vers l'***église Sainte-Thérèse*** *(plan D1)*, les ***gares SNCF*** *(plan B1 et D1)*, l'***hôtel de ville*** avec son architecture typique des années 1970 *(plan B1)*, l'***église Saint-Pierre*** d'Escoublac... Pour apprécier ces visites, demander le guide *(5 €)* « balade architecturale » à l'office de tourisme. Un audioguide *(6 €, présenter une pièce d'identité)* adapté aux personnes en situation de handicap (mobilité, malentendantes) permet de découvrir l'architecture bauloise (La Baule-les-Pins surtout) pendant 2h.

Le parc des Dryades *(plan D2)* **:** *mai-sept, tlj 8h-20h30 ; oct-avr, tlj 8h-18h30.* Agréable parc à l'anglaise, vallonné et agrémenté de palmiers à chanvre. Expo temporaire annuelle. Jeux pour enfants et amphithéâtre pour les concerts de jazz en été.

Le marché *(plan B1)* **:** sous des halles complètement rénovées et autour, c'est l'un des plus agréables de la région, un peu chicos quand même le week-end et au moment des vacances.

Le Musée aéronautique *(hors plan par D1)* **:** *aérodrome de La Baule. ☎ 02-51-75-10-43. • mapica.org • Du centre, suivre le fléchage « Aérodrome ». Ouv 14h-17h (fermé mar hors juil-août). GRATUIT.* Dans un hangar, les œuvres d'une association de passionnés qui retapent de vieux zingues : Pou du Ciel des années 1930 ou encore un Blériot XI (1re traversée de la Manche en 1907).

– ***Thalassothérapie :*** ***Thalasso & Spa Barrière le Royal La Baule,*** *av. Marie-Louise. ☎ 02-40-11-99-99. Également* ***Thalassothérapie Rivage*** *: 28, bd de l'Océan, à La Baule-les-Pins. ☎ 02-40-23-10-20. • thalasso-rivage.com •*

À la fois sportives et instructives, on recommande les ***visites à vélo ou à pied*** sur l'architecture balnéaire ou la Seconde Guerre mondiale, organisées par l'office de tourisme, commentées ou sous forme de jeux de piste pour les familles *(compter 1h-1h30).* Ainsi que celles dans la forêt d'Escoublac, le mercredi matin en été *(GRATUIT),* pour découvrir ces 50 ha de pins. *Sur résa auprès de l'office de tourisme.*

Manifestations

– ***Jumping international de La Baule :*** *vers la mi-mai, au stade François-André. GRATUIT.* Concours équestre international de saut d'obstacles.
– ***La Baule Jazz Festival :*** *de juil à mi-août. Infos à l'office de tourisme.* Concerts gratuits devant le casino, place Leclerc, avenue Lajarrige ou dans le parc des Dryades pour le dernier concert, qui est payant.
– ***Journée de l'élégance :*** *14 août, au stade François-André.* Défilé de voitures anciennes dans lesquelles de jolies dames portent leurs plus belles toilettes.
– ***Triathlon de La Baule :*** *mi-sept.* Le plus important des triathlons de France (7 000 participants).
– ***Festival du Film et Musique de Film de La Baule :*** *4 j. mi-nov.* Un événement de dimension internationale avec toujours des grosses pointures invitées.

FAUT SKI FAUT

Avec ses 54 m d'altitude, la dune d'Escoublac aurait du mal à rivaliser avec les sommets alpins. Elle a pourtant accueilli, des années 1950 à 1970, une... station de ski ! Un semblant de téléski, 2 pistes et même 1 resto d'altitude, Le Schuss. À défaut de neige, les skieurs baulois glissaient sur les aiguilles de pins.

LE POULIGUEN [ar poulgwenn]

(44510) 4 400 hab. *Carte Loire-Atlantique, A3*

Tout d'abord, prononcez « Pouligain » si vous voulez faire local. Ensuite, c'est le port de plaisance de La Baule – Le Pouliguen, littéralement « l'anse

blanche » en breton. Porte sud des marais salants de Guérande, Le Pouliguen marque aussi le début de la Côte Sauvage, une côte granitique déchiquetée, percée de grottes marines, qui n'est autre qu'un affleurement du bon vieux Massif armoricain. Le quai Jules-Sandeau, piéton et bien agréable avec ses boutiques et ses restaurants, et, dans le prolongement, la promenade du Port avec ses manèges pour enfants et confiseries offrent à la ville une atmosphère très famille.

Adresses utiles

Office de tourisme : *à Port-Sterwitz. ☎ 02-40-24-34-44. • labaule-guerande.com • En venant de La Baule, entre les 2 ponts, quai du Commandant-L'Herminier, à l'angle de l'immeuble Port-Sterwitz. Juil-août, lun-sam 9h30-19h, dim et j. fériés 10h-13h, 15h-18h. Avr-juin et sept-oct, lun-sam 10h-12h30, 14h-18h. Hors saison, mar-sam 10h-12h30, 14h-17h30.* Résas pour les traversées sur les îles (Belle-Île, Houat, Hoëdic, île d'Yeu) et billetterie à tarifs préférentiels pour les sites incontournables de la région. Organise en saison des visites de la ville, des balades guidées nature et des sorties à bord d'un vieux gréement *(env 25 €).*

Location de VTC et VTT : ***Les Cycles de la Presqu'île,*** *16, bd de l'Atlantique (☎ 02-40-42-32-72). Et* ***Bikevasion,*** *9 ter, rue du Général-Leclerc (☎ 02-40-24-09-10 ; • bikevasion.fr •).*

Où dormir ?

Camping Le Cléin : *22, av. de Kerdun. ☎ 02-40-42-43-99. • lepouliguen.fr • Dans un quartier résidentiel, à 500 m du centre. Avr-oct (variable). Forfaits pour 2 env 12-17 € l'été. 200 empl.* À taille humaine et bien plat, un camping municipal tout simple, calme, ombragé, et idéalement situé entre commerces, restos et plage, tous accessibles à pied. Pas de locatif, uniquement des tentes et une aire réservée aux camping-cars. Aire de jeux, tables de ping-pong, boulangerie le matin.

Casa Cosy : *2, rue du Croisic. ☎ 02-40-42-30-65. • contact@casacosy.fr • casacosy.fr • Derrière la poste. Doubles 66-114 €.* À la fois hôtel et boutique d'objets design. Côté hôtel, l'ambiance est plus proche de celle des chambres d'hôtes de charme, d'autant qu'il n'y en a qu'une poignée. Plutôt intimiste, donc. Déco moderne aux lignes épurées, association judicieuse de couleurs. Joli petit déj servi l'été dans l'adorable cour fleurie. Un bon rapport qualité-prix.

Où manger ?

Très bon marché

Crêperie Barapom : *2, quai Jules-Sandeau. ☎ 02-40-42-17-60. Fermé lun-mar hors saison, mar hors période de vac, sinon ouv tlj 10h-20h30 (9h-minuit l'été). Formule déj 12 €.* Crêpes à emporter ou à manger sans chichis dans un cornet, installé à l'une des tables hautes disposées face au port. Une petite adresse qui dépote, fréquentée par les stars.

Prix moyens

QG Beach : *plage du Nau (au bout de la promenade du Port). 06-18-13-62-69. • qgbeach@gmail.com • Tlj en été ; fermé mar et ts les soirs sauf sam et j. fériés hors saison. Congés : de mi-nov à mi-fév. Carte env 35 €, petits plats à midi.* Un resto de plage hors norme tenu par une équipe jeune et sympa. L'ambiance est relax et le cadre est séduisant (petite salle conviviale prolongée par des transats dans le sable face au large), mais ce qui fait la différence, c'est la cuisine. Le midi, la carte se la joue simple en proposant des salades, des tartares (excellente version asiatique) ou des sandwichs club, tandis que le soir, la pêche du jour est au menu. Dans tous les cas, c'est frais, joliment dressé et vraiment savoureux. Bravo !

Le Bateau Ivre : *6, quai Jules-Sandeau. ☎ 02-40-42-31-52. Fermé mer hors vac scol. Env 15-20 €.* Bien amarré au quai, ce *Bateau Ivre* avec sa belle terrasse protégée des embruns accueille les amateurs de crêpes et de galettes. Ils sont rarement déçus car les prix sont « étudiés ». Cidre mayennais artisanal qui aurait séduit Arthur Rimbaud. Service efficace et enjoué.

La P'tite Franquette : *3, pl. Maupertuis. ☎ 02-40-61-83-28. • laptitefranquette@gmail.com • Fermé lun en saison et dim-lun hors saison. Formules « bistrot » le midi en sem 16-19 € ; menu 27 € ; carte 30-35 €.* Ce bistrot chaleureux n'a pas la vue sur la mer, mais il a tout le reste : un cadre gai et coloré avec quelques clins d'œil vintage, un accueil dynamique et souriant, et surtout une cuisine traditionnelle de saison bien ficelée, joliment présentée, qui a du goût. Bonne ambiance, assurée par les nombreux habitués (réservez !).

L'Opéra de la Mer : *14, promenade du Port. ☎ 02-40-62-31-03. • lopera-dela-mer@orange.fr • Fermé mer, plus mar hors saison. Congés : de mi-nov à mi-déc. Env 25 €. Apéritif maison offert sur présentation de ce guide.* Sur la plaisante terrasse face au port et à la baie, ou à l'intérieur à la déco et à l'ambiance tout aussi marines, goûter aux spécialités de moules gratinées, fruits de mer ou à la cassolette « Opéra ». C'est bon et servi avec le sourire.

La Voile d'Or : *14, rue de la Plage. ☎ 02-40-42-31-68. Fermé mer. Formules déj en sem 20-25 € ; 1er menu 39 €.* Brasserie chic à la déco design très réussie. Mais le top, c'est la superbe terrasse, en surplomb de la plage du Nau, avec ses canapés moelleux. Dans l'assiette, des plats classiques terre et mer, un peu surfacturés (on paie la situation) mais bien travaillés et présentés avec soin. Accueil et service variables en revanche.

À voir. À faire

La plage du Nau : quand la mer se retire, elle découvre les rochers des Impairs. Aux abords de la pointe de Penchâteau, la falaise porte de belles villas. À 5 mn de la plage, le *Petit Bois* offre un îlot de verdure agréable à découvrir.

Le musée Bernard-Boesch : *35, rue François-Bougouin. ☎ 02-40-01-53-08 (musée) ou 02-51-75-75-75 (mairie de La Baule). • labaule.fr/musee-bernard-boesch • Du centre, suivre le fléchage « Grande Côte ». Tlj sauf lun 10h-12h, 15h-19h. Congés : de janv à mi-fév. GRATUIT.* Le peintre-sculpteur-architecte baulois Bernard Boesch (1914-2005) légua sa villa, son œuvre et son argent à la Ville de La Baule. Une générosité dont tout le monde peut profiter aujourd'hui à travers des expos temporaires. La villa accueille aujourd'hui les artistes en résidence. Elle offre une magnifique vue sur la baie de La Baule depuis la terrasse. Une belle histoire et un lieu plein de poésie pour perpétuer la mémoire de ce disciple et ami de Bernard Buffet et Raoul Dufy.

La chapelle Sainte-Anne : *sur la route de la pointe de Penchâteau.* En réalité, dédiée à saint Julien. Bel édifice du XVe s, précédé de son calvaire. À l'intérieur, on peut admirer le bénitier en granit du XVIe s et la statue de sainte Anne entourée de la Vierge Marie et de Jésus.

La pointe de Penchâteau : c'est le début de la Côte Sauvage et de la Grande Côte, comme on l'appelle ici. Admirer la succession de superbes villas balnéaires (avec accès privé à la mer s'il vous plaît). Départ du sentier des douaniers et d'une piste cyclable qui mènent jusqu'à Batz, permettant de voir une vingtaine de grottes marines en contrebas. Accès plus ou moins facile (à marée basse).

La ***ville*** présente quelques façades qui méritent le coup d'œil. Des visites guidées payantes sont organisées à dates fixes, de juin à mi-septembre, auprès de l'***Association des greniers de la mémoire*** autour de thèmes : l'architecture portuaire, les rues du vieux Pouliguen, la chapelle de Penchâteau, l'architecture balnéaire. *Rens au ☎ 02-40-42-31-05.*

– En haute saison, un petit train touristique circule dans le centre du Pouliguen *(mar et sam 20h30-22h30 ; 0,50 € le trajet ; rens à l'office de tourisme).*

Fête et manifestations

– ***Les Jeudis du port :*** *en été à 21h, animations musicales sur les quais. GRATUIT.*
– ***Lecture à Nau-Plage :*** *juil-août. Un coin lecture à ciel ouvert, tlj 15h-19h sur la plage.* Plus de 400 livres et magazines à disposition.
– ***Les Mercredis musicaux :*** *de mi-juil à mi-août, à l'église Saint-Nicolas. GRATUIT.* Concerts de musique classique dans un site superbe.
– ***Fête bretonne :*** *dernier w-e de juil, sur le port.* Cercles et bagadoù (plus de 350 danseurs), fest-noz, etc.

BATZ-SUR-MER (BOURC'H-BAZ)

(44740) 2 950 hab. *Carte Loire-Atlantique, A3*

Née au Xe s, cette Petite Cité de caractère détonne un peu avec La Baule. Ça commence à sentir le granit (appelé pierre de « grison » ici) et le chouchen : on est bien en Bretagne ! Les villages de Kervalet et de Roffiat ont conservé leur charme d'autrefois. La ville, citée par Flaubert et Balzac, a longtemps fondé sa prospérité sur le sel, les oignons et les échalotes. C'est maintenant une station balnéaire familiale, dotée de jolies plages (Valentin, Saint-Michel) et même d'un tronçon de Côte Sauvage. Les surfeurs se retrouvent plutôt sur la plage de la Govelle, autour de son école réputée.

Adresses et info utiles

Office de tourisme : *25, rue de la Plage. ☎ 02-40-24-34-44. • ot-batzsurmer.fr • Face à l'église. Avr-sept, tlj (en continu en juil-août) ; nov-mars, lun-ven (fermé w-e).* Visites guidées, balades gourmandes et insolites, balades nature et contes, initiation à la pêche à pied... sur résa *(payant).* Marchés nocturnes et concerts en été. Circuit d'interprétation de 5 km pour découvrir le patrimoine de la commune, une carte ludique pour les enfants. Billetterie à tarifs préférentiels et boutique.

Location de vélos : Station AVIA, *rue Olivier-Guichard. ☎ 02-40-23-87-51.*

– ***Marché nocturne :*** *mar (centre-bourg) 18h30-23h.* Produits artisanaux et locaux, concerts à partir de 20h30 ; restauration sur place.

Où dormir ? Où manger ?

Camping

Camping La Govelle : *10, route de la Govelle (rue du Golf). ☎ 02-40-23-91-63. • campinglagovelle@gmail.com • Accès par la D 245 et la D 45.*

De mi-avr à mi-oct. Forfaits pour 2 env 14-24 €. CB refusées. Tout petit camping familial sur la Côte Sauvage, avec accès à la plage en contrebas. Emplacements pas bien grands mais délimités par des lauriers. Équipements de base seulement mais belle situation et accueil sympathique.

Bon marché

Le Derwin : *av. du Dervin. ☎ 02-40-23-90-06. À 3 km du centre de Batz. Fermé mar, plus mer-jeu en moyenne saison. Fermé hors saison. Pas de résa (venir tôt ou tard). Carte 18-26 €.* Le *Derwin* (prononcez « Dervin » !) fait le plein depuis les années 1950. Il faut dire que sa terrasse posée en haut de la falaise vaut la photo. Le lieu idéal pour déguster crêpes et galettes et une cuisine correcte à base de moules ou fruits de mer, le regard perdu vers le large.

De prix moyens à chic

Hôtel des Marais Salants : *22, rue de la Gare. 06-76-89-67-99. • nathalie@hotel-des-marais-salants.com • hotel-des-marais-salants.com • Doubles 50-80 € ; familiales. Un petit déj/chambre par nuit offert sur présentation de ce guide.* Cet hôtel dispose de chambres nickel et tout confort, aménagées dans un style sobre et moderne. Un bon rapport qualité-prix.

Hôtel Le Lichen : *Côte Sauvage, 4, route de la Govelle. ☎ 02-40-23-91-92. 06-87-77-14-89. • info@le-lichen.com • le-lichen.com • Sur la côte, non loin du Grand Blockhaus. Congés : de mi-nov au 20 déc. Doubles 70-110 € ; familiales.* Un hôtel isolé qui bénéficie de l'un des emplacements les plus enviables de la côte, quasiment posé sur les rochers, le long du sentier côtier. Chambres avec ou sans vue, avec ou sans terrasse. Panorama extra depuis le salon (avec billard) et la salle de petit déjeuner toute vitrée, tournée vers le large. Un bon plan en amoureux.

L'Aporrhais : *20, route de la Govelle. ☎ 02-40-23-39-64. • lapor rhais@free.fr • Plage de la Govelle. Tlj 12h-21h. Carte env 30 €.* L'aporrhais, c'est un coquillage, et ici, le moins qu'on puisse dire, c'est que l'on maîtrise sa cuisson. Cuisinées à la commande, les cassolettes de moules, de coques et de palourdes (ou tout ça mélangé) sont vraiment délicieuses. Plateaux de fruits de mer et poisson du jour complètent l'offre iodée de ce rétro-bistrot prolongé par une terrasse avec vue sur la mer. Ah oui, on oubliait, il y a aussi un large choix de galettes !

Ne pas oublier les 2 autres crêperies que nous indiquons plus loin, dans « Les marais salants » : ***La Salorge*** (à Saillé) et ***Fleur de Sel*** (à Kervalet).

À voir. À faire

L'église Saint-Guénolé et sa tour : *en centre-bourg. Visite gratuite de l'église en juil-août. Accès au clocher payant : juil-août, tlj 10h-19h ; mai-juin et sept, tlj 10h-13h, 14h-18h30 (18h sept) ; avr, tlj 14h-18h ; le reste de l'année, vac scol tlj 14h-18h. Entrée : env 2 € ; réduc.* L'édifice est dominé par une tour-clocher en granit de 70 m (XVe s) qui offre une vue panoramique exceptionnelle sur les marais salants, de Belle-Île à Noirmoutier (par temps clair) après avoir gravi 184 marches. À voir également pour son chœur, son retable en bois doré et sculpté, ses grandes orgues du XVIIe s, ses chapiteaux sculptés (repérez le cochon jouant de la cornemuse !) et pour cet étrange ex-voto dédié à Notre-Dame-de-l'Assomption. Concerts en été (voir plus loin « Manifestations »).

La chapelle Notre-Dame-du-Mûrier : *concerts, expos, visites guidées, contes et ateliers.* Elle aurait été élevée par les villageois à la suite d'un vœu lors d'une épidémie de peste au XVe s. Elle est construite en blocs de granit décorés de motifs flamboyants, mais n'a plus ni toiture ni voûtes, ce qui la rend d'autant plus émouvante et impressionnante.

Le musée des Marais salants : *pl. Adèle-Pichon. ☎ 02-40-23-82-79. • cap-atlantique.fr/activites-et-loisirs/le-musee-des-marais-salants • Juil-août, tlj 10h-19h ; sept-juin, tlj sauf lun 10h-12h30, 14h-18h (17h hors vac scol). Entrée : env 5 € ; réduc ; gratuit moins de 12 ans. Livrets de visite pour le jeune public. Expos temporaires.* Installé dans une ancienne salorge (entrepôt à sel), ce musée intelligent expose de belles collections rassemblées depuis plus d'un siècle. L'exposition permanente à la muséographie moderne et pédagogique (écrans tactiles, vidéos projetées sur le sol et les murs, vitrines ludiques à tiroirs...) présente d'abord le sel en général avant de retracer l'aventure technique et humaine du sel de Guérande, de l'époque gauloise à nos jours, au travers de milliers de pièces : cartes postales, mobilier, figurines en porcelaine, outils et vêtements traditionnels, toiles d'artistes amoureux du pays. Très complet.

Le Grand Blockhaus – Musée de la Poche de Saint-Nazaire : *12, route du Dervin, route de la Côte-Sauvage. ☎ 02-40-23-88-29. • grand-blockhaus.com • À 3 km du centre-bourg de Batz-sur-Mer par la route de la Côte (panneaux). D'avr à mi-nov, tlj 10h-19h ; vac scol de fév, tlj 10h-18h. Compter 1h. Entrée : 8 € ; réduc ; gratuit moins de 5 ans. Jeu de piste pour les 5-12 ans. Pas de visite guidée, mais Luc ou Marc seront ravis de vous faire partager leur passion. Boutique.*
Ouvert depuis 1997, ce site génial se repère de loin avec son énorme canon de 240 mm positionné à l'entrée. Il est à la mesure du blockhaus colossal, un monstre de 4 500 t pesant près de la moitié du poids de la tour Eiffel, où l'on a aménagé un excellent musée qui multiplie les récompenses, à défaut de subventions ! Créé et géré par 2 frères passionnés (ils ont tout retapé de leurs mains), il raconte en détail l'histoire de la poche de Saint-Nazaire et de ses 130 000 « empochés » retenus par 28 000 Allemands, la dernière libérée d'Europe (le 11 mai 1945), mais aussi la construction du mur de l'Atlantique et enfin la Libération.
Ancien poste de commandement du mur de l'Atlantique, sur 5 niveaux (ne pas hésiter à grimper l'échelle pour monter dans le poste d'observation), ce bâtiment fut à l'époque astucieusement camouflé en hôtel grâce à un trompe-l'œil et à la construction de 2 toits en bois factices (voir les photos exposées). Étonnant ! À l'intérieur, les équipements et les salles ont été restaurés à l'identique : salles de ventilation, PC radio, armurerie, local d'intendance, bloc sanitaire, postes de combat... tous mis en scène avec du matériel d'époque et des mannequins représentant de vrais acteurs du conflit. Et c'est là que réside l'originalité du site : vétérans français, anglais et américains (mais aussi allemands) sont venus et viennent toujours confier au musée des objets personnels et des souvenirs, restitués dans leur contexte à l'aide de reconstitutions précises. Une visite passionnante, à ne pas manquer. Noter que jusqu'en 2024 un obusier américain prêté par le musée des Blindés de Saumur stationne sur le site.

Le port Saint-Michel : une oasis de calme, protégée par une digue, que domine un menhir, la Pierre-Longue. Possibilité de rejoindre Le Pouliguen (7 km environ) et Le Croisic (4 km environ) par les sentiers douaniers, au départ de la plage.

Le moulin de la Falaise : *route de Saint-Nudec, direction Le Croisic. ☎ 02-40-23-92-36. Ouv quand les voiles de ses ailes sont déployées, avr-oct. En été, lun-sam 14h-19h (dernière visite à 18h30) ; sinon fermé dim-lun. Entrée : 3 € ; gratuit moins de 12 ans. Vente de farine de blé noir bio.* La dune de la Falaise forme un écrin pour des centaines d'espèces protégées de faune et de flore, et ce petit moulin à vent typique de la région est mignon comme tout, rénové et géré par la commune. Il fonctionne et broie du sarrasin bio, ingrédient indispensable pour de bonnes galettes de blé noir ! Visites avec le guide meunier pour observer de près le mécanisme à l'étage.

Les marais salants : par une belle soirée d'été, à l'heure où le soleil décline et où les voitures se font moins nombreuses, sachez vous perdre sur les petites routes du marais. En plus, c'est l'heure propice à la rêverie, où les œillets se teintent de jolis reflets mordorés.

Manifestations

– ***Concerts dans l'église Saint-Guénolé :*** *juil-août, jeu à 21h. GRATUIT.* Concerts classiques de grande qualité. Arriver tôt et prévoir une petite laine.
– ***Les Nuits salines :*** *3 j. sur un w-e en juil. Billets auprès de l'office de tourisme.* Festival dédié au sel et à la culture celtique contemporaine. Fest-noz, visites de salines, marché du terroir où l'on achète galettes et sardines en troquant de petits sacs de sel...
– ***Batz'arts de rue :*** *vers la 2e sem d'août.* Petit festival des arts de la rue, avec animations jeunes et tout public.
– ***Le Pardon de Saint-Guénolé :*** *mi-août.* Grande procession et reconstitution d'un mariage traditionnel en costumes paludiers.

LE CROISIC [AR GROAZIG]

(44490) 4 070 hab. *Carte Loire-Atlantique, A3*

Le Croisic est l'un des tout 1ers ports crevettiers de France. L'invention du casier à crevettes (en 1850) revient d'ailleurs à un Croisicais, René Sibille. De belles demeures anciennes rappellent la prospérité passée de cette petite ville qui fut d'abord un port de commerce (on y expédiait le sel de Guérande) avant de se convertir en port sous l'impulsion de Finistériens débarqués ici pour pêcher la sardine. Aujourd'hui, le tourisme est devenu une nouvelle raison de vivre, à tel point qu'à certains endroits les restaurants (souvent d'excellente qualité) sont serrés comme des sardines et que le lacis de ruelles piétonnes (sauf en hiver) de cette ville en cul-de-sac promet parfois de gentils petits embouteillages sur les axes principaux. Cela dit, Le Croisic n'a pas perdu son caractère de port breton pour autant.
Quant à la Côte Sauvage, elle porte toujours aussi bien son nom. Une boucle de 7 km permet d'ailleurs d'en faire le tour, entre petites criques de sable fin et côte déchiquetée recouverte de goémon. Assurément un grand bol d'air marin !
– Webcam de la mairie, sur le port : ***• pv.viewsurf.com/590/Le-Croisic •***

Adresses et infos utiles

Office de tourisme : *6, rue du Pilori. ☎ 02-40-24-34-44. • tourisme-lecroisic.fr • Dans une rue parallèle au port. Avr-sept, tlj ; hors saison, lun-sam (fermé dim).* Des guides « Circuits » sont disponibles gratuitement ou téléchargeables. Propose en été des visites commentées du patrimoine de la ville et du Traict... Billetterie pour les bateaux en partance pour Belle-Île, Houat et Hoëdic, ainsi que pour les musées des environs, dont l'Océarium.

Gare SNCF : *pl. du 18-Juin-1940. ☎ 36-35 (appel gratuit).* Gare terminus TGV des trains en provenance de Paris, Lille, Lyon. Bien desservie toute l'année. Compter dans les 3h30 de Paris (avec ou sans changement à Nantes).

Location de vélos : ***Garage Rochard,*** *chemin du Pré-du-Pas (☎ 02-40-62-90-32).* ***O Clé de l'Hygiène,*** *galerie de l'Intermarché (☎ 02-40-23-38-98).* ***Cycles Bihoré,*** *34, rue du Traict (☎ 02-40-62-92-81).*

Transports et sorties en mer

Pêche en mer : ***La Toison d'Or*** *(☎ 06-87-15-70-32 ; • toison.fr • ;*

de mai à mi-oct). Et ***Charles Giraud*** *(📱 06-23-22-71-14).*

➢ Navettes pour Houat, Hoëdic et Belle-Île avec ***Navix,*** via La Turballe. *☎ 02-97-46-60-00. • navix.fr • Juil-août. Compter 38-42 € selon l'île pour 1 A/R dans la journée.* Traversées passagers seulement avec bagage 20 kg max. Depuis Le Croisic, compter 1h30 pour Hoëdic (puis 30 mn entre Hoëdic et Houat) et 2h pour Belle-Île, y compris l'escale depuis Le Croisic par La Turballe.

➢ Liaisons saisonnières *(d'avr à mi-sept)* entre la pointe de Pen Bron et le port du Croisic avec un passeur (8 places), ***Le Galipétant.*** *Compter 5 € (8 € A/R) ; réduc. Infos aux offices de tourisme du Croisic et de La Turballe.* Personnage haut en couleur, Bruno organise aussi des balades de 1h dans le Traict du Croisic *(📱 06-88-67-73-05 ; mai-juin et sept, lun-jeu ; tarif : 15 €, réduc).*

Où dormir ?

Campings

⛺ ***Camping du Paradis :*** *route de Pélamer. ☎ 02-40-23-07-89. • camping-paradis.com • ♿ Forfaits pour 2 env 15-20 €.* Camping familial très sympa et tranquille, situé sur la pointe, à 500 m du bord de mer et du sentier douanier. Équipements basiques, mais emplacements bien ombragés et séparés par des haies. Location de vélos. Équitation, escalade, tir à l'arc et varappe tout proches.

⛺ ***Camping La Pierre Longue :*** *rue Henri-Dunant. ☎ 02-40-23-13-44. • lapierrelongue@orange.fr • campinglapierrelongue.com • ♿ À 1,5 km du centre-ville et à 500 m de la Côte Sauvage. Fin mars-fin oct. Pour 2, compter 15-33 € ; mobile homes et chalets. Réduc de 10 % hors juil-août et ponts sur présentation de ce guide.* Camping familial sans souci, au cœur de la presqu'île. Emplacements bien ombragés et à l'abri du vent. Piscine couverte et chauffée, snack et animations en été. Location de vélos.

Prix moyens

🏠 ***Hôtel L'Estacade :*** *4, quai du Lenigo. ☎ 02-40-23-03-77. • contact@lestacade.fr • lestacade.fr • ♿ Doubles à partir de 58 €.* Un hôtel assez bizarrement fichu, avec de longs couloirs desservant une petite quinzaine de chambres. Ces dernières sont cependant à la fois cosy et sobres, dans des tons taupe et gris souris rehaussés par des meubles laqués blancs. Certaines salles de bains sont toutefois riquiqui. Notre préférée (la plus chère, ben tiens !) est mansardée, donne sur le port et possède une baignoire dans la chambre !

🏠 ***Maison d'hôtes Ker Doué :*** *11, rue de l'Église. 📱 06-86-37-87-86. • ker-doue.fr • Doubles 80-95 €. 2 nuits min exigées.* En plein centre, juste à côté de l'église, Jean-Loup a retapé cette ancienne maison de pêcheur pour en faire un véritable petit nid d'amour. Résultat : 5 chambres dont 1 familiale, toutes situées à l'étage. Le petit déj se prend en bas, sur la grande table, ou dans le jardin de curé sur l'arrière aux beaux jours. Parquet grinçant, mur de pierre, meubles en bois cérusé, voilages... Beaucoup de charme. Accueil gentil comme tout.

🏠 🍷 ***Hôtel Au Fin Gourmet :*** *1, pl. du Pilori. ☎ 02-40-23-00-38. • fingourmet@gmail.com • fingourmetcroisic.com • Doubles 64-95 €.* À l'écart du port, au calme, un petit hôtel dans une demeure du XVIIe s. Tenues par Paolo, grand voyageur à l'accueil chaleureux, les chambres, toutes différentes, sont de bon confort, dans un style classique et coloré mêlant l'ancien et le moderne. Beaucoup d'attention pour les routards, avec bibliothèque bien fournie, prêt de vélos si dispo et plein de bons conseils. Cerise sur le gâteau : une terrasse sur la place pour siroter un spritz en picorant des grignotes, comme en Italie !

Où manger ?

Bon marché

Chez Tante Germaine : *31, rue de l'Église. ☎ 02-40-23-23-78. Repas max 20 €. Pas de résa en haute saison.* Envie d'une p'tite crêpe bio ? Ici, on maîtrise le *billig* et le *rozell* comme pas un ! Qui plus est, les ingrédients sont sélectionnés drastiquement : la farine est moulue sur la pierre, les œufs sont bio et les ingrédients du même acabit. Ce qui donne des galettes bien *kraz* (bien croustillantes), à consommer dans un intérieur chaleureux qui a su éviter le côté un peu trop bretonnisant : poutres et pierres apparentes, photos noir et blanc, coussins fleuris et colorés... C'est mignon et joliment arrangé.

Le Relais du Duc d'Aiguillon : *21, pl. Donatien-Lepré. ☎ 02-40-62-94-62. Tlj. Congés : de mi-nov à mi-déc. Résa conseillée. Carte 15-20 €. Kir breton offert sur présentation de ce guide.* Installée dans une très belle demeure à colombages du XVe s qui fait l'angle avec la place, cette crêperie chaleureuse est une valeur sûre. Le service est rapide et souriant. Grande et agréable terrasse prise d'assaut aux beaux jours.

De prix moyens à chic

Le Bistrot de la Poissonnerie : *8, quai de la Petite-Chambre. 06-14-80-38-28. • lebistrotdelapoissonnerie@outlook.fr • Assiette max 20 €.* Cette petite adresse, absorbée par les innombrables commerces situés sur le port, passerait inaperçue si sa terrasse n'était pas prise d'assaut aux beaux jours par les amateurs de fruits de mer. C'est d'ailleurs la principale raison de faire escale ici.

Le Ty Mad : *3, quai de la Petite-Chambre. ☎ 02-40-23-02-77. • contact@ty-mad.com • Fermé jeu, plus dim soir et mer hors saison. Formule déj sauf dim 19 € ; menus 24-34 €.* Parmi les très nombreuses adresses du port (inévitable terrasse avec vue sur la criée), celle-ci se distingue pour sa qualité régulière, dans l'esprit bistrot-gastro. Beaux plateaux de fruits de mer en saison *(de mi-mai à sept).* Rafraîchissant décor contemporain et ambiance décontractée.

Le Lénigo : *11, quai Lénigo. ☎ 02-40-23-00-31. • lelenigorestaurant@gmail.com • Au bout du quai. Ouv de mi-fév à nov. Fermé lun-mar. Menus 33-45 € ; carte 40-50 €.* La déco marine, tout en boiserie, est à l'image de la cuisine de cette table que l'on apprécie tout particulièrement : sobre et maîtrisée. Et depuis que le fiston est venu prêter main forte au papa, les choses n'ont pas molli d'un iota, bien au contraire. La pêche noble du jour et le homard grillé occupent toujours une place de choix à la carte, l'assiette étant plus inventive que jamais. Bravo !

Le Saint Alys : *3, quai Hervé-Rielle. ☎ 02-40-23-58-40. Face au port de plaisance, au début de quai. Fermé dim soir-lun en été, mar soir-mer hors saison. Résa recommandée. Menus env 35-50 €.* La façade discrète cache une petite salle cosy où l'on vient déguster, dans une atmosphère paisible, une cuisine de saison d'inspiration marine. Les plats sont aussi beaux que bons. En dessert, délicieux sablé breton et autres réjouissances. Une adresse gourmande qui fait l'unanimité auprès des habitués et des heureux clients de passage.

L'Estacade : *4, quai du Lénigo. ☎ 02-40-23-03-77. • contact@lestacade.fr • Au bout du quai côté Océarium. Fermé jeu, plus mer hors juil-août. Formule déj en sem 22 € ; menus 34-65 €.* Beau petit écrin entièrement repensé début 2020 pour cette adresse d'exception, récompensée d'un *Bib Gourmand* pour son rapport qualité-prix. Plats régionaux soignés, produits locaux, poissons en direct de la criée, desserts raffinés, rien à redire. Le genre de table où l'on remet volontiers le couvert le lendemain.

Bistrot et restaurant du Grand Hôtel de l'Océan : *pl. du Général-de-Gaulle, sur la plage de Port-Lin. ☎ 02-40-62-90-03. • reservation@grandhotelocean.com • Tlj. Congés : janv-début fév. Plats env 20-26 € au* *bistrot, 30-50 € au gastro.* Stratégiquement posé sur les rochers, ici, c'est carrément la mer à table ! De l'ultra-frais, à tel point que la pêche du jour frétille encore dans votre assiette ! Cadre chicos idéal pour une déclaration. Côté bistrot, c'est plus décontracté, mais la qualité des produits reste la même. Un grand classique croisicais, doté d'un accueil respectueux du client.

Où boire un verre ?

Hôtel Au Fin Gourmet : *1, pl. du Pilori (voir « Où dormir ? »).* En saison, le chaleureux patron italien sort les tables sur la place pour organiser des apéros comme là-bas : spritz, Campari !

En saison *(Pâques-début sept),* dirigez-vous vers le ***Mojito Bar*** *(06-08-09-19-17),* sur la plage Saint-Goustan. Pieds dans le sable et ambiance garantie. Top pour l'apéro et le *sunset* ! Mais il n'ouvre pas quand il fait moche. Ça peut arriver !

SIDEBAR: LA LOIRE-ATLANTIQUE

Où déguster de bons chocolats ?

La Route du Cacao : *4, pl. Boston. ☎ 02-40-53-78-51. Fermé lun mat. Congés : de mi-janv à mi-fév.* Idéalement située sur le port, cette chocolaterie-salon de thé ravira les bouches sucrées les plus exigeantes. Quelques spécialités : les rochers du Croisic, les croquinettes, les minivagues de l'océan, les truffes du marais (avec une pointe de fleur de sel de Guérande)...

À voir. À faire

Le mont Esprit : *sur la droite, à l'entrée de la ville.* Il tiendrait son nom d'une déformation des mots « lest pris ». En effet, cette butte est constituée par le lest déposé par les navires venus chercher du sel du temps où Le Croisic était un grand port commercial. Monter au belvédère pour la vue sur les marais, le Traict et les quais.

Le port et les rues anciennes : doté de plusieurs bassins appelés « chambres », le port abrite quelques voiliers. Tout au long, de belles demeures en granit du XVe au XVIIIe s. Il se termine par une esplanade dominée par le ***mont Lénigo,*** construit, comme le mont Esprit, à partir du lest des navires. Autant les quais sont très animés en saison, autant les rues de l'intérieur sont calmes. Pour découvrir les portes basses et les façades à colombages, dépliant gratuit et circuits auprès de l'office de tourisme.

En face, l'***ancienne criée*** porte encore sur ses murs l'orgueil de la ville : armes de la ville, horloge, hampe de drapeau, ancre, un navire amiral coulé lors de la bataille des Cardinaux. C'est aujourd'hui un hall d'exposition.

L'église Notre-Dame-de-Pitié : *juil-août, visite guidée ven à 11h.* De style flamboyant, elle a été édifiée en granit à la fin du XVe s. La tour carrée, qui devait rivaliser avec celle de Batz, porte sur sa plate-forme à balustres une tourelle octogonale coiffée d'un dôme à lanterne. Elle servait de point de repère aux marins.

La galerie Chapleau : *6, rue Jules-Ferry. ☎ 02-28-56-78-60. En face de la mairie. Mar-dim 14h30-18h. Fermé lun. GRATUIT.* Installée dans l'ancien hôpital (XVIIe s), une galerie en hommage au fresquiste local Eugène-Jean Chapleau (1882-1969) et son ami sculpteur de Batz Jean Fréour. Expos temporaires d'autres artistes, jusque dans le joli jardin. Rien que le bâtiment vaut le coup d'œil.

– Pour continuer sur le même thème, la ville propose un ***circuit pédestre « Le Croisic, aux couleurs des peintres ».*** Il est vrai que, dès le XIXe s, Le Croisic fut très populaire auprès des artistes peintres. 25 pupitres sont à découvrir (dépliant gratuit à l'office de tourisme et à la mairie) avec des reproductions de tableaux face aux lieux peints.

La jetée du Tréhic : très longue (858 m), vous aurez l'impression, pour peu qu'il y ait du vent, d'être en plein océan.

L'Océarium du Croisic : *av. de Saint-Goustan. ☎ 02-40-23-02-44. • ocearium-croisic.fr • Juil-août, tlj 10h-20h ; avr-début juil et vac de la Toussaint, tlj 10h-19h ; de sept à mi-oct, début nov et Noël, tlj 10h-18h ; de nov à mi-déc, tlj 14h-18h ; fermeture des caisses 1h avt. Hors saison, téléphoner avt. Fermé janv-mars. Durée de la visite : env 2h. Entrée : env 15 € ; env 12 € 3-12 ans ; gratuit moins de 3 ans. Appli de visite gratuite à télécharger.*

PAS SI MANCHOTS !

Le manchot du Cap, visible à l'Océarium, est un drôle d'oiseau ; d'ailleurs, en bon pingouin, il ne vole pas. Ses ailes se sont adaptées et transformées en nageoires. Résultat : il peut plonger jusqu'à 130 m de profondeur et rester dans l'eau pendant 2 mn 30. On trouve, le long des côtes sud-africaines, 3 colonies de ces « jackass penguins », *surnommés ainsi car ils braient comme des ânes !*

Un véritable « observatoire de l'Atlantique » qui mérite qu'on s'attarde dans les bras de cette grande structure en forme d'étoile de mer. Après avoir observé les rejetons de homards, pieuvres et autres civelles dans l'espace nurserie, puis découvert ce que cache l'océan vers l'île d'Yeu ou Belle-Île, on en prend plein les yeux en pénétrant dans le domaine des raies du Pacifique, occupées à survoler lentement l'épave d'un bimoteur. Très visuel !
Puis on file à l'extérieur pour s'amuser des facéties de la colonie de manchots du Cap (Afrique du Sud). On enchaîne avec l'île de Vancouver, dont la faune marine est méconnue, et le lagon aux poissons tropicaux multicolores. Après le tunnel peuplé de mérous et de raies ailées, place aux richesses de la méditerranée avec l'espace Cyclades. Immanquable : le pavillon « Requins d'Australie », qui accueille 25 squales et des tortues dans un aquarium de taille impressionnante. Une visite ludique !
– Nombreuses animations, dont le *repas des manchots (à 11h, 15h et 17h).*

La Maison du patrimoine croisicais et le moulin de la Providence : *au nord du parc de Penn-Avel. Vac scol seulement, w-e 15h-18h.* Cette ancienne maison de jardinier accueille des expos sur le patrimoine local. Visite possible du moulin voisin.

Manifestation

– ***Le Week-end langoustines :*** *fin juin.* Sur un week-end, les restaurateurs croisicais concoctent des menus autour de la langoustine. Apéro langoustines gratuit organisé par l'office de tourisme.

GUÉRANDE [GWEN-RANN]

(44350) 16 200 hab. *Carte Loire-Atlantique, A2*

Cette ville fortifiée, aux superbes remparts des XIVe et XVe s, a pour nom breton *Gwen-Rann,* « Pays Blanc », en référence au sel des marais salants qui assura sa prospérité de la période mérovingienne au XVIe s. Labellisée Ville

LA LOIRE-ATLANTIQUE

d'art et d'histoire, Guérande se visite aujourd'hui entre crêpe au caramel au beurre salé et bolée de cidre, un cornet de glace en pogne, histoire de butiner les petites boutiques de souvenirs qui émaillent ses ruelles de granit.

– L'accès en voiture de la ville intra-muros est limité en saison. Parkings payants à chaque porte. De septembre à juin, le grand parking à côté de la porte Saint-Michel est gratuit.

UN PEU D'HISTOIRE

Les monuments mégalithiques de l'arrière-pays témoignent d'une occupation bien antérieure à l'époque romaine. Mais ce sont bien les Romains qui développèrent l'exploitation du sel ; un sel qui enrichira la ville pendant tout le Moyen Âge. Dès la fin du Moyen Âge, la ville est un point de passage obligé pour les routes commerciales qui relient le nord de l'Europe et l'Angleterre à l'Espagne et à l'intérieur des terres par l'intermédiaire de la Loire. On comprend alors mieux l'importance de Guérande dans la constitution du duché de Bretagne.

C'est donc à Guérande qu'Anne de Bretagne signe ses 1res ordonnances lorsqu'elle succède à son père, le duc François II, en 1488. À cette époque, la flotte guérandaise compte 269 vaisseaux. La presqu'île produit alors du blé, du sel, du vin. Son activité commerciale prospère jusqu'au XVIe s, avant que la concurrence des ports ibériques ne lui portent un coup fatal. Ses chantiers navals demeureront toutefois actifs jusqu'à la Révolution. En juin 1830, Honoré de Balzac parcourt le pays, qu'il décrit dans son roman *Béatrix,* suivi d'Émile Zola avec une nouvelle truculente, *Les Coquillages de M. Chabre.*

Adresse et info utiles

ℹ ***Office de tourisme :*** *1, pl. du Marché-aux-Bois. ☎ 02-40-24-34-44. • labaule-guerande.fr • À l'extérieur des remparts, face à la porte Saint-Michel. Juil-août, tlj 9h30-19h ; le reste de l'année, lun-sam, plus dim avr-juin et sept.* Organise des visites guidées payantes *(avr-oct ; env 1h30)* : ville, remparts, collégiale Saint-Aubin. Visite « Enquête » (l'été) et visites familles « Le trésor de Guérande » et « La chasse au dragon » *(pdt vac scol ; payant).* Résas de bateaux, de spectacles et de grands sites. Excellent accueil.

– ***Marchés :*** *mer et sam mat.*

Où dormir ? Où manger ?

Pléthore d'adresses comme dans tous les sites hypertouristiques. Il faut savoir faire le tri, voici le nôtre.

Camping

⛺ ***Domaine de Bréhadour :*** *route de Bréhadour. ☎ 02-40-17-65-15. • camping@domainedebrehadour.com • domainedebrehadour.com • ♿ À 2 km du centre-ville, vers Saint-Lyphard. Pour 2, compter 15-30 € ; TitHomes, roulottes et mobile homes (7 nuits min exigées l'été).* Le camping le plus proche de la ville. Vaste, bien équipé, il dispose de bons emplacements pour les tentes en pleine forêt. D'originaux logements en roulotte ou en *TitHome* (structure mi-dure mi-tente, avec cuisine mais sanitaires communs), le tout réparti dans un espace verdoyant. Belle piscine couverte et chauffée avec toboggans, miniferme. Location de vélos.

De bon marché à prix moyens

🏠 🍽 ***Hôtel-crêperie Roc Maria :*** *1, rue du Vieux-Marché-aux-Grains. ☎ 02-40-24-90-51. • roc-maria@orange.fr • hotel-creperie-rocmaria.com • Tlj. Crêperie fermée lun hors* *saison. Doubles env 60-75 €. Repas env 10-15 €.* Ce petit hôtel d'à peine une dizaine de chambres est le seul hôtel intra-muros de Guérande. Vous êtes donc sur le pied de guerre pour partir à l'assaut des remparts. Côté crêperie, 2 salles rustiques et 1 terrasse dans une ruelle charmante. Vaste choix de crêpes et de galettes, simples, copieuses et correctes. Très apprécié des gens du coin.

Chambres d'hôtes La Guérandière : *chez Valérie Lauvray, 5, rue Vannetaise. ☎ 02-40-62-17-15. 06-86-77-84-43. • guerandiere.com • Doubles 72-155 €. Parking clos.* Une adresse de charme, au cœur de la ville historique. Cet endroit a d'ailleurs séduit plus d'un magazine de déco. On craque nous aussi pour cette gentilhommière adossée aux remparts, pour son petit jardin d'hiver et ses espaces verts où il fait bon prendre le petit déj, et pour l'accueil de sa propriétaire. Déco raffinée où chaque objet a sa place, en harmonie avec le cadre : meubles choisis, broderies, lambrequins et froufrous... Beaucoup de classe.

Hôtel des Remp'Arts : *14-15, bd du Nord. ☎ 02-40-24-90-69. • hotelremparts@orange.fr • hoteldesremparts.com • (resto). À côté de l'office de tourisme. Resto fermé mer et dim. Doubles 54-79 €. Carte 25-30 €.* Un petit hôtel plein de personnalité avec, dans les parties communes, une originale déco de bric et de broc(ante) faite d'objets chinés. Chambres pas immenses mais plaisantes et colorées, avec tête de lit capitonnée pour amortir vos rêves et des oreillers à foison. Au resto, cuisine bistrotière : salades, tartares et planches de charcuteries pour l'apéro. Accueil chaleureux.

Hôtel de la Cité : *2, pl. Dolgellau. ☎ 02-40-22-02-20. • reception@hoteldelacite-guerande.com • hotel-guerande.com • À 1,5 km du centre. Doubles 59-158 € ; familiales. Café offert sur présentation de ce guide.* Certes, on n'est pas dans le centre historique, mais le confort est au rendez-vous dans ce *Best Western* moderno-chic où l'on ne manque pas d'espace. À signaler : l'établissement a reçu l'Écolabel européen pour ses efforts environnementaux, de la conception à la gestion quotidienne. Piscine dans une agréable cour intérieure et spa.

L'Agapé : *11, fg Saint-Michel. ☎ 02-40-11-78-78. • lagape.bistrotgourmand@orange.fr • Ouv le midi lun-sam, plus le soir ven-sam (et jeu en été). Congés : fév. Formule déj en sem 16 € ; carte env 30 €.* *L'Agapé* fait vraiment bien les choses. Dans un registre bistronomique, la carte courte privilégie une cuisine de saison fraîche, colorée et pleine de goût, qui se découvre au gré de belles assiettes. Le cadre contemporain est à la hauteur, en salle ou dans le joli patio, et le service est aux petits soins. Un rapport qualité-prix au top !

Chic

La Tête de l'Art : *11, rue de la Porte-Calon. ☎ 02-40-88-53-40. • restauranttetedelart@gmail.com • Dans une des ailes du manoir de la Porte-Calon. Fermé dim-lun. Menus 32-48 €, plus le midi hors saison 25 €. Parking en face.* Décor sobrement contemporain sous les vieilles poutres de ce manoir du XVe s. Un très beau cadre, donc, et une agréable terrasse dans la cour fleurie, même si un peu proche de la route. Cuisine innovante et bien dans l'air du temps (des produits de saison frais et de bonnes idées). C'est l'une des tables de référence du secteur.

Où dormir dans les environs ?

Chambres d'hôtes La Balade des Marais : *5, Kertitry, 44350* ***Saint-Molf.*** *07-69-69-31-26. • jctouze@lbdmarais.com • lbdmarais.com • À env 10 km de Guérande. Double 135 €, accès au sauna compris. Table d'hôtes 45 € sur résa. Champagne à l'arrivée et pot de miel maison au départ offerts sur présentation de ce guide.* Une adresse haut de gamme, aménagée dans une maison lumineuse et contemporaine entourée d'un vaste parc boisé, avec les marais salants à proximité. Ambiance sereine et relax, à l'image des chambres très cosy, toutes avec terrasses. Les repas sont concoctés avec amour par Jean-Claude, à base de produits locaux et bio. Tout est bon, jusqu'aux délicieux petits déj cuisinés ! Sauna (gratuit), massage ayurvédique ou réflexologie plantaire, soins délivrés par Annette. Location de vélos. Un lieu pour entretenir sa zénitude !

Où boire un thé ?

Goût'Thé : *30, rue de Saillé. ☎ 02-40-01-88-83. En saison, mar-sam 10h-19h ; oct-avr, mar-dim 15h-19h.* À l'intérieur des remparts, près de la porte de Saillé. Jolie terrasse aux beaux jours ou petite salle pleine de charme pour goûter à toutes sortes de thés, mais aussi des gâteaux maison...

À voir. À faire

L'appli « ***Guérande Jour Nuit*** » donne des infos historiques sur la ville et reprend les 3 parcours guidés de l'office de tourisme à l'intérieur des remparts dont un de nuit guidé par Honoré de Balzac en personne !

La porte Saint-Michel, musée de Guérande : *entrée principale de la ville. ☎ 02-28-55-05-05. En été, tlj sauf lun 10h-20h ; avr-juin et sept-oct, tlj sauf lun 10h-18h ; nov-mars, mer-ven 14h-18h, w-e 10h-18h. Entrée : 6 € ; gratuit moins de 18 ans. Visite guidée : 2 €.* Après des travaux de restauration en 2019-2020, le monument emblématique de la cité est de nouveau ouvert au public avec 2 expositions et une visite totalement renouvelée. Celle-ci se termine par une balade sur les remparts et un panorama sur la cité médiévale.

La collégiale Saint-Aubin : *tlj hors offices religieux 9h-12h, 14h-18h.* De l'église romane, incendiée lors du sac de Guérande (1342), subsistent la nef et ses piliers dont certains sont ornés de chapiteaux sculptés. La collégiale actuelle est une construction des XVe et XVIe s, de style gothique flamboyant. À l'extérieur : chaire à prêcher du XVe s, desservie par l'escalier à vis du clocher, rare en Bretagne. Accès aux hauts de la collégiale avec l'office de tourisme *(avr-sept ; 4 €).*

La ville close : plusieurs quartiers se devinent intra-muros. Autour de la porte Saint-Michel et de la place du Pilori, le quartier commerçant est caractérisé par ses maisons mitoyennes datées du XVIe au XXe s. À l'ouest de la cité, le tissu urbain se relâche : les manoirs en granit et autres hôtels particuliers, entourés de grands jardins, se cachent derrière de hauts murs.
Au Moyen Âge, tout un quartier de la ville appartenait aux prêteurs et banquiers juifs *(rue de la Juiverie).* La ville possédait aussi ses graveurs, orfèvres et sculpteurs qui ont décoré la collégiale.

Le château de Careil : *33, rue du Château-de-Careil. ☎ 02-40-60-22-99. • careil.com • À 3 km au sud de la ville, direction La Baule. Juin-août, visite guidée à 11h, puis ttes les heures 14h-17h ; hors saison, sur résa (peu importe le nombre de visiteurs). Juil-août, visite aux chandelles lun et mer à 21h30 et visite « Jeu » mar, jeu et sam à 17h. Compter 35 mn-1h selon animation. Tarifs : 6-10 € selon type de visite ; réduc.* À la Renaissance, Careil régnait sur presque toute La Baule et possédait 1/5 des marais salants. Ce château des XIVe-XVIe s a bien sûr perdu de sa superbe, mais il mérite quand même le détour, d'autant que les visites hautes en couleur proposées par l'étonnant propriétaire sont vraiment réjouissantes. Ses anecdotes font mouche, et il n'hésite pas à mouiller sa chemise en faisant des démonstrations d'escrime ! Une façon très ludique de découvrir les parties défensives du site (tour, meurtrières et mâchicoulis témoignent du passé guerrier du domaine), puis une série de salles : salon, oratoire, chambre... qui sont autant d'occasions d'aborder différentes thématiques avec humour. Lors des visites aux chandelles, on remonte le temps avec des personnages costumés parlant le vieux « françois ». À partir de 5 ans, visite « Jeu », sous forme d'enquête ludique et aux airs de *Fort Boyard.*

Monkey Forest : *à* ***Saint-Molf*** *(44350).* *06-60-84-46-00.* • *loisirs44.monkeyforest.fr/* • *Sur la D 774 direction Herbignac. Fév-oct. Tarifs : 15-30 € selon type d'activités ; réduc.* Parc aventures avec 16 parcours et 200 activités possibles pour s'amuser.

Fête et manifestations

– ***Fête médiévale :*** *1 w-e fin mai-début juin.* Costumes médiévaux, défilés, banquets, fauconniers, une ambiance « médiévalement » très sympa.
– ***Les Retours de plage :*** *certains soirs en juil-août.* Visite spectacle, animations de rue, concerts.
– ***La Voix des orgues :*** *de mi-juil à mi-août, ven à 21h. Billetterie à l'office de tourisme avec réduc.* Concerts et récitals dans la collégiale.
– ***Les Celtiques de Guérande :*** *début août. Rens et billetterie auprès de l'office de tourisme.* 5 jours de concerts, rencontres, jeux bretons, animations, défilés, fest-noz.

LES MARAIS SALANTS

Carte Loire-Atlantique, A2-3

Ils s'étendent sur plusieurs communes. Principalement sur Guérande, on les trouve également à Saillé et à Pradel, mais aussi à Kervalet, adorable hameau rattaché à Batz-sur-Mer. Il est très agréable de venir s'y perdre à vélo (accès interdit et dangereux à pied), le cas échéant en voiture et de préférence tôt le matin ou en soirée, quand le soleil est bas sur l'horizon. Les couleurs y sont exceptionnelles avec toutes les nuances de gris, d'argent, de bleu, de vert (une seule couleur en breton : ***glaz,*** **la couleur du ciel et de la mer), le mauve des salicornes en fleur et le blanc du sel, bien évidemment... Et si vous souhaitez acheter du sel, de nombreux paludiers vendent leur production le long de la route.**

PETITE HISTOIRE DU SEL

Les pêcheurs des Pays-Bas ont été les premiers à découvrir les vertus conservatrices du sel. C'est pour cette raison que de nombreuses églises de la presqu'île guérandaise ont été bâties avec des pierres de ballast des bateaux en provenance des villes hanséatiques de Brême ou de Hambourg. Posséder du sel ou en produire a très tôt représenté un intérêt politique et économique. Les princes, les évêques ou les potentats locaux s'arrangeaient pour en maîtriser les flux. En 1340, Philippe VI de Valois institua une ponction fiscale : la gabelle, récoltée par les « gabelous ». La Bretagne en était exemptée jusqu'en 1765. Créant de profondes injustices entre les régions, la gabelle représentait, en 1715, un peu plus de 1/10 du revenu fiscal du royaume.

UNE QUALITÉ RECONNUE

À Guérande, le marais a repris du poil de la bête grâce à une poignée d'anciens paludiers qui ont formé une nouvelle génération, attirée par la vie au grand air, la

mise en valeur du terroir... Leur production annuelle chiffre environ 10 000 t par an grâce au travail de 300 producteurs. Aujourd'hui, le sel de Guérande est une réussite commerciale (qui a obtenu en 2012 son Indication géographique protégée, une première pour un sel en Europe). Présent sur les bonnes tables, il a été adopté par de grands chefs pour ses qualités gustatives.
Qu'il soit gros sel gris, sel fin ou fleur de sel, le sel de Guérande reste un produit haut de gamme (ce qui ne veut pas dire cher). Et pas seulement pour son goût, mais aussi pour ses qualités nutritionnelles, pauvre en sodium mais riche en magnésium et en oligoéléments.

LEXIQUE DU PALUDIER

– ***Paludier :*** nom du récolteur de sel (« saunier » en Vendée). Son travail, contrairement à ce que l'on croit, consiste avant tout à entretenir le marais, la récolte ne durant qu'une quarantaine de jours dans l'année.
– ***Fleur de sel :*** le « caviar de sel ». Tandis que le gros sel se dépose sur l'argile du marais, la fleur de sel flotte à la surface. D'un geste précis et élégant, le paludier cueille ce sel, plus fin, plus blanc. Vous avez tout aussi bien le droit de préférer le sel gris...
– ***Vasière, corbier, fares, adernes et œillets :*** ce sont les différents bassins (on en compte 10 000 par ici !) correspondant aux différents stades d'évaporation de l'eau. L'***œillet*** étant le plus bas, c'est dans celui-ci que l'on récolte le sel.
– ***Trémet :*** endroit où l'on « roule » et dépose en tas le sel pendant le temps de la récolte.
– ***Salorge :*** hangar (les plus beaux sont en bois) où l'on conserve le sel jusqu'à sa commercialisation.

Où manger des crêpes dans les marais ?

|●| *Crêperie La Salorge :* *12, rue Croix-Sérot, à **Saillé,** 44350 Guérande. ☎ 02-40-15-14-19. Fermé mar-mer hors saison. Congés : vac d'hiver et 2 premières sem de déc. Résa indispensable. Carte 15-20 €. Apéritif maison offert sur présentation de ce guide.* Ici, on sort de l'ordinaire : originales et savoureuses, crêpes et galettes font dans le gourmand, voire pour certaines dans le gourmet ! On se régale dans un cadre rustique et chaleureux, à moins de profiter de la véranda, ou, encore mieux, de s'installer sous les arbres dans le jardin. Très relax ! Belle carte de cidres.

|●| *Crêperie Fleur de Sel :* *42, rue de la Chapelle, à **Kervalet,** 44740 Batz-sur-Mer. ☎ 02-40-23-90-73. ♿ Près de l'église. Fermé mar hors saison. Congés : de début janv à mi-fév. Carte 15-20 €.* Très prisée, cette adresse labellisée Crêperie gourmande propose bien sûr de savoureuses crêpes et galettes, mais aussi un bon *kig ha farz,* le fameux pot-au-feu breton cuisiné en hiver dans la cheminée (inutile d'en demander au mois d'août !). Copieux, service rapide, on apprécie le cadre fleuri et la jolie petite terrasse.

À voir. À faire

Terre de Sel – Espace Sel et Nature : *route des Marais-Salants, **Pradel,** 44350 Guérande. ☎ 02-40-62-08-80. • terredesel.com • ♿ Sorties découverte tte l'année 45 mn-2h (programme sur le site), tlj, sur résa : juil-août, 9h30-19h30 ; avr-juin et sept-oct, 10h-18h30 ; hors saison, horaires plus restreints. Compter 9,50-13,50 € selon sortie commentée (comprenant l'entrée à l'expo), 4 € pour l'expo seule ; réduc ; forfaits famille dès le 1er enfant. Boutique très bien approvisionnée* *(sel sous ttes ses formes et produits locaux).* Ce vaste espace moderne, entièrement dédié au sel et aux marais, est le fruit d'un partenariat entre paludiers et animateurs nature. Les visites combinent, de façon très intelligente, une exposition retraçant la vie du marais au fil des saisons et l'explication sur le terrain, orchestrée par des guides passionnés. Le but est avant tout de montrer le lien intime qui existe entre les hommes et l'environnement et de parler des marais d'aujourd'hui, depuis leur réhabilitation et la relance de l'activité. Des balades familiales (accessibles aux personnes en situation de handicap) au cœur des bassins, avec expériences ludiques et sensorielles très appréciées. Penser à mettre des chaussures de marche. Pour observer les oiseaux, mieux vaut choisir une visite matinale (ou l'une des nocturnes proposées en été). De l'étage du bâtiment principal, vue panoramique sur les marais et expos temporaires (à vocation scientifique ou artistique).

La Maison des paludiers : *18, rue des Prés-Garniers, **Saillé,** 44350 Guérande. ☎ 09-53-07-74-06. • maisondespaludiers.fr • Mai-août, tlj 10h-12h30, 14h-18h ; avr et sept, tlj 10h-12h, 14h30-17h30 ; mars et oct, tlj 14h30-17h30. Entrée : env 6 € ; réduc. Visite de l'écomusée : 1h. Avr-sept, visite guidée de 1h30 d'une saline tlj à 15h30 (juil-août, tlj à 10h30, 14h30, 15h30 et 16h30) ; env 8,50 €, réduc. Tte l'année, jeu de piste pour enfants et adultes dont l'intrigue se situe dans le Saillé de la Belle Époque ; également un escape game (en été, sur résa) censé se passer à l'époque du duc Jean IV de Bretagne.* Consacré au sel et aux paludiers, ce petit centre d'interprétation est installé en partie dans l'ancienne chapelle de Saillé, autrefois capitale du sel. Il s'agit avant tout d'un lieu d'échange où un guide s'appuie sur une grande maquette complétée par une projection numérique animée en 3D pour évoquer la cristallisation du sel et le rôle de médiateur du paludier. En complément, un film permet d'en apprendre un peu plus sur ce métier, mais aussi sur la faune et la flore du marais. Enfin, en participant à une visite de la saline, la fleur de sel n'aura plus de secrets pour vous !

Le survol des marais en avion : *à l'aéroclub de la Côte d'Amour, à l'aérodrome, 44500 **La Baule-Escoublac.** ☎ 02-40-60-23-84. • aeroclub-labaule.com • Attention, résa indispensable en saison. Compter 135 € le vol d'env 25 mn pour 1-3 pers.* Une expérience mémorable. Vu du ciel, on comprend tout, et en plus, que c'est beau !

LA TURBALLE [an turball]

(44420) 4 500 hab. *Carte Loire-Atlantique, A2*

Inféodée à Guérande par le passé et désormais 1er port français de la façade atlantique pour la pêche de l'anchois et de la sardine, La Turballe ne s'est pourtant mise à pêcher que dans la 2de moitié du XIXe s. Aujourd'hui la « grosse vache » (c'est le surnom donné ici à la sardine trop volumineuse pour être mise en boîte) a été détrônée par l'anchois, dont environ 7 000 t sont pêchées annuellement.
Côté vacances, la ville possède une longue plage de 6 km, dite « de la Grande Falaise ». Au nord du port de pêche, 5 km de petites criques de sable sont également propices aux bains de mer. Enfin, La Turballe constitue un point de départ vers les îles situées au large du golfe du Morbihan (Belle-Île, Houat, Hoëdic).

LE CRIQUET DES MERS

Difficile à imaginer, mais la langouste réussit à éloigner ses prédateurs en frottant ses 2 antennes l'une sur l'autre. Ce crissement assez insupportable se propage dans la mer jusqu'à 50 m.

Arriver – Quitter

➢ ***En bus :*** réseau **Aléop.** *• aleop.paysdelaloire.fr •* Liaisons avec Saint-Nazaire, Guérande ou La Baule.

➢ ***Navettes pour Houat, Hoëdic et Belle-Île :*** ***Navix,*** *☎ 02-97-46-60-00. • navix.fr • Juil-août. Traversées passagers seulement avec bagage 20 kg max. Compter env 37-42 € selon l'île pour 1 A/R dans la journée.* Depuis La Turballe, compter 1h pour Hoëdic (puis 20 mn entre Hoëdic et Houat) et 1h30 pour Belle-Île.

Adresse utile

ℹ ***Office de tourisme :*** *pl. Charles-de-Gaulle. ☎ 02-40-24-34-44. • labaule-guerande.com • Sur le port. Juil-août, lun-sam 9h30-19h, dim 10h-13h, 15h-18h ; le reste de l'année, mar-sam.* Billetterie pour les îles (Belle-Île, Houat et Hoëdic).

Où dormir ?

Campings

⛺ ***Camping du Parc Sainte-Brigitte :*** *domaine de Bréhet, route de Guérande, 44350* ***Clis.*** *☎ 02-40-24-88-91. 📱 06-99-95-80-99. • saintebrigitte@wanadoo.fr • campingsaintebrigitte.com • ♿ À 3 km de La Turballe, direction Guérande. Avr-sept. Forfaits pour 2 env 21-26 € ; loc de mobile homes 6-8 pers. CB refusées. 162 empl.* Un camping atypique, aménagé près d'un château dans un vaste domaine boisé de 60 ha, avec une quarantaine d'emplacements libres, les 3/4 étant occupés par des mobile homes. Piscine couverte et chauffée, resto, épicerie. Vélos en location. Ambiance familiale.

⛺ ***Camping de la Falaise :*** *1, bd de Belmont. ☎ 02-40-23-32-53. • info@camping-de-la-falaise.com • camping-de-la-falaise.com • À 10 mn à pied au nord du bourg. Avr-oct. En été, forfait pour 2 env 38 € ; loc de mobile homes 2-8 pers. 120 empl.* Un camping de bord de mer aux emplacements bien délimités. Évidemment, ceux qui font face à la plage sont pris d'assaut. Mais qu'à cela ne tienne, ici 1 emplacement sur 2 est réservé au camping proprement dit, alors on ne subit pas la pression des mobile homes. Snack-bar. Location de bagnoles. Piscine couverte et chauffée. Accueil avenant.

De prix moyens à chic

🏠 ***Hôtel Les Chants d'Ailes :*** *11, bd Bellanger. ☎ 02-40-23-47-28. • contact@leschantsdailes.com • hotel-les-chants-dailes-la-turballe.com • Congés : vac d'hiver (zone B) et vac de la Toussaint. Doubles 61-103 € ; familiales.* Quasiment les pieds dans le sable, puisqu'il n'y a que la rue à traverser. Dans un bâtiment moderne, un petit hôtel convivial sans prétention, mais aux chambres bien entretenues et d'un honnête rapport qualité-prix (intéressante suite familiale notamment). Salle pour le petit déj avec vue sur l'océan. Accueil sympathique. Location de vélos.

🏠 ***Chambres d'hôtes Le Manoir des Quatre Saisons :*** *744, bd de Lauvergnac. ☎ 02-40-11-76-16. 📱 06-87-33-43-86. • manoirdes4saisons@gmail.com • le-manoir-des-quatre-saisons.com • ♿ (1 chambre). Sur la route de Piriac. Doubles 80-130 €.* Beau manoir tout en granit et ardoise, entretenu avec soin, offrant 3 types d'hébergements : des chambres classiques, 1 suite avec cuisine et 1 appartement équipé, tous au confort cossu. Adresse un peu chic mais pas guindée. Piscine chauffée et grand jardin.

🏠 🍽 ***Hôtel de Penbron :*** *à l'extrémité de la presqu'île de Pen bron, séparé du Croisic par le chenal (devant la barrière, appuyez sur le bouton). ☎ 02-28-56-77-99. • odesia-vacances.com • ♿ Doubles env 90-150 €.* Idéalement

LA LOIRE-ATLANTIQUE

placé (la mer de tous côtés), un hôtel isolé aux chambres immenses avec lits médicalisés ou sauna dans certaines. Toutes très sobres voire monacales et parfaitement entretenues. Belle terrasse pour prendre son petit déj. Resto. Sinon, l'été, *Le Galipétant* vous fait traverser jusqu'au Croisic *(lun-sam 9h-19h, dim 11h-19h).* Un plan détente, carrément coupé du monde.

Où manger ?

Le Terminus : *18, quai Saint-Paul. ☎ 02-40-23-30-29. ♿ Fermé dim soir et lun-mar. Compter 20-40 €.* La belle table de la ville, où l'on s'installe dans une salle moderne pour profiter d'une vue imprenable sur la criée et les mouettes morfales. Cuisine de la mer classique et soignée, à base de produits frais en liaison directe avec l'océan. Une valeur sûre.

À voir. À faire

Le clocher-belvédère de l'église de Trescalan : *visite guidée juil-août, lun et ven-sam 14h30-17h (1,50 €, gratuit moins de 12 ans).* Construit en 1852, il offre une vue panoramique à 45 m au-dessus du niveau de la mer. Accès par 110 marches et une échelle en bois !

La criée et le port : *arrivée des bateaux l'ap-m et en soirée lun-ven.* Un cérémonial bien réglé que celui de la criée, même si la « criomobile » a pris le relais du crieur professionnel. Mareyeurs, grossistes, poissonniers viennent s'y approvisionner. C'est donc ***réservé aux professionnels,*** mais on peut y assister en visite guidée en saison *(juil-sept, mer-ven 5h45-7h ; compter 1h15-1h30 ; résa obligatoire : ☎ 02-40-24-34-44 ; tarif : 6 €, réduc).* **Pas de vente aux particuliers.** Vrai patrimoine de la ville.

Le musée « La Maison de la pêche » : *derrière l'office de tourisme, sur le port, au-dessus du Centre de marée. ☎ 02-40-11-71-31. • info@augreduvent44.fr • Juil-août, tlj 9h30-12h30, 14h-18h ; horaires plus restreints hors saison. Entrée : 4 € ; réduc.* L'association Au gré des vents a pour but la défense et la promotion du patrimoine maritime. Elle organise de nombreuses animations autour du port. Gère le chalutier du même nom (propriété de la Ville), que l'on peut visiter (45 mn). Organise des visites guidées du port (1h environ) et de la criée (1h). Également des balades autour de la ville, au moulin de Kerbroué. Dans leurs petits locaux, un musée de poche sur l'histoire de la pêche, des expos temporaires, et pour les jeunes mousses, des ateliers de matelotage pour apprendre à faire des nœuds comme la « jambe de chien » *(sur résa).* Très actif et de bon conseil pour vos sorties en mer.

➢ **Le Petit Train des Marais salants :** *départ devant l'office de tourisme. 📱 07-68-23-74-47. • petit-train-guerande.fr • Avr-août ; juil-août, départs tlj à 11h (sauf sam-dim), 14h30, 15h30, 16h30 et 17h30 (sauf mer). Tarif : 8 € ; réduc.* Petite visite guidée de 1h à travers les marais.

➢ **Pêche et promenades en mer :** *mai-oct. Infos à l'office de tourisme.* Sorties de pêche à bord d'un chalutier, pêche au bar au lancer... Plusieurs professionnels proposent leurs services.

Fête et manifestation

– **Festi Vent :** *dernier w-e de juin. • laturballe.fr •* Démonstrations de cerfs-volants, initiation au kayak de mer et à la voile, baptême de goélette, spectacles déambulatoires, concerts...

– ***Fête de la Sardine :*** *mi-juil et mi-août.* Dégustation de la reine sardine sous toutes ses formes. Musique bretonne. Très populaire.

DANS LES ENVIRONS DE LA TURBALLE

Les ***dunes de Pen Bron*** sont classées et protégées. Il s'agit d'un isthme sablonneux, s'avançant entre la mer et le Traict (lagune salée soumise au va-et-vient des marées), pratiquement jusqu'au Croisic. Ce site naturel protégé abrite également une plage. Tout au bout de l'isthme, on atteint l'imposant ***centre marin de Pen Bron*** qui fut dédié à la rééducation motrice et fonctionnelle jusqu'en 2018.

➢ Liaisons saisonnières entre la pointe de Pen Bron et le port du Croisic avec un passeur (8 places), *Le Galipétant.* *Infos aux offices de tourisme du Croisic et de La Turballe.*

PIRIAC-SUR-MER [pen kiriak]

(44420) 2 260 hab. *Carte Loire-Atlantique, A2*

Un des plus beaux endroits de la région. Ce port pittoresque en diable a séduit Daudet, Flaubert, Pablo Casals... Zola y séjourna dans une maison en face de l'église, et la famille Belmondo y avait ses quartiers. Avec ses ruelles étroites d'où percent çà et là valérianes et roses trémières et ses lourdes maisons de granit aux balcons fleuris, Piriac, une des rares stations de la côte atlantique labellisée Famille Plus, possède un charme fou. Pas de voitures en centre-ville (utiliser le grand parking à l'entrée).

Adresse et info utiles

Office de tourisme : *7, rue des Cap-Horniers. ☎ 02-40-24-34-44. • labaule-guerande.com • Près du parking du marché. Juil-août, lun-sam 9h30-19h, dim 10h-13h, 15h-18h ; avr-juin et sept-oct, lun-sam 10h-12h30, 14h-18h ; nov-mars, mar-sam.* Organise des visites de la ville sur réservation (programme sur le site web).

➢ ***En bus :*** ligne 4 du réseau *Aléop* avec La Baule. *• aleop.paysdelaloire.fr •*

Où dormir ? Où manger ?

Camping

Camping Mon Calme : *rue de Norvoret. ☎ 02-40-23-60-77. 06-27-14-28-61. • campingmoncalme@free.fr • campingmoncalme.com • Proche de la plage du Castelli, à 5 mn à pied du village. Pâques-fin sept. À partir de 20 € ; mobile homes.* Encadré de maisons dans un quartier résidentiel, proche du port et des plages, un camping à l'ambiance relax avec piscine chauffée non couverte, bar et resto.

De bon marché à prix moyens

Chambres d'hôtes Polohan : *555, route de Guérande. 06-98-78-29-21. • sylvie-guillard@wanadoo.fr • Congés : déc-janv. Doubles à partir de 62 €.* On est bien, chez Sylvie. Elle accueille ses hôtes comme des amis et leur réserve des chambres agréables et tout confort avec accès indépendant. Le tout dans une belle maison à quelques encablures du centre.

Hôtel de la Poste – Restaurant La Terrasse Fleurie : *26, rue de la Plage. ☎ 02-40-23-50-90. • piriac.hoteldelaposte@wanadoo.fr • hotel-restaurantdelaposte.com • Resto fermé mer et le soir dim-mar hors saison. Congés : de début janv à mi-fév et de fin nov à mi-déc. Doubles 66-79 € ; familiales. Formule déj en sem 9 € ; menu 27,50 € ; carte 30-35 €. Apéritif maison offert sur présentation de ce guide.* En terrasse ou dans la jolie salle, une cuisine soignée, comme on dit, largement tournée vers la mer et à base de produits frais. Chambres rénovées, simples et agréables. Excellent accueil.

À voir. À faire

La Maison du patrimoine : *3, pl. Henri-Vignioboul. ☎ 02-40-15-59-71. • patrimoinepiriac.fr • Juil-août, tlj 15h-19h, plus 10h30-12h30 jeu-ven ; sept, tlj sauf lun 14h30-18h ; avr-juin, w-e et j. fériés 15h-18h. Entrée : 3 € ; gratuit moins de 12 ans.* Petite expo sur l'histoire de Piriac, l'aventure de la sardine, photos, 1 200 cartes postales anciennes, maquettes, costumes, objets, expo sur le port, vieux métiers...

Piriac Aventure : *route de Mesquer (D 52). 06-67-90-56-66. • piriac-aventure.com • Juil-août, tlj 9h30-20h ; horaires restreints hors saison (voir leur site). Résa conseillée. Entrée : 23 € ; réduc et formule famille.* Entre terre et ciel, on glisse ou on grimpe, de la cime d'un arbre à l'autre. Plus de 80 ateliers de différents niveaux sur une dizaine de parcours régulièrement entretenus, voire carrément remis à neuf.

Le tombeau d'Almanzor : *en suivant le sentier des douaniers, peu avt la pointe du Castelli ; accessible seulement à marée basse selon coefficient.* Le rocher le plus connu de cette portion de côte, qui peut, effectivement, évoquer un tombeau, recouvert des plis d'un drap mortuaire. C'est celui, dit la légende, d'Almanzor, un seigneur local qui fit naufrage ici à son retour de croisade. Au grand désespoir de sa gente dame Yseult, qui l'attendait dans la *grotte à Madame* qu'on découvre également au long de ce sentier.

Balades en kayak de mer : ***Nautisme en Pays Blanc,*** *à la Maison de la mer. ☎ 02-40-23-53-84. • npb.asso.fr •* Découvertes, balades et randonnées nautiques en kayak de mer. Propose également en été des sorties en goélette, à *paddle,* en pirogue et des balades palmées. Location de catamarans, planches à voile, Optimist...

MESQUER-QUIMIAC [meskeR]

(44420) 1 940 hab. *Carte Loire-Atlantique, A2*

Une commune très étendue qui a su garder son âme sauvage. Prendre la route qui longe la côte depuis Piriac, passer à Quimiac, puis aller à Mesquer en passant par l'étier de Kercabellec, près des parcs à huîtres qui bordent le Traict de Merquel. Cet ancien petit port comptait, au milieu du XIXe s, 35 navires exportateurs de sel. Il alimente une partie des marais salants de Mesquer, où des sentiers invitent à la promenade. Beaucoup de charme, plein de plages et plagettes. Mesquer est aussi réputé pour ses pigeons élevés en plein-air. On les retrouve à la carte sur toutes les bonnes tables de la région.

Adresse et info utiles

🅸 ***Office de tourisme :*** *pl. du Marché (pl. de l'Orée-du-Bois), à Quimiac, 44420* ***Mesquer.*** *☎ 02-40-24-34-44. • mesquerquimiac.com/office-de-tourisme/ • ♿ Juil-août, lun-sam 9h30-19h, dim 10h-13h, 15h-18h ; avr-juin et sept-oct, lun-sam 10h-12h30, 14h-18h ; nov-mars, mar-sam.* Infos pour les visites guidées des marais et des parcs ostréicoles en été. Billetterie.

➢ ***En bus :*** réseau ***Aléop.*** Liaisons sur résa avec La Baule et Guérande.

Où dormir ? Où manger dans le coin ?

Campings

⛺ ***Camping Le Beaupré :*** *141, route de Kervarin,* ***Kercabellec.*** *☎ 02-40-42-64-16. 📱 06-85-61-03-27. • info@lebeaupre.com • lebeaupre.com • Du centre de Mesquer, direction Kercabellec. Avr-sept. Pour 2, compter env 19-26 €, électricité comprise ; mobile homes.* Un camping de poche situé au nord de Mesquer, à 300 m de la mer. Sous les grands pins et les cyprès, juste ce qu'il faut de mobile homes pour narguer les campeurs. Tente collective pour manger au sec. Sentier de randonnée à deux pas. Très cool.

⛺ ***Camping Château du Petit Bois :*** *1820, route de Kerlagadec, Mesquer-Quimiac. ☎ 02-40-42-68-77. • info@campingdupetitbois.com • campingdupetitbois.com • Avr-sept. En été, forfait pour 2 env 25 € ; mobile homes.* De grands emplacements bien délimités dans la clairière ou dans la pinède centenaire. Bien au calme. Ici, le proprio a tout misé sur les jeux pour enfants pour attirer la clientèle : grande piscine, toboggans, tyrolienne et même un geyser ! Bar-resto sur place.

⛺ ***Camping de la Baie :*** *Keravelo, à* ***Pen-Bé-en-Assérac.*** *☎ 02-40-01-71-16. • contact@camping-delabaie.com • camping-delabaie.com • ♿ De l'autre côté du Traict de Merquel. Avr-oct. Forfait pour 2 env 28 € ; chalets et mobile homes.* Camping convivial et familial aux emplacements ombragés, sis dans un hameau calme et isolé du reste du monde, avec accès au Traict de Pen-Bé. Des animations pour les enfants en saison. Piscine couverte et chauffée.

De prix moyens à chic

🏠 🍽 ***Hôtel Relais Marine :*** *276, rue Centrale, à* ***Quimiac.*** *☎ 02-40-42-51-09. • relaismarine@free.fr • relaismarine.fr • ♿ (resto). Sur la route de Mesquer. Resto ouv le soir mar-sam, plus le midi dim. Doubles 58-87 €. Menus 28-38 €.* À 300 m de la plage, cet établissement d'un classicisme redoutable est un point de chute idéal. Au restaurant, un vent marin souffle sur les assiettes avec une belle cuisine de saison, servie aux beaux jours dans le jardin intérieur. Quant aux chambres, elles se présentent dans des teintes marines, douces et apaisantes.

🍽 🍸 ⛱ ***Café du Port :*** *290, rue du Port, à* ***Kercabellec.*** *☎ 02-40-24-57-03. Fermé lun. Formule déj env 14 € ; plat env 15 €.* C'est l'ancien café de Kercabellec, où venaient s'amarrer jadis les figures locales. Hors saison, c'est une cuisine fraîche (que des produits du cru et bio), pour une assiette joliment travaillée, d'ailleurs Anna a même tendance à coller des fleurs dans tous ses plats ! En juillet-août en revanche, c'est moules-frites et point barre ! Cela dit, l'adresse reste une valeur sûre pour un apéro au coucher du soleil.

🍽 ***La Vieille Forge :*** *rue d'Aha, à Mesquer. ☎ 02-40-42-62-68. • contact@vieilleforge.fr • Fermé sam midi, dim soir et lun. Formules déj en sem hors juil-août env 19-23 € ; menus 35-49 €.* Dans une ancienne forge du XVIIe s, comme son nom l'indique. Les murs de pierre et les poutres de bois sont donc toujours en bonne place, mais dans les assiettes, le rustique cède la place au moderne et au créatif ! Le chef, qui a travaillé dans de grandes maisons, élabore une cuisine soignée à base de produits rigoureusement choisis. Belle carte des vins. Une valeur sûre.

DANS LES ENVIRONS DE MESQUER-QUIMIAC

La pointe de Merquel : *entre Quimiac et Mesquer.* Une plage superbe (plage de Sorlock), des bouchots à marée basse et une vue au loin sur l'île Dumet. Juché sur un ancien blockhaus, un belvédère permet de mieux comprendre le Traict de Merquel. À marée basse, les ornithos seront aux anges. Remarquer la mignonne *chapelle* blanche *(ouv en saison, se renseigner à l'office de tourisme),* reconstruite en 1946. À l'intérieur, magnifiques statues polychromes de Jean Fréour, le sculpteur breton de la région, et une fresque très kitsch des années 1950, avec une ribambelle d'enfants de chœur.

AU CENTRE DU MONDE

À une poignée de kilomètres au large de Piriac-sur-Mer, la petite île Dumet, aujourd'hui déserte, serait, d'après les calculs du physicien Alphonse Berget en 1912, le centre des terres émergées. Mais d'autres calculs plus récents situent ce « nombril du monde » à Pitesti, en Roumanie. Salvador Dalí avait opté pour la gare de Perpignan. Une chose est sûre : Dumet est la seule île maritime de Loire-Atlantique !

LE PARC NATUREL RÉGIONAL DE BRIÈRE

Carte Loire-Atlantique, A-B2

• Carte *p. 173*

2e marais de France après la Camargue, la Grande Brière se présente comme une mosaïque de canaux, de plans d'eau, de roselières et de prairies inondables. Propriété indivise des habitants depuis des temps immémoriaux (la Brière était un alleu, une terre libre, en opposition aux fiefs qui eux étaient inféodés à un seigneur au Moyen Âge), la Grande Brière s'étend sur 54 800 ha dont environ 20 000 ha de zones humides. Elle se compose au nord des marais du Haut-Brivet, à l'est de ceux de Donges, au centre de 7 îles (dont Fédrun, la principale) et à l'ouest de la Grande Brière Mottière (6 700 ha), qui a donné son nom au parc. Immense tourbière que les pluies d'automne transforment en une vaste étendue d'eau, ce pays permet le développement d'une faune et d'une flore spécifiques (roseaux, nénuphars thorelles, loutres, spatules blanches, hérons...).
Et l'être humain dans tout cela ? Depuis la nuit des temps, les Briérons (peut-être des descendants des Vikings débarqués en basse Loire au IXe s, qui sait ?) construisent leurs habitations avec des matériaux du cru. Près de 3 000 chaumières sont ainsi référencées, créant une atmosphère et un environnement qui contrastent avec la côte, située à seulement une dizaine de kilomètres. Parc naturel régional reconnu depuis 1970, le marais souffre néanmoins de la régression des activités traditionnelles. Des programmes d'entretien limitent toutefois son assèchement progressif. En effet, sans l'intervention de l'homme, le marais se comblerait et la forêt repousserait.

La Brière se découvre tranquillement, à son rythme, au fil de l'eau ou d'une promenade, tôt le matin ou à la nuit tombée afin d'observer au mieux oiseaux et ragondins. Et, bonne nouvelle, dans la Brière se cachent également des adresses de qualité pour se loger ou se restaurer.

UN PEU DE GÉOLOGIE ET D'HISTOIRE

On pense que cette cuvette géologique, après avoir été envahie à plusieurs reprises par la mer, a fini par se combler et s'assécher, permettant ainsi à la végétation de s'y installer, tant et si bien qu'aux environs de 5 000 ans av. J.-C. une véritable forêt de chênes et de hêtres s'y était installée. Les choses étant rarement stables en géologie, les alluvions de la Loire ainsi que les dépôts marins finirent par contrarier l'écoulement des ruisseaux (sans doute des affluents du Brivet) qui coulaient de l'arrière-pays vers la mer, et la forêt devint un véritable marécage.

Nous sommes vers 4 500 ans av. J.-C. Les arbres littéralement asphyxiés par l'eau, une fois morts, tombent, enfouis sous les débris de végétation marécageuse qui, elle, se transformera en tourbe au fil du temps. Témoins de ce changement de nature de terrain, les *mortas,* des arbres plus durs et plus noirs que l'ébène ; une fois séchés, ils sont transformés en sculptures par seuls quelques courageux artistes ; autrefois, ils étaient utilisés en charpente.

La fin de l'été était marquée par l'extraction de la tourbe. Pendant les 8 jours accordés au tourbage, on se livrait aussi à la recherche des *mortas.* L'activité de tourbage prit fin après la Seconde Guerre mondiale. Cette Camargue de l'Ouest vivait repliée sur elle-même. Les habitants se mariaient entre voisins. Ces habitudes de vie d'autrefois sont merveilleusement retranscrites dans le roman d'Alphonse de Châteaubriant, *La Brière.*

UN MARAIS PROVIDENTIEL

Jusqu'au milieu du XIXe *s, le marais était une véritable richesse. Le roseau était utilisé pour le chaume et les litières des animaux ; la tourbe servait de combustible qui était vendu jusqu'à l'île de Ré ; l'osier était employé dans la vannerie ; et le poisson et le gibier abondaient. On recueillait même les sangsues pour les vendre aux pharmaciens.*

DÉCOUVRIR LE MARAIS

Plusieurs prestataires organisent des ***randonnées de découverte*** du marais. Le visiteur embarque sur un *chaland* ou un *blin,* un bateau à fond plat utilisé dans le passé pour transporter le bétail, poussé à la *perche* sur les *piardes* (anciens sites d'exploitation de la tourbe), de *curées* (canal de ceinture) en coulisse, parmi les roseaux, les iris ou autres laîches.

On peut choisir de manœuvrer seul la barque, mais ce n'est pas si facile. L'idéal est de s'adresser à un professionnel.

– Liste des guides répondant à la charte de qualité du parc auprès des bureaux d'info touristique, notamment celui de Kerhinet. Pour une balade en barque (45 mn-1h), compter env 10 €/pers ; en barque + calèche (1h30), autour de 18 €/pers ; tarifs réduits à l'office de tourisme La Baule – Presqu'île de Guérande. Départs recommandés en matinée ou au coucher du soleil, plus frais et plus calmes. Loc de chalands individuels (avec pagaies) sur résa seulement.

– La Brière se découvre également ***à pied, à vélo, à cheval*** ou ***en calèche*** (souvent les mêmes guides qu'en chaland). Et que dire d'un conteur pour un ***vagabondage nocturne*** sur le marais (en juillet-août) ? Le parc organise de nombreuses promenades et visites guidées à thème (faune, flore, patrimoine...).

LA FAUNE EN BRIÈRE

Paradis des ornithologues, la Brière, zone Natura 2000, recèle nombre d'espèces d'***oiseaux*** : rapaces (busard des roseaux), butor étoilé (héron au chant de corne de brume), passereaux (bruant des roseaux, mésange à moustaches) et autres grèbes, sarcelles, moretons, rousserolles, hérons... À voir également, la foulque macroule qui fait son nid près des plans d'eau. Le marais nourrit encore 4 000 ***bovins*** (contre 18 000 au début du XXe s). L'***écrevisse rouge de Louisiane*** a fait son apparition dans les marais dans les années 1970, à la suite de l'installation d'un élevage. Leur reproduction exponentielle a engendré pendant un temps de vrais dégâts dans les piardes. Aujourd'hui, la petite bête se fait plus discrète... On trouvera aussi, mais malheureusement bien trop souvent le long des routes, des ***loutres*** et des ***ragondins.*** Alors, méfiance quand vous êtes au volant.

LA CHAUMIÈRE DE BRIÈRE

Partie intégrante et caractéristique du paysage briéron. Avec plus de 3 000 chaumières recensées, c'est la plus grande concentration en France : 60 % des chaumières françaises se trouvent en Brière. À la différence des chaumières bretonnes et normandes, celle de Brière est trapue et sa hauteur sous plafond reste faible. Les murs épais sont montés en pierre et en terre. 3 ouvertures traditionnelles sont exposées au midi. La porte basse s'ouvre en 2 parties. Ces chaumières ne comportaient autrefois qu'une seule pièce avec un sol en terre battue, où l'on disposait bancs, table et lits dans les coins. Un petit escalier étroit montait au grenier. On en découvre quelques superbes exemples au hameau de Kerhinet.

Adresses utiles

Bureau d'information touristique de Brière : Kerhinet, 44410 Saint-Lyphard. *☎ 02-40-24-34-44. • labaule-guerande.com • Avr-début nov, tlj ; début nov-mars, seulement w-e. Fermé en janv.* Topoguides de randos *(5 €),* visites guidées du village toute l'année. Résas de balades en chaland. Nombreux tarifs réduits pour les sites de visites. Location de vélos.

Bureau d'information de Saint-Lyphard : *pl. de l'Église. ☎ 02-40-24-34-44. • labaule-guerande.com • Juil-août, tlj sauf dim ap-m ; mi-saison, fermé dim ; nov-mars, fermé dim-lun.* Organise des visites du clocher de l'église pour profiter du panorama grandiose à 360° sur la Brière *(tte l'année ; 4 €/adulte, réduc).* Réservation de balades en chaland. Nombreux tarifs réduits pour les sites de visites. Location de vélos.

D'autres points info répartis sur le territoire du parc, à ***Pont-Château/ Saint-Gildas-des-Bois*** ainsi qu'à ***Missillac,*** sans oublier l'office de tourisme de ***Saint-Nazaire.***

Location de vélos : *l'office de tourisme La Baule – Presqu'île de Guérande (Saint-Lyphard et Kerhinet), labellisé Accueil Vélo, loue des vélos et propose des fiches pour les 210 km d'itinéraires balisés. Sinon,* ***Au Gré du Vent,*** *sur le port de plaisance de* ***Camoël*** *(Morbihan), fait des livraisons-reprises au point d'hébergement de VTT, VTC et remorque enfant (☎ 02-99-90-56-91 ; 📱 06-20-67-49-92 ; • augreduvent.fr • ; juil-août, tlj ; le reste du temps, sur résa).*

Où dormir ? Où manger ?

Camping

Voir aussi les campings de Guérande et les meublés, nombreux dans le coin.

Camping Le Deffay : 44160 Sainte-Reine-de-Bretagne. *☎ 02-40-88-00-57. • info@camping-le-deffay.com • camping-le-deffay.com • ♿ Mai-sept.*

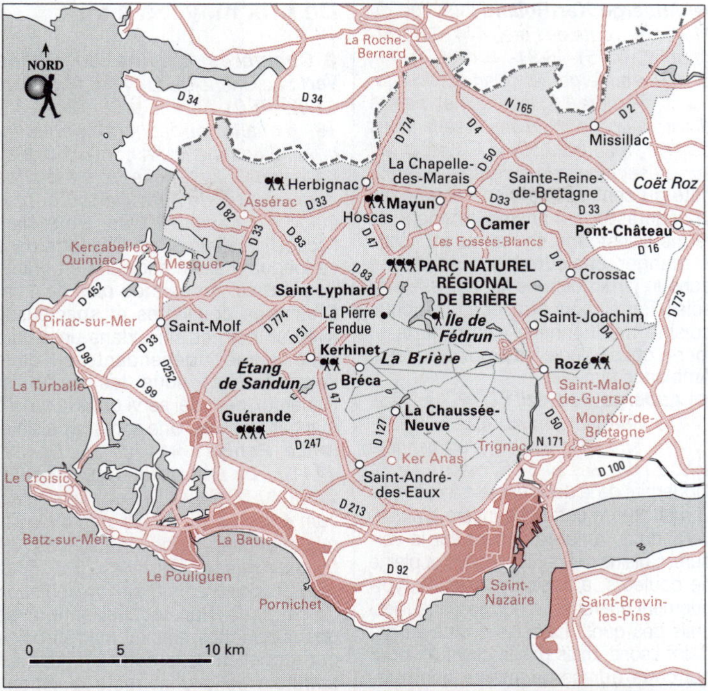

LE PARC NATUREL RÉGIONAL DE BRIÈRE

Pour 2, compter 18-23 € ; mobile homes et chalets. Très beau camping, ombragé et paisible, étendu sur les 13 ha du parc d'un élégant château du XIXe s. De nombreuses activités (piscine chauffée et couverte, pêche, vélo, embarcations à pédales, jeux pour enfants...). 5 chambres d'hôtes dans le château tout proche (un peu chères). Bar-resto.

Côté ouest du parc

De prix moyens à chic

Chambres d'hôtes La Musardise : *47, rue du Méné, 44350* ***Guérande.*** *☎ 02-40-61-90-50. • lamusardise44@orange.fr • lamusardise.fr • ♿ À proximité de Kerhinet mais sur la commune de Guérande, à deux pas de l'étang de Sandun. Double 84 €.* Dans une longère du XVIIIe s, de belles chambres en duplex avec entrée indépendante, à la déco bien pensée et aux couleurs harmonieuses. Un bon point de chute, au calme.

Chambres d'hôtes La Noé de Marlais : *12, rue Jean-de-Rieux, Marlais, 44410* ***Herbignac.*** *☎ 02-40-91-40-83. 📱 06-88-50-35-24. • chambres@lanoedemarlais.fr • lanoedemarlais.fr • D'Herbignac, prendre la D 47 vers Saint-Nazaire. Congés : oct. Double 69 € ; familiales. Réduc de 10 % sur le prix de la chambre pour min 2 nuits consécutives sauf juil-août sur présentation de ce guide.* Une poignée de chambres nickel dont 2 à l'étage d'une longère ; également une belle suite pour 4 personnes, pratique en famille. Décoration classique, privilégiant le mobilier de famille. Jardin fleuri, jeux pour les enfants. Bon rapport qualité-prix doublé d'un bel accueil.

Auberge Ker Roland : *49, rue du Morbihan, route de Férel, 44410* ***Herbignac.*** *☎ 02-51-76-91-76. 06-15-71-57-13. • auberge-ker-roland@alicepro.fr • Derrière l'église (fléché). Fermé dim soir-lun. Formule déj en sem moins de 17 € ; menus 23,50-47 €. Café offert sur présentation de ce guide.* À proximité du centre mais bien caché dans la végétation, un ancien bâtiment de ferme transformé en restaurant. Salle à manger chaleureuse ou terrasse dans le jardin dès les 1res caresses du soleil. Parfait pour profiter d'une bonne cuisine traditionnelle « entre terre et mer », qui privilégie les produits locaux. Ambiance familiale.

Auberge du Nézil : *D 47, Le Nézil, 44410* ***Saint-Lyphard.*** *☎ 02-40-91-41-41. Fermé dim soir-lun, plus mer hors saison. Formules 24-34 € ; menu 42 €.* La modernité de la déco épouse à merveille la rusticité de cette chaumière typique. Véranda à l'arrière donnant sur la verdure. Cuisine régionale créative et pleine de couleurs, à base de produits typiquement briérons (grenouilles, anguilles) mais pas que... La carte évolue au gré des saisons, mais pas la clientèle, pour qui cette adresse demeure une référence. Franchement, ici, tout nous plaît !

Le Carpe Diem : *29, av. Jean-Boutroux, à* ***Escoublac.*** *☎ 02-40-24-13-14. • contact@le-carpediem.fr • Fermé dim soir et mar soir-mer. Formules déj en sem 12-23 € ; menus-carte 36-56 € ou variation 4 plats « surprise » 60 €. Apéritif offert sur présentation de ce guide.* Une adresse confidentielle que les gourmands connaissent bien. Dans la belle salle contemporaine, on se régale d'une cuisine de saison inventive, finement travaillée à partir de produits régionaux (les fournisseurs sont triés sur le volet !). Des menus pour tous, superbes dès les 1ers prix. En prime : des formules à emporter. Génial, non ?

Côté est du parc

Voir aussi les hébergements auprès de l'***office de tourisme de Saint-Nazaire,*** dont le parc dépend également, notamment ***La Milonga Bed & Breakfast,*** qui possède un accès direct à la Brière grâce au Brivet.

De prix moyens à chic

Chambres d'hôtes Le Chêne Vert : *Le Chêne-Vert, 44780* ***Missillac.*** *☎ 02-40-01-50-46. 06-12-43-33-18. • charlottetrouchard@wanadoo.fr • legiteduchenevert.com • (gîte). Le hameau du Chêne-Vert est situé à proximité de Missillac. Doubles 70-75 € ; familiales.* On aime bien l'accueil chaleureux de Charlotte dans sa longue maison ancienne en granit, donnant sur un parc de plus de 1 ha. Chambres douillettes et spacieuses avec un coin cuisine, dans un studio avec entrée indépendante ou dans l'appartement sous les combles. Généreux petit déj servi dans la salle à manger familiale. Une adresse paisible.

Le Penlys : *41, rue de Penlys, 44410* ***La Chapelle-des-Marais.*** *☎ 02-40-53-91-44. • lepenlys@gmail.com • restaurntlepenlys.com • Ouv le midi mar-dim. Fermé lun. Congés : de fin déc à mi-janv. Formules 20-32,50 €. Apéritif maison offert sur présentation de ce guide.* Salle accueillante, avec des banquettes en skaï marron-beige qui rappellent que cette adresse fut autrefois celle d'un resto à « menu ouvrier ». Si les prix ne se sont pas affolés, la cuisine est désormais très emballante avec de jolis produits made in terroir, travaillés avec simplicité, mais avec beaucoup de savoir-faire et de sincérité.

Auberge du Chaland : *49, La Tennière, 44160* ***Sainte-Reine-de-Bretagne.*** *☎ 02-40-01-05-28. • aubergeduchaland@gmail.com • Ouv le midi tlj sauf lun. Congés : 2 sem fin août et période de Noël. Résa conseillée. Formule en sem 12,50 € ; menus 14,50-30,50 €.* Le cadre tout d'abord : une belle chaumière en pleine campagne, fleurie et tranquille. Une vraie carte postale ! La cuisine ensuite, traditionnelle et familiale (assiette de charcuterie, sandre, anguilles...). Une adresse qui plaît en Brière, à juste titre.

Beaucoup plus chic

La Mare aux Oiseaux : *223, rue du Chef-de-l'Île,* ***Fédrun,*** *44720* ***Saint-Joachim.*** *☎ 02-40-88-53-01.*

• accueil@mareauxoiseaux.fr • mareauxoiseaux.fr • ♿ Réouverture depuis 2020, suite à des travaux. Congés : janv. Résa indispensable (et bien à l'avance pour le resto). Doubles et suites 165-310 € ; petit déj 25 €. Formule déj sauf dim 55 € ; menus 82-120 €. Café ou 1 petit déj/chambre par nuit offert sur présentation de ce guide. Autour d'un jardin luxuriant avec des oiseaux en volières et quelques échassiers en liberté, des chambres luxueuses sous un toit de roseaux, dans une annexe sur pilotis au bord du marais, ainsi que des suites dans le village. Va pour le côté dodo. En ce qui concerne le resto, Éric Guérin, un ancien de *La Tour d'Argent* et grand voyageur, est aux commandes. Ancien ? Que nenni ! Ce chef plein d'idées a su garder son âme d'enfant pour mettre un brin de folie dans les assiettes. En revisitant la manière d'assembler les produits du terroir, sa cuisine d'exception raconte de belles histoires. Qui plus est, le cadre, tout en verrière, est vraiment magnifique. Une grande table !

Où acheter de bons produits ?

***La Chaumière des Saveurs et de l'Artisanat** : village de **Kerhinet**, 44410 **Saint-Lyphard**. ☎ 02-40-61-95-53. Juil-août, tlj ; mars-juin et sept-oct, mar-sam et dim ap-m (fermé dim mat et lun). Congés : nov-fév.* Artisans, fermiers, artistes de la région exposent ici. Un aperçu assez complet de la production briéronne.

À voir

CÔTÉ OUEST DU PARC

Au plus fort de l'été, du fait de sa proximité avec La Baule et Guérande, la pression touristique sur la rive occidentale du parc de Brière est plus forte que sur la rive orientale. À bon entendeur...

Kerhinet *(44410)*

C'est dans ce village, sur la commune de Saint-Lyphard, que l'on trouve l'office de tourisme de Brière (Maison du parc). Ce hameau, réservé aux piétons, est devenu un authentique musée en plein air. Il présente un habitat briéron traditionnel de 18 chaumières sur un sentier d'interprétation en 12 étapes qui retrace son histoire et ses coutumes. Également un itinéraire faisant le tour du village (le *sentier du bocage*), une exposition pour découvrir les différentes facettes du territoire, un programme d'animations avec balades contées, des visites guidées thématiques, des démonstrations d'artisanat ou de peinture, des ateliers créatifs... Bien sûr, beaucoup de monde en été.

Le jeudi de juillet à mi-septembre, un ***marché*** des produits du terroir s'y installe toute la journée : alimentation, vannerie... De grandes tables sont dressées pour déjeuner sur le pouce avec animation musicale. Une formule sympathique avec de bons produits fermiers.

La Chaussée-Neuve

De Saint-André-des-Eaux, une route champêtre s'enfonce vers le cœur du marais. À La Chaussée-Neuve, on embarquait jadis pour 1 ou 2 jours pour livrer sel et légumes à Trignac ou Saint-Joachim, d'où l'on rapportait sable ou fumier. Le long canal n'attend plus désormais que les touristes en mal de poésie... Ils ne seront pas déçus.

Bréca *(44410)*

Sur la route de Saint-Lyphard, côté droit. Hameau riche en chaumières, d'où l'on peut aller dans le marais en chaland ou en calèche (voir plus haut « Découvrir le marais » en intro au parc naturel régional de Brière). Espace pique-nique, auberge et crêperie. Touristique mais pas dénué d'intérêt.

Saint-Lyphard *(44410)*

Grimpez les 135 marches du clocher de l'église, pour une vue à 360° sur toute la Brière *(planning des montées au bureau d'info touristique de Saint-Lyphard ; 4 €).* Accès également aux petits ports de *la Pierre-Fendue* et de *Bréca* pour une balade sur les canaux.

Les jardins du Marais : *chemin de Mintré, à* ***Hoscas, 44410 Herbignac.*** *☎ 02-40-91-47-44. Sur la D 51 (fléché). Avr-Toussaint, tlj 15h-19h. Entrée : 5 € ; réduc.* Ce Jardin remarquable hors du commun, de 13 000 m², semble habité par les déesses de l'Amour et de la Beauté. Le créateur de ce lieu, venu aux plantes par la peinture, a le sécateur toujours en poche. Il a donné des cours au *Potager du Roi* à Versailles et a aussi été coupeur de roseaux en Brière. Ce petit paradis luxuriant lui ressemble, à la fois sauvage et charmant, volubile et exubérant. Il a tant à raconter avec ses pièces d'eau, son potager, des îlots, des huttes, des allées, des tunnels et des ponts... Une visite à ne pas manquer, prévoir simplement de prendre son temps.

Le château de Ranrouët

Situé à ***Herbignac*** *(44410). ☎ 02-40-88-96-17. • chateauderanrouet.fr • Juil-août, tlj 10h-19h ; horaires plus restreints hors saison. Entrée : 5 € ; réduc. Visites guidées tlj sauf mer à 15h en juil-août (5 €, réduc, gratuit moins de 7 ans en famille). Également des visites thématiques et animations, y compris pour les tout-petits !*
C'est le dernier des châteaux du Moyen Âge qui bordaient la Brière. Il avait un rôle stratégique, car situé sur la route du sel. Ce château, à l'état de ruines imposantes, résume toutes les techniques de construction militaire du XIIIe au XVIIe s. Motte féodale, bastion ou château fort, il s'agit d'un édifice composite, en somme, mais bien restauré. Jeter un œil aux besants (armoiries sur pierre, encastrées dans le mur) et à la barbacane (l'avant-poste défensif de l'entrée). Sentier d'interprétation avec panneaux explicatifs.
– De mi-juillet à août, sympathique marché nocturne tous les mardis à partir de 18h : une douzaine de producteurs locaux proposent leurs produits, que l'on peut goûter. Sinon, tout un panel d'animations : visites guidées et spectacles familles, campement médiéval, soirées astronomie, concerts baroques, jeux de piste, etc. Barbecue et tables à disposition.

CÔTÉ EST DU PARC

Comme pour le côté ouest (La Chaussée-Neuve, Bréca, port de la Pierre-Fendue), d'authentiques Briérons vous proposeront une petite balade (instructive) à bord de leur chaland. On les trouve principalement sur l'île de Fédrun et à Rozé.

L'île de Fédrun *(44720)*

C'est l'île la plus intéressante, en dépit d'un habitat pour le moins disparate en matière de toitures, puisque alternent chaume, tuiles et ardoises ! À l'origine, les chaumières s'installèrent sur le pourtour de l'île, adossées aux canaux. Le centre de l'île, jamais inondé, était réservé aux cultures. On l'appelait la « Gagnerie ». Ceinturant l'île, un canal, la « curée », desservait les appontements d'amarrage, les « seuils » ou les fossés pour garer les chalands.

La Maison de la mariée : *182, rue du Pouet, à droite à la fourche dans le village. ☎ 02-40-91-68-68 (Maison du parc de Fédru). • maisondelamariee.com • Avr-oct, en visite guidée au départ de la Maison du parc. Entrée : 3-6 € ; réduc ; gratuit moins de 18 ans. Livret-jeux.* Ce petit musée dédié aux ateliers de création de fleurs cirées de Saint-Joachim abrite une superbe collection de globes, plus de 200, qui protègent des couronnes de mariée, et évidemment de nombreuses couronnes, souvent décorées de fleurs d'oranger. Quelques petits films, témoignages et photos anciennes. Un musée unique en son genre.

Au n° 207 de la rue du Chef-de-l'Île, en face du centre administratif du parc (non ouvert au public), la **Chaumière briéronne** *(☎ 02-40-22-35-84 ; • parc-naturel-briere.com • ; entrée libre avr-juin ; en juil-août, seulement sur résa auprès de la Maison du parc ; visite guidée 6 €, sinon 3 €)* présente une exposition sur les îles de Brière, la reconstitution d'un intérieur traditionnel de chaumière et la projection d'un film datant de 1947 sur la vie dans les îles de Brière. C'est également le point de départ d'un petit sentier d'interprétation pour visiter l'île en autonomie.

Rozé (44450)

Plus au sud, après Saint-Joachim (prononcer « Joachun »).

La Réserve naturelle régionale, site Pierre-Constant : *☎ 02-40-24-34-44. Le hall d'accueil se trouve à 800 m à droite après avoir franchi le pont sur le Brivet. Accès à l'observatoire tlj. Accès au site avr-oct, tlj 8h-18h. Parcours à l'intérieur de la réserve en accès libre en juil-août 8h-18h ; le reste de l'année, accessible seulement en visite guidée (résas au ☎ 02-40-66-85-01 ; compter 6 €, réduc).* Un sentier de découverte long de 1,5 km, ponctué de postes d'observation, pour découvrir les oiseaux à l'état sauvage, sur 40 ha. Expo sur les origines et le rôle du marais de Brière. Prêt de jumelles (fournir une pièce d'identité).

Fêtes et manifestations

- **Marché des potiers :** *w-e de l'Ascension, autour du château de Ranrouët, à* ***Herbignac.*** Quelque 40 potiers venus de toute la France perpétuent l'activité traditionnelle d'Herbignac et exposent leurs produits.
- **Festival de la Vannerie :** *une trentaine de vanniers de la France entière se retrouvent le 3e w-e de juil à* ***Mayun.*** *Entrée libre.* Animations, vente de produits.
- **Fête des Métais :** *3e dim de juil, à* ***Saint-Lyphard,*** *village de Kerhinet.* C'est la fête des vieux métiers d'autrefois. Le tout finit par un grand banquet.
- **Les Nuits du marais :** *dernier w-e de juil, à* ***Saint-Lyphard.*** Animations, fest-noz et spectacle son et lumière à partir de 22h30 avec embrasement du lac.
- **Les Anguillades :** *dernier w-e de juil, à* ***Saint-Joachim.*** C'est la fête de l'Anguille, avec dégustation.
- **Fête des Chalands fleuris :** *1er dim d'août, à* ***Saint-André-des-Eaux.*** Défilé de bateaux décorés.
- **Fête du Parc :** *1er dim de sept.* Sous le signe du développement durable : randonnées, forum, spectacles pour petits et grands, démonstration de savoir-faire, marché, etc.

LA LOIRE-ATLANTIQUE

LA VALLÉE DE LA LOIRE

La Loire est longtemps restée le principal axe de circulation des marchandises et des voyageurs dans l'ouest de la France. Au Moyen Âge, les seigneurs riverains percevaient des droits de péage sur chaque marchandise transportée par les gabares, ces bateaux à voiles carrées, disparus au XIXe s. Quelque 800 mariniers et pêcheurs travaillaient autour de Champtoceaux. Mais l'arrivée du train en 1851 fut fatale à leur activité maritime. Celle-ci fut remplacée un temps par l'extraction du sable, entraînant une accélération du courant, une dégradation des rives et une menace pour les ponts.

C'est aujourd'hui la culture maraîchère sur ce sol sablonneux qui a pris le relais. Mâches, radis, carottes, mais surtout muguet entre La Chapelle-Basse-Mer et Saint-Julien-de-Concelles. Avec 50 à 60 millions de brins cultivés, les Pays de la Loire produisent 85 % du muguet français. Et vive la fête du Travail !

Devenue également route touristique, la vallée de Nantes à Ancenis fait aujourd'hui le bonheur des cyclistes sur ce tronçon de *La Loire à Vélo.* Une balade agréable à faire dans la journée au départ de Nantes ou d'Angers, avec possibilité de retour en train, des stations de TER ponctuant le parcours.

POISSON D'AMOUR

Au siècle dernier, dans la vallée de la Loire, lorsqu'un marinier voulait se marier, il déposait une alose, fraîchement pêchée, sur la table de cuisine de la jeune fille dont il était amoureux. Lorsqu'il revenait, si cette dernière avait cuisiné l'alose, les fiançailles (voire le mariage) pouvaient être célébrées. En revanche, si le poisson était resté en l'état sur la table, c'est que ça sentait mauvais pour sa demande !

Balades en bateau...

Bateau-promenade La Luce : *à l'embarcadère, Le Cul-du-Moulin, à* ***Champtoceaux,*** *49270* ***Orée-d'Anjou.*** *☎ 02-40-83-60-00 ou 02-40-83-57-49. Avr-sept, 2-4 départs/j. Compter 1h ; 45 passagers max. Billetterie aux offices de tourisme du Pays d'Ancenis et de Champtoceaux (résa conseillée).* Un des bateaux qui accueillent le plus de passagers sur la Loire. Ouvert, donc idéal pour apprécier les paysages. Une balade sur l'eau propice à la détente.

Détours en Loire : *06-70-30-84-89. • detoursenloire.fr • Sur résa seulement. À partir de 17 €/pers.* C'est à bord d'une toue cabanée – bateau traditionnel de Loire, tout en bois – qu'il a restaurée avec passion que Giovanni, pêcheur expérimenté, embarque ses hôtes (une douzaine au maximum) pour des balades à la carte : matinée pêche, soirée grillades, bivouac, etc.

Les Balades du Pêcheur : *embarcadère entre Boire-Courant et les ponts de Thouaré. 06-59-68-50-99. • lesbaladesdupecheurenloire.fr • Début avr-fin nov. Sur résa seulement. À partir de 30 €/pers.* William Figureau, pêcheur professionnel, propose des balades commentées au fil de la Loire, sauvage en amont vers Ancenis, plus urbaine en aval vers Nantes... Découverte à travers les yeux d'un pêcheur des richesses des bords de Loire, complétée d'une dégustation de produits du terroir.

... et dans les airs

Vol en montgolfière : *avec* **Ciel de Loire.** *07-81-72-89-88. • cieldeloire.com* • Sites de décollage à Oudon, Ancenis et Le Cellier. *Ou avec* **Nantes Montgolfières** *: ☎ 02-40-96-26-26. • montgolfieres.fr • Avr-nov.* Sites d'envol : Ancenis, La Varenne ou Oudon. Un moment inoubliable pour ceux qui en ont les moyens.

LA LEVÉE DE LA DIVATTE (RIVE SUD)

Carte Loire-Atlantique, C3

Nom d'une rivière qui se jette dans la Loire près de La Varenne, c'est aussi celui de la levée qui borde un bout de la Loire, de Nantes au Cellier. Après qu'une ordonnance royale de 1846 déclara la levée de la Divatte d'utilité publique, 9 ans de travaux furent nécessaires pour voir naître cet ouvrage long de 16 km et haut de 3 m.
À la fin du XIXe s, la chaussée qui fut construite dessus devint route nationale. Mais, en 1910, ce fut la catastrophe : la Loire, trop puissante, fit craquer cette « digue » sur des centaines de mètres. Malgré d'importantes inondations, les Nantais ne lui en tinrent pas trop rigueur, et revinrent aux beaux jours à la Divatte et à ses guinguettes. À l'image des bords de Marne à la même époque, on y venait le dimanche pour pêcher, jouer aux boules et aux palets, et, à coup sûr, s'envoyer un p'tit muscadet. L'endroit conserve sa notoriété, grâce aux bonnes tables qui s'y trouvent encore aujourd'hui. On y inventa d'ailleurs le beurre blanc.

Où camper ? Où manger ?

Camping du Chêne : *1, route du Lac, 44450* **Saint-Julien-de-Concelles.** *☎ 02-40-54-12-00. • contact@campingduchene.fr • campingduchene.fr • ♿ À la sortie de Saint-Julien-de-Concelles, sur la route du Loroux-Bottereau. Avr-sept (tte l'année pour les loc). Forfaits pour 2 env 16-19 € ; hébergements locatifs. 100 empl.* Au bord de l'étang du Chêne, dans un joli espace arboré bien plat et calme. Piscine, jeux pour enfants, tennis, location d'embarcations à pédales et de barques pour pêcher. Point d'information touristique et petit kiosque faisant snack au bord de l'étang. Dépôt de pain et viennoiseries en saison. Tenu par un couple aux petits soins pour ses hôtes. École de voile juste à côté.

Villa Mon Rêve : *2, levée de la Divatte, 44115* **Basse-Goulaine.** *☎ 02-40-03-55-50. Sur la D 751, en contrebas de la route des bords de Loire. Fermé dim soir et lun-mar. Menus 30-62 €.* C'est d'abord une élégante maison de maître, dotée d'une ravissante terrasse fleurie en été et d'une salle joyeusement rénovée au goût de l'époque. Et c'est surtout une bonne table, où le chef élabore une belle cuisine de région et de tradition qui laisse de la place pour l'innovation. Très large (et judicieux) choix de muscadets.

À faire dans le coin

L'espace de loisirs Les Rives de Loire : *à la Pierre-Percée, à 3 km de* ***La Chapelle-Basse-Mer*** *(44450).* Autour d'un plan d'eau, une aire de jeux, de pique-nique et de pêche, avec plusieurs sentiers pédestres. Baignade interdite.

LA LOIRE-ATLANTIQUE

DE SAINTE-LUCE-SUR-LOIRE À OUDON (RIVE NORD)

La rive nord de la Loire offre de jolis paysages escarpés où les vignes descendent en pente douce jusqu'au fleuve, bénéficiant d'un fort ensoleillement. Muscadet sur lie, gamay coteaux-d'ancenis, mais aussi malvoisie et « Belle Folie », particulièrement gouleyants, sont produits ici. Louis de Funès, qui vivait dans le coin, au Cellier (il y est enterré au cimetière, face à son château de Clermont), devait savourer à la fois ces paysages et ces vins... Une rive agréable, à parcourir par son chemin de halage car dénuée de routes.

Où dormir ? Où manger dans le coin ?

Camping

Camping Belle Rivière : *route des Perrières, 44980* ***Sainte-Luce-sur-Loire.*** *☎ 02-40-25-85-81. • belleriviere@wanadoo.fr • camping-belleriviere.com • Entre Sainte-Luce et Thouaré, à env 10 km au nord-est de Nantes par la sortie 24. Tte l'année. Forfaits pour 2 env 16-18 € ; loc de mobile homes. 100 empl.* Emplacements calmes, suffisamment espacés et bien ombragés, mobile homes à l'écart. Son cadre et son confort justifient le détour. Pêche et promenades au bord de la Loire, directement accessible. Nantes à 10 km à vélo sur piste cyclable.

De prix moyens à chic

L'Envol : *85, rue des Mauves, 44470* ***Thouaré-sur-Loire.*** *☎ 02-40-68-07-21. • restaurantlenvol@orange.fr • restaurant-lenvol.net • Fermé dim-lun et le soir mar-mer. Congés : 1 sem en fév et 3 sem en juil-août. Formule déj en sem 21 € ; menus 24,90-34,90 €.* Derrière cette façade moderne pimpante se cache un super petit resto, très fréquenté au déjeuner par une clientèle d'affaires. On sert ici, à prix serrés, une cuisine traditionnelle fraîche et inventive, qui évolue au gré de la marée, du marché et de l'inspiration du chef. Service en salle (déco contemporaine et agréable) ou, mieux, en terrasse dans un petit jardin, à l'arrière, dès les beaux jours. Et là, c'est formidable !

Le Clos du Cellier : *1, pl. du Mémorial, 44850* ***Le Cellier.*** *☎ 02-40-25-38-45. • contact@restaurantleclosducellier.fr • Au cœur du bourg, en contrebas de l'église. Fermé dim soir-mar. Formules déj en sem ; menus 24-54 €.* Un resto élégant au cadre rustique modernisé, doublé d'une cave à vins pleine de merveilles venues d'un peu partout. Madame est aux fourneaux, monsieur en salle. Dans l'assiette, une bonne cuisine de saison, à base de produits du terroir, avec une formule économique le midi, plus élaborée et d'inspiration gastronomique le soir.

Plus chic

Chambre d'hôtes Villa Belle Couronne : *4, rue des Grands-Coteaux, 44850* ***Le Cellier.*** *☎ 02-28-16-13-12. 📱 06-78-65-94-02. • contact@bellecouronne.fr • bellecouronne.fr • Pas loin de l'église. Double 120 € ; gîtes 2 pers également.* On avait croisé les proprios néerlandais du côté de l'Anjou, on les retrouve ici dans un somptueux manoir Belle Époque doté d'arbres remarquables et d'une piscine, dans un parc dominant la vallée de la Loire. Charme indéniable et confort sans faille dans les 2 chambres offrant un panorama spectaculaire. Également 2 gîtes modernes aménagés dans l'ancien garage.

Où acheter du bon vin ?

Domaine des Génaudières : *44850* ***Le Cellier.*** *☎ 02-40-25-40-27. • domaine-genaudieres.fr • Fléché à partir de la D 723, entre Oudon et*

Mauves-sur-Loire. Lun-sam 9h-12h30, 14h-19h. Fermé dim. Anne Athimon veille sur ce domaine familial viticole datant de 1635 (l'un des plus anciens des bords de Loire), dont les vignes descendent en terrasses jusqu'au fleuve. Les spécialités : muscadet, gamay coteaux-d'ancenis et un rare malvoisie.

Domaine Landron Chartier : *657, bd des Airennes,* ***Saint-Géréon,*** *44150* ***Ancenis.*** *☎ 09-81-41-92-00. • landronchartier.fr • À l'ouest d'Ancenis. Mar-sam 10h-12h30, 15h-18h. Fermé dim-lun et j. fériés. Visites commentées et animations œnologiques sur résa.* Vins bio de qualité, y compris un intéressant pétillant naturel.

À voir

La grotte des Faux-Monnayeurs : *au-dessus de la voie ferrée et du chemin de halage, 44470* ***Mauves-sur-Loire*** *(à mi-chemin entre Thouaré et Oudon).* Au XVIe s, les frères Malestroit, propriétaires du château d'Oudon, y fabriquaient de fausses pièces d'or, avant d'être arrêtés et décapités en 1526 à Nantes.

Les Folies Siffait : *à 2 km d'Oudon, 44850* ***Le Cellier.*** *Vérifier les conditions d'ouverture sur le site du département • loire-atlantique.fr •* Ces étranges ruines sont fermées la plupart du temps, on peut tout juste les apercevoir en les longeant à pied par le chemin de halage en bord de Loire. Les raisons d'une telle construction par un employé des douanes, Maximilien Siffait, au XIXe s, demeurent inconnues. Toujours est-il que les pavillons, les kiosques, les tourelles gothiques, les murs crénelés ont inspiré Stendhal et Turner, lequel en fit une série de gravures et de toiles.

OUDON

(44521) 3 042 hab. *Carte Loire-Atlantique, D3*

Perchée sur son rocher dominant le fleuve, l'impressionnante tour du château médiéval constitue la pièce maîtresse de cette mignonne ville... Points de vue sympa tout au long de la route qui borde la Loire, et nombreuses possibilités de randonnées pédestres et cyclables. Agréable petit port de plaisance au pied du rocher. Possibilité de baignade au plan d'eau les après-midi de juillet et août.

Adresse utile

Office de tourisme du pays d'Ancenis : *11, rue du Pont-Levis. ☎ 02-40-83-07-44. • pays-ancenis-tourisme.fr • À l'entrée du château. Ouv printemps-automne.* Infos sur tout le pays d'Ancenis et les bords de Loire. Location de barques et canoës sur la vallée du Hâvre d'avril à octobre. Fiches de randonnées, carte boucles cyclables *La Loire à Vélo.*

Où manger ? Où boire un verre ?

Le Café du Hâvre : *230, rue Alphonse-Fouschard. ☎ 02-40-09-57-25. • lecafeduhavre@gmail.com • Fermé lun et mar midi hors saison. Planches et tartines autour de 7-10 €. Café offert pour un repas sur présentation de ce guide.* Installé au pied du château et en surplomb du Hâvre, ce petit café jeune et relax ne pouvait rêver meilleur emplacement ! L'été, on investit les terrasses pour picorer parmi les planches de charcut' et de fromage en regardant couler la rivière. Dès que le temps se rafraîchit, direction la salle avec sa cheminée en bonne place, ses banquettes et son carrelage vintage. Bonne ambiance, surtout les jours de concert.

Villa Saint-Germain : *170, rue Alphonse-Fouschard. ☎ 02-51-14-10-04. 06-82-31-27-07. • villastgermain@orange.fr • Au pied du petit pont, au centre-ville. Fermé dim-lun. Résa indispensable. Formules déj en sem 16-20 € ; menu 35 € le soir.* On vient de Nantes pour découvrir la surprenante cuisine de Marie Le Calvez ! En perpétuelle invention, influencée par ses (grands) maîtres autant que par ses voyages en Asie, elle cuisine d'instinct et étonne à chaque plat. On sort de ce lieu unique, à l'ambiance cosy et détendue, en se promettant d'y revenir pour de nouvelles découvertes culinaires. Un coup de cœur !

À voir. À faire

Le château médiéval : *11, rue du Pont-Levis. ☎ 02-40-83-07-44. • chateau-oudon.fr • Ouv printemps-automne.* Avec celui d'Ancenis, ce château du XIe s, reconstruit à la fin du XIVe s, verrouillait les marches de Bretagne. Imposantes, les murailles enserrent une formidable tour octogonale de construction originale. Haute de 40 m, c'est un condensé des matériaux utilisés dans la région : schiste, tuffeau angevin et granit.

Parcours de sculptures monumentales : *à travers la ville.* Une trentaine de sculptures, certaines étonnantes, issues du symposium de sculpture organisé tous les 2 ans, les années impaires : les artistes sont de toutes nationalités, une thématique différente à chaque fois (plan à l'office de tourisme).

DANS LES ENVIRONS D'OUDON

Promenade dans la vallée du Hâvre et en bords de Loire : la rivière encaissée du Hâvre serpente entre champs et bosquets, et se jette dans la Loire à Oudon. On peut suivre ses méandres en canoë et en barque *(loc à l'office de tourisme ; compter 30 € la ½ journée pour 3-6 pers en barque et 21 € en canoë).* La balade est aussi possible à pied en suivant la rivière.

À ***Champtoceaux,*** village médiéval perché de l'autre côté du pont d'Oudon, on peut encore admirer les 2 arches du ***moulin pendu.*** Très beaux panoramas qui surplombent la Loire au Champalud, derrière l'église. On aperçoit notamment ces épis typiques de la Loire de Bouchemaine à Nantes.

ANCENIS-SAINT-GÉRÉON [ankiniz]

(44150) 7 800 hab. *Carte Loire-Atlantique, D2*

• Plan *p. 185*

Les villes qui s'égrènent tel un chapelet sur les bords de Loire avaient une fonction de contrôle. Le château d'Ancenis le confirme. Les quelques demeures cossues encore présentes rue des Tonneliers et autour de la mairie témoignent de l'importance passée de la ville. Le vin tient toujours un rôle prépondérant avec les coteaux qui entourent la cité, et les nombreux marchands encore actifs. Le muscadet n'est pas loin, les coteaux d'Anjou

non plus... En face, le département de Maine-et-Loire et Liré, cher à Joachim Du Bellay. Ce dernier trône sur la rive d'Ancenis, près du pont, le regard tourné vers son village.

Adresse et info utiles

Office de tourisme du pays d'Ancenis *(plan B2)* ***:*** *103, rue des Douves (face au château).* ☎ *02-40-83-07-44. • pays-ancenis-tourisme.fr • Avr-oct, lun-sam ; fermé dim, plus lun d'avr à mi-juin et de mi-sept à oct. Nov-mars, ouv seulement mar-mer et jeu mat.* Un *hub* moderne pour préparer son séjour avec salon (livres locaux en consultation, carte du territoire XXL...), expos temporaires, patio, boutique de producteurs locaux (cosmétique, jouets en bois, vins bien sûr...). Parcours découverte de la ville, boucles cyclables *La Loire à Vélo,* cartes sympa « Nos coins préférés », réalisées par des locaux. Billetterie, consigne. Accueil dynamique et personnalisé.

– ***Marchés :*** *jeu mat.* Imposant, l'un des plus importants de Loire-Atlantique. *Petit marché sam mat à côté du château. Dégustation de vins du coin jeu mat en été, à l'office de tourisme.*

Où dormir ?

Camping

Camping de l'Île Mouchet *(hors plan par A3,* ***10****)* ***:*** *impasse de l'Île-Mouchet,* ***La Charbonnière.*** ☎ *02-40-83-08-43.* 📱 *06-62-54-24-73. • camping-ile-mouchet@orange.fr • camping-estivance.com •* ♿ *Ouv tte l'année. Empl. nu à partir de 11 € ; locatif 385-660 €.* Bel accueil pour ce camping très bien géré à 2 pas du centre-ville et joliment situé au bord de la Loire. Petite plage à proximité, pêche, piscine avec toboggan 3 descentes. Snack et animations en juillet-août. Loue des vélos (situés sur *La Loire à Vélo* et le GR 3). Loue des Campétoiles, Hello Cabanes, *Coco Sweet* à la nuitée et mobile homes.

Prix moyens

Chambres d'hôtes Castel Magnolia *(plan B1,* ***11****)* ***:*** *100, impasse Barême.* 📱 *06-87-23-75-89. • delphinemosset@gmail.com • Au centre. Double 75 €.* Quelle surprise que de découvrir, perdu au bout d'une impasse, un élégant hôtel particulier du XIXe s entouré d'un adorable petit jardin ! L'intérieur ne déçoit pas non plus : les chambres, de belle taille, sont cosy à souhait et pleines de personnalité, dans un esprit très déco (la passion de la propriétaire). Petit déj servi, quand le temps le permet, dans l'orangerie.

Chambres d'hôtes Loire-Escale *(plan B2,* ***13****)* ***:*** *ruelle des Trois-Marchands.* 📱 *06-89-81-81-49. • loire-escale@orange.fr • loire-escale.com • Au centre, dans une venelle face au château. Doubles env 68-120 € ; formule gîte jusqu'à 7 pers.* Cette adresse cache bien son jeu. En plein centre, l'ancienne grange a été métamorphosée en hébergement moderne, pour ne pas dire design, au luxe discret. Côté rue, un duplex dispose d'un espace de vie lumineux et cosy (belle cuisine) et d'un couchage en mezzanine. Sur l'arrière, une chambre à la déco soignée donne sur le jardinet (avec accès à une kitchenette). On peut louer l'ensemble et il y a même un garage.

Meublés de tourisme Les Pénates de Loire *(plan A2,* ***14****)* ***:*** *34, rue d'Anjou.* 📱 *06-88-68-94-16. • lespenatesdeloire@gmail.com • lespenatesdeloire.com • Au centre, proche du château. Doubles 62-103 €.* D'emblée, le nom donne envie ! Bonne pioche : en poussant la porte côté rue, on découvre un couloir tortueux conduisant à une courette à la déco zen. Autour, 3 appartements, sobres, modernes et confortables (dont 2 en duplex), impeccables pour se poser au calme. Accueil sympa.

Où dormir dans les environs ?

Camping Écoloire : *sur l'île en face du palais Briau, 44370* ***Varades*** *(géré par Saint-Florent-le-Vieil, en Maine-et-Loire). ☎ 02-40-96-70-20. • camping.ecoloire@mauges-sur-loire.fr • uneautreloire.fr • Entre Varades et Saint-Florent. De mi-avr à fin sept. Forfait pour 2 env 13 € ; tente saharienne et bivouac également. 100 empl.* Camping simple et agréable offrant des emplacements ombragés. Possibilité de louer des tentes déjà montées et des bivouacs sur pilotis (une tente en hauteur, avec un espace de vie au rez-de-chaussée). Bloc sanitaire vieillissant mais convenable. Accès à la piscine municipale.

– Voir aussi nos adresses dans les environs de Châteaubriant. Beaucoup se situent à mi-chemin d'Ancenis.

Où manger ? Où boire un verre ?

De très bon marché à bon marché

La Cerise sur le Gâteau *(plan A-B2,* ***20****) : 48, rue d'Anjou. ☎ 02-40-09-59-59. • info@cerisesurlegateau.com • En plein centre. Mar-sam 10h-19h. Congés : 1 sem en fév et 2 sem en août. Compter 12-16 €. Café ou thé offert sur présentation de ce guide.* Restaurant bio, salon de thé, salle d'expo... On se sent comme à la maison dans ce petit resto de tous les gourmands et tous les moments de la journée. Cuisine de qualité, maison et sans chichis, dans un cadre rétro où règne un esprit « zéro déchet ».

La Maison des Vins *(plan A3,* ***21****) : 28, pl. du Millénaire, sur les quais. ☎ 02-40-96-14-92. Tlj.* Un bar à vins au cadre cosy où l'on s'installe douillettement parmi les pierres apparentes pour découvrir une sélection de la région d'Ancenis, mais aussi d'ailleurs. Quelques planches et tapas pour accompagner la dégustation, et une vaste terrasse prise d'assaut aux beaux jours.

Quai 34 *(plan A3,* ***21****) : 34, pl. du Millénaire, sur les quais. ☎ 02-51-14-88-01. Mar-sam.* À manger, à boire, sur place ou à emporter, il y a de quoi satisfaire toutes les envies dans ce bar-resto tout en longueur avec mange-debout et une terrasse pour se poser. À la carte, des sandwichs style bagel, des bocaux gourmands, des soupes... Le tout frais et maison. Idéal pour se requinquer.

Prix moyens

La Toile à Beurre *(plan B2,* ***22****) : 82, rue Saint-Pierre. ☎ 02-40-98-89-64. • latoileabeurre@wanadoo.fr • Juste en face de l'église. Ouv le midi tlj sauf lun, plus le soir ven-sam. Formules déj en sem 15-21 € ; menus 32-55 €.* Dans une superbe salle de tuffeau dotée d'une cuisinière rétro et agrémentée de cochonnailles suspendues, les sympathiques patrons proposent une délicieuse et délicate cuisine de saison à base de produits frais, avec quelques spécialités nantaises ou de Loire bien travaillées. Carte de vins locaux. Également des chambres pimpantes avec ou sans cuisine *(doubles 65-83 €).*

Monsieur Marcel *(plan B3,* ***23****) : pl. du Millénaire, sur les quais. ☎ 02-40-96-35-60. • monsieurmarcelancenis@gmail.com • Fermé mar-mer. Formules déj en sem ; menus env 28-32 €. Monsieur Marcel* fait bien les choses : ses plats de bistrot sont bien réalisés et goûteux, et il y a même des salades gourmandes et des grillades cuites dans la cheminée pour les amateurs. Le tout servi en terrasse, ou dans une salle moderne prolongée par une véranda.

La Table du Pêcheur *(plan B2,* ***24****) : 11, bd Léon-Séché. ☎ 02-40-83-11-36. Sur le quai face à la Loire, à 500 m du pont, à l'angle de la rue qui descend de l'église. Fermé dim soir nov-mars. Résa conseillée. Formules 19-29 € ; plats 17-23 €.* L'intérieur d'un bateau a inspiré la déco, et l'équipe de matelots au service virevolte avec

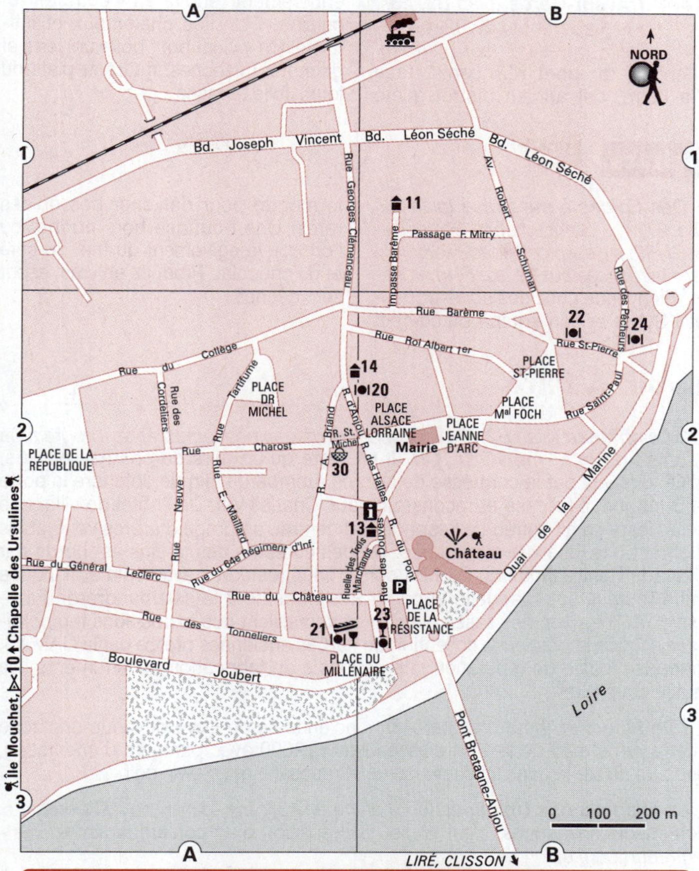

ANCENIS-SAINT-GÉRÉON

Adresse utile

- Office de tourisme du pays d'Ancenis (B2)

Où dormir ?

- **10** Camping de l'Île Mouchet (hors plan par A3)
- **11** Chambres d'hôtes Castel Magnolia (B1)
- **13** Chambres d'hôtes Loire-Escale (B2)
- **14** Meublés de tourisme Les Pénates de Loire (A2)

Où manger ?
Où boire un verre ?

- **20** La Cerise sur le Gâteau (A-B2)
- **21** La Maison des Vins et Quai 34 (A3)
- **22** La Toile à Beurre (B2)
- **23** Monsieur Marcel et L'Avant-Garde (B3)
- **24** La Table du Pêcheur (B2)

Achats

- **30** Des Épices à ma Guise (A2)

efficacité et amabilité. En terrasse, ce n'est pas le vent du large qui chatouille les oreilles, mais plutôt la circulation, dommage. En tout cas, le rapport qualité-prix fait plaisir. Quelques bonnes spécialités locales (poisson de Loire, volaille d'Ancenis...), au coude à coude avec des plats terre et mer classiques, de grosses salades et des plateaux de fruits de mer.

L'Avant-Garde *(plan B3,* ***23****) : 1, pl. de la Résistance. ☎ 02-40-96-06-11. Resto mar-sam ; bar mar-dim.* À l'entrée du pont d'Ancenis, face à la Loire, cet ancien bistrot a été entièrement rénové en « comptoir et cuisine ». Un lieu chaleureux et intimiste. On y vient pour boire un verre et grignoter (planches, friture et plats du jour). Jolie terrasse.

Achats

Des Épices à ma Guise *(plan A2,* ***30****) : 27, rue Saint-Michel. ☎ 02-40-09-61-89. • desepicesamaguise.com • Dans la rue face aux halles. Fermé dim-lun.* Bienvenue chez des *spice trotteuses* ! Sylvie et son équipe parcourent le monde pour dénicher des épices rares. Une boutique hors norme, où l'on trouve également du thé, du café et du chocolat. Produits en vrac, esprit zéro déchet.

À voir. À faire

Le château *(plan B2) : ouv à l'occasion des expos temporaires (programme à l'office de tourisme). GRATUIT.* Il ne reste qu'un tiers du château du Xe s. Édifié vers 984 par la comtesse de Nantes Aremberge afin de défendre la porte de Bretagne, il fut rasé et reconstruit sous Charles VIII. De l'hôtel de ville, une ruelle descend à l'entrée de l'espace vert central, ombragé d'arbres vénérables et offrant une jolie vue sur la Loire. Un des côtés de ces jardins est bordé par la façade Renaissance du Grand Logis (1530), restaurée avec soin et flanquée d'une tourelle sous laquelle apparaît très nettement la salamandre de François Ier. À l'intérieur, des salles pimpantes accueillent des expositions temporaires, ainsi que la précieuse collection de harpes anciennes prêtée par la CAMAC, entreprise locale de réputation internationale de fabrication d'instruments. Ça vaut le coup d'œil !

L'île Mouchet *(hors plan par A3) :* ancienne île de Loire devenue une zone aménagée au sud de la ville, classée Natura 2000 avec parcours d'orientation, parcours de santé dans un cadre calme et reposant, et un swin golf.

La chapelle des Ursulines *(hors plan par A3) : mer-dim si ouv.* Classée aux Monuments historiques, c'est un lieu d'exposition d'art contemporain *(• lematcentredart.com •).*

DANS LES ENVIRONS D'ANCENIS-SAINT-GÉRÉON

Le palais Briau *: 44370* ***Varades*** *(Mauges-sur-Loire). ☎ 02-40-83-45-00. • palais-briau.com • À 13 km à l'est d'Ancenis. Entrée du parc (tlj sauf mar 14h30-18h30) : 4 € ; parc et château : 9 € ; réduc. Visite guidée du palais avr-sept, sam-dim (tlj sauf mar en août) à 16h.* Au cœur d'un très joli parc à l'italienne au-dessus de la Loire, cette demeure particulière de François Briau, ingénieur qui fit fortune dans les chemins de fer sous Napoléon III, regorge d'innovations : réseau hydraulique (voir la salle de bains-chaufferie), orangerie de béton armé produisant de l'électricité (voir les cadrans au sous-sol), etc.

Le palais propose quelques ***chambres d'hôtes,*** décor raffiné et mobilier d'époque *(doubles 120-210 €).*

Le château de Vair *: 44150* ***Anetz*** *(Vair-sur-Loire). ☎ 02-40-96-21-59. • vairbiages@chateaudevair.com • chateaudevair.com • Seulement avr-nov, mer 14h-19h. Entrée : env 7 € ; réduc.* Visite de ce majestueux édifice (XVe-XIXe s) avec, comme fil conducteur pour les enfants, la quête du Graal sous toutes ses formes et ses interprétations. Avec livret ou visite connectée avec application numérique. Ateliers pour enfants.

L.A. Kayak : *à l'embarcadère, Le Cul-du-Moulin, à* ***Champtoceaux,*** *49270* ***Orée-d'Anjou.*** *06-85-39-59-42. • locationkayak-loire.com • Juil-août, tlj ; hors saison, le w-e et sur résa en sem.* Balade en autonomie en canoë-kayak ou descente crépusculaire accompagnée sur la Loire. Également possibilité de séjour itinérant vélo-kayak ou de *paddle.* Prestations de qualité par un pro diplômé d'État qui connaît son affaire !

Manifestations

– ***Festival de harpe :*** *1 w-e en mai ts les 2 ans (années paires), sur l'ensemble du territoire du pays d'Ancenis. Résas à l'office de tourisme.* La harpe dans tous ses états, rock ou classique, à découvrir en salle, dans les églises, et même dans des caves !
– ***Couleurs Parasol :*** *en juil-août, mer à 20h30, au théâtre de verdure, face à la Loire.* Spectacles gratuits.

LA VALLÉE DE L'ERDRE

François Ier décrivait l'Erdre comme « la plus belle rivière de France ». Remonter son cours à partir de Nantes, vers le nord, constitue une balade très prisée aux beaux jours. La balade s'effectue à pied ou à vélo, par d'adorables sentiers qui longent parfois ses rives (pas de sentier de halage d'un bout à l'autre malheureusement), ou sur l'eau.
Au départ de l'île de Versailles, passé les ponts de la Tourbière et de la Beaujoire, on quitte l'urbanisation de la 1re couronne nantaise pour un paysage aussi authentique que paisible. Quelques folies et manoirs cachés derrière un écrin de verdure rappellent la vogue des maisons de campagne et châteaux construits entre le XVIIe et le XIXe s (ne se visitent pas), mais surtout la richesse des armateurs : l'Éraudière, la Desnerie, la Chantrerie, la Gascherie, la Couronnerie, Nay, Port-Hubert et Bel-Air, etc.
– ***Les Rendez-vous de l'Erdre :*** *autour du dernier w-e d'août. • rendezvouserdre.com •* L'Erdre se pare de ses anciens bateaux, qui pavoisent au rythme de prestigieux concerts.

Balades sur l'eau

Tout un choix de prestataires, en fonction de ses envies : ***croisières-promenades*** au départ de la gare fluviale de Nantes *(• bateaux-nantais.fr •)* ; ***bateaux électriques*** au départ de l'île de Versailles à Nantes ou de Nort-sur-Erdre *(• location-bateaux-electriques.com •)* ; ***canoës, kayaks*** et ***paddles*** sur le port de Sucé-sur-Erdre *(• club-kayak-erdre.fr •)* ; promenade-découverte en ***toue cabanée*** à Nort-sur-Erdre *(• caouine.wixsite.com/latouedenort •)* ; ***bateaux sans permis*** à Sucé-sur-Erdre *(• bretagne-fluviale.com •)* ; ***bateau voile-aviron*** avec skipper à Sucé-sur-Erdre *(• nautic-erdre-ocean.fr/ •)* ; ***escapade à la voile*** à Sucé-sur-Erdre *(• lespassagersdebullops.com •),* etc.

■ ***Bases nautiques :*** *à* ***La Pièce de l'Île,*** *à* ***Sucé-sur-Erdre*** *(44240). ☎ 02-40-77-76-80. Également à* ***Port-Jean*** *(☎ 02-40-52-70-99 ; • alcep44.fr •), à* ***Port-Breton*** *(☎ 02-40-50-81-51 ; • snonantes.com •) et à* ***Carquefou.***

LA LOIRE-ATLANTIQUE

DE NANTES À SUCÉ-SUR-ERDRE

Aucune route, mais des sentiers qui longent partiellement les bords de l'Erdre au nord de Nantes. Pour atteindre Sucé-sur-Erdre, il faut passer par Carquefou sur la rive est ou par la très calme ville de La Chapelle-sur-Erdre, à l'ouest.

Où dormir ? Où manger ?

Hôtel du Parc : *92, route de la Garenne, 44700* ***Orvault.*** *☎ 02-40-63-04-79. • hotel-du-parc-nantes.com • À 9 km au nord-ouest de Nantes, sortie Porte-d'Orvault (sortie 36) sur le périphérique. Doubles à partir de 60 € le w-e, 80 € en sem.* Un bâtiment moderne avec des chambres fonctionnelles, lumineuses et bien tenues. À proximité du centre de Nantes tout en ayant un pied à la campagne. Pratique dans son genre. Sur place, resto gastronomique ***L'Orée du Bois,*** bien plaisant avec son cadre moderne et ses baies vitrées donnant sur le parc verdoyant *(☎ 02-40-63-63-54 ; fermé sam midi, dim soir et lun ; menus env 24-28 € le midi en sem, 39-52 € le soir).*

Hôtel et Manoir de la Régate : *155, route de Gachet, 44300* ***Nantes.*** *☎ 02-40-50-22-22 ou 02-40-18-02-97. • hotelregate@hotel-nantes-laregate.com • hotel-nantes-laregate.com • Quartier du Gachet, en bordure de l'Erdre, à 11 km (15 mn) au nord de Nantes. Resto fermé dim. Doubles classiques 95-200 €. Formule avantageuse 26 € en sem ; menus 44-80 €.* Un hôtel atypique aux formes géométriques épurées, parfaitement intégré à son environnement verdoyant et orienté vers l'écologie et le développement durable. Les chambres sont spacieuses, décorées dans un style à la fois contemporain, zen et chaleureux. Petit déjeuner gargantuesque. Clientèle d'affaires principalement. À côté, dans une folie du XVIIIe s, restaurant gastronomique tenu par Loïc et Mathieu Pérou, père et fils, ***Le Manoir de la Régate.*** Élégant travail sur la texture, les sensations et le mélange des mets. Et un régal pour les papilles des mises en bouche aux BN revisités en guise de mignardise.

Auberge du Vieux-Gachet : *Le Vieux-Gachet, 44470* ***Carquefou.*** *☎ 02-40-25-10-92. • walter.lescot44@orange.fr • Même quartier que le précédent. Fermé dim soir-lun. Formule déj en sem 23 € ; menus 36-65 €.* Une belle adresse dotée d'une véranda et d'une très agréable terrasse donnant sur l'Erdre et le château de la Gascherie. À la carte, poissons et volailles élégamment servis. Pour les plus courageux, promenade digestive sur le sentier qui longe l'Erdre jusqu'à Nantes (compter 2h).

À voir

La Maison de l'Erdre (plan détachable Nantes, E1) **:** *île de Versailles, 44000* ***Nantes.*** *☎ 02-40-29-41-11. • seve.nantes.fr • T Saint-Mihiel (ligne 2). Lun-mar et ven 13h30-18h15 ; mer, sam-dim et j. fériés 9h15-12h15, 14h15-18h15. Fermé jeu et à 17h15 en hiver. GRATUIT.* Située dans un pavillon japonisant du bucolique parc de l'île de Versailles, cette Maison propose une initiation aux différents écosystèmes de l'Erdre, aquariums à l'appui, en passant par le creusement du canal de Nantes à Brest. Belle évocation également de la batellerie et des bateaux-lavoirs. Sympa et didactique.

Le musée de l'Erdre : *site des Renaudières, La Fleuriaye, 44470* ***Carquefou.*** *☎ 02-28-22-24-45. • carquefou.fr/musee • À 12 km au nord de Nantes. Avr-oct, mer et w-e 14h-18h ; vac scol, mer-dim 14h-18h. GRATUIT.* Installé dans un site historique rénové. Expositions permanentes et temporaires présentant les différents aspects de l'Erdre à travers des modules thématiques (voie navigable, activités humaines d'hier et d'aujourd'hui, déséquilibres écologiques dus aux multiples aménagements...). Espaces muséographiques avec scénographie ludique et ateliers pour enfants.

Le FRAC *(Fonds régional d'art contemporain)* **:** *24 bis, bd Ampère, La Fleuriaye, 44476* ***Carquefou.*** *☎ 02-28-01-50-00. • fracdespaysdelaloire.com • À 12 km au nord de Nantes ; au milieu du Technopôle. Tte l'année, mer-dim 14h-18h. GRATUIT.* Expositions temporaires d'art contemporain. Des œuvres parfois de très grande taille dans de spacieux locaux modernes.

> **RENDEZ-VOUS AVEC LE SUCCÈS**
>
> *C'est parce qu'il en avait assez de ne pas voir tous ses rendez-vous de la semaine d'un seul coup d'œil que le Dr Beltrami inventa pour son usage personnel un agenda permettant de visualiser 1 semaine entière sur une double page, en traçant des colonnes pour chaque jour de la semaine. Fort de l'enthousiasme de son entourage, il créa en 1954 les éditions Quo Vadis (dont les usines sont aujourd'hui à Carquefou) et, très vite, le succès suivit.*

Le jardin et la ferme fruitière des Hespérides : *la Hautière, 44240* ***La Chapelle-sur-Erdre.*** *☎ 02-40-72-03-83. • fermefruitierelahautiere.com • À 12 km au nord de Nantes, sortie Porte-de-la-Chapelle par le périphérique. Mar-sam 9h-12h30, 14h30-19h (non-stop sam), plus j. fériés 9h-13h de mai à mi-juil. Visite libre gratuite.* Jardin botanique sur les fruits comestibles aménagé en 8 sections thématiques. Boutique culinaire fort alléchante.

LA LOIRE-ATLANTIQUE

SUCÉ-SUR-ERDRE [sulieg]

(44240) 6 300 hab. *Carte Loire-Atlantique, C3*

À une quinzaine de kilomètres de Nantes, cette ville coquette et accueillante déploie volontiers ses terrasses face au port de plaisance, riche en activités nautiques. Remarquer dans le centre la tour Gaillard, dernier vestige d'un temple huguenot. Outre flâner sur l'eau, les amoureux de la nature apprécieront le parc botanique. Sinon, nombreux chemins de randonnées pédestres et cyclables dans le coin. On peut même rejoindre le canal de Nantes à Brest en empruntant le circuit La Vélodyssée.

Adresse utile

Office de tourisme Erdre Canal Forêt : *quai de Cricklade. ☎ 02-40-77-70-66. • erdrecanalforet.fr • Mars-oct, mer-dim et j. fériés ; nov-fév, mer et sam.* Infos sur les activités nautiques. Boutique. Fiches rando à télécharger gratuitement. Location de vélos, y compris électriques et label Accueil Vélo.

Où dormir ? Où manger ?

De bon marché à prix moyens

L'Apostrophe : *120, rue de la Mairie. ☎ 02-40-29-14-14. • restaurant.lapostrophe@gmail.com • Face au pont, à la croisée des routes. Fermé dim-lun. Formules déj en sem 16-19 € ; menus 27-33 €.* Confortable intérieur moderno-design avec baies vitrées ou terrasse pour profiter de la vue sur les bateaux. Dans l'assiette, une cuisine de saison aux accents d'ailleurs.

Manoir de la Châtaigneraie : *62, rue de la Papinière. 06-64-61-80-59. • facebook • Jeu-ven 16h30-minuit, w-e dès 11h. Repas le w-e seulement : BBQ sam midi ou bar à huîtres s'il pleut, brunch dim, paniers apéritifs, paniers le soir... Compter 12-20 €.* Café, restaurant, guinguette l'été... un vrai lieu de vie pour petits et grands, d'événements culturels et artistiques. En prime, terrasse avec vue sur l'Erdre.

Plus chic

Chambres d'hôtes Les Arbres Rouges : *570, route de Carquefou. ☎ 02-51-81-15-00. • info@lesarbresrouges.com • lesarbresrouges.com • À l'entrée de Sucé en venant de Carquefou, sur la gauche juste après le 1er rond-point. Doubles à partir de 100 €.* Dans un parc verdoyant de 4 000 m², des chambres haut de gamme à la déco raffinée, dont 1 suite avec terrasse privative. En prime, 2 superbes piscines, l'une chauffée à l'extérieur, l'autre balnéo à l'intérieur.

À voir. À faire

Le parc botanique Ganuchaud : *en venant de l'office de tourisme, remonter le parking des Herses, prendre la rue de la Bosselle et la 1re à droite.* Superbe sentier botanique sur 5 types de milieux naturels différents et variés, entre forêt, coteau et bords de l'Erdre. Plus de 55 espèces d'arbres et 170 de plantes et de fleurs. Promenade bucolique particulièrement agréable pendant la floraison, de mars à septembre.

La « Maison de Blanche-Neige » : *55, ruelle Tassin. 1re à gauche après le rond-point, direction Carquefou. Ne se visite pas.* Une curiosité amusante que cette maison d'une personnalité haute en couleur de la ville, qui a transformé sa façade en une reproduction délirante de celle de Blanche-Neige avec petits moulins, escaliers biscornus et des tas d'objets hétéroclites dans le jardin.

Les plaines de Mazerolles : *entre Sucé et Nort.* Là où l'Erdre est la plus large, 1 200 ha de marais abritant 170 espèces d'oiseaux et une flore protégée. Sentier d'interprétation et points de vue. Au nord du site, l'écluse de Quiheix marque le début du canal de Nantes à Brest.

NORT-SUR-ERDRE [ENORZH]

(44390) 8 900 hab. *Carte Loire-Atlantique, C2*

À 13 km au nord de Sucé, Nort se situe presque à la croisée de l'Erdre, qui continue ici vers le nord, et du canal de Nantes à Brest, qui débute un peu plus au sud son long parcours vers la Bretagne. Une plaisante ville-carrefour donc, depuis tout temps tournée vers la navigation. Ne pas hésiter à se promener sur le chemin de port Mulon qui longe le plan d'eau.

Adresses utiles

Office de tourisme Erdre Canal Forêt : *quai Saint-Georges. ☎ 02-51-12-60-74. • erdrecanalforet.fr •* Infos randos, vélo et activités nautiques sur le canal ou l'Erdre. Boutique, vente de cartes de pêche. Accueil Vélo (circuit *La Vélodyssée*).
– Également des bureaux d'information mobiles à Nozay et Abbaretz en saison.

Location de vélos : Nort Plaisance, *4, pl. du Bassin. ☎ 02-40-29-52-22.* **Cycl'yo,** *à la gare, livraison possible (● les-cycles-yo.fr/ ●).* **Camping du Port Mulon,** *☎ 02-40-72-23-57.*

Où dormir ? Où manger ?

Camping du Port Mulon : *rue des Mares-Noires. ☎ 02-40-72-23-57. ● contact@camping-leportmulon.fr ● camping-leportmulon.fr ● Avr-fin oct. Tentes pour 2, 16-19 € ; cottages, bungalodges et écolodges 2-5 pers. 95 empl.* Un camping nature avec peu de locatifs, certains insolites (en bois sur pilotis par exemple). Aire de jeux, piscine chauffée, jeux de société. Location de vélos et canoës.

L'Écluse de la Tindière : *écluse nº 3. 06-70-04-45-09. ● eclusedelatindiere@gmail.com ● etapecanalgiteeclusedelatindiere.com ● Entre l'écluse de Quiheix et celle de la Rabinière. Terrasse tlj avr-sept 12h-18h. Double 57 € (petit déj en sus) ; nuit en minidortoir 18 €/pers sans draps ; possibilité de louer l'ensemble hors saison. Planche ou plateau dîner env 10-15 €.* Dans leur jolie maison éclusière, Sylvie et Delphine proposent différentes formules à différents prix : chambre familiale pour 4 à l'étage et 2 chambres pour 2 ou 3 au rez-de-chaussée. Cuisine et table d'hôtes possibles. C'est aussi une étape pour se poser en journée sur la terrasse gourmande avec une boisson, des planches et des desserts, dont des gaufres maison. Le tout à base de produits locaux et bio. Un de nos coups de cœur !

La Cueilleuse : *écluse de Cramezeul (nº 6), accès par le canal ou parking à 500 m, au lieu-dit Cramezeul. ☎ 09-87-41-57-24. ● lacueilleuse.com ● Avr-sept, jeu-dim, plus mar-mer en juil-août. Restauration uniquement sam-dim midi, env 15 €.* Un lieu de rencontres et d'échanges gentiment alternatif, avec à la fois un café culturel, un fournil bio, un jardin, des animations ! Les randonneurs sur le canal y trouveront de l'eau, des toilettes ainsi qu'une petite épicerie. On peut aussi boire un verre avec des « grignoteries » toute la journée et déjeuner le week-end. Autant que possible bio, bien sûr.

DANS LES ENVIRONS DE NORT-SUR-ERDRE

Le bief de Bout-de-Bois : *à 12 km à l'ouest (D 164).* Ce canal relie les bassins-versants de l'Erdre et de la Vilaine. Sur place, guinguette *(avr-sept, 16h-23h ; fermé lun, plus mar hors vac scol)* et balade à télécharger *(● baludik.fr ●).*

LE CANAL DE NANTES À BREST

Le canal de Nantes à Brest fut décidé par Napoléon en raison du trafic maritime très important à cette époque. Il fut construit de 1811 à 1842 sur 364 km de long, dont 100 km environ en Loire-Atlantique. Pas une mince affaire ! Prisonniers espagnols et bagnards de Belle-Île durent creuser tranchées et biefs, raser des collines, dans des conditions très dures.
Le canal est alimenté au départ par l'Erdre, puis, après l'écluse de Quiheix, par l'Isac. On peut l'emprunter à pied, à vélo ou en bateau et apprécier sur tout son parcours la vie au rythme de ses 238 écluses pour une dénivellation de 555 m. Dans la partie Loire-Atlantique se dresse un pays qui vaut le détour, entre les rivières de l'Isac, du Don et du Brivet. Paradis des randonneurs avec la forêt du Gâvre, il recèle également un patrimoine historique et culturel intéressant entre châteaux, églises et musées, qui enchante les épicuriens de tous horizons, adeptes de *slow tourism*.

BLAIN [blaɛn]

9 700 hab. *Carte Loire-Atlantique, C2*

Célèbre pour sa forteresse chargée de défendre les marches de Bretagne, cette petite ville étape sur le canal appartint aux familles de Clisson et de Rohan. Aujourd'hui, un chemin permet de la parcourir du centre-ville au port et de découvrir une quinzaine de sculptures contemporaines. Suivre l'hermine au sol !

Adresses utiles

Office de tourisme Erdre Canal Forêt : *2, pl. Jean-Guihard (pl. de l'église). ☎ 02-40-87-15-11. • erdrecanalforet.fr • Fermé dim-lun. Congés : fév et nov.* Label Accueil Vélo.

Cycl'Yo : *06-73-01-72-44. • les-cycles-yo.fr •* Location de vélos (VTT, électriques, etc.) avec livraison sur les secteurs de Blain, Savenay, Nort-sur-Erdre, Guémené-Penfao... Location également auprès du ***Camping du Château*** (voir ci-dessous).

Où camper ? Où manger ?

Camping du Château : *rue Henri-II-de-Rohan. ☎ 02-40-51-03-51. 06-88-97-01-79. • campingchateaublain@gmail.com • campingchateaublain.com • D'avr à mi-oct. Tente pour 2 env 12 € ; loc de tentes et caravanes, gîte d'étape. 60 empl.* Dans un parc arboré ou sur un vaste terrain herbu, près du château. Dans tous les cas, on a de la place sur ces 2,5 ha. Barbecues en libre-service, épicerie, restauration avec petits plats maison, petits déj, bar... Location de vélos.

L'Auberge du Canal : *4, quai Surcouf. ☎ 02-40-79-16-14. • aubergeducanal@laposte.net • Au bord du canal. Le midi tlj sauf mer, plus le soir ven-sam. Menus env 14 € le midi en sem, 21-28 € les soir et w-e.* Une auberge ancrée là depuis des lustres. L'équipage actuel y sert une cuisine traditionnelle simple et de saison. À déguster dans une salle lumineuse ou en terrasse.

Où dormir dans les environs ?

Chambres d'hôtes La Grange des 3 Poulettes : *32, Beautrait, 44170* ***La Grigonnais.*** *06-75-50-26-68. • lagrange.des3poulettes@orange.fr • lagrangedes3poulettes.com • ♿ À env 9 km au nord-est (D 771). Compter 80 € pour 2.* Dans l'ancienne grange d'une ferme en activité, des chambres aux beaux volumes, dont chacune évoque une décennie passée (1950, 1960 et 1970) avec meubles et bibelots vintage. Ça pourrait être kitsch, c'est tout simplement charmant. Comme l'accueil. Produits fermiers au petit déj. Régulièrement des expos.

Chambres d'hôtes Le Nid d'Omer : *40, hameau de la Rouaudais, 44130* ***Saint-Omer-de-Blain.*** *☎ 02-40-51-35-38. 06-66-79-00-89. • contact@lenidomer.fr • lenidomer.fr • ♿ À 9 km à l'ouest (D 164). Compter 69 € pour 2 ; familiales.* À deux pas du canal, 3 chambres douillettes et joliment meublées, avec accès indépendant et cuisinette commune. Vaste potager dans le jardin coloré de ces anciens fleuristes. Idéal pour les randonneurs. Fait également Accueil Vélo. Restaurants au village.

À voir. À faire

Le château de la Groulais : *accès par la D 771. Pour les visites guidées : 07-69-49-51-08. (rdc). Mai-sept, tlj sauf lun 14h-18h30, plus sam-dim 10h-12h ; tte l'année pour les groupes. Visite libre gratuite ; animations. Compter 1h30 de visite.*
Ce château fut fondé par le duc Alain Fergent en 1104. Véritable forteresse constituant l'un des maillons de la défense de Bretagne, il a appartenu à Olivier de Clisson. En 1409, le château devint propriété des Rohan jusqu'à la Révolution. Ce majestueux château est formé par 2 corps de bâtiment, chacun portant la signature de son mécène. D'une part, le « petit castel », avec sa tour du Connétable, érigé par Olivier de Clisson ; d'autre part, la grande enceinte et sa belle tour du Pont-Levis du XIVe s. Voir le jardin médiéval (accès libre).
– Au printemps et en été, la partie pont-levis abrite des ***expositions.***
– Le château abrite également un ***musée d'Imprimerie ancienne*** et un atelier de lithographie. ☎ *02-40-87-17-53.*

Le musée des Arts et Traditions : *2, pl. Jean-Guihard ; même édifice que l'office de tourisme. ☎ 02-40-79-98-51. Mar-ven 10h-12h, 14h-18h ; sam 14h30-17h30. Fermé dim-lun et j. fériés. GRATUIT. Expos temporaires.* Un étonnant musée, installé dans l'ancien présidial des ducs de Rohan. 50 crèches du monde entier, collection de fèves de galettes des rois (environ 10 000 !), reconstitution d'une place de village avec ses boutiques 1900 et vestiges gallo-romains.

La chapelle Saint-Roch : *accès par la D 42, à 1,5 km en direction de Notre-Dame-des-Landes. Infos à l'office de tourisme pour la visiter.* Dommage que cet ancien lieu de pèlerinage ait été beaucoup remanié au XIXe s. Voir, à l'intérieur, la plus grande fresque contemporaine de France (1990), réalisée par l'association Château et Essor blinois.

Balades sur le canal : *avec* **La Toue de Blain.** *06-61-53-43-26. • latouedeblain.fr/ •* Croisières et nuits insolites à bord d'une toue cabanée. Maximum 12 personnes.

Fête et manifestation

– ***Fête de la Saint-Laurent :*** *5 j. autour du 10 août.* Groupes folkloriques étrangers, cavalcades, défilé de chars.
– ***Joutes d'archers médiévaux :*** *dernier dim de sept, au château de la Groulais.* Reconstitutions médiévales.

LA FORÊT DU GÂVRE

Carte Loire-Atlantique, B2

La forêt du Gâvre couvre environ 4 500 ha entre la vallée de la Vilaine à l'ouest et la vallée de l'Erdre à l'est. C'est la plus grande forêt proche de Nantes et de Saint-Nazaire, assez fréquentée pour ses multiples activités nature : sports de plein air, randos, cueillette des champignons et autres châtaignes, etc.
Cette forêt giboyeuse de chênes, pins et hêtres a appartenu aux ducs de Bretagne dès le XIIIe s. Colbert contribua à sa beauté en décidant de la faire vieillir, afin que ses troncs puissent être utilisés plus tard pour les mâts des navires. Au cours du XIXe s, grâce à son bois, on fabriquait des

sabots qui étaient exportés jusqu'en Amérique. Pour bien la découvrir, démarrer du carrefour de la Belle-Étoile avec ses 10 allées qui partent... en étoile donc. À ce carrefour, un kiosque présente une exposition sur la forêt. Carte de la forêt à l'office de tourisme de Blain ou à la Maison de la forêt du Gâvre.

Où dormir ? Où manger ?

Camping de la Forêt : *3, rue de l'Étang, 44130* ***Le Gâvre.*** *☎ 02-40-51-20-62. • campinglegavre@gmail.com • campinglegavre.fr • À l'entrée du Gâvre, 5 km au nord de Blain (D 42). Avr-sept. Tente env 16 € ; chalets 6-8 pers. 75 empl.* Camping au calme dans un environnement bucolique, à l'orée de la forêt et en bordure d'un plan d'eau poissonneux. Pêche, tennis, minigolf. Location de VTT.

Auberge de la Forêt : *La Maillardais, 44130* ***Le Gâvre.*** *☎ 02-40-51-20-26. • reservation@auberge-delaforet.fr • auberge-delaforet.fr • À 2 km du Gâvre. Resto fermé dim soir et lun-mar. Doubles 79-99 €. Formule déj en sem 19 € ; menus à partir de 25 €.* Cuisine inventive et surprenante qui s'adapte aux produits locaux de saison (gibier, champignons...). Une belle adresse un peu isolée, en bordure de forêt. L'hôtel est franchement moderne, à l'image de la cuisine, au design (d)étonnant pour la région. Chambres confortables et très colorées (c'est le moins qu'on puisse dire). Également des cottages.

À voir. À faire

Le bourg du Gâvre *(44130)* ***:*** maisons anciennes des XVe, XVIe et XVIIe s. Belle église du XIIIe s, remaniée aux XVe et XIXe s. Voûte de bois en berceau, avec, aux extrémités, des poutres et des sculptures représentant les animaux de la forêt.

La Maison de la forêt : *2, route de Conquereuil,* ***Le Gâvre*** *(44130). ☎ 02-40-51-25-14. • maisondelaforet5.wixsite.com/mbmf • (rdc). Seulement juil-sept, mar-jeu et w-e 14h30-18h30. Compter 1h30 de visite. Entrée gratuite ou payante selon expo. Organise des sorties nature.* Dans une jolie demeure en pierre du XVIIe s. Le musée, avec son échauguette extérieure (ou poivrière), présente l'univers forestier sous les angles économique, écologique et artistique, au travers de mises en scène et d'intéressantes explications. Reconstitution d'un intérieur du XIXe s, avec tous les objets insolites oubliés. Projection de films, dioramas... et tables tactiles pour les enfants.

■ ***Activités sportives et ludiques :*** *à* ***Plessé*** *(44630).* On trouve ***La Ferme Équestre de la Forêt*** *(• lafermeequestre.fr •)*, le ***Wake Park*** *(• wakeparkplesse.com •)* et le ***Parc aventure du Bois aux Daims*** *(• escapades-verticales.fr •)*.

DE GUENROUËT À FÉGRÉAC

Sur le bord du canal, Guenrouët dispose d'une zone de loisirs labellisée Accueil Vélo, avec piscine et camping au-dessus d'un petit port posé dans un site verdoyant. Elle est reliée au bourg par un chemin creux pentu, le « chemin des Diligences ». C'est ici qu'est fabriqué le fameux cidre Kérisac (boutique sur place).
À 13 km au nord-ouest, Fégréac possède une halte nautique et cache un intéressant parcours artistique « Traversée moderne dans un vieux pays ». Monter jusqu'au belvédère qui domine le pays de Redon.

Adresses utiles

La Maison du canal : *1, rue de Pont-Miny, à **Fégréac**. ☎ 02-40-91-24-96 (en saison) ou 20-21 (mairie). • tourisme-pays-redon.com • ♿ Juil-août, tlj ; mai-juin et sept, seulement dim ap-m.* Infos, maquettes et expo sur la construction du canal et son environnement. Gère également de beaux gîtes et le camping municipal.

***Point info de Guenrouët** (44530) : halte nautique, quai Saint-Clair (direction Plessé). ☎ 02-40-87-68-09. En été seulement, plus le w-e en mai-juin et sept.* Location d'embarcations à pédales et de vélos. Gère un gîte d'étape.

Où camper ?

***Camping Saint-Clair :** rue des Hauts-du-Port, à **Guenrouët**. ☎ 02-40-87-61-52. • saintclair.camping@gmail.com • campingsaintclair.com • ♿ En bordure du canal de Nantes à Brest ; par Savenay, Blain, Redon ou Pont-Château. De mi-avr à sept. Tente env 15 € ; loc de mobile homes et bungalows toilés. 116 empl.* Camping spacieux et bien ombragé, proche du centre-ville et de la base de loisirs. Épicerie à 500 m, brasserie *Le Jardin de l'Isac* et restaurant *Le Relais de Saint-Clair* à proximité, piscine chauffée à 50 m.

***Camping municipal Les Bellions :** à **Fégréac**. ☎ 02-40-91-20-21 (mairie). • mairiefegreac.tourisme@orange.fr • fegreac.fr • Accès par la D 773. Accueil à la Maison du canal. Mai-fin sept. Compter 10-15 € pour 2. 15 empl.* Un petit camping calme et ombragé, situé au bord du canal, sur le chemin de halage. Étang à 2 km pour se baigner, le canal et la Vilaine pour pêcher.

À voir. À faire

La zone de loisirs de Guenrouët :** au port. • guenrouet.fr/zone-de-loisirs/ • Entrée piscine (fin juin-août, tlj 14h-20h) : env 4 € ; réduc.* Environ 600 m² de bassin, avec toboggan, bain à remous et plages vertes. La piscine épouse habilement la forme du vallon sur lequel elle a été construite. Depuis le port, jolie balade le long du chemin de halage jusqu'à l'écluse de Melneuf (circuit du Canal). Sinon, ***location de canoës-kayaks avec le **Club Isac** (• *isaccanoekayak.com* •).

L'église de Guenrouët : étonnante avec ses vitraux de Gabriel Loire qui rappellent des lieux sacrés et leurs saints. Mais l'église est surtout célèbre pour ceux commémorant les combats de la poche de Saint-Nazaire. Très colorés et surprenants.

***L'église abbatiale de Saint-Gildas-des-Bois** (44530) : visite guidée en juil-août, jeu à 15h ; prévoir 1h30. Infos en saison à l'office de tourisme (☎ 02-40-01-40-10).* Enfin une église romane ! Elle date des XIIe et XIIIe s et fut habilement restaurée après les bombardements du 12 août 1944. On apprécie particulièrement les vitraux en verre monochrome et en relief, réalisés par Pascal Convert d'après des photos d'enfants aliénés du XIXe s. L'effet est saisissant !

***Balade guidée avec un âne :** **Aux Ânes etc.**, lieu-dit les Pièces-aux-Oiseaux, à **Guenrouët**. 📱 06-63-62-75-97. • auxanesetc.fr •* Balade avec un âne bâté sur les bords du canal, de la demi-journée à plusieurs jours.

Manifestation

– ***Rencontres franco-américaines de musique de chambre :** mi-août dans la région. • rencontresfrancoamericaines.fr •* Festival de musique classique, concerts gratuits ou payants.

LA VALLÉE DU DON

Carte Loire-Atlantique, B-C1

Au nord du canal, de *Guéméné-Penfao* à Nozay (et au-delà), via le château de Juzet, tout droit sorti d'un conte de fées, la chapelle des Lieux-Saints près de *Guénouvry*, isolée dans la campagne, *Marsac-sur-Don* et sa voie romaine... Avant de se jeter dans la Vilaine, la rivière traverse des paysages variés offrant des promenades agréables aux randonneurs à pied, à vélo ou en canoë. Les rives sont parfois escarpées, ponctuées par quelque rocher hanté ou chapelle miraculeuse.

À voir dans les environs

Nozay *(44170) :* petit bourg localement célèbre pour ses anciennes carrières de schiste, appelé communément pierre bleue. C'est dans la partie ancienne du village qu'il faut se rendre pour découvrir ces singulières haies en schiste, les « palis », et leur utilisation dans l'habitat local.
À voir également, l'enclos du vieux bourg dans lequel se trouve l'église dotée de peintures murales de la Renaissance *(visites possibles, ● asphan.fr ●).*

Le maquis de Saffré : *au sud de Nozay. Sur la D 121, indiqué au niveau de la direction Abbaretz ; puis parcourir quelques km à travers champs jusqu'à la forêt.* Hommage aux 310 hommes refusant le STO qui se cachaient là et dont le camp fut assailli par les Allemands le 28 juin 1944 (3 semaines après le débarquement américain !). Le 1er maquisard à tomber tint tête seul, à 500 m de là, pour laisser le temps à ses camarades de s'organiser. Il s'appelait Georges Chaumeil. Il avait 18 ans. Monument et parcours dans la forêt avec panneaux retraçant ces événements.

Le site de l'ancienne mine d'étain : *44170* ***Abbaretz.*** *À 7 km à l'est de Nozay (D 2). Accès libre tte l'année avec parcours numérique.* Le site est désaffecté depuis 1958, mais il conserve un terril de couleur blanche qui culmine à 70 m de hauteur et un lac avec base de loisirs de l'autre côté de la route. Du sommet (209 marches quand même), on profite d'une vue panoramique sur la région et sur ces paysages quasi lunaires. Boucle VTT, sentier d'interprétation, aire de pique-nique, etc.

Le grand réservoir de Vioreau : *à une dizaine de km plus à l'est (D 24).* Plan d'eau de 200 ha, le plus grand bassin artificiel du département, imaginé par Napoléon Ier pour alimenter le canal de Nantes à Brest. Plages aménagées et base nautique *Pleine Nature (● vioreaupleinenature.com ●).* Sur place, activités sportives avec *Nature Sport Vioreau (● naturesportvioreau.com ●).* Crêperie à proximité *(Crêperie du Lac ; ☎ 02-40-55-28-56).* Au nord, la ***forêt de Vioreau,*** l'une des plus agréables de Loire-Atlantique.

LE PAYS DE CHÂTEAUBRIANT-DERVAL

On arrive ici au bord de la vraie Bretagne. Ce fut autrefois le pays de la Mée, c'est-à-dire du Milieu, car au centre du triangle Nantes-Rennes-Angers. Cette région historique est déjà mentionnée dans les textes au début du XIe s. Elle s'étend entre l'Erdre, au sud, et le Semnon, au nord, et fut un lieu d'affrontements mais aussi de commerce et d'échanges. C'est un pays boisé, vallonné, clairsemé d'anciennes forges, d'étangs et de rivières, où l'on peut faire de jolies découvertes.

CHÂTEAUBRIANT [kastell-briant]

(44110) 12 800 hab. *Carte Loire-Atlantique, C1*

Au bord de la Chère, son imposant château féodal défendait les portes de la Bretagne. Avec ses petites rues bordées d'hôtels particuliers et ses maisons à colombages, Châteaubriant retient l'attention...

AVEC UN « D » OU UN « T » ?

Terre d'élevage bovin, c'est bien de Châteaubriant que vient la pièce de viande du même nom avec un « t ». Pour ce qui est de l'écrivain Chateaubriand (avec un « d » et sans accent circonflexe), sa famille descend effectivement des Brient (avec un « t » et un « e » !), fondateurs de la ville.

Adresse utile

ℹ ***Office de tourisme :*** *29, pl. Charles-de-Gaulle. ☎ 02-40-28-20-90. • tourisme-chateaubriant.fr • Face au château, à côté du Théâtre de Verre. Mar-sam 9h30-12h30, 14h-18h, plus lun 14h-18h en juil-août.* Expos, programme estival d'animations et visites guidées de la ville *(pour groupes)*, avec audioguide et autres balades numériques (« Baludik »). Également différentes billetteries.

Où dormir ? Où manger ?

Camping

⛺ ***Camping municipal Les Briotais :*** *15, rue de Tugny. ☎ 02-40-81-02-32 ou 14-38. • mairie-chateaubriant.fr • ♿ À env 1,5 km au sud-est du centre-ville. Mai-sept. Empl. pour 2 env 8 €. CB refusées. 35 empl.* Camping fonctionnel et bien tenu, aménagé en bordure du stade des Briotais et du bois de Tugny. Très calme. Emplacements délimités ou non.

De bon marché à prix moyens

🏠 ***Hôtel Le Quai 3 :*** *3, rue de la Gare. ☎ 02-40-28-14-36. Proche de la gare et du château. Double env 60 €.* Chambres calmes avec double vitrage et différents thèmes de déco : oriental, zen, anglais... Elles sont simples mais font honnêtement le job dans leur catégorie. Restaurant sur place.

🍴 ***Crêperie Le Bilig :*** *1, rue Joseph-Hervouet. ☎ 02-40-81-48-49. • lebilig@wanadoo.fr • Dans le centre, face à l'église. Fermé dim-lun et mar soir. Congés : Noël, puis courant fév, avr et août. Formule déj en sem 13 € ; menus 13-32 € ; carte env 25 €. Café offert sur présentation de ce guide.* Une crêperie-bistrot originale, à côté de l'église Saint-Nicolas, dans un cadre plaisant, avec murs en schiste et en grès, et belle cheminée. Cuisine de maison et délicieuses galettes. Très chaleureux.

🍴 ***Au Vieux Castel :*** *25, rue Pasteur. ☎ 02-40-81-12-51. • auvieuxcastel@orange.fr • À deux pas de la pl. de La Motte. Fermé lun tte la journée et mer soir. Formules déj en sem à partir de 10,60 € ; menus 21,60-33,90 €.* La spécialité de la maison, c'est la cuisine au feu de bois, dont le châteaubriant accompagné de sa patate du *Vieux Castel*. Cadre sans façons avec vieux outils aux murs, et terrasse à l'arrière dès que le temps le permet.

L'Auberge Bretonne : *23, pl. de La Motte. ☎ 02-40-81-03-05. • aubergebretonne.com • Sur la pl. centrale. Resto fermé dim soir et lun-mar. Doubles 68-150 €. Menus 19,90-44 € en sem, 32,90-44 € le w-e.* Plus classique, relookée au goût du jour que bretonne, cette auberge tient la route. Table appréciée, y compris pour le petit déj. En profiter pour goûter au châteaubriant. Nos lecteurs peu portés sur la viande trouveront sûrement leur bonheur dans le choix de poissons proposé par la maison.

Où dormir ? Où manger dans la région ?

De bon marché à prix moyens

Chambres d'hôtes La Maison du Meunier : *6, rue du Pont-de-la-Chère, 44590* ***Mouais.*** *☎ 02-40-07-08-07. 06-26-48-32-98. • maisondumeunier@wanadoo.fr • maisondumeunier.fr • À 23 km à l'ouest (D 775). Congés : de mi-janv à fév. Compter 55 € pour 2 ; gîte également. Table d'hôtes sur résa 20 €, tt compris.* D'agréables chambres d'hôtes situées soit en rez-de-chaussée, soit au-dessus de l'ancienne maison du meunier (XVe s). Cuisine préparée principalement avec les produits bio du potager. Charmant parc qui descend doucement jusqu'à la rivière. Possibilité de canoë et de visite du village.

Domaine des Forges : *étang de la Provostière, 44440* ***Riaillé.*** *☎ 02-40-97-88-38. • domainedesforges@sfr.fr • domainedesforges.fr • Entre Châteaubriant (27 km) et Ancenis (21 km) par la D 14. Doubles à partir de 50 € ; également des gîtes.* Cette petite merveille est le seul vestige (avec une halle à charbon qui croule sous le poids des ans) des forges qui animaient l'ensemble de la région dans la 2de moitié du XVIe s. Le domaine comprend une dizaine de gîtes bien conçus, ainsi que 4 chambres d'hôtes aux teintes claires, et parfaitement rénovées, réunies dans la « maison du mineur ». Piscine couverte et chauffée.

Le Chalet : *3, av. Alexandre-Braud,* ***Saint-Mars-la-Jaille, 44540 Vallons-de-l'Erdre.*** *☎ 02-40-97-06-48. • restaurantlechalet@aol.fr • Entre Ancenis et Châteaubriant (D 878). Fermé lun, le soir dim-jeu et sam midi. Menus 14,50-16,50 € (midi en sem), puis 26-30 €. Apéritif maison offert sur présentation de ce guide.* Une adresse à l'accent du Béarn où le chef travaille à l'ardoise une cuisine du marché. Cadre sans chichis pour une halte bienvenue dans ce secteur.

De chic à plus chic

Cabanes dans les arbres Brin de Chevrette : *1, Les Hautes-Chapelettes, 44540* ***Bonnœuvre.*** *06-31-42-84-56 ou 06-81-10-01-54. • contact@brindechevrette.com • brindechevrette.com • Entre Châteaubriant et Ancenis par la D 14 et la D 120. Compter 125 € pour 2.* Au milieu de l'exploitation de chèvres et 100 % nature, des cabanes perchées dans de vénérables chênes, pour 2 ou 5 personnes. *Roots* en diable avec les toilettes sèches et le panier petit déj à hisser avec une corde, mais c'est confortable et tellement dépaysant le temps d'une nuit. Gîte d'appoint pour la toilette. Accueil extra en prime.

Le Prieuré des Gourmands : *11, rue du Prieuré, 44540* ***Bonnœuvre.*** *☎ 02-40-56-30-00. • contact@prieuredesgourmands.com • prieuredesgourmands.com • Entre Riaillé et Saint-Mars-la-Jaille (D 33). Resto fermé dim soir-mar midi, plus mer midi. Double 82 €. Menus 18-21 € (midi en sem), puis 35-45 €.* La région regorge de sites tous aussi ravissants et improbables les uns que les autres. Cette fois-ci, un prieuré transformé en hôtel-restaurant dominant l'Erdre. La salle lumineuse aux tons apaisants et les poutres aux plafonds amalgament subtilement l'ancien et le moderne, bien à l'image de la cuisine traditionnelle revisitée. De quoi convertir les plus renégats, surtout s'ils s'abandonnent à la tartelette caramel, la spécialité maison. Chambres dans le même ton, chaleureuses et confortables.

Où acheter des « Françoise-de-Foix » ?

Confiserie Merlet : *6, rue Aristide-Briand. ☎ 02-40-81-00-46. À deux pas de la mairie. Fermé dim ap-m et lun.* C'est ici qu'il faut acheter la délicieuse spécialité locale, la « Françoise-de-Foix », une bouchée de chocolat noir aux raisins macérés dans l'alcool. Hmm... Attention, ouvrir grand la bouche, ça coule !

À voir

Le château : *☎ 02-40-28-20-20. Accès gratuit au parc du château 7h30-18h (20h mai-sept). Visites guidées tte l'année avec accès au logis seigneurial et au donjon rénové : mai-sept, tlj sauf lun à 11h, 14h30 et 16h ; hors saison, sam-dim seulement. Entrée : 3 € ; réduc ; gratuit moins de 14 ans. En été, expos gratuites, nombreuses animations.*

Fondé au Xe s par Brient, le château s'impose très vite comme une place forte contrôlant l'une des principales routes d'accès à la Bretagne avec notamment son imposant donjon. Mais ses épais remparts ne résistent pas à l'artillerie française lors du siège d'avril 1488, lorsque Charles VIII entame une conquête des forteresses bretonnes.

À la Renaissance, le château perd son rôle défensif et devient résidentiel, sous l'impulsion de Jean de Laval, seigneur des lieux et gouverneur de Bretagne, se dotant d'élégants bâtiments où se rencontrent schiste, brique et tuffeau. Au-delà de ses merveilles architecturales, ce vaste site avec différents corps de bâtiment renferme en ses murs secrets et autres légendes, dont celle de Françoise de Foix, épouse de Jean de Laval et « la mye » du roi François Ier, disparue soudainement dans la nuit du 16 au 17 octobre 1537...

CUISINE ÉROTIQUE

Pour continuer de plaire à François Ier, son amant, la belle comtesse Françoise de Foix aurait conçu une friandise, devenue depuis spécialité de Châteaubriant. Il s'agit d'une bouchée de chocolat noir, doublée à l'intérieur d'une couche de praliné, et enveloppant des raisins macérés dans de l'alcool (péché mignon du roi !). Apparemment efficace puisque leur liaison dura 10 ans.

La vieille ville : *axée sur la Grande-Rue, prolongée par la rue de Coueré. Plan gratuit (avec explications et petit circuit) auprès de l'office de tourisme.* Quartier commerçant et semi-piéton qui garde de nombreuses maisons à pans de bois. Au n° 24, rue de Coueré, notamment, celle dite « de l'Ange » où séjourna Sophie Trébuchet, mère de Victor Hugo. Noter également la hauteur (67 m) de l'église Saint-Nicolas.

L'église Saint-Jean-de-Béré : *rue du Prieuré-de-Béré. Au nord de la ville, route de Bain-de-Bretagne.* Cette belle église abritait au Moyen Âge (XIe s) le siège d'un doyenné important qui contrôlait 70 paroisses. Sa conception architecturale en grès armoricain rompt avec les architectures habituelles et mérite un coup d'œil. Beau retable lavallois, triptyque en marbre noir et gris rosé.

La maison Huard : *6, rue Guy-Môquet. Ouv seulement sur résa auprès de l'office de tourisme.* La maison familiale Huard a été transformée en musée et retrace l'histoire de cette entreprise sur la période de 1863 à 1897. Elle représentait dans les années 1950 plus de la moitié de la production française de charrues.

Marché et manifestation

– ***Marché aux bovins :*** *ts les mer, à partir de 6h30, sur le foirail.* Parmi les plus importants de France. Très animé.
– ***Foire de Béré :*** *2e w-e de sept.* Depuis presque un millénaire (1049), 50 000 visiteurs chaque année.

DANS LES ENVIRONS DE CHÂTEAUBRIANT

Côté nord

La carrière des Fusillés La Sablière : *à 2 km à l'est, sur la route de Pouancé-Laval ; indiqué sur la gauche. ☎ 02-40-28-60-36. Carrière en accès libre (audiophone possible). Musée ouv seulement mer et sam 14h-17h (mar-sam 14h-18h juil-août). Visites guidées pdt vac (infos à l'accueil du musée). GRATUIT.* Vous voilà sur les lieux où furent assassinés 27 otages par les nazis le 22 octobre 1941 (en plus de 16 à Nantes et 5 à Paris), en représailles à l'exécution du colonel Karl Hotz à Nantes 2 jours plus tôt. Les stèles du souvenir côtoient les poteaux d'exécution et des urnes contenant de la terre de lieux d'exécution ou de déportation, dans cette vaste clairière aménagée en contrebas de la route. Parmi les victimes, ***Guy Môquet (17 ans), Charles Michels, Jean-Pierre Timbaud***, des noms tristement connus, que portent aujourd'hui rues et stations de métro. Commémoration chaque année, le dimanche le plus proche du 22 octobre avec en tête cette réflexion du philosophe résistant Georges Politzer : « Les barbares voulaient les tuer, ils les ont rendus immortels. » Un ***musée*** sur place, fort bien aménagé, retrace les événements et expose quelques-uns des objets personnels des exécutés. Un lieu saisissant.

La voie verte de Châteaubriant à Messac *(Ille-et-Vilaine)* ***:*** *compter 35-40 km via Rougé vers le nord-ouest.* Anciennement voie de chemin de fer réservée aujourd'hui aux randonneurs, vélos ou personnes en fauteuil roulant (interdit aux véhicules à moteur), pour une promenade à travers la campagne du pays de Châteaubriant.

La chapelle des Templiers : *44110* ***Saint-Aubin-des-Châteaux.*** *À 12 km à l'ouest (D 34). Demander la clé à la mairie.* À voir surtout pour sa charpente taillée à la hache. Au passage, remarquer l'architecture des vieilles maisons basses (longères).

Les forges de la Hunaudière : *44590* ***Sion-les-Mines.*** *☎ 02-40-28-94-29. • lesforgesdelahunaudiere.fr • À 15 km à l'ouest (D 34). Visites organisées par l'Association des amis des forges de la Hunaudière, avr-nov, mar à 14h45. Compter 4,50 €.* Les forges ont cessé leur activité en 1882. Mais le site reste vraiment superbe. On y découvre l'atelier de fonderie où d'anciens ouvriers exécutent des copies d'anciennes pièces fabriquées à la Hunaudière, et forment leurs successeurs pour perpétuer ce savoir-faire. Crêperie sur place *(Atelier Délices)*. Le 2e dimanche d'août se déroule sur le site un marché campagnard. À proximité, un autre site remarquable, le moulin à eau du Pont *(• moulindupont.ouvaton.org •)*.

Côté sud

La demeure de René-Guy Cadou *(1920-1951)* ***:*** *44110* ***Louisfert.*** *☎ 02-40-28-20-90. À 9 km au sud-ouest (D 771), près de l'église. Sur rdv seulement auprès de l'office de tourisme de Châteaubriant.* Les étudiants en littérature ou les amoureux de poésie iront visiter ce musée dédié à René-Guy Cadou, situé dans l'ancienne école où il était instituteur et où il mourut, très jeune, à 31 ans. Lieu émouvant, avec photos, recueils, correspondances, objets, dessins, qui rappellent cet artiste, ami de Paul Fort, Blaise Cendrars, Jean Giono, mais aussi de Max Jacob, avec lequel il correspondra jusqu'à sa mort. L'homme laissa son empreinte poétique dans la région, au point que de nombreux établissements scolaires portent aujourd'hui son nom.

Le site des forges de Moisdon-la-Rivière (44250) : *à 12 km au sud (D 178), puis parcourir 3 km à partir du village.* Moisdon abrite l'unique église romane fortifiée du département, avec, à l'intérieur, une statue de saint Éloi, patron des métallurgistes. Voir surtout le site des forges, très bien conservées, qui furent fondées sur décision du prince de Condé en 1668. Environnement paisible, bucolique avec plan d'eau, un étonnant petit patrimoine bâti et une crêperie-pizzeria providentielle toute fleurie. L'ancienne halle à charbon abrite un ***musée des Forges*** *(☎ 02-40-28-20-90 ; mai-sept, ven-dim 15h-19h ; GRATUIT).* Une exposition très didactique sur le passé minier du pays de Châteaubriant et la place importante qu'y occupe – jusqu'à aujourd'hui – la métallurgie. Expos d'artistes locaux également. De là, 3 sentiers (2 à 12 km).

SALE HISTOIRE

Initié par le gouvernement de Vichy dès avril 1940, généralisé par les nazis en octobre, l'internement de ceux que l'on appelait alors « nomades » ou « tziganes » reste oublié des livres d'histoire. Pourtant, dans les anciennes forges de Moisdon-la-Rivière, ont été détenues entre 1940 et 1942 plusieurs centaines de « gens du voyage », dans des conditions déplorables, entraînant un effarant taux de mortalité, notamment infantile... Une plaque rappelle leur mémoire depuis 2019.

L'église de Saint-Julien-de-Vouvantes (44670) : *à 14 km au sud-est de Châteaubriant (D 163). Tlj 10h-18h.* À la voir, on se dit qu'elle doit être bien vieille... alors qu'elle n'a en fait qu'un peu plus de 100 ans, et c'est un modèle de style néo-gothique, la 2e plus grande du département. Une vingtaine de gargouilles de cette église ont été classées Monuments historiques. Petit circuit pédestre de 3 km au départ de l'église (*le sentier des Fontaines,* audioguide gratuit à la mairie et en téléchargement sur • *tourisme-chateaubriant.fr* •).

Le château de la Motte-Glain : *44670* ***La Chapelle-Glain.*** *06-80-95-26-43. À 18 km au sud-est de Châteaubriant (D 163). De mi-juin à mi-sept, tlj sauf mar 14h30-18h30. Compter 45 mn de visite. Entrée : 7,50 € ; réduc.* Ce château du XVe s, en grès armoricain, pierre et tuffeau sculptés, vaut le détour, surtout pour l'extérieur à vrai dire, avec ses 2 grandes tours. Le nom provient de la 1re demeure construite ici au XIe s, une motte. À l'intérieur, des salles Renaissance et leurs belles cheminées, la chapelle ornée d'une fresque du XVe s et un superbe escalier en pierre bleue de Nozay. À noter que le château n'a connu qu'une seule vente dans toute son histoire, en... 1635 !

L'abbaye de la Melleray : *à 21 km au sud, via La Meilleraye-de-Bretagne (D 18), c'est 1,5 km plus loin, direction Riaillé. ☎ 02-40-55-26-00.* Un très bel endroit bucolique qui invite à la méditation avec différents corps de bâtiment, une église et un plan d'eau. Boutique. Départ d'un sentier de 8,5 km (2h30).

LA MAYENNE

• Carte *p. 204-205*

ABC de la Mayenne

- *Préfecture :* Laval.
- *Sous-préfectures :* Mayenne et Château-Gontier.
- *Signes particuliers :* l'un des plus faibles taux de chômage de France ; 80 % de surfaces agricoles ; 7 Petites Cités de caractère.
- *Population :* 305 000 hab.
- *Superficie :* 5 175 km².
- *Point culminant :* le mont des Avaloirs (417 m), également point culminant du Grand Ouest (Normandie, Bretagne, Pays de la Loire).

La Mayenne secrète que nous avons découverte, bien après les Anglais certes, qui sont ici chez eux, vous vaudra de passer des moments éminemment bucoliques. Pour cela, il va falloir laisser la voiture sur le bas-côté et pédaler sur La Vélo Francette ou marcher sur le chemin de halage qui serpente le long d'émouvantes écluses sur la rivière, encore sauvage mais navigable et qui a donné son nom au département. Un état d'esprit « slowlydays » que la Mayenne cultive avec plaisir ! Mais qui ne devrait pas faire oublier le patrimoine ancien du département : grottes préhistoriques à Saulges, plus vaste site romain de l'ouest de la France à Jublains, cité médiévale de Sainte-Suzanne... Écoutez la Mayenne, elle a beaucoup à raconter !
• mayenne-slowlydays.com •

LA VALLÉE DE LA MAYENNE, À PIED, EN BATEAU ET À VÉLO !

La Mayenne (on parle de la rivière !) constitue la véritable colonne vertébrale qui relie le nord et le sud du département, et c'est à partir d'elle que se déclinent toutes les activités imaginables pour un touriste. Les 3 grandes villes du département sont installées sur ses berges : Mayenne, Laval et Château-Gontier. Les ***85 km de chemins de halage*** ont été réhabilités et permettent de rejoindre le circuit ***La Loire à Vélo,*** du côté d'Angers. La superbe ***Vélo Francette,*** 630 km entre la Manche (Ouistreham) et l'Atlantique (La Rochelle), passe également par ce chemin de halage. ***C'est même, avec la rivière elle-même, la principale attraction du département !*** *• lavelofrancette.com •* Ambiance unique où l'on croise l'Anglais sac au dos, le routard à pied, à VTT ou à cheval, et, bien sûr, le plaisancier qui se la coule douce. Au programme, paysages bucoliques, écluses rétro offrant parfois gîte et couvert, châteaux perchés, manoirs

LES RETABLES LAVALLOIS

Au lendemain des guerres de Religion, c'est par la Mayenne que le tuffeau remontait jusqu'à Laval. Associé au marbre local, il inspira nombre d'artistes et architectes. Aujourd'hui encore, presque chaque église mayennaise, même la plus modeste, possède l'un de ces remarquables retables à la riche iconographie.

embusqués et guinguettes revigorantes... Signalons également ***3 voies vertes,*** d'anciennes voies ferrées aménagées en sentiers de randonnée, pour des digressions dans l'arrière-pays. Au final, la Mayenne compte ***3 000 km d'itinéraires balisés.***
– ***Carte des voies vertes et rivières :*** disponible dans les offices de tourisme. Topoguide pour organiser votre randonnée (kilométrage détaillé, hébergements, restaurants, points de ravitaillement, sites de visite, location de vélos, etc.).

Adresses et infos utiles

Agence de développement touristique (ADT) Mayenne Tourisme *(hors plan Laval par D1) : 84, av. Robert-Buron, CS 30325, 53003* ***Laval*** *Cedex. ☎ 02-43-53-18-18. • mayenne-tourisme.com • Lun-ven 9h30-12h30, 13h30-17h30.* À deux pas de la gare, un lieu convivial avec expos.
– ***May'N pass :*** *• mayenne-tourisme.com/carte-mayn-pass/ • Uniquement par Internet.* Carte gratuite donnant le droit à des réductions dans une soixantaine de sites du département. Valable pour le détenteur et ses accompagnants.
■ ***Gîtes de France :*** *☎ 02-43-67-09-07. • gites-de-france-mayenne.com • Lun-ven 8h30-19h, w-e 11h (12h dim)-18h.*
– ***Réseau de bus régional Aléop :*** *☎ 02-43-67-22-50. • aleop.paysdelaloire.fr •*

La Mayenne en bateau

Location de bateaux habitables sans permis : Les Canalous, *le port, 49220* ***Chenillé-Changé.*** *☎ 03-85-53-76-74. • canalous-plaisance.fr •* ***Anjou Navigation*** *(Laval et Sablé-sur-Sarthe), ☎ 02-43-95-14-42. • anjou-navigation.fr •* Location de bateaux habitables pour 2 à 12 personnes, que l'on peut piloter sans permis.

LA MAYENNE

LE PAYS DE LAVAL

LAVAL (53000) 50 000 hab. *Carte Mayenne, B3*

• Plan *p. 206-207*

Méfiez-vous de l'eau qui dort. Sous ses airs sages, Laval est quand même la ville qui a donné naissance au chirurgien Ambroise Paré (1509-1590), au père d'Ubu, Alfred Jarry (1873-1907), au Douanier Rousseau (1844-1910) et à Alain Gerbault (1893-1941). Et en plus, c'est l'un des palindromes les plus connus des Français ! Avant de vous mettre au vert, il faut prendre le temps de visiter la vieille ville, son lacis de ruelles escarpées où les maisons à pans de bois se penchent au-dessus de vos têtes, sa Grand-Rue médiévale avec la plus ancienne maison de France ou encore son château abritant un surprenant musée d'art naïf et d'arts singuliers...

LE VOLEUR DE BICYCLETTE

*On sait qu'Alfred Jarry était un fervent adepte de la petite reine, par ses écrits (*La Passion considérée comme une course de côte, Le Surmâle...*), mais aussi parce qu'il fut souvent photographié juché sur son vélo* Clément. *Jarry acheta cette bicyclette à Laval en 1896 mais ne la paya jamais, malgré plusieurs sommations d'huissiers... En 1907, à la mort de l'écrivain, le dû resta pour toujours impayé.*

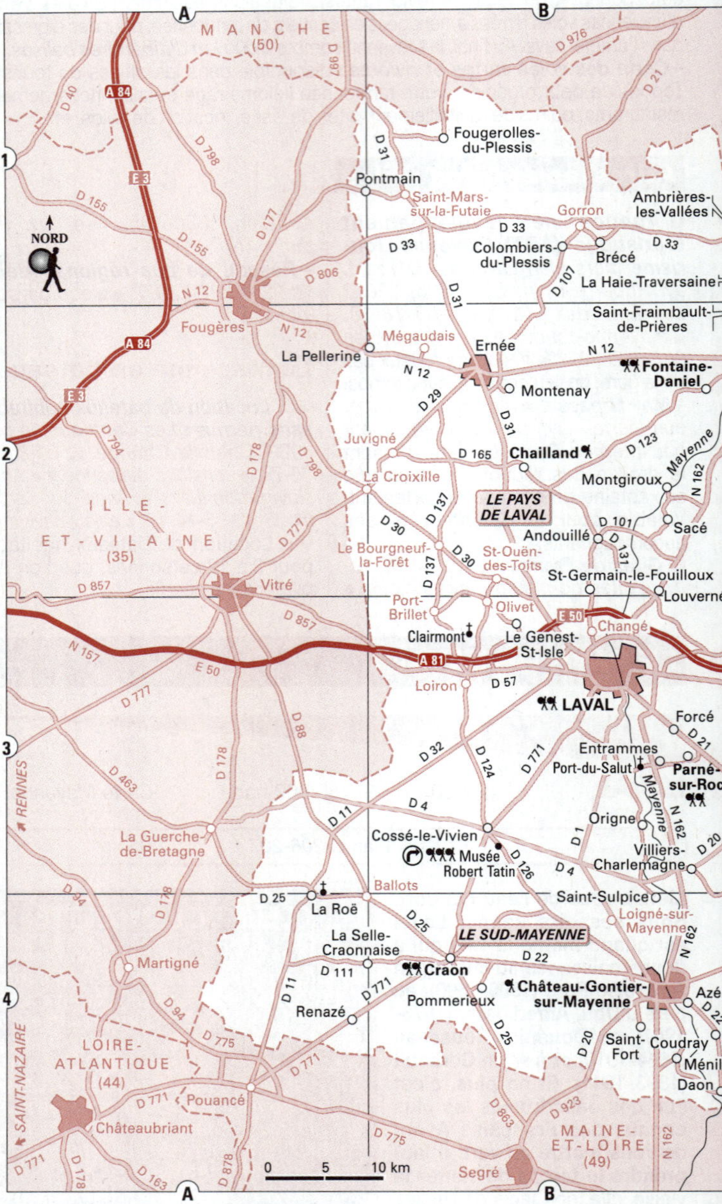
A
B
MANCHE
(50)
D 997
D 976
D 21
A 84
D 40
D 798
Fougerolles-
du-Plessis
1
E 3
D 31
Pontmain
Saint-Mars-
sur-la-Futaie
Gorron
Ambrières-
les-Vallées
D 155
NORD
D 155
D 177
D 33
D 33
Colombiers-
du-Plessis
Brécé
D 33
D 806
D 107
La Haie-Traversaine
N 12
D 31
Saint-Fraimbault-
de-Prières
Fougères
N 12
Mégaudais
Ernée
N 12
A 84
La Pellerine
N 12
Fontaine-
Daniel
Montenay
E 3
D 29
D 794
D 31
2
D 178
D 798
Juvigné
D 165
Chailland
D 123
Mayenne
D 162
La Croixille
Montgiroux
ILLE-
ET-VILAINE
(35)
LE PAYS
DE LAVAL
D 137
D 30
D 101
Sacé
D 777
Andouillé
D 131
Le Bourgneuf-
la-Forêt
D 30
St-Ouën-
des-Toits
D 137
St-Germain-le-Fouilloux
D 857
Vitré
Louverné
Port-
Brillet
Olivet
E 50
D 857
Changé
Clairmont
Le Genest-
St-Isle
N 157
A 81
E 50
Loiron
D 57
D 777
LAVAL
D 88
Forcé
3
D 32
D 21
D 178
D 771
D 124
Entrammes
RENNES
D 463
Port-du-Salut
Parné-
sur-Roc
Mayenne
N 162
D 4
D 11
Origné
D 1
Cossé-le-Vivien
La Guerche-
de-Bretagne
Musée
Robert Tatin
D 126
Villiers-
Charlemagne
D 20
D 4
D 94
D 25
Ballots
Saint-Sulpice
D 178
La Roë
D 25
Loigné-sur-
Mayenne
LE SUD-MAYENNE
N 162
La Selle-
Craonnaise
D 22
Martigné
D 111
Craon
D 11
D 771
Château-Gontier-
sur-Mayenne
Azé
4
Pommerieux
D 94
Renazé
D 22
SAINT-NAZAIRE
D 25
D 20
Saint-
Fort
Coudray
LOIRE-
ATLANTIQUE
(44)
D 775
D 771
Ménil
D 771
Pouancé
Daon
D 923
Châteaubriant
D 863
MAINE-
ET-LOIRE
(49)
D 775
D 162
D 771
D 178
D 163
D 878
0
5
10 km
Segré
A
B

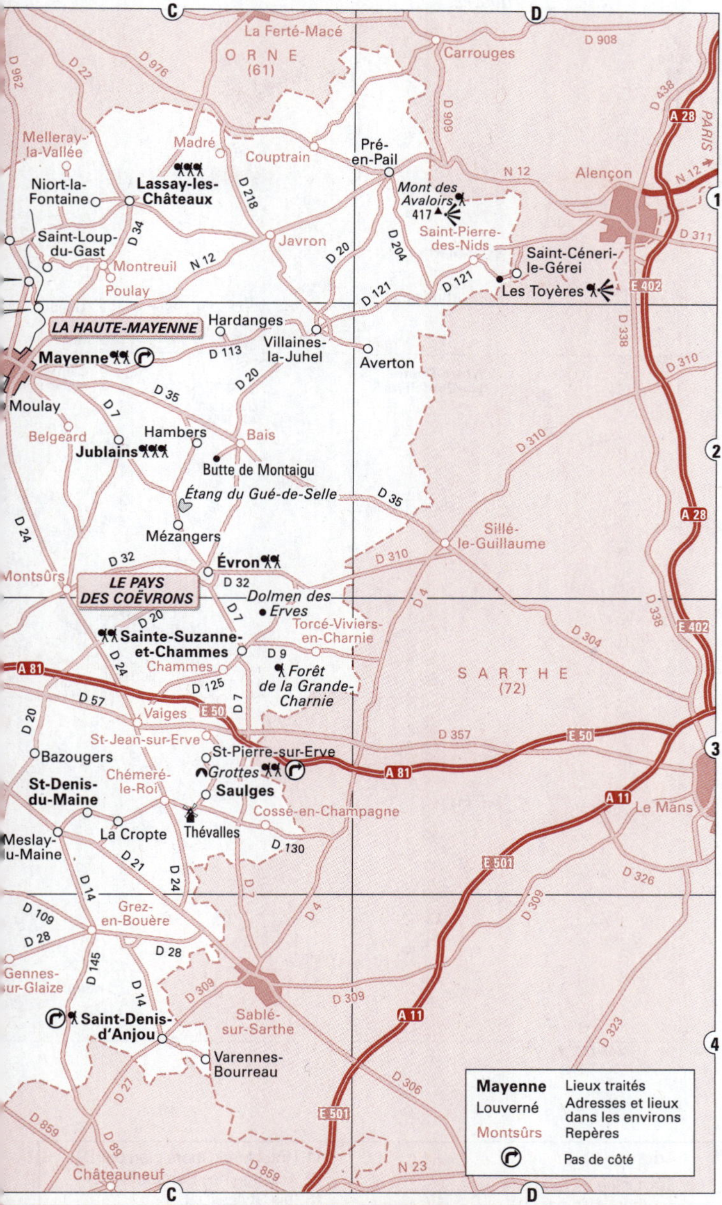
C
D
La Ferté-Macé
ORNE
(61)
Carrouges
D 908
D 962
D 22
D 976
D 909
D 438
A 28
PARIS
Melleray-
la-Vallée
Madré
Couptrain
Pré-
en-Pail
N 12
Alençon
N 12
Niort-la-
Fontaine
Lassay-les-
Châteaux
D 218
Mont des
Avaloirs
417
Saint-Loup-
du-Gast
D 34
Javron
D 20
D 204
Saint-Pierre-
des-Nids
D 311
Saint-Céneri-
le-Gérei
Montreuil
N 12
Poulay
D 121
D 121
Les Toyères
E 402
LA HAUTE-MAYENNE
Hardanges
Villaines-
la-Juhel
Averton
D 338
D 310
Mayenne
D 113
D 20
Moulay
D 35
D 7
Hambers
Bais
Belgeard
Jublains
Butte de Montaigu
D 310
Étang du Gué-de-Selle
D 35
D 24
Mézangers
Sillé-
le-Guillaume
A 28
D 32
Évron
D 310
Montsûrs
LE PAYS
DES COËVRONS
D 32
Dolmen des
Erves
D 4
D 338
D 20
D 7
Torcé-Viviers-
en-Charnie
D 304
E 402
Sainte-Suzanne-
et-Chammes
D 9
D 24
Chammes
Forêt
de la Grande-
Charnie
SARTHE
(72)
A 81
D 125
D 57
D 7
E 50
Vaiges
D 20
St-Jean-sur-Erve
D 357
E 50
St-Pierre-sur-Erve
Bazougers
Grottes
A 81
Chémeré-
le-Roi
Saulges
St-Denis-
du-Maine
A 11
Le Mans
Cossé-en-Champagne
La Cropte
Thévalles
Meslay-
du-Maine
D 130
D 21
D 24
E 501
D 14
D 326
D 7
D 109
Grez-
en-Bouère
D 4
D 309
D 28
D 28
Gennes-
sur-Glaize
D 145
D 14
D 309
D 309
Sablé-
sur-Sarthe
A 11
Saint-Denis-
d'Anjou
D 323
Varennes-
Bourreau
D 306
D 27
E 501
D 859
D 89
D 859
N 23
Châteauneuf
1
2
3
4
Mayenne
Lieux traités
Louverné
Adresses et lieux
dans les environs
Montsûrs
Repères
Pas de côté

LA MAYENNE

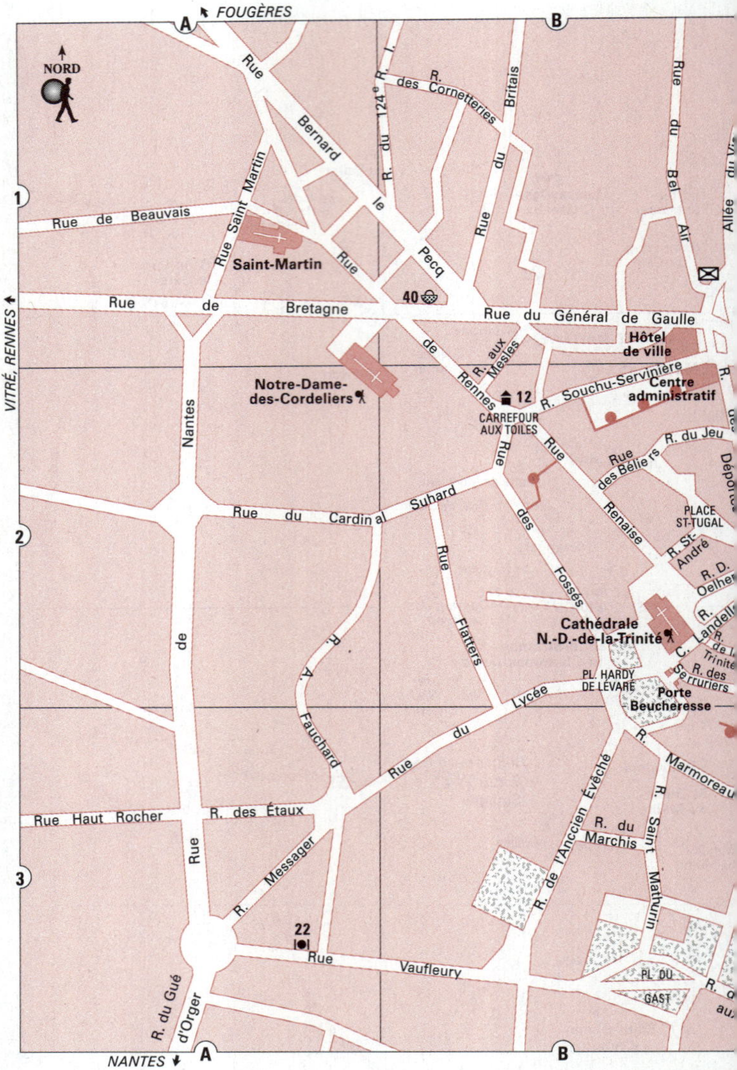

■ **Adresse utile**

🅘 Office de tourisme (hors plan par D1)

Où dormir ?

10 Hôtel du Maine (hors plan par D1)
11 Hôtel Marin (hors plan par D1)
12 Auberge des Remparts (B2)
13 Ibis Styles (D1)

Où manger ?

20 La Cuisine de Pierre (hors plan par D1)

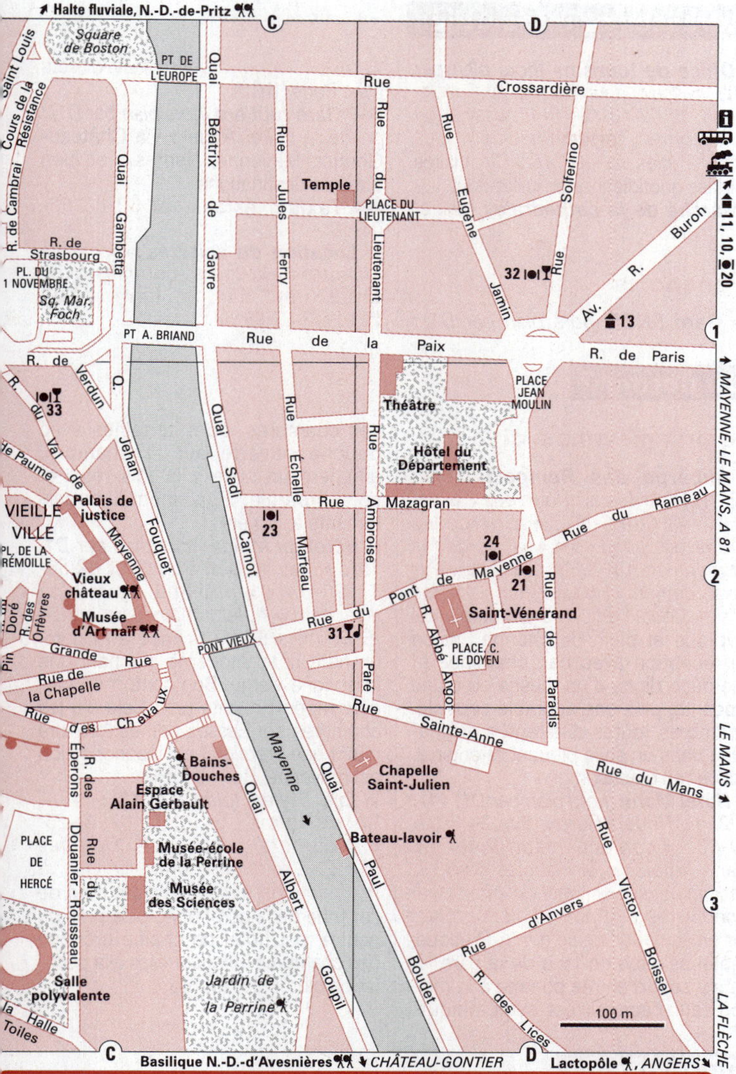

LAVAL

21 Le Méridional (D2)
22 L'Antiquaire (A3)
23 L'Esprit Cuisine (C2)
24 Le Bistronomique (D2)

Où boire un verre ?
Où grignoter un morceau ?

Où écouter un peu de musique ?

31 O'Regans Pub (C-D2)
32 Le Vin'yle (D1)
33 Qui l'Ubu (C2)

Où acheter de bons produits ?

40 Les Paniers Gourmands (B1)

Adresses et infos utiles

Office de tourisme (hors plan par D1) : Maison du tourisme, 84, av. Robert-Buron. ☎ 02-43-49-46-46. • laval-tourisme.com • Lun-sam 9h30-18h ; plus dim et j. fériés mai-sept 10h-13h. Visites guidées quotidiennes en juillet-août.

– **Marché de la cathédrale :** mar et sam mat.

Transports

Gare SNCF (hors plan par D1) : ☎ 36-35 (appel gratuit). TGV directs avec Paris (1h10).

Gare routière (hors plan par D1) : pl. de la Gare. Angers via Château-Gontier, Mayenne, Nantes... et bien d'autres destinations.

Taxis : Artaxi, ☎ 02-43-68-08-08.

Location de voitures : quelques loueurs à la gare comme **Avis,** ☎ 0820-611-684, et **Rent a Car,** ☎ 02-43-67-99-55.

Où dormir ?

De prix moyens à chic

Auberge des Remparts (plan B2, **12**) : 2-4, carrefour aux Toiles. ☎ 02-43-66-86-80. • aubergedesremparts@gmail.com • aubergedesremparts.com • ♿ Au cœur du vieux Laval, derrière la mairie. Parfois fermé le w-e. Double env 75 €. Un petit hôtel atypique et plein de charme : salon de réception avec bar, cheminée et une déco digne d'un musée ou d'une brocante, plus une adorable courette. Chambres toutes différentes et chacune dans un style piquant et original. Accueil au diapason.

Hôtel Marin (hors plan par D1, **11**) : 102, av. Robert-Buron. ☎ 02-43-53-09-68. • contact@marin-hotel.fr • marin-hotel.fr • ♿ Doubles 69-96 €. Parking payant. Un petit déj offert pour 1 double au tarif normal (hors promo) sur présentation de ce guide. Pratique, l'hôtel se situe en face de la gare, et on s'y sent d'entrée comme à la maison tant l'accueil est sympathique. Les chambres, dont certaines avec douche ouverte sur la chambre, affichent un style à la fois rétro et contemporain. Également 2 appartements à l'arrière.

Hôtel du Maine (hors plan par D1, **10**) : 98, av. Robert-Buron. ☎ 02-55-48-90-64. • info@hoteldumainelaval.com • hoteldumainelaval.com • ♿ Doubles 60-80 €. Face à la gare, un petit hôtel moderne affichant une jolie vigne vierge. Bon confort et honnête rapport qualité-prix. Cela dit, les chambres sont assez petites (prendre plutôt une *premium*) et l'insonorisation est moyenne. Bon accueil.

Ibis Styles (plan D1, **13**) : 8, av. Robert-Buron. ☎ 02-43-67-19-25. • accorhotels.com • ♿ Doubles 65-150 € selon saison (moins cher le w-e), petit déj inclus. À l'autre bout de l'avenue de la gare, donc plus près du centre, cet hôtel de chaîne propose des chambres fonctionnelles à la déco-ration plutôt distrayante.

Où manger ?

Attention, beaucoup de restaurants sont fermés le dimanche soir et le lundi.

De très bon marché à bon marché

La Cuisine de Pierre (hors plan par D1, **20**) : 60, av. Robert-Buron. ☎ 02-43-56-09-76. • contact@lacuisinedepierre.fr • Lun-ven 9h30-20h45, sam 9h30-16h. Formules 10-16 €. Apéritif maison offert sur présentation de ce guide. Dans l'avenue de la gare, un petit resto-traiteur proposant de bonnes formules pas chères le midi. Jolie salle en longueur et quelques tables sur le trottoir. Vitrine alléchante remplie de salades, quiches, sandwichs, burgers... Également un plat du jour et de bons desserts. *Lunch-box* à emporter.

Le Méridional (plan D2, **21**) **:** *114, rue du Pont-de-Mayenne. ☎ 02-43-53-13-77. Ouv le midi seulement, lun-ven. Env 10-15 €.* De l'autre côté du Pont-Vieux, un bar de quartier qui ne désemplit pas le midi. Ici règnent les prix bas et l'accueil enjoué du patron et des serveurs. Pas de la haute gastronomie mais un bon rapport qualité-prix.

De prix moyens à chic

Le Bistronomique (plan D2, **24**) **:** *99, rue du Pont-de-Mayenne. ☎ 02-53-74-50-24. • bistronomiquelaval@gmail.com • Fermé le soir dim-mar, mer tte la journée et sam midi. Formules déj ; menus 28-34 €.* Comme son nom l'indique, voici un bistrot décontracté où l'on déguste une cuisine élaborée et savoureuse. La carte, qui revisite la cuisine de bistrot, évolue au gré des saisons. Mention spéciale aux légumes, bien mijotés.

L'Antiquaire (plan A3, **22**) **:** *64, rue Vaufleury. ☎ 02-43-53-66-76. • restaurant.lantiquaire@gmail.com • ♿ Fermé sam midi, dim soir et lun. Congés : 2 sem en avr et 3 sem en juil. Formules déj en sem 16-20 € ; menus 31-43 €. Café offert sur présentation de ce guide.* Derrière la jolie vigne vierge, des produits du terroir et de la mer. Ici, on aime le beau, le travail bien fait, entre gens de bonne compagnie, avec juste ce qu'il faut de créativité. Une affaire, dès le 1er menu, à apprécier dans 3 salles assez intimes ou en terrasse.

L'Esprit Cuisine (plan C2, **23**) **:** *8, rue Mazagran. ☎ 02-43-56-78-51. Fermé dim-lun. Congés : 3 sem en août. Menu déj en sem 25 € ; plats 18-27 €.* Une adresse à la déco design dans les tons noirs jusque dans la tenue des cuistots, avec cuisine ouverte. Carte maîtrisée, inspirée par les producteurs locaux. Mention spéciale pour la carte des vins, ordonnée par gamme de prix.

LA MAYENNE

Où dormir ? Où manger dans les environs ?

Chambres d'hôtes Fleurs des Champs* :** *chez Thérèse et Jean-Claude Gehannin, L'Hommeau, 53240* ***Saint-Germain-le-Fouilloux. *☎ 02-43-01-18-41. • fleurs.des.champs.online.fr • À 10 km au nord par la D 104 via Changé. Congés : fêtes de fin d'année. Double env 59 €. Cuisine commune ou service traiteur sur résa.* Cette ravissante maison d'hôtes dans une ferme très fleurie porte bien son nom. Le jardin, avec son petit étang et ses parterres bigarrés, est très accueillant. Les 5 chambres sont spacieuses et colorées, 2 d'entre elles disposent même de balcons. Et madame a signé les peintures qui égaient la maisonnée !

Échologia, Mon Natur'eau Parc* :** *Bas-Barbé, 53950* ***Louverné. *☎ 09-80-80-53-53. • contact@echologia.fr • echologia.com • À 10 km au nord, direction Mayenne. Avr-sept : mer-dim en été, ven-dim avr-juin et sept. Compter 99-219 € pour 2 (max 4 pers), comprenant petit déj bio, activités sportives et accès au parc et à la piscine naturelle. Pas de resto mais service traiteur.* Sur le magnifique site réhabilité d'anciennes carrières de chaux (lire aussi « Dans les environs de Laval »), toutes sortes d'hébergements insolites dont des cabanes flottantes sur l'un des 6 plans d'eau, une cabane-digue en équilibre et une authentique poudrière. Également des chambres hôtelières. Piscine naturelle et chasse au trésor pour les résidents...

Écolodges du Bois, Parc d'Activités Nature* :** *L'Orbière, 53260* ***Forcé. *☎ 02-43-56-63-93. 📱 06-26-53-26-05. • lebois-mayenne.fr • À 2 km au sud-est de Laval, par la D 21. À partir de 89 € pour 2, petit déj inclus.* Quelques chouettes baraques dans les arbres ainsi qu'une confortable cabane sur un étang (barque fournie !). Très sympa pour passer la nuit en famille dans un environnement naturel.

La Chaussée d'Olivet : *26, route de Saint-Ouen-des-Toits, 53410* ***Olivet.*** *☎ 02-43-90-79-78. 06-85-75-35-00. • chambresdhotes.53olivet@orange.fr • lachausseedolivet53.com • À 15 mn au nord-ouest de Laval. Doubles 59-65 € ; roulotte.* Dans une ancienne forge restaurée, 3 chambres : « La Romance » aux tons roses avec baignoire sur pattes, « Ma Cabane au Canada », tout en bois, et la « Mille et Une Nuits » (pas besoin de faire un dessin). Grand jardin abritant une roulotte pimpante de 19 m² dans les tons rose-bleu, avec douche/w-c et coin cuisine. Un endroit accueillant.

La Maison de l'Orbière : *à l'entrée du parc Le Bois, L'Orbière, 53260* ***Forcé.*** *☎ 02-43-56-63-93. • lamaisondelorbiere@gmail.com • llorbiere.fr • À 2 km au sud-est de Laval par la D 21. Doubles et suite 95-138 €. Table d'hôtes sur résa.* À l'entrée du parc, une maison d'hôtes pour les amateurs d'architecture des années 1970. Elle fut bâtie par un certain Barberot, le « roi du plastique ». 5 chambres et 1 suite parentale, certaines avec terrasse. Pour les amateurs de vintage, tout le mobilier est d'origine. Table d'hôtes concoctée par Mimi. Grand jardin et le parc d'activités est juste à côté (voir « À faire à Laval et dans les environs »).

Le Salvert : *route d'Olivet, 53940* ***Le Genest-Saint-Isle.*** *☎ 02-43-37-14-37. • restaurant-le-salvert@wanadoo.fr • À 15 mn au nord-ouest par la D 30. Fermé dim soir-lun, plus le soir mar-mer hors saison. Congés : 2de quinzaine d'août. Formules déj en sem 16,50-20 € (vin et café compris) ; menus env 24,50-50 €.* Au cœur de la campagne mayennaise, Marie-Laure et Sébastien proposent une cuisine évolutive, réalisée à partir des produits du terroir. Une table à découvrir en été, soit en terrasse avec vue panoramique sur l'étang de pêche d'Olivet, soit en hiver, dans la salle chic près de la cheminée. Accueil chaleureux.

Où boire un verre ? Où grignoter un morceau ? Où écouter un peu de musique ?

O'Regans Pub *(plan C-D2,* ***31****) : 48, rue du Pont-de-Mayenne. ☎ 02-43-53-37-22. Tlj 17h-1h (minuit dim-lun). Fermé 24-25 et 31 déc.* Dans une rue pavée sympa, l'*O'Regans,* tenu par des Irlandais, est le seul vrai pub de la ville. Parfait pour l'apéro en terrasse aux beaux jours. Sinon, on se tient chaud à l'intérieur en regardant les matchs de foot ou de rugby. Musique irlandaise live le 2e jeudi du mois.

Le Vin'yle *(plan D1,* ***32****) : 5, rue Solférino. ☎ 02-43-56-15-78. Tlj sauf dim, lun midi et mer soir.* Un bar à vins sympa, avec un comptoir mais aussi quelques caisses et palettes en bois brut, canapé, tables et chaises bistrot, toiles contemporaines et bien sûr des vinyles... Bon choix de vins au verre et de bières artisanales. Possibilité de grignoter.

Qui l'Ubu *(plan C2,* ***33****) : 7, rue du Val-de-Mayenne. ☎ 02-43-65-52-72. Tlj sauf dim-lun 11h30-14h30, 18h-22h (23h45 jeu-sam).* Un autre bar à vins très sympa, avec de bonnes planches à partager, de bons conseils et une ambiance agréable.

Dans le vieux Laval, on aime bien aussi ***L'After Work*** *(27, Grand-Rue ; plan C2 ; tlj sauf dim 17h-23h)* et le ***Boogie Jam*** *(4, rue de la Trinité ; plan B2),* ce dernier proposant régulièrement de la musique live...

Où acheter de bons produits ?

Les Paniers Gourmands *(plan B1,* ***40****) : 62, rue du Général-de-Gaulle. ☎ 02-43-69-00-41. Fermé dim-lun.* Épicerie fine 100 % Mayenne : pommeau, poiré, cidre, bière, confitures, terrines, plats cuisinés, foie gras, gâteaux, chocolat... À l'unité ou en panier garni.

À voir

Le vieux château *(plan C2)* **:** *pl. de La Trémoille. ☎ 02-53-74-12-30. Mar-sam 9h-12h, 13h30-18h ; dim 14h-18h. Entrée musée : GRATUIT. Pour le château, la crypte et la salle virtuelle, visite guidée seulement : env 3 € ; gratuit pour ts le 1er dim du mois.*
Un véritable résumé historique à lui seul, dont on découvre les différentes phases d'évolution en 3D. Il fut construit par Guy Ier de Laval, en 1020. Le lieu était tout trouvé : l'éperon rocheux dominant le gué, là où la vieille voie gallo-romaine franchissait la rivière. Il annonçait la grande vague de constructions du Moyen Âge que l'on retrouve dans tout le département.
Le château a conservé l'ensemble de ses défenses d'origine : enceinte fortifiée, donjon circulaire, vigie imperturbable de 35 m coiffée d'une superbe charpente défensive en bois, unique par son ancienneté (début XIIIe s). La jolie salle d'honneur, avec sa carène de bateau renversée, est utilisée pour les expos temporaires *(GRATUIT)*. Une autre salle présente une maquette virtuelle de la ville à diverses périodes. Enfin, la belle crypte (seulement en visite guidée) expose le sarcophage et même le squelette d'Anne d'Alègre (XVIIe s).

Le musée d'Art naïf et d'Arts singuliers *(plan C2)* **:** *à l'intérieur du château. ♿ (rdc). GRATUIT.* Des centaines d'œuvres françaises (dont certaines d'Henri Trouillard) et étrangères (yougoslaves notamment) en font le 1er musée du genre en Europe ! Nombreuses œuvres d'art naïf, quelques toiles du Douanier Rousseau, ainsi que des salles dédiées aux « primitifs modernes » et aux artistes dits « singuliers » à l'avant-garde de l'art contemporain. Voir notamment les céramiques d'Amourette... Une visite passionnante dans l'univers des vrais (ne parlons pas des faux !) naïfs.

LA FAUTE À ROUSSEAU ?

Né à Laval, le Douanier Rousseau (1844-1910), pourtant ami de Picasso, demeura malheureusement incompris de ses contemporains. À tel point que, à la fin du XIXe s, le maire de Laval dédaigna carrément le don de son tableau La Bohémienne endormie. *Mauvaise pioche, cette œuvre naïve phare du XXe s trône aujourd'hui au Museum of Modern Art de New York !*

Autour du château *(plan B2)* **:** vieilles maisons (dont certaines à pans de bois), la porte Beucheresse (dernière porte fortifiée) ainsi que la cathédrale Notre-Dame-de-la-Trinité (voûte gothique Plantagenêt).

Le bateau-lavoir Saint-Julien *(plan C-D3)* **:** *quai Paul-Boudet. Visite en été, infos à l'office de tourisme.* Classée Monument historique, cette embarcation fonctionna jusqu'en 1972. C'est à partir de 1860 que ces bateaux se multiplièrent sur la Mayenne.

Les Bains-Douches *(plan C3)* **:** *32, quai Albert-Goupil. Visites programmées et expos temporaires d'art contemporain.* Entre Art déco, inspiration égyptienne et formes géométriques, l'édifice date de 1926. Les mosaïques bleues sont signées Isidore Odorico. Un régal pour les amateurs d'esthétisme de l'entre-deux-guerres.

DE LAVAL À BORA-BORA

Sacré bonhomme que le Lavallois Alain Gerbault (1893-1941). Écrivain, pilote d'avion volontaire durant la Première Guerre mondiale, joueur de tennis professionnel (en finale de Roland-Garros en 1921)... Mais c'est sur son cotre, le Fire-Crest, *qu'il se fit surtout connaître en réalisant le 1er tour du monde en solitaire, de 1923 à 1929. Installé à Bora-Bora, il décéda de la malaria au Timor en 1941, lors d'une ultime errance dans le Pacifique.*

Le jardin de la Perrine *(plan C3) : en surplomb de la Mayenne.* Un lieu comme on les aime, animé et drôle, riche et fleuri. Belle balade et vue sur la cité. On y trouve l'*Espace Alain-Gerbault (GRATUIT),* consacré à la vie du célèbre navigateur, enfant de Laval. Également le *musée-école (GRATUIT),* un espace accueillant des expositions artistiques temporaires, et le *musée des Sciences (payant),* installé dans un très beau bâtiment du XIXe s, aux allures antiques.

La basilique Notre-Dame-d'Avesnières *(hors plan par D3) : pl. d'Avesnières.* Sur la rive droite de la Mayenne, au sud du centre-ville, belle balade jusqu'à cette église romane, riche en vitraux, chapiteaux et statuaire. Chevet remarquable avec un déambulatoire à 5 chapelles et une tour carrée surmontée d'une flèche en pierre de la Renaissance.

L'église Notre-Dame-des-Cordeliers *(plan A-B1-2) :* elle date du XIVe s. Une entrée par la grande porte dans le monde des fameux retables lavallois. La voûte néogothique de l'église, restaurée dans un style flamboyant, offre une belle mise en valeur du retable.

La chapelle Notre-Dame-de-Pritz *(hors plan par C1) : visite guidée sur rdv seulement, rens à l'office de tourisme.* Une église carolingienne aux intéressantes peintures murales (XIIe et XIIIe s). Fresque de saint Christophe portant Jésus sur ses épaules et chœur magnifique avec peintures représentant quelques vieillards de l'Apocalypse, un calendrier julien et une Vierge allaitant. Pierres tombales en guise d'escalier, belle charpente en châtaignier, saint Christophe du XVe s, gisants du XIIIe s et chemin de croix en terre cuite.

La Cité du Lait, Lactopôle *(hors plan par D3) : 18, rue Adolphe-Beck. ☎ 02-43-59-51-90. • lactopole.com • Visite à 15h précises : Pâques-juin et sept, w-e et j. fériés (sauf 1er mai), sur résa le reste de la sem ; vac scol de Pâques et été, tlj ; autres vac scol, lun-ven. Compter 2h de visite. Entrée : env 10 € ; réduc ; gratuit moins de 6 ans.* Depuis les 1ers camemberts en 1933, la famille Besnier, après 3 générations, a monté un empire industriel, no 1 mondial des produits laitiers. Le groupe Lactalis fabrique 25 % des appellations d'origine fromagères françaises. Le Lactopôle, avec ses 4 000 pièces exposées et des supports technologiques sophistiqués, permet de découvrir les rouages de ce monopole (1 million de camemberts par jour) qui a aujourd'hui la mainmise sur le marché laitier.

GRANDS MAUX ET PETITS POTS

Le yaourt, une technique de fermentation du lait apparue au Moyen-Orient, fut introduit une 1re fois en France au XVIe s, comme médicament auprès du roi François Ier. Redécouvert au XIXe s, il ne devint populaire qu'après la Première Guerre mondiale. On l'achetait alors... dans les pharmacies.

À faire à Laval et dans les environs

– **Halte fluviale** *(hors plan par C1) : 100, allée du Vieux-Saint-Louis. ☎ 02-43-49-46-46 (office de tourisme). • laval-tourisme.com • Juil-août, tlj 9h-12h, 13h30-19h ; mai-juin et sept, seulement sam-dim et j. fériés 9h-12h, 13h30-18h30.* Un lieu de détente et d'information aménagé square Boston, au bord de la Mayenne.

Visites en bateau, location de bateaux électriques ou à moteur** (sans permis) **et d'embarcations à pédales : départ de visites guidées depuis Laval en bateau, et de croisières gourmandes avec restauration sur le *Vallis-Guidonis.* Également des embarcations à louer pour descendre ou remonter la rivière et location de vélos et trottinettes à assistance électrique ou non.

L'Orbière, Parc d'Activités Nature : *L'Orbière, 53260* ***Forcé.*** *☎ 02-43-56-63-93. • lebois-mayenne.fr • À 2 km au sud-est de Laval par la D 21. Vac scol, tlj ; hors vac scol, w-e et j. fériés seulement. Fermé en hiver.* 9 parcours dans les arbres, tyroliennes, canoës et barques, balades à poney et à cheval, *archery tag,* pique-nique... et de sympathiques baraques dans les arbres ainsi qu'une confortable cabane sur l'eau pour passer la nuit. Sans oublier *La Grange de l'Orbière,* un bar qui propose des produits du terroir et des concerts-barbecues le vendredi en été.

Manifestations

– ***Laval-Virtual :*** *1re quinzaine d'avr. • laval-virtual.org •* Salon international sur la réalité virtuelle. Gros succès !
– ***Les 3 Éléphants :*** *dernier w-e de mai. ☎ 02-43-59-77-80. • les3elephants.com •* Un poids lourd des festivals mayennais : musiques actuelles, théâtre de rue, etc.
– ***Vélo Agglo Rétro :*** *juin.* Une rando sympa sur des vélos vintage dans les environs de Laval.
– ***Les Nuits de la Mayenne :*** *juil-août. ☎ 02-43-53-63-90. • nuitsdelamayenne.com •* Un festival itinérant sur le département, pour valoriser le patrimoine par le spectacle vivant.
– ***Le Chaînon manquant :*** *sept. • lechainon.fr •* Spectacle vivant sous toutes les formes.
– ***La Nuit de Laval Tourisme :*** *sept. • laval-tourisme.com •* Animations culturelles et sportives gratuites.
– ***Les Lumières de Laval :*** *fin nov-début janv. ☎ 02-43-49-46-46.* Chaque année, un thème différent pour des lumières hors du commun.

DANS LES ENVIRONS DE LAVAL

Au sud

Parné-sur-Roc (53260) : *à 11 km au sud-est, en marge de la D 21. Brochure-parcours avec QR codes à disposition devant la mairie.* Dans cette Petite Cité de caractère très léchée, des maisons soigneusement rénovées, de toutes formes et de toutes époques. Ambiance bucolique avec des bassins à truites, d'anciens fours à chaux, un vieux pont, une église avec carène renversée, de jolies fresques murales, un clocher de pierre, et un alignement de maisons ouvrières du XIXe s...

L'abbaye du Port-du-Salut : *53260* ***Entrammes.*** *☎ 02-43-64-18-64. • portdusalut.com • À une dizaine de km vers le sud (N 162), à 2,5 km d'Entrammes (indiqué). Magasin tlj sauf lun 10h-11h15 (après 11h dim), 14h30-17h30.* Visite de l'église abbatiale du début du XIIIe s, de la boutique de produits monastiques *(sauf lun, pdt les offices et à midi)* et des expositions *(mêmes horaires que le magasin).* Messe à 11h30 (11h le dimanche). Oui, c'est ici qu'est né le célèbre fromage « Port-Salut » ! Mais ce n'est plus une production de l'abbaye depuis quelques décennies déjà. Les moines produisent aujourd'hui... de l'électricité, dans une centrale qui fonctionne depuis 1935 ! Baladez-vous donc au bord de la rivière, dans un cadre bucolique, autour de la petite écluse.

Une coopérative agricole moderne s'est installée à proximité et produit des fromages bio au lait cru sous l'appellation Entrammes. ☎ *02-43-64-39-90.* • *fromageriedentrammes.com* • *Ouv seulement mer 14h-18h et ven 14h-19h.* Petit dépôt à l'abbaye en cas de fermeture de la boutique.

Les thermes gallo-romains : *dans l'église du village d'**Entrammes** (53260), à 10 km au sud par la N 162. ☎ 02-43-90-20-72 (en saison) ou 02-43-49-46-46. Visite guidée (1h) juil-août, tlj 14h-18h30 ; mai-juin, dim et j. fériés 14h30-18h. Entrée : env 4 € ; réduc.* Un son et lumière qui éclaire d'une façon originale le lieu et l'histoire contée, en prenant appui sur un grand mur romain remarquablement préservé !

Au nord

L'abbaye de Clairmont : *Olivet, 53940 **Le Genest-Saint-Isle.** ☎ 02-43-02-11-96.* • *abbaye-de-clairmont.com* • *À 15 km à l'ouest de Laval. De Saint-Ouën-des-Toits, direction Olivet (D 115). Tlj 14h-18h. Visite libre (avec plaquette) : 8 € ; réduc. Visite guidée (payante) sur résa (min 4 pers).* L'abbaye de Clairmont fut créée par saint Bernard pour installer, en 1152, des moines cisterciens de l'abbaye de Clairvaux (d'où s'inspire le nom de « Clairmont »). C'est la plus grande église du département en voie de restauration, mais le plus gros du travail possible a déjà été fait. Pour l'anecdote, sachez que les travaux ne se sont jamais vraiment arrêtés depuis que de pieuses demoiselles les ont lancés en... 1954. L'abbaye a gardé son architecture primitive qui date du milieu du XIIe s. L'ensemble est d'une grande majesté avec ses hauteurs et ses volumes gigantesques, mais aussi d'un grand dépouillement.

L'ORIGINE DES CHOUANS

Jean Cottereau est né en 1757 à Saint-Berthevin, près de Laval. À l'origine surnom familial, le terme « chouan » fut communiqué à leurs camarades par Jean et ses 3 frères, placés dès le début à la tête de l'insurrection anti-révolutionnaire. Petit à petit, ce terme finit par caractériser la révolte entière. La maison de Jean Cottereau, située à Saint-Ouën-des-Toits (15 km au nord-ouest de Laval, par la D 30), accueille aujourd'hui un musée (☎ 02-43-37-76-44 ou 73-31).

Échologia, Mon Natur'eau Parc : *Bas-Barbé, 53950 **Louverné.** ☎ 09-80-80-53-53.* • *echologia.com* • *À 10 km de Laval, direction Mayenne. Avr-sept, w-e et j. fériés 14h-19h. Fermé oct-mars. Entrée : env 15 € (visite guidée incluse) ; réduc.* Magnifique réhabilitation que ces anciennes carrières de chaux du XIXe s qui constituent aujourd'hui la plus grande réserve d'eau de la Mayenne. Conçu autour de l'eau (mention spéciale pour les aquariums aquaponiques... ils vous expliqueront !), l'écologie et le patrimoine, ce site privé de 100 ha propose une visite guidée sur l'extraction de la chaux. Également un parcours de 3,5 km avec jeu de pistes et panneaux pédagogiques. Activités (payantes, sur résa) : tir à l'arc, canoë, sarbacane, pêche à l'écrevisse, nourrissage des animaux... Aire de pique-nique. Quelques hébergements insolites (voir « Où dormir ? Où manger dans les environs ? »).

LE SUD-MAYENNE

CRAON

(53400) 4 510 hab. *Carte Mayenne, B4*

À 20 km à l'ouest de Château-Gontier. Un parfum médiéval flotte dans les vieilles rues, nuancé en août et en septembre par celui du... cheval. Craon (prononcez « Cran ») est en effet célèbre, depuis 1848, pour ses courses hippiques.

« AMEN ! »

C'est à Craon qu'est produit le fromage « Chaussée aux moines ». Consommé principalement par les Français, il s'en vend un par seconde. Né à la fin des années 1960, il a connu un vrai succès à partir des années 1980 grâce à la publicité et au célèbre « Amen ! » chanté. Et pourtant aucun moine n'a jamais confectionné ce fromage, tonsure ou pas !

Adresse utile

ℹ ***Tourisme en pays de Craon :*** *pl. du Pilori. ☎ 02-43-06-10-14. • ville-craon53.fr • Juil-août seulement.*

Où dormir ?
Où manger à Craon et dans les environs ?

Campings

⛺ ***Camping du Mûrier :*** *rue Alain-Gerbault, à Craon. ☎ 02-43-06-96-33. • campingdumurier@orange.fr • campingdecraon53.fr • ♿ Au plan d'eau du Mûrier. De mai à mi-oct (loc tte l'année). Résa conseillée en été. Env 13-24 € ; loc de chalets en bois et de bungalows. 45 empl.* Terrain ombragé, tout proche du centre-ville. Petit plan d'eau pour la pêche. Ping-pong. Tout à côté, profitez de l'excellent resto *Le Quatre Épices.*

⛺ ***Camping et base de loisirs La Rincerie :*** *la Hugerie, 53800* ***La Selle-Craonnaise.*** *☎ 02-43-06-17-52. • accueilcampingrincerie@gmail.com • la-rincerie.com • ♿ À 12 km à l'ouest, direction Niafles (D 111). De mi-mars à mi-oct. Env 12 € pour 2 ; bungalows semi-toilés et chalets en bois 4 pers. 40 empl.* Un camping au milieu de prés et au bord d'un plan d'eau superbe, où l'on peut se baigner. Nombreuses activités nautiques (ou non !) sur place. Voir « Dans les environs de Craon » plus loin. On adore.

Prix moyens

🍴 ***Le Quatre Épices :*** *2, rue Alain-Gerbault, à Craon. ☎ 02-43-06-05-25. • le-quatre-epices@wanadoo.fr • ♿ Ouv le midi mar-sam, plus le soir ven-sam. Fermé dim-lun. Formules déj en sem 15-18,50 € ; menus env 29-39,50 €.* La salle donne le ton, agréable et lumineuse avec une terrasse, le tout au bord d'un plan d'eau. L'accueil tout à fait charmant et la carte gastronomique transforment l'essai. Cuisine fine et inventive, à base de produits régionaux, pleine de gaieté et de saveurs. Ajoutez à cela des prix abordables et une belle sélection de vins au verre, on tient là une excellente adresse, aux accents bucoliques.

De chic à plus chic

Chambres d'hôtes au Château : *le château, av. de Champagné, à Craon. ☎ 02-43-06-11-02. • chateaudecraon@wanadoo.fr • chateaudecraon.fr • À la sortie du bourg en direction de Laval. Ouv avr-oct. Doubles tt confort 90-180 € ; familiales.* C'est le château monumental qui domine la ville. Accueil charmant de la famille de Guébriant et chambres vraiment authentiques où se mêlent portraits de famille, meubles d'époque, parquets ancestraux, escaliers dérobés et salles de bains lovées dans des recoins. Également des gîtes dans le parc, bien agréable pour se dégourdir les jambes.

La Chouette Cabane : *la Basse Bergerie, 53400* ***Pommerieux.*** *☎ 09-67-35-31-33. • contact@chouettecabane.fr • chouettecabane.fr • À 2 km, direction Segré, à gauche après l'hippodrome. Roulotte 95-115 € pour 2, cabanes 120-140 €. Panier-dîner possible.* Pour ceux qui recherchent l'originalité et le retour à la nature, ce vaste et joli parc de 24 ha, égayé de 5 étangs, abrite 3 cabanes en bois dans les arbres pour 2, 3 et 4 personnes et 1 roulotte bien cosy. Le tout est isolé et chauffé en hiver, avec des toilettes sèches pour chaque logement et une douche commune. Petit déjeuner livré dans un panier. Les enfants adorent taquiner les ânes, les chèvres et les poules. Accueil chaleureux et discret à la fois.

Achats

La Ferme du Pressoir : *à la sortie de la ville, sur la route de Château-Gontier (D 22). ☎ 02-43-06-17-90. • fermedupressoir.com • Tlj sauf dim 9h-12h, 15h-19h ; visite de la cave à pommeau en juil-août, tte l'année pour les groupes.* Dégustation des produits de la ferme et vente sur place de cidre, jus de pomme, pommeau, poiré, eaux-de-vie... Cultivent et vendent notamment de la spiruline du Maine, une microalgue aux vertus bienfaisantes.

Boulangerie Leroux : *10, rue de la Libération. ☎ 02-43-12-32-18. Tlj.* Ce chocolatier confectionne de fameux « crottins ».

Verre et Papilles : *20, bd du Dr-Bodinier. Mar-sam.* Épicerie fine, vins et plats à emporter.

À voir

Le château de Craon : *route de Laval. ☎ 02-43-06-11-02. • chateaudecraon.fr • Parc et potager, 1er avr-1er nov, tlj sauf sam 13h-19h ; visites guidées du château seulement juil-août, tlj sauf sam à 14h30, 16h et 17h30. Entrée : 10 € pour le château et le parc ; 5 € pour le parc seul ; réduc. Livret-jeux gratuit pour les enfants.* Ce très beau château du XVIIIe s, en pierre blanche de la Loire, s'illumine au soleil couchant. Boiseries raffinées et mobilier d'époque occupent les pièces de cette demeure habitée par la même famille depuis 1820. Elle est entourée d'un jardin à la française et d'un parc romantique à l'anglaise de 47 ha, tissé d'allées (totalisant 6 km). Également un potager de 1 ha avec arbres fruitiers, cucurbitacées, plantes aromatiques et orangerie. Voir aussi la glacière et le lavoir-buanderie du XIXe s. On peut même passer la nuit dans l'une des magnifiques chambres d'hôtes (voir « Où dormir ? »).

La vieille ville : vestiges de douves, maisons à colombages, hôtels particuliers témoignent de l'histoire de la 1re baronnie d'Anjou. Un coup d'œil sur la statue de Volney, un autre sur les halles du XIIe s... Le grenier à sel est l'un des rares vestiges (XVIIIe s) de la gabelle encore en l'état.

Manifestation

– **Courses de chevaux :** *infos auprès de la* ***Société des courses de Craon-Mayenne,*** *hippodrome de Craon. • courses-craon.com •* Courses de trot (fin août), Trois Glorieuses (début septembre), Festival d'automne (fin septembre), etc.

DANS LES ENVIRONS DE CRAON

La Maison des champs – Musée départemental Robert-Tatin : *La Frénouse, 53230* ***Cossé-le-Vivien.*** *☎ 02-43-98-80-89. • musee-robert-tatin.fr • ♿ (en partie). À 11 km au nord par la D 771. Juil-août, tlj 10h-19h ; avr-juin et sept, tlj sauf mar 13h30-17h30 ; fév-mars et oct-déc, tlj sauf mar 14h-18h. Fermé janv et 24-25 déc. Entrée du musée : 6 € ; 7,50 € avec la maison de l'artiste (le tt en visite guidée) ; réduc ; forfait famille. Aire de jeux pour les enfants. Env 45 mn-1h de visite guidée puis visite libre (compter 1h30-2h en tt).*
Un site à ne pas rater ! Dans « l'Allée des Géants », des statues gigantesques représentant de grands artistes (Rodin, Gauguin, Picasso...) vous guident heureux, ravi, vers ce véritable palais de la création, une « archisculpture » unique en Mayenne. Toutes ces constructions et sculptures en mortier de ciment coloré, librement inspirées des mythologies, fondement de toute civilisation, sont bel et bien le fruit d'un créateur génial, Robert Tatin, né à Laval en 1902. Il se définissait comme un « œuvrier » en référence à ses origines modestes, ce qui ne l'a pas empêché de fréquenter comme un frère certains de ces « géants ». Disparu en 1983, il repose là, devant le chef-d'œuvre de sa vie. Avant d'entrer dans le « musée » gardé par un énorme *Dragon*-sentinelle, admirez donc la *Porte des Géants* sur laquelle figurent les 5 piliers de l'art occidental et un bas-relief célébrant l'Orient. À l'intérieur, admirez la *Porte du Soleil,* côté est, la *Porte de la Lune,* côté ouest, ou encore *Notre-Dame-Tout-le-Monde,* monumentale cheminée rendant hommage à l'universalité. Attardez-vous dans les petites salles où est exposée la production de l'artiste, et ne manquez pas sa maison d'habitation. Rien n'y a changé depuis sa disparition. Un film documentaire de 10 mn permet de mieux connaître ce touche-à-tout qui fut d'abord peintre en bâtiment, charpentier au trait, puis céramiste, architecte-sculpteur, peintre, mosaïste et aventurier-voyageur...
Également une expo temporaire d'artistes contemporains, salle « La Grange » *(accès gratuit),* ainsi qu'un « Champ de sculptures » d'œuvres contemporaines.
Enfin, le parc de 5,5 ha abrite des jardins classés « Refuge à papillons » (sous-bois, verger, labyrinthe végétal, étoile de rosiers...).
– ***Les Embuscades :*** *fin sept-début oct, à* ***Cossé-le-Vivien.*** *• lesembuscades.fr •* Festival international de l'humour à la campagne.

L'abbaye de La Roë : *à 15 km à l'ouest de Craon par la D 25. Visite libre tte l'année (guidée et gratuite sur résa au 📱 06-03-78-76-43). Expos temporaires artistiques.* Pour méditer un peu sur le sort de l'ermite Robert d'Arbrissel, qui se retira dans la forêt de Craon et créa l'abbaye vers 1091. Il fonda également la magnifique abbaye de Fontevraud en Maine-et-Loire, excusez du peu ! La Roë régnait tout de même sur une soixantaine d'églises paroissiales et de prieurés. Abandonnée à la Révolution, elle vit sa 2de vie de nos jours. Sentier de promenade.

La base de loisirs La Rincerie : *la Hugerie, 53800* ***La Selle-Craonnaise.*** *☎ 02-43-06-17-52. • la-rincerie.com • ♿ À 12 km à l'ouest, direction Niafles (D 111).* Superbe plan d'eau avec une foultitude d'activités nautiques, zone de baignade, *wakepark* *(• wakepark-rincerie.com •),* baignade surveillée en juillet et août, cerf-volant de traction, tir à l'arc, sentiers de randonnée, *swin golf,* etc. Sans oublier les randos aquatiques accompagnées sur l'Oudon à *stand-up paddle.* Mention spéciale pour le *mainaleau* (embarcation à pédales pour personnes en fauteuil roulant). Et on doit en oublier...

Le musée de l'Ardoise : *53800* ***Renazé.*** *📱 06-38-14-34-01. ♿ À 11 km au sud-ouest de Craon par la D 171. Juil-août, mer-dim 14h-17h30 ; mai-juin et sept, dim et j. fériés 14h-17h30 ; tte l'année sur résa pour les groupes. Entrée : 4,50 € ; réduc. Visite commentée : 2h-2h30.* Bienvenue au cœur du pays bleu, celui

LA MAYENNE

de l'ardoise. Ce musée retrace la vie et le métier des anciens ardoisiers, créé par d'anciens mineurs à la fermeture du dernier puits, en 1975. Le puits d'extraction s'enfonce jusqu'à 300 m sous terre. Démonstration de fente d'ardoise à la main. Aire de pique-nique.

CHÂTEAU-GONTIER-SUR-MAYENNE

(53200) 16 900 hab. *Carte Mayenne, B4*

Comme à Laval, le site fut choisi pour sa position dominant la Mayenne. Son histoire remonte au Moyen Âge et au besoin du terrible Foulques Nerra de protéger l'entrée de son comté. Gontier, l'un des officiers de Foulques, reçut la garde de la ville, d'où son nom... Le lieu fortifié et le prieuré attirèrent peu à peu la population de la région. Aujourd'hui, guère de château, mais une cité fleurie où les élégantes façades de l'ancien hôpital Saint-Julien se reflètent joliment dans la Mayenne. Celle-ci sépare la vieille ville, sur la rive droite, avec ses maisons à colombages et ses vestiges de rempart, du faubourg, sur la rive gauche, qui abrite le beau couvent des Ursulines. Notez que ce n'est pas seulement la ville du beau mais aussi la ville du... veau !

Adresse utile

i ***Sud-Mayenne Tourisme, office de tourisme :*** *tte l'année au pôle culturel Les Ursulines, pl. André-Counord. ☎ 02-43-70-42-74. • patrimoine.chateaugontier.fr • sudmayenne.com • Avr-sept, lun-sam 9h30-12h30, 14h-18h ; dim et j. fériés 10h-12h30, 14h-17h30. Oct-mars, lun-ven mêmes horaires ; fermé le w-e.* Différentes visites guidées payantes, sinon doc payante pour une balade autonome.

Où dormir ? Où manger ?

Camping

Camping municipal du Parc : *15, route de Laval. ☎ 02-43-07-35-60. • camping.parc@chateaugontier.fr • camping-chateau-gontier.fr • Tte l'année. Forfaits 10-14 € pour 2 ; loc possible tte l'année (sur résa) de ravissants chalets à 2 étages 6 pers. 38 empl.* Un 3-étoiles, quasiment les pieds dans la Mayenne. Avec un peu d'entraînement, on peut presque pêcher depuis sa caravane ! Cuisine pour les randonneurs de *La Vélo Francette.* Aire de jeux. Pratique de sports nautiques au port, juste à côté. Le centre-ville et la piscine municipale ne sont qu'à un petit kilomètre.

De bon marché à prix moyens

Hôtel du Cerf : *31, rue Garnier. ☎ 02-43-07-25-13. • hotel.du.cerf@cegetel.net • hotel-du-cerf-53.com • Doubles env 67-99 €. Parking inclus.* Posé sur la place principale, cet hôtel à la façade tristounette propose néanmoins des chambres confortables et fort contemporaines. Plus calmes côté cour. De là, le centre-ville se fait à pied.

Le Sofa : *33, rue Jean-Bourré. ☎ 02-43-06-28-40. • r.lesofa@orange.fr • À côté de la poste. Fermé dim soir et lun-mar. Formules déj en sem 12,60-15,70 € ; menus 28-32 €.* Pour une soirée semi-gastronomique, on aime bien cette adresse discrète mais fréquentée par les locaux connaisseurs. Même si la carte ne change pas souvent, la cuisine est finement travaillée et les plats joliment présentés. Le tout servi dans un cadre sobre et moderne, chic et relax à la fois, aux couleurs apaisantes. Un bon rapport qualité-prix.

L'Aquarelle : *2, rue Félix-Marchand, 53200* **Saint-Fort.** *☎ 02-43-70-15-44. • contact@restaurant-laquarelle.com • À 500 m du pont principal de Château-Gontier. Fermé lun, plus sam midi et dim soir. Formule déj en sem env 16 € ; menus 25-28 €.* Un peu en dehors de la ville, sur les bords de la Mayenne, un nom et un lieu qui prêtent à la rêverie. Cuisine à base de produits frais, parfois un peu chiche en proportion mais souvent originale... Vue splendide sur la rivière depuis la salle panoramique, moderne et climatisée (en été).

La Cantine : *37, rue Garnier. ☎ 02-43-12-21-59. À droite de l'*Hôtel du Cerf. *Fermé dim. Repas env 15-25 €.* Saladerie, brasserie, crêperie... Une cuisine multifonction bien tournée pour ce resto branché qui réveille la ville à la nuit tombée. Le dimanche, quand tout est fermé, traverser la place jusqu'au ***2M,*** une autre brasserie très utile.

Chic

Le Parc Hôtel et Spa : *46, av. Joffre. ☎ 02-43-07-28-41. • contact@parchotel.fr • parchotel.fr • ♿ Congés : vac de fév zone B et vac de Noël. Doubles 85-129 €, 1h de spa inclus tlj.* Une belle maison de maître du XIXᵉ s, au cœur d'un parc ombragé, avec tennis et piscine chauffée. Dans une structure en bois bien intégrée à l'environnement, salle de fitness, spa, jacuzzi, sauna et hammam... L'adresse idéale pour un séjour tout en détente dans un cadre magnifique, à l'extérieur comme à l'intérieur. Dans la demeure même règne le charme du vieux parquet, tandis que les anciennes écuries abritent des chambres plus modernes. L'accueil, à l'image de l'endroit, est vraiment très chaleureux. Pour les budgets plus restreints, propose un hôtel plus standard à l'entrée de Château-Gontier en venant d'Angers, le ***Clos de l'Orgerie*** *(☎ 02-43-70-08-09 ; • closdelorgerie.fr •).*

Où dormir ? Où manger ?
Où boire un verre dans les environs ?

Campings

Camping du Bac : *rue du Port, 53200* **Ménil.** *☎ 02-43-70-24-54 (avr-sept) ou 02-43-70-25-25 (oct-mars). • campingdubac@orange.fr • camping.menil53.fr • ♿ À 6 km au sud, par la N 162. De mi-avr à mi-sept. Compter 10 € pour 2 ; loc de chalets. 34 empl.* Une vraie carte postale ! Face à un château, sur la rive opposée de la Mayenne, et à l'ombre d'une vénérable église des XIᵉ-XIIᵉ s, un camping de village dans un environnement bucolique et arboré. Toutes sortes d'activités aquatiques, randonnées sur le chemin de halage, et un sympathique bac (payant) pour traverser la rivière. Location de VTC.

Camping des Rivières : *1, rue du Port, 53200* **Daon.** *☎ 02-43-06-94-78. • camping.daon@chateaugontier.fr • campingdaon.fr • ♿ Par la N 162 puis la D 213, à 10 km au sud de Château-Gontier. Avr-sept (chalets tte l'année). Env 9-11 € pour 2 selon saison ; loc de chalets. 40 empl.* Un camping qui ne fait pas de vagues, simple et tranquille, sur 2 niveaux, en bord de Mayenne. Site arboré, avec emplacements larges et bien herbeux. Base nautique, parc de loisirs, jeux pour enfants et piscine. Face à la rivière, *La Cabane (mai-sept, tlj, sauf lun en sept, 11h-1h)* fait office de guinguette moderne avec ses tapas, tartines, rillettes, *planchas* et autres « bocaux du bocage », à grignoter les pieds dans l'eau.

De prix moyens à chic

Le Beyel : *écluse de la Benâtre, 53360* ***Origné.*** *06-88-56-92-88. • lebeyel.fr • À env 16 km au nord de Château-Gontier par la N 162. Mai-sept, mar-dim 11h-19h, plus le soir jeu-sam en été ; hors saison, le resto déménage dans le village et ouvre seulement le w-e. Résa indispensable. Menu unique le midi 12 € ; le soir, compter env 25 € ; brunch dim midi en saison.* Une ancienne maison d'éclusier transformée en guinguette le long du chemin de halage et de *La Vélo Francette.* Petit coin épicerie. Le chef angevin concocte une délicieuse petite cuisine de saison. Le soir, en saison, *plancha* originale à partager en apéro et des plats du jour. Le lieu est aussi diablement agréable pour boire un verre face à l'écluse ! La maison est aussi un gîte pour 3 personnes *(70 € la nuitée).*

Chambres d'hôtes Le Moulin de Neuville : *écluse de Neuville, à* ***Saint-Sulpice,*** *53200* ***La Roche-Neuville.*** *06-81-66-62-90. • lucienaubert@wanadoo.fr • À env 8 km au nord de Château-Gontier par la D 112. Congés : déc-janv. Double 65 €.* Un panorama apaisant et plein de charme pour ce moulin à eau rénové, posé quasiment au milieu de la Mayenne. On y accède par la passerelle d'une écluse. 3 chambres ravissantes dont 1 suite familiale et un balcon suspendu au-dessus de l'eau comme un pont de bateau. Cuisine à disposition et crêperie à côté. Une étape reposante sur le chemin de halage et *La Vélo Francette.*

Le Prieuré : *pl. de l'Église, 53200* ***Azé.*** *☎ 02-43-12-83-43. • leprieure53@orange.fr • À 2 km au sud de Château-Gontier par la D 22. Fermé le soir dim-mer, plus le midi lun. Formules déj en sem 15-18 € ; menus 32-56 €.* La seule prière qu'on a envie de faire ici, c'est qu'il dure longtemps, ce *Prieuré.* Cuisine gastronomique à base de produits frais servie dans une jolie salle avec le parc bordé par la rivière en fond de tableau. En été, on déguste en terrasse ombragée. Enchanteur !

L'Amphitryon : *2, rue de Daon, 53200* ***Coudray.*** *☎ 02-43-70-46-46. • lamphitryon@wanadoo.fr • lamphitryon53.com • À 7 km au sud-est de Château-Gontier par la D 22. Hôtel ouv lun-sam (lun sur résa). Resto fermé dim soir. Doubles 70-88 € (104 € le w-e, petit déj inclus). Menus 25 € (midi)-35 €.* Face à l'église, dans son angle de rue, il faut pousser la porte pour tomber sous le charme de cet établissement chic. La cuisine a quelque chose de revigorant et revisite le terroir. Tout est maison et de saison. On peut profiter de la terrasse extérieure et du jardin. Également 6 chambres tout confort aux accents contemporains.

Achats

Chocolaterie-biscuiterie Réauté Chocolat : *route d'Angers. ☎ 02-43-70-70-90. • reaute-chocolat.com • À 1,5 km de la sortie de la ville direction Angers. Lun-sam 9h30-12h30, 14h-19h. Visite guidée (payante) sur résa.* Dans un hangar pas vraiment à croquer, une visite choc' qui joue la transparence et permet de découvrir la fabrication, en semaine, au travers de parois vitrées. Expo, vidéo de 20 mn. Dégustation gratuite.

Liberty – L'Atelier des Orfèvres : *2, rue de l'Orgerie. ☎ 02-43-07-01-01. • liberty.fr • À côté de Réauté Chocolat. Lun-ven 9h-12h, 14h-16h30. Fermé le w-e et en août. Visite (1h) : 5 €.* Rien à voir avec le célèbre magasin de luxe anglais : ici, on fabrique, on polit, on argente et on avive tout ce qui touche à l'art de la table et à la déco en argent. Toutes les étapes de confection sont passées en revue, derrière des vitres donnant sur les ateliers. Expo et vente.

Coutellerie du Maine Anjou : *Neuville, à l'écluse de* ***Saint-Sulpice,*** *53360* ***La Roche-Neuville.*** *06-14-73-57-30. • coutellerie-maine-anjou.fr • À 10 km au nord.* Cet artisan fabrique, restaure, entretient et vend des couteaux made in 53.

À voir. À faire

La vieille ville : *rive droite de la Mayenne.* La partie la plus haute de la ville et aussi la plus pittoresque. Église romane Saint-Jean-Baptiste (fresques de la fin du XIe au XIIIe s) avec sa crypte. Promenade dans les ruelles étroites bordées de maisons à pans de bois et d'hôtels particuliers. L'élégant hôtel Fouquet, rue Jean-Bourré, abrite le musée d'Art et d'Histoire. Balade jusqu'au jardin du Bout du Monde pour admirer la vue sur la Mayenne. Voir également les nombreux jardins et les « mosaïcultures » thématiques du square de Frome.

Le quartier du Faubourg : *rive gauche de la Mayenne. Ne pas manquer l'ancien couvent des Ursulines (visites guidées tte l'année sur demande, infos à l'office de tourisme).* Un bâtiment élevé du XVe au XVIIe s, classé Monument historique, avec le cloître et ses 3 ailes, dont deux d'origine. Dans la 3e aile, récente, se trouve le dynamique *Théâtre des Ursulines,* de 530 places. En face, la *chapelle Notre-Dame-du-Genêteil,* rue du Général-Lemonnier, abrite des expositions d'art contemporain, dans un lieu magnifique datant du XIIe s.

Canotika : *port de plaisance, quai Pierre-de-Coubertin. 06-15-49-28-73. • canotika.fr •* Location de canoës, embarcations à pédales ou électriques, *paddles,* VTT ou vélos à assistance électrique. Également d'originaux bateaux habitables à pédales. Animation, buvette, livres à disposition.

Le marché aux veaux : *parc Saint-Fiacre, rive gauche, jeu mat dès 7h30.* L'un des 1ers d'Europe et le premier sur le territoire français. Du grand spectacle qui n'est pas qu'en noir et blanc, de belles trognes se mêlant aux veaux et aux blouses noires des maquignons. Si cela vous a mis en appétit, allez manger ensuite une tête de veau au resto de la *Maison Marsollier,* à côté *(☎ 02-43-07-28-65).*

Le Refuge animalier de l'Arche : *13, rue Félix-Marchand. ☎ 02-43-07-24-38. • refuge-arche.org • À 1 km du centre. Avr-août, tlj 10h-19h (dernière entrée 1h avt fermeture) ; mars et sept-oct, tlj 10h-18h ; nov-fév et vac scol, w-e et j. fériés 13h30-18h. Entrée : env 12 € ; 8 € enfant ; réduc.* Ni zoo ni SPA, il s'agit plutôt d'une maison de retraite pour les animaux blessés récupérés dans la nature, abandonnés ou maltraités. Ce lieu fut créé par Christian Huchedé avec une poignée de bénévoles et parrainé par le producteur de cinéma Jacques Perrin. En tout, 1 millier d'animaux pour 120 espèces, autrement dit un peu de tout, à l'exception des éléphants, hippos, rhinos et girafes... Une cour des miracles à découvrir après un sas introductif avec galerie de portraits et frise chronologique. Ne manquez pas « l'île aux singes ». Buvette et espaces de pique-nique couverts. Boutique.

Promenade en bateau : *avec* **Le Duc des Chauvières II,** *halte fluviale, quai d'Alsace. ☎ 02-43-70-37-83. • leducdeschauvieres.com •* Bateau promenade (croisières et croisières déjeuner) mais aussi location d'un bateau thermique de 12 personnes à la demi-journée et à la journée.

Manifestation

– **Festival de la Chalibaude :** *fin juin.* Spectacles de rue, théâtre, mimes, concerts, etc.

DANS LES ENVIRONS DE CHÂTEAU-GONTIER

La base de loisirs de Daon *(prononcez « Dan ») : à 12 km au sud.* Location de bateaux, canoës et embarcations à pédales. Resto-bar en saison.

Les Canalous : *le port, 49220* **Chenillé-Changé.** *06-60-49-78-30. • canalous-mayenne.com • De début mars à mi-nov.* Location de bateaux habitables de 2 à 12 personnes, que l'on peut piloter sans permis, à la journée ou à la semaine.

Randonnées : *guides ou cartes rando à l'office de tourisme de Château-Gontier.* On compte plus de 300 km de sentiers de randonnée au pays de Château-Gontier.

SAINT-DENIS-D'ANJOU

(53290) 1 550 hab. *Carte Mayenne, C4*

À environ 30 km à l'est de Château-Gontier, aux confins de la Sarthe, du Maine-et-Loire et de la Mayenne. C'est l'une des 7 Petites Cités de caractère du département, elle mérite donc le détour. Voir l'église et sa tour carrée romane, pour l'alternance romane et gothique de son architecture et ses belles peintures murales ; les halles, l'un des rares spécimens de l'architecture commerciale du XVIe s, flanquées d'une forge et d'une prison du XIXe s ; les ruelles médiévales toutes fleuries... et les seules vignes de Mayenne, replantées en 1998.

Pousser jusqu'à *Varennes-Bourreau,* où l'on trouve, dans un environnement confidentiel au bord de la Sarthe, une ravissante chapelle du XVe s et une intéressante croix cimétériale Renaissance.

Adresse utile

Office de tourisme : *2, Grande-Rue, dans la maison canoniale, face à l'église. ☎ 02-43-70-69-09. • saint denisdanjou.com • Mai-sept, mar et jeu-sam 14h-17h30 ; hors saison, se renseigner.* Visites guidées. Vente de plans de randos et de produits locaux.

Où dormir ? Où manger ?

Chambres d'hôtes La Maison du Roi René : *4, Grande-Rue. ☎ 02-43-70-52-30. • chambrehote-roi-rene.fr • Face à l'église. Doubles 70-85 €.* Une maison de caractère datant des XVe et XVIIIe s, dotée d'une tourelle d'angle. Elle abrite de belles chambres toutes différentes, à l'ancienne et avec tout le confort moderne. Somptueuse salle de petit déj avec cheminée monumentale. Accès indépendant et agréable jardin ; prêt de vélos ; sauna et baignoire spa. Accueil à la hauteur des lieux.

Le Relais de la Calèche : *2, route d'Angers. ☎ 02-43-12-00-04. • contact@lerelaisdelacaleche.fr • lerelaisdelacaleche.fr • Fermé le w-e. Double 62 €. Repas 10-15 €.* Dans une jolie maison bourgeoise, où figure encore l'inscription « Loge à pied et à cheval ». Chambres simples et fonctionnelles à prix très abordables, tout comme les petits menus cuisinés par le jeune patron.

SAINT-DENIS-DU-MAINE

(53170) 430 hab. *Carte Mayenne, C3*

À 25 km au nord de l'autre Saint-Denis (d'Anjou) par la D 14, ce mignon village doté d'un hippodrome se situe au bord d'un vaste plan d'eau avec base de loisirs *(☎ 02-43-98-48-08 ; activités ouv w-e Pâques-sept, baignade surveillée en saison),* **idéal pour la pêche. Ne pas manquer la belle église romane (XIe s).**

Adresse utile

Office de tourisme : *Pôle Intercommunal, 1, voie de la Guiternière, BP 16, 53170* ***Meslay-du-Maine.*** *☎ 02-43-64-29-00. • sudmayenne.com • À 3,5 km à l'est par la D 152. Lun-ven.*

Où dormir dans le coin ?

Campings

Camping de la Chesnaie : *à Saint-Denis-du-Maine. ☎ 02-43-98-48-08. • lachesnaie@paysmeslaygrez.fr • camping-lachesnaie.fr • Au plan d'eau. De mai à mi-sept (loc tte l'année). Compter env 11 € pour 2 avec tente ; bungalows et mobile homes (4-6 et 6-8 pers) ; nuitée possible hors juil-août. 110 empl.* Dans un environnement tranquille, un camping confortable et ombragé où l'on n'est pas à l'étroit. Toutes sortes d'activités sur place, nautiques ou non, pour petits et grands. Noter le ponton pour la pêche accessible aux fauteuils roulants. Également des animations. Resto à proximité.

Camping à la ferme Arc-en-Ciel : *lieu-dit Placé, chez Marieke et Willem De Kam, 53170* ***Bazougers.*** *☎ 02-43-02-30-21. 06-81-88-06-22. • dekamping@hotmail.fr • fermearcenciel.com • À 9 km au nord-ouest et à 1,5 km de Bazougers, direction La Bazouge-Chemeré (D 130). Mai-sept. Compter env 12 €, avec électricité. CB refusées. 6 empl.* Dans une ferme laitière bio où les propriétaires néerlandais transforment le lait en gouda. Parfait pour des vacances rurales parmi poules, vaches et biquettes. Plein de bons conseils pour les randos. Boutique de produits bio, dont le pain maison en direct du fournil. Esprit zen.

De bon marché à prix moyens

Chambres d'hôtes Moulin d'Hys : *Les Hys, 53170* ***La Cropte.*** *☎ 02-43-64-24-14. • hys@free.fr • moulinhys.com • À 3 km au sud-est (D 573). Double 75 €. Table d'hôtes sur résa 25 €.* Dans un moulin du XVIIe s superbement restauré, au bord de la Vaige, de jolies chambres d'hôtes décorées avec du mobilier local et les fameuses *Toiles de Mayenne.* Calme et élégance du lieu, gentillesse de votre hôtesse.

Village Vacances et Pêche : *rue des Haies, 53170* ***Villiers-Charlemagne.*** *☎ 02-43-07-71-68. • vvp.villiers.charlemagne@wanadoo.fr • vacancesetpeche.fr • À 15 km à l'ouest, en marge de la N 162. Tte l'année. Camping env 14-19 € pour 2 ; loc de chalets 4-7 pers.* Un lieu spécialement conçu pour les pêcheurs et les cyclistes. Dans un village, une vingtaine d'emplacements de camping et 12 chalets en bois, rénovés récemment et posés autour d'un plan d'eau. Également 2 tentes amazone et 2 amusantes tentes bivouac pour ceux qui parcourent *La Vélo Francette.* Borne camping-cars. Jeux pour les enfants.

LA MAYENNE

À voir à Saint-Denis et dans les environs

L'église romane *(XIe s)* **:** dans la nef, peintures murales représentant saint Georges terrassant le dragon. Retable du maître-autel (XVIIe s) en tuffeau avec des incrustations de marbre. C'est l'un des plus anciens conservés en Mayenne. Également une poutre de gloire en arc, au-dessus de l'autel, finement travaillée. Ne pas oublier d'appuyer sur le bouton pour bénéficier des commentaires !

Le parc du château des Arcis : *à 3 km de* ***Meslay-du-Maine,*** *route de Sablé. • chateaudesarcis.com • Prendre à droite après la station d'épuration sur 2,5 km.*

Fin avr-début août et sept, ven-lun et mer 10h-12h30, 14h-18h. Entrée : 5 € ; réduc. L'un de ces lieux confidentiels dont la Mayenne a le secret : un château Renaissance entouré de douves en eau et de superbes dépendances, en pleine campagne. Les proprios ont eu la bonne idée d'ouvrir les jardins aux visiteurs, de manière un peu informelle. Jardin potager en terrasses, roseraie, île labyrinthe, canaux, étang... Une visite un peu hors du temps.

Manifestation dans les environs

– ***Festival de jazz de Meslay-du-Maine :*** *à l'Ascension. • festivaljazz-meslay.com •*

LE PAYS DES COËVRONS

Cette partie est du département doit son nom à une contraction supposée de 2 radicaux celtiques coët (« bois ») et vrons ou brons (« mamelles ») : autrement dit, « mamelons boisés ». Vallons, reliefs surmontés de chapelles, anciennes voies romaines ou chemins de pèlerins, étangs et zones humides... C'est aussi le pays de la viande de qualité avec son « bœuf fermier du Maine » (Label Rouge).

SAULGES (53340) 320 hab. *Carte Mayenne, C3*

Petite Cité de caractère située à 32 km à l'est de Laval par la D 57. Un voyage dans le temps de 25 000 ans, ça vous dit ? Le site des grottes, lové dans le défilé creusé dans le calcaire par l'Erve, est assurément l'un des plus anciens lieux touristiques de Mayenne. Les chasseurs nomades qui traquaient les troupeaux de chevaux et de rennes ont laissé à leurs descendants la trace de leurs 1ers pas vers l'art, soit la seule peinture rupestre connue au nord de la Loire. On trouve aujourd'hui sur le site 2 grottes à visiter, des tables de pique-nique, un restaurant et le départ de nombreuses randonnées.
On peut également visiter le *musée de Préhistoire* consacré à cette période en Mayenne avec visite en 3D de la grotte *Mayenne Science.*

Où dormir ? Où manger ?

⛺ ***Camping municipal Saint-Cénéré :*** *par le parking de la Crêperie de l'Oratoire, base de loisirs. ☎ 09-66-83-55-44. • contact@saulges.fr • campingmunicipaldesaulges.business.site • Pâques-Toussaint. Compter env 13 €. CB refusées. 36 empl.* Au bord de l'Erve et bucolique à souhait. S'adresser à la mairie ou à l'hôtel *L'Ermitage. Bar-crêperie-grill de l'Oratoire* à l'entrée, dans la base de loisirs équipée d'un terrain de tennis et d'une baignade surveillée en été.

🏠 🍽 ***Hôtel-restaurant L'Ermitage :*** *3, pl. Saint-Pierre, rue des Deux-Églises. ☎ 02-43-64-66-00. • info@hotel-ermitage.fr • hotel-ermitage.fr • ♿ Au cœur du village, près de l'église carolingienne. Hôtel-resto fermé le w-e nov-mars. Congés : 1 sem en fév, 1 sem à la Toussaint et 3 sem à Noël. Doubles 81-111 €. Menus env 19 € (midi en sem), puis 28-65 €. Réduc de 10 % sur le prix de la chambre ou apéritif offert sur présentation de ce guide.* Le chef conjugue tradition et modernisme. Carte alléchante, proposant une cuisine fine, servie dans une très jolie salle. Pas de cellule monacale, un établissement bien de notre temps, avec des chambres claires et spacieuses, donnant sur le parc et la piscine (chauffée) pour les plus chères, les autres se contentant d'être fonctionnelles.

À voir. À faire

L'église mérovingienne Saint-Pierre : *tlj.* Cachée près de l'hôtel-restaurant, l'église Saint-Pierre est l'une des plus anciennes de France, édifiée entre les VIIIe et X^{e} s, selon un plan en forme de croix latine autour d'une tour-clocher. Un lieu remarquablement restauré, qui possède une riche collection de statues (XVe-XIXe s), dont une belle Notre-Dame-des-Noués en bois brut, du XIIe s, et une relique de saint Céneré. Le tout en musique...

L'oratoire et la base de loisirs de Saint-Céneré : *route de Vaiges.* Un joli but de balade à l'ouest de Saulges (2 km), sur les pas du saint homme venu d'Italie christianiser la région au VIIe s. Son ermitage est marqué par cet oratoire où coule une source miraculeuse... Les promeneurs du dimanche viennent pique-niquer ou même se baigner à la base de loisirs voisine.

La vallée des grottes de Saulges et le musée de Préhistoire : *à 2 km, accès par la route (direction Saint-Pierre-sur-Erve) ; ou 20 mn à pied (« chemin des Molaines » dans le village).* Dans cette vallée encaissée d'environ 1,5 km entaillée par l'Erve il y a 1,8 million d'années, on trouve une vingtaine de grottes. Très beau site avec de vastes prés, un passage à gué de pas japonais, des tables de pique-nique, un restaurant. L'appli « Coëvrons Découverte » permet de se balader sur le parcours nature.

– 2 grottes sont ouvertes à la visite, celles de ***Margot*** et ***Rochefort*** : *☎ 02-43-90-51-30. • saulges@coevrons.fr • De mi-mars à mi-nov, 3-7 visites/j. Résa vivement conseillée. Entrée : env 7 € pour 1 grotte et 11 € pour 2 ; réduc.*

– L'ensemble du site est mis en lumière au travers du ***musée de Préhistoire*** : *ouv vac scol de fév zone B-14 nov. En été, tlj 10h-18h ; autres vac scol, tlj 10h-12h, 13h30-17h30 ; hors saison, tlj 13h30-17h. Entrée : env 5 € ; réduc.* Les plus jeunes s'amuseront avec « Le Piège préhistorique », le jeu vidéo du musée, et les plus grands pourront tester en famille le Paléograph'#2, une paroi tactile numérique qui mélange art pariétal et art moderne.

– ***Escalade :*** *séances individuelles d'initiation en juil-août auprès du musée de Préhistoire (☎ 02-43-90-51-30). Sinon, s'adresser au comité départemental d'escalade : ☎ 02-43-49-17-45.* Les grottes sont situées près de hautes falaises de calcaire équipées pour l'escalade. 150 à 200 voies d'initiation et de perfectionnement.

– ***Spéléologie :*** contacter le comité départemental de spéléologie *(• cdspeleo53.free.fr •)* et l'un des 3 clubs spécialisés *(• grottes-musee-de-saulges.com/speleologie •).*

DANS LES ENVIRONS DE SAULGES

Le moulin de Thévalles : *à 1,5 km de Chémeré, direction Saulges. ☎ 02-43-98-66-70. • moulin-de-thevalles.com • De mi-juin au 3e w-e de sept, tlj sauf le mat dim-lun 10h-12h, 14h-18h ; hors saison, ouv à partir de 10 pers sur rdv. Entrée : env 5 € ; réduc ; gratuit moins de 7 ans. Visites guidées.* Un moulin à eau unique en Mayenne. Classé Monument historique, il se trouve dans l'un des plus beaux sites de la magnifique vallée de l'Erve, avec un château et tout un complexe de bâtiments en surplomb. Le mécanisme d'origine, en état de marche, date de 1850. On y vend aussi de la farine de blé, qui a remplacé l'épeautre, cultivé ici au Moyen Âge. À proximité, le petit bourg de *Chémeré-le-Roi* (53340) a gardé tout son cachet.

Saint-Pierre-sur-Erve *(53270) : à 4 km au nord de Saulges par la D 235.* Une autre Petite Cité de caractère à voir pour son église romane au clocher-porche, son pont piéton du XIIIe s et son beau moulin de Gô datant du XVIIe s, rénové par une association de passionnés. Depuis la chapelle Saint-Sylvain, sur une colline, vue panoramique jusqu'à Sainte-Suzanne. En été, à partir de 17h, ouverture du bistrot associatif avec expo.

SAINTE-SUZANNE-ET-CHAMMES

(53270) 1 320 hab. *Carte Mayenne, C3*

À 35 km à l'est de Laval, c'est le seul Plus Beau Village de France de la Mayenne et une visite incontournable. Avec ses remparts fortifiés, son château élégant, son église du XIVe s et ses mignonnes ruelles médiévales toutes pavées, Sainte-Suzanne est tout aussi attachante de loin pour la vue que de l'intérieur pour son ambiance. Du haut des remparts de cette ancienne place forte du XIe s bâtie sur une colline surplombant l'Erve, respirer très fort en saluant la ténacité de Guillaume le Conquérant. Il y avait établi son camp et mourut sans avoir pu la prendre.
À 800 m de Sainte-Suzanne, direction Assé-le-Bérenger, on peut voir les restes de ce camp (des murs de terre) datant de 1084. Sinon, depuis le Tertre Ganne (à 2 km en voiture, possibilité de s'y rendre à pied), on jouit d'un superbe panorama sur la cité.

Adresse et info utiles

Office de tourisme de Sainte-Suzanne – Les Coëvrons : *1, rue Jean-de-Bueil. ☎ 02-43-01-43-60. • coevrons-tourisme.com • Juil-août, tlj 9h30 (10h30 dim)-12h30, 14h-18h. Avr-juin et sept, mar-ven 9h30-12h30, 14h-17h30 ; w-e 14h-17h30. Oct-mars, mar-sam 14h-17h15 ; fermé dim-lun et j. fériés.* Logé dans le manoir de la Butte-Verte du XVIe s (coup d'œil possible à l'arrière !). Infos, fiches rando et vente de produits locaux.

Plusieurs boutiques d'artisanat et de produits locaux : savons artisanaux, bijoux et créations en bois, fer, verre...

Où dormir ? Où manger ? Où boire un verre ?

Camping

Glamping Sainte-Suzanne : *760, rue de Saulges, la Croix-Couverte. ☎ 02-43-10-49-60. • contact@glamping-saintesuzanne.fr • glamping-saintesuzanne.fr • En contrebas du village. Mai-sept. Compter env 13-16 € pour 2 avec tente et voiture ; tente-cloche 40 €/nuit et lodges 3-6 pers.* Un camping classique, certes, mais doublé d'hébergements originaux tels ces *lodges* toilés de couleur ocre, spacieux et aménagés avec cuisine, terrasse et même sanitaires (sauf pour le moins cher). Aire de jeux. Caravane-bibliothèque. Piscine. Très sympa.

De bon marché à prix moyens

Hôtel-restaurant Beauséjour : *4-6, rue de la Libération.*

☎ 02-43-01-40-31. • reservation.hotelstesuzanne@gmail.com • hotelstesuzanne.com • Dans la rue principale. Doubles à partir de 64 ou 72 €. Formule 13,50 € (sauf ven soir-dim) ; menus 23-35 €. Cette demeure de bourg sert aujourd'hui à la fois d'hôtel de passage, de resto local et de bar-tabac où défile tout le village à l'heure de l'apéro. Une dizaine de chambres avant tout fonctionnelles, préférez celles qui ont été rénovées (un poil plus chères). Cuisine traditionnelle d'un niveau très honorable. En dessert, la spécialité du chef est le gratin de Cointreau et sa crème d'orange.

Gîte des Remparts : *ruelle de l'Oratoire. ☎ 02-43-69-09-07. Peu après le musée de l'Auditoire, à droite. Compter 445-615 €/sem ; w-e et nuitée possibles.* Au cœur du vieux village, posté sur les remparts, une belle maison avec 2 gîtes, respectivement de 1 et 2 chambres. Intérieur assez craquant : murs de pierre, cheminée qui fonctionne, poutres et lits à baldaquin. Superbe vue sur les collines des Coëvrons et la vallée de l'Erve depuis le gîte de 2 chambres. Terrasse avec barbecue. Bel accueil.

Chambre d'hôtes Les Jardins Suspendus du Ravelin : *14, Grande-Rue. 06-86-91-77-42. Après le musée de l'Auditoire, sur la droite. Double 75 €.* 1 seule chambre, soit une suite familiale avec une chambre d'appoint attenante, mais logée dans une maison croquignolette du XVIIe s avec un magnifique escalier en bois, entre autres. Petit déj avec vue sur l'Erve aux beaux jours.

Café 'D Couette : *3, rue Henri-IV. 06-99-26-83-99. • cafecouette@orange.fr • Face à l'office de tourisme. Ouv ven-dim, plus, en été, le midi lun et mer-jeu, et le soir mar. Double 65 €. Plat env 12 €. Digestif maison offert sur présentation de ce guide.* Ce « café-couette » propose 1 double et 1 triple rénovées, tout confort, juste au-dessus du café. Au rez-de-chaussée, une belle terrasse et une salle avec des nappes Vichy, plus un piano mécanique. Cuisine d'antan faite maison. La patronne connaît le village comme sa poche, demandez-lui conseil pour vos visites.

Le Bistrot : *1 bis, pl. Hubert-II. ☎ 02-43-58-63-68. Face à l'église. Pâques-Toussaint : fermé le soir lun-mar en été, lun-mar tte la journée hors saison. Formules déj env 11-15 € ; le soir env 13-19 €.* C'est l'autre bistrot du vieux centre. Cuisine aimable pour cet endroit accueillant. Possibilité de boire une bière *Cousin* brassée dans la région.

Chic

Chambres d'hôtes Côté Jardin : *7, rue de la Libération. 06-87-02-62-53. • ste-suzanne.fr/cote-jardin-chambre-dhotes • Dans la rue à l'angle de l'*Hôtel Beauséjour. *Doubles à partir de 90 €.* Une adresse originale que cette maison en pierre de taille, à 200 m du centre historique. 2 vastes chambres à la déco contemporaine, raffinées et donnant sur le jardin potager. Tout le charme du design zen à la campagne.

LA MAYENNE

À voir

Le château : *☎ 02-43-58-13-00. • chateaudesaintesuzanne.fr • (cour, salle d'expo et bergerie). Juil-août, tlj 10h-19h ; sept-juin, lun-ven 10h-12h30, 13h30-17h30, plus w-e et j. fériés mai-juin et sept 10h-13h, 14h-19h. Fermé de mi-déc à fin janv. Entrée du CIAP : 4 € ; réduc ; gratuit moins de 18 ans et pour ts le 1er dim du mois. Billet couplé avec le Musée archéologique de Jublains : 6 € ; réduc. Audioguide pour le château et la ville : 2 €.*

Seule place forte à avoir résisté vaillamment aux assauts de Guillaume le Conquérant, donnant ainsi à Sainte-Suzanne sa réputation de « cité rebelle ». Le château a connu plusieurs étapes dans sa construction, du XIe au XVIIe s. Ainsi, vous verrez les murs d'un des 1ers donjons romans quadrangulaires à contreforts (XIe s), bel exemple du mode de vie seigneurial de l'époque, accessible à chacun des

3 étages grâce à des passerelles métalliques. Puis les remparts, au pied desquels la promenade de la Poterne offre de belles vues sur la forêt de la Charnie et les collines au nord.
Le logis seigneurial, enfin, date d'Henri IV et fut construit par l'un de ses fidèles, Guillaume Fouquet de La Varenne, de 1608 à 1613. Ce logis accueille le *Centre d'interprétation de l'architecture et du patrimoine de la Mayenne (CIAP)* : expos temporaires plutôt tournées vers les enfants, maquettes, ateliers, rencontres thématiques... un résumé du département, de la préhistoire à nos jours, des grottes de Saulges aux *Toiles de Mayenne.* Également un panorama des vertébrés sauvages de la Mayenne. En projet, un parcours d'interprétation numérique.

Le musée de l'Auditoire : *7, Grand-Rue. ☎ 02-43-01-42-65. Mai-sept, mer-dim et j. fériés 10h30-12h30, 14h-18h. Fermé oct-avr. Entrée : 4 € ; réduc ; gratuit moins de 10 ans. Visite guidée (5 €) w-e et j. fériés à 15h.* Installé dans l'ancien auditoire de justice (XVIe-XVIIe s), le musée retrace d'amusante façon 3 000 ans d'histoire de la cité de Sainte-Suzanne. Chaque époque est illustrée par des documents, maquettes et objets authentiques. Une petite dizaine de salles, dont une présentant l'équipement militaire du XVe s avec, entre autres, des couleuvrines (sortes de canons à main) mais surtout une armure reconnue comme la plus ancienne de France (1410-1430). Le 2e étage porte d'abord sur la Révolution puis sur les activités industrielles et artisanales de Sainte-Suzanne, moteurs d'un véritable essor au XIXe et au début du XXe s.

Le Moulin à Papier : *à 500 m du bourg ; accès à pied par la rue aux Chevaux ou le chemin de la Mule-Blanche. 06-77-43-17-53. Visites guidées seulement : juil-août, tlj à 11h et 15h-17h30 ; avr-juin et sept, ven-lun à 16h. Entrée : 7 € ; réduc.* Ce moulin à eau produit toujours du papier aujourd'hui, le maître papetier est d'ailleurs l'un des derniers en France à élaborer lui-même sa pâte uniquement à partir de chiffons. Un juste hommage au grand centre papetier que fut Sainte-Suzanne dans le passé.

À faire

Promenade des moulins : *rdv à l'office de tourisme le 1er dim du mois avr-oct à 14h45. Durée : 2h. Adulte : 4 € ; réduc. Contact : Association des amis de Sainte-Suzanne, 06-60-12-31-29.* Une promenade de 2,5 km à la découverte de la vie ouvrière et industrielle de Sainte-Suzanne, au travers de l'histoire de ses 17 moulins à grains, à papier, à foulon et à tan.

Plus d'une quarantaine de kilomètres de ***randonnées pédestres*** au départ de Sainte-Suzanne. C'est l'un des plus beaux coins de la Mayenne en suivant les remparts médiévaux de la cité et les panoramas sur la vallée de l'Erve perdue dans les bocages. Référence : *PR en Mayenne,* éd. FFRP. Carte IGN au 1/25 000, no 1618SB. Circuits de randonnée en vente à l'office de tourisme ou disponibles en téléchargement gratuit sur : ● *coevrons-tourisme.com* ●, partie « Balades et randonnées ».

Manifestations

– ***Animations médiévales :*** *ponctuellement l'été.* Elles redonnent vie au passé épique de la cité avec ateliers pédagogiques et démonstrations sur des thématiques diverses (jeux, armes, etc.).
– ***Les Nuits de la Mayenne :*** *en été.* Théâtre, chants, contes... à la tombée de la nuit.

DANS LES ENVIRONS DE SAINTE-SUZANNE-ET-CHAMMES

La forêt de la Grande-Charnie : *en allant vers l'est, direction la Sarthe.* Chênes, sapins et bouleaux. Cueilleurs de champignons et humeurs d'humus s'y retrouvent volontiers. Se reporter plus loin à « Les vallées de la Sarthe et de la Vègre. Dans les environs de Loué » dans le chapitre « La Sarthe ».

Le dolmen des Erves : *direction Assé-le-Bérenger.* Monument mégalithique le plus ancien (daté) de la Mayenne. Panneau explicatif.

ÉVRON

(53600) 8 760 hab. *Carte Mayenne, C2*

Continuer par la D 7 en direction d'Évron, petite ville agricole. À 10 km à la ronde, on distingue par temps clair les toits d'ardoises bleues de la basilique Notre-Dame-de-l'Épine, sans doute l'une des plus remarquables du Maine. Également quelques beaux lavoirs.

Adresse et info utiles

Office de tourisme de Sainte-Suzanne – Les Coëvrons : *pl. de la Basilique. ☎ 02-43-01-63-75. • coevrons-tourisme.com • Juil-août, mar-sam 9h30-12h30, 14h-17h30 ; avr-juin et sept, mer-ven aux mêmes horaires, plus sam mat ; oct-mars, mer-sam 9h30-12h30.* Fiches de randonnée en vente. Location d'audioguides pour la visite de la ville et de la basilique *(2 €).*

– ***Grand marché :*** *jeu mat.*

Où dormir ? Où manger dans les environs ?

Relais et bistrot du Gué de Selle : *route de Mayenne, 53600 Mézangers. ☎ 02-43-91-20-00. • relaisduguedeselle@wanadoo.fr • relais-du-gue-de-selle.com • (label 4 handicaps). À 6 km au nord-ouest d'Évron (D 7). Resto fermé dim soir-lun midi, plus ven soir hors saison. Doubles env 100-130 € ; familiales. Formules déj en sem env 16-21 € ; menu env 30 € ; carte env 50 €.* Cette ancienne ferme transformée en hostellerie plutôt chic accueille aussi bien des familles, des séminaristes que des Anglais venus se dégourdir les jambes autour de l'étang. Chambres standard sans vue, préférez plutôt celles à l'arrière, côté étang, ou alors la cabane dans l'arbre. Décoration un rien désuète. Au restaurant, une cuisine classique, souvent de terroir. Accueil et ambiance un peu compassés tout de même.

À voir

La basilique Notre-Dame-de-l'Épine : *☎ 02-43-66-85-04. Tlj 9h-18h (18h45 l'été). Audioguide : 2,10 € (version pour enfants). Infos auprès de l'office de tourisme.* Roman ou gothique ? La basilique d'Évron mélange les genres sans complexes. Sa tour carrée, sa nef puissante et son étonnante crypte évoquent les châteaux forts médiévaux, tandis que le chœur célèbre l'avènement du gothique. La légende veut qu'elle ait été construite au retour des croisades sur l'emplacement d'un buisson d'aubépine que la Vierge aurait fait fleurir. Elle conserve de nombreux chefs-d'œuvre : tapisseries d'Aubusson, statues en terre cuite, bustes reliquaires... mais surtout, dans une chapelle, la statue de Notre-Dame-de-l'Épine, Vierge en chêne du XIIIe s, recouverte de lamelles d'argent, témoin exceptionnel d'une tradition qui allait ensuite disparaître.

Manifestations

– ***Festival d'Arts sacrés*** *(juil)* et ***les Estivales*** *(août).* Concerts, art de la rue.

DANS LES ENVIRONS D'ÉVRON

La base de loisirs du Gué-de-Selle : *2, Gué-de-Selle, 53600* ***Mézangers.*** ☎ *02-43-90-63-90.* Base de loisirs au nord d'Évron (4 km) avec plage (surveillée en été), aire de pique-nique et bar. Location d'embarcations à pédales, kayaks, *paddles,* vélos, *swin golf,* pêche... Également des jeux pour les enfants. Randonnées à faire autour du plan d'eau.

La chapelle du Torticolis : *lieu-dit les Hermaudières ; à quelques km, entre Châtres-la-Forêt et Saint-Christophe-du-Luat, prendre la 1re à droite.* Une minuscule chapelle au nom rigolo, dont la construction remonte au XIe s. Un seigneur local un peu casse-cou aurait eu quelques problèmes de cervicales en voulant s'approprier les terres des moines d'Évron. Une prière, une guérison divine et une chapelle en remerciement. Et le tour est joué !

Le site et la chapelle de Montaigu : *direction Hambers.* Au sommet d'une colline entourée de landes (290 m), découverte du bocage des Coëvrons et de la chapelle construite en 1402, dédiée à saint Michel. C'est aussi le « Mont-Saint-Michel du Maine », lieu de pèlerinage important pour tous ceux qui n'avaient pas les moyens d'aller plus loin. Voir également le hameau de Montaigu.

LA HAUTE MAYENNE

Pour finir ce périple dans la douce Mayenne et dans l'histoire, on peut partir à la découverte d'anciennes forteresses, transformées en manoirs plus faciles à vivre, qui font de la Mayenne le 5e département de France pour le nombre de demeures anciennes. À noter que dans cette partie du département, la cuisine se décline « à la normande », avec beurre salé sur la table et plats déglacés à la crème fraîche. Bon appétit !

JUBLAINS (53160) 730 hab. *Carte Mayenne, C2*

Remontez donc le temps à Jublains, au sud-est de Mayenne par la D 35, en rêvant devant les thermes que les Romains avaient construits au centre de Noviodunum. La cité, qui prospéra pendant 3 siècles avant de décliner à la fin de l'Antiquité, a de quoi ravir les amateurs de civilisation gallo-romaine. Il s'agit tout simplement du plus grand site du genre dans l'ouest de la France !

Où dormir ? Où manger dans le coin ?

Domaine du Bois-du-Tay : *La Croix-du-Hêtre, 53160* ***Hambers.*** *☎ 02-43-01-21-60. • boisdutay@gmail.com • boisdutay.com • À 10 km à l'est de Jublains, direction Bais ; dans Hambers, suivre la direction La Chapelle-au-Riboul et les panneaux « Bois-du-Tay » (3,5 km). Congés : janv-fév. Loc à la nuit, à la minisem ou à la sem (à partir de 45 € la nuit pour 4-6 pers).* Dans ce village de chalets et au cœur d'une forêt, un site résolument nature, rando, vélo... Au bout d'une superbe allée bordée de hauts conifères, 8 chalets confortables et 1 gîte de groupe. Piscine découverte *(juin-sept).*

Bar-restaurant La Cella : *23, rue du Temple, à Jublains. ☎ 02-43-04-30-36. • lacella@orange.fr • ♿. Dans la rue principale. Ouv le midi lun-sam, plus le soir ven. Menus env 13,50 € (déj en sem), puis 22-32 €.* Accueillis dans des salles joliment apprêtées, locaux et touristes apprécient le foie gras maison, les plats de pâtes, les salades, les pizzas au feu de bois (que l'on peut emporter) mais aussi la côte de bœuf grillée dans la cheminée... Une cuisine simplement bonne, à des tarifs honnêtes.

LA MAYENNE

À voir

Le Musée archéologique départemental et les sites antiques : *13, rue de la Libération. ☎ 02-43-58-13-20. • museedejublains.fr • ♿ (label Tourisme et Handicaps, fauteuil roulant, boucle magnétique). Juil-août, tlj 9h-18h ; mai-juin et sept, tlj 9h-12h30, 13h30-18h ; oct-avr, tlj sauf mer (ouv mer des petites vac scol) 9h30-12h30, 13h30-17h30. Fermé de mi-déc à janv. Entrée pour la forteresse et le musée : 4 € ; réduc ; gratuit moins de 18 ans et pour ts le 1er dim du mois. Billet couplé avec le château de Sainte-Suzanne : 6 € ; réduc. Audioguide : 2 €. Compter 2-3h de visite en tt. Visite guidée pour groupes seulement et sur résa : 1-3h. Visite libre des thermes, du théâtre et du temple. Accueil et plan-brochure au musée.*
La visite vaut surtout par le nombre de sites à voir, soit le musée et 4 monuments antiques : la forteresse (accessible via le musée) et, à 800 m au maximum, le théâtre, les thermes et le temple en accès libre.
La ***forteresse*** d'abord, unique en Europe, construite en 3 étapes entre 200 et 300 apr. J.-C., s'étend sur 1 ha. Elle comprend un bâtiment central ayant peut-être servi de relais sur les voies approvisionnant Rome depuis les provinces du Nord-Ouest. 2 remparts successifs en terre puis en pierre défendent ce bâtiment ainsi que 2 petits édifices de bains. Dans le ***musée,*** objets des époques gauloise et gallo-romaine provenant de l'ensemble du département, visite virtuelle de la forteresse (multimédias, maquettes tactiles...), grande maquette au 1/200 de la ville antique de Noviodunum et audiovisuel de 15 mn à l'accueil.
À 200 m du musée, le ***théâtre*** profite de la pente naturelle du site en s'ouvrant largement sur la plaine d'Évron (programme de spectacles l'été). Les ***thermes*** voisins sont (en partie) visibles sous l'église. Leur fonctionnement est expliqué grâce à un son et lumière de 8 mn à déclencher soi-même.
Depuis les thermes, en empruntant une petite ruelle piétonne, on accède au parcours archéologique où les longues allées sablées symbolisent l'emplacement des rues antiques. Des stations d'information et bornes tactiles, « matériauthèques », permettent une découverte ludique et accessible à tous. Après avoir dépassé l'emplacement du *forum antique* (toujours enfoui sous le sol, donc invisible), se rendre au ***temple,*** le plus éloigné des sites, construit à l'emplacement d'un sanctuaire gaulois et marquant l'origine de la ville.

Forum Métiers d'art : *9 bis, rue du Temple. ☎ 02-43-04-97-92. Repérable à son bison posé devant. Ouv mai-sept et déc.* Expo-vente de pièces d'art mayennaises ou non : bijoux, céramiques, sculptures, déco... Ateliers.

MAYENNE

(53100) 12 900 hab. *Carte Mayenne, C2*

À 25 km au nord de Laval, Mayenne se situe au cœur d'un pays de bocage, où toutes les nuances de vert se cachent dans la nature. Point « 0 » du chemin de halage, cette petite cité revit depuis que passent à nouveau les bateaux entre Laval et Mayenne. Jolie carte postale en plein centre-ville, avec la Mayenne, donc, mais aussi le château féodal en surplomb et la basilique Notre-Dame-des-Miracles.
Dans la continuité du chemin de halage, on conseille les 3 voies vertes dans les environs à parcourir à pied ou à vélo, au nord du côté d'Ambières-les-Vallées et Javron-les-Chapelles, ou au sud jusqu'à La Chapelle-Anthenaise.

UN DUC SANS DUCHÉ

*Curieusement, le prince Albert II de Monaco, en accédant au trône monégasque, a aussi hérité du titre de duc de Mayenne. Mazarin, qui fut propriétaire du château de Mayenne et donc du duché, était aussi l'oncle d'une Grimaldi. Le titre s'est transmis sur le Rocher jusqu'à nos jours, même s'il a perdu toute valeur légitime depuis le XVIII*e *s, quand le château a été racheté par la Ville.*

LE PAYS DES TOILES FILANTES

C'est la région idéale pour se payer une toile. Mais ne confondons pas. Ici, on pense aux fameuses *Toiles de Mayenne,* ce tissu d'ameublement de renommée internationale. La tradition du tissage en Mayenne remonte au XIIIe s : le seigneur de Laval épouse une Flamande qui amène ses tisserands avec elle. La production, artisanale à ses débuts, prend de l'ampleur et devient industrielle.
Pour vous offrir cette toile mythique, il vous faudra aller à 5 km de Mayenne, à Fontaine-Daniel, un village utopique dans la 1re moitié du XXe s, qui appartint en fait corps et âmes aux *Toiles de Mayenne* jusqu'aux années 1980.

Adresse et info utiles

i ***Office de tourisme :*** *halte fluviale, quai Waiblingen. ☎ 02-43-04-19-37. • hautemayenne-tourisme.com • Tte l'année, lun-sam, plus dim en juil-août, ainsi que les j. fériés avr-sept.* Visites guidées thématiques de la ville et du village de Fontaine-Daniel, berceau des *Toiles de Mayenne.* Jeu de piste interactif « Baludik » (appli à télécharger gratuitement). Labellisé Accueil Vélo.
– ***Marché traditionnel :*** *lun et sam mat, pl. Georges-Clemenceau ; « gros marché » lun de Pâques.*

Où dormir ? Où manger ?
Où boire un verre en écoutant de la musique ?

Camping

Camping du Gué Saint-Léonard : *rue Saint-Léonard. ☎ 02-43-04-57-14. 📱 06-76-73-71-69. • camping@mayennecommunaute.fr • campingduguesaintleonard.fr • ♿ À 1,2 km du centre-ville. De mi-mars à fin sept (loc mars-sept). Forfait pour 2 env 10 € avec tente et voiture ; loc de tente bivouac et locatifs. 70 empl.* En bordure de la Mayenne, dans un bel environnement verdoyant et ombragé par des peupliers, ce camping familial propose des mobile homes à louer en dehors de l'hiver *(résas à l'office de tourisme)* et des tentes bivouac ou en dur *(TitHomes)*. Jeux pour enfants, pétanque, pêche dans la rivière, animations, etc. Accès payant au centre nautique voisin. En projet, une piscine.

Bon marché

La Carotte : *14 ter, quai Carnot. 06-03-03-24-40. • lacarotte.bistro creatif@gmail.com • Lun-ven jusqu'à 20h (22h jeu, 1h ven). Fermé w-e et j. fériés. À midi, salade-bar et plats du jour à partir de 11 €, formule env 16 € ; le soir, tapas ou menu à partager, sur résa. Café offert sur présentation de ce guide.* Une de nos adresses préférées à Mayenne ! Sur le quai (avec terrasse aux beaux jours), une chaleureuse salle de bistrot égayée de tonneaux, de canapés et de petites expos sur les murs. Dans l'assiette, une cuisine 100 % bio, moderne et bien exécutée, à base de produits en circuit court. Et le vendredi soir, il y a souvent de la musique... De plus, la patronne, sympa et dynamique, connaît bien l'actualité culturelle de la région.

La Place des Assises : *92, rue Charles-de-Gaulle. ☎ 09-82-31-40-11. Tlj sauf dim et lun soir. Formules 14,90-16,90 € le midi, 20,90-23,90 € le soir.* Dans l'ancien palais de justice restauré, c'est l'adresse branchée de la ville, une sorte de bar à vins bistronomique avec la cave juste à côté. Terrasse couverte où l'on avale avec plaisir une cuisine de bistrot bien élaborée et à base de produits frais. Le soir, sympa aussi pour un verre de vin avec une planche apéro.

De prix moyens à chic

Le Grand Hôtel : *2, rue Ambroise-de-Loré. ☎ 02-43-00-96-00. • grandhotelmayenne@wanadoo.fr • grandhotelmayenne.com • Resto fermé sam midi et dim soir mai-nov et tt le w-e hors saison. Congés : 2 sem pour les fêtes de fin d'année. Doubles 85-129 € ; familiales. Formules déj en sem 14,90-17,90 € ; menus 19,90-32 €. Café offert sur présentation de ce guide.* Face au pont sur la Mayenne, un établissement aux chambres conventionnelles, mais pimpantes et de très bon confort. On y déguste avec bonheur une cuisine traditionnelle qui flirte parfois avec la gastronomie. Vaste véranda, moderne et de bon ton, et terrasse pour prendre son repas quand le temps le permet. On peut finir la soirée au bar, devant un bon whisky.

Chambres d'hôtes La Maison d'Hercule : *93, rue Charles-de-Gaulle. 07-86-99-26-44. • robert@trickey.com • Face à l'ancien palais de justice. Doubles 65-110 €.* Robert Trickey, un décorateur d'intérieur californien ayant vécu à Hawaï, a eu un coup de cœur pour cette magnifique maison de médecin datant de 1878. À l'intérieur, c'est un palais ! Cariatides dans l'entrée, statues croquignolettes dans le jardin (dont le fameux Hercule) et puis 5 belles chambres avec parquet et mobilier ancien. Au 2e étage, les chambres sont plus petites et se partagent la salle de bains. On a un coup de cœur pour la « chambre d'Hercule » et sa grande salle de bains à la robinetterie dorée. Une belle surprise !

L'Éveil des Sens : *429, bd Paul-Lintier. ☎ 02-43-30-42-17. À la sortie est de la ville, sur la N 12, direction Alençon. Fermé dim soir-mar midi. Formules déj mer-ven 23-26 € ; menus 43-76 €.* Cadre moderne, dans les tons café crème, et formes résolument géométriques, à l'image de la véranda lumineuse et intimiste, posée en bordure de la nationale (parfois un peu bruyante). Le cadre contraste subtilement avec une cuisine tout en arrondis, inventive, moderne et légère, où l'on devine un attrait pour les sauces. Service tout en douceur pour enrober le tout.

Où dormir ? Où manger dans les environs ?

Camping

Pour ceux qui se baladent sur *La Vélo Francette* avec leur tente, la ***halte fluviale de Montgiroux*** (à 15 km au sud de Mayenne), surplombée par un château, offre la possibilité de bivouaquer gratuitement en saison, avec douches et barbecue. Très animé en été. Infos auprès du président de l'association, M. Herrier (📱 06-16-46-86-95).

Bon marché

Gîtes Les Refuges du Halage : *écluse du Port, 53470* **Sacé.** *📱 07-68-51-51-20. • laetitia@rdhmayenne.com • rdhmayenne.com • À mi-chemin de Mayenne et de Laval par la N 162. Tte l'année. Doubles 40-45 € ; petit déj 18 €. Un petit déj offert pour une loc de 2 (ou 2 petits déj pour 4) sur présentation de ce guide.* Tout ce qu'on attend d'un séjour ou d'une randonnée à vélo en Mayenne ! *La Vélo Francette* passe en effet par ici. Dans une ancienne écluse restaurée par le Département, un gîte pimpant avec 2 chambres séparées et salle de bains commune. Le soir, la petite boutique de produits locaux du rez-de-chaussée redevient la cuisine. Sinon, formules pique-nique et boissons. Accueil vélos (local sécurisé et borne électrique). Laetitia tient aussi 2 autres gîtes à Montflours (4 km)...

De prix moyens à chic

Hôtel-restaurant Beau Rivage : *23, chemin de Beaurivage, 53100* **Moulay.** *☎ 02-43-00-49-13. • restaurantbeaurivage.com • Tt près de Mayenne, vers le sud. Resto fermé dim soir et lun. Doubles env 83-94 €. Formule déj express en sem env 16 € ; menus env 19 € (sauf dim)-40 €.* Avec ses 8 chambres confortables et calmes et sa véranda panoramique quasiment les pieds dans l'eau, une adresse qui fait plaisir à voir. Depuis l'écluse, on se promène bien volontiers le long de la Mayenne dans laquelle l'environnement s'admire lui-même... Au restaurant, viandes et poissons rôtissent à la broche sous vos yeux ; sinon, toutes sortes de spécialités traditionnelles.

La Marjolaine : *Le Bas-Mont, 53100* **Moulay.** *☎ 02-43-00-48-42. • lamarjolaine@wanadoo.fr • lamarjolaine.fr • À la sortie de Moulay, direction Laval. Fermé ven soir, sam midi et dim soir hors saison. Doubles 65-94 €. Menus 18-21 € (déj en sem), puis 21-55 €. Réduc de 10 % sur le prix de la chambre sur présentation de ce guide.* Dans un lieu enchanteur où tout est luxe, calme et volupté. Une quarantaine de chambres de grand confort, élégantes, sobres et reposantes, notamment dans la partie manoir. Sauna, VTT, piscine, salle de sport, hammam... Au resto, une cuisine gastronomique de qualité et de fraîcheur exemplaires. Une très belle adresse en bord de Mayenne et du chemin de halage, pour les amateurs de randonnée.

Chambres d'hôtes du Château de Chasse-Guerre : *La Chasse-Guerre, 53640* **Hardanges.** *☎ 02-43-04-52-05. 📱 06-45-82-37-61. • chasseguerre@sfr.fr • chasseguerre.com • À 20 km à l'est par la D 113. Double 90 €. Table d'hôtes 25 €.* Fondé au XIIIe s, ce « château de repli » (d'où le nom de « chasse-guerre »), bien caché de la route, est le lieu idéal pour un moment au vert, au calme et au milieu des vieilles pierres. Grande cour-jardin entourée par des douves. 4 chambres, petites, rustiques et mansardées, mais confortables et charmantes dans leur style Renaissance rurale. Bel accueil des proprios, un couple d'architectes.

La Forge : *Le Bourg, 53100* **Fontaine-Daniel.** *☎ 02-43-00-34-85. • contact@restaurantlaforge.fr • Au sud-ouest de Mayenne par la D 104 (5 km). Sur la place du village. Fermé dim soir-lun. Formule déj en sem env 15 € ; menus env 27-48 €.* Dans cette jolie maison en pierre de taille, les couleurs sont dans l'assiette et les saveurs sous le palais. Le chef crée, s'amuse, détourne et aime travailler les produits du terroir. Une cuisine peu conventionnelle qui sied bien au cadre, un village atypique, fief des *Toiles de Mayenne.* Agréable terrasse en été, face à l'étang.

Où acheter de bons produits ?

Au Panier Fermier : *92, rue du Général-de-Gaulle. ☎ 02-43-00-68-25. Lun-ven 9h-13h, 14h30-19h30 ; sam 9h-19h.* Dans l'ancien palais de justice rénové, une boutique de produits 100 % Mayenne, issus de l'agriculture bio ou raisonnée. Fruits et légumes, fromages, conserves, bières micro-brassées... et même des cosmétiques.

À voir

Le parc et le musée du château de Mayenne : *pl. Juhel. ☎ 02-43-00-17-17. ♿ (4 handicaps). Juil-août, tlj 10h-18h ; mars-juin et sept-oct, tlj 10h-12h30, 14h-18h ; nov-fév, tlj 10h-12h30, 14h-17h. Fermé lun non fériés (hors juil-août), certains j. fériés et en janv. Entrée : 4 € (5 € avec l'expo temporaire) ; réduc ; gratuit moins de 18 ans et pour ts le 1er dim du mois. Visites guidées possibles. Labellisé Accueil Vélo.*
Tout petit, tout joli, l'ensemble restauré abrite un musée retraçant l'histoire de Mayenne et de son département homonyme. Le château fut un palais carolingien au Xe s, puis devint château fort au XIIIe s, avant d'être transformé en prison au XVIIe s, et ce jusqu'en 1936. À voir : la *salle carcérale* (poteries, statuaire religieuse), le son et lumière de la *salle Aula,* la *salle gothique* avec sa collection de pièces de jeux des Xe-XIIe s (échecs et trictrac), la *chapelle* où les fenêtres imbriquées comme des poupées russes évoquent les différentes époques du château, la *prison des femmes* et enfin la *crypte,* sarcophages et poteries.
Arpenter également le joli parc situé en surplomb de la rivière, avec son kiosque à musique.

La basilique Notre-Dame-des-Miracles : *doc à l'office de tourisme.* Édifice composite des XIIe, XVIe et XIXe s, qui domine la ville et la rivière, avec une belle statue en bois polychrome de Notre-Dame-des-Miracles (XVIIe s). Le spectaculaire chevet est inspiré de la cathédrale du Mans.

La place de Hercé et la place Cheverus : *en haut de la rue qui passe devant la basilique. Doc disponible à l'office de tourisme.* Nombreux hôtels particuliers des XVIIe et XVIIIe s, dont l'ancien *palais de la Barre-Ducale,* orné de 2 cadrans solaires, symboles maçonniques.

La chapelle des Calvairiennes : *rue Guyard-de-la-Fosse. Ouv selon programme des expos. Doc disponible à l'office de tourisme.* Ancien couvent des sœurs du Calvaire, abritant un mur-retable de Pierre Biardeau (1668), devenu aujourd'hui un lieu d'exposition d'art contemporain.

Le Mémorial des Déportés de la Mayenne : *23, rue Ambroise-de-Loré. ☎ 02-43-08-87-35. ● memorial-des-deportes-mayenne.fr ● ♿ (4 handicaps). Mar-sam et 1er dim du mois 14h-18h. Fermé lun, j. fériés, vac de Noël et en janv. Entrée : 5 € ; réduc. Expos temporaires.* Objets rapportés des camps, exposition, émouvant mur des noms... Ce louable lieu de mémoire et de recueillement créé par l'Association pour le Mémorial de la Déportation est aussi un espace d'échange, d'expression artistique et... de vigilance. C'est le seul du genre dans le Grand Ouest, en continuelle évolution en fonction des témoignages recueillis et des recherches que l'on y mène.

L'église Saint-Martin : *de l'autre côté de la Mayenne. Doc à l'office de tourisme.* À voir pour sa voûte romane, sa statue de bois de saint Martin (XVIe s) et son chœur roman en moellons.

À faire

Bateau promenade Le Pays de Mayenne : *halte fluviale de Mayenne, quai Waiblingen. ☎ 02-43-04-19-37. Mai-sept. Infos et départ à l'office de tourisme.* Croisières-promenades à thème ou croisières-repas.

DANS LES ENVIRONS DE MAYENNE

Fontaine-Daniel (53100) : *à 6 km au sud-ouest de Mayenne par la D 104, au milieu des bois.* Un charmant village à l'anglaise avec des maisons aux toits d'ardoises se reflétant dans un étang tranquille à deux pas des ruines de l'ancienne abbaye cistercienne *(ne se visite pas).* L'aventure commence ici quand Juhel III, baron de Mayenne, fait don aux moines du lieu-dit en 1204 pour construire l'abbaye de Fons-Danielis. Ce nom évoque la fontaine qui permit l'implantation d'une filature au XIXe s. Ce village industriel (et utopique, à l'époque) abrite une usine textile pour l'ameublement haut de gamme. Elle possède toujours la marque *Toiles de Mayenne,* le tissage ayant pris en 1914 la suite de la filature.

Les Toiles de Mayenne : *à l'entrée du village de* **Fontaine-Daniel.** ☎ *02-43-00-34-80. • toiles-de-mayenne.com • Lun-sam 9h30-12h30, 13h30-18h (14h sam). Fermé dim. Visite libre de la boutique. Visite guidée (payante) de la manufacture et du village pour les groupes sur résa.* Environ 100 employés à Fontaine (et un réseau de 15 magasins, plus 80 revendeurs dans le monde entier) se répartissent toutes les fonctions : tissage, confection sur mesure, expédition des tissus (rideaux, coussins, embrasses, jetés de lit, nappes, housses, etc.). Petite expo à l'étage de la boutique.

On trouve également au village une ***épicerie coopérative.*** Tenue par la charmante Élise, elle accueille volontiers les randonneurs et privilégie les filières bio et locales, tout en proposant en-cas et boissons, plus des animations toute l'année.

Le musée des Tisserands : *pl. du Billard-de-Veaux, 53300* **Ambrières-les-Vallées.** *06-21-06-01-51. À 12 km au nord par la D 23. Près de la mairie. Juil-août, tlj sauf lun 14h30-18h30. Entrée : 3 €.* Placé sous l'égide des « Musées de France », ce musée de la vie d'autrefois est installé dans d'authentiques maisons de tisserands. Une façon originale et authentique de montrer les différentes étapes de la production de tissus de chanvre au XVIIIe s.

May'N Loisirs : *Le Bas-Loze, 53300* **La Haie-Traversaine.** ☎ *02-43-04-23-93. À 8 km au nord par la D 23. Pâques-Toussaint.* Un joli plan d'eau artificiel (baignade surveillée en été) et un bel espace vert avec aire de jeux et terrain de volley. Location de kayaks et de *paddles,* petits bateaux *Mississipi* pour les 4-12 ans et structures gonflables. Snack-bar les pieds dans l'eau. Animations en été.

Fête et manifestation à Mayenne et dans les environs

– ***Un Singe en été :*** *juin-août, à Mayenne. • unsingeenete.com •* Festival de musique avec siestes musicales, concerts et théâtre de rue...
– **Fête de la Terre :** *1er w-e de sept, à* **Fontaine-Daniel.** *• fetedelaterre.fr •* Une très belle fête de village centenaire, avec marché bio, visite de l'abbaye, tissage traditionnel, stands d'artisans, conférences, visites guidées, jeux et animations...

LASSAY-LES-CHÂTEAUX ET LE NORD-MAYENNE

(53110) | 2 300 hab. | *Carte Mayenne, C1*

À une vingtaine de kilomètres au nord-est de Mayenne, Lassay, Petite Cité de caractère très bien restaurée, aux ruelles étroites et aux maisons de granit, abritait autrefois 3 châteaux. L'un repose sous le lierre, l'autre se refait une

beauté grâce à une association, le 3e est étonnant de vigueur et fait l'objet d'une visite passionnante. Le village est plein de charme tranquille et mérite que l'on s'y attarde pour flâner.

Adresses et info utiles

Office de tourisme : *8, rue du Château, à Lassay-les-Châteaux. ☎ 02-43-04-74-33. • hautemayenne-tourisme.com • Juin-août, lun-ven 9h30-12h, 13h30-17h30 ; sam 10h-12h, 13h30-17h ; dim 14h-17h. Le reste de l'année, lun-ven ; fermé le w-e, plus mar, mer ap-m et jeu hors saison.* Programme de randonnées tout au long de l'année. Jeu de piste interactif « Baludik » (appli à télécharger gratuitement).

■ **Artisans sur bois :** *juste à côté de l'office de tourisme, à Lassay-les-Châteaux. • alain-legros.com •*

– **Visites théâtralisées :** *4 soirées en juil-août.*

Où dormir ? Où manger dans le coin ?

Camping

Camping du Parc de Vaux : *35, rue des Colverts, 53300* ***Ambrières-les-Vallées.*** *☎ 02-43-04-90-25. • contact@parcdevaux.com • parcdevaux.com • ♿ À 12 km à l'ouest (D 33). Avr-nov. Forfaits pour 2 env 14-16 € ; tentes-bivouac pour 2, chalets canadiens, bungalows et mobile homes. 62 empl.* Familial, au bord de la rivière la Varenne, un site idéal pour un séjour au calme, proche de la nature. Emplacements herbeux, suffisamment larges, avec de hautes haies. Une tente-bivouac pour les cyclistes. Toutes sortes d'activités : tennis, minigolf, canoë-kayak, embarcations à pédales, équitation, VTT, pêche... En été, snack-bar et piscine municipale découverte.

De bon marché à prix moyens

Chambres d'hôtes Le Nouveau Gué : *12, rue des Marronniers, Lassay-les-Châteaux, 53110* ***Niort-la-Fontaine.*** *☎ 02-43-00-16-97. • richefeu@wanadoo.fr • À 3,5 km à l'ouest, dans l'ancien presbytère, derrière l'église. Congés : de mi-déc à mi-janv. Double tt confort 58 € ; familiale. Table d'hôtes sur résa 25 €. Spécialité du terroir offerte sur présentation de ce guide.* Une sympathique famille qui a eu la bonne idée d'installer 3 chambres d'hôtes de grand confort, dont 1 familiale, dans une bâtisse de caractère. Table d'hôtes avec des spécialités de La Réunion. L'endroit est très reposant. Excellent accueil.

Le Comptoir : *111, rue Aristide-Briand, à* ***Pré-en-Pail.*** *☎ 09-80-63-92-32. Mar-ven 9h-19h, sam 9h-18h. Compter 10-15 €.* Dans la rue principale (passante), une petite « épicerie-bar-cantine » à l'esprit bio, local et zen. Décor de vieux bistrot avec quelques tables pour avaler un sandwich, un plat du jour, des *bowls* et des tartes maison, le tout également à emporter. À arroser d'une bonne bière *Cousin,* dont l'usine se trouve à proximité.

Restaurant du Château : *37, rue Migoret-Lamberdière, à Lassay-les-Châteaux. ☎ 02-43-04-69-02. ♿ Derrière le château, route de Domfront. Fermé le soir dim-lun et mer. Formule déj en sem 12 € ; carte 20-35 €.* Peu de bonnes tables dans le coin, aussi on est bien content de dénicher derrière cette façade discrète en granit 2 salles accueillantes et une terrasse. Cuisine simple et dans l'air du temps, joliment présentée.

À voir

Le château : *☎ 02-43-04-05-47. Visite guidée uniquement (env 1h) : 7,50 € ; réduc.* Un des plus beaux et des plus captivants châteaux forts de la

LA MAYENNE

Mayenne, solidement assis face à son étang et resté en l'état sans aucun travail de réaménagement. Cette forteresse entièrement reconstruite au XVe s est l'une des toutes dernières de ce type avant l'éclosion de la Renaissance. Typique de l'architecture militaire de l'époque Charles VII, avec ses 8 tours massives en granit rouillé du pays reliées par des courtines. Superbe châtelet d'entrée avec pont de pierre et une barbacane en proue de bateau à 3 étages de feu, qui est l'un des rares témoins de ce style de défense encore intact. Pont-levis parfaitement équilibré. L'intérieur est distribué en plusieurs pièces, toutes meublées d'époque. À voir, notamment, le potager (la cuisine) et tout son matériel, une chambre à coucher, la salle d'armes ainsi que la salle à manger aux volets en draperie et aux portes sculptées. Ensemble impressionnant.

La roseraie : *près de l'église. Visite conseillée avr-sept. GRATUIT.* Plusieurs centaines de variétés venues du monde entier embaument l'ancien pré du couvent des bénédictines. Idéal à la belle saison.

Le Jardin médiéval : *tte l'année, sur la rive opposée de l'étang au pied du château. Accès libre.* Un jardin médiéval comprenant 5 espaces : le tapis vert avec pelouse et plantes vivaces, le jardin des simples, le verger, le bosquet et la chambre de verdure, pour se reposer sur un banc face à une fontaine.

Manifestations

– ***Un Printemps à Lassay :*** *1er dim de juin.* Concours des peintres dans la rue, marché d'artisans, concerts.
– ***Les Entrelacés :*** *11-14 juil, à Lassay et dans les environs. GRATUIT.* Festival des arts dans la rue : déambulations de compagnies théâtrales, humoristiques, musicales.

DANS LES ENVIRONS DE LASSAY-LES-CHÂTEAUX

L'église Saint-Fraimbault-de-Lassay (53300) **:** *direction Javron-les-Chapelles.* Une église des XIVe et XVIIe s, entourée de son cimetière et élevée à la mémoire d'un grand évangélisateur du VIe s. Les reliques de son crâne ont été pieusement conservées et sont portées en procession le lundi de Pentecôte. Au pied du mur de l'église, on peut voir la stèle funéraire (trèfle et calice) du saint ermite qui inspira Chrétien de Troyes pour camper le personnage de ***Lancelot du Lac***.

Les Roues Vertes : *La Parebrunière, 53300* ***Saint-Fraimbault-de-Prières.*** *06-15-56-56-72. À 8 km au nord par la D 266. Mai-sept ; le reste de l'année sur résa.* Location de vélos, tandems et rosalies pour une jolie promenade sur la voie verte. Sur place, pétanque, jeu de palets et Mölkky (quilles finlandaises). Aire de pique-nique.

Le vélorail du Bocage : *ancienne gare SNCF, 53300* ***Saint-Loup-du-Gast.*** *06-26-10-60-17. À 15 km au sud-ouest de Lassay par la D 33, puis, après Chantrigné, prendre la D 258 à gauche. Juil-août, tlj 11h-18h ; avr-juin et sept-oct, dim et j. fériés 11h-18h, plus sam 14h-18h mai-juin. Compter env 18 €/vélorail (4 pers + 1 enfant).* Location à l'heure de cyclos-draisines originaux et très amusants. Parcours de 1h15 en partie ombragé. Panorama au viaduc de la Rosserie et sentier d'interprétation le long de l'ancienne voie ferrée. Le village de ***Saint-Loup-du-Gast*** mérite aussi un détour.

Bien que le vélorail s'arrête à 300 m du village, vous ne pourrez pas laisser votre cyclo-draisine sur les rails pour visiter ***Ambrières-les-Vallées,*** alors revenez-y en voiture depuis Saint-Loup-du-Gast. Construit sur un rocher escarpé, le village offre une vue imprenable sur les environs, ce qui n'avait pas échappé à Guillaume le Conquérant à l'époque !

Pour les sportifs et pêcheurs, se rendre au ***parc de Vaux*** avec piscine découverte en été, canoë, équitation, embarcation à pédales et sentier de randonnée.

Le musée du Cidre : *domaine de La Duretière,* ***Melleray-la-Vallée,*** *53110 Lassay-les-Châteaux. ☎ 02-43-04-03-26. Direction Niort-la-Fontaine. Juil-août, lun-sam 10h-18h30 ; avr-juin et sept, lun-sam 14h-18h30. Fermé dim. Entrée : 5 € ; réduc. Visite libre. Carnet de jeux. Boutique de très belle qualité.* Ici, on reste fidèle à la tradition : le cidre est fabriqué avec des pommes amères ! Le musée a été rénové avec des vidéos pour tout savoir de la fabrication à la mise en bouteilles. Visite du verger.

Le circuit du peintre Pissarro : *rens à l'office de tourisme.* Entre Niort-la-Fontaine et Melleray-la-Vallée, 12 chevalets dans la périphérie de la maison de Ludovic Piette, ami et mentor de Pissarro, située à Montfoucault. Un hommage à l'impressionniste qui a fait plusieurs séjours ici.

Il existe par ailleurs une boucle au départ de Lassay sur les traces de Lancelot du Lac permettant de découvrir les 3 châteaux de la commune.

LA MAYENNE

Au nord-est, aux confins de la Sarthe et de l'Orne

Pays des pommiers et des forêts organisé autour de la bourgade de Pré-en-Pail, juché sur le balcon du parc naturel régional Normandie-Maine. Nombreuses possibilités de randonnées dans des paysages vallonnés où dévalent de multiples cours d'eau venant grossir la Mayenne naissante.

Le mont des Avaloirs et son belvédère : *à l'est de Pré-en-Pail, à env 6 km.* Le point culminant de l'Ouest, caché dans la forêt de Multonne. On est à 416,23 m exactement ! Grimper au sommet du belvédère haut de 17 m, une construction récemment repeinte (à l'intérieur) par le *street artist* Seb Toussaint. Après une centaine de marches, table d'orientation à 360°.

Le moulin de Trotté : *site classé, à 3 km de Saint-Pierre-des-Nids par la D 144.* Promenade romantique au bord de la Sarthe et plus sportive jusqu'à Saint-Léonard-des-Bois, en Sarthe (une vingtaine de kilomètres). Un des plus beaux paysages de la Mayenne. Pas loin, ne pas manquer ***Saint-Céneri-le-Gérei,*** adorable village aux confins de 3 départements : Mayenne, Sarthe et Orne.

Le canyon des Toyères : *à 4,2 km de Saint-Pierre-des-Nids, direction Saint-Céneri-le-Gérei puis à droite direction Saint-Léonard.* Jolie vue depuis un belvédère sur les contreforts du canyon creusé par la Sarthe. Au sud, bac à chaînes *(mai-sept, sauf crues)* pour rejoindre Saint-Léonard-des-Bois.

Le Pot au Lait : *Les Brasinières, 53700* ***Villaines-la-Juhel.*** *☎ 02-43-03-76-87. 📱 06-07-86-87-84. • lepotaulait.com • À 800 m de Villaines, au rond-point direction Pré-en-Pail. Tte l'année sur rdv. Entrée : 4,50 € ; réduc avec le musée de l'Auditoire à Sainte-Suzanne.* Jean-Luc Bourg, ancien urgentiste et passionné par tout ce qui tourne autour du pot (de lait !), a rassemblé plus de 2 000 objets datant de 1750 à 1950 : barattes, écrémeuses et autres instruments de transformation, mais aussi une belle collection de lampes, sans oublier la reconstitution de la pièce principale d'une ferme des années 1940. Organise des sorties en attelage, anime un atelier de travail du cuir et a ouvert une ferme pédagogique.

Averton *(53700) : à 4,5 km à l'est de Villaines-la-Juhel.* Jolie petite ***église*** qui vaut la visite pour ses 3 beaux retables en bois peint du XVIIe s. Et ***Les Perles,*** un site multifonction et tout public : halte pique-nique, pêche, aire de jeux, parcours sportif, VTT (label FFCT), gîtes ruraux...

Au nord-ouest, autour d'Ernée

Ernée *(53500)* **:** parcours pédestre balisé avec panneaux de découverte de la ville, « Les 3 subious » (appli « rando-jeu » en famille). Puis arrêtez-vous à la ***chapelle Notre-Dame de Charné,*** toujours le long de la N 12, construite au XIIe s et entourée d'un cimetière des XVIIIe et XIXe s. Tour-clocher, chœur roman et statue polychrome de la Vierge.

Chambres d'hôtes La Gasselinais : *chez Catherine et Florent Gendron, La Gasselinais, 53500* ***Ernée.*** *☎ 02-43-05-70-80. • gendron53@orange.fr • bienvenuealaferme.net • Sur la N 12, à 2 km d'Ernée, direction Mayenne. Double 50 €.* Belle « ferme pédagogique et de découverte » (vaches laitières, petits animaux), dotée d'une rivière et d'un bois. 3 chambres aux noms d'oiseaux (dont 1 avec mezzanine), très joliment décorées. Infatigables, les proprios se sont reconvertis dans l'agriculture biologique et les énergies renouvelables. Vous pourrez goûter à leurs productions, pain, yaourt, jus de pomme et confitures maison, servies au petit déj. Vente sur place. Cuisine à disposition. Accueil familial et convivial.

Chambres d'hôtes et gîtes de Longuève : *53500* ***Montenay.*** *☎ 02-43-05-78-19. • gite.de.longueve@gmail.com • gite-de-longueve.fr • ♿ À 3,5 km à l'est d'Ernée, par la N 12 puis la D 289. Double 53 € ou à la sem.* Agriculture biologique, matériaux de rénovation écolo (bois, sisal), énergie solaire et chauffage au bois de haie bocagère... Ce couple d'agriculteurs a les pouces verts, c'est le moins que l'on puisse dire. 2 gîtes modulables en 5 chambres d'hôtes dans une ancienne grange rénovée dans un hameau tout en granit. Cuisine. Grand jardin avec terrasse et barbecue. Jus de pomme bio. Baby-foot et table de ping-pong.

Le jardin de La Pellerine : *Sylvie et Alain Douinot, 53220* ***La Pellerine.*** *☎ 02-43-05-93-31. À 9 km à l'ouest d'Ernée, direction Fougères. De mai à mi-sept, jeu-ven 10h-18h30, w-e et j. fériés 14h-18h30. Entrée : 8 € ; gratuit moins de 15 ans.* Un Jardin remarquable romantique et raffiné, aménagé autour d'une demeure privée du XVIIe s avec sa jolie tourelle. Sur plus de 2 ha, des chambres de verdure accueillent des associations colorées de plantes vivaces, rosiers anciens et arbustes rares sur des thèmes variés. Étang, serre ancienne, bassins et pergolas...

Les jardins des Renaudies : *Les Mézerais, 53120* ***Colombiers-du-Plessis.*** *☎ 02-43-08-02-08. • jardinsdesrenaudies.fr • À 15 km au nord-est par la D 107. Juil-août, tlj 11h (14h lun)-18h ; Pâques-juin et sept-Toussaint, mer-dim et j. fériés 14h-18h. Entrée : 6 € ; réduc ; gratuit moins de 6 ans.*
Le parc floral dessiné à l'anglaise abrite depuis 1988 de nombreuses variétés de plantes sur ses 3,5 ha. Aux camélias succèdent les 400 rhododendrons et azalées puis 350 hortensias et plus de 500 vivaces avant les feuillages colorés de l'automne.
Le site est complété par un *écomusée des Vieux Métiers du XIXe s* où ateliers de forgeron, tonnelier, sabotier et cerclier-bourrelier-foudrier (!), ou encore de boulanger (four opérationnel pendant les animations) ont été reconstitués.
Jeux pour les enfants, labyrinthe de maïs *(de fin juil à mi-oct)* et animations régulières. Pique-nique possible. Boutique et vente de plantes.

Pontmain *(53220)* **:** *à l'ouest de Gorron par la D 33 (25 km). ☎ 02-43-05-07-26. • sanctuaire-pontmain.com •* Site de pèlerinage depuis que la Vierge y apparut en janvier 1871. La luminosité intérieure de la basilique néogothique est due aux nombreuses verrières. Le village respire la paix, sauf en juillet-août (agoraphobes, évitez le 15 août !). On y trouve aussi un centre d'art contemporain *(• centredartpontmain.fr •)* et la chapelle des Oblats avec vitraux. Jolie balade dans le parc des Oblats se prolongeant par le sentier « Vers le château de Mausson ».

Brécé (53120) : au sud de Gorron par la D 5 (2 km). ☎ 02-43-08-64-52. • brece.com • Pour les randonneurs, 3 beaux sentiers vallonnés de 7, 13 et 20 km longeant la rivière. Parcours permettant de découvrir un écomusée *(pl. de l'Église ; visite sur résa au ☎ 02-43-08-64-52 ; entrée : 2 €),* l'église Notre-Dame-de-l'Assomption, un site mégalithique ou encore manoirs, moulins et une motte féodale, le tout avec des panneaux explicatifs.

***Le château de Goué :** route de La Dorée, 53190 **Fougerolles-du-Plessis.** 06-75-81-99-60. À la limite de la Manche, au nord d'Ernée. Juil-sept ; se renseigner pour les visites. Visite guidée : 8 € ; réduc.* Imposante demeure du XVIIIe s toujours habitée, ce sont d'ailleurs les proprios qui font la visite. Celle-ci commence par le grand escalier et la bibliothèque. Passage obligé par le grand salon du XIXe s, classé Monument historique, agrémenté de décors peints par les élèves de Nicolas Poussin. La légende dit que si on place les tableaux dans l'ordre, ils indiquent le trésor de Goué. Dans la salle à manger, exceptionnel plafond à la française avec 64 caissons illustrant des fables de La Fontaine. Finir par un petit tour dans le parc à l'anglaise, agrémenté d'un grand étang.

CHAILLAND

(53420) 1 230 hab. *Carte Mayenne, B2*

En bordure de la forêt de Mayenne, au creux de la vallée de l'Ernée, cette Petite Cité de caractère se révèle assurément un joli coin. Et puisque l'on parle de caractère, le village cultive la mémoire de l'abbé Lefaucheux (1907-1987), cet infatigable touche-à-tout, à la fois bricoleur, musicien, metteur en scène, projectionniste après la messe du dimanche, motard ou encore jardinier. C'est d'ailleurs à lui que l'on doit les « terrasses du presbytère », des jardins perchés présentant notamment des variétés anciennes et une jolie roseraie. Tout un parcours à faire (belle grimpette !), en empruntant les escaliers à gauche de l'église, jusqu'aux « rochers du Calvaire et de la Vierge ». Le reste du village vaut également le coup d'œil. De nombreux témoignages de son passé, dont les anciennes forges, les logements des ouvriers, le vieux pont de la Fenderie et le château de la Forge.

Où dormir ?

***Chambres d'hôtes de La Jamelinière :** chez Isabelle Bahier. ☎ 02-43-02-65-57. 06-76-72-35-64. • isabellebahier27@gmail.com • chambresdhotesenmayenne.com • En venant d'Ernée, à droite avt le pont. Congés : janv. Doubles 54-64 € ; familiales.* Charmante maison en pierre et aux volets verts, dans un hameau. De l'une à l'autre des 5 chambres, on voyage de l'Inde à l'Afrique en passant par la mer et la montagne. Excellent petit déjeuner bien copieux, avec des crêpes, hmm ! D'ailleurs, la proprio a ouvert une crêperie bio sur place. Une maison d'hôtes pratique et plaisante.

DANS LES ENVIRONS DE CHAILLAND

***Le parc et le jardin de Clivoy :** à 3 km par des petites routes, indiqué depuis la mairie. 06-07-61-10-10. • clivoy.fr • Juin-juil, lun-ven 9h-12h, 14h-17h ; fermé le w-e. Également sur rdv en mai. Entrée : 6 € ; gratuit moins de 15 ans.* Les propriétaires de cette ancienne place forte sur son éperon rocheux, agrandie au XIXe s, ouvrent à la visite leur potager du XIXe s aux murs clos, classé

Jardin remarquable. Légumes, fruitiers et fleurs dans un arrangement à la française et à l'anglaise, et des couleurs volontairement douces. Serre, orangerie, pieds de vigne... rien ne manque au tableau, dans un environnement superbe, en surplomb de l'Ernée. Les chemins de promenade mènent, au travers du parc, vers le petit étang et la fontaine ombragée de vieux arbres centenaires. À noter que le château appartient à la même famille depuis 7 siècles, transmis par des femmes essentiellement !

La Ferme du Theil : *Le Theil, chez M. Rouland, à* ***Andouillé.*** *☎ 02-43-69-70-04. Entre Ernée et Laval. D'Andouillé, direction Saint-Ouën-des-Toits (D 115) sur 4 km. Lun-jeu 17h-19h, ven 14h-19h, sam 10h-12h.* Conseils et dégustation de cidre fermier, bien sûr, mais aussi jus de pomme, poiré, pommeau et eau-de-vie de cidre du Maine.

LA SARTHE

• Carte p. 244-245

ABC de la Sarthe

- *Préfecture :* Le Mans (143 000 hab.).
- *Sous-préfectures :* La Flèche (16 500 hab.) et Mamers (5 500 hab.).
- *Signes particuliers :* 4 000 km de cours d'eau, dont 86 km navigables ; 8 Petites Cités de caractère. Avec 400 artisans-fabricants, les Sarthois mangent 12,50 kg de rillettes par an, soit 25 fois plus que la moyenne nationale !
- *Population :* 561 600 hab.
- *Superficie :* 6 206 km^2.
- *Point culminant :* le belvédère de Perseigne (340 m).

« La Sarthe mérite plus que 24 heures... » Un joli slogan, concocté naguère par les professionnels du tourisme, fiers du patrimoine, des forêts, des paysages variés de cette terre de France que beaucoup traversent sans la voir vraiment, entre le Val de Loire et la côte normande.

Le Mans, ancienne capitale de la province du Maine, est aujourd'hui une préfecture labellisée Ville d'art et d'histoire, au cœur d'un département dont elle est plus que jamais le nombril. En suivant les aiguilles d'une montre, depuis Le Mans où l'on peut flâner dans la Cité Plantagenêt et découvrir le site des 24 Heures, on file sur les forêts de Sillé-le-Guillaume, on remonte vers les Alpes mancelles et le pays du Saosnois, on découvre les charmes du Perche, à l'est, on suit le Loir jusqu'à La Flèche et on remonte la Sarthe depuis Sablé pour revenir sur Le Mans.

Le Nord a des charmes normands, des hauteurs plus fraîches, plus arrosées que le Sud, qui baigne dans une douceur angevine. Au nord, les belles forêts de hêtres, les bocages bien verts avec des prairies plantées de pommiers et le parc naturel régional Normandie-Maine. Au sud, dans la vallée du Loir, le tuffeau dresse ses falaises crayeuses truffées de caves, de grottes troglodytiques. Il y a des vignes sur les coteaux (goûtez le confidentiel jasnières) et des vergers. De cave en table, de paysage en château (nombreux mais souvent discrètement tapis dans la nature), on savoure l'art de vivre en Pays sarthois, le paradis des promeneurs à pied, à vélo ou en bateau. Et, au final, on se surprend à ne plus compter les heures...

PAS DE POT

Les rillettes étaient fabriquées à la fois à Tours et au Mans dès le début du XXe s. Le gras est un excellent conservateur de viande. Pourquoi Le Mans a-t-il gagné la bataille de la renommée ? Tout simplement parce que Tours a refusé le chemin de fer. Résultat, la distribution des rillettes était bien plus compliquée.

Adresses et infos utiles

Sarthe Développement : *31, rue Edgar-Brandt, Z.A. Monthéard, 72000* **Le Mans.** ☎ *02-72-881-881.* • *sarthetourisme.com* • *Appli « Sarthe*

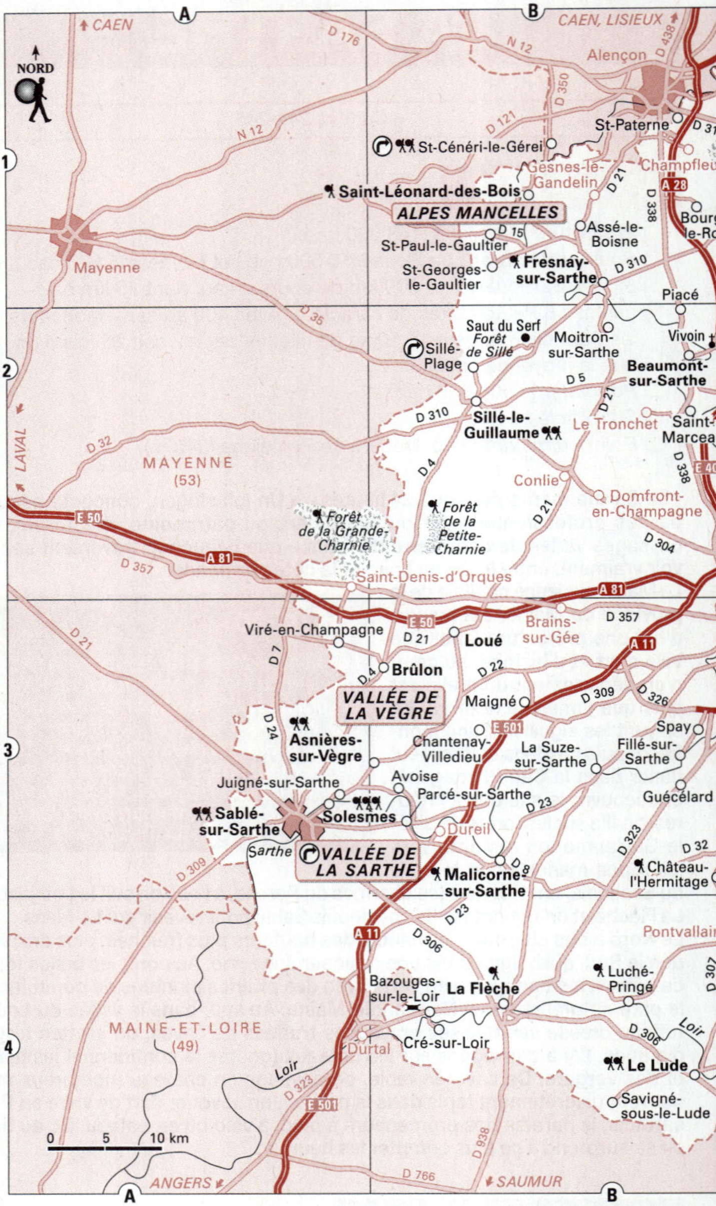
A
B
NORD
CAEN
CAEN, LISIEUX
D 176
N 12
Alençon
D 438
D 350
D 121
St-Paterne
St-Céneri-le-Gérei
Gesnes-le-Gandelin
Champfleur
D 21
A 28
D 338
Saint-Léonard-des-Bois
ALPES MANCELLES
Assé-le-Boisne
D 15
St-Paul-le-Gaultier
Fresnay-sur-Sarthe
St-Georges-le-Gaultier
D 310
Piacé
Mayenne
D 35
Saut du Serf
Forêt de Sillé
Moitron-sur-Sarthe
Vivoin
Sillé-Plage
Beaumont-sur-Sarthe
D 5
LAVAL
D 310
Sillé-le-Guillaume
Le Tronchet
Saint-Marceau
D 32
MAYENNE (53)
D 4
Conlie
Domfront-en-Champagne
D 338
E 40
Forêt de la Petite-Charnie
Forêt de la Grande-Charnie
E 50
A 81
D 357
D 304
Saint-Denis-d'Orques
A 81
Brains-sur-Gée
D 357
E 50
D 21
Viré-en-Champagne
D 21
Loué
A 11
D 7
D 4
Brûlon
D 22
VALLÉE DE LA VÈGRE
Maigné
D 309
D 326
D 24
Asnières-sur-Vègre
E 501
Chantenay-Villedieu
Spay
La Suze-sur-Sarthe
Fillé-sur-Sarthe
Juigné-sur-Sarthe
Avoise
Guécelard
Parcé-sur-Sarthe
Sablé-sur-Sarthe
Solesmes
D 23
Dureil
Sarthe
VALLÉE DE LA SARTHE
D 323
D 32
Château-l'Hermitage
D 309
D 8
Malicorne-sur-Sarthe
D 23
A 11
D 306
Pontvallain
D 307
Bazouges-sur-le-Loir
La Flèche
Luché-Pringé
MAINE-ET-LOIRE (49)
Cré-sur-Loir
D 306
Loir
Durtal
Le Lude
Loir
D 323
E 501
Savigné-sous-le-Lude
0 5 10 km
D 938
D 766
ANGERS
SAUMUR
1
2
3
4

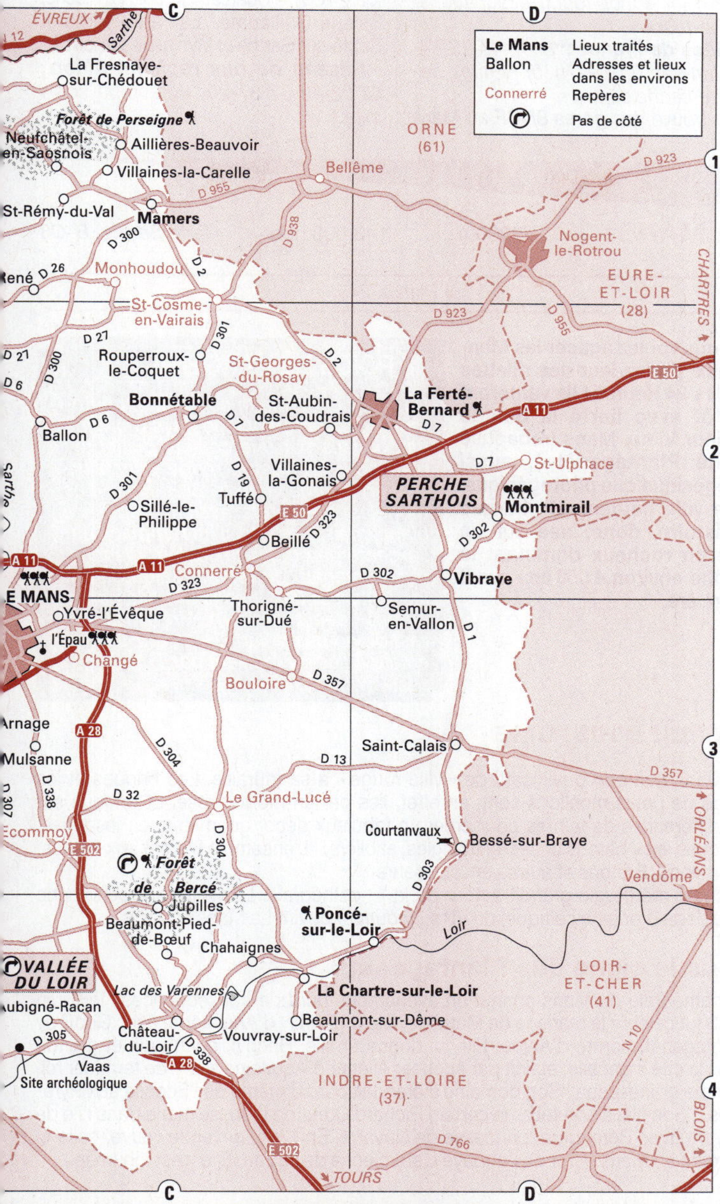

Le Mans
Lieux traités
Ballon
Adresses et lieux dans les environs
Connerré
Repères
Pas de côté
ÉVREUX
Sarthe
La Fresnaye-sur-Chédouet
Forêt de Perseigne
Neufchâtel-en-Saosnois
Aillières-Beauvoir
Villaines-la-Carelle
St-Rémy-du-Val
Mamers
D 955
D 300
Bellême
D 938
ORNE (61)
D 923
Nogent-le-Rotrou
EURE-ET-LOIR (28)
CHARTRES
D 955
D 26
Monhoudou
D 2
St-Cosme-en-Vairais
D 301
D 27
Rouperroux-le-Coquet
D 300
St-Georges-du-Rosay
D 2
Bonnétable
St-Aubin-des-Coudrais
La Ferté-Bernard
D 6
Ballon
D 7
E 50
A 11
D 7
St-Ulphace
D 19
Villaines-la-Gonais
PERCHE SARTHOIS
Montmirail
D 301
Tuffé
Sillé-le-Philippe
E 50
D 323
D 302
Beillé
A 11
A 11
Connerré
D 323
D 302
Vibraye
LE MANS
Yvré-l'Évêque
Thorigné-sur-Dué
Semur-en-Vallon
D 1
l'Épau
Changé
Bouloire
D 357
A 28
Arnage
D 304
Saint-Calais
Mulsanne
D 13
D 357
D 338
D 32
Le Grand-Lucé
ORLÉANS
Ecommoy
D 304
Courtanvaux
Bessé-sur-Braye
E 502
Forêt de Bercé
D 303
Vendôme
Jupilles
Poncé-sur-le-Loir
Beaumont-Pied-de-Bœuf
Loir
Chahaignes
LOIR-ET-CHER (41)
VALLÉE DU LOIR
Lac des Varennes
La Chartre-sur-le-Loir
Aubigné-Racan
Beaumont-sur-Dême
Château-du-Loir
Vouvray-sur-Loir
N 10
D 305
D 338
Vaas
A 28
Site archéologique
INDRE-ET-LOIRE (37)
BLOIS
D 766
E 502
TOURS

LA SARTHE

Tour » sur • mobitour.fr/destinations/sarthe-tour •

■ ***Gîtes de France :*** *☎ 02-43-23-84-61 (lun-ven 8h30-17h30). • gites-de-france-sarthe.com •*

– On trouve des ***gares SNCF*** au Mans (gare TGV), à Château-du-Loir, La Flèche, Sillé-le-Guillaume, La Ferté-Bernard, Sablé-sur-Sarthe et Vivoin-Beaumont.

– ***Réseau de bus régional Aléop :*** *☎ 02-43-61-37-20. • aleop.paysdelaloire.fr •*

LE MANS (72000) 143 000 hab. *Carte Sarthe, B-C3*

• Plan *p. 249*

Si vous voulez agacer les Manceaux, parlez-leur des rillettes et des 24 Heures ! Ils vanteront plutôt avec fierté la beauté de leur Vieux Mans (rebaptisé « Cité Plantagenêt »), aussi télégénique que photogénique. Une ville hautement chargée d'histoire, donc, née sur un éperon rocheux dominant la Sarthe environ 4 000 ans avant notre ère.

LE POIDS DE L'ARGENT

Dès les débuts de la compétition automobile, on différencia le pays d'origine des bolides par une couleur distincte : bleu pour la France, rouge pour l'Italie, vert pour la Grande-Bretagne... Les modèles allemands avaient hérité du blanc, mais, très vite, il fut remplacé par l'argenté parce que la couleur blanche, qui contenait du plomb, alourdissait les voitures. Les ingénieurs allemands eurent l'idée, pour les rendre plus légères, de ne pas peindre les carrosseries en alu. Elles ne rouillent pas !

UN PEU D'HISTOIRE

Le Mans doit son qualificatif de « ville rouge » à sa muraille. Les briques et les rangs de petits moellons sont, en effet, liés par un mortier rose. Et on joua sur les différences de teintes pour créer un fabuleux décor géométrique : losanges, obliques (en « bâtons brisés »), triangles, sabliers... L'ensemble fit front aux Francs, Normands, Bretons et autres envahisseurs.
Une cité médiévale grandit autour de la 1re cathédrale. La vieille ville cénomane (peuplade d'origine celtique) du VIe s *Vindunum* devint Le Mans au XIIe s.

Sous le signe des Plantagenêts

La cathédrale du Mans connut un événement lourd de conséquences : le 9 juin 1129 fut célébré le mariage de Mathilde, fille d'Henri Ier d'Angleterre, avec Geoffroy Plantagenêt, comte d'Anjou. Elle lui donna un fils, Henri II, qui naquit et grandit dans la cité mancelle, et finit par épouser Aliénor d'Aquitaine avant de terminer roi, comme grand-papa ! Son domaine s'étendait quand même de l'Écosse aux Pyrénées... Son fils, à son tour, un certain Richard Cœur de Lion, se maria dans l'île de Chypre avec Bérengère, princesse de Navarre. En 1204, devenue veuve, celle-ci se retira au Mans et fonda l'abbaye cistercienne de l'Épau. Elle y est inhumée.

L'entre-deux-guerres

La guerre de Cent Ans, comme partout, fit ici des ravages. Tombée entre les mains des Anglais, la ville ne reviendra à la couronne française qu'en 1447. Louis XI passa 2 mois dans la Cité, manœuvrant habilement pour réunir à la Couronne

le duché d'Anjou et le comté du Maine. En guise de remerciement, la cité mancelle reçut en 1481 sa 1re charte qui la dota d'un hôtel de ville et d'une assemblée d'échevins.
Nouvelle épreuve au temps des guerres de Religion. Prise par les protestants, reprise par les catholiques en 1562, la ville fut finalement assiégée par Henri IV en 1589. Au XVIIe s, elle s'agrandit avec le quartier des Halles et les faubourgs des abbayes de Couture et Saint-Vincent. On aménagea la place des Jacobins. Une longue période de tranquillité en fit une cité bourgeoise et enrichie.

LE « ROI FOL »

En août 1392, le roi Charles VI, qui n'avait que 24 ans, et son armée étaient en marche pour la Bretagne. En traversant la région d'Outillé, au sud du Mans, alors qu'un lépreux l'interpella violemment, le roi fut soudain pris de démence, il tua un garde et blessa 4 hommes ! Le pauvre Charles fut ligoté et ramené au Mans. Les crises de paranoïa du « roi fol » durèrent 30 ans, jusqu'à sa mort en 1422.

Le naufrage des Vendéens

Survint la Révolution qui saccagea couvents, monastères et châteaux, comme partout, et fit disparaître nombre d'œuvres d'art. Partis depuis mars 1793, des Vendéens formant une « armée de souffrants » et conduits par Henri de La Rochejaquelein traînaient, en plus des combattants, son lot d'affamés, de vieillards, de femmes et d'enfants à travers l'Ouest. Ils prirent le 7 décembre La Flèche et le 10 Le Mans, où ils entrèrent épuisés. Le 12 décembre apparurent les hussards de Westermann, avant-garde des républicains de Kléber et Marceau, au secours de la ville. L'attaque se fit dans la nuit et le combat fut impitoyable de part et d'autre. Cette atroce bataille de rue laissa des morts par milliers, sabrés, chargés à la baïonnette, fusillés à bout portant. Les restes de plus de 150 de ces « Vendéens du Mans » furent exhumés à partir de 2009, à l'occasion de travaux en centre-ville.

De la cité industrielle aux 24 Heures

2 invasions n'arrêtèrent pas le développement du Mans : celle des Prussiens le 11 janvier 1871 et l'occupation allemande de juin 1940 à août 1944. Avec la venue des usines Renault, un nouveau coup de fouet économique fut donné, affirmant la vocation automobile du Mans. Il faut dire que c'est ici que fut construite, par Amédée Bollée père, le 1er véhicule routier à vapeur qui rallia Paris le 9 octobre 1875.
En 1906, l'Automobile Club de la Sarthe organisait un Grand Prix sur un circuit triangulaire long de 103 km qui traversait les villages sur des routes non bitumées à l'époque. L'actuel mesure beaucoup moins (13,5 km, dont 4,5 km en tronçon clos). Ainsi, depuis 1923 s'y affrontent chaque année, en juin, les plus grandes écuries automobiles du monde. Les camions (en septembre) et les motos (en avril) ont depuis aussi droit à leur compétition à grand spectacle.

CHAUFFARD !

Le 9 octobre 1875, Amédée Bollée s'élança sur les routes pour une mémorable épopée jusqu'à Paris au volant d'un véhicule routier à vapeur, L'Obéissante. *C'était une première. Ce vénérable ancêtre aux allures de minibus pesait près de 5 t et offrait 12 places. Bollée mit 18h pour parcourir les 200 km, avec des pointes à 40 km/h. Mais la maréchaussée n'ayant pas encore l'expérience de ce type d'engin, il écopa au passage de 75 contraventions !*

Adresses et infos utiles

Informations touristiques

Office de tourisme (plan B2) : *hôtel des Ursulines, 16, rue de l'Étoile. ☎ 02-43-28-17-22. • lemans-tourisme.com • Tlj sauf dim et j. fériés : mai-oct, 9h-18h ; nov-avr, 10h-18h.*

Maison du Pilier rouge (plan A-B1, **1**) : *41-43, Grande-Rue. ☎ 02-43-47-40-30. • lemans.fr/patrimoine • Juil-août, dim-lun 10h-18h, mar-sam 10h-23h (23h30 juil) ; juin, tlj 10h-12h30, 13h30-18h ; le reste de l'année, lun-ven 10h-12h30, 13h30-18h, w-e 13h30-18h (17h30 nov-mars).* Accueil patrimonial et touristique « Ville d'art et d'histoire ».

– **Marché des Jacobins** (plan B1) : *av. de Paderborn. Au pied de la cathédrale. Mer, ven et dim 7h-12h30.* Une belle animation à ne pas manquer, surtout le vendredi (marché aux fleurs, aux volailles...).

■ **Les Quinconces** : *4, pl. des Jacobins. • quinconces-espal.com • En face de la cathédrale.* Emblème du renouveau manceau, un espace culturel à l'architecture de verre signé Carlos Ferffater.

Transports

Gare routière (gare nord ; plan A3) : *bd Robert-Jarry. ☎ 0811-900-149 (prix d'un appel local) pour les déplacements intervilles.*

■ **Setram** : *65, av. du Général-de-Gaulle. • setram.fr •* Agence commerciale de bus-tram de la ville. 2 lignes de tram. Tram ttes les 5-10 mn. Également location de vélos (centre-ville, à proximité de l'arrêt Comtes-du-Maine, ligne T2).

■ **Location de voitures** : *quelques loueurs dans le quartier de la gare, comme* ***Avis,*** *☎ 02-43-24-30-50, et* ***Europcar,*** *☎ 02-43-72-50-10.*

Taxis : *à la gare SNCF (plan A3), côté nord.* ***Radio Taxi,*** *☎ 02-43-24-92-92 (24h/24).*

Où dormir ?

Nous indiquons les tarifs hors événements sportifs ou autres, comme les 24 Heures du Mans. Ils remplissent alors tous les hébergements de la ville (et du département) et font s'envoler les prix.

■ Adresses utiles
- Office de tourisme (B2)
- 1 Maison du Pilier rouge (A-B1)

Où dormir ?
- **10** Auberge de jeunesse internationale Le Flore (hors plan par B2)
- **12** Hôtel de la Pommeraie (hors plan par B2)
- **14** H24 Hôtel (hors plan par B3)
- **15** Appart'City Le Mans Centre (hors plan par A3)
- **16** Interhôtel Le Chantecler (A3)

Où manger ?
- **21** Restaurant « L'Étage » de la Librairie Doucet (B2)
- **24** Chez Henri (hors plan par B1)
- **25** Le Tablier de Jaurès (hors plan par B3)
- **27** Le Nez Rouge (A1)
- **28** La Baraque à Bœuf (A1)
- **29** L'Auberge de Bagatelle (hors plan par B2)
- **35** Le Beaulieu (A2)
- **41** L'Épicerie du Pré (hors plan par A1)

Où boire un verre ? Où sortir ?
- **41** L'Épicerie du Pré (hors plan par A1)
- **43** Le Saint-Flaceau (A1)
- **44** L'Un des Sens (A2)
- **45** La Guinguette des Tanneries (A1)
- **47** Le Bar Ouf (A-B2)
- **48** Pub Mulligan's (A2)

Où acheter spécialités et douceurs ?
- **60** La Maison Bellanger (B2)
- **61** Maison Reignier (B2)
- **62** La Rouelle de Veau (A2)

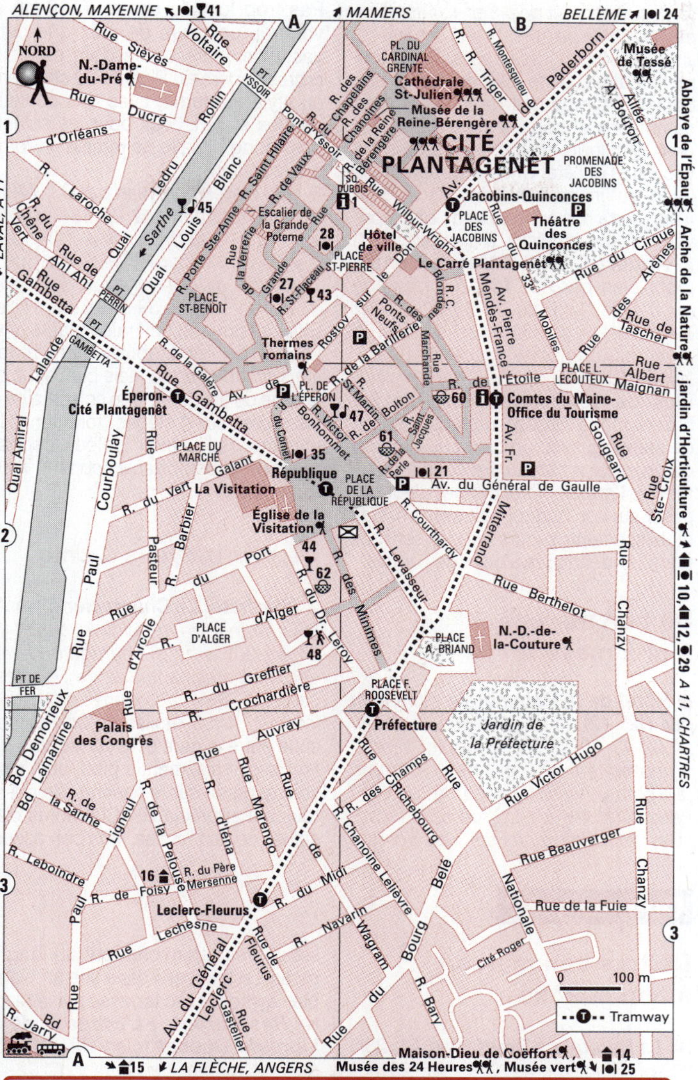

LE MANS

Auberge de jeunesse et résidence hôtelière

🏠 🍽 ***Auberge de jeunesse internationale Le Flore*** *(hors plan par B2, 10) : 23, rue Maupertuis. ☎ 02-43-81-27-55. • flore-habitatjeunes.org • De la pl. de la République, bus nos 12 ou 4 (nord-est), arrêt Erpell, sur l'av. Bollée. Congés : de mi-déc à début janv. Nuitée env 23 €, petit déj compris (env 17 €*

sam, pas de petit déj). Self-service, formules moins de 10 €. Une trentaine de lits. Carte FUAJ obligatoire. Dans une ruelle calme, cette jolie petite AJ, aux couleurs pimpantes dans les parties communes et douces dans les chambres, accueille les touristes durant les vacances et l'été. Chambres agréables (bien qu'un peu exiguës) de 2, 3 ou 4 lits, certaines avec salle de bains privée. Laverie et cuisine à disposition.

Appart'City Le Mans Centre *(hors plan par A3,* ***15****) : 34, passage du 8-Mai-1945. ☎ 02-36-81-32-99. • lemans-centre@appartcity.com • appartcity.com • ♿ Accolé à la gare. Nuitée 40-80 € pour 2. Parking payant.* Plus de 160 appartements de 2 à 5 personnes offrent un équipement de standing avec un coin cuisine ainsi qu'un espace bureau. En couple ou en famille, l'appart-hôtel permet d'économiser sur son budget restauration. Ces établissements proposent des services (parfois) identiques à ceux des hôtels.

De bon marché à prix moyens

Hôtel de la Pommeraie *(hors plan par B2,* ***12****) : 314, rue de l'Éventail. ☎ 02-43-85-13-93. • contact@hotel-pommeraie.fr • hotel-de-la-pommeraie.com • À env 5 km par la route de Paris. Doubles à partir de 65 € ; familiales. Plateaux-repas sur résa lun-jeu.* Pas trop loin du centre (5-10 mn en voiture), un havre de paix que cette vaste demeure dotée d'un parc aux arbres superbes. Plus de 20 chambres au style moderne, avec des couleurs neutres et zen. Jeux pour les enfants, ping-pong et salle de remise en forme à disposition.

H24 Hôtel *(hors plan par B3,* ***14****) : 8, av. du Panorama. ☎ 02-43-750-750. • contact@h24hotel.fr • h24hotel.fr • Ⓣ Guetteloup-Pôle-Santé-Sud (à 15-20 mn du centre-ville). ♿ Au sud du Mans. Doubles 59-109 € ; familiales.* Efficace pour un tarif raisonnable, voici l'esprit de cet établissement récent sans grand charme mais bien situé sur la ligne de tramway. Une soixantaine de chambres sur 4 étages, fonctionnelles et sans déco, bien isolées acoustiquement et confortables comme il faut. Accueil pro.

De prix moyens à chic

Interhôtel Le Chantecler *(plan A3,* ***16****) : 50, rue de la Pelouse. ☎ 02-43-14-40-00. • hotel.chantecler@wanadoo.fr • hotelchantecler.fr • Doubles à partir de 76 € (mais bonnes promos sur Internet).* Un 3-étoiles de bon confort, situé entre la gare et le centre-ville que l'on rejoint aisément à pied, une fois la voiture garée sur le parking. Ce qui est toujours appréciable ! Chambres classiques et bien tenues. Très bon accueil.

Où manger ?

De très bon marché à bon marché

La Baraque à Bœuf *(plan A1,* ***28****) : 11, pl. Saint-Pierre. ☎ 02-43-28-06-07. Fermé dim-lun. Formules déj en sem env 10-15 € ; menus env 20-25 €.* Amis végétariens, passez votre chemin ! Pour les autres, cuisine régionale du Grand Ouest, de la Normandie au Périgord, à base de bœuf (bien sûr) et de cochon... Les spécialités maison enthousiasment toujours les amateurs, d'autant que les tarifs n'écornent pas le portefeuille et que le chef soigne les petites attentions tout au long du repas. Le tout servi dans une ambiance bien sympa, avec terrasse sur la place.

Restaurant « L'Étage » de la Librairie Doucet *(plan B2,* ***21****) : 66, av. du Général-de-Gaulle. ☎ 02-43-24-03-70. • contact@librairiedoucet.fr • ♿ Ouv le midi seulement. Fermé dim. Résa conseillée. Formule env 15 €.* Manger avec « un livre sur la table », tel est le concept proposé dans cette librairie, vieille de plus d'un demi-siècle, et véritable référence dans la ville. C'est plutôt réussi, un agréable moment dans un décor très contemporain aux tons pop et dynamiques.

De prix moyens à chic

Le Tablier de Jaurès présenté d'abord :

L'Épicerie du Pré *(hors plan par A1, **41**) : voir « Où boire un verre ? Où sortir ? ». Plats du jour 9-12 €.*

Le Tablier de Jaurès *(hors plan par B3, **25**) : 138, av. Jean-Jaurès. ☎ 02-43-78-93-81. • contact@letablierdejaures.fr • Ⓣ Jaurès-Pavillon. Fermé mar-mer et dim soir. Congés : 1 sem pdt vac d'hiver et 3 sem en août. Le midi sauf dim, formule 20 € et menu 25 € ; autres menus 44-90 €. Apéritif maison pour 1 pers offert sur présentation de ce guide.* Une adresse un peu excentrée, mais qu'importe, prenez le tram et poussez sans hésiter la porte de cette banale façade qui cache un intérieur inattendu, moderne et judicieusement pensé. Rez-de-chaussée et étages lumineux donnant sur un jardinet et une terrasse. La cuisine ne détonne pas, finement travaillée, un brin originale et joliment présentée. Service souriant.

Le Nez Rouge *(plan A1, **27**) : 107, Grande-Rue. ☎ 02-43-24-27-26. Fermé dim-lun. Résa conseillée le soir. Formule déj en sem 18 € ; menus 25-34 €.* Un des restos « gastronomiques » de la ville, qui a le mérite de proposer une cuisine fine, tout à la fois traditionnelle et personnelle, pleine de saveurs, à des prix relativement contenus.

Chez Henri *(hors plan par B1, **24**) : 6, rue des Maillets. ☎ 02-43-81-77-98. • contact@mans-restaurant.fr • Fermé dim soir. Formules déj en sem 14-17 € ; menus 22-25 €.* Légèrement excentrée mais tout près du musée de Tessé, une brasserie chic et cosy qui a su fidéliser ses clients. Mieux vaut réserver le dimanche midi car c'est alors l'un des rares restos sympa ouverts en cœur de ville. Spécialité de viandes et de grillades au feu de bois. Cuisine simple, fraîche et maison.

Plus chic

L'Auberge de Bagatelle *(hors plan par B2, **29**) : 489, av. Bollée. ☎ 02-43-85-25-73. À env 4 km du centre-ville par la D 314, en direction de Papéa Parc et de l'abbaye de l'Épau. Fermé lun-mar. Menus 40-45 € (midi), puis 68-98 €.* Dès l'ouverture, les gourmands se sont vite passé le mot. Un nouveau (jeune) chef officie à *Bagatelle* et il fait des merveilles ! Dans une salle tout en baies vitrées et donc baignée de lumière, la formule déjeuner fait mouche avec un rapport qualité-prix assez bluffant. De beaux produits, issus des meilleurs terroirs et parfaitement mis en valeur. À vouloir trop bien faire, le service peut parfois sembler un peu guindé, mais quel moment de pur plaisir !

Le Beaulieu *(plan A2, **35**) : 34 bis, pl. de la République. ☎ 02-43-87-78-37. Fermé le w-e. Menus déj en sem 26-39 € ; plat env 18 €.* Dans un cadre élégant qui met en valeur la subtile et délicieuse cuisine d'Olivier Boussard. Les produits de terroir, rigoureusement sélectionnés, sont mis à l'honneur et travaillés avec inventivité... Un joli moment de gastronomie, à prix doux pour un étoilé.

Où dormir ? Où manger dans les environs ?

De bon marché à prix moyens

Le Jardin Gourmand *: lieu-dit Papéa, Béner, 72530 **Yvré-l'Évêque**. ☎ 02-43-89-60-20. À côté de Papéa Parc (voir « Dans les environs du Mans »). Fermé dim soir. Formules déj en sem 13,90-17,90 € ; plats env 15-20 €.* Une bonne surprise à côté du parc d'attractions ! Non seulement l'endroit est ouvert tous les jours, mais en plus toute la famille devrait y trouver un plat à son goût : salades, pâtes, viandes, volailles et poissons bien accompagnés et, pour finir, de beaux desserts. Le tout à savourer dans l'une des nombreuses petites salles chaleureuses et élégantes aux couleurs flamboyantes ou en terrasse, avec vue sur un parc.

Auberge de Mulsanne – Hôtel Arbor *: 158, route de Tours (ligne* *droite des Hunaudières), 72230* ***Mulsanne.*** *☎ 02-43-39-18-90. • arbor-hotel@wanadoo.fr • auberge-mulsanne.fr • ♿ À 8 km au sud, en direction de Tours puis de Mulsanne. Resto ouv le soir seulement, lun-ven. Doubles à partir de 80 € hors compétitions. Menus 21-29 €.* Durant les 24 Heures du Mans, cet hôtel, qui accueille les écuries de course, est – bien entendu – pris d'assaut, et les prix augmentent en conséquence ! Mais en dehors de cette période, l'établissement est accueillant et tient à la disposition des clients une petite piscine... Chambres sans grande imagination mais parfaitement fonctionnelles et confortables.

Plus chic

Auberge des Matfeux : *289, av. Nationale, 72230* ***Arnage.*** *☎ 02-43-21-10-71. • contact@aubergedesmatfeux.fr • ♿ Sur la D 147, à env 11 km au sud. Fermé dim-lun. Menus 36 € (midi en sem), puis 57-80 €.* Pour vous consoler de ne pas avoir gagné le Grand Prix, offrez-vous, à deux pas, le plaisir d'une grande table dans une auberge élégante, logée dans une petite construction moderne, où le menu change au gré des saisons. Rien à voir avec l'auberge campagnarde d'autrefois. Ici, « tout est luxe, calme et volupté », comme disait un autre coureur bien connu... À signaler, un superbe menu pour les gastronomes en culotte courte.

Best Western 1er Le Mans Country Club : *château de la Ragotterie, à Parence, 72530* ***Yvré-l'Évêque.*** *☎ 02-43-82-11-00. • contact@lemans-countryclub.com • lemans-countryclub.com • ♿ À env 8 km du Mans, prendre la route de Chartres, puis Yvré-l'Évêque et enfin Parence. Doubles à partir de 135 € ; familiales ; petit déj 17,50 €.* L'histoire se lit sur la façade de ce superbe château du XVIIIe s, posé au milieu d'un vaste parc arboré, mais c'est la modernité qui préside à l'intérieur, certains le regretteront peut-être. Les chambres, au château ou à l'orangerie, sont spacieuses et lumineuses, parfaitement au calme, équipées et décorées avec soin. Resto sur place.

Où boire un verre ? Où sortir ?

L'Épicerie du Pré *(hors plan par A1,* ***41****) : 31, rue du Pré. ☎ 02-43-14-73-40. ♿ Fermé dim-lun.* Ce café-philo-resto, où ont lieu rencontres, ateliers (tricot, cuisine...) et jeux littéraires, a pour cadre une ancienne épicerie aux murs pas très droits : désuet et nostalgique, l'endroit est plein de bonne humeur. On s'y pose volontiers le temps de bouquiner tout en dégustant une bière locale, un cidre de pays, ou en grignotant une tartine ou le plat du jour préparés à base de produits locaux et volontiers bio.

L'Un des Sens *(plan A2,* ***44****) : 9, rue du Docteur-Leroy. ☎ 02-43-80-94-81. Lun-ven 10h-15h, 17h-23h ; sam 17h-23h. Fermé dim. Le midi, plats du jour à partir de 15 € (vin compris).* Un petit bar proposant une jolie sélection de vins au verre (une vingtaine !). À accompagner de grignotages. Avec sa terrasse dans la rue piétonne, un incontournable à l'heure de l'apéro...

Le Saint-Flaceau *(plan A1,* ***43****) : 9, rue Saint-Flaceau. ☎ 02-43-23-24-93. 📱 06-21-89-23-96. Fermé dim-lun et j. fériés. Congés : janv et sept.* Plongée dans le XVIIIe s, au cœur du Vieux Mans, dans cette demeure de ville d'un autre temps. Le vénérable escalier mène à des salons particuliers, où l'on s'attend à croiser des bourgeois aux perruques poudrées, et à une délicieuse terrasse suspendue. La maison s'est spécialisée dans les cocktails et les bières. Une alchimie originale et pleine de charme.

Le Bar Ouf *(plan A-B2,* ***47****) : 8, rue Victor-Bonhommet. ☎ 02-43-24-19-01. • sam@lebarouf.com • Lun-sam 12h (15h sam)-2h. Fermé dim.* Un petit bar sympathique, à l'ambiance cool, qui propose régulièrement des concerts live et de petites expos.

La Guinguette des Tanneries *(plan A1, **45**) : quai Louis-Blanc, sq. des Tanneries. 06-15-47-52-31. • laguinguettedestanneries@gmail.com • Mai-fin sept, mar-jeu 16h-23h, ven-sam 16h-minuit, dim 11h-20h. Fermé lun.* Un lieu ravissant en bord de Sarthe, avec ses grandes tablées et ses nappes à carreaux. On peut y grignoter, mais vu la qualité très ordinaire des produits (dommage !), on viendra surtout à l'apéro s'y délecter d'un verre de jasnières un jour de grand soleil ou profiter de l'ambiance les jours de concert (programme sur la page Facebook).

La rue de la Barillerie dans sa partie piétonne et la petite rue des Ponts-Neufs *(plan B1)* abritent de nombreux ***bars*** qui débordent dans la rue aux beaux jours.

Autres rues animées en soirée, avec bars et discothèques à l'ambiance jeune et festive : la rue du Port *(plan A2)* et la rue du Docteur-Leroy, où l'on trouve, notamment, au nº 44, le ***Pub Mulligan's*** *(plan A2, **48** ; ☎ 02-43-14-26-65 ; tlj 15h-2h – 16h-1h dim-lun ; congés : Noël).* Large choix de bières et de whiskies, jeux de fléchettes et musique haute en volume ! Sert burgers et pizzas.

Où acheter spécialités et douceurs ?

À en croire le palmarès annuel du concours (national) des meilleures rillettes sarthoises de Mamers, les bonnes adresses de ***rillettes « du Mans »*** se situeraient plutôt dans les campagnes. Parmi les quelques lauréats manceaux, une bonne adresse centrale :

La Rouelle de Veau *(plan A2, **62**) : 15, rue du Dr-Leroy. ☎ 02-43-28-30-45. Fermé dim et lun ap-m.* On y fait la queue pour (entre autres) les rillettes à gros morceaux, façon « grand-mère » et au porc fermier « Cénomans ».

Maison Reignier *(plan B2, **61**) : 19, rue de Bolton. ☎ 02-43-24-02-15. Lun-sam, ferme vers 19h. Fermé dim.* Grande et belle épicerie fine où acheter notamment les fameuses rillettes.

La Maison Bellanger *(plan B2, **60**) : 2, rue de l'Étoile. ☎ 02-43-28-13-16. Fermé dim et lun mat.* Goûter les « pavés de la cathédrale » et les « bugattises » du célèbre Jacques Bellanger, maître chocolatier et Meilleur Ouvrier de France. Une autre boutique vers l'université.

LA SARTHE

À voir

Des dépliants « Ville d'art et d'histoire » distribués par la Maison du Pilier rouge et l'office de tourisme permettent d'avancer à son rythme dans cette ville aux 2 visages, de passer de l'atmosphère paisible de la Cité Plantagenêt au circuit des 24 Heures, après un tour dans les principaux musées.

– Le ***Pass intermusées*** donne accès au musée Jean-Claude-Boulard – Carré Plantagenêt (le musée d'Archéologie et d'Histoire), au musée de Tessé, au musée de la Reine-Bérengère et au Musée vert. *Prix : 10 € ; réduc ; gratuit moins de 18 ans et étudiants de moins de 25 ans.*

– *Plan malin :* la carte de fidélité non nominative pour les visites guidées de la Maison du Pilier rouge. 5 visites achetées, la 6e offerte.

– L'office de tourisme propose également un ***chéquier avantages et partenaires*** qui donne droit à bon nombre de réductions chez différents prestataires (boutiques, activités, musées...), en ville mais aussi dans tout le département : *Papéa Parc, Transvap,* zoo de La Flèche, zoo de Pescheray, abbaye de l'Épau, musée Jean-Claude-Boulard – Carré Plantagenêt, musée de la Reine-Bérengère, Chemin de fer de Semur-en-Vallon, musée de Tessé, Musée vert, musée de la Faïence à Malicorne, etc.

Visites guidées « Ville d'art et d'histoire » et spectacles

– ***Visites guidées :*** *programme à la Maison du Pilier rouge et à l'office de tourisme ; départ de la Maison du Pilier rouge. Tlj en juil-août (4-10 €, réduc).* Thèmes variant selon les jours : Cité Plantagenêt, Le Mans romain, Le Mans médiéval, etc. Le lundi en été, visite nocturne de la cité aux lampions. Le reste de l'année, des visites hebdomadaires thématiques et des ateliers enfants/familles. La Maison du Pilier rouge propose également des visites à vélo de mai à septembre, des running visites et des visites de chantiers de fouilles et de restauration patrimoniale. L'office propose quant à lui un programme de « Flâneries mancelles » parfois insolites.

Festival des Chimères chaque été

– ***Les Mystères dans la cathédrale :*** *de mi-juil à fin août, en soirée. Tarif : 10 € ; réduc. Infos et vente des billets à l'office de tourisme (ou sur place le soir de la représentation).* Spectacles déambulatoires dans la cathédrale et les jardins qui l'entourent.

– ***La Nuit des Chimères :*** *juil-août, tlj à la tombée de la nuit, lors des Journées du patrimoine et pdt les fêtes de fin d'année. Spectacle d'env 2h. GRATUIT. Infos jusqu'à 23h30 (juil) ou 23h (août) à la Maison du Pilier rouge.* À la nuit tombée, la vieille ville revêt un habit de lumière des plus enchanteur autour de la cathédrale : *Entre anges et démons* (chevet), *Royales Chimères* (porche royal), *Les Anges musiciens* (grand portail roman)... Une quinzaine d'autres sites, au détour d'une rue dévoilent de mystérieux portraits sur un pignon de mur, un arbre ou un élément de muraille.

La Cité Plantagenêt (plan A-B1)

Dominant la vallée de la Sarthe, la ***Cité Plantagenêt,*** autrefois dénommée le *Vieux Mans,* est l'un des ensembles homogènes les mieux conservés de France, ayant bénéficié d'un programme de restauration exemplaire. Si vous arrivez de la place des Jacobins, en contrebas, admirez la très belle abside de la cathédrale qui surgit, imposante, dans son écrin de pierres.

La cathédrale Saint-Julien *(plan B1) : pl. Saint-Michel. Juin-sept, tlj 8h-19h ; oct-mai, tlj 8h-12h, 14h-18h.*
Un des plus beaux monuments religieux de France (XIe-XVe s). À l'extérieur, de passionnantes fouilles récentes ont permis de mettre au jour des pans de muraille, mais aussi un tronçon de voie antique. Un ***jardin archéologique*** et son centre d'interprétation du patrimoine et de l'architecture est en projet.
En pénétrant à toute heure du jour, on ne peut qu'être saisi par la beauté de l'enfilade de 134 m de long menant d'une ***nef de style Plantagenêt*** à un chœur et ses chapelles tout ce qu'il y a de plus gothique. Arrêt sur image, avant d'aller plus loin, sur les vitraux du bas-côté sud. Au fond de la nef, dans les 1res travées, plusieurs beaux ***vitraux du XIIe s.*** Le vitrail de l'Ascension, situé dans la 2e travée du bas-côté sud de la nef, est daté de la fin du XIe s ou du début du XIIe s, ce qui

UNE PIERRE À L'ÉDIFICE

Accolé au flanc ouest de la cathédrale, on aperçoit un porte-bonheur qui se laisse caresser le temps de lui adresser un vœu : un menhir de grès rose de 4,50 m. Ce symbole païen est l'occasion de rappeler que bon nombre d'églises chrétiennes furent érigées sur des lieux de culte ancien pour mieux les dominer... et donc les remplacer. En l'occurrence, il s'agirait d'un banal remploi.

en ferait le plus ancien des vitraux encore en place dans un édifice. Ses bleus et ses rouges typiques du Maine, son ancienneté et sa pureté font de cette Ascension un pur joyau du vitrail européen. En se retournant, on admire au passage le ***superbe ensemble de chapiteaux*** qui continuent d'intriguer les spécialistes.
À partir de 1211, le ***chœur*** roman a été remplacé par une gigantesque construction qui consacre le succès de l'architecture de l'Île-de-France (surnommée bien plus tard architecture « gothique ») et le retour de la ville dans le royaume de France. Il est composé de 2 séries de colonnes de grande envolée. À l'intérieur, on ne peut que remarquer les 2 déambulatoires et la hauteur progressive des voûtes (10 m, 21 m, 34 m). À l'extérieur, on peut imaginer le jeu des arcs-boutants pour permettre à ce grand corps de se projeter vers le ciel... L'ensemble est éclairé par les verrières du XIIIe s. Dans le transept, les vitraux de la rosace sont du XVe s. Le tout baigne dans une douce lumière ocre ou rosée, selon l'heure. Ne pas manquer :
- la visite à la ***chapelle axiale,*** avec ses voûtes recouvertes de peintures murales *(Les Anges musiciens),* chef-d'œuvre de la peinture médiévale occidentale datant du XIVe s ;
- dans certaines chapelles, de nombreuses ***sculptures*** en terre cuite du XVIIe s de l'école mancelle de terracotistes, à laquelle le Louvre a rendu hommage dans le cadre d'une grande exposition : « Belles et inconnues » ;
- le ***grand orgue*** du XVIe s, avec son buffet monumental Renaissance en bois sculpté et une grande part de la tuyauterie du XVIIe s ;
- le ***porche royal,*** face à la reine Bérangère, avec saint Pierre et saint Paul de chaque côté, et la frise des 12 apôtres. Il n'est pas situé dans l'axe de la nef mais sur le bas-côté sud, face à la rue la plus commerçante de l'époque.

LA SARTHE

★★ ***L'enceinte romaine :*** descendre l'escalier des Pans-de-Gorron (juste à gauche de l'évêché en sortant de la cathédrale) pour admirer cette muraille datant de la fin du IIIe s et du 1er quart du IVe s, parmi les mieux conservées de l'Empire romain. Des 12 tours encore visibles, celle des Pans-de-Gorron, de forme hexagonale, présente une qualité de construction extraordinaire. Un mur de 8 à 12 m de haut et une base de 4 m de large en moyenne pour assurer la stabilité.
Beau travail de restauration de la tour du Vivier, avec ses fenêtres de guet en plein cintre. L'enceinte romaine, dont les décors géométriques couvrent murs et tours, est candidate au Patrimoine mondial de l'Unesco.

★ ***Par monts et par Vaux*** *(plan A1)* ***:*** prendre le temps d'arpenter la ***rue de Vaux,*** si mignonne avec ses belles maisons sur les façades desquelles grimpent rosiers et glycines. Il suffit d'enlever descentes de gouttières et réverbères pour retourner dans les siècles passés. À droite, en descendant les escaliers des Pans-de-Gorron, le bel ***hôtel de Vaux*** (1543) construit pour le procureur du roi. Parmi la centaine de maisons à pans de bois du Mans, encore cachées pour certaines derrière un crépi, celle située à l'angle de la rue Bouquet abrite une statue de Marie Madeleine. Dans la ***rue du Bouquet,*** noter ces « souffrances du jour » qui donnaient aux maisons une ouverture à ras du sol, ouvrant le plus souvent sur la cave. Passer sous la Maison suspendue pour rejoindre la ***rue Saint-Pavin-de-la-Cité,*** où se trouve l'hôtel d'Argouges, avec sa tourelle d'escalier et sa porte sculptée du XVe s. Traverser la cour d'Assé, ancienne cour de justice à ciel ouvert, pour imaginer les coupe-gorges d'antan, avant de rejoindre la Grande-Rue.

★★★ ***La Grande-Rue*** *(plan A1)* ***:*** au no 81, un des plus beaux piliers-corniers de la cité, le ***pilier aux Clefs*** (XVIe s), enseigne de l'artisan serrurier-orfèvre qui possédait cette maison à pans de bois assez étrange, avec son escalier en encorbellement. On voit les modifications apportées pour permettre l'introduction de grandes fenêtres. Au no 69, la ***maison dite « d'Adam et Ève »*** (il s'agirait plutôt de Bacchus et Ariane) a été édifiée en 1525 pour Jean de L'Espine, médecin de son état. Le rez-de-chaussée présente une baie en anse de panier, souvenir de l'ancienne échoppe. Dans le square Dubois s'élèvent la ***maison du Pilier vert*** et la ***maison du Pilier rouge.*** Ce dernier logis appartenait à un artisan fabriquant des cannes de soule, l'ancêtre du criquet ou du rugby (représentées sur le chapiteau du pilier torsadé peint en rouge).

LE PÉPIN DES SŒURS PAPIN

En 1933, sans raison apparente, 2 sœurs, employées de maison au Mans, assommèrent leurs patronnes, leur arrachèrent les yeux et lacérèrent leurs corps comme on le fait pour cuire un lapin. Le crime fascina les surréalistes. Genet, inspiré par la lutte des classes, en fit une pièce de théâtre, Les Bonnes. *On tourna même un film, en 2000,* Les Blessures assassines.

★★ ***La rue de la Reine-Bérengère*** *(plan B1)* **:** aux nos 18 et 20, une ***maison double dite « des Deux-Amis »*** (la figure centrale les montre se donnant la main mais regardant chacun sa porte) présente sur 3 niveaux (avec échoppes au rez-de-chaussée) un bel exemple de l'architecture à encorbellement. En face, au nº 7, 2 maisons médiévales et une maison de la Renaissance qui abritent aujourd'hui le musée de la Reine-Bérengère. La maison de l'Annonciation doit son nom à la statuette qu'entourent sainte Barbe et sainte Catherine (qui a perdu son emblème de martyre). À côté, la ***maison dite « du Drapier »*** est ornée d'une poutre où alternent personnages nus et habillés, avec des vestes boutonnées soit à droite, soit à gauche (le must !). Pièce rapportée, le motif n'évoque donc pas l'enseigne d'un artisan qui aurait œuvré là.

★★ ***Le musée de la Reine-Bérengère*** *(plan B1)* **:** *7, rue de la Reine-Bérengère. ☎ 02-43-47-38-51. • lemans.fr/musees • Entrée discrète dans la cour. En été, mar-dim 10h-12h30, 14h-18h ; fermé lun. Le reste de l'année, lun-ven 14h-18h ; w-e 10h-12h30, 14h-18h. Entrée : 3 € ; réduc ; ½ tarif dim ; gratuit moins de 18 ans et étudiants de moins de 25 ans.*

Ce musée mérite une visite ne serait-ce que pour le plaisir de pénétrer dans cette belle demeure Renaissance mais aussi pour sa collection de peintures, dessins et céramiques populaires. Une pièce est entièrement consacrée à Ligron, centre potier du sud de la Sarthe actif dès le Moyen Âge, et popularisé par la marquise de Sévigné. Regarder donc de près ces pichets à surprise merveilleusement naïfs et signés « chirurgien-potier ». Ils sont l'œuvre de Guimonneau de La Forterie, un médecin qui, la soixantaine venue, se lança dans la poterie. Sur des couvercles de soupière, par exemple, superbes scènes en relief représentant la vie quotidienne de l'époque : le repas du curé, le buveur ou encore un couple nourrissant les animaux...

Ne pas manquer, enfin, la maquette du cœur de la Cité Plantagenêt à la fin du XVIe s (présentée seulement en juillet-août).

★ ***Les thermes romains*** *(plan A1-2)* **:** *visite guidée 4 fois/sem en juil-août, sur résa à la Maison du Pilier rouge. Places limitées. Tarif : 6 € ; réduc.* Construits au début de notre ère, ils ont été détruits vers 270 lors de la construction de l'enceinte romaine. Une partie est visible dans la crypte archéologique qui se trouve sous l'école des beaux-arts.

Le reste de la ville

★★ ***Le musée Jean-Claude-Boulard – Carré Plantagenêt*** *(musée d'Archéologie et d'Histoire ; plan B1)* **:** *2, rue Claude-Blondeau. ☎ 02-43-47-46-45. • lemans.fr/musees • Face aux murs d'enceinte de la ville et à la cathédrale, dans une ancienne imprimerie. Mar-dim 10h-18h. Fermé lun. Entrée : 5 € ; réduc ; ½ tarif dim ; gratuit moins de 18 ans et étudiants de moins de 25 ans.*

Ce musée présente les ***collections archéologiques*** de la ville, des 1res occupations humaines jusqu'à la charte octroyée par Louis XI à la « bonne ville » du Mans

LA SARTHE

en 1481. Un parcours en 5 temps est proposé : préhistoire, protohistoire, gallo-romain, haut Moyen Âge et Moyen Âge sur 1 400 m² pour les collections permanentes. Un espace est également consacré aux expositions temporaires.
Mention spéciale pour l'***émail Plantagenêt.*** Ce chef-d'œuvre de l'émaillerie médiévale montre Geoffroy V le Bel, comte d'Anjou et du Maine (1113-1151), fondateur de la dynastie anglo-normande des Plantagenêts. Tout un roman-feuilleton a été écrit autour de cette plaque de cuivre creusée et émaillée, la plus grande de tout le Moyen Âge occidental. Enlevée du tombeau, cachée sous la Révolution, elle est entrée dans les collections des musées du Mans en 1815. La pièce de référence en matière d'art, de costume, d'héraldique, qui renvoie aux vitraux de la cathédrale...
I●I Très jolie ***caféteria*** avec terrasse dans la cour et des petits plats du jour privilégiant les produits du terroir.

Le musée de Tessé *(plan B1)* **:** *2, av. de Paderborn. ☎ 02-43-47-38-51. • lemans.fr/musees • ♿ À deux pas de la pl. des Jacobins. Mar-dim 10h-12h30, 14h-18h. Fermé lun. Entrée : 5 € ; réduc ; ½ tarif dim ; gratuit moins de 18 ans et étudiants de moins de 25 ans.*
Le musée des Beaux-Arts du Mans est installé dans l'évêché du XIXᵉ s, lui-même construit à l'emplacement de l'ancien hôtel de la famille de Tessé, à qui il doit son nom. C'était bien le moins qu'on puisse faire, puisque les collections de cette famille, confisquées à la Révolution, forment une grande partie du fonds ancien du musée. On peut voir notamment les primitifs siennois et florentins, dont 2 tableaux de Pesellino (coup de cœur pour *La Pénitence du roi David*), des fonds flamand et hollandais, et des peintures du XVIIᵉ s, principalement françaises et italiennes (avec des peintres influencés par Le Caravage). Le XIXᵉ s est représenté notamment par une série de très beaux paysages (Corot, Constable, Michel) et, dans la salle aux portraits et autoportraits, un fascinant *Portrait de famille* peint dans l'entourage de David, ainsi qu'un magnifique *Olivier Bro* de Géricault. L'art contemporain est représenté au travers des expos temporaires.
– La Galerie égyptienne présente les reconstitutions photographiques grandeur nature de 2 tombes, don de la Fondation Kodak-Pathé, dont celle de Sennefer, gouverneur de Thèbes vers 1420 avant notre ère. Les collections exposées, dont un important dépôt du Louvre, évoquent les rites funéraires et la religion des morts dans l'Égypte ancienne.
– Dans le parc du musée, au milieu du bassin, une sculpture de Jean-Bernard Métais représente un sablier géant en verre.

L'église Notre-Dame-du-Pré *(plan A1)* **:** *pl. du Pré. Mar-sam 15h-18h, plus dim juin-sept.* L'église fut élevée aux XIᵉ et XIIᵉ s, sur le tombeau de saint Julien, pour être l'abbatiale d'un couvent de bénédictines. C'est un exemple majeur de l'art roman dans le Maine. Elle est un modèle réduit de la cathédrale avant sa reconstruction au XIIIᵉ s en style gothique. Elle fut restaurée par un collaborateur de Viollet-le-Duc. Les vitraux de Max Ingrand constituent un exemple remarquable de cet art au XXᵉ s.

L'église de la Visitation *(plan A2)* **:** *pl. de la République. Ⓣ République.*
Construite entre 1725 et 1732, elle dépendait d'un couvent de visitandines. Seul exemple du style Régence au Mans, elle est empreinte d'une très grande mesure et d'une grâce toute féminine.

L'ancien couvent de la Visitation *(plan A2)* attenant, édifié au XVIIIᵉ s pour des sœurs cloîtrées (l'architecte était une femme, Anne-Victoire Pillon, pas courant à l'époque !), devint à la Révolution la prison et le tribunal. Cet ancien lieu d'enfermement a été restauré. Arcades, galeries du cloître, grandes salles de vie... L'ensemble accueille aujourd'hui un complexe, *La Visitation,* avec restaurants et bars dans un cadre assez unique. En 2020, ouverture par l'Europa Jazz d'une salle de spectacle et d'un centre muséal, le FIAA (Fonds international d'art actuel).

LA SARTHE

L'église Notre-Dame-de-la-Couture (plan B2) : *pl. Aristide-Briand.* Ⓣ *Préfecture. Tlj 8h30-19h.* À côté du cloître de la Couture (qui abrite aujourd'hui la préfecture), cette église est en fait l'ancienne abbatiale bénédictine, dont la fondation remonterait au VIe s. Elle présente au centre de sa belle façade un admirable portail des XIIIe et XIVe s. L'église fut construite sur le tombeau de saint Bertrand, déposé dans la crypte du Xe s. 2 grands retables des XVIIe et XVIIIe s, ainsi qu'une statue de la Vierge par Germain Pilon. D'une belle simplicité.

La maison-Dieu de Coëffort (hors plan par B3) : *pl. Washington.* Ⓣ *Zola. Au bout de la rue Nationale. Pâques-Journées du patrimoine, dim 15h-18h.* L'église Sainte-Jeanne-d'Arc est en fait l'ancien hôtel-Dieu. Originellement destiné à héberger les malades, les pauvres, les enfants délaissés et les pèlerins, il fut fondé au XIIe s par le roi d'Angleterre Henri II Plantagenêt. Contrastant avec l'austérité extérieure, l'intérieur est d'une élégance qui annonce le gothique. Pendant 150 ans, l'édifice fut ravalé au rang d'écuries et de chambrées du quartier de cavalerie.

Le jardin d'Horticulture (hors plan par B2) : *rue Prémartine. Tlj 9h-18h. Mai-sept, dim à 16h, concerts dansants dans le cadre du « Kiosque à musique du jardin des Plantes » ; rens au ☎ 02-43-47-37-73. GRATUIT.* Site classé d'une superficie de 5 ha, il fut créé sous le Second Empire par Jean-Charles Alphand, concepteur des grands jardins parisiens de la rénovation haussmannienne. Composé pour partie en jardin anglais avec son lac, son jet d'eau et ses îles, un jardin d'enfants y a été aménagé. À voir, à côté du pont japonais, une coupe du cèdre abattu par la tempête de 1999.

Le Musée vert (hors plan par B3) : *204, av. Jean-Jaurès. ☎ 02-43-47-39-94.* Ⓣ *Jaurès-Pavillon ou Saint-Martin. ♿ Lun-ven 9h-12h, 14h-18h ; dim 14h-18h. Fermé sam. Entrée : 3 € ; réduc ; ½ tarif dim ; gratuit moins de 18 ans et étudiants de moins de 25 ans.* Situé dans une ancienne école édifiée au XIXe s, ce musée abrite des collections de géologie, de zoologie et de botanique riches de plus de 160 000 spécimens. Un musée qui joue à fond la carte éducative : projection de films animaliers... Idéal pour les enfants. Avec, tous les ans, une grande exposition à thème dans les salles du rez-de-chaussée.

Manifestations

– ***Mans'Art*** : *1 w-e d'avr.* • *lesjourneesmansart.com* • Grande fête des métiers du patrimoine qui investissent des lieux emblématiques, notamment dans la cathédrale !

– ***Les 24 Heures du Mans*** : *mi-avr pour les 24 Heures Moto ; mi-juin pour les 24 Heures Auto (la 24e sem de l'année !) ; sept pour les 24 Heures Camion.* • *24h-lemans.com* •

– ***Le Bidon des 5 litres*** : *1 dim fin avr.* Des voitures anciennes et épreuve de moindre consommation : le gagnant est celui qui parcourt la plus grande distance avec ses 5 l.

– ***Europa Jazz – Festival du Mans*** : *avr-mai.* • *europajazz.fr* • Festival de jazz de renommée internationale.

– ***Festival de l'Épau*** : *mai, à l'abbaye de l'Épau.* • *epau.sarthe.com* • Concerts de musique de chambre ou orchestrale dans cette superbe abbaye cistercienne.

LES 24 HEURES, MODE D'EMPLOI

La course existe depuis 1923. Le départ arrêté en épi dit « Le Mans » (les pilotes courent jusqu'à leur véhicule) a été abandonné en 1970 pour des raisons de sécurité. Le record de distance parcourue fut atteint en 2010 par une Audi : 5 410,71 km en 397 tours.

LA SARTHE

– ***Grand Prix de France de moto :*** *mai.* Étape du Championnat du monde de moto.
– ***Le Mans fait son cirque :*** *dernier w-e de juin (ven-dim).* Festival circassien, parades samedi soir qui convergent vers les Jacobins où se déroule un grand spectacle.
– ***La Nuit des Chimères :*** *chaque été.* Spectacle déambulatoire, son et lumière, lectures. Lire plus haut « À voir. Visites guidées et spectacles ».
– ***La Culture Pride :*** *2e sam de juil.* Festivités et expos autour des apports des gays et lesbiennes à l'histoire de l'humanité.
– ***Les Soirs d'été :*** *soir jeu-ven en juil-août.* Spectacles et concerts dans les quartiers.
– ***Entre cours et jardins :*** *dernier w-e de sept.* 20 petits jardins de la Cité Plantagenêt ouverts et 120 exposants dans les rues.
– ***La 25e Heure du livre :*** *1re quinzaine d'oct. • la25eheuredulivre.fr •* Consacrée à l'écologie.

DANS LES ENVIRONS DU MANS

Vers l'est

L'abbaye royale de l'Épau : *route de Changé, 72530* ***Yvré-l'Évêque.*** *☎ 02-43-84-22-29. • epau.sarthe.com • Ⓣ Épau-Gué-Bernisson. À env 4 km. En voiture, direction Changé ; sortie d'autoroute « Le Mans-Est ». Juil-août, tlj 10h-19h ; sept-juin, mer-lun 11h-18h (fermé mar hors vac scol). Fermé 1er janv et 25 déc. Entrée : 5,50 € ; réduc. Tablette numérique pour la visite (fournir une pièce d'identité). Nombreux ateliers, événements, expos et animations pour tte la famille. Quelques visites nocturnes en été.*
Fondée en 1229 par la reine Bérengère, veuve de Richard Cœur de Lion, l'abbaye constitue l'une des dernières implantations cisterciennes. Lors de la guerre de Cent Ans, elle fut volontairement incendiée puis partiellement reconstruite entre 1400 et 1444. Abandonné à la Révolution puis racheté par le département de la Sarthe en 1959, il fallut près de 40 ans de travaux de restauration pour redonner à l'édifice sa splendeur originelle, au milieu d'un parc de 12 ha lui aussi retravaillé. Aujourd'hui, l'abbaye de l'Épau est l'une des mieux conservées de France et accueille un centre culturel d'envergure. Le chauffoir devait être, en hiver, la seule véritable pièce vraiment « vivable » de l'abbaye. La cheminée aux proportions monumentales est en grès du pays. À côté se trouve le scriptorium, d'une pureté extraordinaire (remarquer le guichet pour dégeler les encriers dans ce qui était la seule pièce chauffée).
Le gisant de Bérengère de Navarre (elle tient un livre représentant… son gisant !) repose dans la salle capitulaire, le joyau de l'abbaye avec ses très belles colonnes à chapiteaux ornés. Le dortoir, très vaste, abrite aujourd'hui les séminaires et autres grandes manifestations du conseil général. Sur le mur de la chambre du père abbé – fermée par une porte robuste – s'effacent avec le temps les fragments d'une peinture murale du XIVe s représentant une Annonciation. Le vaisseau de l'église abbatiale atteint une longueur de 47 m. L'église est éclairée par une rosace du XIVe s. Pour terminer la visite, aller découvrir dans la sacristie les fresques endommagées, datant elles aussi du XIVe s.

Papéa Parc : *lieu-dit Neptune, 72530* ***Yvré-l'Évêque.*** *☎ 02-43-89-61-05. • papeaparc.fr • Pas loin de l'abbaye de l'Épau, direction Paris. Juil-août, tlj 10h-18h30 ; avr-juin, w-e, j. fériés et vac scol 10h30-18h ; sept, w-e seulement 10h30-18h (calendrier détaillé sur le site internet). Entrée : env 21 € ; env 19 € jusqu'à 1,40 m ; gratuit moins de 95 cm.* Parc d'attractions aquatiques à sensations pour enfants et adultes sur 24 ha ombragés. Snacks sur place et pique-nique autorisé. Bon restaurant à côté : *Le Jardin Gourmand* (voir « Où dormir ? Où manger dans les environs ? »).

L'Arche de la Nature : *72039 Le Mans Cedex 09. ☎ 02-43-50-38-45.* • *arche-nature.fr* • *Ⓣ Espal ou Épau-Gué-Bernisson. À 4 km à l'est, en direction de l'abbaye de l'Épau. Programme des activités sur leur site ou auprès de l'office de tourisme. À signaler, un pass commun avec la Maison de l'eau et la Maison de la forêt (4 €), voire avec le Musée vert (6 €). Visites guidées de la Maison de l'eau ou de l'Arche (☎ 02-43-47-40-30).*
Ces 450 ha de verdure et de bois aux abords de la ville présentent les différents paysages du Maine : bocages, forêts, landes, rivières... Des parcours sportifs sont proposés, ainsi que des circuits pédestres ou VTT et 3 parcours d'orientation, on peut louer un vélo ou un canoë ou encore visiter une ferme-conservatoire, avec des races locales, en activité tout au long de l'année. Une dizaine de fêtes locales de mars à novembre (fête du Cochon et du Mouton, fête de l'Eau et des Moulins, etc.). L'Arche et l'ONF organisent aussi des stages, un circuit en hippomobile (payant) et des visites en période de reproduction des animaux sauvages ; avis aux observateurs de tout poil !
– **La Maison de l'eau :** *une des portes d'entrée de l'Arche de la Nature, à proximité de l'abbaye de l'Épau. Début mars-début nov : mar-dim 14h-18h pdt vac scol (zone B) ; mer-dim hors vac scol. Entrée : 3 € ; réduc.* Installée dans les beaux bâtiments qui hébergèrent l'usine des eaux du Mans, cette maison mérite une visite pour ses aquariums qui présentent la faune et la flore des rivières et étangs de la région, mais aussi pour le beau patrimoine industriel que constituent les machines d'époque qui acheminaient l'eau jusqu'aux châteaux d'eau. Mise en route de la machine hydraulique et de la machine à vapeur tous les après-midi.
– **La Maison de la forêt :** *sur la route de Changé (D 152), à 1 km de l'abbaye de l'Épau. Parkings des Granges ou du Verger. Mêmes horaires et tarifs que la Maison de l'eau.* Expo et point de départ d'un parcours des Arbres remarquables et de la visite de l'arboretum. Petite restauration et buvette.

Domaine de l'Épau : *lieu-dit le Verger, 72530* **Yvré-l'Évêque.** *☎ 02-43-27-20-00. ♿ Ouv tlj. Au resto, formules déj en sem 18-23 € ; menus-carte 32-36 €.* Au cœur de l'Arche de la Nature, un beau resto en mode écolo...

Vers le sud

Le musée des 24-Heures – Circuit de la Sarthe (hors plan par B3) **:** *9, pl. Luigi-Chinetti, au Mans. ☎ 02-43-72-72-24.* • *lemans-musee24h.com* • *♿ En voiture, suivre direction « Circuit des 24 Heures ». Situé à l'entrée principale du circuit. Mai-sept, tlj 10h-19h ; oct-avr, tlj 10h-18h (horaires susceptibles de changer pdt les manifestations sportives). Dernier billet 1h avt fermeture. Entrée : env 10 € (env 13 € avec circuit) ; réduc ; gratuit moins de 9 ans. Parcours découverte pour les enfants avec la mascotte du musée, Léon. Visites interactives à télécharger sur l'appli « Guidigo » ou disponibles au musée en loc de tablette (2 €).*
Sur 4 000 m², 120 véhicules, dont 7 motos et une cinquantaine de bolides de course historiques, font saliver les visiteurs de tous âges. Porsche, Audi, Matra, Bentley, Ferrari... elles sont toutes là, rutilantes sous les spots, ces célèbres

FANTÔME D'ARGENT

Glissant silencieusement dans l'air comme un fantôme, la Silver Ghost, la plus prestigieuse des Rolls-Royce, est le modèle le plus abouti de la marque. Souvent décrite comme l'une des seules voitures combinant beauté, vitesse, silence, confort, fiabilité et longévité. Il faut dire que Henri Royce était un véritable maniaque de la perfection, il traquait le moindre bruit parasite avec un stéthoscope !

voitures qui accrochèrent à leur palmarès la course mythique, y compris la Chenard & Walcker qui gagna les premières 24 Heures en 1923 et la 1re voiture qui arriva dernière ! Mais c'est aussi sur le côté humain que le musée s'attarde, le travail d'équipe, souvent dans l'ombre, et les 70 personnes qui gravitent autour d'une seule voiture. Quelques portraits de personnages qui ont marqué l'histoire de la course. Clin d'œil également aux progrès technologiques réalisés dans le sillage des 24 Heures : phares antibrouillard, freins à disque...
Au-delà de la course, un véritable voyage, spectaculaire et passionnant, au pays de l'automobile, attend les amateurs de vieilles voitures, qui se réjouiront des véhicules anciens et autres cycles et motocycles que le musée abrite. Impressionnantes Cadillac des années 1950, Rolls-Royce rutilante de 1920, lignes élégantes des coupés Hispano, une voiture électrique de 1942 (déjà !). Évocation de la célèbre famille mancelle Bollée, des fondeurs au XIXe s (voir leur incroyable machine à calculer de 1888), passée à l'automobile.
Pour ceux qui n'ont pas l'occasion de vivre en direct les 24 Heures du Mans, une bonne entrée dans ce monde étonnant qui a rendu le nom du Mans célèbre dans le monde entier.
– Les puristes pourront parcourir les ***100 km du 1er Grand Prix couru en 1906*** à travers la Sarthe, l'ancêtre des 24 Heures du Mans. Ce triangle suit les tronçons Le Mans/Saint-Calais (D 357), Saint-Calais/La Ferté-Bernard (D 1) et La Ferté-Bernard/Le Mans (D 323). Il est jalonné de 11 totems et accompagné du livret « Laissez-vous conter le 1er Grand Prix de l'Automobile Club de France 1906 ».

LA DOUCHE AU CHAMPAGNE

En 1950, Moët et Chandon eut l'idée d'offrir un jéroboam aux vainqueurs de courses automobiles. En 1967, Dan Gurney, vainqueur des 24 Heures du Mans, agita tellement la bouteille que pilotes et public furent arrosés. La tradition était née, même si dans certains pays musulmans les vainqueurs s'aspergent au... jus de fruits pétillant.

Spaycific'Zoo : *72700* ***Spay.*** *☎ 02-43-21-33-02. • spaycificzoo.com • Entre La Suze (8 km) et Le Mans (10 km) ; sortie 9 sur l'autoroute. Fermé en hiver. Entrée : env 12 € ; 10 € jusqu'à 16 ans ; gratuit moins de 3 ans. Petits panneaux instructifs et parcours de jeux pour les enfants.* Quelque 600 animaux, en majorité exotiques et aux noms parfois intrigants, du tatou au dingo, des jaguarondis aux oursons coquanx... On peut pénétrer dans certains enclos, comme celui des petits lémuriens ou des wallabies. Le vivarium abrite escargots géants, grenouilles bleues, lézards arboricoles et autres étrangetés de la nature.
– Espace pique-nique, snack (bio et local), boutique et aire de jeux.

– ***Wake Paradise :*** *La Brosse, lieu-dit La Pièce du Milieu, à* ***Spay*** *toujours. ☎ 02-43-28-49-38. • wakeparadise.fr • À partir de 20 €.* Téléski nautique avec piste de 607 m, modules gonflables et rampes de saut.

L'île Moulinsart : *rue du Canal, 72210* ***Fillé-sur-Sarthe.*** *☎ 02-43-57-05-10. • ile-moulinsart.fr • À env 18 km au sud du Mans. Boutique et moulin ouv l'ap-m mar-ven, plus sam ap-m et dim mars-oct. Fermé en janv-fév.*
En 1975, le beau moulin de Cyprien, datant du XVe s, cessa son activité meunière pour reprendre en 2001 grâce à l'Association de sauvegarde du moulin de Fillé. Aujourd'hui, le moulin se visite et propose toutes sortes d'animations autour du pain et sa farine. En vente à la boutique.
Autour du moulin s'est développé tout un site de loisirs proposant, en saison, de multiples spectacles et activités pour grands et petits avec un centre d'art *(mars-oct)*, une résidence d'artistes, des expos temporaires, un resto *(avr-oct)* et un espace nautique *(de fin avr à mi-sept)*. Un bel endroit et une magnifique reprise en main.

LE PAYS DE LA HAUTE SARTHE, LES ALPES MANCELLES ET LE SAOSNOIS

Aux portes du Maine et de la Normandie, une région bien identifiable par son histoire, sa culture, ses traditions et ses paysages, d'où la création d'un parc naturel régional. Des Alpes mancelles, où le bocage devient soudain montagne, aux étendues verdoyantes du Saosnois, en passant par les sous-bois accueillants des forêts domaniales de Perseigne et de Sillé-le-Guillaume, vous comprendrez pourquoi on dit des habitants du pays qu'ils ont, au fond, une « bonne nature ».
Au fait, pourquoi « les Alpes mancelles » ? Ce nom fait référence au relief alpin caractéristique, dont on peut parfois rapprocher certains paysages du coin.

SILLÉ-LE-GUILLAUME

(72140) 2 430 hab. *Carte Sarthe, B2*

Sur la D 304, route du Mans à Mayenne, un gros bourg typique de la Sarthe avec, au centre, un château féodal du XVe s et une collégiale. Mais on y vient surtout pour s'adonner à des activités nature, avec sa forêt de 3 500 ha. Celle-ci fut achetée en 1683 par Louis XIV, qui en fit don à la fille de la duchesse de La Vallière.
Et au milieu de la forêt, un étang de 32 ha a été aménagé avec un espace nautique très complet et tout ce qu'il faut pour camper. La Sarthe recèle décidément des recoins secrets pour le moins inattendus et vivifiants ! Une aubaine en tout cas pour les familles.

Où dormir ? Où manger dans le coin ?

Campings

⛺ ***Camping Huttopia Lac de Sillé :*** *à* ***Sillé-Plage.*** *☎ 02-43-20-16-12. • lac-sille@huttopia.com • europe.huttopia.com/site/camping-lac-de-sille/ • ♿ Début avr-fin sept. Compter 15-34 € pour 2 ; chalets, mobile homes, cottages et tentes toiles et bois 4-6 pers. 135 empl.* Vaste camping, au bord du lac et ombragé par la forêt, autrement dit privilégiant d'un très bel environnement. Idéal pour la pratique de sports nature : balades, VTT, activités nautiques, baignade... Nombreux emplacements très spacieux. Piscine extérieure chauffée, aire de jeux, roulotte-snack et programme d'activités famille en été.

⛺ ***Camping Les Tournesols :*** *Le Landereau, 72140* ***Le Grez.*** *☎ 02-43-20-12-69. • campinglestournesols@orange.fr • campinglestournesols.com • ♿ À 3 km à l'ouest de Sillé sur la D 304. Mai-sept. Compter 19 € pour 2 ; bungalows toilés équipés 4-6 pers, nuitée possible. 75 empl. Une partie de minigolf offerte sur présentation de ce guide.* Certes, on n'est pas au bord du lac (il n'est pas si loin !), mais voici un camping familial, spacieux, accueillant et calme, tenu par un Néerlandais plein d'énergie, offrant des hébergements insolites (*lodge safari, coco sweets,* bungalow toilé, tente nomade pour 2...), mais aussi des mobile homes. Animations en saison. Et toutes les infos dont vous rêviez sur les randos dans le coin. Piscine chauffée *(juil-août).*

Prix moyens

Le Bretagne : *1, pl. de la Croix-d'Or, à Sillé. ☎ 02-43-20-10-10. • hotelrestaurantlebretagne@wanadoo.fr • hotelsarthe.com • Près de la gare. Fermé ven soir, sam midi et dim soir. Congés : 2 sem courant nov. Doubles env 55-65 € ; familiales. Formule déj en sem 14,80 € ; menus 29,90-50 €.* L'hôtel principal de Sillé, installé dans une vieille et honorable maison. Chambres modestes et standard mais confortables et rénovées pour une bonne moitié. Cuisine régionale avec comme spécialité un paris-brest en hommage à la ligne de chemin de fer qui passe derrière l'établissement.

Plusieurs ***restaurants*** pratiques, à défaut de gastronomiques, autour du lac de Sillé, notamment au centre d'activités.

Où acheter de bons produits dans le coin ?

L'Atelier Jeantaine : *48, bd des Jardiniers, 72140* ***Saint-Rémy-de-Sillé.*** *☎ 02-43-28-96-96. • jeantaine.fr • À la sortie de Sillé. Mar-ven 9h-12h, 14h-18h30 ; sam 10h-18h30. Fermé dim-lun.* Un atelier et une boutique de produits du terroir maison. Confitures, bonbons, rillettes...

À voir. À faire

Le château-forteresse et sa collégiale : *☎ 02-43-14-23-43 ou 02-43-52-15-17 (hors saison). Juil-août, tlj 10h30-12h30, 14h-18h30 ; Pâques-juin et sept, mer-dim 14h-18h. Entrée : 3 € ; réduc.* L'énorme tour à mâchicoulis domine la ville, vous ne pouvez pas la manquer. Un des nombreux châteaux témoins des luttes permanentes entre les Normands, les Anglais et les comtes du Maine. Le château actuel, siège d'une très vieille baronnie du haut Maine, a été bâti au XVe s sur les ruines d'une vieille forteresse du Xe s.

Coco Plage : au ***lac de Sillé,*** de 32 ha, au cœur du massif forestier. Nombreuses possibilités de loisirs : plage surveillée en juillet-août, voile, randonnées pédestres, VTT (plus de 130 km de circuits) et équestres (poneys), ou encore un grand parcours dans les arbres avec *Les Tyroliennes de la Forêt...* Tour du lac en petit train *(06-63-18-45-68 ; juil-août, tlj ; avr-juin et sept, le w-e)* ainsi que balades en bateau avec commentaires sur la faune et la flore. Plusieurs restaurants sur place.

Cercle de voile de Sillé-Plage : *à* ***Sillé-Plage.*** *☎ 02-43-23-21-77. 06-08-10-29-90. • centre-sille-sportsnature.fr •* Initiation et perfectionnement aux activités de nautisme et de pleine nature : VTT, course d'orientation, canoë-kayak, catamaran, Optimist, tir à l'arc, escalade, etc.

La Maison du lac et de la forêt : *☎ 02-43-20-10-32. Avr-sept, mer-dim (plus lun-mar en juil-août) 10h-12h30, 14h-18h.* Annexe de l'office de tourisme sur le site de Coco-Plage. Infos touristiques, vente de produits du terroir. Expos temporaires.

Possibilité de vous adonner à l'escalade sur des sites rocheux, tels que ***Rochebrune*** ou le ***saut du Serf.*** Pour ce dernier, à 7 km sur la route de Fresnay, la légende raconte qu'un pauvre serf (le paysan de l'époque), poursuivi par la meute hurlante d'un vilain seigneur (et donc saigneur à ses heures), franchit d'un bond prodigieux les 2 versants du rocher. En réalité, il s'agissait, vous l'aviez peut-être deviné, d'un brave cerf (l'exploit n'en reste pas moins étonnant).

LA SARTHE

BEAUMONT-SUR-SARTHE

(72170) 1 980 hab. *Carte Sarthe, B2*

Jolie bourgade construite en amphithéâtre sur les bords de la Sarthe. Très belle vue d'ensemble depuis Mareschė, de l'autre côté de la rivière. Et jolie balade autour du château, témoin, comme celui de Sillé, des luttes sans fin du Moyen Âge.

Adresse utile

Office de tourisme : *14, pl. de la Libération. ☎ 02-43-33-03-03. • tourisme-alpesmancelles.fr • Tte l'année ; horaires variables.*

Où camper ? Où manger ?

Camping du Val de Sarthe : *rue de l'Abreuvoir. ☎ 02-43-97-01-93. • beaumontsursarthe.com/index.php/la-ville/le-camping • Mai-sept. Compter 11 € pour 2 avec tente et voiture ; loc de bungalows de toile 4 pers. 73 empl.* Un petit camping très simple, ombragé et verdoyant, bordé par la rivière, où l'on peut quasiment pêcher depuis sa tente. Emplacements assez spacieux, délimités par des haies basses. Piscine à proximité.

Auberge de la Croix Margot : *122, av. de la Division-Leclerc. ☎ 02-43-34-13-59. Au rond-point de sortie de Beaumont, direction Alençon. Fermé lun soir et mar-mer. Menus 28-36 €.* La façade plutôt banale cache l'une des très bonnes tables du coin, tenue par 2 frères baroudeurs. Cuisine traditionnelle finement travaillée, parfois originale, à base de produits de saison, et ce dès le 1er menu. Si le temps le permet, on prend l'apéro en terrasse. On appose sans hésiter la croix dans la bonne case !

DANS LES ENVIRONS DE BEAUMONT-SUR-SARTHE

Le prieuré de Vivoin et son jardin textile : *à 2,5 km par la D 26.* Le prieuré fut fondé au XIe s par Raoul de Beaumont. Sa construction s'acheva au XVIe s, ce qui explique ce mélange d'architectures romane, gothique et Renaissance.

Les halles et le village de René *(72260) : à env 10 km au nord-est de Beaumont par la D 26.* Dans ce ravissant village, à l'architecture préservée, se trouvent les plus anciennes halles de la Sarthe (1533). Elles abritaient à cette époque un marché aux grains hebdomadaire. 2 fois par an, elles retrouvent leur fonction lors du marché à l'ancienne, début juin, et lors du marché des produits du terroir, le 15 août. Si l'église est ouverte, on en profitera pour y jeter un œil (on peut aussi demander les clés à la mairie en face). Si ses beaux vitraux ont été déposés (en attendant leur restauration), elle mérite un coup d'œil. On prendra

UNE DÉCOUVERTE LUMINEUSE

Émoi dans le village de René : les vitraux éclaircis des verrières de l'église seraient les 1ers vrais exemples d'une mode qui fit fureur à l'époque : apporter de la lumière dans l'église ! En effet, auparavant, on peignait les vitraux, ce qui obscurcissait l'intérieur des édifices religieux.

aussi le temps de se promener dans les ruelles fleuries du petit bourg, d'admirer les belles demeures et les maisons paysannes et de pousser les portes des artisans d'art.

Le donjon de Ballon *(72290) : ☎ 02-43-27-30-51. • donjondeballon.fr • De juil à mi-août, tlj sauf jeu 14h30-18h30 ; jardins également ouv l'ap-m les w-e de mai-juin. Entrée : env 5 € jardins seuls ; se renseigner pour la visite du donjon en été.* Depuis plus de 5 siècles, une grosse tour, flanquée de 2 tourelles et d'une porte à pont-levis, veille sur la vallée qui entoure le coquet village de Ballon. C'est le donjon de la plus ancienne forteresse qui défendait la frontière entre le Maine et la Normandie. Il renferme en ses remparts un jardin de transition entre le Moyen Âge et la Renaissance, un parc botanique et une collection de rosiers anciens.

Le prieuré Saint-Julien : *72170* ***Saint-Marceau.*** *☎ 02-43-97-02-57 (mairie). À 5 km au sud de Beaumont-sur-Sarthe. Seul l'extérieur se visite. GRATUIT.* Dans un ensemble architectural du XVIe s, on vient ici admirer les vitraux de la chapelle et faire la promenade dans les jardins du prieuré vers la fontaine Saint-Julien. En traversant la route, on peut voir également l'église paroissiale d'origine romane, l'une des plus anciennes du secteur. À l'entrée ouest du village, superbe pont roman à 7 arches enjambant la Sarthe avec, en son milieu, une chapelle dédiée à la Vierge.

Parcours d'art contemporain : *72170* ***Piacé.*** *☎ 02-43-33-47-97. • piaceleradieux.com • À 5 km au nord.* Parcours extérieur gratuit, composé d'une vingtaine d'œuvres réparties sur l'ensemble de la commune. Piacé a servi de lieu de réflexion à Le Corbusier et à Bézard pour un projet de village coopératif. À l'occasion des expos temporaires, visite possible sur rendez-vous en semaine, 14h30-18h30 le week-end.

FRESNAY-SUR-SARTHE

(72130) 3 030 hab. *Carte Sarthe, B1*

Station verte des Alpes mancelles, cette Petite Cité de caractère comporte un ensemble de constructions homogènes employant une pierre spécifique à la région : le roussard. À découvrir : les ruines de l'ancien château, avec le jardin public situé à l'intérieur de la cour, la fontaine du Lion, emblème normand de Guillaume le Conquérant, l'église Notre-Dame (beau portail classé du XVIe s) et les ruelles.

Adresse utile

Office de tourisme des Alpes mancelles : *19, av. du Dr-Riant. ☎ 02-43-33-28-04. • tourisme-alpesmancelles.fr • Tte l'année ; horaires variables.* Itinéraire de découverte à disposition.

Où dormir ? Où manger dans le coin ?

Camping

Camping municipal Le Sans Souci : *allée André-Chevalier, à Fresnay. ☎ 02-43-97-32-87. • camping-fresnay@wanadoo.fr • camping-fresnaysursarthe.fr • À la sortie du centre-ville par la D 15. Avr-oct (chalets tte l'année). Compter 11-13 € pour 2 ; loc de chalets, roulotte et lodge. 81 empl.* En bordure de rivière, dans un cadre verdoyant et serein, ce joli petit camping porte bien son nom. 2 types d'emplacements : ceux délimités par de hautes haies de thuyas (branchement eau et électricité) et ceux délimités par des haies de charmilles, plus ombragés et arborés. En été, nombreuses activités de loisirs pour petits et grands : accès gratuit à la piscine et aux beaux tennis municipaux voisins, pêche, canoë-kayak...

Bon marché

Chambres d'hôtes Les Quatre Saisons : *2, rue des Templiers, 72170* ***Moitron-sur-Sarthe.*** *☎ 02-43-34-43-89. 06-86-96-65-15. • contact@lesquatresaisons.fr • lesquatresaisons.fr • À env 5 km au sud-est de Fresnay-sur-Sarthe. Double 62 € ; familiales.* Une ancienne école aux murs de granit, retapée par un couple chaleureux. 4 chambres à la déco très sobre, mais confortables et agréables, dont on vous laisse deviner les noms. Rassurez-vous, l'« Hiver » est chauffée ! Accueil prévenant.

Il Calcio : *15, av. Victor-Hugo, à Fresnay. ☎ 02-43-33-14-16. En plein centre. Fermé dim-lun, plus sam midi. Repas 12-20 €.* Façade couleur lavande pour cette petite pizzeria qui propose aussi quelques salades et plats chauds. Pas vraiment typique, mais les prix sont doux et les pizzas d'une extrême finesse.

LA SARTHE

À voir à Fresnay et dans les environs

La porte du château : cet édifice du XIVe s est la pièce la mieux conservée des fortifications, mises à rude épreuve durant la guerre de Cent Ans. La porte est formée de 2 tours rondes, flanquées de meurtrières et réunies par un bâtiment qui abritait la herse et la machinerie du pont-levis. Depuis les jardins, joli panorama sur la cité et les bords de la Sarthe.

La cave du Lion : *ruelle du Lion (entre l'église et les halles). Infos à l'office de tourisme.* Une ancienne chapelle souterraine de la fin du XIIe-début du XIIIe s.

Au-dessus de la cave, ***musée de la Coiffe sarthoise*** : *• museedelacoiffe-fresnay.fr • Avr-sept, jeu, dim et j. fériés 14h30-18h, sam 10h-12h. Entrée : env 2 €. Expo temporaire chaque année.* 150 coiffes restaurées par les bénévoles de l'association « Bise-moi vite ». Ébouriffant !

Assé-le-Boisne : *à 6 km au nord par la D 15.* Village authentique offrant un intéressant parcours architectural *(doc à retirer par exemple à l'office de tourisme de Fresnay).* Église, lavoir, presbytère, mais surtout une motte féodale parfaitement conservée.

SAINT-LÉONARD-DES-BOIS

(72130) 500 hab. *Carte Sarthe, B1*

Au cœur des Alpes mancelles, au nord-ouest de Fresnay par la D 15 (9 km), cette autre Petite Cité de caractère est nichée dans une boucle de la Sarthe au fond d'une vallée. Site naturel classé, idéal pour les sports de pleine nature (descente fabuleuse en canoë-kayak !). Les pierriers, éboulis naturels formés à l'ère quaternaire (vallée de la Misère, Butte-du-Pâtis...), donnent au site des allures de moyenne montagne à l'aspect très sauvage, avec une flore proche de la flore alpine. Le site est un mélange de collines recouvertes d'un tapis de bruyère, de douces prairies et de

reliefs escarpés. Le Haut-Fourché (217 m) et le Narbonne (203 m) forment des belvédères naturels et offrent une vue admirable sur le village et la rivière. Au XVIe s, les habitants vivaient en grande partie du travail du fer : forgerons, cloutiers, maîtres fondeurs, bénéficiant de la rivière comme force motrice.

Où dormir ? Où manger dans le coin ?

Camping

Camping municipal des Alpes Mancelles : *31, rue des Alpes-Mancelles, à Saint-Léonard. ☎ 02-43-33-81-79. • saintleonarddesbois.fr • Dans le bourg, au niveau du pont. Avr-sept. Compter env 13 € pour 2 ; caravane. 80 empl.* En plein village, un camping tout simple et herbeux, avec des emplacements sans ombre mais au bord de l'eau et une jolie vue sur la forêt. Le paradis des pêcheurs à la truite.

Prix moyens

La Cave à Bière : *Le Bourg (3, rue des Alpes-Mancelles), à Saint-Léonard. ☎ 02-43-34-65-83. • lacavesaintleo@gmail.com • lacavesaintleo.fr • Fermé lun. Compter 15-30 €.* Une adresse sympa et conviviale au cœur du village. Dans un cadre rétro, on peut déguster l'une des 250 bières proposées par la maison. À accompagner éventuellement d'une bonne tartine garnie ou d'un petit plat plus consistant. Concerts en saison.

La Grande Savane : *Le Petit-Mohaison, 72130* ***Saint-Paul-le-Gaultier.*** *☎ 02-43-33-34-01. • contact@lagrandesavane.fr • lagrandesavane.free.fr • À Saint-Paul-le-Gaulthier, prendre la D 105 (direction Gesvres), puis à gauche après 1 km (pas indiqué) et encore à gauche après 1 km. Avr-sept. Sur résa. Pour 2 pers, nuit en yourte à partir de 75 €, petit déj inclus.* Sur un domaine de 54 ha offrant de multiples activités de plein air, de vraies yourtes mongoles et des roulottes partagent des sanitaires sommaires mais propres. Si vous tenez à votre petit confort, oubliez, mais si vous rêvez d'un séjour en pleine nature, c'est l'endroit ! Les patrons enthousiastes sont de grands baroudeurs et passent 6 mois de l'année dans les déserts du monde.

Chambres d'hôtes Le Moulin de L'Inthe : *route de Sougé, à Saint-Léonard. ☎ 02-43-33-79-22. 📱 06-78-70-91-26. • chambres-hotes.alpesmancelles.com • À 400 m de Saint-Léonard par la D 112. Congés : nov-Pâques. Double 70 € ; familiale.* Dans cet ancien moulin à eau restauré (mais où la roue, joliment enguirlandée de lierre, ne tourne plus) et idéalement situé sur les bords de la Sarthe, de belles chambres d'hôtes, confortables et tranquilles. Accueil adorable.

LA SARTHE

À faire à Saint-Léonard et dans le coin

– ***Toutes sortes d'activités dans le secteur :*** accrobranche, randos, canoë, VTT, équitation, pêche, saut à l'élastique, etc. Liste complète auprès de l'office de tourisme de Fresnay *(☎ 02-43-33-28-04 ; • tourisme-alpesmancelles.fr •).*

On conseille la visite du ***Domaine du Gasseau*** *(☎ 02-43-34-34-44 ; • legasseau.fr •).* Boutique de produits du terroir, café, hôtel, resto, expositions, concerts gratuits les dimanches après-midi d'été, potager, verger... en plus du parc découverte-aventure et des randos.

Activités également à ***La Grande Savane*** *(Le Petit-Mohaison, 72130* ***Saint-Paul-le-Gaultier*** *; ☎ 02-43-33-34-01 ; • lagrandesavane.free.fr •).*

Randonnées pédestres

Circuit « Les méandres de la Sarthe » : boucle de 17 km *(fiche disponible à l'office de tourisme de Fresnay),* balisée en jaune entre Saint-Léonard-des-Bois et ***Saint-Céneri-le-Gérei.*** C'est l'un des Plus Beaux Villages de France et Village de caractère des Alpes mancelles, souvent représenté en peinture et fréquenté de tout temps par des artistes. Vous êtes alors dans l'Orne !

LE TUBE DU SIÈCLE

Autrefois, les paysagistes réalisaient des croquis in situ mais finalisaient leur toile en atelier, faute de pouvoir conserver les couleurs (un mélange instable de pigments et de liants). Tout changea au milieu du XIXe s avec l'invention du tube de peinture en étain. Les artistes pouvaient enfin transporter les couleurs et réaliser leurs œuvres en pleine nature en laissant libre cours à leur imagination. Une révolution qui favorisa la naissance de l'impressionnisme !

Circuit « Le passeur de Montaigu » : *8 km, mais mai-sept seulement car avec bac à chaîne.* Balisé jaune sur fond vert. Difficulté moyenne jusqu'au canyon des Toyères, la vue emblématique des Alpes mancelles.

LA FORÊT DE PERSEIGNE

Carte Sarthe, C1

Située à l'est d'Alençon, tout au nord de la Sarthe, la forêt domaniale de Perseigne (5 000 ha) fait partie du parc naturel régional Normandie-Maine. Ambiances tamisées par les frondaisons de hêtres ou de chênes, diversité des essences végétales, dont toute une variété de pins... Le paysage est ici adouci et traversé de nombreux sentiers pédestres, VTT ou équestres. Des panneaux d'indication aux carrefours et des tables d'orientation facilitent le repérage en indiquant le relief et les édifices. Une petite route sinueuse à la dénivelée importante (la Vallée d'Enfer) traverse la forêt et mène au site du belvédère. Cette tour d'observation, haute de 30 m et construite au cœur de la forêt, constitue le point culminant du département (340 m).

– Parcours-jeu « La tête et les jambes » à faire à plusieurs au départ du belvédère pour découvrir l'environnement et l'histoire de la forêt en 10 étapes et modules ludiques (1,3 km ; 1h).

Où dormir ? Où manger dans le coin ?

De bon marché à prix moyens

L'Orée du Bois : *dans le bourg, 72600* ***Aillières-Beauvoir.*** *☎ 02-43-33-09-85. Ouv le midi tlj ; le soir sur résa. Doubles 55-65 € ; familiale. Menus env 14 € (midi en sem), puis 18,50-22,50 €.* Une bonne petite auberge de campagne dotée de 3 chambres seulement (dont 1 triple), simples mais confortables. La sympathique patronne s'active en cuisine dès potron-minet pour que ses clients du midi se régalent d'une bonne tarte maison, avant de partir faire son marché pour le menu du jour. Simple et sympa, comme on aime !

Chambres d'hôtes Le Fay : *Le Fay, 72600* ***Villaines-la-Carelle.*** *☎ 02-43-97-73-40. • info@chezlefay.com • chezlefay.com • Suivre les panneaux en direction de Saint-Longis. Double env 65 € ; familiales. Table d'hôtes 28 €.* Chez un charmant couple de Hollandais, en pleine campagne et aménagées dans le grenier d'une ancienne ferme céréalière et de volailles, 3 chambres spacieuses et confortables, dont 1 en mezzanine pouvant accueillir jusqu'à 6 personnes. Au soleil couchant, joli panorama sur la vallée du Rutin.

Relais des Étangs de Guibert : *72600* ***Neufchâtel-en-Saosnois.*** *☎ 02-43-97-15-38. • contact@lesetangsdeguibert.fr • lesetangsdeguibert.com • Dans le village, prendre à droite à l'église, direction belvédère de Perseigne. Doubles à partir de 90 €. Menus 35-42 € ; plats 7-14 € en commande.* À la lisière de la forêt de Perseigne, au bord d'un étang. Le cadre bucolique à souhait explique pourquoi il est difficile de trouver dans ce *Relais du Silence* une chambre le week-end. Belles balades à faire à cheval, en barque ou à pied, à la découverte d'un des plus beaux coins de la haute Sarthe. Côté resto, jolie salle donnant sur l'étang, cuisine exquise et traditionnelle avec, parfois, quelques touches exotiques. Parmi la clientèle, beaucoup d'étrangers qui ne s'y trompent pas !

Maison des Randonnées : *vallée Cajet, 72600* ***Neufchâtel-en-Saosnois.*** *☎ 02-53-48-08-54. Très bien fléché. Tte l'année. Sur résa.* Dans une grande bâtisse en pleine campagne, moderne, fonctionnelle et sans charme, ce gîte de groupes compte 28 couchages répartis en 9 chambres de 2 à 4 personnes avec salles de bains privatives. Cuisine à disposition et bon restaurant sur place. Mais aussi location de VTT et jeux de plein air...

Beaucoup plus chic

Château de Saint-Paterne : *72610* ***Saint-Paterne.*** *☎ 02-33-27-54-71. • contact@chateau-saintpaterne.com • chateau-saintpaterne.com • À 2 km d'Alençon. Au centre du village. Congés : de fin déc à mi-mars. Doubles à partir de 150 € ; petit déj 15 €. Menu unique 49 €, apéritif et café compris.* Charles-Henri vous accueille dans le château familial des Valbray, superbe demeure du XVe s. Et justement, il y a des suites meublées d'époque, pour un séjour qui sort vraiment de l'ordinaire. Chaque chambre a sa propre personnalité, de celle qui abrita les amours d'Henri IV, au plafond historié, à celle de l'orangerie, à la déco plus contemporaine. Dîner aux flambeaux pour qui veut (s')offrir le grand jeu. Et pour les romantiques, une cabane en bois tout confort dans la forêt, genre datcha avec poêle à bois, jacuzzi et sauna. Piscine et *hot tub* pour tout le monde. Accueil pas guindé pour deux sous.

À voir dans le coin

Le musée du Vélo La Belle Échappée : *8, rue de la Forêt-de-Perseigne,* ***La Fresnaye-sur-Chédouet,*** *72600* ***Villeneuve-en-Perseigne.*** *☎ 02-43-34-39-11. • lemuseeduvelo.fr • Avr-sept, mer-dim (tlj juil-août) 10h-12h30, 13h30-18h. Entrée : 6 € ; réduc ; gratuit moins de 7 ans. Prévoir 2h30 pour les passionnés.*

Ce musée, avant tout consacré au Tour de France, rassemble l'incroyable collection d'un passionné, Ivan Bonduelle. S'il est là, il n'hésitera pas à vous raconter l'histoire de ses coups de cœur et ses 1ers émois avec la petite reine. On est loin du musée de campagne fourre-tout et ennuyeux ! Le parcours est organisé autour de box, chacun consacré à une décennie et équipé d'une télé qui repasse des images d'archives avec, exposés, les vélos de course de l'époque.

POURQUOI UN MAILLOT JAUNE ?

On doit la création du Tour de France au journal L'Auto, *l'ancêtre de* L'Équipe, *qui prit de court* Le Vélo, *son concurrent ! Joli coup de pub pour ce journal aux pages jaunes qui déclina cette couleur jusque dans le fameux maillot porté par le vainqueur. Le journal fut interdit de publication en 1945, accusé de collaboration. Fin de tour par la petite porte !*

LA SARTHE

Muséographie bien vivante, fourmillante d'anecdotes, depuis les exploits du 1er vainqueur Maurice Garin (jantes en bois, s'il vous plaît, et 6 étapes de... 450 km !) jusqu'aux vélos high-tech d'aujourd'hui, en passant par l'invention du dérailleur en 1937. Partie dédiée à la caravane du Tour (Yvette, bien sûr, les casquettes...) et une borne interactive « Maillots de champion » qui retrace le parcours de 10 grands coureurs (Anquetil, Poulidor, Merckx...). Voir également la collection d'objets de toute sorte liés au Tour comme le mini-vélodog, un pistolet contre les chiens (!). Un musée vraiment bien fait, qui réussit à capter l'intérêt de tous, même de ceux que l'univers du vélo laisse d'ordinaire indifférents.

Le musée du Point de Beauvais : *72610* ***Bourg-le-Roi.*** *☎ 02-33-26-80-69. En lisière sud de la forêt de Perseigne. Juil-août, ven-dim et j. fériés 14h30-18h ; juin et sept, w-e 14h30-18h. Entrée : 2,50 € ; réduc. Démonstration de broderie.* Exposition d'une fresque de 12 m² brodée au point de Beauvais, retraçant la vie de cet ancien village fortifié (de 50 av. J.-C. à 1450), présentation de vêtements ecclésiastiques, tableaux, objets, linge brodé.

La Maison du sabot et des métiers d'antan : *72600* ***Neufchâtel-en-Saosnois.*** *06-44-05-31-88. Juin-sept, dim et j. fériés 15h-18h. GRATUIT.* Exposition permanente d'outils anciens de sabotier, avec présentation des divers métiers du bois, tels que tonnelier, bûcheron ou menuisier.

La Maison du chanvre et de la ruralité : *72600* ***Saint-Rémy-du-Val.*** *07-83-76-32-31. Entrée libre avr-oct, sam-dim et j. fériés 10h-18h. Visite guidée sur rdv : 2 €.* Pour tout savoir sur la culture du chanvre dans le Saosnois, la transformation et l'utilisation de la plante dans le textile, la corderie... Aujourd'hui, on en cultive encore et toujours pour la pâte à papier.

LA SARTHE

MAMERS

(72600) 5 500 hab. *Carte Sarthe, C1*

Siège de la Confrérie des chevaliers des rillettes sarthoises, Mamers est blottie entre les forêts domaniales de Perseigne et de Bellême. Ville de passage où l'on peut admirer les belles halles du début du XIXe s aux massifs piliers de pierre, le cloître du couvent de la Visitation, ainsi que les églises Saint-Nicolas et Notre-Dame (belle façade Renaissance). Capitale du Saosnois, la ville développa le tissage du chanvre. On peut encore observer les nombreuses caves qui donnent directement sur les rues et dans lesquelles travaillaient autrefois les tisserands.

Adresse utile

Office de tourisme Maine saosnois : *50, pl. Carnot. ☎ 02-43-97-60-63. • tourisme-maine-saosnois.com • Juin-sept, lun-ven 10h-12h30, 14h30-18h ; sam 10h-12h, 14h30-17h ; dim et j. fériés 10h-12h. Oct-mai, lun-sam sauf mar mat (fermé sam ap-m en déc-fév).* Visites audioguidées de la ville (payantes), dont des appareils adaptés pour les malvoyants et les malentendants. Location de vélos à assistance électrique. Label Accueil Vélo. Borne tactile 24h/24.

Où camper ? Où manger ?

Camping municipal du Saosnois : *rue de la Piscine. ☎ 02-43-97-68-30. • camping.mamers@wanadoo.fr • camping-mamers.fr • À quelques* *centaines de mètres du centre, près du plan d'eau. D'avr à mi-sept. Compter 10-12 € pour 2 ; mobile homes et bungalows toilés 4-6 pers. 40 empl.* Des pelouses, de beaux arbres, des haies : un 3-étoiles simple à l'ambiance familiale et au cadre champêtre. La base de loisirs avec sa piscine, son aire de jeux, son club hippique est tout à côté... nickel pour les enfants ! Label Accueil Vélo.

La Terrasse : *2, rue Paul-Bert. ☎ 02-43-34-40-46. 06-35-14-92-83. • sandrine.garreau@hotmail.fr • Quasiment sur la pl. de la République. Lun-ven 9h-15h30, plus 19h-minuit ven. Fermé le w-e. Congés : 3 sem en août et fêtes de fin d'année. Formule déj 11,90 € ; carte 15-30 €. Café offert sur présentation de ce guide.* Des couleurs pimpantes orange-marron sur les murs, en bas, en haut ou dans la cour. Et une carte variée de galettes, salades, pâtes... sans parler des tiramisùs sous toutes les formes. Service parfois débordé, mais on aime bien cette *Terrasse* qui réveille Mamers. Soirées à thème un vendredi par mois.

À voir. À faire

Mamers au fil de l'eau : circuit balisé en ville *(5 km, facile ; env 2h)* sur le thème de l'eau, qui permet de découvrir les sites majeurs. Petit fascicule historique à retirer à l'office de tourisme. Également un circuit audioguidé.

La voie verte du Maine Saosnois : *entre Mamers et Chérancé (18 km).* Tronçon de l'ancienne voie de chemin de fer, reconverti en piste cyclable et de randonnée autour de laquelle s'agrègent 5 autres circuits de 6 à 12 km.

LA SARTHE

LE PERCHE SARTHOIS

La Ferté-Bernard est la porte naturelle du « Pays d'art et d'histoire » du Perche sarthois, situé à l'est du département. Au nord-ouest, Bonnétable s'ouvre aux chemins de la Normandie, et, plus au sud, Saint-Calais demeure le passage obligé vers la vallée du Loir. Autour de ces 3 pôles, au détour d'une petite route ou d'un chemin, vous aurez peut-être la chance de tomber nez à nez avec l'un de ces magnifiques percherons qui ont fait la gloire de la région.

Adresse utile

Pays d'art et d'histoire du Perche sarthois : *24, av. de Verdun, BP 90100, 72404* ***La Ferté-Bernard.*** *☎ 02-43-60-72-77. • perche-sarthois.fr •* S'il n'accueille pas le public, le « Pays d'art et d'histoire du Perche sarthois » édite toutes sortes de belles brochures recensant activités et animations culturelles.

BONNÉTABLE

(72110) 3 950 hab. *Carte Sarthe, C2*

Reconstruit à partir du XVe s, le beau château, seulement visible de l'extérieur, s'impose au 1er abord. S'y attache la légende de Mélusine, fille d'un méchant roi d'Albanie, réfugiée au pays des Francs. Ici, il faut prendre le temps de se balader sur les nombreux sentiers de randonnée qui permettent

d'aller admirer, par exemple, l'if millénaire de Jauzé, les églises fortifiées de Saint-Georges-du-Rosay et de Nogent-le-Bernard, l'ancien jardin potager du château de Bonnétable et les manoirs qui ponctuent un paysage vallonné.

Adresse utile

Office de tourisme : *1, rue d'Isly. ☎ 02-43-97-60-63. Juin-sept, mer-ven 10h-12h, 15h-18h, w-e et j. fériés 15h-18h. Avr-mai et oct, mer-ven 10h-12h, 15h-18h. Fermé nov-mars.* Donne accès au jardin clos potager *(GRATUIT).*

Où camper ? Où manger dans les environs ?

Campings

Camping du Lac : *route de Prévelles, 72160* **Tuffé.** *☎ 02-43-93-88-34. • campingdulac.tuffe@orange.fr • camping.tuffe.fr • À la sortie du village. De mi-avr à mi-oct. Compter env 14-19 € pour 2 ; mobile homes et chalets 4-6 pers. 130 empl.* À la base de loisirs du lac, un camping à l'ambiance familiale, vaste mais très tranquille, dans un beau cadre verdoyant (nombreux arbres et haies touffues). En juillet-août, activités principalement destinées aux enfants : minigolf, ping-pong, randos, etc. Belle piscine couverte et chauffée, avec une partie protégée destinée aux petits. Et plage artificielle sur le lac.

Castel-camping de Chanteloup : *château de Chanteloup, 72460* **Sillé-le-Philippe.** *☎ 02-43-27-51-07. • contact@chateaudechanteloup.com • chateau-de-chanteloup.com • En venant du Mans, prendre la petite route à droite juste à l'entrée de Sillé-le-Philippe. Juin-août. Compter env 30-45 € pour 2, nettement plus cher lors des grands événements ; apparts et tentes glamping également. 110 empl.* Waouh ! Un château qui ouvre son parc aux campeurs. Ils peuvent planter leur tente soit sur les pelouses aux arbres majestueux, soit dans les bois de ce domaine de 22 ha. Sinon, location de tentes *glamping,* ambiance safari. Les belles installations (les sanitaires décorés avec style, l'épicerie, la piscine, le resto style *garden party,* les terrains de foot et de volley) ont le mérite de ne pas dénaturer le site, qui comprend un étang pour la pêche. Location de vélos. Certes, c'est très cher, mais l'ambiance n'en reste pas moins familiale et bon enfant dans ce 5-étoiles.

Prix moyens

Le Petit Campagnard : *31, rue Principale, 72110* **Rouperroux-le-Coquet.** *☎ 02-43-29-79-74. • eric.damenet@orange.fr • Au nord de Bonnétable par la D 301. Ouv le midi tlj sauf lun, plus le soir ven-sam. Menus 13 € (midi en sem), puis 26,50-35,60 €.* *Le Petit Campagnard* a une bonne bouille, qui donne envie de s'arrêter. Le dimanche midi surtout, on se rend compte qu'on n'est pas le seul à avoir eu cette idée ! Cuisine de terroir qui sort de l'ordinaire avec par exemple du cerf ou du daguet de la ferme de Villaines.

DANS LES ENVIRONS DE BONNÉTABLE

Saint-Aubin-des-Coudrais *(72400) : à 14 km à l'est par la D 7.* Très belle église fortifiée avec charpente lambrissée. Ce fleuron de l'art roman, datant des XIe et XIIe s, est doté d'un porche du XIe s, unique en Sarthe, qui mérite à lui seul le détour.

Le chemin de fer touristique La Transvap : *départs de* **Beillé** *(72160). ☎ 02-43-89-00-37. • transvap.fr • À env 19 km au sud-ouest de La Ferté par la*

LA SARTHE

D 323. Juil-août, dim et j. fériés, 2-3 départs/j. (billet valable pour la journée 16 €, réduc) ; « P'tit train du mercredi » avec arrêt pique-nique au plan d'eau de Tuffé (7 € l'A/R). Animations et trains à thème tt au long de l'année. CB refusées. Une balade en vieux train à vapeur sur 17 km à... 20 km/h de moyenne. *La Chéronne* vous promène entre Beillé et Bonnétable, sur l'ancienne « Ligne des Ducs ». Pour retrouver la poésie de l'approche lente d'un clocher, au détour d'une courbe du rail. Dans l'ancienne gare, prenez le temps de visiter l'exposition permanente avec matériel ferroviaire et panneaux historiques pour ne rien manquer de cette belle aventure industrielle.

L'abbaye de Tuffé *(72160) : ☎ 02-44-32-17-56. • abbaye-tuffe.org • À env 17 km au sud-ouest par la D 323. Juil-août, tlj 14h-18h, plus jeu-ven 10h-12h ; avr-juin et sept-oct, jeu-ven 10h-12h, 14h-17h30 (17h oct), w-e 14h-17h30 (17h oct). GRATUIT.* Fondée au VIIe s, l'abbaye fut reconstruite aux XVIIe et XVIIIe s. Abandonnée avant d'être restaurée, elle accueille des expos, des manifestations, des concerts. Le logis, avec son escalier monumental, sa salle des hôtes et son ravissant jardin médiéval, est un véritable enchantement.

À l'entrée du village, l'***ancienne gare,*** située sur l'ancienne ligne reliant Mamers à Saint-Calais, accueille une expo permanente sur l'évolution du paysage du Perche sarthois, ses fondements, l'identité rurale et ses enjeux actuels. *Infos auprès de l'abbaye. Mêmes horaires et également gratuit.*

Le plan d'eau de Tuffé *(72160) : ☎ 02-43-93-47-21 (mairie) ou 45 (en saison, point info). À env 12 km au sud de Bonnétable.* Plan d'eau de 18 ha et plage artificielle avec baignade surveillée. Pêche, club de voile, embarcations en tout genre, jeux pour les enfants... le tout sur un site magnifique. Camping sur place (voir « Où camper ?... »).

LA FERTÉ-BERNARD (72400) 9 270 hab. *Carte Sarthe, D2*

Un véritable voyage à travers l'histoire au fil des canaux de cette modeste « Venise de l'Ouest ». Stratégique, cette place forte (ferté) resta pendant 3 siècles – jusqu'au XIVe s – propriété seigneuriale de la dynastie féodale des Bernard. Siège d'entrevues entre les rois de France et d'Angleterre au Moyen Âge, la ville est née autour de son vieux château. Voir les ruelles, la porte Saint-Julien, les anciennes halles et surtout l'église Notre-Dame-des-Marais.

Adresse et info utiles

Office de tourisme de La Ferté-Bernard, entre Maine et Perche : *15, pl. de la Lice. ☎ 02-43-71-21-21. • tourisme-lafertebernard.fr • Lun et mer-sam 10h-12h, 14h30-17h ; mar 14h30-17h.* « Parcours découverte » du centre historique, guide de randos pédestres et vélo sur le Perche sarthois (payant). Location de vélos électriques.

– ***Marchés :*** *au centre-ville lun mat ; pl. du Général-de-Gaulle (marché fermier) ven ; et dans le quartier Saint-Antoine sam mat.*

Où dormir ? Où manger ?

De prix moyens à chic

Le Dauphin : *3, rue d'Huisne. ☎ 02-43-93-00-39. Dans une rue piétonne, à la porte Saint-Julien. Fermé dim-lun. Formule déj 23 € ; menus 34-50 €.* Dans une maison pleine de charme et d'histoire où les poutres, la cheminée et les pierres apparentes ajoutent un peu de chaleur à la déco contemporaine. Le chef, lui, entretient un souffle créatif à chaque nouvelle carte. Cuisine maison, à base de produits frais travaillés selon les saisons. Beaucoup d'habitués qui apprécient le très bon rapport qualité-prix.

Restaurant La Perdrix : *2, rue de Paris. ☎ 02-43-93-00-44. • rest-la-perdrix@orange.fr • Fermé lun soir-mar. Menus 18-22 € (en sem sauf j. fériés), puis 31-42 €.* À un croisement passant, mais qu'importe ! Intérieur sobre où Serge Thibaut propose une cuisine gastronomique et où il régale avec sérieux et générosité, toujours soucieux de surprendre... Parmi ses spécialités : le tronçon de turbot bleu lagon. La cave à vins mérite une mention spéciale (près de 400 bouteilles).

Au Bistronome : *11, rue Bourgneuf. ☎ 02-43-93-21-58. À deux pas de l'office de tourisme. Fermé dim-lun et le soir mar-mer. Menus déj en sem 18-22 € ; carte 35-60 €.* Pour le cadre, intérieur sobre et petites tables de bistrot. Pour la cuisine, malgré les tarifs élevés, un simple coup d'œil à l'ardoise au mur, et on est vite conquis : des plats du marché, copieux et finement travaillés comme la salade bistronome au foie gras, l'andouillette AAAAA grillée à souhait, mais aussi des plats de la mer comme la noix de Saint-Jacques. Service pro.

Hôtel-restaurant du Stade : *21-23, rue Virette. ☎ 02-43-93-01-67. • sokasarl@orange.fr • À 2 mn à pied de la grande place centrale. Resto fermé ven soir (le w-e ouv sur résa seulement). Double env 69 € ; petit déj 6,50 €. Menus env 10-13 € (en sem), puis 16-28 €.* Dans une rue calme, un modeste établissement aux chambres simples. Côté resto, cuisine style pension de famille, au bon rapport qualité-prix, servie dans 2 salles modernisées.

À voir

Le centre ancien : du vieux château, seuls les communs, la *chapelle Saint-Lyphard* (XIIIe s, expos temporaires) et une partie du logis sont encore visibles aujourd'hui. À quelques pas se dresse la halle aux grains et aux toiles (baptisée halle Denis-Béalet ; *visite sur résa*), dont la charpente est soutenue par 14 piliers de bois octogonaux de 12 m de haut ! Vous êtes dans le cœur de la ville avec ses ruelles rehaussées de maisons à pans de bois, aux façades sculptées de personnages ou de symboles de la vigne. De petits passages aux airs mystérieux conduisent à d'anciennes cours, tandis qu'une fontaine à 4 têtes de lions orne la place Carnot.

L'église Notre-Dame-des-Marais *(1450-1624)* **:** le monument le plus remarquable, le plus imposant de la ville et sans doute aussi le plus bel édifice religieux du département après la cathédrale Saint-Julien du Mans. La décoration extérieure et intérieure est d'une très grande richesse, fruit du croisement entre les styles gothique et Renaissance, dû à la longévité du chantier. Voir notamment la chapelle axiale avec ses voûtes plates à caissons et clés pendantes. Sans oublier l'art de 3 générations de maîtres verriers (au total, 25 vitraux des XVe, XVIe et début du XVIIe s). Un petit bijou.

À faire

Centre équestre : Les Fleuriers Natura. *06-50-31-41-76.* Au départ d'un réseau de chemins de randonnée balisés, le centre propose des cours d'équitation et des promenades d'initiation adaptés à tous les niveaux.

Base de loisirs : *av. du Général-de-Gaulle. ☎ 02-43-71-04-41.* Domaine de 55 ha proposant en juillet-août la location ou des stages de kayak sur l'Huisne

(● ckcf72.fr/ ● ; mai-oct), planche à voile, catamaran, tennis, VTT, bicross, tir à l'arc, etc. Hors saison, animations ponctuelles. Plage surveillée l'été et aire de pique-nique sur place.

Promenades en bateaux électriques : *embarquement sur l'Huisne, rue Alfred-Marchand (à deux pas de l'office de tourisme, où sont vendus les tickets). Juil-août, tlj 11h-18h30 ; mai-juin et sept, w-e et j. fériés. Durée du tour : 45 mn. Tarif : env 5 € ; réduc.* C'est à bord de petites embarcations électriques, sur l'Huisne et ses canaux, que s'offre une des plus belles vues sur la porte Saint-Julien, modèle d'architecture militaire médiévale.

DANS LES ENVIRONS DE LA FERTÉ-BERNARD

L'élevage de cerfs : *ferme de la Haie, 72400* ***Villaines-la-Gonais.*** *☎ 02-43-93-42-84. ● cerfduperche.com ● À env 8 km au sud-ouest de La Ferté par la D 323. Tte l'année ; consulter le site internet pour le calendrier des visites. Boutique jeu 10h-12h30, 15h-18h, sam 10h-13h30.* Visite du parc, où se baladent 220 cervidés.
Boutique où vous trouverez du pâté, des rillettes ou de la viande fraîche de cerf !

MONTMIRAIL ET VIBRAYE

Carte Sarthe, D2

Village labellisé Petite Cité de caractère, Montmirail est célèbre pour sa forteresse médiévale, juchée à 160 m. Véritable belvédère d'où l'on découvre un superbe panorama sur l'est du département. Outre le château de Montmirail, quelques sites inattendus à visiter le week-end en saison, comme l'espace archéologique Jean-Jousse à Gréez-sur-Roc ou le train touristique de Semur-en-Vallon...

Adresse utile

Office de tourisme des vallées de la Braye et de l'Anille : *56, rue des Sablons, 72320* ***Vibraye.*** *☎ 02-43-60-76-89. ● tourismebrayeanille.fr ● Mar-mer et ven 9h30-12h30, 13h30-18h ; jeu et sam 14h30-18h.*

Où dormir ? Où manger dans le coin ?

Prix moyens

Le Saint-Jacques : *pl. du Monument, 72160* ***Thorigné-sur-Dué.*** *☎ 02-43-89-95-50. ● contact@hotel-sarthe.fr ● Au rond-point principal, avec le monument aux morts au milieu. Fermé dim soir, lun et mar midi. Doubles 70-110 €. Repas 30-60 €.* Belle étape culinaire que ce *Logis de France* classique de bourg, avec ses moquettes et nappes en tissu. Propose une cuisine gourmande au fil des saisons, bien menée, voire originale, avec peu de choix à la carte, en fonction du marché. Personnel bien agréable. Fait aussi hôtel.

Chic

Chambres d'hôtes La Maison Conti : *chez Richard Harrison et Nancy Wilson, 2, pl. de l'Église, 72320* ***Montmirail.*** *☎ 02-43-93-35-26. ● info@maisonconti.com ● maisonconti.com ● Double env 90 €.* Au pied du château, dans une coquette demeure très verte, de belles et vastes chambres très colorées et meublées à l'ancienne. Sol en coco dans certaines et vieux pavés dans d'autres. Tenu par un couple d'Américains, graveurs de profession (ils organisent des stages), qui vous réservent un accueil simple, souriant et avec l'accent !

Chambres d'hôtes Le Moulin du Pont d'Iverny : *72320* ***Montmirail.*** *06-71-00-07-86. • lemoulindupontdiverny.com • À 3 km du centre de Montmirail ; accès par la D 29 en direction de Saint-Maixent. Double 100 € ; familiales et gîte également.* Une allée de platanes conduit à cet ancien moulin du XIXe s et à son joli jardin fleuri au bord de la rivière. C'est un endroit secret et tranquille. Les chambres ont beaucoup de caractère, du type chic campagnard. L'une d'elles est juste au-dessus de l'eau ! Hasardez-vous au grenier aménagé et admirez la collection de voitures du proprio.

À voir. À faire dans le coin

Le château de Montmirail : *☎ 02-43-93-72-71. • chateaudemontmirail.com • Juil-août : tlj sauf sam 11h30-12h30, 14h-18h30 ; visites guidées à 11h30, 14h30, 15h30, 16h30 et 17h30. Avr et sept-nov : dim et j. fériés 14h-18h30 ; visites guidées à 14h30, 15h30, 16h30 et 17h30. Entrée : 7 € ; réduc. Visite libre du parc. Salon de thé. Concerts et animations. Également des chambres d'hôtes.* C'est dans cette superbe forteresse médiévale au nom évocateur, « mont d'où l'on admire », qu'eut lieu la tentative de réconciliation (plutôt ratée) entre Henri II Plantagenêt, roi d'Angleterre, et Thomas Becket, le bouillant archevêque de Canterbury, en 1169, en présence du roi de France Louis VII. Une partie du château a été réaménagée au XVIIIe s par la princesse de Conti : les salons, au raffinement subtil, sont décorés de boiseries qui encadrent des peintures de Parrocel. Pour se plonger dans une ambiance toute médiévale, la visite des 3 étages souterrains avec oubliettes et autres sympathiques cachots est incontournable, ainsi que la visite de l'arrière-cuisine, du parc et d'une grande glacière du XVIIIe s. La tour centrale, surmontée d'un observatoire, date quant à elle du XIXe s.

Le train touristique de Semur-en-Vallon : *☎ 02-43-93-67-86. • lepetittraindesemur.com • Juil-août, tlj ; juin et sept, dim et j. fériés seulement. 1er train à 14h30 puis départ ttes les 45 mn. Tarif : env 8 € ; réduc.* Au départ d'une petite gare qu'on croirait tout droit sortie d'un décor de petit train électrique. Et pour cause, il ne s'agit pas d'une vraie gare mais d'une très jolie reconstitution, qui trouvait sa place autrefois dans un lieu de villégiature. Parcours en boucle de 1h-1h15 à travers la campagne sarthoise. À mi-trajet, visite du ***muséotrain*** *(accessible en train seulement).*

Fêtes et manifestations dans le coin

– ***Corso fleuri :*** *dim de Pentecôte, à* ***Vibraye.*** Cavalcade à travers les rues de Vibraye et défilé de chars.
– ***Pique-niques Concert :*** *juil-août, au château de* ***Montmirail.*** *• chateaudemontmirail.com •* En nocturne, dans le parc.
– ***Le 14 juillet, c'est à Lavaré :*** grand spectacle historique avec son et lumière.
– ***Fête médiévale :*** *2 j. fin juil-début août, à* ***Montmirail*** *et dans le val de Braye. • monsmirabilis.org •* Marché médiéval, spectacles, banquet et embrasement du château à 22h45.
– ***Fête du Chausson aux pommes :*** *1er w-e de sept, à* ***Saint-Calais*** *(72120).* Depuis plus de 3 siècles, les chevaliers de la Confrérie du chausson aux pommes invitent à déguster la « soupe à la jambe de bouâ », du genre roboratif.

LA VALLÉE DU LOIR

Outre son nom, cette région qui s'étend de Poncé-sur-le-Loir aux portes d'Angers présente quelques similitudes avec la vallée de la Loire. Mais ici, tout y est plus intime, secret, presque miniaturisé. On retrouve le mariage du tuffeau et de l'ardoise, plus de 140 châteaux (dont celui du Lude, le plus emblématique), manoirs et belles demeures, des jardins privés quelques églises à fresques et même un vignoble de poche.

EN ROUE LIBRE

Tiens, pourquoi ne pas sillonner la région à 2-roues, en empruntant un réseau de 320 km de petites routes soigneusement sélectionnées ? ***La Vallée du Loir à Vélo (V47)*** débute à la source du Loir (Saint-Éman) et s'achève à Angers, où elle se connecte à *La Loire à Vélo.* Le parcours est jalonné par des sites et prestataires qui proposent des services et équipements spécifiques aux adeptes de la petite reine. Carnet de route « La Vallée du Loir à Vélo » avec cartes détaillées et infos pratiques, mais aussi cartes de 8 boucles de 16 à 48 km avec coins pique-nique, disponibles gratuitement dans les offices de tourisme ou téléchargeables sur • *vallee-du-loir.com* •

Location de vélos : *aux offices de tourisme de* ***La Chartre-sur-le-Loir*** *(72340) et de* ***La Flèche*** *(72200). ☎ 02-43-38-16-60. Ainsi que dans différents campings.*

La Boîte à Vélos : *63, av. Jean-Jaurès, 72500* ***Château-du-Loir*** *(entre la pl. de la Liberté et la gare). ☎ 02-43-44-18-39. 📱 06-03-06-72-02. • leloiravelos.com • Mer-ven 10h-13h, 14h-18h ; sam 9h30-12h30 ; dim en été sur rdv.* Location, réparation, conseils. C'est LA référence pour ceux qui souhaitent parcourir la vallée du Loir à vélo, à leur guise.

LES VINS DU LOIR

Si peu connus et pourtant si délicieux, les vins de la vallée du Loir constituent l'une des surprises de cette discrète région. Il faut dire que la production reste confidentielle pour le ***coteaux-du-loir,*** un surprenant rouge poivré (cépage pineau d'Aunis, rare !), et le ***jasnières,*** un chenin sec fruité. Ce dernier est produit sur une toute petite surface, sur les communes de Lhomme et de Ruillé. Un vin d'une belle couleur jaune, apprécié pour son goût de pierre à fusil et pour son bon temps de garde.

Manifestations

– ***Festi Loir :*** *fin juil-début août.* Spectacles de rue, concerts... sur les places des villages ou dans les beaux sites patrimoniaux.
– ***Vignes Vins randos :*** *1er sam de sept. • vvr-valdeloir.fr •* Rando de 7 km au départ de Lhomme, accompagnée de vignerons, avec étapes concerts.

PONCÉ-SUR-LE-LOIR

(72340 Loir-en-Vallée) 430 hab. *Carte Sarthe, D4*

Un charmant village dominé par un château proposant rien de moins que l'un des plus séduisants escaliers Renaissance de France. Son église n'est pas

en reste, avec ses remarquables fresques murales du XIIe s. Le haut bourg offre un remarquable panorama sur le Loir et sa vallée. Un vent créatif semble souffler sur la commune depuis que différents artistes s'y sont installés. Les Moulins de Paillard, notamment (un très bel ensemble de moulins du XVIIIe s), accueillent un centre d'art contemporain et une résidence d'artistes.

Où manger dans le coin ?

Au Jardin des Saveurs : *3, rue du Val-de-Braye, Pont-de-Braye, 72310* ***Lavenay.*** *☎ 02-43-44-45-55. • aujardin dessaveurs@outlook.fr • À env 3 km à l'est. Ouv le midi mar-dim et le soir ven-sam, plus le soir mar et jeu en saison. Formule déj en sem 15,50 € ; menus 28-38 €. Café offert sur présentation de ce guide.* L'une de nos tables favorites dans ce secteur de la vallée du Loir. Dans une salle tout en baies vitrées ou en terrasse, on se régale d'une cuisine traditionnelle non moins lumineuse, de saison. Sympa, la cheminée en hiver. Service pro. Quant au chef, il donne même des cours de cuisine certains jours.

Le Saint Julien : *1, rue des Coteaux,* ***Poncé-sur-le-Loir,*** *72340* ***Loir-en-Vallée.*** *07-86-63-43-41. • micksy.traiteur@gmail.com • Ouv le midi tlj. Compter 15-25 €.* Ce bar de village a repris vie et propose une cuisine traditionnelle et familiale avec des spécialités sarthoises.

Où acheter un bon vin dans le coin ?

Jasnières Olivier Champion : *rue Élie-Savatier, à Poncé. 06-68-60-72-43. • jasnieres-champion.com • À côté des Moulins de Paillard. Visites guidées sur demande.*

Domaine des Gauletteries : *41, route de Poncé, 72340* ***Ruillé-sur-le-Loir.*** *☎ 02-43-79-09-59. • domainelelais.com • À 2 km à l'ouest de Poncé. Tlj, sauf dim nov-fév.* L'un des plus beaux chais de la région. Visite guidée des caves troglodytiques en juillet-août *(sur rdv).*

À voir

Le château et les jardins de Poncé : *8, rue des Coteaux. 06-72-80-67-35. De fin avr à mi-juil et 2 premières sem de sept, w-e 10h-12h, 14h30-18h30 ; de mi-juil à fin août, jeu-dim 10h-12h, 14h30-18h30. Entrée : env 7 € ; réduc.* Édifice de la 1re Renaissance (1542), construit dans la belle pierre de tuffeau blanc avec 2 corps de logis de part et d'autre d'un pavillon central. Découvrir l'un des plus ravissants escaliers de France, de style Renaissance, avec plafonds décorés de caissons sculptés de blasons et divers motifs végétaux ou mythologiques. Voir aussi le grand colombier pouvant abriter 8 000 pigeons, l'un des plus vastes que l'on connaisse. Enfin, dans les espaces XVIIIe s, expos temporaires d'art contemporain... Parcourir les superbes parterres bordés de buis et les longues terrasses. Un labyrinthe de charmilles présente toujours son dessin du XVIe s et un platane porte fièrement ses 450 ans.

La verrerie des Coteaux : *27, rue des Coteaux. ☎ 02-43-79-05-69. • verrerie descoteaux.com • Face au château. Mar-dim 9h-12h30, 14h-18h. GRATUIT.* Allez voir le fascinant travail de Nicolas et Lucile Pinquier : lampes, vases, flacons de parfum, objets de déco...

DANS LES ENVIRONS DE PONCÉ-SUR-LE-LOIR

Le château de Courtanvaux : *72310* ***Bessé-sur-Braye.*** *☎ 02-43-35-34-43. • chateaudecourtanvaux.com • Mai-sept, visites guidées seulement,* *mar-dim (fermé lun et j. de réception) à 15h, 16h et 17h, plus 11h en juil-août. Entrée : env 5 € ; réduc. Jardins en accès libre tte l'année.* Au milieu d'un grand parc, ce château, construit entre 1450 et 1500 et à l'intérieur fortement transformé au XIXe s, a comme particularité de n'avoir jamais été vendu au cours des siècles. Dissimulé par les bois, dans un environnement très bucolique, sa vue, soudaine, n'est pas loin de constituer un pur ravissement. Expositions estivales.

LA CHARTRE-SUR-LE-LOIR

(72340) 1 550 hab. *Carte Sarthe, C4*

Petite capitale des vins de la vallée du Loir. Le village accueille beaucoup de galeries d'artistes, artisans d'art, antiquaires, brocanteurs... ce qui lui procure un côté branché plutôt sympa. On conseille de grimper sur la butte de Jeanne-d'Arc ou, à 4 km, sur le coteau des Jasnières pour de belles vues sur les alentours.
Petite fierté locale, l'usine Rustines fabrique devinez quoi pour les vélos, tandis que, dans un registre différent, une autre spécialité du village, c'est la fabrication exclusive des... pompons de la Marine par l'entreprise BBA !

POURQUOI LES MARINS PORTENT-ILS UN POMPON ?

Les portes de navires sont souvent bien basses. Pour éviter toute blessure à la tête, le pompon est un excellent amortisseur contre les chocs. Et rouge, car le couvre-chef des marins français arbore ainsi les 3 couleurs du drapeau national.

LA SARTHE

Adresse utile

Office de tourisme de la vallée du Loir, bureau de La Chartre : *13, pl. de la République. ☎ 02-43-38-16-60. • vallee-du-loir.com • Avr-sept, lun-sam 10h-12h30, 14h-18h ; plus dim et j. fériés en juil-août 10h-14h. Le reste de l'année, mar-mer et ven-sam, plus jeu mat.* 3 parcours de découverte de la ville dont un en famille. Sinon, plan des antiquaires, brocanteurs et galeries d'art du secteur. Location de vélos *(avr-sept)* et 4 boucles vélo au départ du village.

Où dormir ? Où manger ? Où boire un verre dans le coin ?

Camping

Camping du Lac des Varennes : *Saint-Lezin, route de Port-Gauthier, 72340* ***Marçon.*** *☎ 02-43-44-13-72. • contact@lacdesvarennes.camp • lacdesvarennes.com • À 7 km au sud-ouest de La Chartre, par la D 305. Avr-fin oct. Compter 14-17 € pour 2. 250 empl.* Camping confortable. Une bonne partie des emplacements bénéficient d'une vue sur le lac ou sur le Loir. Animations et snack-bar en juillet-août. Tir à l'arc, équitation, pêche, tennis et sports nautiques entre autres, à la base de loisirs attenante (accès gratuit pour les campeurs). Accueil professionnel et souriant.

Très bon marché

L'Escale : *66, av. des Déportés, à La Chartre-sur-le-Loir. ☎ 02-43-44-4-03. Ouv le midi lun-sam. Formule 13 €.* Chloé et Arnaud ont repris le restaurant-bar-tabac familial dans une atmosphère chaleureuse à la déco tendance, entre brocs et vins. L'immersion se prolonge jusque dans le verre, avec de nombreux vins du Loir proposés à la carte.

Prix moyens

Hôtel de France : *20, pl. de la République, à La Chartre-sur-le-Loir. ☎ 02-43-44-40-16. • bienvenue@lhoteldefrance.fr • lhoteldefrance.fr • Sur la pl. centrale. Congés : autour des fêtes de fin d'année. Doubles 85-145 € ; suites et familiales. Bar-brasserie ouv le midi tlj sauf dim, plus le soir dim-lun : formules env 14-20 € ; carte 15-20 €. Resto tlj sauf dim soir-lun : menus 29-35 € et carte. Café offert sur présentation de ce guide.* Un des hôtels les plus connus de la vallée du Loir. Longtemps le chouchou des pilotes des 24 Heures, il a vu défiler Jacky Ickx, Steve McQueen... Le bar est presque un petit musée de la fameuse course : portraits des pilotes, autographes, souvenirs divers. Côté cuisine : choix entre la brasserie cosy et sa cheminée ou le restaurant gastronomique, *Le Relais de Ronsard,* plus formel. On y sert une agréable cuisine régionale et de saison, comme la marmite sarthoise. Une trentaine de chambres au charme raffiné et tout confort, voire luxueuses. Piscine. Une adresse qui a su prendre le virage de la modernité, tenue par des Anglais. *English spoken,* il va de soi !

Chez Miton : *15, pl. de l'Église, 72340* ***Chahaignes.*** *☎ 02-43-44-62-62. • chezmiton@orange.fr • À env 7 km au nord-ouest de La Chartre par la D 304 puis la D 64 bis. Ouv le midi mar-dim, plus le soir ven-sam. Formules déj en sem env 15-22 € ; menu ven soir-dim midi env 32 €.* À l'entrée, le bar, et derrière, la petite salle avec les étagères où casseroles de cuivre côtoient bouquins et casques de moto. C'est dans ce bistrot gourmand que se retrouvent tous les environs pour apprécier une cuisine maison bien exécutée, à base de bons produits traités avec respect et sérieux. Sélection pointue de vins locaux. Pour parfaire le tout, une ambiance et un accueil conviviaux.

Les Mères Cocottes : *9, rue Alexis-de-Tocqueville, 72330* ***Beaumont-sur-Dême.*** *☎ 02-43-46-80-52. À env 5 km au sud. Ouv le midi mer-dim, plus le soir ven-sam. Formules du marché 13,50-16,50 € ; carte env 30 €.* De l'humour, des épices et du baume au cœur vous attendent dans cette épicerie-bar-bistrot. C'est l'épicentre légèrement branchouille du bourg, sur le mode antimorosité et éternelle jeunesse avec ses tables aquavégétales, des pièces uniques et très originales créées localement (on vous laisse découvrir !). Petits plats convenables, à déguster dans la courette verdoyante si le temps s'y prête. Et un bar impec pour découvrir les vins locaux.

Chic

Le Grand Moulin : *8, rue de Syke, à La Chartre-sur-le-Loir. ☎ 02-43-44-65-78. 06-85-56-30-45. • mdmilletmoulin@gmail.com • mdmillet-moulin.fr • À deux pas de la pl. centrale. Double env 100 € ; familiale et gîte. Réduc de 10 % sur le prix de la chambre sur présentation de ce guide.* Il en a fallu de l'huile de coude pour transformer cet imposant moulin à eau (10 meuniers pouvaient y travailler !) ! Du raffinement à tous les étages, depuis les espaces communs jusqu'aux literies, des couleurs douces et de l'espace. Un cadre magnifique servi par un accueil jovial. Et encore, on ne vous parle pas des petits déj les yeux rivés sur le Loir ni des balades en canoë...

À Château-du-Loir (72500)

Hôtel-restaurant Le Grand Hôtel : *59, rue Aristide-Briand. ☎ 02-43-38-25-85. • restaurant.legrandhotel72@orange.fr • Sur la grande place centrale. Fermé dim soir-lun. Doubles à partir de 68 €. Formules déj env 12-20 € (café compris) ; menu* *env 34 € et plat env 20 € côté gastro.* Ce vénérable établissement possède encore tout le charme rétro de ses fresques, vitraux et carrelages d'un autre temps. Le cadre parfait pour des chambres au confort moderne et pour goûter une cuisine régionale mise au goût du jour.

Où déguster un bon jasnières ?
Où acheter des produits du terroir dans le coin ?

Vins Gigou : *4, rue des Caves, à La Chartre-sur-le-Loir. ☎ 02-43-44-48-72. 06-03-30-52-04. • gigou-jasnieres.com • Tlj sauf dim ap-m. Visite du chai en troglodyte sur rdv.* Propose également 3 confortables chambres d'hôtes.

Domaine de Bellivière : *chez Christine et Éric Nicolas, 72340* ***Lhomme.*** *☎ 02-43-44-59-97. • belliviere.com • Sur rdv.* Connu pour ses vins bio haut de gamme et son vignoble conduit en biodynamie.

Domaine de la Roche-Bleue : *chez Sébastien Cornille, La Roche, 72340* ***Marçon.*** *☎ 02-43-46-26-02. Ouv sam.* Vins bio.

Délices et Casteloir : *12, rue de Verdun, 72500* ***Château-du-Loir.*** *☎ 02-43-79-11-60. Mar-sam.* Une boutique de torréfaction et de spécialités sarthoises à deux pas de l'hôtel de ville, avec certes les célèbres rillettes et les fameux sablés, mais aussi de délicieux apéritifs et des confitures créés par le propriétaire lui-même.

LA SARTHE

À voir. À faire dans le coin

Les jardins du prieuré de Vauboin : *72340* ***Beaumont-sur-Dême.*** *☎ 02-43-79-04-23. • jardinspaysdelaloire.fr/prieure-de-vauboin.html • À 5 km au sud par la D 62. Depuis le bourg de Beaumont, direction Épeigné-sur-Dême, puis 1re à gauche après 1 km ; au stop, en face, c'est la 2e maison (aucun panneau). Sur rdv. Entrée : env 10 € ; réduc.* Comment décrire ce havre, autour d'une maison du XIVe s d'où l'on verrait bien émerger Ronsard ? C'est Thierry Juge qui vous accueille et se charge des explications. Ni botaniste ni paysagiste, il a donné vie à 2 jardins, patiemment, au fil des années, en sculptant les buis centenaires qui poussaient là. Du jardin clos à la française en bas, coiffé d'une originale canopée de cerisiers, on gagne le coteau pour découvrir les sculptures végétales de Thierry. Des nuages semblant flotter, des flux de vagues, des coraux, des danseuses légères comme l'air... chacun y met ses mots, une musique ou des couleurs et interroge à sa manière cette œuvre d'art vivante et unique que l'on caresserait bien. Un émouvant hymne à la vie et à la lenteur, à la fois figé et plein d'énergie, une douce mélodie végétale avec Thierry à la baguette ou plutôt au sécateur ! Un Jardin remarquable à voir en toute saison et à revoir, car il est loin d'être terminé. Mais le sera-t-il un jour ?

Le moulin Pousset et le musée de la Projection cinématographique : *26, rue Basse,* ***Coëmont,*** *72500* ***Vouvray-sur-Loir.*** *☎ 02-43-46-90-24. • moulinpousset.com • À 4 km au sud. Avr-sept, sam-dim et j. fériés 14h-18h ; tte l'année sur rdv. Entrée : 5 € moulin ou musée, 8 € les 2.* Un ancien moulin à blé industriel sur 4 étages, dont l'impressionnante roue à aubes fonctionne encore. Le proprio vous raconte tout cela avant de passer à son autre passion : le cinéma et sa collection de plus de 60 projecteurs de films. Également des expos temporaires de peintres et sculpteurs.

Château-du-Loir *(72500)* **:** ville carrefour au sud de la forêt de Bercé et au cœur d'une commune nouvelle appelée Monval-sur-Loir. Ronsard fut prieur de l'*église Saint-Guingalois,* dont on peut admirer la nef et le chœur du XIIIe s, ainsi que le maître-autel en marbre du XVIIe s. Rue Saint-Jean, voir également le *logis Graslin* du XVIIe s. Du château, seul subsiste le donjon.

Office de tourisme de la vallée du Loir, bureau de Château-du-Loir : *2, av. Jean-Jaurès. ☎ 02-43-38-16-60. • vallee-du-loir.com • Dans le parc Henri-Goude, face à la mairie. Avr-sept, mer-sam 10h-12h30 (13h juil-août), 14h-18h, plus j. fériés en juil-août.*

Le musée Cafetière et compagnie : *6, rue de la Pitoulière, à* ***Château-du-Loir.*** *06-75-01-70-66. Pas loin de la pl. de la Liberté, direction la gare, puis à gauche et à droite. De fin mai à mi-sept, dim et j. fériés 14h-18h. Entrée : env 6 €.* Drôle de musée des objets ménagers anciens en tôle émaillée, mis en valeur dans une demeure du XVIIe s. Séquence nostalgie et retour à une époque où le jetable relevait encore de la fiction.

La base de loisirs du Lac des Varennes : *72340* ***Marçon.*** *À 7 km au sud-ouest, par la D 305. Au bord d'un immense plan d'eau de 50 ha. Avr-oct.* Plage surveillée. Tennis, voile (toute l'année), pêche, tir à l'arc, équitation, aire de pique-nique, etc. Camping attenant.

LA SARTHE

LA FORÊT DE BERCÉ

Carte Sarthe, C3-4

Cette forêt ancestrale échappa au déboisement et au défrichement au cours des siècles et devint forêt royale au XIVe s. C'est l'une des plus belles forêts de chênes de France (moyenne d'âge : autour de 300 ans !) qui a rejoint en 2017 le cercle très fermé des « Forêts d'exception ». Son mode de gestion en futaie régulière n'a pas changé depuis Colbert, qui en fut le grand ordonnateur avec des troncs droits et élancés, sans branches basses. Le chêne de Bercé, qui est connu jusqu'au Brésil, fut longtemps renommé pour la construction navale. Aujourd'hui, il est recherché pour la tonnellerie (notamment vers Cognac avec la tonnellerie Vicard) et le beau meuble. On trouve aussi à Bercé des pins maritimes et d'autres résineux comme le pin Douglas, le pin laricio... Le village de Jupilles et son centre Carnuta constituent le centre névralgique de cette forêt riche en balades. On y trouve la carte touristique de la forêt de Bercé.

COMMENT ACHÈTE-T-ON UN ARBRE ?

La vente des arbres forestiers pour la découpe suit une procédure bien codifiée par l'ONF. Les arbres sont répertoriés, inspectés sur le terrain par les potentiels acheteurs et vendus aux enchères. Celles-ci, d'ailleurs, étaient... décroissantes jusqu'en 2008, année de l'informatisation du système. Puis l'acheteur dispose d'un an ou 2 pour abattre l'arbre et remettre le site en état.

Où dormir ? Où manger ?

De bon marché à prix moyens

Le Dinan : *2, rue du Dinan, 72500* ***Thoiré-sur-Dinan.*** *☎ 02-43-44-22-81. 06-69-35-38-87. • ledinan@laposte.net • À 6 km au sud de Jupilles (D 61). Ouv le midi jeu-mar, plus le soir ven-sam. Congés : août. Menus 12,50 € (en sem)-26 €. Apéritif maison offert sur présentation de ce guide.* Bar-resto bien sympa où tout le village passe à un moment ou à un autre dans la journée. Il faut dire que les petits plats jouent dans la cour des grands, avec une carte de saison renouvelée régulièrement. Un endroit accueillant où l'on n'hésite pas à se poser.

Les Tropes : *13, hameau de la Chauvinière, 72500* ***Jupilles.*** *☎ 02-43-79-16-56. 06-16-03-82-61. • lestropes@yahoo.fr • gites-les-tropes.com • À 1 km du village et à l'orée de la forêt. Gîtes 3-8 pers 450-720 €/sem (périodes plus courtes possibles).* Au départ des sentiers de randonnée, dans un très bel espace vert avec piscine *(mai-sept)* et sauna, 7 gîtes à l'architecture surprenante : de petits cubes de béton et de verre mangés par les arbres et la végétation, avec chacun sa terrasse privée. Le charme du lieu ne tient pas à la déco, dépouillée à l'extrême, mais à la grande luminosité du rez-de-chaussée qui ouvre sur la verdure. Un endroit qui se prête merveilleusement aux séjours en famille.

De prix moyens à chic

Le Relais du Cheval Blanc : *22, rue de la Tour, 72500* ***Beaumont-Pied-de-Bœuf.*** *☎ 02-43-44-84-59. • contact@aubergechevalblanc72.com • • aubergechevalblanc72.com • À env 10 km au nord de Château-du-Loir. Tlj. Doubles 75-110 € ; familiales. Formules et menus env 15 € (midi en sem)-39 €.* Bar-resto-épicerie d'un village central en forêt de Bercé. Propose également des chambres d'hôtel dans la petite maison voisine. Elles sont confortables et vraiment agréables, avec un bel espace vert à l'arrière. Piscine couverte chauffée. Au resto, une délicieuse cuisine traditionnelle, bourgeoise et de saison. Parmi les spécialités : magret de canard au miel, filet de bœuf aux morilles, poissons également et savoureux desserts. Plaisante terrasse à la croisée des routes.

Chambres d'hôtes & Spa La Haute Forge : *11, rue de Beau-Soleil, 72500* ***Thoiré-sur-Dinan.*** *06-77-32-08-61. • lahauteforge@gmail.com • lahauteforge.fr • À 6 km au sud de Jupilles (D 61). Doubles 75-105 € ; également des meublés.* On fait face à la vallée du Dinan dans cette ancienne charronnerie devenue un charmant loft de campagne. Une suite et des chambres ravissantes donnant sur la piscine. Également un salon de thé, une boutique de déco, une miniferme et un espace expo.

Ô Saule : *Vaux-Thierry, 72500* ***Thoiré-sur-Dinan.*** *☎ 02-43-79-06-64. Ouv le midi jeu-dim, plus le soir jeu-sam.* Une adresse atypique où le chef expérimente avec passion différentes compositions issues de produits locaux. Place à l'improvisation ! Ici, pas de menu fixe mais une carte unique qui évolue au gré des saisons et des envies du moment.

Achats

Boutique Bidule : *à* ***Jupilles*** *(72500), sur la pl. principale. ☎ 02-43-44-63-85. • jouetboisbidule.pagesperso-orange.fr • Sam ap-m et dim tte l'année, plus ts les ap-m sauf lun en juil-août.* 2 couples partagent ici leur passion pour le tournage sur bois, la gravure sur verre, la menuiserie, la peinture, etc. Résultat : une adorable boutique de jouets en bois made in Jupilles. Pas banal !

À voir. À faire

Carnuta – Maison de l'homme et de la forêt : *2, rue du Bourg-Ancien, 72500* ***Jupilles.*** *☎ 02-43-38-10-31. • carnuta.fr • Avr-oct, mar-dim 14h-18h (de mi-juin à mi-sept, tlj 10h-18h) ; fév-mars et nov-déc, mer et w-e 14h-18h. Fermé en janv, 24-25 déc et 31 déc-1er janv. Entrée : 6 € ; 3,50 € 7-18 ans et étudiants ; gratuit moins de 7 ans.* En plein village, un très bel espace tout en bois, à la croisée du musée et du centre d'interprétation pour apprivoiser la forêt en général, et celle de Bercé en particulier. Le rez-de-chaussée est consacré aux expos temporaires.

LA SARTHE

À l'étage, la visite interactive dans la forêt reconstituée est aussi bien visuelle que sonore, tactile et olfactive. Parmi les activités abordées, celle de la saboterie qui, au début du XXe s, occupait un tiers de la population de Jupilles.

Petit tour en forêt : *appli « Futaie des Clos » avec anecdotes, expériences et infos (télécharger avt de partir et scanner les panneaux en cours de route).* La partie est de la forêt, vers Saint-Pierre-de-Lorouër, est la plus visitée pour sa ***futaie des Clos,*** où les arbres peuvent atteindre 50 m de haut et 350 ans ! Parcelle non exploitée (balade à éviter par grand vent), où l'on peut parcourir un sentier d'interprétation. Dans la partie de la forêt située à l'ouest de Jupilles, se rendre à la ***fontaine de la Coudre.*** On y trouve des mares forestières, des tables de pique-nique et un sentier « À l'école de la forêt » avec panneaux didactiques. Enfin, voir les ***sources de l'Hermitière,*** au nord-est de Jupilles, où nombre de couples se formèrent autrefois à l'occasion de bals mémorables.

UN TRONC PEU COMMUN

À la futaie des Clos, parmi les nombreux chênes remarquables, voir la souche de 4,77 m de circonférence du chêne Boppe. Celui-ci fut foudroyé en 1934 à l'âge de 262 ans puis abattu à l'aide d'un godendart, une scie manipulée par 2 bûcherons. Pas une mince affaire ! Au passage, pensée émue pour un ancien directeur de l'école forestière de Nancy au XIXe s, un certain Lucien... Boppe.

LE LUDE

(72800) 4 200 hab. *Carte Sarthe, B4*

Balade sympa dans ce village, surtout connu pour son magnifique château, parmi les châteaux de la Loire situés les plus au nord et son Jardin remarquable. Dans l'église de la ville, un beau buffet d'orgue du XVIIIe s.

Adresse utile

Office de tourisme de la vallée du Loir, bureau du Lude : *pl. F.-de-Nicolay. ☎ 02-43-38-16-60. • vallee-du-loir.com • Face à la mairie, près du château. Avr-sept, mer-sam 10h-12h30 (13h juil-août), 14h-18h ; plus dim et j. fériés 10h-14h en juil-août.*

Où dormir ? Où manger ?

Camping

Camping municipal Au Bord du Loir : *route du Mans (D 307). ☎ 02-43-94-67-70. • camping@ville-lelude.fr • camping-lelude.com • Avr-fin sept. Compter 11-13 € pour 2 ; bungalows, chalets et mobile homes 4-8 pers. 111 empl.* Camping accueillant, fleuri et bien ombragé, au bord du Loir. Piscines (couverte et non couverte) et tennis gratuits pour les campeurs. Un étang à environ 500 m, location de canoës et de vélos. Nombreuses activités et animations l'été. Snack.

De bon marché à prix moyens

Rose & Crown : *2, pl. Neuve. ☎ 02-43-45-96-48. Pas loin du château. Fermé lun-mar. Compter 10-20 €.* La façade et le nom d'un pub anglais, et une carte british en diable... Pas de doute, nous voilà transportés outre-Manche. Les bons petits plats de snack, *carrot cakes,* bières, thés et autres breakfasts sont servis dans la langue de Shakespeare. Gros succès le midi.

La Renaissance : *2, av. de la Libération. ☎ 02-43-94-63-10. 06-79-80-64-64. • lelude.renaissance@wanadoo.fr • renaissancelelude.com • Au croisement des routes pour La Flèche et Château-du-Loir (D 307). Resto fermé dim soir-lun. Congés : 1 sem en mars et 2 sem en nov. Doubles 78-90 €. Formules déj en sem 14-20 € ; menus 32-43 €. Café offert sur présentation de ce guide.* Un établissement posé aux 3 coins d'un carrefour ! Un *Logis de France* à la fois classique et modernisé comme il se doit. Les chambres sont fonctionnelles et tout à fait confortables. Quant à la table gastronomique, à prix tirés le midi en semaine, elle fait l'unanimité parmi les Ludois. Viandes ou poissons, les plats sont tous mitonnés avec savoir-faire par un maître restaurateur.

B&B 5 Grande Rue : *5, Grande-Rue. ☎ 02-43-94-92-77. • info@5granderue.com • 5granderue.com • Tt près du château et de la pl. de la Mairie. Doubles à partir de 75 €.* Le couple british qui a redonné vie à cette demeure de bourg et de charme ne s'y est pas trompé. Beau jardin clos pour se garer sans souci et de vénérables murs pour abriter des nuits cosy dans l'une des 5 chambres. Vieux parquets peints, fresques de l'ancien proprio et un *sitting-room* bien confortable. Un doux air de *home sweet home* dans tout cela, d'autant qu'on y parle surtout l'anglais !

LA SARTHE

Où dormir ? Où manger dans les environs ?

Camping

Camping de la Chabotière : *pl. des Tilleuls, 72800* ***Luché-Pringé.*** *☎ 02-43-45-10-00. 06-74-78-39-97. • contact@lachabotiere.com • lachabotiere.com • À 10 km au nord-ouest, par la D 306 puis la D 54. Avr-sept (tte l'année pour les chalets sur résa). Compter 13-16 € pour 2 ; chalets 4-6 pers et bungalows. 65 empl. Réduc de 10 % sur le séjour au-delà de 14 nuits consécutives sur présentation de ce guide.* Un très beau camping au bord du Loir, familial et sans voitures, où le chemin goudronné serpente entre les spacieux emplacements, tout verts et arborés. Coquets chalets, bien à l'écart, et un *écolodge* (jusqu'à 5 personnes) avec vue sur le Loir. Superbes espaces de jeux. En été, accès gratuit à la piscine municipale voisine. Nombreuses activités (location de vélos, base de loisirs attenante...), animations et parfois spectacles le soir. Local à vélos.

De prix moyens à chic

Auberge du Port-des-Roches : *Le Port-des-Roches, 72800* ***Luché-Pringé.*** *☎ 02-43-45-44-48. 06-77-81-07-05. • leportdesroches@orange.fr • À 16 km au nord-ouest, par la D 306 puis la D 54. De Luché-Pringé, suivre le fléchage (3 km). Resto fermé dim soir, lun et mar midi. Doubles 85-145 €. Menus 34-52 €. Apéritif maison offert sur présentation de ce guide.* Un sympathique établissement en bord de Loir, dans un environnement bucolique. Au resto, une cuisine de marché bien ficelée. L'ambiance est familiale. Jolies petites chambres, toutes personnalisées, aux couleurs gaies. Superbe terrasse fleurie sous l'if bicentenaire, donnant, comme certaines chambres, sur la rivière. Excellent accueil.

Moulin de la Diversière : *72800* ***Savigné-sous-le-Lude.*** *☎ 02-43-48-09-16. 06-77-44-79-95. • contact@moulin-de-la-diversiere.com • moulin-de-la-diversiere.com • À env 10 km au sud-ouest du Lude. Chambre d'hôtes 75 € pour 2 ; gîtes 2-5 pers également. Table d'hôtes 26 €.* Une adresse verte et au vert ! Les gîtes, pouvant être utilisés en chambres d'hôtes, ont été aménagés dans les dépendances d'une vieille ferme avec un total souci écologique. Également des chambres en paille avec toitures végétales et une salle de repas sur pilotis. Les chèvres, quant à elles, sont employées comme tondeuses pour l'entretien du magnifique parc (avec une piscine ouverte de mi-mai à mi-septembre), bordé par la rivière et un canal. Attention, une fois ici, vous aurez bien du mal à en repartir !

Le Védaquais : *pl. de la Liberté, 72500 **Vaas.** ☎ 02-43-46-01-41. • levedaquais@orange.fr • vedaquais-72.com • À 13 km à l'est par la D 305. Dans le bourg. Resto fermé dim soir-lun. Doubles 62-72 €. Menus env 13 € (midi en sem), puis env 19-37 €.* Hôtel-restaurant installé dans l'ancienne école et mairie du village. Une douzaine de chambres, simples mais confortables, dont une partie dans l'annexe (les plus chères). Dans certaines, la sobriété de la déco est relevée par les salles de bains « arlequin » à la débauche de couleurs. L'endroit fait aussi resto, bien agréable le midi pour ses prix doux et ses tons gris à la mode en salle. Atmosphère tranquille et accueil très gentil.

À voir. À faire

Le château : *☎ 02-43-94-60-09. • lelude.com • (sauf la cuisine). Avr-début nov, tlj sauf mer hors juin-août (ouv seulement l'ap-m en oct) : jardins 10h-12h30, 14h-18h ; château 11h-12h30, 14h30-18h. Entrée : env 11 € pour le château et le jardin ; 7 € pour le jardin seul ; réduc. Animation dans les anciennes cuisines du château (Journées potagères et gourmandes en juil-août et Journées du patrimoine). Ouverture du potager lors de la fête des Jardiniers (1er w-e de juin), pour les Journées potagères et gourmandes et pour les Journées du patrimoine.* Le château du Lude se situe dans la tradition des grands châteaux de la Loire. C'est d'ailleurs le plus septentrional. Ancienne forteresse médiévale, avec ses douves, transformée en château de plaisance à la Renaissance. Ses ***grosses tours d'angle*** donnent à l'ensemble une belle impression d'unité. Assez unique en France, chaque face, ornée de médaillons sculptés, représente le style d'une époque : aile Louis XII, aile François Ier au somptueux décor Renaissance, aile XVIIIe s néoclassique. ***Beaux jardins,*** dont une roseraie offrant une jolie collection de variétés chinoises, ainsi que les écuries et un grenier à blé.
À l'intérieur de cette demeure toujours habitée, une douzaine de salles à visiter. Bibliothèque dans l'ancienne chapelle avec un mobilier en tapisserie de Beauvais et une curiosité, un *studiolo* : une minipièce de prière et d'étude (un cabinet de peinture, en fait) du XVIe s. Dans la salle des fêtes, plafond et frise Renaissance. La partie XVIIIe s du château gagne, bien sûr, en lumière. Dans le grand salon, meubles et décor du XVIIIe s. Dans le petit salon XVIIIe s, nombreux portraits de famille. À l'étage (accès à la tour nord par l'escalier d'honneur, véritable prouesse architecturale de 1854), allez voir le sanglier, le cerf et le chevreuil dans la salle de chasse, ainsi que ses tableaux, trophées, etc. Passage également dans les appartements des invités.

Promenade dans la ville : l'office de tourisme a édité un petit dépliant avec les principaux points d'intérêt. Par exemple, la maison des Architectes, du XVe s, la rue d'Orée, l'hôtel de Talhouët et les nombreux balcons en ferronnerie du XVIIIe s, l'église Saint-Vincent, la maison de la famille Scarron, l'ancien hospice, le couvent des Récollets, etc.

DANS LES ENVIRONS DU LUDE

Luché-Pringé *(72800) : à 10 km au nord-ouest par la D 306 puis la D 54.* Cette jolie Petite Cité de caractère au bord du Loir (base de loisirs sur place avec embarcations, tennis, minigolf et bar) mérite un détour. Voir notamment l'église de Luché dont l'architecture témoigne de la transition entre les styles roman et gothique avec d'élégantes voûtes angevines dites Plantagenêt. À proximité du bourg, l'église de Pringé date quant à elle de l'époque Renaissance et forme un élégant ensemble avec le prieuré voisin. Voir sinon le moulin fortifié (rare !) de Mervé du XVe s (accès par le chemin de halage, à 1 km). Dans les proches environs, au gré de randos (60 km en tout), vous pourrez aussi entrapercevoir les châteaux privés de Gallerande, Venevelles et la Grifferie.

Château-Lhermitage *(72510) : à 20 km au nord du Lude (D 307).* Le crochet vaut le coup jusqu'à ce hameau bucolique qui accueillit à partir du XIIe s un opulent prieuré placé sous la protection des Plantagenêts. Depuis la mairie, gagner par l'unique rue l'église et son clocher fortifié du XIIe s. Intérieur dépouillé, tout en hauteur, de style angevin typique. On conseille le circuit de Saint-Thibaut (7,4 km, 2h), tout empierré, au départ de la mairie, qui fait le tour du village. Panneaux explicatifs.

Le complexe archéologique gallo-romain d'Aubigné-Racan *(72500) : pas à Aubigné même, mais à mi-chemin entre Le Lude et Vaas (vers l'est), sur la D 305. ☎ 02-43-80-68-31. • association-capra.com • Visite libre tte l'année, panneaux explicatifs bien faits.* Ruines romaines des IIe et IIIe s apr. J.-C. Vestiges du théâtre, du *macellum* (marché), du temple et des thermes. Pas spectaculaires en soi (ils se réduisent aux fondations), mais avec un peu d'imagination... et la campagne autour est si jolie. Emprunter par exemple le chemin de randonnée dominant le Loir, depuis la butte de Vaux.

Le moulin de Rotrou *: 72500* ***Vaas.*** *☎ 02-43-79-36-81. ♿ (rdc seulement). À 13 km à l'est du Lude par la D 305. Du centre du village, traverser le Loir. Juil-août, tlj 14h30-17h30 ; Pâques-fin juin et sept-oct, dim et j. fériés 14h30-17h30. Entrée : 5 € ; réduc.* Il tournait déjà au XVIe s. Aujourd'hui, c'est un bel écomusée. Dans le moulin principal, modernisé, vous admirerez l'ingénieuse machinerie qui le fait fonctionner. Il tourne toujours, pour le plaisir des visiteurs. À côté, petit *musée du Blé au pain,* avec reconstitution d'un moulin à meules et d'un four d'antan. Multiples souvenirs liés au pain (notamment les fameux tickets de rationnement). Carte murale de tous les moulins en val de Loir au XVIIIe s : il y en avait plus de 60. Petite projection sur la vie au moulin, mais rien ne vaut celle de la meunière, qui officie ici depuis 70 ans !

La voie verte : elle suit le tracé d'une ancienne ligne de chemin de fer et relie Le Lude à Cuon près de Baugé en Maine-et-Loire (extension jusqu'à Saumur), via Luché-Pringé/La Flèche. Départ devant l'ancienne gare.

LA FLÈCHE (72200) 16 500 hab. *Carte Sarthe, B4*

• Plan *p. 289*

Carrefour principal du sud de la Sarthe et l'un des Plus Beaux Détours de France, il fait bon se poser dans cette ville dolente se mirant dans le Loir. Une jolie carte postale avec son château en fond de décor. La Flèche est célèbre pour son Prytanée militaire national mais pas seulement. Son zoo connaît également la gloire depuis qu'un programme télévisé, Une saison au zoo, y a posé ses caméras. Une halte idéale pour les familles.

Adresse et infos utiles

Office de tourisme de la vallée du Loir, bureau de La Flèche *(plan B2) : 20, bd de Montréal. ☎ 02-43-38-16-60. • vallee-du-loir.com • Juil-août, lun-sam 9h30-18h (pause 13h-14h sam), dim et j. fériés 10h-13h, 14h-16h ; avr-juin et sept, lun-sam 10h-12h30, 14h-18h, j. fériés sauf 1er mai*

10h-14h ; oct-mars, lun-ven sauf jeu ap-m 10h-12h30, 14h-17h30, sam 10h-12h, 14h-16h. Brochures gratuites « Parcours » pour découvrir le patrimoine de La Flèche et « Laissez-vous conter l'eau à La Flèche » pour s'amuser en famille. En juillet-août, visites et animations estivales. Également toutes les infos sur la vallée du Loir, la voie verte rando-vélo (Le Lude-Saumur), etc. Topoguides en vente sur les randonnées pédestres, cyclistes et équestres dans le secteur. Location de vélos en été.

Gare routière *(plan B2) : rens au ☎ 02-43-45-34-36.* Liaisons avec Le Mans, Saumur, Baugé, Angers.

– ***Marchés :*** *mer pl. du Maréchal-Foch (le marché principal de la vallée du Loir et le 2e du département après celui du Mans) et dim pl. du Marché-au-Blé.*

Où dormir ? Où manger ?

Camping

Camping de la Route d'Or *(plan A3,* ***10****) : allée du Camping. ☎ 02-43-94-55-90. • camping-lafleche.com • ♿ Accès par le pont qui passe devant l'hôtel de ville (rue de la Beufferie). Mars-nov. Compter env 12-15 € l'empl. pour 2 ; locatif également. 190 empl.* Situé au bord du Loir, dans un parc de 4,5 ha, juste en face du centre-ville. Confortable, bloc sanitaire impeccable avec toit végétalisé, des emplacements bien espacés et pas mal ombragés. Tout un choix d'hébergements insolites : *coco sweets,* Campétoiles ou encore bulle. Animations en juillet-août. Base de canoë à 100 m et piscine chauffée. Labellisé Accueil Vélo.

De bon marché à prix moyens

Hôtel Relais du Loir *(plan A2,* ***11****) : 40, promenade du Maréchal-Foch. ☎ 02-43-94-00-60. • hotellafleche.com • ♿ Doubles à partir de 69 € ; familiales.* Un hôtel confortable qui abrite des chambres de toutes les tailles. Déco générale à tendance romantique et apaisante. Un rapport qualité-prix très avantageux.

Le Vert Galant *(plan B2,* ***13****) : 70, Grande-Rue. ☎ 02-43-94-00-51. • contact@vghotel.com • vghotel.com • ♿ Doubles 80-100 € ; familiales. Parking gratuit.* Hôtel en plein centre-ville et pourtant au calme, avec un vaste parking privé sur l'arrière. Les chambres, au mobilier design et épuré tendance scandinave pour certaines, sont toutes élégantes, mais aussi confortables, avec un grand bureau. Salle de petit déj dans la véranda lumineuse. Excellent accueil. Labellisé Accueil Vélo.

La Table de Laurène *(plan A2,* ***15****) : 13, pl. de la Libération. ☎ 02-43-45-70-49. • contact@latabledelaurene.com • ♿ Fermé mar soir, mer et dim. Résa conseillée. Formules déj en sem env 12-14 € (vin compris) ; menus 19-23 €.* Une brasserie gastronomique qui roule bien en raison de ses tarifs imbattables. Cuisine traditionnelle et jolie carte des desserts. On conseille l'assiette sarthoise pour goûter à tout. Les plus : la déco sobre et soignée, et surtout une terrasse intérieure bien sympa aux beaux jours.

Chic

Hôtel Le Gentleman *(plan B2,* ***14****) : 17, rue de la Tour-d'Auvergne. ☎ 02-43-45-89-36. • contact@legentleman.fr • legentleman.fr • ♿ Doubles 85-135 € ; familiales.* Cette demeure bourgeoise du XVIIIe s accueille un hôtel chic d'une quinzaine de chambres, dont une familiale sympa avec mezzanine. Charme de l'ancien avec mobilier, parquets et moulures d'époque, mais aussi confort moderne pour un séjour à l'ambiance intime. Accueil pro. Un indéniable côté british dans tout cela, assumé jusque dans le nom de l'établissement. Dans le jardin, des arbres remarquables, dont un séquoia de plus de 30 m de haut !

Safari Lodge du zoo de La Flèche : une expérience chic et insolite. Voir plus loin le commentaire sur le zoo.

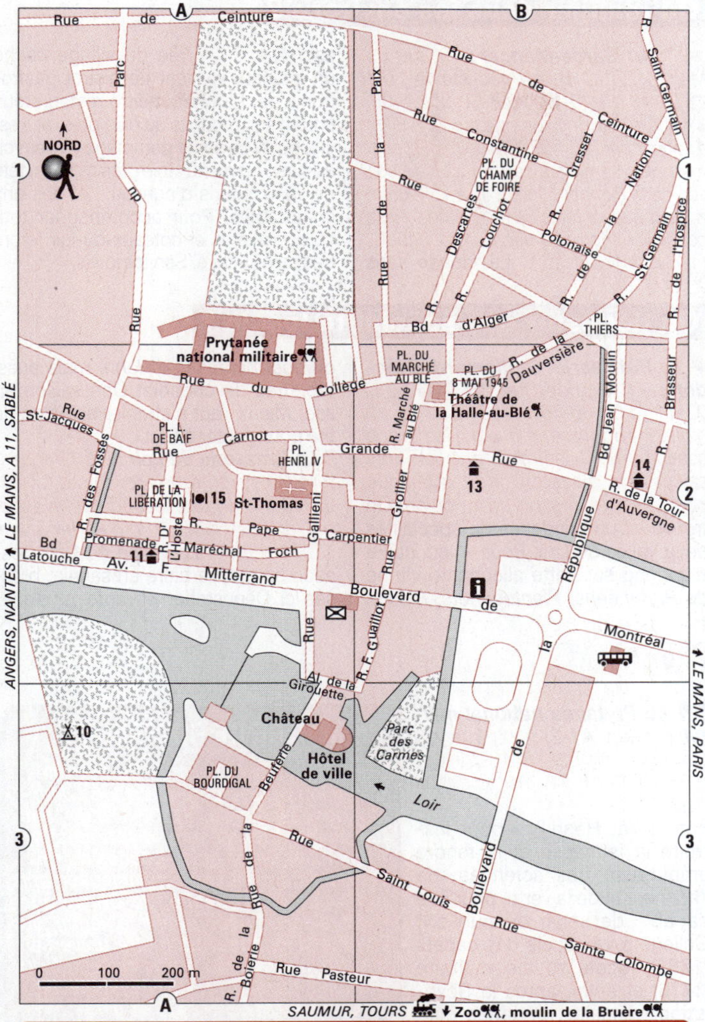

LA FLÈCHE

Adresse utile

- Office de tourisme de la vallée du Loir (B2)

Où dormir ? Où manger ?

- 10 Camping de la Route d'Or (A3)
- 11 Hôtel Relais du Loir (A2)
- 13 Le Vert Galant (B2)
- 14 Hôtel Le Gentleman (B2)
- 15 La Table de Laurène (A2)

Où manger dans les environs ?

Au Garde-Manger : *79, rue du Maine, 72200* ***Bazouges-sur-le-Loir.*** *☎ 02-43-45-49-12. 06-30-00-36-05. • isabelle_leturmy@orange.fr • À 6 km à l'ouest par la D 323. Ouv le midi tlj sauf mar (plus sam hors saison), plus le soir ven-sam. Congés : 1 sem en avr, 1re quinzaine d'août et fêtes de fin d'année. Résa conseillée. Formule déj en sem 13,50€ ; menus env 24-30 €.* La façade sans esbroufe à l'entrée du village cache un intérieur vivifiant de bistrot gastronomique. La chef, maître restaurateur, choisit ses produits au plus près, et il est vrai qu'ici ce serait dommage d'aller voir ailleurs ! Au menu : foie gras maison, tête de veau, souris d'agneau... et des prix imbattables. Pour accompagner tout cela, jasnières et coteaux-du-loir feront très bien l'affaire. Service jovial.

Où déguster une spécialité locale ?

Pâtisserie Guillemard Création : *24, Grande-Rue. ☎ 02-43-94-02-11. 07-60-76-16-93. • contact@guillemardpatisserie.fr • guillemardpatisserie.fr • Tlj sauf dim, plus lun hors saison. Un macaron offert à chaque pers sur présentation de ce guide.* On trouve ici un condensé de spécialités de la vallée du Loir. Pour en connaître plus long sur cette alléchante vitrine de *Prytanéens, Plantagenêts, Bisous* ou *gourmandises d'Henri,* mais aussi tablettes de chocolat *Une saison au zoo.* Mieux vaut s'attabler au salon de thé pour goûter à tout !

La Brasserie du Loir : *Les Grandes-Pilletières, route de Mollans. 07-68-69-16-41. • labrasserieduloir@yahoo.fr • labrasserieduloir.com • Mer et ven 17h30-19h30.* La vallée du Loir possède sa propre bière artisanale, brassée ici. Dégustation et vente sur place.

À voir

Le Prytanée national militaire *(plan A1-2)* **:** *22, rue du Collège. ☎ 02-43-48-59-06. 06-79-19-06-71. Visites en juil (1h30).*

Fondé par Henri IV « pour instruire la jeunesse et la rendre amoureuse des sciences, de l'honneur et de la vertu, pour être capable de servir au public ». Collège royal, école des cadets (1764), école royale militaire (1776) et enfin, après la Révolution française, prytanée militaire (1808), le tout sur 28 ha avec piscine, terrain de foot, manège équestre... Il prépare aujourd'hui aux concours d'entrée des grandes écoles militaires : Polytechnique, Saint-Cyr, École navale, École de l'air, ainsi qu'au baccalauréat. Parmi ses élèves, il compta Descartes, le maréchal Gallieni, les spationautes Patrick Baudry et Jean-François Clervoy, l'acteur Jean-Claude Brialy, l'inventeur du télégraphe Claude Chappe...

Architecture typique du XVIIe s, avec ses 3 grandes cours (avec porches en enfilade) et son élégant jardin à la française. Visite de la vaste église Saint-Louis au grand retable, tribune d'orgue et orgue du XVIIe s. En haut du chœur, à gauche, les cendres mêlées des cœurs d'Henri IV et de Marie de Médicis. Ceux-ci furent brûlés en place publique en 1793. Visite également de la salle d'honneur, de la salle des généraux et, uniquement pour la visite accompagnée, découverte du musée du

UN MAÎTRE DE RÉFÉRENCE

Parmi les élèves illustres du Prytanée, un étalon du système métrique : Jean-Charles de Barda (1733-1799). Fini les unités de mesure disparates en France, les pieds et les pouces du roi... De Barda arpenta consciencieusement la France et l'Espagne, de Dunkerque à Barcelone, pour définir à la fin du XVIIIe s la longueur du mètre universel, « la dix millionième partie du quart du méridien terrestre ». On n'a pas vérifié.

LA SARTHE

Souvenir, de la salle des collections zoologiques et de l'espace Guillaumat qui présente d'incroyables collections anciennes d'instruments de sciences physiques.

Le zoo (hors plan par B3) : *route du Lude et de Tours (D 104). ☎ 02-43-48-19-19. • zoo-la-fleche.com • Sur la D 104 (très bien fléché). Avr-sept, tlj 9h30-18h (19h30 juil-août) ; oct-mars, tlj 10h (10h30 en sem)-17h30. Programme des spectacles et animations (avr-oct) sur le site. Self et tables de pique-nique sur place. Entrée : env 24 € ; env 19 € 3-11 ans.*
Partez à la rencontre des quelque 1 500 animaux (160 espèces) venus des 5 continents sur un site de 18 ha. L'accent est mis sur la diversité des espèces végétales parmi les décors, positionnées en fonction des ambiances recréées pour les animaux. De l'île des lémuriens au royaume des tigres blancs, de nombreux bébés font aussi le charme de ce lieu connu de tous grâce à la série télévisée de France 4 *Une saison au zoo* (depuis 2014). On y visite même une crèche pour éléphants.
Plusieurs fois par jour, spectacles et animations (otaries, oiseaux en vol libre, repas des animaux...). On apprécie ici la qualité des animations éducatives, des installations (enclos en bois, fenêtres d'observation) et du soin porté à l'environnement, de manière toujours innovante depuis plus de 70 ans.

Safari Lodge : *Le Tertre Rouge, 72200 La Flèche. ☎ 02-43-48-19-14. • safari-lodge.fr • Compter env 140-315 €/pers la nuit sur la base de 2 occupants selon saison et lodge ; enfants 70-120 €. Dîner, petit déj et accès au parc compris sur 2 j.* En 2012, le zoo a fait sensation en se lançant dans l'aventure des ***écolodges*** pour le moins originaux dans l'enceinte du zoo. Conception artisanale luxueuse tout en bois, lits superposés bien sympa pour les enfants, le tout dans une déco raffinée, chaleureuse et thématique. Dépaysement total assuré : chaque *lodge* peut accueillir de 4 à 6 personnes dans une ambiance Grand Nord, Asie, univers malgache ou encore *Wild Arctic,* et permet l'observation privilégiée sur des enclos par des baies vitrées et des terrasses : tigres, loups, lémuriens et même ours polaires (la baie du salon est alors immergée dans l'eau !). Les *lodges* les plus luxueux bénéficient d'un jardin privatif. Les repas, dîner gastronomique (réalisé par un chef de La Flèche) et petits déj sont livrés dans le *lodge.* Le prix est élevé, mais l'expérience unique. De nouveaux *lodges,* tous originaux voient le jour chaque année. Attention, résa longtemps à l'avance !

LA SARTHE

Le moulin de la Bruère (hors plan par B3) : *route du Lude, à 2 km. ☎ 02-43-38-16-60. De l'office de tourisme, suivre la direction du zoo, puis les pancartes. Juil-août, visites guidées.* L'association Les Amis du moulin a remis bénévolement en état toute la machinerie du moulin à eau, y compris l'impressionnante roue à aubes de 15 t. Et ça marche ! Les courroies entraînent les roues qui tournent, le bidule pousse le machin, le moulin tout entier a repris vie. On peut repartir avec son pain de glace de 20 kg, puisqu'un système, mené par le mécanisme hydraulique, produit du froid. Une mini-entreprise semble avoir pris naissance dans ce haut lieu de l'histoire locale.
Passionnant, ludique et instructif. Le tout dans le cadre magnifique du barrage de 120 m de long sur le Loir, doté de passerelles pour pouvoir effectuer une boucle.

Balade en ville : à l'aide des fléchages « Parcours », découvrez le patrimoine de La Flèche ou « Laissez-vous conter l'eau à La Flèche » pour vous amuser en famille. Vos pas vous conduiront certainement vers la ***mairie,*** remarquable pour son ingénieux

COURAGEUX MIGRANTS

Entre 1640 et 1659, sous l'impulsion de Jérôme Le Royer de La Dauversière, plus de 300 hommes, femmes et enfants embarquèrent du port Luneau, en plein centre de La Flèche, pour gagner Nantes et La Rochelle. De là, 2 mois de navigation leur furent nécessaires pour atteindre la côte nord-américaine, où ils fondèrent la 2e ville francophone du monde... Montréal.

cloître d'eau et son architecture contemporaine. C'est du ***port Luneau,*** à proximité, qu'embarquèrent les 1ers colons pour... le Québec. À l'entrée ouest de la ville, la ***chapelle Notre-Dame-des-Vertus*** vaut aussi le détour pour ses lambris peints au plafond.

Le théâtre de la Halle-au-Blé *(plan B2)* **:** *pl. du 8-Mai-1945. ☎ 02-43-38-16-60. Visite guidée payante en été (infos à l'office de tourisme).* Ce petit théâtre à l'italienne du XIXe s, véritable bonbonnière, est un pur joyau architectural, restauré en 2000. Ne pas oublier de se procurer le programme des spectacles : pièces de théâtre, concerts, etc.

À faire

Canoë-kayak : *à la base nautique, près du camping. ☎ 02-43-45-98-10. 06-30-93-20-59. • canoe-kayak-lafleche.fr •*

La boule de fort : *pour connaître les sociétés, demander à l'office de tourisme.* À La Flèche et dans les villages environnants, laissez-vous surprendre par ce jeu d'une rare subtilité, qui n'existe qu'en Anjou (La Flèche constitue la limite géographique nord), autour d'une piste couverte au profil curviligne et avec des boules asymétriques. Pas facile !

La base de loisirs de la Monnerie : un lac réservé à la pêche, un autre avec activités nautiques, baignade surveillée, jeux pour les enfants, parcours de mise en forme, location de bateaux à pédales en juillet-août... Le 3e, le *lac des Oiseaux* (135 espèces), est une zone naturelle protégée accessible seulement aux piétons et cyclistes avec des promontoires pour l'observation.

Manifestation

– ***Les Affranchis :*** *3 j. le 2e w-e de juil.* Spectacles de rue dans plusieurs quartiers de la ville et dans 3 communes des alentours.

DANS LES ENVIRONS DE LA FLÈCHE

Le château de Bazouges-sur-le-Loir *(72200)* **:** *39, rue du Château. ☎ 02-43-45-32-62 ou 36-85. ♿ (accès partiel). De mi-juil au 31 août, tlj sauf lun 15h-18h. Entrée : 6 € ; réduc. Parc seul : 2 €.* On peut l'apercevoir lors d'une promenade le long du Loir, même si son caractère médiéval et son site enchanteur méritent plus qu'un simple coup d'œil. Charmante demeure seigneuriale et jardins à l'italienne. L'église Saint-Aubin vaut aussi le détour, avec son exceptionnelle nef du XVIe s revêtue de bardeaux de chêne peint où figurent un arbre et 26 personnages.

Les marais de Cré-sur-Loir/La Flèche *(72200)* **:** *à 9 km au sud-ouest de La Flèche, à* ***Cré-sur-Loir.*** C'est le dernier grand marais alluvial du département. Cette réserve naturelle régionale préservée de 65 ha propose un sentier de découverte qui permet d'observer une soixantaine d'espèces d'oiseaux, près de 300 espèces végétales dans les milieux variés de prairies humides, canaux, roselières... Sac pédagogique mis à disposition gratuitement par l'office de tourisme à La Flèche.

LES VALLÉES DE LA SARTHE ET DE LA VÈGRE

La rivière Sarthe tient son nom d'un diminutif gaulois ou latin construit sur le mot préceltique sar, qui signifie « cours d'eau ». La vallée qu'elle forme constitue une microrégion préservée sinon réservée. Comme le disait si bien

Bernard Pouchèle dans La mémoire est au fond de la Sarthe (Terre de Brume Éditions), la Sarthe est le « fleuve de la terre qui, comme tous ceux de la terre, ne voyage jamais loin, ni jamais longtemps. »
La Sarthe partage ces doux paysages avec la Vègre. Cette dernière a creusé une vallée aux berges ombragées, avant de rejoindre la Sarthe. Une région hors des sentiers battus, patrie des poulets de Loué, élevés en plein air, les veinards !

SABLÉ-SUR-SARTHE

(72300) 13 060 hab. *Carte Sarthe, A3*

• Plan *p. 295*

À la confluence de la Sarthe avec l'Erve et la Vaige, cette petite ville respire la douceur de vivre. Sablé est dominée par son château, aujourd'hui centre de restauration de la Bibliothèque nationale. Quant à l'église Notre-Dame (1891), elle abrite un chef-d'œuvre de l'art médiéval, la verrière de la Grande-Crucifixion (1495). La ville est célèbre pour ses fameux petits biscuits et son Festival international de musique baroque en août.
Les amateurs de promenades bucoliques ne manqueront pas le parc d'agrément du château et le jardin public, tandis que les adeptes d'insolite loueront un bateau ou prendront leurs pieds pour longer les rives de la Sarthe jusqu'à l'abbaye de Solesmes et admirer les petits manoirs des environs.

UN EXEMPLE DE VERTU POLITIQUE

En 1929, Sablé-sur-Sarthe élut le 1er maire noir de métropole, Raphaël Élizé. Un vrai tour de force pour ce socialiste originaire de la Martinique, dans une période d'avant-guerre plutôt trouble sur les questions raciales. Vétérinaire, esthète, il se révéla fin gestionnaire et apôtre de l'intégrité politique... En 1940, il se vit refuser par Vichy le droit d'exercer ses fonctions d'élu et entra dans la Résistance. Dénoncé puis déporté, il mourut à Buchenwald en 1945. Respect.

Adresses utiles

Office de tourisme (plan A1) : *18, rue Léon-Legludic (près du port).* ☎ *02-43-95-00-60.* • *valleedelasarthe.fr* • *Juil-août, lun-sam 9h30-13h, 14h-18h ; j. fériés 10h-13h. Avr-juin et sept, lun-sam 9h30-12h30, 14h-17h30 ; j. fériés 10h-13h. Le reste de l'année, lun-ven.* Visites « Patrimoine » et « Terroir » et location de vélos en saison.

Bureau d'accueil à Solesmes : *rue Marchande. Juil-août, tlj.*

Où dormir ?

Camping municipal de l'Hippodrome (plan A2, **10**) : *allée du Québec.* ☎ *02-43-95-42-61.* • *camping@sablesursarthe.fr* • *camping.sablesursarthe.fr* • *Accès par les D 309 et D 22 (ou suivre la direction du CREPS). Début avr-début oct. Résa conseillée en été. Forfaits pour 2 env 14-17 € ; mobile* *homes et chalets. 80 empl.* Camping au calme et fleuri, à 600 m du centre et en bordure de rivière. Possède 5 chalets éconature. Canoë, randonnées, etc. Piscine et animations en juillet-août.

Hôtel Inn Design *(plan B1, **11**) : 9, av. Charles-de-Gaulle. ☎ 02-43-95-30-53. • hid.sable@gmail.com • hotel-inn-sable.fr • ♿ Doubles 59-79 € hors événements.* Un genre de motel à l'américaine, pas des plus glamour mais aux chambres modernes et fonctionnelles. Tout à fait correct pour une nuit, dans une ville où l'hébergement fait défaut. Et le centre-ville est accessible en 2 mn à pied.

Où manger ? Où boire un verre ?

La Terrasse *(plan B1, **20**) : 3 bis, rue de l'Île. ☎ 02-43-95-74-90. • laterrasse.sable@gmail.com • Au bord de l'eau, entre les 2 ponts. Fermé dim-lun. Formules en sem et sam midi 12,90-19,90 € ; menu 33,90 €.* Intérieur chic dans les tons bordeaux et gris, et une salle joliment apprêtée avec de confortables chaises. Mais surtout, un emplacement de choix avec une terrasse les pieds dans l'eau face au château. Cuisine bistrot, tendance traditionnelle et semi-gastronomique.

Le 10 Vins *(plan B1, **24**) : 12, quai National. ☎ 02-43-55-46-72. 07-82-57-09-33. • le10vins72@gmail.com • Fermé lun soir, sam midi et dim. Congés : 1re quinzaine d'août. Carte env 15 €.* Une dizaine de vins au verre à accompagner de planches de charcuterie ou de fromages. Pratique en cas de fringale ou de faim tardive quand tout est fermé ailleurs (y compris en période de festival). Burgers, salades et plats du jour servis à l'heure des repas. Très sympa ! La maison a ouvert une 2e table juste derrière : ***Le Verso*** *(12, rue de l'Île ; carte env 30 €).* Propose une cuisine traditionnelle française.

Pub Élysée *(plan A1, **23**) : 13, pl. Raphaël-Élizé. ☎ 02-43-95-03-07. Mar-dim 10h-1h (20h dim sauf soirs de match). Fermé lun.* Le bar central de Sablé, façon pub avec ses banquettes, jeu de fléchettes, billards et télé les soirs de match.

Où acheter le fameux petit sablé ?

Maison Drans *(plan A1, **30**) : 38, pl. Raphaël-Élizé. ☎ 02-43-55-61-87. • maisondrans.com • Fermé dim-lun.* La marque historique de Sablé a été rachetée et la belle boutique a rouvert en centre-ville. On y retrouve la recette originale du petit sablé de 1932, transmise, jusqu'il y a peu encore, de père en fils. Possibilité de visiter les ateliers *(2, rue de la Briqueterie ; lun-ven sur résa).*

Biscuiterie La Sablésienne *(hors plan par B1, **31**) : 1, av. Jean-Monnet, Z.A. de la Denisière. ☎ 02-43-95-04-53. • sablesienne.com • En périphérie, à la sortie de Sablé. Boutique ouv lun-sam 9h30-12h30, 14h-18h30 (19h ven-sam) ; fermée dim. Visite guidée possible (en juil-août, lun-ven à 10h).* Un autre fabricant du fameux sablé, dont une partie de la production est bio. La maison a également misé sur les emballages, avec des boîtes colorées et rigolotes. Également une boutique-salon de thé en centre-ville, place Raphaël-Élizé.

À voir

Rive droite

Le château *(plan A1)* : du XVIIIe s. Pour admirer sa façade, le mieux est de l'aborder par le parc, d'ailleurs très agréable, au bord de la Vaige. Un projet d'aménagement en jardin à la française avec pièce d'eau en avait même fait fantasmer plus d'un, mais il est pour l'instant tombé à l'eau. C'est aussi l'annexe de la Bibliothèque nationale de France (restauration de livres anciens et microfilms).

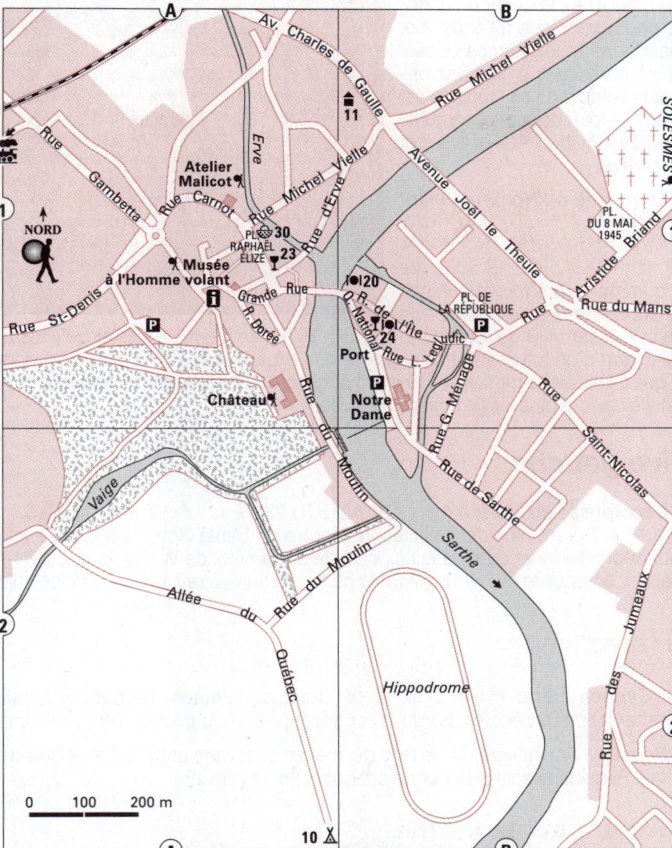

SABLÉ-SUR-SARTHE

Adresse utile

- Office de tourisme (A1)

Où dormir ?

- **10** Camping municipal de l'Hippodrome (A2)
- **11** Hôtel Inn Design (B1)

Où manger ? Où boire un verre ?

- **20** La Terrasse (B1)
- **23** Pub Élysée (A1)
- **24** Le 10 Vins et Le Verso (B1)

Où acheter le fameux petit sablé ?

- **30** Maison Drans (A1)
- **31** Biscuiterie La Sablésienne (hors plan par B1)

L'Atelier Malicot *(plan A1)* **:** *11, rue Carnot. ☎ 02-43-62-11-10. • ateliermalicot.wixsite.com/ateliermalicot • Visite par la ville « Sur les traces de Malicot ».* Une verrière aux vitres bleues ouvrant sur la rivière Erve : il s'agit de l'ancien atelier du photographe sabolien Joseph Malicot (1874-1953). Il abritait l'univers de l'artiste : matériel photo, plaques sensibles, toiles de fond pour ses modèles, fauteuils, colonnes, bref, le décor d'un atelier photographique à l'ancienne, abandonné et longtemps oublié. En s'intéressant à la passionnante aventure de ce studio, c'est toute l'histoire de la photographie que l'association Atelier Malicot fait revivre.

PALAIS ROYAL

En 1670, la marquise de Sablé, se rendant auprès de Monsieur, frère du Roi-Soleil, emporta quelques gâteaux de sa région. La Cour tomba sous le charme de ce qu'elle appela désormais les « petits sablés ». La marquise devint même le fournisseur officiel de Monsieur pour son petit déjeuner ! Mais les sablés ne connurent réellement la célébrité qu'au XXe s, quand la recette fut retrouvée, en 1932.

Le musée à l'Homme volant *(plan A1) : 35, Grande-Rue. ☎ 02-43-95-07-36. Tte l'année sur rdv. Tarif : env 3,50 €.* Le 1er homme volant français venait de Sablé-sur-Sarthe : dénommé Besnier et serrurier de métier, il inventa en 1678 une machine à voler qu'il testa en s'élançant d'un toit (il sortit sain et sauf de l'expérience). Rien d'étonnant donc à ce que Sablé ait ce musée entièrement consacré à l'histoire de la conquête de l'air, installé dans la plus vieille maison de la ville.

Rive gauche

L'écomusée du Marbre *(hors plan par B1) : 23 bis, rue Aristide-Briand. 07-63-16-49-84.* Durant plus de 3 siècles, le marbre de Sablé-Solesmes a été exploité pour approvisionner de prestigieux chantiers tels ceux de Versailles et du Val-de-Grâce. L'écomusée du marbre raconte cette aventure à travers de multiples objets.

À faire

L'Espace Henri-Royer : *juin-sept.* Jeux aquatiques, barbecue, location d'embarcations à pédales, barques et canoës, *stand-up paddle,* vélos, minigolf...

Balade vraiment agréable le long du chemin de halage entre Sablé et Solesmes (3 km). Possibilité d'aller-retour de chaque côté de la rivière.

Naviguer sur la Sarthe

Sur les 132 km navigables de la Sarthe, 82 km et 16 écluses se trouvent sur le département.

Anjou Navigation *(plan B1) : au port de Sablé. ☎ 02-43-95-14-42. • anjou-navigation.fr •* Location de petits bateaux électriques de 2 à 12 places, sans permis.

Bateau promenade *(plan B1) :* ***Le Sablésien,*** *au port de Sablé. ☎ 02-43-95-93-13. • bateau-sablesien.fr •* Propose des croisières au fil de l'eau, avec passage de viaduc, d'écluses et, bien sûr, de l'abbaye de Solesmes.

Manifestations

– ***La Folle Journée :*** *janv. • follejournee.fr •* Programmation décentralisée du festival de musique classique de Nantes.
– ***Rock Ici Mômes :*** *juil.* Festival de rock pour enfants.
– ***Nuit d'été :*** *juil.* Soirée festive et gratuite dans le parc du château, consacrée aux musiques actuelles.
– ***Festival baroque :*** *fin août.* Concerts, danse, théâtre... Une référence nationale et une programmation de haute volée.

SOLESMES

(72300) 1 300 hab. *Carte Sarthe, A3*

Non loin de Sablé, l'abbaye bénédictine domine le cours de la Sarthe. Chef-d'œuvre architectural, une vision très romantique s'en dégage. Une curiosité à signaler : le carré militaire 1914-1918 au cimetière car l'abbaye a accueilli un hôpital militaire durant la Première Guerre mondiale. Autre tombe célèbre : celle du poète surréaliste Jean Reverdy, qui vécut ici à la fin de sa vie. Solesmes, c'est aussi le fief de François et Pénélope Fillon (élue au conseil municipal), pour ceux qui n'auraient pas suivi...

Où dormir ? Où manger à Solesmes et dans les environs ?

Camping L'Œil dans le Rétro : *pl. des Deux-Fonds, 72430* ***Avoise.*** *☎ 02-43-92-76-12. • contact@campingloeildansleretro.fr • campingloeildansleretro.fr • ♿ À 8 km à l'est de Solesmes par la D 22. Début avr-fin sept. Forfaits pour 2 env 10-13 € ; caravanes. 54 empl.* Entre la Sarthe et la Vègre (avec plage et base fluviale), une structure familiale offrant des emplacements répartis sur 2 terrains et délimités par des haies. Mais les nostalgiques apprécieront surtout la marrante collection de caravanes en location, toutes des années 1960 et 1970, retapées avec tact par le proprio. Elles ont toutes leur histoire et leurs fonctionnalités. Également un bistrot à l'ancienne dans une roulotte, un potager aromatique en libre-service... et un accueil aux petits oignons.

Chambres d'hôtes Le Fresne : *Le Fresne, à Solesmes. ☎ 02-43-95-92-55. 📱 06-87-49-38-93. • le.fresne@wanadoo.fr • À 4 km, direction Parcé. Doubles à partir de 66 €. Table d'hôtes sur résa.* En pleine nature, Marie-Armelle et Pascal Lelièvre ont aménagé dans les anciennes soues de la ferme familiale des chambres coquettes dont 2 avec courette privative. Chaleureuse salle à manger et une pièce avec kitchenette et coin lecture. À la table d'hôtes, produits de la ferme. Petit étang privé (« Tourisme Pêche »). Piscine avec jacuzzi.

Grand Hôtel de Solesmes : *16, pl. Dom-Guéranger, à Solesmes. ☎ 02-43-95-45-10. • solesmes@grandhotelsolesmes.com • grandhotelsolesmes.com • ♿ Face à l'abbaye. Fermé dim soir, plus sam midi hors saison. Congés : de fin déc à mi-janv. Doubles confort 115-185 € ; petit déj 15 €. Menus 27-32 € ; carte 50-60 €. Apéritif maison offert sur présentation de ce guide.* Hostellerie de beau standing, même si certaines chambres, tout confort, manquent un peu de cachet. Une salle de resto modernisée au goût des pèlerins d'aujourd'hui. Cuisine apprêtée, fort goûteuse. Jolie terrasse et jardins. Club de remise en forme avec jacuzzi et sauna.

À voir

L'abbaye bénédictine Saint-Pierre-de-Solesmes : *☎ 02-43-95-03-08. • abbayedesolesmes.fr • Tlj 9h-13h15, 13h45-18h15. GRATUIT.*

Geoffroy le Vieux, seigneur de Sablé, fonda en 1010 un prieuré, confié aux bénédictins du Mans, qui devint l'abbaye bénédictine de Saint-Pierre-de-Solesmes en 1837. Aux lignes claires et simples du bâtiment de 1722 s'est ajoutée l'architecture puissante de l'aile de 1896, qui rappelle à la fois celle du Mont-Saint-Michel, sur son éperon rocheux surplombant la Sarthe, et celle du palais des Papes d'Avignon.

Les moines (actuellement une cinquantaine) tiennent à ce que l'on respecte le site religieux. On ne visite que l'église abbatiale (à ne pas confondre avec l'église paroissiale à l'entrée du site) où l'on peut admirer les célèbres statues dites « Saints de Solesmes », véritable chef-d'œuvre de la sculpture française de la Renaissance, qui ornent les 2 côtés du transept. Sublime !
Solesmes est également célèbre pour ses chants grégoriens que l'on peut écouter à 10h (durée : 1h, voire 1h40) et à 17h (16h en été et 17h30 en hiver ; durée : 30-45 mn) à l'occasion des offices religieux (heures auxquelles on ne peut en revanche plus circuler ni visiter). Dans la salle d'expo, au fond de la boutique, vidéos et explications sur la vie monacale et, surtout, une superbe maquette de l'abbaye.

DANS LES ENVIRONS DE SOLESMES

Au départ de Solesmes, on recommande de faire une ***miniboucle*** (environ 25 km) par ***Juigné-sur-Sarthe, Avoise*** et ***Parcé-sur-Sarthe*** en empruntant les D 22 et D 57, pour découvrir des bourgs charmants, parsemés le long de la Sarthe et offrant de jolis points de vue. À Parcé, les plus belles maisons anciennes du coin...
À 2 km de Solesmes, le petit bourg de ***Juigné*** possède une église avec retable du XVIIIe s en marbre local. Du parvis, jolie vue sur l'abbaye. Au port du village, au pied de l'abbaye, voir également la secrète *chapelle Notre-Dame-du-Nid,* au bout d'une ruelle pentue. Elle fut construite en 1936 comme ex-voto par le sculpteur Raymond Dubois (1904-1982).

LA SARTHE

ASNIÈRES-SUR-VÈGRE

(72430) 410 hab. *Carte Sarthe, A-B3*

À une dizaine de kilomètres au nord-est de Sablé-sur-Sarthe, assurément l'un des plus beaux villages de la Sarthe, classé Petite Cité de caractère. Il offre un remarquable ensemble de monuments médiévaux : une église aux très belles fresques (XIIe-XVIe s), un pont et un moulin pittoresques, de vieilles maisons des XIIIe et XVIe s, une fontaine aux légendes et un remarquable petit manoir gothique et Renaissance (la « Cour » d'Asnières)... La visite vaut autant pour la richesse architecturale du village que pour son environnement, traversé par la jolie rivière qu'est la Vègre.

Info utile

– Les guides expérimentés et bénévoles de l'***Association Patrimoine d'Asnières*** proposent des visites de qualité, plutôt sur réservation. *Programme et tarifs : ☎ 02-43-92-40-47. • asnierespatrimoine.fr •* Visites commentées en saison *(avr-oct ; sur résa),* notamment du village d'Asnières, du château de Verdelle et du château de Moulinvieux, ainsi que randonnées dans la région.

Où dormir dans le coin ?

Chambres d'hôtes La Ferme Chauvet : *Chauvet, 72430* ***Chantenay-Villedieu.*** *☎ 02-43-95-77-57. 06-99-43-77-57. • fermechauvet.com •* *À 7 km d'Asnières par la D 22. À Chantenay-Villedieu, suivre la direction de Brûlon et prendre le 1er chemin à droite sur la D 35 (fléché). Congés :*

fin déc-fin janv. Double 65 € ; roulottes 90-105 €. Table d'hôtes sur résa 22 €. Accueil adorable de Marylise, qui est d'une disponibilité rare pour ses hôtes, malgré son activité d'agricultrice (poulet, porc fermiers et autres produits en vente à la ferme)... Quelle énergie ! Salon-salle à manger, micro-ondes et frigo à disposition. Parfait en famille (5 chambres dont 1 avec mezzanine et 2 roulottes en formule gîte). Simple, calme et plein de gentillesse.

À voir

Le manoir de la Cour : *6, rue du Temple. ☎ 02-43-95-17-12. • lemanoirdelacour.fr • Avr-oct : tlj en juil-août 11h-19h, sinon mer-dim 14h-18h (fermé lun-mar). Visites guidées à 15h30, plus 11h15 en été (1 € de supplément). Entrée : 5 € ; réduc.* Le cellier ou le logis seigneurial de ce magnifique manoir du XIIIe s, superbement restauré, accueillent une belle exposition interactive, ludique et numérique sur l'histoire d'Asnières et du manoir et la vie au Moyen Âge. Écrans tactiles, jeux, costumes à disposition pour les enfants, animations, ateliers, spectacles et conférences rendent la visite particulièrement attrayante. Animations médiévales le dernier dimanche du mois.

Atelier VERR I KITI : *rues des Tisserands et du 14-Nivôse. ☎ 02-43-95-68-19. • verrikiti.fr •* L'atelier d'Hervé, artisan verrier et fileur de perles à la flamme, et de Christine, créatrice de bijoux et objets en verre.

BRÛLON

(72350) 1 636 hab. *Carte Sarthe, B3*

Ne vous laissez pas décourager par l'entrée de ville assez déprimante car cette Petite Cité de caractère possède quelques belles demeures et un bourg relativement préservé. Située à 17 km au nord de Sablé par la D 4, Brûlon a vu naître en 1763 Claude Chappe, l'inventeur du télégraphe aérien. Petit musée à sa mémoire, ainsi qu'une église de style roman (fresques néogothiques et vitraux contemporains de 2012 dans le chœur). On vient surtout ici pour séjourner de manière originale, dans un tipi ou dans un arbre, et profiter de la belle base de loisirs, des possibilités de balades à pied, en canoë, à VTT...

Adresse et infos utiles

■ ***Location de canoës, kayaks, embarcations à pédales et VTT :*** *à la base de loisirs de plein air Fred-Chouvier, au plan d'eau. ☎ 02-43-55-31-21. • basedeloisirsbrulon.wordpress.com •* Baignade surveillée en juillet-août.

– Circuits pédestres et VTT téléchargeables sur *• valleedelasarthe.fr •*

– Visites guidées sur résa auprès de l'office de tourisme : *☎ 02-43-95-00-60.* Dépliant « Parcours Découverte » disponible à la mairie de Brûlon.

Où dormir ? Où manger dans le coin ?

Campings

Le Septentrion : *au bord du lac, à Brûlon. ☎ 02-43-95-68-96. • contact@campingleseptentrion.com • campingleseptentrion.com • Avr-sept. Forfaits 13,50-15 € pour 2 ; bungalows toilés et mobile homes 4-6 pers. 75 empl.*

LA SARTHE

Beau site, calme et fleuri, au bord d'un lac. Piscine privée (chauffée) et accès (payant) aux activités de la base de loisirs voisine et aux tennis municipaux, quasiment situés dans le camping (et tant pis pour les quelques emplacements juste à côté !). Excellent accueil dans ce camping à l'ambiance joyeuse et familiale.

Les Tipis du Bonheur de Vivre : *le plan d'eau, à Brûlon. ☎ 02-43-95-57-54. • lestipisdubdv@gmail.com • lebonheurdevivre.net • De mi-avr à fin oct. Nuitée à partir de 80 € pour 2 tt compris : nuit, repas amérindien, veillée contes et légendes, petit déj ou packages.* Si vous souhaitez un dépaysement total et une immersion dans la culture amérindienne, c'est un endroit pour vous. Imaginez un campement de 7 ha occupé par de vrais Amérindiens, où vous pourrez dormir en tipi de capacité jusqu'à 8 personnes. Une exposition permanente relate les faits de guerre et la culture des Amérindiens des Plaines. Boutique artisanale tenue par un Amérindien. Chaque année, le camp finance la venue d'un jeune Amérindien du Montana en France.

Prix moyens

Les Forges : *24, rue Principale, 72350* ***Viré-en-Champagne.*** *☎ 02-43-95-69-68. • sejourauxforges.fr • À 5 km à l'est par la D 35. Double 65 €.* Voici une famille d'agriculteurs laitiers que rien n'arrête. Dans leur élégante maison de bourg, ils ont ouvert un agréable salon de thé, mais aussi 2 jolies chambres d'hôtes, 1 pour 2 personnes (toilettes sans cloison, on prévient), 1 pour les familles. Mais ce n'est pas tout. Louise s'occupe aussi d'une galerie exposant des artistes locaux. Et aux pinceaux, on demande la maman, autodidacte et franchement douée. Faites une virée par Viré, bonne pioche assurée !

Bœuf et Campagne : *26, pl. Albert-Liébault, à Brûlon. ☎ 02-43-95-34-22. • contact@boeufetcampagne.fr • Fermé le soir dim-mer, plus le midi lun. Formules 16 € (déj en sem)-22 € ; sinon pièces de viande à la carte.* L'un des électrons de la minigalaxie Ricordeau de Loué. La thématique est assez claire !

Très chic

Cabane dans les arbres « Kota Cabana » et chambres d'hôtes au château de l'Enclos : *chez Annie-Claude Guillou, 2, av. de la Libération, à Brûlon. ☎ 02-43-92-17-85. 📱 06-71-15-24-50. • jean-claude.guillou5@orange.fr • chateau-enclos-brulon.com • Sur la route de Sablé. Nuitée pour 2 en cabane 170 €, en roulotte 140 €, en chambre d'hôtes 120 €, petit déj compris.* Au creux des branches d'arbres centenaires, on trouve ici tout le confort d'une maison en bois venue de Finlande. Terrasse circulaire, chambre spacieuse et cabinet de toilette. Les douches sont tout de même au sol, à quelques mètres. Également une roulotte. Sinon, les chambres d'hôtes du château, romantiques à souhait, bénéficient de jolies vues sur le parc et ses... lamas. Excellent accueil.

Achats

Les Délices de Beauregard : *Beauregard. 📱 06-98-82-31-61. À 1 km du centre, par la route du camping. Lun-sam env 11h-12h30. Fermé dim.* Dans une ferme, boutique de produits fermiers maison ou sarthois : confitures, foie gras, vin, terrines...

À voir. À faire

Face à Face avec les Loups : *chemin du Parcaigneau. ☎ 02-43-95-57-54. • lebonheurdevivre.net • Avr-oct.* Moment d'émotion grâce au contact privilégié avec l'animal ! Propose également une cani-rando avec huskys.

Le musée Claude-Chappe : *dans le prieuré, rue de l'Ouche. Infos à l'office de tourisme : ☎ 02-43-95-00-60. Seulement sur résa.* Le musée retrace les 1res expériences de communication à distance de Claude Chappe.

LOUÉ

(72540) 2 258 hab. *Carte Sarthe, B3*

À 8 km à l'est de Brûlon. Le tourisme n'est pas – hormis la présence d'une base aqualudique – l'activité principale de cette petite ville connue dans la France entière pour ses poulets ! Issues du croisement d'une poule blanche et d'une poule rousse, ces volailles, biologiques ou Label Rouge, sont élevées en plein air et vendues à 91 jours.

Où dormir ? Où manger dans le coin ?

La Sittelle : *pl. Hector-Vincent, à Loué. 06-86-92-87-61. • campinglasittelle@gmail.com • camping-la-sittelle.fr • Avr-oct. Forfait pour 2 env 12 € ; chalets 2-6 pers.* Au bord de la Vègre, dans un cadre vert et bucolique, un camping familial à taille humaine et à prix doux. Bon confort, sans luxe superflu. À l'entrée du camping, bel espace aqualudique *(de mi-mai à début sept)* avec piscine de plein air (eau à 29 °C !), toboggan, champignon à eau et parcours fitness.

Hôtel-restaurant Ricordeau : *11, rue de la Libération, à Loué. ☎ 02-43-88-40-03. • contact@hotel-ricordeau.fr • hotel-ricordeau.fr • Fermé dim soir et lun-mar. Congés : 1 sem pdt vac de fév et de la Toussaint. Doubles 95-135 € ; familiales ; (très bon) petit déj env 15 €. Formule déj en sem 30 € ; menus 47-63 €. Apéritif maison offert sur présentation de ce guide.* Cet ancien relais de diligences abrite une bien belle adresse, accueillante et sérieuse sans pour autant prendre des airs importants. Déco des chambres sobre, mais ensemble élégant et très confortable. Et puis comment ne pas fondre pour le délicieux jardin à l'arrière (et sa jolie piscine tapie dans son coin), sur lequel donnent les baies vitrées du bon resto ? On y déguste une cuisine sans ostentation mais inspirée et délicate, utilisant au maximum des produits locaux. Poulet (fermier) de Loué en tête !

La Table du Coq : *9, rue de la Libération, à Loué. ☎ 02-43-88-31-14. • contact@latableducoq.fr • Ouv le midi lun-sam, plus le soir lun-mar et ven. Fermé dim. Formules et menus 14 € (déj en sem), puis 19-25 €.* C'est la petite annexe de l'hôtel voisin et l'occasion pour les budgets plus réduits de goûter une cuisine du terroir fine et fraîche, joliment concoctée par le chef du *Ricordeau*. Là encore, œufs et volailles de Loué sont à l'honneur. Le vendredi soir, sur réservation, poulet rôti, servi entier, avec ses croûtons à l'ail. Un coup de cœur !

Les Insolites du Bonheur de Vivre : *Le Champ-du-Pin, 72210* **Maigné.** *06-70-00-73-45. • hebergements-insolites-72.fr • À env 8 km au sud-est de Loué (discrètement indiqué « Bonheur de Vivre »). De mi-avr à mi-oct. Hébergement 1-4 pers, yourte jusqu'à 6 pers 75 €, cabane de trappeur 120 € pour 8 ; petit déj 8 €.* Après celle de Brûlon, voici encore une adresse insolite mais à prix très doux celle-ci, comme l'ambiance qui y règne. Sur un terrain de 1,5 ha, dans un environnement très champêtre, tipis, isba, tente inuit, cabane sur pilotis, case africaine, yourte, cabane de trappeur et maison de paille pour passer la nuit. C'est rustique (notamment les sanitaires communs), mais, tout à coup, on retrouverait presque l'enfant en soi. Et puis quel accueil !

DANS LES ENVIRONS DE LOUÉ

Les forêts de la Grande-Charnie et de la Petite-Charnie : la 1re s'étend de la Mayenne jusqu'à Saint-Denis-d'Orques (à environ 12 km au nord-ouest de Loué) et la 2de se trouve aux abords de Saint-Symphorien (à environ 11 km au nord de Loué). Quitte à choisir, laissez-vous séduire par la plus petite, une forêt pleine de charme... de chênes, de sapins et de bouleaux. En automne, un refuge apprécié des biches et des cerfs, aussi bien que des amateurs de cèpes.

MALICORNE-SUR-SARTHE

(72270) 1 950 hab. *Carte Sarthe, B3*

Au fil des siècles, par l'évolution de son style et de ses techniques, Malicorne est devenue l'un des centres majeurs de la faïencerie d'art française. Dès l'époque gallo-romaine, l'argile locale est remarquée pour ses qualités plastiques exceptionnelles, ce qui favorise le développement de la poterie dans la région, à Ligron notamment, puis, bien après, à la fin du XVIIIe s, à Malicorne, où les faïenceries feront la réputation de la ville. Bien que celles-ci aient fermé en nombre après la Seconde Guerre mondiale, vous pourrez encore voir les très belles pièces fabriquées aujourd'hui par les 2 dernières, notamment les corbeilles ajourées aux délicats motifs romantiques qui sont la marque de fabrique de Malicorne. La présence de faïenceries dans cette ville labellisée Ville et Métiers d'art et le regain d'intérêt pour celles-ci semblent inciter depuis quelques années les artisans (céramistes, peintre sur porcelaine, tourneur sur bois...) à venir s'installer ici, conférant à ce joli bourg un nouveau dynamisme.
La Sarthe malicornaise, c'est aussi la tranquille élégance du château de Malicorne – où séjourna Mme de Sévigné –, son église du XIe s – l'une des plus anciennes du Maine –, les randonnées de Mézeray, les pique-niques et la saveur de la pomme locale, à croquer de septembre à mai.

Adresse et info utiles

Office de tourisme : *rue Victor-Hugo. ☎ 02-43-95-00-60. • valleedelasarthe.fr • Au rdc du musée de la Faïence et de la Céramique. Avr-sept, mar-sam (plus dim mat en juil-août) 10h-12h30, 14h-18h. Fermé lun.* Magazine de la vallée de la Sarthe. Location de vélos en saison.

– ***Marché :*** *pl. de la République, ven mat.*

Où camper ? Où manger ?

Camping Port Sainte-Marie : *route de Noyen. ☎ 02-43-94-80-14. • camping.malicorne@orange.fr • ville-malicorne.fr • Avr-fin sept. Env 16-14 € pour 2 ; bungalows et mobile homes 4-6 pers. 78 empl.* Au bord de la Sarthe et accolé au terrain de foot, un petit camping très bien équipé sur un site joliment arboré. Certains emplacements ont un portail d'accès à la rivière. Dispose également de 6 bungalows toilés et meublés ainsi que de 4 mobile homes. Piscine *(juil-août seulement).*

L'Ardoise : *7, rue Carnot. ☎ 09-70-35-56-65. • lardoise.malicorne@gmail.com • Fermé lun soir, mar soir et mer, et hors saison jeu soir et dim soir. Formule déj en sem 14 € ; plats env 15-20 €.* Un petit resto dans l'air du temps avec un « petit » menu du jour imbattable. Il n'en fallait pas plus pour fidéliser les locaux à l'heure du déjeuner. Cuisine gourmande misant essentiellement (mais pas que) sur le « fait maison ».

Restaurant La Petite Auberge : *5, pl. Du-Guesclin. ☎ 02-43-94-80-52. • contact@petite-auberge-malicorne.fr • Face au port et à l'office de tourisme. Fermé lun, plus le soir dim-jeu hors saison. Formules déj en sem 19-22 € ; menus 32,50-63 €.* Un établissement classique, agréablement situé au bord d'une rivière, avec une mignonne terrasse où l'on peut, pour pas cher le midi en semaine, s'offrir un bon repas. Savoureuse cuisine traditionnelle et bourgeoise, dommage que les prix s'envolent à la carte. Pour les jours gris, élégante salle à manger avec une grande cheminée.

Où dormir ? Où manger dans les environs ?

Camping municipal Le Port : *av. de la Piscine, 72210* ***La Suze-sur-Sarthe.*** *☎ 02-43-77-30-49. • contact@lasuze.fr • (hors saison). • camping.suze@wanadoo.fr • (en saison). • lasuze.fr • À env 15 km au nord-est par la D 23. De mi-mai à sept (tte l'année pour les camping-cars). Résa conseillée en été. Compter 9 € pour 2. 100 empl.* Un petit camping très simple, dans un cadre agréable et vert, avec la rivière qui passe derrière et quelques arbres (mais peu d'ombre). Sanitaires bien équipés pour le prix. Piscine municipale chauffée toute proche et tennis à 20 m *(payants).*

Hôtel Saint-Louis : *27, pl. du Marché, 72210* ***La Suze-sur-Sarthe.*** *☎ 02-43-77-31-07. • info@hotel-saint-louis.fr • hotel-saint-louis.fr • À env 15 km au nord-est par la D 23. Fermé dim soir et lun midi, plus le soir ven-sam hors saison. Congés : 1 sem mi-août et vac de Noël. Doubles 72-97 € ; familiales. Menu env 21 €. Kir offert au resto sur présentation de ce guide.* Une vingtaine de chambres sobres mais fraîches. Les moins chères sont assez étroites mais restent d'un bon rapport qualité-prix. Également un appartement et quelques familiales, dont certaines en duplex. Un resto de terroir pour qui aime la cuisine traditionnelle en sauce.

LA SARTHE

À voir. À faire. Achats

Le musée de la Faïence et de la Céramique de Malicorne : *rue Victor-Hugo. ☎ 02-43-48-07-17. • musee-faience.fr • Mar-dim 10h-12h30, 14h-18h (19h juil-août). Congés : de janv à mi-fév. Entrée : 5 € ; réduc ; gratuit moins de 7 ans et pour ts le 1er dim du mois.* Un superbe musée résolument moderne, installé dans une ancienne manufacture de grès dont subsistent les fours et la cheminée. Présentation très agréable et belle scénographie, à la fois pédagogique et théâtrale, de l'histoire et des techniques de la faïence. Remarquables pièces, remontant à 1747 pour certaines. Film de 15 mn sur le travail dans les ateliers, évocation des métiers liés à la faïence, comme celui de l'ajoureuse, et des reconstitutions par thèmes (sports, religion, animaux, etc.). Pour les plus petits (et les plus grands qui voudraient mettre la main

LE BEC DANS L'EAU

Le musée de la Faïence présente un curieux « pichet trompeur » ou « pot à surprise », qui fut une spécialité de Malicorne à la fin du XIXe s. Pas facile de vider son contenu ! « Buvez, je le veux bien, mais sachez placer votre main », peut-on lire sur le pot, en guise d'indice. Vous donnez votre langue au chat ? L'anse et le bourrelet sont creux et reliés l'un à l'autre. Cela permet d'aspirer le contenu par le bec, à condition de boucher avec son pouce le petit trou dissimulé sous l'anse.

à la pâte !), jeux, cours de poterie ou de peinture sur assiette, boîtes tactiles... qui rendent la visite ludique et interactive. Également des expos temporaires, conférences, concerts, animations, projection de films, un atelier d'arts plastiques et une boutique !

Les Faïenceries d'Art de Malicorne : *18, rue Bernard-Palissy. ☎ 02-43-94-81-18. • faiencerie-malicorne.com • Mar-sam 9h-12h, 14h-18h. Fermé dim-lun. Visite des ateliers pdt les vac de printemps (3 zones).* Stéphane Deschang perpétue l'excellence de la faïencerie malicornaise en la réinventant sans cesse, dans ses ateliers bruissant du son des tours. Quelle prouesse que de voir cette argile ocre et luisante, ensuite pétrie, travaillée par les tourneurs de Malicorne avant d'être ajourée, décorée et cuite. Boutique belle comme un musée, avec notamment ces globes très aériens de Félix, le mathématicien qui conçut la Géode à Paris. Artisanat pas donné mais d'une exceptionnelle qualité. Quelques pièces déclassées en vente (moins chères).

Bourg-Joly Malicorne, Faïencerie d'art : *16, rue Carnot. ☎ 02-43-94-80-10. • malicorne.com • Magasin lun-sam 10h30-12h30, 14h-18h (18h30 sam) ; dim et j. fériés 14h-18h. Fermé dim des vac de la Toussaint à mi-fév. Visite des ateliers sur rdv seulement.* En plein village, la faïencerie la plus ancienne de Malicorne (1747) a ses ateliers juste derrière la boutique où sont exposées, là encore, de bien belles pièces.

LA SARTHE

Le ***parcours d'artisans d'art*** se poursuit avec quelques autres ateliers et boutiques ouverts à la visite. C'est l'occasion de visiter le bourg de Malicorne et la *Boutique Métiers d'Art* aménagée au 1er étage de l'ancien moulin « à couleurs » (où les faïenciers broyaient autrefois leurs émaux). On peut y acheter (ou louer !) des œuvres fabriquées localement *(pl. Désautels).*

Le château de Malicorne : *rue de Sévigné. Visites juil-sept, infos à l'office de tourisme.* Ce fut au XIIe s un château fortifié, puis reconstruit à la fin du XVIIIe s. On le voit très bien à l'entrée de Malicorne.

Balade en bateau, canoë-kayak ou embarcation à pédales sur la Sarthe : *espace nautique, au pied du moulin. 06-52-04-18-72. Tlj en juil-août et j. fériés. Mieux vaut téléphoner (et réserver !).* Location, à l'heure ou plus, de petites embarcations sans permis, électriques ou motorisées, de canoës, de kayaks et d'embarcations à pédales.

Manifestations

– ***Journées européennes des métiers d'art :*** *1er w-e d'avr.* Une cinquantaine d'exposants.
– **La Guinguette de Malicorne :** *juin-août, au bord de la Sarthe, de l'autre côté du pont.* Concerts, animations, spectacles...
– **Les Chemins en couleurs :** *2e w-e d'oct.* Peintres, sculpteurs, céramistes, photographes... dans les rues du village.

LE MAINE-ET-LOIRE (L'ANJOU)

● Carte *p. 306-307*

ABC du Maine-et-Loire

- *Population :* 815 300 hab.
- *Superficie :* 7 107 km^2.
- *Préfecture :* Angers (156 000 hab.).
- *Villes principales :* Cholet, Saumur, Segré, Baugé.
- *Signes particuliers* : la Maine, très courte rivière sans propre source, et la Loire (portion de 130 km, partiellement inscrite au Patrimoine de l'humanité en 2000), plus long fleuve de France ; 14 Petites Cités de caractère.
- *Point culminant :* Les Gardes (210 m).

« Bon vent et à un autre demain ! »

Salut de mariniers de Loire.

La Loire, plus long fleuve de France, et la Maine, courte rivière sans source, donnent le *la* à ce département de Maine-et-Loire cultivant l'originalité. À commencer par son nom, décliné étrangement au masculin, mais qu'importe, ici tout le monde l'appelle l'Anjou. Un Anjou où l'on pédale au milieu des troglos, où les clochers tors (tordus !) font la révérence, où les boules ne sont pas tout à fait sphériques, où les tapisseries annoncent la fin du monde, où l'on croque les quernons d'ardoise avec gourmandise... Entre grands crus et crues du siècle, entre vendanges et douceur mise en vers par Joachim du Bellay, l'Anjou s'exprime avec poésie, se déguste même.

Plaines, bocages, coteaux de tuffeau, troglodytes, collines de vignobles, carrières d'ardoise parsèment le paysage... Et une invitée d'honneur donc : la Loire. Artère dolente et horizontale, profitant de la moindre faiblesse de ses rives pour s'étaler paresseusement. Ses bancs de sable offrent au visiteur un petit farniente d'été, des plages éphémères que l'on observe depuis une guinguette, en sirotant une « fillette d'Anjou » (le nom local de la demi-bouteille), ou que des peintres essaient de capturer selon les ciels changeants. Julien Gracq, enfant du pays, trouvait à ce fleuve un côté exotique : « Un coin d'Amazonie ou de Louisiane s'embusquait là, le long d'une centaine de mètres à peine, mais suffisant pour l'imagination. »

Quant au patrimoine historique et architectural, il y aurait beaucoup à écrire. Si les châteaux, manoirs ou belles demeures (1 200 tout de même) sont moins renommés qu'en Touraine, ils se révèlent tout aussi charmants, souvent plus intimes. Sans oublier des villages de Loire et d'ailleurs si resplendissants au soleil couchant qu'on n'ose à peine les déranger... « Heureux qui comme Ulysse » prennent le temps de se glisser en douceur dans cet Anjou enjôleur.

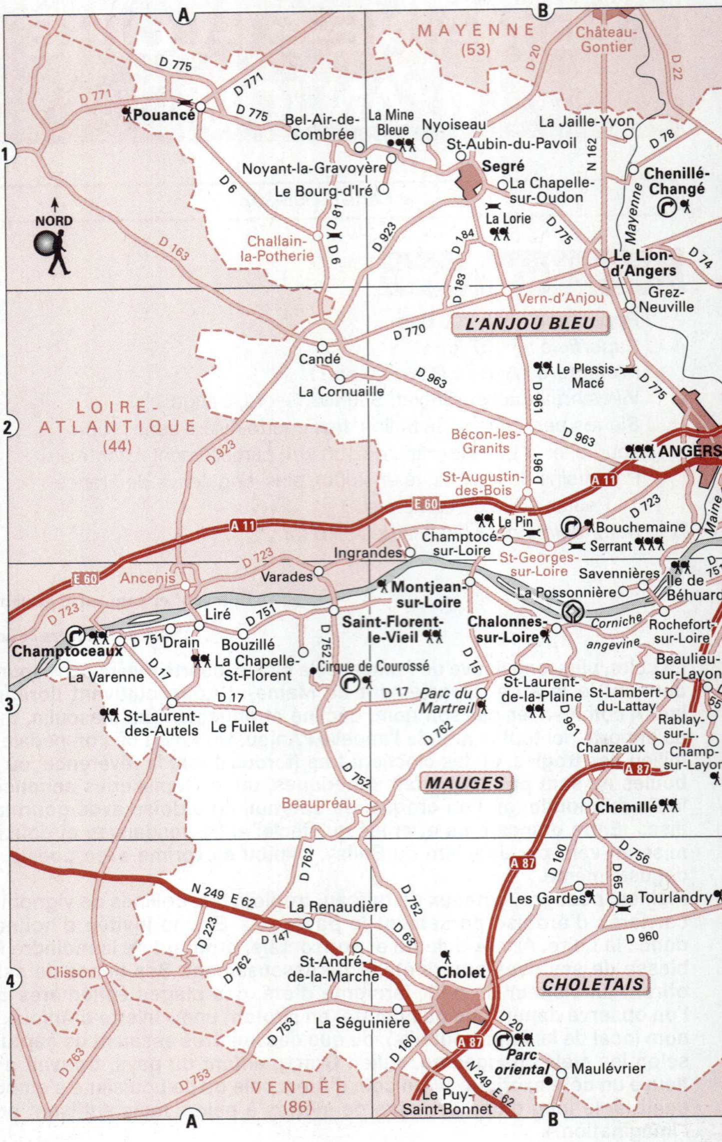

MAYENNE (53)
Château-Gontier
LOIRE-ATLANTIQUE (44)
VENDÉE (86)
NORD
Pouancé
Bel-Air-de-Combrée
La Mine Bleue
Nyoiseau
La Jaille-Yvon
St-Aubin-du-Pavoil
Noyant-la-Gravoyère
Segré
Chenillé-Changé
La Chapelle-sur-Oudon
Le Bourg-d'Iré
La Lorie
Challain-la-Potherie
Le Lion-d'Angers
Grez-Neuville
Vern-d'Anjou
L'ANJOU BLEU
Candé
La Cornuaille
Le Plessis-Macé
Bécon-les-Granits
ANGERS
St-Augustin-des-Bois
Le Pin
Bouchemaine
Champtocé-sur-Loire
Serrant
Ingrandes
St-Georges-sur-Loire
Savennières
Île de Béhuard
Ancenis
Varades
Montjean-sur-Loire
La Possonnière
Liré
Saint-Florent-le-Vieil
Chalonnes-sur-Loire
Corniche angevine
Rochefort-sur-Loire
Champtoceaux
Drain
Bouzillé
La Chapelle-St-Florent
Cirque de Courossé
Beaulieu-sur-Layon
La Varenne
St-Laurent-de-la-Plaine
St-Lambert-du-Lattay
Parc du Martreil
St-Laurent-des-Autels
Le Fuilet
Rablay-sur-L.
Chanzeaux
Champ-sur-Layon
MAUGES
Beaupréau
Chemillé
Les Gardes
La Tourlandry
La Renaudière
St-André-de-la-Marche
Cholet
CHOLETAIS
Clisson
La Séguinière
Parc oriental
Maulévrier
Le Puy-Saint-Bonnet
Mayenne
Maine
A
B
1
2
3
4
D 775
D 771
D 6
D 163
D 81
D 923
D 184
D 183
D 770
D 963
D 961
D 723
D 751
D 752
D 17
D 15
D 762
D 20
D 22
D 78
N 162
D 74
A 11
E 60
A 87
D 756
D 160
D 65
D 960
N 249
E 62
D 223
D 147
D 63
D 753
D 763

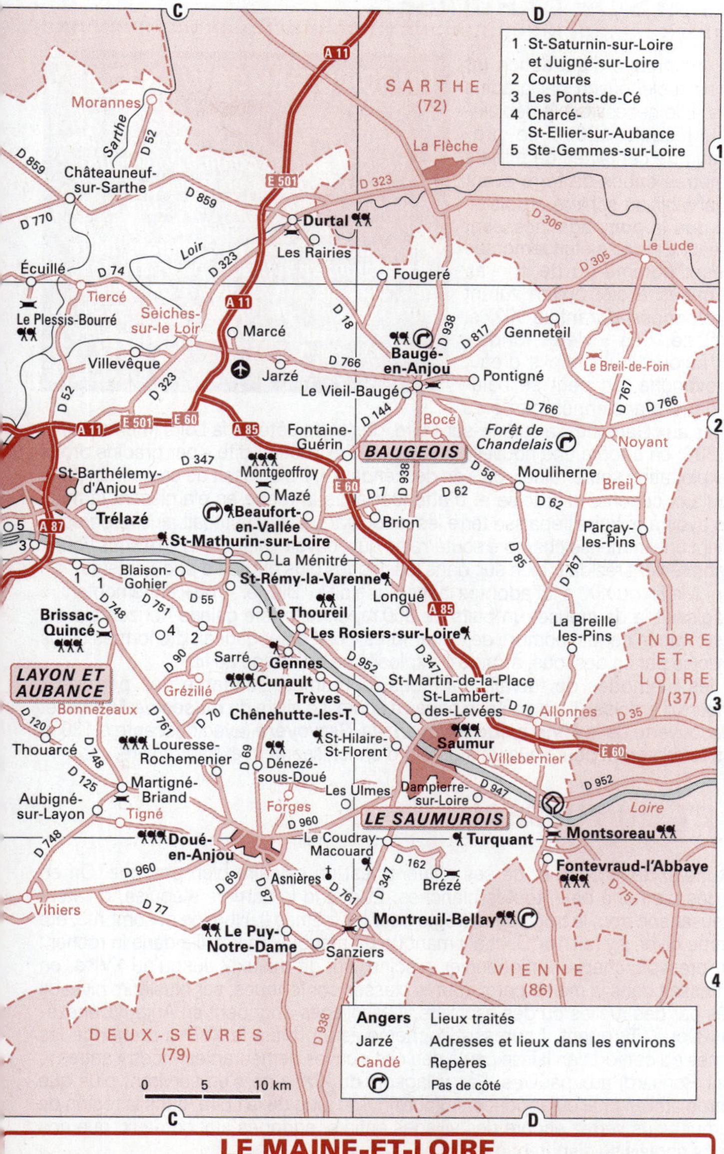

LE MAINE-ET-LOIRE

LE PAYS DE L'ARDOISE...

La 1re technique d'extraction fut la mine à ciel ouvert par gradins droits. Elle nécessitait le déblaiement, jusqu'à 120 m de profondeur, de centaines de milliers de mètres cubes de terre avant de parvenir au schiste ardoisier, ainsi que le pompage incessant de l'eau. L'ardoise était remontée à dos d'homme ou de cheval. Les mines à ciel ouvert furent abandonnées durant le XIXe s. À Trélazé, ces « vieux fonds » sont aujourd'hui remplis d'eau. En revanche, on peut se balader dans d'anciennes carrières sèches aux Garennes, à Juigné-sur-Loire, de l'autre côté de la Loire (même filon). En 1832, on adopta une nouvelle technique d'extraction dite « par gradins droits en exploitation souterraine » ou « en descendant ». Il s'agissait de creuser un puits jusqu'aux couches d'ardoise et d'attaquer alors la roche en élargissant la mine sans avoir à extraire l'épaisse terre les recouvrant. On constituait ainsi progressivement une immense chambre souterraine qui pouvait atteindre 120 m sous voûte. L'inconvénient résidait, bien sûr, dans les risques plus grands d'éboulements.
Enfin, à la fin du XIXe s fut adoptée la méthode dite « Blavier », ou « en remontant ». Il s'agissait là de creuser un puits de 300 m, ensuite une galerie horizontale qui desservait un certain nombre de « chambres » où l'on dégageait d'énormes blocs d'ardoise par en dessous, à l'aide d'explosifs ou de sciage au fil.
Sur les méthodes de travail, traditions, coutumes, solidarité des perreyeux (mineurs d'ardoise), il y aurait des pages à écrire. La visite du ***musée de Trélazé*** et la découverte de la ***Mine bleue à Noyant-la-Gravoyère*** (avec descente à 130 m sous terre) seront pour vous un moment d'enrichissement extraordinaire.

UN SCHISTE *MADE IN* ANJOU

Au VIe s, c'est un évêque d'Angers, saint Lezin, qui aurait découvert les vertus de l'ardoise comme couverture : fissilité (découpage en feuilles), imperméabilité, robustesse, résistance au gel et au feu... C'est surtout à partir du XIIe s que ses qualités lui valurent d'être abondamment utilisée pour les toits des châteaux de la Loire et, depuis, sur nombre de monuments historiques de France ou d'ailleurs (jusqu'à Westminster !).

... ET DU TUFFEAU

Le tuffeau de la Loire et de ses affluents est un calcaire bien pratique. On en fait des pierres à bâtir, toutes blanches. Et quand la carrière s'épuise, on vient y creuser son trou, le troglodyte (troglo pour les intimes !). Humide et sombre... été comme hiver, il y fait 14 °C, et s'il manque un meuble, on le taille dans le rocher : four, pressoir, chapelle, pigeonnier, piscine, qui dit mieux ? Jusqu'au XVIe s, on s'entassait dans la même paroi, toutes classes confondues, sur plusieurs niveaux reliés par des ruelles ou des escaliers. Ces villages abondent en Anjou (Dénezé-sous-Doué, Turquant, Louresse-Rochemenier...). Mais le XVIIe s a changé les normes du confort : on laisse peu à peu ces « caves demeurantes » (ces « antres », disait Ronsard) aux pauvres. Les villageois du XIXe s ne s'en serviront plus que comme atelier, chai ou appentis. Aujourd'hui, le long de la Loire, dans la région de Saumur, vous verrez encore des villages entiers, agrippés aux coteaux, que nos voisins anglais se disputent à prix d'or.

LA BOULE DE FORT

On compte en Anjou pas loin de 400 sociétés de boule de fort, parfois plusieurs par bourgade, surtout dans l'est du département (Baugeois, vallée de la Loire,

Saumurois, Layon). Elles sont chapeautées par la *Fédération de boule de fort,* plus que centenaire. Au total, ce sont environ 50 000 sociétaires (plus que le football dans le département !) qui s'adonnent à ce sport, soit 6 000 joueurs... en charentaises, chaque week-end. Les pistes mesurent 22 m de long sur 6 m de large, relevées sur les côtés d'environ 35 cm.

En voie de rajeunissement, de féminisation et en constant renouvellement, la boule de fort semble en pleine forme. Quant aux fabricants de boules, ils travaillent dans les règles de l'art, choisissant de préférence le cormier, un bois dur local, avant de leur donner leur forme et de les cercler de fer.

● *fedebouledefort.free.fr* ●

LA LOI DU PLUS FORT !

La boule de fort n'atteint son but qu'en louvoyant vers le « maître », en une alchimie harmonieuse entre sa vitesse, la courbe de la piste et surtout... son équilibre instable. La boule de fort n'est pas sphérique et ne répond pas aux lois habituelles de la pétanque ! Elle possède un « côté faible » et un « côté fort », renforcé d'un peu de plomb, ce qui la déséquilibre complètement.

Adresses et infos utiles

Anjou Tourisme *(plan Angers B3)* **:** ☎ *02-41-23-51-51.* ● *anjou-tourisme.com* ● Infos sur tout le département : hébergement, visites, activités sportives et culturelles, etc.

■ **Gîtes de France :** ☎ *02-41-88-50-44 (lun-ven 9h-17h30).* ● *gites-de-france-anjou.com* ●

■ **Parc naturel régional Loire-Anjou-Touraine :** *Maison du parc, 15, av. de la Loire, 49730* **Montsoreau.** ● *parc-loire-anjou-touraine.fr* ● Organisme de valorisation du patrimoine naturel régional, et labellisation de « sorties nature ».

– **Festival d'Anjou :** *de mi-juin à mi-juil.* ● *festivaldanjou.com* ● Le 2e festival national de théâtre en extérieur (après Avignon), dans des sites et châteaux superbes de la région d'Angers.

– **Anjou Vélo Vintage :** *1er w-e de juil.* ● *anjou-velo-vintage.com* ● Rando vélo rétro (plusieurs parcours) le long de la Loire. Un autre événement phare annuel en Anjou.

Transports et loisirs

– **Réseau de bus régional Aléop :** ☎ *02-41-22-72-95.* ● *aleop.paysdelaloire.fr* ●

– Voir également nos informations sur les TER dans toute la région dans le chapitre « Comment y aller ? ».

– Dans le cadre de **La Loire à Vélo** *(● loireavelo.fr ●),* qui voit passer 1 million de cyclistes par an, en Anjou, environ 200 km de tronçons sécurisés et balisés suivent la Loire de Montsoreau à Champtoceaux. Insolite, à Souzay-Champigny on parcourt même 300 m dans une rue troglodytique ! En outre, le département a mis en place « ***12 échappées belles*** », des boucles qui permettent de faire le tour d'Angers, rejoindre la Mayenne ou le Thouet par ***La Vélo Francette*** (128 km), sillonner le vignoble, arpenter l'île de Chalonnes, etc. Plan disponible dans les offices de tourisme.

– En plus des partenaires ***Accueil Vélo*** (200 en Anjou), signalons d'heureuses initiatives comme le réseau d'hébergements pour groupes *Groupàvélo* *(● groupavelo.fr ●),* le site *Lebonpicnic* permettant de réserver son pique-nique chez des fournisseurs locaux *(● lebonpicnic.com/fr/ ●),* les bornes pour recharger les vélos à assistance électrique... En Anjou, tout est fait pour rendre le périple agréable !

– Pour s'y retrouver parmi tous ces itinéraires et événements qui leur sont liés, comme la **fête du Vélo** en juin *(● fete-du-velo.com ●)* et **Anjou Vélo Vintage** en juillet *(● anjou-velo-vintage.com ●),* consulter le site ● *anjou-tourisme.com/fr/voir-faire/balades/balades-velo* ●

– ***Montgolfières d'Anjou :*** *Z.I. Les Sabotiers, 49350* **Gennes.**

☎ *02-41-40-48-04.* • *montgolfieres.fr* • *Avr-nov. À partir de 200-230 €/pers pour 1h de vol.* Les paysages de la Loire vus d'en haut. Exceptionnel ! Pour ceux qui en ont les moyens... Sites d'envol : Gennes, Brissac, Saumur ou Angers.

ANGERS ET LES BASSES VALLÉES ANGEVINES

ANGERS (49000) 156 000 hab. *Carte Maine-et-Loire, B-C2*

• Plan *p. 312-313*

La fameuse douceur angevine n'est pas une légende : la vie semble ici couler comme un long fleuve tranquille, sur les bords de la Maine qui rejoint la Loire quelques kilomètres plus loin. Mais « douceur » ne rime pas nécessairement avec « torpeur ». Angers est une ville jeune, estudiantine (40 000 étudiants) et cosmopolite grâce à ses 2 universités, ce qui n'est pas si fréquent, et ses grandes écoles. C'est aussi une ville de culture, classée Ville d'art et d'histoire, avec notamment cet impressionnant château bicolore aux 17 tours qui abrite la fabuleuse tapisserie de l'*Apocalypse.* Angers se distingue aussi pour son grand nombre de parcs et jardins. Pas étonnant car, déjà au XVe s, le roi René Ier (1409-1480), duc d'Anjou, acclimatait dans le coin de nombreuses espèces méditerranéennes et autres plantes aromatiques. Au XIXe s, l'horticulture connut à Angers ses heures de gloire, avec entre autres le pépiniériste André Leroy : environ 200 des variétés fruitières créées en France sur les 1 750 connues le furent en Anjou.

UN PEU D'HISTOIRE

Comme beaucoup de villes en France, Angers fut une cité gallo-romaine prospère qui s'appelait alors ***Juliomagus.*** Il ne reste de cette époque que quelques remparts d'une cité qui se fortifia par la suite, face aux invasions barbares. Du Xe au XIIIe s, Angers connut à nouveau la prospérité sous le règne des comtes Foulques, puis sous celui des Plantagenêts. De cette époque datent le quartier de la Doutre (autour de l'abbaye du Ronceray) et la cathédrale dans le style Plantagenêt, justement.

ANGERS, VILLE TEST

Sa population répond pratiquement aux mêmes critères que celle de la France, en plus petit. Voilà pourquoi de nombreux produits ou publicités sont testés d'abord à Angers avant d'être diffusés sur l'ensemble du territoire.

L'âge d'or

Du temps d'Henri Plantagenêt (qui épousa Aliénor d'Aquitaine), l'Anjou faisait partie d'un vaste empire allant de Bayonne à Caen, de Tours à Brest, sans compter le royaume d'Angleterre. Résultat : le comte d'Anjou était plus riche que le roi de France ! Au XIIIe s, le ***roi Saint Louis*** (Louis IX) fit construire le fameux château pour faire face aux Anglais et aux Bretons. Commandée par Louis Ier d'Anjou, la tapisserie de l'*Apocalypse* est réalisée entre 1373 et 1382.

Sous Louis XI, la ville d'Angers et l'Anjou furent rattachés au domaine royal. Les ducs d'Anjou deviennent vassaux de la Couronne, mais conservent leur puissance. C'est à la pré-Renaissance, sous l'impulsion du ***roi René d'Anjou*** (1409-1480), qu'Angers connut un ***nouvel âge d'or*** littéraire et scientifique avec Rabelais, Ambroise Paré, Joachim Du Bellay (ici, on prononce le « ch » comme dans « cheval ») ; ou encore architectural avec une floraison de beaux hôtels particuliers. Nombre d'universités et collèges s'y créèrent.
Aux XVIIe et XVIIIe s se développa une importante activité économique autour de la fabrication des toiles de voile et des cordages, ainsi que de l'exploitation de l'ardoise.

D'une révolution à l'autre

La ***Révolution française*** s'avère fatale à Angers. Plusieurs des 5 abbayes, des 27 couvents et près de 50 églises disparaissent dans la tourmente. La ville demeure aussi âprement disputée lors des ***guerres vendéennes.*** Terreur implacable, on fusille et guillotine à tour de bras sur l'actuelle place du Ralliement.
Le XIXe s et sa révolution – industrielle cette fois-ci – n'apportent pas les bouleversements vécus par d'autres villes importantes, ni même la 1re moitié du XXe s, mais André Leroy implante à Angers la plus grande pépinière d'Europe et l'entreprise de filatures, corderies et tissages Bessonneau emploie plus de 5 000 personnes...

Angers dans la course

Les destructions dues aux bombardements de la Seconde Guerre mondiale n'épargnèrent pas Angers, notamment dans le quartier de la gare. Mais depuis les années 1960, la ville a considérablement rattrapé son retard, une période marquée par Jean Monnier (1977-1998) et Jean-Claude Antonini (1998-2012), qui ont insufflé à la ville un nouveau visage culturel et architectural. D'un point de vue économique, notons entre autres l'implantation de ***Scania.*** Mais on en revient toujours au végétal dans cette ville cernée par les ***basses vallées angevines,*** une zone humide à la riche biodiversité.

Adresses et info utiles

Destination Angers *(plan B3) : 7, pl. Kennedy, BP 15157, 49051 Angers Cedex 02. ☎ 02-41-23-50-00. • tourisme.destination-angers.com • Avr-sept, tlj 9h30-18h30 (17h30 dim). Oct-mars, mar-sam et lun ap-m 10h-12h30 et 14h-17h30 ; ouv dim et j. fériés seulement aux vac scol zone B et en déc, 10h-13h.* Organise des animations estivales et les « Visites de l'été » (visites thématiques de mi-juillet à fin août) ; également hors saison. Jeu de piste pour enfants « Visiter Angers avec Thibault et Agathe ». Résas d'hébergements (y compris via le site internet) et « séjours clé en main » (consulter les promos). Belle boutique.

Location de voitures *(plan B3) : plusieurs loueurs à la gare, dont* ***Avis*** *(☎ 08-20-61-16-82) et* ***Europcar*** *(☎ 02-41-87-87-10).*

Taxis : ***Allo Angers Taxi,*** *station devant la gare. ☎ 02-41-87-65-00.*

Location de vélos : *à l'office de tourisme en saison avec conciergerie. Également avec* ***Vélo Horizon*** *(plan B-C3), 23, rue Paul-Bert. ☎ 02-72-72-54-44. • velo-horizon.fr • Et proche de la gare SNCF avec* ***Cycles Cesbron*** *(12, rue Auguste-Gautier ; ☎ 02-41-95-49-80 ; • detoursdeloire.com •). Sinon, vélos connectés en libre-service (• getapony.com • indigoweel.com •).*

Stationnement : très grand parking gratuit et très pratique place de La Rochefoucauld *(plan B1),* puis possibilité de rejoindre facilement le centre à pied, en traversant la Maine par le pont de Verdun ou le récent pont des Arts-et-Métiers (jolie vue sur la cathédrale et le château). Tous les parkings souterrains de la ville proposent un stationnement forfaitaire de nuit à 1 ou 2 € entre 19h et 10h.

Adresse utile

- Destination Angers (B3)

Où dormir ?

10 Camping d'Angers – Lac de Maine (Citykamp-Huttopia ; hors plan par A3)
11 Éthic Étapes Lac de Maine (hors plan par A3)
12 Hôtel de Champagne (B3)
13 Hôtel du Mail (C2)
14 Grand Hôtel de la Gare (B3)
15 Hôtel Le Continental (B2)
16 Hôtel Saint-Julien (C2)
17 Hôtel de l'Europe (C3)
18 Hôtel d'Anjou (C3)
19 Hôtel de France (B3)
20 Chambres d'hôtes L'Oisellerie (B2)

Où manger ?

14 La Brasserie de la Gare (B3)
30 Les Casse-croûte de Suzy (B2)
31 La Ferme (B2)
33 Chez Rémi (B2)
34 Le Petit Comptoir (C2)
35 Le Bistrot des Ducs (B2)
36 Le Lucullus (B3)
37 Restaurant VF, Version Française (C3)
38 Le Héron Carré (hors plan par A2)
39 Le 10n9 (B1)
40 L'Ardoise (A2)
41 Les 3 Grands-Mères (A2)
42 Les Affamés (B3)
43 Le Panier à Salades (hors plan par B3)
61 Le Bistrot des Carmes (A2)

Où boire un verre ? Où sortir ?

35 Le Cercle Rouge (B2)
60 La Réserve (A2)
61 Le Café du Port (A2)
62 Une Fille et des Quilles (B2)

Où acheter du bon chocolat et du bon vin ?

50, 51 La Maison du Quernon (B3)
52 Maison des vins d'Anjou et Saumur (B3)

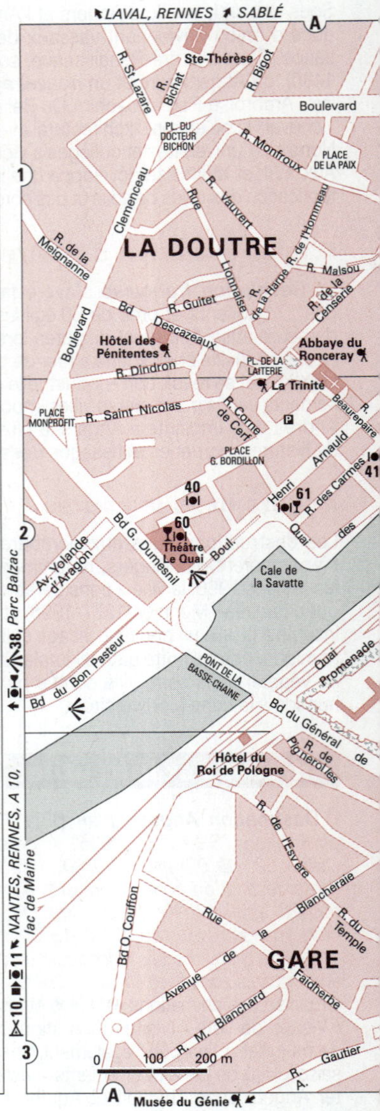

Où dormir ?

Bon à savoir : bon nombre d'établissements hôteliers proposent des tarifs moins élevés le week-end *(ven-dim)* et pendant les vacances scolaires.

ANGERS

Camping

⛺ ***Camping d'Angers – Lac de Maine** (Citykamp-Huttopia ; hors plan par A3, **10**) : av. du Lac-de-Maine.* ☎ 02-41-81-97-37. • info@campingangers.com • • campingangers.com • ♿ À 5 km du centre, bus n° 6.

En voiture, traverser le pont du château et suivre « Lac de Maine ». De janv à début nov. Forfaits pour 2 env 21-31 €, avec électricité ; loc de tentes meublées, chalets jusqu'à 6 pers. 69 empl. Parmi les campings les mieux équipés de la région (piscine, laverie, salle de jeux...), au bord d'un lac tranquille. Plein d'activités dans le parc de loisirs (kayak, entre autres). Bar-snack en saison. Accès au GR 3 et au centre-ville à pied, en site propre.

Bon marché

Éthic Étapes Lac de Maine *(hors plan par A3, **11**) : 49, av. du Lac-de-Maine. ☎ 02-41-22-32-10. • bienvenue@lacdemaine.fr • ethic-etapes-angers.fr • ♿ En bus, arrêt Lac-de-Maine-Accueil ou Pérussaie. Nuitée env 26 €/pers en dortoir ; double avec lavabo et douche env 58 €. Compter env 10-12 € pour un repas de cafétéria (fermée le soir et le w-e).* Au bord d'un parc et d'un lac. Une auberge de jeunesse et familiale, bien équipée et spacieuse. Doubles fonctionnelles et tout équipées pour la plupart, ainsi que des dortoirs (3-5 lits, avec douche et lavabo). Nombreuses activités sportives proposées : piscine, terrain de volley...

De prix moyens à chic

Hôtel Saint-Julien *(plan C2, **16**) : 9, pl. du Ralliement. ☎ 02-41-88-41-62. • info@hotelsaintjulien.com • hotelsaintjulien.com • Doubles à partir de 66 €. Parking payant.* Bien situé, avec des chambres confortables et refaites récemment. Vue sur la place pour les plus chères mais pas de clim. Certaines disposent d'une terrasse, d'autres donnent sur une courette.

Hôtel Le Continental *(plan B2, **15**) : 12-14, rue Louis-de-Romain. ☎ 02-41-86-94-94. • reservation@hotellecontinental.com • hotellecontinental.com • Doubles env 60-110 €.* L'enseigne en mosaïque Art déco et la jolie façade donnent le ton à l'ensemble. Au calme, tout en étant dans le centre, cet hôtel a reçu l'Écolabel européen. Chambres confortables et toutes différentes, équipées de clim, déco gaie et chaleureuse. Petit déj avec produits locaux, bio ou équitables. Accueil souriant.

Hôtel de l'Europe *(plan C3, **17**) : 3, rue Châteaugontier. ☎ 02-41-88-67-45. • hoteldeleurope-angers@wanadoo.fr • hoteldeleurope-angers.com • À l'angle de la rue Bressigny. Doubles standard 55-130 €.* Situé dans une rue commerçante, animée et jeune, ce petit hôtel est tenu avec un grand soin : il a reçu notamment l'Écolabel européen. Chambres calmes et claires ouvrant sur la cour intérieure ou donnant sur la rue (double vitrage). Excellent accueil. Ne manquez pas le toit-terrasse.

Hôtel du Mail *(plan C2, **13**) : 8, rue des Ursules. ☎ 02-41-25-05-25. • hoteldumail@gmail.com • hoteldumail.fr • ♿ Doubles 85-125 €. Parking payant (sans résa).* Une grille d'entrée couverte de glycines ouvre sur une cour intérieure (possibilité de se garer) où se tient ce charmant hôtel particulier du XVIIe s qui fut un couvent. En plein centre, on est pourtant au calme, dans un décor de petit manoir balzacien, avec des chambres bien aménagées et de caractère. Elles sont impeccables, confortables et donnent sur la cour pour la plupart.

Hôtel de Champagne *(plan B3, **12**) : 34, av. Denis-Papin. ☎ 02-41-25-78-78. • hotel.champagne@orange.fr • hoteldechampagne.com • Face à la gare. Congés : 2 sem en août et vac de Noël. Doubles 60-110 €.* Petit hôtel moderne, bien situé face à la gare. Il abrite des chambres impeccables et de bon confort (clim) avec une couleur pour chacune. Petit déj bio, l'hôtel a d'ailleurs reçu l'Écolabel européen. Accueil convivial.

Grand Hôtel de la Gare *(plan B3, **14**) : 5, pl. de la Gare. ☎ 02-41-88-40-69. • info@hotel-angers.fr • grandhoteldelagare-angers.com • Doubles standard à partir de 61 €.* En face de la gare, un hôtel moderne qui a bénéficié de travaux complets récemment. Ascenseur à partir du 1er étage. Chambres confortables, cosy et insonorisées. Très bon accueil et brasserie sympa comme tout au rez-de-chaussée (voir « Où manger ? »).

De chic à plus chic

Chambres d'hôtes L'Oisellerie *(plan B2, **20**) : 5, rue de l'Oisellerie. ☎ 02-41-41-79-55. • oisellerie.angers@gmail.com • loisellerie.com • Doubles 95-135 €. Parkings payant ou gratuit.* Le cadre est médiéval mais le confort bien d'aujourd'hui dans ce magnifique logis du XVIe s restauré avec ingéniosité. On passe par la boutique de produits angevins au rez-de-chaussée pour emprunter l'escalier monumental et se plonger dans un monde de poutres, tomettes et salles de bains design. Demander à voir la cave voûtée. Accueil aux petits soins.

Hôtel d'Anjou *(plan C3, **18**) : 1, bd du Maréchal-Foch. ☎ 02-41-21-12-11. • info@hoteldanjou.fr • hoteldanjou.fr • Doubles à partir de 95 €. Garage privé payant.* En 1857, on ouvrait une auberge... devenue aujourd'hui un hôtel historique et haut de gamme qui a vu passer nombre d'artistes. Les parties communes sont superbes, dans un style Art déco avec décor de mosaïques signé Odorico tandis que l'emblème royal de François Ier, une belle salamandre, figure sur le vitrail de la réception. *1515 Bistrot* sur place pour se restaurer.

Hôtel de France *(plan B3, **19**) : 8, pl. de la Gare. ☎ 02-41-88-49-42. • info@hotel-angers.fr • hoteldefrance-angers.com • Doubles « Privilège » et « Prestige » env 135-155 € ; petit déj bio env 20 €.* Face à la gare, difficile de manquer la façade haussmannienne de cet établissement resté dans la même famille depuis ses débuts au XIXe s. Grande époque et confort au goût du jour (clim, insonorisation...) caractérisent cet hôtel ayant reçu l'Écolabel européen.

Où manger ?

Dans le centre

Très bon marché

Grand choix de snacks, sandwichs et toute la panoplie pour manger sur le pouce dans le centre. Essayer notamment les rues Saint-Laud *(plan B2)* et Bressigny *(plan C3)*. C'est aussi dans ces rues que l'on trouve la plus grande concentration de restos à bons prix, du tex-mex à la crêperie.

Les Casse-croûte de Suzy *(plan B2, **30**) : 3, rue de Lespine. ☎ 02-41-19-68-82. • lescassecroutedesuzy@gmail.com • Ⓣ Ralliement. Lun-sam, le midi seulement. Congés : 1 sem en fév, 3 sem en juil-août et 1 sem Noël-Jour de l'an. Formule env 12 €.* L'idéal pour grignoter vite, bio et pas cher. Sandwichs, quiches, salades et desserts, le tout fait maison et frais, à déguster dans 2 salles mignonnes où chacun trouve un recoin, de part et d'autre d'une ruelle tranquille.

Restaurant VF, Version Française *(plan C3, **37**) : 21, bd du Maréchal-Foch. ☎ 02-41-42-91-29. Ⓣ Foch-Haras. Tlj en service continu. Compter 11-15 €.* Une sorte de fast-food version française (d'où le nom) qui se traduit par des *wraps,* burgers, salades, poêlées de légumes... frais et savoureux. Cadre agréable avec véranda et jardin.

De bon marché à prix moyens

Chez Rémi *(plan B2, **33**) : 5, rue des Deux-Haies. ☎ 02-41-24-95-44. • restaurantchezremi@gmail.com • Ⓣ Ralliement. Fermé sam et dim-lun. Congés : 20 juil-20 août. Résa indispensable. Formules déj env 20-24 € ; le soir, env 29,50-35 €.* Ambiance cosy avec des salles sur différents niveaux et une déco de récup bien vue. Rémi a fait ses gammes chez Paul Bocuse ; ce sympathique chef élabore avec doigté une belle cuisine de marché, à base de produits issus du potager bio qu'il entretient amoureusement. Judicieux choix de vins régionaux et service décontracté.

Le Bistrot des Ducs *(plan B2, **35**) : 6, rue des Deux-Haies. ☎ 02-41-86-88-68. Fermé dim-lun. Congés : fin avr-début mai et fêtes de fin d'année.*

Formule déj en sem 14,90 € ; menus 20,90-25,90 €. Pas mal de place entre les salles chics dans les tons crème – un brin sombres toutefois –, la terrasse et l'étage, mais mieux vaut réserver. La carte traditionnelle revisitée connaît un vrai succès, notamment le pavé de bœuf en émincé. Service attentif et une petite liqueur de cerise en fin de repas qui clôt le tout avec délicatesse.

Le Petit Comptoir *(plan C2, **34**) : 40, rue David-d'Angers. ☎ 02-41-43-32-00. • lepetitcomptoir49@orange.fr • Fermé dim-lun. Menus 15 € (déj en sem)-33 €.* Dans une rue calme, cette élégante façade rouge a vu naître le sculpteur David d'Angers. Déco de bistrot avec banquettes et mezzanine accessible par un étroit escalier en colimaçon. Cuisine « bistronomique » pleine d'allant qui sort le grand jeu sans les gants blancs. Les produits sont frais et l'alliance des saveurs subtile.

La Ferme *(plan B2, **31**) : 2, pl. Freppel. ☎ 02-41-87-09-90. Fermé dim-lun. Formules déj en sem 16-20 € ; menus 24-35 €.* Une adresse courue par les touristes pour son emplacement au pied de la cathédrale. Pour sa cuisine de terroir aussi, servie dans une salle champêtre au goût du jour. Aux beaux jours, visez la terrasse, un œil sur les gargouilles, l'autre sur l'ardoise. Parmi les spécialités, filet de sandre, volailles et crémet d'Anjou.

Le Lucullus *(plan B3, **36**) : 5, rue Hoche. ☎ 02-41-87-00-44. 06-83-56-13-29. • lelucullus@orange.fr • Fermé dim-lun. Congés : 2 sem en janv et sept. Formule déj en sem env 15 € ; menus env 21-55 €. Café offert sur présentation de ce guide.* 2 ambiances mais le chef est le même. Le restaurant occupe des caves voûtées en tuffeau du XVe s, et le bistrot – réservé aux déjeuners – les salles au rez-de-chaussée. Service impeccable pour une cuisine régionale et de saison particulièrement soignée.

Les Affamés *(plan B3, **42**) : 30, rue Delaage. ☎ 02-41-05-12-53. Fermé dim-lun, mar soir et mer. Formules déj env 16-19 € ; le soir, menus 27-30 €.* Cela vaut le coup de traverser le boulevard du Roi-René pour aller pousser la porte de ce frère cuistot et de sa sœur. Le cadre est simple et chaleureux, bien angevin avec ses murs schisteux. À l'ardoise, une formule du marché unique et efficace, et des plats soignés, à savourer les yeux fermés. Carte des vins bien vue. Affamés ou gourmets trouvent bien leur compte dans cet endroit accueillant sans trop en faire.

Brasserie de la Gare *(plan B3, **14**) : 5-7, pl. de la Gare. ☎ 02-41-88-48-57. • rcourant@brasseriedelagare.fr • Tlj. Formule en sem env 16 € ; menus à partir de 29 €.* La belle affaire dans une ambiance Belle Époque, avec un service animé à la parisienne. À la carte, un peu de tout, des plats du terroir dont la Gouline, spécialité angevine, mais aussi des poissons et des fruits de mer (moules bio), l'autre spécialité de la maison. Terrasse aux beaux jours donnant sur le rond-point de la gare.

Le Panier à Salades *(hors plan par B3, **43**) : 17, rue Dupetit-Thouars. ☎ 02-41-35-05-47. Ouv en sem et selon événements (programme sur • panierasalade.fr •). Formules déj 21-25 € ; le soir, menus 29-34 €.* Il faut marcher un peu jusqu'à la place Lafayette, mais ce n'est pas l'Amérique non plus ! La gendarmerie est en face (on s'en serait douté !) et la maison fait dans le bistronomique plutôt que dans la salade. Les couleurs vives de la déco, façon Niki de Saint Phalle, traduisent bien l'esprit des lieux : accueillants et artistiques, jusque dans l'assiette, mais sérieux côté carte. Bio, local et fait maison au menu, à déguster dans le patio aux beaux jours.

De l'autre côté de la Maine

De bon marché à prix moyens

Le Héron Carré *(hors plan par A2, **38**) : dans le parc Balzac, promenade Yolande-d'Aragon. Ouv en saison. Repas 15-20 €.* Une guinguette qui ne désemplit pas, installée dans 2 cabanes en bois, pour le bar et pour la restauration. Convivialité assurée avec les animations, les concerts et la terrasse en bois face au château. Plats de produits frais et locaux à accompagner d'un petit vin bio du coin ou d'une bière bien fraîche.

Le 10n9 (plan B1, **39**) : *8, bd Arago. ☎ 02-41-88-56-11. • sdssd • Ouv le midi mar-sam, plus le soir jeu-sam. Menus env 18-22 € le midi, 24-30 € le soir.* Au bord d'une rue ombragée par des arbres centenaires, une petite salle chaleureuse dans l'esprit bistrot et un concept attractif entre restaurant et boutique. On peut acheter les produits et légumes utilisés en cuisine, bio, locaux mais aussi en provenance de la Botte, pour laquelle la jeune chef a un petit faible. Pour la note, allez, on donne 19 !

Le Bistrot des Carmes (plan A2, **61**) : *34, quai des Carmes. ☎ 02-41-37-64-55. Fermé dim-lun, plus le soir mar-mer hors saison. Compter 20-30 €.* Bistrot de poche mais terrasse courue aux beaux jours pour sa vue sur les quais, le château en ligne de mire. Dans l'assiette, une cuisine de marché et de saison juste comme il faut, goûteuse et renouvelée.

L'Ardoise (plan A2, **40**) : *7, rue de la Tannerie. ☎ 02-41-88-18-32. Ouv mar-ven, plus sam soir. Congés : début août-début sept et fêtes de fin d'année. Menus déj en sem 20-22 € ; carte env 30 €.* Cette *Ardoise*-là se la joue fine dans l'assiette et solide dans la sélection des produits. Une table bistronomique sympa tant pour les petits plats bien ficelés et la carte des vins régionaux que pour l'accueil décontracté.

Les 3 Grands-Mères (plan A2, **41**) : *25, rue Baurepaire. ☎ 09-82-58-32-32. • les3grandsmeres@bbox.fr • Fermé dim et lun soir. Formules déj env 17-20 € ; le soir, menu env 25 €.* L'originalité de cette petite adresse savoureuse ? On passe directement du producteur au consommateur via la cuisine ! Il faut dire que le proprio est un agriculteur de la région qui fournit les légumes et les œufs. Produits frais, de saison et préparés simplement avec quelques bonnes idées. La déco vintage rend hommage aux grands-mères du quartier. En été, salle bien fraîche au sous-sol.

Où dormir ? Où manger dans les environs ?

Au sud d'Angers

Campings

Slow Village Loire Vallée : *av. de la Boire-Salée, 49130* ***Les Ponts-de-Cé.*** *☎ 02-85-35-97-47. • slow-village.fr/loire-vallee/ • ♿ À 6 km au sud (D 160), ou bus nos 8 et 3. Juin-début nov. À partir de 17 € pour 2 ; également des locatifs. 100 empl.* Agréablement situé en bord de Loire, un camping très ombragé et bien équipé avec toutes sortes d'hébergements originaux : cabanes, bivouacs, *slow houses*... *Aqualand* et terrains de tennis. Épicerie et snack-bar. Guinguette à proximité.

Voir aussi le **camping de Bouchemaine** *(49080 ; ☎ 02-41-22-21-53)*, au bord de la Maine, étape pour les camping-cars et pour *La Loire à Vélo*.

De bon marché à prix moyens

Guinguette de Port-Thibault : *Port-Thibault, 57, route de Porte-Thibault, 49130* ***Sainte-Gemmes-sur-Loire.*** *☎ 02-41-57-35-14. • port.thibault@gmail.com • À 1 km de Sainte-Gemmes, côté Bouchemaine. Fermé le soir dim-jeu hors saison. Congés : vac scol de Noël. Résa indispensable ! Compter 20-25 €. Café offert sur présentation de ce guide.* Un amour de guinguette 4 saisons avec sa véranda et ses chaises multicolores qui s'alignent à l'extérieur sous 2 vénérables cèdres. Ravi et l'œil rivé sur la Loire et ses bancs de sable, on déguste burgers, anguilles, rillauds maison ou salade angevine. Après un petit tour dans le jardin méditerranéen attenant, les batteries sont définitivement rechargées.

Le Noé : *1, rue du Bac, 49080* ***Bouchemaine.*** *☎ 02-41-77-11-13. À 9 km au sud. Fermé lun. Carte env 20 €.* Agréable resto avec une verrière de terrasse envahie par le tronc noueux d'une généreuse glycine... Propose une cuisine bistrotière, franche et sincère à prix sages.

Auberge de Chanteclair : *quai de la Noë, 49080* ***Bouchemaine.***

LE MAINE-ET-LOIRE (L'ANJOU)

☎ 02-41-77-16-98. Fermé mer, plus dim soir et mar soir. Formules déj en sem env 15-19 € ; menu 35 €. On y élabore une cuisine goûteuse et créative, basée sur le marché et les saisons. Plats joliment présentés. Belle vue depuis la terrasse couverte.

À 1 km de là à pied (ou en voiture), à la ***pointe de Bouchemaine,*** mignonne placette pavée, à la confluence de la Maine et de la Loire, pour accueillir les terrasses de restos fréquentées aux beaux jours. On recommande notamment le ***Café des Piplettes*** *(☎ 02-41-77-17-46)* et ***Le Monkey Bar*** *(☎ 02-41-17-96-22).* Pensez à réserver !

Le Monkey Bar : *2, pl. Ruzebouc, 49080* ***Bouchemaine.*** *☎ 02-41-17-96-22. • restaurant monkeybar@gmail.com • À 10 km au sud. Tlj. Formule déj en sem 19,90 € ; menus 24-29 €.* Ambiance *Anjou Plage* pour une invitation au voyage. Est-ce l'effet des vins locaux, des tapas ou de la cuisine du monde ? Toujours est-il qu'enfoncé dans les poufs sur la placette ou depuis la salle vitrée tournée vers la confluence Maine-Loire l'esprit vagabonde aisément du Mékong au Niger.

Crêperie Les Petites Écuries : *pl. Bel-Air, 49130* ***Sainte-Gemmes-sur-Loire.*** *☎ 02-41-66-25-50. À 5 km au sud d'Angers. Ouv seulement le midi lun-ven. Fermé le w-e et 3 sem en juil-août. Compter 10-20 €.* Attachante ville de bord de Loire où d'anciennes écuries abritent une crêperie gérée avec des personnes handicapées. Au choix : galettes, crêpes ou plat et dessert du jour. Accueil soigné, cuisine délicieuse, service efficace et tarifs modérés. Belle balade jusqu'à la Loire pour la digestion, en passant par-derrière l'église.

De prix moyens à chic

Les 3 Lieux : *10, port des Noues, 49130* ***Les Ponts-de-Cé.*** *☎ 02-14-03-03-53. • accueil@les3lieux.com • les3lieux.com • À 6 km au sud par la D 112. Doubles 85-150 € ; suites et familiales. Restauration rapide le midi lun-ven : formules 9,50-14,50 €. Resto gastro le soir mar-sam et le midi jeu-dim : menus 34-74 €.* Cette adresse de charme les pieds dans la Loire (rare !) a investi les murs d'une ancienne usine d'hameçons. Entre maison de maître en tuffeau du XIXe s et déco contemporaine des créateurs voisins, toute la douceur angevine s'exprime ici jusque dans les chambres modernes et avec vue pour certaines. Formules bistrot goûteuses et ludiques à base de bocaux. À côté, une honorable table gastro. Dans tous les cas, on profite d'une vue privilégiée sur le fleuve sauvage. Galerie d'artistes dans les bâtiments attenants, *Rive d'Art.*

Au nord et à l'ouest d'Angers

Bon marché

La Cabane du Chat qui pêche : *rue du Port, 49460* ***Cantenay-Épinard.*** *07-68-96-12-14. Au nord de l'île Saint-Aubin. De mi-avr à fin sept (fermé lun-mar en sept). Menus 17-21 € (sauf sam soir et dim) et plats.* Une sympathique guinguette en bord de Mayenne, très joliment décorée à l'intérieur. Sur l'herbe, quelques transats. Dans l'assiette, une cuisine de terroir revisitée et ensoleillée.

Le Kiviv : *à* ***Briollay*** *(49125), accès 25, Grande-Rue ou côté rivière, sauf en période de crue. ☎ 02-41-72-22-57. • lekiviv.fr • À 15 km au nord d'Angers (D 52). Fermé lun et mar soir. Repas 10-20 €.* Un resto-bistrot-culture installé dans la grande salle d'un ancien jeu de boule de fort. Agréable terrasse surélevée avec vue sur la Sarthe pour déguster tartines, planches et plats à l'ardoise. Programmation musicale.

Prix moyens

Domaine du Moulin Cavier : *La Croix-Cadeau, 2, RN 162, 49240* ***Avrillé.*** *☎ 02-41-42-30-45. • hotel@hotelmoulincavier.com • À 8 km d'Angers (nord-ouest), au niveau du rond-point pour Laval et Rennes. Côté brasserie, menus lun-ven 15,90 € (midi)-18,70 € (soir) ; sinon carte, plus* *menus env 22-30 € dim et j. fériés.* Cet hôtel-restaurant de charme prend ses aises autour d'un spectaculaire moulin à vent classé. Côté brasserie, une très belle affaire en semaine, dans un cadre moderne et lumineux. Cuisine maison à base de produits locaux et frais. Également un resto gastronomique dans le moulin. Chambres fonctionnelles et douillettes, piscine, spa...

Où boire un verre ? Où sortir ?

Le Cercle Rouge *(plan B2,* ***35****) : 4, rue des Deux-Haies. ☎ 02-41-87-49-66. • cerclerougeangers@gmail.com • Mar-sam 18h-2h. Fermé dim-lun. Congés : 1re sem de janv et sem du 15 août.* Le cadre chaleureux de ce bar à vins est une vraie invitation à la dégustation. *Le Cercle Rouge* (titre d'un film de Jean-Pierre Melville) est devenu le point de ralliement des « vignerons éthiques » de la région, qui s'engagent dans une démarche « nature ». Pour accompagner le tout, des assiettes mixtes fort appétissantes. Entrez dans le cercle, vous découvrirez plus qu'un bar et plus que du vin !

Dans le quartier de la Doutre, on aime bien la ***cale de la Savatte*** pour ses terrasses en bord de Maine, en particulier celle du ***Café du Port*** *(plan A2,* ***61****).* Rien n'empêche d'aller acheter de quoi grignoter à l'excellente *Boulangerie des Carmes* (autre adresse dans le centre-ville, rue Corneille) puis de se poser sur les pelouses qui descendent vers le petit port.

La Réserve *(plan A2,* ***60****) : bd Henri-Arnauld, théâtre Le Quai. ☎ 02-41-87-85-80. Fermé dim.* Sans conteste la plus belle vue d'Angers : l'ascenseur en façade du théâtre *Le Quai* vous conduit tout en haut sur une vaste terrasse avec carré de verdure, arbres et fauteuils face au château et à la cathédrale. Rien que pour le panorama, ça vaut le coup ! Également un resto apprécié.

Une Fille et des Quilles *(plan B2,* ***62****) : 66, rue Baudrière. ☎ 02-41-72-23-86. Fermé sam midi et dim.* Bar à vins naturels (plus de 400 références tout de même) et à manger. Un incontournable dans le genre.

Évidemment, aux beaux jours, de nombreuses ***terrasses*** dans les rues piétonnes, en particulier rue Saint-Laud *(plan B2)* et rue des Poêliers *(plan C2).*

Où acheter du bon chocolat et du bon vin ?

La Maison du Quernon *(plan B3,* ***50****) : 22, rue des Lices. ☎ 02-41-87-43-01. Tlj sauf dim 10h (9h en hiver)-19h.* Propose les célèbres « quernons d'ardoise » qui rappellent de façon gourmande l'une des plus importantes industries régionales. Ce sont de délicieux chocolats à la nougatine, de couleur bleu clair, très fins et présentés fort joliment. *Également une boutique 8, pl. de la Gare (plan B3,* ***51****).*

Maison des vins d'Anjou et Saumur *(plan B3,* ***52****) : 5 bis, pl. du Président-Kennedy. ☎ 02-41-17-68-20. • vinsvaldeloire.fr/fr • Mai-sept, mar-sam 10h30-13h, 15h-19h ; oct-avr, mar-sam 10h30-13h, 14h30-18h30. Fermé dim-lun. GRATUIT.* Dans un cadre design et lumineux, découverte et dégustation de toute la gamme des vins d'Anjou et de Saumur.

À voir

Ne pas manquer d'acheter le très avantageux ***City Pass,*** valable 24h, 48h ou 72h *(env 16, 25 et 33 €),* qui donne la gratuité dans 20 sites de l'agglomération dont Terra Botanica, plus l'accès à 40 partenaires « avantage » ou « réduction ». À noter qu'il existe aussi un *pass* pour tous les musées et le château, et que ceux-ci sont de toute façon gratuits pour les moins de 26 ans.

Enfin, on salue le « ***circuit confort*** » à travers la ville, un circuit touristique spécialement conçu pour les personnes handicapées, mais aussi très pratique pour les familles avec des poussettes.

Dans le centre

Avant d'entrer dans le château, aller jusqu'au bout de la ***promenade du Bout-du-Monde.*** Vue panoramique sur la Maine et le quartier de la Doutre. Au pied du promontoire (une sacrée falaise !), la promenade Jean-Turc. Tout ce secteur de la Maine a été réaménagé avec des jeux pour enfants.

Le château *(plan A-B2-3) : 2, promenade du Bout-du-Monde. ☎ 02-41-86-48-77. • chateau-angers.fr • (partiel ; doc de visite en braille ou en gros caractères). Début mai-début sept, tlj 9h30-18h30 ; début sept-fin avr, tlj 10h-17h30 ; dernier accès 45 mn avt fermeture. Fermé 1er janv, 1er mai et 25 déc. Entrée : 9,50 € ; réduc ; gratuit moins de 18 ans et moins de 26 ans ressortissants et résidents UE. Tarif comprenant, si on le désire, des visites commentées. Également des visites thématiques. Audioguides. Expos temporaires. Boutique.*
Restaurant-bar ***Monument Café*** sur place.

Un peu d'histoire et d'architecture
Construit au début du XIIIe s sur les ordres de Blanche de Castille, mère de Saint Louis, le château faisait figure de poste avancé du royaume de France face au duc de Bretagne. Il se caractérise par son enceinte de forme pentagonale, longue de 800 m et hérissée de 17 tours massives. Superbe bichromie de pierre, reflet de la variété des matériaux de la région (calcaire, grès et schiste ardoisier). Larges fossés taillés dans le roc, mais il n'y eut jamais d'eau dans les douves. Aux XIVe et XVe s, la forteresse, toujours inexpugnable, devint cependant le théâtre d'une vie de cour raffinée sous la houlette des ducs d'Anjou. Notamment pendant le règne du fameux roi René, né au château en 1409.
Au XVIe s, en pleines guerres de Religion, Henri III répond positivement à la demande des Angevins de démolir le château. Son gouverneur fait traîner les choses, se contente de découronner les tours et de renforcer les murs par d'épais talus ce qui permet en fait d'adapter la forteresse à l'artillerie « moderne » de l'époque (canons).
Sous Louis XIV, le château fut utilisé comme prison d'État (Nicolas Fouquet y séjourna). Au XVIIIe s, on y enferma des prisonniers de guerre (des marins anglais), au XIXe s des prisonniers de droit commun et des aliénés. Le château fait partie du cercle restreint des Domaines nationaux depuis 2016 (au même titre que Chambord ou le palais de l'Élysée).

UN ROI SANS COURONNE

Le bon roi René cumula pléthore de titres, par le truchement de mariages et d'héritages. Il fut non seulement duc d'Anjou, comte de Provence, duc de Bar ou encore duc de Lorraine, mais également roi de Naples, de Sicile et même de Jérusalem... mais jamais roi de France !

La visite
Visites commentées possibles sur l'histoire et l'architecture. Durée : 1h. Horaires à l'accueil.
– À droite du porche d'entrée (en pénétrant dans l'enceinte), possibilité d'accéder au chemin de ronde par la tour du Moulin pour une vue panoramique (si l'accès à la terrasse est possible) puis une délicieuse promenade. On peut parcourir la totalité des remparts, en passant notamment par un vignoble et un adorable jardin aromatique. On s'en doute, vues magnifiques sur la ville.

– ***La chapelle :*** édifiée au début du XVᵉ s par Louis II d'Anjou, elle se caractérise par sa largeur et son ampleur. Au plafond, la croix d'Anjou, devenue croix de Lorraine par alliance (voir à ce sujet nos pages sur Baugé). Au fond, à droite, l'oratoire seigneurial ouvre sur la chapelle par 3 baies gothiques. Il permettait au duc de suivre les offices sans être vu, et de rester bien au chaud grâce à la cheminée.
– ***Le logis royal** (1435-1440) :* entièrement restauré à la suite d'un incendie en 2009. C'était le lieu de vie du duc d'Anjou (1er étage) et de la duchesse (2e étage). Les 4 maquettes retraçant l'évolution architecturale du château y sont visibles au rez-de-chaussée.
– Dans l'angle gauche du château (face à la Maine), ***vestiges du palais comtal*** des IXe et XIIe s (murs de la grande salle avec porte romane).
– Côté place Kennedy s'élève le ***logis du gouverneur,*** édifié aux XVe et XVIIIe s. L'impressionnante ***porte des Champs*** possède toujours sa herse (1370-1384, c'est la plus ancienne datée de France). Dans les tours, les *4 chandeliers d'Angers,* œuvre du plasticien contemporain Sarkis.

La tapisserie de l'Apocalypse
– Visites commentées possibles. Durée : 1h. Horaires à l'accueil.

On vient surtout au château pour ce ***chef-d'œuvre incomparable,*** exposé dans la grande galerie. Pour y accéder, on passe sous le châtelet édifié vers 1450 par le roi René, puis par un sas de dépoussiérage avant de pénétrer dans une grande salle plongée dans une pénombre sépulcrale où seules les tapisseries sont éclairées d'une lumière tamisée spéciale.
– ***Quelques éléments pour la visite :*** incroyable destinée que celle de cette immense tapisserie vieille de plus de 600 ans, mesurant actuellement 103 m de long sur 4,50 m de haut en moyenne. À l'origine, elle était plus grande encore (140 m), mais certains éléments ont disparu. Elle est aujourd'hui composée de ***67 scènes rectangulaires*** (il en manque une quinzaine) racontant les visions reçues par saint Jean. Cette tapisserie unique est née au XIVe s de l'exceptionnelle conjonction de la volonté d'un duc d'Anjou (***Louis Ier*** qui en passa la commande vers 1375), de l'entremise d'un financier ***(Nicolas Bataille),*** de l'immense talent d'un peintre-cartonnier ***(Jean de Bruges)*** et de la riche expérience des ateliers parisiens de ***Robert Poinçon.***

AU TAPIS !

Au XVIIIe s, les chanoines, se plaignant que les tapisseries étouffaient leurs chants, les mirent en vain en vente. Au XIXe s, on les utilisa comme paillasson, couverture pour les chevaux, protection pour les orangers en hiver, etc. Finalement, c'est le chanoine Joubert, de la cathédrale d'Angers, homme bien avisé, qui réunit les morceaux éparpillés de la tenture et parvint à sauver ce chef-d'œuvre en péril.

Ce ne fut pas facile pour l'artiste d'interpréter les visions fulgurantes et mystérieuses, de représenter les allégories symboliques et hermétiques de saint Jean « le Visionnaire ». Il s'agit du récit le plus symbolique du Nouveau Testament, celui qui nécessite une grande finesse d'interprétation. Par exemple, comment dessiner ce dragon avec « 7 têtes tombées dont l'une existe et l'autre n'est pas encore venue et qui, une fois venue, devra demeurer peu » ? De plus, l'irruption de personnages en costumes du XIVe s montre qu'on a aussi voulu traduire sur cette ***œuvre monumentale*** les grands événements du temps, notamment la guerre de Cent Ans. Les techniques de fabrication, particulièrement élaborées, sont stupéfiantes : fibres doublées ou triplées à certains endroits pour donner du relief, astuces ingénieuses pour souligner les ombres, les nuances, teintures végétales qui tiennent mieux que les couleurs utilisées lors des restaurations du XIXe s ! Il fallut 7 ans pour exécuter cette œuvre audacieuse et aussi parfaite sur l'arrière que sur le devant (pas de nœud, pas de fil...).

La cité : entre le château et la cathédrale Saint-Maurice s'étend la ville médiévale, aux ruelles calmes, parsemées d'intéressantes demeures, notamment rue Saint-Aignan. À l'angle de la rue des Filles-Dieu, logis du Croissant de 1448. Rue Donnadieu-de-Puycharic, joli coup d'œil sur l'hôtel Saint-Maurille. De là, on arrive à l'escalier s'élançant vers la cathédrale.

La cathédrale Saint-Maurice *(plan B2)* **:** *pl. Freppel.* Construite au XIIe s pour la nef et au XIIIe s pour le chœur et les transepts. La nef fut la 1re vraie réalisation de l'art gothique Plantagenêt. Avec une première : une voûte unique sans bas-côtés de 16,40 m de large. Les flèches quant à elles ne reposent que sur le seul mur de façade.

La façade

Quand on observe la façade dans sa globalité, on est fasciné par son dépouillement et la fantastique verticalité des lignes, le rythme et le jeu équilibré des colonnettes et arcatures. Superbe portail, mais en travaux (vivement que la très riche statuaire polychrome soit révélée !). Au-dessus de la verrière, 8 chevaliers (officiers de la légion thébaine), dont l'effigie de saint Maurice, exécutés pour avoir refusé d'anéantir un village chrétien.

L'intérieur

Si vous avez de bons yeux, observez les quelque 240 modillons qui la soutiennent : visages grimaçants, postures acrobatiques, monstres (l'humour des sculpteurs de l'époque). ***Voûtes angevines,*** ça va de soi. Subtile finesse, l'architecte a décoré de fleurs les nervures portantes pour alléger l'ensemble. Mais il fallait bien que le XVIIIe s inscrivît aussi sa patte dans le chef-d'œuvre. Cela prit ici la forme d'un baldaquin baroque et chargé. Noter le splendide travail de fer forgé sur le lutrin, dans le chœur. Quant au XIXe s, il offrit une monumentale chaire de style néogothique, sculptée durant 3 ans par un prêtre artiste, l'abbé Choyer.

– Outre les rosaces des transepts, la ***véritable merveille de la cathédrale*** demeure les ***vitraux.*** Côté gauche de la nef, ils datent du XIIe s. Couleurs encore éclatantes. Nombreuses saynètes d'une grande délicatesse comme celle de la 4e verrière (à partir de l'entrée), racontant la mort de la Vierge.

Les 16 verrières du chœur sont du XIIIe s et racontent la vie des saints. Ce sont les plus intéressantes. Dans la première (1er médaillon en haut), saint Pierre crucifié la tête en bas. Splendide vigueur des bleus et des rouges. La dernière fenêtre retrace la vie de saint Jean-Baptiste.

– Dans les transepts, ravissantes rosaces du XVe s. Discret retable du XVe s côté gauche, peint sur bois (la passion du Christ en 7 tableaux).

– Enfin, remarquer l'*orgue Cavaillé-Coll* de 1873, avec son buffet Louis XV soutenu par des atlantes à gros biscoteaux.

Le palais épiscopal *(plan B2)* **:** *2, rue du Chanoine-Urseau. Pour les visites, infos à l'office de tourisme.* Datant du XIIe s dans son état actuel, puis régulièrement enrichi pendant 8 siècles, ce monument emblématique d'Angers ouvre peu à peu ses portes aux visiteurs. En forme de T (comme le palais du Tau à Reims), ce qui est rare, il abrite une splendide salle synodale, peinte des murs au plafond, mais aussi un escalier monumental, une cour d'honneur, etc.

La maison d'Adam *(plan B2)* **:** *pl. Sainte-Croix.* La plus belle demeure à pans de bois d'Angers, illuminée la nuit (idéal pour en apprécier tous les détails). Édifiée au XVe s. Sa principale originalité provient de la profusion de poutres sculptées de pittoresques personnages et de monstres, qu'il convient d'observer méticuleusement. En particulier, on retrouve tout l'humour des artistes du Moyen Âge dans ce raffiné « tri-couillard » (vous comprendrez !) caché dans un recoin en haut (côté rue Montault). Abrite aujourd'hui la *Maison des artisans.*

La galerie David d'Angers *(plan B3)* **:** *33 bis, rue Toussaint. ☎ 02-41-05-38-90. • musees.angers.fr • ♿ Mar-dim 10h-18h. Fermé lun et certains j. fériés. Entrée : env 4 € ; réduc ; gratuit moins de 26 ans.*

L'abbatiale Toussaint (XIIIe s), superbement reconvertie, abrite un fascinant musée de la sculpture dédié à l'artiste angevin Pierre-Jean David, dit David d'Angers.

Un portraitiste tout en relief

Les volumes, l'espace et la luminosité formidable de l'édifice en font un cadre digne de l'œuvre de ***Pierre-Jean David*** (1788-1856), artiste exceptionnel autant par l'immensité de son talent que par la richesse de sa vie personnelle. Fils d'un sculpteur, il se vit attribuer par la municipalité une bourse pour étudier aux Beaux-Arts à Paris où il obtint le prix de Rome en 1811. Reconnaissant envers sa ville, il lui envoya régulièrement ses plâtres d'atelier et prit son nom. Profondément républicain (il fut député du Maine-et-Loire mais aussi maire du 11e arrondissement de Paris), il dut s'exiler après le coup d'État du 2 décembre 1851. Il fut surtout un portraitiste reconnu comme en témoignent les bustes et les médaillons exposés dans la mezzanine.

La visite

Parmi les commandes publiques les plus remarquables installées dans la nef, notons *Le Départ des volontaires de 1792,* modèle en plâtre pour le relief de l'arc de triomphe de Marseille (un gamin donne un coup de pied à un chien), le moulage en plâtre du tombeau du général Bonchamps – dont le marbre se trouve dans l'église de Saint-Florent-le-Vieil –, l'impressionnant *Jean Bart,* un superbe *Grand Condé,* mais aussi 2 statues de Bichat, la maquette au tiers du fronton du Panthéon de Paris, etc. Quelques œuvres de jeunesse également, comme le *Jeune berger.* Sur la mezzanine, les bustes des personnages qu'il jugeait dignes d'entrer dans l'histoire : de Saint-Just, Goethe, Balzac, Hugo, Lamartine, Chateaubriand... Aller jeter un œil sur les 2 ailes du cloître du XVIIIe s, qui s'harmonisent avec la contemporaine bibliothèque-médiathèque municipale et les jardins.

Le musée des Beaux-Arts *(plan B3)* **:** *14, rue du Musée. ☎ 02-41-05-38-00. • musees.angers.fr • ♿ À proximité du musée précédent, mais entrée par la pl. Saint-Éloi ou le jardin des Beaux-Arts. Mar-dim 10h-18h. Nocturnes événementielles. Fermé lun et certains j. fériés. Entrée : 6 € ; réduc ; gratuit moins de 26 ans. Audioguide gratuit. Expos temporaires, visites originales et innovantes, conférences, jeux et animations pour les enfants. Boutique-librairie et café donnant sur la place.*

Installé depuis 1801 dans les murs du logis Barrault. L'architecture intérieure de cet hôtel particulier (mêlant les styles gothique et Renaissance) a été entièrement repensée de façon fluide et moderne, pour lier habilement les différentes collections. Pari plus que réussi qui, du même coup, redonne du panache à la place Saint-Éloi, bordée de la tour Saint-Aubin et de l'église réformée installée dans une église du XIIe s (remarquer la galerie qui permet de passer de l'église au musée). Avec la galerie David-d'Angers voisine, les jardins et le cloître Toussaint, l'ensemble présente un vrai cachet. Ne pas manquer la statue de Niki de Saint Phalle sur la terrasse qui relie le musée au jardin.

Les riches collections s'organisent selon 2 thématiques : une petite section sur l'histoire d'Angers d'une part et les différents courants artistiques européens du XIVe au XXe s d'autre part.

DES TABLEAUX SANS MAÎTRE

Parmi les œuvres exposées au musée des Beaux-Arts, remarquez les « MNR » (Musées Nationaux Récupération), des tableaux spoliés par les nazis durant la Seconde Guerre mondiale, sans propriétaire identifié à nos jours. On doit ce travail de récupération à Rose Valland (1898-1980), conservatrice durant la guerre au musée du Jeu de Paume à Paris, où étaient stockées les œuvres volées. Au péril de sa vie, cette résistante prit de précieuses notes de ce funeste trafic, permettant ensuite de retrouver nombre d'ayants droit.

– ***Rez-de-chaussée :*** le parcours « Histoire d'Angers » présente de façon concise l'évolution de la ville et l'activité des Angevins au fil des siècles, du silex du Paléolithique retrouvé près du lac de Maine à la cité actuelle, en passant par l'antique Juliomagus... Passionnants tableaux du XIXᵉ s évoquant les bords de la Maine alors en plein centre-ville.

– ***1ᵉʳ étage*** *(début du parcours Beaux-Arts)* **:** salles consacrées aux primitifs français, italiens et flamands du XIVᵉ s, aux écoles du Nord des XVIᵉ et XVIIᵉ s, et aux écoles française et italienne des XVIᵉ et XVIIᵉ s.

– ***2ᵉ étage :*** la grande galerie sous verrière abrite des œuvres du XVIIIᵉ s tout d'abord. Voir, de Fragonard, le très troublant *Céphale et Procris* et l'amante tuée par erreur d'une flèche... Puis *Les Fêtes galantes* de Watteau, d'autres œuvres de Fragonard, Lancret, et une surprenante épinette en bois d'olivier (1710).
Également de grands tableaux d'inspiration antique, grecque et romaine et un cabinet d'un amateur (une vingtaine de toiles du XVIIIᵉ s). Admirable buste en marbre de Bonaparte (1808) réalisé par le Vénitien Canova. Puis de grands tableaux de la 1ʳᵉ moitié du XIXᵉ s : œuvres de Millet, Puvis de Chavannes, Ingres. Une salle est consacrée aux artistes moins connus ayant fait le voyage en Italie dans la 1ʳᵉ moitié du XIXᵉ s. On retrouve ensuite la peinture inspirée de la littérature puis les impressionnistes représentés par Sisley, Lebourg...

– ***1ᵉʳ étage à nouveau et rez-de-chaussée*** (mais ailleurs, cette fois-ci !) ***:*** toiles grand format de la 2ᵈᵉ moitié du XIXᵉ s, art moderne du XXᵉ s dont le nabi Maurice Denis et le fauve angevin Mérodack-Jeaneau. Des artistes contemporains, dont certains de la région – comme Morellet (artiste minimaliste, originaire de Cholet), et Daniel Tremblay (1950-1985), spécialiste du travail de l'ardoise et du paillasson (mur de 63 visages découpés dans le schiste).

Le RU, Repaire Urbain *(plan B3)* **:** *35, bd du Roi-René. ☎ 02-41-05-59-65. Dans le jardin des Beaux-Arts. Mar-sam 12h30-18h.* L'ancien restaurant universitaire abrite désormais un pôle culturel, baptisé le Repaire Urbain. Au rez-de-chaussée, le Centre d'interprétation de l'architecture et du patrimoine (Ciap) revient sur l'évolution d'Angers à travers les âges. Imposante maquette réalisée au 1/2000. Également un grand écran tactile pour une visite virtuelle assez inattendue de la ville, jusque dans l'intimité de ses monuments *(appli téléchargeable sur ● 360images.fr/angers360/ ●).* Espaces dédiés aux expos temporaires ainsi qu'à l'Artothèque (fonds de plus de 1 200 œuvres) et aux archives municipales, avec accès aux documents retraçant l'histoire de la ville depuis 1367 !

La tour Saint-Aubin *(plan B3)* **:** *accès par la rue des Lices.* La tour-clocher constitue le dernier vestige de l'église de l'abbaye de Saint-Aubin (du XIIᵉ s). Expos temporaires.

De l'autre côté de la rue des Lices, les anciens bâtiments conventuels du XVIIᵉ s de l'abbaye Saint-Aubin *(plan B3)* sont aujourd'hui occupés par l'***hôtel du Département.*** À l'intérieur, ancienne porte du chapitre et arcades romanes du cloître primitif qui révèlent un luxuriant décor.

La collégiale Saint-Martin *(plan B-C3)* **:** *23, rue Saint-Martin. ☎ 02-41-81-16-00. ● collegiale-saint-martin.fr ● Derrière la poste. Mai-janv, tlj sauf lun 13h-19h ; fév-avr, tlj sauf lun 14h-18h. Fermé j. fériés. Entrée : 4-6 € (en cas d'expo) ; réduc ; gratuit moins de 18 ans et chaque dernier dim du mois. Audioguide gratuit. Fin juil-fin août, Nuits de la collégiale à 21h. Mars-juin, festival Résonances (musique et danse).* D'architecture tant romane que gothique, cette collégiale-nécropole offre un beau voyage dans le temps : sarcophages mérovingiens, vestiges gallo-romains, nef et transept du Xᵉ s, chœur du XIIᵉ s, chapelle gothique du XIIIᵉ s... Mais elle abrite surtout une quarantaine de statues venant d'Anjou, des terres cuites polychromes de Pierre Biardeau, des chapiteaux et des traces d'un décor peint du XVᵉ s. La crypte archéologique plongée dans la pénombre renferme les traces des 1ʳᵉˢ églises mais aussi un moule pour fabriquer les cloches.

Un petit tour dans le centre vous mènera immanquablement à la ***place du Ralliement*** *(plan B-C2),* la place centrale d'Angers, piétonne et traversée par le tramway. Elle doit son nom au rassemblement des volontaires républicains pendant la Révolution française. Elle s'appela aussi un temps « place de la Guillotine »... On y trouve le très beau théâtre à l'italienne et, à côté, *Les Petits Prés,* le restaurant de l'Angevin Samuel Albert, finaliste de *Top Chef* en 2019.

Le musée Pincé *(plan B2)* **:** *32 bis, rue Lenepveu. ☎ 02-41-05-38-00. • musees.angers.fr • ♿ (rdc seulement, tablettes pour découvrir les œuvres du 1er étage). Sam-dim 10h-18h (mar-dim 10h-18h pdt vac scol).* Avant d'entrer, jetons un œil émerveillé à ce monument historique, ancien hôtel particulier de la Renaissance construit par Jean de Pincé (années 1530), remarquable pour sa façade très travaillée. À l'intérieur, de monumentales cheminées, mais surtout un touchant musée de poche, rouvert en 2020, tournant autour des civilisations antiques méditerranéennes, précolombiennes et asiatiques (Chine et Japon). À l'étage, exposition permanente où se côtoient vases grecs, céramiques, objets funéraires égyptiens (dont un couvercle de cercueil), bronzes chinois, objets en laque, masques de théâtre japonais... La magnifique collection d'estampes japonaises (près de 300) est présentée par rotation dans le cabinet d'arts graphiques au rez-de-chaussée. Le tout habilement mis en valeur et faisant appel aux nouvelles technologies. Ne manquez pas l'ingénieuse carte interactive du monde permettant de resituer dans l'espace et dans le temps les œuvres exposées au musée.

Le centre-ville possède une quarantaine de ***maisons à pans de bois*** *(plan B2)* : rue de l'Oisellerie, rue Plantagenêt (hôtel de la Godeline du XVIe s), rue Saint-Aubin *(plan B3),* rue Saint-Laud jusqu'à la place du Pilori, etc. Au no 38 de la rue Saint-Laud, immeuble Art nouveau de 1902, ancienne maison de joie aux sculptures étonnantes. En remontant vers le boulevard Foch, à l'angle de la rue d'Alsace, remarquer la maison bleue, dont les mosaïques Art déco sont l'œuvre d'Isidore Odorico.

Le Muséum des sciences naturelles *(plan C2)* **:** *43, rue Jules-Guitton. ☎ 02-41-05-48-50. • angers.fr/museum • Mar-dim 10h-18h. Fermé lun et certains j. fériés. Entrée : 4 € ; réduc ; gratuit moins de 26 ans. Expos temporaires. Inaccessible aux pers à mobilité réduite.*

Installé dans une superbe demeure construite sous le Consulat, l'hôtel Demarie présente bien des trésors, comme ces quelques centaines d'animaux naturalisés ou la dent de mammouth, dans la partie paléontologie.

Le musée s'est spécialisé dans les espèces menacées ou déjà disparues (comme l'Aepyornis, dont est présentée la reconstitution d'un œuf d'une taille équivalente à 140 œufs de poule). La galerie de taxidermie fait le lien entre la restauration des spécimens anciens et l'art contemporain.

Une partie des 70 000 fossiles constituant le fonds du musée est exposée dans un bâtiment adjacent, palais comtal à partir du XIIIe s puis hôtel de ville jusqu'en 1823 et cour d'appel jusqu'en 1884. Parmi eux, la ravissante collection de poissons rapportée d'Italie par Napoléon, ou encore cette météorite tombée sur Angers, le 3 juin 1822. Ne pas rater non plus une des plus grosses pépites d'or trouvées en France (57,50 g). Dans la salle de la préhistoire, noter les belles portes sculptées par le père de

UNE MÉTÉORITE QUI REVIENT DE LOIN

Le 3 juin 1822, une météorite d'à peine 1 kg aperçue depuis Poitiers est venue finir sa trajectoire à Angers, dans le jardin d'un cabaretier, au pied d'une domestique. Imaginez la frayeur ! Mais elle fut volée en pleine exposition, retrouvée 1 an plus tard en Belgique et rapportée sur sa terre d'adoption. Elle en aura fait du chemin jusqu'au Muséum des sciences naturelles d'Angers !

David d'Angers. Le jardin du musée est installé sur un vestige des remparts. Le tout est empreint d'une désuétude pleine de charme et recèle un potentiel fantastique. Ne manque que les moyens, comme bien souvent.

L'église Saint-Serge *(plan C1) : rue Jussieu et rue Marie-Talet.* Ancienne abbatiale d'un monastère bénédictin, dont le principal intérêt est le chœur, du plus pur style angevin. Le tout donne une impression de très grande légèreté architecturale. En sortant, les lecteurs bucoliques iront se doper à la chlorophylle du ***jardin des Plantes,*** sur lesquels donne le centre des congrès.

Dans le quartier de la gare

Le musée du Génie *(hors plan par A3) : 106, rue Éblé. ☎ 02-41-24-83-16. • musee-du-genie-angers.fr • Mer-dim 13h30 (14h w-e)-18h. Fermé lun-mar et de mi-déc à fév. GRATUIT.* Ne pas chercher une maquette de Léonard de Vinci ni les éprouvettes de Pasteur, le génie en question ici... est militaire ! Ce musée est consacré aux prouesses des sapeurs, rouage indispensable des armées pour leur garantir les passages difficiles, les transmissions, et leur installation en terrain inconnu. Car ces militaires sont avant tout des ingénieurs, des bâtisseurs de routes, de ponts, d'aérodromes, de toutes sortes d'infrastructures durables dans le temps. Mais le génie, c'est aussi un corps entraîné à intervenir lors de catastrophes naturelles ou à mener des opérations de déminage.

De l'autre côté de la Maine

Immédiatement sur l'autre rive, face au château, se trouve l'ancien quartier de la ***Doutre*** (nom qui vient « d'outre-Maine »), aujourd'hui réhabilité. Il s'est développé à partir du XIe s autour de l'abbaye du Ronceray. C'est un quartier paisible à parcourir où, derrière de hauts murs on devine bien des jardins secrets et de fort belles demeures bourgeoises.

PAS SÛR...

Le pont de la Basse-Chaîne enjambe la Maine entre le château et la Doutre. Le 16 avril 1850, jour de grosse tempête, il s'écroula au passage d'un bataillon napoléonien du 11ᵉ régiment d'infanterie légère (un comble !), faisant 223 victimes. L'entrée en résonance du pas des soldats et du balancement du pont expliquerait cette catastrophe restée dans la mémoire collective.

– Face au château, l'imposant théâtre ***Le Quai*** *(plan A2)* tranche par son style résolument moderne. Ne pas manquer la grimpette en ascenseur panoramique jusque sur son toit-terrasse, d'où la vue sur le château et sur la Maine est assez bluffante.

Le musée Jean-Lurçat et de la Tapisserie contemporaine *(plan B1) : 4, bd Arago. ☎ 02-41-24-18-48. • musees.angers.fr • Au bout du pont de la Haute-Chaîne. Mar-dim 10h-18h. Fermé lun et certains j. fériés. Entrée : 6 € ; réduc ; gratuit moins de 26 ans. Audioguide compris.*

Installé dans l'ancien hôpital Saint-Jean, le plus ancien de France et précédé par un jardin médiéval. Construit en 1175 sur l'ordre d'Henri II Plantagenêt, c'est un remarquable exemple de l'art gothique de l'ouest de la France. Immense ***salle des malades*** (60 m de long, 22,50 m de large, 12 m de haut) présentant une triple nef voûtée à l'angevine et une intéressante série de vitraux bleutés (créés par Pierre Prunet en 1988).

Voir à l'entrée l'***apothicairerie,*** datant du XVIIe s et restée en l'état. Au centre, un curieux pot à thériaque du début du XVIIIe s qui contenait une décoction de 70 substances, pour être sûr que l'une d'elles soit efficace !

Par le fond de la salle, accès au ***cloître,*** son petit jardin de curé et un vieux puits. ***Greniers*** et ***caves*** ne sont accessibles au public que lors d'événements spécifiques.

Le Chant du monde
La salle abrite les tapisseries du ***Chant du monde*** de Jean Lurçat, écho contemporain de l'*Apocalypse* médiévale du château d'Angers, « un des plus hauts chefs-d'œuvre de l'art occidental », déclarait-il. Entre 1957 et 1966, cet auteur de 500 peintures et 900 cartons de tapisserie fit exécuter à Aubusson sa « réponse », gigantesque tapisserie de 80 m de long sur 4,40 m, en 10 panneaux.
De l'œuvre originale, il retint plusieurs leçons : limitation et éclat des couleurs, aplats importants, répétition ornementale pour mieux renforcer le propos. Initialement, la tapisserie devait mesurer 125 m, mais Lurçat mourut avant la fin du projet. Il avait divisé son œuvre en 2 parties. D'abord l'***horreur,*** l'expression d'un sentiment partagé par cette génération qui avait connu les 2 guerres mondiales, dans les 1ers panneaux : *La Grande Menace, L'Homme d'Hiroshima, Le Grand Charnier, La Fin de tout.* Puis les panneaux suivants expriment l'***espoir*** : *L'Homme en gloire dans la paix, L'Eau et le Feu,* au centre, qui semble faire le lien avec *Champagne, La Conquête de l'espace, La Poésie* et *Ornamentos Sagrados.* Autant de symboles et de métaphores à découvrir au sein de cette œuvre aussi extraordinaire que l'autre *Apocalypse* ! Un guide explicatif permet de déchiffrer cette œuvre complexe.
– À côté de la salle des malades, le vaste ***musée de la Tapisserie contemporaine*** propose des expos temporaires, des visites commentées et des ateliers pour tous les publics (tissage...). On conseille d'ailleurs de commencer par là, pour découvrir les importantes donations Jean Lurçat, Thomas Gleb (1912-1991) et Josep Grau-Garriga (1929-2011). Également, les œuvres des représentants de la tapisserie française d'après-guerre ou celles d'artistes liés au mouvement international de la « nouvelle tapisserie » des années 1970, qui confirment la place d'Angers dans le paysage international de l'art textile.

★★ ***Balade dans la Doutre :*** ce vieux quartier regorge d'élégants ***hôtels particuliers,*** parfois dissimulés derrière d'impressionnants portails. Du musée Jean-Lurçat, remonter vers la ***place du Tertre-Saint-Laurent*** *(plan B1),* où apparaît le volume impressionnant des greniers Saint-Jean (datant de la même époque que l'hôpital et aujourd'hui rénovés, mais ne se visitent pas). Puis on gagne la ***place de la Paix*** *(plan A1)* : là encore, place tranquille entourée de vieilles demeures et d'hôtels particuliers. Notamment, au coin de la rue de l'Hommeau, la belle maison Du Guesclin. La ***rue de la Harpe*** dégage toujours une délicieuse atmosphère paisible et médiévale. À peine visible, le superbe hôtel d'Andigné. Ses jardins dégringolent en terrasses. ***Rue Lionnaise*** *(plan A1),* au nº 14, l'une des dernières portes d'échoppe sculptées (datant du XVIe s). À gauche de celle-ci, on reconnaît saint Michel, protecteur de la maison. La rue Lionnaise mène à la ***place de la Laiterie*** *(plan A1-2),* un ensemble médiéval pittoresque. Fort bien restaurée, elle aligne de nombreuses maisons à pans de bois intéressantes. En particulier, le *logis Simon Poisson* (datant de 1582), au nº 67 rue Beaurepaire.

★ ***L'abbaye du Ronceray*** *(plan A1-2)* **:** *entrée pl. de la Laiterie.* Fondée au XIe s, elle doit son nom à une Vierge découverte dans les ronces. Les bâtiments actuels datent principalement du XVIIe s. C'était la seule abbaye d'Angers réservée aux filles nobles. Aujourd'hui, une grande partie abrite l'école des Arts et Métiers. Par la place de la Laiterie, accès à la nef de l'église abbatiale.

★ ***L'église de la Trinité*** *(plan A1-2)* **:** *entrée pl. de la Laiterie.* Édifiée au XIIe s, à l'instigation des sœurs de l'abbaye de Ronceray. Élégant portail roman à voussures ouvragées.

LE MAINE-ET-LOIRE (L'ANJOU)

L'hôtel des Pénitentes (plan A1) : *23, bd Descazeaux. Ne se visite pas.* Un bel ensemble qui mérite le coup d'œil. Élégant corps de logis avec tourelle et fenêtres à meneaux, et, sur la façade, de ravissantes lucarnes Renaissance.

À faire en ville et dans les environs

L'agglomération angevine se distingue par ses ***nombreux parcs et jardins,*** tous différents : le ***jardin du Mail*** en face de la mairie (avec un kiosque à musique, une imposante fontaine Art nouveau), le ***jardin des Plantes*** en contrebas du boulevard Foch, le ***lac de Maine,*** le ***parc Balzac*** et sa guinguette *(Le Héron Carré)* face à la Maine et au château, mais aussi l'***arboretum*** et son *espace Cacheux* consacré à un sculpteur local.

Balade autour de l'étang Saint-Nicolas (hors plan par A2) : *à l'ouest de la Doutre, entre le centre et l'université.* L'un des plus beaux parcs d'Angers, en lieu et place d'anciennes carrières d'ardoise, avec petits ponts, falaises et essences méditerranéennes qui en disent long sur le climat de la région !

Les basses vallées angevines : cet ensemble de plaines alluviales inondables ceinture Angers le long des cours d'eau. Il s'agit du ***Loir,*** de la ***Sarthe*** et de la ***Mayenne*** pour la partie nord, tout ce petit monde entourant l'emblématique ***île Saint-Aubin*** (voir ci-dessous), puis de la ***Maine*** dans sa traversée d'Angers jusqu'à la Loire, en passant par les ***prairies de la Baumette*** au sud. Ce sont des milieux semi-naturels, classés Natura 2000, souvent inondés en hiver et assez uniques qui accueillent de nombreux oiseaux migrateurs. Plusieurs itinéraires de rando (250 km en tout).
– On recommande notamment l'ouvrage *Balades nature dans les basses vallées angevines* (éd. Le Polygraphe, 2007), réalisé par la LPO, en vente à l'office de tourisme et dans les librairies. 10 circuits habilement illustrés par Olivier Loir, à la découverte d'une zone arrosée par pas moins de 4 rivières : la Maine, la Mayenne, la Sarthe et le Loir.

L'île Saint-Aubin (hors plan par B1) : *vers le nord, direction CHU, puis indiqué. Accessible du printemps à l'automne, en fonction du niveau de l'eau ; le reste de l'année, l'île est inondée. Horaires sur • ilesaintaubin.blogspot.fr •* Rien que pour la traversée, ça vaut le détour ! On ne fait pas un long trajet, mais quel bonheur d'arriver sur cette île emblématique des basses vallées angevines, en compagnie du passeur. Après un moment de détente à la guinguette *(☎ 02-41-39-85-29),* aller faire un tour sur le ***sentier d'interprétation.*** Il traverse les 600 ha de prairies, jalonné de panneaux sur les spécificités de cette zone inondable, ainsi que sur la faune et la flore qui s'y épanouissent. Car ce site exceptionnel est protégé. L'une des dernières populations de râles des genêts en France l'a choisi pour s'y reproduire (mais ils se font de plus en plus rares). Pour en savoir plus, il faudra pousser jusqu'à l'unique ferme de l'île, construite sur un terrain hors d'eau et entièrement réhabilitée pour accueillir une expo sur cet endroit magique. Restauration sur place autour du four à pain *(☎ 02-41-39-85-29).* En repartant, ne pas oublier de filer la main (voire la pièce) au passeur...

La boucle angevine de La Loire à Vélo : une boucle de 40 km, connectée à l'itinéraire principal de *La Loire à Vélo* (et de *La Vélo Francette* qui arrive de Mayenne, plus de *La Vallée du Loir à Vélo* qui arrive de la Sarthe), permet de faire le tour de l'agglomération angevine, entre Maine et Loire. La partie ouest, un tronçon aménagé de 9 km qui longe la Maine à partir de la gare via le centre-ville d'Angers, mène à ***Bouchemaine,*** un village de carte postale pieds dans l'eau. De bons restos pour se requinquer, au pied d'une abbaye (le *Chanteclair,* la *Crêperie de l'Abbaye* et le bistrot *Le Noé*). Avant de continuer la boucle, on peut pousser jusqu'à la ***pointe de Bouchemaine,*** à 2 km, là où la Loire et la Maine se rencontrent. Superbes demeures cossues sur les berges. Jolie placette pavée avec, là encore, quelques terrasses très agréables *(Les Pipelettes, Le Monkey Bar...).* La boucle passe par ***Sainte-Gemmes-sur-Loire*** (et sa guinguette de Port-Thibault, à la vue imprenable), ***Les Ponts-de-Cé***, puis ***La Daguenière*** (une autre guinguette sympa comme tout en été, *La Belle Boire*), où l'on emprunte un bac sur câble en saison sur l'Authion pour rejoindre les ardoisières de ***Trélazé*** : anciens puits, certains remplis d'eau, chevalements (comme dans *Germinal*). Également une boucle verte de Montreuil-Juigné (nord-ouest) à Angers, en passant par Terra Botanica. La boucle est presque bouclée !

LA MADELEINE DE RENÉ

Entre Angers et Bouchemaine, en suivant les bords de Maine, difficile de manquer l'ancien couvent de la Baumette, superbement encastré sur son roc. Le roi René le fit construire au XVe s. Il consacra la chapelle à Marie Madeleine, en souvenir de cette amie du Christ, ermite de la Sainte-Baume en Provence, un comté sur lequel régnait aussi René. D'où le nom de... Baumette. Visite possible le 3e dimanche du mois, de mai à octobre et à certaines dates. • labaumette.net •

Naviguer sur la Maine :
– ***Atoue Loire :*** *cale de la Savatte.* 📱 *06-85-40-26-23.* • *atoueloire.com* • *Ts les w-e, avr-sept.* Sorties de groupe en gabare et bateau traditionnel. Trajets 1h-1h30.
– ***Plaisance & Co 49 :*** *cale de la Savatte.* 📱 *06-59-99-84-47.* • *plaisance-eco.fr* • *Tlj.* Location de bateaux électriques sans permis.
– ***Club de canoë-kayak d'Angers :*** *au lac de Maine.* ☎ *02-41-72-07-04.* • *ckca.fr* • Location de canoës, de kayaks ou de *paddles.*

Manifestations

– ***Festival Premiers Plans*** *(courts et longs-métrages européens) : fin janv.* • *premiersplans.org* • Un tremplin de 1er plan (évidemment !) pour le jeune cinéma européen.
– ***Made in Angers :*** *fév-mars.* • *madeinangers.fr* • Plus de 150 entreprises de l'agglomération ouvrent leurs portes aux visiteurs.
– ***Festival Tempo'Rives :*** *de mi-juil à mi-août.* • *angers.fr/temporives* • Spectacles musicaux gratuits.
– ***Les Accroche-Cœurs :*** *2e w-e de sept.* • *angers.fr/accrochecoeurs* • *GRATUIT.* Festivités de rue, théâtre processionnel et troupes qui transforment la ville avec un petit grain de folie !

DANS LES ENVIRONS D'ANGERS

Au sud et à l'ouest

De la gare d'Angers à la Loire : rejoindre le sud en quelques kilomètres aux ***Ponts-de-Cé,*** son vieux pont Dumnacus qui enjambe dignement la Loire et une galerie d'artistes, *Rive d'Arts.* De là, direction ***Sainte-Gemmes-sur-Loire*** vers l'ouest : église sur un modeste promontoire, ravissant jardin de curé et, en longeant la Loire, un jardin méditerranéen ainsi qu'une ravissante guinguette à Port-Thibault. Puis dirigez-vous vers la Maine.

Bouchemaine *(49080) : à 9 km au sud d'Angers.* Un village de carte postale. On peut y venir directement d'Angers par la *boucle angevine de La Loire à Vélo,* en passant par le lac de Maine et le panorama sur la vallée au site aménagé de *La Piverdière.* Une abbaye qui se mire dans la Maine, un collectif d'artistes nichés dans les rues, de bonnes tables et des terrasses prises d'assaut (voir « Où dormir ? Où manger dans les environs ? »), des notes de jazz au printemps, des demeures cossues résignées devant les crues... Un court chemin de halage fait le va-et-vient avec ***la Pointe*** et sa romantique placette, là même où la Maine se glisse dans la Loire.

TOUT ÇA POUR ÇA

Le 7 août 1620, le roi Louis XIII et sa mère Marie de Médicis – plutôt chafouine car écartée du pouvoir – s'apprêtent à se crêper le chignon aux Ponts-de-Cé. L'armée de la Reine-Mère, nettement en surnombre mais totalement désorganisée, se replie sans même avoir livré bataille. Ce psychodrame familial sera surnommé « la drôlerie des Ponts-de-Cé », et la paix d'Angers signée 3 jours plus tard. Ils auraient pu commencer par là...

Vers l'ouest et le nord

Terra Botanica : *route d'Épinard, CS 80609, 49106* ***Angers*** *Cedex 02. ☎ 02-41-25-00-00. • terrabotanica.fr • Ⓣ Terra-Botanica puis 10 mn de cheminement très agréable jusqu'à l'entrée du parc. Depuis l'autoroute A 11, contournement nord Angers direction Cantenay-Épinard, sortie 16. ♿ Avr-oct (selon calendrier d'ouverture), tlj 10h-18h ou 19h ; fermeture des attractions 30 mn avt. Entrée : 21,50 € ; réduc, notamment en réservant sur le site et tarif famille. Resto et snacks sur place. Boutiques. Programme d'animations, ateliers et visites guidées. Aire de pique-nique à l'extérieur.*

Un parc à thème à la fois ludique et instructif, créé de toutes pièces aux portes d'Angers et consacré au monde du végétal (500 000 plantes). Il s'étend sur 12 ha jalonnés de différents jardins, serres, rivière, lacs, vignes, roseraie, mais aussi de jeux et d'animations aussi bien en extérieur qu'en intérieur. Il est divisé en 4 zones thématiques et il faut compter la journée pour profiter de l'ensemble.

Si toute la technologie moderne a été mobilisée pour évoquer les plantes et leur histoire (*Le Trésor de La Pérouse* ou *Le Petit Train du Végétal,* par exemple), le parc reste néanmoins un magnifique jardin où il fait bon se promener et même se prélasser avec chaises longues et hamacs à disposition. Superbement fleuri au printemps, il explose alors de couleurs avec les rhododendrons et les camélias, puis les rosiers en juin et les dahlias en juillet. Les jardiniers amateurs seront intéressés par les intéressants panneaux explicatifs.

Les enfants y trouvent évidemment leur compte et s'amusent comme des fous dans des aires de jeux géantes, se prennent pour des paléobotanistes en herbe, voyagent en coquille de noix au sommet des arbres et découvrent l'histoire de

DE L'OR EN BULBE

Le nom de la tulipe vient du turc tülbend, *car sa forme rappelle celle du turban. Des bulbes partirent en fraude à Vienne au XVIe s. Sous Louis XIV, la tulipe devint la fleur officielle de la Cour. La* Semper augustus, *la plus populaire, fut l'objet d'une spéculation complètement folle. Un seul bulbe s'échangeait contre plusieurs chevaux ! Finalement, en la reproduisant de manière intensive, les Hollandais démocratisèrent cette fleur si convoitée.*

plantes emblématiques de l'Anjou à bord d'une barque... Pour 3 € supplémentaires, vous pourrez même grimper à 150 m dans une montgolfière arrimée au sol, si le ciel le permet.

L'Espace Menthe-Pastille : *chemin du Bocage, ZA la Violette, 49240* ***Avrillé.*** *☎ 02-41-18-85-14. • giffard.com • Boutique et visite libre mar-ven 14h-18h. Visite guidée (5,50 €/pers) avec dégustation sur résa, lun-ven mat.* Ce liquoriste dont les débuts remontent au XIXe s produit *La Menthe-Pastille,* une boisson créée en 1885 par macération. La PME de 80 employés ouvre désormais ses portes au public, à la découverte de ses 140 liqueurs, crèmes de fruits et sirops.

L'Espace Air Passion : *à l'aéroport Angers-Loire à* ***Marcé*** *(49140). ☎ 02-41-33-04-10. • musee-aviation-angers.fr • À env 25 km d'Angers. Accès par l'autoroute A 11, sortie 13 (pour ne pas payer le péage !), sinon sortie 12. De fin avr à mi-oct, mar-sam 14h-18h, dim 15h-19h (juil-août, également 10h-12h) ; de mi-oct à fin avr, le w-e seulement et tlj pdt vac scol 14h-18h. Entrée : 6 € ; réduc ; gratuit moins de 7 ans.*
Le musée abrite une collection d'avions anciens, mais aussi sur l'aviation légère, le vol à voile et la construction amateur (et ça prend de la place, ces bêtes-là !). Parmi les oiseaux rares, le *René Gasnier n° 3,* avec lequel l'audacieux aviateur, pionnier de l'aviation angevine fit son 1er vol en 1908 à l'ouest d'Angers, ou encore le *Gérin Varivol,* avion à ailes mobiles unique au monde. Quelques moteurs également, dont un de Boeing de 3 500 CV et ne pesant pas moins de 4 t !
On peut assister quotidiennement à la restauration des « écorchés », le nom donné aux vieux coucous, par l'équipe de copains bénévoles. On peut aussi s'installer aux commandes de 2 avions pour la photo souvenir.

Villevêque (49140) **:** *à 17 km au nord-est d'Angers (D 52 ou sorties 13 et 14 de l'A 11).* Ce joli village en bord du Loir s'anime en été avec Nov'Art, un parcours d'art contemporain dont les œuvres sont installées entre le château, le Loir, le centre culturel *L'Engrenage* (installé dans l'ancien moulin à eau) et le presbytère *(• novartparcours.fr •).* Sinon, le musée-château *(ouv vac de printemps zone B-Journées du patrimoine ; • musees.angers.fr •)* abrite la collection d'un mécène (tapisseries et orfèvrerie du Moyen Âge et de la Renaissance) installée dans une forteresse du XIIe s et léguée à la Ville d'Angers. Également une plage aménagée avec jeux et baignade surveillée en juillet-août et une ginguette. Villevêque est aussi un point de départ de plusieurs randonnées pédestres (5 à 12 km) et de balades à vélo dans les basses vallées angevines.

Vers l'est

Le parc de Pignerolle : *à* ***Saint-Barthélemy-d'Anjou*** *(49124), à 10 mn à l'est d'Angers, en direction de Saumur.* Vaste et beau parc de 76 ha, propice à la balade (ne pas manquer les « Jardins d'expression »), autour d'un séduisant château de style néo-classique du XVIIIe s.

La distillerie Cointreau : *Z.I. Saint-Barthélemy-d'Anjou, bd des Bretonnières, 49124* ***Saint-Barthélemy-d'Anjou.*** *☎ 02-41-31-50-50. • cointreau.*

QUARTIER GÉNÉRAL

Le château de Pignerolle joua un rôle notable pendant la Seconde Guerre mondiale, puisqu'il hébergea dans un 1er temps le gouvernement polonais en exil. Puis les Allemands, avec l'amiral Dönitz à leur tête, y construisirent une dizaine de blockhaus et leur QG de communication avec la flotte de sous-marins. L'un des blockhaus fut plus tard transformé en abri antiatomique pour le général de Gaulle, en 1958.

com ● Bus ligne nº 6, arrêt Cointreau. Visite guidée sur résa seulement. Env 11-19 € selon formule. Dans les années 1970, la distillerie fondée en 1849 par les frères Cointreau déménage des quais de la Maine, à Angers, pour investir des locaux plus adaptés à l'essor commercial de la célèbre liqueur à base d'écorces d'orange. C'est son histoire que la visite guidée détaille par le menu, en entraînant les visiteurs dans la salle des alambics (magnifiques), et en leur racontant la fabuleuse conquête angevine de la famille Cointreau dont le nom est devenu une marque de renommée internationale. Après la balade (très parfumée !), dégustation approfondie avec initiation à la réalisation de cocktails.

TRÉLAZÉ

(49800) 12 600 hab. *Carte Maine-et-Loire, C2*

À 4 km à l'est d'Angers, cette modeste capitale de l'ardoise possède un très riche patrimoine humain et historique, et a produit jusqu'en 2013 un schiste de qualité et de renommée mondiale. Sous les rudes coups de la concurrence (surtout espagnole), les derniers mineurs d'ardoise de France ont dû cesser leur activité, alors qu'ils étaient 3 000 entre 1911 et 1927, au plus fort de l'activité, et extrayaient 175 000 t par an.

NOBLESSE OUVRIÈRE

En 1880 fut créé à Trélazé le 1er syndicat des ardoisiers. Les derniers mineurs gardent encore le souvenir émouvant de la « gamelle », une grande et noble tradition entre fendeurs. Lorsque l'un d'eux tombait malade, ses camarades se partageaient son travail, en plus du leur, pour qu'il puisse toucher sa paie intégralement. Casque bas !

CEUX « D'EN HAUT », CEUX « D'EN BAS »

Au XVIe s apparaît une différenciation parmi les perreyeux, autrement dit les mineurs d'ardoise. Ceux « d'en haut », les « fendeurs », forment une sorte d'aristocratie ouvrière : ils sont indépendants, payés au 1 000 d'ardoises, et leurs fils sont prioritaires pour leur succéder. Ceux d'en bas, les « fonceurs », ont un travail beaucoup plus pénible pour un salaire inférieur. Malgré cette « concurrence » professionnelle, jusqu'en 1920 (loi d'assimilation des ardoisiers aux mineurs du Nord et à leurs avantages sociaux), ils luttent ensemble pour de meilleures conditions d'existence.
En septembre 1790, les meneurs de révoltes sont pendus, tandis qu'en 1855 ils sont déportés en Guyane. C'est toujours la misère qui motive les perreyeux, mais aussi le début de la pénétration des idées républicaines et socialistes (surtout contre la dictature de Napoléon III).

À voir. À faire

Le musée de l'Ardoise : *32, chemin de la Maraîchère. ☎ 02-41-69-04-71. ● lemuseedelardoise.fr ● ♿ (4 handicaps). Se renseigner pour les horaires et tarifs d'accès. Boutique.*
– *La fabrication d'ardoises : compter 1h.* Le clou de la visite ! Un fendeur perpétue, par des anecdotes pleines de verve et un impressionnant savoir-faire, la mémoire ardoisière de l'Anjou. Il détaille les techniques anciennes de fabrication de ces

ardoises épaisses d'à peine 3 mm, à partir d'un bloc de 5 t. On découvre que les femmes prirent le relais des fendeurs durant la Première Guerre mondiale. Elles étaient 2 fois plus efficaces (jusqu'à 1 200 ardoises fendues par jour), ponctuelles et... sobres ! Une occasion unique de découvrir des outils et un métier aujourd'hui disparus.
– *Le musée :* la partie expo se trouve dans l'ancienne manufacture d'allumettes, le bâtiment voisin. Géologie, méthodes d'extraction du schiste ardoisier, vie autour de la mine, syndicalisme, travail des femmes, immigration bretonne, puis portugaise, marocaine, tunisienne... Également des œuvres de compagnons-couvreurs, les techniques de couvertures des toits, etc. Surprenante maquette du château d'Angers qui demanda 5 ans de travail.

Promenade possible sur le site, à travers les buttes, à la rencontre des « vieux fonds » et du seul moulin à exhaure de France (il n'en reste que les fondations ; il servait à extraire l'eau des galeries minières).

Également ***3 circuits*** de 4 ou 11 km à vélo ou à pied sur le site ardoisier et dans la ville minière. L'occasion d'observer les 8 chevalements qui ponctuent le paysage, notamment du haut du terril principal, près de la salle Arena Loire. Plan disponible à l'accueil du musée.

Manifestation

– ***Festival de Trélazé :*** *fin juin-début sept.* • *trelaze.fr* • Concerts XXL et gratuits de grands noms de la scène française et internationale.

D'ANGERS À SAUMUR PAR LA LOIRE

D'Angers à Saumur, la Loire s'étire nonchalamment à travers les multiples îlots boisés perdus dans son lit. En été, l'eau choisit parfois de ne couler que dans un seul bras, laissant d'immenses mers de sable et quelques mares (ou « boires ») prisonnières ou oubliées. Même en haute saison touristique, les rives se révèlent paisibles et, devant les jeux de lumière, vous comprendrez vite pourquoi beaucoup d'artistes ont élu domicile dans le coin et ce qui a justifié le classement de ces paysages au titre de Patrimoine de l'humanité par l'Unesco en 2000. À noter que seuls 2 ponts permettent de traverser la Loire entre Angers et Saumur, à Saint-Mathurin et aux Rosiers-sur-Loire.

MOUSSOT OU VALLEROT ?

Pour ne pas froisser vos interlocuteurs ligériens, sachez que les 2 rives ont des cultures et des paysages totalement différents : côté sud (rive gauche), vous rencontrerez les « moussots », les gens qui vivent dans les troglodytes, tandis que côté nord (rive droite) vous croiserez les « vallerots », habitants de la vallée de l'Authion.

Notre itinéraire

On suggère d'emprunter la levée Napoléon-III (elle date de 1856), ***par la rive droite (nord),*** car elle offre les meilleurs points de vue (et le parapet est bas, même les petits peuvent en profiter depuis la voiture !). En venant d'Angers, prendre la direction Saumur par la route touristique. ***Puis passer sur la rive gauche (sud)*** en traversant aux Rosiers-sur-Loire vers Gennes pour aller voir l'église de Cunault ou rebrousser chemin vers Le Thoureil. Terminer le périple du même côté jusqu'à Saumur, en passant par les caves de crémant à Saint-Florent-le-Vieil...

PAR LA RIVE DROITE (NORD)

SAINT-MATHURIN-SUR-LOIRE (LOIRE-AUTHION)

(49250) 2 500 hab. *Carte Maine-et-Loire, C2*

À 25 km à l'est d'Angers, sur la route de Gennes, Saint-Mathurin-sur-Loire est un village d'une belle homogénéité, perché le long de la grande levée d'Anjou, au cœur de la commune nouvelle de Loire-Authion. Maisons de tuffeau blanc et toits en ardoises dominés par l'église de style néogrec propre aux bords de Loire (vous en verrez d'autres, à La Bohalle et à La Ménitré notamment). Il faut aller de l'autre côté du pont pour en avoir la plus belle vision. Et pourquoi ne pas enfourcher son vélo sur ce tronçon de La Loire à Vélo ? Ou bien en profiter pour observer les sternes pierregarins qui nichent sur les bancs de sable de cette zone ornithologique remarquable, entre La Ménitré et La Daguenière.

Adresse utile

i ***Bureau d'information touristique Loire-Odyssée :*** *20, levée du Roi-René (à l'entrée, côté Angers).* ☎ *02-41-57-37-55.* • *loire-odyssee.com* • *Juil-août, tlj sauf lun 9h30-12h30, 14h-18h30 ; avr-juin et sept, tlj sauf lun 10h-12h30, 14h-18h ; oct-mars, mer-sam 14h-17h30. Congés : vac de Noël.* Box à vélos, consigne à bagages. Brochures et boutique sur la Loire, site de visite et animations.

Où dormir ?

Chambres d'hôtes La Bouquetterie : *118, levée du Roi-René.* ☎ *02-41-57-02-00.* • *franck.lefeuvre@sfr.fr* • *labouquetterie.net* • *À env 500 m du bourg, direction Angers. Doubles 95-126 € ; familiales, studio et gîtes.* Pour la proximité avec la Loire, on ne peut guère faire mieux dans cette maison de maître du XIXe s, il n'y a que la départementale à traverser. Les différentes chambres, toutes élégantes, spacieuses et de caractère, offrent plus ou moins une vue sur le fleuve. Également 2 gîtes (2 et 4 personnes) dans une dépendance, sans vue mais tout confort. Situation, mobilier ancien, matériaux d'origine... Une adresse au charme tout ligérien.

À voir. À faire

Loire-Odyssée : *20, levée du Roi-René (au bureau d'information touristique ; mêmes horaires).* ☎ *02-41-57-37-55.* • *loire-odyssee.fr* • ♿ *Visite seule : 4 € ; croisières à partir de 13 € ; billet couplé possible ; réduc.* Parcours immersif et ludique invitant à la découverte de la Loire, la biodiversité et l'influence de l'homme. Avec ses mots, Bertolt Brecht résume le propos de cet espace consacré à la Loire : « On dit d'un fleuve emportant tout qu'il est violent, mais on ne dit rien de la violence des rives qui l'enserrent. »

Loire-Odyssée organise également d'avril à octobre des sorties en bateau à bord du ***Loire de Lumière*** *(☎ 02-41-57-37-55 ; • accueil@loire-odyssee.fr • ; départs de Saint-Mathurin ou de La Ménitré).* Croisière découverte de 1h ou à thème (croisière ornitho, apéro, sortie crépusculaire, dîner-concert, guinguette embarquée...).

LA GABARE, TOUT UN ART !

Peut-être apercevrez-vous sur la Loire des gabares, ces typiques embarcations nonchalantes à voile et à fond plat. Leur manipulation requérait autrefois des compétences pointues. Ainsi, lors du passage d'un pont, les mariniers devaient prendre suffisamment d'élan en gonflant les voiles avant d'affaler en un clin d'œil les mâts pour passer sous l'édifice et négocier au mieux le fort courant.

LES ROSIERS-SUR-LOIRE

(49350) 2 400 hab. *Carte Maine-et-Loire, C3*

À mi-chemin entre Angers et Saumur, rive droite, relié à Gennes et à la rive sud par un pont suspendu. Les Rosiers est un paisible village de caractère, une belle étape pour rayonner dans la région. Voir l'église coiffée d'un beau clocher panoramique à galerie (1538).
– ***Marché :*** *lun mat en été.*

Où dormir ? Où manger aux Rosiers et dans les environs ?

Campings

Camping Terre d'Entente : *descente de la Croix-Rouge, 49160* ***Saint-Martin-de-la-Place.*** *☎ 09-72-30-31-72. 07-70-07-69-37. • contact@terre-dentente.fr • terre-dentente.fr • À 7 km, direction Saumur, par la D 952. Fin avr-sept. Env 13-19 €/nuit pour 2 avec tente ; locatifs également. 84 empl.* Sur les berges de la Loire, en contrebas de la route, voici un vaste camping ombragé, dans un environnement verdoyant et calme. Propose des tentes prêtes à dormir, des caravanes, des bungalows toilés, un mobile home et des hébergements pour cyclistes. Restauration en été, location de vélos possible et base nautique en face (canoë-kayak et *paddle*). Une excellente alternative à Saumur !

Camping Les Voiles d'Anjou : *6, rue Sainte-Baudruche, aux Rosiers-sur-Loire (sortie nord). ☎ 02-41-51-94-33. • contact@camping-voilesdanjou.com • camping-voilesdanjou.com • Avr-sept. Compter 26-35 €/nuit pour 2 ; hébergements locatifs. 112 empl.* Un camping 4 étoiles, familial et ombragé. En haute saison, activités pour petits et grands (sports, spectacles, club enfants...). 2 piscines chauffées, dont une couverte.

Bon marché

Rouge Bistro : *2, quai de la Loire, aux Rosiers. ☎ 02-41-51-28-86. 300 m après le pont, direction Saumur. Ouv le midi lun-ven, plus le soir jeu-sam. Fermé dim. Formule déj 13,50 € ; carte 25-30 €. Café offert sur présentation de ce guide.* Un genre d'élégant bistrot parisien greffé en Anjou, avec ses larges fenêtres donnant sur les coteaux de la Loire. Cuisine classique du terroir, bien préparée, et à prix doux. Le tout arrosé d'un petit chinon et le tour est joué.

De prix moyens à chic

Chambres d'hôtes Domaine de l'Oie Rouge : *8, rue Nationale, aux Rosiers. ☎ 02-41-53-65-65. 06-79-45-45-75. • domainedeloierouge@gmail.com • domaine-oie-rouge.com • Doubles 85-108 €. Table d'hôtes 30 €.* Quasi face à la mairie toute fleurie, on repère aisément cette demeure bourgeoise cossue du XIXe s, au cœur d'un petit parc arboré. On y découvre des chambres charmantes, cosy et spacieuses à la fois. Mention spéciale pour celles offrant une belle vue sur la Loire. Petit déj et dîner soignés jusque dans les pâtisseries maison.

Domaine de la Blairie : *5, rue de la Mairie, 49160* **Saint-Martin-de-la-Place.** *☎ 02-41-38-42-98. • contact@hotel-blairie.com • hotel-blairie.com • À 7 km des Rosiers, direction Saumur. D'avr à mi-nov. Resto ouv le soir. Doubles 69-103 €. Repas 25-30 €. Café offert au resto et réduc de 10 % sur le prix de la chambre sur présentation de ce guide.* Le logis principal de ce charmant hôtel tout en tuffeau, aménagé dans le style contemporain, abrite des chambres fonctionnelles et de bon confort (certaines avec AC), donnant sur le parc verdoyant. Cuisine soignée, piscine, location de vélos. Accueil jovial.

À faire aux Rosiers et dans les environs

Les Artisanales des Rosiers : *à l'Espace des Ponts, aux Rosiers. Début juil-début sept, tlj 10h30-13h, 14h30-18h30.* Expositions-vente d'artisanat d'art de la région.

Aux Rives Gourmandes : *45, rue Nationale, aux Rosiers. ☎ 02-41-51-25-91. • auxrivesgourmandes.fr •* Boutique de produits du terroir et cave. Fait également bar.

Canoës d'Anjou : *3, rue des Mariniers, 49160* **Saint-Martin-de-la-Place.** *06-69-41-27-04. • canoes.fr • Avr-sept.* De la courte descente au bivouac. *Stand-up paddle* également.

PAR LA RIVE GAUCHE (SUD)

LE THOUREIL (49350) 450 hab. *Carte Maine-et-Loire, C3*

Après avoir traversé le pont des Rosiers et avant de découvrir Gennes, rebroussez chemin sur quelques kilomètres rive gauche. Voici l'un des plus attachants villages de la région, blotti autour de son église qui abrite depuis 2019 des vitraux dessinés par Tahar Ben Jalloun. Quelques belles demeures des XVe, XVIe et XVIIe s en bord de Loire et sur le versant du coteau. Certaines furent édifiées par de riches marchands de vin, pour lesquels Le Thoureil était un port important à l'époque. La Loire prend ici un caractère particulièrement romantique avec ses îlots et rives boisées, son quai alangui et des effets de lumière si séduisants.

Où manger ?

Au Coin du Fleuve : *2, rue de l'Église. ☎ 09-52-25-18-61. Ouv le midi seulement, tlj sauf lun. Compter 20-25 €.* Ce bistrot de Loire fait aussi bouquinerie et rencontre un gros succès. La recette ? Un accueil convivial et une restauration simple, de saison et toujours goûteuse. Quant à la terrasse, posée sur le large trottoir face à la Loire... difficile d'en décoller ! Une aubaine pour les cyclistes, un passage obligé même.

La Route du Sel : *55, quai des Mariniers. ☎ 02-41-45-75-31. • contact@authoureil.fr • Tlj en juil-août ; sinon, ouv le midi mar-dim, plus le soir ven-sam. Congés : janv. Résa conseillée. Formule déj en sem 23,50 € ; carte et menu env 35 €. Café offert sur présentation de ce guide.* Charmante maison en tuffeau, en surplomb de la Loire avec une agréable terrasse dans le jardin pour les soirées estivales. Marie et son équipe règnent sur les fourneaux où elles concoctent une savoureuse cuisine, basée sur les produits locaux et travaillée avec soin. Grand choix de vins naturels et bio. Petite friture de Loire en saison, légumes bio, anguille de Loire fumée, excellents desserts dont le crêmet...

À faire

Balades en bateau : *avec* **Rêves de Loire et d'Ailleurs,** *Alain Gillot, 17, quai des Mariniers. 07-86-18-52-10. • revesdeloire.fr •* Découverte naturaliste de la Loire sur des toues cabanées traditionnelles. Sorties de 1h30 à... plusieurs jours avec bivouac. Prestations de qualité et personnalisées en compagnie du batelier, qui permettent d'assister à la fascinante levée de voile, notamment. Un coup de cœur !

DANS LES ENVIRONS DU THOUREIL

Le manoir de la Caillère : *à* **Coutures.** *06-52-84-43-46. • richard-rak.com • Au nord de Coutures ; juste avt Montsabert, prendre la petite route à gauche (indiqué). Mai-sept, mer-dim 14h-19h ; oct-avr, w-e et j. fériés 14h-18h ou sur résa. Entrée : 5 € ; 3 € 6-12 ans ; gratuit moins de 6 ans.* Un grand souffle de liberté dans un troglo à l'éclairage travaillé : bienvenue dans la ***galerie de Richard Rak,*** un artiste attachant dont les créations insolites, constituées d'objets de récup détournés, sont autant d'invitations au voyage dans l'imaginaire ! Le parcours souterrain est constitué de plusieurs espaces sur des thèmes de voyageurs, avec une accumulation de valises à l'entrée, indispensables au baroudeur. Richard, votre guide dans ce dédale où l'on se perd en rêverie, a des impulsions rimbaldiennes : lever l'ancre, se défaire de la pesanteur. À coup sûr, le routard qui passe à la Caillère en ressort ivre... comme le bateau.

L'Hélice terrestre de l'Orbière, espace d'art plastique contemporain : *au hameau l'Orbière, 49350* **Saint-Georges-des-Sept-Voies.** *☎ 02-41-57-95-92. • heliceterrestre.canalblog.com • (accès partiel). De Saint-Georges-des-Sept-Voies, sur la D 751, suivre le panneau « Espace d'art plastique contemporain », puis les flèches jaune et bleu. Mai-sept, tlj 11h-19h ; sinon, vac scol, w-e et j. fériés 14h-18h. Entrée : env 6 € ; réduc. L'été, programmation « Les temps à vivre » (facebook).*

Jacques Warminski, sculpteur-plasticien, décédé en 1997, a entrepris ici une œuvre absolument incroyable pour réconcilier l'homme, son environnement et l'art ! Passionné par les troglos, il a découvert ce site oublié qui fut longtemps un village troglodytique (encore habité à la fin des années 1930). Après des années de travail acharné et des tonnes de roche évacuées, il a transformé ce lieu abandonné en une œuvre d'art très personnelle. Un sentier promenade permet de découvrir les parties souterraines et la partie en plein air de ce troglo insolite.

Ici, l'artiste a pu travailler une matière en quantité illimitée avec une liberté illimitée. Le rêve ! Mieux, pouvoir le faire en creux et occuper l'espace tout entier au travers de tunnels et couloirs labyrinthiques aux formes inouïes. L'ensemble est harmonieux, menant le visiteur jusqu'à une chambre d'écho extraordinaire...

Sortir de l'ombre et monter à l'extérieur en empruntant l'*Hélice terrestre,* spirale de pierre aménagée et sculptée qui se termine au bord d'un champ. Ne pas hésiter à demander des explications à la compagne de l'artiste qui maintient l'esprit de Warminski tout en aménageant les structures pour faciliter la visite.

GENNES (GENNES-VAL-DE-LOIRE)

(49350) 2 130 hab. *Carte Maine-et-Loire, C3*

À 15 km de Saumur, une aimable bourgade dominée par l'église Saint-Eusèbe, perchée sur la colline (vue extraordinaire sur la Loire en été depuis le clocher, si c'est ouvert). Ancien site religieux gallo-romain, comme l'attestent les nombreuses découvertes effectuées dans le coin, dont un authentique amphithéâtre gallo-romain de 5 000 places (accès libre toute l'année, mais le site a été recouvert).

VALEUREUX CADETS

En juin 1940, surmontant un rapport de forces très défavorable, les 800 élèves de l'École de cavalerie de Saumur (appelés les cadets de Saumur), démunis de matériel militaire, continrent l'avance allemande plusieurs jours pour les empêcher de traverser la Loire, au prix de nombreuses pertes humaines. Les Allemands eux-mêmes furent impressionnés par une telle résistance. Voir le mémorial adossé au mur de l'église Saint-Eusèbe.

Adresse utile

Office de tourisme : *9b, av. des Cadets-de-Saumur. ☎ 02-41-51-09-10. • saumur-tourisme.com • Juil-août, tlj ; le reste de l'année, horaires plus restreints.* Accueil vélos avec douches.

Où camper ? Où manger ?

Camping Au Bord de Loire : *1, pl. du 19-Mars. ☎ 02-41-38-04-67. • contact@camping-auborddeloire.com • camping-auborddeloire.com • ♿ De mi-avr à fin sept. Env 13-19 € pour 2 ; hébergements locatifs. 132 empl.* Accueillant petit camping familial sur un terrain plat et verdoyant, pieds dans l'eau, comme son nom l'indique (enfin... hors saison !) et sur le parcours de *La Loire à Vélo.* Location de bivouacs et de tentes meublées pour 4 à 6 personnes. Piscine municipale à 100 m (tarif préférentiel pour les campeurs) et fleuve de 1re catégorie pour les amateurs de pêche !

L'Aubergade : *7, av. des Cadets-de-Saumur. ☎ 02-41-51-81-07. Tt près du pont. Fermé mar-mer, plus lun soir hors saison. Formule déj en sem 18 € ; menu-carte 38 €.* La table chic et gastronomique du secteur avec un menu « Coup de cœur » le midi, qui est devenu le nôtre. Sandre, foie gras, viande rouge des prés... Les produits sont locaux et les plats aussi créatifs que goûteux. Une halte raffinée sur cette route de Loire décidément riche en surprises.

Auberge du Moulin de Sarré : *sur la D 70, à 3 km de Gennes. ☎ 02-41-51-81-32. 📱 06-36-00-49-49. • contact@moulin-de-sarre.fr • Menus 22-27 €. Apéritif maison offert sur présentation de ce guide.* C'est le dernier des 9 moulins du petit ruisseau Avort à fonctionner encore. L'auberge, installée dans les dépendances, propose des menus de fouées (petits pains fourrés) sur résa, faites bien sûr avec la farine maison. Profitez-en pour visiter le moulin *(visites guidées, à heures fixes, gratuites avec le repas, sinon env 5 €/pers).* Chaque jour, 6 à 10 t de farine de meule (blé, épeautre, seigle...) sortent d'ici, en conventionnel ou en bio, sans compter les farines spéciales (pain d'épice, maïs, châtaigne...). Boutique.

CHÊNEHUTTE-TRÈVES-CUNAULT

(49350) 1 060 hab. *Carte Maine-et-Loire, C3*

À 7 km à l'ouest de Saumur, certainement le point d'orgue de votre balade en bord de Loire. Renommé pour sa magnifique église romane, Cunault était au Moyen Âge un port, lieu de foire et de pèlerinage très important. Ambiance aujourd'hui recueillie, quelques roses trémières et des bancs de sable, un décor qui semble s'être constitué autour de l'église. Avec ses maisons en tuffeau toutes plus ravissantes les unes que les autres et sans aucune verrue architecturale, le village mérite vraiment une petite balade. Allez à pied jusqu'au cimetière sur les hauteurs. Pas de panorama, mais vous y verrez une plaque à la mémoire d'un angevin, Hervé Bazin.

Où manger ? Où boire un verre ?

À Contre-Courant : *36, rue de Beauregard, à* ***Cunault.*** *☎ 02-41-03-02-17. • a.contre-courant@yahoo.fr • Près de l'église. Fermé jeu. Menu env 25 €.* Les mariniers d'autrefois auraient certainement plébiscité – comme nous aujourd'hui – ce restaurant-guinguette de bord de Loire pour sa terrasse perchée au-dessus du fleuve et pour sa carte sur laquelle soufflent des vents d'ailleurs. Le menu unique, familial, change plusieurs fois par semaine. Ancré dans le terroir, il s'évade en un coup de voile vers les Antilles ou d'autres cieux épicés.

Le Prieuré : *route du Comte-de-Castellane, à Chênehutte. ☎ 02-41-67-90-14. Resto fermé lun-mar. Menus 32 € (midi mer-sam), puis 45-80 €. Forfaits apéro également.* La grimpette jusqu'à cet ancien prieuré du XVIe s transformé en luxueux hôtel-resto vaut vraiment le coup. Oublions vite la déco antico-kitsch pour tourner notre regard vers la Loire qui, elle, se livre sans artifice. La plus belle vue plongeante de toute la vallée, saisissante en terrasse ou derrière les larges baies. Restaurant gastronomique nettement plus abordable le midi. Mais on peut simplement profiter de ce lieu privilégié à l'heure du thé ou de l'apéritif.

À voir

L'église Notre-Dame : *messe avec chants grégoriens les dim et fêtes à 11h15.*
Considérée comme ***la plus grande église romane de France*** sans transept, elle fut édifiée au long des XIe-XVe s. Rabelais la cite dans *Gargantua,* des soldats attaqués implorent « Nostre-Dame de Cunaud ». Elle fut sauvée de l'oubli au XIXe s par Prosper Mérimée, inspecteur des Monuments historiques.

L'extérieur
Globalement, l'édifice apparaît comme un long vaisseau aux lignes harmonieuses. Superbe chevet et clocher d'aspect massif mais orné de ravissantes baies romanes, en rangées de 5, 3 et 4 s'équilibrant magnifiquement. Sur la façade, fascinant porche roman à 6 voussures représentant une *Vierge à l'Enfant* encadrée d'anges.

LE MAINE-ET-LOIRE (L'ANJOU)

L'intérieur

Du haut des 9 marches du porche apparaît l'immense ***vaisseau*** lumineux avec effet de perspective, accentué par la surélévation du chœur, très beau avec déambulatoire, chapelles rayonnantes et vestiges de fresques. Peu de décoration, peu de statues, c'est dépouillé et sobre. Mais la merveille de Cunault, ce sont ses ***fresques*** et ses ***chapiteaux*** (plus de 220, au riche décor).

Le logis du Prieur : *en face de l'église, visible quand le portail est laissé ouvert.* Construit au XVIe s en style Renaissance, il revêt l'allure d'un château ! Fenêtres à meneaux et lucarnes joliment décorées.

Trèves *(49350) : 1, rue d'Enghien. À 1 km, direction Saumur.* On ne peut manquer l'imposante tour à côté de l'église Saint-Aubin (XIe-XIIIe s), flanquée de son cimetière. À l'intérieur, gisant de Robert le Maçon et une poutre de gloire médiévale.

La Cave aux Moines : *Préban, 18, rue Foulques-Nerra, 49350* ***Chênehutte-les-Tuffeaux.*** *☎ 02-41-67-95-64. • cave-aux-moines.com • ♿ En saison, tlj 10h-18h30 ; hors saison, w-e 12h-16h (se renseigner pour le reste du temps). Visite libre (30 mn, 6 €) ou guidée pour les groupes.* Une occasion de pénétrer le dédale de galeries qui truffe les coteaux de Loire. Explications sur l'extraction du tuffeau, l'élevage d'escargots, la culture des champignons. Restaurant *Les Pieds Bleus* sur place.

Chênehutte-les-Tuffeaux *(49350) : quelques km plus loin, direction Saumur.* Charmante église Notre-Dame, datant du XIIe s, dotée d'un clocher roman. Abside du chœur décorée d'une frise à modillons.

Manifestation

– ***Le Mai de l'orgue et les Heures musicales de Cunault :*** *certains dim en été, dans l'église de Cunault ou dans celle de* ***Trèves.*** *• lesheuresmusicalesdecunault.fr •* Récitals d'orgue, musique de chambre, lyrique, etc.

LE SAUMUROIS

SAUMUR (49400) 27 130 hab. *Carte Maine-et-Loire, D3*

• Plan *p. 342-343*

De loin, le château coiffant les belles demeures aristocratiques des quais constitue l'un des plus beaux tableaux que l'on connaisse, encore plus émouvant au coucher de soleil. Avec les caves de crémant de Saumur aux grands noms, les troglos et le riche patrimoine historique alentour, on peut facilement se poser plusieurs jours à Saumur pour rayonner.

LA MODE SELON COCO

La Saumuroise Coco Chanel (1883-1971) fut certainement la plus grande couturière française du XXe s. « Mademoiselle » adopta une posture décalée, inventa un nouveau style et libéra les femmes de leurs carcans vestimentaires. Elle se coupa les cheveux, popularisa la marinière et le tailleur. C'est même elle qui lança la mode du bronzage (on disait « chocolater ») après des siècles de blancheur et après... un coup de soleil accidentel !

UN PEU D'HISTOIRE

Les origines de la ville remontent au IXe s (un monastère), mais c'est Thibault, comte de Blois, qui construisit un château et un début d'enceinte d'où Saumur tient peut-être son nom *(salvus murus).* La petite ville se développa, embellie par les ducs d'Anjou aux XIVe et XVe s. Saumur atteignit sa notoriété véritable avec l'arrivée du protestantisme, en réaction aux privilèges des abbayes environnantes (Fontevraud, Saint-Florent). En 1589, elle devint ***place de sûreté protestante,*** gouvernée par Philippe Duplessis-Mornay, théologien et chef de guerre. Fondation également d'une académie qui en fit la ***Genève française.*** Sa réputation s'étendit à toute l'Europe, et une grande vitalité économique accompagna celle de la pensée. Saumur devint une cité prospère.
Les catholiques contre-attaquèrent en installant, au début du XVIIe s, 7 communautés aux portes de la ville et en fondant une école de théologie. Les joutes philosophiques entre les 2 courants de pensée religieuse sont restées fameuses. À la révocation de l'édit de Nantes (en 1685), la bourgeoisie protestante émigra en masse ; l'activité économique s'effondra. Saumur s'assoupit sur les bords de la Loire.
Au XVIIIe s, création de l'***École de cavalerie*** et, en 1825, du fameux Cadre noir, destiné à enseigner l'équitation classique aux élèves officiers. En dehors des activités équestres, l'industrie la plus importante au XIXe s fut la « patenôtrie » (la fabrication des chapelets, de *Pater Noster*). Eh oui ! Jusqu'au début du XXe s, 1 500 patenôtriers travaillaient à Saumur et exportaient jusque dans les pays musulmans.

LES VINS DE SAUMUR

Le Saumurois est surtout connu pour sa production de vin à bulles, qui s'obtient à partir d'un cépage principal, le chenin. Le saumur blanc (un sec) s'étend quant à lui sur 41 communes. Le terroir calcaire du tuffeau en fait un vin léger, fruité, élégant, au délicat arôme floral, notamment autour de Brézé, Montreuil-Bellay et du Puy-Notre-Dame. Le saumur rouge se récolte sur une trentaine de communes. C'est un vin généreux, qui vieillit correctement.
Le ***saumur-champigny,*** enfin, l'une des appellations les plus connues et les plus appréciées, est obtenu à partir de cabernet franc et produit un vin rouge aux parfums de fruits rouges. Vignoble peu étendu, sur 9 communes seulement, de Varrains à Montsoreau, en passant par Saint-Cyr-en-Bourg et Souzay-Champigny, Champigny étant en fait un hameau.

Adresses et infos utiles

ℹ ***Office de tourisme*** *(plan B2)* **:** *8 bis, quai Carnot.* ☎ *02-41-40-20-60.* • *saumur-tourisme.com* • *De mi-mai à fin sept, lun-sam 9h30-18h30 (19h juil-août), plus dim et j. fériés 10h30-17h30 juin-août ; hors saison, lun-sam 9h30-12h30, 14h-18h, se renseigner dim et j. fériés. Congés : autour de Noël et du Nouvel An. Guide Saumur Val de Loire,* consultation en photos des hébergements du Saumurois *(résa payante),* vente de billets de sites touristiques et spectacles à tarifs préférentiels, consigne à bagages, boutique. Personnel fort accueillant et efficace.

Gare SNCF *(plan C1)* **:** *av. David-d'Angers.* Ligne de TGV ou TER Angers-Tours.

Gare routière *(hors plan par B3)* **:** *pôle Balzac.* • *saumur-tourisme.com* • En été, « lignes estivales » effectuant des navettes Saumur-Montsoreau-Fontevraud.

Plusieurs loueurs de vélos, dont ***Détours de Loire*** : *10, route de Rouen, près de la gare SNCF.* ☎ *02-41-53-01-01.* • *detoursdeloire.com* •
– ***TAD*** *(transport à la demande)* **:** *infos à l'office de tourisme ou sur* • *agglobus.fr* • Pour le prix d'un billet de bus, on

Adresse utile

- Office de tourisme (B2)

Où dormir ?

10 Camping de l'Île d'Offard (D2)
11 Hôtel du Parc (hors plan par D1)
12 Hôtel Le Volney (B3)
13 Hôtel Saint-Pierre (C2)
14 Le Londres Hôtel (B2)
15 Chambres d'hôtes le Patio (C2-3)
16 Hôtel Kyriad (B2)
17 Hôtel Anne d'Anjou (C2)
19 Cristal Hôtel-restaurant (C2)

Où manger ?

17 L'Essentiel (C2)
20 Bistrot de la Place (C2)
21 Sur les Quais (C2)
22 L'Alchimiste (B2)
23 L'Aromate (B3)
24 Le Gambetta (B2)

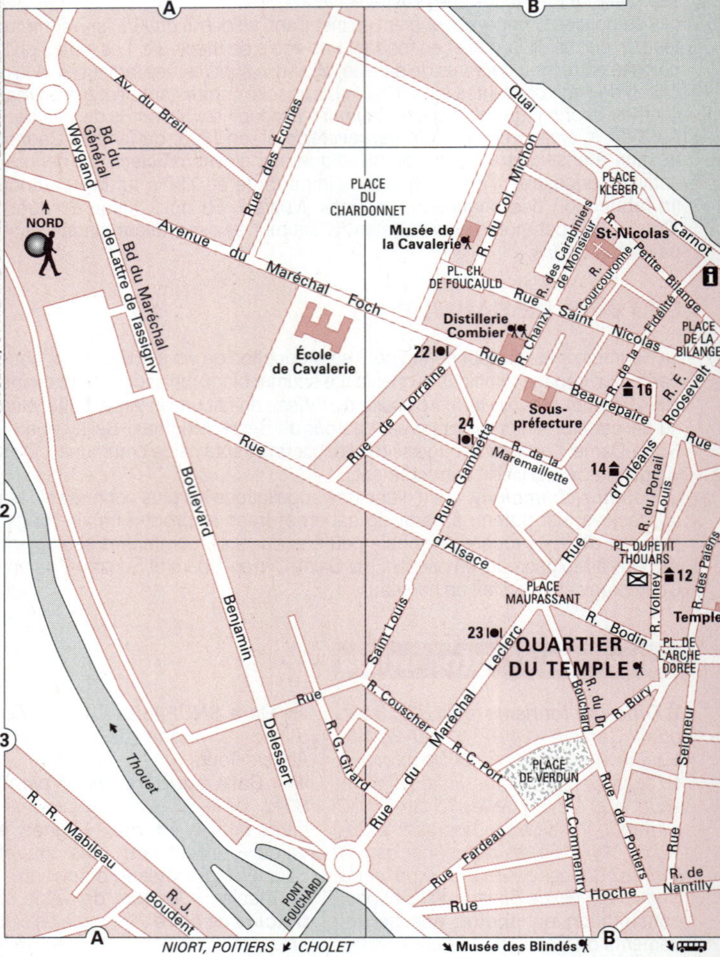

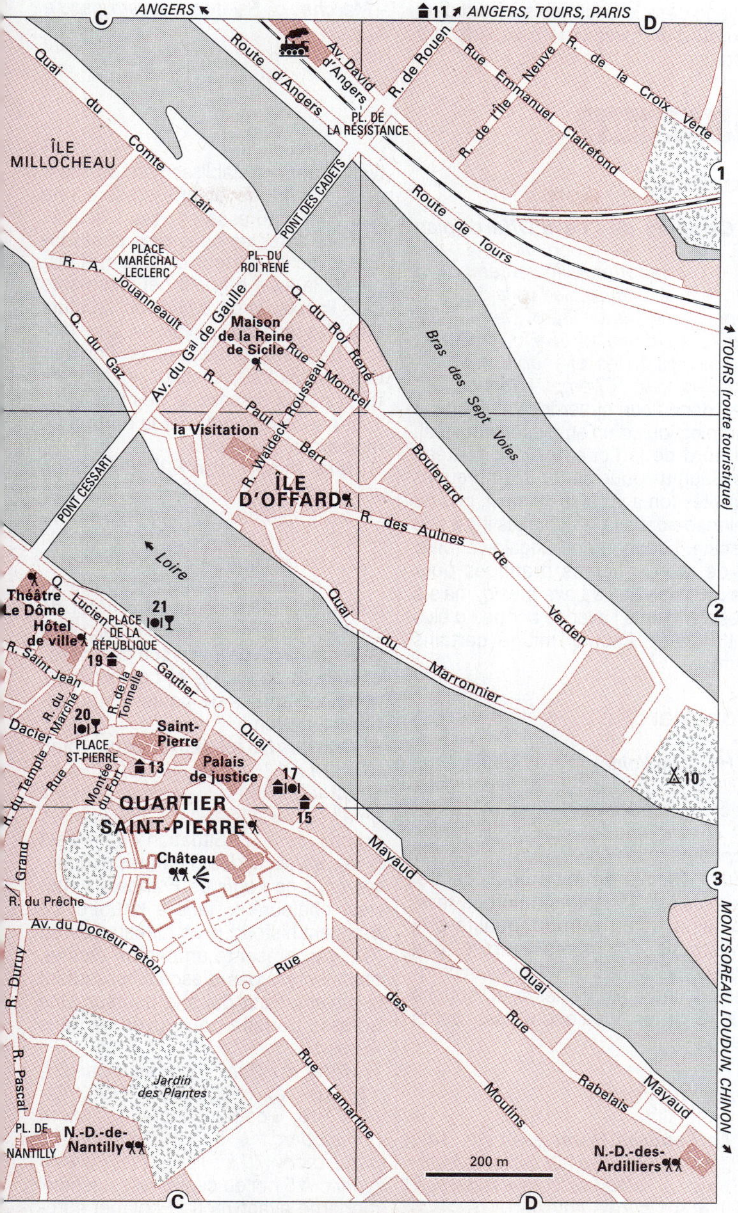
ANGERS
11 ANGERS, TOURS, PARIS
C
D
Quai du Conte Lair
ÎLE MILLOCHEAU
Route d'Angers
Av. David d'Angers
R. de Rouen
Rue Emmanuel Clairefond
R. de l'île Neuve
R. de la Croix Verte
PL. DE LA RÉSISTANCE
PONT DES CADETS
Route de Tours
1
PLACE MARÉCHAL LECLERC
PL. DU ROI RENÉ
R. A. Jouanneault
Q. du Gaz
Av. du Gal de Gaulle
Q. du Roi René
Maison de la Reine de Sicile
Rue Montcel
R. Paul Bert
R. Waldeck Rousseau
Bras des Sept Voies
TOURS (route touristique)
la Visitation
PONT CESSART
ÎLE D'OFFARD
R. des Aulnes
Boulevard de Verden
Loire
Quai du Marronnier
2
Théâtre Le Dôme
Hôtel de ville
Q. Lucien Gautier
PLACE DE LA RÉPUBLIQUE
21
19
R. Saint Jean
R. de la Tonnelle
R. du Marché
20
Dacier
PLACE ST-PIERRE
Saint-Pierre
13
Palais de justice
17
15
Quai Mayaud
10
R. du Temple
Rue Grand
Montée du Fort
QUARTIER SAINT-PIERRE
Château
3
R. du Prêche
Av. du Docteur Peton
MONTSOREAU, LOUDUN, CHINON
R. Duruy
Rue des Moulins
Rue Rabelais
Quai Mayaud
Rue Lamartine
Jardin des Plantes
R. Pascal
PL. DE NANTILLY
N.-D.-de-Nantilly
N.-D.-des-Ardilliers
200 m
C
D

SAUMUR

voyage dans le Saumurois à bord d'un taxi ou d'un minibus *(4-5 départs/j., à réserver min 4h à l'avance).*

– **Marché :** *pl. Saint-Pierre, sam jusqu'à 13h.*

Où dormir ?

Camping

Camping de l'Île d'Offard *(plan D2,* ***10****) : bd de Verden. ☎ 02-41-40-30-00. • iledoffard@flowercampings.com • ♿ À 15 mn à pied de la gare, sur la pointe de l'île d'Offard. De mi-mars à mi-oct. Tentes 19-38 €/nuit pour 2 ; bungalows toilés et mobile homes ; tarif cyclistes. 167 empl.* Labellisé Flower, donc fleuri et verdoyant, ce vaste camping jouit d'un emplacement idéal, au bord de la Loire, avec le château de Saumur pour décor. Nombreuses activités (on a vu plus calme !), pas de baignade dans le fleuve mais il y a une piscine. Location de bungalows toilés et de mobile homes pratiques pour les cyclistes de *La Loire à Vélo,* mais à réserver bien à l'avance car peu d'élus à l'arrivée ! Accueil mitigé certains jours.

Bon marché

Hôtel Le Volney *(plan B3,* ***12****) : 1, rue Volney. ☎ 02-41-51-25-41. • contact@levolney.com • levolney.com • Doubles 50-70 € (à partir de 45 € pour la plus économique). Parking public gratuit à 150 m.* Dans une rue calme du centre, un excellent et modeste hôtel à taille humaine et au rapport qualité-prix imbattable. Chambres simples, pas bien grandes mais bien tenues et rénovées. L'une d'entre elles avec douche sur le palier, idéale pour les petits budgets.

Prix moyens

Le Londres Hôtel *(plan B2,* ***14****) : 48, rue d'Orléans. ☎ 02-41-51-23-98. • resa@lelondres.com • lelondres.com • ♿ Doubles env 70-120 € ; également des familiales et des apparts-hôtels. Parking privé payant. Un petit dej/chambre/nuit offert sur présentation de ce guide.* Particulièrement bien situé, cet établissement affichant des tons rouge et gris s'avère une très bonne adresse en ville. L'accueil enthousiaste, les chambres confortables (avec AC partout, c'est rare) et soignées, la salle de petit déj charmante dans l'ancien jardin d'hiver de structure Eiffel, les terrasses privatives, le restaurant *Le Carré du Londres* où l'on sert des bocaux frais et locaux, le salon de thé, l'institut de soins et de massage... Tout concourt à pousser la porte à un moment ou à un autre.

Hôtel Kyriad *(plan B2,* ***16****) : 23, rue Daillé. ☎ 02-41-51-05-78. • saumur@central-kyriad.com • kyriad.com • Doubles 76-106 €. Garage privé payant. Un petit dej/pers offert sur présentation de ce guide.* Dans une petite rue au calme, en plein centre, un hôtel de chaîne, moderne et fonctionnel, qui a néanmoins gardé intact son caractère : chambres agréables et confortables, certaines dotées de poutres ou meublées d'ancien.

Cristal Hôtel-restaurant *(plan C2,* ***19****) : 12, pl. de la République. ☎ 02-41-51-09-54. • cristalsaumur@gmail.com • cristal-hotel.fr • Doubles à partir de 55 €.* Situation on ne peut plus centrale et des chambres pimpantes pour ce *Logis de France* à l'intérieur chaleureux, face à la Loire. Le bâtiment historique en tuffeau date du XIXe s et présente un certain cachet, mais il n'y a pas d'ascenseur (autant le savoir). Petit déj à la hauteur. Une adresse parfaite pour rayonner dans le coin.

Hôtel du Parc *(hors plan par D1,* ***11****) : 169, av. des Fusillés. ☎ 02-41-67-17-18. • contact@hotelduparc.fr • hotelduparc.fr • ♿ Doubles confort à partir d'env 70 € ; familiales. Parking gratuit.* À 5 mn du centre-ville, un hôtel moderne ayant reçu l'Écolabel européen pour son engagement environnemental. Une quarantaine de chambres design, confortables. Restaurant. Piscine chauffée *(juil-août).*

De chic à plus chic

Hôtel Saint-Pierre (plan C2, **13**) : *8, rue Haute-Saint-Pierre. ☎ 02-41-50-33-00. • contact@saintpierresaumur.com • saintpierresaumur.com • ♿ Doubles standard 70-190 €. Parking et garage privés. Petit déj offert sur présentation de ce guide.* Caché derrière l'église Saint-Pierre, cet hôtel 4 étoiles se distingue par son élégance et sa discrétion. Escalier à vis en tuffeau, poutres d'époque, cheminées, meubles patinés... Chambres très confortables (avec AC) et ambiance chaleureuse, un peu dans le style *B & B* chic britannique. D'ailleurs, on y trouve aussi un bar à whiskies. Accueil qui ne détonne pas, avec à la clé plein de bons conseils sur la ville.

Hôtel Anne d'Anjou (plan C2, **17**) : *32, quai Mayaud. ☎ 02-41-67-30-30. • contact@hotel-anneanjou.com • hotel-anneanjou.com • Au pied du château, en bord de Loire. Doubles standard env 75-130 €.* Élégante demeure du XVIIIe s, pleine de charme, avec cour intérieure fleurie. Superbe escalier intérieur classé. Chambres climatisées bien arrangées, alliant tradition et confort, toutes avec mobilier ancien, dont une de pur style Empire. Piscine. Accueil très professionnel. Resto sur place.

Chambres d'hôtes Le Patio (plan C2-3, **15**) : *31, quai Mayaud. ☎ 02-41-51-20-22. 📱 06-09-94-84-55. • contact@lepatiosaumur.fr • lepatiosaumur.fr • Doubles et suites 90-100 €.* Le patio de cette superbe demeure du XVIIe s, à l'ambiance presque méditerranéenne, accueillait autrefois les chevaux d'un relais de poste. Les chambres, suites et appartements n'ont rien perdu du caractère historique des murs tandis que l'accueil tout en douceur et le spa ajoutent de l'élégance et du charme au séjour. Dans cette ville de chevaux, ce n'est pas le ara – on parle là du perroquet maison ! – qui nous contredira.

Où manger ?

Bon marché

Bistrot de la Place (plan C2, **20**) : *16, pl. Saint-Pierre. ☎ 02-41-51-13-27. • contact@bistrotdelaplace-saumur.com • Fermé dim. Formules 17,80-22,90 € ; carte 25-30 €. Café offert sur présentation de ce guide.* Sur la mignonne place Saint-Pierre où les tables jouent des coudes aux beaux jours, un bistrot gourmand, également bar à vins (dans la cave !), très intéressant pour qui veut découvrir les vignobles du coin. Cuisine bistronomique, donc, dans une ambiance conviviale, à l'image des soirées dégustation et des concerts organisés régulièrement.

Sur les Quais (plan C2, **21**) : *quai Lucien-Gautier. 📱 06-98-65-83-32. Fermé en hiver, sinon ouv tlj. Formules déj en sem 14,50-17,90 € ; planches et plats env 10-20 €.* Clin d'œil aux bateaux-lavoirs qui jalonnaient les quais de Loire autrefois. Celui-ci héberge aujourd'hui un bar-restaurant on ne peut mieux situé avec la Loire et le château en fond de tableau. Génial pour les couchers de soleil ! Pas étonnant qu'à peine ouverte cette adresse atypique ait vite fait le buzz.

Prix moyens

L'Alchimiste (plan B2, **22**) : *6, rue de Lorraine. ☎ 02-41-67-65-18. • lalchimisterestaurant@orange.fr • Fermé dim-lun. Congés : 1 sem en fév et vac de la Toussaint. Résa à l'avance indispensable. Menus env 29 € (midi en sem)-38 €. Apéritif maison offert sur présentation de ce guide.* L'Alchimiste est assurément un grand sorcier. Le chef talentueux compose des plats qui sont un véritable spectacle, autant pour les yeux que pour les papilles. Il choisit avec intelligence des produits simples pour servir une cuisine élaborée et savoureuse. Un vrai plaisir, renforcé par l'accueil attentionné de madame et le joli cadre contemporain tout à fait dans l'air du temps. Petite terrasse.

L'Aromate (plan B3, **23**) : *42, rue du Maréchal-Leclerc. ☎ 02-41-51-31-45. • laromate49@gmail.com • Fermé* *dim-lun. Menus 17-20 € (midi en sem), puis 32-36 €. Un verre de vin de dessert offert sur présentation de ce guide.* Ambiance « bistronomique » chez ce maître restaurateur qui a baroudé avant de revenir au pays. La fine équipe s'affaire derrière la vitre et propose une cuisine inventive, aux couleurs de saison, s'appuyant sur la délicate alchimie des herbes aromatiques et des épices. Cuisine dynamique tout en fraîcheur, pâtisseries subtiles et sélection de vins régionaux rigoureuse. Tout cela à prix doux.

|●| ***L'Essentiel*** *(plan C2,* ***17****) : 11-13, rue Raspail. ☎ 02-41-67-71-10. ● contact@restaurant-lessentiel-saumur.fr ● Au pied du château, dans l'Hôtel Anne d'Anjou (voir « Où dormir ? »). Fermé dim-lun. Congés : 1 sem en fév et 1 sem à Noël. Formules déj en sem à partir de 15 € ; menus 28-52 €. Apéritif maison offert sur présentation de ce guide.* Cadre rustique, charpente originale et tuffeau apparent au fond d'une jolie cour fleurie, voilà un très joli décor pour savourer une cuisine de marché, dans un esprit bistronomique. La carte évolue selon les saisons.

Chic

|●| ***Le Gambetta*** *(plan B2,* ***24****) : 12, rue Gambetta. ☎ 02-41-67-66-66. Fermé dim-lun. Menus 35-42 € (midi en sem), puis 72-97 €.* La porte cochère franchie, on arrive dans une salle moderne. Dans un décor sobre, le chef étoilé Mickaël Pihours met en scène les produits qu'il décline en préparations multiples, pour une dégustation des plus sensorielle. L'œil, le nez sont aiguisés, et le plaisir se poursuit en bouche. La cuisine est créative, la cuisson précise, la technique maîtrisée. Un pur délice ! Et la fête continue avec les desserts, ravivant quelques souvenirs d'enfance.

Où dormir ? Où manger dans les environs ?

Camping

⛺ ***Camping Huttopia Saumur :*** *à La Croix, route de Chantepie, 49400* ***Saint-Hilaire-Saint-Florent.*** *☎ 02-41-67-95-34. ● saumur@huttopia.com ● europe.huttopia.com ● ♿ À 7 km de Saumur. Prendre la D 751 (direction Gennes), c'est à 5 km du lieu-dit le Poitrineau. D'avr à mi-oct. Forfaits pour 2 env 22-50 € ; hébergements locatifs également. 86 empl.* Un 4-étoiles de charme, situé sur un plateau offrant un superbe point de vue panoramique (mais déconseillé aux cyclistes fatigués de leur journée). Les parties communes occupent des bâtiments de ferme restaurés (épicerie, *baby room*), tandis que les emplacements se dispersent sur un terrain ombragé agréable. Mobile homes, chalets et tentes-*lodges* en location. Très bon accueil et tout un programme d'animations. Location de vélos électriques. Piscine extérieure chauffée.

De prix moyens à chic

🏠 ***Hôtel Le Canter :*** *1, pl. de la Sénatorerie, 49400* ***Saint-Hilaire-Saint-Florent.*** *☎ 02-41-50-37-88. 📱 07-85-68-16-04. ● contact@hotel-lecanter.fr ● hotel-lecanter.fr ● À 3 km de Saumur par la D 751. Congés : fêtes de fin d'année. Doubles 59-77 € ; familiales.* Un hôtel-bar-petit déj offrant un bon rapport qualité-prix, à 5 mn du centre de Saumur. Chambres 2 étoiles, toutes décorées de manière différente et pour la plupart rénovées. Noter la vitrine du bottier à côté (classée Entreprise du patrimoine vivant), un métier bien rare de nos jours !

🏠 ***Chambres d'hôtes La Croix de la Voulte :*** *476, rue de Boumois, 49400* ***Saint-Lambert-des-Levées.*** *☎ 02-41-38-46-66. ● hminder@hotmail.com ● lacroixdelavoulte.com ● Suivre la D 229 vers Saint-Martin-de-la-Place ; la maison est à 2 km après la sortie de Saint-Lambert-des-Levées. Mai-oct. Doubles 95-105 €.* Bien cachée en contrebas de la route, cette magnifique demeure des XVe et XVIIe s prend ses aises dans un parc de 3 ha. Les chambres tout confort occupent une belle dépendance : déco de caractère, ameublement et tissus de style. Les chambres « Anjou » et « Touraine » possèdent même une très grande cheminée du XVe s et un lit à baldaquin. Belle piscine bordée par un kiosque où l'on sert le petit déj aux beaux jours.

Vino Valley : *29-31, rue Jean-Ackerman, 49400 Saint-Hilaire-Saint-Florent. ☎ 02-41-03-31-65. • contact@vinovalley.fr • Dans la rue des caves.* Un espace idéal que cet ancien chai du XIXe s pour accueillir une cave XXL et un bar à vins 100 % de Loire, aux côtés d'un restaurant étonnant *(ouv tlj)*. Celui-ci se trouve au cœur d'une cave troglo et de son puits de lumière central. Effet de surprise garanti. À la carte, des fouées avec des garnitures traditionnelles ou plus tendance, également en version burger pour les enfants (!), de quoi en tout cas ripailler en famille dans ce site œnotouristique surprenant. Le Bar *Double V* attenant propose également des planchettes *(env 20-25 €)*.

Achats

Maison des vins d'Anjou et de Saumur *(plan B2) : quai Carnot, à côté de l'office de tourisme. ☎ 02-41-38-45-83. Juil-août, lun-sam 11h30-19h30 ; sinon, horaires plus restreints. Dégustation gratuite.* Vitrine du vignoble des vins de Saumur et d'Anjou. Lieu idéal pour s'informer, déguster et acheter. Excellent accueil.

Duchesse Anne *(plan B2) : 22, rue Roosevelt. Lun-ven 9h30 (10h lun)-19h, sam 8h30-19h30, dim 9h-12h30.* Un chocolatier-pâtissier-salon de thé où l'on trouve, outre les gâteaux et chocolats, des meringues en forme de champignon de Saumur, des sorbets maison et une sélection complète de thés.

À voir

Le Saumur historique

Le château *(plan C3) : ☎ 02-41-40-24-40. Accès à pied de la pl. Saint-Pierre, par la montée du Fort, ou route directe en voiture depuis la Loire, par le tunnel (panneaux). Fermé lun sauf en juil-août : avr-sept, 10h-18h ; oct-mars, 14h-17h30. Entrée : env 7 € ; gratuit moins de 7 ans. Accès au belvédère : guidé seulement, de mi-juin à mi-sept, supplément de 3 €.*

Ce majestueux exemple de château ***pré-Renaissance*** voit ses origines remonter au début du XIIIe s sous Philippe Auguste. Puis en 1360 Louis Ier, 1er duc d'Anjou, entreprend de l'améliorer, l'architecte s'appuyant sur les tours rondes pour élever des ***tours polygonales.*** Pendant la période protestante, le gouverneur ***Duplessis-Mornay*** (XVIIe s) le fit fortifier selon un système dont s'inspira Vauban. Sous Louis XIV, puis sous Napoléon Ier, le château servit de ***prison,*** et durant le reste du XIXe s, de dépôt de munitions. Acheté par la Ville en 1906, il n'eut de cesse d'être restauré depuis, jusqu'à cette impressionnante fleur de lys dorée qui culmine depuis 2015 au sommet d'une des tours.

« ACCORDER SES FAVEURS »

À la Renaissance, les faveurs étaient des rubans de soie qui resserraient les encolures des chemises de nuit. Quand la dame accordait (= consentait) que l'on délie ses faveurs, aussitôt la chemise tombait à ses pieds. Une expression à caractère torride !

LE MAINE-ET-LOIRE (L'ANJOU)

La visite donne aujourd'hui accès à une riche ***collection d'arts décoratifs,*** meubles, tapisseries, émaux, faïences et porcelaine occupant le 1er étage des ailes nord et est. Une ***collection « cheval »*** rassemblant des objets de l'Antiquité est exposée quant à elle dans l'ancienne abbatiale. Depuis les jardins, le panorama sur la Loire et la ville est superbe.

Pour boire un verre ou se restaurer, on peut aller à ***L'Orangeraie*** ou au ***Terrier du Château,*** un bar à vins avec vue imprenable sur la Loire et le château.

La distillerie Combier *(plan B2)* **:** *48, rue Beaurepaire. ☎ 02-41-40-23-02. • combier.fr • Juil-sept, tlj 3 visites/j. ; avr-juin et oct, mar-dim 3 visites/j. ; résa conseillée. Le reste de l'année, sur résa. Billet : 5 €. Boutique 10h-12h30, 14h-19h.* On distille toujours de manière artisanale dans cette entreprise familiale depuis 1834. Les machines et les techniques sont inchangées depuis le XIXe s. Le maître-distillateur Jean-Baptiste Combier connut le succès en inventant le fameux « triple sec », liqueur à base d'écorces d'oranges douces et amères. Cette institution saumuroise a su, au fil des années, s'imposer dans le patrimoine français avec ses recettes signatures de liqueurs, sirops et spiritueux à partir de fruits et plantes méticuleusement sélectionnés. Autant de produits incontournables pour les barmans, baristas et grands chefs du monde entier.

L'hôtel de ville *(plan C2)* **:** *pl. de la République, face à la Loire.* La partie gauche fut édifiée au XIVe s et faisait partie du rempart de la ville médiévale. Cela explique les tourelles et mâchicoulis. Un bâtiment néogothique du XIXe s occupe la partie droite, richement orné mais qui mériterait une rénovation.

Le théâtre Le Dôme *(plan C2)* **:** *sur la terrasse, soirées dégustation avec le Syndicat des vins de Saumur en juil-août (7 soirées, 7 AOP). Sympa !* Construit en 1864, de style néoclassique, avec ses colonnes monumentales et ses grandes arcades, il a fière l'allure au bord de la Loire. Remarquez les noms d'auteurs classiques et de musiciens sous la corniche du toit à l'italienne. Depuis 2015, le bâtiment a retrouvé tout son lustre et abrite *Le Dôme,* un pôle culturel et artistique ainsi qu'un bar et une terrasse au-dessus du monument, avec vue imprenable sur la Loire.

Le quartier Saint-Pierre, entre Loire et château *(plan C2-3)* **:** la partie la plus jolie de la ville avec ses nombreuses demeures anciennes le long des rues et ruelles (certaines pavées) qui ont conservé leur tracé médiéval. ***Place Saint-Pierre,*** qui constituait l'axe marchand de la ville au Moyen Âge, jolies maisons à pans de bois, en particulier aux nos 3 bis, 5 et 6, et surtout une élégante ***église Saint-Pierre*** (XIIe-XIIIe s) qui revient de loin. En 2008, une cinquantaine de pieux ont été ajoutés à 20 m sous l'édifice pour éviter que celui-ci ne s'enfonce, tandis qu'en 2018 la façade classique du XVIIe s retrouvait sa superbe. L'église abrite de remarquables stalles du XVe s.

Dans la ***Grand-Rue*** *(plan C2-3),* ici et là, des portes cloutées avec heurtoir en forme de point d'exclamation ainsi que des montoirs (petites bornes évoquant l'époque des déplacements à cheval). C'est une véritable rue médiévale, étroite, sinueuse et autrefois pavée. Sur le chemin du château ***(montée du Fort),*** très belles maisons à tourelles, à l'instar de celle accueillant les Compagnons du devoir. Au no 7, celle qui aurait servi de modèle à Balzac comme demeure du père Grandet.

Le quartier du Temple *(plan B-C2-3)* **:** cœur de la ville au XVIIe s, on y devine de nombreux hôtels particuliers cachés derrière de monumentales portes cochères, dans la *Grand-Rue,* la *rue du Temple* ou la *rue des Païens. Rue du Prêche :* anciennes tours de l'enceinte du XIVe s.

Entre le quartier Saint-Pierre et l'église Notre-Dame-des-Ardilliers *(plan D3),* sur le ***quai Mayaud*** *(plan C-D2-3),* tout au long de la Loire, quelques hôtels particuliers et hôtels tout court, des XVIIe, XVIIIe et XIXe s. Ils témoignent de l'importance du commerce sur la Loire et de la prospérité économique qui en a découlé. Dans les rues à l'arrière s'étendait le ***quartier des patenôtriers,*** autrement dit ceux qui fabriquaient des chapelets (de *Pater Noster*). Rue Jean-Jaurès (parallèle à la Loire), on notera les arcatures des anciennes boutiques de ces fabricants.

🚶🚶 ***L'église Notre-Dame-des-Ardilliers*** *(plan D3)* **:** *à la sortie de Saumur, sur la route de Montsoreau.* Au départ, en 1454, la banale trouvaille d'un paysan : une petite pietà en pierre découverte dans un champ argileux (ou *ardille,* à l'époque). Elle fit rapidement l'objet d'un pèlerinage local, puis national, à tel point que son prestige devint pour les catholiques de la Contre-Réforme une arme de guerre contre les protestants. L'édifice fut construit à partir de 1655. Architecture classique d'inspiration italienne avec une imposante rotonde couronnée d'un dôme en ardoises et d'un lanternon. À l'intérieur, impression d'immensité digne de Rome. Les bâtiments jouxtant le chevet de l'église sont de la même époque. C'était le couvent des oratoriens administrateurs du pèlerinage. Ils abritaient aussi l'école de théologie concurrente de l'académie protestante.
– Grande cérémonie religieuse le 15 août *(☎ 02-41-83-30-31).*

🚶🚶 ***L'église Notre-Dame-de-Nantilly*** *(plan C3)* **:** *pl. de Nantilly.* Église romane la plus ancienne de Saumur, du début du XIIe s. Façade-mur d'allure sévère, avec 4 énormes contreforts. À l'intérieur, l'une des plus belles nefs romanes d'Anjou avec ses voûtes en berceau légèrement brisé et sa coupole nervée. Dans le transept gauche, statue de Notre-Dame de Nantilly, du XIIe s, en bois peint.

🚶 ***Dans l'île d'Offard*** *(plan C-D1-2)* **:** *accès par le pont Cessart (plan C2), qui date de 1756. Parcours de visite ludique avec appli « Baludik » (infos à l'office de tourisme).* De l'île d'Offard, la plus belle vue sur Saumur et son château. Ne pas manquer la ***maison de la Reine de Sicile*** *(plan C1).* C'est là que vécut Yolande d'Aragon (1377-1442), mère du roi René. Fort bel édifice, à qui la maladie de la pierre donne un surcroît de charme pathétique.

Le Saumur équestre et militaire

Après l'exode de l'élite protestante, Saumur tomba en léthargie économique. L'arrivée de l'École royale de cavalerie en 1771 relança l'activité de la ville. En 1825, un manège académique se développa au sein de l'école à l'intention des élèves officiers. Leur costume, veste noire rehaussée d'or, culotte noire, se distinguait de celui des instructeurs, qui était bleu. D'où l'appellation qui découla naturellement de « ***Cadre noir de Saumur*** ». Il forma des générations d'officiers de cavalerie jusqu'en 1972. À cette date, il fut rattaché au ministère de la Jeunesse et des Sports, et rejoignit l'École nationale d'équitation, située pas très loin, sur les hauteurs de Saint-Hilaire-Saint-Florent, à Terrefort. Il assure aujourd'hui l'enseignement au sein de cette école et continue à personnifier la grande tradition « le cheval calme, en avant, droit », cette légèreté exprimant l'harmonie parfaite qui doit régner entre le cheval et son cavalier. Un savoir-faire classé en 2011 par l'Unesco comme Patrimoine culturel immatériel de l'humanité.

🚶🚶 ***Le Cadre noir de Saumur*** *(hors plan par A2)* **:** *av. de l'École-Nationale-d'Équitation, 49400* ***Saint-Hilaire-Saint-Florent.*** *☎ 02-41-53-50-60. • visites.cadrenoir@ifce.fr • ifce.fr/cadre-noir/ • Direction « Aérodrome », à 4 km de Saumur. Visites guidées vac de fév-début nov, sauf sam ap-m, dim, lun mat et j. fériés. En hte saison, 9 départs de visites guidées/j. 10h-16h. Durée : 1h. Entrée : 8 € ; réduc ; forfait famille. Matinales du Cadre noir, grands galas et autres formules de visite possibles pour les groupes.*
La visite guidée, très intéressante, permet de bien cerner les missions de l'école et de découvrir les installations : le grand manège, les écuries ainsi que la sellerie d'honneur. Ici, les chevaux sont traités comme des coqs en pâte, et montés par l'élite de l'équitation française, formée par les fameux écuyers du Cadre noir

de Saumur qui partagent aujourd'hui leur temps entre formation, sports et valorisation de l'équitation de tradition française, dont les fameux sauts d'école (la courbette, la croupade et la cabriole). Pour nos lecteurs fous de chevaux, voici quelques rendez-vous réguliers, à réserver longtemps à l'avance.

BOUTE-EN-TRAIN

À l'origine, ce n'était pas un rigolo ! Il s'agissait en fait d'un cheval qu'on plaçait auprès des femelles afin de repérer si elles étaient en chaleur ou non. À ces périodes-là, leur attitude change (elles urinent fréquemment). Ensuite, on le remplaçait par l'étalon qui les fécondait. C'est injuste !

– *Les Matinales du Cadre noir : une vingtaine de dates, mars-nov au grand manège de l'École nationale d'équitation. Résa obligatoire. Entrée : 19 € ; réduc ; forfait famille.*
– *Les galas « Printemps des Écuyers » : 3 représentations en avr avec l'École royale andalouse d'art équestre. Résa obligatoire. Compter 35-70 € ; réduc ; forfait famille. Durée : env 2h.*
– *Les galas « Au cœur du grand manège de Saumur » : 6 représentations en juin et sept. Résa obligatoire. Compter 35-70 € ; réduc ; forfait famille. Durée : env 2h.* Pour redécouvrir les grands classiques de l'équitation de tradition française.
– *Les Musicales du Cadre noir : 3 représentations en oct. Compter 35-70 € ; réduc ; forfait famille. Durée : env 2h.* Grands thèmes musicaux et art équestre réunis.
– Plus toutes les *grandes compétitions internationales* : concours international de voltige *(avr)*, dressage *(début mai)*, concours complet international *(mai)*, attelage *(début juin)*.

Le musée de la Cavalerie française (plan B2) : *École de cavalerie, pl. Charles-de-Foucauld. ☎ 02-41-83-69-23. • musee-cavalerie.fr • Juil-août, tlj 10h30-18h ; mai-juin et sept, tlj sauf ven 10h30-17h30 ; fév-avr et d'oct à mi-nov, tlj sauf ven 11h-17h. Fermé de mi-nov aux vac de fév. Entrée : env 7 € ; réduc.* Une galerie consacrée à l'histoire de la cavalerie française, installée dans les anciennes écuries du Cadre noir. Les vitrines sont bien ordonnées (le contraire aurait désarmé) et présentées de façon chronologique. On commence naturellement avec Charles VII, qui inventa l'armée de métier en 1445, et on galope dans le temps, en passant par les guerres napoléoniennes, « grand siècle » de la cavalerie française. L'École de cavalerie existe toujours mais n'a plus de rôle militaire depuis la Première Guerre mondiale.

Le musée des Blindés (hors plan par B3) : *1043, route de Fontevraud. ☎ 02-41-83-69-95. • museedesblindes.fr • ♿ (fauteuil à disposition). Juil-août, tlj 9h30-18h30 ; avr-juin, sept et vac scol de la Toussaint, tlj 10h-18h ; le reste de l'année, lun-ven 10h-17h, w-e et j. fériés 11h-18h. Entrée : env 10 € ; réduc. Livret-jeux.* Un musée un peu hallucinant : sous d'immenses hangars s'alignent plus de 200 machines (sur les 900 de la collection !). De 1914-1918 à nos jours, c'est toute l'histoire du char d'assaut qui est présentée, sans frontières. Le Tigre Royal allemand vaut son pesant de 69 t, mais il lui faut toujours sa manivelle pour démarrer. Certains sont impressionnants de technologie, comme le char Leclerc de 1992. Parmi les curiosités, la voiture valise anglaise.

Les caves à vins et leurs musées

Saint-Hilaire-Saint-Florent *(à 3 km ; hors plan par A1)* concentre plusieurs grandes maisons de crémant-de-loire. Elles ont ouvert leurs caves à la visite (et la dégustation). Chacune essaie de se démarquer des autres par la nature de son site et les animations organisées autour de sa production.

■ **Maison des vins d'Anjou et de Saumur** (plan B2) : *quai Carnot, à côté de l'office de tourisme. Voir la rubrique « Achats » plus haut.*

Quelques grandes maisons

Ackerman (hors plan par A2) **:** *19, rue Léopold-Palustre, 49400* ***Saint-Hilaire-Saint-Florent.*** *☎ 02-41-53-03-21. • ackerman.fr • Juin-sept, tlj 9h30-19h ; avr-mai, tlj 9h30-12h30, 14h-19h ; oct-mars, tlj 10h-12h30, 14h (14h30 dim)-18h30. Visite libre avec tablette 6 €, ou visite guidée sur résa (1h) 8 € ; gratuit moins de 14 ans. 1 entrée offerte pour 1 entrée payante sur présentation de ce guide.*
En 1811, après un séjour en Champagne, Jean-Baptiste Ackerman fut le fondateur de la méthode traditionnelle à Saumur. On déambule aujourd'hui dans une partie des 7 km de superbes caves troglodytiques agrémentées d'étonnantes installations artistiques (en partenariat avec l'abbaye royale de Fontevraud), régulièrement renouvelées. Outre l'ambiance « 20 000 lieues sous terre », la visite comprend aussi une monumentale « verrière » (une sorte de cave cathédrale), des expos sur le thème du vin et toutes sortes de jeux traditionnels régionaux. Un parcours original pour petits et grands à la fois pédagogique et sensoriel.
Programme de manifestations sur l'année :
– ***Scènes musicales – Concerts en caves :*** *3e ven du mois.* Musique éclectique.
– ***Les visites exclusives de la Maison Ackerman :*** *1 dim/mois à 15h, sur résa.* « Art et dégustation », « Accords mets et vins au fil de la Loire », atelier « La Route des vins de Loire »...
– ***Rencontre Divin Chocolat :*** *1er w-e de déc.*

Bouvet-Ladubay (hors plan par A2) **:** *11, rue Jean-Ackerman, 49400* ***Saint-Hilaire-Saint-Florent.*** *☎ 02-41-83-83-83. • bouvet-ladubay.fr • Juin-sept, tlj 10h-18h ; le reste de l'année, tlj 10h-12h30, 14h30-18h. Visites à vélo (en troglo !) ou patrimoine payantes et sur résa (9 et 7 €/pers). Sinon, visite guidée et dégustation offertes sur résa (hors visites à vélo et patrimoine), et 5 % de réduc sur les achats sur présentation de ce guide.* Une maison fondée en 1851. À visiter pour la qualité des explications et pour son réseau de galeries truffées de surprises : la « cathédrale engloutie », 35 sculptures monumentales dans la roche, plus de 1 000 fûts en cave, un centre d'art contemporain installé en face.

Beaucoup d'autres caves, bien sûr, comme ***Veuve Amiot*** *(• veuveamiot.fr •)*, où l'on passe au-dessus de la chaîne d'embouteillage *(visite gratuite de 1h ; visites payantes à la bougie sur résa).* Signalons aussi la ***Maison Langlois-Château*** *(• langlois-chateau.fr •)*, qui possède ses propres vignes. Élégante boutique *(d'avr à mi-oct, tlj 10h-12h30, 14h-18h30)* et visite sur rendez-vous *(5 € ; 1h30)* : exposé sur l'œnologie dans une salle de classe, vendangeoir, caves souterraines... ***Louis de Grenelle*** *(• louisdegrenelle.fr •)* se situe dans Saumur, les caves passant sous le centre-ville ; espaces ludiques pour les enfants et boutique.

Gratien & Meyer (hors plan par D3) **:** *sur la route de Montsoreau, la seule maison de saumur brut de ce côté-ci de Saumur. ☎ 02-41-83-13-32. • gratienmeyer.com • Visites guidées sur résa avr-oct, tlj 9h30-18h (18h30 juil-août) ou avec audioguide sans résa toute l'année. Entrée : 3 € ; réduc. Visite en gyropode sur résa et selon dispo. Le reste de l'année, tlj sauf lun janv-mars 10h-17h.*
Très beau panorama sur la Loire depuis cette maison créée en 1864. La visite, dans un réseau de galeries jalonnées de sculptures, de reconstitutions et de petites vidéos, retrace l'historique de la maison et plus largement l'aventure des vins de fines bulles du XIXe s à nos jours, de la nuit des caves (troglodytiques) à la dégustation.

À faire

– ***La base de loisirs de Millocheau*** (hors plan par B1) **:** *1, rue Éric-Tabarly. Tte l'année, jusqu'à 22h en été.* **Base canoë et voile** sur place. *☎ 02-41-51-17-65 (voile). 06-78-76-94-90.*

Promenades sur la Loire : *06-63-22-87-00 ou à l'office de tourisme.* • *croisieressaumurloire.fr* • Croisière découverte (50 mn) à bord du *Saumur-Loire* (60 passagers). Croisière dînatoire possible, navette Saumur-Montsoreau et Saumur-Le Thoureil. Sorties en gabare et plus intimistes avec *Loire Évasion,* à bord de *La Nonchalante.* • *loireevasion.com* •

Vélo : Saumur se situe sur le circuit *La Loire à Vélo. La Vélo Francette* emprunte *La Loire à Vélo* par la rive gauche de la Loire, en Sud saumurois, et longe le Thouet du côté de Montreuil-Bellay vers les Deux-Sèvres. *Plusieurs loueurs de vélos, dont* ***Détours de Loire*** *: 10, route de Rouen, près de la gare SNCF. ☎ 02-41-53-01-01.* • *detoursdeloire.com* • *Ou encore* ***Cycle-Obsession*** *: rue des Maréchaux. ☎ 09-83-87-26-90. Et* ***Vélo Spot*** *: quai Mayaud. ☎ 02-41-38-94-06.* Possibilité d'« Enquêtes dans le vignoble », appli « Baludik » (infos à l'office de tourisme).

– ***Cyclotourisme :*** *sorties découverte dim mat, avec les* ***Cyclotouristes Saumurois.*** *☎ 02-41-59-71-62. Départs depuis le parking de la piscine du Val-de-Thouet.* Organise aussi le 2e week-end d'octobre la randonnée « Vins et Champignons », ouverte aux cyclistes et marcheurs.

– ***Loire Vintage Discovery :*** • *loirevintagediscovery.com* • Découverte du Saumurois à bord de... combi ! Vignes, troglos, Doué, Loire ou à la carte, faites votre choix !

– ***La boule de fort :*** *à* ***Saint-Hilaire-Saint-Florent,*** *pl. Jeanne-d'Arc (☎ 02-41-67-31-76 ;* • *societelacure.fr* •*), et à* ***Saumur,*** *12, rue des Carabiniers-de-Monsieur, près de l'église Saint-Nicolas (☎ 02-41-82-75-07 ;* • *federationsaumurois.free.fr* •*).* Ces sociétés se proposent d'initier les visiteurs à ce jeu de boules local.

CHAUSSONS OBLIGATOIRES

La boule de fort est le seul sport où l'on doit jouer en charentaises. En effet, la large piste en terre battue ou vitrifiée étant fragile, les pantoufles préviennent sa dégradation.

Manifestations

Toutes les infos sur • *saumur-tourisme.com* •

– ***Spectacles équestres et galas internationaux :*** lire le paragraphe sur l'École nationale d'équitation, un peu plus haut, dans « À voir. Le Saumur équestre et militaire ».

– ***Festival des Géants :*** *fin juin, les années paires.* En alternance avec le ***Festival international de musiques militaires,*** les années impaires.

– ***Le Carrousel de Saumur :*** *3e w-e de juil.* • *saumur-tourisme.com* • Présentation des élèves officiers de l'École de cavalerie à moto, à cheval ou en blindé...

– ***Les Grandes Tablées du saumur-champigny :*** *début août.* • *saumur-champigny.com* • Méga-restaurant à ciel ouvert et des milliers de participants. Musique, théâtre de rue, etc.

– ***Festivini :*** *10 j. début sept.* Marché des vins, randonnées sur le thème du vignoble, etc.

DANS LES ENVIRONS DE SAUMUR

SAINT-HILAIRE-SAINT-FLORENT (49400)

À l'entrée de Saint-Hilaire-Saint-Florent, venant de Cunault, les ***3 sites*** suivants sont contigus et travaillent ensemble. *Entrée pour chaque : 9 € ; réduc. Billets « duo » à 15 € et « trio » à 20 €.*

Le musée du Champignon : *☎ 02-41-50-31-55. • musee-du-champignon.com • ♿ Visite libre ou guidée sur résa de mi-fév à mi-nov, tlj 10h-19h (18h fév-mars et oct-nov). Parcours enfants.* Intéressant parcours dans cette champignonnière qui produit toujours 12 t par an. Visite également d'une maison troglodytique, avec sa collection d'objets-champignons. Prévoir un bon pull (température constante de 15 °C). Dégustation et vente de champignons frais.

PARIS TENU

Depuis Louis XIV, les champignons de Paris prospéraient dans les carrières et les catacombes de la capitale. Avec la création du métro, ils furent indésirables (la moisissure entraîne la pourriture du bois). Voilà pourquoi on continua leur culture dans la région de Saumur, qui présente tous les avantages : des kilomètres de caves et des élevages de chevaux (pour le fumier !). La région de Saumur ne produit pas moins de 85 % des champignons toujours appelés... de Paris.

Pierre et Lumière : *☎ 02-41-50-70-04. • pierre-et-lumiere.com • ♿ Visite libre ou guidée sur résa de mi-fév à mi-nov, tlj 10h-19h (18h fév-mars et oct-nov) ; également 2de quinzaine de déc 14h-18h, sauf 25 déc et 1er janv. Prévoir un bon pull. Parcours enfants.* Dans une ancienne carrière souterraine, un sculpteur breton autodidacte, Philippe Cormand, s'est lancé dans la reproduction miniature d'une vingtaine de sites du patrimoine local. Taillées à même la roche, ces rondes-bosses délicates ont nécessité des années de travail. Un petit chef-d'œuvre dans son genre, savamment mis en lumière.

Les jardins du Puygirault : *à 100 m de* Pierre et Lumière. *☎ 02-41-53-95-62. • jardins-du-puygirault.com • ♿ Avr-oct, tlj 10h-19h (18h oct). Fermé le reste de l'année.* De l'âge de la cueillette aux plantes d'Asie, du jardin médicinal à l'insularité, 14 espaces qui retracent l'évolution des potagers depuis que les hommes cultivent la terre. Ce jardin encore récent a trouvé naturellement sa place auprès d'un joli manoir de bord de Loire. Le dernier espace mène jusqu'à une source dans un troglo, un « jardin d'intérieur » plein de poésie, alimenté par les pensées sages de grands hommes.

DE SAUMUR À MONTSOREAU

Entre Saumur et Montsoreau, vous découvrirez quelques-uns des plus beaux villages troglodytiques des bords de Loire. Le matin ou en fin d'après-midi, vision charmante quand les rayons de soleil donnent des teintes mordorées à la pierre de tuffeau. Nos villages préférés : Dampierre, Souzay-Champigny, Turquant et bien sûr Montsoreau...
Suivre la Loire ou prendre la route des vins par le coteau qui traverse le territoire du saumur-champigny. Pas banal, un tiers du vignoble de cette AOP est déjà passé en bio et ce n'est qu'un début. Remarquez aussi le nombre élevé de moulins dans le coin, parfois perchés sur le coteau, comme celui de la Herpinière, avant de rejoindre Turquant où trône celui du Val Hulin.

LES BONS PLANTS DU PÈRE CRISTAL

À Parnay et Champigny sont cultivées les vignes des hospices de Saumur, selon une méthode développée par le « Père Cristal » au début du XXe s. Les plants s'alignent le long de murs. Les pieds sont plantés côté nord et bénéficient ainsi de l'humidité, les tiges traversent les murs par un trou pour que les grappes profitent du soleil, côté sud. Le raisin mûrit plus vite et la récolte a lieu plus tôt que dans les autres parcelles, limitant le risque de maladie en fin d'été.

TURQUANT (49730) 590 hab. *Carte Maine-et-Loire, D3*

À 2 km de Montsoreau sur la route de Saumur, ce joli village se distingue par ses cavités troglodytiques qui accueillent des artisans d'art dans leurs échoppes individuelles ou réunis à la *Boutique des métiers d'art.* Également des restaurants et des hébergements au cadre évidemment original.

Où dormir ?

■ ***La Turcane :*** *4, ruelle de la Cour-du-Puits. ☎ 02-41-38-37-44. • la.turcane@wanadoo.fr • la-turcane.fr • Sur les hauteurs du village, en partant de l'église. De Pâques à mi-oct. Doubles 73-83 €.* À flanc de coteau, la maison d'hôtes est tenue par Paola, une hôtesse charmante et pleine d'attentions. Côté jardin, la chambre de style rustique (poutres apparentes, terre cuite au sol) ne manque pas de caractère. C'est la plus belle des 2. Petit déj dans une annexe aux allures d'atelier de peintre, les fenêtres ouvertes sur le jardin.

Où manger ? Où boire un verre ?

Prix moyens

|●| ***L'Hélianthe :*** *ruelle Antoine-Cristal. ☎ 02-41-51-22-28. ♿ D'avr à mi-nov, tlj sauf mer ; en basse saison, ouv seulement ven soir et w-e. Repas env 35 €.* Au-dessus de l'église, une salle aménagée dans une habitation troglo avec ses murs en tuffeau. Cuisine fine inspirée de la tradition avec un savoureux pot-au-feu de poissons de Loire, des légumes « oubliés » et des pommes tapées, spécialité de Turquant. Le tout arrosé exclusivement de vins du coin, à des prix raisonnables.

|●| 🍷 ***Le Bistroglo :*** *atelier au 3, rue du Château-Gaillard. ☎ 02-41-40-22-36. Avr-sept : tlj en été ; sinon, fermé dim soir-lun. Fermé en hiver. Compter 15-30 €.* Un autre resto dans un troglo, à flanc de falaise avec une terrasse surplombant la verdure. Cuisine locale classique bien mijotée, du type galipettes (champignons locaux farcis et cuits), fouées et tarte aux pommes.

Où dormir ? Où manger sur la route Saumur-Turquant ?

De prix moyens à chic

■ ***Chambres d'hôtes Le Petit Hureau :*** *540, route de Montsoreau, 49400* ***Dampierre-sur-Loire.*** *☎ 02-41-67-92-51. • contact@petithureau.com • petithureau.com • À l'entrée de Dampierre en venant de Turquant. Doubles 85-95 € ; familiales.* Ce petit manoir du XVe s fut une ancienne dépendance de Marguerite d'Anjou. Celle-ci changeait, dit-on, de résidence chaque soir par peur d'être assassinée. Christian et Sophie vous accueillent avec le sourire en vous proposant des chambres très spacieuses, décorées avec soin et pleines de caractère, pour passer des nuits aujourd'hui plus sereines. Petit déjeuner en terrasse dans le jardin ou dans une cave troglo.

|●| ***Restaurant L'Amuse-Bouche :*** *512, route de Montsoreau, 49400* ***Dampierre-sur-Loire.*** *☎ 02-41-67-79-63. ♿ Fermé mar-mer (ouv mar soir en été). L'été, à l'ardoise seulement, plats env 16-21 € ; sinon, formules déj en sem 14-18 €.* Sur la route principale, cette maison ancienne réserve une jolie

LE MAINE-ET-LOIRE (L'ANJOU)

surprise gastronomique. Sucré-salé, saveurs exotiques et poissons de Loire revisités (sauf pour l'authentique friture de Loire !). Les produits sont soigneusement sélectionnés et la cuisine est artistique, jusque dans l'assiette. À déguster dans une salle aux accents contemporains ou en terrasse dotée d'une pergola.

L'Ami Chenin : *France et Xavier Amat, 37, rue de Beaulieu, 49400* ***Saumur.*** *☎ 02-41-38-13-17. 06-68-05-57-98. • contact@amichenin.com • amichenin.com • À 3 km de Saumur, direction Montsoreau ; passer une jardinerie, monter rue de Beaulieu et prendre à droite le virage en épingle à cheveux (virage très délicat !). Pâques-sept. Doubles 80-95 € ; familiales.* Pour goûter aux joies de la vie troglodytique, rien ne vaut une escale dans cette maison de caractère du XVIIIe s, agrippée à la falaise. Chambres confortables dans un style rustique (cheminée, poutres), avec vue sur la Loire.

À voir. À faire

Balade dans le village : se procurer dans les échoppes ou à la mairie le plan « Turquant, un tendre cœur de pierre ». Près du *Bistroglo,* une imposante passerelle métallique permet de gagner le haut de la falaise et de profiter de la vue. Autre possibilité pour découvrir le village : un sentier d'interprétation de 5 km, à télécharger sur *• parc-loire-anjou-touraine.fr •* ou à demander à la mairie.

La Grande Vignolle : *☎ 02-41-38-16-44. 06-72-74-31-33. • filliatreau.fr • À flanc de falaise, entre Turquant et Montsoreau. 1er avr-fin oct et vac scol, tlj 10h-18h ; début fév-début mars et déc, tlj sauf 25 déc 10h-18h ; nov, jeu-ven 14h-18h, sam-dim et j. fériés 10h-18h. Fermé en janv. Visite et dégustation. Programme de manifestations.* C'est l'un des ensembles troglodytiques les plus remarquables de la vallée de la Loire, datant des XVe et XVIe s, adossé au coteau. Cet ancien logis seigneurial constitue la vitrine des vins en biodynamie ou en conversion bio du Domaine Filliatreau : saumur-champigny, saumur, crémant... Une scénographie bien vue permet de découvrir l'histoire du site.

Les Pommes Tapées du Val de Loire : *11, rue des Ducs-d'Anjou. ☎ 02-41-51-48-30. • pommestapees.fr • Au pied de la falaise, à 500 m de la mairie, direction Saumur. Juin-sept, tlj 10h-18h ; avr-mai et d'oct à mi-nov, mar-dim 10h-18h ; de mi-fév à fin mars, jeu-dim 10h-18h. Fermé de mi-nov à mi-fév. Tarif : 6,50 € ; réduc. Prévoir 1h (visite guidée) et une petite laine. Resto troglo.* Venez découvrir les « pommes tapées », très populaires au XIXe s pour pallier la disparition des vignes touchées par le phylloxéra. C'est désormais le dernier lieu de production de ces fruits déshydratés pendant plusieurs jours dans des fours en tuffeau. Ils peuvent être ensuite réhydratés grâce à un bon vieux vin de pays. Pour le conditionnement, ils sont aplatis (d'où le nom). Les marins en achetaient pour leurs longs voyages. La visite permet d'observer une ancienne habitation troglodytique et aborde l'extraction de la pierre avant de découvrir les fours à pommes, démonstration et dégustation à l'appui.

DANS LES ENVIRONS DE TURQUANT

La cave Robert et Marcel : *route de Samoussay, 49260* ***Saint-Cyr-en-Bourg.*** *☎ 02-41-53-06-18. • robertetmarcel.com • À 9 km au sud (D 93) de Saumur. Mai-sept, départs de visites réguliers ; oct-avr, groupes sur résa seulement. Entrée : 5 € ; réduc. Visite guidée seulement d'env 45 mn.* La vitrine d'une cave coopérative datant de 1957 et regroupant plus de 150 vignerons, producteurs d'AOP de Saumur. Visite didactique dans les caves souterraines pour tout connaître sur les terroirs, les cépages, les techniques de vinification (y compris des pétillants), etc. Et dégustation à la boutique bien sûr !

MONTSOREAU (49730) 440 hab. *Carte Maine-et-Loire, D3*

Magnifique bourgade à la frontière de l'Anjou et de la Touraine, au confluent de la Loire et de la Vienne, Montsoreau est le seul Plus Beau Village de France en Anjou. Son fier château quasiment les pieds dans l'eau lui offre tout son cachet. Alexandre Dumas popularisa la petite cité dans La Dame de Monsoreau (pas de « t » chez l'auteur !). Une visite coup de cœur à coupler avec celle de *Candes-Saint-Martin* juste à côté et sa superbe collégiale habitée par des envolées de martinets.

Adresse et infos utiles

Office de tourisme : *15, av. de la Loire, dans la Maison du parc. ☎ 02-41-51-70-22. • saumur-tourisme.com • Juil-août, tlj 9h30 (10h30 dim)-19h ; mars-juin et sept-début nov, tlj (sauf lun mars-avr et oct). Fermé en basse saison.* Fiches rando et vélo de la région disponibles ou en téléchargement gratuit. Vente de billets de sites touristiques et spectacles à tarifs préférentiels, consigne à bagages gratuite, boutique.

– ***Marché aux puces :*** *2e dim du mois 9h-18h, sur le quai de la Loire.* Brocanteurs, antiquaires, artisanat, bijoux. Environ 80 exposants, tous professionnels. Réputé dans la région, avec la Loire comme décor.

– ***Marché :*** *dim mat.*

Ligne de bus (n° 1 de Saumur à Fontevraud) et « lignes estivales » en été (Saumur-Montsoreau-Fontevraud).

Où dormir ? Où manger ?

Camping

Camping de l'Isle Verte : *av. de la Loire. ☎ 02-41-51-76-60. • isleverte49@orange.fr • campingisleverte.com • ♿ D'avr à mi-oct. Empl. 16-30,50 € ; hébergements locatifs. 105 empl. 7 nuits au prix de 6 sur présentation de ce guide.* Sur les bords de Loire, un camping très confortable (4 étoiles), aménagé selon une démarche environnementale, sur un terrain plat et ombragé. Excellent accueil. Atmosphère familiale et festive (soirées guinguette l'été). Piscine et abris à vélos multiservices pour les adeptes de *La Loire à Vélo* et les autres *(forfaits randonneur ou cycliste).* Location de mobile homes et de cabanes de mariniers *(éco-lodges)* construits à partir d'arbres du terrain. Spécial randos, à pied, à vélo ou en canoë.

De prix moyens à chic

Hôtel Le Bussy – Restaurant Le Montsorelli : *4, rue Jehanne-d'Arc. ☎ 02-41-38-11-11. • contact@hotel-lebussy.fr • hotel-lebussy.fr • Hôtel ouv de mi-fév à mi-déc ; resto ouv de mi-mars à mi-nov (mais fermé mer hors saison). Doubles à partir de 100 € ; familiales. Repas 20-35 €.* Au bord d'une ruelle calme, une vieille demeure en tuffeau, des chambres impeccables, bien équipées, avec vue sur le château. Emplacement idéal ! Le restaurant *Le Montsorelli* profite d'une des plus belles terrasses de Montsoreau avec vue sur la Loire et toujours le château. Difficile de trouver lieu plus charmant pour un déjeuner (mais pensez à réserver). Cuisine traditionnelle élaborée avec savoir-faire.

Restaurant Le Saut aux Loups : *av. de la Loire, face au pont. ☎ 02-41-51-70-30. • lesautauxloups@gmail.com • ♿ À l'entrée de Montsoreau, attenant à la champignonnière (qui se visite). Ouv le midi tlj, plus certains soirs en été et ponts de printemps. Congés : de mi-nov à mi-fév. Menus 21-23 € et carte.* Perché sur la falaise de tuffeau (parking en bas), on y arrive à pied par un escalier. Resto troglo, de la cave à l'assiette, spécialisé dans les originales spécialités de « galipettes ». Ce sont de très gros champignons de Paris, farcis et cuits au four. Le tout servi dans 2 salles toutes mignonnes en troglo ou en terrasse dominant la Loire.

Diane de Méridor : *12, quai Philippe-de-Commines. ☎ 02-41-51-71-76. Fermé mar-mer. Menus 19 € (midi en sem)-95 €.* Un resto gastronomique, près du château. Le chef, inspiré et rigoureux, élabore une cuisine fine et délicieuse, à base de produits locaux, notamment les excellents poissons de Loire. Penser à réserver une table avec vue sur le fleuve.

Beaucoup plus chic

Hôtel La Marine de Loire : *9, av. de la Loire. ☎ 02-41-50-18-21. • resa@hotel-lamarinedeloire.com • hotel-lamarinedeloire.com • Au carrefour principal du bourg. Doubles à partir de 140 €. 2 coupes de saumur brut offertes sur présentation de ce guide.* Cet établissement extra-chic a misé sur la déco, c'est le moins que l'on puisse dire ! Meubles patinés et vastes chambres parfois en mezzanine, avec ciel étoilé, de style marinier, vendange, etc. On préfère celles situées à l'arrière, plus calmes. Rien ne manque pour le confort : piscine extérieure chauffée, espace spa, bar-salon de thé, jardin abrité...

Domaine de Mestré et savonnerie Martin de Candre : *BP 4. ☎ 02-41-51-72-32. • contact@domaine-de-mestre.com • domaine-de-mestre.com • Sur la route de Fontevraud à Montsoreau. Resto fermé dim-lun. Congés : vac scol de fév (zone B). Doubles 80-123 € ; familiales ; petit déj en sus. Menu du soir 24,50 € à l'ardoise.* En pleine campagne, une vaste demeure familiale pleine de caractère, classée Demeure historique. Elle propose des chambres élégantes (dont 2 sous une charpente exceptionnelle et 2 dans la grange du XIIe s) ainsi que des repas à base de produits frais et naturels, en partie du potager. Parc et salons de style accessibles aux hôtes (remarquer les papiers peints historiques restaurés). Piscine intérieure avec spa et sauna dans un ancien pressoir du XIIe s. On y trouve également une (rare) savonnerie artisanale et sa boutique, ainsi qu'un musée d'affiches sur les savons *(gratuit pour les clients de l'hôtel).*

À voir. À faire

Le château : *☎ 02-41-67-12-60. • chateau-montsoreau.com • Mai-sept, tlj 10h-19h ; sinon, tlj 12h-18h (19h avr). Fermé 1er janv et 24-25 déc. Entrée : env 10 € ; réduc. Librairie. Restaurant* Le Jean 2. Situé à la confluence de la Vienne et de la Loire et construit en 1450, le château a fort belle allure, annonçant la transition de la forteresse médiévale vers le château d'agrément. C'est aussi le seul château de la Loire les pieds dans l'eau. Pour ceux qui y sont sensibles, il abrite un musée d'art conceptuel du mouvement anglo-saxon *Art & Language.* Nous on y va surtout pour admirer le bel escalier à vis Renaissance, aux fenêtres délicatement ouvragées, et pour profiter de la vue formidable sur les environs depuis la terrasse.

La Maison du parc : *mêmes adresse et horaires que l'office de tourisme. ☎ 02-41-38-38-88. • parc-loire-anjou-touraine.fr • GRATUIT.* C'est la maison d'accueil du parc naturel régional Loire-Anjou-Touraine, construite selon des critères « Haute Qualité Environnementale ». Une petite expo bien ficelée et très ludique (documents sonores, bornes tactiles et même odorantes...) présente l'évolution des paysages, les activités traditionnelles (la pêche, ses techniques et ses braconniers !) et les missions du parc. Également des expos temporaires.

La champignonnière du Saut-aux-Loups : *av. de la Loire, face au pont. ☎ 02-41-51-70-30. • troglo-sautauxloups.com • Voir aussi « Où dormir ? Où manger ? ». De mi-fév à mi-nov, tlj 10h-18h (19h en été et j. fériés). Entrée : 7 € ;*

réduc. Boutique. Un petit ensemble d'habitations troglodytiques très bien conservées et de longues galeries creusées au XVe s. Au gré des 500 m de déambulation en autonomie, dans une muséographie bien pensée, complète et ludique, on découvre que le champignon « de Paris » est en fait cultivé en Anjou, que les pleurotes sont jaune et rose... et qu'il aurait fallu prendre une petite laine, parce qu'il y fait un peu froid ! Après avoir inspecté in situ les différentes techniques de production à travers le temps (en sacs, en meules puis en caisses mécanisées), jetez un œil aux « fantaisies champignonnesques » (comme cette vesse de loup de 3,5 kg) et au laboratoire pour la partie scientifique. Finalement, la culture du champignon se révèle bien plus complexe qu'elle n'en a l'air !

D'UNE SPORE À L'AUTRE

Drôle de zig que le champignon : ni animal ni végétal ! La partie souterraine s'appelle le mycélium, la partie extérieure, chère aux schtroumpfs, le carpophore. Ce dernier émet des spores – 16 millions par jour pour le champignon de Paris – qui germent au sol en mycélium. Un nouveau champignon naît de la rencontre de 2 mycéliums. Chapeau bas !

L'office de tourisme propose un sympathique parcours de 4 km à travers les ruelles de Montsoreau et de Candes-Saint-Martin, sur les traces des derniers mariniers du XIXe s. Itinéraire balisé en boucle et livret en vente *(1 €).*
Balade romantique dans les rues à flanc de coteau à la recherche des vieilles demeures datant des XVe, XVIe et XVIIe s, en particulier, rue Françoise-de-Maridor, chemin du Coteau, Haute-Rue, etc. En été, les rues se parent de roses trémières. Grimper sur le coteau pour le panorama sur la Loire et le château.

Dégustation et vente de vins de Loire : boutiques ***Cave de la Paleine*** *(dans la rue menant à l'entrée du château),* ***Cave de la Motte*** *(rue des Abbesses, menant à Fontevraud)* ou ***Domaine de la Perruche*** *(rue de la Maumenière, en entrée de village depuis Saumur).* Sinon, parcours dégustation payant en cave troglo avec le ***Marché des vins de Loire*** *(à l'entrée du village venant de Saumur).*

Balades en bateau : à bord de ***L'Amarante*** et de ***La Belle Adèle,*** des bateaux à fond plat qui proposent des balades sur la Loire. • *bateauamarante.com* • Ou bien à bord de ***L'Étoile qui rit*** de Denis Rétiveau, viticulteur et passionné de Loire (balades apéritives, repas, nuit possible...). • *loire-vins-aventure.fr* •

FONTEVRAUD-L'ABBAYE

(49590) 1 530 hab. *Carte Maine-et-Loire, D4*

À 4 km au sud de Montsoreau, sur la route de Loudun, aux frontières de l'Anjou, de la Touraine et du Poitou, voici probablement le plus grand ensemble monastique d'Europe, l'un des plus fascinants également par son histoire... Enrichi, depuis 2020, d'un riche musée d'Art moderne, une collection de 900 œuvres issues de la donation Cligman. L'ensemble constitue une étape incontournable de tout séjour le long de la Loire.

JUSTEMENT, UN PEU D'HISTOIRE

L'abbaye fut fondée par ***Robert d'Arbrissel,*** un ascète qui lutta toute sa vie (1045-1116) contre le déclin de l'Église. Grand orateur, il attira à lui des foules considérables, mélange hétéroclite de gens de toutes classes et conditions, lépreux, vagabonds, prostituées repenties. À l'époque, cette communauté ambulante mixte inquiéta beaucoup les autorités ecclésiastiques, qui l'incitèrent à se fixer. Fontevraud ne se révéla pas un mauvais choix. Jolie campagne, vallon riant, sources abondantes. Bientôt, les dons affluèrent, des dames de la haute société intégrèrent la communauté, des bâtiments commencèrent à s'élever. Bien entendu, la conception de l'abbaye tranchait aussi avec celles de l'époque. Elle était divisée en monastères regroupant chacun les « tendances » de Fontevraud : le monastère des femmes de haute condition (Grand Moutier), celui des hommes (Saint-Jean-de-l'Habit), celui des sœurs qui s'occupaient des lépreux (prieuré Saint-Lazare), celui des femmes de basse extraction (la Madeleine), les infirmeries (quartier Saint-Benoît). Autre originalité pour l'époque : l'attention et le respect portés aux femmes par Robert d'Arbrissel. Il choisit d'ailleurs une abbesse pour diriger un ordre double.

LES FEMMES D'ABORD

Du XIIe s à 1792, Fontevraud resta fidèle à la règle très avant-gardiste instituée par son fondateur, Robert d'Arbrissel : toujours dirigée par une abbesse, souvent recrutée dans l'aristocratie (16 sur 36 de sang royal). Ainsi la 33e, Gabrielle de Rochechouart (de 1670 à 1704), était la sœur de la marquise de Montespan, favorite de Louis XIV. En 1738, quand Louis XV confia 4 de ses filles à Fontevraud, l'abbesse fut nommée duchesse pour qu'elle ait le droit de s'asseoir devant elles !

Les comtes d'Anjou (les Plantagenêts) prirent Fontevraud sous leur protection (la 2de abbesse était de la famille !), au point de vouloir y être enterrés. On peut admirer ***les gisants superbement restaurés d'Henri II Plantagenêt, de son épouse Aliénor d'Aquitaine, de leur fils Richard Cœur de Lion et d'Isabelle d'Angoulême.*** Fontevraud ne tarda pas à essaimer. En 1155, on comptait 52 prieurés rattachés à l'ordre. Au total, on en dénombra jusqu'à 153 (dont 5 en Espagne et 4 en Angleterre). Les XVIe et XVIIe s furent pour l'abbaye un 2^d âge d'or, durant lequel s'élevèrent de nombreuses constructions prestigieuses. À la Révolution, l'abbaye fut mise en vente par lots. Les édifices sans terres ne trouvèrent pas preneur, notamment le grand monastère et l'abbatiale, ce qui les sauva. Néanmoins, ils furent abondamment pillés. En 1804, Napoléon ordonna la transformation de l'abbaye en prison.

Une prison de cauchemar !

En 1814, 1re année effective, il y eut 469 détenus (à partir de l'âge de 8 ans !). Leur nombre oscilla entre 700 et 2 700. Au XIXe s, ce fut ***la plus importante prison en France*** après Clairvaux et l'une des plus dures : 12h de travail quotidien obligatoire, imposition du silence absolu (à partir de 1839), punitions extrêmement sévères (cachot, pain sec), conditions d'hygiène lamentables, etc. Des milliers de prisonniers décédèrent de maladies comme la tuberculose. Et pourtant, plus de 75 % n'étaient pas des criminels, seulement de petits délinquants, des Jean Valjean, quoi.

Quelques pensionnaires célèbres : le socialiste-révolutionnaire ***Auguste Blanqui*** en 1836 et ***Charles Maurras. Jean Genet,*** venu rendre visite à un ami emprisonné dans les années 1940, écrivit dans *Le Miracle de la rose* : « De toutes les centrales de France, Fontevraud est la plus troublante. C'est elle qui m'a donné la plus forte impression de détresse et de désolation, et je sais que les détenus qui ont connu d'autres prisons ont éprouvé, à l'entendre nommer même, une émotion, une souffrance comparables aux miennes. »

La centrale de Fontevraud ne ferma qu'en 1963 et les derniers prisonniers de droit commun ne partirent qu'en 1985 après avoir participé à la rénovation de l'abbaye. Elle est devenue depuis 1975 un centre culturel où les arts graphiques occupent une large place dans la programmation.

Adresse utile

Office de tourisme : *pl. Saint-Michel. ☎ 02-41-51-79-45. • saumur-tourisme.com • Pâques-sept, mar-sam 9h30-13h, 14h30 (14h juin et sept)-18h (18h30 juil-août), plus dim et j. fériés mai-sept 10h-13h (et 14h-17h juil-août) ; hors saison et en dehors des heures d'ouverture, contacter l'office de tourisme de Saumur.*

Où dormir ? Où manger ?

Bon marché

L'IBar et La Terrasse Gourmande : *dans l'abbaye royale (payer l'entrée au préalable).* De quoi caler une petite faim lors de la visite, dans un cadre historique évidemment très agréable. ***La Terrasse Gourmande*** *(en hte saison, tlj 11h-18h ; compter 6-20 €)* propose du snack rapide (sandwichs et salades). ***L'IBar*** *(tlj ; formules 15-25 €)* occupe la chapelle Saint-Lazare du XIIe s et est plus tourné vers les fines bulles, en accompagnement d'une cuisine plus élaborée. Également un restaurant à l'hôtel (voir plus bas). Sinon, pique-niques autorisés (mais le prévoir avant d'entrer).

De prix moyens à chic

Le Plantagenêt : *5, pl. des Plantagenêts. ☎ 02-41-51-71-11. • info@hotel-croixblanche.com • Fermé lun et mar ap-m hors saison. Menus 19-23 € le midi en sem, 32-45 € le soir.* C'est le bistrot de l'hôtel *La Croix Blanche (doubles 75-110 € pour les moins chères ; réduc de 10% nov-mars sur tarif flexible, sur présentation de ce guide),* à l'intérieur chic et chaleureux. Service élégant mais ambiance décontractée derrière de grandes baies donnant sur la place, face à l'abbaye. Aux murs, la famille des rois Plantagenêt au complet lorgne un peu sur la carte de salades, pâtes et plats régionaux (gouline angevine, beuchelle tourangelle...) pendant que vous consultez celle des vins.

De chic à très chic

Fontevraud L'Hôtel et Fontevraud Le Restaurant : *38, rue Saint-Jean-de-l'Habit. ☎ 02-46-46-10-10. • hotel-fontevraud.com • ♿ Accès en voiture à gauche de l'entrée de l'abbaye. Resto ouv le midi les w-e et j. fériés, plus le soir tlj. Doubles 155-270 €, petit déj inclus ; familiales en mezzanine. Menus 70-101 €.* Au sein même de l'abbaye, un ensemble hôtelier réparti en 2 bâtiments. Élégance et sobriété, s'appuyant sur les matières brutes et nobles, du réfectoire jusqu'aux chambres. Un hôtel également branché environnement, zénitude et enfants. Même tonalité côté restaurant, dans le cadre assez exceptionnel du plus petit cloître de France. Haute cuisine raffinée mais sans esbroufe du chef étoilé et Bocuse d'or Thibaut Ruggeri.

Restaurant La Licorne : *allée Sainte-Catherine. ☎ 02-41-51-72-49. Juste après l'office de tourisme. Fermé lun midi. Compter 25-35 €.* Demeure au cadre très élégant, au fond d'un jardin. On y sert une cuisine classique revue qui fait l'unanimité. Résa conseillée évidemment, surtout si vous choisissez la table préférée de Barbara Cartland !

À voir

L'abbaye royale de Fontevraud : *☎ 02-41-51-73-52. • fontevraud.fr • ♿ Avr-oct, tlj 9h30-19h ; nov-mars, tlj 9h30-18h. Fermé courant janv et 25 déc. Visite libre (incluant un parcours audiovisuel et des salles d'expositions) : 11 € ; réduc ; gratuit moins de 8 ans. Visite audioguidée ou guidée 4,50 €/pers ; compter env 1h45. Jeu de piste sur iPad. Consigne.*

L'abbaye

– ***L'abbatiale*** *(1105-1165)* **:** pignon encadré de 2 clochetons octogonaux, ***porche roman*** classique, assez austère, surmonté d'une grande baie en plein cintre et d'une délicate niche ajoutée au XVIe s. Face à la ***nef,*** superbe effet de verticalité, symbolisant l'élan de la prière (21 m de haut) dans une saisissante et très émouvante sensation d'harmonie et de plénitude. Remarquez l'exquise ornementation des chapiteaux. À l'aide d'écrans tactiles, amusez-vous à repeindre et orner les murs, comme c'était le cas à l'époque (on peut emporter la photo de son œuvre). ***Chœur*** très différent, encore plus dépouillé et correspondant à l'humilité du fondateur avec son déambulatoire de 10 colonnes.

Dans la ***crypte archéologique,*** films réalisés par l'artiste belge Ève De Roeck. Partout dans l'abbaye vous verrez différents écrans diffusant des ***films d'animation de médiation.***

– ***Les gisants royaux :*** il ne reste aujourd'hui que 4 des gisants des Plantagenêts, dont trois en pierre de tuffeau polychrome : Henri II Plantagenêt, Richard Cœur de Lion, Aliénor d'Aquitaine et Isabelle d'Angoulême (ce dernier en bois). Superbement restaurés, ils semblent incarner toute la solennité des lieux.

– ***Le cloître du Grand Moûtier :*** un des plus grands cloîtres de monastère qu'on connaisse, enrichi d'un jardin ornemental aux carrés délimités par des buis. Il date du XVIe s. Le seul côté sans colonnes est dit « de la 1re Renaissance » (influence italienne). Noter quelques belles clés de voûte.

LA SAGA DES PLANTAGENÊTS

C'est un comte d'Anjou, Geoffroy le Bel, qui fut surnommé « Plantagenêt », car il plaçait un genêt sur son casque. Son fils Henri II Plantagenêt épousa Aliénor d'Aquitaine. Arrière-petit-fils de Guillaume le Conquérant, il devint roi d'Angleterre, à la tête d'un royaume considérable. Cette union lui offrit la grande partie occidentale du royaume de France. Mais ce mariage fut aussi à l'origine de la guerre de Cent Ans (116 ans en réalité).

– Du cloître, accéder à la ***salle capitulaire (salle du Chapitre)*** : porte d'entrée et fenêtres de style Renaissance à la très riche ornementation. Admirables retombées de voûtes sur fines colonnettes. C'est dans cette salle que l'abbesse réunissait les moniales sur les questions d'intérêt général. Peintures murales de 1563 représentant la passion du Christ, la Dormition et l'Assomption de la Vierge (certains portraits d'abbesses ont été ajoutés longtemps après).

– ***Le grand réfectoire :*** salle aux dimensions imposantes (45 m de long et 10 m de large), construite au XIIe s, puis remaniée au XVIe s.

– Monter au ***grand dortoir*** par un bel escalier Renaissance. L'installation *Mort en été* de Claude Lévêque laisse sans voix dans l'obscurité avec sa vague de néons rouges, ses bruitages et ses barques dans lesquelles on peut s'allonger. L'espace accueille parfois des expositions patrimoniales. À côté, ***espace d'expositions*** temporaires en lien avec l'histoire de Fontevraud.

– Dans la ***cour Saint-Benoît,*** bordée par les anciennes infirmeries et une chapelle du XIIe s, le parcours « ***Bâtir Fontevraud*** » présente de manière ludique l'évolution architecturale du site en maquettes et film 3D habilement mis en scène.

– Dans la ***galerie pénitentiaire*** du cloître, voir le film *Cubiculum musicae, la musique à l'abbaye au XVIIe s.*

– ***La cuisine romane :*** réouverture en 2020 après une longue restauration. Cette curieuse et fascinante construction est recouverte de pierres donnant l'apparence d'écailles de poisson. Sur le côté, absidioles surmontées à l'origine de 21 lanternons : cheminées utilisées selon le sens du vent. À l'intérieur, la complexité de l'architecture est étonnante : octogonale à la base, puis de plan carré, et à nouveau octogonale sous la hotte.

– De là, le regard se porte sur le ***prieuré Saint-Lazare,*** de l'autre côté des jardins. Des 4 monastères, c'était celui qui accueillait les religieuses s'occupant

des lépreux. Il abrite aujourd'hui l'hôtel et le restaurant. Dans l'ancienne chapelle, vitrines d'expo dans l'***IBar*** (on peut y boire un verre bien sûr) et un amusant tableau noir et blanc iconoclaste, peint à 4 mains en un 1 jour !
– ***Le pôle énergétique :*** l'abbaye est chauffée aux granulés de bois. Une salle pédagogique permet de voir en couleurs toute la chaufferie (presque une œuvre d'art !) et de comprendre le projet « Fontevraud Cité durable ».
– ***La cour de l'Écrou :*** dans la partie haute de l'abbaye, juste après l'accueil (à voir à la fin de la visite de l'abbaye). Les ***anciens parloirs*** accueillent un émouvant aménagement muséographique dédié à la période pénitentiaire de Fontevraud.
– ***Les caves de l'abbesse :*** un dédale sombre qui en dit long sur le train de vie des abbesses. Dans les différentes salles se cachent des œuvres tissées de fils et de jeux de lumière de Julien Salaud sur le thème de la chouette effraie. À ne pas manquer !

Le musée d'Art moderne

Ouvert en décembre 2020 dans la Fannerie (anciennes écuries), suite à la donation du couple Martine et Léon Cligman. Dans un cadre design et épuré, l'exceptionnelle collection de 900 œuvres est consacrée principalement à la période 1850-1950, mais pas seulement. Quelques noms parmi d'autres : Maurice de Vlaminck, Edgar Degas, Kees Van Dongen, Robert Delaunay, André Derain... Le musée compte 1 200 m² d'espaces d'expositions sur 3 niveaux, de Toulouse-Lautrec à la sculpture précolombienne et réserve une pièce à l'atelier de Martine Cligman, elle-même artiste. Ce vaste panorama éclectique est le résultat de 60 années d'acquisitions. Et le musée, la mise en scène des coups de cœur de ces collectionneurs également voyageurs, jouent sur les époques, les artistes et les styles plutôt que sur une chronologie linéaire.

L'église paroissiale Saint-Michel : *dans l'allée face à l'entrée de l'abbaye.* Fondée au XIIe s. Entourée par une galerie en charpente de bois sur piliers de pierre du XVIIIe s. À l'intérieur, l'édifice est, dans l'ensemble, de style gothique angevin.

Atelier Festina Lente : *16, allée Sainte-Catherine. 07-87-07-32-44. Dans l'allée face à l'église Saint-Michel, à l'ombre de la « lanterne des morts ». Entrée libre.* Très rare, un atelier d'enluminure, cet art de « mettre en lumière les textes », qu'ils soient religieux ou non.

LE MAINE-ET-LOIRE (L'ANJOU)

Manifestations

– ***Pâques à Fontevraud :*** *ven-dim, conférences et concerts ; dim mat, chasse aux œufs. • fontevraud.fr •* Sachez qu'il n'y a qu'une messe (chantée) par an à l'abbaye : celle du dimanche de Pâques.
– ***Noël à Fontevraud :*** *déc-1re sem de janv.* Parcours de créations contemporaines, livres jeunesse et concerts.

DANS LES ENVIRONS DE FONTEVRAUD-L'ABBAYE

Le château de Brézé *(49260)* ***:*** *entre Saumur, Fontevraud et Montreuil-Bellay. ☎ 02-41-51-60-15. • chateaudebreze.com • Juil-août, tlj 9h30-19h ; avr-juin et sept, tlj 9h30-18h30 ; fév-mars et oct-déc, tlj 10h-18h. Dernier ticket 1h30 avt fermeture. Entrée : env 12 € ; réduc ; gratuit jusqu'à 6 ans ; tarifs famille. Audioguide : 3 €.*
La famille de Colbert a eu la riche idée d'ouvrir les portes du château de Brézé au public. Car ce n'est pas n'importe quel château ! On peut y découvrir ***les douves sèches les plus profondes d'Europe.*** C'est même de ces fossés qu'a été extraite la pierre qui aurait servi à l'édification de l'abbaye voisine de Fontevraud. Édifié au XVIe s, remanié dans le style néogothique au XIXe s, le château s'organise autour

d'une jolie cour d'honneur Renaissance en U. À l'intérieur, quelques appartements, dont la chambre du cardinal de Richelieu, celle de monseigneur de Dreux-Brézé, une salle d'armes du XIXe s, une cuisine à gibier, une coupole dotée d'une impressionnante charpente, etc. Depuis le château, on embrasse avec éblouissement la campagne saumuroise et les vignobles exploités depuis le XIVe s par ce même château. Mais le clou de la visite, c'est la ***forteresse souterraine*** (à partir du Xe s). Le parcours conduit sous le château, au travers du système défensif, dans les douves et dans une ***cité troglodytique militaire.*** Dans les anciens celliers seigneuriaux étaient stockés les vivres et les vins du domaine, pressés dans les plus grands pressoirs en sous-sol d'Anjou. À ces dépendances troglodytiques s'ajoutent un imposant fournil, une magnanerie (élevage de vers à soie), une glacière, un chemin de ronde creusé dans la roche et même un pont-levis souterrain.
En fin de visite, après une balade dans le parc à l'anglaise et son pigeonnier, boutique et caveau des vins de Loire dans les anciennes écuries.

MONTREUIL-BELLAY

(49260) 4 350 hab. *Carte Maine-et-Loire, D4*

À une quinzaine de kilomètres au sud-est de Saumur, ne manquez surtout pas cette charmante Petite Cité de caractère, la dernière des 32 villes closes de l'Anjou à avoir quasiment conservé son aspect d'antan : une partie des murailles et des portes de ville ainsi que son superbe château que l'on savoure de loin comme de près.
Sous l'Ancien Régime, ce fut un important centre administratif, qui comptait 57 paroisses ! En transférant les pouvoirs de Montreuil-Bellay à Saumur, la Révolution provoqua son déclin. Même les guerres vendéennes l'oublièrent, ce qui nous vaut de retrouver Montreuil-Bellay intact. Une étape très agréable.

Adresse utile

Office de tourisme : *41, pl. du Marché.* ☎ *02-41-52-32-39.* • *ot-saumur.fr* • *Avr-sept, lun-sam 9h30-13h (12h30 hors juil-août), 14h-18h ; dim et j. fériés 10h-13h, 14h-17h (fermé dim ap-m hors juil-août). Congés : fin sept-début avr.* Visites guidées de la ville *(mar en juil-août ; payantes).*

Où dormir ? Où manger ?

Camping

Camping Les Nobis d'Anjou : *rue Georges-Girouy.* ☎ *02-41-52-33-66.* • *contact@campinglesnobis.com* • *campinglesnobis.com* • *En contrebas de la vieille ville ; suivre l'itinéraire « Aire de camping-cars gratuite ». Avr-sept. Forfaits tente pour 2 env 19-29 € ; locatifs (7e nuitée offerte en basse saison, offre couple locatif). 115 empl.* Camping convivial, idéalement situé au pied du château, sur un beau terrain au bord de la rivière. Mobile homes et tentes kiwi. Soirées jeux et animations pour les enfants. Location de vélos. Restaurant. Piscine couverte et chauffée.

De bon marché à prix moyens

Auberge des Isles : *312, rue du Boëlle.* ☎ *02-41-50-37-37.* • *reservation@auberge-des-iles.fr* • *Fermé* *mar, plus lun hors saison. Formule déj en sem 19 € ; menus jusqu'à 29 €. Apéritif maison offert sur présentation de ce guide.* Situé au pied de la colline du château, dans un site verdoyant avec une terrasse ombragée au bord de la rivière Thouet. Une auberge qui propose une cuisine de terroir (volaille rôtie...), à base de produits issus de l'agriculture durable dans la mesure du possible, suivant le rythme des saisons. Jolie carte des vins locaux.

Hôtel Le Relais du Bellay : *96, rue Nationale. ☎ 02-41-53-10-10. • contact@hotelrelaisdubellay.com • hotelrelaisdubellay.com • ♿ Près du château. Doubles env 80-105 €.* Cet ancien relais de poste du XVIIe s a dû en voir passer, des voyageurs. Un bâtiment cossu où l'on trouve aujourd'hui des chambres claires et classiques avec vue sur la cour ou sur le château (les plus chères). Emplacement idéal et confort assuré. Espace détente avec spa, jacuzzi et piscine chauffée.

À voir. À faire

Le château : *☎ 02-41-52-33-06. • chateau-de-montreuil-bellay.fr • Juil-août, tlj 10h-12h30, 14h-19h ; avr-juin et sept-oct, tlj sauf mar 10h30-12h, 14h-18h. Fermé nov-mars. Entrée : env 12 € (6,50 € jardins seuls) ; réduc. Visite guidée des intérieurs (1h), jardins en visite libre ainsi que le chemin de ronde et les parties non meublées.*

Le château est privé, il appartient à la famille De Valbray. Cette merveille a traversé les siècles et les vicissitudes de l'Histoire. Le voici arrivé quasi intact jusqu'à nous, décor idéal pour un film historique ! Le 1er château fut bâti au XIe s. De l'époque médiévale subsistent des remparts, douves, barbacane (bâtiment de défense) et cuisine. Le château fut agrandi par les comtes d'Harcourt au XVe s, qui privilégièrent l'aspect agrément à l'aspect défensif. Cuisine médiévale assez impressionnante, avec une vaste cheminée centrale reposant sur 4 piliers et arches gothiques, le tout flanqué d'autres cheminées latérales.

Dans le *petit château* (XVe s), logis des chanoines dans le style béguinage des Flandres (la belle vie, 4 appartements avec cave à vins personnelle !).

La dernière partie, le *château neuf,* date du XVe s. Élégante bâtisse avec tours octogonales édifiées sur une cave dotée de belles voûtes en ogive (dernière salle voûtée en anse de panier du XVIIIe s). Salle à manger avec plafond peint, où l'on remarque des poutres ornées de petits personnages symboliques (comme cette nonne nue et coquine !). Chambre de la duchesse de Longueville (elle y amena son amant, La Rochefoucauld). Grand salon (salle des gardes) avec une malle de mariage de la reine Margot (en cuir orné de clous), un reliquaire de Jeanne de France et une tapisserie où apparaissent, pour l'une des 1res fois, le rouge et la perspective. Bel escalier à vis.

Le château produit, par ailleurs, d'excellents AOP saumur blancs, rosés, pétillants et rouges : possibilité de dégustation et vente sur place.

La collégiale Notre-Dame : *ancienne chapelle du château (XVe s), juste à côté de celui-ci. Tlj 9h-19h (ferme plus tôt hors saison).* Pas de clocher, une simple petite flèche et de puissants contreforts. À l'intérieur, on est surpris par le volume imposant (44 m de long, 13 m de large, 18 m de haut), les grandes fenêtres flamboyantes et les élégantes voûtes Plantagenêt. Remarquer le bandeau noir tout autour, rappelant le caractère funéraire de la chapelle originelle (pour la famille d'Harcourt).

Circuit découverte du patrimoine : demander à l'office de tourisme la brochure gratuite pour admirer les maisons anciennes (place du Marché, rue du Docteur-Gaudrez, rue de la Mairie, etc.). La rue Nationale mène à la ***porte*** et la ***chapelle Saint-Jean.*** Tout ce côté de la ville possède encore sa muraille intacte. À l'opposé de la rue Nationale, la ***porte Nouvelle*** et son élément de muraille du

XVe s. En descendant l'avenue du Pont, vers la rivière, sur la gauche, vous trouverez le ***logis du Meunier*** (XVIIIe s). Belle vue sur le château et le Thouet depuis le pont. Quelques îles, dont l'***île aux Moines*** (aire de pique-nique), l'une des promenades favorites des familles. Au pied du château, les bords du Thouet livrent également une paisible balade. Peu avant le camping, ***ruines des Nobis,*** ancien prieuré bénédictin, et de l'***église Saint-Pierre*** (XIe s).

Canoë-kayak, embarcation à pédales et paddle : *avec le* ***club de canoë de Montreuil-Bellay,*** *rue du Moulin-de-la-Salle, au port Sainte-Catherine. ☎ 02-41-52-32-39. 06-43-00-02-39. Juil-août, base tlj 14h-18h ; mai-juin et sept, w-e et j. fériés 14h-18h. Sur résa 2 j. avt.* Des balades tranquilles à faire sur le Thouet.

Manifestations

- ***Marché :*** *mar mat devant le château.*
- ***Brocante à cœur :*** *1er dim de chaque mois.*
- ***Concours des Peintres dans la ville :*** *1er dim d'août.*

DANS LES ENVIRONS DE MONTREUIL-BELLAY

L'abbaye d'Asnières : *49700* ***Cizay-la-Madeleine.*** *06-18-63-15-15. Sur la D 761, à mi-chemin entre Montreuil et Doué, à côté d'une ferme. Se renseigner pour les visites. Entrée : 6,50 €.* Édifiée au début du XIIIe s. La nef a disparu (utilisée comme carrière de pierres au XIXe s), mais il reste le puissant clocher et, surtout, le chœur et le transept.

Le Coudray-Macouard *(49260) : à mi-chemin entre Saumur et Montreuil-Bellay.* Ne pas hésiter à flâner dans les ruelles de ce magnifique village fleuri, possédant de superbes demeures des XVe et XVIIIe s. Geoffroy, comte d'Anjou et vainqueur du seigneur de Montreuil, fit construire la forteresse pour contrer le pouvoir de la cité rivale... Voir notamment l'*église Notre-Dame,* la *seigneurie du Bois,* un beau manoir restauré des XVe et XVIe s, la mairie...

LES CAMPS DE LA HONTE

À 4 km de Montreuil, la Z.I. de Méron s'élève sur un ancien camp de concentration de Tsiganes créé par Vichy. Montreuil-Bellay fut libéré en septembre 1944, les Tsiganes en... décembre 1945, bien après l'armistice ! Merci à Jacques Sigot (ancien instituteur de Montreuil-Bellay) d'avoir rappelé dans un livre cette lamentable page de l'histoire de France, et à Tony Gatlif pour son film Liberté *sur le thème des camps tsiganes en France (40 en tout !). En octobre 2016, François Hollande a rendu un hommage national aux Tsiganes déportés, sur le site de Méron.*

LE PUY-NOTRE-DAME

(49260) 1 200 hab. *Carte Maine-et-Loire, C4*

À quelques kilomètres à l'ouest de Montreuil-Bellay. Une très intéressante église de style gothique Plantagenêt pour les amateurs, et une pépinière de viticulteurs dans le coin, car c'est la 1re commune viticole du Saumurois.

Où dormir ? Où manger ?

Hôtel Le Chai de la Paleine : *10, pl. Jules-Raimbault.* ☎ *02-41-38-28-25.* • *lapaleine@wanadoo.fr* • *paleine.fr* • *Doubles 70-95 € ; familiales. Apéritif maison offert sur présentation de ce guide.* Derrière de hauts murs en tuffeau, un quasi-parc et un ensemble de bâtiments de caractère restaurés avec goût, à mi-chemin entre l'hôtel et l'ambiance chambres d'hôtes. Les chambres, toutes différentes et fort agréables, sont situées dans l'ancien chai. Il y a aussi une roulotte, des « carrés d'étoiles », pour dormir à la belle étoile, et un spa balnéo plein de charme installé dans un ancien lavoir pour compléter l'expérience insolite...

Le Puy à Vins : *10, rue des Hôtels.* ☎ *02-41-03-53-32.* • *lepuyavins@gmail.com* • *Face à la collégiale. Ouv le midi mar-ven, plus le soir jeu-ven et dim midi pour l'apéro. Formule déj env 20 € ; le soir, menus env 20-25 €. Café offert sur présentation de ce guide.* À force de nous pencher au-dessus du Puy, on est tombé sur cet accueillant bistrot-caviste-épicerie. Décor à l'ancienne, comme resté dans son jus, et, à la carte, des plats goûteux, faits maison à base de beaux produits. Le tout dans une ambiance de village à la Pagnol du Saumurois.

À voir au Puy-Notre-Dame et dans les environs

La collégiale Notre-Dame : *tlj 9h-19h. Janv-20 juin et 21 sept-21 déc, tlj 9h-17h30 ; 21 juin-20 sept, tlj 9h-18h.*
Elle fut pendant longtemps un haut lieu de pèlerinage pour l'une des reliques les plus célèbres rapportées des croisades : la ceinture de la Vierge ! Base de la tour-clocher du XIIIe s, partie supérieure du XVe s. Façade-mur au portail bien usé.
À l'intérieur, ampleur harmonieuse du vaisseau et voûtes angevines. Superbes stalles sculptées du XVIe s (seuls les dais et l'ornementation en dessous sont du XIXe s).

UNE CEINTURE ANTICHASTETÉ

La présence de la ceinture de la Vierge dans la collégiale du Puy explique la disproportion de l'édifice par rapport au village. Louis XI en était amoureux (de la collégiale). Cette ceinture avait pour vertu de faciliter les accouchements. Ainsi Anne de Bretagne l'utilisa-t-elle (elle eut son 1er enfant à 14 ans !) et Anne d'Autriche l'emprunta pour enfin enfanter le futur Louis XIV.

La Cave Vivante du Champignon : *domaine du Clos Saint-Maur, 49260* ***Sanziers.*** ☎ *02-41-40-36-47.* *06-81-17-35-74.* • *lechampignon.com* • *À quelques km à l'est. Début mars-sept, tlj 10h-12h, 14h-18h ; hors saison, sur résa. Visite guidée (25 mn) puis libre (35-45 mn). Entrée : env 7 € ; réduc.* Dans un village de viticulteurs, découverte d'une champignonnière et de son musée, dans un environnement troglodytique du XVIe s. Reconstitutions d'habitat troglo, géologie, films, photos et évocation d'invités surprises : une colonie de 2 300 chauves-souris d'octobre à mars (la cave est alors fermée). Sur place, vente de champignons et dégustation de vins de la propriété.

DOUÉ-EN-ANJOU (DOUÉ-LA-FONTAINE)

(49700) 7 600 hab. *Carte Maine-et-Loire, C3-4*

Doué, c'est la ville des troglos et des carrières souterraines creusées dans le falun. Et depuis qu'elle a découvert le pot aux roses, Doué est

devenue aussi la capitale de la rose ! 1er producteur en France, elle a la chance de posséder en plus l'attraction majeure, le célèbre *Bioparc*. Doué se révèle plutôt douée pour les sites touristiques, et ses environs constituent un bon camp de base, au carrefour des grands axes Cholet-Saumur et Montreuil-Bellay/Angers.

ANJOU PLAGES

La particularité géologique de la région de Doué, c'est le falun, cette roche calcaire coquillière, déposée là par la mer, il y a quelque 10 millions d'années. L'environnement marin était alors peu profond et chaud, le coin fréquenté par des éléphants et des lamantins avec une végétation luxuriante. C'est à Doué qu'on trouve la couche la plus épaisse de falun : jusqu'à 23 m !

LES TROGLOS DE PLAINE

Le falun est moins vieux que le tuffeau. Le falun le plus dur fut largement utilisé pour la construction. Les perreyeux possédaient, pour l'extraire, une technique originale : ils creusaient une tranchée dans un champ, qu'ils élargissaient progressivement jusqu'à la nappe phréatique. Avantage : on pouvait travailler à l'abri des intempéries, et lorsque la carrière était épuisée, il suffisait de refermer la voûte, de remettre la terre pour utiliser les champs à nouveau totalement (ce qui explique la forme triangulaire des carrières).
En dégageant la terre, puis le falun le plus friable pour créer une grande cour en profondeur, les gens créaient une sorte de falaise dans laquelle ils creusaient pièces d'habitation, caves, celliers, greniers, etc. Avantage, la vente des milliers de mètres cubes de terre et falun extraits pour creuser la cour leur remboursait quasiment le prix du champ et du labeur des ouvriers. En outre, ils obtenaient une maison à l'arrivée.

Adresse utile

Office de tourisme : *30, pl. des Fontaines. ☎ 02-41-59-20-49. • ot-saumur.fr • De mi-juin à mi-sept, lun-sam 9h30-12h30, 14h-18h, dim 10h-12h30 ; le reste de l'année, horaires plus restreints.*

Où dormir ? Où manger ?

De bon marché à prix moyens

Le Caveau : *4 bis, pl. du Champ-de-Foire. ☎ 02-41-59-98-28. Juil-août, tlj ; mi-saison et vac scol, fermé mar ; hors saison (oct-mars), ouv ven soir-dim soir seulement. Réserver le w-e. Menu unique 25 €, avec boissons.* Au cœur de la ville, dans une immense cave médiévale du XIIe s, un resto troglo chaleureux pour déguster des fouaces locales (petits pains fourrés cuits au feu de bois) et des galipettes. Rien de renversant niveau gastronomique, mais une expérience ô combien insolite !

Auberge Bienvenue : *104, rue de Cholet. ☎ 02-41-59-22-44. • contact@aubergebienvenue.com • aubergebienvenue.com • En face du* Bioparc. *Resto fermé dim soir-lun. Doubles 67-145 € ; suites. Formule bistrot déj en sem env 20 € ; menus 24-65 €.* La bonne auberge sérieuse, située à deux pas du *Bioparc*. Chambres contemporaines spacieuses, impeccables et climatisées, ainsi que des suites de luxe dans le jardin avec accès à un spa. Salle à manger chaleureuse pour goûter une cuisine du moment raffinée et d'un avantageux rapport qualité-prix. Très bon accueil de surcroît.

Auberge de la Rose : *12, pl. de Gennes. ☎ 02-41-59-13-65. • aubergedelarose@orange.fr • Fermé ven et dim soir hors saison. Formules déj en sem env 10-15 € ; menus 18-40,50 €. Café offert sur présentation de ce guide.* À l'entrée de la ville, au niveau d'un grand rond-point, un *Logis de France* qui tourne bien. Outre ses chambres, il propose une table sérieuse et classique jusque dans la déco et ses serviettes bien pliées, menée par une équipe pro. Une cuisine traditionnelle en tout cas bien appréciable le lundi (et les autres jours) quand tout est fermé !

Où dormir ? Où manger ? Où boire un verre dans les environs ?

Camping

Camping-caravaning La Vallée des Vignes : *49700* ***Concourson-sur-Layon.*** *☎ 02-41-59-86-35. • info@campingvdv.com • campingvdv.com • ♿ À 3 km à l'ouest. Avr-sept. Compter 15-22 € pour 2 ; mobile homes 6 pers. 63 empl.* À la campagne mais proche de Doué, camping accueillant, égayé de parterres de fleurs et d'outils agricoles. Petit terrain avec de l'ombrage et des emplacements agréables, suffisamment vastes et intimes. Installations sportives en tout genre, dont une piscine, le tout au bord du Layon. Un camping familial.

LE MAINE-ET-LOIRE (L'ANJOU)

De bon marché à prix moyens

Les Dames de la Loire : *15, route de la Rose, Le Moulin-Cassé, 49700* ***Les Ulmes.*** *☎ 02-41-59-57-10. • lesdamesdelaloire@gmail.com • À env 8 km de Doué en direction de Saumur, au bord de la D 960. Fermé lun, plus mar soir hors saison. Congés : début janv et 2 sem fin août. Menus env 16 € (midi)-27 €.* Ce bar à vins convivial est devenu un incontournable pour les gourmets d'ici et d'ailleurs. Dans un cadre chaleureux de bois et de ferronnerie d'art, le chef concocte une savoureuse cuisine de saison avec des plats du jour soignés et bien présentés.

Chambres d'hôtes et restaurant Les Délices de la Roche : *16, rue du Musée, 49700* ***Louresse-Rochemenier.*** *☎ 02-41-50-15-26. • accueil@delicesdelaroche.com • delicesdelaroche.com • Accès par la D 761 au nord-ouest de Doué-en-Anjou. Fermé dim soir-lun. Congés : dernières sem de juin et d'oct, et 20 déc-20 janv. Double 67 €. Formules déj en sem 15,90-19,90 € ; menus 29,90-47,90 €.* Une adresse de charme dans ce petit village troglodytique aux abords de Doué. Chambres agréables et de bon confort, repas d'un excellent rapport qualité-prix, à déguster dans un cadre ancien remis au goût du jour. Issus d'écoles hôtelières, les proprios font tout « maison » (jeter un œil au potager bio !). Également un salon de thé et une terrasse bien ombragée.

Chic

Rocaminori Troglo Hôtel : *13, rue du Musée, 49700* ***Louresse-Rochemenier.*** *☎ 02-41-50-03-12. • contact@rocaminori-hotel.fr • rocaminori-hotel.fr • ♿ Double 110 € ; familiales.* D'insolites chambres troglodytiques creusées dans le falun – certaines sans fenêtre – et agencées autour de cours intérieures. Lien souterrain direct avec le restaurant de fouées ***Les Caves de la Genevraie*** *(☎ 02-41-59-34-22 ; ♿ ; tlj sauf fêtes de fin d'année ; résa obligatoire ; menu unique 25 € tt compris),* également aménagé dans une galerie. Repas de fouaces, mogettes, champignons... Bref, bienvenue chez les Angevins !

À voir. À faire

Le Bioparc : *103, rue de Cholet. ☎ 02-41-59-18-58. • bioparc-zoo.fr • Vac de fév-vac de la Toussaint et vac de Noël, tlj : fév-mars, 10h-18h ; avr-sept, 9h-19h (19h30 juil-août) ; oct-nov, 10h-18h30 (17h30 au passage à l'heure d'hiver). Compter de 4h de visite à la journée entière. Entrée (billet valable pour la journée) : 23,90 € ; 17,90 € 3-10 ans ; carte ZooPass valable 1 an. Réduc à 22,50 et 16,85 € sur présentation de ce guide.*

À travers le monde, combien en a-t-on vu de ces zoos tristes, voire sinistres ! Celui de Doué n'est pas de ceux-là. Bébé de Louis, Pierre et François Gay, il bénéficie d'un ***contexte troglo unique*** : 3 générations pour un site qui fête ses 60 ans cette année. Mais surtout le *Bioparc* se fixe principalement comme mission la ***conservation d'espèces menacées.*** C'est même la locomotive des zoos donateurs en France avec 25 projets soutenus dans le monde entier. Cette ***dimension écologique*** apparaît clairement dans la conception et la gestion du *Bioparc.* Par exemple, la mixité des espèces est privilégiée dans les enclos et les oiseaux peuvent ici voler en toute quiétude, on ne leur coupe pas les plumes.

DE L'ORIGINE DES ESPACES

Toutes les conditions sont réunies au Bioparc pour recréer des milieux naturels diversifiés en taille XXL, de l'abondante végétation de bambous à la canopée, des cascades aux plaines arides. Il faut dire que le cadre troglodytique de ce zoo est unique avec son relief escarpé d'anciennes carrières de falun et de caves cathédrales. Du coup, 20 % du site se trouvent en souterrain. Une fraîcheur bienvenue lors des fortes chaleurs !

Impossible de tout décrire, mais n'oublions pas la spectaculaire nouveauté : le ***Cratère des carnivores,*** un vaste chaos rocheux fait de monticules et de crevasses, abritant la faune emblématique d'Afrique (lions, guépards, suricates...). Et on ne se lasse pas de l'étonnant ***amphithéâtre*** creusé de toutes pièces pour accueillir bouquetins markhor, panthères des neiges et vautours (pas dans les mêmes enclos, on vous rassure !). On peut assister à la curée, autrement dit le nourrissage des charognards.

Mention spéciale également pour les ***îles aux singes*** ou encore la grande vallée des rhinocéros noirs, la ***plus grande volière d'Europe*** consacrée aux oiseaux sud-américains (500 spécimens, 35 espèces...) ou le sanctuaire des rares okapis, dans lequel le public est invité à pénétrer. Quant aux enfants, ils adorent se faufiler dans le tunnel avec ses bulles d'observation pour un face-à-face avec les mangoustes !

En passant près des vitres donnant sur les ***cuisines du zoo,*** mesurez l'ampleur de la tâche pour les cuistots : 1 000 gueules et becs à nourrir chaque jour, 20 t de viande par an et autant de poisson, 40 t de grains et céréales... Sans compter les menus spéciaux (13 t de carottes) et les estomacs exigeants : des poireaux pour les rhinos tandis que pour les panthères des neiges, les poulets doivent être plumés et les lapins poilus !

– ***Notre conseil :*** composer son itinéraire en fonction des animations ou des repas des animaux (panneau à l'entrée) et ***prendre toujours les allées de droite*** pour voir tous les animaux.

Sur place, ***resto panoramique Le Camp des Girafes*** *(menu unique bio/local 22,90 € ; env 6-12 € enfants).* Il surplombe la vallée des girafes et des zèbres et propose des menus-buffets ou barbecues à volonté en terrasse (en saison). On s'y croirait ! Sinon, plusieurs snack-bars (glaces et boissons) et un bar où feuilleter des livres naturalistes.

Aux Anciens Commerces : *Écuries Foullon, chemin du Lavoir. ☎ 02-41-52-91-58. • anciens-commerces.fr • Avr-sept, tlj sauf lun (ouv lun*

ap-m juil-août) 10h-12h, 14h-19h ; fév-mars et oct, mer-ven 10h-12h, w-e 10h-12h, 14h-18h ; nov-déc, ven-dim 10h-12h, 13h-17h. Fermé en janv. Entrée : env 8 €. Expos temporaires. Boutique. Animations pour les enfants.
Installée dans d'anciennes écuries, une rétrospective foisonnante et fascinante du petit commerce en milieu rural de 1900 à 1950 (une vingtaine de boutiques en tout), du p'tit café à la chapellerie. Au 1er étage, le bistrot, la salle des réclames, l'apothicaire, l'horloger, l'échoppe du cordonnier, la boutique de parasolerie et un « grenier des rêves » auquel il ne manque que les toiles d'araignées. Au rez-de-chaussée : la rue commerçante, plus vraie que nature avec ses pavés, façades, devantures, corniches et gouttières d'origine. Il suffit d'ouvrir une boutique pour que tout prenne vie d'un coup. La clochette de la porte, les odeurs oubliées qui nous assaillent... Nostalgie garantie. Derrière la vitrine de chapeaux, un haut-de-forme noir dont la couleur change 8 fois selon la lumière, et dans l'armurerie, le fameux miroir aux alouettes. N'oubliez pas de vous faire tirer le portrait devant votre boutique fétiche, comme autrefois !

La roseraie Foullon : *jardin municipal accolé au musée Aux Anciens Commerces. Tlj, mais période conseillée : 1er juin-31 août. GRATUIT.* Un vrai festival de roses (près de 400 variétés) à vous en donner des boutons.

La maison carolingienne : *bd du Dr-Lionet.* C'est la plus ancienne demeure fortifiée de France (construite vers 900). On pense qu'elle fut la résidence d'été de Louis le Pieux, fils de Charlemagne. Visible uniquement de l'extérieur.

VIE EN ROSE, FIN EN NOIR

Il est le pionnier de la culture de la rose à Doué. Seigneur de cette ville, Jean-François Foullon (1715-1789) fut nommé par Louis XVI ministre des Finances à la place de Necker. Pas de chance, les révolutionnaires l'arrêtèrent en juillet 1789. Pieds nus, la bouche bourrée de foin, il marcha jusqu'à Paris, où il fut pendu puis décapité ; sa tête fut ensuite portée en triomphe sur une pique... Foullon fut une des 1res victimes de la folie révolutionnaire.

Les chemins de la Rose : *au parc de Courcilpleu (quel joli nom !), route de Cholet (D 960). ☎ 02-41-59-95-95. • cheminsdelarose.com • ♿ À la sortie sud-ouest de Doué après le Bioparc, direction Concourson. Mai-août, tlj 10h-19h ; sept, tlj 10h-12h30, 14h-18h ; avr et oct-nov, w-e 10h-12h30, 14h-17h. Boutique (vente de rosiers locaux mai-sept). Entrée : 5,50-7,50 € ; réduc. Chasse au trésor pour les enfants. Exploration de la pépinière en 2 CV en juil-août (70 € pour 2-3 pers).*
La capitale de la rose n'a pas à rougir de ce bel endroit : 15 000 rosiers pour plus de 1 500 variétés ornent un parc à l'anglaise de 4 ha, plein de charme et romantique par excellence, jalonné de plans d'eau (et de paons !) et d'un original horoscope végétal. Du bouton à la pointe de l'aiguillon, vous saurez tout sur la rose Jacques Cartier, la Yolande d'Aragon ou la William Shakespeare, et vous repartirez sans doute avec de bons conseils et des projets pour votre propre jardin secret... Assurément l'une des plus belles roseraies de France comprenant notamment toute la variété de rosiers lianes. Un conseil : c'est de fin mai à fin juin que le parc est le plus beau, mais les remontants sont en fleur de juillet à septembre.
– Animations en saison (atelier confitures, promenade gourmande, prairie fleurie...) et marchés aux rosiers pour faire ses emplettes en juin et novembre (racines nues le week-end du 11 novembre).
Snack-salon de thé : grande terrasse avec vue sur la roseraie et chaises en forme de pétales de rose forcément. Planches, tartines et produits locaux le midi, salon de thé, pâtisseries.

La Doué troglodytique

On rappelle que le *Bioparc* (zoo) se situe également sur un site troglo !

Le Mystère des Faluns aux Perrières : *7, rue d'Anjou. ☎ 02-41-59-71-29. De mi-juin à mi-sept, tlj 10h-19h ; de mi-fév à mi-juin et de mi-sept à début nov, tlj sauf lun 10h-12h30, 14h-18h. Entrée : env 7 € pour la visite libre ; réduc. Durée : 45 mn-1h. Penser à se couvrir (12 °C).* Ancienne carrière de falun exploitée de 1769 aux années 1930, ce site gigantesque de 4,5 ha renferme un réseau de salles grandioses à l'aura parfois lumineuse, parfois à la douce pénombre. À la fois scientifique et poétique, la scénographie « Le mystère des faluns » magnifie le site. Les éclairages, la musique, les images projetées sur les murs et les installations artistiques donnent un aspect quasi fantastique à cette déambulation dans le temps. Tout a commencé il y a 11 millions d'années... Pour terminer, une sculpture géante de carrier (appelé ici perreyeux), réalisée à même la roche par Philippe Corman, rappelle le travail de forçat qui aboutit à ces cavités, insoupçonnées depuis la surface. La région compterait plus de 1 000 km de galeries souterraines !

Troglodytes et Sarcophages : *à La Seigneurie, 1, rue Croix-Mordret. ☎ 02-41-59-24-95. • troglo-sarcophages.fr • Juil-août, tlj 10h-12h30, 14h30-19h ; hors saison (avr-sept hors été et vac scol), ouv l'ap-m tlj sauf mar-mer ; sinon, se renseigner. Visite guidée seulement : 5,50 € ; réduc. Durée : 1h. Nocturnes, visites thématiques et chasse au trésor en juil-août.* Creusé dans le falun, un site archéologique troglodytique où l'on pratiquait l'extraction de sarcophages monolithiques du Ve au VIIe s, aujourd'hui classé Monument historique. On a pu évaluer à environ 20 000 le nombre de sarcophages extraits (il s'agit sans doute de la plus grande carrière d'Europe pour cette période). Réservé aux seigneurs et personnages illustres, le sarcophage devait assurer le confort des morts. Le site servit par la suite de refuge souterrain, et de chapelle troglodytique. Voir en fin de visite de belles salles « en cathédrale », ayant servi à l'extraction de pierres par tranchées puis de caves.

CADAVRES EXQUIS

Le terme « sarcophage » vient du grec sarkophagos *qui signifie « mangeur de chair ». Dans l'Antiquité, on pensait en effet que ces boîtes en bois ou en pierre éliminaient les corps. À la suite des évolutions de langage, « sarcophage » a conduit au Moyen Âge au mot... « cercueil ».*

La Rose Bleue : *21, rue de la Croix-de-Fer. ☎ 02-41-59-86-83. • rosebleue.fr • Route de Montreuil-Bellay, à droite au feu et encore à droite. Avr-déc, tlj sauf dim-lun 14h-18h (19h juil-août).* Poterie, galerie d'art *(accès payant),* soirées spectacles... dans cette insolite cave cathédrale, ainsi que 3 chambres d'hôtes. Anecdote : la rose bleue est magnifique, mais c'est la plus rare de toutes les roses. Quasiment introuvable, elle symboliserait un amour en attente... Plus faciles à dénicher, les objets utilitaires et décoratifs de Karin dont ses fameux pots à crémet, le dessert emblématique (et délicieux !) de l'Anjou.

Troglos de la Sablière : *16, rue Riffaudière. ☎ 02-41-59-96-83. • les-troglos-de-la-sabliere.com • Derrière la collégiale Saint-Denis. Mai-oct, tlj (fermé mar hors juin-août) 10h-12h, 14h-18h. Entrée : env 5 € ; billet commun avec Terre de Rose Distillerie.* D'autres galeries souterraines qui se visitent. L'occasion de découvrir la distillation d'eau de rose à feu nu et les œuvres d'artistes contemporains qui s'en donnent à cœur joie avec le falun.

Terre de Rose Distillerie : *94 bis, rue de Cholet. ☎ 02-41-50-98-79. • terrederose.com/fr • Juin-août, tlj 9h30-19h ; avr-mai et sept-oct, tlj 9h30-12h, 14h-18h30. Entrée : env 5 € ; billet commun avec la Sablière.* Visite d'un domaine incluant roseraies, distillerie et musée. Démonstration en direct de distillation, tôt le matin ou dans l'après-midi chez ce fabricant de produits à la rose. Également une reconstitution de ferme d'autrefois, un jardin de 300 rosiers et de plantes médicinales, un petit musée insolite de la rose et une habitation troglo. Boutique et vente en ligne de leurs produits.

Manifestation

– ***Journées de la rose :*** *5 j. autour du 14 juil. • journeesdelarose.com • Entrée payante.* Avec près de 100 000 boutons de rose exposés dans des caves troglodytiques, un concours international d'art floral qui remporte chaque année un vif succès.

DANS LES ENVIRONS DE DOUÉ-EN-ANJOU

La cave aux sculptures de Dénezé-sous-Doué *(49700) : ☎ 02-41-59-15-40. À 3 km de Rochemenier, sur la D 69. Juin-août, tlj sauf mar 10h30-13h, 14h-18h ; avr et sept, tlj sauf mar 14h-18h ; le reste de l'année, ouv seulement sur demande. Entrée : 4 € ; réduc. Visite libre (env 45 mn) ou guidée à 11h, 14h et 16h. Programme d'animations.*

L'un des points d'orgue de votre visite en pays troglo. En 1663, le curé du village découvre dans son jardin une caverne souterraine qu'il qualifie de « temple païen ». Choqué, il fait combler le site qui est oublié pendant des siècles, jusqu'à ses redécouvertes en 1956, suscitant l'intérêt des médias, et en 1974.

Des centaines de personnages sculptés dans le tuffeau forment une ***chronique satirique*** (sans doute du XVIe s) réalisée par des sculpteurs autodidactes. Le caractère métaphorique de certaines scènes, des détails étranges, des situations ou descriptions grotesques et burlesques intriguent beaucoup les spécialistes. Ainsi dans quelques compositions s'y moque-t-on des grands de l'époque et de la mode (les vêtements permirent d'ailleurs la datation). On y remarque des gens bizarres (Indien, personnage en caleçon, une pietà inhabituelle...), ainsi que des personnages célèbres, Catherine de Médicis et François Ier en tête (le roi voulait décapiter les confréries de métiers !). Cette caverne serait en fait une sorte de grand défouloir clandestin des gens du peuple !

C'est aujourd'hui l'une des œuvres d'art les plus insolites et fascinantes de la région. Mais il y a un hic : l'humidité, le manque d'aération dû à une affreuse chape de béton couvrant le site, le salpêtre... détériorent très rapidement les sculptures friables de ce ***Lascaux angevin.*** Dans quelques années elles auront tout simplement disparu. Il aura fallu attendre 2018 pour que le site soit inscrit sur la liste du patrimoine en péril pilotée par Stéphane Bern. Un début d'espoir ?

Les maisons troglodytes de Forges : *10, lieu-dit la Fosse, 49700* ***Dénezé-sous-Doué.*** *☎ 02-41-59-00-32. • maisonstroglo.com • À 4 km au nord de Doué. De mi-juin à août, tlj sauf mar 10h-18h (visite libre ; ouv 14 juil) ; d'avr à mi-juin et sept-oct, w-e et j. fériés, visite à 10h, 14h et 16h. Fermé en hiver. Entrée : 5,50 € (visite libre).* Un site resté dans son jus, situé dans un hameau troglo. Un vrai terrier humain de 1830 où l'on découvre tout un dédale de caves d'habitation, dans un fatras d'objets d'antan. Demander la direction du pigeonnier à 1 km de là : souterrain et libre d'accès avec 800 boulins, ça vaut le crochet !

Le village troglodytique : *49700* ***Louresse-Rochemenier.*** *☎ 02-41-59-18-15. • troglodyte.fr • ♿ (partiel). À env 7 km au nord-ouest de Doué. De mai à mi-sept, tlj 9h30-18h ; fév-avr et de mi-sept à nov, tlj sauf lun 10h-17h. Fermé 1er dim du mois, 1er mai, 11 nov et déc-janv. Entrée : 7 € ; 5 € 6-17 ans ; forfait famille. Essayer de venir le mat et éviter le w-e en saison (beaucoup de monde). Livret-jeux pour les enfants. Excellente brochure de visite (payante, compter 1h30). Sinon, médiaguide payant (tablette) avec textes complémentaires et photos. Escape game en troglo.*

Parmi les 40 fermes troglos et les 250 salles creusées de la commune, ce village troglodytique constitue un excellent musée ethnographique. Objets, outils et machines agricoles diverses mais aussi films et animations son et lumière (écoutez le feu crépiter dans « la maison habitée » et observez la « veillée des ombres ») recréent bien l'atmosphère d'antan. Et dire qu'en 1962 certaines pièces étaient encore habitées ! Dans l'une d'elles, les routards apprécieront la borne interactive ainsi que les nombreuses photos en noir et blanc présentant les troglos à travers le monde. On apprend ainsi que 30 millions de Chinois vivent encore aujourd'hui en habitat souterrain.
Dans l'une des fermes, creusée aux XVIIe et XVIIIe s (avec des parties XIIIe), noter le beau pressoir à huile de noix ainsi que le « jitte », cheminée qui permettait de verser le raisin directement dans le pressoir à vin sans avoir à descendre dans la cour. Le bon sens paysan ! Vous verrez successivement les granges, le cellier, l'étable, la chambre à coucher. Dans une autre ferme, puits de lumière, surprenant puits à 2 étages, salle de veillée où, en hiver, la chaleur des corps de 30 personnes qui y cassaient des noix suffisait pour amener la température à 18 °C. Voir aussi l'ancienne chapelle souterraine qui accueille parfois des expos temporaires.

L'église Sainte-Madeleine-et-Saint-Jean : *à **Louresse-Rochemenier,** juste au-dessus du village troglodytique.* À la fois émouvante et adorable, elle date du XIIIe s. Élégante porte en accolade. Intérieur rustique avec plafond en bois. Chœur de style classique.

LES COTEAUX DU LAYON ET DE L'AUBANCE

À l'ouest de l'axe Angers/Doué-en-Anjou, de part et d'autre de la route Angers-Cholet, s'étire une région de collines plus ou moins escarpées qui produit les plus fameux vins d'Anjou : le coteaux-du-layon et le coteaux-de-l'aubance. Des vins liquoreux ou moelleux, obtenus par surmaturation du raisin sur pied pour donner la « pourriture noble », un champignon (le *Botrytis cinerea*) qui enrichit le raisin en sucre. Bouquet très délicat et fruité dès la 1re année, mais il atteint des sommets après plusieurs années d'épanouissement.
L'appellation coteaux-du-layon recouvre 25 communes. 6 d'entre elles, vu la qualité de leur production, ont eu le droit d'y adjoindre leur nom. Ce sont Faye-d'Anjou, Rablay-sur-Layon, Beaulieu-sur-Layon, Rochefort-sur-Loire, Saint-Aubin-de-Luigné et Saint-Lambert-du-Lattay. Plus 2 crus prestigieux : le quarts-de-chaume (classé grand cru) et le coteaux-du-layon-chaume 1er cru. Ainsi qu'une autre appellation prestigieuse, mais encore pas classée parmi les crus, le bonnezeaux.
Sur le plan historique, cette région marqua une sorte de frontière des zones d'influences entre royalistes et républicains durant les guerres de Vendée (1793-1796). Les Blancs disaient d'ailleurs : « Après Vihiers, faut point s'y fier. » De même, le jeu de boules de fort ne va pas au-delà du Layon, et il est inconnu dans les Mauges.
– Bornes touristiques interactives tlj à Brissac, Chalonnes-sur-Loire, La Possonnière et Rochefort-sur-Loire.

Comment y circuler ?

Pour explorer le vignoble, il existe plusieurs « routes des vins et villages de l'Anjou » : « Château de Brissac et vignobles de l'Aubance » (57 km), « Coteaux et panoramas du Layon » (86 km), entre Angers et Thouarcé, ou « Loire sauvage et corniche angevine » (58 km). À vélo, circuit « Layon Aubance » (87 km). Les plus sages opteront pour les nombreuses randonnées pédestres. Au programme pour tous : des vignes, des caves, des moulins, des vignes et des caves...

SAINT-RÉMY-LA-VARENNE

(49250) 1 000 hab. *Carte Maine-et-Loire, C3*

En face de Saint-Mathurin-sur-Loire, sur la rive gauche de la Loire, un village paisible niché dans la verdure. Balade intéressante sur le sentier d'interprétation du parc naturel régional, sur le thème des crues de la Loire, sujet sensible par ici.

Où manger dans les environs ?

Le Petit Blaison : *6, rue de la Grange-aux-Dîmes, à* **Blaison-Gohier** *(49320). ☎ 02-41-54-85-70. À quelques km vers l'ouest. Près de l'église. Fermé lun-mar. Repas 25-30 €.* Ce café-épicerie-resto-salon de thé a plus d'un tour dans son sac pour maintenir de la vie dans ce petit bourg plein de charme. Cuisine locale et de saison.

À voir

Voir l'***église,*** avec sa nef du XIIe s. Chapelle du XIIIe s avec d'élégantes voûtes angevines. À l'extérieur, clocher octogonal du XIXe s. Abside avec frise ciselée et modillons.

Le prieuré bénédictin : *juste à côté de l'église. Association du prieuré, ☎ 02-41-57-32-32. • prieure-saint-remy.fr • Mai-sept, tlj sauf mar 10h-12h30, 14h-18h. Entrée : 4 € ; réduc ; gratuit moins de 6 ans. Livret spécial enfants et tablette numérique pour retrouver le trésor dérobé au prieuré (bravo aux bénévoles pour leur jeu d'acteurs !). Visite guidée possible sur résa.* Ce discret prieuré fut fondé au Xe s et remanié au fil des siècles. Géré par une association de bénévoles, cet ancien domaine rural dépendant d'une abbaye angevine retrouve de sa superbe au fil des années et au fil des travaux. Remarquez d'emblée, en passant sous le porche (XVIe-XVIIe s), le lion sculpté, mais aussi le petit singe enchaîné à un tronc d'arbre, signe de servitude... Le logis du XVIe s avec fenêtres à meneaux abrite une spectaculaire cheminée Renaissance abondamment sculptée et colorée, une charpente en chêne du XIVe s dans l'ancien grenier, une cave... Voir enfin les fresques de la fin du XIe s, d'une étonnante fraîcheur dans la salle capitulaire, élégante de sobriété où ont lieu les mariages civils !

– ***Hortomnales :*** *fin oct.* Animations, activités et cucurbitacées au programme, autour du prieuré. Plus de 120 variétés sont cultivées par l'association !

BRISSAC-QUINCÉ (BRISSAC-LOIRE-AUBANCE)

(49320) 3 100 hab. *Carte Maine-et-Loire, C3*

Au sud d'Angers, ce village viticole résume assez bien l'Anjou : un château de Loire dans toute sa splendeur, l'Aubance sinuant parmi les vignes entre schiste angevin et calcaire saumurois, et une agréable douceur de vivre, tout simplement.

Adresse utile

Office de tourisme : *8, pl. de la République. ☎ 02-41-78-26-21. • loire-layon-aubance-tourisme.com • Mai-sept, lun-sam 10h-13h, 14h-18h, plus dim juil-août et j. fériés 10h-13h ; mars-avr et oct, lun et mer-ven seulement. Congés : nov-fév.* Consigne à bagages gratuite. Kit de réparation vélos.

Où dormir ? Où manger ?

Camping de l'Étang : *route de Saint-Mathurin. ☎ 02-41-91-70-61. • info@campingetang.com • campingetang.com • De fin avr à mi-sept. Compter 20-36 € pour 2 ; gîtes, cottages et tentes également. 150 empl.* Camping à taille humaine sur un terrain de 8 ha, calme, vert et moyennement ombragé (petits arbres). Parc de loisirs attenant et tout ce qu'il faut pour occuper les enfants. Piscines. Sur place, vente de vins d'Anjou maison (dégustation le vendredi en été) : on est bien au cœur des vignobles d'Anjou.

Aux 2 Terrasses : *8, pl. du Tertre. ☎ 02-41-68-49-87. Dans un virage, face au château. Fermé dim soir et lun-mar. Compter 15-20 €.* Une maisonnette mignonnette et un intérieur tendance bistrot moderne pour une cuisine appétissante. Produits frais maison, bio ou issus de l'agriculture raisonnée, et ça se sent au palais. Belle sélection de vins locaux, il faut dire que dans le coin il n'y a qu'à se servir !

Hôtel Le Castel : *1, rue Louis-Moron. ☎ 02-41-91-24-74. 📱 06-69-20-15-16. • le.castel.brissac@wanadoo.fr • hotel-lecastel.com • Double 85 € ; familiales.* Face au château de Brissac, un bâtiment récent aux chambres confortables et à la déco classique. Elles donnent sur un jardin fleuri. Livres à disposition et restaurant pour les pensionnaires, où l'on sert une cuisine soignée inspirée du terroir. Accueil attentionné.

Où dormir ? Où manger dans les environs ?

De bon marché à prix moyens

Chambres d'hôtes et gîtes La Pichonnière : *famille Colibet-Martin, **Charcé-Saint-Ellier,** 49320 Brissac-Loire-Aubance. ☎ 02-41-91-29-37. 📱 06-74-49-02-10. • gite-brissac@wanadoo.fr • gite-brissac.com • À quelques km à l'est de Brissac-Quincé. Direction Doué-en-Anjou (et non Charcé !), à 1,5 km sur la gauche (indiqué). Doubles 65-75 € ; gîtes 5-6 pers. Réduc de 10 % pour plus de 2 nuitées sur présentation de ce guide.* Au bout d'une longue allée arborée, un grand corps de ferme en tuffeau dont les bâtiments s'organisent autour d'une cour. Chambres coquettes et confortables. Petit déj bio et accueil sincère dans un logis familial.

Le Bistrot de Saint-Sat' : *2, pl. de l'Église, 49320 **Saint-Saturnin-sur-Loire.** 📱 06-09-13-13-94. À quelques km au nord, au carrefour de l'église. Fermé dim-lun. Menu déj en sem env 13 € ; plats env 15-20 €. Café offert sur présentation de ce guide.* Un brin vintage, ce bistrot-là ne se prend pas au sérieux avec sa déco et son mobilier de bric et de broc. Terrasse décontract' en surplomb de la route, certes passante, mais on se plonge avec plaisir dans la carte des vins locaux tandis que la séduisante ardoise est raccord, pas compliquée et bien vue. Jeux, soirées à thème, vente de fruits et légumes... Un lieu de vie où l'on ne manque pas d'imagination.

Chic

Chambres d'hôtes et gîtes Le Clos des 3 Rois : *13, rue Du Bellay, 49380*

Thouarcé (Bellevigne-en-Layon). *☎ 02-41-66-34-04. 📱 06-99-91-95-20. • infos@closdes3rois.fr • closdes3rois.fr • Doubles à partir de 92 €. Réduc de 50 % sur la 3e nuit (à partir de 3 nuits consécutives), hors ponts, j. fériés, vac scol et événements.* Proche de l'église, dans une petite rue tranquille, cette maison de maître se cache derrière ses hauts murs. Autour d'une grande cour intérieure, les chambres convertibles sur demande en gîtes l'été et les week-ends occupent les 2 dépendances, où se trouvent les agréables parties communes. Piscine, jardin arboré, accueil chaleureux et ambiance de village.

I●I *La Table de la Bergerie :* *La Bergerie, 49380* ***Champ-sur-Layon (Bellevigne-en-Layon).*** *☎ 02-41-78-30-62. ♿ De l'A 87, sortir à Beaulieu, aller jusqu'à Rablay ; puis indiqué sur la droite avt d'arriver à Champ. Fermé dim-lun. Formules déj en sem 25-29 € ; menus 45-55 €.* La salle confidentielle ouvre sur le vignoble familial. Le terroir inspire ce chef étoilé qui a voyagé et pris de la bouteille auprès des grands comme Ducasse et Robuchon. Cela donne une cuisine tonique, sans artifices, tournée vers d'autres horizons et résolument contemporaine. Tout est traité avec doigté, en harmonie avec les vins de la propriété.

☗ *Chambres d'hôtes Château Soucherie :* *la Soucherie, 49750* ***Beaulieu-sur-Layon.*** *☎ 02-41-78-31-18. • contact@domaine-de-la-soucherie.com • domaine-de-la-soucherie.fr • À 2,5 km de Beaulieu, direction Saint-Aubin. Doubles à partir de 95 ou 115 €.* Le fringant portail donne le ton de ce domaine viticole aux faux airs toscans. Les vignes viennent s'échoir jusque sous les fenêtres des chambres et du gîte au style mêlant esprit contemporain et charme d'autrefois. Vue privilégiée sur le vignoble de quarts-de-chaume, appelé ainsi car le seigneur local prélevait autrefois le quart de la production (le mieux exposé, pas fou !).

À voir. À faire

Le château de Brissac *(49320) : ☎ 02-41-91-22-21. • chateau-brissac.fr • ♿ (parc). Juil-août, tlj 10h-17h ; avr-juin et sept, tlj sauf mar 10h-12h, 14h-17h ; oct, tlj sauf mar 10h30-11h30, 14h-16h30 ; sinon ouv l'ap-m pdt vac de fév et de Noël. Heure de fermeture = dernier accès. Entrée : 11 € (5,50 € parc seul) ; 4 € 8-16 ans inclus ; réduc ; gratuit moins de 8 ans. Visites libres et guidées en juil-août, visite guidée seulement le reste de l'année (env 1h15).*

C'est tout simplement l'un des plus beaux de France, dans la famille Cossé-Brissac depuis plus de 500 ans. Le propriétaire actuel, un marquis dynamique et sympathique, est très engagé dans la préservation du patrimoine familial et la vie locale.

Entre 1939 et 1946, Brissac fut fermé au public, on y entreposa la moitié du mobilier de l'Élysée et du Louvre ainsi que les tapisseries de l'*Apocalypse* d'Angers. Brissac et Chambord furent les 2 grands dépôts de Mobilier national pendant l'Occupation.

Construit à la fin du XVe s, le château fut reconstruit au XVIIe s. Résultat : la façade est une alliance hybride du style médiéval (les 2 grosses tours à mâchicoulis du XVe s) et du style Renaissance (évoluant vers le classique).

Le château compte ***7 niveaux,*** dont deux de caves (ce qui en fait ***le plus haut château de France*** : 50 m), et comprend 204 pièces (dont une dizaine accessibles au public). Au gré de la visite, magnifiques tapisseries et galerie de portraits de famille : les 4 maréchaux de France, les grands-parents Schneider et Say (le sucre), la veuve Clicquot, ainsi que l'extravagante duchesse d'Uzès, 1re femme à avoir obtenu le permis de conduire en 1897... et à avoir écopé d'une contravention ! Admirer le vestibule, le grand salon et ses plafonds dorés à la feuille, la salle à manger au ravissant plafond peint des XVIIe-XVIIIe s et la tribune d'orchestre en bois imitant le marbre.

Dans l'immense salle des gardes, poutres peintes (au moins 100 personnages et paysages). Également quelques chambres, dont celle de Louis XIII où il se réconcilia avec sa mère, Marie de Médicis, après la bataille voisine des Ponts-de-Cé. Voir aussi le surprenant théâtre construit au XIXe s, les très belles cuisines médiévales et une galerie souterraine de 240 m de long pour éviter d'inonder le parc en cas de crue.
Aux murs et au plafond, les 2 « C » entrelacés de Charles de Cossé-Brissac, dont les descendants actuels débordent d'imagination pour financer le coût faramineux de son entretien : dégustation des vins de la propriété, tournages de films (*La Prise de pouvoir par Louis XIV*, de Rossellini, en 1966), épique chasse à l'œuf à Pâques, rassemblement de montgolfières fin août, marché de Noël, salon de thé, etc.
Au château s'ajoutent 1 000 ha de forêts et 28 ha de vignes. Ne pas négliger la balade dans le vaste parc de 70 ha (5 balades thématiques sont proposées), de plus en plus beau au fil des années et des aménagements.

Le Parc de l'Étang : *route de Saint-Mathurin. ☎ 02-41-54-80-65. • parc-etang.com • De mi-avr à mi-sept, tlj sauf lun : juil-août, 10h30-19h ; horaires plus restreints le reste du temps. Entrée : env 9 € en hte saison (moins cher pour les grands-parents !) ; réduc ; gratuit moins de 1 m.* Parc de loisirs attenant à un camping (voir « Où dormir ? Où manger ? » plus haut). Un étang, un petit train, des animaux et plein d'activités pour tous les âges... Ce parc à l'ambiance bonne franquette et de taille familiale a tout pour plaire et rencontre un véritable succès. Accueil tip-top et une initiative à saluer puisque le parc travaille avec des personnes handicapées.

DANS LES ENVIRONS DE BRISSAC-QUINCÉ, CÔTÉ VIGNOBLE

Le manoir de la Groye : *9, rue de la Loire, 49320* ***Saint-Saturnin-sur-Loire.*** *06-62-21-09-11. • manoirdelagroye.fr • Dans la rue qui descend vers la Loire. Mai-juil et sept, ven-dim 10h-12h30, 14h30-18h. Entrée : 3 € (à déposer dans le nichoir).* L'un de ces parcs privés qui font le charme de l'Anjou, autour d'un manoir Renaissance. L'ensemble est géré de manière écologique. Un petit havre de poésie où l'on se rêverait à croiser Ronsard humant les différents rosiers.

Martigné-Briand (Terranjou ; 49540) : bourgade où il fait bon se poser un instant pour son patrimoine historique comprenant un site mégalithique, 2 chapelles classées et des châteaux. Le principal, le château de Martigné, aujourd'hui privé, peut se visiter *(06-18-63-15-15).* Il date du début du XVIe s mais fut incendié en 1794 par les « colonnes infernales » de la République. Ces imposants vestiges ont encore fière allure.

Aubigné-sur-Layon *(49540) : à 3 km au sud-ouest de Martigné-Briand, sur la D 748.* Village classé Petite Cité de caractère pour son charme, tout ce qu'il y a de plus fleuri, avec une église des XIe-XIIe s et des peintures murales en trompe l'œil. Imposants vestiges d'un château du XIe s, presbytère et son jardin, etc. Treilles de chenin (le cépage) courant le long des murs... Et fête annuelle mêlant vin et arts fin août.

Le Village d'Artistes : *pl. du Mail, à* ***Rablay-sur-Layon, 49750 Bellevigne-en-Anjou.*** *☎ 02-41-78-61-32. • villageartistesrablay.com • À 5 km de l'A 87 (sortie 24). Juil-août et déc (sauf 25 déc), tlj sauf dim 14h30-18h30 ; sinon se renseigner.* Cet autre village vigneron accueille une inattendue boutique des métiers d'art rassemblant 80 artisans et artistes, dans l'ancien presbytère du XVe s. Un cadre élégant pour des exposants pleins de talent et des expos : bijoux, céramique, déco, luminaires, mode...

Où découvrir le vignoble dans le secteur et acheter du bon vin ?

Le Domaine des 2 Moulins : *20, route de Martigneau,* ***Juigné-sur-Loire, 49610 Les Garennes-sur-Loire.*** *☎ 02-41-54-65-14. • elisabeth.macault@wanadoo.fr • • domaine2moulins.com • À quelques km au nord de Brissac.* Daniel Macault n'est pas qu'un accueillant viticulteur dans son chai. Il propose de ravissantes chambres d'hôtes *(Les Chambres du Meunier ; double 75 €)*, une aire de camping-cars, des cours de cuisine pour minigroupes, des dégustations à thème, des produits du potager bio en vente sur place (le potager des Garennes)... Tout cela à l'ombre de 2 pimpants moulins. Circuit court et convivialité au menu !

Le Domaine de Pied Flond : ***Martigné-Briand,*** *49540* ***Terranjou.*** *☎ 02-41-59-92-36. • piedflond.fr • Caveau sam 9h-12h, sinon sur rdv.* 7 générations de viticulteurs dans un domaine aux murs historiques. La grande originalité : la possibilité de visiter le vignoble en Solex *(sur résa ; min 4 pers)* avec le vigneron, et dégustation in situ.

Pléthore d'autres domaines tout à fait recommandables dans la région : *Domaine FL* à Rochefort-sur-Loire, *Château de Bellevue* à Saint-Aubin-de-Luigné, *Château de Fesles* à Thouarcé, *Domaine de Bablut* (vins bio) à Brissac...

Les Vignes selon Val : *06-51-28-26-52. • lesvignesselonval.com • Tte l'année, sur résa.* Si vous ne savez pas par où commencer, Valérie se fait un plaisir d'accompagner des randonnées pédestres au cœur du vignoble du Layon avec dégustations. Ancienne instit', elle a travaillé dans les vignes et connaît la région comme sa poche.

CHALONNES (49290) 6 500 hab. *Carte Maine-et-Loire, B3*

L'une de nos haltes préférées sur La Loire à Vélo, à la confluence du Layon, du Louet et de la Loire, pour son ambiance d'ancien port et de village agricole actif, son grand marché qui déplace les foules (mardi et samedi) et ses bonnes petites tables. En été, le mardi matin, retrouvez un vigneron devant les halles.

Adresse utile

Office de tourisme : *pl. de l'Hôtel-de-Ville. ☎ 02-41-78-26-21. • loire-layon-aubance-tourisme.com • Avr-sept, lun-sam 10h-13h, 14h-18h, plus dim juil-août et j. fériés 10h-13h ; oct-mars, horaires plus restreints, fermé dim et l'ap-m mar et sam.* Consigne à bagages gratuite. Kit de réparation vélos.

Où dormir ? Où manger ? Où boire un verre ?

Maison d'hôtes Au Bout du Quai : *2, pl. de la Serrerie, sur le quai. 06-87-24-73-52 ou 06-78-56-84-21. • contact@aubout-duquai.fr • Double 80 €.* Une belle surprise que cette élégante demeure réhabilitée, la Loire vous tend les bras au petit déj, depuis la salle à manger ou la terrasse. 4 chambres joliment décorées, tout confort et chaleureuses. Un bien agréable camp de base pour découvrir cette région à la fois viticole et ligérienne.

Le Logis des Mariniers : *35, quai Victor-Hugo. 06-09-37-48-36. • lelogisdesmariniers@gmail.com • lelogisdesmariniers.fr • Suite et doubles 75-90 €.* La douceur angevine au plus près. Cette demeure de bourg a repris vie grâce à 2 enfants du pays : pierres apparentes, meubles rétro, ambiance chaleureuse, raffinement poussé à l'extrême... Les murs des XVe et XVIIIe s ont beaucoup à raconter depuis la terrasse surplombant les bords de Loire. Accueil Vélo.

Café Bondu : *chemin de l'Asnerie. ☎ 02-41-74-42-12. À l'entrée du pont, côté nord. Fermé lun et mar soir. Compter 15-20 €. Café offert sur présentation de ce guide.* Casse-croûte, burgers, frites maison, bar... Chacun trouve son compte ici dans une joyeuse ambiance, à l'intérieur ou en terrasse abritée de la route. On navigue entre la guinguette et le bistrot, impec en tout cas pour déjeuner rapide et sain le midi. Le soir, parfois des concerts. Résultat : le *Bondu* est souvent bondé, mieux vaut réserver !

Ne pas oublier l'espace restauration de la ***base de loisirs Louet Évasion*** ni le ***Lenin Café*** sur l'île de Chalonnes (lire plus loin « À voir. À faire »).

Où camper ? Où manger ? Où boire un verre dans les environs ?

Campings

Camping Les Plages de Loire : *route de Savennières, 49190* ***Rochefort-sur-Loire.*** *☎ 02-41-68-55-91. • contact@camping-lesplagesdeloire.com • camping-lesplagesdeloire.com • À l'est de Chalonnes, par la corniche angevine. Avr-nov. À partir de 12 € pour 2 ; forfait rando ; locatifs 4-6 pers. 116 empl.* Au bord du Louet et sa baignade, un camping à la cool, conçu pour les familles. Vaste choix d'animations, spectacles et sorties en saison, mais aussi location de vélos, de canoës, snack-bar, spa, accès gratuit à la piscine municipale... En location, mobile homes, *bungalodges,* cottages et même d'élégants *écolodges* sur pilotis. Gros succès, on ne vous le cache pas !

Camping municipal de la Coudraye : ***Saint-Lambert-du-Lattay, 49750 Val-du-Layon.*** *☎ 02-41-78-44-26. • campingcoudraye@gmail.com • campingdelacoudraye.fr • Avr-oct (chalets tte l'année). Autour de 10 € pour 2 ; chalets 4-7 pers. CB refusées. 23 empl. Réduc de 5 % sur présentation de ce guide.* Camping bien ombragé et très simple, au bord d'un étang, dans un endroit calme avec piscine. Organise des balades accompagnées, des barbecues et une dégustation en présence d'un vigneron (le samedi en été). Accueil extra.

Bon marché

Port Gogane : *route de Savennières, 49190* ***Rochefort-sur-Loire.*** *☎ 02-41-68-19-98. À l'est de Chalonnes, par la corniche angevine. Tte l'année. Repas 20-30 €.* Une guinguette au bord du Louet, ça change de la Loire ! D'autant qu'ici l'accueil antistress est compris dans le prix, et la carte de petits plats alléchante. On vient pour guincher (concerts réguliers) autant que pour se régaler sous les arbres. L'endroit idéal pour s'enfiler une *Florencière,* la bière locale. Au fait, c'est quoi la gogane ?

Guinguette Les Tourbillons : *Le Port, 49170* ***La Possonnière.*** *☎ 02-41-72-66-66. À quelques km à l'ouest de Savennières. De mi-avr à mi-sept : juin-août, tlj sauf lun et mar midi ; sinon, ouv seulement jeu soir-dim. Repas 20-25 €.* Cette guinguette profite d'une terrasse géniale en bord de Loire. À la carte, des plats simples préparés avec des produits régionaux frais. Le tout arrosé de vins locaux, et dans le coin on sait de quoi on parle ! On peut d'ailleurs se contenter d'y boire un verre, au retour d'une rando sur les berges. Programmation musicale sur Facebook.

Le Chenin : *1 et 3, rue de la Mairie, 49170* ***Savennières.*** *☎ 02-44-01-84-51. • lechenin@sfr.fr • Au nord-est,* *de l'autre côté de la Loire. Juin-sept, tlj ; oct-mai, ouv le midi tlj, plus le soir jeu-sam. Congés : 2 sem en janv, après les vac. Menus du jour midi en sem 15-18 € ; plats 14-22 €.* En face de la mairie et de l'église de ce village vigneron, cette maison de bourg abrite un adorable bistrot de village qui fait aussi caviste et traiteur. Cuisine locavore, simple et fraîche selon arrivage et l'inspiration du chef... Accueil jovial.

À voir. À faire

Traverser le pont pour gagner l'***île de Chalonnes,*** la plus grande du cours de la Loire (11 km). Quelques balades à faire, surtout à vélo, offrant de jolies vues sur le Louet alangui : c'est tout plat et peu fréquenté par les voitures. Au passage, faire une halte au ***Lenin Café,*** au lieu-dit Basse-Île. Dans une vieille longère retapée, ce musée-café-concert assez improbable à cet endroit est dédié au révolutionnaire russe. Il fallait oser ! Regagner la terre ferme vers Montjean en empruntant un petit pont métallique.

La base de loisirs Louet Évasion : *base nautique, Le Champ-du-Bois. 06-81-87-64-86. • louetevasion.com • Sorties à partir de 1h (8-25 km).* Randonnées en canoë, voire des bivouacs sur la Loire. Avec des enfants ou pas trop le pied marin ? Optez pour le Louet, bras de la Loire paisible et peu profond. Dans tous les cas, prestation tip-top. À l'arrivée, bar-guinguette convivial en bord de rivière et dans un environnement arboré. Restauration rapide (viandes, salades, bocaux frais... *compter 10 €*) et concerts en été.

Le Gabarot de Loire : *pl. de la Serrerie, quai Gambetta. ☎ 02-41-78-05-30. • chalandoux-loire.com • Balades embarquées l'été. Résa à l'office de tourisme.* Vous avez manqué *L'Hermione* ? Les bénévoles de l'association Les Chalandoux du 5e vent ont ce qu'il vous faut ! De leur chantier sur les quais est sorti en 5 ans un fringant gabarot de Loire de 18 m de long. Un autre chantier pourrait bien voir le jour. Visite possible d'une expo sur les bateaux de Loire à l'aide de passionnantes maquettes. Mis à part une bière locale, savez-vous ce qu'est une piautre ?

DANS LES ENVIRONS DE CHALONNES

La corniche angevine, de Chalonnes à Rochefort-sur-Loire : un morceau de la D 751 suit joliment en corniche le Louet, côté rive sud, un des bras de la Loire, et livre, bien sûr, de fort beaux points de vue sur la région. Au niveau de Rochefort, la Loire se fait large, démultiplie ses nombreux bras. Le contrefort du porche de l'ancienne église conserve des traces de balles des guerres de Vendée. Également une base de canoë-kayak et des courses hippiques en saison ! De la corniche, joli panorama au niveau de La Haie-Longue. Des poètes, conduits par René-Guy Cadou, avaient élu domicile à l'école de Rochefort pendant la Seconde Guerre mondiale et, de là, le pionnier de l'aviation civile René Gasnier accomplit ses 1ers exploits.

Le musée de la Vigne et du Vin d'Anjou : *pl. des Vignerons,* ***Saint-Lambert-du-Lattay,*** *49750* ***Val-du-Layon.*** *☎ 02-41-78-42-75. • musee-vigne-vin-anjou.fr • ♿ (accès partiel). Situé sur la route touristique du vignoble, la D 160. Juil-août, mar-dim 14h-18h ; avr-juin, mer-ven et dim 14h-18h ; pdt vac scol de Pâques, d'été et de la Toussaint, atelier-jeu en famille mer à 15h. Tarif : 6 € ; réduc.*
Installé dans un ancien cellier, le musée présente l'évolution de la viticulture depuis le XIXe s, et plus de 2 500 outils et documents. Origines de la vigne (une liane de climat semi-désertique venue de Mésopotamie), les différents cépages (plants visibles dans une miniserre), cycle de la vigne, travail du vigneron... Dans la cave sommeillent des millésimes hors d'âge, le plus ancien datant de 1887 !

Toute l'année, nombreuses animations : soirées dégustation, vendanges, randonnées commentées, visites théâtralisées... Possibilité de se balader dans la parcelle pédagogique du musée où 17 cépages sont cultivés. Sinon, plusieurs sentiers dans le vignoble à partir du musée.

L'île de Béhuard : *à une quinzaine de km au sud-ouest d'Angers. Grand parking ombragé à l'entrée du village. Balade possible autour de l'île (2h40, 8,5 km, indiquée en mauve).* Île presque secrète, village de charme, atmosphère sereine véritablement en dehors du temps. L'île fut longtemps le but d'un fameux pèlerinage, à l'époque où la Loire impétueuse et dangereuse donnait souvent l'occasion aux marins d'avoir recours à ***Notre-Dame de Béhuard.*** Grimper jusqu'à cette très curieuse et adorable église, incrustée sur un rocher (la seule partie de l'île non inondable !). Elle serait le remerciement d'un vœu de Louis XI rescapé d'une noyade. À l'intérieur, plafond en bois en forme de carène de navire renversée, fers de galériens... Pour se restaurer, viser l'enseigne bistronomique ***L'Audacieuse.*** La guinguette ***La Croisette*** *(☎ 02-41-23-19-53)* permet quant à elle de se poser quasiment sur la plage, en bord de Loire. Sinon, pousser la porte du ***Café de la Place*** *(de mi-juil à sept seulement, sam-mer).*

Savennières *(49170)* **:** *à une quinzaine de km au sud-ouest d'Angers, sur la rive nord de la Loire, en face de Rochefort-sur-Loire.* On y trouve l'une des plus vieilles églises d'Anjou et, en face, un restaurant à l'ambiance bistrot *(Le Chenin)* où il fait bon se poser. Façade et mur de la nef en petit appareil de pierre et brique typiquement carolingien (IXe s). Abside et clocher du XIIe s. Le ***savennières*** est l'un des grands crus angevins. C'est un vin blanc sec et corsé. Pour s'approvisionner, taper par exemple à la porte du *Domaine de Closel (☎ 02-41-72-81-00).* Quant au plus célèbre cru, le ***coulée-de-serrant*** (à la sortie, direction Angers), il est cultivé sur à peine 7 ha, n'est produit qu'à raison de 20 000 bouteilles par an et selon une méthode biodynamique (labours à cheval !). Autant dire qu'il est récolté et vinifié avec savoir-faire et passion.

À quelques kilomètres, sur la route de Saint-Georges-sur-Loire (D 311), le village de ***La Possonnière*** offre un panorama très zen sur la Loire depuis le port. Plusieurs randonnées à faire et une guinguette, dans un cadre idyllique, *Les Tourbillons* (voir « Où camper ? Où manger ? Où boire un verre dans les environs ? »).

Terre et Loire : *au port de* ***La Possonnière.*** *06-30-05-55-40. • terreetloire.com • Sur résa.* Des balades commentées sur la Loire à bord de bateaux traditionnels (de 1h30 à... la carte), mais aussi des animations nature, des sorties thématiques et des hébergements insolites. Fait également passeur avec Béhuard et Rochefort en été.

Le Jardin des Kangourous : *49170* ***La Possonnière.*** *☎ 02-41-72-65-50. • lejardindeskangourous.com • Sur la D 311, entre Savennières et Saint-Georges-sur-Loire. En été, tlj 14h-19h ; avr-juin, l'ap-m des mer, w-e, j. fériés et vac scol ; sept, seulement dim ap-m. Entrée : env 6 € ; 5 € 3-11 ans.* Pour ceux qui n'ont pas la chance de connaître l'Australie, on se promène au milieu d'une centaine d'animaux (en fait des wallabies), en totale liberté.
– Juste à côté, minigolf géant au parc de l'Arche *(• parcdelarche.fr •).*

Le château de Serrant : *à 18 km au sud-ouest d'Angers par la D 723. ☎ 02-41-39-13-01.*

MOTUS

Dans la salle à manger de Serrant, remarquez les intrigants meubles ronds à plusieurs étages – des valets-muets – en vogue au milieu du XIXe s. On y déposait tous les plats en même temps. Les convives pouvaient alors se servir à leur guise sans quitter la table et sans qu'un serviteur ne fasse le planton derrière eux. Pas de serviteur, pas d'oreilles qui traînent et... bonjour les petits (ou grands) secrets !

• chateau-serrant.net • À 1 km au nord-est de Saint-Georges-sur-Loire. Visite libre (restreinte, env 45 mn) ou guidée (1h en plus) : juil-août, tlj 9h45-17h15 (8 visites guidées 10h15-17h15) ; de mi-fév à juin et de sept à mi-nov, mer-dim et j. fériés 9h45-17h15 (6 visites guidées). Également, sur résa seulement, des visites thématiques ou théâtralisées et des repas sur place. Entrée : visite guidée 12 € ; visite libre 10 € ; réduc ; gratuit moins de 7 ans. Boutique.

Magnifique château du XVIe s à l'aspect à la fois somptueux et sévère, entouré de douves et d'un grand parc verdoyant de 300 ha. Il appartient actuellement au prince de Merode Westerloo, une très vieille dynastie belge.

Sa construction s'étala sur 3 siècles et demi, mais c'est le style Renaissance qui domine dans une rare harmonie. Les appartements renferment ***une des plus belles collections de meubles de France.*** Pour l'anecdote, Louis XIV, parti à Nantes arrêter Fouquet, s'embourba devant les grilles du château. Le coup de la panne ! Évidemment, le maître des lieux lui offrit l'hospitalité pour la nuit. Pendant l'Occupation (1940-1945), le maréchal von Bock y vécut quelque temps, les officiers de la Wehrmacht de haut rang y restèrent jusqu'en 1945, et partirent (incroyable mais vrai) sans commettre de pillage, ni de vols...

– ***La visite libre :*** elle donne accès notamment à la salle à manger, les appartements Tarente et Louis XV. Dans le salon, une fantastique tapisserie assez délirante, fourmillant d'animaux. Plus on regarde, plus ils semblent apparaître de partout ! Au centre du château, l'escalier d'honneur à caissons (chacun d'eux est une pièce unique), mais on peut aussi voir un ascenseur de 1894 ! La chapelle, quant à elle, avec ses colonnes en marbre de plus de 6 m de hauteur, fut construite par l'architecte Jules Hardouin-Mansart, qui bâtit aussi celle de Versailles. Elle abrite le *mausolée du marquis de Vaubrun.* En sous-sol, les cuisines, la lingerie et la salle des domestiques dévoilent le passionnant envers du décor. Jetez un œil aux menus. Ambiance *Downton Abbey* garantie !

– Avec la ***visite guidée,*** nettement plus intéressante, on découvre dans le Grand Salon une curiosité et un joyau : le cabinet d'ébène de Pierre Gole, datant du XVIIe s (on en recense 10 à peine dans le monde !), comprenant une miniscène de théâtre et 33 tiroirs... qui ne servent à rien ! Accès également à la ***remarquable bibliothèque*** contenant près de 12 000 volumes (on en dénombre 20 000 dans tout le château), une collection exceptionnelle, qui comprend la 1re édition de l'*Encyclopédie* de Diderot et une des 1res versions des *Fables* de La Fontaine. Pas étonnant qu'elle soit classée Monument historique. Parmi les autres pièces, la chambre Empire décorée à l'occasion du passage de Napoléon (qui n'y resta que... 2h) et la chambre de la Duchesse où la reine-mère d'Angleterre daigna, elle, passer plusieurs nuits en 1981. Ne manquez pas le dressing, pardon le salon d'habillage.

DU CHOLETAIS AUX MAUGES

C'est la région qui s'étend au sud de la Loire, de Montjean-sur-Loire à Champtoceaux, jusqu'à Cholet. Rien n'aurait tiré ce plateau faiblement ondulé de son anonymat tranquille s'il n'y avait eu la Révolution française. C'est alors que les Mauges entrèrent dans l'histoire en rejoignant l'insurrection vendéenne.

UN PEU D'HISTOIRE

Quand, le 21 janvier 1793, la Convention fit exécuter le roi, les grandes puissances européennes encerclèrent la France. La Convention décida la levée de 300 000 hommes pour renforcer son armée. Moins perméable aux idées nouvelles, inquiète des atteintes aux libertés religieuses, exaspérée par la persévérance des lourds impôts de l'Ancien Régime et la corruption dans les villes, la

paysannerie des Mauges, avec celle du pays de Retz, du marais et des bocages vendéens et poitevins, refusa d'envoyer ses enfants à la guerre et se révolta. ***Plus de 500 paroisses se soulevèrent,*** armées seulement de fourches et de faux, chassèrent l'administration républicaine et remportèrent plusieurs victoires, en pratiquant avec succès la ***guérilla rurale.*** Les moulins à vent servaient, par la position des ailes, à transmettre des messages. Les Mauges donnèrent à l'insurrection des ***chefs prestigieux*** : Cathelineau et Stofflet (d'origine populaire), d'Elbée et Bonchamps (issus de la noblesse). Les autres régions virent émerger Charette, La Rochejaquelein, Lescure.
La Convention écrasa la rébellion à Cholet en envoyant 100 000 hommes. Le 18 octobre 1793, 80 000 Blancs franchirent la Loire pour fuir jusqu'à Granville (en Normandie), espérant d'hypothétiques alliés, en l'occurrence les Anglais, qui ne vinrent jamais... Ce fut la célèbre « ***Virée de Galerne*** ». Au retour, l'armée vendéenne fut massacrée par celle de Kléber en Pays nantais, à Savenay, le 23 décembre 1793. Noyades dans la Loire, massacres par les « colonnes infernales » du général Turreau et véritable génocide, y compris architectural (villages, églises, fermes furent détruits).
Aujourd'hui, on peut suivre toute l'histoire de la Vendée militaire sur les fresques et les vitraux d'un certain nombre d'églises reconstruites au XIXe s. Notamment à Chanzeaux, Saint-Florent-le-Vieil (remarquable tombeau de Bonchamps), Les Lucs-sur-Boulogne (en Vendée), Avrillé, Pin-en-Mauges (remarquables vitraux), Chemillé... Pour finir, ***le 17 février 1795, la paix fut négociée.*** Charette obtint la liberté religieuse pour la Vendée, mais des actions de guérilla continuèrent, jusqu'à ce qu'en 1801 le Concordat apportât les garanties religieuses définitives.

CHOLET

(49300) 53 800 hab. *Carte Maine-et-Loire, B4*

• Plan *p. 386-387*

La 2e ville du département n'est située qu'à 50 km au sud d'Angers, mais elle a déjà un pied en Vendée avec ses toits en tuiles et ses murs en pierre de taille. Ville emblématique de l'Anjou Rouge, Cholet ne constitue pas une halte notable pour son patrimoine bâti. Mais cet épicentre des Mauges et d'une région de vignoble allant jusqu'à Vihiers à l'est se distingue autrement ! À commencer par son bassin industriel particulièrement actif.
L'élégance (textile, chaussure), l'enfance (avec un pôle national de compétitivité) et le basket (Cholet Basket a été champion de France en 2010) font partie de son ADN. Elle s'est également dotée d'une piscine-patinoire high-tech, Glisséo.
Victime des vicissitudes des guerres vendéennes, le centre-ville récent connaît depuis quelques années une cure de jouvence autour de la place Travot, de l'espace commercial des Arcades Rougé et de nouvelles halles. Mais les parcs de la ville (de Moine, du Menhir...) ne sont pas à bouder non plus, jusqu'au plan d'eau du Ribou (la Ri'boucle en fait le tour à pied en 11 km). Vous l'aurez compris, l'intérêt de Cholet vient surtout de son dynamisme, boosté par la proximité du Puy du Fou.

UNE INDUSTRIE MODE ET ENFANTS

À la suite des guerres vendéennes et face à la misère sociale du XIXe s, le Choletais se lança dans le créneau de la chaussure bon marché, puisque partout ailleurs on faisait dans celle de luxe. Inspirés par l'abbé Vincent, une figure locale, quelques ateliers ouvrirent à Saint-Macaire puis à Saint-André-de-la-Marche, un village où l'on peut visiter un passionnant musée de la Chaussure. En 1957, au plus fort de l'activité, on compta jusqu'à 420 entreprises. À la suite des délocalisations et des nombreuses fermetures dans les années 1970, la chaussure n'est plus aujourd'hui le fleuron de l'économie choletaise, mais les 25 entreprises restantes emploient toujours environ 1 500 personnes avec à leur tête Éram, un groupe multi-enseignes.

> **FIL ROUGE**
>
> *Pendant la guerre de Vendée, les Vendéens arboraient 3 mouchoirs blancs à la poitrine pour se reconnaître. Leur chef, Henri de La Rochejaquelein, tomba sous le feu des révolutionnaires en 1793. Ses mouchoirs furent tachés de sang. Ce n'est qu'en 1900 qu'un industriel de Cholet pensa à teindre ses mouchoirs en rouge, perpétuant à la fois un savoir-faire local et l'histoire régionale.*

Le tissu industriel choletais est aujourd'hui basé sur l'agroalimentaire et l'électronique entre autres, mais surtout sur le secteur de la mode et de l'enfant. Il s'enorgueillit d'un savoir-faire de haut niveau en création et innovation dans le secteur du prêt-à-porter, particulièrement celui de l'enfant.

Adresses utiles

Office de tourisme (plan C3) : *14, av. Maudet. ☎ 02-41-49-80-00. • ot-cholet.fr • Juil-août, lun-sam 9h30-18h30, dim et j. fériés 10h-13h, 14h30-17h ; sept-juin, lun-sam 9h30-12h30, 14h-18h, plus dim et j. fériés mai-juin et sept 10h-12h.* Plan de Cholet avec promenade urbaine *(2h)* et *geocaching,* guide des animations, notamment pour les enfants *(presque tlj sauf w-e de mi-juil à mi-août).* En été, visites thématiques. Bon plan : offre des réductions sur certains sites de la région et dispose de places non datées pour le Puy du Fou. Boutique avec toute une gamme de produits « Surprenant Choletais ».

Gare ferroviaire (plan D1) : *pl. du 77ᵉ-R.-I.* Liaisons avec Angers et Nantes, surtout matin et soir.

Gare routière (plan D1) : *bd du Général-Faidherbe. ☎ 02-41-62-11-86.* Attention, aucun bus départemental les dimanches et jours fériés.

Où dormir ?

Camping

Capfun Camping du lac de Ribou (hors plan par D2, **10**) : *av. Léon-Mandin. ☎ 02-41-49-74-30. • lacderibou@capfun.com • lacderibou.com • Par la D 20, à quelques km au sud-est. Fin avr-sept. Résa conseillée en été. Compter env 19-30 € pour 2, avec électricité ; locatifs 2-12 pers. 200 empl.* Vaste centre touristique, agréablement situé sur un parc de 12 ha au bord du lac de Ribou et pas mal ombragé. Mobile homes, chalets... Resto sur place. 3 piscines chauffées et surveillées l'été. Base nautique à 500 m, où pratiquer différents sports. Nombreuses animations.

Prix moyens

Les Chambres du Mail (plan C2, **11**) : *12, rue Saint-Martin. 06-07-94-65-72. En plein centre. Doubles 80-90 € ; familiale.* « Il n'y a que Mail qui m'aille. » Il est vrai que les hauts murs intimistes et le beau portail ne laissent rien paraître de cette demeure de ville ne manquant pas de style. Dans les chambres, déco et esprit moderno-chics, literie grand confort, tapisseries chamarrées. Accueil gentil comme tout.

Qualys Park Hotel (plan C3, **13**) : 4, av. Anatole-Manceau. ☎ 02-41-62-65-45. • contact@park-hotel-cholet.fr • park-hotel-cholet.fr • ♿ Face à la patinoire. Doubles à partir de 74 €. Cet imposant établissement du centre propose une cinquantaine de chambres modernes et confortables (avec AC), aux tons gris-taupe apaisants. Également des appartements jusqu'à 6 personnes. Copieux petit déj-buffet. Un bon plan pour les familles.

Les Gîtes de l'Étang des Noues (hors plan par D2, **14**) : La Grollerie, étang des Noues. 📱 06-83-04-30-92. • sophie@lesgitesdeletangdesnoues.com • lesgitesdeletangdesnoues.com • À env 2 km à l'est de Cholet, direction Toutlemonde ; à gauche au 1er parking de l'étang, puis 500 m. Formules gîte à partir de 340 €/sem (nuitée possible hors saison). Aux portes de Cholet, dans un paysage bucolique, cette ferme écolo abrite plusieurs gîtes confortables dans une très belle longère et ses dépendances en pierre locale. Charme d'antan pour un séjour rustique. Table d'hôtes à la demande. Pour les balades ou la pêche, l'étang n'est pas loin. Quelques animaux, vente de produits du jardin et une piscine chauffée nichée dans un patio (privatisable).

Parmi les hôtels de chaîne, mention spéciale pour le ***Kyriad*** (hors plan par D3, **12**) et son étonnante déco de hall de gare 1930, ou l'***Ibis Style*** (hors plan par D2, **16**), qui fait plutôt un clin d'œil au textile industriel choletais.

Où manger ?

Très bon marché

La Tarterie de l'Orangerie (plan C2, **20**) : 33, rue de l'Orangerie. ☎ 02-41-85-61-50. Fermé dim-lun. Env 10-15 €. Café offert sur présentation de ce guide. La petite adresse assez *girly* du centre, un brin anglaise dans la déco pour une pause causette ou romantique, simple et pratique. Quiches et tartes maison, soupes en hiver, gaufres salées, glaces artisanales en été...

Bon marché

Le Bistro (plan C2, **21**) : 25, rue de l'Orangerie. ☎ 02-41-29-00-36. • lebistrodecholet@gmail.com • Ouv ven-sam, plus le midi mar-jeu. Fermé dim-lun. Congés : 1 sem en fév. Formule déj en sem env 13 € ; menus 15-25 €. Bar-brasserie traditionnel et animé, qui affiche avec fierté les couleurs de Cholet. Cuisine familiale, sincère et appétissante, du genre salades, pavé de bœuf, rillettes de saumon... Tout est fait maison et d'un très bon rapport qualité-prix.

BiBoViNo (plan C2, **22**) : les Arcades Rougé, rue du Petit-Conseil. ☎ 02-41-49-95-85. • cholet@bibovino.fr • Fermé dim. Formules et plats env 10-18 €. Digestif maison offert sur présentation de ce guide. Cadre lumineux dans un esprit lounge industriel et transats façon plage en terrasse... Cette cave à boire et à manger ne manque pas d'arguments. À la carte, « de bons vins dans des beaux bibs », du bio, de la petite restauration, des bières aux noms rigolos aussi, et surtout une franche convivialité.

De prix moyens à chic

L'Ourdissoir (plan C2, **23**) : 40, rue Saint-Bonaventure. ☎ 02-41-58-55-18. • restaurant.l.ourdissoir@orange.fr • Fermé dim-lun. Congés : 1re sem de janv et 3 sem en août. Menus 20-24 € (midi en sem), puis 34-52 €. Un resto installé dans un ancien atelier de tisserand, cela fixe déjà le cadre, moderne et élégant. Le chef, maître restaurateur, sert une cuisine de marché soigneusement travaillée, voire un peu tendance. L'une des belles adresses constantes de Cholet (il n'y en a pas tant que ça !).

Le Bord du Lac (hors plan par D2, **26**) : av. du Lac, port de Ribou. ☎ 02-41-62-13-95. • info@le-bord-du-lac.fr • Accès par la D 20, à 2 km à l'est de la ville. De mi-avr à fin sept,

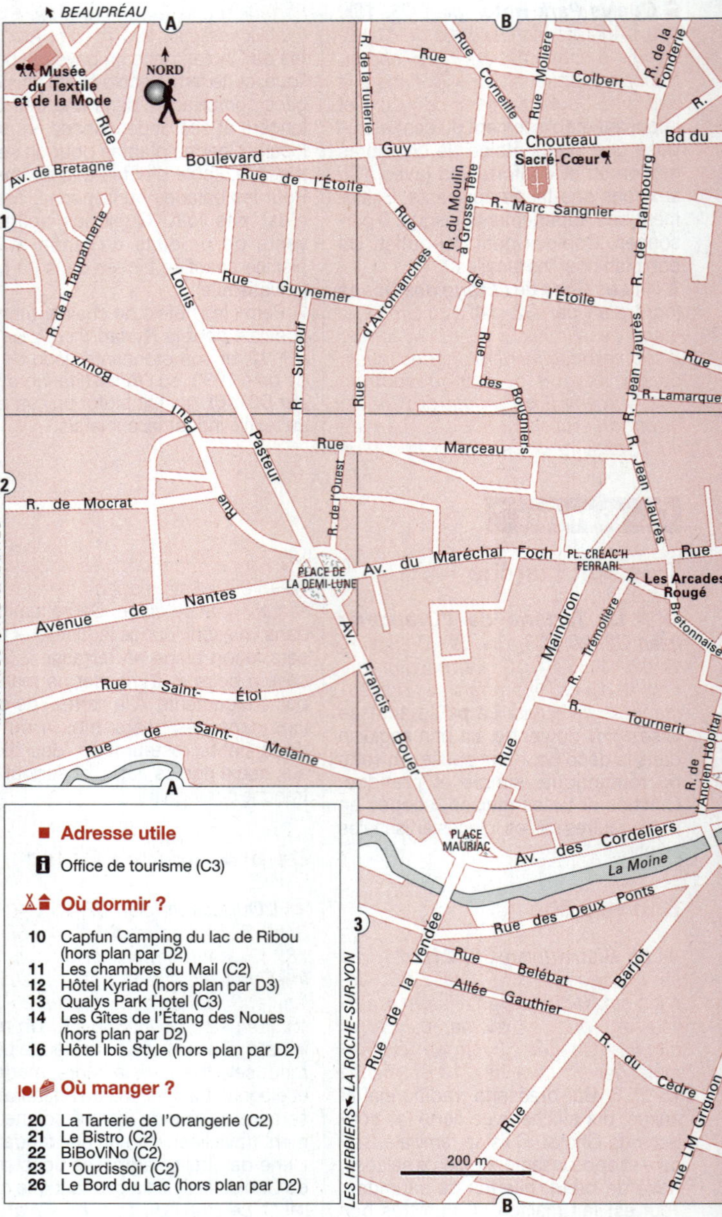

■ Adresse utile

- Office de tourisme (C3)

Où dormir ?

- **10** Capfun Camping du lac de Ribou (hors plan par D2)
- **11** Les chambres du Mail (C2)
- **12** Hôtel Kyriad (hors plan par D3)
- **13** Qualys Park Hotel (C3)
- **14** Les Gîtes de l'Étang des Noues (hors plan par D2)
- **16** Hôtel Ibis Style (hors plan par D2)

Où manger ?

- **20** La Tarterie de l'Orangerie (C2)
- **21** Le Bistro (C2)
- **22** BiBoViNo (C2)
- **23** L'Ourdissoir (C2)
- **26** Le Bord du Lac (hors plan par D2)

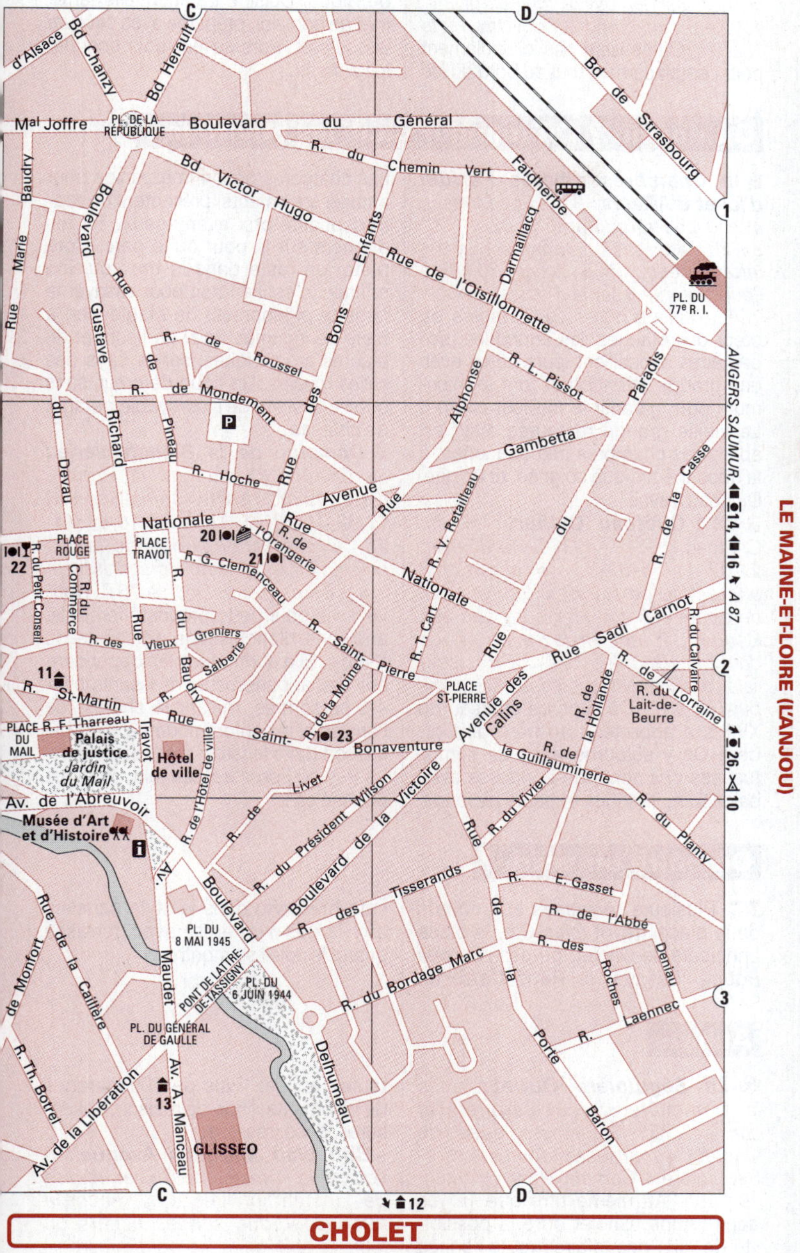
Bd d'Alsace
Bd Chanzy
Bd Herault
Mal Joffre
PL. DE LA RÉPUBLIQUE
Boulevard du Général
R. du Chemin Vert
Bd de Strasbourg
Faidherbe
Bd Victor Hugo
Rue de l'Oisillonnette
PL. DU 77e R. I.
Rue des Bons Enfants
Darmaillacq
Boulevard Gustave Richard
Rue Marie Baudry
R. de Roussel
R. de Mondement
R. L. Pissot
Paradis
Rue de Pineau
Rue du Devau
R. Hoche
Avenue Gambetta
Alphonse
Nationale
PLACE ROUGE
PLACE TRAVOT
Rue Nationale
R. de l'Orangerie
R. G. Clemenceau
R. du Petit Conseil
R. du Commerce
R. des Vieux Greniers
Rue du Baudry
Salberie
R. V. Retailleau
R. T. Cart
R. de la Casse
Rue du Paradis
Rue Sadi Carnot
R. du Calvaire
R. de Lorraine
R. du Lait-de-Beurre
R. St-Martin
PLACE R. F. Tharreau DU MAIL
Palais de justice
Jardin du Mail
Travot
Hôtel de ville
R. de l'Hôtel de ville
Rue Saint-Bonaventure
R. Saint-Pierre
R. de la Moine
PLACE ST-PIERRE
Avenue des Calins
R. de la Hollande
R. de la Guilluminerie
Av. de l'Abreuvoir
Musée d'Art et d'Histoire
R. de Livet
R. du Président Wilson
Boulevard de la Victoire
Rue du Vivier
R. du Planty
R. E. Gasset
R. des Tisserands
R. de l'Abbé
R. des Roches
Deniau
Rue de la Porte Baron
R. du Bordage Marc
R. Laennec
Boulevard
PL. DU 8 MAI 1945
PONT DE LATTRE-DE-TASSIGNY
PL. DU 6 JUIN 1944
Delhumeau
Av. Maudet
Rue de Monfort
Rue de la Caillère
R. Th. Botrel
Av. de la Libération
PL. DU GÉNÉRAL DE GAULLE
Av. A. Manceau
GLISSEO
ANGERS, SAUMUR, 14, 16, A 87
26, 10
11 12 13 20 21 22 23
C D 1 2 3
LE MAINE-ET-LOIRE (L'ANJOU)
CHOLET

tlj ; hors saison, ouv le midi tlj, plus le soir ven-sam. Congés : nov-fév. Plats 13-23 €. On ne vient pas ici seulement pour l'emplacement tout au bord du lac de Ribou. Cuisine traditionnelle terre-mer de bon aloi, préparée avec saveurs et couleurs. Parc de jeux pour occuper les enfants.

Où dormir ? Où manger dans les environs ?

Chambres d'hôtes Parfum d'Ici et d'Ailleurs : *3, La Foy Moreau, 49450* ***La Renaudière.*** *☎ 02-41-30-85-20. • dugastannie@gmail.com • lafoymoreau.com • À env 20 km à l'ouest (sortie 5 sur la 4-voies). Double 75 €. Table d'hôtes 22 €.* Isolés au cœur des Mauges, les adorables propriétaires accueillent leurs hôtes avec une grande attention et font le maximum pour garantir le meilleur confort. La vieille grange restaurée avec art abrite des chambres très coquettes, à la déco thématique soignée, et un gîte. Du beau travail !

Château Colbert : *pl. du Château, BP 19, 49360* ***Maulévrier.*** *☎ 02-41-55-51-33. • reception@chateaucolbert.com • chateaucolbert.com • À env 15 km au sud-est. Congés : 2 sem en fév-mars et vac de Noël. Doubles 100-185 € ; familiales et supérieures. Menus 28 € (midi), puis 37-95 €.* Ce superbe château du XVIIe s a appartenu au frère de Colbert. On y séjourne dans de somptueuses chambres de princesse avec baldaquin, fresques et hauts plafonds. Les chambres pour 4 (mezzanine pour amuser les enfants) présentent un rapport qualité-prix avantageux. Toutes donnent sur la cour ou le parc. Côté resto, on reste dans le ton : cuisine raffinée (c'est l'endroit pour essayer le fameux pigeonneau de Maulévrier) à base de légumes frais, de fleurs et de plantes aromatiques, servie dans des salles royales. Un coup de cœur, sans oublier la visite de l'incroyable potager du château.

Domaine de la Blanchisserie : *Le Chiron, 43, rue de la Promenade, 49300* ***Le Puy-Saint-Bonnet.*** *☎ 02-41-56-46-31. 📱 06-10-01-44-23. • reservation@domaine-lablanchisserie.fr • domaine-lablanchisserie.fr • À 8 km au sud. Double 76 €.* Nouvelle vie pour cette propriété familiale, ancienne blanchisserie artisanale du XVIIIe s. Elle abrite dans les dépendances des appartements ravissants pour 4-5 personnes, mêlant le charme de l'ancien et le confort moderne. Petit déj maison dans le jardin aux beaux jours. Le Puy du Fou n'est pas loin, on dit ça comme ça !

Où boire un verre ?

Plusieurs ***terrasses*** aux abords de la place Travot *(plan C2),* la place principale de Cholet, ou des *Arcades Rougé*. Essayer le ***Petit Café,*** un café-brasserie dans le style parisien, aux larges verrières, avec terrasse quand le soleil se montre.

Achats

La Séguinière Outlet : *dans la commune de* ***La Séguinière,*** *sur la D 753, à 3 km à l'ouest de Cholet. • marquesavenue.com/La-Seguiniere • Complexe ouv lun-sam 10h-19h.* Au même titre que Troyes dans l'Aube, Cholet offre la possibilité de faire des affaires toute l'année dans une quarantaine de boutiques de déstockage (30 % de rabais minimum toute l'année). Plus de 100 marques de vêtements, linge de maison, chaussures, déco, maison...

– **Bon plan Marques Avenue :** *à l'office de tourisme de Cholet, remise de l'*Instant privilège, *qui accorde 10 % de réduc sur les achats du jour. Valable dans les boutiques participantes, hors période de soldes et promotions.*

À voir. À faire

Tous les musées de Cholet sont gratuits pour les étudiants, les enfants scolarisés, les enseignants, ainsi que pour tous le samedi d'octobre à mai.

Le musée d'Art et d'Histoire *(plan C3) :* *27, av. de l'Abreuvoir. ☎ 02-72-77-23-22. • cholet.fr/musee-art-histoire.php • Mer-sam, dim ap-m et j. fériés (sauf 1er janv, 1er mai et 25 déc) 10h-12h, 14h-18h ; également lun en juil-août. Entrée : 4 €. Billet commun avec le musée du Textile : 5 €. Programme d'animations.*
Un beau musée, installé dans un espace moderne.
– Dans la ***galerie d'art,*** différentes sections s'intéressent aux artistes choletais comme Trémolières, Maindron, Jouët. Une salle entière est dédiée au plasticien choletais à la renommée internationale ***François Morellet*** (1926-2016). Murs gris et éclairage subtil mettent en valeur la lumière émanant de ses œuvres dont la Ville possède un fonds important, exposé par roulement. Également des œuvres de Coypel, Nattier, Fragonard ou encore Van Loo, des tableaux monumentaux de 1937 en hommage aux chemins de fer et une riche collection évoquant 100 ans d'abstraction géométrique avec Vasarely, Nemours, Herbin... Ne pas manquer l'œuvre collective *Le Labyrinthe.*
– La galerie d'histoire est évidemment centrée sur les ***guerres vendéennes*** (mais s'étend toutefois des origines de Cholet jusqu'à la Première Guerre mondiale) : impressionnante salle des portraits des généraux royalistes (Bonchamps, Cathelineau, Lescure, Charette, d'Elbée...), tableaux des batailles (dont le réaliste *Massacre de Machecoul* par François Flameng), carte du théâtre des opérations, nombreux témoignages et crâne de Stofflet conservé dans une vitrine ! Expo annuelle sur une thématique art ou histoire.

Le musée du Textile et de la Mode de Cholet *(plan A1) : rue du Dr-Roux. ☎ 02-72-77-22-50. • cholet.fr/musee-textile.php • Sur la route de Beaupréau, avt le grand rond-point, à gauche, au niveau de la rivière Sauvageau. Mer-sam, dim ap-m et j. fériés 10h-12h, 14h-18h ; également mar en juil-août. Fermé 1er janv, 1er mai et 25 déc. Visites guidées en saison l'ap-m (comprises dans l'entrée). Entrée : 2,50 € ; réduc. Billet commun avec le musée d'Art et d'Histoire : 5 €. Programme d'animations.*
Le musée est installé dans une ancienne blanchisserie, construite en 1881 en pierre et brique et soigneusement restaurée par des bénévoles. Bien plus qu'un simple musée, ce lieu très vivant est à la fois une présentation de l'aventure textile choletaise, un atelier en activité, un patrimoine industriel et un lieu de conservation (de la mode enfantine notamment).
On découvre les savoir-faire de l'industrie textile : la transformation de la fibre en toile, utilisée pour le mouchoir, le linge et les vêtements pour enfants. La visite permet d'approcher différents métiers à tisser (démonstrations à la demande), avant de découvrir la blanchisserie et l'atelier où l'on produit les ***célèbres mouchoirs rouges de Cholet.*** Profitez-en, c'est le dernier lieu de fabrication. À l'extérieur, un beau ***jardin de plantes tinctoriales*** et textiles.
Expo annuelle sur une thématique art textile ou mode enfantine.

L'église du Sacré-Cœur *(plan B1) : visite en juil-août, tlj 15h-18h (montée possible au carillon).* Facilement reconnaissable à son style romano-byzantin, cette église, classée Monument historique et dont la construction commença en 1937, abrite un remarquable carillon de 49 cloches, également classé. Vue imprenable de là-haut.

Le marché aux bestiaux : *lun ap-m en juil-août. Visite guidée possible avec l'office de tourisme.* Le plus gros marché aux bovins de France, avec près de 800 bêtes dans les box !

Fêtes et manifestations à Cholet et dans les environs

– ***La Folle Journée en région :*** *fin janv-début fév.* • *follejournee.fr* • Un tentacule de cet événement populaire né à Nantes, où la musique classique s'ouvre au grand public.
– ***Carnaval de Cholet :*** *1 sem en avr.* • *cholet.fr/carnaval* • *GRATUIT.* Parade le dimanche, carnaval des aînés, des enfants, défilé de nuit. Depuis plus de 100 ans !
– ***Festival des Arlequins :*** *fin avr.* • *cholet.fr/welcome/arlequins.php* • De nombreuses troupes de théâtre amateur sélectionnées par un jury national.
– ***Les Z'Allumés :*** *juin. GRATUIT.* Festival d'animations ludiques, musicales (concerts), sportives, arts de la rue.
– ***Les Enfantillages :*** *mar et jeu courant juil.* • *cholet.fr* • Spectacles et concerts pour les enfants.
– ***Fête des Cucurbitacées :*** *3e w-e d'oct, à* ***Roussay.***
– ***Crèche vivante :*** *pour Noël, bien sûr, sur la pl. Travot (pl. principale).* Animée, elle reflète la forte tradition catholique des Mauges.

DANS LES ENVIRONS DE CHOLET

Le parc oriental de Maulévrier (49360) : ☎ *02-41-55-50-14.* • *parc-oriental.com* • *À env 15 km au sud-est. Juil-août, tlj 10h30-19h30 ; avr-juin et sept, lun-ven 13h30-18h30 (19h sam), w-e et j. fériés 10h30-19h ; 2de quinzaine de mars et d'oct à mi-nov, mar-ven 14h-18h, w-e 13h30-18h30 (19h dim). Congés : de mi-nov à mi-mars. Entrée : 8 € ; gratuit moins de 12 ans. Nocturne : 10 €.*
Rien moins que le plus grand jardin japonais d'Europe, créé entre 1899 et 1910 par Alexandre Marcel, célèbre architecte orientaliste. Il est inspiré des parcs de promenade de la période Edo (Japon ancien au XIXe s). Plus qu'un jardin, c'est une sorte d'allégorie de l'univers en miniature, avec ses saisons, fleurie au printemps, colorée à l'automne. La végétation y est évidemment très soignée, avec environ 500 essences. Les arbres japonais sont taillés avec art de plusieurs façons, en nuage, en transparence ou en moutonnement, et l'eau, qui représente le tiers du parc, change d'aspect au fil du parcours : petits lacs calmes, torrents jalonnés de ponts adorables, cascades…
Le tout emporte le visiteur dans une promenade spirituelle qui va de la naissance à la mort. Il trouve enfin l'apaisement à l'île de la Grue et de la Tortue, sur une pièce d'eau d'environ 2 ha qui symbolise la sagesse. Monuments khmers et japonais au détour des chemins, où certains bouddhistes de la région viennent occasionnellement déposer des offrandes.
– *Animations dans et autour du jardin : mai-sept, sam soir, plus mer juil-août et ven 15 juil-15 août.* ***Balades nocturnes,*** musicales et poétiques (contes japonais), dans un cheminement insolite d'ombres et de lumières tamisées. ***Salon du bonsaï*** en septembre. Enfin, toute la saison, « ***Journées d'exception*** » débutant en mai avec l'Hanami, le pique-nique sous les cerisiers.
On trouve aussi 2 ***boutiques,*** dont une de bonsaïs où l'on peut acheter de très jolies chaînes de pluie, nettement plus esthétiques que les gouttières classiques !
Charmant ***salon de thé*** dans un bel environnement de terrasses et de cascades.

Le potager Colbert : *château Colbert, 49360* ***Maulévrier.*** ☎ *02-41-55-51-33.* • *potagercolbert.com* • *À env 15 km au sud-est de Cholet. De mi-mai à début oct, tlj 10h-19h. Entrée : 5 € ; réduc. Salon de thé.* Le potager de ce pimpant château du XVIIe s végétait sous la broussaille dans un site bordé de coteaux. Les proprios l'ont reconstitué à l'identique, à partir de gravures. Un chantier colossal pour un résultat époustouflant. C'est devenu l'un des potagers les plus touchants que l'on connaisse, primé au niveau national. Déambulez parmi les carrés de buis, enjambez les élégants canaux, faites votre curieux du côté de la serre, débusquez les plantes aromatiques, les fleurs comestibles et autres variétés anciennes qui approvisionnent le restaurant du château. Ne boudez pas le plaisir d'écouter Mickaël conter « son » jardin, qu'il bichonne avec passion, après plusieurs heures de jardinage quotidien. Et terminez au salon de thé apaisant en surplomb du site, pour un verre hors sol !

LA TOMATE EST-ELLE UN FRUIT ?

Si les légumes n'ont pas vraiment de définition en botanique, ils caractérisent la partie comestible d'une plante potagère. Ainsi, les légumes peuvent provenir de racines comme les carottes ou les betteraves, de feuilles comme les choux ou les épinards, ou de fruits comme les haricots verts ou les concombres. En fait, la tomate est à la fois un fruit et un légume !

Le musée des Métiers de la chaussure : *6, rue Saint-Paul,* ***Saint-André-de-la-Marche,*** *49450* ***Sèvremoine.*** *☎ 02-41-46-35-65. • museechaussure.fr • À 8 km au nord-ouest par la 4-voies vers Nantes (sortie 6). Se renseigner pour les conditions et tarifs de visite.*
Tout l'intérêt de ce musée installé dans une ancienne usine et créé par des retraités de la chaussure réside une fois de plus dans la transmission du savoir que l'on communique avec tant de passion dans les Mauges !
On y découvre les étapes de la fabrication des chaussures, à commencer par un atelier reconstitué, odeurs de cuir et bruit compris. La quasi-totalité des 80 machines (plus que centenaires pour certaines) peut encore fonctionner. Mais que de bruit ! Un parcours ludique de bornes interactives vient compléter la visite. Passons ensuite à la collection de chaussures. Les objets sont nombreux, parfois insolites : baskets des joueurs choletais aux pointures démentielles, sabot pour décortiquer les châtaignes, vitrine sur les pieds compressés des femmes de mandarins, chaussure d'Iran incrustée de nacre... Expo annuelle.

PRÉNOMS ENLACÉS

« Il faudrait être fou pour dépenser plus. » Eh oui, la célèbre marque de chaussures Éram est choletaise et a vu le jour en 1927, à Saint-Pierre-Montlimart exactement. Son nom cache une petite fantaisie : ce sont les 1res lettres inversées des prénoms de ses concepteurs, le couple René et Marie Biotteau. Et rebelote avec leurs héritiers, Gérard et Simone (Monette pour les intimes) qui créèrent l'enseigne de distribution... GÉMO !

La ruche de Mary : *moulin de Beau-Rivage,* ***Saint-André-de-la-Marche,*** *49450* ***Sèvremoine.*** *☎ 02-41-55-86-72. • laruchedemary.fr • À 10 km au nord-ouest par la 4-voies vers Nantes (sortie 6). Lun-sam 9h-12h30, 14h-18h30 (14h30-18h sam). Fermé dim et j. fériés. GRATUIT. Récolte de miel et ouverture de ruche mar, jeu et sam à 16h (juil-août).* La famille Mary a fait de son usine de miel (des centaines de ruches) un complexe touristique comprenant une expo sur l'apiculture (avec ruche « vivante ») et un espace bien-être. À la boutique, des produits pour sportifs, pour le corps, du miel à la pompe (apportez votre pot !), etc. Tout cela dans un environnement bucolique à souhait, au bord de la Moine.

CHEMILLÉ-EN-ANJOU

(49120) 21 600 hab. *Carte Maine-et-Loire, B3*

Entre Cholet et Angers, sur la D 160 ou sortie 25 de l'A 87. En juillet 1793 s'y déroula une grande bataille entre Bleus et Blancs, mais Chemillé est surtout connue pour sa production de plantes médicinales. À la suite de la crise du phylloxéra qui décima la vigne au XIXe s, la région de Chemillé s'orienta en effet vers cette nouvelle culture, jusqu'à en devenir la capitale française. Chemillé tire d'ailleurs son nom de la camomille (camomillus en latin). Outre Camifolia, le beau jardin à thème, voir les vestiges de l'ancien château, l'église Notre-Dame (XIe-XVIe s) et ses peintures murales du XIIe s ou encore l'église Saint-Pierre, dont un vitrail raconte comment d'Elbée empêcha le massacre de prisonniers républicains lors des guerres de Vendée.

Où dormir ? Où manger dans le coin ?

Chambres d'hôtes Le Moulin de Drapras : *moulin de Drapras. ☎ 02-41-62-49-51. • moulindedrapras@free.fr • moulindedrapras.free.fr • À 7 km de Chemillé direction Angers (D 160) ; à 4 km au nord, prendre une petite route à droite juste avt le pont de l'autoroute. Doubles 73-76 €. Repas possible (bocaux du bocage). Réduc de 10 % à partir de la 2e nuit sur présentation de ce guide.* Dans un site isolé, au creux d'une vallée, ce moulin du XVe s rénové avec tact constitue un point de chute idéal pour rayonner dans la région. L'environnement est idyllique, les 5 chambres ne sont pas très grandes mais elles sont mignonnes, et l'accueil de Françoise est toujours aussi jovial.

Le Théâtre : *105, av. du Général-de-Gaulle, à Chemillé. ☎ 02-41-62-93-86. Au Théâtre Foirail (fléché dans le centre). Resto tlj sauf le soir dim-lun. Formules brasserie déj en sem env 13,50-15,50 € ; compter 20-25 € au resto.* Dans le cadre de ce théâtre moderne, il fallait bien une carte créative avec un certain goût pour la mise en scène. Le chef s'amuse des saveurs sucrées-salées, privilégie les épices, fume lui-même son saumon, l'accompagne d'une glace aux algues... Côté brasserie, burger bio de compét' le midi !

Resto Calm : *46, rue Nationale, dans le centre. ☎ 09-80-36-41-28. Fermé mar-mer et sam midi. Résa indispensable le w-e. Formules déj en sem env 13-16 € ; menu soir et w-e env 27 €.* Ici, on est accueilli « comme à la maison ». Faites le tour du proprio et choisissez votre pièce pour le repas, de la cuisine à la salle de bains, en passant par la chambre à coucher ou la véranda ! Un concept ludique jusque dans l'intitulé des plats, mais dans l'assiette on reste sérieux. Une cuisine maison (bien sûr !) jusqu'aux glaces et desserts car le chef est aussi pâtissier.

À voir

Camifolia : *11, rue de l'Arzillé. ☎ 02-41-498-498. • jardin-camifolia.com • Mai-oct : juil-août, tlj 10h (14h lun)-19h ; mai-juin, mar-dim 14h-19h ; sept, mar-dim 14h-18h ; oct, mer et w-e 14h-18h. Fermé nov-avr. Visite libre : env 6 € ; réduc ; gratuit moins de 12 ans. Visite guidée : env 7 € ; réduc. Parcours familles, animations. Boutique. Pique-nique possible. Point d'infos touristiques à l'entrée du parc.* La région de Chemillé s'orienta vers la culture des plantes médicinales au XIXe s, et c'est tout naturellement qu'elle a ouvert ce jardin botanique médicinal et aromatique de 4 ha. La serre semi-méditerranéenne se révèle toute jolie à souhait et le jardin charmant avec sa cascade dégringolant par paliers jusqu'au grand bassin. Au gré des 6 jardins aménagés, les thèmes sont abordés de façon ludique et les 5 sens mobilisés en permanence. On peut humer au jardin des senteurs, se retenir de toucher les plantes toxiques et médicinales, se déchausser pour le parcours sensoriel, goûter au jardin des saveurs, s'en prendre plein les mirettes au jardin des plantes tinctoriales... et se pencher pour saluer bien bas la star de Chemillé, la camomille romaine à fleurs doubles.

DANS LES ENVIRONS DE CHEMILLÉ-EN-ANJOU

***Chanzeaux** (49750) : entre Beaulieu et Chemillé (13 km).* Mignon village de transition entre les Mauges et le Layon, à la frontière également des zones royaliste et républicaine. La résistance du sacristain Ragueneau et de ses amis dans l'église resta dans les annales (1795). Le vieux clocher a d'ailleurs échappé au désastre. À l'intérieur, fresques et nombreux vitraux sur les guerres vendéennes.

***Le parc du Martreil :** Le Martreil, **Sainte-Christine,** 49120 Chemillé-en-Anjou. ☎ 02-41-85-76-32. • le-martreil.fr • À 5 km au sud-ouest (D 762). Mai-oct, w-e (tlj de mi-juil à mi-août) 14h-19h. Visite libre : 5 € ; visite guidée : 4 €.* Un vaste « jardin-paysage » arboré, autour du château du même nom. Conçu de manière naturelle et sauvage. Une belle occasion pour flâner.

***Les Gardes :** 49120 **Saint-Georges-des-Gardes** (à mi-chemin avec La Tourlandry).* Sur une colline, peut-être un ancien volcan, un magnifique panorama sur les Mauges et son bocage. Autre panorama en montant au clocher de l'abbaye *(clés à l'auberge en face),* édifice riche de vitraux et reliquaires. Boutique des sœurs.

***Le château de la Tourlandry :** allée de Maillée, **La Tourlandry,** 49120 Chemillé-en-Anjou. • chateaudelatourlandry.fr • Juil-août, tlj sauf lun 14h-19h ; hors saison, seulement w-e et j. fériés. Visite libre : 3 € ; visite guidée : 5 € ; jardins : 2 € ; réduc. Pique-nique autorisé.* Rénové et ouvert au public en 2019, ce château présente des salons Second Empire et une expo sur les sciences et techniques. Expo temporaire également dans les jardins (possibilité de barque dans les douves).

MONTJEAN-SUR-LOIRE (MAUGES-SUR-LOIRE)

(49570) 3 150 hab. *Carte Maine-et-Loire, B3*

Une agréable petite ville qui vit au rythme du fleuve, sur la rive gauche, entre Chalonnes-sur-Loire et Saint-Florent-le-Vieil. Par le passé, Montjean fut un port marinier très important de la basse Loire et une petite cité industrielle active. Elle connut son apogée à la fin du XIXe s, principalement autour de la production de charbon et de chaux. Monter jusqu'à l'église haut perchée pour profiter de la vue. Du bourg, une petite route passant sur une passerelle permet de découvrir l'île de Chalonnes, la plus grande île de la Loire entre Angers et Nantes (boucle à vélo possible).

Adresses utiles

***Office de tourisme ôsez-Mauges :** pl. Constant-Lebreton. ☎ 02-41-39-07-07. • osezmauges.fr • Mai-sept, mar-dim et j. fériés*

LE MAINE-ET-LOIRE (L'ANJOU)

10h-12h30, 13h30-18h (18h30 juil-août) ; fermé lun. Hors saison, permanence téléphonique lun-ven 9h-12h30, 14h-17h30. Boutique et service de billetterie, notamment pour les promenades en bateau sur la Loire.

Location de vélos : Cycles Lefrançois *(rue d'Anjou ; ☎ 02-41-47-00-90),* **Camping de la Promenade** et **Camping de la Guyonnière** *(voir ci-dessous ; • anjouveloc.fr •).*

Où dormir ? Où manger ?

Campings

Camping de la Promenade : *41, La Promenade. ☎ 02-41-39-02-68. • contact@campinglapromenade.com • campinglapromenade.com • À 500 m du centre, près de la Loire. Avr-fin sept. Compter env 15-20 € pour 2 ; locatifs 4-8 pers. 150 empl.* Un pétale de la chaîne *Flower Campings,* abrité sous les peupliers et autres grands arbres. Pour les randonneurs, coin équipé avec kitchenette et cabanes de randonneur pour abriter les vélos, sympa. Sinon, location de tentes, roulottes et mobile homes. Piscine, snack-bar et location de vélos. En prime, jolie vue sur l'église.

Camping La Guyonnière : *allée de la Guyonnière,* **La Pommeraye,** *49620 Mauges-sur-Loire. ☎ 02-41-77-89-56. • campinglaguyonniere.fr • À 3 km au sud (D 15), sur la droite à l'entrée du village. Mars-sept. Empl. env 15-22 € pour 2 ; également des cabanes bivouac et autres locatifs.* Une ferme toujours en activité, généreuse de nature, où l'on ne manque pas d'espace ni d'arbres pour l'ombre, tandis que les animaux raviront les enfants. Ambiance extra-calme. Propose chalets, mobile homes et roulotte en location. Petite piscine et location de vélos. Produits locaux en vente.

Prix moyens

Auberge de la Loire : *2, quai des Mariniers, au niveau du pont. ☎ 02-41-39-80-20. • contacts@aubergedelaloire.com • aubergedelaloire.com • Fermé dim soir oct-mars. Doubles 86-122 €. Menus 23 € (midi en sem), puis 27,50-34,50 €. Café offert sur présentation de ce guide.* Auberge villageoise à l'ancienne, tant dans la déco que dans le service. Cuisine de terroir et poissons de Loire au menu. Les plats ont belle allure mais l'addition monte vite, et pour les plats express du midi en semaine, on n'a le droit qu'au jardin à l'arrière. En revanche, panorama sur la Loire pour certaines chambres, mais là encore très classiques. On paie quand même la vue dans l'ensemble… mais quelle vue !

Chambres d'hôtes, yourtes et guinguette Au Bout de l'Île : *la Queue-de-l'Île. 06-75-12-80-63. • contact@auboutdelile.fr • auboutdelile.fr • Longer la Loire vers l'est sur env 1 km, puis traverser la passerelle verte ; sur l'île, tourner 2 fois à gauche vers le lieu-dit la Queue-de-l'Île. Double 72 € (77 € en yourte). Table d'hôtes sur résa env 25 €.* Après avoir beaucoup voyagé, Véronique et Jean-Jacques, se sont installés au bord de la Loire, où ils ont restauré une ferme abritant de belles chambres donnant sur le jardin et ses animaux. Possibilité de dormir dans 3 yourtes chaleureuses avec cuisine à disposition dans une étable aménagée. Excellent accueil dans ce petit bout du monde qui compte également une formidable guinguette *(avr-oct, fermé mar soir et mer ; café offert sur présentation de ce guide).* Tout pour nous plaire !

À voir. À faire

Le parc de découverte Cap Loire : *20, rue d'Anjou. ☎ 02-41-39-07-10. • caploire.fr • Avr-oct. Entrée : 6 € ; réduc 4-15 ans ; gratuit moins de 4 ans. Compter 1h30-2h.* Un site dédié à la culture et à l'histoire de la Loire à travers une expo ludique et 3 minijardins thématiques. Monter à bord du chaland *Cap Vert*, témoignage concret de la vie des mariniers dans les années 1940-1960. Programme d'ateliers et animations pour un public familial.

Sorties en bateau sur la Loire : avec **La Ligériade II** *(☎ 02-41-72-81-28 ; • bateau-ligeriade-loire.fr • ; de mi-avr à début nov, seulement sur résa ; billet env 13 €, réduc).* Croisière en bateau commentée sur la Loire (1h) avec Jean-Patrick Denieul, pêcheur professionnel. Sinon, sorties à la demande sur le bateau traditionnel *L'Aquila* avec ***Loire et Louet Passion*** *(📱 06-52-16-38-23 ; • loireetlouetpassion.fr •).* La même association propose aussi des sorties en canoë de 1h30 à plusieurs jours.

Randonnée « Des Fours aux Moulins » : *env 15 km ; 4h. Difficulté moyenne. Parking et carte à l'office de tourisme.* Entre patrimoine, nature et vignobles, fours à chaux et moulins.

Manifestations

– ***Symposium de sculptures monumentales :*** *chaque été (juil-août).* Expos et animations dans le village et sur les bords de Loire.
– ***Festival de Fibres en musique :*** *avt-dernier w-e d'août. Infos à l'office de tourisme.* Expos, animations, démonstrations autour de la tradition des fibres naturelles.

DANS LES ENVIRONS DE MONTJEAN-SUR-LOIRE

Le Domaine Musset-Roulier : *36, le Bas-Chaumier,* ***La Pommeraye,*** *49620 Mauges-sur-Loire. ☎ 02-41-39-05-71. • vignoble-musset-roullier.com • ♿ À 2,5 km au sud (D 15). Fermé mar, dim et j. fériés.* Domaine s'inscrivant dans une viticulture durable. En été, balade possible dans les vignes avec dégustation et pique-nique.

Le musée des Métiers : *pl. de l'Église,* ***Saint-Laurent-de-la-Plaine,*** *49290 Mauges-sur-Loire. ☎ 02-41-78-24-08. • musee-metiers.fr • ♿ (sur tt le rdc). À 10 km au sud par la D 15. Juil-août, mar-ven 10h-13h, 14h30-18h30, sam-dim et j. fériés 14h30-18h30 ; juin et sept-oct, mar-ven et dim 14h30-18h30 ; mars-mai, dim et j. fériés 14h30-18h30. Fermé nov-fév sauf résa. Entrée : 6 € ; réduc. Compter 2h.* Un musée ethnographique fascinant, sur 5 000 m² de bâtiments et comprenant 20 000 pièces de collection représentant 35 métiers différents ! Né de la passion de Victor Perrault il y a plus de 50 ans et de l'équipe qui, progressivement, s'est jointe à son œuvre. Parmi les nombreuses expos, voir les métiers à tisser XXL, mais aussi les sculptures sur bois de Gabriel Richeux (1910-2007), léguées au musée. Les bâtiments du musée eux-mêmes révèlent aussi de petits chefs-d'œuvre, admirer les charpentes ! Mais la véritable surprise, c'est sans doute la superbe rue des artisans, où sont reconstitués les boutiques et ateliers des métiers traditionnels.

Les jardins du château du Pin : *49123* ***Champtocé-sur-Loire.*** *📱 06-11-68-61-81. • jardinsduchateaudupin.com • De Champtocé, emprunter la rue au pied des ruines du château et suivre les panneaux sur moins de 2 km. 1er mai-1er oct, dim 14h-19h ; sinon sur rdv. Entrée : 5 € ; gratuit moins de 12 ans.*
« Un parfum d'Italie au cœur de la campagne angevine. » Jane de La Celle entretient pratiquement toute seule ce Jardin remarquable classé Monument historique, légué par son grand-père, après 30 ans d'abandon. Le résultat de son opiniâtreté est étonnant : de beaux ifs, taillés comme les pièces d'un échiquier géant, un art topiaire assez unique et un beau jardin potager. On découvre aussi des jardins

de grenouilles (vraies ou fausses, à vous de les trouver), des tilleuls séculaires, un jardin d'iris, des roses remontantes, un conservatoire des vieux légumes... qui s'offrent sur 18 niveaux et 5 ha.
Bien sûr, il faut parler du château, classé Monument historique tout comme le jardin. S'il ne se visite pas (mais on peut y séjourner en gîte ou dans une maisonnette attenante), il mérite qu'on s'y attarde : château fort du XIIe s détruit durant les guerres bretonnes, reconstruit aux XIVe et XVe s avec un donjon carré, il présente de belles gargouilles et sculptures apparentes, une intéressante chapelle du XVIIIe s, ainsi que des douves garnies de plantes aquatiques.
– ***Manifestations :*** *fête des Plantes* et *brocante* *(dernier w-e de mai et 2e w-e d'oct),* avec des exposants venus de toute l'Europe.

Ingrandes-sur-Loire (Le Fresne-sur-Loire) : *à 6 km à l'ouest de Montjean, direction Nantes.* Un bourg qui ne manque pas de cachet. Les maisons s'alignent opportunément le long des quais et profitent du lever et du coucher de soleil. Quelques embarcations traditionnelles servent de décor. Pour les petites faims, on suggère le bistrot *La Route du Sel.* Côté sud du joli pont, baignade surveillée en été dans le lit de la Loire (mais peu d'ombre).

SAINT-FLORENT-LE-VIEIL (MAUGES-SUR-LOIRE)

(49410) 2 900 hab. *Carte Maine-et-Loire, A3*

Une halte obligée en bord de Loire, un village repérable de loin avec son église abbatiale délicatement déposée sur le sommet escarpé du mont Glonne. Nul ne pouvait mieux décrire la séduction de Saint-Florent et de ses bords de Loire que Julien Gracq, qui naquit en 1910 dans cette Petite Cité de caractère, y passa son enfance et y vécut jusqu'à la fin de ses jours, en 2007. Il écrivit sur la région des textes magnifiques, en particulier dans *Lettrines, Lettrines 2* et *Les Eaux étroites.* De l'île Batailleuse, admirer ce mélange de fierté hautaine de l'église et de désordre bucolique, lorsque la forêt dégringole dans la Loire.

LA BOULE DE SABLE

Dans la famille des jeux de boules originaux en Anjou, voici la boule de sable. Elle est pratiquée seulement dans le pays des Mauges et le long de la Loire, dans un triangle Angers-Cholet-Nantes, notamment à Saint-Florent-le-Vieil. Les boules de 2,5 kg sont taillées dans le chêne vert, le buis ou le cormier. Les étranges terrains sont garnis de sable de Loire exclusivement, et le cochonnet s'appelle le « maître ».

UN PEU D'HISTOIRE

Avec leur bon goût légendaire, les moines avaient édifié là une abbaye, au VIIe s. Avant eux, saint Florent en avait fait son camp de base pour évangéliser les Mauges. Sous l'Ancien Régime, Saint-Florent était la petite capitale religieuse de la région.
C'est là que se déroula, le 12 mars 1793, un événement qui aura une portée historique : lors du tirage au sort des conscrits qui devaient partir grossir l'armée nationale, une révolte éclata et se propagea dans toutes les Mauges. ***La guerre vendéenne commençait,*** la « guerre de géants », comme inscrit sur le mur près de l'église. Cathelineau, le grand chef aimé, blessé à Nantes, y mourut le 14 juillet

1793. Le 18 octobre de la même année, après la défaite de Cholet, l'armée blanche reflua à Saint-Florent. Ce fut le dramatique épisode de la Virée de Galerne. En 1794, ville et abbaye furent incendiées. Pour finir, le traité de paix mettant fin à la 1re guerre vendéenne y fut signé, entre Stofflet et Hoche, un des généraux du Directoire, le 2 mai 1795.

Adresse utile

Office de tourisme ôsezMauges : *4, pl. de la Févrière.* ☎ *02-41-72-62-32.* ● *osezmauges.fr* ● *Sur la grande place-carrefour principale. Mai-sept, tlj sauf dim 10h-12h30, 14h-18h (18h30 juil-août) ; hors saison, lun-ven 9h-12h30, 14h-17h30.* Boutique et service de billetterie, notamment pour les promenades en bateau sur la Loire.

Où dormir dans le coin ?

Camping Écoloire : *sur l'île Batailleuse, 44370* ***Varades.*** ☎ *02-40-96-70-20.* ● *camping.ecoloire@mauges-sur-loire.fr* ● *uneautreloire.fr* ● *Entre Varades et Saint-Florent. De mi-avr à fin sept. Forfait pour 2 env 13 € ; tente saharienne et bivouac également. 100 empl.* Camping simple et agréable offrant des emplacements ombragés. Possibilité de louer des tentes déjà montées et des bivouacs sur pilotis (une tente en hauteur, avec un espace de vie au rez-de-chaussée). Bloc sanitaire vieillissant mais convenable. Accès à la piscine municipale.

Camping Les Babins : *Les Babins,* ***Bouzillé,*** *49530* ***Orée-d'Anjou.*** *06-47-24-33-58.* ● *contact@camping-babins.fr* ● *camping-babins.fr* ● *Entre Saint-Florent et Liré. Compter 12 € pour 2 ; locatifs. 37 empl.* Un environnement agréable en bord de Loire pour ce camping à l'ambiance bohème-guinguette déconnectante. Emplacements spacieux, caravanes à louer, et surtout des cabanes en bois et toile *(écolodges)*, sympa comme tout, avec leurs pilotis. Propose un pack kayak-vélo avec nuit en *écolodge* (petit déj compris) en partenariat avec *L.A. Kayak* de Champtoceaux. Bar d'été et restauration rapide. Animations gratuites (ouvertes à tous) le vendredi en juillet-août.

Chambres d'hôtes Les 3 Vallées : *35, chemin Saint-Nicolas, à Saint-Florent-le-Vieil.* *06-70-16-09-29.* ● *chambres-d-hotes-saint-florent-le-vieil.fr* ● *À 1 km de l'abbatiale. Nuitée 55-114 € (1-4 pers).* Ne vous attendez pas au charme de l'ancien, on est ici dans une maison contemporaine, au milieu d'un petit lotissement juste à l'écart du village. Les proprios – des hôtes prévenants – en ont fait un lieu accueillant et fonctionnel. Les chambres profitent d'une kitchenette commune, d'une terrasse d'où l'on profite du coucher du soleil sur la vallée et d'un accès indépendant. Petit déj maison et jardin abrité.

À voir. À faire

L'église abbatiale : *tlj 9h-18h30 (19h en été).* Construite en grande partie au début du XVIIIe s, le ***portail latéral sud*** (du XIIIe s) restant le seul vestige de l'église médiévale. À l'intérieur, impression de grande sobriété. Au-dessus du portail principal, ***vitrail figurant Charlemagne,*** majestueux avec sa cote de mailles et sa barbe. Le ***chœur*** est étonnamment vaste avec de hautes voûtes en berceau et revêt une luminosité chaleureuse à certaines heures, due aux vitraux racontant la guerre de Vendée. Une B.D. avant l'heure ! Dans la 4e chapelle à gauche, ne pas manquer le célèbre et remarquable ***tombeau de Bonchamps*** (1760-1793), *Grâce aux prisonniers !,* exécuté par David d'Angers. Un tombeau en marbre tout en contraste entre noir et blanc. En 1956, le poète Louis Aragon a rendu un vibrant

hommage à David d'Angers et à Bonchamps (voir son texte encadré sur le mur) : « [...] allez à Saint-Florent, allez à ce belvédère d'une de nos terribles histoires... »
Sous l'église, intéressante ***crypte*** restaurée au XIXe s. Elle renferme une petite exposition d'objets religieux, dont le reliquaire de saint Florent du XVIIe s et des portraits croqués par David d'Angers de Vendéens graciés par Bonchamps.
À l'extérieur, une partie est habitée et un mur traverse désormais la cour de l'ancien cloître. Mais en se faufilant, on découvre le puits, le cloître et les terrains de jeu de boule de sable, une activité typiquement ligérienne, entre la pétanque et la boule de fort (visible le mercredi après-midi et le dimanche matin).

De l'esplanade devant l'église, magnifique ***panorama sur la Loire,*** l'île Batailleuse – ce coin de Louisiane ou d'Amazonie aux yeux de Julien Gracq enfant – et les environs. Colonne commémorant le passage en 1823 de la duchesse d'Angoulême, dénommée « Madame Royale », fille survivante de Louis XVI. Elle vint ici en hommage aux combattants des guerres de Vendée.

La maison Julien-Gracq : *1-3, rue du Grenier-à-Sel. ☎ 02-41-19-73-55. • maisonjuliengracq.fr • Visites guidées de la maison mer et sam à 15h (durée : 1h ; 5 €, réduc). Accès à la bibliothèque mer et ven-sam 14h-17h30 (3 €, réduc). Visite gratuite de la chambre des cartes et des expos mer-sam 10h-12h, 14h-17h30.* Né à Saint-Florent-le-Vieil en 1910, Louis Poirier (Julien Gracq est son nom d'auteur), influencé par le surréalisme au début, publie *Le Rivage des Syrtes,* qui le fait connaître du grand public. En 1951, il reçoit le prix Goncourt, qu'il refuse. Ses livres sont acclamés par la critique et traduits dans le monde entier. En 1970, il se retire dans sa maison natale et n'en sort que peu souvent, vivant en compagnie de sa sœur. À sa mort, en 2007, l'écrivain lègue sa maison et l'ancien grenier à sel situés en bordure de Loire, dans le but d'y proposer un « séjour temporaire de repos et de travail destiné à des écrivains ». Si la maison reste une résidence pour les auteurs, l'ancien grenier à sel est ouvert au public pour des conférences, lectures, concerts... La tombe de Julien Gracq se trouve au cimetière du village (sous le nom de Louis Poirier).
– Pour les amateurs de littérature et de géographie, organise tous les 2 ans le *Festival littéraire et géographique Les Préférences (en sept).*

Sorties en bateau

Bateau promenade sur la Loire : *• loire-en-bateau.fr • Résas : 06-81-94-13-63. Capacité : 12 passagers max. D'avr à mi-oct. Durée : de 1h30 à la ½ journée.* Sorties thématiques à bord du **Vent d'Soulair,** une embarcation typique construite sur le modèle d'une toue cabanée de Loire. Jeudi en été, jusqu'au marché d'Ancenis. Également sortie pêche, café-croissant, soirée lecture, soirée musique... Matthieu est l'un des rares pêcheurs pros de Loire (10e génération !).

Canoë, kayak et paddle : *avec* ***Èvre Loisirs,*** *49410* ***Notre-Dame-du-Marillais.*** *06-71-09-16-51. • evreloisirs@gmail.com • À 2,5 km à l'ouest, direction Liré. Avr-oct, sur résa.* Cap sur le sud pour des sorties familiales sur l'Èvre, de 2h à 2 jours. Espaces aménagés sur le parcours.

Manifestations

– ***Festival Le Rivage des Voix :*** *début juin. • lerivagedesvoix.com •* Des artistes dans des lieux d'exception.
– ***Les Podiums florentais :*** *début juil-début août, soirées musicales ven.* Marché nocturne et dégustation de vin.
– ***Festival littéraire et géographique Les Préférences :*** *en sept, ts les 2 ans (années impaires), à la Maison Julien-Gracq.* Pour les amateurs de littérature et de géographie.

LE MAINE-ET-LOIRE (L'ANJOU)

DANS LES ENVIRONS DE SAINT-FLORENT-LE-VIEIL

Le moulin de l'Épinay : *rue de l'Épinay,* ***La Chapelle-Saint-Florent,*** *49410 Mauges-sur-Loire. ☎ 02-41-72-73-33. • moulinepinay.com • À 5 km au sud de Saint-Florent-le-Vieil. Juil-août, lun-ven 10h-12h30, 14h-18h ; avr-juin et sept, lun-ven 15h-18h ; oct-mars, sur résa. Départs visite guidée à 10h30, 11h30, 14h30, 15h30 et 16h30. Site fermé les w-e et j. fériés. Programme d'animations. Entrée : 6,50 € ; réduc ; gratuit moins de 5 ans.* Le dernier moulin à vent encore en service en Anjou et qui produit une excellente farine. C'est beau, poétique et utile. Il s'agit d'un moulin-tour du XIXe s typique de l'Anjou, perché sur une colline d'où l'on domine toute la région. Il a été remis en état par des passionnés, sur les conseils du dernier meunier. Visite guidée intéressante (4 étages à escalader !), pour en apprendre tous les secrets. Un moulinet d'orientation fait tourner le toit en fonction des vents. Audiovisuel, maquettes, expo sur la vie du meunier et boutique (on peut acheter des farines produites sur place, certaines bio).

Restaurant du Moulin de l'Épinay : *rue de l'Èvre,* ***La Chapelle-Saint-Florent,*** *49410 Mauges-sur-Loire. ☎ 02-41-72-70-70. À 5 km au sud de Saint-Florent-le-Vieil. Fermé dim soir, lun soir et mer. Menus 18 € (midi en sem), puis 32-72 €.* Sous une grande véranda moderne, jouxtant le moulin à vent, ce resto panoramique domine les vallées de l'Èvre et de la Loire. Un smiley pour la vue, et un autre pour la cuisine créative à base notamment de légumes oubliés.

Le cirque de Courossé : *49110* ***Montrevault-sur-Èvre.*** *À 9 km au sud, dépasser La Chapelle-Saint-Florent.* Une halte sympathique par beau temps, dans un site un peu escarpé. Aller au promontoire dominant le vallon de l'Èvre (70 m). Un parcours de 2 km permet de gagner les abords de la rivière à travers une végétation luxuriante, en passant par les ruines du village de Courossé. Sinon, randonnée de 7 km (niveau moyen, dépliant dans les offices de tourisme).

Le musée Joachim-Du-Bellay : *1, rue Ronsard,* ***Liré,*** *49530* ***Orée-d'Anjou.*** *☎ 02-40-09-04-13. • museejoachimdubellay.com • Face à l'église de Liré, à env 13 km à l'ouest de Saint-Florent et 3 km au sud d'Ancenis. Juil-août, tlj sauf dim mat 10h30-12h30, 14h-18h ; vac de fév-juin et sept-vac de la Toussaint, mar-ven 14h-17h30 ; plus quelques dim en avant-saison. Entrée : 5 € ; réduc ; gratuit moins de 10 ans. Parcours enfants à partir de 4 ans (papier ou smartphone), jeux dans les salles. Animations pdt les vac scol.* Aménagé dans une belle demeure Renaissance à tourelles, ce petit musée littéraire est un hommage au poète ami de Ronsard avec qui il fonda le mouvement littéraire de La Pléiade. Joachim Du Bellay (1523-1560) naquit au château de la Turmelière, à 2 km (facile de s'y rendre à pied par un sentier de randonnée en boucle de 7 km, mais il ne reste que des ruines). Orphelin tôt, il passa les 20 premières années de sa vie à Liré mais n'y revint jamais après. Du Bellay parle de son village natal dans le sonnet *Heureux qui comme Ulysse.* Séjournant à Rome, il est gagné par la nostalgie : « Plus mon petit Liré, que le mont Palatin / Et plus que l'air marin la douceur angevine. » Peu d'objets d'époque dans ce « site d'interprétation », mais une scénographie didactique et moderne que les fans apprécieront.

CHAMPTOCEAUX (ORÉE-D'ANJOU)

(49270) 2 450 hab. *Carte Maine-et-Loire, A3*

Champtoceaux marquait autrefois la frontière entre l'Anjou et la Bretagne. Bâti sur un à-pic de 70 m au-dessus de la rive sud de la Loire, ce village

bénéficie d'une situation privilégiée. Du belvédère, panorama assez exceptionnel au soleil couchant. Ce fut une cité médiévale de 1re importance, avec une imposante forteresse. Il reste quelques vestiges, notamment la porte d'entrée de la ville close (aujourd'hui propriété privée).

Adresse utile

Office de tourisme ôsezMauges : *derrière l'église. ☎ 02-40-83-57-49. • osezmauges.fr • Avr-sept, tlj sauf lun hors j. fériés et ponts 10h-12h30, 14h-18h (tlj juil-août et jusqu'à 18h30). Fermé oct-mars mais infos par tél.* Maquette de Champtoceaux en 1420, expos artistiques, boutique de produits régionaux. Propose des visites guidées du village. Infos sur les croisières sur la Loire et jusqu'au marché d'Ancenis *(jeu mat en juil-août),* très prisées !

Où dormir ? Où manger ?

Hôtel Le Champalud : *1, pl. du Chanoine-Bricard. ☎ 02-40-83-50-09. • contact@lechampalud.com • lechampalud.com • Congés : autour des fêtes de fin d'année. Doubles env 80-123 €. Côté brasserie, compter 10-20 € ; au resto, menus 19-35 € (en sem), puis 28-65 €.* Sur la place de l'église, un hôtel-resto classique dans une maison en pierre, au centre du village. Chambres tout confort et bien aménagées (grands lits), dans le bâtiment principal ou dans l'annexe. Fait aussi brasserie *(La Cohue)* et restaurant semi-gastronomique *(La Citadelle).* Location de VTC. Bref, vous y passerez forcément à un moment ou à un autre.

Où camper dans les environs ?

Camping municipal Orée des Boires : *rue des Pêcheurs, à Beauregret,* ***Drain,*** *49530 Orée-d'Anjou. ☎ 02-40-98-20-30. • camping.drain@oreedanjou.fr • oreedanjou.fr/hebergements/ • À 11 km à l'est (D 751), direction Saint-Florent-le-Vieil. Mai-sept. Tente en hte saison env 16 € ; hébergement locatif en hte saison. 45 empl.* Un petit camping 2 étoiles bien ombragé, tranquille, situé sur un terrain agréable déroulé le long d'un bras oublié de la Loire : idéal pour les pêcheurs. Belle herbe grasse et emplacements bien délimités. Un chalet en location.

À faire

De la place, intéressant parcours médiéval à faire à pied (4 km). À l'étape n° 5, ne pas hésiter à emprunter les escaliers jusqu'aux vestiges de la citadelle.

À partir de l'office de tourisme, rejoindre la ***promenade du Champalud*** pour le panorama, qui se prolonge jusqu'à la coulée de la Luce et les bords de Loire (attention, bonne descente !). Le site fait partie d'une très belle promenade balisée longeant la Loire et offrant de remarquables points de vue sur Champtoceaux.

L.A. Kayak : *à l'embarcadère, Le Cul-du-Moulin. 06-85-39-59-42. • locationkayak-loire.com • Juil-août, tlj ; hors saison, le w-e plus sur résa en sem.* Balade en autonomie en canoë-kayak ou descente crépusculaire accompagnée sur la Loire. Également possibilité de séjour itinérant vélo-kayak ou de *paddle.* Prestations de qualité par un pro diplômé d'État qui connaît son affaire !

Bateau promenade La Luce : *à l'embarcadère, Le Cul-du-Moulin. ☎ 02-40-83-60-00. • bateaulaluce.fr • Avr-sept, 2-4 départs/j. Compter 1h. 45 passagers max.* Un des bateaux qui accueillent le plus de passagers sur la Loire. Ouvert, donc idéal pour apprécier les paysages. Une balade sur l'eau propice à la détente.

Excursion à vélo : boucle de 24 km entre Champtoceaux et Mauves-sur-Loire empruntant une partie du parcours de *La Loire à Vélo* entre zones de maraîchage et villages de bord de Loire. Possibilité de pousser jusqu'à Thouaré pour les plus courageux (boucle de 35 km). Plan à l'office de tourisme.

DANS LES ENVIRONS DE CHAMPTOCEAUX

Natural'parc : *route de Saint-Sauveur-de-Landemont, 49270* ***Saint-Laurent-des-Autels.*** *☎ 02-40-83-78-25. • naturalparc.fr • À 9 km au sud-est de Champtoceaux par la D 17. Juil-août, tlj 10h-19h ; le reste de l'année, se renseigner. Entrée : 14,50 € ; 9,80 € 3-12 ans. Restauration rapide (avr-août), pique-nique autorisé, barbecue à disposition.* Prévoir au moins 3h dans ce parc ludique aux multiples facettes : plus de 500 animaux dont des chiens-loups sur un site vallonné de 13 ha à la nature préservée (on peut entrer dans certains enclos comme celui des wallabies), labyrinthe végétal et son lot d'énigmes (en été), jeu de piste avec diplôme à la clé. Sans compter les nombreux jeux pour adultes et enfants : tyroliennes, Arbofilets© (600 m² de filets tendus entre les arbres), balade aérienne, structures gonflables, toboggans géants, espace Ti'bou (0-3 ans), karts à pédales et tricycles, *summer tubing,* etc.

Le Domaine des Galloires : *La Galloire,* ***Drain,*** *49530 Orée d'Anjou. ☎ 02-40-98-20-10. • galloires.com • Entre Liré et Champtoceaux. Lun-sam 9h-19h (17h sam).* Un domaine viticole depuis 7 générations, situé dans un cadre superbe sur les coteaux du vignoble d'Ancenis. Dans le caveau, dégustation des vins AOC coteaux-d'ancenis, anjou et muscadet-coteaux-de-la-loire. Grande table de dégustation et coin pique-nique au pied d'une chapelle.

La Maison du potier : *2, rue des Recoins, 49270* ***Le Fuilet.*** *☎ 02-41-70-90-21. • maisondupotier.net • À 15 km au sud-est, direction Montrevault (D 17). Juil-août, lun-ven 9h30-17h30, w-e 10h30-12h30, 13h30-18h30 ; sept-juin, lun-ven 9h30-17h30 (fermé w-e). Visite guidée possible (1h). Résa conseillée. Entrée : 4-6 € ; réduc ; gratuit moins de 3 ans. Programme de stages, ateliers, animations modelage.* Ce village de potiers et briquetiers compta jusqu'à 45 artisans. Aujourd'hui, il n'en reste plus qu'un seul. La Maison du potier veille à perpétuer la mémoire et le savoir-faire de ce village historique. Stages poterie pour adultes et enfants, animations de modelage aux vacances scolaires, musée, événements, marché de potiers... Boutique.

L'ANJOU BLEU

Aux marches de l'Anjou et de la Bretagne, au nord-ouest du département, entre granit et schiste, le pays segréen se révèle une région assez secrète, opportunément rebaptisé « Anjou bleu » en raison de l'ardoise, donc, et de son réseau de rivières navigables. Hervé Bazin décrit fort bien les bocages de sa région natale dans Vipère au poing : « Nul pittoresque. Des prés bas, rongés de carex, des chemins creux, d'innombrables haies vives qui font de la campagne un épineux damier, des pommiers à cidre encombrés de gui, quelques landes à genêts... ».

On y découvre un charmant chemin de halage semé d'écluses, situé sur l'itinéraire national de La Vélo Francette pour rejoindre la Mayenne, de Grez-Neuville à Daon, sur 24 km. Mais aussi des villages tout mignons, assoupis au bord de la Mayenne ou de l'Oudon, ainsi qu'une jolie collection de châteaux ou de manoirs discrets, disséminés dans la campagne, où l'on peut résider en chambres d'hôtes.

Adresses utiles

ℹ ***Office de tourisme de l'Anjou bleu :*** *☎ 02-41-92-86-83. • tourisme-anjoubleu.com • Bureaux d'accueil : pl. du Port, à* ***Segré,*** *49500* ***Segré-en-Anjou-Bleu*** *; 56, rue du Général-Leclerc, 49220* ***Le Lion-d'Angers.***

ℹ ***Office de tourisme mobile*** avec le *Touristic'Truck* à ***Candé, Châteauneuf-sur-Sarthe*** et ***Pouancé.***

Manifestations

– ***Festival Curieux Racontages :*** *dernier w-e de mai. • anjoubleu.com •* Balades contées dans des lieux insolites pour petits et grands.
– ***Saveurs Jazz Festival :*** *5 j. en juil, à* ***Segré-en-Anjou-Bleu.*** *• saveursjazzfestival.com •* Pointures internationales et gastronomie du terroir.
– ***Les Heures musicales du Haut Anjou :*** *1re quinzaine d'août. • heuresmusicales.fr •* Musique de chambre et récitals par des artistes de haut niveau.
– ***Le Mondial du Lion (d'Angers) :*** *3e w-e d'oct, au* ***Lion-d'Angers.*** *• mondialdulion.com •* Concours complet international d'équitation et non... de lions.

POUANCÉ (OMBRÉE-D'ANJOU)

(49420) 8 900 hab. *Carte Maine-et-Loire, A1*

La dernière halte à l'extrémité nord-ouest du département, dominée par les ruines d'un château médiéval. Agréable balade libre dans les rues anciennes de la ville. Pouancé étant classé Station verte, dirigez-vous vers l'étang de *Natur'O Loisirs* (*• naturoloisirs.com •*), doté d'un amusant parc aquatique gonflable.

Où dormir ? Où manger dans le coin ?

Bon marché

Chambres d'hôtes Les Hauts de Brèges : *M. et Mme Pellier, Hauts-des-Brèges,* ***Nyoiseau,*** *49500* ***Segré-en-Anjou-Bleu.*** *☎ 02-41-61-39-07. • b.pellier@wanadoo.fr • hauts-de-breges.com • À quelques km au nord de Segré par la D 71. Double env 55 € (familiale possible). Table d'hôtes 18 €.* Vieux bâtiment de campagne de type longère, soigneusement retapé, avec pierres apparentes et poutres au plafond. 3 chambres impeccables, calmes et bien arrangées y ont été aménagées. La surprise, c'est la piscine et l'étang en contrebas de la maison.

Le Relais de Misengrain : *Misengrain, BP 80 105 ESAT,* ***Noyant-la-Gravoyère,*** *49520* ***Segré-en-Anjou-Bleu.*** *☎ 02-41-61-71-96. • relais-misengrain.com • ♿ De Noyant, direction Bel-Air-de-Combrée, puis Bouillé-Ménard et suivre Misengrain. À partir de 20 €/pers. ½ pens possible. Menus à partir de 12 € (repas*

LE MAINE-ET-LOIRE (L'ANJOU)

possible pour les non-résidents le midi lun-sam). Dans les anciens logements des ardoisiers, dans un jardin fleuri, un centre de vacances géré en partie avec des personnes handicapées. Une formule d'hébergement simple et pratique : des chambres sobrement décorées, transformables en gîtes, avec cuisine à dispo. L'accueil est chaleureux et la formule garantit un bon rapport qualité-prix.

Auberge de la Chaise Rouge : *à l'Herberie, Pouancé, 49420* ***Ombrée-d'Anjou.*** *☎ 02-41-92-62-82. 06-24-67-18-81. • auberge@lachaiserouge.fr • lachaiserouge.fr • Fléché à la sortie de Pouancé en direction de Châteaubriant. Resto ouv le midi mar-ven (menus 12-90-15,50 €) et lors des spectacles (menu 22 € + spectacle).* Au milieu des champs et des vergers, cette ferme-auberge-théâtre organise des repas-spectacles très conviviaux. C'est une adresse très originale et rare ! Demander le programme et vous aurez le fin mot de l'histoire, tout en dégustant des menus familiaux, utilisant principalement des produits bio de la ferme : volailles, agneaux et légumes du potager. Et aussi des activités équestres ou en attelage, notamment pour les personnes handicapées.

Prix moyens

Auberge de l'Ombrée : *2, rue de Bretagne,* ***Bel-Air-de-Combrée,*** *49420* ***Ombrée-d'Anjou.*** *☎ 02-41-61-02-41. • contact@aubergedelombree.com • aubergedelombree.com • (resto). Entre Segré et Pouancé, sur la D 775, sortie Bel-Air. Resto fermé lun, ven soir et dim soir, plus sam midi hors saison. Doubles 66-85 € ; familiales. Menus env 16 € (midi en sem), puis à partir de 21 €. Coupe de crémant offerte avec le dessert au resto et réduc de 10 % sur le prix de la chambre sur présentation de ce guide.* Cette ancienne gendarmerie cossue du XIXe s abrite des chambres accueillantes, de différents styles et tailles, avec une déco soignée et personnalisée repensée régulièrement. C'est également une table raffinée, dans une salle joliment apprêtée. Quand il y en a à la carte, savoureux sandre au beurre blanc.

Chambres d'hôtes La Grange du Plessis : *4, pl. de l'Église, 49500* ***Saint-Aubin-du-Pavoil.*** *☎ 02-41-92-85-03. 06-07-97-77-37. • domainevitton@wanadoo.fr • le-plessis.eu • À 3 km au nord de Segré. Derrière le presbytère du XVIIe s. Double 84 €.* Dans un village paisible, une belle maison de caractère flanquée d'une ancienne grange restaurée dans le respect des traditions : poutres et pierres apparentes, tomettes, et même des portes hors d'âge. C'est ici qu'on a aménagé 4 chambres coquettes et chaleureuses, de très bon confort. Petit déj servi dans le jardin. Excellent accueil, disponible et tout sourire.

Chic

Chambres d'hôtes et gîtes Le Manoir de la Vieille Douve : *6, route du Tremblay, 49520* ***Le Bourg-d'Iré.*** *☎ 02-41-61-21-24. • hello@lemanoirdelavieilledouve.com • lemanoirdelavieilledouve.com • À 9 km à l'ouest de Segré (D 181). Double 100 €. Table d'hôtes 30 €. Bouteille de vin offerte sur présentation de ce guide. English spoken* dans ce manoir tenu par des sujets de Sa Majesté. La demeure du XVe s flanquée d'un étang ne manque pas de caractère, d'autant qu'elle a été restaurée avec un goût exquis jusque dans les 4 ravissantes chambres. On vous laisse découvrir la piscine, absolument superbe, aménagée dans une ancienne grange. Mais gardez vos « *oh my God !* » pour la table car monsieur fut cuistot dans une vie antérieure. Un havre accueillant dont on ne décolle plus.

À voir

Le château médiéval : *se renseigner auprès de l'office de tourisme de l'Anjou bleu (☎ 02-41-92-86-83). Visite guidée seulement : de mi-juin à mi-sept. Tarif : 4 € ; réduc ; forfait famille.* Imposante forteresse des XIIIe et XVe s, installée aux portes de la Bretagne. Salle souterraine, vestiges de remparts et de tours, poterne... tout cela rappelle les nombreux combats qui opposèrent Bretons et Français pendant la guerre de Cent Ans. Pour rester dans l'ambiance, agréable balade libre dans les rues médiévales de la ville.

DE POUANCÉ À SEGRÉ

La chocolaterie Chez Mon Chocolatier : *route de Loiré, 49440* ***Candé.*** *☎ 02-41-92-70-88. • chezmonchocolatier.fr • À une quinzaine de km au sud-ouest de Segré par la D 923. Visites uniquement sur résa lun-sam 10h-14h. Entrée : 4,50 € (7 € avec atelier) ; gratuit moins de 6 ans. Compter 1h15. Boutique lun-sam 9h30-12h30, 14h-18h30.* Visite guidée de la chocolaterie artisanale d'un maître chocolatier depuis 1965. Dégustation et vente sur place. Spécialités de la maison : le Tas de Sel, le Bloc d'Ardoise, le Dôme et tant d'autres créations ludiques.

Dédale des Cimes Parcabout : *parc de la Burelière, 49440* ***La Cornuaille.*** *06-13-75-19-43. • dedaledescimes.fr • Au sud de Candé. Avr-oct.* Rien à voir avec un accrobranche. Ici, on se balade dans un labyrinthe de toiles et filets sécurisés, suspendus à bonne hauteur parmi les arbres. Pas besoin de harnais ! Grimpe d'arbres également.

La Mine bleue : *La Gâtelière,* ***Noyant-la-Gravoyère,*** *49520 Segré-en-Anjou-Bleu. ☎ 02-41-94-39-69. • laminebleue.com • À 13 km à l'ouest de Segré. Pâques-Toussaint (voir les horaires sur le site internet). Visites guidées à heures fixes, sur résa seulement et limitées en nombre de pers. Durée : 1h30. Entrée : 15 € ; réduc ; tarif famille. Prévoir une petite laine (13 °C en fond de mine). Bel espace boutique.*
Ce site fut exploité de 1916 à 1936 et tout son intérêt vient de l'état brut dans lequel les galeries ont été conservées.
– ***Dans la mine :*** équipé d'un casque de sécurité, extraordinaire descente à 126 m sous terre dans les profondeurs de la mine. Après quelques minutes de voyage dans les galeries, on est en plein cœur de l'ancien site, au milieu d'une authentique chambre d'extraction aux dimensions saisissantes, dans un véritable décor à la *Voyage au centre de la Terre* de Jules Verne. Explications sur la vie du mineur (embrigadé dès l'âge de 12 ans !), son travail, les techniques d'extraction des blocs de 700 t... On apprend aussi à s'orienter : mais où donc se trouve le nord ?
– ***En surface,*** animation complémentaire autour de la fente d'ardoises. Un autre monde avec des métiers tout à fait distincts de ceux du fond de la mine. On découvre ainsi les grandes étapes de confection d'une ardoise selon les méthodes d'autrefois : débiter, querner, fendre, rondir... autant de termes avec lesquels se familiariser, démonstration à l'appui.

Centrale 7 *: Bois II,* ***Nyoiseau,*** *49520 Segré-en-Anjou-Bleu. ☎ 02-41-61-30-34. • centrale7.net • Tte l'année, lun-ven 9h-17h, plus w-e lors des périodes d'expo ou sur résa 15h-18h. Billet : 3 €. Durée : 1h30.* Une autre spécificité industrielle de la région : l'exploitation du minerai de fer (ce fut l'un des plus grands sites miniers de l'Ouest). Un collectif d'une quinzaine d'artistes, « Centrale 7 », s'est installé dans les bâtiments désaffectés de ces anciennes mines et propose une visite libre ou guidée, artistique et/ou patrimoniale.

La Petite Couère : *à* ***Châtelais,*** *49520 Segré-en-Anjou-Bleu. ☎ 02-41-61-06-31. • lapetitecouere.fr • Entre Châtelais et Nyoiseau (sur la D 71, au nord-ouest de Segré). De début avr à mi-nov (voir les horaires sur le site internet). Entrée : 15 € ; 7,50 € enfant ; réduc.* Écomusée, ferme, parc animalier, musée et habile reconstitution du monde rural d'antan, ce site hors norme, déployé sur un superbe domaine, se révèle incontournable dans son genre. Prévoir la glacière et le pique-nique (sinon, petite restauration sur place). Car il faut du temps pour parcourir à pied les circuits de 1 ou 3 km ou en petit train les vastes enclos et les volières où se baladent quelque 250 animaux en semi-liberté (daims, chèvres, baudets...), avant de chercher la perle rare dans l'une des 30 expos qui jalonnent le site (vieux tracteurs, voitures anciennes et hippomobiles, insolite collection de lessiveuses), et enfin de s'émerveiller en découvrant l'adorable village 1900 organisé autour des halles.

Le Bourg-d'Iré *(49520 Segré-en-Anjou-Bleu) : à 3 km au sud de Noyant-la-Gravoyère.* Le détour vaut le coup par ce bourg tout mignon avec son église Saint-Symphorien, ses châteaux, ses façades anciennes, un lavoir en plein centre...

SEGRÉ-EN-ANJOU-BLEU (49500) ET LE LION-D'ANGERS (49220)

Carte Maine-et-Loire, B1

La capitale de l'Anjou bleu, c'est Segré. Architecture essentiellement du XIXe s, tout comme l'église Sainte-Madeleine, avec son grand dôme et son orgue conçu par Aristide Cavaillé-Coll. Parcours pédestre « De Secretum à Segré » disponible dans les bureaux de l'office de tourisme. Pour l'ambiance hippique, rendez-vous au Lion-d'Angers et son fameux parc départemental de l'Isle-Briand.

Où dormir ? Où manger dans le coin ?

Campings

Le Port Ribouet : *route de la Mayenne, 49220* ***La Jaille-Yvon.*** *☎ 02-41-95-14-32. • contact@anjousportnature.com • anjousportnature.com • À 7 km au nord de Chenillé-Changé. Env 11 € pour 2 avec tente. 34 empl.* Dans un joli village au bord de la Mayenne et aux confins de l'Anjou, le long de *La Vélo Francette.* Camping familial et bucolique à souhait avec ses haies et ses grands arbres, sur le chemin de halage. Bungalows toilés, tentes aménagées et cabanes en bois en location. Sur place, crêperie-bar et une base de loisirs extra pour s'amuser sur l'eau ou sur la terre ferme (consulter « À voir. À faire »).

Aire naturelle de camping : *au bourg, 49220* ***Chenillé-Changé.*** *☎ 02-41-60-32-68. • chenille-change.com • À une dizaine de km au nord du Lion-d'Angers par la D 187. De mai à mi-oct. Compter env 10 € pour 2 avec tente, douche avec jeton. 20 empl. Infos au* Petit Café, *qui fait également épicerie et bar-resto.* Au cœur de ce Village de charme, au bord de la Mayenne sur un terrain ombragé, voici un camping minuscule au confort sommaire mais avec des sanitaires suffisants.

Bon marché

Gîte d'étape Mara Rivière : *écluse du Petit-Chenillé, 49220* ***La Jaille-Yvon.*** *07-60-73-15-99. Quasi en face de Chenillé. Nuitée 21 €/pers. Réduc de 10 % sur le prix de la chambre avr-juin et sept-oct sur présentation de ce guide.* Une maison éclusière providentielle sur le chemin de halage pour ceux qui parcourent la voie cyclable de *La Vélo Francette* ou qui sont en chemin vers Saint-Jacques-de-Compostelle. Une halte charmante avec 3 chambres (capacité de 10 personnes en tout), une cuisine à disposition et un local vélos.

De prix moyens à chic

Le Domaine du Moulin (Roulottes et Cottages du Moulin, restaurant La Table du Meunier) : *le Moulin,* ***Chenillé-Changé,*** *49220 Chenillé-Champteussé. ☎ 02-41-95-14-23.*

• reservation@domaine-moulin.fr • domaine-moulin.fr • ♿ À une dizaine de km au nord du Lion-d'Angers par la D 187. Resto fermé en janv et mi-fév ; résa conseillée. À partir de 78 €/nuitée en roulotte ou cottage 2-4 pers. Menus 17,90-20,90 € (midi sauf dim), puis jusqu'à 46,20 €. Dans ce petit Village de charme, au bord de la Mayenne et dans un cadre verdoyant, ce complexe comprend des roulottes et cottages impeccables avec kitchenette, en bord de rivière. Piscine couverte et chauffée, spa. Également un restaurant installé dans un ancien moulin à huile, servant une cuisine de terroir.

Gîtes et chambres d'hôtes La Closerie de la Hérissière : *chez Soizic et Arnaud Buisard, chemin de la Basse-Vallée, 49220* ***La Jaille-Yvon.*** *☎ 09-61-46-90-91. • abuisard@laherissiere.fr • laherissiere.fr • Tt au nord du département, quelques km après Chenillé-Changé. Compter 75-95 € pour 2, petit déj compris.* Un pari réussi pour ce couple tombé amoureux d'un hameau du XVe s qu'il a restauré. Chambres d'hôtes et gîtes de tous les styles et toutes les tailles, arrangés avec beaucoup de goût et un sens aigu de la déco. Par les fenêtres, des vues sur la campagne et le village. Loin de tout stress, un coup de cœur, jusqu'au petit déj maison.

L'Écluse : *2, quai de l'Hirondelle, 49220* ***Grez-Neuville.*** *☎ 02-41-27-13-08. • comptoir.ecluses@orange.fr • Fermé lun et le soir dim-jeu. Congés : 1 sem en fév, 2 sem en août et 1 sem en déc. Résa indispensable. Compter 20-30 €. Café offert sur présentation de ce guide.* Bucolique, bistronomique, sympathique... On ne trouve pas de hic à cette ancienne maison éclusière qui ravit aujourd'hui les papilles des marcheurs le long de la Mayenne, à deux pas d'un village de charme. Ici on ne vous mène pas en bateau, les produits sont locaux, on ne peut plus frais, « sans frites et sans ketchup ». Vue comprise dans le prix.

À voir. À faire dans le coin

À Segré, possibilité de ***balades en canoë-kayak ou embarcations à pédales*** franchement sympa, à faire en famille. ***Anjou Sports Nature :*** *07-68-78-68-00. • anjousportnature.com/canoe-kayak/ • Juil-août seulement, ven-dim et j. fériés.*

Le château de la Lorie : *La Lorie, 49500* ***La Chapelle-sur-Oudon.*** *☎ 02-41-92-10-04. 06-15-28-38-92. • chateaudelalorie.fr • À moins de 2 km au sud-est de Segré. Juil-3e w-e de sept, tlj sauf mar. Visites guidées seulement (départs à heures fixes). Entrée : 10 € ; réduc.* Magnifique château édifié en 1632 par René Le Pelletier, grand prévôt d'Anjou, au milieu de jardins à la française très soignés. C'est le plus emblématique de la région. Par son faste, il fut qualifié de « château quasi royal ». Construction ample et élégante, propre à l'art de vivre de l'époque. Somptueux salon de marbre, œuvre d'artistes italiens de 1779, surmonté d'une coupole.

Chenillé-Changé *(49220) : à une dizaine de km au nord du Lion-d'Angers par la D 187.* Coquet Village de charme et Village fleuri qui vit au rythme lent de la Mayenne. Berges verdoyantes, église classée, ancien moulin à farine encore en exploitation (visite possible), pénichettes et petite écluse. Avant l'entrée du bourg sur la droite, remarquez le *Domaine des Rues,* une ancienne ferme modèle du XIXe s qui élève et préserve la race bovine locale, la Maine-Anjou ou Rouge-des-Prés *(☎ 02-41-41-08-41 ; • domainedesrues.com •).*

Promenades au fil de l'eau à Chenillé-Changé : *accès derrière l'église.*

– Croisière avec ***L'Hirondelle*** : *☎ 02-41-95-14-23. • domaine-moulin.fr/Hirondelle.php • À partir de 10,50 €.* Un bateau-promenade-restaurant spacieux au charme rétro qui navigue sur la Mayenne, la Sarthe, la Maine ou l'Oudon. Différentes formules de croisières commentées (à partir de 1h45) avec passage d'écluse et démonstration de halage au déjeuner ou dîner-croisière. Plusieurs bases de départ selon un planning prédéfini (Chenillé-Changé, Grez-Neuville ou Angers).

- ***Les Canalous** : ☎ 02-41-95-83-19. • canalous-plaisance.fr* • Location de bateaux habitables sans permis de 2 à 12 personnes.

***Anjou Sport Nature à La Jaille-Yvon** (49220) : au bord de la Mayenne. ☎ 02-41-95-14-32. • anjousportnature.com • Avr-sept, w-e, j. fériés et vac scol 10h-18h (juil-août, tlj et ferme à 19h).* À 7 km au nord de Chenillé-Changé, une base nautique et de loisirs qui propose de multiples activités de pleine nature au bord du chemin de halage de la Mayenne : accrobranche, tir à l'arc, canoë-kayak, *stand-up paddle*, minipéniche, *fun archery*, location de VTT, etc.

***Bateau La Gogane** : quai de la Sarthe, à **Châteauneuf-sur-Sarthe**, 49330 **Les Hauts-d'Anjou**. ☎ 02-41-76-37-26.* Bateau-promenade proposant des croisières thématiques (patrimoine naturel ou culturel) sur la rivière Sarthe.

***Le parc départemental de l'Isle-Briand** : 49220 Le Lion-d'Angers.* ♿ Balade libre (parcours pédestres) dans ce parc arboré de 182 ha, bordé par la Mayenne et l'Oudon. On y trouve la délégation régionale de l'Institut français du cheval et de l'équitation (IFCE), un château du XVIIIe s et un hippodrome. Tout au long de l'année, de nombreuses manifestations, comme le concours complet international d'équitation le *Mondial du Lion*, des courses hippiques et des concours équestres.

***Grez-Neuville** (49220) : à 3,5 km au sud-est du Lion-d'Angers, en marge de la N 162.* Petit Village de charme, tranquille au bord de la Mayenne et possédant une jolie base fluviale. Une vraie carte postale avec ses cascades. Entre la Mayenne et la Sarthe, 270 km de rivières navigables tout de même !

■ ***Anjou Navigation** : quai de l'Hirondelle. ☎ 02-43-95-14-42. • anjou-navigation.fr* • Loue des bateaux habitables sans permis et équipés pour des croisières (2-12 personnes). Départ de Sablé-sur-Sarthe également.

AU NORD D'ANGERS

***Le château du Plessis-Macé** (49770) : ☎ 02-41-32-67-93. • chateau-plessis-mace.fr • Au sud de Grez-Neuville, en marge de la D 775. Juil-août, tlj 13h (10h30 w-e)-18h30 ; vac de Pâques-fin mai et sept-vac de la Toussaint, mer et sam-dim 14h-18h ; dernière visite 1h avt fermeture. Fermé en juin. Entrée : env 7 € ; réduc. Visites guidées (45 mn) et théâtralisées, plus des animations dont une chasse au trésor (type Cluedo).*

Superbe château du XVe s, construit par Louis de Beaumont, chambellan du roi Louis XI et sénéchal du Poitou. Il a appartenu à Philippe Langlois-Berthelot (1896-1968) qui l'a légué au département du Maine-et-Loire. Des scènes du film *Peau d'âne* (1970) et du téléfilm *La Dame de Monsoreau* (2009) y ont été tournées.

Ce fut d'abord une forteresse (XIIIe s) remplacée ensuite par un logis de plaisance au XVe s. Malgré un impressionnant système défensif (douves et remparts du Moyen Âge), le corps principal est particulièrement remarquable et conçu comme un château d'agrément à la campagne. Belle alliance du schiste et du tuffeau pour les angles et encadrements de fenêtres. Un ***élégant balcon*** en tuffeau sculpté du XVe s (intact, il n'a jamais été restauré !), d'où les dames pouvaient assister aux tournois, surmonte la porte ogivale. Charles VII, Louis XI, François Ier (qui y signa une partie des traités concernant le rattachement de la Bretagne à la France) et Henri IV honorèrent le château de leur séjour, ainsi que la famille de Joachim Du Bellay (qui en fut propriétaire). Toutes les pièces sont meublées. Voir aussi la chapelle de 1460 avec tribune en chêne de style gothique flamboyant, l'une des dernières de France.

- Communs aménagés en salles de réception et d'exposition à louer.

Le Plessis-Macé offre souvent son cadre pour la représentation de pièces lors du ***Festival d'Anjou*** *(3-4 sem de mi-juin à début juil)* et du festival de théâtre amateur ***Très tôt en scène*** *(3 sem de mi-mars à début avr).* À ne pas manquer.

Le château du Plessis-Bourré : 49460 ***Écuillé.*** *☎ 02-41-32-06-72. • plessis-bourre.com • (seulement au rdc). À 15 km au nord d'Angers, quelques km après Écuillé, en pleine campagne. En été, tlj 10h-18h ; hors saison, tlj sauf lun et mar mat 10h-18h (de mi-fév à mars et oct-1er nov, ouv seulement l'ap-m). Fermé de déc à mi-fév. Entrée château + parc : 10 € (11 € guidée) ; réduc. Visites guidées et théâtralisées. Pique-nique dans le parc possible. Possibilité de loger sur place.*

Encore habité, le Plessis-Bourré a traversé les vicissitudes de l'Histoire, ne subissant au cours des siècles aucune dégradation : un miracle, il demeure tel que Jean Bourré l'édifia en 1468. Celui-ci, ministre des Finances et favori de Louis XI, réussit à le construire en un temps record de 5 ans. Le château présente une architecture de transition entre la forteresse (chemin de ronde, donjon, tours rondes, douves en eau, 2 ponts-levis) et les logis de style Renaissance. Pas étonnant qu'il serve souvent de décor au cinéma depuis *Peau d'âne* (1970, avec Catherine Deneuve). Remarquable façade de la cour intérieure avec fenêtres à meneaux et fines lucarnes. Dans les appartements, voir notamment la ***salle des gardes*** au 1er étage avec un ***extraordinaire plafond*** divisé en 24 caissons peints d'***allégories alchimiques.*** Êtres réels ou imaginaires animent cette étrange B.D. où se croisent un âne chantant la messe, une licorne, un phœnix, une sirène, un barbier, un porteur de rats... Voir aussi les pièces de vie des XIVe au XVIe s, la salle du Parlement aux voûtes angevines en tuffeau, la bibliothèque, la chapelle, etc.

DU BAUGEOIS À LA LOIRE

C'est le nord-est de l'Anjou formé par les vallées d'affluents de la Loire : l'Authion, la Sarthe et le Loir. Une alternance de petits villages paisibles, de forêts (Chandelais et Chambiers) ou de landes qui en font une région propice aux activités sportives en tout genre : randonnées, vélo, pêche... Une agréable voie verte permet de rallier Le Lude, via La Flèche, en empruntant une piste sécurisée au départ du Saumurois. Pas d'esbroufe dans cette microrégion discrète où l'on découvre, au hasard des pérégrinations, d'étranges clochers vrillés ou tors, une rare production artisanale de terres cuites aux Rairies, l'une des plus belles apothicaireries de France à Baugé...

ROBIN DU BAUGEOIS

Le Baugeois, c'est le pays de Rouget le Braconnier, un peu le Robin des Bois local. Au milieu du XIXe s, pris sur le fait, il tira sur des gendarmes sans les tuer, mais les mena en bateau pendant plus de 30 mois. Il se cacha avec le soutien de la population, avant de se faire pincer. D'ailleurs, on lui mit les pinces.

En plus de la ***voie verte*** (du Lude à Cuon, au sud de Baugé en passant par la Flèche, 40 km en tout), plusieurs ***boucles à vélo*** autour de Baugé, Noyant-Villages, la vallée de l'Authion...

DURTAL (49430) 3 500 hab. *Carte Maine-et-Loire, C1*

Tout au nord du département, l'arrivée sur Durtal ne peut laisser indifférent. Le château aussi haut que large semble presque à l'étroit dans ce petit village paisible se mirant dans le Loir. L'affluent de la Sarthe (le département n'est

qu'à quelques kilomètres), bordé par plusieurs moulins de l'adorable ancien quartier Saint-Léonard, prend ici ses aises dans une végétation dense. Un avant-goût de la forêt de Chambiers, toute proche, qui enchante nombre de marcheurs.

Adresse utile

Office de tourisme : *41, rue du Maréchal-Leclerc (face au château). ☎ 02-41-76-37-26. • tourisme-anjouloiretsarthe.fr • Mai-sept, lun-sam 10h-13h, 14h-18h, plus dim et j. fériés juil-août 10h-13h ; oct-avr, mar-ven seulement.* Dépliant de balade à pied dans la ville. Organise des sorties à vélo. Infos sur les randonnées dans le coin, en particulier dans la forêt de Chambiers.

Où dormir ? Où manger ?

Camping Les Portes de l'Anjou : *9, rue du Camping. ☎ 02-41-76-31-80. 07-61-75-24-24. • contact-camping@lesportesdelanjou.com • lesportesdelanjou.com • Ouv de fin mars à fin oct. Prix tente env 12,50-14,50 € ; hébergements locatifs. 115 empl.* Au bord du Loir (où, comme chacun sait, on dort très bien). Emplacements bien ombragés, en partie délimités par des haies et une ambiance bon enfant qui convient bien aux familles. Également un gîte, des bungalows, des *TitHomes*, des *Coco sweets* et des mobile homes. Épicerie, bar-buvette (petite restauration à emporter le soir), piscine.

Les Plantes : *54, av. d'Angers. ☎ 02-41-76-41-57. En entrée de ville côté sud. Fermé dim soir, mar soir et mer. Formules déj sauf dim 16-23 € ; menus 32-60 €.* Le *Supermarché U* ne constitue pas le plus bel environnement, mais c'est un repère pratique ! L'intérieur sobre et élégant met d'emblée en confiance chez ce chef qui joue la transparence. Les menus changent toutes les semaines, voire quotidiennement, et les fournisseurs locaux sont affichés scrupuleusement. Ici, le roi c'est le produit, habilement mis en scène dans un festival de couleurs et de saveurs qui font de cette table gastronomique une référence dans le secteur.

Très chic

Chambres d'hôtes et gîtes Le Château de Chambiers : *route de Jarzé. ☎ 02-41-76-07-31. • info@chateauchambiers.com • • chateauchambiers.com • À 3 km au sud de Durtal, sur la D 59 (direction Les Rairies, puis Jarzé sur la droite). Doubles à partir de 137 €. Table d'hôtes sur résa.* Lové dans la forêt baugeoise, ce très beau château familial du XVIIIe s compte plusieurs chambres luxueuses et salons comme on les imagine, décorés non sans une pointe d'humour. On aime bien la suite dans le « Pavillon de France » avec une véranda en guise de salle de bains. Également un appartement dans l'orangerie et la maison du jardinier aménagée pour 7 personnes, au milieu des jardins à la française.

À voir

Le château de Durtal *(49430) : ☎ 02-41-69-92-60. 06-11-21-52-76. • chateau-durtal.com • Visite guidée seulement (6 départs/j.) : juin-3e w-e de sept, tlj sauf mar ; Pâques-mai et fin sept-Toussaint, w-e et j. fériés. Durée : 1h. Entrée : env 8 € ; réduc.*
Somptueux palais-forteresse édifié à partir du XIe s par l'incontournable Foulque Nerra et Geoffroy de Martel, comte d'Anjou, pour protéger le comté sur le Loir.

Remarquable synthèse architecturale des constructions monumentales en Val de Loire, du Moyen Âge à la Renaissance, le château reçut Henri II, Charles IX, Louis XIII et Catherine de Médicis, qui y aurait fomenté le massacre de la Saint-Barthélemy. L'aile du XVe s est flanquée de tours rondes à mâchicoulis et à toit en poivrière. Suite à la Révolution, le château n'est aujourd'hui plus guère meublé, mais on s'y intéresse surtout pour la chambre aux « engoulants », ces poutres ornées d'une gueule animale, la charpente du XVe s, le chemin de ronde pour y mener (quelle vue !), la galerie des peintures Renaissance évoquant des voyages imaginaires (avez-vous repéré le lion ?)...
En le demandant à l'avance, peut-être aurez-vous la chance de descendre dans les sous-sols et d'admirer l'une des plus grandes cheminées de France, celle de la rôtisserie, mais aussi une oubliette avec des ossements humains (!) et un cachot glacial dans tous les sens du terme. Plus réjouissant et nettement plus confortable, le château abrite aussi des chambres d'hôtes, et un festival vraiment sympa de musique pour tous s'y déroule fin juin, début juillet *(● festivalmusicaldurtal.fr ●).*

DANS LES ENVIRONS DE DURTAL

La boucle du Loir : *sur la commune de Seiches-sur-le-Loir, au sud-ouest de Durtal. Sentier de promenade (jusqu'à 10 km, facile) dans cette étonnante boucle formée ici par le Loir.* Un milieu privilégié entre pinède de Boudré, étangs, rivière et prairies d'élevage, classé en ZNIEFF (Zone naturelle d'intérêt écologique, faunistique et floristique). Panneaux d'interprétation et bac pour traverser vers Montreuil-sur-Loir.

Les ateliers de terres cuites Le Croc : *entreprise Yvon Cailleau, rue du Croc, BP 9, 49430* ***Les Rairies.*** *☎ 02-41-76-32-09. ● cailleau.fr ● À 5 km au sud de Durtal (D 138). Lun-ven 9h-12h, 14h-17h. Visite libre.* Dans ce village dévolu depuis le XVe s à la briqueterie (en raison de l'abondance d'argile dans le sol), 2 sites à voir chez les Cailleau : l'usine même, avec ses séchoirs traditionnels et ses fours d'un autre temps, et le très bel atelier-briqueterie *Le Croc,* classé Monument historique, où l'on peut assister à des démonstrations en saison. Tout est resté très artisanal et familial, avec des rendements réduits.

Le jardin du château de Gastines : *à* ***Fougeré*** *(49150). ☎ 02-41-90-17-57 ou 01-40-75-57-11. ● tourisme.baugeoisvallee.fr ● À une dizaine de km au sud-est de Durtal (D 138), après Les Rairies. Juin-août, lun-ven 10h-13h, 14h-17h. Entrée : 7 €.* Ce château des XVIe et XVIIIe s, mignon tout plein, est entouré de plusieurs jardins créés dans les années 1990, douves, étangs et fontaines. Buis, lavande, roses, ifs, haies de charmilles... Une bien agréable promenade bucolique dans ce Jardin remarquable.

BAUGÉ-EN-ANJOU

(49150) 12 000 hab. *Carte Maine-et-Loire, D2*

À une quarantaine de kilomètres au nord-est d'Angers, cette Petite Cité de caractère, capitale du Baugeois, fut fondée au XIe s par Foulques Nerra, aux confins de l'Anjou, de la Touraine et de la Sarthe. Mais elle reste surtout indissociable du roi René d'Anjou, qui fit de son château – magnifique demeure pré-Renaissance pleine de caractère, située aujourd'hui sur la place centrale – l'une de ses demeures fétiches avec le château d'Angers.

Adresse et info utiles

Office de tourisme : *pl. de l'Europe ; dans le château. ☎ 02-41-89-18-07. • tourisme.baugeoisvallee.fr • De mi-juin à mi-sept, tlj 10h-12h30, 13h30-18h30 (18h ven) ; de mi-sept à mi-juin, lun-sam.* Plan du parcours découverte dans Baugé « Les pas bleus » (1h30). Location de vélos.
– **Marchés :** *lun 13h-18h, sam 8h-13h.*

Où dormir ? Où manger ?

Camping du Pont des Fées : *rue du Pont-des-Fées. ☎ 02-41-89-14-79. 06-73-85-68-72. • camping@baugeenanjou.fr • camping-bauge.fr • À 5 mn à pied du centre-ville. Avr-sept. Pour 2, env 12 € ; chalets 4-6 pers. 84 empl.* Un camping tranquille, à petite échelle, bien équipé et à proximité d'installations sportives (tennis, piscine municipale). Épicerie. Aire de camping-cars à proximité.

Ô Prestige : *4, rue du Cygne. ☎ 02-41-89-82-12. • hotel-restaurant@oprestige.com • oprestige.com • Dans une petite rue derrière le château. Hôtel fermé dim. Resto ouv tlj sauf sam midi, dim soir et lun. Doubles env 70-105 €. Menus env 18 € (midi en sem), puis 31-85 €.* Le chef, formé dans les grandes maisons, élabore une cuisine gastronomique, fine et parfois relevée, souvent inventive. Parmi les spécialités de la maison, les rognons à la baugeoise. Le menu du marché, le midi en semaine, s'avère une belle affaire. Les chambres quant à elles sont modernes, chacune avec son thème : pop, romantique, baroque...

À voir. À faire

Le château : *pl. de l'Europe. ☎ 02-41-84-00-74. • chateau-bauge.fr • Avr-oct (horaires sur le site). Entrée : 9 € ; billet familial et réduc ; gratuit jusqu'à 6 ans. Billet duo avec l'hôtel-Dieu : 13 €.* Dressé au cœur de la ville de Baugé, ce château pré-Renaissance a beaucoup de prestance et de caractère : saillants, cheminées et lucarnes, superbe escalier à vis, avec voûte dite « en palmier ». Il dévoile, dans une nouvelle muséographie 2021, ses fastes, les banquets, arts et passions du Roi René, qui était plus doué de la plume que de l'épée. Tournois, chasse, collection d'animaux exotiques, jardins et botanique sont autant de thèmes abordés pour comprendre la vie au sein du Palais. Dans les grands combles, jusqu'alors inaccessibles au public, zoom sur les matériaux et techniques de construction ainsi que le confort dans un château du XVe s. Tout cela à l'aide d'audioguides, appli numérique, visites insolites, animations thématiques...

L'hôtel-Dieu et son apothicairerie : *à 5 mn à pied du château, entrée par la rue Anne-de-Melun. • chateau-bauge.com • Avr-oct (horaires sur le site). Entrée : 9 € ; réduc ; gratuit jusqu'à 6 ans. Billet duo avec le château : 13 €. Visite guidée seulement (1h). Visites théâtralisées sur résa pdt les vac de Pâques, d'été et de la Toussaint.*
On vient de loin pour admirer l'apothicairerie de Baugé, qui compte parmi les plus belles et les plus rares de France. Elle date

UN REMÈDE À TOUT

Les pots de l'apothicairerie contiennent toujours aujourd'hui leurs drôles d'ingrédients et mixtures secrètes dont les noms sorciers sonnent étrangement à nos oreilles : huile de lombric, poudre de cloporte, bitume de Judée, myrobolan... Tous proviennent de plantes, de minéraux ou d'animaux. Une boîte contient même des doigts humains momifiés. Le sang de dragon viendrait quant à lui d'un arbre ! Tant que ça marche, ou plutôt tant qu'on y croit...

de 1675. On la doit à une religieuse obstinée, Marthe de la Beausse et à une bienfaitrice fortunée, la princesse Anne de Melun qui créèrent un hôpital pour indigents à Baugé en 1650. Une gageure dans cette ville qui comptait alors 3 000 habitants. L'ambiance et le style baroque de l'apothicairerie nous introduisent dans ce qui pourrait être l'antre d'un alchimiste : boiseries en chêne lustrées par le temps, plafond étoilé et peint en faux marbre (au XIXe s), sol marqueté et « ensoleillé » en hommage à Louis XIV. Les rayonnages sont remplis d'une impressionnante collection de plus de 650 récipients en céramique de Nevers, mais aussi des silènes (boîtes cylindriques en châtaigner peint) et une soixantaine de pots en verre, très rares. Certains contiennent toujours de drôles de mixtures, drogues, remèdes secrets, dont les noms sorciers sonnent étrangement à nos oreilles : sang de bouc, huile de lombric, poudre de cloporte, bitume de Judée, myrobolan... Une boîte contient même des doigts humains momifiés ! Bref, cette apothicairerie constitue en soi un ***vrai chef-d'œuvre*** presque sacré, dans lequel on ose à peine parler fort. Mais il ne faut pas pour autant négliger le reste de la visite, captivante, qui entraîne les visiteurs dans les entrailles de cet hôtel-Dieu qui ne ferma qu'en 2001. La ***cuisine,*** la ***salle des malades*** (hauteur de plafond : 6 m !), la ***chapelle baroque*** (retable en bois doré), la ***salle du chapitre*** ou le ***réfectoire*** sont autant de prétextes pour aborder la pharmacopée et la pratique de la médecine du XVIIe au XIXe s, la vie des sœurs de la congrégation Saint-Joseph dans ce type d'établissement ainsi que bien sûr celle des malades. Ils n'étaient ici qu'un seul par lit, royal ! Parmi les objets exposés, remarquer le vieux registre des préparations ou encore les objets en étain qui servaient aux lavements, aux saignements et autres charmantes irrigations. Astucieux : les témoignages des malades sont imprimés sur les draps des lits à baldaquin. La dernière salle abrite une reconstitution de pharmacie du XIXe s. En sortant, passer par le ***jardin de plantes médicinales*** aménagé dans le cloître du couvent.

La croix d'Anjou : *dans la chapelle de la Girouardière. ☎ 02-41-89-75-49. Sonner au nº 8, une religieuse viendra ouvrir. Mer-lun 14h30-16h30. Fermé mar et j. de fêtes religieuses. GRATUIT.* Croix magnifique, fabriquée, semble-t-il, à partir de morceaux de la Vraie Croix (celle de la Crucifixion) et décorée d'or et de pierreries du XIVe s par les orfèvres du roi Charles V.

UNE CROIX PEUT EN CACHER UNE AUTRE

Le roi René fit de la croix à double traverse le symbole de l'Anjou, au XVe s. Après son mariage avec Isabelle de Lorraine, elle devint également croix de Lorraine. Quelques siècles plus tard, sur proposition de l'amiral Muselier, qui était lorrain, cette croix devint le symbole de la France libre en 1940. Elle fut choisie comme motif pour le mémorial du général de Gaulle à Colombey-les-Deux-Églises en 1972.

Parcours découverte « Les Pas bleus » : *circuit de 1h30, jalonné de 16 pupitres. Plan à l'office de tourisme.* Il permet de découvrir le riche patrimoine historique du centre-ville. Rue de l'Église, tout au début, belle tour d'angle du XVe s. Plus haut, église Saint-Pierre-Saint-Laurent (XVIe-XVIIe s). Dans l'impasse Notre-Dame, demeure de 1619 avec nom du propriétaire. Place de la Croix-Orée, maisons de nobles. La « Pierre Grise » possède de curieuses tourelles et encorbellement « en cornet de glace ».

DANS LES ENVIRONS DE BAUGÉ-EN-ANJOU

Les clochers tors *(c'est-à-dire torsadés)* ***:*** le Baugeois compte la plus importante concentration de clochers tors de France (6 en tout !). Celui de l'***église Saint-Symphorien du Vieil-Baugé*** (XIe et XIIe s), un Village de charme au sud-ouest de

Baugé, est penché, tel un chapeau de sorcière ; assez incroyable ! Dans le style encore plus torsadé, voir celui de l'***église Saint-Denis de Pontigné*** (XIIe s), à 5 km à l'est de Baugé. Elle est aussi remarquable pour ses peintures murales du XIIIe au XVIIIe s. Le circuit des clochers tors se continue sur la D 766, à 9 km à l'ouest de Baugé, avec l'***église de Jarzé*** et, sur la route de Beaufort-en-Vallée, l'***église de Fontaine-Guérin*** (XIe s), dont les fresques de la nef représentent des figures grotesques. À noter aussi, l'***église de Mouliherne*** (XIIe s), à 10 km au sud-est de Baugé, et l'***église de Fougeré*** (XIIe s), au nord, avec son chœur Plantagenêt.

La forêt domaniale de Chandelais : *au sud-est de Baugé.* L'ancien domaine de chasse à courre du roi René constitue aujourd'hui la forêt la plus remarquable de l'Anjou. On y trouve surtout des chênes et des hêtres. Quelques sentiers pédestres et aires de pique-nique. Mais gare aux périodes de chasse (dates à l'office de tourisme) !

Le musée Jules-Desbois : ***Parçay-les-Pins,*** *49490* ***Noyant-Villages.*** *☎ 02-41-82-28-80. À env 20 km au sud-est de Baugé. Juil-août, mer-dim 10h30-12h30, 14h30-18h30 ; vac de Pâques-fin juin et sept-11 nov, mer-dim 14h30-18h. Entrée : 6 € ; réduc ; gratuit moins de 18 ans. Animations enfants pdt les vac scol.* En face de la maison natale du sculpteur Jules Desbois (1851-1935), ami de Rodin, sont exposées une centaine d'œuvres de cet artiste. Bronze, étain, marbre, plâtre ou encore terres cuites célèbrent le corps avec beaucoup de sensualité. Vous y verrez aussi la célèbre Léda, en marbre, exécutée en 1891.

Le château de Breil-de-Foin : ***Genneteil,*** *49490* ***Noyant-Villages.*** *☎ 02-41-82-25-13. À 18 km à l'est de Baugé et 2 km au sud de Chigné (sur la D 79). 14 juil-31 août, tlj 15h30-18h30. Visite guidée seulement. Entrée : env 10 €, parc compris ; réduc.* Cette imposante demeure est toujours habitée par la même famille depuis 1730. Le château aux allures de manoir (XIe-XVIIe s) abrite un escalier en bois Henri IV, monumental comparé à la taille de l'édifice. Visite riche en anecdotes. Alentour, joli parc botanique.

L'atelier de soldats de plomb : *CBG Mignot, route de Bourgueil, Les Loges, 49390* ***La Breille-les-Pins.*** *☎ 02-41-38-79-77. • cbgmignot.com • Tt au sud du Baugeois, et au nord d'Allonnes par la D 155, dans un hameau 3 km après La Breille-les-Pins, direction Courléon. Lun-ven sauf j. fériés 9h-12h, 13h30-16h30. GRATUIT.* Fondé en 1825 à Paris, l'atelier est désormais installé dans ce hameau depuis 1994. Rien, ou presque, n'a changé dans les techniques chez le dernier fabricant de figurines de plomb (en fait, un alliage) en France : soldats, véhicules, animaux, décors, personnages en tout genre, etc. On peut jeter un coup d'œil à l'atelier et découvrir la collection complète de la maison (plus de 4 500 pièces différentes). L'histoire de France et de la société française, des champs de bataille au cirque Gruss au grand complet, à l'échelle des Lilliputiens. Insolite et amusant, pour petits et grands.

BEAUFORT-EN-VALLÉE (BEAUFORT-EN-ANJOU)

(49250) 6 500 hab. *Carte Maine-et-Loire, C2*

À 11 km au nord des Rosiers-sur-Loire, une agréable petite ville de l'arrière-pays qui mérite le détour pour son intéressant patrimoine : ruelles pavées, halles du XIXe s (on y trouvait initialement la célèbre toile de Beaufort), ruines d'un château fortifié du XIVe s, hôtel-Dieu et surtout le cabinet de curiosités d'un étonnant voyageur au XIXe s, Joseph Denais. Et sur la place principale de la ville, une colonne de 12 m de haut, surmontée d'une statue de Jeanne de Laval, épouse du roi René.

Infos utiles

– L'***office de tourisme Baugeois-Vallée*** propose le « circuit Jeanne de Laval », à la découverte du patrimoine de Beaufort (1h-1h30). Également un « circuit du Couasnon » entre Beaufort et Gée (1h30, 5 km).
– ***Marchés :*** *mer mat (depuis 1322 !) et petit marché bio ven à 16h30.*

Où dormir dans le coin ?

Chambres d'hôtes La Chouannière : *chez M. et Mme Patrice, domaine des Hayes,* ***Brion,*** *49250* ***Les Bois-d'Anjou.*** *☎ 02-41-80-21-74. • chouanniere@loire-passion.com • loire-passion.com • À 9 km à l'est. De mi-mai à mi-sept. Doubles 75-85 €.* Charmante demeure du XVIe s, isolée dans un hameau adorable. Tout en tuffeau et dotée d'une tour imposante (un pigeonnier), elle déploie ses ailes dans un parc ombragé et très fleuri. Dans une dépendance, des chambres de caractère et de plain-pied. Mais les vrais aventuriers choisiront sans doute le gîte perché sur pilotis. Une adresse pour les romantiques, bénéficiant d'un label environnemental. Piscine chauffée.

À voir. À faire

Le musée Joseph-Denais : *5, pl. Notre-Dame. ☎ 02-41-80-26-87. • 3museesinsolitesenanjou.com • Face au portail de l'église. Juil-août, mer-dim 10h30-12h30, 14h30-18h30 ; vac de Pâques-fin juin et sept-11 nov, mer-dim 14h30-18h. Entrée : 6 € ; réduc ; gratuit jusqu'à 18 ans et pour ts le 1er dim du mois. Visite guidée sur résa pour les groupes. Visite possible via une application sur son smartphone. Parcours enfants et animations pdt les vac scol.* Ne pas manquer cet authentique et rare cabinet de curiosités, installé dans un petit palais de style « florentin-arabo-angevin » conçu pour abriter en 1905 les collections du journaliste-baroudeur Joseph Denais (1851-1916). Originaire de Beaufort, ce collectionneur frénétique et grand voyageur accumula dès l'âge de 15 ans près de 7 000 objets en tout genre. Si l'histoire de Beaufort constitue la base de la collection, celle-ci s'étend dans tous les domaines et invite à un véritable « voyage immobile » : archéologie, égyptologie, ethnographie, beaux-arts et histoire naturelle... Ce n'est pas la valeur marchande qui fait la richesse de la collection, mais l'atypisme des objets, voire leur bizarrerie parfois ! Au fil des 7 salles, on trouve de tout, du plus prestigieux au plus anecdotique, *La Petite Châtelaine* de Camille Claudel, 2 étonnantes momies égyptiennes, du miel en provenance du tombeau de Napoléon, un « morceau de pain datant de la Commune et arraché de la bouche d'un Prussien » (!), une taupe albinos (la coqueluche du musée), un arbre aux oiseaux, etc. Autant d'objets parfaitement documentés par leur découvreur, qui parlent à tous et qui ont tous une histoire à raconter. La muséographie moderne entretient cette part de curiosité, aussi n'oubliez pas d'ouvrir les tiroirs ou les portes énigmatiques !

L'église Notre-Dame : *entrée rue des Halles. Visite autoguidée possible avec appli téléchargeable « Izi-Tra-Vel ».* Édifiée à partir du XIIe s, elle a été remaniée plusieurs fois du XVe au XIXe s. Portail extérieur raffiné, élevé à la fin du XIXe s et, à l'intérieur, orgues de 1858 ainsi que de nombreux vitraux exécutés de 1869 à 1889.

Le circuit du Couasnon : *1h30 pour 5 km, à pied ou à vélo.* Départ du parc du Marais, un espace typique du marais (entrée sur la route de l'Épinay). Tables de pique-nique. De là, le sentier paysager rejoint le bourg de Gée, longeant la rivière du Couasnon, entre haies et prairies. Une petite faim ? L'*Auberge du Couasnon* devrait pleinement vous satisfaire avec sa terrasse donnant sur le Couasnon *(☎ 02-41-44-86-29).*

DANS LES ENVIRONS DE BEAUFORT-EN-VALLÉE

Le château de Montgeoffroy : *route de Seiches, 49630* ***Mazé.*** *☎ 02-41-80-60-02. 06-42-33-68-07. • montgeoffroy@gmail.com • chateaudemontgeoffroy.com • Sur la D 74, à l'ouest de Beaufort-en-Vallée. Ouv vac de Pâques-vac de la Toussaint : juil-août, tlj 10h-18h ; le reste du temps, mer-dim 10h-12h, 14h-18h (fermé lun-mar). Visite du château guidée seulement (rdc et/ou 1er étage, 1h ou 1h30) à heures fixes, dernière à 16h. Entrée château, parc, jardin et miniferme : 11 € ; réduc. Parc et miniferme seulement : 5 €. Également des visites théâtralisées aux chandelles (ven en août ; sur résa ; 14 €).* Élégant château du XVIIIe s, construit par le maréchal de Contades, un riche et puissant personnage du règne de Louis XV. Typique de l'architecture de cette époque, l'édifice ne manque pas d'allure avec son logis principal et ses 2 ailes donnant sur un vaste parc. Il a miraculeusement conservé son mobilier et son décor d'origine, sans doute grâce au petit-fils illégitime du maréchal, Marie-Jean Hérault de Séchelles, président de la Convention et proche de Danton. Il évita au château les destructions révolutionnaires (le pauvre finira quand même guillotiné en 1794 !). Visite très intéressante : salons, salle à manger et salle de billard, beaux tableaux (Rigaud, Van Loo), chambre de Mme Hérault de Séchelles (maîtresse du maréchal de Contades), d'intéressantes tapisseries et du mobilier rare d'époque. Superbe sellerie également dans les anciennes écuries, chapelle, et une remarquable cuisine ne comprenant pas moins de 260 ustensiles en cuivre et en étain. Un château encore réellement vivant, appartenant à la même famille.

Le moulin de Longué – Hydronef : *av. du Moulin, 49160* ***Longué-Jumelles.*** *☎ 02-41-67-81-18. • villedelonguejumelles.fr/tourisme/hydronef • Sur la D 347, à mi-chemin entre Beaufort-en-Vallée et Saumur. Au centre-ville. Avr-sept, mer-dim et l'ap-m des j. fériés 10h-12h30, 15h-18h30. Entrée : 2 € (visite guidée sur résa 3 €).* De la roue à aubes à la machine à vapeur, le moulin de Longué n'a cessé de s'adapter aux technologies du moment jusqu'à aujourd'hui, où cet « hydronef » présente, de manière interactive, le monde de l'énergie hydraulique et des machines à eau. Vidéos, écrans tactiles, lumières tamisées... Profitez-en pour vous balader dans le village (circuit patrimoine avec lavoirs, église, découverte de la boule de fort).

***La Ménitré** (49250) :* *à 7 km au sud de Beaufort.* En bord de Loire, joli point de vue sur l'abbaye de Saint-Maur, située rive gauche. Au camping, les pieds dans l'eau, base nautique pour explorer la Loire en canoë *(06-17-08-91-75)* et départs de croisières avec le bateau *Loire Odyssée* *(• loire-odyssee.fr •).* Repérez en passant l'étonnant *moulin à vent du Goislard* *(rue du Manoir),* l'un des 2 seuls de type « chandelier » qui subsistent en Anjou sur les 150 recensés.

LA VENDÉE

• Carte *p. 418-419*

ABC de la Vendée

- *Population :* 679 200 hab.
- *Superficie :* 6 720 km².
- *Préfecture :* La Roche-sur-Yon (54 400 hab.).
- *Villes principales :* Les Sables-d'Olonne, Fontenay-le-Comte, Challans et Les Herbiers.
- *Signes particuliers :* le même nombre d'heures d'ensoleillement que la Côte d'Azur ; 1 800 km de pistes cyclables ; 2 îles (Yeu et Noirmoutier) ; 8 Petites Cités de caractère (Apremont, Mallièvre, Mouchamps, Pouzauges, Vouvant, Faymoreau, Foussais-Payré et Nieul-sur-l'Autise).
- *Point culminant :* le mont Mercure (290 m).

Pour beaucoup, le nom de Vendée évoque, en dehors du souvenir des 1ers bains de mer et des joyeuses colonies de vacances, une histoire mouvementée et tragique. Les guerres de Vendée ne concernaient pourtant que la moitié nord du département et surtout les 3 départements voisins !
La Vendée a évidemment bien d'autres facettes. Diversité dans le paysage : les Marais (breton ou poitevin), les bocages, les longues côtes sablonneuses adossées aux forêts de pins et les petits villages de pêcheurs qui côtoient les stations balnéaires, sans oublier les îles... Diversité du patrimoine aussi, avec les églises romanes (on a un pied dans le Poitou), les abbayes, les châteaux, les calvaires... Autant de balades possibles dans l'arrière-pays où l'offre en matière de découverte culturelle ou sportive s'accroît d'année en année.
Quant à la cuisine, pas besoin d'en connaître un rayon pour la trouver succulente. Si on y ajoute un climat particulièrement agréable et un littoral non bâti à plus de 80 % (on a parfois du mal à y croire !), on conviendra que la Vendée mérite largement sa place de département parmi les plus touristiques de France.

MADE IN VENDÉE...

C'est inouï le nombre de produits qui clament haut et fort leur origine vendéenne, à commencer par le ***jambon*** et la ***brioche***. Mais pour une fois, ça dépasse largement le cadre marketing. Une véritable démarche qualitative se cache derrière. Pour preuve, le nombre de labels et d'appellations protégeant tous ces produits : Label Rouge pour le jambon de Vendée, la brioche, la ***sardine*** de Saint-Gilles-Croix-de-Vie, les ***volailles*** du bocage dont le canard de Challans... et les fameuses ***mogettes.*** Quant à la pomme de terre de Noirmoutier (la ***bonnotte*** et consœurs), elle bénéficie d'une IGP depuis 2020.
Au rayon viticole, les gentils ***fiefs-vendéens*** finissent par sortir de l'anonymat. Sous une même appellation, on distingue ***5 AOP*** : Mareuil, Pissotte, Brem, Chantonnay et Vix. Ces vins, rouges, blancs et rosés, s'inscrivent dans la tradition des vins de Loire. On retrouve les mêmes cépages (en assemblage), avec un brin de soleil en plus.

LA VENDÉE
GRANDIOSE ET INTIME
vendee-tourisme.com

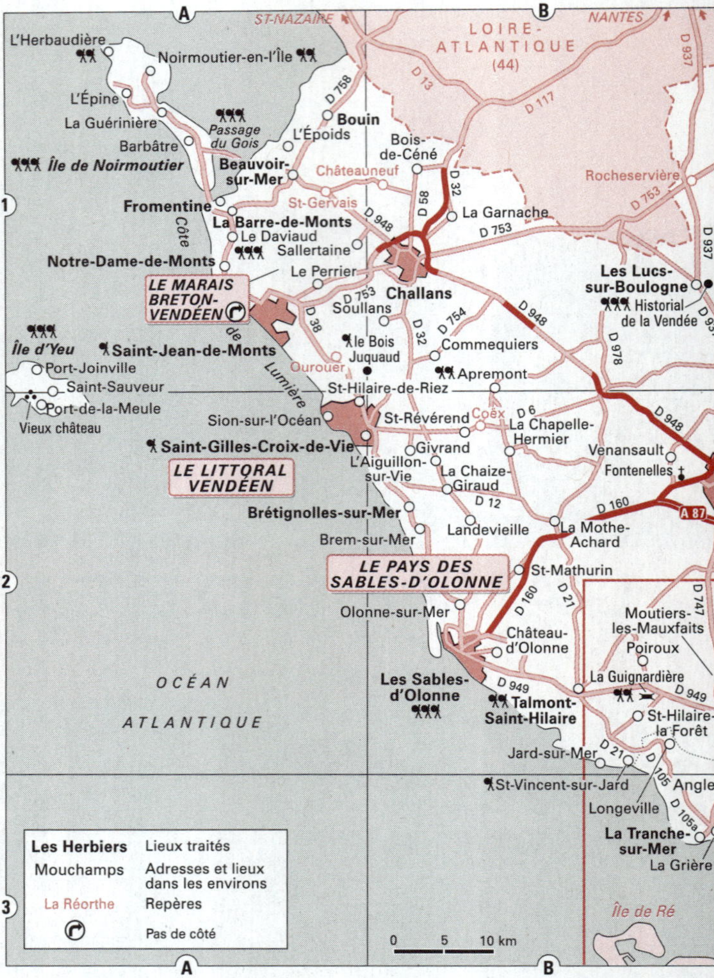

LA VENDÉE

Adresses et infos utiles

Vendée Tourisme : *Pôle Tourisme, 45, bd des États-Unis, 85000* ***La Roche-sur-Yon*** *Cedex. ☎ 02-51-47-88-20. • vendee-tourisme.com • Infos par tél seulement : lun-ven 9h-12h30, 14h (13h30 lun)-18h (17h30 ven).*

■ ***Clévacances Vendée :*** *• vendee.clevacances.com •* Location de gîtes, meublés et chambres d'hôtes.

■ ***Gîtes de France :*** *☎ 02-51-37-87-87 (lun-ven 9h-17h30, sam 9h-12h30). • contact@gites-de-france-vendee.*

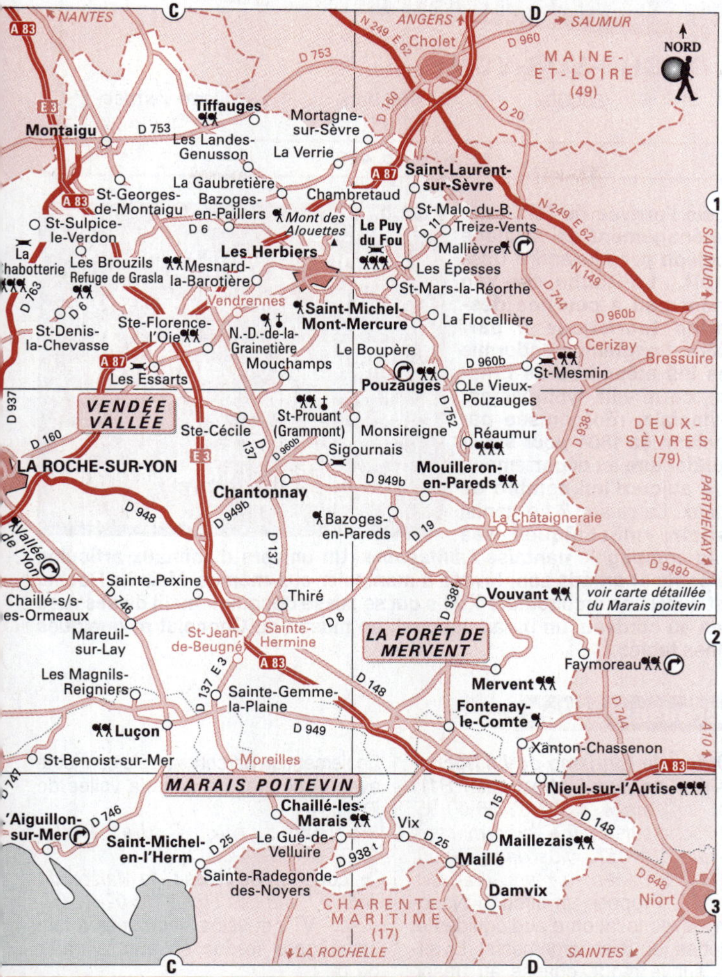

LA VENDÉE

com • *gites-de-france-vendee.com* •

– ***Réseau de bus régional Aléop :*** ☎ *02-51-44-76-10.* • *aleop.paysdelaloire.fr* •

– ***Les pistes cyclables :*** le réseau couvre 1 800 km (dont 200 km le long du littoral). Applications mobiles et sites web à l'appui. • *vendeevelo.vendee-tourisme.com* •

– ***Balades GPS / Geocaching :*** partez à l'aventure hors des sentiers battus... Programmes et matériel auprès des offices de tourisme de Saint-Jean-de-Monts, Notre-Dame-de-Monts, la réserve biologique de Nalliers-Mouzeuil ou encore des Herbiers, de Pouzauges, de Rocheservière et du refuge de Grasla aux Brouzils.

LA ROCHE-SUR-YON

(85000) 54 400 hab. *Carte Vendée, B-C2*

• Plan *p. 421*

Depuis l'arrivée du TGV et le réaménagement de la place Napoléon par Alexandre Chémetoff, La Roche-sur-Yon devient peu à peu une destination touristique à part entière. Longtemps endormie dans les méandres de l'Histoire, cette ville typiquement provinciale, réorganisée par Napoléon en 1804 pour servir de préfecture au département, attire aujourd'hui nombre de curieux. La raison ? Le génial bestiaire mécanique créé par la compagnie nantaise *La Machine.* Un univers d'animaux articulés que petits et grands sont invités à manipuler eux-mêmes. Mais La Roche, c'est aussi une architecture XIXe s qui se laisse découvrir au fil de ses rues tirées au cordeau, un haras national, un musée du Chocolat et quelques bonnes tables...

BIENVENUE À NAPOLÉON-VENDÉE

C'est en tout cas le nom inscrit sur une plaque que l'on peut lire en débarquant à la gare, celle-ci datant de 1866. Il faut dire que la ville changea 8 fois de nom au XIXe s, en fonction des aléas politiques nationaux : Empire, Monarchie, République... Un cas d'école ! Il y eut aussi Bourbon-Vendée. La ville ne retrouva son nom d'origine, La Roche-sur-Yon, qu'en 1870. Ouf !

Adresses utiles

i ***Office de tourisme de La Roche-sur-Yon Agglomération*** *(plan B1) : 7, pl. du Marché.* ☎ *02-51-36-00-85.* • *ot-roche-sur-yon.fr* • *Avr à mi-sept, lun-sam 10h-18h, plus dim juil-août 10h-14h ; mi-sept à mars, mar-sam 10h-17h.* Propose un circuit « Napoléon » avec location d'audioguides et tablettes (ou téléchargements). Livret-jeux sur le mode chasse au trésor. Également un parcours à vélo connecté avec appli gratuite dans la vallée de l'Yon.

Taxis : *Allo Radio Taxis,* ☎ *02-51-06-44-80.*

Location de vélos : *à la* ***Maison du vélo,*** *11, rue des Halles.* ☎ *02-51-06-82-23.* VTT et vélos électriques à tarif avantageux (réduc en été), à partir de 1h.

Où dormir ?

Prix moyens

Hôtel de la Vendée *(plan B2,* ***11****) : 4, rue Malesherbes.* ☎ *02-51-37-28-67.* • *hoteldelavendee@orange.fr* • *hotel-vendee.com* • *Doubles 62-80 € ; familiales. Garage vélos et motos.* Cet hôtel modeste mais efficace d'une trentaine de chambres adopte une déco moderne : couleurs bien choisies, de l'ocre au gris perle, et mobilier au goût du jour. Grandes chambres familiales. Autre avantage, il est situé en plein centre.

Hôtel Napoléon *(plan A1,* ***12****) : 50, bd Aristide-Briand.* ☎ *02-51-05-33-56.* • *contact@hotel-le-napoleon.com* • *hotel-le-napoleon.com* • *Doubles standard 69-99 € ; supérieures. Garage payant (3 places seulement).* À deux

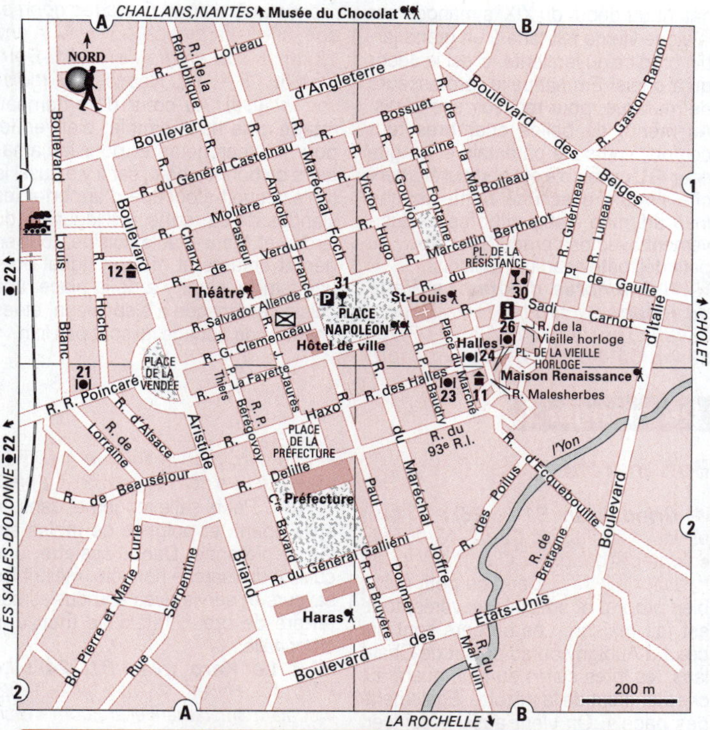

LA ROCHE-SUR-YON

Adresse utile Office de tourisme (B1) **Où dormir ?** **11** Hôtel de la Vendée (B2) **12** Hôtel Napoléon (A1) **Où manger ?** **21** L'Atable (A2)	**22** Les P'tits Ventres de Terre (hors plan par A1 ou A2) **23** Le P'tit Marais (B2) **24** Le Karo (B1) **26** Grind (B1-2) **Où boire un verre ?** **30** Le Bar des Artistes (B1) **31** Le 18 B (A1)

pas de la gare, ce 3-étoiles présente des chambres confortables de toutes tailles, d'une discrète et très contemporaine élégance. On y est en tout cas bien accueilli.

Où dormir dans les environs ?

***L'Hortensia Bleu :** Le Petit-Bois-Clos, 85310 **Chaillé-sous-les-Ormeaux (Rives-de-l'Yon).** ☎ 02-51-31-42-29. • emmanuelle.barkan@orange.fr • lhortensiableu.com • À une vingtaine de km au sud-est de La Roche. Doubles 48-67 €. Table d'hôtes 30 €.* Une maison de maître datant du début du XIXe s mangée par la vigne vierge fait face à un grand jardin propice au farniente. C'est le décor qu'a choisi Emmanuelle, professeure de musique, pour recevoir ses hôtes. Au menu, de belles chambres tout confort, une suite parentale et un gîte pour 4. L'ensemble est particulièrement chaleureux, avec une petite touche *Irish* affirmée. Table d'hôtes exclusivement avec des produits locaux... Au petit déj, pâte à tartiner maison !

Chambres d'hôtes La Halte du Pèlerin : *lieu-dit le Puits-Pèlerin, 85480 Thorigny. ☎ 02-51-07-23-59. 06-12-80-06-70. • benoit.rochereau@orange.fr • sites.google.com/site/lahaltedupelerin • À env 13 km au sud-est de La Roche. Doubles env 52-57 €. Repas 21 € (boisson incluse).* Au cœur d'un hameau retapé, une halte simple, bienvenue, pour les marcheurs et pour les amateurs de bonne chère, car il y a aussi la table. Benoît s'occupe d'apporter les viandes de sa ferme, les légumes du jardin, et Marie-Paule cuisine, tout en gérant enfants et maison. Idéal pour une famille, car il y a de la place, une cuisine aménagée à disposition, et les chemins du bocage ne sont pas loin.

Où manger ?

Bon marché

Grind (plan B1-2, **26**) **:** *13 bis, pl. du Marché. ☎ 02-52-43-00-43. • contact@grind.fr • Ouv tlj. Plats et formules 10-13 €.* Dans ce petit resto bien propret et spécial locavores, tout est fait maison. Les burgers sont au bœuf d'Aubigny ou au poulet de Challans, les frites cuites au four, quant au *cheese*, c'est de la mizotte. Également des bagels. On vient aussi y écluser des binouzes brassées 100 % ventres-à-choux ou déguster un café de tradition Barista avec quelques cookies. Service gentil.

Les P'tits Ventres de Terre (hors plan par A1 ou A2, **22**) **:** *87-89, bd du Maréchal-Leclerc. ☎ 02-51-43-85-69. • ptits-ventres-de-terre@orange.fr • Derrière la gare ferroviaire. Fermé dim. Congés : fin août. Menus 11,50-23,50 €. Apéritif maison offert sur présentation de ce guide.* Dans une grande salle pimpante avec patio sur l'arrière, le chef, le cœur chevillé au terroir, multiplie les innovations en matière de gastronomie locale. Mijotée au rythme des saisons, sa cuisine servie dans des petits pots de terre coiffés d'un authentique préfou rencontre un succès fou. Incontournable !

Prix moyens

Le P'tit Marais (plan B2, **23**) **:** *24, rue des Halles. ☎ 02-51-48-56-81. Fermé dim, plus le soir lun-mer. Formules déj en sem env 16-21 € ; plats 12-17 €.* Petite salle moderne, dans un style épuré, et poignée de tables sur la rue piétonne. Dans l'assiette, une cuisine du marché honnête, mêlant les saveurs et servie avec enthousiasme : tartare de bœuf, tataki de thon à la citronnelle...

Le Karo (plan B1, **24**) **:** *Le Karo des Halles. ☎ 02-51-62-79-32. • contact@restaurantlekaro.com • Mar-sam. Menus env 15-18 € (midi en sem), puis env 24-30 €.* Adossé au parvis des Halles, *Le Karo* arbore un cadre à la fois feutré et lumineux avec ses larges baies vitrées. Un fil rouge contemporain chic mais pas prise de tête, qui se décline jusque dans l'assiette et dans le verre. Les associations bien vues et les cuissons parfaites font honneur aux produits maraîchins, à la volaille de Challans, aux poissons de la criée des Sables... Au service, une équipe jeune et pro.

Chic

L'Atable (plan A2, **21**) **:** *20 bis, rue Raymond-Poincaré. ☎ 02-51-36-21-35. • restaurant-latable@orange.fr • Fermé dim-lun, plus le soir mar-mer. Résa longtemps à l'avance. Menus 36-59 €.* Cadre contemporain et chaleureux dans les tons noirs et bois pour une cuisine créative, subtile et raffinée, tout en harmonie de saveurs. La carte change à chaque service et reste toujours de haute volée ! Assurément l'une des meilleures tables de la ville, qui a également ouvert une épicerie fine.

Où boire un verre ?

Le Bar des Artistes (plan B1, **30**) : *4, pl. de la Résistance. ☎ 02-51-62-78-79. Mar-sam 17h-1h (2h w-e).* Un bar un peu barré pour quarantenaires, décoré d'un capharnaüm d'objets hétéroclites du sol au plafond. Tenu par un patron autodiplômé « bistrothérapeute » (sans rendez-vous) ! Concerts et expos de temps à autre. Petite terrasse sous les cerisiers de l'autre côté de la rue.

Le 18 B (plan A1, **31**) : *30, pl. Napoléon. ☎ 02-51-36-28-03. 📱 06-50-88-26-57. Tlj midi et soir 9h-1h (2h w-e). Fermé 1er janv et 1er mai.* *Le 18 B* (en référence au 18 Brumaire), c'est le snack-bar installé sous une grande verrière façon orangerie. L'incontournable de la place Nap, bien à toute heure, particulièrement fréquenté pour le brunch du dimanche. Mais surtout impec' pour un verre.

À voir

La place Napoléon (plan A-B1) : avec ses dimensions exceptionnelles, la place Napoléon reste le symbole de La Roche-sur-Yon. Véritable cœur de la ville, elle a été repensée par l'architecte Alexandre Chémetoff et est devenue une sorte de « salon végétal » avec ses 4 bassins, son kiosque et « **Les Animaux de la place** » *(tlj 12h-18h – 10h-19h juil-août ; horaires variables selon saison ; fermé en janv ; GRATUIT)*, un bestiaire mécanique créé par la compagnie *La Machine* de Nantes. Un crocodile du Nil de 8 m, un dromadaire ou encore un hippopotame cracheurs d'eau côtoient un hibou grand duc dans des bassins qui évoquent à la fois le marais vendéen et la campagne napoléonienne en Égypte. Le bestiaire est interactif puisque le public met directement en mouvement ces sculptures mécaniques. Très poétique et succès garanti auprès des enfants !

UN ILLUSTRATEUR VACHEMENT BIEN

Benjamin Rabier (1864-1939), né à La Roche-sur-Yon, fut un illustrateur hors pair et l'un des meilleurs dessinateurs animaliers de son époque, admiré d'Hergé. Il donna vie au canard Gédéon et surtout... à la Vache qui rit. Les époux Bel, créateurs de cette pâte fromagère, eurent l'idée du nom et optèrent pour l'humour. Et Rabier traduisit merveilleusement tout cela en quelques traits de crayon.

L'église Saint-Louis (plan B1) : *sur la pl. Napoléon. Tlj.* L'église du XIXe s – la plus vaste de Vendée – présente une façade néoclassique avec 6 colonnes d'ordre toscan sous un fronton triangulaire surmonté de 2 tours carrées. Un ensemble plein de légèreté ! À l'intérieur, immense voûte à caissons garnis de rosaces. Sur la droite, la chapelle de la Vierge *(tlj 9h30-18h30)* abrite une statue de Notre-Dame de La Roche, en bois polychrome du XIVe s.

Le théâtre (plan A1) : *sur la pl. Napoléon. Programmation et résas : ☎ 02-51-36-00-85. Ouv à la visite l'été. GRATUIT.* Il date de 1845. Théâtre à l'italienne à l'architecture néoclassique, conçu par Urbain Pivard.

Le musée du Chocolat (hors plan par A1) : *38, rue Paul-Émile-Victor (Espace Bell). ☎ 02-51-24-22-40. • chocolats-gelencser.com • Du centre de La Roche, prendre la D 763 direction Nantes, puis 1re à droite après le rond-point Bernard-Palissy (fléché). Tlj sauf dim, plus lun hors juil-août (horaires sur le site).*

Entrée : env 7 € ; réduc. Créé par Patrick Gelencser, qui produit son chocolat directement à partir de la fève de cacao. Un petit musée interactif fort bien fait qui fait faire le tour du monde des zones de production de la divine cabosse. Histoire, traditions, etc. Possibilité de voir les chocolatiers au travail sur leurs drôles de machines (avant 16h). Et une boutique, bien sûr !

La maison Renaissance *(plan B1)* **:** *11, rue du Vieux-Marché. Juil-août, lun-sam et j. fériés 10h-12h30, 13h30-18h. Fermé dim. GRATUIT.* Au cœur du vieux bourg, la maison la plus ancienne de la ville (1566), remarquable pour son escalier à vis et ses cheminées monumentales. Expo consacrée à l'histoire de la ville et espace dédié à René Couzinet, célèbre constructeur d'avion.

Le Haras de la Vendée *(plan A-B2)* **:** *120, bd des États-Unis. ☎ 02-51-37-48-48. • sitesculturels.vendee.fr/Haras-de-la-Vendee • Juil-août, tlj 10h-19h ; début avr-début mai, tlj sauf ven 14h-18h. Entrée : 7 € ; réduc ; gratuit moins de 18 ans.* En pleine ville, on a du mal à imaginer la superficie réelle de cet immense espace vert de 4,5 ha, devenu un vaste parc animé par le Département de la Vendée. En saison, on y découvre de nombreuses animations et un grand spectacle équestre.

Manifestations

– ***Festival Colors :*** *10 j. fin mai-début juin, les années paires. • spoart.fr •* Festival de toutes les danses, dans les rues du centre-ville.
– ***Festival R. Pop :*** *fin juin-début juil, mer et jeu soir, jardin de la mairie. • festival-rpop.fr •* Festival gratuit de musiques actuelles.
– ***Festival au son de l'Yon :*** *les jeu en août. GRATUIT. Concerts de plein air au moulin de Rambourg à Nesmy.*
– ***Festival international du Film de La Roche-sur-Yon :*** *1 sem mi-oct. • fif-85.com •*

DANS LES ENVIRONS DE LA ROCHE-SUR-YON

Les Jardins du Loriot : *60, chemin de la Tour, La Mancelière, 85190* ***Venansault.*** *☎ 02-51-40-35-41. • jardinsduloriot.fr • À 8 km à l'ouest de La Roche par la D 760. Juil-août, tlj 14h30-19h ; mai-juin et sept, seulement dim et j. fériés 14h30-19h. Entrée : 7,50 € ; réduc ; gratuit jusqu'à 5 ans.* Agréable parc oriental, « fabriqué main » par un passionné de bambous : plus de 130 espèces poussent sur les 5 ha de ce qui n'était, il y a quelques années, qu'une prairie marécageuse. Et autour de l'étang central, du chemin des Ânes au jardin de Gargantua en passant par la cascade des Pandas, on découvre bien d'autres espèces végétales d'ici ou d'ailleurs, notamment des nymphéas (fleurs de lotus). Un vrai petit voyage en Orient au cœur de la Vendée, entre temples et pagodes Ganesh et statues de Bouddha. Salon de thé.

La vallée de l'Yon : *au sud de La Roche-sur-Yon.* Peu fréquentée par les touristes, et pourtant les Yonnais s'y rendent volontiers le week-end pour jouer à saute-mouton sur les gros rochers pittoresques du ***chaos de Piquet.*** Randonnées (4 à 18 km), pique-nique ou guinguette au programme, mais baignade interdite. Au fil de l'eau, laissez-vous porter jusqu'à la ***Maison des libellules*** et ses 2 ha de jardin naturel *(85310* ***Chaillé-sous-les-Ormeaux*** *; • larochesuryon.fr/maison-des-libellules/ •)* ou jusqu'au ***moulin de Rambourg*** *(85310* ***Nesmy*** *; • larochesuryon.fr • ; visites et activités),* seul survivant des 40 moulins à eau de la vallée de l'Yon.

VENDÉE VALLÉE, DE BOCAGE EN COLLINES

Si vous avez hâte d'arriver au Puy du Fou, suivez les panneaux depuis La Roche-sur-Yon. Ou faites comme nous, sillonnez cet attachant Bocage vendéen au nom de code « Vendée Vallée » et sa ribambelle de villages, d'églises et de manoirs adossés aux coteaux. Le paysage prend ici des rondeurs. Les routes se mettent à serpenter et grimpent doucement à travers bosquets et haies touffues jusqu'au mont Mercure, point culminant du département (290 m).
Remontons tranquillement le Lay et le temps jusqu'à Pouzauges pour aller ensuite explorer les collines vendéennes autour des Herbiers avant de nous plonger dans l'histoire plus à l'ouest, du côté des Lucs-sur-Boulogne. Avec ce sentiment, en bout de course, que le Puy du Fou dans ce Bocage vendéen est décidément cerné de bien des richesses !

Infos utiles

– Infos dans les ***offices de tourisme*** *(nº commun : ☎ 02-44-40-20-16)* des Herbiers, de Mortagne-sur-Sèvre, Pouzauges, Saint-Fulgent/Les Essarts, Terres Montaigu et Chantonnay.
– Pour ***réserver un hébergement autour du Puy du Fou,*** c'est parfois la galère en saison. Consulter le site *• vendeevallee.fr •,* qui regroupe tous les hébergements, sites touristiques, animations, activités culturelles...
– ***Carte/pass Vendée Vallée :*** carte indiquant les partenaires touristiques de la région chez qui on peut bénéficier de réductions. Se la procurer dans les offices de tourisme et à l'entrée des sites.

LA VENDÉE

CHANTONNAY

(85110) 8 530 hab. *Carte Vendée, C2*

Chantonnay n'est qu'une ville de passage et constitue la porte d'accès sud du pays du Bocage vendéen. Le temps d'une balade dans la ville, découvrez l'église néogothique, le parc Clemenceau du XIXe s ainsi que le bourg pittoresque de Puybelliard avec son circuit historique « De venelles en ruelles ».

Adresse utile

ℹ ***Office de tourisme :*** *pl. de la Liberté. ☎ 02-44-40-20-16. • vendeevallee.fr • Juil-août, lun-sam 9h30-12h30, 13h30-18h (14h-17h sam) ; hors saison, fermé sam ap-m et dim, plus lun mat oct-avr.*

Où dormir ? Où manger dans les environs ?

Chambres d'hôtes du Manoir de Ponsay : *☎ 02-51-46-96-71. • manoirdeponsay@gmail.com • manoirdeponsay.com • À env 4 km ; emprunter la D 949 à l'ouest jusqu'à Saint-Mars-des-Prés, puis suivre les panneaux « Ponsay ». Doubles 87-169 €, à partir de 68 € sans petit déj ; familiales. Table d'hôtes sur résa 33 € tt compris.* Séjourner au manoir, c'est partager les souvenirs d'une des plus vieilles familles du pays. Ce qui signifie dormir dans de belles chambres au mobilier ancien, prendre ses repas dans une salle à manger de style et jouer au billard dans le salon. Piscine extérieure. Tout cela en toute simplicité, car les jeunes héritiers sont accueillants et pas compliqués.

La Morlière : *La Morlière, 85110* ***Sigournais.*** *☎ 02-51-40-41-98. • contact@restaurantlamorliere.com • À 15 mn au nord-est de Chantonnay. Fermé lun soir, mar soir et mer. Résa conseillée. Formules déj en sem 14,90-16,90 € ; menus 21,90-40 €.* En balcon sur le lac de Rochereau (terrasse particulière agréable aux beaux jours) ou dans la salle vitrée plutôt moderne aux tables joliment dressées. Un resto pour fines gueules mené tambour battant. Cuisine française de terre ou de mer bien dans la tradition. Pour la digestion, parcours santé juste en bas.

À faire

La base de loisirs de Touchegray : *au sud, en amont du barrage de l'Angle-Guignard. ☎ 02-44-40-20-06. • cc-paysdechantonnay.fr •* Site très pittoresque. Cette retenue d'eau de 55 ha propose jeux pour enfants, Aquapark, tables de pique-nique, randonnées pédestres, pêche (ponton pour handicapés). En été baignade et activités nautiques.

Le Domaine de la Barbinière : *AOC fiefs-vendéens chantonnay, Saint-Philbert-du-Pont-Charrault, à Chantonnay. ☎ 02-51-34-39-72. • domainedelabarbiniere.com • À env 8 km au sud-est, par la D 31. Sam 9h-12h30, 14h30-18h30, plus lun-ven 14h30-18h mars-déc.* Dégustation-vente de l'AOC chantonnay, l'une des 5 AOC viticoles de Vendée.

DANS LES ENVIRONS DE CHANTONNAY

Les Jardins remarquables : la région abrite 3 jardins aussi confidentiels que complémentaires.

– ***Thiré*** (85210) **:** *à l'est de Sainte-Hermine par la D 8. • jardindewilliamchristie.fr • Juin-début août, mer-dim 10h-17h. Env 5 € ; gratuit moins de 12 ans.* Dans ce joli village de Thiré plein de caractère, le génial chef d'orchestre William Christie ouvre les portes des *Jardins du bâtiment,* autour de sa demeure du XVIIe s qui sert aussi de résidence d'artistes : art topiaire, cloître et pièce d'eau à l'italienne. Concerts au jardin en été.

– ***Sainte-Pexine*** (85320) **:** *à Sainte-Pexine, direction le sud vers Saint-Jean-de-Beugné, puis 200 m après le rond-point de sortie 7 de l'A 83, suivre à droite les panneaux sur 3 km. ☎ 02-51-28-82-62. • jardindechaligny.wordpress.com • 1er-10 juil et sept, tlj 14h-20h ; sinon sur rdv. Env 5 €.* De la même époque et au bord de la rivière Smagne, le *logis de Chaligny* est agrémenté de jardins plus naturalistes et plus libres : orangerie, nymphée, allée en pergola, charmilles, etc.

– Enfin, à l'ouest de Chantonnay (85110), le ***parc du domaine de l'Auneau*** présente un tout autre style, aux accents toscans : paysager avec de grands arbres, des roses anciennes et une vue dégagée sur la vallée du Petit Lay (*06-80-48-25-61 ; • chateaulauneau.com • ; 1er-10 juil et sept, tlj 14h-18h ; sur rdv le reste de l'été ; env 5 €*).

Le château de Sigournais : *rue du Donjon, 85110* ***Sigournais.*** *☎ 02-51-40-40-71. • chateau-sigournais.fr • À l'est de Chantonnay, par la D 960 B jusqu'au rond-point de Saint-Germain-de-Prinçay, puis par la D 39. Juil-début sept, tlj 14h30-18h30 ; sinon sur résa pour les groupes. Entrée : 6 € ; réduc.* Château féodal avec enceinte, donjon-porte et chemin de ronde couvert offrant une vue panoramique à 30 km aux alentours. Les salles restituent l'ambiance de la fin du XVe s (meubles, armures et costumes). Collection de plus de 800 blasons. Expos de peinture en été.

Le prieuré de Grammont : *85110* ***Saint-Prouant.*** *☎ 02-51-66-47-18 ou 02-51-53-66-66 (hors saison). • sitesculturels.vendee.fr • Juin-août, tlj 10h-12h30, 13h30-18h ; 3 premières sem de sept, ven-dim seulement 10h-12h, 13h30-18h. Entrée : 3 € ; réduc ; gratuit jusqu'à 18 ans.* Ancien monastère grandmontain du XIIe s. L'un des mieux conservés de France, avec l'ensemble des bâtiments conventuels (salle capitulaire, réfectoire, cuisine...). Normal, il fut abandonné à la fin du XVIIe s, transformé en exploitation agricole et donc épargné par la Révolution. Une présentation virtuelle du prieuré et du trésor des grandmontains est proposée au visiteur.

Le donjon de Bazoges-en-Pareds *(85390)* **:** *☎ 02-51-51-23-10. • bazoges-en-pareds.fr • ♿ (jardin). Au sud de Mouilleron-en-Pareds. Juil-août, tlj 10h30-12h, 14h-19h ; avr-juin et sept, dim-lun et mer-jeu 14h30-18h (fermé mar et ven-sam). Entrée donjon + jardin + musée : 6 € ; réduc ; gratuit moins de 9 ans. Programmation l'été et animations quotidiennes en juil-août.* Du château, il ne reste en fait que ce donjon, construit au XIVe s pendant la guerre de Cent Ans, surmonté d'une couronne de mâchicoulis. 6 salles meublées retracent la vie quotidienne au Moyen Âge. L'escalier à vis mène au chemin de ronde culminant à 30 m de haut (vue panoramique sur le bocage). Superbe jardin (classé « Remarquable »), d'inspiration médiévale, méritant largement une visite pour ses aromates, légumes et fleurs, ainsi que pour son beau pigeonnier du XVIe s. Enfin, le musée d'Arts et de Traditions populaires conte la vie dans la campagne vendéenne au début du XXe s.

MOUILLERON-EN-PAREDS

(85390) | 1 845 hab. | *Carte Vendée, D2*

Dans ce petit village tranquille entre Chantonnay et La Châtaigneraie, naquirent 2 des hommes les plus importants de l'histoire française des XIXe et XXe s : Georges Clemenceau (1841-1929) et Jean de Lattre de Tassigny (1889-1952). Et l'on ne parle pas de l'astronome Charles-Louis Largeteau (1791-1857) ! Outre la visite des maisons des 2 figures militaires et les expos de photos dans le village, on conseille la jolie balade jusqu'à la colline des Moulins pour découvrir le panorama sur le bocage.

SIGNE DU DESTIN

Le destin a voulu que Clemenceau et de Lattre de Tassigny, nés à 200 m de distance, soient les signataires de la paix pour la France à la fin des 2 conflits mondiaux contre les Allemands. Clemenceau parapha de sa main le traité de Versailles le 28 juin 1919, tandis que de Lattre signa la capitulation de l'Allemagne nazie à Berlin le 9 mai 1945.

À voir

Le musée national Clemenceau-de Lattre : *1, rue Plante-Choux. ☎ 02-51-00-38-72. • musee-clemenceau-delattre.fr • Mai-sept, maison Clemenceau tlj 10h-12h30, 14h-18h (visite libre) ; maison de Lattre, visites guidées seulement (env 50 mn) à 11h et ttes les heures 14h-17h. Le reste de l'année, tlj sauf lun 10h-12h, 14h-17h (départ dernière visite pour musée de Lattre à 16h). Fermé 24 déc-2 janv. Entrée : 6 € ; réduc ; gratuit pour ts le 1er dim du mois.* La maison du maréchal de Lattre de Tassigny est une demeure bourgeoise du XIXe s. Plusieurs vitrines retracent l'histoire de cette famille de notables (maires de Mouilleron pendant 160 ans !), mais aussi la carrière militaire de l'illustre maréchal. Il est enterré dans le village. Quant à la maison de Clemenceau, elle appartenait aux grands-parents du Tigre. Contrairement à de Lattre, Clemenceau n'y a pratiquement jamais vécu puisqu'il l'a quittée à l'âge de 2 ans. L'occasion tout de même de jeter un œil à l'architecture et à l'intérieur des années 1920. Et de revenir, à l'aide des technologies numériques, sur la carrière et la vie de ce personnage moustachu touche-à-tout. Homme politique, militaire mais aussi écrivain, journaliste, séducteur, duelliste, dont on craignait aussi bien la plume que le pistolet !

BANDES À PART

Le 8 mai 1945 à Berlin, grosse colère de de Lattre avant de signer la capitulation de l'Allemagne : il n'y a pas de drapeau tricolore, les Français étant à peine convoqués par Staline pour cet événement. Les couturières russes en bricolent un avec un bleu de travail et du voile blanc, un étendard nazi recyclé fournissant la partie rouge. Mais le drapeau est hissé à l'horizontale, évoquant plutôt celui des Pays-Bas. Nouvelle mise au point avant que les bandes tricolores flottent enfin dans le ciel berlinois.

DANS LES ENVIRONS DE MOUILLERON-EN-PAREDS

LA VENDÉE

Le Manoir des Sciences de Réaumur : *8, rue Ferchault, 85700 Réaumur. ☎ 02-51-57-99-46. • manoirdessciencesdereaumur.fr • À 7 km au sud-est de Pouzauges. Tlj sauf sam 14h-18h (11h-19h en juil-août). Fermé nov-janv. Entrée : 5-7 € selon saison ; gratuit jusqu'à 7 ans. Café et boutique.* René-Antoine Ferchault (1683-1757), seigneur de Réaumur, fut l'un des plus grands scientifiques du Siècle des lumières. Nommé directeur de l'Académie royale des sciences par Louis XIV, il inventa le thermomètre à donnée constante, fonda la métallographie et s'intéressa aux sciences naturelles. Sa demeure accueille aujourd'hui un lieu plein de vie où, de salle en salle, petits et grands se confrontent au monde des Lumières, depuis les salons de savants tenus par des femmes jusqu'aux cabinets de curiosités alimentés par un réseau de voyageurs. Ici on est prié de toucher, jouer, explorer, expérimenter, décoder... Ludique et pédagogique, ce manoir vivant se prolonge dans le jardin où l'on peut pique-niquer et se poser un instant pour méditer cette pensée de Réaumur : « Ceux qui travaillent à perfectionner les sciences et les arts ne sont-ils pas des citoyens du monde entier ? »

POUZAUGES (85700) 5 530 hab. *Carte Vendée, D1*

Au cœur des collines et en bordure du bois de la Folie juste au nord, Pouzauges est une Petite Cité de caractère où l'on grimpe, de rues en venelles. C'est également le siège de l'une des plus grosses entreprises du département : Fleury-Michon, qui emploie plus de 2 000 personnes.

Adresse utile

Office de tourisme : *30, pl. de l'Église. ☎ 02-44-40-20-16. • vendeevallee.fr • Juin-sept, lun-sam 9h30-12h30, 14h30-18h, plus dim et* *j. fériés juil-août 9h15-12h45 ; avr-mai, du lun ap-m au sam mat ; oct-mars, mar-sam mat.* 60 sentiers pédestres disponibles en format rando-fiches® ou téléchargeables sur le site. Boutique.

Où dormir ? Où manger dans le coin ?

De bon marché à prix moyens

L'Ogomé : *2, rue du Maréchal-Leclerc, 85510* ***Le Boupère.*** *☎ 02-51-61-47-26. • logome@orange.fr • logome.fr • À 8 km à l'ouest. Avr-début nov. Env 27 €/pers, petit déj compris. Repas ou panier pique-nique à midi env 8-16 € (avr-oct seulement). Réduc de 10 % sur le prix de la chambre avr-début nov sur présentation de ce guide.* Un ancien hôtel pour voyageurs, entièrement repensé à l'adresse des familles qui vont au Puy du Fou. Il offre aujourd'hui des chambres disposant de 3 à 6 lits individuels, toutes avec salle d'eau privative. Sinon, une grande salle genre cantine pour le repas du soir. Jardin sous les cèdres en été.

Auberge de la Bruyère : *18, rue du Dr-Barbanneau, à Pouzauges. ☎ 02-51-91-93-46. • contact@aubergedelabruyere.fr • hotelbruyerepouzauges.com • À 300 m de l'église, en direction de La Pommeraie-sur-Sèvre. Resto tlj sauf ven soir, sam midi et dim soir. Doubles 73-80 €. Formules déj en sem 10-17 € ; menus env 18-35 €.* Idéalement située à flanc de coteau, en surplomb de la ville, cette bâtisse moderne profite d'une jolie vue dégagée sur le bocage. De quoi dormir au calme dans l'une des chambres de taille variable. À table, cuisine traditionnelle privilégiant les produits de saison, à déguster sur la très belle terrasse panoramique. Accueil agréable.

Chambres d'hôtes La Libaudière : *La Libaudière, à Pouzauges. ☎ 02-51-57-52-68. 📱 06-33-92-55-51. • contact@chambresdhotesvendee.com • chambresdhotesvendee.com • À quelques km au nord-est par la D 960 bis, puis direction La Libaudière. Doubles à partir de 70 €. Brioche vendéenne offerte sur présentation de ce guide.* Chez Yvon et Maryline (et leurs chats), on sait partager calme et convivialité au cœur d'une ferme toujours en activité. 5 chambres équipées d'une pièce de vie avec kitchenette, d'un coin salon et d'une salle d'eau indépendante. Également un gîte à la ferme et des hébergements insolites. Sinon, jeux, spa, sauna... De quoi rester scotché ici pendant toutes ses vacances.

Les 3 Piliers : *1, rue du Général-de-Gaulle, 85510* ***Le Boupère.*** *☎ 02-51-91-41-87. • les3piliers@orange.fr • À 7 km à l'ouest de Pouzauges. Fermé mer, plus dim soir oct-mai. Résa conseillée. Doubles 75-100 €. Formules déj en sem 11-16 € ; menus 21-38 €.* 3 copains, maîtres restaurateurs et sommeliers, ont monté cette belle affaire où l'on vient en connaissance de cause dans un ancien relais de poste du XVIIIe s relooké aux standards actuels ou dans l'élégante cour fermée, parcourue par une glycine. La carte change en fonction de l'inspiration du moment. Savoureuse formule « *Alba Petra* ». C'est LA référence gastronomique du secteur, proposant des produits spécifiques du terroir. Propose aussi 5 chambres modernes (dont 2 familiales), au confort et à la literie tip-top. Carton plein !

Chic

Chambres d'hôtes La Chouannerie : *27, rue Alphonse-Delaveau, à Pouzauges. ☎ 02-51-57-61-98. 📱 06-89-87-40-26. • lachouannerie85@orange.fr • lachouannerie.com • Un peu à l'écart du centre, en bordure de la D 960 B. Doubles 86-96 €. Nuitée « Affaire » possible.* Pour un séjour de charme, dans une maison de maître entièrement restaurée. Plusieurs chambres spacieuses à l'étage. Au rez-de-chaussée, le petit déjeuner est servi dans une salle ayant gardé son atmosphère d'antan. Salon de lecture et piscine chauffée. Petit plus : la possibilité de paniers pique-nique pour les visiteurs du Puy du Fou.

À voir

Le château : *☎ 02-51-57-01-37 (mairie). Accès extérieur seulement.* Massif et sévère, le donjon carré du XIIe s et son enceinte de 350 m comptent parmi les plus complets et les plus anciens des donjons du Poitou. Ils dominent la ville et le bocage. Au XVe s, le château appartenait à Catherine de Thouars, la femme de Gilles de Rais, alias Barbe-Bleue. De l'esplanade, superbe vue panoramique.

L'église Saint-Jacques : *entrée par la petite porte à droite. Tlj 10h-18h.* Elle réunit roman du XIe s et gothique flamboyant du XVe s. Le contraste est saisissant à l'intérieur : l'entrée romane est sombre, austère, alors que le chœur est éclairé de vastes ouvertures. Remarquer également les colonnes : piliers massifs ou fines colonnes nervurées dans le chœur. On peut s'attarder longtemps devant les nombreux vitraux dans le chœur (certains évoquant la guerre de Vendée).

L'église Notre-Dame du Vieux-Pouzauges : *à 1,5 km au sud-est. Visite audioguidée de 7 mn (interrupteur à droite en entrant). Tlj 10h-18h.* Un des joyaux de l'art poitevin. Moins pour sa nef primitive du XIe s aux murs décrépis ou pour son clocher vendéen du XIIe s que pour ses peintures murales des XIIe-XIIIe s, découvertes en 1948 puis restaurées en 1992. Un trésor d'une richesse inouïe, qui donne une idée des églises du Moyen Âge. On y reconnaît les épisodes du péché originel, de Caïn et Abel, et de l'enfance de la Vierge Marie jusqu'à l'annonciation de son assomption par l'archange Gabriel. Superbe.

Les moulins du Terrier Marteau : *sur l'ancienne route de La Flocellière. 07-68-26-23-23. Juil-août, tlj sauf lun 14h-19h. Entrée : env 4 € ; réduc ; gratuit jusqu'à 6 ans.* Propriété de Fleury-Michon, ces moulins jumeaux des XVIIIe et XIXe s ont retrouvé leurs ailes grâce à une association. On y moud du grain de culture bio et un boulanger-meunier y pétrit et cuit son pain certains jours de la semaine.

À faire

Rando-fiches® des sentiers pédestres du pays de Pouzauges : *à dispo à l'office de tourisme ou à télécharger sur • tourisme-paysdepouzauges.fr •* Au total, une soixantaine de parcours balisés en jaune avec un numéro dont la couleur varie suivant les communes (celui de Pouzauges est marron). Circuits des Meuniers, des Bénédictins, des Vallées, etc. Une manière de découvrir la région à son rythme.

DANS LES ENVIRONS DE POUZAUGES

Le château de Saint-Mesmin : *La Ville, 79380* ***Saint-André-sur-Sèvre.*** *☎ 05-49-80-17-62. • chateau-saintmesmin.fr • À 10 km à l'est, à la limite de la Vendée et des Deux-Sèvres. Visite (guidée, audioguidée ou libre) et animations médiévales en juil-août, tlj 10h30-13h, 14h-19h ; mai-juin et 1re quinzaine de sept, dim et j. fériés 14h30-18h30. Entrée : 6-8 € selon saison.* Forteresse médiévale des XIVe-XVe s, avec un imposant donjon de 28 m de haut. Animations et ateliers pour adultes et enfants certains jours pendant les ponts de mai et juin et tous les jours de début juillet à fin août. Rassemblement médiéval fin avril. Le parking est en Vendée, le site dans les Deux-Sèvres !

Le musée régional d'Histoire protestante : *Le Bois-Tiffrais, 85110* ***Monsireigne.*** *☎ 02-51-66-41-03. • bois-tiffrais.org • À 11 km au sud-ouest de Pouzauges par la D 960 vers Chantonnay, puis à gauche la D 23 vers Mouilleron-en-Pareds.*

Juil-août, tlj sauf lun 14h-18h. Entrée : env 7 € ; réduc ; gratuit jusqu'à 6 ans. La région fut marquée très tôt et durablement par la Réforme et les persécutions diverses que les huguenots ont subies. Ce musée retrace le siège de La Rochelle, les dragonnades en Poitou, l'exil de plus de 100 000 protestants après la révocation de l'édit de Nantes, etc. Également une bibliothèque et un important fonds d'archives généalogiques et historiques, consultables sur place.

Le Boupère *(85510) : à 7 km à l'ouest de Pouzauges. Audioguide disponible gratuitement au bureau d'Astérie ou au Café des Sports.* Village connu pour son ***église*** romane (fin XIIe s), fortifiée pendant la guerre de Cent Ans. En façade, d'étonnants contreforts percés d'archères et de canonnières sont reliés par un chemin de ronde protégé par un parapet crénelé.

LA REINE DE LA PETITE REINE

Tout le monde connaît Paulette et ses talents de cycliste, mais bien peu connaissent Pierre Barouh, l'auteur de la chanson chantée par Yves Montand La Bicyclette. *Adolescent juif réfugié au Boupère pendant la Seconde Guerre mondiale, Pierre Barouh aurait fait ici la connaissance de la fameuse Paulette. La municipalité a créé un petit sentier poétique pour rendre hommage à l'auteur.*

SAINT-MICHEL-MONT-MERCURE (SÈVREMONT)

(85700) 2 000 hab. *Carte Vendée, D1*

C'est l'Everest de la Vendée, du haut de ses 290 m ! L'église, couronnée de *L'Archange saint Michel terrassant le dragon,* domine tout le département. La statue de 9,66 m est une réplique de celle de Notre-Dame-de-Fourvière à Lyon. Qui a dit du Mont-Saint-Michel ? On recommande de monter dans le clocher (accès gratuit), la vue est époustouflante, à 360°. Noter que le nom de ce village (désormais intégré à la commune de Sèvremont) fait référence à la fois au christianisme et au culte païen. Curieux !

Où dormir ? Où manger ?

Chambres d'hôtes de l'Orbrie : *l'Orbrie. ☎ 02-51-57-70-69. • yvon.barbarit@orange.fr • fermedelorbrie.e-monsite.com • Derrière l'Auberge du Mont-Mercure. Double env 78 € ; familiale.* Une petite centaine de mères dans cette ferme de charolais ! Depuis que les enfants ont repris l'exploitation familiale, madame s'est lancée dans les chambres d'hôtes : une double et une quintuple, agréables et confortables, dans les tons bleus. Dame sûr ! Cuisine à dispo.

Auberge du Mont-Mercure : *8, rue de l'Orbrie (intersection rue des Ajoncs). ☎ 02-51-57-20-26. • contact@aubergemontmercure.com • Derrière l'église, sur la route la plus haute de Vendée. En saison, tlj sauf lun ; en basse saison, le midi tlj sauf mer, plus le soir jeu-sam. Formule déj en sem env 15 € ; menus env 23 € (sauf dim et j. fériés)-29 €. Apéritif maison offert sur présentation de ce guide.* Le vaste parking et la bâtisse banale ne disent rien de la vue qui vous attend depuis la salle moderne et joliment apprêtée, en format grand angle et plongeant sur le bocage. Ni de la cuisine à la qualité constante, tournée vers le terroir, suivant les saisons. Une table appréciée dans le bocage.

À voir dans le coin

La Flocellière *(85700) : à 2 km à l'est de Saint-Michel-Mont-Mercure.* Patrimoine ancien faisant l'objet d'un ***circuit découverte*** : ancienne église du couvent des Carmes, chapelle de Lorette (elle renferme une réplique exacte de la *Santa Casa* de Lorette, en Italie, la maison de la Vierge), etc. Jeter surtout un œil aux jardins du château de la Flocellière *(avr-oct, tlj 14h-19h ; sonner au portillon ; entrée env 3,50 €, gratuit enfant),* un édifice près duquel subsistent le donjon, quelques vestiges des remparts et une tour du XIIe s. Les plus en fonds y passeront la nuit en chambre d'hôtes ou en gîte *(• chateaudelaflocelliere.com •),* dans une ambiance vie de château d'un autre temps.

LE PUY DU FOU

Carte Vendée, D1

Si la renommée de ce site touristique phare de la Vendée et de l'Hexagone a largement dépassé nos frontières (régulièrement récompensé par des prix internationaux), il fait avant tout la fierté de ses milliers de bénévoles, les *Puyfolais,* et de son créateur en 1977, un certain Philippe de Villiers.
Au fait, le Puy du Fou, c'est quoi ? Un site historique avec un château en ruine des XVe-XVIe s et son plan d'eau, devant lesquels 13 000 spectateurs se pressent à la fameuse et émouvante Cinéscénie les vendredi soir et samedi soir d'été (une trentaine de représentations en tout). Ce spectacle nocturne joué par plus de 2 800 acteurs bénévoles raconte l'histoire d'une famille vendéenne au cours des siècles. Les autres soirs, une « fantasmagorie nocturne, tout en musique » prend le relais, les Noces de Feu.
Mais le Puy du Fou, c'est aussi en journée le Grand Parc, TOTALEMENT DISTINCT de la Cinéscénie : un parc accessible à tous les publics, qui revisite à sa manière les pages les plus passionnantes de l'histoire de France.
Si vous voulez tout faire, Grand Parc le jour et spectacle le soir, possibilité de loger et de se restaurer sur place (et l'on mange bien !) dans de confortables complexes hôteliers à thèmes historiques. Tout cela à des tarifs étudiés qui ne prennent pas les visiteurs pour des Mickeys ! Bref, ici on fait dans le spectacle et dans l'émotion, plus que dans la réalité historique et on soigne cette douce ambiance populaire. De quoi passer une journée (en faisant une sélection de spectacles), et même plutôt 2 pour faire un tour d'horizon plus complet.
On doit admettre – indépendamment de toute considération politique et de l'orientation chrétienne, voire partiale, de certains thèmes – que l'engagement et le talent de Philippe de Villiers ont su mobiliser les villages avoisinants et sortir le Bocage vendéen du marasme : plus de 2 500 salariés en été pour le Grand Parc, 4 800 emplois induits... Si le taux de chômage de la région s'inscrit dans la moyenne nationale, le Puy du Fou s'autofinance et ne reçoit aucune subvention publique depuis sa création.

UNE HISTOIRE DE FOU

En 1977, l'Association du Puy du Fou retroussa ses manches pour organiser un 1er spectacle nocturne, la célèbre ***Cinéscénie,*** sous la houlette de Philippe de Villiers, alors âgé de 27 ans. Concept, scénario, mise en scène... il supervisa tout, et le fait toujours. Plus de 40 ans plus tard, le Puy du Fou est devenu une affaire florissante tout autant qu'un concept, toujours avec une longueur d'avance en termes d'innovations technologiques. Les enfants puyfolais (bénévoles à la

Cinéscénie) peuvent d'ailleurs apprendre divers métiers dans plus d'une trentaine d'écoles : écuries, toutes formes d'arts, fauconnerie, sports de combat, techniciens du spectacle, etc. On naît Puyfolais et on en est fier, de génération en génération. Plus sympa que Pôle emploi ! Pas étonnant que Nicolas, le fils de Philippe, prenne la relève alors que désormais le concept et le savoir-faire du Puy du Fou s'exportent à l'étranger (notamment en Espagne, en Hollande et en Chine).

Où dormir ? Où manger dans le coin ?

– ***Avertissement :*** il est assez difficile de se loger lors de la *Cinéscénie* *(seulement les ven soir et sam soir 1er w-e de juin-2e w-e de sept).* Pour vous simplifier la tâche, le Puy du Fou propose des séjours sur place ou avec une trentaine d'hôtels de la région. *Résas pour les hôtels du parc : ☎ 0820-09-10-10 (0,12 €/mn). • puydufou.com • Sinon appeler le ☎ 02-44-40-20-16 ou bien consulter le site • vendeevallee.fr •* Dans tous les cas, ***réservez le plus tôt possible.***

Sur le site même

🏠 🍽 Pour loger, on a le choix entre plusieurs hôtels thématiques situés à la *Cité Nocturne,* au sein du Grand Parc, tous au confort irréprochable et agréablement décorés : ***La Villa Gallo-Romaine*** (ambiance IIIe s et service au resto en tenue d'époque ; logement le moins cher), ***Les Îles de Clovis*** (huttes sur pilotis au bord de petits étangs), ***La Citadelle*** (on franchit une herse !), ***Le Camp du Drap d'Or*** (yourtes luxueuses en dur), ***Le Grand Siècle*** (ambiance Louis XIV dans un château pavillonnaire), ***Le Logis de Lescure*** (4 superbes suites en duplex dans un authentique petit manoir du XVIIIe s ; logement le plus cher)...

Ceux qui y séjournent trouveront des restaurants corrects et pas dans le style fast-food *(repas sur résa seulement, à partir de 22 €).*

Compter à partir de 62 € par personne pour 1 jour et 1 nuit, sur la base de 4 occupants. Billets d'entrée et petit déj compris. Ces tarifs sont évidemment variables selon l'hôtel, la saison, le nombre d'occupants, le nombre de jours passés sur le parc, etc. *☎ 0820-09-10-10 (0,12 €/mn). • puydufou.com •*

🍽 Pour se restaurer dans le Grand Parc, plusieurs ***restaurants*** *(résa conseillée sur le site internet, avec réduc si l'on s'y prend 3 j. à l'avance)* : le ***Bistrot 1900,*** l'***Auberge du Village*** ou le ***Café de la Madelon.*** Également quelques sandwichs dans des kiosques, mais vu l'affluence, on conseille d'emporter son pique-nique.

Dans les environs

Camping

⛺ ***Camping La Bretèche :*** *base de loisirs, 85590* ***Les Épesses.*** *☎ 02-51-20-41-94. • contact@olela.fr • olela.fr • ♿ Direction Cholet depuis le bourg (D 752). Avr-début nov. Compter env 17-49 € pour 2 ; loc de mobile homes et lodges confort jusqu'à 12 pers. 164 empl.* Idéalement situé au bord d'un petit étang, un camping de taille moyenne. À 5 mn du Puy du Fou, arboré et calme. Restauration-bar et épicerie. Accès gratuit à la piscine municipale.

De prix moyens à chic

🏠 🍽 ***Terragora Lodges :*** *La Poizelière, 85590* ***Les Épesses.*** *📱 06-24-70-75-99. • contact@terragora-lodges.com • terragora-lodges.com • À 6 km au nord-est des Épesses par la D 11. Avr-sept. À partir de 60 € pour les cabanes sans sdb privée (2-6 pers), à partir de 140 € pour les lodges (2-5 pers).* Dans cette vallée insolite où l'on se croit aussi bien en Afrique qu'au pays des Hobbits ont poussé de drôles d'hébergements parmi, voire autour, des arbres. Cabanes, « nymphéas », « terriers » et surtout élégantes « chrysalides » avec mezzanine... autant d'invitations à partager le rythme de la nature. Un lieu de vie, de ressource aussi pour ceux qui souhaitent « penser le monde d'après ». Tout un programme...

Logis du Grand Moulin : *85590* ***Les Épesses.*** *☎ 02-51-57-41-08. • logisdugrandmoulin@orange.fr • logisdugrandmoulin.com • À 2 km des Épesses, vers l'est. Doubles 80-90 €.* Un moulin encaissé au fond d'une vallée, un bout du monde en soi... Ghislaine a su faire de ce lieu un petit paradis charmant et accueillant, en bord de Sèvre. Les chambres sont joliment décorées, et le petit déjeuner est servi dehors si le temps le permet. Spa.

Logis de la Devinière : *20, rue du Puy-du-Fou, 85590* ***Les Épesses.*** *☎ 02-51-57-30-46. 📱 06-14-59-99-87. • logisladeviniere@gmail.com • logis-la-deviniere.fr • Dans le centre des Épesses. Congés : nov-fin mars. Doubles 100-120 € (si 1 seule nuit les soirs de* Cinescénie, *supplément de 20 €/couple exigé).* Belle demeure de caractère, à laquelle on accède par un petit chemin bordé de hauts murs de pierre. Des chambres d'hôtes spacieuses et confortables, dont 3 suites familiales. Beaucoup de charme et de confort, à l'image de la salle de petit déj donnant sur le jardin. Piscine dans le parc.

Omnubo Hôtel : *1, rue des Rochettes, 85590* ***Saint-Mars-la-Réorthe.*** *☎ 02-52-65-11-11. • reservations@hotel-omnubo.com • hotel-omnubo.com • ♿ À 3,5 km au sud-est du Puy du Fou. Congés : fêtes de fin d'année. Doubles 70-250 €.* Cet établissement récent à la façade de bois a poussé opportunément à un carrefour, à proximité du Puy du Fou. Un *Best Western* aux chambres fonctionnelles, confortables et cosy. Accueil gentil comme tout et plein d'appréciables attentions. Bar avec dégustation des vins régionaux. Hors saison et en dehors des soirs de *Cinéscénie*, tarifs parfois très avantageux !

Hôtel La Verriaire : *site du Vendéopôle (sortie n° 28 de l'A 87), 1, rue Louis-Pasteur, 85130* ***Chanverrie.*** *☎ 02-51-57-30-17. • resa@hotel-laverriaire.fr • hotel-laverriaire.fr • Entre Cholet et Les Herbiers, à 10 mn du Puy du Fou. Doubles à partir de 66 €.* Même si l'environnement n'a rien de folichon, on mentionne cet hôtel avant tout fonctionnel pour sa proximité avec le Puy du Fou, pratique ! Pour son confort aussi et l'accueil.

La Table du Boisniard : *rue du Boisniard,* ***Chambretaud,*** *85500 Chanverrie. ☎ 02-51-67-50-01. • resa@chateau-boisniard.com • À 5 km au nord du Puy du Fou (D 27). Fermé dim soir, lun et mar midi. Congés : début janv et 2 sem en fév-mars. Menus 33 € (midi en sem), puis 41-72 €.* C'est le « gastro » du bocage, on y redécouvre les saveurs du terroir dans le cadre privilégié des dépendances d'un château du XVe s. L'assiette est créative, la cave bio et majoritairement ligérienne, le service aux petits oignons. Parfait pour un repas en amoureux !

Les spectacles du soir : *Cinéscénie* ou *Noces de Feu* ?

En alternance, l'été seulement (1er w-e de juin-2e w-e de sept) : la Cinéscénie, *le soir seulement ven et sam ; les* Noces de Feu *se déroulent les autres soirs en période verte du Grand Parc (se reporter au planning sur le site). Résa obligatoire : ☎ 0820-09-09-10 (0,12 €/mn). • puydufou.com • ♿ Gare aux files de voitures (prévoir de la marge), mais tt cela est géré au mieux...*

La Cinéscénie : *à 22h30 en juin-juil et 22h en août-sept. Durée : 1h40. Tarif : 28 € plus de 3 ans (35 € pour un emplacement préférentiel). Également des formules spectacle + Grand Parc, voire avec l'hébergement inclus.* Le spectacle fondateur du Puy du Fou qui change tous les ans depuis plus de 40 ans ! Les 13 000 spectateurs restent bluffés par ce grand film en plein air

LA VENDÉE

(scène de 23 ha avec étang, château, moulins, etc.) où plus de 2 800 acteurs bénévoles racontent à chaque représentation l'histoire d'une famille vendéenne. Effets spéciaux toujours plus innovants, feux d'artifice, cavalcades (190 cavaliers en tout), jeux d'eau, drones, scènes de village grandioses (28 000 costumes !), animées ou figées. Depuis 1978, plus de 12 millions de personnes ont été émues par ce spectacle de nuit unique en son genre, le plus grand du monde.

Les Noces de Feu : *création en 2020. Les autres soirs en période verte du Grand Parc. Compris dans les billets d'entrée du Grand Parc. Durée : env 30 mn.* À la tombée de la nuit, une douce mélodie résonne sur le lac et réveille peu à peu le souvenir du plus romantique des mariages. La Muse violoniste et le Pianiste virtuose se retrouvent pour célébrer leur idylle dans une féerie d'eau et de feu. Des noces fantastiques où danseurs et décors géants surgissent des profondeurs du lac.

Le Grand Parc (parc à thème)

☎ 0820-09-10-10 (0,12 €/mn). • puydufou.com • Avr-vac de la Toussaint (incluses), 10h-19h (appeler ou consulter le site pour connaître les j. exacts d'ouverture). Entrée avec résa : 37 € ; 27 € enfant de plus de 3 ans ; également des formules 2 ou 3 j., ainsi que d'autres comprenant la soirée Cinéscénie *et/ou l'hébergement, les repas...*

Quelques conseils importants

– Entrée réduite en réservant son billet à l'avance.
– Prévoir idéalement 2 jours.
– **Bien étudier les horaires des spectacles à l'avance (programme journalier disponible dès la veille à partir de 17h)** pour organiser au mieux la journée en fonction de ses centres d'intérêt et des distances à parcourir (notamment avec des enfants).
– Commencer à faire la queue au moins 30 mn avant les spectacles principaux, au risque d'attendre la séance suivante. *Pour 15 € de plus/j. par pers, le* pass Émotion *garantit un emplacement réservé dans les tribunes des principaux spectacles (et permet donc d'éviter l'attente).*
– Attention : certains spectacles ne conviennent pas forcément aux jeunes enfants (celui sur Verdun, par exemple, peut faire peur aux tout-petits), se renseigner.
– Pour les repas, plusieurs restaurants sur place. *Astuce : réduc sur les menus en réservant au moins 3 j. à l'avance (on le conseille fortement).* Sinon, prendre son pique-nique pour être plus libre de ses mouvements.
– À disposition : poussettes *(8 €/j.),* fauteuils roulants, 3 distributeurs de billets.
– Appli disponible pour faciliter la visite.

Principaux spectacles

– ***Le Signe du Triomphe :*** d'incroyables courses de chars et des combats de gladiateurs dans un stadium gallo-romain de 6 000 places, réplique du Colisée (avec son ingénieux velum). Lâchez les lions !
– ***Les Vikings :*** spectaculaire attaque d'un fort de l'an mil par les méchants Vikings qui n'ont pas peur de mouiller la chemise. Village reconstitué magnifique et cascadeurs excellents. Bon, les Vikings se sont pacifiés grâce aux terres offertes en Normandie par le roi de France et non par l'intervention miraculeuse de saint Philibert.
– ***Le Bal des Oiseaux Fantômes :*** un impressionnant spectacle de fauconnerie, plein de poésie. Le plus beau que l'on connaisse...

LA VENDÉE

– ***Le Secret de la Lance :*** les chevauchées fantastiques d'une émule de Jeanne d'Arc, entre cavalcades acrobatiques et grandioses effets spéciaux.
– ***Mousquetaire de Richelieu :*** les flamboyants duels de mousquetaires et les ballets brillants du Grand Carrousel (colossal théâtre du XVIIe s, précédé comme il se doit de jardins à la française).
– ***Le Dernier Panache :*** ce spectacle consacré à Charette de La Contrie, officier de marine ayant résisté aux colonnes infernales pendant la guerre de Vendée, est aussi émouvant que génial dans sa mise en scène à 360°. Décors somptueux avec une tribune tournante.

Ailleurs dans le Grand Parc

Entre les spectacles, on ira goûter l'atmosphère de la ***Cité Médiévale,*** du ***Village XVIIIe s,*** du ***Bourg 1900*** (ambiance Belle Époque et automates musiciens), du ***Monde Imaginaire de La Fontaine*** (les fables, ingénieusement mises en scène), sans oublier la ***Roseraie Renaissance.***
Le parcours ***La Renaissance du Château*** invite les visiteurs à pousser les portes du château du Puy du Fou, celui qui sert de décor à la *Cinéscénie* le soir. Les tableaux vous parlent, les miroirs vous observent, les fantômes dansent encore…
Voir également ***Les Chevaliers de la Table Ronde,*** la célèbre légende du roi Arthur mise en scène avec des effets spéciaux là encore spectaculaires, ***Les Amoureux de Verdun,*** qui plonge dans une tranchée de la guerre 1914-1918 plus vraie que nature à la veille de Noël. La terre tremble sous les obus, et l'atmosphère assez oppressante peut effrayer les jeunes enfants. ***Le Mystère de La Pérouse*** vous embarque pour l'expédition du célèbre navigateur en direction du cap Horn, puis de l'Alaska jusqu'à Vanikoro. Évidemment, on essuie quelques tempêtes et ça tangue pas mal ! Enfin, ***Le Premier Royaume,*** un spectacle immersif sur Clovis, roi des Francs, confirmant un thème récurrent du Puy du Fou : la mise en scène de « la défense de l'ici face à l'ailleurs », comme le rapportait *Le Monde* en 2020.

LES HERBIERS (85500) 16 000 hab. *Carte Vendée, C1*

Cette petite ville de province a crevé le petit écran lors de la finale disputée contre le Paris-Saint-Germain dans le cadre de la Coupe de France de football en 2018. Cela dit, rien d'étonnant, car Les Herbiers passent pour être une ville dynamique. Son tissu associatif est très dense et le bénévolat ici semble une 2de nature. De plus, son territoire compte parmi les bassins de l'emploi les plus dynamiques de France, avec un taux de chômage de moitié inférieur à la moyenne nationale et une figure de proue dans le domaine de l'industrie : les chantiers nautiques Bénéteau-Jeanneau, leader mondial dans la construction des bateaux de plaisance.

Adresse utile

Office de tourisme : *12, rue des Arts. ☎ 02-44-40-20-16. • vendeevallee.fr • Juil-août, lun-sam 9h30-12h30, 14h-19h, dim 9h30-13h ; avr-juin et sept, du lun ap-m au sam 9h30-12h, 14h-18h ; en dehors de ces périodes, fermé jeu et du sam ap-m au lun midi.* Toutes les infos sur le bocage, demander l'itinéraire découverte de la ville et ne pas hésiter à leur passer un coup de fil pour connaître les éventuels désistements à la *Cinéscénie* du Puy du Fou.

Où dormir ? Où manger ? Où déguster une douceur ?

De prix moyens à chic

Hôtel-restaurant Aloé : *99, av. de Cholet.* ☎ *02-51-66-80-30.* • *info@hotel-aloe.com* • *hotel-aloe.com* • *Direction le mont des Alouettes. Resto* L'Orchidée *avr-sept, tlj ; hors saison, fermé ven soir, sam tte la journée et dim soir. Doubles 71-128 €. Formule déj en sem 16 € ; menus 21,50-31 €.* Établissement moderne sans cachet particulier mais proposant une soixantaine de chambres confortables et fonctionnelles. Le plus, c'est la vue sur Les Herbiers et les environs. Piscine, tennis et un restaurant de bon aloi sur place permettant également de profiter du panorama.

Les 4 Chênes : *18, rue du Maréchal-Ferrant, Les Peux.* *06-78-15-54-62.* • *contact@les4chenes.fr* • *les4chenes.fr* • *À 4 km vers le nord. Double 90 € ; gîtes également.* Dépaysement garanti dans une zone résidentielle en limite de la campagne qui abrite cet ensemble moderne, paysager avec animaux, propret et sécurisé, constitué de plusieurs bâtiments. Entre design et ambiance boisée, un charme sans pareil se dégage des chambres d'hôtes pour 2-4 personnes et des 2 gîtes d'une capacité de 6 personnes. Quand le Canada s'invite dans le bocage...

La Fine Bouche : *27, Grande-Rue-Saint-Blaise.* ☎ *02-51-67-21-14. Pas loin de l'église, sur une placette. Fermé dim soir-mar. Formules déj en sem 14-17 € ; menus 22-28 €.* L'adresse bistrot des Herbiers qui propose une cuisine du marché, fraîche et pleine d'inspiration. À déguster dans un décor chaleureux avec murs en pierres apparentes et végétation, à moins d'opter pour la verrière à l'arrière.

Le Marché au Beurre : *3, rue du Marché.* ☎ *02-51-65-93-89.* • *bonjour@lemarcheaubeurre.fr* • *Sur une placette dans le centre. Mar-ven 10h30-14h, 15h30-19h ; sam 10h-12h30, 15h-19h.* Le rendez-vous *girly* des Herbiers, une épicerie fine bonne franquette pour le goûter, un thé choisi à la carte, un plat simple ou une pâtisserie maison. Il y a toujours une bonne raison pour pousser la porte. Tablée commune pour ceux qui souhaitent papoter, dans une ambiance gentiment vintage.

Où acheter de bons produits aux Herbiers et dans les environs ?

Dans le secteur, toute une gamme diversifiée d'entreprises et de producteurs locaux ouverts à la visite. Voici une petite sélection, mais mieux vaut s'adresser à l'office de tourisme pour une liste complète.

La Brasserie Mélusine : ***85500 Chambretaud.*** ☎ *02-51-61-51-52.* • *brasserie-melusine.com* • *Dans la Z.I., direction le Puy du Fou. En sem seulement. Film 12 mn. Boutique.* Une douzaine de bières artisanales pour tous les goûts, y compris bio ou au chanvre ! *Mélusine* en faillite, c'est pas pour demain...

La Ferme des Coûts : ***85500 Chambretaud.*** ☎ *02-51-91-51-44.* • *ferme-des-couts.com* • *De l'église, suivre « Les Coûts » sur 2 km. Tlj en saison.* Chantal est une femme en or qui se décarcasse pour faire vivre son exploitation (cerf, biches, bovins). Visite-dégustation de produits fabriqués à l'ancienne (jambon de cerf, terrines, etc.).

Albert Chocolatier : *8, rue de la Ferme, dans la zone artisanale (derrière Decathlon), aux Herbiers.* ☎ *02-51-66-94-34.* • *albert-chocolatier.com* • *Lun-ven 8h30-12h30, 14h-18h30 ; sam 9h-12h30, 14h-18h.* Chocolaterie artisanale, visite et dégustation pour les groupes.

La Maison Royer – Production d'escargots et cosmétiques bio :

La Morlière, aux Herbiers. ☎ 02-51-92-04-25. • maisonroyer.fr • Fermé sam ap-m et dim. Boutique. Visite libre : 2 €. Visite guidée pour groupes. Hélicicultrice depuis 1989, la *Maison Royer* maîtrise totalement l'élevage de l'escargot bio et notamment la production de cosmétiques à base de... bave. Institut d'esthéticienne sur place *(lun-ven).* Vidéo de 40 mn, petit parcours ludique.

La Savonnerie des Collines : *7, route de Saint-Mars-la-Réorthe, 85590* ***Les Épesses.*** *☎ 02-51-57-63-47. • savonneriedescollines.com • ♿ Boutique lun-ven 9h30-12h, 14h30-18h. Visites juil-août, lun-ven à 10h30, puis ttes les heures 14h30-17h30 ; avr-juin et sept, visites à 14h30 et 15h30 ; participation 2,50 €, réduc, gratuit jusqu'à 5 ans.* Ici, on est spécialisé dans le savon au lait d'ânesse, particulièrement régénérateur pour l'épiderme. La visite commence par l'histoire de ce produit avant l'espace fabrication proprement dit.

DANS LES ENVIRONS DES HERBIERS

Le donjon d'Ardelay : *au sud-est des Herbiers. ☎ 02-51-66-95-41. Juil-août, tlj sauf lun 14h30-18h30. Visite guidée du donjon en août.* Bel exemple d'architecture de la fin du Moyen Âge. Planté sur une motte ceinturée de douves, ce petit donjon du XVe s est très caractéristique avec sa cour carrée accessible par un pont-levis. Aujourd'hui propriété de la Ville, il accueille des expos temporaires.

Le mont des Alouettes et la forêt de Maha : *à 3,5 km au nord, direction Mortagne-sur-Sèvre sur la D 160. Juil-août, visite de la forêt de Maha accompagnée par un guide naturaliste. GRATUIT (s'inscrire auprès de l'office de tourisme des Herbiers). Accès libre pour le reste du site.*
Situé aux marches du bocage, on dit que c'est la « colline inspirée de la Vendée ». De ce promontoire de 232 m, vaste panorama. On trouve sur place un bar-restaurant, une aire de pique-nique et 3 sentiers découverte qui en font le tour. On a dénombré jusqu'à 7 moulins au mont des Alouettes. Il n'en reste aujourd'hui que 2 avec leurs ailes dont 1 en activité (restauré en 2019). De l'autre côté de la route, une chapelle en granit de 1828 aux vitraux contemporains.

DES HERBIERS AUX ESSARTS PAR LES CHEMINS DU BOCAGE

L'abbaye Notre-Dame de La Grainetière : *à env 5 km des Herbiers par la D 160 vers La Roche-sur-Yon, tourner à gauche ; c'est à 2 km. ☎ 02-51-67-21-19. Tlj 9h-17h45 (fermeture des portes à 17h30). Entrée : 2 € ; gratuit moins de 18 ans.* Isolée dans un séduisant cadre champêtre, cette abbaye fondée en 1130 a beaucoup souffert des guerres de Religion, avant d'être vendue comme bien national, transformée en ferme, puis à nouveau confiée à une communauté de bénédictins en 1979. Beaux vestiges de l'immense église abbatiale, du cloître roman et de la salle capitulaire.

MESNARD-LA-BAROTIÈRE *(85500)*

À 8 km à l'ouest des Herbiers.

Où dormir ?

La Maison d'Olivier : *8, pl. de l'Église. 📱 06-12-93-31-95. • olivier.baguenard@orange.fr • maison-olivier.com • ♿ Face à l'église. D'avr à* *mi-sept. Doubles 80-90 € ; familiales et gîtes.* Dans l'ancienne école des filles des sœurs du Sacré-Cœur, Isabelle et Olivier ont aménagé 5 chambres d'hôtes et 3 gîtes. Une véritable cure de jouvence avec des pièces hautes de plafond, lumineuses et bien meublées, des espaces communs agréables et un jardin potager doté d'une piscine. La formule gîte, elle, n'a rien à envier à une structure hôtelière de luxe. Accueil très gentil. Un coup de (sacré) cœur !

À voir. À faire

L'église Saint-Christophe : *ne pas confondre avec l'église paroissiale qui, elle, est située dans le village ! ☎ 02-51-66-02-74. Mai-sept, tlj 9h-18h ; oct-avr, seulement w-e et j. fériés 9h-17h. Entrée libre. Pupitre didactique.* De style roman, cette église attenante au cimetière communal date des XIe et XIIIe s. Ensemble superbe de peintures murales d'origine dans le chœur, découvertes en 1950 et aujourd'hui mises en valeur par des procédés technologiques modernes. On peut reconnaître la crucifixion de saint Blaise sur le mur nord. Des bourreaux l'écorchent vif avec des peignes de fer. Au-dessus, représentation de la Cène.

La base de loisirs La Tricherie : *à 2 km du centre-bourg. À quelques km au sud-ouest (D 53), près de Vendrennes.* Lac, plage (surveillée en juillet-août), forêt avec 3 départs de randonnée, bar-crêperie, minigolf, *splash game,* embarcations à pédales, canoë, pêche, aire de pique-nique. Également un camping *(● campinglatricherie.com ●),* amusant avec ses logements insolites façon Hobbits, et un parc accrobranche – *Tépacap Vendée (● tepacapvendee.com ●).*

MOUCHAMPS (85640)

Cette Petite Cité de caractère accrochée à son rocher au-dessus de la vallée du Petit Lay constitue un crochet agréable. Un parcours balisé permet de découvrir son riche patrimoine.

Mouchamps est entrée dans l'Histoire depuis que Georges Clemenceau a choisi d'y être enterré. Pour trouver sa tombe, il faut se rendre au hameau du Colombier, à 5 km à l'ouest par la D 48, direction Les Herbiers, puis à droite ; ou direction Rochetrejoux et à gauche.

Clemenceau voulait des arbres et des plantes sauvages. Il repose à côté de son père et d'un grand cèdre, symbole du protestantisme, selon ses dernières volontés, dans le petit bois du Colombier. Minerve, déesse de la Sagesse, de la Guerre, de la Stratégie et de l'Intelligence, veille sur eux. Ni inscription ni signe distinctif, une simple grille de fer enserre la dernière cage du Tigre ; un dépouillement à la hauteur des actes accomplis. Mais du coup, où est Georges ? Plus personne ne sait vraiment quelle sépulture des deux accueille sa dépouille.

FALLAIT PAS L'EMBÊTER !

La petite histoire retiendra que Clemenceau, vendéen pure souche, fut un farouche adepte du duel. Il en livra 22 durant sa vie, dont un perdu contre Paul Deschanel en 1894. Ce dernier deviendra président de la République en 1920, contre un certain... Clemenceau, avant de démissionner pour problèmes mentaux.

Où manger ?

Le Canotier : *5, pl. Clemenceau. ☎ 02-51-66-28-49. ● resto.lecanotier@orange.fr ● Fermé dim et le soir lun-jeu. Formule déj en sem env 14 € ; menu 24,50 €.* C'est dans son attachant village que Stéphane Gil a posé ses valises. On vient d'abord chez lui pour s'attabler le midi, en semaine, et partager le buffet du jour, en toute convivialité. Mais on peut aussi opter pour la carte plus élaborée ou pour l'option *kota grill*. Il y a la terrasse, aussi, donnant sur la belle place fleurie du village. Et le service, gentil comme tout. Chapeau bas !

SAINTE-CÉCILE *(85110)*

Où dormir ?

Camping La Rivière : *25, rue du Stade. ☎ 02-51-40-24-07. 06-86-67-39-51. • campinglariviere85.jimdofree.com • De mai à mi-sept (accueil au camping). Forfait 2 pers env 14 € ; chalets 4-6 pers.* Très mignon camping municipal en bord de rivière, où coulent... des jours heureux. Ambiance familiale, très calme. Piscine chauffée. Une halte fraîche et reposante.

Chambres d'hôtes Le Logis de l'Aublonnière : *59, rue de l'Aublonnière. ☎ 02-51-40-26-43. • contact@aublonniere.com • aublonniere.com • À 2 km du bourg, au bout de la rue qui part de la mairie, juste avt d'arriver à la D 47. Doubles 79-93 €.* Dans cet ancien logis vendéen, Anne Coutansais accueille les visiteurs avec chaleur et enthousiasme. On y vit et découvre l'atmosphère d'une maison de famille où cohabitent la tradition et le confort moderne. Remarquable rénovation, dans les règles de l'art.

SAINTE-FLORENCE-L'OIE *(85140 Essarts-en-Bocage)*

Adresse utile dans le coin

Office de tourisme : *2, rue Jules-Verne, 85250* ***Saint-Fulgent.*** *☎ 02-44-40-20-16. • vendeevallee.fr • Tte l'année, lun-jeu 8h30-12h30, 13h30-17h30, ven 8h30-12h30, 13h30-16h30.*

Où dormir ? Où manger ?

Chambres d'hôtes Chez l'Ois'Eau : *83, rue Nationale. ☎ 02-51-61-50-90. 06-73-44-09-58. • rom.loiseau@orange.fr • chezloieseau.com • Double env 68 € ; dégressif à partir de la 3e nuitée.* « Bergeronnette », « Mésange », « Hirondelle » et « Alouette »... quand on s'appelle Loiseau, on ne donne pas à ses chambres des noms de général ou de château ! Les petits déjeuners sont servis dans la grange aménagée, à laquelle on a libre accès pour se détendre, réchauffer un repas ou mettre au frais boisson et pique-nique. Accueil très chaleureux pour un vrai « séjour détente »...

Le Moulin de la Rivière : *la Basse-Rivière, à 3 km par la D 137, à l'Oie (85140 Essarts-en-Bocage). ☎ 02-51-66-18-77. • lemoulindelariviere85@outlook.fr • Ouv le midi mar-dim, plus le soir ven-sam. Formule déj en sem env 15 € ; menus env 24-29 €.* Charmant restaurant dans un ancien moulin doté d'une grande roue à aube. Environnement bucolique en bord de rivière avec quelques tables aux beaux jours. Cuisine créative et visuelle, à base de produits locaux, servie dans un cadre rustique à souhait entre pierres et bois.

À voir. À faire

L'Espace Gaston-Chaissac : *1, rue de la Scierie. ☎ 02-51-66-10-84. • gastonchaissac-sainteflorence.fr • Juil-août, mar-ven 10h-12h, 14h-18h (plus*

1er et 3e dim du mois 15h-18h) ; sept-juin, mar-ven 14h-17h. Entrée : 4,50 € + 1 € si visite animée (mar et jeu pdt vac scol) ; réduc. Gaston Chaissac, artiste singulier, vécut dans le village de 1948 à 1961. S'il faut aller dans les musées pour voir ses œuvres, ici, il reste quelques traces de lui jusque dans les toilettes de l'ancienne école publique (classées Monument historique). Aujourd'hui la « Boîte à sucre bleue », censée mettre en abîme l'univers de l'artiste, se parcourt comme une immersion dans son imaginaire. On y découvre, au fil d'une succession de petites salles, quelques objets rares ou des copies (les originaux étant pour la plupart aux Sables-d'Olonne). Une déambulation émouvante dans le monde du « Picasso en sabots ».

Pour compléter votre approche, laissez-vous tenter par le parcours pédestre et cyclable de 17 km « ***Sur les pas de Chaissac*** », qui boucle tout autour du village. *Compter env 1h30-2h à bicyclette, 4-5h à pied.*

À voir dans les environs

Le château des Essarts : *6, rue du Vieux-Château, 85140* ***Essarts-en-Bocage.*** *☎ 02-51-62-10-43. • chateau-des-essarts.com • À 6 km au sud-ouest par la D 160. Juil-août, dim-jeu ; avr-juin et sept, mer et dim. Entrée : 8-10 € ; réduc.* Le château médiéval a plus de 1 000 ans d'histoire et constitue l'un des plus importants patrimoines civils et militaires cadastraux du département. Le parc paysager a été dessiné par les célèbres frères Bühler, à qui l'on doit le parc de la Tête-d'Or à Lyon et le bois de Boulogne à Paris. De l'époque gallo-romaine au XIXe s en passant par le XIIe s et la Renaissance, on découvre l'histoire des ruines de ce château au travers d'animations ludiques et pédagogiques. Parcours aventure ou nature, jeux d'antan, spectacles et animations pour petits et grands.

SAINT-LAURENT-SUR-SÈVRE

(85290) 4 350 hab. *Carte Vendée, D1*

À 11 km au nord du Puy du Fou, cette petite ville sur le cours de la Sèvre Nantaise constitue le point de départ de nombreux chemins de rando. Le prêtre Louis-Marie Grignon de Montfort y repose depuis 1716 dans la gigantesque basilique du XIXe s, devenue un haut lieu de pèlerinage.
La « ville sainte de Vendée » est réputée pour son pôle d'enseignement privé « Saint Gab » lequel ne compte pas moins de 1 600 élèves dont près de 400 internes ! Faut dire qu'ici on est dans un fief du catholicisme et les églises sont nombreuses. Même le monument aux morts – symbole républicain par excellence – est surmonté d'un saint homme !

Où dormir ? Où manger à Saint-Laurent et dans les environs ?

Campings

Camping Le Rouge-Gorge : *route de La Verrie, à Saint-Laurent. ☎ 02-51-67-86-39. • campinglerougegorge@wanadoo.fr • camping-lerougegorge-vendee.com • À 500 m sur la route de La Verrie, indiqué sur la droite. Avr-début nov. Tentes à partir de 18 € (2 j. min) ; mobile homes et chalets. 93 empl.* Un joli petit camping familial, au calme et bien placé pour partir à l'assaut du Puy du Fou. Piscine chauffée extérieure et snack-bar. Sentiers de randonnée à proximité immédiate.

Camping La Vallée de Poupet : *Poupet, 85590* ***Saint-Malo-du-Bois.*** *☎ 02-51-92-31-45. • camping@valleedepoupet.com • valleedepoupet.com • ♿ À env 2 km. De mi-mai à sept. Résa conseillée. Compter env 16-21 € pour 2 ; chalets, bungalows toilés et écolodges. 112 empl. Réduc de 5 % sur l'emplacement de camping, sauf 26 juin-23 août, sur présentation de ce guide.* Bucolique à souhait, cette vallée verdoyante ! Un cadre idéal pour ce camping familial, dont les emplacements semi-ombragés s'étirent le long de la rivière, à peine dérangés par le chant des oiseaux. Piscine couverte chauffée et nombreuses activités à la base de loisirs voisine (canoë, VTT, trottinette électrique...). Auberge attenante pour les repas, animations et festival de musique l'été.

Prix moyens

Chambres d'hôtes Le Petit Monty : *Le Petit Monty, 85590* ***Saint-Malo-du-Bois.*** *☎ 02-51-65-77-71. 📱 06-04-19-24-16. • contact@lepetitmonty.fr • lepetitmonty.fr • À 1,5 km au nord-ouest de Saint-Malo-du-Bois par la D 72. Double 79 €. Plateau-repas froid 20 € ; panier pique-nique 15 €.* Dans une longère du XVIe s isolée parmi les champs de chanvre (ne rêvez pas, c'est pour faire de la fibre) et les bonnes odeurs de terroir, des chambres familiales (5 ou 6 couchages dans chacune). Propreté, ambiance générale zen et accueil en font une belle adresse. Également 2 gîtes pour 8 et 10 personnes.

Chambres d'hôtes Les Hôtes du Prieuré : *22, rue Rémy-René-Bazin, 85590* ***Treize-Vents.*** *📱 07-85-04-08-76. • bienvenue@hotes-du-prieure.fr • hotes-du-prieure.fr • À 10 km au nord-est du Puy du Fou par la D 27 jusqu'aux Épesses, puis par la D 11. Doubles 85-95 €.* Ne vous laissez pas intimider par la grille et le mur un peu austères de cette propriété. Derrière se cache une belle maison de maîtres entourée d'un joli parc. À l'intérieur, 3 grandes chambres pour 3-4 personnes, claires, agréables. Ambiance feutrée, parquet, meubles anciens, œuvres d'art. Petit déj copieux.

L'Auberge de l'Isle : *l'île Rochard, 85130* ***La Verrie.*** *☎ 02-51-65-08-45. • auberge.delisle@yahoo.com • ♿ Depuis la D 111, env à mi-chemin entre La Verrie et Saint-Laurent, prendre à gauche sur la D 92 jusqu'au lieu-dit Rochard. Congés : 2 sem en fév et 2 sem en août. Résa conseillée (surtout pour la terrasse). Menus env 15-18 € en sem, env 30-34 € w-e. Café offert sur présentation de ce guide.* C'est le point de ralliement des pêcheurs depuis 1890, une petite auberge prolongée par une terrasse prise d'assaut par les habitués. La maison fume son saumon, affine son foie gras et élabore son caramel au beurre salé. La carte est réduite à sa plus simple expression : produits du marché et point barre. Accueil gentil et de bon conseil.

Chic

Chambres d'hôtes Le Bord de Sèvre : *route de Roger, Le Pôl'Art, à 1 km de Saint-Laurent. 📱 06-07-912-948. • contact@leborddesevre.fr • leborddesevre.fr • Suivre le fléchage « Pôl'Art ». Double 95 € ; familiale.* 3 chambres d'hôtes aménagées dans une ancienne blanchisserie industrielle, rénovée dans un style contemporain franchement bluffant. Déco baroquisante pour l'une d'entre elles, et ambiance loft des plus agréable autour du patio intérieur et de sa piscine. Plein de petites attentions comme le petit déj bio, les vélos à disposition, la cuisine aménagée et... l'accueil extra. Également un gîte aux volumes déments jusqu'à 16 personnes.

Château de la Barbinière : *la Barbinière. ☎ 02-51-92-46-00. • contact@chateau-barbiniere.com • chateau-barbiniere.com • ♿ À l'ouest de Saint-Laurent par la D 111 jusqu'au lieu-dit Bégrolle, puis à droite. Resto fermé sam midi et dim soir. Doubles à partir de 89 € ; supérieures et suites. Menus 24 € (midi en sem), puis*

LA VENDÉE

28-55 €. Élégance des vieilles pierres et charme du contemporain, voici le cocktail gagnant de ce château et ses dépendances réhabilités, accueillant des chambres tout confort dans un beau parc pourvu d'une piscine chauffée *(mai-sept).* Également une table semi-gastronomique dans une salle chic et moderne ou en terrasse face au jardin. Une adresse à la fois classe et originale qui satisfera les plus exigeants, et notamment celles et ceux qui veulent dîner un lundi, ce qui, aux environs du Puy du Fou, n'est pas gagné d'avance.

DANS LES ENVIRONS DE SAINT-LAURENT-SUR-SÈVRE

MORTAGNE-SUR-SÈVRE (85290)

À 15 mn du Puy du Fou, Mortagne se trouve dans une région en dehors des circuits touristiques, mais ne manque pourtant pas de charme avec ses *jardins de la Cure,* construits en terrasses contre les fortifications du village et ses rives de la Sèvre Nantaise qui offrent çà et là de jolis coins complètement reculés et escarpés.

Adresse utile

Office de tourisme : *2, av. de la Gare. ☎ 02-44-40-20-16. • vendeevallee.fr • Dans le hall de l'ancienne gare. Juil-août, lun-sam 9h30-12h30, 14h-18h, dim et j. fériés 10h30-12h30. Avr-juin et sept, lun-ven 9h30-12h30, 14h-17h30, w-e 10h30-12h30. Le reste de l'année, mar-ven.*

À voir. À faire

Le Chemin de Fer de la Vendée : *départ et retour à la gare de Mortagne. ☎ 02-51-63-02-01. • chemindefer.vendee@wanadoo.fr • vendeetrain.fr • Juil-août, mer, ven et dim ; juin et sept, dim. Résa obligatoire. Départ à 15h30 et retour vers 18h. Compter env 18 € l'A/R ; réduc ; gratuit jusqu'à 5 ans. Également un train-resto rétro (de mi-avr à oct, jeu et w-e ; résa obligatoire).* Intéressante et sympathique balade commentée, en train à vapeur dans le haut Bocage vendéen sur une ligne pittoresque de 22 km, entre Mortagne et Les Herbiers. À 30 km/h max, on emprunte 3 beaux viaducs dont le 1er enjambe la Sèvre Nantaise.

Vendée Vitrail : *dans l'église de Saint-Hilaire. ☎ 02-51-65-00-45. • vendeevitrail.com • ♿ Juil-août, lun-jeu 14h30-19h, ven-dim 10h-12h30, 14h30-19h ; w-e de juin et de sept à mi-oct, plus mer et w-e aux vac scol de la Toussaint, 14h30-18h30. GRATUIT (donation bienvenue). Parcours ludique pour petits et grands d'env 1h.* Une visite passionnante sur l'art du vitrail grâce à une muséographie de dernière génération qui place les vitraux dans leur contexte historique. Certains sont de véritables livres d'histoire, notamment ceux réalisés par le maître verrier mortagnais Roger Degas. Autre pièce maîtresse : un vitrail de 12 m de haut destiné initialement à Notre-Dame de Paris.

MALLIÈVRE (85700)

À 8 km au sud de Saint-Laurent par la D 72. Cette Petite Cité de caractère bien discrète fut une ville prospère de tisserands. Elle égrène aujourd'hui ses jardins alanguis sur le bord de la Sèvre Nantaise où se mirent moulins et maisons de maître. Laissez votre voiture pour découvrir à pied les ruelles pavées et étagées sur la colline. Elles revêtent aux beaux jours un faux air provençal avec leurs fleurs poussant sur le pas des portes.

Trott et Nature : *06-36-18-95-47. • trottetnature.fr • Au départ de la vallée de Poupet. Avr-oct.* Balades à trottinette électrique tout terrain à travers le bocage. Parcours d'une dizaine de kilomètres.

Manifestation dans les environs

– ***Festival de Poupet :*** *une quinzaine de dates en juil, à* ***Saint-Malo-du-Bois*** *; en plein air. • festival-poupet.com •* Un festival convivial qui marche du feu de Dieu, parti d'une bande de copains pour devenir un rendez-vous de stars sous les étoiles. Quelque 450 bénévoles, pour accueillir des milliers de festivaliers dans une *happy valley* encaissée, loin de tout. De Souchon à Sting en passant par Bob Dylan, les Chedid, Scorpions ou Magic System, ce festival convivial a une programmation éclectique. Penser à réserver longtemps à l'avance.

TIFFAUGES (85130) 1 490 hab. *Carte Vendée, C1*

Entre Cholet et Montaigu, sur la D 753. Sur un promontoire rocheux, au pied de la Sèvre, Tiffauges est célèbre pour son château, où vécut Barbe-Bleue.

GILLES DE RAIS

Né en 1404, il épouse à 16 ans Catherine de Thouars et devient ainsi seigneur de Pouzauges. Il part bouter les Anglais hors du royaume aux côtés de Jeanne d'Arc. À 25 ans, il est fait maréchal de France, honneur qui lui fait « fondre les plombs ». Fêtes splendides, armée privée de 200 hommes, domestiques en nombre...
Pour conserver son train de vie, il se met en quête de la formule de la pierre philosophale qui transforme le plomb en or. La recette ? Des mains, des cœurs, des yeux et du sang de jeunes et beaux enfants ! Des centaines d'entre eux passent de vie à trépas. À 20 lieues à la ronde, les campagnes sont terrifiées. Arrêté sur ordre de l'évêque de Nantes, Gilles de Rais est pendu et brûlé devant une foule immense à Nantes, en 1440.
Au XVIIe s, Perrault livre une version éloignée de cette histoire dans l'un de ses contes, *Barbe-Bleue* (qui tue ses épouses, lui !). Pour certains, on a de beaucoup exagéré les crimes de Gilles de Rais, et un procès en réhabilitation a même été organisé en 1992 !

Où dormir très chic ?

Gîtes La Vallée de la Roche : *la Roche. 06-22-36-00-15. • contact@lavalleedelaroche.fr • lavalleedelaroche.fr • À 2 km : prendre la route de La Gaubretière/Saint-Aubin, puis tourner à gauche (indiqué). Doubles à partir de 110 €.* Site superbe, lové dans un méandre confidentiel de la Sèvre Nantaise, avec un déversoir, un ponton, le tout constituant un hameau paisible plein de cachet. Les corps de bâtiment ont été retapés avec un goût affirmé pour les ambiances contemporaines : 3 gîtes à géométrie variable extrêmement bien pensés, de standing 5 étoiles, dont 1 *(Le Moulin)* possède des chambres privatisables. Cuisine aménagée, home cinéma, terrasse posée sur l'eau, spa extérieur, canoës à disposition, etc. Les amoureux opteront pour la petite roulotte, très mimi avec ses rideaux vichy. Belle piscine.

À voir

Le château de Tiffauges : *☎ 02-51-67-60-00. • sitesculturels.vendee.fr/Chateau-de-Tiffauges • Juil-août, tlj 11h-19h ; avr-juin, lun-ven 10h-12h30, 14h-18h (non-stop en juin), w-e et j. fériés 14h-19h ; sept, mer-ven 10h-12h30, 14h-18h, w-e 14h-19h. Entrée journée OU nocturne : 8 € ; journée ET nocturne 14 € ; réduc ; gratuit jusqu'à 6 ans. Spectacle et animations tlj en juil-août. Comédie musicale mer soir fin juil-fin août. Carnets d'aventure 5-13 ans.* Un exemple particulièrement réussi de mise en valeur du patrimoine. Chaque année, guides et comédiens en costumes ressuscitent les impressionnantes ruines de ce vaste château, qui forme une enceinte ovoïde de 700 m sur 3 ha. Le donjon bien conservé du XIIe s et les vestiges d'une chapelle servent de décor aux spectacles et comédies musicales de l'été, la magnifique tour du XVe s renferme un scriptorium reconstitué, tandis que les dépendances accueillent un film en relief (3D). Mais le plus impressionnant, ce sont sans doute les réjouissants spectacles médiévaux, mettant en scène chevaliers et toute la panoplie des machines de guerre de l'époque, en fonctionnement. Un conservatoire unique en Europe ! Ainsi catapultés dans l'histoire, les gamins sont aux anges. Mais prenez garde au fantôme de Gilles de Rais (1404-1440), alias Barbe-Bleue, dont la légende est loin d'être tombée aux oubliettes.

DANS LES ENVIRONS DE TIFFAUGES

La Cité des oiseaux : *85130* **Les Landes-Genusson.** *☎ 02-51-67-60-60. • sitesnaturels.vendee.fr • ♿ À 8 km au sud par la D 37. Espace muséal début avr-fin juin, tlj sauf lun 14h-18h ; juil-août, tlj 11h-19h ; sept-oct, mer et w-e 14h-18h ; vac scol de la Toussaint, tlj 14h-18h. Entrée au musée : 4,50 € ; réduc ; gratuit jusqu'à 18 ans. Accès libre à la digue et à l'étang.* Une des plus grandes zones humides du département (54 ha d'espaces naturels, dont une trentaine en eau), riche de toute une vie qu'il faut prendre le temps de découvrir, depuis l'observatoire ou le belvédère. Passage obligé par le centre de découverte de l'oiseau, puis balade sur la grande digue, en bordure d'étang ; avec des jumelles prêtées *(prévoir une pièce d'identité)* et en toute liberté. Canards siffleurs, fuligules milouins et morillons, grèbes huppés...

Le Panthéon de la Vendée militaire : *4, rue Paul-Ribouleau, 85130* **La Gaubretière.** *Tlj du lever au coucher du soleil.* Le ***cimetière*** de la commune abrite, en effet, une douzaine de tombes de personnages illustres des guerres de Vendée, comme Sapinaud de La Rairie ou Jacques Forestier, qui furent à la tête de troupes contre-révolutionnaires.

MONTAIGU (MONTAIGU-VENDÉE)

(85600) 5 180 hab. *Carte Vendée, C1*

Ville industrielle au confluent de la Maine et de l'Asson, située dans un cadre pittoresque. Aventurez-vous dans les ruelles pentues de la vieille

ville, découvrez ses remparts classés et sa digue, édifice classé Monument historique, rendu célèbre par la fameuse chanson paillarde « De Nantes à Montaigu, la digue du... ». Parcours découverte qui commence à l'office de tourisme.

Adresse utile

Office de tourisme : *67, rue Georges-Clemenceau. ☎ 02-51-06-39-17. • terresdemontaigu.fr • Juil-août, lun-sam 9h30 (10h en sem)-13h, 14h30-18h (18h30 en sem), dim 10h-13h ; le reste de l'année, fermé dim-lun.* « Sentier du patrimoine », visite de 2h jalonnée de bornes et panneaux. Jeu de piste familial « Enquête autour de la Digue » et guide de randonnées « La Boitarando ».

Où dormir ? Où manger dans le coin ?

Prix moyens

Hôtel des Voyageurs : *9, av. Villebois-Mareuil, à Montaigu. ☎ 02-51-94-00-71. • hotel-restaurant-les-voyageurs.fr • Dans le centre. Doubles 70-92 €. Resto ouv en sem : menus env 15 € (midi), puis 18-21 €.* Derrière la longue façade colorée se cachent, côté jardin, des chambres de bon confort, rénovées dans un style très contemporain, réparties sur 3 bâtiments entourant une piscine. Restaurant sur place.

Le Manoir aux Douves : *7, rue du Château, 85130* ***Bazoges-en-Paillers.*** *☎ 09-86-31-16-70. • manoir-aux-douves.fr • En lisière du village, face à la campagne. Doubles 89-109 €, petit déj compris ; familiales. Table d'hôtes sur résa 23 €.* Au programme, de jolies chambres à la déco très soignée : de la literie aux salles de bains avec douche à l'italienne, tout est parfait. Cette vieille demeure, construite sur les ruines d'un ancien château, est attenante à un petit parc dominant le bocage. C'est là que se trouve le potager qui alimente la table d'hôtes.

Restaurant La Digue : *9, rue des Abreuvoirs, à Montaigu. ☎ 02-51-06-34-48. • contact@resto-ladigue.fr • Au bord de la Maine, sur la gauche en descendant vers le pont. Tlj sauf dim et le soir lun-mar. Menus déj en sem 15-25 € ; carte env 35 €.* On s'installe au choix dans l'une des 4 salles à la déco marocaine ou sur la terrasse surplombant la rivière. Et c'est parti pour un festival de saveurs et de convivialité ! Des plats gourmands et délicieux, inspirés de la cuisine du Sud-Est, avec des audaces parfois surprenantes... Le patron, aussi généreux que sa cuisine, vient tailler la bavette avec chacun de ses convives.

Le Petit Saint-Georges : *5, rue Durivum,* ***Saint-Georges-de-Montaigu,*** *85600 Montaigu-Vendée. ☎ 02-51-42-03-17. Presque face à l'église. Ouv mar midi-sam soir. Formules à l'ardoise en sem env 14-17 € ; menus 22-31 €.* Une salle proprette bien dans la veine actuelle. Le plus, c'est la courette gravillonnée avec son petit gazon anglais. Une cuisine puisée dans le terroir mais pas que, concoctée avec de beaux produits de saison, que l'on apprécie après avoir siroté la *chouanette vendéenne* et grignoté le *Petit Saint Georges,* offerts en guise de mise en bouche.

Très chic

Chambres d'hôtes et gîte du château de La Rabatelière : *85250* ***La Rabatelière.*** *☎ 02-51-42-36-33. 06-72-77-86-46. • chateaudelarabateliere.com • À 16 km au sud de Montaigu. Doubles à partir de 160 €.* Dans un élégant château du XVIIe s, inscrit aux Monuments historiques et entouré d'un grand parc de 24 ha, 2 chambres et 1 suite pour mener la vie de châtelains sur les traces de Charette, qui y organisa des réunions secrètes. L'aile gauche est occupée par un gîte haut

LA VENDÉE

de gamme pouvant accueillir jusqu'à 10 personnes. Les châtelains justement (les vrais !), particulièrement accueillants, se feront un plaisir de vous raconter l'histoire de leur demeure et de la région.

La Robe : *3, pl. Larevellière-Lépeaux, à Montaigu. ☎ 02-51-47-79-27. Dans le centre. Fermé lun, sam midi et dim soir. Congés : août. Résa fortement conseillée. Menus 24 € (midi en sem), puis 43-75 €.* Dans une atmosphère à la fois chic et minimaliste qui cadre parfaitement avec les aspirations d'un étoilé du moment : se réapproprier l'authentique, faire découvrir des goûts insoupçonnés. Un agréable moment en perspective !

DANS LES ENVIRONS DE MONTAIGU

La Maison de la rivière : *pl. du Gué-des-Joncs, 85600* ***Saint-Georges-de-Montaigu****, 85600* ***Montaigu-Vendée.*** *☎ 02-51-46-44-67. • maisondelariviere.terresdemontaigu.fr • À 3 km au sud-ouest de Montaigu. Juil-août, tlj 11h-19h ; mai-juin et sept, mer et w-e 14h-18h (19h dim et j. fériés). GRATUIT.* Sur les berges ombragées de la Grande Maine, un espace naturel préservé de 10 ha. Expo d'art annuelle sur les berges et dans l'ancien moulin. Également des balades en barque libres ou guidées, des sentiers pédestres, un jeu de piste, des animations culturelles, des apéros embarqués...

Le refuge de Grasla : *forêt de Grasla,* ***Les Brouzils*** *(85260). ☎ 02-51-42-96-20. • refugedegrasla.fr • À env 10 km au sud de Montaigu. Juil-début sept, tlj 11h-18h30 ; mai-juin, sur résa seulement ; sept, dim 11h-18h30. Dernier billet 1h avt fermeture. Visite interactive. Entrée : 8 € ; réduc ; gratuit jusqu'à 6 ans. De juil à mi-sept, spectacle dim à 17h, ainsi que jeu à 20h30 en juil-août (8 €, réduc, gratuit jusqu'à 6 ans).*

Évocation historique grandeur nature de la vie des populations réfugiées en forêt de Grasla au cours de l'hiver 1794. Fuyant les « colonnes infernales » du général Turreau, des centaines de femmes, enfants et vieillards se cachèrent au cœur de cette forêt en y transposant toutes les habitudes de la vie rurale. C'est ce qui rend la visite particulièrement touchante, puisqu'il ne s'agissait ni plus ni moins que d'un camp de survie rudimentaire.

Possibilité de découvrir le site avec une tablette (audio et vidéo). Il est aussi possible de participer aux recherches archéologiques d'un guide acteur pour retracer en famille l'histoire du Refuge.

Le refuge propose une création théâtrale, *Pierre, capitaine de paroisse,* jouée par des professionnels et des bénévoles.

- Tout autour, une vaste forêt et des étangs, idéals pour le pique-nique et la randonnée.

Le Logis de la Chabotterie : ***Saint-Sulpice-le-Verdon****, 85260* ***Montréverd.*** *☎ 02-51-42-81-00. • sitesculturels.vendee.fr/Logis-de-la-Chabotterie • À une quinzaine de km au sud-ouest de Montaigu et à 25 km au nord de La Roche-sur-Yon, par la D 763. Juin-août, tlj 10h-19h ; avr-mai et sept, tlj 10h-12h30, 13h30-18h ; oct-mars, tlj sauf mar 10h-12h30, 14h-18h. Fermé janv et Noël. Entrée : 7 € (audioguide compris) ; réduc ; gratuit jusqu'à 18 ans. Carnets d'aventure 5-13 ans et chasses au trésor pour les familles.* Escape game *(résa sur • escapegame.vendee.fr •).* Ce magnifique logis du XVIIIe s, demeure typique du bas Poitou, vit l'arrestation du général Charette de La Contrie en mars 1796, marquant ainsi la fin de la 1re guerre de Vendée. Autour d'une cour carrée, les dépendances agricoles, logements du personnel et maison noble sont étroitement imbriqués. Dans la partie ***logis,*** on découvre l'atmosphère et la douceur de vivre à la campagne avant la Révolution, par le biais de reconstitutions minutieuses des nombreuses ***salles historiques,*** à l'aide d'effets sonores, de la cuisine au grenier. Voir notamment la table sur laquelle on allongea le général blessé après sa capture. Également des maquettes sur les logis vendéens, entre châteaux et métairies. Très beau ***jardin clos,*** à la française, ouvrant sur le parc. Quant à l'***espace interactif*** (compter en moyenne 1h30), il invite à se plonger au cœur des guerres de Vendée dans un parcours scénographique riche en innovations technologiques, avec écrans géants interactifs, cartes numériques animées, dialogues virtuels et commentaires à suivre avec un audioguide très bien fait. Une visite en tout point passionnante !

Un peu plus loin, dans le ***bois de la Chabotterie,*** se dresse la croix commémorant l'arrestation de Charette. En saison, on peut s'y rendre en calèche *(2 €)* ou à pied : compter 20 à 30 mn de marche.
– ***Concerts Musiques au Logis :*** *6 j. fin juil-début août. ☎ 02-28-85-85-70. • evenements.vendee.fr •*

LES LUCS-SUR-BOULOGNE

(85170) 3 150 hab. *Carte Vendée, B1*

À 23 km au sud-ouest de Montaigu (et autant au nord de La Roche-sur-Yon), un massacre terrible fut perpétré ici par les « colonnes infernales » le 28 février 1794. Le village abrite désormais un discret et pourtant fascinant Historial-Mémorial, l'une des plus belles réussites muséographiques du département... Allez-y en famille, vous passerez un moment enrichissant !

À voir

L'Historial de la Vendée : *allée Paul-Bazin. ☎ 02-28-85-77-77. • sitesculturels.vendee.fr/Historial-de-Vendee • Tlj sauf lun hors juil-août 10h-19h (18h oct-mars). Entrée : 8 € ; réduc ; gratuit jusqu'à 18 ans. Compter 3h de visite. Visite guidée possible et sans supplément. Plusieurs grandes expos temporaires chaque année. Café et boutique. Animations 5-13 ans.* Ce grand musée bien intégré dans le paysage (toiture végétale et grandes baies vitrées) s'intéresse à toute l'histoire de la Vendée, de la préhistoire au XXe s, en passant par la Révolution, bien sûr. Mieux, il vous y intéresse, quels que soient votre âge ou votre intérêt personnel pour le sujet... Muséographie moderne, interactive, avec jeux de lumière, audiovisuels (film en haute définition) et mises en scène, s'appuyant sur de nombreuses pièces d'époque (objets de fouille, statues, tapisseries, meubles, éléments d'architecture...). Une partie du site est dédiée au sympathique *Musée des enfants,* consacré à la mer, son environnement, ses métiers, etc. Un Historial au final passionnant, pour grands et petits.

Parc paysager attenant à l'Historial. Ne pas manquer le ***Mémorial de Vendée,*** un hommage vibrant aux morts des Lucs et, à travers eux, à tous les Vendéens victimes de la guerre de Vendée. Il fut inauguré par Soljenitsyne en 1993. Un parcours mène à la ***chapelle*** *(tlj : été 9h-19h30, hiver 9h-16h)* où est gravée la longue liste de noms d'une partie des 564 Vendéens massacrés les 28 février et 1er mars 1794, dans cet Oradour du temps de la Révolution. Ce martyrologe fut établi après coup par le curé de la paroisse, absent le jour du massacre.

– Profitez de votre passage aux Lucs pour aller admirer les ***vitraux de l'église,*** qui racontent ces massacres, éloquente bande dessinée avant la lettre.

DANS LES ENVIRONS DES LUCS-SUR-BOULOGNE

Le musée des Ustensiles de cuisine anciens : *pl. Georges-Clemenceau, 85260* ***Saint-Denis-la-Chevasse.*** *☎ 02-51-41-39-01. • musee-ustensiles-cuisine-anciens.fr • À 11 km à l'est par la D 39. Juil-août, mar, jeu et dim 15h-18h30 ; mai-juin et sept-oct, dim 15h-18h30 ; le reste de l'année, sur rdv sauf déc-fév. Entrée : env 4 € ; réduc ; gratuit jusqu'à 7 ans.* C'est l'ancien logement d'un instituteur qui abrite aujourd'hui ce charmant musée, assez unique, qui devrait vous donner des bouffées de nostalgie et vous mettre en appétit. 6 salles pour remonter le temps en suivant l'évolution des ustensiles de cuisine (1 600 pièces en tout !).

LE MARAIS BRETON-VENDÉEN ET LES ÎLES

De Villeneuve-en-Retz, au nord, à Saint-Gilles-Croix-de-Vie, au sud, ce vaste territoire, s'étendant à perte de vue, a été gagné sur la mer au fil des siècles. Les alluvions charriées par la Loire ayant favorisé l'envasement de la baie, les hommes en drainant le marais ont ensuite relié entre elles les quelques îles qu'étaient Bouin, Beauvoir, Monts et Riez. Plus tard, des moines acharnés et des Hollandais (qui n'étaient pas les derniers dans l'art de gagner des terres sur la mer) modifièrent le paysage pour en faire cet espace de vertes prairies, entrecoupées de nombreux étiers et canaux.

Le marais breton-vendéen – autrement appelé le Marô – reste un monde un peu à part. Durant l'hiver, il n'est pas rare que l'eau envahisse encore de vastes parcelles, isolant les quelques bourrines (maisons basses au toit de roseaux) toujours en activité. Désormais, l'élevage demeure l'une des ressources principales de la région. Sur la côte, ce sont l'ostréiculture, la production de sel et les touristes qui génèrent des emplois. Ces derniers n'hésitent pas à enfourcher leur vélo pour y emprunter les pistes de la Vélocéane.

La région entre Challans et Saint-Jean-de-Monts a par ailleurs favorisé le rassemblement de nombreux artistes, attirés par la lumière particulière du pays. Soullans (sur la D 69) est surtout connue pour son musée, hommage à un enfant du marais qui a été le témoin, par le pinceau, de sa terre natale, Charles Milcendeau.

Infos utiles

– ***Pass Culture & Découverte :*** *pour 2 adultes, disponible à l'accueil des sites et dans les offices de tourisme. GRATUIT. Liste sur • vendeedesiles.fr •* Une trentaine de sites du Nord-Ouest-Vendée (y compris l'île d'Yeu) participent à cette opération qui permet de bénéficier d'un tarif réduit dès la 1re visite : écomusée du Daviaud, Jardin du Vent, musée Milcendeau, la Route du Sel, etc.

– Sur la côte, du côté de Beauvoir-sur-Mer, on peut emprunter la ***route de l'Huître*** (de nombreux ostréiculteurs ouvrent leurs portes pour la visite et la dégustation) qui relie La Bernerie-en-Retz (Loire-Atlantique) à Talmont-Saint-Hilaire, au sud de la Vendée. *• huitre-vendee-atlantique.fr •* Accueil à la bonne franquette pour déguster une douzaine d'huîtres accompagnées d'un verre de blanc du Pays nantais ou des fiefs-vendéens. C'est frais et servi avec le sourire.

– Procurez-vous dans les offices de tourisme le coffret rando sur l'île d'Yeu, le pays de Saint-Jean-de-Monts et Challans-Gois : 26 sentiers pédestres et 10 boucles cyclables à travers plages, dunes, marais... En tout, plus de 380 km balisés.

CHALLANS (85300) 21 300 hab. *Carte Vendée, B1*

Capitale du marais et 3e ville de Vendée, célèbre pour ses canards et ses poulets noirs, Challans fut le théâtre de la 1re victoire des Vendéens en 1793. Fleurie, gaie, cette petite ville de passage sent déjà la mer et les vacances. À quelques encablures à peine des plages, on rayonne facilement dans la région, tout en échappant au flux touristique.

Adresse et infos utiles

Office de tourisme Destination GO Challans GOis : *Espace Jan-et-Joël-Martel, 1 C, rue de l'Hôtel-de-Ville.* *☎ 02-51-93-19-75.* • *gochallansgois.fr* • *Mar-sam 9h (10h jeu)-12h30, 14h-18h.* Dépliants avec 2 circuits du patrimoine dans la ville et un circuit *geocaching*. Propose aussi des randonnées découverte faune et flore.

– ***Visites organisées par la Société d'études et d'histoire :*** *mar sur résa au 06-07-96-51-37.* Découverte du petit patrimoine de Challans : église de Coudrie, la chapelle de la Bloire...

– ***Marchés :*** *mar mat.* L'un des plus grands de la région, dans les halles et dans les rues avec des volailles vivantes. *Ainsi que ven et sam mat dans les halles.*

Où dormir ? Où manger ?

Le Ragis : *chemin de la Fradinière, route de Saint-Gilles. ☎ 02-51-68-08-49.* • *leragis@free.fr* • *camping-leragis.com* • *Par la D 32 à env 1 km du centre, c'est fléché. Résa conseillée. Tentes env 15-25 € ; locatifs 1-4 chambres. 213 empl.* Dans un cadre verdoyant, des emplacements bien délimités au bord d'un étang poissonneux. Espace aquatique dont 1 piscine couverte et toboggans ; terrain multisport, pêche en étang privé. Populaire et familial, on y prend vite ses habitudes. Petite activité agricole sur place. Location de mobile homes, chalets et caravanes, ainsi que de vélos. Snack en été.

Hôtel Le Marais – Restaurant Caillebotte : *2, rue de la Redoute. ☎ 02-51-93-59-63.* • *lemarais-hotel.fr* • *Fermé ven soir, sam midi et lun. Doubles standard 60-75 € ; familiales. Menus env 18-32 € selon formule (avec ou sans verre de vin).* Ce discret établissement cache bien son jeu. Si les chambres 2 étoiles font bien l'affaire pour une soirée de passage, c'est la carte raffinée du restaurant qui crée la surprise, dans un cadre moderne au goût du jour. Le talentueux chef se délecte indéniablement des produits du territoire maraîchin, et compose habilement avec les textures et les couleurs. Une adresse étonnante, voire détonante dans ce centre-ville peu habitué aux extravagances.

Hôtel Le Manoir de l'Antiquité : *14, rue Gallieni. ☎ 02-51-68-02-84.* • *contact@hotelantiquite.com* • *hotelantiquite.com* • *Congés : fêtes de fin d'année. Doubles standard 75-120 € ; supérieures et familiales. Réduc de 50 % sur les petits déj sur présentation de ce guide.* Un établissement de charme, plus proche d'une grande maison de famille que d'un hôtel traditionnel ou d'un manoir. L'extérieur semble banal, mais quelle surprise en entrant ! Mobilier raffiné et fort bien mis en valeur jusque dans la vingtaine de chambres spacieuses et personnalisées. Elles sont distribuées le long d'un jardin ou autour d'une belle piscine chauffée, au bord de laquelle on peut prendre son petit déj sur une terrasse.

Le Gourmandin : *41, rue Pierre-Gilles-de-Gennes. ☎ 02-51-35-39-09. • legourmandin@orange.fr • ♿ Sur la route de Soullans, vers le sud, au niveau d'un rond-point. Fermé mar soir, mer et dim soir. Formule déj en sem env 20 € ; carte 40-45 €.* Bâtiment moderne aux formes cubiques dans une zone d'activités sans charme. On vient de loin pour découvrir la cuisine raffinée, savoureuse, détournée avec humour par un jeune chef breton et fan de Roellinger qui « aime le soleil, la couleur ». Sa femme, sommelière, accueille habitués comme visiteurs d'un soir avec la même générosité.

Où manger dans les environs ?

Le Petit Saint-Thomas : *25, rue de Lattre-de-Tassigny, 85710* ***La Garnache.*** *☎ 02-51-49-05-99. • resto lesaintthomas@orange.fr • ♿ À 8 km au nord, par la D 32 (direction Nantes). Face au cimetière. Fermé dim soir, lun et mer soir. Formule déj en sem env 21 € ; menus env 31-60 €.* Chic et moderne mais pas classieuse, une adresse de bourg chaleureuse pour une escale gourmande. Carte entre terre et mer, fraîche et savoureuse, imaginée par un chef faisant résolument honneur aux canons de la gastronomie.

À voir

L'église Notre-Dame : *entrée par le côté droit.* De style néogothique, elle fut construite à la fin du XIXe s et abrite un beau chemin de croix sculpté, ainsi qu'un impressionnant orgue contemporain. Chœur inspiré de celui de Saint-Germain-des-Prés à Paris. Curieux : le clocher, conservé de l'ancienne église, se trouve de l'autre côté de la place !

Manifestation

– **Autrefois Challans :** *2 jeu en juil et 2 jeu en août. • autrefoischallans.com • GRATUIT.* Challans vit en 1910 pendant quelques jours. Rétrospective du fameux marché à la volaille, lavandières, éleveurs... 1 300 figurants investissent la ville en costumes d'époque.

DANS LES ENVIRONS DE CHALLANS

SOULLANS (85300)

Le musée Charles-Milcendeau : *84, chemin du Bois-Durand. ☎ 02-51-35-03-84. • musee-milcendeau.fr • ♿ À 2 km de Soullans en direction de la côte (D 69). Juil-août, lun-ven 11h-13h, 14h-18h30, w-e 14h-18h30 ; avr-juin, sept et vac de la Toussaint, mer-dim 14h-18h30. Dernière admission 1h avt fermeture. Entrée : 5 € ; réduc ; seulement 1 € pour ts le dernier dim de chaque mois hors saison ; gratuit moins de 6 ans.* Le musée retrace la vie et l'œuvre d'un enfant de Soullans, le peintre voyageur Charles Milcendeau (1872-1919), élève de Gustave Moreau. Musée à l'architecture moderne et à la muséographie colorée, dans un lieu reposant en pleine nature. La visite comprend une vidéo (15 mn), 2 salles d'expo présentant ses dessins, pastels et huiles sur toile, et sa maison, inscrite aux Monuments historiques. Celle-ci étonne par ses peintures murales inspirées de l'art mozarabe andalou.

SALLERTAINE (85300)

À 7 km à l'ouest de Challans, ce bourg a longtemps vécu de la production de sel. Petites maisons basses, ruelles étroites et voûte romane unique en voûte nervurée de l'église Saint-Martin en font un lieu typique et attachant. Vous pouvez flâner dans les rues de Sallertaine, labellisée Ville et Métiers d'art, tout en découvrant l'activité d'un potier, d'un céramiste ou d'un fabricant de jouets en bois réunis dans l'association L'Île aux artisans. Un lundi de fin juillet et 3 en août, on peut assister à des nocturnes *(18h-23h)* avec spectacles. Quant aux amoureux des livres, ils reliront *La Terre qui meurt,* un roman que René Bazin avait situé par ici...

La Route du Sel : *49, rue de Verdun. ☎ 02-51-93-03-40. • laroutedusel.com • Sur résa tte l'année. Balades en canoë, à pied ou à vélo, en solo ou guidées, dans le site exceptionnel de l'ancienne baie maritime de Sallertaine.* Plusieurs formules de 2h jusqu'au bivouac de plusieurs jours. Sorties ornithologiques à l'aube, balades guidées sur l'ensemble du marais breton-vendéen, entre-autres à Saint Urbain, Bois de Céné, visite de l'abbaye de l'île Chauvet... Équipe vraiment sympa et super ambiance.

Le moulin de Rairé : *06-82-26-88-82. • moulin-a-vent-de-raire.com • (accès partiel). À 2 km du centre de Sallertaine par la D 103. Avr-sept, ts les ap-m 14h-18h (18h30 juil-août) ; hors saison, se renseigner. Entrée : 4,50 € ; réduc. Pique-nique possible.* Construit vers 1560, le moulin de Rairé tourne sans interruption depuis son édification, avec le vent comme seul moteur ! La famille Burgaud-Billet, descendante d'une longue lignée de meuniers, produit des farines de blé et de sarrasin issues de l'agriculture biologique. Visites commentées avec passion et commentaires hauts en couleur des meuniers, complétées par celle d'un intéressant musée réparti dans plusieurs dépendances : vieilles machines, meules, arbre de moulin, arbre à girouettes, maquette du moulin...

À l'heure du goûter, bolée de cidre et crêpes faites avec la farine du moulin, à déguster dans une grande salle conviviale aux allures d'auberge.

BOIS-DE-CÉNÉ (85710)

À 10 km au nord de Challans par la D 58, à mi-chemin de Machecoul. Village au riche passé, habité depuis l'époque romaine, qui vaut surtout pour son église du XIVe s. Quelques artisans y ont élu domicile. Jolie randonnée (« sentier des Roseaux », 8,5 km) à faire dans le coin, à travers le marais et les étiers (chenaux d'eau de mer).

Où camper ?

Camping Le Bois Joli : *2, rue de Châteauneuf. ☎ 02-51-68-20-05. • contact@camping-leboisjoli.com • camping-leboisjoli.com • D'avr à mi-oct. Compter 17,50-25 € pour 2 ; bungalows toilés et mobile homes.* Dans l'intérieur des terres sans être franchement éloigné de la mer, ce 3-étoiles tiré à quatre épingles joue la carte de la convivialité et de la qualité. Des emplacements bien délimités et une gamme complète de prestations : espace aquatique chauffé, ping-pong, volley, jeux pour les enfants, resto (en saison) et animations. Accueil sympathique.

À voir

L'église Saint-Étienne : *dans le bourg.* Construite au XIVe s sur un ancien cimetière mérovingien, elle fut modifiée de la Renaissance au XVIIe s, comme en témoignent les sculptures des chapiteaux. Elles représentent de manière grossière les vices et les péchés capitaux dans un style plutôt pittoresque. Très beaux retables du XVIIe s et des vitraux consacrés à saint Étienne : derrière l'autel, scène de la lapidation !

BOUIN

(85230) 2 200 hab. *Carte Vendée, A1*

Rattachée au continent depuis le XVIIIe s seulement, Bouin a gardé l'aspect de village de pêcheurs qu'elle avait lorsque la mer entourait encore l'île. Dès le Moyen Âge, comme Noirmoutier et Yeu, Bouin jouissait d'un privilège royal particulier : on en fit une sorte de zone franche avant l'heure, exempte d'impôts, car ce point stratégique pour la navigation devait être peuplé... Le rêve pour les contrebandiers, qui investirent vite les 3 îles ! Autour de l'église des XIe et XVIe s (plutôt austère), les vieilles rues regorgent de belles maisons anciennes.

Où dormir ? Où manger ?

Domaine Le Martinet : *pl. du Général-Charette. ☎ 02-51-49-23-23. • contact@domaine-lemartinet.com • domaine-lemartinet.com • ♿ Congés : de mi-oct à mi-mars. Doubles 79-145 € ; familiales et apparts avec mezzanine.* L'atmosphère (et la tranquillité) d'une maison de famille dans cette belle demeure de bourg. Une vingtaine de chambres impeccables, de style contemporain, réparties entre la bâtisse du XIXe s et des dépendances récentes autour de la piscine ou de la cour intérieure. Accueil d'un jeune couple enthousiaste et chaleureux. Un *Relais du Silence* bien nommé et une adresse coup de cœur ! Resto tout à côté (gestion différente) : *Le Martinet* (voir ci-après).

Le Martinet : *9, rue des Jardins. ☎ 02-51-49-23-48. • contact@restaurant-lemartinet.com • ♿ Tlj sauf le midi lun-mar ; hors saison, fermé dim soir-mar. Formule déj en sem env 20 € ; menus 30-42 €. Digestif maison offert sur présentation de ce guide.* Derrière l'église, chaleureusement installé dans une ancienne salorge (autrement dit une grange à sel) du XVIIe s. Épatante cuisine, juste et sincère, au gré de la pêche et de ce qui pousse (fruits, légumes et parfois de surprenantes épices bio) dans un jardin que vous pourrez visiter sans avoir besoin de beaucoup insister.

À voir

La Maison du pays du Gois : *33, rue du Pays-de-Retz, à la sortie du bourg. ☎ 02-51-68-88-85. • otsi-paysdugois.fr • ♿ Avr-début nov, lun-sam 9h30-13h30, 14h15-18h, plus dim mat juin-août.* Petite expo thématique, jeux tactiles, énigmes pour enfants. Fait aussi bureau d'information touristique.

BEAUVOIR-SUR-MER

(85230) 3 990 hab. *Carte Vendée, A1*

À 8 km au sud de Bouin, une petite ville un peu oubliée par l'Histoire depuis que Louis XIV fit raser la forteresse qui la défendait. L'église Saint-Philbert

(Xe et XIe s), massive et austère, dégage une impression de puissance qui défie le temps. C'est à 4,5 km de Beauvoir qu'on emprunte le Gois, ce passage à gué qui relie Noirmoutier à marée basse. Voir plus loin « L'île de Noirmoutier ». Et c'est l'endroit idéal pour s'arrêter chez un producteur de sel...

Adresse utile

Bureau d'information touristique : *9, rue Charles-Gallet. ☎ 02-51-68-71-13. • gochallansgois.fr • Mar-ven 9h30-12h30, 14h-18h (17h30 ven), sam 9h30-12h30.* Infos sur les visites guidées gratuites des marais salants et du parc éolien de Bouin, ainsi que sur le passage du Gois.

Où dormir ? Où manger ? Où boire un verre dans le coin ?

Chambres d'hôtes Au Passage du Gois : *Le Ménitres, à Beauvoir-sur-Mer. ☎ 02-51-49-02-17. 06-66-17-67-36. • info@aupassagedugois.fr • aupassagedugois.fr • À 1 km de la mer et du fameux passage du Gois. Doubles env 50-95 €. Table d'hôtes sur demande 25 €.* Il faut imaginer cette ancienne ferme ostréicole, datée de 1810, servant de café à celles et ceux qui attendaient autrefois la marée pour rejoindre l'île de Noirmoutier. Un couple de Néerlandais qui a joliment réussi sa reconversion lui a redonné une âme. C'est aujourd'hui une maison accueillante, comprenant 1 chambre familiale dans la maison, 2 autres côté cour, indépendantes, toutes bien au calme. Piscine.

L'Auberge des Étiers : *L'Ampan, route de Fromentine. ☎ 02-51-68-75-41. • resa@aubergedesetiers.com • aubergedesetiers.com • À mi-chemin entre Beauvoir-sur-Mer et La Barre-de-Monts. Fermé dim soir, lun et jeu soir. Résa fortement conseillée. Menus 14,90-17,50 € (midi en sem), puis 24-34 €.* Créée à l'initiative d'un ancien libraire passionné de bonne chère, cette petite adresse (25 couverts) revisite la cuisine du terroir dans des assemblages pétillants de saveurs. Une autre table qui met à l'honneur les producteurs locaux. Un régal doublé de 2 ravissantes chambres d'hôtes, fraîches dans la déco, accueillantes dans l'esprit.

Côté Marais : *le Grand Pont, route de Fromentine. ☎ 02-53-65-95-93. • restaurant.cotemarais@gmail.com • Au niveau d'une écluse sur la route de La Barre-de-Monts. Fermé mar-mer. Formule déj en sem 15 € ; menus 23-32 €.* En plein marais breton, touristes de passage et ostréiculteurs à midi plébiscitent cette halte discrète de l'extérieur. À l'intérieur, les salles ont été remises au goût du jour et la cuisine revisite avec un savoir-faire précis le meilleur des produits maraîchins. Le choix de la qualité, du local et de la modernité, un cocktail qui ne triche pas. Nous voilà embarqués, ravis, entre terre et mer.

Le Relais du Gois : *le Grand Clos, à l'entrée du passage du Gois, à 4,5 km de Beauvoir. ☎ 02-51-68-70-31. Fermé mar soir-mer oct-mai. Congés : de mi-déc à fin janv. Menus env 24-47 €.* Belle salle chic, prolongée par une terrasse posée sur la mer, le tout aux 1res loges pour admirer ce passage qui fait tant parler de lui. À la carte, fruits de mer et poissons, mais aussi quelques créations comme la rillette de crabe tapenade, la canette de Challans au cidre... Une adresse très touristique certes, mais heureux les privilégiés qui passent la nuit dans l'unique chambre d'hôtes, la « Perle de l'Océan », avec vue sur le Gois !

Le Mord'eau du Bec : *port du Bec, **L'Époids,** côté Bouin (85230). ☎ 02-51-68-72-61. • portdubec@orange.fr • Fermé le soir hors saison. Formule déj env 13 € ; carte env 25 €. Apéritif offert sur présentation de ce guide.* Bar-resto typique et sans façons, où les gars du port se posent du café à l'apéro. On peut y manger des huîtres, moules et autres coquillages un peu à toute heure. Animations

LA VENDÉE

musicales en été. En face, ***Chez Melon Tout est Bon*** *(☎ 02-51-68-71-87)* propose également de bons fruits de mer. À vous de voir...

DANS LES ENVIRONS DE BEAUVOIR-SUR-MER

Le port du Bec : *à L'Époids, à 3,5 km de Beauvoir.* En pleine région ostréicole, un petit port pittoresque connu pour ses nombreuses barques colorées dispersées dans une forêt de pontons en bois. On l'appelle d'ailleurs « le petit port chinois » (le site est classé).

LA BARRE-DE-MONTS / FROMENTINE

(85550) 2 150 hab. *Carte Vendée, A1*

Entre la baie de Bourgneuf et la dune des pays de Monts, une commune plus connue sous le nom de son port, Fromentine ainsi appelé en souvenir du froment, un blé rouge cultivé ici avant d'être ensuite exporté. Elle reste le point de passage obligé pour Noirmoutier (par le pont) et le point de départ des bateaux pour l'île d'Yeu. Un lieu hautement stratégique donc, offrant une esplanade piétonne en bord de mer joliment aménagée.

Ceux qui sont pressés de prendre le bateau ne savent pas ce qu'ils laissent derrière eux : des petits ports de plaisance (arrêtez-vous dans une des cabanes du chemin des ostréiculteurs pour goûter les huîtres de la baie de Bourgneuf), 688 ha de pins et de chênes verts, 7 km de plages de sable fin (nettoyées de manière raisonnée) où l'on pratique kitesurf et char à voile, et 1 200 ha de marais. Seul bémol, c'est une vraie aventure pour se garer (parkings en zone bleue).

FEU DE DÉTRESSE

Repérez le phare toujours en activité qui garde l'entrée du goulet de Fromentine. 2 bizarreries : il est métallique (rare !) et... ce n'est pas un phare. Ce terme ne s'applique qu'à partir de 20 m de haut. La structure mesurant ici 10 m de haut, on parle de feu. Ce feu de Fromentine date de 1915 et fonctionna au fioul jusqu'en 1939.

LA VENDÉE

Adresse et infos utiles

Bureau d'information touristique : *pl. de la Gare, à Fromentine. ☎ 02-51-68-51-83. • paysdesaintjeandemonts.fr • Tte l'année.* Billetterie pour toutes les grandes attractions du département. Organise des visites guidées de la ville, des marais salants et des parcs ostréicoles avec ou sans dégustation (*l'Huitrière de Fromentine* par exemple).

– Balade de 6,5 km (2h30) avec livret illustré « Le Journal de Guy Tessier » *(3 €),* pour connaître l'histoire de la conserverie de Fromentine.

– ***Swin golf :*** *loc des cannes et de 3 balles spéciales au bureau d'info touristique.* Découverte de la forêt domaniale à travers un parcours de golf (9 ou 12 trous) tracé sur les aiguilles de pin.

– ***Marchés :*** *sam mat, pl. de la Gare. Et « Soirées gourmandes » (marché de producteurs locaux et artisans avec animations) lun en juil-août.*

La Littorale : navette estivale qui dessert tout le littoral de La Barre-de-Monts à Saint-Gilles-Croix-de-Vie en juillet-août *(0,50 €/trajet, ticket auprès du chauffeur ; • sovetours.fr •).*

Comment aller sur l'île d'Yeu en bateau ?

2 solutions pour rejoindre les embarcadères du continent : la voiture (parkings) ou les transports en bus (ligne 13 depuis la gare de Nantes avec correspondance TGV ou lignes *Sovetours*).
Les compagnies de bateau proposent des tarifs similaires pour un forfait aller-retour dans la journée. Bien penser à vérifier les horaires et *Bons plans* proposés tout l'été.
– Les parkings les moins chers sont les plus éloignés de l'embarcadère. Une navette gratuite vous y conduit en quelques minutes, mais mieux vaut prévoir de vous rendre 1h à l'avance si vous ne voulez pas manquer le bateau. Au plus près de l'embarcadère, compter autour de 20 €/j. (dégressif) pour un parking gardé. Pour un A/R dans la journée, renseignez-vous auprès de la *Compagnie Yeu Continent* car le parking peut être gratuit si l'on accepte une marche de 15-20 mn (à travers la forêt cela dit, bien sympa !).

■ ***Compagnies effectuant la croisière à l'île d'Yeu :*** voir le texte consacré à l'île d'Yeu, rubrique « Comment y aller ? », avec la *Compagnie Vendéenne* et la *Compagnie Yeu Continent*.

Où dormir ?

LA VENDÉE

Campings

Aire naturelle de camping « Les Gâts » : *chemin des Gâts. ☎ 02-51-55-97-22. 📱 06-09-87-84-41. ♿ Direction Beauvoir-sur-Mer (D 22), puis, après avoir franchi le Pont-Neuf (rivière la Taillée), 1re route à gauche (c'est fléché). Avr-sept. Compter env 10 € pour 2.* Un tout petit camping sans prétention de 25 emplacements présentant des zones d'herbe abritées par de hauts conifères. Sanitaires impeccables. Tranquillité assurée.

Camping Le Grand Corseau : *route de la Grande-Côte. ☎ 02-51-68-52-87. • contact@corseau.com • camping-grand-corseau.com • Fin mars-début oct. Empl. pour 2 env 13-23 € ; locatifs.* Au cœur de la pinède, sur 8 ha, avec accès direct à la plage. L'esprit camping avec tentes et caravanes en grande majorité, ainsi que des mobile homes. Piscine chauffée et pataugeoire *(mai-sept)*, billard, club enfants gratuit et animations. Snack-bar et épicerie. Surtout, le camping est bordé de pistes cyclables sur le trajet de *La Vélodyssée* et labellisé Accueil Vélo (location possible).

Prix moyens

Hôtel Le Cap d'Ambre : *29, av. de l'Estacade, port de Fromentine. ☎ 02-51-68-52-05. • capdambre@wanadoo.fr • cap-ambre.fr • Doubles 74-109 €.* Parquet, bois exotique, mobilier colonial, objets chinés... La quinzaine de chambres sont personnalisées et de très bon confort, certaines possèdent un balcon sur le jardin central orné de bananiers. Côté port, le bar à cocktails *La Conga* rappellera des souvenirs aux lecteurs de Corto Maltese. Un hôtel de poche bien accueillant.

Où manger ?

Très bon marché

La Cabane et L'Annexe : *chemin des Ostréiculteurs. 📱 06-84-19-50-80. • b.margouillat@yahoo.fr • lacabane-fromentine.fr • ♿ Avt le port de Fromentine, sur la droite. Pâques-oct : tlj en été, sinon w-e et j. fériés. Douzaine d'huîtres avec verre de vin ; sur résa, plateaux de fruits de mer 21-34 €/pers, plus 6 €/pers sur place. Verre de vin (muscadet sur lie) offert sur présentation de ce guide.* Dans son bar à huîtres, Fabrice vous accueille sans façons dans un décor typique avec vue sur mer, face à la baie de Bourgneuf. Apporter pain, beurre et dessert ! Il a ouvert un autre bar à huîtres dans le bourg de Fromentine, *L'Annexe (2 bis, av. du Phare, près de l'embarcadère ; 06-07-38-00-49).*

Mad'zelle Fouée'd Truck : *3, av. du Phare, près de l'embarcadère. 06-26-12-91-63. Jeu midi-dim. Compter moins de 5 €.* Un *food truck* avec un local permanent, tout un concept ! Angèle cuisine des fouées (petits pains chauds) et des « patatrucks » à garnir, mais aussi des gluches (des chips d'épluchures de pommes de terre) et autres réjouissances locales et ludiques. Convivial en diable avec son bar en tôle.

De bon marché à prix moyens

Une Bouteille à la Mer : *12, av. de Lattre-de-Tassigny. ☎ 02-28-10-12-68. Fermé lun. Formules déj en sem 14,50-19,50 € ; menus env 20-25 €.* Une des belles adresses de Fromentine, privilégiant le circuit court et le terroir. Cuisine à l'ardoise dans un esprit bistronomique et une ambiance rétro chaleureuse.

Achats

La Cave du Moulin : *le Pont Angelier, à La Barre-de-Monts. ☎ 02-51-54-36-55.* Depuis 1899 (5e génération), une épicerie-cave atypique avec une large sélection de produits bio, vins et bières.

À voir dans le coin

Le Daviaud : *lieu-dit le Daviaud, à La Barre-de-Monts. ☎ 02-51-93-84-84. • ledaviaud.fr • À l'intérieur des terres, bien fléché à partir de la route côtière (D 38). Avr-sept, mar-ven (plus lun en juil-août) 10h-19h, w-e 14h-19h (fermé le mat sam-dim) ; en hiver, mar-dim 14h-18h30 (fermé lun). Entrée : avr-sept 10 € ; oct-mars 5 € ; forfaits famille ; réduc. Compter min 2h de visite. Possibilité de se restaurer sur place en juil-août (snack avr-sept). Boutique (vente de sel produit sur place).* Pour les amoureux de nature préservée et de traditions, le Daviaud est une étape incontournable. La visite commence à l'abri, dans un grand hall d'exposition où, au fil d'une progression à la fois ludique et didactique, on appréhende l'écosystème du marais dans sa dimension humaine, géologique, floristique et faunistique. La visite se poursuit *(avr-sept seulement)* par un parcours extérieur de 1 km, à la limite des marais doux et salés. Découverte de l'âge d'or du sel avec la salorge et son marais salant en activité, l'ambiance d'une ferme au début du XXe s et des bourrines caractéristiques du paysage maraîchin aux intérieurs reconstitués. Dans la grange, expo-spectacle autour des musiques et danses du marais. Témoignages d'habitants.

Restauration possible dans une bourrine à l'esprit des années 1950. Un bon moment à passer en famille.

Le Pey de la Blet : *dans la forêt des Pays-de-Monts. Route de Noirmoutier, au grand rond-point, prendre route de la Rive qui longe la forêt, puis guetter le discret panneau en bois (pas évident à trouver).* Point culminant de 25 m au-dessus du niveau de la mer (et 147 marches), en pleine forêt domaniale. Les arbres ayant grandi, on n'aperçoit plus guère le marais et l'océan, mais cette construction en bois reste un bon poste d'observation, évoquant les refuges sur le passage du Gois.

Le port du Pont-Neuf : *sur la route de Nantes, à la sortie de la commune.* Un endroit pittoresque, point de rencontre entre la mer (pontons d'attache de bateaux, cabanes ostréicoles, pêcheries avec leurs carrelets et même un distributeur de bourriches, *Les Huîtres du Cap Horn*) et le marais. Belle balade à pied ou à vélo à faire sur la digue. De l'autre côté du Pont-Neuf se trouvent les pêcheries et l'écluse du Porteau, aménagée avec tables de pique-nique et jeux pour enfants. C'est un lieu de promenade très agréable et un excellent point de départ pour partir explorer le marais à pied (circuit possible de Fromentine à Pont-Neuf ou vice versa), mais aussi en canoë ou à *paddle* en juillet-août à l'aide d'un *road-book* (📱 *06-16-66-30-69* ; ● *nautismefromentine-vendee.com* ●).

L'ÎLE DE NOIRMOUTIER

Carte Vendée, A1

● Carte de l'île *p. 459* ● Plan de Noirmoutier-en-l'Île *p. 461*

Une île comme on les rêve... ou presque ! Dès que l'on s'enfonce dans son cœur, Noirmoutier recèle des trésors de beauté et de charme au milieu des dunes, des pins, des chênes verts et des marais salants. Un vrai décor de cinéma !

Le climat doux, propice aux mimosas, aux figuiers et aux arbousiers, donne un caractère tout méditerranéen à l'île. On comprend que la bourgeoisie nantaise ait colonisé ce coin de rêve au début du XXe s, les 1ers chalets ayant fait leur apparition au bois de la Chaize dès 1860.

Même envahie en été, l'île ne perd rien de sa superbe. Blanc des maisons et du sel des marais, vert des forêts de pins, bleu du ciel et de la mer, la palette s'étend à l'infini. Auguste Renoir, qui peignit ici 3 tableaux, ne s'y était pas trompé. Pour découvrir cette île à fleur d'eau, bâtie au 2/3 sous le niveau de la mer (point culminant à 16 m !), il faut oublier sa voiture et partir à vélo sur les 80 km de pistes. Dans un panier en osier, glisser 2 douzaines d'huîtres, une bouteille de blanc, une boule de pain, une lichette de beurre et une nappe à carreaux.

Et avec ses 40 km de plages, Noirmoutier offre un choix superbe de sites. Sur la façade atlantique, plages de Luzéronde (naturiste pour partie), de Morin, de L'Épine, des Sables-d'Or à La Guérinière, et du Midi à Barbâtre. Celles du bois de la Chaize sont tournées vers le continent.

PONT AÉRIEN

La navette maritime Le Goulet *effectua sa dernière traversée entre Fromentine et Noirmoutier le 7 juillet 1971. Adieu employés, estivants et... bétail ! Le même jour était en effet inauguré le fameux pont de 583 m reliant la côte à l'île. De là-haut (34 m), panorama en apesanteur garanti.*

UN PEU D'HISTOIRE

L'histoire commence vraiment à partir du VIIe s, avec l'arrivée de saint Philbert et de ses moines : ils trouvent l'endroit propice au recueillement et y fondent un monastère. L'agriculture et surtout les marais salants procurent une notoriété et une richesse considérables à l'île d'Her (son nom à l'époque). En 1756, les Jacobsen, venus de Hollande, posent le pied sur l'île. Cette famille va jouer un rôle primordial dans son développement en aménageant des polders, créant des zones de culture

CHAUD PATATE

Apparue au XIXe s sur l'île, la pomme de terre a depuis roulé sa bosse. Cultivée en sol sablonneux, enrichi de goémons, elle est plantée à la Chandeleur. Parmi les différentes variétés, la star, c'est la bonnote, récoltée sur seulement 10 jours en mai. À consommer avec la peau et une pincée de sel... de Noirmoutier bien sûr. Elle serait la plus chère du monde.

L'ÎLE DE NOIRMOUTIER

Adresse utile	Où manger ?
Office de tourisme, entrée de l'île	**20** La Table d'Élise
	22 Au Vieux Loup de Mer
	24 La Godaille
	29 L'Entre 2 Côtes

Où dormir ?

- **5** Camping Huttopia Noirmoutier
- **6** Sandaya, Domaine Le Midi
- **7** Camping municipal La Pointe
- **8** Camping Les Onchères
- **9** Camping municipal de la Court
- **11** Hôtel Ancre Marine
- **19** Résidence Prestige Odalys Le Domaine des Pins

Où boire un verre ?

- **43** Le Poisson Bulle

Achats

- **50** Le Fumoir de Noirmoutier
- **51** Coopérative La Noirmoutier

particulièrement fertiles. Les guerres de Vendée n'épargnent évidemment pas l'île, qui change régulièrement de maître au gré des fortunes militaires des belligérants.

Arriver – Quitter

En voiture

➢ ***Par le pont :*** *GRATUIT.*

➢ ***Par le passage du Gois :*** cela se complique un peu, car il faut prendre en compte les horaires de marée.

La traversée (4,15 km) est possible 1h30 avant et 1h30 après la marée basse. • *passagedugois.com* • En cas de fort coefficient, les horaires sont encore plus larges, mais mieux vaut rester prudent. Si les eaux vous surprennent, vous pouvez toujours vous réfugier sur les balises disposées régulièrement, mais on ne vous le souhaite pas. Une traversée magique en tout cas !

En bus

Gare routière de Noirmoutier-en-l'Île *(plan A2)* **:** *11, rue de la Prée-aux-Ducs. ☎ 02-51-39-04-72. • loireatlantique.transdev-paysdelaloire.com* • Tte l'année, liaisons entre la gare de Nantes et Noirmoutier-en-l'Île *(ligne 13 ; env 5 bus/j. en hiver et jusqu'à une quinzaine/j. en été).* Nombreux arrêts en cours de route.

➢ Tout au long de l'année, liaisons avec la gare maritime de Fromentine (île d'Yeu), La Roche-sur-Yon, Challans, Saint-Gilles, Les Sables-d'Olonne... jusqu'à Nantes. Rens auprès d'***Aléop*** *(• aleop.paysdelaloire.fr •)*, de ***Sovetours*** *(• sovetours.com •)* ou de la ***SNCF*** *(• ter.sncf.com/pays-de-la-loire •).* Les bus desservent la plupart des communes de l'île.

– Début juil-fin août, un service de navettes (le *Gratibus*) est proposé par la commune de Noirmoutier-en-l'Île, en direction du bois de la Chaize, du Vieil et de L'Herbaudière, en passant par les plages *(☎ 02-51-35-99-99). GRATUIT.*

– Le *Bus de l'île* dessert les 4 communes entre elles et Fromentine sur le continent : ttes les 1h30, gratuit. Suivi du bus en temps réel via l'appli « Zenbus.net ». Idéal pour se passer de la voiture sur l'île.

Adresses et infos utiles

Office de tourisme, entrée de l'île* :** *rue du Polder, 85630* ***Barbâtre. *☎ 02-51-39-80-71. • ile-noirmoutier.com • Juil-août, tlj 9h30-12h30, 14h-19h ; avr-juin et sept, lun-sam 9h30-12h30, 14h-18h (fermé dim) ; oct-mars, lun-ven 9h30-12h30, 14h-17h30, sam 9h30-12h30 (fermé dim et pdt vac scol de Noël).*

Office de tourisme, centre-ville *(plan A2)* **:** *rue du Général-Passaga, 85330* ***Noirmoutier-en-l'Île.*** *☎ 02-51-39-80-71. • ile-noirmoutier.com • Juil-août, tlj 9h30-19h ; avr-juin et sept, tlj 9h30-12h30, 14h-18h ; oct-mars, lun-sam 9h30-12h30, 14h-17h30 (fermé dim).* Carte touristique répertoriant les circuits de randonnées pédestres (50 km de sentiers balisés) et les pistes cyclables (environ 80 km). Billetterie pour le Puy du Fou, l'île d'Yeu, balades en mer, spectacles... Infos sur les nombreuses visites guidées proposées par des guides locaux.

***Location de vélos* :** plusieurs loueurs à Noirmoutier-en-l'Île, Barbâtre, L'Épine et La Guérinière. Liste à l'office de tourisme. Sinon, presque tous les hôtels louent ou prêtent des vélos.

– ***Marchés* :** *ven plus mar et dim en saison à* ***Noirmoutier-en-l'Île,*** *mer à* ***Barbâtre,*** *jeu plus dim en saison à* ***La Guérinière,*** *sam à* ***L'Épine,*** *lun en été à* ***L'Herbaudière.***

***Parking* :** *tte l'année à l'Étier-du-Moulin (à gauche à l'entrée de Noirmoutier-en-l'Île). GRATUIT.*

Où dormir ?

À Noirmoutier-en-l'Île (85330)

Bon marché

Le Pavillon – The Corner *(plan A2,* ***4****)* **:** *2, rue du Général-Leclerc. 06-09-86-17-79. • raphael@rdle.fr • thecorner-no.com • Env 30 €/pers, sans petit déj.* Adossé à une demeure historique (voir « Très chic »), ce banal bâtiment administratif réhabilité cache bien son jeu : 3 vastes chambres dans l'esprit auberge de jeunesse, absolument nickel avec des lits superposés

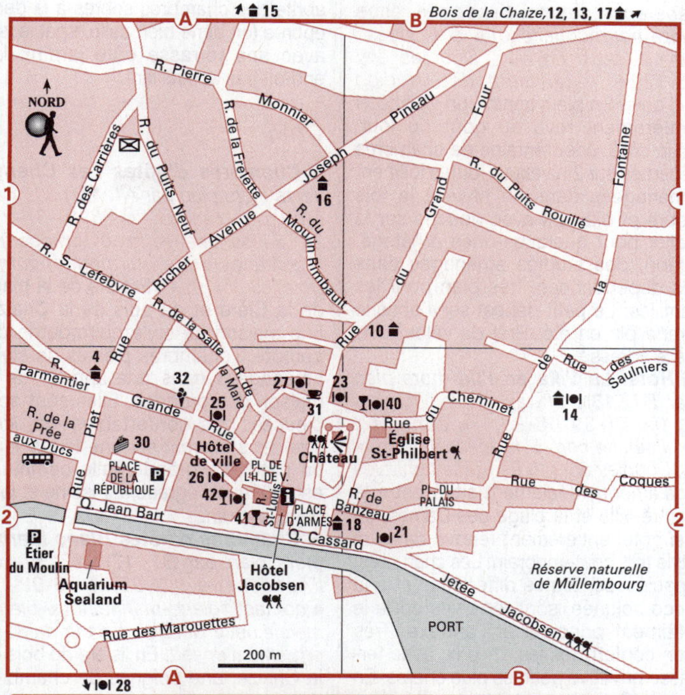

NOIRMOUTIER-EN-L'ÎLE

Adresse utile

- Office de tourisme, centre-ville (A2)

Où dormir ?

- **4** Le Pavillon – The Corner (A2)
- **10** Hôtel Esperanza (B1)
- **12** Hôtel-résidence La Chaize (hors plan par B1)
- **13** Hôtel La Villa en l'Île (hors plan par B1)
- **14** Hôtel-restaurant Fleur de Sel (B2)
- **15** Chambres d'hôtes Les Chênes Verts (hors plan par A1)
- **16** Hôtel Autre Mer (A1)
- **17** Chambres d'hôtes Blanc Marine (hors plan par B1)
- **18** Général d'Elbée Hôtel & Spa (A-B2)

Où manger ?

- **14** Fleur de Sel (B2)
- **21** Le 11 (B2)
- **23** Le Grand Four (A-B2)
- **25** L'Her du Temps (A2)
- **26** Le Roman Bleu (A2)
- **27** L'Envol (A2)
- **28** L'Étier (hors plan par A2)

Où goûter ?
Où manger une glace ?

- **30** No.Mad Coffee (A2)
- **31** Trait d'Union (A2)
- **32** Tutti Frutti (A2)

Où boire un verre ?

- **40** Le Cass'Poï (B2)
- **41** Le Café Noir (A2)
- **42** Le Rafio (A2)

bien vus (en bois, connexion individuelle, rideau). Cuisine complète, déco cocorico et cosy. Intimité et confort indéniables. Impec' pour les cyclistes de *La Vélodyssée* (et les autres !).

De prix moyens à chic

Hôtel Esperanza *(plan B1, 10) : 10 A, rue du Grand-Four.* ☎ *02-51-39-12-07.* • *contact@*

LA VENDÉE

esperanza-noirmoutier.com • esperanza-noirmoutier.com • ♿ Congés : de mi-nov à fin déc. Doubles env 65-125 € ; également des studios 2-5 pers. En plein centre, un vieil hôtel entièrement revu au goût du jour. D'un côté, une trentaine de chambres réparties sur 2 niveaux. Toutes joliment aménagées dans un style à la fois sobre et plaisant avec douche sur le palier pour quelques-unes à l'étage. Sinon, des studios aménagés dans les dépendances, très bien pour les familles. Le petit déj est servi sous le grand pin en été. Prêt de vélos. Une belle adresse.

Hôtel La Villa en l'Île *(hors plan par B1,* ***13****) : 38, av. de la Victoire. ☎ 02-51-39-06-82. • contact@lavillaenlile.com • lavillaenlile.com • ♿ Doubles 65-115 € ; belles familiales également.* Idéalement situé entre le centre-ville et la plage des Dames, un bel hôtel entièrement rénové dans un style très contemporain. Les chambres, spacieuses, toutes différentes et à la déco soignée, sont réparties entre le bâtiment principal et l'annexe. Très bon confort dès les 1ers prix, avec terrasse privative pour les plus chères. En prime, 2 piscines (dont une intérieure chauffée), spa et sauna gratuit. Accueil tout sourire de Nelly et Patrick, anciens opticiens, soucieux du bien-être de leurs hôtes. Location de vélos.

Hôtel-résidence La Chaize *(hors plan par B1,* ***12****) : 23, av. de la Victoire. ☎ 02-51-39-04-62. 📱 06-44-81-54-12. • contact@lachaize.com • hotel-noirmoutier.com • ♿ Doubles 59-134 € ; familiales et apparts.* Entre ville et mer, à 800 m de la plage des Dames, un charmant hôtel à la déco design. De teintes claires ou plus colorées, une quinzaine de chambres cosy et lumineuses. Derrière le bâtiment principal, de jolies maisonnettes de plain-pied et appartements avec cour privative. Belle piscine couverte et chauffée avec spa et sauna.

Hôtel Autre Mer *(plan A1,* ***16****) : 32, av. Joseph-Pineau. ☎ 02-51-39-11-77. • contact@autremerhotel.fr • autremerhotel.fr • ♿ Doubles 65-115 € ; familiales.* Un hôtel confortable et pratique, à deux pas du centre. Cette grande maison blanche, aux volets vert d'eau, abrite des chambres sobres à la déco épurée (on aime bien celle, spacieuse, avec une terrasse côté jardin). Un endroit très accueillant.

Chic

Chambres d'hôtes Les Chênes Verts *(hors plan par A1,* ***15****) : 30, allée François-Izacard. 📱 06-15-62-21-26. • leschenesverts.no@orange.fr • les-chenes-verts-noirmoutier.com • Doubles 85-105 €.* Proche de la plage de la Clère et du bois de la Chaize, une maison de style noirmoutrin qui compte 3 chambres pleines de style, aménagées dans une annexe de la maison des proprios. Elles sont spacieuses, très confortables (lits *king size*), et s'ouvrent sur une terrasse ou un patio. La grande salle commune est tout aussi agréable. Piscine et jeux dans le jardin.

Chambres d'hôtes Blanc Marine *(hors plan par B1,* ***17****) : 1C, rue de l'Acquenette. ☎ 02-51-39-99-11. • contact@blanc-marine.net • blanc-marine.net • Doubles à partir de 80 € ; également un loft.* En lisière du bois de la Chaize, une poignée de chambres dans des maisonnettes autour d'un grand jardin clos aux essences exotiques avec piscine chauffée. Une vraie petite oasis. Toutes avec terrasse privative, il y a les vendéennes, une marocaine et un surprenant loft en verrière, de fabrication maison, avec des voiles de bateau en guise de rideau occultant. Un endroit ravissant pour ses vacances.

Hôtel-restaurant Fleur de Sel *(plan B2,* ***14****) : 10, rue des Sauniers, BP 207. ☎ 02-51-39-09-07. • contact@fleurdesel.fr • fleurdesel.fr • ♿ Resto fermé lun. Doubles 104-209 €, avec petit déj. Menus env 33-48 €.* Cet hôtel de charme contemporain a été construit dans le style de l'île, au calme en lisière du bourg. Au cœur d'un vaste parc paysager méditerranéen, 35 chambres cosy et élégantes à la déco privilégiant les références nautiques. Resto comptant parmi les meilleures tables de l'île. Côté loisirs, piscine avec jacuzzi, tennis, practice de golf et location de voitures électriques...

Très chic

☗ ***Général d'Elbée Hôtel & Spa*** *(plan A-B2, **18**) : 2, pl. d'Armes. ☎ 02-51-39-10-29. • contact@generaldelbee.fr • generaldelbee.fr • ♿ Doubles 110-220 € (plus cher avec balcon) ; suites et familiales ; petit déj 20 €.* Tons taupe et gris souris, dorures, velours noir, miroirs, moquette chinée et toiles de Jouy... mais aussi portraits d'anciens, éclairage savamment distillé, belle collection de livres et musique feutrée. Des espaces communs aux chambres, le *Général* se la joue baroque dans une version magazine de déco. Cette demeure vieille de 250 ans a retrouvé une âme et ne gagne qu'à se patiner. Spa et piscine. Une adresse de choix pour un week-end en amoureux !

☗ ***Chambres d'hôtes The Corner*** *(plan A2, **4**) : 2, rue du Général-Leclerc. 📱 06-09-86-17-79. • raphael@rdle.fr • thecorner-no.com • Double 130 €/pers, prêt de vélo compris.* La demeure historique date de 1814 (notaire, maire et médecin y ont vécu) et la restauration en a respecté l'esprit, jusqu'au piano dans la salle à manger. Aujourd'hui, les notables, c'est vous ! Une poignée de chambres ravissantes et un accueil aux petits oignons par le proprio, ancien chef cuistot (repas possible), et sa femme américaine.

Ailleurs sur l'île

Campings

⛺ ***Camping Huttopia Noirmoutier*** *(carte de l'île, **5**) : 23, allée des Sableaux, bois de la Chaize, 85330 **Noirmoutier-en-l'Île.** ☎ 02-51-39-06-24. • europe.huttopia.com • ♿ Avr-sept. Tentes env 16-41 € ; locatifs. 500 empl.* Un des plus beaux campings de l'île, très bien équipé, qui s'étend sur 12 ha de forêt domaniale, à proximité du bois de la Chaize et en bordure de la plage des Sableaux. Les plus beaux emplacements (les plus chers aussi) se situent face à la plage et sous la pinède, où l'on trouve notamment les tentes fixes en toile et bois. Location de vélos. Calme, bien-être et mer, tout cela à 10 mn du centre de Noirmoutier !

⛺ ***Sandaya, Domaine Le Midi*** *(carte de l'île, **6**) : rue du Camping, 85630 **Barbâtre.** ☎ 02-51-39-63-74. • domainelemidi@sandaya.fr • sandaya.fr/nos-campings/domaine-le-midi • Avr-sept. Compter 19-54 € pour 2, avec électricité ; loc de tentes, lodges et cottages 2-7 pers. 405 empl.* Dans un environnement des plus agréable, plusieurs types de structures (confortables, chics, avec ou sans sanitaires, et des cottages Premium avec jacuzzi privé), mais aussi des emplacements libres. Piscines ouverte et couverte, tennis, terrain multisport et accès à la plage du Midi. Snack-bar, épicerie.

⛺ ***Camping municipal La Pointe*** *(carte de l'île, **7**) : 143 av. Mourain, 85330 **L'Herbaudière.** ☎ 02-51-39-16-70. • camping.pointeherbaudiere@ville-noirmoutier.fr • noirmoutier-campings.fr • ♿ En arrivant sur le port, prendre à gauche, c'est tt au bout. Avr-vac de la Toussaint. Compter env 15-21 € pour 2. 211 empl.* Vaste camping peu équipé et pratiquement sans ombre mais déployé sur un promontoire herbeux environné par la mer. Stratégique pour assister à des couchers de soleil de carte postale. Animations pour enfants en juillet-août. Amarrez bien vos guitounes, ça peut décoiffer !

⛺ ***Camping Les Onchères*** *(carte de l'île, **8**) : chemin de la Martinière, BP 3, 85630 **Barbâtre.** ☎ 02-51-39-81-31. • camping@les-oncheres.com • les-oncheres.com • Avr-sept. Compter env 17-31 € pour 2 ; locatif également. Réduc si vous travaillez à La Poste ou chez Orange. 450 empl.* Camping aménagé sur 10 ha ombragés par les pins (forêt classée de l'ONF), au bord de la mer (plage en accès direct). Grande piscine chauffée avec toboggan, terrain de jeux, location de vélos.

⛺ ***Camping municipal de la Court*** *(carte de l'île, **9**) : 54, rue des Moulins, 85680 **La Guérinière.** ☎ 02-51-39-51-38. • contact@campingdelacourt.fr • campingdelacourt.fr • ♿ Ouv de Pâques à mi-oct. Forfaits tente env 16-33 € (forfait moins cher pour les cyclistes). 100 empl.* Un réel souci de

LA VENDÉE

préserver le littoral et de valoriser un environnement exceptionnel, appartenant d'ailleurs à l'ONF, sur l'une des plus belles plages de l'île. Le site bénéficie d'une superbe piscine chauffée *(juil-août).* Resto.

De prix moyens à chic

Hôtel Ancre Marine *(carte de l'île,* ***11****) : 87 A, route de L'Herbaudière. ☎ 02-51-39-03-62. • ancremarine@ancremarine.com • ancremarine.com • Doubles 100-180 €. 1h de spa offerte sur présentation de ce guide.* Un hôtel nickel, à l'écart de Noirmoutier-en-l'Île. Dans la résidence principale, à l'étage ou en rez-de-jardin, chambres fraîches et confortables, dans les tons zen. Dans le bâtiment annexe, des studios dotés d'un salon de jardin ainsi que des suites avec terrasse privée. Piscine extérieure chauffée *(fin mars-fin sept),* très luxueux spa *(avec supplément ; ouv aux non-résidents),* location de vélos et salle de sports. Excellent accueil.

Résidence Prestige Odalys Le Domaine des Pins *(carte de l'île,* ***19****) : 61, av. de la Victoire, 85330* ***Noirmoutier-en-l'Île.*** *☎ 02-28-17-84-42. • odalys-vacances.com •* Une récente résidence de standing au cœur du bois de la Chaize, à quelques minutes de la plage des Dames. Tout a été prévu pour combiner détente et confort : des appartements et maisonnettes agréables ouverts sur un balcon ou une terrasse, une belle piscine chauffée semi-couverte, une salle de fitness, un hammam et une salle de petit déjeuner.

Où manger ?

LA VENDÉE

De grandes tables, de bons bistrots, des gargotes sympa... Quel que soit son budget, Noirmoutier ne décevra pas les gourmets où que l'on soit sur l'île.

À Noirmoutier-en-l'Île (85330)

De bon marché à prix moyens

L'Envol *(plan A2,* ***27****) : 13, rue du Vieil-Hôpital. ☎ 02-51-35-85-29. Fermé lun, plus mar hors saison. Congés : janv. Formules du jour (midi et soir) env 15-20 € ; menus env 25-31 €.* Une poignée de tables en bas, quelques autres à l'étage mais pas de terrasse. C'est l'écrin qu'ont choisi Cécile et Cédric pour voler de leurs propres ailes après avoir fait leurs classes dans les cuisines cotées de l'île. Carte réduite à sa plus simple expression, même chose pour les vins. Dans l'assiette, rien que du frais. Et si ce n'était l'eau gazeuse (espagnole), on serait tentés de dire « rien que du local ».

Le Roman Bleu *(plan A2,* ***26****) : 1, rue de la Boucharde. ☎ 02-51-39-03-88. De mi-mars à la Toussaint, tlj sauf dim soir-lun. Menus 15,90 € (déj), puis env 20-26 € ; plats 14-20 €.* Sympathique bar-rhumerie et généreuse cuisine de marché d'inspiration marine, quelques plats de viande ou de copieuses salades servis en salle côté bistrot ou en terrasse. Mais c'est surtout à l'heure de l'apéro qu'on apprécie ce *Roman,* devant les assiettes thématiques « ostréicole », « maître fromager » ou « ardoise du *Roman Bleu* » (charcut' italienne et tapas), particulièrement bien ficelées.

Le 11 *(plan B2,* ***21****) : 11, quai Cassard. ☎ 02-28-10-11-11. De fév à mi-nov et vac de Noël. Fermé lun-mar hors saison. Plats 10-15 €.* Qu'il fait bon se poser dans cette ancienne maison de pêcheur dotée d'un patio à l'arrière ! Délicieusement rustique dans la déco, mais à la carte bien dans l'air du temps, simple et bien vue, à base de produits locaux : plateaux de fromages, tartines, salades... On y sert même des huîtres à toute heure et des *fish & chips* meilleurs que chez les Grands-Bretons.

L'Her du Temps *(plan A2,* ***25****) : 18, Grande-Rue. ☎ 02-51-39-09-28. Fermé lun. Menu galette le midi (sauf dim) env 11 € ; carte 15-20 €.* Cette grande crêperie sert de délicieuses galettes traditionnelles mais pas que : les spécialités sont renouvelées au gré des saisons et le chef ne manque pas de créativité, jusqu'aux desserts. Moules-frites en saison. La carte pointue des cidres ne fait qu'enrichir le plaisir. Une vraie surprise, à déguster dans le vaste et agréable patio.

Chic

L'Étier (hors plan par A2, **28**) : *lieu-dit l'Etier de l'Arceau, route de l'Épine. ☎ 02-51-39-10-28. • restaurant.etier@orange.fr • À l'entrée de la ville en venant du pont, face au parc aquatique Océanile. Fermé lun, plus mar hors saison. Menus 30-60 €.* Une table de haut vol, tenue par Patrice Millasseau, un chef médiatisé par des émissions culinaires, mais qui n'a pas la grosse tête. Sa carte recèle une belle liste de produits nobles (dont la bonnotte, bien sûr), qu'il travaille avec talent pour sublimer leurs saveurs. Service détendu mais efficace dans une salle à la déco classique ou, mieux, dans une belle véranda en bordure de l'étier. Un sans-faute.

Le Grand Four (plan A-B2, **23**) : *1, rue de la Cure. ☎ 02-51-39-61-97. • legrandfour@orange.fr • Fermé dim-lun. Menus-carte à partir de 38 €, puis 70-84 € avec homard.* Cette charmante maison bourgeoise, à la façade mangée par la vigne vierge, abrite une table gourmande et raffinée. En cuisine, Henrick Garriga, formé dans de prestigieuses maisons, propose des recettes savoureuses, à base de produits locaux de saison, exécutées avec finesse et originalité. Même les petits gourmets ne sont pas oubliés ! Terrasse au pied du château.

Se reporter à la rubrique « Où dormir ? » pour le resto de l'hôtel **Fleur de Sel** (plan B2, **14**).

À L'Herbaudière (85330)

Prix moyens

La Table d'Élise (carte de l'île, **20**) : *5, rue Marie-Lemonnier. ☎ 02-28-10-68-35. • contact@alexandrecouillon.com • Face au port de pêche. Fermé mer, plus dim soir et mar hors saison. Résa indispensable. Menus 22 € (midi en sem)-33 €.* Alexandre Couillon, chef réputé du resto doublement étoilé *La Marine,* a eu la bonne idée de transformer l'adresse familiale voisine en un vrai bistrot à son image. La cuisine est commune aux 2 établissements, avec des plats d'hier servis par une cuisine d'aujourd'hui, mais ça reste un bistrot, pas un gastro ! Salle marine avec vue sur le port ou terrasse dans le jardin de curé.

Au Vieux Loup de Mer (carte de l'île, **22**) : *97 A, av. Mourrain. ☎ 02-51-39-08-68. • vieuxloupdemer85@gmail.com • À l'entrée de L'Herbaudière, à env 1 km du port. Fermé ven soir-sam, plus lun soir hors saison. Formule déj en sem env 13 € ; menus 18-33 €. Apéritif maison offert sur présentation de ce guide.* Petite auberge toute simple, avec une salle blanchie à la chaux. Une adresse populaire où s'attable volontiers une clientèle d'habitués autour d'une cuisine du terroir.

À La Guérinière (85680)

À l'est de l'île se trouve le **port du Bonhomme,** port ostréicole authentique où le temps semble calqué sur les marées. Les producteurs alignent leurs devantures pour vendre leurs huîtres (à déguster sur place ou à emporter), comme à **La Godaille** (carte de l'île, **24**) : *☎ 02-51-39-60-77. • saslagodaille.85@gmail.com • Avr-sept, tlj 8h30-19h30 ; sinon vente au magasin tte l'année. Congés : janv. Env 10 € l'assiette d'huîtres avec pain, beurre et un p'tit verre de vin.* Il y a même un distributeur de bourriches d'huîtres 24h/24 ! On aime bien aussi **Chez P'tit Louis,** bien placé sur la cale avec sa terrasse zyeutant vers Noirmoutier-en-l'Île et particulièrement exigeant sur la fraîcheur des coquillages.

L'Entre 2 Côtes (carte de l'île, **29**) : *6, rue Centrale. ☎ 02-51-55-38-69. • jose.corbrejaud@orange.fr • Fermé lun, plus dim soir et mar midi hors saison. Menus 15 € (déj en sem), puis 20-24 €. Café offert sur présentation de ce guide.* L'Entre 2 Côtes, c'est la cantine des insulaires en dehors de la saison. On y sert une cuisine typique du coin, simple et de bon aloi, accompagnée de vins majoritairement vendéens ou du Val de Loire. Dans la petite salle ou en terrasse face au marché. Service efficace.

Où goûter ? Où manger une glace ?

À Noirmoutier-en-l'Île (85330)

Tutti Frutti (plan A2, **32**) : *24, Grande-Rue. ☎ 02-51-39-69-72. Mars-nov. Fermé lun hors saison.* D'excellentes glaces artisanales et un choix impressionnant, 2 bonnes raisons de s'y arrêter... et d'y revenir, d'autant qu'on peut aussi tenter sa chance avec les « glaces éphémères » aux saveurs du jour. Également des gaufres. Un régal.

No.Mad Coffee (plan A2, **30**) : *34, pl. de la République. • sascaillere@gmail.com • Congés : nov.* Un salon de thé pour déguster un kouign amann (les patrons sont bretons) ou des pâtisseries à la fleur de sel de Noirmoutier. Cadre sympa et moderne, dans l'esprit new-yorkais. Des cafés frappés également.

Trait d'Union (plan A2, **31**) : *1 bis, rue du Grand-Four. ☎ 02-51-35-59-22. • librairie.noirmoutier@orange.fr • Fermé lun hors vac scol.* Dans cet ancien couvent d'ursulines, on trouve, à l'avant, la librairie et, dans l'arrière-cour, le coin salon de thé (avec jus et pâtisseries). Rencontres littéraires en saison et ateliers goûter-conte pour les enfants, pour qui une salle de lecture est réservée.

LA VENDÉE

Où boire un verre ?

La petite ***marina de L'Herbaudière*** offre quelques restos-bars et rhumeries disposant de terrasses parfaites pour y laisser filer les heures devant un rhum arrangé ou un *long drink*. Idéal au couchant.

Le Cass'Poï (plan B2, **40**) : *5, rue de la Cure, 85330* ***Noirmoutier-en-l'Île.*** *☎ 02-51-54-05-92. Fermé jeu, plus mer hors saison. Congés : de mi-nov à début fév. Formules déj en sem env 19-25 €.* Un petit resto-bistrot, style bar à vins, juste derrière le château. Pas un choix dingue mais de bons vins locaux et des rhums arrangés maison, à siroter en terrasse, avec un pot de rillettes, un poisson du jour, des palourdes farcies... Ambiance conviviale.

Le Café Noir (plan A2, **41**) : *4, quai Cassard, 85330* ***Noirmoutier-en-l'Île.*** *☎ 02-51-39-00-75.* C'est le p'tit côté Saint-Trop' de Noirmoutier, avec terrasse ensoleillée face au port !

Le Rafio (plan A2, **42**) : *12, pl. Saint-Louis, 85330* ***Noirmoutier-en-l'Île.*** *☎ 02-51-35-76-21. Menus env 17-25 € ; plats 10-20 €.* Le rendez-vous des Noirmoutrins et des familles à toute heure de la journée. Pour un verre ou pour un plat (gros succès pour les moules-frites en saison !), il y a toujours une bonne raison de faire une pause dans ce bistrot convivial et accueillant.

Le Poisson Bulle (carte de l'île, **43**) : *port de Morin (port de plaisance), 85740* ***L'Épine.*** *07-71-11-20-44. Avr-nov. Fermé mer.* On y va exprès, mais sans regret. Ce bar est extra au coucher du soleil, surtout lors de soirées musicales. Avec quelques tapas, une pizza, un tajine ou un tartare de bœuf, on ne dit jamais non !

Achats

Le Fumoir de Noirmoutier (carte de l'île, **50**) : *116, route de L'Herbaudière, 85330* ***Noirmoutier-en-l'Île.*** *☎ 02-28-17-60-42. Mar-sam 10h-12h30, 14h30-19h (18h30 nov-mars).* Poissons salés au sel de Noirmoutier et fumés maison au bois de hêtre. Également des rillettes, gravlax, etc.

Coopérative La Noirmoutier *(carte de l'île,* ***51****) : zone artisanale, 85330* ***Noirmoutier-en-l'Île.*** *☎ 02-28-17-60-42. Avr-début sept, tlj 9h-12h30, 14h30-19h (18h hors juil-août).* C'est le magasin de la coopérative de la fameuse pomme de terre de Noirmoutier, labellisée IGP depuis 2020. Cultivée sous les embruns et dans le sable, connue pour son goût sucré. Vend aussi d'autres produits vendéens.

Ne pas hésiter à s'arrêter chez les ***sauniers en bord de route*** pour leur acheter du sel. L'occasion aussi de découvrir leur métier.

À voir. À faire

Le passage du Gois

Jusqu'à la construction du pont en 1971, cette route submersible de 4,15 km, classée Site d'intérêt national en 2017, était le seul moyen de rallier par voie terrestre l'île au continent. On ne peut franchir le Gois qu'à marée basse, jusqu'à 1h30 avant et après : l'estran (la zone couverte et découverte par les marées) n'est à sec que 2 fois par jour, pendant environ 3h donc (jusqu'à 6h lors des grandes marées). Attention, il ne faut pas s'y aventurer alors que l'eau commence à monter. Quelques imprudents sont déjà restés coincés en haut d'une des balises aménagées en refuge.

Le Gois est mentionné pour la 1re fois sur une carte en 1701 et s'est formé naturellement par l'accumulation de sédiments. Pendant les guerres de Vendée, il devint une véritable autoroute militaire. Par la suite, il ne resta guère utilisé que par les riverains, ne pouvant être franchi qu'avec un guide en connaissant tous les pièges. Depuis 1812, une trentaine de balises permettent de repérer le passage. La 1re ligne régulière (à cheval) date de 1840, mais il fallut attendre 1935 pour un véritable pavage et pour voir les cyclistes du Tour de France parcourir le Gois à plusieurs reprises. Au fait, *Gois* vient de la déformation du patois *goiser,* ce qui signifie « marcher en mouillant ses sabots »... Ah, le bon sens populaire !

GROSSE COQUILLE

Favorite des pêcheurs à pied sur le Gois (attention, pêche réglementée), la palourde est une drôle de bête. Privilégiant les fonds vaseux, ce coquillage endurant peut parcourir 6 m par mois. Et c'est une palourde trouvée en 2006 en Islande qui fut le plus vieil animal vivant répertorié : 507 ans ! Mais l'opération de comptage des stries sur sa coque et les passages en frigo lui coûtèrent la vie. Oups... palourdicide ?

Le polder de Sébastopol

Au nord du passage du Gois, le polder de Sébastopol a lui aussi été classé Site d'intérêt national en 2017 et Réserve naturelle régionale (RNR) depuis 2008. Un circuit de 3,2 km permet de découvrir ce sanctuaire de 132 ha. En saison, il existe un point d'observation des oiseaux (limicoles, sternes pierregarin, tadornes de Belon...) et des balades nature (payantes) organisées par la LPO. *Rens et inscriptions à l'office de tourisme de Barbâtre.*

Noirmoutier-en-l'Île *(85330)*

Le château et son musée *(plan A-B2) : pl. d'Armes. ☎ 02-51-39-10-42. ● ville-noirmoutier.fr ● Juil-août, tlj 10h-19h ; vac d'hiver, avr-juin, sept et* *vac de la Toussaint, tlj sauf mar 10h-12h30, 14h30-18h ; le reste de l'année, tlj sauf mar 14h-18h. Dernière entrée 45 mn avt fermeture. Fermé nov-fév. Entrée : env 5 € ; réduc. Pass avec l'hôtel Jacobsen 8 €.*

Construit au XIIe s et resté pratiquement en l'état, c'est l'un des plus vieux châteaux médiévaux de Vendée. Il se compose d'un donjon massif carré, flanqué de 4 tours d'angle et ceinturé par un rempart complet rythmé d'échauguettes. Tour de guet, le donjon abrita à partir du XVe s la résidence seigneuriale. Souvent convoitée pour sa situation stratégique, cette austère forteresse-geôle passa au fil des siècles entre des mains anglaises, espagnoles, hollandaises et allemandes !

Elle abrite aujourd'hui un musée retraçant l'histoire de l'île, de la préhistoire aux prémices du tourisme au XIXe s. Le musée consacre également des espaces d'expositions thématiques, variant d'une saison à l'autre (voir programmation sur le site). En haut du donjon, un panorama exceptionnel permet d'admirer à la fois l'île et la baie de Bourgneuf.

DERNIER REPOS

C'est sur la place d'Armes de Noirmoutier-en-l'Île, le 15 janvier 1794, que le chef royaliste d'Elbée fut fusillé dans un fauteuil (toujours visible au château). Blessé auparavant lors de la bataille de Cholet, le « généralissime des armées catholiques et royales » n'avait plus la force de se tenir debout face au peloton...

L'hôtel Jacobsen, Centre des patrimoines maritimes *(plan A2) : rue Saint-Louis. Juil-août, tlj 10h-19h ; sinon tlj sauf ven 10h-12h30, 14h30-18h. Entrée : env 5 € ; réduc. Pass avec le château 8 €.* Cet hôtel particulier d'armateur de 1761 a fait peau neuve et accueille aujourd'hui le Centre du patrimoine maritime de l'île. Au fil de la dizaine de salles ouvertes à la visite, décors néoclassiques, boiseries, parquets, meubles d'époque et papiers-peints du XVIIIe s, magnifiquement conservés pour certains. Les Jacobsen avaient de l'argent et suivaient de près la mode, quand ils n'étaient pas carrément avant-gardistes. Les expos s'intéressent à la formation de l'île (au 1er étage, carte animée assez géniale en son genre, prenez le temps de la visionner jusqu'au bout), les polders et la culture du risque, le commerce, le passage du Gois, la défense contre la mer, les arts décoratifs, le phénomène balnéaire... Un fascinant portrait maritime de Noirmoutier.

L'église Saint-Philbert *(plan B2)* **:** dédiée au saint local, elle abrite une abside du XIIe s et 2 très beaux retables du XVIIe s. Dans la nef, maquette de la frégate du lieutenant Jacobsen (1802). Sous le chœur, la crypte du XIe s séduit par son atmosphère intime. Le cénotaphe recouvre l'endroit où fut déposé le corps du saint pendant quelques années, avant d'être déménagé vers Tournus, en Bourgogne du Sud, pour cause d'incursions vikings répétées, peu propices au repos éternel.

La jetée Jacobsen *(plan B2)* **:** construite en 1812 par ce Hollandais installé à Noirmoutier, elle a 3 raisons d'être : l'aménagement de marais salants par l'assèchement d'une zone marécageuse, la canalisation du port et la création d'un chemin de halage. La jetée, réservée aux piétons et aux cyclistes, a été récemment rénovée et surélevée à 5 m. On passe en bordure du vieux quartier de Banzeau, bâti sur l'ancien territoire de l'abbaye et sur les terres conquises sur la mer dès le XVe s. On longe d'un côté la réserve naturelle des marais de Müllembourg (marais salants gérés par la LPO, où viennent se reproduire des oiseaux migrateurs) et de l'autre le cimetière de bateaux, pour arriver au fort Larron et sur la baie de Bourgneuf. Une balade qui offre un panorama superbe !

Les quartiers de Banzeau et des Coques *(plan A-B2)* **:** entre l'église, les marais et la jetée, ces 2 quartiers pittoresques, avec leurs petites maisons de pêcheurs, séduisent immédiatement les touristes. Entièrement rénovées, toutes serrées les unes contre les autres, pimpantes et fraîchement repeintes, elles sont vraiment adorables. On y trouve aussi quelques hôtels particuliers tout à fait dignes d'intérêt.

Pour les après-midis pluvieux : grande serre de L'Île aux Papillons, ***aquarium Sealand*** et ***parc aquatique à thème Océanile.*** Mais soyons francs, on préfère largement les plages, le vélo et la découverte des marais salants, même sous la pluie...

Le Bois de la Chaize

Si les chênes verts furent plantés par les Phéniciens, on doit l'introduction des mimosas (floraison en février) et des pins maritimes à la famille Jacobsen. Encore eux ! On arrive, après avoir traversé le maillage étroit des chemins privés (cachant pléthore de belles villas du début du XXe s), sur la ***plage des Dames*** avec ses cabines de bain et sa pittoresque jetée en bois. L'autre icône de Noirmoutier avec le passage du Gois.
On se retrouve ici propulsé dans les années 1930. Offrant un décor à nul autre pareil, de nombreux films y ont été tournés, tels *Les Créatures* (1965), d'Agnès Varda, *César et Rosalie* (1972), de Claude Sautet, *Les Vacances du Petit Nicolas* (2013), de Laurent Tirard et encore plus récemment *Les Fantômes d'Ismaël* (2017), d'Arnaud Desplechin. Pour être précis, le coin compte 5 plages en tout, tournées vers le continent, toutes plus mignonnes les unes que les autres et bien moins m'as-tu-vu qu'à La Baule.

Le Vieil (85330)

Petit village de pêcheurs typique, aux maisons basses et blanches flanquées de leur escalier extérieur pour certaines. L'une d'elles abrite l'adorable ***Gustave Café,*** où l'on s'installe dans le jardin pour un verre ou une moules-frites. Sur la plage du Mardi-Gras furent tournées quelques scènes de *César et Rosalie,* avec Romy Schneider et Yves Montand.

Noirmoutier Littoral : *06-33-07-23-82. • noirmoutier-littoral.fr • Pâques-Toussaint, sur résa.* Sorties à la demi-journée ou à la journée, à la découverte du littoral de Noirmoutier... avec Joël, skipper professionnel qui vous apprendra à naviguer et à manœuvrer un vieux gréement !

LA VENDÉE

L'Herbaudière (85330)

C'est le véritable port de pêche de l'île. Il y a un demi-siècle, la pêche à la sardine dominait encore l'économie locale, et le port comptait 5 conserveries. La dernière ferma ses portes en 1965. Aujourd'hui, on pêche surtout des crustacés, mais aussi beaucoup de soles, de bars et de turbots. Également un port de plaisance. Nous on file à la plage de la Pointe pour admirer le coucher de soleil...

O'Abandonado : *☎ 02-51-39-89-57. 06-80-72-25-61 ou 06-84-34-11-59. • oabandonado.com • Pâques-Toussaint, sur résa.* Ce joli voilier de 1916, ancien transporteur de sel, vous emmène en mer pour des balades de 2h, des tours de l'île du Pilier à la journée avec repas servi à bord, ou encore des parties de pêche. Participation aux manœuvres possible.

La Guérinière (85680)

Le musée des Traditions de l'île : *pl. de l'Église. ☎ 02-51-39-41-39. Juil-août, tlj 10h-12h30, 14h30-18h30 ; avr-juin et sept-oct, mar-sam 10h-12h30,*

14h30-18h. Entrée : 4 € ; réduc. Une dizaine de salles bien documentées sur différents aspects de la vie noirmoutrine. Nombreuses maquettes de bateaux, mais aussi des intérieurs reconstitués, un atelier regroupant plusieurs artisanats (sabotier, menuisier...), une collection de coiffes, certaines aperçues dans les ruelles du Vieil jusqu'en 2002. Zoom sur la pêche, la récolte du sel, l'agriculture (hommage aux pommes de terre bien sûr !). Voir ce corbillard tiré par un cheval, utilisé jusqu'en 1971 à La Guérinière... Au final, on s'attarde avec plaisir dans ce musée touchant.

Les marais salants

Le sel fut du XIIIe au XIXe s ***la principale richesse de l'île,*** constituant l'unique moyen de conservation pendant des siècles. Flamands, Anglais et Hollandais venaient faire le plein ici. Le déclin commença à la fin du XIXe s, à cause de la concurrence des sels du Midi et d'Italie. Et il continua plus tard avec l'apparition du réfrigérateur !

Le ***travail d'un saunier*** (on emploie le terme de « paludier » au nord de la Loire) demande de la minutie et du savoir-faire. En hiver, le marais est recouvert par les eaux. Dès le printemps, il faut donc le vider et le nettoyer avant le début de la saison d'été. Aux marées de lune, la mer arrive par les étiers jusqu'aux loires (réserves d'eau). L'eau circule dans les bassins d'argile du marais et s'évapore grâce au soleil et au vent, se chargeant en sel. Après ce parcours, l'eau de mer est devenue une saumure concentrée. Le sel se cristallise dans les derniers bassins, les « ***œillets*** », qui ***produisent chacun environ 1 t de sel par été.***

La ***fleur de sel*** est la fine pellicule formée à la surface de l'eau par l'action du vent. Rare et délicat, ce sel a un parfum de violette au moment de la récolte. Quant au ***gros sel,*** il se cristallise sur le fond de l'œillet. Le saunier le rapporte sur la table avant de le brouetter jusqu'au tesselier (gros tas de sel en bordure du marais). Il est ensuite stocké dans les salorges.

– Pour ***découvrir un marais*** dans le détail, certains sauniers organisent des visites pendant la période de récolte. Un petit conseil : l'été, faire la visite entre 17h et 19h pour assister au tirage du sel. Patrice, un de ces sauniers, propose des visites crépusculaires et une découverte à vélo. Un autre accueille en particulier les enfants... Liste complète à l'office de tourisme.

Fête et manifestations

– ***Fête de la Bonnotte :*** *1 j. début mai. À la coopérative agricole.* Arrachage à l'ancienne de ces pommes de terre précoces (chacun récolte sur le champ) et rallye vélo, suivis d'un grand repas le soir.

– ***Les Foulées du Gois :*** *1 dim fin juin. Inscriptions auprès de l'office de tourisme de Beauvoir-sur-Mer. • lesfouleesdugois.com •* Un classique du genre. Ouvert à tous : plusieurs départs suivant le niveau des participants. Les professionnels partent sur la dernière course, à marée montante.

– ***Les Musicales :*** *1re quinzaine d'août.* Concerts dans la cour du château.

– ***Festival de théâtre de Noirmoutier-en-l'Île :*** *1re quinzaine d'août. • trpl.fr •* Une dizaine de représentations dans la cour du château et le théâtre des Salorges.

ÇA SENT LA MARÉE

Si les Foulées du Gois sont accessibles à tous, par catégories d'âge, la Course contre la mer est réservée à l'élite de la course à pied. Pas besoin de chrono puisqu'il s'agit d'aller plus vite que la marée montante. Quand le départ est donné, l'eau commence à recouvrir le passage à gué de 4,15 km entre Noirmoutier et le continent...

– ***Semaine de la voile et du nautisme :*** *1re quinzaine d'août.* Avec pour commencer la ***Noirmoutier Classic,*** qui, autour des fameux *Pen Duick* de Tabarly, rassemble une soixantaine de voiliers de jauge internationale pour des régates sur 3 jours. Spectacle garanti ! *Cercle de la Voile du Bois de la Chaize. • cvboischaize.com •* Ensuite, une manifestation rigolote et sans prétention, ***Les Voiles Légères,*** qui se déroule au Vieil. Le principe : régater à la voile sur tout ce qui flotte ! Et, pour finir, place aux ***Régates du Bois de la Chaise,*** avec plus d'une cinquantaine de bateaux traditionnels et de plaisance rassemblés dans la baie de Bourgneuf. Remontée du port patrimoine et animations sur la place d'Armes. *Rens : Association La Chaloupe, • associationlachaloupe.org •*

L'ÎLE D'YEU

(85350) 4 700 hab. *Carte Vendée, A1-2*

• Carte *p. 474-475*

Baignée par une lumière mielleuse sans égale dans l'Atlantique, l'île d'Yeu est une île de pêcheurs, une vraie, un bout du monde allongeant le plus possible les 17 petits kilomètres qui la séparent du continent. En cela, elle reste la plus lointaine des îles atlantiques, un refuge, parfois un exil, même.
Yeu ne mesure que 10 km de long sur 4 km de large, et un tiers de sa superficie est classé en zone naturelle protégée. Son climat est doux en hiver, tiède en été, propice au développement d'une nature riche et préservée. Les cyprès, les ormes, les chênes verts disputent la vedette à une lande maigre broutée par quelques rares moutons. Les falaises sauvages et déchirées sont gardées par des escouades d'oiseaux tandis que des plages de sable doré se découvrent suivant le bon vouloir des marées.
Une atmosphère romantique et nonchalante baigne ce gros rocher préservé des requins de l'immobilier, même si les petits villages de naguère forment à présent une agglomération de plus en plus dense. En tout cas, murs blancs, volets de couleurs vives et toits de tuiles rouges ne sont pas sans rappeler la Grèce.

UN PEU D'HISTOIRE

Si les traces préhistoriques sont nombreuses à Yeu, Grecs, Phéniciens et même Carthaginois trouvèrent ici une étape idéale sur la route qui les menait en Irlande et en Écosse pour y chercher de l'étain, essentiel à la fabrication des armes. Les Romains quant à eux y installèrent une garnison. Le rattachement de l'île au domaine royal ne date que de 1785, mais Révolution et guerres de Vendée n'eurent que peu d'impact sur la vie des Islais. L'histoire de l'île est aussi marquée par les nombreux échouages de bateaux sur les récifs qui la bordent parmi lesquels l'un des

L'EFFROYABLE SAUVETAGE DE L'*YMER*

Janvier 1917. 7 naufragés norvégiens du cargo Ymer, torpillé 3 jours plus tôt par les Allemands, sont à la dérive. Un canot de sauvetage est mis à l'eau à Port-Joinville, mais, pris par le mauvais temps, il est ballotté durant 3 jours, passe Belle-Île, Groix, les Glénan, pour enfin aborder l'îlot de Raguènes. À bord, le constat est terrifiant : 5 Norvégiens sur 7 et 6 sauveteurs sur 12 ont perdu la vie. La Norvège, reconnaissante, édifia un monument commémoratif à Port-Joinville.

LA VENDÉE

plus tragiques, le sauvetage de l'*Ymer* en janvier 1917. Et par de nombreux prisonniers célèbres ou non dans sa citadelle, au 1er rang desquels un certain maréchal Pétain de 1945 à 1951, date de sa mort.

VÉLO ET ÉCOLO

Face à la pression touristique l'été et à l'invasion automobile concentrée autour du port, en routard avisé, on vous encourage à ***laisser votre voiture dans l'un des parkings du continent.*** Sur l'île, les distances sont courtes, les loueurs de 2-roues nombreux, les tarifs raisonnables, le relief peu vallonné... Bref, l'île est un endroit idéal pour le vélo. Les marcheurs pourront quant à eux longer au plus près la côte et découvrir des plages confidentielles. Par ailleurs, lors de vos promenades, ne vous écartez pas des pistes (topoguides à l'office de tourisme), respectez la végétation et ne roulez pas sur les dunes.

Comment y aller ?

Pas de pont ; la desserte maritime de l'île est assurée régulièrement toute l'année. Nombreux départs en saison, mais réservation impérative.

En bateau

2 solutions pour rejoindre les embarcadères du continent : la voiture (parkings) et le bus (navette gare de Nantes-Fromentine) avec correspondance TGV. Parkings payants à Fromentine. Les compagnies de bateau proposent des tarifs à peu près similaires pour un forfait A/R dans la journée. Résa en ligne ou auprès de l'office de tourisme *(☎ 02-51-58-35-88).*

Au départ de Fromentine/ La Barre-de-Monts

■ **Compagnie Vendéenne :** *gare maritime. ☎ 02-51-60-14-60. • compagnie-vendeenne.com • (résas en ligne, billets à retirer sur place 30 mn avt le départ). Avr-début nov, 2-6 A/R par j. Durée : 45 mn. Compter env 40 €/ adulte l'A/R dans la journée. Réduc de 10 % sur les traversées passagers sauf 11 juil-31 août et hors prestations annexes aux traversées maritimes sur présentation de ce guide.* Navires rapides avec accès extérieur.

■ **Compagnie Yeu Continent :** *gare maritime. ☎ 02-51-49-59-69. • yeu-continent.fr • (résas en ligne). Tte l'année, 2-3 A/R par j. (jusqu'à 8 en période de pointe) selon marées. Résa indispensable, longtemps à l'avance pour les périodes de vac. Env 41 € l'A/R ; réduc. Vélo 27,70 €. Tarif « escapade » à 30 % l'A/R dans la journée (certains départs seulement).* La traversée s'effectue à bord d'un NGV (navire à grande vitesse ; 30 mn de traversée) ou du cargo (1h10).

Au départ de Saint-Gilles-Croix-de-Vie

■ **Compagnie Vendéenne :** *gare SNCF, pl. de la Gare. ☎ 02-51-60-14-60. • compagnie-vendeenne.com • (résas en ligne, billets à retirer sur place 30 mn avt le départ). Avr-sept, 1-3 A/R par j. Durée : 1h. Compter env 40 €/adulte l'A/R dans la journée. Parking gratuit à proximité de l'embarcadère. Réduc de 10 % sur les traversées passagers sauf 11 juil-31 août et hors prestations annexes aux traversées maritimes sur présentation de ce guide.* Navires rapides avec accès extérieur.

Au départ de Barbâtre-La Fosse (île de Noirmoutier)

■ **Compagnie Vendéenne :** *pointe de La Fosse, Barbâtre. ☎ 02-51-60-14-60. • compagnie-vendeenne.com • (résas en ligne, billets à retirer sur place 30 mn avt le départ). Juil-août, 2 A/R par j. Durée : 45 mn ou 1h. Compter env 40 €/adulte l'A/R dans la journée.* Navires rapides avec accès extérieur.

En hélicoptère

■ **Oya Vendée Hélicoptère :** *rue Gabriel-Guist'hau, BP 307, 85350* ***L'Île-d'Yeu.*** *☎ 02-51-59-22-22. • oya-helico.fr •* Traversées et vols découverte.

Adresses et infos utiles

Office de tourisme (zoom A1) : *rue du Marché, à* ***Port-Joinville.*** *☎ 02-51-58-32-58. • ile-yeu.fr • Avr-sept, lun-sam et dim mat, plus mat des j. fériés juil-août (fermé dim ap-m) ; oct-mars, lun-sam (fermé dim).* Billetterie excursions ; visites guidées par le service patrimoine (à pied ou à vélo) afin de sensibiliser petits et grands à l'écosystème insulaire, l'archéologie, l'histoire, etc. Infos sur les balades (vélo, rando, en mer...).

– ***Hébergements :*** on recommande le site de l'office de tourisme, qui recense les logeurs de manière claire et pratique. Réduc sur les bateaux, location de vélos, draps, cinéma, si résa via la centrale d'hébergements de l'office de tourisme.

Location de vélos : *nombreux loueurs à* ***Port-Joinville,*** *à la descente du bateau. Tarifs et qualité similaires (env 12 € la journée).* Liste auprès de l'office de tourisme (y compris sur le site internet). La plupart assurent le transport des bagages.

ID Bus : *horaires et itinéraires à l'office de tourisme.* Service de transport public en moyenne et haute saisons. Ces bus permettent de gagner les plages et sites incontournables à un prix modique.

Taxis : ***Taxi Joinville,*** *06-07-68-53-96.* ***Taxis Islais,*** *06-11-28-54-07.*

Distributeurs de billets : *au* ***Crédit agricole,*** *au* ***Crédit mutuel,*** *au* ***Crédit maritime*** *et à* ***La Poste,*** *ts situés à* ***Port-Joinville.***

Où dormir ?

Liste de locations sur le site de l'office de tourisme ou contacter le service hébergement *(☎ 02-51-58-46-47).*

Camping

Camping municipal Île d'Yeu (carte, **10**) : *60, rue Saint-Étienne, à* ***Ker-Châlon.*** *☎ 02-51-58-34-20. • camping@ile-yeu.fr • ile-yeu.fr • À 1,5 km de l'embarcadère. De mi-fév à mi-nov. Env 13-16 € pour 2 ; chalets et tentes aménagées 4-6 pers. 135 empl.* Le seul camping de l'île ne profite pas de son monopole et se révèle une bonne affaire. Bien situé, dans les pins, à l'extrémité de la plage de Ker-Châlon, il offre un panorama sur la mer et l'accès direct à la plage. Snack et aire de jeux pour les enfants. Également un gîte de groupe et un hébergement insolite, un bateau-voilier pour 4 avec terrasse. Sports nautiques à 500 m.

De prix moyens à chic

Hôtel L'Escale (zoom B2, **13**) : *14, rue de la Croix-du-Port, à* ***Port-Joinville.*** *☎ 02-51-58-50-28. • hotelescaleyeu@hotmail.com • yeu-escale.fr • Doubles 60-110 € ; familiales.* Un hôtel charmant, bien tenu, à quelques pas du débarcadère. La trentaine de chambres, confortables et soignées, sont organisées en U autour d'un jardin agréable. Tranquillité assurée, et même une petite terrasse pour les chambres en rez-de-chaussée. Location de vélos. Notre plus jolie adresse en matière d'hôtel sur l'île.

Hôtel des Voyageurs (zoom A1, **11**) : *10, quai Carnot, à* ***Port-Joinville.*** *☎ 02-51-58-36-88. • hotelvoyageuryeu@wanadoo.fr • hotelyeu.com • Doubles 58-140 €.* Avec ses volets bleus et sa terrasse de café animée sur le port, l'hôtel le plus ancien de l'île ne néglige pas son apparence. Chambres coquettes à la déco discrètement marine, plus calmes sur l'arrière. Côté port, on ne se lasse pas de la vue, et le triple vitrage isole des nuits festives ! Les 2 plus grandes chambres, perchées au dernier étage, bénéficient d'une terrasse bien agréable.

Côté Plage YE (carte, **12**) : *93, rue Pierre-Henry, à* ***Port-Joinville.*** *06-06-82-75-57. • coteplageye@yahoo.com • coteplageye.com • Sur le front de mer, à 600 m de la gare maritime et à 800 m du port en direction de Saint-Sauveur. Avr-sept. Résa*

■ **Adresse utile**

Office de tourisme (zoom A1)

Où dormir ?

10 Camping municipal Île d'Yeu (carte)
11 Hôtel des Voyageurs (zoom A1)
12 Côté Plage YE (carte)
13 Hôtel L'Escale (zoom B2)
14 Chambres d'hôtes Sub Evasion (carte)
15 Atlantic Hôtel (zoom A2)
16 Chambres d'hôtes Yeu Autrement (carte)
17 Hôtel le Caillou Blanc (zoom B2)

Où manger ?

20 Chez Martin (zoom A1)
21 Crêperie Le Vagabond (carte)
22 Les Bafouettes (zoom A2)
24 La Crêperie Bleue (zoom A-B2)
25 Le Mille Pâtes et la Plancha du Pêcheur (zoom A1)
32 Le 09 (zoom A1)

Où manger des douceurs ? Où boire un verre ?

30 Tatie Bichon (zoom A1)
31 Pâtisserie Mousnier (carte)
32 La Réserve du Bouchon (zoom A1)

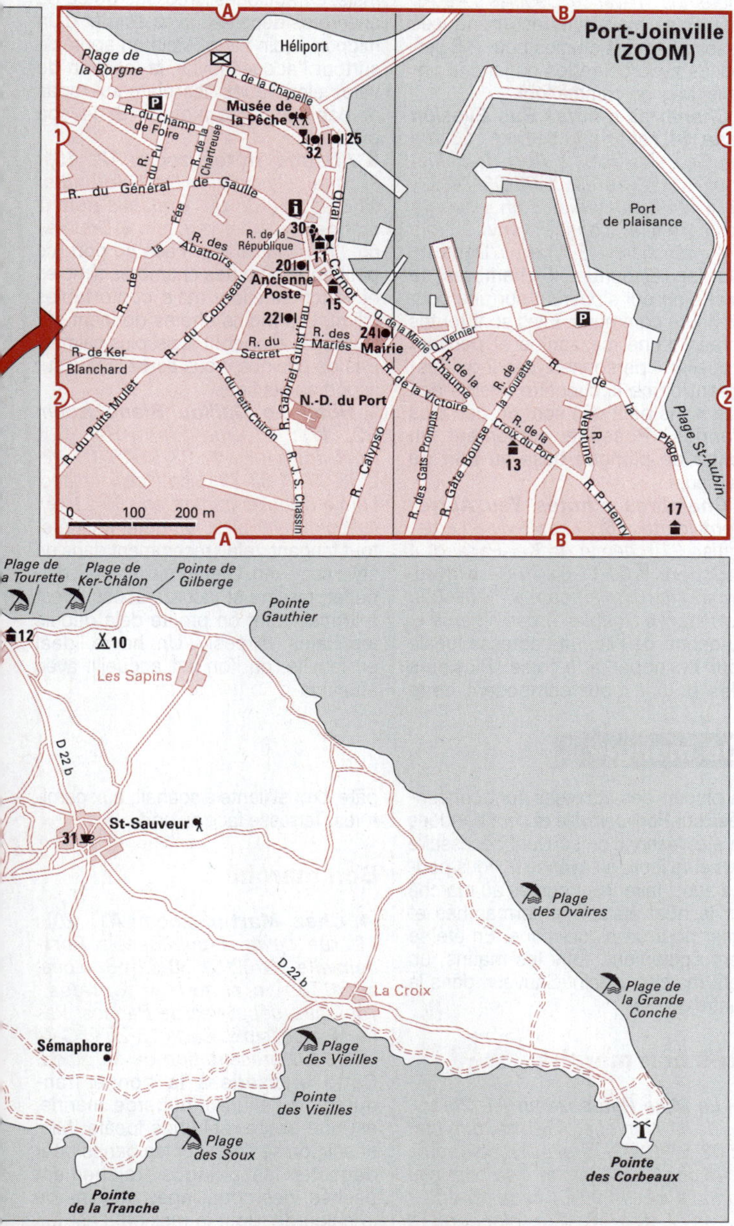
Port-Joinville (ZOOM)
Héliport
Plage de la Borgne
Q. de la Chapelle
Musée de la Pêche
R. du Champ de Foire
R. du Pé
R. de la Chartreuse
R. du Général de Gaulle
Quai Carnot
R. de la République
R. des Abattoirs
R. de la Fée
Ancienne Poste
R. du Courseau
R. des Mariés
R. du Secret
R. de Ker Blanchard
R. du Puits Mutet
R. du Petit Chiron
R. Gabriel Guist'hau
N.-D. du Port
R. J. S. Chassin
Q. de la Mairie
Q. Vernier
Mairie
R. de la Victoire
R. de la Chaume
R. Calypso
R. des Gats Prompts
R. Gâte Bourse
R. de la Tourette
R. de la Croix du Port
R. Neptune
R. de la Plage
R. P. Henry
Port de plaisance
Plage St-Aubin
0 100 200 m
A
B
1
2
25
32
30
11
20
15
22
24
13
17
Plage de la Tourette
Plage de Ker-Châlon
Pointe de Gilberge
Pointe Gauthier
12
10
Les Sapins
D 22 b
St-Sauveur
31
Plage des Ovaires
D 22 b
La Croix
Plage de la Grande Conche
Sémaphore
Plage des Vieilles
Pointe des Vieilles
Plage des Soux
Pointe de la Tranche
Pointe des Corbeaux

L'ÎLE D'YEU

longtemps à l'avance. Doubles 55-90 €. Différentes maisonnettes imbriquées rassemblent des studios pour 2-6 personnes avec courettes ou jardins privatifs. Mignon comme tout.

Chambres d'hôtes Sub Evasion *(carte, **14**) : chez Brigitte Dutin, 38, rue des Gâts-Prompts, à **Port-Joinville.** ☎ 02-51-58-59-59. 06-09-74-33-79. • info@subevasion.com • subevasion.com • Congés : janv. Double 76 € ; familiales (3-4 pers).* Dans un quartier résidentiel, 5 chambres de plain-pied qui s'ouvrent sur une cour intérieure commune. Elles sont toutes dotées d'une mezzanine et peuvent accueillir 4 personnes. Les 2 qui disposent d'une kitchenette (même prix mais sans petit déj) sont un peu plus grandes. Possède également un centre de plongée basé au port de La Meule.

Chambres d'hôtes Yeu Autrement *(carte, **16**) : chez Sylvie Lemarignier, 21, chemin de Ker-Pacaud, à **Cadouère.** 06-11-54-70-37. • sylvie.lemarignier@gmail.com • iledyeuautrement.fr • Doubles à partir de 59 €.* Au centre de l'île, une adresse idéale pour échapper à la foule. Plusieurs ailes bout à bout composent cette maison traditionnelle cossue dotée de chambres décorées avec soin et d'un mignon jardin fleuri. Mais on apprécie surtout l'accueil jovial, la location de vélos électriques, les plateaux-repas et paniers pique-nique... Et le spa extérieur.

Atlantic Hôtel *(zoom A2, **15**) : 3, quai Carnot, à **Port-Joinville.** ☎ 02-51-58-38-80. • atlantic-hotel@orange.fr • hotel-yeu.com • Doubles 65-110 € ; familiales.* Face au port, ce petit hôtel offre des chambres simples et fonctionnelles, mais confortables (clim). Les moins chères donnent sur le village ; elles sont aussi plus calmes. Pas de panique, vous aurez la vue sur le port au petit déj.

Hôtel Le Caillou Blanc *(zoom B2, **17**) : 27, rue Pierre-Henry, à **Port-Joinville.** ☎ 02-51-37-01-12. 06-09-74-33-79. • hotelcailloublanc.com • Doubles confort env 90-210 € ; suites et familiales.* Un hôtel raffiné et tout fringant, refait récemment dans un style cosy-zen. Literies nickel, petit déj-buffet, piscine et jacuzzi, accès direct à la mer, dont on profite déjà depuis les baies vitrées... Un havre idéal en famille, où l'on est accueilli avec attention.

Où manger ?

La plupart des adresses sont concentrées sur Port-Joinville et sont bondées en été (réservation souvent nécessaire plusieurs jours à l'avance !). Vous pouvez aussi faire vos courses au marché sur le quai ou aux supermarchés et opter pour un pique-nique. En été se tient également, tous les matins, un petit marché à Saint-Sauveur, dans le centre de l'île.

Très bon marché

Le Mille Pâtes *(zoom A1, **25**) : 9, pl. de la Norvège, à **Port-Joinville.** ☎ 02-51-58-79-79. • millepates.yeu@gmail.com • Tlj. Pas de résa possible. Formule déj 14,90 € ; carte 15-20 € ; pizzas 7,50-15 €. Sur place ou à emporter.* En un mot comme en mille : certainement la meilleure pizzeria de l'île. Tout est maison et artisanal, de la pâte, croustillante à souhait, aux garnitures. Terrasse face au port.

Bon marché

Chez Martin *(zoom A1, **20**) : 18, rue de la République, à **Port-Joinville.** ☎ 02-51-58-52-68. • bea.alex0739@orange.fr • Congés : Toussaint-début vac de Pâques. Pas de résa possible. Carte 15-25 €. Café offert sur présentation de ce guide.* Cette brasserie à la bonne franquette, à l'allure d'auberge marine, est une petite référence locale. Midi et soir, on se serre sur les bancs pour déguster les patagos fraîchement pêchés, ces coquillages cousins de la palourde, dont la maison s'est fait une spécialité. À moins de se laisser tenter par des moules accompagnées de délicieuses frites maison... Et pour terminer comblé, craquer pour une crêpe caramel au beurre salé.

Crêperie Le Vagabond (carte, **21**) : *135, rue de La Meule, à* ***La Meule.*** *☎ 02-51-58-44-19. Tlj sauf lun, plus mar hors saison. Congés : oct-mars. Compter 15-20 €.* Seul restaurant en dehors de Port-Joinville, la crêperie est bien ancrée à La Meule, où son succès ne faiblit pas. La salle bistrot très conviviale est décorée de dessins laissés par les clients sur des ardoises d'écoliers. Les galettes et les crêpes sont aussi généreuses que savoureuses. Petite terrasse à l'avant et terrasse couverte à l'arrière.

La Plancha du Pêcheur (zoom A1, **25**) : *13, pl. de la Norvège, à* ***Port-Joinville.*** *☎ 02-51-59-11-15. Avr-début nov, tlj sauf lun. Pas de résa possible. Repas 20-25 €. Café offert en basse saison sur présentation de ce guide.* L'enseigne dit tout : les amateurs de poisson ont fait de cette adresse leur QG. Filets de sardines ou de maquereaux, *fish & chips,* thon grillé… Tout est ultra-frais, préparé sous vos yeux et cuisiné avec doigté. Le tout dans un décor dans le vent, à des tarifs tenant largement la marée et servi avec le sourire.

La Crêperie Bleue (zoom A-B2, **24**) : *quai de la Mairie, à* ***Port-Joinville.*** *☎ 02-51-58-71-95. Résa conseillée. Compter env 20 €.* Cette adresse doit son succès à ses délicieuses crêpes. Les salées sont croustillantes, garnies de bons produits, certaines originales et gentiment épicées. Également de belles salades, des moules en été, des cocottes en hiver, le tout copieusement servi.

De prix moyens à chic

Les Bafouettes (zoom A2, **22**) : *8, rue Gabriel-Guist'hau, à* ***Port-Joinville.*** *☎ 02-51-59-38-38. • lesbafouettes@orange.fr • Fermé lun, plus dim et le soir mar-jeu hors saison. Congés : en hiver. Résa conseillée. Plat déj env 16 € ; menus 38-85 € ; carte 30-50 €.* Cette adresse dans une ruelle tranquille, arrive en tête de liste des bonnes tables de l'île. À la carte, le meilleur de la marée (choucroute de la mer notamment) et une cuisine gourmande et généreuse.

Le 09 (zoom A1, **32**) : *9, rue Georgette, à* ***Port-Joinville.*** *☎ 02-51-26-01-61. Menus 19 € (midi), puis 26-65 €.* Coup de jeune pour *Le 09,* sa salle moderne aux murs chaulés, son service dans le vent, son chef plein d'énergie, une antenne tournée vers la mer, l'autre vers la terre. Les desserts suivent le mouvement chez ce maître restaurateur décidément plein de talent.

Où manger des douceurs ?

Tatie Bichon (zoom A1, **30**) : *25, quai Carnot, à* ***Port-Joinville.*** *☎ 02-51-58-76-28. Tlj avr-sept et vac de la Toussaint.* Une institution sur l'île ! Dur, dur de résister aux glaces et sorbets, qui proviennent d'un glacier réputé de Pornic. La palme revient quand même aux gaufres.

Pâtisserie Mousnier (carte, **31**) : *tte l'année sur le marché de* ***Port-Joinville*** *et 2, rue du Dr-Viaud-Grand-Marais, à* ***Saint-Sauveur.*** *☎ 02-51-58-36-21.* L'adresse incontournable pour déguster la fameuse tarte aux pruneaux, dont la maison s'est fait une spécialité. D'autres douceurs, qui ne laisseront pas les gourmands indifférents.

Où boire un verre ?

Les bars ne manquent pas. Notre préférence va au ***Café Maritime,*** toujours dans son jus, et à l'***Escadrille,*** qui organise régulièrement des concerts. Les 2 se trouvent sur le port. Sur un autre port, au sud de l'île, le ***Bar de la Meule*** étire sa grande terrasse face aux rafiots, dans un cadre naturel de toute beauté !

La Réserve du Bouchon (zoom A1, **32**) **:** *11, rue Georgette, à* ***Port-Joinville.*** *☎ 02-51-59-11-41. Tlj, sauf mar hors saison.* Plusieurs espaces et une cour intérieure servent de cadre à ce bar à succès où la carte affiche plus de 40 vins. Petite restauration pour accompagner tout cela dans une ambiance tout islaise.

À voir. À faire

À pied ou à vélo, l'île offre une large palette de belles promenades. Le GR 80 invite à découvrir les richesses du bord de mer par le sentier côtier (27,5 km). Également des itinéraires de petite randonnée balisés, appelés *sentes* et 5 circuits trail. Topoguides en vente à l'office de tourisme.
Noter qu'un service de bus, quotidien d'avril à octobre, permet d'effectuer différents trajets entre Port-Joinville et le sud de l'île. Pour les cyclistes, une piste balisée relie Port-Joinville à La Croix. Tous ces parcours sont répertoriés sur la carte touristique disponible à l'office de tourisme.

Port-Joinville : passage obligé de tous les touristes débarquant à l'île d'Yeu, le port, comptant près de 2 000 habitants, est le centre principal de toutes les activités. Port de plaisance, port de voyageurs, on ne doit pas oublier que la pêche (sole, bar, lotte, merlu et thon blanc notamment) est encore l'activité principale de l'île après le tourisme. Maisons blanches, ruelles tortueuses, Port-Joinville mérite qu'on y fasse une petite balade *(document disponible à l'office de tourisme)* avant de partir à la découverte des richesses des environs.

Le musée de la Pêche l'Abri du marin (zoom A1) **:** *quai de la Chapelle ; en face de l'héliport. ☎ 02-51-59-57-21. Juil-août, lun-sam 10h-12h30 (en cas de pluie, ouv l'ap-m) ; hors saison, se renseigner. Entrée : 5 € ; réduc.* Un petit musée en 2 bâtiments, dédié à l'âme de l'île d'Yeu avec les commentaires d'un ancien marin-pêcheur et une vidéo retraçant l'histoire de la pêche sur l'île d'Yeu. Magnifiques maquettes. La visite, intéressante, est judicieusement complétée par le *Corsaire,* chalutier thonier grandeur nature des années 1960, posé sur la terre ferme.

Le bois et le fort de Pierre-Levée : cette forêt (constituée aujourd'hui de chênes verts pubescents) avait pour but de camoufler le fort aux vaisseaux ennemis. Construite au milieu du XIXe s, la citadelle est entourée de profonds fossés. Elle servit de prison à ceux que l'on ne pouvait éliminer mais que l'on préférait voir loin du continent : communards, Allemands, communistes... jusqu'au maréchal Pétain. En 1945, la condamnation à mort de Philippe Pétain, chef du gouvernement de Vichy alors âgé de 89 ans, fut en effet commuée en réclusion criminelle à perpétuité à la citadelle. Il y passa 6 années jusqu'à sa mort en 1951. Le maréchal est enterré au cimetière de Port-Joinville et non parmi ses hommes à Verdun comme il en avait exprimé le souhait. Sa tombe, dissimulée par des conifères, est d'ailleurs la seule tournée vers le continent (les autres font face à l'océan).

LES FRÈRES ENNEMIS

Pétain et de Gaulle combattirent ensemble à Verdun en 1916. Ils s'appréciaient énormément. Mais ils se brouillèrent quand de Gaulle publia Le Fil de l'épée *: il préconisait une armée de métier, basée sur l'artillerie et les tanks. Pétain y était totalement opposé. C'était en 1932. Ils avaient tort tous les 2 ! Les nazis, attaquant d'abord avec les bombardements aériens, avaient raison sur tout le monde.*

Les mégalithes et roches à cupules : plus de 100 sites ont été répertoriés, témoignages d'une occupation extrêmement ancienne de l'île. À l'extrémité de la plage de la Gournaise, en bordure de la route, on trouve les restes du ***dolmen***

des Petits Fradets, monument funéraire tirant son nom des farfadets, lutins aux pouvoirs magiques. Un peu plus loin, au niveau de l'anse des Broches, dominant la mer, le ***dolmen de la Planche à Puare*** n'est plus guère imposant mais constitue un phénomène unique en Vendée : tombe comportant 3 chambres funéraires dans lesquelles on retrouva des ossements au XIXe s.

La pointe du But : vue superbe sur le début de la côte sauvage et sur les dangereux écueils des Chiens-Perrins. De nombreux naufrages nécessitèrent la construction du Grand Phare que l'on aperçoit à l'intérieur des terres et de la balise rayée jaune qui se trouve sur l'écueil.

La pointe du Châtelet : site archéologique repérable à sa croix, aménagé au 2d âge du fer (vraisemblablement au Ier s av. J.-C.). Il est constitué d'un talus monumental (rempart de terre et de pierre) de plus de 200 m de longueur et haut de 3 m, qui permettait d'enclore une superficie de 8 ha.

Le vieux château : *rens à l'office de tourisme et au ☎ 02-51-58-32-58. Juil-août, tlj 11h-17h30 ; avr-juin et sept, mar, jeu et sam-dim 11h-16h30 ; hors saison, se renseigner. Visite guidée (40-50 mn) 5 € et visite en autonomie seulement en juil-août 13h30-14h45 à 1,50 € ; réduc. Également des visites du Grand Phare (réduc si visite des 2 sites).* Pas de doute, on est en Écosse, face au château de *L'Île noire* peut-être ? Facile à défendre, ce château du XIVe s où sommeille un vieux canon n'a capitulé qu'une fois. Du haut d'une de ses tours, sublime vue sur la côte sauvage et sur l'océan qui s'engouffre avec fracas dans l'étroite crevasse en contrebas. La ceinture défensive en demi-étoile de l'édifice est encore partiellement visible.

Le port de La Meule : *avr-sept, visite guidée. Compter 8,50 €. Infos à l'office de tourisme.* Longue anfractuosité naturelle qui fut jusque dans les années 1980 un port caseyeur réputé pour ses homards. Sur la jetée subsistent les cabanes de pêcheurs aux noms pittoresques, qui procurent à l'endroit un charme suranné.
– Dominant le port, sur un bout de terre aride et rocailleux, la petite chapelle toute blanche de Notre-Dame-de-Bonne-Nouvelle protège les marins depuis le XIIe s. Plus haut dans les terres, le village, largement séparé du port pour éviter les menaces de la mer, regroupe de belles maisons typiques de l'île. On y trouve une adorable crêperie (voir « Où manger ? »).

Superbe ***balade à pied de la pointe de la Tranche à la pointe des Corbeaux,*** extrémité orientale de l'île. On longe le port et la plage des Vieilles, très fréquentée en été. De cette même plage, très bel itinéraire en boucle (8,5 km, 2h10) autour de la pointe sud-est de l'île, entre falaises rocheuses et côte sableuse, la *sente de Kreuzland.*

Saint-Sauveur : *avr-sept, visite guidée. Compter 8,50 €. Infos à l'office de tourisme.* Ancienne capitale de l'île, résidence du gouverneur pendant très longtemps. L'*église* forme, avec la maison de la Seigneurie et le grenier seigneurial, l'un des rares témoignages de ce passé glorieux. Construite aux XIe-XIIe s, elle subit de nombreux dommages lors de la venue du comte d'Artois et de ses hommes (1 000 émigrés français et 5 000 soldats anglais) en 1795. La charpente fut lourdement endommagée pour répondre aux besoins en bois de construction et de chauffe des Anglais ! Le clocher carré était à l'époque moderne surmonté d'une haute flèche servant de point de repère aux navigateurs (amer). Incendiée par la foudre en 1953, elle ne fut pas reconstruite. Les fresques des XIIIe et XIVe s ont été restaurées récemment. Sur le parvis, 2 « pierres d'attente des morts ». Elles servaient autrefois à la pose des cercueils sur le bord des routes, les convois mortuaires étant pédestres.

De la pointe des Corbeaux à Ker-Châlon, succession de superbes ***plages*** derrière la dune et belle forêt de pins maritimes et de chênes verts : plage de la Grande-Conche, plages des Ovaires, etc.

La Ferme d'Émilie : *53-55, chemin de la Messe, Ker Poiraud. 07-82-22-80-31. En été, tlj sauf dim ; sinon se renseigner.* Tout sur la permaculture, les ruches et les fruits rouges, mais aussi boutique, salon de thé, tapas, soirées champêtres, animations, location d'âne... Sans compter la transhumance des brebis. Il y a toujours une bonne raison de pousser jusqu'à cette ferme d'élevage bio particulièrement accueillante.

Fête et manifestations

– ***Trail de l'île d'Yeu :*** *mi-juin.* Courses à pied de 3 niveaux : 15 km, 23 km et 45 km.
– ***La Meule en fête :*** *fin juil, au port de* ***La Meule.*** Grillades et chants de marins.
– Renseignements et liste complète des manifestations disponibles à l'office de tourisme : ***festival Viens dans mon île*** *(août),* ***festival des Berniques en Folie*** *(Toussaint)...*

NOTRE-DAME-DE-MONTS

(85690) 2 000 hab. *Carte Vendée, A1*

Une cité discrète et idéale pour découvrir l'environnement des marais, des dunes et des forêts, si particulier à la région. Bord de mer aménagé pour la balade et ambiance générale on ne peut plus familiale.

Adresse et infos utiles

Bureau d'information touristique : *6, rue de la Barre (pl. de la Mairie). ☎ 02-51-58-84-97. • paysdesaintjeandemonts.fr • En saison, lun-sam 9h30-19h, plus dim et j. fériés en été 10h-17h30 ; oct-mars, horaires plus restreints.* Visite audioguidée de la ville « Monts et histoire » *(1,5 km ; gratuit),* sortie dans les marais, balade en forêt « Mistinguette la chevrette » pour les 0-6 ans avec livret *(payant),* billetterie. Infos notamment sur la ferme-brasserie *La Petite Ramonière* et les ruches *Au Pré des Abeilles.*

Navettes et bus : *GRATUIT.* Navette *Éole* sur la commune, qui dessert le centre et les plages en juillet-août *(ttes les 10-15 mn 9h30-13h, 15h30-19h).* Bien pratique pour les campeurs qui ne souhaitent pas prendre la voiture !

La Littorale : navette estivale *(0,50 €/trajet, ticket auprès du chauffeur)* qui dessert tout le littoral de La Barre-de-Monts à Saint-Gilles-Croix-de-Vie en juillet-août. *• sovetours.fr •*

Où dormir ?

Campings

Camping municipal L'Orgatte : *av. de l'Abbé-Thibaud. ☎ 02-51-58-84-31 ou 47-97 (hors saison). • camping.municipal@notre-dame-de-monts.fr • notre-dame-de-monts.fr • Accès par la D 38. Avr-sept. Tentes, caravanes et camping-cars. 300 empl.* Camping idéal pour le farniente : il n'y a que 400 m de très belle forêt à traverser pour accéder à la plage. Et une bonne idée : les groupes et les individuels logent dans 2 parties séparées du camping. Location de vélos.

Beaucoup d'autres campings dans le secteur. Essayer par exemple le ***Camping des Pins*** *(21, rue de la Braie ;*

● camping-despins85.com ●) pour ses emplacements... sous les pins, ou encore **Le Grand Jardin** *(50, rue de la Barre ; ● legrandjardin.net ●)*, plus éloigné de la mer mais avec quelques emplacements auprès d'une rivière et des jacuzzis en terrasse pour certains mobile homes.

De prix moyens à chic

Résidence Le Sherwood : *78, rue de la Braie. ☎ 02-51-58-96-94 et 09-67-45-99-52. ● reservation@kombak.eu ● kombak.eu ● ♿ Prendre la D 38 en direction du nord, puis à gauche la rue de la Braie. Compter 80-275 €/nuit pour 2.* Une ancienne colonie de vacances entièrement réhabilitée en prestation hôtelière haut de gamme. Dans un parc clos en limite de forêt, une quinzaine de maisons en rez-de-jardin repensées et super équipées, bénéficiant de 2 à 8 chambres, pouvant accueillir jusqu'à 16 personnes. Terrasse, barbecue et jacuzzi privatif, rien n'a été laissé au hasard. La déco fait faire le tour du monde et la plage est au bout de la rue. Vive les vacances !

Où manger ? Où boire un verre ?

Bon marché

L'Estran : *55, rue de Saint-Jean-de-Monts. ☎ 02-51-58-86-48. ● restaurantlestran@orange.fr ● ♿ Dernier rond-point vers Saint-Jean. Juil-août, tlj ; horaires restreints hors saison. Congés : début nov-début déc. Formules déj en sem env 11,50-14 € ; menus 18-28 €. Café offert sur présentation de ce guide.* Cadre de brasserie moderne avec terrasse, et une honnête carte de cuisine régionale et écoresponsable, tournée vers la mer ou le marais (cuisses de grenouilles, anguilles). Un bon rapport qualité-prix et un vrai effort pour les plus jeunes : espace de jeux et menu spécial ados. Sympa !

Pizzeria Sébastien Sidole : *92, av. de la Mer. ☎ 09-81-09-90-52. Fermé mer. Pizzas 8-17 €.* Une pizzeria tout sauf banale dans cette rue ultra-touristique où s'alignent les terrasses en tout genre. Le chef multiplie les concours internationaux, se révèle un dur à cuire quand il sélectionne rigoureusement ses produits et fait preuve d'imagination : la « Truffière » (à la truffe donc) au feu de bois a fait sa renommée !

La Pergola : *100, av. de la Mer. ☎ 02-28-11-06-92. Fermé mer. Formules env 18-23 € ; plats 11-18 €.* Dans un agréable décor boisé et de cactus, des spécialités à base de produits frais : woks, brochettes, galettes, moules... Et côté addition, ça ne pique pas trop !

Le Bistrot Plage : *plage centrale. 📱 07-71-04-96-37. D'avr à mi-sept. Ouv midi et soir tlj sauf mar.* « *Food drinks and fun* », c'est le programme officiel de ce bar de plage auquel on ajoute volontiers « *sand* ». Terrasse en bois, sardines grillées du chef, moules en saison et ambiance farniente à toute heure. Voilà, le tour du proprio est à peu près complet !

À voir

Le Jardin du Vent : *29 bis, rue Gilbert-Cesbron. ☎ 02-28-11-26-43. ● jardinduvent.fr ● ♿ (accès partiel). Dans le bourg, bien indiqué. Juil-août, tlj 10h (14h w-e)-19h ; avr-juin, sept et vac de la Toussaint, tlj sauf lun 10h-12h, 14h-18h (seulement l'ap-m le w-e). GRATUIT.* Voici un jardin d'un genre bien particulier, s'affichant « mobile et volubile » car entièrement voué à Éole. L'architecte a réussi le tour de force de mettre en scène le vent. La réalisation est à la fois poétique, artistique et ludique. Des sculptures animées, à l'esthétique rappelant parfois le *Nautilus* du capitaine Nemo, et des jeux pleins d'imagination. Une aventure qui ravira les tout-petits.

Kulmino : *route du Perrier, la Grande-Croix. ☎ 02-51-58-86-09. ● kulmino.fr ● ♿ Juil-août, lun-ven 10h-19h, w-e 14h-19h ; avr-juin, sept et vac de la Toussaint, mer-dim 14h-18h30 (fermé lun-mar). Entrée : 5 € ; réduc ; seulement 1 € pour ts le dernier dim de chaque mois hors saison ; gratuit moins de 6 ans.*

Immanquable dans le paysage, ce château d'eau. Il fonctionne toujours, alimentant les îles et le littoral. 2 expos : l'une sur l'eau, l'autre sur le paysage, le vent et l'énergie éolienne. Tout en haut, panorama remarquable sur les marais et les îles, à 70 m au-dessus du niveau de la mer (ascenseur, ouf !).

Biotopia : *50, av. de l'Abbé-Thibaud. ☎ 02-28-11-20-93. • biotopia.fr • Juil-août, lun-ven 10h-19h, w-e 14h-19h (fermé le mat sam-dim) ; avr-juin et sept, lun et mer-ven 10h-12h, 14h-18h30, w-e 14h-18h30 (fermé mar) ; fév-mars et oct, tlj sauf mar 14h-18h30. Fermé de mi-nov à janv. Entrée : 7 € ; réduc ; gratuit moins de 6 ans.* Ce grand bâtiment moderne en lisière de forêt est un site de découverte de la faune et la flore du littoral et de la forêt. Expo interactive offrant de nombreuses expériences multisensorielles pour petits et grands afin d'éveiller la curiosité et éduquer à la préservation de l'environnement. À compléter par des balades guidées en pleine nature ou par un parcours interactif en pleine forêt pour y redécouvrir ses trésors cachés *(résa conseillée).*

Le pont d'Yeu : *indiqué côté droit sur la route de Saint-Jean-de-Monts, puis parcourir 1 km jusqu'à un parking (la route devient sableuse).* Une curiosité que ce promontoire immergé se dévoilant seulement lors des grandes marées. Il s'agirait des restes d'un pont construit par le diable à la demande de saint Martin pour permettre l'accès à l'île d'Yeu...

SAINT-JEAN-DE-MONTS

(85160) 8 500 hab. *Carte Vendée, A1*

• Plan *p. 483*

Saint-Jean-de-Monts, c'est d'abord une longue plage de sable fin de 8 km, tantôt sauvage et calme, tantôt urbaine et animée. Comme beaucoup de villes du littoral atlantique, sans pouvoir revenir sur les erreurs urbanistiques des Trente Glorieuses, Saint-Jean travaille aujourd'hui son look et soigne son attractivité : grande roue en marqueur de la skyline (comme à Londres !), élégante estacade en bois avançant dans la mer sur 400 m, mise en valeur du patrimoine des années 1920 et 1950 à dénicher dans les quartiers en retrait de la mer...
Avec une population décuplée au cœur de l'été et des dizaines de campings, Saint-Jean offre 25 km de pistes cyclables en forêt et une kyrielle de sports et loisirs de plein air. Côté papouilles, la station n'est pas en reste, avec sa thalasso dotée d'un jacuzzi extérieur. Noter qu'ici le stationnement est gratuit partout. Pourvu que ça dure !

Adresses et info utiles

Bureau d'information touristique *(plan A3)* **:** *67, esplanade de la Mer. ☎ 02-72-78-80-80. • paysdesaint jeandemonts.fr • Juil-août, tlj 9h30-19h ; hors saison, tlj sauf dim nov-janv, horaires variables.* Infos sur les nombreuses animations, manifestations et activités de loisirs, idées balades à pied ou à vélo, billetterie activités et spectacles, boutique. Équipe dynamique.

Bus et navettes : tout au long de l'année, liaisons avec Nantes (ligne 12 SNCF). Villes voisines desservies par les lignes *Sovetours.* En été, la navette *La Littorale* dessert un grand nombre de campings vers le centre-ville et les plages. Elle dessert aussi l'embarcadère pour l'île d'Yeu situé à La Barre-de-Monts (pratique pour éviter de payer le parking).

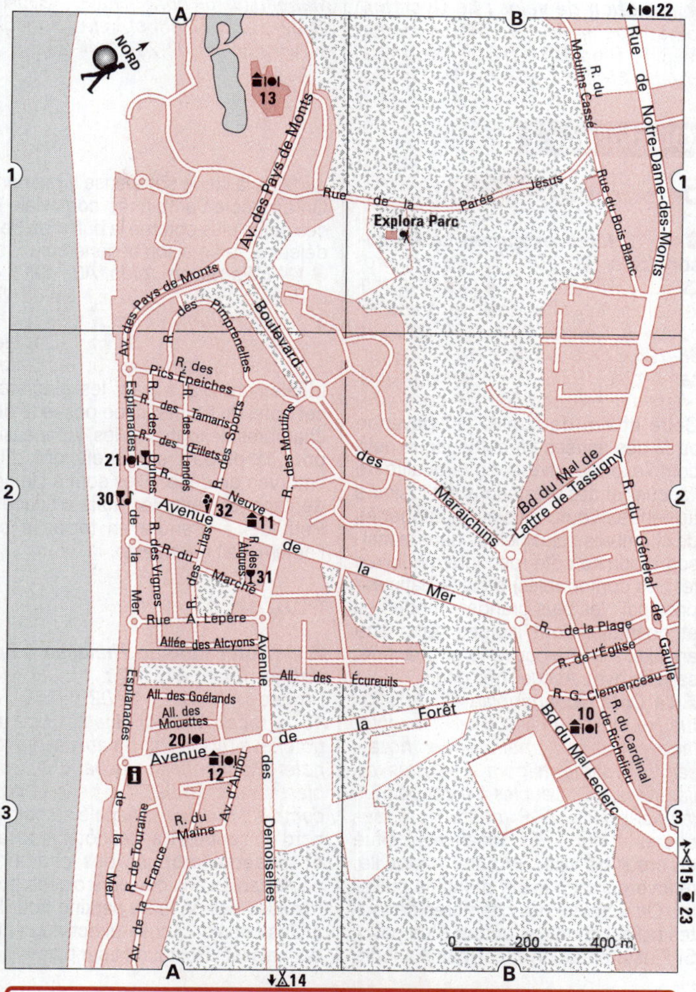

SAINT-JEAN-DE-MONTS

Adresse utile

- Bureau d'information touristique (A3)

Où dormir ?

- **10** Hôtel-restaurant Le Robinson (B3)
- **11** La Côte Océane (A2)
- **12** L'Espadon (A3)
- **13** Hôtel Atlantic Thalasso & Spa Valdys (A1)
- **14** Les Pinèdes de la Caillauderie (hors plan par A3)
- **15** Camping municipal de la Maison Blanche (hors plan par B3)

Où manger ? Où boire un verre ?

- **20** Chez Bastien (A3)
- **21** Le Balnéair (A2)
- **22** Le Petit Saint-Jean (hors plan par B1)
- **23** Le Glajou (hors plan par B3)

Où se la couler douce ?

- **30** Côté Plage (A2)
- **31** Le Bec à Vin (A2)
- **32** King Glace et Toni Gelati (A2)

Location de vélos : Le Cycl'Hop *(6, av. de la Forêt ; ☎ 02-51-58-04-81) ;* **Bloo Bike** *(12 bis, av. de la Forêt ; ☎ 02-51-58-10-33) ;* **Cycles Maheau** *(9, rue du Général-de-Gaulle ; ☎ 02-51-58-27-83) et* **Véli-Vélo** *(162, av. Valentin ; ☎ 02-28-11-44-28).*

Où dormir ?

De prix moyens à chic

Hôtel-restaurant Le Robinson *(plan B3,* ***10****) : 28, bd Leclerc. ☎ 02-51-59-20-20. • infos@hotel-lerobinson.com • hotel-lerobinson.com • Congés : déc-janv. Doubles 68-125 €. Menus env 16 € (déj en sem), puis 19,50-37 €. Parking. Café offert sur présentation de ce guide.* Cette affaire de famille est devenue au fil des années un authentique petit complexe touristique, où la qualité de l'accueil et des prestations est toujours au rendez-vous. Plusieurs catégories de chambres : plus petites dans la maison d'origine côté rue ; intermédiaires (et très confortables) dans le bâtiment principal ; les plus grandes, modernes et cossues, sont isolées dans une annexe. Piscine couverte et chauffée, salle de gym. Accueil très gentil.

La Côte Océane *(plan A2,* ***11****) : 32, rue Neuve. ☎ 02-51-58-01-12. • info.lacoteoceane@gmail.com • hotel-saintjeandemonts.com • Tt près de l'av. de la Mer. Doubles à partir de 57 € (standard) ou 77 € (confort) ; supérieures et familiales.* Idéalement situé en cœur de ville, un hôtel tranquille, rénové dans un esprit maritime guilleret. On y trouve des chambres de toutes tailles, certaines autour d'un patio. Si l'insonorisation n'est pas toujours parfaite, la literie compense largement. On apprécie l'ambiance conviviale et ces petits plus comme le buffet au petit déjeuner, fait maison et généreux.

L'Espadon *(plan A3,* ***12****) : 8, av. de la Forêt. ☎ 02-51-58-03-18. • hotel-espadon.com • À une encablure du front de mer. Doubles 74-126 € ; supérieures et familiales.* Idéalement placé pour les plagistes, cet hôtel de bonne tenue possède des chambres de toutes tailles, lumineuses pour la plupart et bénéficiant d'un embryon de déco. Elles sont à l'image de l'accueil : simples mais efficaces ! Petit déj à prendre en terrasse sur l'arrière. Fait aussi resto.

Plus chic

Hôtel Atlantic Thalasso & Spa Valdys *(plan A1,* ***13****) : 16, av. des Pays-des-Monts. ☎ 02-51-59-15-15. • reception.sloi@thalasso.com • hotels-valdys.fr/saint-jean-de-monts/hotel-atlantic-thalasso-spa/ • Doubles à partir de 69 € ; ½ pens et pens complète possibles.* Accolé au golf, au nord du centre-ville, cet hôtel reposant et moderne propose des chambres confortables aux couleurs claires, toutes avec balcon (côté parking pour les moins chères). Accès direct au centre de thalasso. Restaurant sur place.

Où manger ? Où boire un verre ?

De bon marché à prix moyens

Chez Bastien *(plan A3,* ***20****) : 9, av. de la Forêt. ☎ 02-51-58-01-60. Dans la rue principale qui débouche sur la plage. Tlj. Menus 15,90-31,90 €.* Une belle adresse de la station, qui arbore un mignon décor aux couleurs du temps. La cuisine est en harmonie, fraîche et alerte, au gré du marché, forcément tournée vers cet océan qui lèche la plage au bout de la rue. En dessert, un déroutant coulant... aux mogettes ! Service impeccable.

Le Balnéair *(plan A2,* ***21****) : 18, esplanade de la Mer. ☎ 09-82-26-63-22. • hello@balneair.fr • Tlj à partir de 10h. Formules déj en sem env 16-19 € ; plats (et brunch dim sur résa) env 10-20 €.* L'un de ces restaurants-vérandas judicieusement posés sur le trottoir, le long de l'esplanade. Ici, couleurs gaies, banquettes et différents niveaux à l'intérieur pour les enfants, les familles, etc. Dans une ambiance jeune et branchée, gentiment bohème, toute une panoplie de plats frais, créatifs et de saison. Impec' pour « manger, trinquer et danser », le leitmotiv de la maison.

Le Petit Saint-Jean *(hors plan par B1,* ***22****) : 128, rue de Notre-Dame-de-Monts. ☎ 02-51-59-78-50. À la sortie de Saint-Jean, vers le nord. Fermé dim soir-lun. Compter 15-30 €.* Oublions la proximité de la route passante et poussons la porte : la vaste salle accueillante et lumineuse réjouit d'emblée. L'impression ne se dément pas dans l'assiette, avec une cuisine de terroir inventive et des plats déclinés en de subtiles saveurs. Le chef privilégie le bœuf, l'anguille, les cuisses de grenouilles, le foie gras, le canard challandais... que du bon, que du frais. Sans négliger les desserts car il est avant tout pâtissier. Service attentionné.

Où dormir ? Où manger dans les environs ?

Campings

Les Pinèdes de la Caillauderie *(hors plan par A3,* ***14****) : 111, route de la Caillauderie, 85160* ***Saint-Jean-de-Monts.*** *☎ 02-51-58-23-76. • camping.pinedes.caillauderie@gmail.com • camping-pinedes-caillauderie.com • À 5 km au sud, direction Saint-Gilles. Avr-sept. Env 15-20 € pour 2. Sac de bienvenue offert sur présentation de ce guide.* Bien ombragés grâce à de grands peupliers, cyprès et pins, les emplacements sont relativement grands et bien délimités dans un environnement préservé (balades commentées en forêt). Ici, on a soigné les équipements sans pour autant faire dans le parc d'attractions. Piscine *(juil-août)*, bibliothèque, terrain multisport, aire de fitness. Côté logements, quelques mobile homes *(190-580 €)* et des Campétoiles pour observer le ciel en se couchant.

Camping municipal de la Maison Blanche *(hors plan par B3,* ***15****) : rue de la Maison-Blanche, 85300* ***Le Perrier.*** *☎ 02-51-49-39-23. • camping.maisonblanche@orange.fr • leperrier.fr • À 7 km à l'est de Saint-Jean par la D 753. Ouv juil-fin août. Env 19 € pour 2. 106 empl.* Familial et calme, ce camping dans l'intérieur des terres conviendra à ceux que les armées de mobile homes de la côte font fuir. Proche d'une piste cyclable et d'un terrain de tennis. Piscine à 24 °C en été et un réel effort pour l'accueil des enfants : salle de bains équipée, jeux... Excellent accueil.

Prix moyens

Le Glajou *(hors plan par B3,* ***23****) : 141, chemin de la Suze, 85300* ***Le Perrier.*** *☎ 02-51-68-11-64. • le.glajou@sfr.fr • À 10 km à l'est, direction Challans, puis suivre les panneaux (c'est paumé !). En saison, fermé lun ; hors saison, ouv le midi mer-dim, plus le soir sam. Menus 17,80-34,50 €.* On aime bien ce petit resto isolé. Dans une salle franchement campagnarde aux tables joliment dressées, on déguste une cuisine typiquement maraîchine, du genre anguilles grillées au sarment de vigne (vendredi soir), *rata de margattes* (ragoût de seiches), pour finir sur le fion (crème aux œufs) de la maison. Une expérience authentique et généreuse et un service très attentionné du patron.

Où se la couler douce ?

Côté Plage *(plan A2,* ***30****) : sur la plage, face à l'av. de la Mer. 06-09-60-07-39. Tlj en saison 10h-1h30.* Ambiance on ne peut plus vacances dans ce bar à tapas posé sur la plage. Mobilier de récup et palettes détournées pour poser son cocktail. Cool pour les couchers de soleil et les soirées musicales les pieds dans le sable.

Le Bec à Vin (plan A2, **31**) : *29, rue du Marché, un peu à l'écart de l'av. de la Mer. 07-71-75-89-75. À partir de 10h ; fermé lun mat et mer, plus mar et jeu hors saison.* Déco rétro chic mais ambiance décontract' pour ce bar à tapas et vins du monde entier. Apprécié autant des locaux que des touristes.

Envie d'une glace ? Il y a tout ce qu'il faut avenue de la Mer, à la guirlande de terrasses ou boutiques de plus ou moins bon goût. Glaces maison chez ***King Glace*** et ***Toni Gelati*** *(plan A2, **32**)*. Pour les chichis montois, c'est-à-dire au format maousse, direction ***Chichi Shop*** *(plan A2 ; 13, av. des Demoiselles),* spécialiste depuis 3 générations.

À faire

Balades en forêt, marais, ville, dunes : itinéraire de 5,2 km avec carte illustrée et défis « Comme un air d'aventure » pour les 6-12 ans. Également une balade ludique en famille, « Les enquêtes de la Crim » (dès 8 ans). Livrets payants.

Saint-Jean-de-Monts est labellisée ***Station de Trail*** et ***Nordic Walk*** : 12 parcours trail balisés (202 km cumulés, appli sur • *stationdetrail.com* •) et 5 parcours de marche nordique (46 km, appli sur • *stationsnordikwalk.com* •) entre plage et forêts avec balisage et bases d'accueil.

Explora Parc (plan B1) : *rue de la Parée-Jésus. 06-22-61-45-98. • exploraparc.com • Avr-sept : tlj pdt les vac scol, sinon seulement mer et w-e. Tarifs selon activités.* Dans une clairière près de la thalasso, plusieurs structures en bois, bien intégrées à leur environnement, et tout un choix d'activités de plein air : accrobranche, tir à l'arc, réalité virtuelle, filets dans les arbres... Bar et balades en forêt : le *sentier d'Éole* mène au belvédère de la Buzelière (panorama sur la forêt et la plage).

Manifestations

- ***La Déferlante*** : *mi-mai et juil-août.* Théâtre de rue et musique en plein air.
- ***Animations spécial familles*** : *juil-août.* Sports pour les 6-12 ans, « Kids mercredis », « Instants baby » pour les 3-5 ans, « Break ados » pour les 12-16 ans et « Rendez-vous familles ».
- ***Animations sportives pour les adultes face à la mer*** : *juil-août.* Fitness, zumba, yoga, Pilates.

LE LITTORAL VENDÉEN, ENTRE MER ET VIE

SAINT-GILLES-CROIX-DE-VIE

(85800) 7 400 hab. *Carte Vendée, A-B2*

• Plan *p. 488-489*

L'un de nos endroits préférés sur la côte vendéenne. Une cité balnéaire et portuaire très touristique l'été, fréquentée par les Anglais et les Néerlandais notamment. La Grande-Plage fait 3,6 km. D'autres plus petites mais tout aussi jolies : Boisvinet, plage de la Pelle à Porteau...

C'est dans l'estuaire du petit fleuve la Vie que les 1ers marins vendéens ont amarré leurs embarcations. De nos jours, la pêche à la sardine demeure une activité économique importante et Saint-Gilles reste l'un des ports de pêche actifs du littoral atlantique.
Autre gloire de la ville, l'entreprise Bénéteau, 1er constructeur mondial de voiliers, rayonne depuis plus de 1 siècle et emploie plus de 7 500 salariés, dont la majorité en Vendée.

UN PEU D'HISTOIRE

Dès le XIIe s, les seigneurs locaux règnent sur un port modeste mais florissant. Au XIVe s, la cité Saint-Gilles commence à souffrir de surpopulation. Déjà ! Les Giras investissent l'autre côté de l'estuaire, et, quelque temps après, une nouvelle cité se crée : Croix-de-Vie. Et comme toujours dans ce genre de situation, la rivalité et les querelles de clochers vont diviser les 2 villes durant des siècles, Saint-Gilles étant protestante, Croix-de-Vie catholique. Il faudra attendre 1835 pour qu'un pont au-dessus de l'estuaire les relie, et 1967 pour que les 2 communes fusionnent.

Adresses et info utiles

Bureau d'information touristique *(plan B2)* **:** *pl. de la Gare. ☎ 02-51-55-03-66. • payssaintgilles-tourisme.fr • Juil-août, lun-sam 9h30-19h, dim 10h-13h, 15h30-19h ; le reste de l'année, lun-sam 9h30-12h30, 14h-18h30 (18h en hiver), plus dim mat longs w-e de printemps, juin et mi-sept.* Visites guidées thématiques payantes (sur résa) de la ville, notamment « Les coulisses de la criée » avec découverte du port et dégustation de sardines. Aussi « En direct de la criée » vendredi à 5h15 (dates variables). Sinon visite individuelle avec parapluie et bande sonore ! Infos sur les sorties en mer, les circuits à vélo dans le canton (350 km). Espace boutique et billetterie (île d'Yeu, Puy du Fou, sites touristiques).

Location de vélos : ***Roulavélo,*** *bd de l'Égalité (📱 06-07-22-06-94) ;* ***Maison Gérard Gateau,*** *rue du Calvaire (☎ 02-51-55-48-56) ; et l'****Atelier e-vélo,*** *45, quai Gorin (☎ 02-44-36-59-16).*

Embarquement et croisière à l'île d'Yeu *(plan B2)* **:** voir à « L'île d'Yeu » la rubrique « Comment y aller ? ».

– ***Marchés :*** *mer et sam mat côté Croix-de-Vie. Mar, jeu et dim mat côté Saint-Gilles, pl. du Vieux-Port et du Marché-aux-Herbes.*

Où dormir ?

Camping

Camping Les Cyprès *(hors plan par D3,* ***10****)* **:** *41, rue du Pont-Jaunay. ☎ 02-51-55-38-98. • contact@camping-lescypres85.com • camping-lescypres85.com • ♿ Accès par la D 38. De début avr à mi-sept. Résa conseillée en été. Tentes env 18-33 € ; locatifs. 300 empl.* Vaste camping aux emplacements dispersés sous les cyprès, à 400 m de la plage (avec accès direct). Location de mobile homes pour 2 à 8 personnes. Bien équipé et bien organisé. 2 piscines, dont 1 couverte et chauffée. *La Vélodyssée* passe juste devant.

De bon marché à prix moyens

Hôtel La Sterne *(plan C2,* **12***)* **:** *2, pl. Guy-Kergoustin. ☎ 02-51-55-09-50. • hotellasterne@cegetel.net • hotellasterne.com • ♿ Doubles 52-89 € ; familiales. Garage payant (sauf pour les 2-roues).* En plein centre mais calme, l'adresse sans histoires et accueillante, aux chambres de style contemporain. 4 types de taille et de confort (avec ou

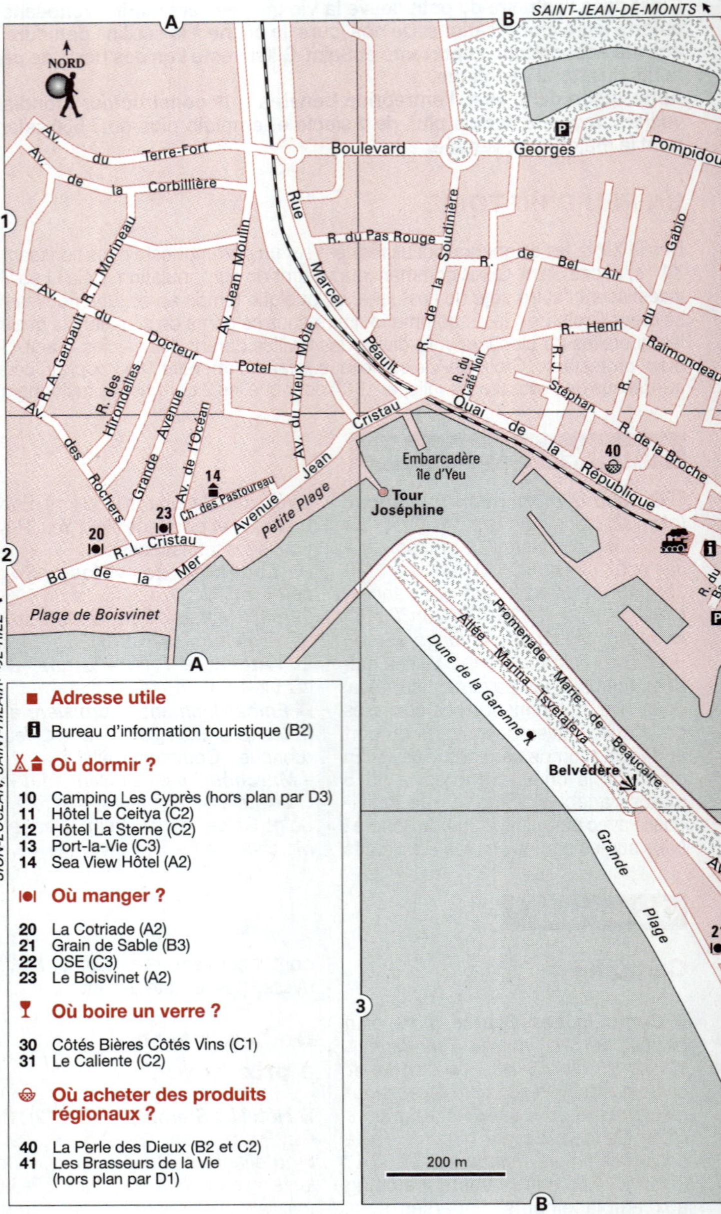

Adresse utile

- Bureau d'information touristique (B2)

Où dormir ?

10 Camping Les Cyprès (hors plan par D3)
11 Hôtel Le Ceitya (C2)
12 Hôtel La Sterne (C2)
13 Port-la-Vie (C3)
14 Sea View Hôtel (A2)

Où manger ?

20 La Cotriade (A2)
21 Grain de Sable (B3)
22 OSE (C3)
23 Le Boisvinet (A2)

Où boire un verre ?

30 Côtés Bières Côtés Vins (C1)
31 Le Caliente (C2)

Où acheter des produits régionaux ?

40 La Perle des Dieux (B2 et C2)
41 Les Brasseurs de la Vie (hors plan par D1)

SAINT-GILLES-CROIX-DE-VIE

sans clim et largeur du lit au choix), toutes plutôt plaisantes.

De prix moyens à chic

■ ***Hôtel Le Ceitya*** *(plan C2,* ***11****) : 47, rue du Général-de-Gaulle. ☎ 02-51-55-01-13. • contact@hotel-leceitya.com • hotel-leceitya.com • ♿ Doubles 56-122 €. Parking privé.* Un petit hôtel d'une bonne vingtaine de chambres aux couleurs flashy, insonorisées et climatisées. Bar au rez-de-chaussée. En résumé : de la couleur et de la vie, et on ne peut plus central.

■ ***Port-la-Vie The Originals*** *(plan C3,* ***13****) : 16-18, av. Notre-Dame. ☎ 02-28-10-00-28. • reception@village-hotel-portlavie.com • village-hotel-portlavie.com • ♿ Doubles 77-107 € à l'hôtel.* Une formule originale à la fois en centre-ville et près de la plage : d'un côté une résidence de vacances (location 5 jours minimum) proposant des chambres avec repas inclus, de l'autre un hôtel de 24 (petites) chambres communicantes, dont certaines offrent la possibilité d'y coucher un enfant (6-12 ans) en plus. Jolie vue sur le port depuis la salle à manger et le bar, ainsi qu'une terrasse sympa comme sur un bateau. Hammam et jacuzzi gratuits pour les résidents de l'hôtel.

■ ***Sea View Hôtel*** *(plan A2,* ***14****) : 46, av. Jean-Cristau. ☎ 02-51-55-01-91. • seaviewhotel@orange.fr • Doubles 80-100 € sans la vue mer, 100-165 € avec. Local à vélos.* Face à l'entrée du port, l'hôtel familial et balnéaire comme on les apprécie. Chambres rénovées récemment dans des tons épurés et clairs, tranchant avec les couleurs vives de la déco. Avec ou sans balcon, avec ou sans vue... faites votre choix ! Restaurant-bar-lounge au rez-de-chaussée et terrasse en *rooftop,* comme sur un bateau.

LA VENDÉE

Où manger ?

Prix moyens

|●| ***La Cotriade*** *(plan A2,* ***20****) : 8, rue Louis-Cristau. ☎ 02-51-55-09-62. Fermé dim soir-lun, plus jeu soir hors juil-sept. Menus 22-30 €.* Les tons apaisants et l'ambiance lounge mettent en appétit. Ah, le bonheur du fait maison, depuis le pain jusqu'aux glaces ! Peu de choix dans les menus mais une grande diversité dans les saveurs, d'ici ou d'ailleurs, et les couleurs. La carte s'adapte aux saisons et au retour de pêche, dénotant un vrai savoir-faire chez le chef, jamais en manque d'inspiration. Un avantageux rapport qualité-prix.

|●| ***Grain de Sable*** *(plan B3,* ***21****) : 60, av. de la Plage. ☎ 02-51-55-30-97. Fermé dim soir-lun. Formules déj sauf dim 14,90-19,90 € ; menus 27-37 €.* Cadre contemporain avec vue sur mer, belle terrasse offerte au vent du large, idéale pour un plateau de fruits de mer au soleil couchant (à réserver). Après avoir bourlingué en Australie et en Écosse, le chef mélange harmonieusement émulsions et croustillants pour une cuisine inventive, à partir de produits frais locaux, pas grasse pour un sou !

|●| ***OSE*** *(plan C3,* ***22****) : 18, av. de la Plage. ☎ 02-51-26-98-49. ♿ Fermé lun en saison, mar-mer hors saison. Congés : janv. Formule déj en sem 12,90 € ; menu 29,50 €. Café offert sur présentation de ce guide.* On vient ici pour titiller son goût pour l'anticonformisme et l'art du sucré-salé, sans tabous. Avec des goûts qui rappellent l'enfance et des mariages improbables comme ces glaces aux saveurs décalées qui accompagnent les plats. Salle branchée aux tons fuchsia, gris et roses pour rester dans le ton. Petite terrasse sur la rue.

Chic

|●| ***Le Boisvinet*** *(plan A2,* ***23****) : 2, rue Louis-Cristau. ☎ 02-51-55-51-77. Juil-août, fermé mar ; le reste de l'année, fermé mar soir, mer et dim soir. Formule déj en sem 24 € ; menus 29,50-54 €.* Cadre contemporain : du bois flotté et une épure mi-nordique mi-asiatique pour surfer sur l'air du temps. La cuisine suit le même chemin : produits d'ici soigneusement choisis, finement préparés avec des influences d'ailleurs.

Où boire un verre ?

Côtés Bières Côtés Vins (plan C1, **30**) : *3, bd Pompidou. ☎ 02-28-12-96-56. Tlj 9h-21h30.* Superbe réhabilitation pour les anciens hangars à poisson, situés au bord de la rivière Vie. Ce bar à bières, vins et spiritueux déborde largement à l'extérieur avec sa vaste terrasse panoramique, animée autour de tonneaux en guise de table. Planches, sardines et rillettes pour les petits creux. Impec' pour une tranche de Vie locale.

Le Caliente (plan C2, **31**) : *14, pl. du Marché-aux-Herbes, face à l'église Saint-Gilles. ☎ 02-51-93-37-44. Fermé sam midi et lun, plus dim soir hors saison. Congés : 15 j. en mars et nov. Formule déj 13,50 € hors été ; sinon tapas au mètre ! Café offert sur présentation de ce guide.* À deux pas du port, un bar chaleureux pour un apéro de vins étrangers, cocktails et sangria maison à accompagner d'un bon choix de tapas. Soirées à thème et concerts *calientes* certains soirs.

Où acheter des produits régionaux ?

La Perle des Dieux (plan B2 et C2, **40**) : *56-58, quai de la République (☎ 02-51-60-18-29 ; tlj) et 8, rue du Général-de-Gaulle (☎ 09-67-51-03-94).* Magasin d'usine de la dernière conserverie de sardines de la ville. Celle-ci ne se visite pas, mais découvrez l'***atelier de la sardine by La Perle des Dieux*** avec dégustation-échange-vente et projection d'un film (20 mn) sur la pêche à la sardine : *1, chemin des Gabelous. ☎ 02-51-55-68-08. • atelier@laperledesdieux.com • Horaires à consulter sur • laperledesdieux.com • Congés : janv et nov. GRATUIT.*

Les Brasseurs de la Vie (hors plan par D1, **41**) : *Box 15, Bégaud Pôle, route de La Roche-sur-Yon. ☎ 02-51-55-04-75.* Fabrication de bières artisanales bio, ateliers de brassage pour tous, visites commentées.

LA VENDÉE

À voir

La dune de la Garenne (plan B2) : jolie balade sur la dune coincée entre la rivière la Vie et l'océan, qui offre des points de vue sur les ports, les églises, les jetées et la tour Joséphine depuis le belvédère. Génial en fin de journée, lorsque le soleil est rasant. On peut poursuivre sur le remblai aménagé, où s'alignent boutiques et terrasses de restos et glaciers.

L'église Saint-Gilles (plan C2) : *visite guidée juil-août, mer à 10h30.* Bâtie au XIVe s puis détruite par 2 fois (sauf la façade nord), elle ne fut relevée qu'en 1873. À l'intérieur, beaux vitraux racontant la victoire de Louis XIII sur les protestants à Notre-Dame-de-Riez, ainsi qu'un chemin de croix d'Henry Simon.

La Maison du pêcheur (plan C2) : *22, rue du Maroc. Avr-sept seulement, mer-sam 14h30-17h30. Entrée : 3 € ; réduc.* Dans une typique maison basse, reconstitution d'un intérieur des années 1920 pour découvrir la vie et l'histoire des pêcheurs de l'époque.

UN SINGE EN HIVER

Janvier 1908, mois de tempête. Sur la côte vers Brétignolles, 4 marins en goguette découvrirent un tonneau rejeté par la mer. Mis en perce, ce tonneau se révéla plein d'une eau-de-vie excellente à leur goût. Les compères burent vite le tonneau qui livra enfin son vrai contenu : un... singe conservé dans l'alcool ! Les 4 marins s'en étranglèrent un peu ; le chimpanzé du tonneau, naturalisé, trône aujourd'hui en bonne place dans la Maison du pêcheur.

La Maison des écrivains de la mer : *9, av. Jean-Cristau. ☎ 09-66-93-26-55.* Un site littéraire et une bibliothèque ouverte sur la mer. Expos et conférences.

À faire

Le Visa Vie : *billetterie quai Gorin ou au 06-60-69-80-13. Mars-nov, horaires selon marées. Compter 15 €/pers ; réduc.* Promenade commentée en bateau sur la rivière Vie (1h30). Ports de plaisance et de pêche, puis balade de 7 km à l'intérieur des marais jusqu'au barrage des Vallées.

En quittant le ***Marais Salant de l'Étoile*** *(87, route du Sel, 85270* ***Saint-Hilaire-de-Riez*** *; visites avec le saunier Anthony Oger, 06-15-74-26-81),* poussez jusqu'à ***La Main à Sel*** *(8, impasse de la Fraignaie, 85800* ***Le Fenouiller*** *; ☎ 02-28-17-92-36 ; mar-sam mat 10h-12h30, 14h30-19h).* Vente de sel local et autres produits de Vendée. Film sur la vie des sauniers.

Fêtes et manifestations

– ***Le Printemps de la sardine :*** *avr-mai.* Expos, visites, ateliers culinaires, etc.
– ***Saint-Jazz-sur-Vie :*** *w-e de la Pentecôte.* Grands noms du jazz.
– ***Les Musicales :*** *juil. GRATUIT.* 7 concerts dans 7 communes.
– ***Festival la Déferlante :*** *juil-août. GRATUIT.* Spectacles de rues.
– ***Marché nocturne des artisans :*** *juil-août, tlj 20h-minuit, pl. du Vieux-Port et pl. du Marché-aux-Herbes.*
– ***Fêtes d'été :*** ***de la Sardine*** *dernier dim de juil,* ***du Poisson*** *1er dim d'août et* ***du Port*** *2e dim d'août.*

LA VENDÉE

DANS LES ENVIRONS DE SAINT-GILLES-CROIX-DE-VIE

SAINT-HILAIRE-DE-RIEZ *(85270)*

Aux portes de Saint-Gilles. On conseille de rejoindre Saint-Hilaire-de-Riez via le quartier balnéaire de Sion-sur-l'Océan par la corniche vendéenne (site classé depuis 1926). Posé sur une falaise, ce quartier a conservé quelques villas XIXe s et présente beaucoup de charme. Un plateau rocheux dont les falaises plongent dans l'océan. Criques sablonneuses percées par le jeu des vagues, grottes et excavations se découvrent depuis les chemins piétons ou cyclistes de cette corniche.
En quittant la côte, on découvre aussi une forêt domaniale de plus de 600 ha (s'arrêter l'été à la ***Guinguette Ensablée*** – *63, av. de la Faye* –, aux animations culturelles ou sportives), et le marais bien sûr.

Adresses utiles

Bureau d'information touristique : *21, pl. Gaston-Pateau, à* ***Sion-sur-l'Océan.*** *☎ 02-51-54-31-97. • paysaintgilles-tourisme.fr • Juil-août, lun-sam 9h-19h, dim 10h-12h30, 16h-18h30 ; hors saison, lun-sam, plus dim mat de mi-juin à mi-sept.* Bureau dynamique proposant une foultitude d'activités ludiques pour adultes et enfants : initiation à la pêche à pied, enquêtes policières et même une visite crépusculaire pour découvrir l'architecture.

Location de vélos : *Cycles Avrilla, 2, rue de la République. ☎ 02-51-54-49-70. Et* ***Cycl'Évasion,*** *43a, av. des Becs. ☎ 02-51-58-85-80.*

Où dormir ? Où manger ? Où sortir dans le coin ?

Très bon marché

La Bourrine à Loulou : *29, chemin de la Parée-Preneau, à Saint-Hilaire-de-Riez. ☎ 02-51-39-71-76. D 123 direction Saint-Jean-de-Monts, puis à droite au lieu-dit la Parée-Préneau, dans la rue des Mésanges (fléché). Tlj 12h-1h en août ; seulement ven-dim et j. fériés hors saison. Congés : janv-mars. Compter 9 € l'assiette. Digestif maison offert sur présentation de ce guide.* Chez Loulou, c'est bien simple – sauf quand il sort des mégapizzas (40 parts) de son four chilien –, le menu c'est patates et jambon ou jambon et patates... et mojettes pour varier ! Pour le reste, on vient surtout ici pour passer un bon moment entre potes devant une troussepinette, un cocktail maison ou une binouze vendéenne. L'été, des musiciens viennent habiller de décibels cette antique bourrine. Ambiance assurée ! Programmation sur la page Facebook.

De prix moyens à chic

Park Hotel Vent d'Eden : *40, rue des Mésanges, à Saint-Hilaire-de-Riez. ☎ 02-51-68-99-35. • contact@vent-deden.com • vent-deden.com • Resto fermé dim soir, plus lun, mar et mer midi hors saison. Doubles 75-112 €, petit déj inclus ; familiales. Resto à partir de 13 € (déj en sem), menus 18,90-24,50 €. Hangar à vélos.* Une ancienne colonie de vacances entièrement réhabilitée, cela donne 75 chambres climatisées au confort fonctionnel avec une grande photo noir et blanc en guise de déco. La plupart se trouvent en rez-de-chaussée, disposées en U dans une jeune pinède qui ne demande qu'à pousser. Si les « basiques » sont assez petites (12 m²), elles n'en demeurent pas moins agréables. Piscine couverte, bain à remous chauffé et hammam. Plage à 900 m.

Hôtel Frédéric : *25, rue des Estivants, 85270 Saint-Hilaire-de-Riez, à* ***Sion-sur-l'Océan.*** *☎ 02-51-54-30-20. • hotelfrederic@wanadoo.fr • hotel-frederic.com • À proximité du bureau d'info touristique. Doubles 83-145 €.* Dans une atmosphère délicieusement surannée, à l'*Hôtel Frédéric,* le temps semble s'être arrêté. L'ambiance ressuscite l'époque des 1ers bains de mer et des voyages en chemin de fer. Dans les chambres au charme désuet face à la mer : meubles chinés, papier peint fleuri ou encore bibelots choisis, comme les journaux ou les pubs d'époque déposés ici ou là. Très agréable salle de petit déj et bel accueil.

LA VENDÉE

À voir. À faire dans le coin

Les marais salants de la Vie : *81, route du Sel, à Saint-Hilaire-de-Riez. 06-81-97-39-84. Sur la D 38 bis, entre Saint-Hilaire et Saint-Gilles. Juil-août, lun-ven 10h-12h30, 14h30-18h30, sam et dim ap-m (visites guidées à 11h, 15h, 16h et à partir de mi-juil jusqu'à fin août 17h30) ; juin et sept, mar-dim 14h30-18h30 (visite guidée à 16h ; fermé lun). Visite libre ou guidée : env 6 €.* Ces marais dont les origines remontent au VIIe s renaissent depuis 1995. Au long de l'étier et des bassins, la visite guidée (1h30) avec démonstration permet de tout découvrir du métier de saunier. Petite expo permanente dans la salorge. Vente de sel.

Attelage de la Vie : *06-25-30-33-33 ou 06-73-85-85-31. • baladecaleche.fr •* Balades atypiques, contées et thématiques en calèche, du marais au bocage, de 2h à l'après-midi, voire nocturnes ou bivouac.

COMMEQUIERS (85220)

À 12 km par la D 754. Un peu avt d'arriver dans le village, prendre à droite la direction du dolmen de la Pierre-Folle. Au milieu de la forêt, on découvre 3 pierres debout et une table. C'est le prétexte à une belle balade. En repartant du village, ne pas manquer le **château fort** au plan octogonal.

À VOS PIOCHES !

Face au terrible massacre des chouans, un de leurs chefs, Guerry du Cloudy, enfouit son trésor au château de Commequiers. En 1933, grâce à un glissement de terrain, on retrouva des milliers de pièces cachées dans une cruche. Les recherches continuent.

Où dormir ? Où manger ?

Hôtel-restaurant de la Gare : *66, rue de la Morinière. ☎ 02-51-54-80-38. 06-71-18-77-69. • hotelgare.commequiers@orange.fr • Resto fermé lun, plus le soir dim-ven hors saison. Congés : janv. Double en chambre d'hôtes 52 €. Menus 19,50 € (sauf dim)-26,80 €. Apéritif maison offert ou réduc de 10 % sur le prix de la chambre (juin-sept) sur présentation de ce guide.* Il a tout pour plaire, cet hôtel coquet aux allures victoriennes, construit lorsque le chemin de fer desservait encore les moindres bourgades du fin fond de la France. Une poignée de chambres d'hôtes dans une annexe, toutes séduisantes et joliment décorées. Fraîcheur et couleurs gaies ont également envahi la salle de resto à l'ambiance SNCF d'antan. Bons plats traditionnels et copieux. Jardin arboré avec piscine et jeux pour les enfants.

LA VENDÉE

À faire

Vélorail : *gare de Commequiers, repérable à son château d'eau. ☎ 02-51-54-79-99. • velorail-vendee.fr • D'avr à mi-sept et vac scol de la Toussaint ; 2-5 départs/j. selon saison. Résa obligatoire (bien à l'avance en saison). Compter 23-27 €/draisine.* Les trains ayant abandonné ces rails depuis belle lurette, l'idée d'utiliser la portion entre Commequiers et Coëx germa dans l'esprit de quelques petits malins en 1994. La balade à bord de ces draisines, sympathique et pittoresque, permet de découvrir l'arrière-pays.

APREMONT (85220)

À l'est de Commequiers, accès par la D 82. Un des beaux villages de l'arrière-pays, classé Petite Cité de caractère. Doté d'une riche histoire, le site aurait été habité dès le XIIIe s av. J.-C. ! Il doit son nom aux Romains : « Apremont » dérive d'*Asper Mons,* ou « âpre montagne », en référence au paysage escarpé. Les 1ers chrétiens y installèrent un couvent, et dès le IXe s un château vit le jour sur le rocher dominant la rivière, reconstruit au XVIe s dans un style Renaissance.

Où dormir ? Où manger dans les environs ?

Le Manoir de l'Éolière : *lieu-dit l'Éolière, 85220* ***Landevieille.*** *☎ 02-51-33-69-83. 06-32-31-66-85. • contact@manoir-eoliere.fr • manoir-eoliere.fr • À 2 km au sud de La Chaize-Giraud. Doubles 95-125 €.* Dans un grand parc de 3 ha, cette ancienne demeure abrite 3 superbes grandes chambres dans l'ancien pavillon de chasse. Meublées dans un style à la fois campagnard et contemporain, elles disposent toutes d'une terrasse privative ouverte sur la verdure. Petit sentier découverte dans le bois. Quant au petit déj, préparé avec des fruits du jardin, c'est un pur moment de plaisir.

La Chaize Gourmande : *2, pl. du Marché, 85220* ***La Chaize-Giraud.*** *☎ 02-51-22-75-33. • la-chaize-gourmande@orange.fr • Fermé mer ainsi que le soir mar et dim. Résa fortement conseillée. À l'ardoise au déj 15-19 € ; menus 28-34 €.* Une vraie affaire que cette ardoise du midi ! En salle, façon bistrot à l'ancienne ou sur la petite terrasse à l'arrière, dès que le soleil pointe son nez, Cédric concocte une cuisine pleine de (bonnes) surprises. Composée de produits sélectionnés avec rigueur (légumes, viandes et vins de petits producteurs), l'assiette est particulièrement élaborée.

À voir. À faire dans le coin

Le château d'Apremont : *pl. du Château. ☎ 02-51-55-70-54. • tourisme-vie-et-boulogne.fr • (rdc et château d'eau). Juin-août, lun-ven 10h30-19h, w-e seulement 14h-19h ; avr-fin mai ainsi que 1re quinzaine de sept, lun-ven 10h30-18h, w-e seulement 14h-18h. Entrée : env 5-6 €. Visite guidée possible.* Vendu comme carrière au XVIIIe s, le château a encore fière allure, malgré la destruction du logis. Il reste le châtelet d'entrée, une partie des remparts, la chapelle et 2 magnifiques tours rondes à galerie circulaire. La visite comprend les différents étages de la tour est, de la cuisine à la galerie d'où l'on domine tous les environs, ainsi qu'une petite exposition dans la chapelle (théâtre optique, film...) sur la vie de Chabot. Intéressant, mais ce n'est rien comparé à ce qui fait la réputation du château : sa surprenante voûte cavalière, la seule connue avec celle d'Amboise. On y pénètre par la tour de gauche. C'est un tunnel pentu de 60 m qui donnait accès à une esplanade en bordure de la Vie. Un travail de titans.

Le Moulin des Gourmands : *rue René-Bazin, 85220* ***Saint-Révérend.*** *☎ 02-51-60-16-72. • moulin-gourmands.fr • Début juil-fin août, tlj 10h-19h ; avr-juin et sept, tlj sauf sam 14h-18h (17h vac de la Toussaint). Entrée : 6 € ; réduc ; gratuit jusqu'à 5 ans.* Construit en 1842, le moulin à vent du père Aristide a fonctionné jusqu'en 1930. On visite les 3 étages. Jeu de piste pour les 6 à 12 ans, pour retrouver le trésor caché du Moulin Labyrinthe de céréales en été (selon conditions climatiques), enclos à ânes et à chèvres, jeu questions-réponses dans le parc, aire de pique-nique, boutique et resto. Le monde des céréales n'aura plus de secrets pour vous !

L'église de La Chaize-Giraud *(85220)* **:** très humble et touchante, du XIIe s, elle a été presque entièrement reconstruite à l'identique à la fin du XIXe s. On s'arrêtera surtout sur la façade typiquement romane de style poitevin, la seule partie vraiment d'origine avec un portail à 4 voussures tressées reposant sur 12 colonnettes aux chapiteaux sculptés. De chaque côté du portail, 2 arcades historiées représentant l'Annonciation et l'Adoration des Mages.

La crypte archéologique : *à* ***Givrand*** *(85220). ☎ 02-51-55-13-31. Ts les ap-m en juil-août.* À la *Maison de la cour,* présentation d'une nécropole mérovingienne et médiévale.

BRÉTIGNOLLES-SUR-MER

(85470) 4 400 hab. *Carte Vendée, B2*

Encore l'une de ces villes côtières dont la population grossit de manière exponentielle avec les beaux jours. Les 13 km de littoral et les 5 plages qui alternent avec des criques rocheuses y sont certainement pour quelque

chose. Ici, les débats tournent autour d'un projet de marina, quelque peu incongru sur ce coin de côte pourtant sauvage et préservé. En attendant, nous on préfère glisser sur la vague car la plage est réputée pour la qualité de ses spots de surf (La Sauzaie pour les waveriders expérimentés et les Dunes 1 et 2 pour l'initiation).

Adresse utile

Bureau d'information touristique : *1, bd du Nord (face à la mairie). ☎ 02-51-90-12-78. ● payssaintgilles-tourisme.fr ● Juil-août, lun-sam 9h-19h, dim 9h-13h ; avr-juin et sept, fermé dim sauf dim mat pdt vac scol et w-e fériés ; oct-mars, fermé sam ap-m et dim.*

Où dormir ? Où manger dans le coin ?

Campings

Camping La Motine : *4, rue des Morinières. ☎ 02-51-90-04-42. ● lamotine@free.fr ● lamotine.com ● ♿ Accès entre l'office de tourisme et la plage de la Parée. Avr-sept. Compter 23-30 € pour 2 ; mobile homes 4-6 pers. 103 empl.* Petit camping très fleuri, à 600 m de la plage et à 300 m du centre-ville. Très calme (pas d'animations), une dizaine de mobile homes en location et des emplacements bien délimités et bien entretenus. Piscine couverte chauffée. Parc d'attractions à 200 m.

Camping Le Pin Parasol : *lac du Jaunay, Châteaulong, 85220* **La Chapelle-Hermier.** *☎ 02-51-34-64-72. ● contact@campingpinparasol.fr ● campingpinparasol.fr ● ♿ Entre Brétignolles et La Mothe-Achard. De mi-avr à mi-sept. Compter 19-82 € pour 2 ; chalets et cottages également. 371 empl.* Un camping familial où l'on se sent vite chez soi (si l'on peut dire, car tout le monde n'a pas 8 piscines, 5 toboggans, une pataugeoire et une balnéo, un bois et des plages dans son jardin !). Animations pour les enfants pendant les vacances. Bar-snack, restaurant, épicerie, espace bien-être et beauté, spa. Surplombant le lac du Jaunay, un site pour les amateurs de pêche, les fous d'embarcations à pédales et les randonneurs.

De prix moyens à chic

La Ferme du Marais Girard : *116, rue du Marais-Girard. ☎ 02-51-33-08-70. 📱 06-43-60-20-35. ● contact@lafermedumaraisgirard.fr ● lafermedumaraisgirard.fr ● ♿ À 200 m de la plage du marais Girard. Avr-oct. Doubles 75-130 € ; villas 4-5 pers.* L'ancienne ferme du Marais Girard a été réhabilitée pour recevoir des studios très confortables dans le respect de l'authenticité du lieu. Le résultat est bluffant ! Dans la partie la plus sauvage de la propriété, également des villas-ponton en bois au milieu des roseaux. Ces *écolodges* de 2 ou 3 chambres, tout en baie vitrée avec terrasse privative, sont très luxueux et pensés dans le moindre détail. Piscine chauffée extérieure sans chlore ni sel *(juin-sept)* et une grange restaurée en bar. Un lieu d'exception, à l'accueil vraiment convivial. En prime, petit déj et dîner maison bio (plats à emporter).

Hôtellerie Les Brisants : *63, av. de la Grand'Roche. ☎ 02-51-33-65-53. 📱 06-81-72-38-83. ● contact@lesbrisants.com ● lesbrisants.com ● Face à la plage du marais Girard, côté sud. Resto fermé dim soir, lun midi et mar midi hors juil-août (plus lun soir hors saison). Congés : de mi-fév à mi-mars et de mi-nov à mi-déc. Doubles 84-127 € ; suites. Menus 28 € (midi), puis 66-112 €.* Si le grand bâtiment n'est pas très avenant de l'extérieur, l'intérieur révèle des chambres contemporaines dans les tons chocolat, tout confort et joliment décorées. Restaurant panoramique du même tonneau, très lumineux avec la mer pour horizon.

Dans l'assiette, des plats délicieux à base de produits frais que Jean-Marc Pérochon, le chef étoilé, s'amuse à détourner. Une cuisine à l'image de la vue, tonique et en constant renouvellement.

À voir. À faire dans le coin

Vendée Miniature : *50, rue du Prégneau. ☎ 02-51-22-47-50. • vendee-miniature.fr • Juin-août, tlj 10h-19h ; avr-mai et sept, tlj sauf le mat sam-dim 10h-12h, 14h-18h30. Fermé oct-mars. Entrée : env 9 € ; réduc ; gratuit jusqu'à 5 ans.* C'est toute l'âme de la Vendée qui émane de cette immense maquette réalisée au 1/10. Plus de 15 années de travail ont été nécessaires à un couple de passionnés pour confectionner un authentique village 1900, en intérieur, où chaque détail a été pensé pour donner aux visiteurs l'impression d'observer une tranche de vie surgie du passé : les 650 personnages en action, les bruitages (le rabot du menuisier, le tchou-tchou de la locomotive à vapeur...), l'église à l'heure de la messe, l'alambic, le moulin dans le vent, la batteuse en pleine moisson ou l'accordéon de la fête de village font tout le charme de la scène.

LA DANSE DE LA BRIOCHE

La brioche vendéenne reste indissociable des mariages. Autrefois, le parrain ou la marraine offrait une grande brioche ronde de 10 à 15 kg que les convives se partageaient, après une danse épique. Cette danse est toujours pratiquée : les convives portent la brioche sur une civière à bout de bras tendus, pendant que le reste de l'assemblée passe en dessous. Parfois, c'est la mariée qui se retrouve sur le plateau !

Câlins Ca-Ânes : *7, Bellevue, rive droite, 85220* ***La Chapelle-Hermier.*** *06-11-74-70-19. • calins-ca-anes.fr •* Un endroit atypique, spécialement conçu pour les plus jeunes, tout près du lac de Jaunay. Balades à dos d'âne, bar-guinguette et produits locaux dans l'assiette. Gros succès et gros câlins assurés.

LA VENDÉE

DANS LES ENVIRONS DE BRÉTIGNOLLES-SUR-MER

BREM-SUR-MER (85470)

À 3 km au sud de Brétignolles, ce village attachant propose un patrimoine étonnamment riche : une église romane (Saint-Nicolas), un ancien village de pêcheurs (quartier de la Gachère), de superbes marais que l'on peut parcourir en canoë, un vignoble au terroir d'exception... Pour découvrir tout cela, se procurer le petit dépliant *L'Essentiel en une journée,* très bien fait.

Où dormir dans les environs ?

Domaine de Brandois : *lieu-dit la Forêt, 85150* ***La Mothe-Achard.*** *☎ 02-51-06-24-24. • contact@domainedebrandois.com • domainedebrandois.com • À 16 km à l'est (D 12). Resto fermé dim soir hors juil-août. Doubles 80-110 €. Menus 23 € (midi en sem), puis 30-50 €.* Des formules à tous les prix, de tous les styles. Il y a le château XIXe s, revu au goût et aux couleurs du jour, où il fait bon dîner et dormir, surtout dans les chambres les plus design. Il y a les dépendances, vite remplies. Il y a le parc, où votre cheval se sentira à son aise. Piscine extérieure chauffée, cours d'équitation, vélos gratuits.

Où manger ? Où boire un verre ?

Les Genêts : *21 bis, rue de l'Océan. ☎ 02-51-96-81-59. • info@restaurant-les-genets.fr • Ouv tlj sauf lun, plus mar hors saison. Congés : janv et 2 sem en nov. Résa fortement conseillée. Menus 28 € (midi), puis 52-70 €. Café offert sur présentation de ce guide.* À deux pas du bureau d'information touristique, cette ancienne maison de maître accueille aujourd'hui un étoilé de retour au pays. Après avoir affûté ses lames chez ses confrères étoilés, le chef met aujourd'hui un point d'honneur à travailler les produits qualifiés peu nobles pour en sublimer les saveurs. Un chef qui préfère une carte courte, pourvu qu'elle suive les saisons.

La Cabane : *chemin de la Ch'noue, lieu-dit la Chabossière. 06-76-70-04-60. • lacabane.brem@gmail.com • D 38 direction Les Sables jusqu'au lieu-dit la Touche, puis à droite chemin du bois de la Touche, c'est fléché. Pâques-sept, tlj 11h-22h (minuit parfois) ; fermé lun-mar hors saison.* Un coup de cœur pour cette cabane ostréicole réhabilitée en bar à huîtres à l'atmosphère des plus apaisante avec sa terrasse dominant le marais. L'accès à pied, par un gué, met déjà dans l'ambiance. Petite restauration prétexte à essayer vins et bières de la région, le tout servi par une équipe jeune et sympa. Somptueux au coucher de soleil. Possibilité de *paddle* et canoë-kayak sur les canaux (voir « À faire »).

Où acheter du bon vin ?

Domaine Saint-Nicolas : *Thierry Michon, 11, rue des Vallées. ☎ 02-51-33-13-04. • domainesaintnicolas.com • Mar-sam 9h30-12h30, 14h-18h. Sinon sur rdv.* Ici, vous êtes au caveau de vente, le chai se trouve au lieu-dit les Clous, sur la D 32, à la sortie d'Olonne (fléché). Thierry Michon, sur les traces de son père, a révolutionné l'univers des modestes fiefs-vendéens, en optant pour la biodynamie. Blancs (issus du chenin), rouges, rosés... les vins du domaine figurent désormais à la carte des grandes tables.

– Possibilité de circuit œnologique de 31 km *(Route des vins du fief de Brem ; • fiefsvendeens.com •)* mêlant vignoble et patrimoine.

À faire

La Cabane : *chemin de la Ch'noue, lieu-dit la Chabossière. 06-76-70-04-60. • lacabane.brem@gmail.com • Voir accès ci-dessus dans « Où manger ? Où boire un verre ? ». Paddle 13 €, canoë-kayak 11-19 € (simple ou double).* Elle est bien cachée, cette authentique cabane ostréicole réhabilitée en bar à huîtres. L'accès à pied, par un gué, met déjà dans l'ambiance. L'équipe jeune et accueillante propose la location d'embarcations pour une balade tranquille dans les marais en suivant les canaux sur 3,6 km (compter 1h15). Le rêve pour les enfants, les ornithos et les épicuriens.

LE PAYS DES SABLES-D'OLONNE

Sable, château, île... ici, tout se conjugue avec le mot Olonne. Un territoire varié de forêt, de bocage, de marais et de grèves léchées par les embruns. Au XIIIe s, au moment où le port des Sables remplace celui de Talmont, le commerce du vin, du sel et des céréales à travers toute l'Europe lui permet de se développer et d'entamer une longue histoire d'amour avec la mer.

La pêche à la baleine, d'abord sous la houlette de Louis XI, bien décidé à faire des Sables le port principal du pays. Mais c'est au XVIIe s, quand la pêche à la morue prend le pas, que le commerce poissonnier atteint son apogée.
Le XVIIIe s verra s'amorcer un long déclin, qui ne sera enrayé qu'au XIXe s avec le développement des conserveries puis du tourisme. Aujourd'hui, depuis l'arrivée du TGV, Les Sables-d'Olonne et son arrière-pays sont devenus une destination incontournable.

LES SABLES-D'OLONNE

(85100) 53 620 hab. *Carte Vendée, B2*

• Plan *p. 500-501*

Les Sables, capitale de la voile et du surf, ville du Vendée Globe, est la principale ville balnéaire du littoral vendéen. Soutenue par une démographie en forte croissance, l'agglomération reste très vivante toute l'année, dopée par une forte activité portuaire (pêche, commerce ou plaisance) mais aussi des entreprises du numérique, de la construction navale et de l'alimentaire.

UNE VILLE TOURNÉE VERS LA MER

Le XIXe s voit le développement spectaculaire du tourisme. Lancée en Angleterre, la mode des bains de mer gagne rapidement le littoral français. Le phénomène prend une ampleur considérable avec l'arrivée de la ligne de chemin de fer Nantes-Les Sables en 1866.
Au début du XXe s, hôtels et villas cossues poussent comme des champignons (la ville compte aujourd'hui 300 maisons classées). Les activités liées au tourisme supplantent peu à peu le travail portuaire. L'avènement des congés payés ne fera que renforcer cet état de fait. Et dans les années 1960 les bateaux de plaisance bénéficient à leur tour d'un port à part. Port-Olona compte désormais plus de 1 500 anneaux.

Adresses et info utiles

i ***Office de tourisme*** *(plan B2)* **:** *1, promenade Wilson.* ☎ *02-51-96-85-85.* • *lessablesdolonne-tourisme.com* • *Juil-août, tlj 9h30-19h ; avr-juin et sept, tlj 10h-12h30, 14h-18h ; début janv-mars et oct-Noël, lun-sam sauf ven mat 10h-12h30, 13h30-17h30. Fermé dim (mais ouv dim 14h-17h30 pdt les vac scol) et j. fériés.* Petit guide « Balade et Vous, 32 itinéraires cyclables et pédestres ». Infos sur les visites d'entreprises (chocolatier, brasseries, conserverie...).
– ***Visites guidées de la ville*** avec une guide conférencière (l'architecture balnéaire, les logis d'armateurs, parcours « Phares et balises » et découverte du patrimoine maritime, quartiers pittoresques de la ville, etc.). Infos à l'office de tourisme.

Transports

Gare routière Sovetours *(plan C1)* **:** *rue de la Bauduère.* • *sovetours.com* • *À côté de la gare SNCF.*
■ ***Location de voitures :*** ***Avis,*** *rue de la Bauduère, gare SNCF (☎ 02-57-53-09-58) ;* ***Europcar,*** *104, av. Charles-de-Gaulle (☎ 02-51-21-10-00).*
Navettes maritimes – Le Passeur : *☎ 02-55-89-00-20. Ticket 1,10 € (8 € pour 10 passages) ; gratuit moins de 4 ans. Horaires affichés sur le quai. Billets sur le bateau ou à l'office de*

LA VENDÉE

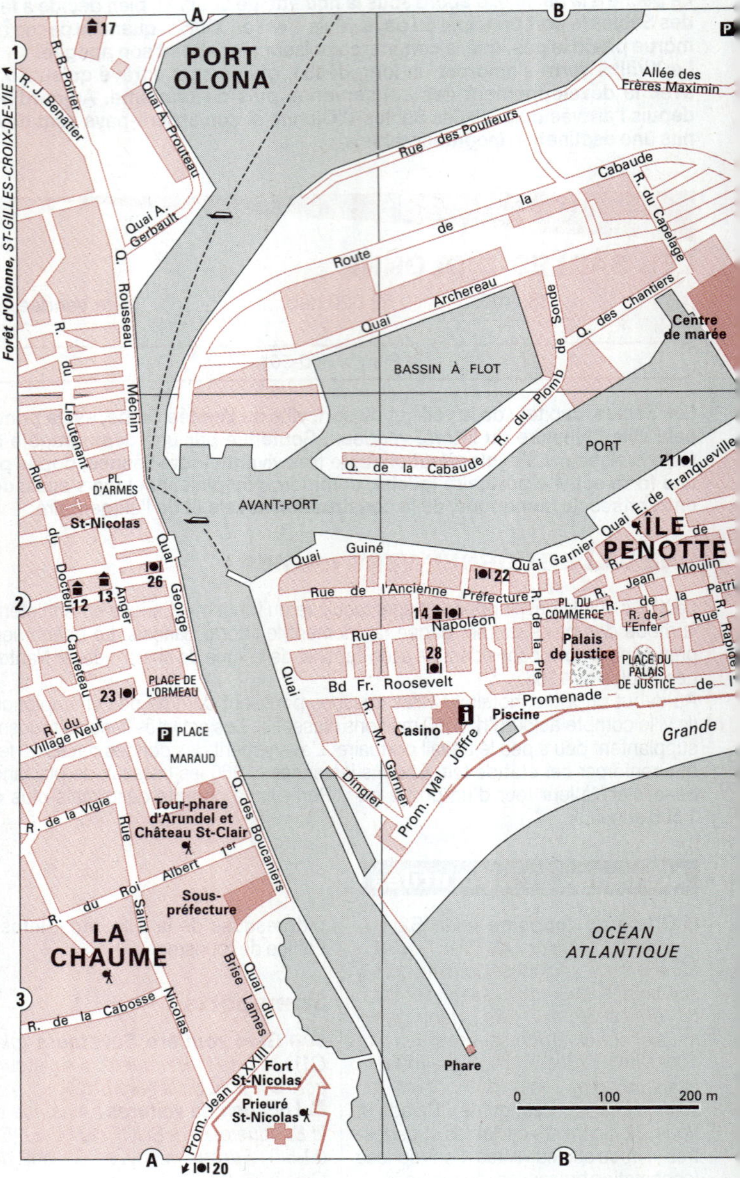

PORT OLONA
Allée des Frères Maximin
Rue des Poulieurs
Route de la Cabaude
R. du Capelage
Quai Archereau
Q. des Chantiers
R. du Plomb de Sonde
Centre de marée
BASSIN À FLOT
PORT
Q. de la Cabaude
AVANT-PORT
Quai Guiné
Quai Garnier
Quai E. de Franqueville
ÎLE PENOTTE
Rue de l'Ancienne Préfecture
Rue Napoléon
R. de la Pie
PL. DU COMMERCE
Palais de justice
PLACE DU PALAIS DE JUSTICE
R. Jean Moulin
R. de la Patrie
R. de l'Enfer
Rue Rapidé
Bd Fr. Roosevelt
Promenade de l'
Grande
Piscine
Casino
Quai Dingler
R. M. Garnier
Prom. Mal Joffre
OCÉAN ATLANTIQUE
Phare
0 100 200 m
R. B. Poirier
R. J. Benatier
Forêt d'Olonne, ST-GILLES-CROIX-DE-VIE
Quai A. Prouteau
Quai A. Gerbault
Q. Rousseau Méchin
R. du Lieutenant
PL. D'ARMES
St-Nicolas
Rue du Docteur Canteteau
Rue Anger
Quai George V
PLACE DE L'ORMEAU
R. du Village Neuf
PLACE MARAUD
Tour-phare d'Arundel et Château St-Clair
R. de la Vigie
Rue Albert 1er
Q. des Boucaniers
R. du Roi Saint Nicolas
Sous-préfecture
LA CHAUME
Quai du Brise Lames
R. de la Cabosse
Prom. Jean XXIII
Fort St-Nicolas
Prieuré St-Nicolas
17
12
13
26
23
14
22
28
21
20
A
B
1
2
3

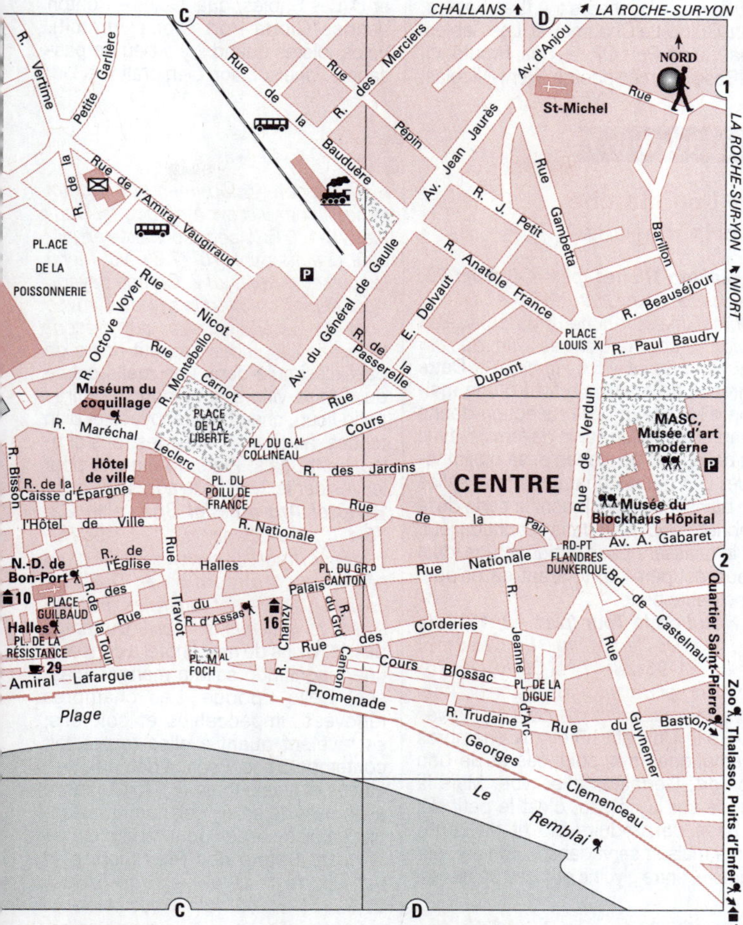

■ **Adresse utile**

- Office de tourisme (B2)

Où dormir ?

- **10** Maison Richet (C2)
- **12** Hôtel de la Tour (A2)
- **13** Hôtel Les Embruns (A2)
- **14** Hôtel Antoine (B2)
- **15** Hôtel Calme des Pins (hors plan par D3)
- **16** Hôtel Arc-en-Ciel Spa (C2)
- **17** Admiral's Hôtel (A1)
- **18** Maison L'Épicurienne (hors plan par D3)
- **19** Les Roches Noires (hors plan par D3)

Où manger ?

- **20** Loulou Côte Sauvage (hors plan par A3)
- **21** La Roulotte Fish and Chips (B2)
- **22** Fleurs de Thym (B2)
- **23** Le P'tit Phare (A2)
- **25** L'Aiglon (hors plan par D3)
- **26** Le Fatra (A2)
- **28** La Suite S'il Vous Plaît (B2)

Où faire une pause ?

- **29** Amanda Chocolaterie (C2)

LES SABLES-D'OLONNE

tourisme. 4 passeurs : A (Les Sables, quai Guiné-La Chaume), B (Les Sables, quai Guiné-Port Olona, quai Prouteau), C (Base de mer-prieuré Saint-Nicolas) et D (Les Sables, quai Guiné – Ponton Vendée Globe Port Olona ; gratuit). Vélos tolérés quand il y a peu de passagers. Une solution bien pratique.

Où dormir ?

De bon marché à prix moyens

Maison Richet *(plan C2, **10**) : 25, rue de la Patrie. ☎ 02-51-32-04-12. • infos@maison-richet.fr • hotelsablesdolonne.com • Congés : fin déc-fin fév. Doubles 56-85 € ; familiales.* Cette adresse de charme a tout d'une maison d'hôtes. La belle réception donne l'impression d'un salon de famille, avec sa collection de globes et sa bibliothèque. Les petites chambres, aux salles de bains rénovées, jouent la carte de la sobriété chic, bien dans l'esprit du jour. Et le ravissant patio est un refuge idéal pour récupérer en rentrant de balade. Une petite perle.

Hôtel de la Tour (plan A2, **12**) : *46, rue du Dr-Canteteau,* ***La Chaume.*** *☎ 02-51-95-38-48. 06-80-26-26-72. • hotel.de.la.tour85@gmail.com • hotel-lessablesdolonne.com • Doubles 60-85 €.* Un petit hôtel aux chambres thématiques très soignées et de bon confort. Certaines avec vue. Mais la cerise sur le gâteau, c'est le petit déj à base de produits bio et de confitures maison servi dans le jardinet, sur l'arrière, entre glycine et roses trémières.

De prix moyens à chic

Hôtel Les Embruns *(plan A2, **13**) : 33, rue du Lieutenant-Anger, la Chaume. ☎ 02-51-95-25-99. • lesembruns-hotel@orange.fr • hotel-sables-d-olonne.com • ♿ Doubles 62-103 € ; familiales. Parking payant.* Idéalement situé dans une rue calme et pittoresque de la Chaume, ce petit hôtel intime et convivial constitue un point de chute idéal hors des sentiers battus. Les chambres, toutes différentes, sont soigneusement décorées. Un amour d'hôtel !

Hôtel Antoine *(plan B2, **14**) : 60, rue Napoléon. ☎ 02-51-95-08-36. • antoinehotel@club-internet.fr • antoinehotel.com • D'avr à mi-oct, tlj. Doubles 70-100 €. ½ pens souhaitée en juil-août (3 nuits min), 70-77 €/pers. Menu le soir seulement, 28 €. Garage payant. Apéritif maison offert le soir de l'arrivée pour les ½ pensionnaires sur présentation de ce guide.* Ce petit havre de paix dissimulé dans une ruelle calme du centre-ville a tout pour séduire : patio fleuri, chambres rénovées et bien tenues, affichant toutes des tons chaleureux et gais. Plats du marché pour les résidents. Une belle adresse.

Hôtel Arc-en-Ciel Spa *(plan C2, **16**) : 13, rue Chanzy. ☎ 02-51-96-92-50. • contact@arcencielhotel.com • arcencielhotel.com • ♿ Doubles 64-290 € ; suites et familiales. Parking et jacuzzi (payants) sur résa.* Du temps des 1ers bains de mer, l'hôtel a conservé une magnifique salle à manger (classée) Belle Époque. Les chambres rénovées, impeccables et colorées, se révèlent quant à elles tout à fait contemporaines. Espace détente avec fitness et sauna (gratuits), toit-terrasse avec bain de soleil, solarium et salon-bar. La plage est au bout de la rue.

Hôtel Calme des Pins *(hors plan par D3, **15**) : 43, av. Aristide-Briand. ☎ 02-51-21-03-18. • contact@calmedespins.com • calmedespins.com • De fin mars à mi-nov. Doubles 64-115 € avec ou sans balcon/terrasse ; familiales. Parking payant.* Un brin excentré dans un quartier résidentiel calme, mais à proximité de la Grande Plage, cet hôtel de la grande époque des bains de mer, entièrement refait dans un style très contemporain et tendance, s'est offert une 2de vie. Spa, sauna, fitness et piscine couverte. Copieux petit déj.

Admiral's Hôtel – The Originals *(plan A1, **17**) : pl. Jean-David-Nau, port Olona. ☎ 02-51-21-41-41. • contact@admiralhotel.fr • admiralhotel.fr • Doubles 60-115 € (+ 10 € pour vue port).*

Un hôtel bien situé sur le port Olona et son enfilade de brasseries : le quartier de la Chaume et le passeur pour traverser le chenal ne sont qu'à 10 mn à pied. Relooké dans des tons bleu-gris (la mer n'est jamais loin !), il offre des chambres fonctionnelles, moquettées, climatisées et spacieuses avec balcon ou loggia. Accueil pro et attentionné dans une ambiance assez cosy.

Chic

Les Roches Noires *(hors plan par D3, **19**) : 12, promenade Georges-Clemenceau. ☎ 02-51-32-01-71. • hotel-lesrochesnoires.com • Doubles à partir de 85 € (voire 65 €) ; familiales. Parking gratuit à 150 m.* Un hôtel idéalement situé avec une vue imprenable sur le large depuis une bonne douzaine de chambres et la salle de petit déj. Chambres pas très grandes en général mais mignonnes et dont la déco a été entièrement remise au goût du jour. On aime bien celles donnant sur un patio intérieur au calme, et ce sont les moins chères ! Spa et salle de soins.

Maison L'Épicurienne *(hors plan par D3, **18**) : 9, rue Villebois-Mareuil. 06-71-84-89-37. • contact@maisonlepicurienne.fr • maisonlepicurienne.fr • Avr-sept. Doubles 85-135 €.* Petite villa balnéaire des années 1920, joyeusement rénovée dans une rue tranquille, à deux pas de la plage. L'ambiance d'une maison de famille (c'en est une) et des 5 chambres vraiment agréables qui mêlent design et respect des lieux.

Où dormir dans les environs ?

Plusieurs campings dans le secteur nord des Sables (plage de Sauveterre, plage de la Paracou...) entre dunes et forêt, pistes cyclables, etc.

Camping Le Nid d'Été : *2, rue de la Vigne-Verte, 85340 **Olonne-sur-Mer.** ☎ 02-51-95-34-38. • contact@leniddete.com • leniddete.com • Sur la gauche et bien en retrait de la route en venant de Saint-Gilles. Avr-sept. Empl. env 20-30 € pour 2 (min 2 nuits) ; mobile homes 4-6 pers. 117 empl.* Calme et repos assurés dans un cadre verdoyant. Piscine chauffée couverte, toboggans et soirées thématiques. Un beau camping bien tenu, convivial et familial. Club enfants en été.

Chambres d'hôtes et camping à la ferme Le Puy-Babin : *85150 **Saint-Mathurin.** ☎ 02-51-22-74-11. 06-47-79-02-72. • puybabin@wanadoo.fr • gitealaferme.fr • À Saint-Mathurin, suivre la D 87 en direction de La Chapelle-Achard, puis fléchage. Doubles 55-65 €. Compter env 14 € pour 2 en camping ; gîte 4-6 pers et mobile homes. Table d'hôtes env 18 €. 25 empl.* Dans un paysage doucement vallonné, un endroit tranquille et chaleureux, entouré de champs. Accueil et confort simples et authentiques. On est à la ferme : si ce n'est la piscine, pas de luxe superflu ! Les chambres s'avèrent agréables et très convenables, organisées autour d'une salle commune équipée d'une cuisine. Nombreuses activités (location de vélos, promenades en canoë...) ainsi qu'un musée de l'outillage agricole.

Où manger ?

Les restaurants et brasseries s'alignent essentiellement quai Guiné et quai Ernest-de-Franqueville *(plan B2)*, mais on en trouve aussi quartier de la Chaume *(plan A2-3)*, plus intimes, et sur le port Olona *(plan A1)*. Évidemment, les « années Vendée Globe », la plupart des adresses réduisent leurs jours de fermeture.

De très bon marché à bon marché

La Roulotte Fish and Chips *(plan B2, **21**) : près de la poissonnerie Pilote, quai Ernest-de-Franqueville. 06-45-14-21-80. • roulotte.fish@gmail.com • Ouv le midi sauf dim fév-nov, plus le* *soir mar-ven en juil-août. Compter env 9 € ; formule enfants.* Christine a eu l'idée géniale de proposer des *fish & chips,* qu'elle prépare avec du poisson frais du jour. C'est bon, tendance et sympa.

L'Aiglon *(hors plan par D3,* ***25****) : 3, promenade Georges-Clemenceau. ☎ 02-51-32-08-70. Hors saison, fermé le soir lun-jeu, plus le midi jeu. Congés : 3 sem en nov. Compter 15-20 €. Apéritif maison offert sur présentation de ce guide.* Au rez-de-chaussée d'une villa balnéaire, une institution locale qui a véranda sur rue depuis 1950. Bonnes crêpes à la farine bio et produits du coin, et autres plats de terroir (façon jambon-mogettes ou moules-frites). Service d'une franche amabilité.

Le P'tit Phare *(plan A2,* ***23****) : 3, pl. de l'Ormeau, la Chaume. ☎ 02-51-21-22-53. Fermé lun. Compter 15-30 €.* Joli succès pour ce restaurant traditionnel dont la carte assure aussi bien sur le plancher des vaches qu'au large (spécialités d'anguilles en persillade). Fait aussi crêperie et sert des moules en saison. Terrasse sur la placette. Un lieu convivial où l'on est servi avec le sourire.

LA VENDÉE

De prix moyens à chic

Fleurs de Thym *(plan B2,* ***22****) : 2, quai René-Guiné. ☎ 02-51-32-00-51. • sarlfleursdethym85@orange.fr • Tlj. Résa conseillée. Menus env 18 € (midi en sem)-24 € (sauf dim), puis env 35 €. Café offert sur présentation de ce guide.* Une institution aux Sables, qui malgré l'affluence se maintient en qualité. Dès l'entrée, son banc d'écailler annonce la couleur : ici les produits sont frais, cuisinés avec inventivité. Le cadre est chaleureux, évoquant un village provençal, région qui inspire le chef dans sa cuisine également.

Le Fatra *(plan A2,* ***26****) : 21, quai George-V, la Chaume. ☎ 02-51-32-68-73. • mp.guillou@laposte.net • Fermé lun, jeu soir et dim soir. Formule déj en sem 19 € ; menus 27-48 €.* Dans le parler de la Chaume, un « fatra » désigne un gosse des rues, comme le poulbot parigot. Enseigne un peu iconoclaste donc pour ce bistrot finalement plutôt chic. Accueil chaleureux, et à l'ardoise des plats malins (le plus souvent marins, en provenance de la criée). Terrasse aux beaux jours.

La Suite s'il Vous plaît *(plan B2,* ***28****) : 20, bd Franklin-Roosevelt (en face du casino). ☎ 02-51-32-00-92. • lasuitesvp@gmail.com • Fermé dim soir-mar midi hors saison. Formules déj en sem 14,50-19,50 € ; menus 32-54 €.* Après avoir œuvré chez Bocuse en Floride et chez Robuchon, Mélanie Sire, une enfant du pays, s'est dit que Les Sables valaient bien un retour aux sources. Dans un décor de bistrot chic avec salle à l'étage elle enflamme les papilles vendéennes de saveurs venues d'ailleurs. Loin de toute pesanteur, elle désosse, fricasse, émulsionne, siphonne, réinvente les produits du marais, marie l'océan aux épices... À découvrir dès le menu du midi, franchement avantageux.

Loulou Côte Sauvage *(hors plan par A3,* ***20****) : 19, route Bleue. ☎ 02-51-21-32-32. 06-80-23-39-42. • loulou.cotesauvage@orange.fr • Sur la Côte Sauvage, 2 km après la tour d'Arundel. Fermé lun, plus mar et j. fériés hors saison. Formule découverte en sem 26 € ; menus 36-76 €. Apéritif maison offert sur présentation de ce guide.* Sur les rochers, face au phare des Barges, avec l'océan comme seul horizon. Joli décor à l'ambiance chaleureuse avec, dans l'assiette, toutes les saveurs de la Côte Sauvage mêlées à celles du bocage. Ici le chef a entrepris de déshabiller son homard dans l'huile de vanille... Tout un programme !

Où faire une pause ?

Amanda Chocolaterie – Salon de thé *(plan C2,* ***29****) : 2, pl. de la Résistance. ☎ 02-51-21-22-38. Mar-dim 9h-19h.* Dans un décor cosy et derrière des baies vitrées surplombant le Remblai (et donc la mer), des serveurs en livrée vous apportent de succulentes pâtisseries accompagnées de délicieux cafés, thés et chocolats triés sur le volet. À déguster en mezzanine ou au rez-de-chaussée. Un très bel endroit pour une pause sucrée.

À voir

À l'ouest du chenal, quartier de la Chaume (plan A2-3)

La Chaume : le berceau des Sables-d'Olonne vaut le détour, d'autant que la traversée du chenal avec le passeur est facile (voir plus haut « Adresses et info utiles »). Ce quartier de marins-pêcheurs, avec ses maisons typiques aux fenêtres à hauteur de la chaussée, ses ruelles fleuries de roses-trémières en été, son marché local couvert, la fresque en trompe l'œil place Sainte-Anne, permet de charmantes flâneries. Quelques belles maisons d'armateurs, du temps où la pêche à la morue rapportait beaucoup, et un agréable contraste avec l'urbanisation moderne du reste de la station.

Le château Saint-Clair et la tour-phare d'Arundel *(plan A3)* **:** *pl. Maraud.* Probablement construite au XVe s par le seigneur de Talmont, cette petite forteresse austère (donjon de 33 m) devint par la suite un phare. Abrite le ***musée de la Mer et de la Pêche*** *(📱 06-77-00-50-04 ; ● oceam.org ● ; avr-sept, tlj 10h15-12h30, 15h-18h ; entrée : 5 € musée et tour, 3 € musée ou tour seuls, réduc).* Modeste mais intéressante collection (superbes maquettes notamment). Du sommet de la tour (127 marches), superbe panorama !

Le prieuré Saint-Nicolas *(plan A3)* **:** cette chapelle construite au XIe s par des moines bénédictins fut incendiée pendant les guerres de Religion avant de servir d'entrepôt d'armes. Ce n'est qu'en 1970 qu'on la restaura pour en faire un élégant lieu culturel, illuminé le soir. Et un bien agréable but de balade face à la mer, en empruntant la jetée de bois attenante.

À l'est du chenal, côté Remblai

MASC, Musée d'art moderne et contemporain *(plan D2)* **:** *à l'abbaye Sainte-Croix, rue de Verdun. ☎ 02-51-32-01-16. ● lemasc.fr ● Vac scol, mar-dim 11h-13h, 14h-18h ; hors vac scol, mar-ven 14h-18h, w-e 11h-13h, 14h-18h. Fermé lun, 1er janv, 1er mai et 25 déc. Entrée : 5 € ; réduc ; gratuit moins de 18 ans et pour ts le 1er dim du mois.*

L'ancienne abbaye bénédictine du XVIIe s abrite un inattendu musée consacré à l'art contemporain. Outre les riches et passionnantes expos temporaires, on s'attardera sur les salles consacrées à Victor Brauner et Gaston Chaissac.

– ***Victor Brauner*** (1903-1966), d'origine roumaine, s'était lié d'amitié avec André Breton et tout le groupe des surréalistes. Toute son œuvre reste marquée par le sentiment de l'étrangeté dans laquelle il conjugue l'imagerie onirique avec les exigences de son courant. Le musée présente, en roulement, une belle sélection de son œuvre, teintée d'humour et d'érotisme.

– ***Gaston Chaissac*** (1910-1964), en marge des courants traditionnels, s'apparente plus à de l'art brut. Saluée dans les années 1950 par Dubuffet et Queneau, son œuvre est intuitive, insolite et expérimentale, usant de toutes les techniques connues (encres, peintures, collages...). La Ville des Sables-d'Olonne possède la plus importante collection de France : près de 60 œuvres et plus de 100 pièces ainsi qu'une importante correspondance, entre autres avec Jean Dubuffet.

– Au 2e étage, intéressante sélection de ***modernes*** et de ***contemporains,*** comme Derain, Marquet, Beckmann, Baselitz, Combas, Desgrandchamps ou encore Dubuffet.

– Changement de registre à l'étage supérieur avec une présentation de l'***histoire maritime et balnéaire*** (costumes, coiffes, photos anciennes, maquettes de bateaux de pêche, accastillage, objets souvenirs de plage...).
– Ne pas manquer de grimper dans les combles pour voir la sublime ***charpente*** du XVIIe s, véritable enchevêtrement de poutres, en coque de bateau renversée, classée Monument historique. C'est beau à en tomber à la renverse.

Le musée du Blockhaus Hôpital *(plan D2)* **:** *rue de Verdun.* ☎ *02-51-32-80-12.* • *blockhaus-sables.com* • ♿ *Tlj 10h-19h (18h vac de fév-mars et oct-déc). Fermé janv-début vac de fév. Entrée : 8 € ; réduc ; gratuit jusqu'à 5 ans. Jeu de piste 5-12 ans.* Inattendu ici, un authentique bunker de la Wehrmacht, construit en 1943 et camouflé en villa, en pleine activité en août 1944 alors que la bataille faisait rage devant le port des Sables. Parfaitement conservé, tout est d'origine, jusqu'aux murs noircis par les documents brûlés à la hâte avant la fuite des Allemands et aux larges portes pour laisser passer les brancards. Après un petit film fort instructif, on découvre ainsi les 20 pièces de cet étonnant centre hospitalier et autant d'explications sur l'occupation de toute la côte atlantique, la Résistance, les sabotages, etc. Expos très documentées, riches en en photos et panneaux explicatifs. Un lieu saisissant.

MAIRE COURAGE

Parmi les héros sablonnais de la Seconde Guerre mondiale, mention spéciale pour Odette Roux (1917-2014). Membre du Parti communiste clandestin, cette institutrice entra dans la Résistance dès 1941. Arrêtée puis relâchée, elle s'engagea à nouveau. Le 18 mai 1945, à 28 ans, elle devint l'une des 1res femmes maires de France, la plus jeune en tout cas, à la tête des Sables-d'Olonne.

Le Remblai *(plan D3)* **:** promenade bordée de villas des XIXe et XXe s et d'immeubles cossus, de cafés et de boutiques, évidemment tournée vers la baie. Édifié au XVIIIe s pour protéger la ville des fureurs de l'océan, le Remblai a subi une complète transformation et arbore désormais un aspect contemporain (mâts de bateau en guise de luminaires, piste cyclable...). Il est surtout beaucoup plus piéton. Au centre, la presque célèbre « pendule », lieu de rendez-vous de générations de locaux et de touristes. Des panneaux avec reproductions du panoramique de David Bizeul, architecte, rappellent ce que fut la mythique promenade aux beaux jours de la station balnéaire. Au sol, les empreintes de mains ou de pieds des vainqueurs du Vendée Globe, tous les 200 m, entre le centre des congrès des Atlantes et la rue Travot.

Le quartier de l'Île Penotte *(plan B-C2)* **:** dominé par les ***halles centrales*** superbement restaurées dans le style Baltard et l'austère ***église Notre-Dame-de-Bon-Port*** (XVIIe s), notable pour son clocher à bulbe avec lanternon qui servait d'amer (de repère) aux marins. Tout autour de la rue d'Assas, ruelles cachées qui raviront les amateurs de kitsch, de fantaisie, de poésie et de coquillages... On y croise Dracula, chats, rats, chouettes, méduses, poissons et autres personnages tout droit sortis de l'imagination de Mme Arnaud-Aubin, qui a recouvert les façades de sculptures bariolées de coquillages et de verre poli.

UN RECORD D'ENFER

Non loin du palais de justice, repérez la rue de l'Enfer, entre la rue de la Patrie et la rue des Halles. En pente, elle va en se rétrécissant pour ne mesurer que 45 cm en son point le plus étroit (40 cm au sol). Elle est répertoriée dans le Guinness des records comme l'une des rues les plus étroites du monde !

Le Muséum du coquillage *(plan C2)* **:** *8, rue du Maréchal-Leclerc.* ☎ *02-51-23-50-00.* • *museumducoquillage.com* • ♿ *Mars-nov, tlj 10h-12h30, 14h-18h (10h-19h juil-août) ; le reste de l'année, tlj 10h-12h30, 14h-18h. Fermé quelques j.*

en janv. Entrée : 8 € ; réduc ; gratuit jusqu'à 4 ans. Parcours jeux pour les enfants. Coquillages et crustacés ne sont plus ici « sur la plage abandonnés » mais exposés dans plus de 200 vitrines qui forment presque un labyrinthe dans ce bel immeuble de ville. Une collection impressionnante de 50 000 pièces d'ici ou d'ailleurs, d'aujourd'hui et d'hier (certains ont été ramassés au XVIIe s), parmi lesquelles des spécimens exotiques aux couleurs flamboyantes, des bénitiers de 1,20 m, mais aussi des coraux, des éponges, des oursins, des crustacés, des étoiles de mer... La boutique est un vrai musée en soi.

Un peu plus au sud, voir le ***quartier Saint-Pierre*** *(hors plan par D2-3)* avec ses maisons de villégiature et son église édifiée au XXe s dans un style néobyzantin. Riche mobilier et belles mosaïques. À environ 1,5 km du Remblai, repérer le petit ***lac du Tanchet,*** qui sert de bassin de voile à l'Institut Sports Océan. Surplombé par l'établissement de ***Thalasso*** (bar-resto avec superbe terrasse, ouvert à tous).

Le zoo *(hors plan par D3)* **:** *route du Tour-de-France, près du lac du Tanchet. ☎ 02-51-95-14-10. • zoodessables.fr • Début fév-11 nov et vac de Noël, tlj (9h30-19h30 en été, sinon se renseigner). Entrée : env 17 € ; réduc ; gratuit jusqu'à 3 ans.* Un « écozoo » abritant nombre d'espèces menacées (aras de Buffon, loups à crinière, fourmiliers, pandas roux, calaos bicornes, gibbons...), dans un joli parc verdoyant de 3 ha. Boutique, restauration et animations.

En suivant encore la côte sur 1,5 km environ, on parvient au ***Puits d'Enfer*** : une faille profonde dans la falaise où la mer s'engouffre avec fracas à marée haute. Impressionnant les jours de tempête. Ici commence la ***Côte Sauvage,*** qui mène jusqu'à la ***baie de Cayola.*** Dune de galets et panorama au programme.

À faire

Les plages : au centre s'étend sur les 3 km de la baie la Grande Plage, orientée plein sud. Plus intimes, les 2 plages de la Côte Sauvage de la Chaume : la Paracou (idéale pour la pêche à pied) et le bassin Dombret.

➢ ***Visite guidée de la criée et du port de pêche :*** *de mi-juin à mi-sept, mar (seulement juin et sept) et jeu à 6h. Durée : 1h30. Résas à l'office de tourisme. Env 6,50 € ; réduc.*

Les Salines, Parc d'aventure du sel *(hors plan par A1)* **:** *route de L'Aubraie. ☎ 02-51-21-01-19. • lessalines.fr • Village de L'Aubraie, entre le quartier de la Chaume et la forêt domaniale d'Olonne. Avr-fin des vac de la Toussaint, visite sur résa. Tarifs : env 13-22 € selon formule ; réduc.* 10 ha de marais avec parcours sonorisé et animé, rencontre avec les sauniers, récolte de sel par les enfants, jeu d'énigme, observatoire d'oiseaux, bateaux électriques... chacun y trouve son compte, en fonction de ses envies. Boutique (vente de sel et autres produits vendéens).

Visite du marais en canoë et paddle : ***base de canoë de L'Aubraie,*** *120, route de l'Aubraie. 📱 06-74-08-86-24. • lessalines.fr • Entre la Chaume et la forêt d'Olonne. D'avr à mi-sept (paddle en juil-août seulement).* Parcours libres à la découverte des marais en canoë ou à *paddle.*

Promenade en mer : à bord de *La Messaline* (*• bateau-messaline.com •*), balade commentée dans la baie. Ou sortie à bord d'un voilier comme la goélette *Diva* ou le *Fillao.*

Sports nautiques : surf (la ville est labellisée Ville de surf), *wave-ski, paddle,* kayak, PAV à foil, longe-côte... Également initiation à la voile avec *Les Sports Nautiques Sablais,* qui forment entre autres les skippers à la course au large.

Fêtes et manifestations

– ***Nombreux grands événements :*** l'***Océan Festival*** *(fête du Nautisme ; dernier w-e de juin),* ***festival Simenon*** *(juin),* ***fête des Vieux Métiers*** *(à* ***L'Île-d'Olonne,*** *3e w-e de juil),* ***festival Le Souffleur d'Arundel*** *(durant l'été, quai de la Chaume ; théâtre et jeunes humoristes),* ***Vendée Air Show, Golden Globe Race, Championnat mondial J80, Solo Maître CoQ, Vendée Va'a*** *(mai ; course de pirogues polynésiennes)...* Infos à l'office de tourisme et sur • *lessablesdolonne-tourisme.com* •, rubrique agenda.
– ***Vendée Globe :*** *ts les 4 ans.* Les plus grands marins partent pour un tour du monde en solitaire sur monocoque, sans escale et sans assistance.
– ***Triathlon Iron Mar 70.3 :*** *nov.*

DANS LES ENVIRONS DES SABLES-D'OLONNE

Plages, marais, bocage, campagne, forêt et villages composent un décor nature idéal pour les randonneurs à pied ou à vélo. Le GR 8 qui longe le littoral passe à travers le marais et la forêt. 4 communes (Sainte-Foy, Vairé, Saint-Mathurin, L'Île-d'Olonne) complètent la grande ville des Sables-d'Olonne, qui regroupe désormais les quartiers d'Olonne-sur-Mer et du Château-d'Olonne.

LA VENDÉE

QUARTIER D'OLONNE-SUR-MER (85340)

Adresse utile

ℹ ***Bureau d'information touristique :*** *4 bis, rue des Sables.* ☎ *02-51-96-85-85.* • *lessablesdolonne-tourisme.com* • *Juil-août, lun-dim midi et mat des j. fériés 9h30-12h30, 14h30-18h ; avr-juin et sept, lun-sam 10h-12h30, 14h-18h ; en hiver, lun-jeu et ven ap-m (fermé dim et j. fériés) 10h-12h30, 14h-17h30.*

À voir. À faire

L'église Notre-Dame-de-l'Assomption : *concerts d'orgue. Visites guidées en saison.* Témoin de quelque 1 000 ans d'histoire. Ayant subi les assauts de la guerre de Cent Ans, des guerres de Religion et de la Révolution, il ne reste aujourd'hui que quelques éléments, dont la nef, de l'époque romane. Chœur Renaissance. Clocher datant de 1660, surmonté d'une flèche servant d'amer aux marins. Vitraux récents dont un représentant Jean-Paul II.

Le musée des Traditions populaires : *30, rue du Général-Charette.* ☎ *02-51-96-95-53.* • *memoiredesolonnes.wixsite.com/musee-traditions* • ♿ *Juil-août, lun-ven 15h-18h30, plus mar et jeu 10h-12h ; juin, sept et vac de Pâques et de la Toussaint, lun-ven 14h30-17h30 (fermé w-e et j. fériés) ; hors saison, seulement mar ap-m. Entrée : 4,50 € ; réduc ; gratuit jusqu'à 6 ans.* Installé dans une ancienne école, ce musée présente toutes les facettes de la vie quotidienne du pays des Olonnes au début du XXe s, au travers de costumes, reconstitutions (salle de classe, lieux de vie), artisanat traditionnel, documents. Animations estivales.

Scénographie du château de Pierre-Levée : *lieu-dit Pierre-Levée, à Olonne-sur-Mer.* ☎ *02-51-90-74-15.* 📱 *06-58-64-73-35.* • *pierre-levee.com* • *5 représentations en août à partir de 22h30. Dîner champêtre 19h30-21h. Résas dans les bureaux d'info touristique dès juin ou sur place le soir du spectacle à partir de 19h30. Entrée spectacle : 20 € ; réduc.* Sorte de petit Puy du Fou local avec 200 acteurs, ce son et lumière retrace l'histoire du château, réplique du Petit Trianon de Versailles, depuis les origines de l'humanité.

Les plages de Sauveterre et des Granges : 2 superbes plages en bordure de forêt. Le naturisme est autorisé au lieu-dit la Grande-Pointe.

Le marais des Loirs : balades à pied ou à vélo le long du canal des Loirs et observatoires d'oiseaux avec panneaux explicatifs. Visites thématiques gratuites organisées par le Parc naturel pédagogique *(☎ 02-51-04-24-98 ; résa dans les offices de tourisme).*

Le Domaine des Granges : *15, rue des Granges. ☎ 02-51-33-45-01. • domainedesgranges.com •* Domaine viticole familial, en conversion bio.

LA FORÊT DOMANIALE

Au nord des Sables et étendue sur plus de 15 km de long et presque 2 km de large, elle protège le marais contre les vents d'ouest. Un vrai paradis pour les marcheurs. On y trouve des pins maritimes, parasols, laricio, mais aussi des chênes verts et de nombreux feuillus (acacias, érables, chênes).

LES MARAIS DE L'ÎLE-D'OLONNE

> **RATION DE SEL**
>
> *À Rome, le sel était une monnaie d'échange et de paiement pratique et contribua au développement de la ville. La ration de sel attribuée au légionnaire en guise de solde s'appelait... le salarius.*

Au nord des Sables, 1 400 ha de marais dont des marais salants aux noms de Rivolia, Avocettes, Salorge de la Vertonne, Grand Roussé. Ces marais sont déjà mentionnés en 631 par les moines de la région. Malgré une apparence tranquille, les marais de L'Île-d'Olonne fourmillent d'activités : on y trouve 3 sauniers, une réserve ornithologique et une mosaïque de plus de 500 propriétés « d'agrément ». Sur ces parcelles parfois minuscules, on pratique essentiellement la chasse, la pêche et l'élevage d'anguilles, de bars et de mulets. Des parkings ont été aménagés à L'Île-d'Olonne : n° 1 les jours d'affluence, sinon continuer jusqu'au n° 2. Balades discutées à la Salorge de la Vertonne. Vente de sel sur place.
Ici, les techniques de pêche ont leurs particularités. La *trémaille* est un filet tendu en travers du canal. La *senne* est un filet immergé en forme d'entonnoir. Le *carrelet* est un filet horizontal que l'on remonte à l'aide d'un palan fixé sur la berge. En hiver, les anguilles regagnent l'océan. C'est l'époque de la *pêche à la borne* : des cages sont fixées aux écluses. Plus sportif : la *pêche au salais,* sorte de fourche à dents munies de crochets. On embroche l'animal. Plus facile à dire qu'à faire !
Malgré la permanence de ces traditions, le marais souffre : routes, canaux réaménagés pour la culture vivrière, etc. Face à ce phénomène, le Conservatoire du littoral a commencé à acquérir des hectares d'anciens marais salants.

Bureau d'information touristique de L'Île-d'Olonne : *1, pl. de la Jolie-Saunière, 85340* ***L'Île-d'Olonne.*** *☎ 02-51-96-85-85. • lessablesdolonne-tourisme.com • Juil-août, lun-dim midi 10h-13h, 14h-18h, j. fériés 10h-13h ; avr-juin et sept, lun-sam 14h-17h30 (fermé dim et j. fériés). Fermé le reste de l'année.*

L'Observatoire d'oiseaux : *☎ 02-51-33-12-97. • adev-asso.fr • Des Sables-d'Olonne, prendre la direction Vairé ; c'est à gauche juste avt d'arriver à L'Île-d'Olonne. Juil-août, tlj 9h30-18h ; avr-juin et début sept, certains w-e 10h-17h. Entrée : 3,50 € ; réduc ; gratuit moins de 7 ans. Un pass (9,50 €) permet l'accès illimité au site.* Le marais constitue une halte essentielle pour les oiseaux migrateurs. L'observatoire, géré par l'Association pour la défense de l'environnement en Vendée (ADEV), domine un vaste plan d'eau où s'ébattent courlis, barges, aigrettes garzettes, avocettes et autres ovnis à plumes. Le panorama est superbe, l'accueil sympa. En été, animations et sorties crépusculaires sont organisées.

Excursions en canoë : *base de canoë de l'Auzance, rue du Courroux, La Blainière. 06-62-41-95-90. • canoe-auzance.fr • Accès depuis la D 38 (direction Brem). Avr-sept.* Sorties encadrées kayak de mer, canoë, *paddle*. Location libre kayak ou *paddle* et randos accompagnées thématiques : découverte de la faune des marais, au crépuscule, sous les étoiles, kayak de mer...

Le Domaine Saint-Nicolas, chai Les Clous : *les Clous, 85340 L'Île-d'Olonne. ☎ 02-51-33-13-04. • domainesaintnicolas.com •* Exploitation viticole familiale spécialisée dans la biodynamie.

QUARTIER DE CHÂTEAU-D'OLONNE *(85180)*

Adresse utile

Bureau d'information touristique : *4, av. du Pas-du-Bois. ☎ 02-51-96-85-85. • lessablesdolonne-tourisme.com • Juil-août, lun-dim mat et mat des j. fériés 9h30-12h30, 14h30-18h ; avr-juin et sept, lun-sam 10h-12h30, 14h-18h (fermé dim et j. fériés) ; en hiver, lun-jeu et ven ap-m 10h-12h30, 14h-17h30 (fermé ven mat, sam-dim et j. fériés).*

À voir. À faire

L'abbaye Saint-Jean-d'Orbestier : *rue de l'Abbaye.* Construit au XIIe s, ce monument, témoin de l'important monastère bénédictin entre le XIIe et le XVIIIe s accueille aujourd'hui des événements culturels (musique classique, expos d'art contemporain...).

La plage de Tanchet : dans le prolongement de la Grande Plage des Sables-d'Olonne, un bon spot pour la pratique des sports de glisse.

TALMONT-SAINT-HILAIRE

(85440) 7 660 hab. *Carte Vendée, B2*

Au XIe s, le seigneur de Talmont règne sur Olonne, La Mothe-Achard et Brem. Un port est créé à cette époque à Talmont, où l'on pratique le négoce du vin. Mais il sera vite remplacé par celui des Sables-d'Olonne pour cause d'envasement. Aujourd'hui, la ville abrite un nouveau port (de plaisance cette fois-ci), celui de *Bourgenay*. On lui préfère le port ostréicole de La Guittière, plus authentique, pour partir à la découverte d'un milieu naturel préservé, entre marais, pinède et plage. De belles balades en perspective.

L'OGRESSE DE TALMONT

Talmont garde la mémoire de Béatrix, châtelaine qui n'avait d'autre divertissement que de se faire servir à dîner les cœurs d'enfants de la région. Prise de remords, elle fit construire l'abbaye des Fontenelles, près de La Roche-sur-Yon, et s'y rendit à pied depuis le château. Elle y serait enterrée. Bien sûr, il s'agit d'une légende. Ouf !

Adresses utiles

Office de tourisme : *11, rue du Château.* ☎ *02-51-90-65-10.* • *destination-vendeegrandlittoral.com* • *Juil-août, lun-sam 9h-13h, 14h-18h30, dim et j. fériés 9h30-13h ; hors saison, horaires plus restreints.* Infos sur les visites guidées des marais salants et des parcs à huîtres notamment.

Bureaux saisonniers : *à* **Jard-sur-Mer, Saint-Vincent-sur-Jard...**

À voir. À faire

Le château : *pl. du Château.* ☎ *02-51-90-27-43.* • *chateaudetalmont.com* • *Au centre du bourg. Début juil-fin août, tlj 10h30-19h ; hors saison, horaires plus restreints. Fermé l'hiver. Entrée : à partir de 5 € selon période ; réduc ; gratuit jusqu'à 5 ans ; pass famille ; escape game sur résa.*
Bâtie sur un éperon rocheux qui dominait le port au XIe s, renforcée d'un 2d rempart par Richard Cœur de Lion, cette forteresse réputée imprenable fut démantelée sur ordre de Richelieu lors du siège de La Rochelle. Malgré tout, les ruines imposantes ont encore fière allure et dégagent une impression de puissance.
Dans le donjon massif, un très bel escalier à vis conduit à différentes salles bien conservées, avant de déboucher sur une large terrasse flanquée de postes de guet. De là-haut, belle vue sur la mer et les côtes.
Les animations estivales sont bien conçues. Troubadours, spectacle de chevalerie et de fauconnerie, visites simples de l'édifice... En juillet-août, 6-7 spectacles nocturnes (100 figurants) : voltige, cracheurs de feu, jongleurs de feu.

Le Musée automobile de Vendée : *route des Sables-d'Olonne (D 949, nombreux panneaux).* ☎ *02-51-22-05-81.* • *contact@musee-auto-vendee.com* • *musee-auto-vendee.com* • *À 2,5 km du centre. Juin-août, tlj 9h30-19h ; avr-mai et sept, tlj 9h30-12h, 14h-18h30. Fermé nov-mars. Entrée : env 15 € ; réduc ; gratuit jusqu'à 5 ans. Réduc de 10 % sur le tarif adulte et enfant sur présentation de ce guide.* Comme c'est souvent le cas, ce genre de musée est le fruit d'une passion. En 1939, Gaston Giron achète sa 1re vieille voiture. C'est le début d'une quête sans répit à la recherche de l'introuvable, un virus qu'il transmettra à son fils, puis à sa petite-fille. Aujourd'hui, ce musée formidable rassemble plus de 160 véhicules fabriqués à partir de 1885, auxquels s'ajoutent chaque année les modèles patiemment restaurés pendant l'hiver. On pourra s'attarder sur un tricycle à vapeur De Dion-Bouton de 1885, une rarissime Léon Bollée de 1904 qui ressemble à un vieux tramway, un exemplaire pimpant des fameux taxis de la Marne, la Maserati Raffaela Speciale que conduisait Fangio, le prototype « Vera », l'étonnante voiture du futur, mais aussi une sélection de cycles (draisienne de 1818, grand-bi...) et même une chaise à porteurs ou des voitures à pédales pour les enfants. Pratiquement tous ces petits bijoux sont en état de marche.

L'Aquarium de Vendée : *av. de la Mine.* ☎ *02-51-32-30-00.* • *aquarium-vendee.com* • *À quelques km à l'ouest, entre le port de Bourgenay et la baie de Cayola. Tlj 10h30-12h30, 14h-18h (10h30-19h juil-août). Entrée : env 14 € ; réduc ; gratuit jusqu'à 3 ans.* Une belle collection de poissons d'ici ou d'ailleurs, dans une ambiance tropicale et colorée. Nourrissage des poissons en saison. Et un louable volet pédagogique sur... les déchets de la mer.

La plage du Veillon : *à 8 km du bourg, direction le port de Bourgenay.* Un des plus beaux sites naturels du coin, chéri des *kite-surfers*. Un estuaire façon lagune (le Payré), entouré d'une forêt de chênes verts et de pins. Une longue plage de sable, encore sauvage, adossée aux dunes et ponctuée par les falaises de la pointe du Payré. À marée très basse, entre la plage du Veillon et le port de Bourgenay, essayez de repérer les traces de pas de dinosaures dans la roche :

plus de 2 000 répertoriées à l'origine ! Sinon, site piéton (l'esplanade de la plage) où se restaurer, se détendre autour d'un verre et se renseigner pour pratiquer des sports nautiques.

La Plage : *sur la plage même. ☎ 02-51-90-30-45. • laplageleveillon@gmail.com • Fermé mar. Plats 12-19 €.* Une structure de bois et verre joliment conçue, habilement intégrée à son environnement. Un lieu presque providentiel dans le secteur et accueillant de surcroît, pour une honnête carte de brasserie, faite maison et fournie localement.

DE TALMONT À LA TRANCHE-SUR-MER

Jard-sur-Mer : *à 9 km de Talmont (D 21).* Station familiale très fréquentée l'été avec port à échouage et moulin à vent rénové en guise de déco. Du parking de la plage de la Mine, belle rando sur les falaises jusqu'à la pointe avec vue sur l'estuaire du Payré et la plage du Veillon. Les amateurs de patrimoine ne manqueront pas l'étonnante abbaye royale de Lieu-Dieu, fondée en 1198 par Richard Cœur de Lion *(visites possibles, infos à l'office de tourisme).*

La maison et les jardins de Clemenceau : *76, rue Georges-Clemenceau, 85520* ***Saint-Vincent-sur-Jard.*** *☎ 02-51-33-40-32. • maison-de-clemenceau.fr • En bord de mer, au sud de Jard (indiqué). De mi-mai à mi-sept, tlj 10h-12h30, 14h-18h ; de mi-sept à mi-mai, mar-dim 10h-12h30, 14h-17h30 (fermé lun) ; dernier billet 45 mn avt fermeture. Visite de la maison seulement guidée (mais jardins libres). Entrée : env 8 € (3 € jardins seuls) ; réduc ; gratuit jusqu'à 26 ans pour les ressortissants européens.*
Né en 1841 en Vendée, à Mouilleron-en-Pareds (où sa maison natale se visite), Clemenceau fait ses études de médecine à Nantes. Farouche républicain et homme politique hors pair, « le Tigre » devient le « Père la Victoire » en 1917, mais il doit se retirer des affaires en 1920, après avoir été mis en minorité. À 80 ans, il voyage dans tout le continent asiatique. Aux Indes, il se met à chasser assidûment le tigre. Il ne s'est jamais tiré une balle dans le pied.
En 1919, le commandant de Trémont lui prête cette maison de pêcheur. Le Tigre accepte, à condition de payer la location. Contrairement à certains dirigeants actuels, il savait qu'histoires de logement et politique ne font pas bon ménage ! À l'âge de 78 ans, au lendemain de la signature du traité de Versailles, Clemenceau prend ses nouveaux quartiers dans cette petite maison, surnommée « Bel Ébat ». Il aménage sa « bicoque » à son goût, y ajoute un salon coquet, sa « cabane au Canada », et dessine un beau jardin impressionniste inspiré par son ami Monet. Mis à part le bâtiment d'accueil contemporain, le lieu est resté en l'état depuis sa mort, dans un style années 1920, entre art asiatique et une peau de tigre au sol. Même ses pipes sont encore accrochées !

UN AMÉRICAIN « GROUPIE »

James Stuart Douglas était propriétaire de mines de cuivre dans l'Arizona. Grand admirateur de Clemenceau, il avait créé une petite ville baptisée Clemenceau Arizona, et les chèques de la banque locale étaient à l'effigie du Tigre ! En 1926, il racheta en secret l'appartement parisien que louait Clemenceau afin que le Tigre puisse toujours y vivre dignement jusqu'à sa mort (1929).

Le Pied Girard : *9, rue de la Forêt, à Saint-Vincent-sur-Jard. ☎ 02-51-20-61-73. • campingpiedgirard@outlook.fr • camping-lepiedgirard.com • Mai-sept. Empl. env 17 € pour 2 ; locatifs.* Dans une forêt de pins et de chênes verts centenaires classée par l'ONF (la plage est à 800 m), un sol tapissé d'aiguilles, avec tantôt des emplacements ombragés, tantôt de

LA VENDÉE

petites clairières. Autant dire que c'est calme.

L'Océan : *72, rue Clemenceau, à côté du musée, à Saint-Vincent-sur-Jard. ☎ 02-51-33-40-45. • hotel-restaurant-ocean.com • Resto fermé mer oct-mars. Congés : nov-fév. Doubles env 80-110 €. Menus 23-42 €.* À 50 m de la plage, l'hôtel balnéaire comme on se l'imagine, dans la même famille depuis 3 générations. Ensemble rénové et d'un honorable confort, cuisine classique, dans un cadre du même ton. Piscine non chauffée et plage à portée de tongs.

Le Préhisto'site du Cairn : *rue de la Courolle et route de Longeville-sur-Mer, 85440* ***Saint-Hilaire-la-Forêt.*** *☎ 02-51-33-38-38. • cairn-prehistoire.com • De Saint-Vincent-sur-Jard, prendre la direction de Saint-Hilaire-la-Forêt. Juil-août, tlj sauf sam 10h30-19h ; vac de printemps et de la Toussaint, tlj 14h-18h ; le reste de l'année, lun-ven 14h-17h, fermé le w-e sauf événements. Tarifs : 6-8 € ; réduc ; gratuit jusqu'à 5 ans.* Partir à la découverte du monde néolithique en s'affranchissant des conventions : un pari audacieux relevé par l'équipe du *Préhisto'site du Cairn* (monticule artificiel). Car ici, on s'appuie moins sur de vieux panneaux vieille école que sur des visites guidées passionnantes, des démonstrations hautes en couleur et l'expérimentation. On vous initiera à la fouille, on vous montrera la fabrication d'un four, la taille du silex, la construction mégalithique et... il ne faut pas trop en dire, nous vous laissons découvrir tout cela. De quoi tordre en tout cas le cou aux idées reçues.

Pour compléter la visite, vous pouvez enchaîner sur le circuit des mégalithes ; ils sont plutôt nombreux dans les alentours. Demandez le guide et la carte des mégalithes *Vendée Grand Littoral* à l'accueil. Une application smartphone également disponible.

Longeville-sur-Mer : *à 5 km à l'est de Saint-Vincent.* Station balnéaire dotée d'une jolie plage (Les Conches) dans une vaste baie. Animations tout l'été au théâtre de verdure du village du Rocher avec spectacles et concerts.

La Maison du marais : *chemin du Pont – La Pépière, 85560* ***Longeville-sur-Mer.*** *06-86-61-14-18. Juil-août, tlj 9h-17h ; avr-juin et 1re quinzaine de sept, tlj 13h-17h. Nocturne mer à 21h45 en été (8 €, sur résa). Tarifs : 18 € le canoë 3 places, 25 € la barque.* Parcours didactique à travers le marais desséché. Compter 2h de balade. Intéressant et ambiance tranquille. De là, également un sentier pédestre dans le marais. Petite restauration en été à la ***Guinguette Le Débar'C*** (soirées *blind test,* karakoé, expo concert, etc.).

LA TRANCHE-SUR-MER

(85360) 2 800 hab. *Carte Vendée, B3*

Située face à l'île de Ré, La Tranche est une station balnéaire très étendue avec ses 15 km de plages de sable fin (comme la Grière à l'est, la Terrière à l'ouest) et plusieurs spots de sports de glisse. Si la station en elle-même ne présente pas de cachet, en été elle vit au rythme des nombreux estivants et des animations dans les rues. On peut surtout y faire de belles balades entre bord de mer et pinède jusque dans le parc des Floralies, planté de tulipes au printemps.

Adresse et info utiles

Office de tourisme : *rue Jules-Ferry. ☎ 02-51-30-33-96. • latranchesurmer-tourisme.fr • Juil-août, lun-sam 10h-19h, dim et j. fériés 10h-13h, 16h-19h ; avr-juin et sept, lun-sam et dim mat 10h-13h, 14h-18h ; oct-mars,* *lun-sam 9h-13h (14h-17h pdt vac scol).* Infos sur les navettes pour l'île de Ré, location de bateaux sans permis, etc.

Fun Bus : *juil-août. GRATUIT.* Des navettes sillonnent la station toute la journée de 10h à minuit.

Où dormir ?

Camping

Camping Sainte-Anne : *1, rue Rampillon, La Grière. ☎ 02-51-30-46-82. • campingsainte-anne@wanadoo.fr • campingsainte-anne.com • Avr-fin sept. Compter 21-27,50 € (électricité comprise) pour 2 ; mobile homes. 82 empl. Punch offert au snack-bar sur présentation de ce guide.* D'emblée, le vieux chalutier échoué face à l'entrée annonce la couleur : le *Sainte-Anne* est entièrement tourné vers la mer. Les mobile homes sont sous les pins et les tentes dans le sable, quasiment sur la plage. Sympa ! Piscine chauffée, avec station balnéo-massage. Snack à prix démocratiques en été.

Prix moyens

Hôtel de l'Atlantique : *3, rue de la Bastille – av. de la Plage. ☎ 02-51-30-30-15. • contact@hoteldelatlantique.fr • hoteldelatlantique.fr • (resto seulement). Resto tlj sauf parfois dim soir hors saison. Congés : fêtes de fin d'année. Doubles 62-108 €, avec petit déj (en saison seulement) ; également gîte-hôtel 4-5 pers. Menus env 14 € (midi en sem hors saison)-33 €.* En plein centre-ville, ce petit hôtel convivial des années 1920 a fait peau neuve dans un style contemporain très agréable. Balcon pour les chanceux. Original et confortable gîte-hôtel dans une annexe, avec kitchenette. Bar-restaurant accueillant où l'on sert en terrasse une cuisine soignée et goûteuse. Une bonne adresse, servie par un excellent accueil.

Les Dunes : *68, av. Maurice-Samson, en centre ville. ☎ 02-51-27-78-30. • info@hotel-les-dunes.com • hotel-les-dunes.com • Doubles standard 70-90 €, jusqu'à 140 € avec vue sur mer. Parking.* Un hôtel tenu avec professionnalisme et particulièrement bien situé, à deux pas du centre-ville. Pour la plage, il n'y a que la route à traverser. Tranquille, moderne et fonctionnel, depuis les espaces communs jusque dans les chambres, déclinées avec ou sans balcon et vue sur la mer. Les plus : la belle piscine couverte tournée vers le large et l'accueil des cyclistes.

Où manger ? Où se relaxer ?

L'Antre 2 : *8-10, av. de la Plage, en centre-ville. ☎ 02-51-29-46-96. Fermé mer hors juil-août. Formule déj en sem env 19 € ; menu 32 € ; plats 15-22 €.* L'intérieur contemporain ouvert sur la rue piétonne invite à se poser et à apprécier le service agréable de ce resto bistronomique. Dans l'assiette, des spécialités du large et du continent, des sardines grillées, des burgers... le tout concocté avec justesse, selon les saisons. La fraîcheur des produits avive les papilles, et les couleurs ravissent les yeux.

Le Pousse-Pied : *84, bd des Vendéens, La Grière. ☎ 02-51-56-23-95. • lepoussepied@gmail.com • Tlj sauf mar en été ; fermé lun soir-mer hors saison. Formule déj en sem 20 € ; menus 37-62 €.* Formé au resto étoilé *La Marine* à Noirmoutier, ce jeune chef lui-même étoilé surprend par sa cuisine créative et innovante, tout en harmonie et saveurs raffinées, à base de produits de grande qualité. La carte bistronomique, régulièrement renouvelée, est courte, mais chaque plat est hautement maîtrisé. Cadre agréablement contemporain et service impeccable. Un bémol cependant : ne convient pas aux gros appétits.

On recommande aussi le restaurant de l'**Hôtel de l'Atlantique** *(3, rue de la Bastille – av. de la Plage ; voir « Où dormir ? »).*

La Case d'Elo : *plage du Corps de Garde, quartier nord de la ville. Pas évident à trouver et peu de parking. Le mieux, c'est encore d'y aller à vélo par la forêt ou à pied par la plage.* Plus vacances, on ne fait pas avec ce bar de plage en bois. Un spot bingo pour un verre pendant que les p'tits font leur château. Pas mal aussi au coucher du soleil ou pour un concert les pieds dans le sable. On a connu pire !

La Villa : *41, av. de la Plage, en centre-ville.* Un bar-lounge ultra-touristique, mais il faut avouer que sa situation vaut bien un cocktail. Surplombant la plage, la terrasse en forme de pont de paquebot est vitrée pour profiter de chaque vague.

À voir. À faire

La Tranche compte 15 km de plages. La Terrière (paysage de rêve si l'on sait éviter le monde, naturisme toléré au nord du poste de secours), la plage du Phare, la Plage centrale ou encore, pour les débutants, le plan d'eau du Maupas sont autant de spots pour pratiquer surf, kitesurf, *wind foil*... Plus de 9 écoles de glisse !

La réserve naturelle nationale de la Casse de la Belle-Henriette : *sur la route de La Faute-sur-Mer, en longeant la plage, vers le sud-est.* Une lagune unique en Vendée. Promenades dans les marais, prairies humides et plages sableuses.

Prendre à l'office de tourisme le dépliant *Circuits vélo* (liste des 30 km de pistes cyclables). Panneaux explicatifs le long des parcours « Rando-Dune » sur la protection de l'environnement.

Plusieurs visites guidées en saison, notamment par l'office de tourisme *(juil-août)*, ou « ***La découverte de la forêt*** » avec un guide de l'ONF *(juil-août).*

LA VENDÉE

DE TALMONT À LUÇON

Le Talmondais, et plus particulièrement Moutiers-les-Mauxfaits, c'est souvent la solution de repli quand la météo des plages fait des siennes. On y trouve des parcs de loisirs prisés comme *O'Fun Park* *(● ofunpark.fr ●)* **ou *O'Gliss Park*** *(● oglisspark.fr ●).*

La Folie de Finfarine, la Maison de l'arbre et du miel : *chemin des Écoliers, 85440* ***Poiroux.*** *☎ 02-51-96-22-50. ● finfarine.fr ● À 10 km de Talmont : suivre la D 949 vers Luçon et la D 70 pour Poiroux. Juil-août, tlj 10h30-19h ; avr-juin et sept-Toussaint, fermé le mat et sam. Entrée : env 9 € ; réduc ; gratuit jusqu'à 4 ans.* Plein de bonnes idées, ce site a pour vocation de faire découvrir la vie des abeilles et de sensibiliser à leur protection. Et chacun y trouvera son compte : différentes activités adaptées aux petits et grands sont dispersées au gré de jolis sentiers. De quoi passer un bel après-midi en compagnie du cerf Charly et des abeilles au travail dans la ruche géante (les enfants peuvent se déguiser en abeille !). Petit musée interactif bien ficelé et nombreuses animations.

Le Château des Aventuriers – Château et parc de la Guignardière : *route des Sables-d'Olonne, 85440* ***Avrillé.*** *☎ 02-51-22-33-06. ● chateau-aventuriers.com ● (accès partiel). À 10 km à l'est de Talmont par la D 949 vers Luçon. De mi-juin à fin août, tlj 10h-20h ; de début avr à mi-juin et sept-début nov, tlj à partir de 11h. Guichet fermé à 18h. Entrée : à partir de 15 € ; réduc ; gratuit moins de 3 ans.* Ce fier château Renaissance, construit vers 1555, a été transformé au fil des années en parc de loisirs. Mais ici, point de manèges bruyants à sensations. L'idée est de donner aux plus jeunes (à partir de 3 ans) le goût de l'histoire en leur faisant vivre une grande aventure. En fonction du thème choisi (pirates, préhistoire, Renaissance...), ils suivent un grand parcours ludique dans le parc, jalonné d'énigmes à résoudre ou d'exploits à accomplir. Également un jeu interactif avec tablette, à l'intérieur du château et sur le parcours « Dinos & Préhistoire » ainsi qu'un parcours dans l'univers des dinosaures grâce aux techniques de la réalité augmentée. Les parents ne sont pas oubliés, avec une intéressante visite guidée (ou libre en juillet-août) des salles du château.

Moutiers-les-Mauxfaits *(85540) : à 6 km d'Avrillé par la D 19.* Voir l'*église,* du XIIe s. Belle façade comptant 3 arcades en plein cintre. Les superbes *halles,* du XVIIIe s, ne comptent pas moins de 41 colonnes en pierre de style dorique pour soutenir le vaste toit de tuiles qui les couvre.

À 7 km de La Tranche par la D 747, on rejoint le village d'***Angles.*** La *tour de Moricq,* aussi appelée tour du Bout-du-Monde, fut construite au XVe s. Ce donjon cubique devait veiller sur le marais contre les envahisseurs venus de la mer. La tour servit de prison aux XVIIe et XVIIIe s. Église gothique et quelques terrasses ensoleillées pour prendre un verre.

L'église de Saint-Benoist-sur-Mer *: à 3 km par la D 46.* Belle église romane du XIe s, construite alors que Saint-Benoist possédait encore un port. À l'intérieur, retable du XVIIe s. Sur sa toiture, on trouve la sculpture d'un lapin qui fume la pipe, faite par l'un des moines chargés de la restauration de l'édifice, qui avait été détruit pendant la guerre de Cent Ans. L'original a disparu, mais on le refait dès qu'il s'abîme. Un porte-bonheur pour le village !

LUÇON

(85400) 9 310 hab. *Carte Vendée, C2*

Luçon constitue une agréable base arrière pour partir à la découverte de la région entre bocage, mer et marais. Ville importante lorsque la mer arrivait encore à ses portes, couronnée par la réputation d'un certain cardinal de Richelieu. D'une grande richesse architecturale, la ville mérite bien une visite approfondie, à partir de la cathédrale, dans ses petites rues étroites.

UN PEU D'HISTOIRE

Toute l'histoire de la ville est liée à celle de sa cathédrale. Destructions et périodes fastes alternent jusqu'en 1606, date à laquelle un jeune homme de 22 ans, maigrichon et pâle, devient évêque de Luçon, « l'évêché le plus vilain de France, le plus crotté et le plus désagréable », comme il l'écrira plus tard. Il s'appelle Armand Jean Du Plessis, futur cardinal de Richelieu. Il crée le 1er séminaire, qui restera en activité jusqu'en 1972. En 1614, son élection aux états généraux comme représentant du clergé de la province marque un tournant dans sa vie. On le retrouve, 2 ans plus tard, chef du Conseil de Marie de Médicis. En 1622, il est ordonné cardinal puis devient chef du Conseil du roi.

SOIF DE POUVOIR

Richelieu souhaitait conserver mordicus l'évêché de Luçon, sa principale source de revenus... De dispense en passe-droit, il réussit le tour de force de se faire ordonner prêtre et évêque à 22 ans, sans pour autant avoir obtenu le titre de docteur en théologie. Une hérésie pour l'époque ! Le sens du pouvoir et de l'intrigue était bien ancré chez lui...

Adresses utiles

Bureau d'information touristique : *pl. Édouard-Herriot. ☎ 02-51-56-37-37. • sudvendeelittoral.com • Juil-août, lun-sam 9h30-13h, 14h-18h30 ; dim et j. fériés 9h-13h. Le reste de l'année, mar, mer mat, jeu-ven et sam mat 9h30-12h30, 14h-18h (fermé sam ap-m, dim-lun, mer ap-m et j. fériés).* Circuit d'information historique. Infos sur vols en ULM, en avion léger ou en hydravion.

Gare routière : *3, rue Travot. ☎ 02-51-62-31-66 (Sovetours).* Liaisons avec toute la côte.

Où dormir ? Où manger ?

Prix moyens

Au Fil des Saisons : *55, route de La Roche-sur-Yon. ☎ 02-51-56-11-32. • hotel-restaurant-aufildessaisons@orange.fr • aufildessaisons-vendee.fr • À env 2 km du centre-ville. Fermé ven soir et dim-lun. Congés : 2 sem en janv et 2 sem en août-sept. Doubles 80-90 € ; familiales. Formule déj en sem 19 € ; menus env 25-46 €.* Ne pas se fier aux abords peu avenants, en sortie de ville, et pousser la porte de cette table appréciée des Luçonnais pour découvrir une salle pimpante et chaleureuse ou la terrasse à l'arrière. Cuisine traditionnelle et fraîche, élégamment revisitée. Également 6 chambres confortables et à la déco personnalisée. Une bonne adresse où l'on est toujours accueilli avec le sourire, quelle que soit la saison ! Piscine.

L'Ardoise Gourmande : *52, rue Georges-Clemenceau. ☎ 02-51-56-35-10. • llb2@wanadoo.fr • Fermé dim-lun, mar soir et mer soir. Congés : 1 sem fin août et vac scol de Noël. Menu 28 € (sauf dim et j. fériés) ; carte env 30 €. Café offert sur présentation de ce guide.* Une vraie ambiance de bistrot animé. En cuisine, le couple s'active pour concocter des petits plats gourmands, volontiers italiens, à base de produits de saison. En salle, le beau-frère assure un service décontracté et souriant, d'excellent conseil. Carte maligne côté vins (le cru du mois au verre est une bonne affaire).

Chic

Chambres d'hôtes Valeau du Rivage : *58, rue du Port. ☎ 02-51-30-93-10. 06-67-18-30-75. • valeaudurivage@free.fr • valeaudurivage.com • Doubles 100-120 €.* Imaginer un hôtel particulier des XVe-XVIIe s, cachant derrière une façade austère une vraie vie d'aujourd'hui. Le jeune couple qui vous accueille a l'art de mettre tout le monde à l'aise, et le petit déjeuner est une vraie splendeur. La suite « Richelieu » en duplex possède une cheminée d'époque et une douche relaxante. Quant aux autres suites, l'une a un boudoir et une terrasse sur jardin, l'autre un design de style classique, dans les tons blanc et argent. Piscine chauffée, jeux pour les enfants.

Chambres d'hôtes L'Esprit des Lieux : *60, rue de la Vieille-Cure. 06-64-44-62-19. • contact@maisonlespritdeslieux.fr • maisonlespritdeslieux.fr • Doubles 90-110 €.* Une demeure cossue du XVIIIe s dont les hauts murs extérieurs ne disent rien de l'intérieur. Elle avait été construite par les pères capucins pour une religieuse de leur ordre (sympa, les copains !). On apprécie aujourd'hui les meubles chinés, la tranquillité et l'élégance des lieux, les pierres apparentes, le salon-bibliothèque et son piano, le jardin... Esprit, es-tu là ?

À voir

La cathédrale Notre-Dame-de-l'Assomption : imposante et étonnante, l'architecture de la cathédrale n'en demeure pas moins hétéroclite. C'est justement ce qui fait son charme. On y trouve tous les styles architecturaux du XIIe au XIXe s. Et chaque soir, toute l'année, l'édifice est éclairé.

La ***façade,*** l'une des parties les plus récentes de l'édifice, fut l'œuvre de l'architecte François Leduc, dit « Toscane ». Elle se divise en 3 parties où l'on reconnaît sans difficulté les 3 ordres antiques : dorique, ionique et corinthien. Sa ***flèche néo-gothique,*** ajoutée sur le tard en 1828, s'élève à 85 m et crée un curieux contraste avec cette façade classique.
À l'intérieur, ***nef du XIIIe s.*** Seul élément subsistant de l'abbatiale romane, le transept nord où l'on trouve un très beau chapiteau représentant 2 lions allongés (levez bien les yeux !). Quelques belles pièces de mobilier comme l'autel, contemporain, signé du sculpteur et orfèvre Goudji. Dans le ***transept sud,*** une grande toile de Lubin Baugin (1612-1663), *La Déposition de Croix.* Sur la tribune, ***l'un des plus beaux orgues Cavaillé-Coll de France*** (classé Monument historique). Mais pour s'en rendre compte, il faut l'entendre ! Des auditions sont d'ailleurs données en été. On accède au **cloître** par une porte du XIVe s, à droite, face à l'entrée de la cathédrale. Conservé en l'état depuis le XVIe s, celui-ci est remarquable par son harmonie et sa galerie ouest avec ses pilastres à rosaces.

Le jardin Dumaine : *derrière l'hôtel de ville. Tlj 9h-19h (21h en été). GRATUIT.* Le magnifique parc de 4 ha a été légué à la Ville en 1872 par Hyacinthe Dumaine, notable et médecin. Celui-ci planta en 1830 la superbe allée d'ifs. Au fil du temps, on construisit l'orangerie, le kiosque à musique, et on creusa les pièces d'eau. Typique du Second Empire, il mérite vraiment qu'on s'y promène pour ses topiaires illustrant des *Fables* de La Fontaine, ses palmiers, ses magnolias et la rose « cœur de Vendée ». L'endroit rêvé pour conter fleurette, comme l'ont fait des générations de Luçonnais !

Fête et manifestations

– ***Fête du Jardin Dumaine :*** *sam avt le 14 juil.* Expo, illuminations nocturnes, aubade au kiosque.
– ***Jeux d'orgue :*** *dim à 17h en juil-août, à la cathédrale.* Concerts d'orgue en solo ou accompagné.
– ***Foire Exposition :*** *4 j. autour du 15 août.* Grande braderie sur 2 jours, course cycliste, vide-greniers et bourse de pièces détachées pour vieilles voitures !

DANS LES ENVIRONS DE LUÇON

L'église Saint-Nicolas des Magnils-Reigniers *(85400)* ***:*** *à 5 km au nord de Luçon. Juil-août, mar-ven 15h-18h. Pour les visites commentées, tte l'année, s'adresser à la mairie : ☎ 02-51-97-76-04.* Ancien prieuré grandmontain et église construits entre les XIIe et XVe s. Clocher étonnant, carré à sa base et octogonal plus haut, avec 4 clochetons aux angles. Du plan roman subsistent encore le carré du transept et les croisillons, ainsi que des fragments de belles fresques du XIIIe s.

Le château de la Chevallerie : *logis de la Chevallerie, 85400* ***Sainte-Gemme-la-Plaine.*** *☎ 02-51-28-27-94. • chateaudelachevallerie.com • À 6 km au nord-est de Luçon. De courant juil à mi-sept, lun-ven 9h30-12h, 14h-18h15 (vérifier les périodes de fermeture) ; le reste de l'année, sur rdv. Tarif : 7 € ; réduc.* Siège d'une importante commanderie de Templiers puis propriété de puissantes familles, l'édifice servit aussi de quartier général à l'armée républicaine lors de la Révolution. Une longue et riche histoire que les propriétaires content volontiers lors des visites guidées.

La boucle des polders : ce circuit vélo (25 km, mi-goudron, mi-sable), au sud de Luçon, longe le canal de Luçon et est agrémenté de panneaux d'interprétation. Passage par les portes du Chapitre et Triaize.

Mareuil-sur-Lay-Dissais : *à 10 km au nord (D 746).* Joli village, fief des vins de Mareuil qui constituent 70 % du vignoble vendéen (300 ha). Des vins à découvrir chez plusieurs vignerons, comme la cave Mourat *(• mourat.com •)* et au restaurant *Maison Desamy (fermé dim-lun).*

– Possibilité de circuit œnologique de 35 km *(Route des vins du fief de Mareuil ; • fiefsvendeens.com •)*, mêlant vignoble et patrimoine.

FONTENAY-LE-COMTE

(85200) 14 000 hab. *Carte Vendée, D2, et carte Marais poitevin, C1*

Ancienne capitale du bas Poitou, riche d'un passé prospère, Fontenay mérite bien son label Ville d'art et d'histoire. Cette sous-préfecture située à 30 km à l'est de Luçon jouit d'une sérénité et d'un charme agréables, sur les rives de la Vendée. Sa position centrale dans la région permet d'aller rêver dans le pays de Mélusine, à l'ombre des arbres centenaires de la forêt de Mervent, puis de descendre dans le Marais, bien plus plat mais tout aussi charmant.

UN PEU D'HISTOIRE

Simple forteresse protégeant le passage de la Vendée au XIe s, la ville connaît un développement économique sans précédent 200 ans plus tard, avec l'avènement d'un important tissu d'artisans, de manufacturiers et de commerçants, notamment dans le secteur de la draperie et du tannage. Pendant la période de la Renaissance, sa renommée est largement confortée par une dimension culturelle telle que François Ier dira qu'elle est « une fontaine, source jaillissante des beaux esprits ». La devise de la cité était toute trouvée ! Le rayonnement de Fontenay ne faiblira pas avant le XVIe s et les guerres de Religion. La révocation de l'édit de Nantes sonne malheureusement le glas de l'essor de cette ville protestante. Et au XIXe s, Napoléon transfère le chef-lieu de département à La Roche. Pas sympa !

Adresses utiles

Office de tourisme : *pl. de Verdun. ☎ 02-51-69-44-99. • fontenay-vendee-tourisme.com • Juil-août, lun-sam 10h-18h30, dim 10h-12h30, 15h-18h ; mars-juin et sept-oct, lun 13h30-18h, mar-ven 10h-12h30, 13h30-18h, et sam mat ; en hiver, mêmes horaires mais fermé lun et mar mat.* Infos sur les randonnées autour de Fontenay (notamment la *Transfontenaysienne*), le Marais poitevin et la forêt. Boutique et billetterie.

Gare routière : *av. du Général-de-Gaulle. ☎ 02-51-69-46-44. Au centre.*

Où dormir ? Où manger ?

Bon marché

Chambres d'hôtes Parfum du Sud : *4, rue Benjamin-Fillon. ☎ 02-51-69-85-75. 📱 06-09-38-13-10. • parfumdusud85@gmail.com • chambres-sudvendee.com • À l'angle de la pl. Viète. Doubles 50-60 € ; gîte et studette.* Derrière la modeste façade de cette maison du XVIIe s se cachent 3 chambres gentiment arrangées dans la partie basse de la maison, qui s'ouvrent sur un luxuriant jardinet. Toutes possèdent un lit en 160 et leur propre terrasse. Cuisine commune. Accueil familial.

L'Ardoisine : *6, rue des Halles. ☎ 02-51-69-55-92. Fermé dim soir, lun et mar soir. Menu à l'ardoise env 14 € ; plats 14-22 €.* Petite adresse très centrale posée sur les bords de la Vendée, qui propose un menu « Coté terre » ou « Côté mer » et une cuisine tendance et traditionnelle préparée avec des produits de 1re fraîcheur. Salle tout en long au look bien dans son temps.

De prix moyens à chic

Beaux Esprits Chambres d'hôtes : *9, rue Goupilleau. ☎ 09-81-45-08-77. 06-09-42-64-30. • chambresdhotes-beauxesprits.fr • En plein centre-ville. Doubles 80-110 €.* Hôtel particulier du XVIIIe s rénové qui a gardé ses parquets, une partie de ses boiseries et ses ferronneries d'origine. Une poignée de chambres confortables pour 2, voire 4, aménagées dans un style tantôt Art déco, tantôt XVIIIe, absolument ravissant. Bibliothèque et une tisanerie particulièrement bien ensoleillées en fin de journée. Jardinet planté de rosiers. Le petit déj (produits maison) est pris sous le lustre à pampilles. Accueil gentil comme tout. Un vrai coup de cœur !

Hôtel Fontarabie – Restaurant La Glycine : *57, rue de la République. ☎ 02-51-69-17-24. • reception@hotel-fontarabie.com • hotel-fontarabie.com • Congés : vac scol de fin d'année. Doubles 89-109 € ; familiales. Formules déj en sem à partir de 15 € ; menus env 25-30 € ; plats 13-24 €. Réduc de 10 % sur le prix de la chambre en résa directe sur présentation de ce guide.* Il y a bien longtemps, des commerçants espagnols faisaient le voyage depuis la Fontarabie pour commercer. Complété par des annexes, ce relais de poste propose aujourd'hui une cinquantaine de chambres modernes, sobres et tout confort. Restaurant apprécié pour sa terrasse sous une glycine de plus de 200 ans.

Le Rabelais : *19, rue de l'Ouillette. ☎ 02-51-69-86-20. • accueil@le-rabelais.com • le-rabelais.com • Sortir du centre direction Parthenay, c'est fléché. Doubles à partir de 95 €. Menus 16-20 € le midi, 24-30 € le soir. Apéritif maison offert sur présentation de ce guide.* Un peu à l'écart du cœur de ville et très tranquille. Structure moderne des années 1970 bien tenue et agréable. On aime bien les chambres (surtout les plus récentes, très conceptuelles et design), le grand jardin qui fut jadis le parc d'une villa bourgeoise, l'accueil et le service pro mais décontracté, la jolie piscine et la cuisine rondement menée du resto, *La Table du Rabelais*.

Où dormir dans les environs ?

Chambres d'hôtes Château du Poiron : *Le Poiron, 85200* ***Pissotte.*** *☎ 02-51-69-20-27. • gitesdupoiron.com • De Pissotte, prendre la D 938 ter en direction de La Châtaigneraie, puis, à env 1,5 km, tourner à droite et suivre les panneaux « Poiron ». Double 95 € ; gîte de groupe et 2 gîtes ruraux (7-9 pers).* Qu'il fait bon retrouver ce reposant domaine adossé à une forêt de 5 000 ha après les superbes balades à pied ou à vélo dans la région ! Environnement radieux d'une campagne peuplée d'animaux de la ferme s'égaillant dans les prairies. Sinon, une piscine devant le château et des jeux pour les enfants achèveront de vous convaincre de poser vos valises ici en famille. De quoi profiter pleinement des chambres d'hôtes, du studio et des gîtes, tous confortables et décorés avec goût. Excellent accueil.

Chambres d'hôtes chez Marie-Jo et Jean-Christian Bourdin : *78, rue de la Mairie, lieu-dit Bel-Air, 85200* ***Saint-Michel-le-Cloucq.*** *☎ 02-51-69-24-24. 06-33-50-03-56. • info@gite-bourdin.com • gite-bourdin.com • À 5,5 km au nord-est par les D 65 et D 104 ; dans le haut du bourg. Congés : fin sept-fin mars. Double 53 €.* Dans un cadre charmant, 3 jolies chambres décorées de

LA VENDÉE

meubles de famille ou chinés dans les brocantes. De plain-pied, elles bénéficient d'une entrée indépendante, dans une partie accolée à la maison des propriétaires. Pas de repas, mais cuisine et salle commune à disposition.

Où acheter du vin dans les environs ?

Domaine Coirier : *La Petite Groie, 85200* ***Pissotte.*** *☎ 02-51-69-40-98. • pissotte.com • À env 3 km au nord de Fontenay par la D 938 ter. Fermé dim et j. fériés, plus lun et mer hors saison.* Blanc (cuvée bio), rouge, rosé, il y a le choix... Son nom rigolo et son côté frais et facile à boire ne doivent en aucun cas faire oublier que le pissotte est aussi une AOC unique. Vous êtes là chez le seul producteur, qui en cultive 24 ha. Un vin rare, donc !

– Possibilité de ***circuit œnologique*** de 47 km *(Route des vins du fief de Pissotte ; • fiefsvendeens.com •)*, mêlant vignoble et patrimoine.

À voir. À faire

Classée Ville d'art et d'histoire, Fontenay propose de passionnantes ***visites guidées,*** de jour comme de nuit en juillet-août (très beaux éclairages). Jeu de piste « Boutiques en réflexion » pour découvrir l'ancien faubourg des Loges de manière ludique. Enfin, 42 panneaux signalétiques ont été implantés dans la ville (avec plan-guide et plusieurs parcours).

Autour de Notre-Dame : descendre par la droite vers la rue du Pont-aux-Chèvres. On fait alors face à l'extraordinaire portail dit Château-Gaillard, dominé de grandes statues représentant des personnages de la mythologie antique dont le Laocoon, copie de celui du Vatican. En face, le *prieuré Notre-Dame* possède une belle travée de fenêtres, de style gothique flamboyant. Au nº 9, un très bel hôtel particulier du XVIIe s dont l'escalier est armé de beaux balustres en double poire sous des arcs rampants. Au nº 14, l'*hôtel de Rivaudeau,* avec son portail à colonnes doriques et une fenêtre à cariatides.

La ***place Belliard,*** place principale de la ville sous l'Ancien Régime, conserve 6 maisons Renaissance à arcades de style classique (aux nos 18 et 16 notamment).

En arrivant sur la place du Commerce, prendre à gauche, puis à gauche et à droite pour rejoindre la ***fontaine des Quatre-Tias,*** monument emblématique de la ville. La devise « Fontenay, source jaillissante des beaux esprits » y est inscrite en latin dans la pierre.

Traverser le pont aux Sardines, pour continuer tout droit dans la ***rue des Loges,*** où les maisons témoignent de 3 siècles d'architecture : au nº 26, maison de style Louis XV, au nº 85, maison Millepertuis de la fin du XVIe s avec ses bossages percés de 1 000 trous, au nº 94, maison à colombages du XVe s.

Le musée de Fontenay-le-Comte : *pl. du 137e-R.-I. ☎ 02-51-53-40-04. ♿ À côté de l'église Notre-Dame. Avr-sept, mar-dim 14h-18h (fermé lun) ; le reste de l'année, ouv seulement mer plus mar-dim pdt vac scol d'hiver et de la Toussaint (fermé lun). Entrée : 5 € ; réduc ; gratuit scolaires et étudiants.* Installé dans l'ancien presbytère, cet intéressant musée passe en revue toutes les richesses régionales. Ses collections évoquent tour à tour l'archéologie locale (collection de verreries gallo-romaines du IIe s), l'histoire de la ville (armes, bustes des notables, superbe maquette de la ville d'après un plan de 1720), les traditions populaires (élevage, pêche, costumes et coiffes traditionnels), l'environnement (le Marais poitevin, la faune), les corps de métiers (prétexte à une belle collection de meubles) et, bien sûr, les artistes vendéens, dont Milcendeau et Baudry. Chacun y trouve son compte.

L'église Notre-Dame : elle fut construite au XVe s sur une crypte du XIe s, puis terminée aux 1res heures du XVIe s. Incendiée par les protestants au cours des guerres de Religion, elle devint temple de la Raison pendant la Révolution. Portail nord appauvri par les mutilations mais présentant toutes les richesses de l'art du XVe s avec ses ogives à voussures décorées. À l'intérieur, crypte romane d'un grand intérêt architectural. Retable du XVIIe s (1681), noble et massif. Somptueuse chaire de 1785 miraculeusement intacte, ornée de sculptures magnifiques représentant *Moïse et les Tables de la Loi,* ainsi que *La Religion qui écrase l'Hérésie.*

Le château de Terre-Neuve : *67, rue Nicolas-Rapin. ☎ 02-51-69-17-75. • chateau-terreneuve.com • Visite guidée seulement. Ouv des vac de Pâques à mi-sept : juil-août, tlj 10h-18h ; sinon consulter le site. Entrée : env 10 € (château, musée et accès libre au parc) ; réduc.*

Vaste demeure Renaissance hérissée d'échauguettes et flanquée de statues de muses, construite par Nicolas Rapin, compagnon d'Henri IV. Dans le riche intérieur, on remarquera notamment la superbe cheminée du XVIe s signée Philibert Delorme ainsi que les plafonds à caissons typiques de la Renaissance. La salle à manger se distingue par son imposante cheminée « aux griffons » et ses 2 portes provenant de Chambord, marquées de la salamandre de François Ier. Salle des Bronzes remplie de beaux objets.

Sully, Agrippa d'Aubigné et François Viète, mathématicien du XVIe s, résidèrent ici, tout comme Georges Simenon de 1941 à 1943. Un certain Raymond Queneau y venait également en voisin. On ne s'étonne pas, en voyant le décor, que le surréalisme apparaisse dans l'œuvre de l'écrivain !

LA VENDÉE

Manifestations

- ***Festival de Théâtre de Terre-Neuve :*** *2de quinzaine de juin.* Organisé par le conseil départemental, dans le cadre romantique des vastes terrasses du château.
- ***Festival des arts de la rue « Les Ricochets » :*** *de mi-juil à mi-août, mer soir et ven soir. GRATUIT.* Spectacles de rue : cirque, théâtre, musique, acrobaties...
- ***Les Nuits courtes :*** *3 j. en oct. • lesnuitscourtes.com •* Festival axé sur la scène émergeante et les musiques actuelles.

LA FORÊT DE MERVENT ET LE PAYS DE MÉLUSINE

Une forêt de 5 000 ha s'étend au nord de Fontenay-le-Comte, marquant la frontière entre le Marais et le Bocage vendéen et fréquentée en son temps par la fée Mélusine. Traversée par la Vendée et par la Mère, cette forêt est un lieu idyllique pour se balader, à pied, à vélo ou à cheval, entre haies, bocage, forêt et marais. De nombreux sentiers ont d'ailleurs été balisés.

VOUVANT

(85120) 890 hab. *Carte Vendée, D2, et carte Marais poitevin, C1*

Stratégiquement située sur un promontoire surplombant une verdoyante vallée, au nord de Mervent, ce bourg labellisé Plus Beau Village de France

fut fondé au XIe s par le duc d'Aquitaine et fortifiée un siècle plus tard par les seigneurs de Lusignan. Mais si Guillaume le Grand fut le fondateur de cette cité millénaire, c'est la fée Mélusine qui aurait, selon la légende, « de trois dornées de pierres et d'une goulée d'ev » construit le château et ses fortifications. De ces temps anciens nous sont parvenus de remarquables vestiges architecturaux, parmi lesquels l'enceinte, la tour Mélusine (vue panoramique exceptionnelle) et l'église Notre-Dame dotée d'un extraordinaire portail roman.
Flânez dans les rues étroites du village, entrez dans les ateliers d'artistes (chaque été, une dizaine de peintres ouvrent leur atelier au public), laissez-vous surprendre à regarder au-dessus des murets des jardins, sentez cette atmosphère si singulière qui règne, *so British,* diront certains...

Adresse utile

Antenne touristique : *pl. du Bail. ☎ 02-51-00-86-80. • fontenay-vendee-tourisme.com • Juil-août, tlj 10h-12h30, 14h-18h30 ; avr-juin et sept, jeu-lun 10h-12h30, 14h-18h ; oct, l'ap-m seulement ven-dim. Congés : nov-mars.* 5 sentiers balisés autour du village pour une promenade familiale.

Où manger ?

La Cour du Miracle : *20, rue du Duc-d'Aquitaine. ☎ 02-51-00-54-93. Face à la tour Mélusine. Mer-dim 11h-18h (22h ven). Plats 10-13 € et sandwichs.* Un vent britannique souffle sur ce discret bistrot doté d'une mignonnette courette avec son puits central et un modeste cerisier... lié à un miracle. Pour connaître le fin mot de l'histoire, on vous invite à pousser la porte à toute heure et à venir déguster tourtes à la Guinness, petits plats aux frites maison et cakes tout juste sortis du four. C'est peut-être cela, le miracle !

À voir

L'église Notre-Dame : bâtie au XIe s et remaniée, pour la façade nord, au XVe s. À l'extérieur, ***portail roman*** particulièrement riche, orné de sculptures figurant notamment d'impressionnantes scènes fantastiques, la Cène, l'Ascension et tout un bestiaire. À l'intérieur, une entrée entre 2 pilastres sculptés dans le détail mène à une belle ***crypte*** du XIIe s d'une grande pureté, où une vidéo retrace l'histoire stratégique du lieu. La ***nef*** fut saccagée par les guerres de Religion, et on n'en restaura que la moitié. L'autre partie sert aujourd'hui de salle d'exposition ; en profiter alors pour admirer les piliers massifs. Chevet remarquable. Noter que l'église est superbement illuminée le soir.

La tour Mélusine : *pour accéder au sommet, louer la clé au Café Mélusine ou à l'antenne touristique ; accès 9h-21h mai-oct (jusqu'à 18h seulement en hiver) ; 2 €.* À l'emplacement de ce qui est aujourd'hui la place du Bail s'élevait jadis une forteresse. La légende en attribue la construction en une nuit à la fée Mélusine. L'ancienne tour de guet est la seule partie conservée du château.

La poterne et les remparts : la poterne – porte dérobée dans les remparts – est l'une des 3 portes qui permettaient, au Moyen Âge, l'entrée dans la cité fortifiée. Aujourd'hui, elle permet d'accéder au plan d'eau où se reflètent les puissants remparts des Lusignan, illuminés chaque soir d'été et le week-end toute l'année.

LA FORÊT ET LE LAC DE MERVENT

(85200) *Carte Vendée, D2, et carte Marais poitevin, C1*

Au sud de Vouvant, c'est la plus vaste forêt de Vendée. Célèbre pour son barrage, son lac aux méandres en forme de... coq (regardez bien !), ses randos balisées en forêt, son *Natur'zoo* (● naturzoomervent.com ●), son parc d'attractions de *Pierre Brune* (● mervent-foret.com ●)... cela suffit à en faire un des lieux favoris des familles pour la promenade dominicale ou plus si affinités.

Adresse utile

i ***Antenne touristique :*** *dans le bâtiment de la mairie, à **Mervent** (85200). ☎ 02-51-87-83-35. ● fontenay-vendee-tourisme.com ● Juil-août, mar, ven et dim 10h-13h, jeu 10h-13h, 14h-18h, sam 14h-18h (fermé lun).*

Où manger ? Où boire un verre ?

Les 3 Cocottes : *69, route du Lac, 85200 **Mervent**. ☎ 09-83-40-15-55. En surplomb du lac. Mai-sept, fermé dim soir et jeu midi ; oct-avr, fermé lun-mar et jeu midi. Plats 14-22 €.* Waouh, la vue ! Les yeux scotchés sur le lac et les collines verdoyantes, on en oublierait presque la carte traditionnelle puisant dans les produits locaux. Jambon de Vendée, cocotte (forcément !), os à moelle rôti... Le jeudi soir, un *food truck* prend le relais (humm, les *fish and chips*), mais la terrasse et la vue restent les mêmes.

Le Chill Out : *116, route touristique, 85200 **Mervent.** ☎ 02-51-50-52-26. En été, tlj 10h-23h ; sinon fermé lun-mar.* Ce resto-bar-glacier qui a tout d'une guinguette fait les beaux jours des locaux. Les pieds presque dans l'eau avec une grande véranda et 2 niveaux de terrasses qui descendent jusqu'au lac. Dans l'assiette, une carte de brasserie renouvelée, faite maison et qui remplit très bien son job, servie avec le sourire.

À voir. À faire

Le village de Mervent (85200) : *à mi-chemin entre Vouvant et Fontenay-le-Comte.* Dans le parc de la mairie, accès à la tour médiévale et superbe panorama sur les méandres du lac de Mervent. Voir également l'église de style gothique flamboyant à chevet droit, datant du XVe s avec son clocher massif et carré du XVIIe s.

Base de loisirs Nautisme & Plein Air : *150, route touristique, 85200 **Mervent.** ☎ 02-51-00-22-13. ● loisirs-sudvendee.fr ● Juil-août, tlj 10h-18h30 ; mai-juin et sept, w-e et j. fériés 14h-18h ; sinon sur rdv.* Bateaux électriques, canoës, kayaks, VTT, mais aussi tir à l'arc, escalade, etc. Un centre nautique et sportif convivial, dans un cadre privilégié. Restaurant à côté, ***Le Chill Out,*** les pieds presque dans l'eau (voir « Où manger ? Où boire un verre ? »).

Pour la baignade dans le lac : se rendre à l'***Espace Loisirs de Xanton-Chassenon*** (85240), tout au sud-est de la forêt. Baignade surveillée, plage de sable, toboggan, pataugeoire, jeux, bar, aire de pique-nique... Sortez les parasols !

LA VENDÉE

La grotte du père de Montfort : *au cœur de la forêt, tt près du parc de Pierre Brune, entre Vouvant et Mervent.* Ici se retira en ermite le père Louis-Marie Grignion de Montfort qui, auparavant, avait conduit de nombreuses missions de renouveau du christianisme dans l'ouest de la France à la fin du XVIIe s et au début du XVIIIe s. Il fut chassé de sa grotte pour avoir abattu des arbres du domaine royal sans autorisation, et il partit à Saint-Laurent-sur-Sèvre, où il mourut en 1716. Pie XII le canonisa en 1947. Depuis sa mort, la grotte est devenue un lieu de pèlerinage fréquenté.

DANS LES ENVIRONS DE LA FORÊT ET DU LAC DE MERVENT

L'église de Foussais-Payré (85240) : *à 7 km à l'est de Mervent, dans une Petite Cité de caractère.* Campée face à de petites halles du XVIIe s, l'église Saint-Hilaire est remarquable pour sa belle façade romane. Voussure externe magnifiquement décorée de 31 claveaux. Au centre, le Christ bénissant. Et pour son acoustique, chère aux mélomanes. Parcours dans le village pour découvrir les sculptures à la tronçonneuse créées ici tous les ans.

Le Centre minier : *85240* ***Faymoreau.*** *☎ 02-51-00-48-48. • centreminier-vendee.fr • À 9 km à l'est de Foussais-Payré. Juil-août, tlj 10h-13h, 14h-19h ; vac d'hiver-juin et sept-vac de la Toussaint, mer-dim, plus lun fériés 14h-18h30. Entrée : 7 € pour le musée ; forfait musée + audioguide (corons et vitraux) 9,50 € ; réduc ; gratuit moins de 18 ans pour le musée. Compter 1h30 dans le musée et 1h corons/vitraux. Expos, activités, animations, « Vis ta mine » pour les 3-12 ans. Réduc au musée sur présentation de ce guide.* Des mines de charbon en Vendée ? Improbable... Et pourtant, la découverte accidentelle d'un gisement en 1827 fut à l'origine de l'épopée insolite des gueules noires de Faymoreau. En activité jusqu'en 1958, le site se développa rapidement, jusqu'à atteindre une production de 60 000 t par an. De quoi justifier des aménagements d'envergure : des corons, un quartier pour la direction, une centrale, un grand hôtel et même une verrerie s'implantèrent sur les collines. Depuis 2018, un nouveau musée permet une plus grande immersion dans le monde de la mine. De la salle des pendus au « fond » de la mine reconstituée puis au « jour », revivez l'aventure industrielle et humaine des mineurs de la région. Une bonne introduction avant d'aller se balader dans le village minier (Petite Cité de caractère) et ses corons, pour finir en beauté dans la chapelle illuminée par les vitraux contemporains de Carmelo Zagari.

LE MARAIS POITEVIN

• Carte *p. 528-529*

La plus grande zone humide de France après la Camargue, célèbre pour ses beautés, aux confins des 3 départements de la Vendée, des Deux-Sèvres et de la Charente-Maritime (et 2 régions donc), fait partie du cercle fermé des Grands Sites de France. Mais attention, le Marais sait garder ses secrets. Ici, on vous affirmera qu'à l'heure des GPS seuls les vrais maraîchins peuvent circuler dans cette jungle bocagère qui décline son camaïeu vert à l'infini, au travers de tunnels étroits perdus dans la chevelure des arbres, sans jamais se perdre. Le Marais représente près de 100 000 ha, pensés, organisés et conquis sur la mer au fil des siècles. Il se partage en 3 zones distinctes : le Marais maritime, pourtour de vase bordant la baie de l'Aiguillon ; le Marais desséché, s'étendant de la baie jusqu'à Marans, et même au-delà (jusqu'à Longeville), c'est la zone la plus vaste ; et, à l'est, le Marais mouillé (inondable par crue ou engorgement en période pluvieuse), généralement surnommé Venise verte, de Marans à Niort, avec sa végétation assez luxuriante.

LA LONGUE HISTOIRE DU MARAIS

Le Marais est ***né de la main de l'homme.*** Avant le XIe s, les quelques populations courageuses installées là en dépit d'un environnement inhospitalier se contentent d'élever des digues sur le pourtour des îles pour lutter contre la mer, tandis que l'absence de pente empêchant le cheminement des eaux douces chargées d'alluvions vers l'océan laisse émerger de nouvelles terres.
Au XIIe s, ***des moines sont dépêchés pour défricher les terres et creuser des canaux.*** Dernier témoignage de cette époque de « pionniers », le canal des Cinq-Abbés reste le principal maillon du système de drainage du Marais.
La guerre de Cent Ans puis les guerres de Religion vont mettre un frein au développement de la région. Cependant, Henri IV ordonne à Sully la restauration du Marais. Il fait même venir des ***ingénieurs hollandais, spécialistes des polders.*** La partie occidentale est desséchée et on laisse le fond du golfe recevoir les eaux de la plaine vendéenne. Il sert de réservoir. À la fin du XVIIIe s, le ***Marais desséché*** (70 % du Marais poitevin) connaît sa physionomie actuelle alors que le ***Marais mouillé*** reste encore sauvage, servant à la fois d'éponge pour endiguer les crues d'hiver et, en été, de réservoir d'eau pour le Marais desséché. Celui-ci est protégé de la mer par des portes à flot qui se ferment à marée haute.
Napoléon Ier donne un élan nouveau au Marais mouillé. ***La plupart des projets voient le jour dans la 2de moitié du XIXe s.*** Élargissement des canaux, canalisation de la Sèvre niortaise, etc. Au fur et à mesure, les terres désormais sorties de l'eau vont permettre de diversifier des ressources, entraînant par là même une augmentation de la population. À cette période apparaissent les peupliers et les mogettes (des haricots blancs) qui valorisent ces terres humides où l'on ne vivait que de pêche et de chasse.

UNE RICHESSE ÉCOLOGIQUE EN PÉRIL

On trouve dans le Marais poitevin ***une faune et une flore d'une richesse incroyable.*** Loutres, anguilles, hérons batifolent parmi les roseaux, les tamaris et les frênes têtards qui bordent les conches... Des milliers d'oiseaux migrateurs s'y arrêtent, en hiver et au printemps principalement. ***La modification de l'écosystème mettrait en péril l'ensemble du Marais,*** qui forme une seule et même entité. Or les scientifiques ne cachent pas leur inquiétude : le Marais est un écosystème qui ne cesse de s'appauvrir de manière alarmante, les effectifs de canards hivernants ont, par exemple, chuté de près de 75 % en 20 ans.

ET DES INTÉRÊTS DIVERGENTS

Soyons clairs, le Marais poitevin ne va pas bien. Il s'assèche, vidé, pompé, drainé pour répondre aux nécessités de rentabilité des cultures céréalières. Depuis 1973, sur les 130 000 ha du Marais, plus de 30 000 ha de prairies ont été retournés pour y faire de la culture intensive, subventionnée par la Commission européenne (du maïs principalement). Les intérêts s'opposent, les hommes aussi.

L'OR BLANC DU MARAIS

Le peuplier blanc se nourrit de beaucoup d'eau et s'épanouit parfaitement dans ces milieux marécageux dont il borde les principales voies d'eau. Servant à la fabrication de charpentes, mais aussi de contreplaqué pour des boîtes à fromage, il fit la fortune de familles du Marais. Pas étonnant alors qu'on ait coutume de planter un peuplier à la naissance d'un enfant !

L'irrigation des champs de « maïs boit-sans-soif » dans les plaines autour du Marais est devenue une réelle menace pour celui-ci. Là où l'eau n'a jamais manqué durant des millénaires, ce sont les eaux maritimes qui remontent vers la terre.

Il est vrai que la gestion des eaux du Marais poitevin fait l'objet d'un véritable enjeu politique. Comment peut-on gérer logiquement une zone couvrant 3 départements et 2 régions administratives ?

MÉLUSINE, FÉE BÂTISSEUSE

Mélusine est, avec Palestine et Mélior, la fille issue du mariage entre Élinas, roi d'Écosse, et la fée Pressine. Leur union impliquait un serment qui imposait à Élinas de ne pas assister à l'accouchement. Que pensez-vous qu'il advint ? Le serment fut bien sûr rompu, ce qui obligea Pressine et ses triplées, Mélusine en tête, à s'exiler. Bien des années plus tard, Mélusine et ses sœurs se vengèrent de leur père en l'enfermant dans une montagne. Mais cette vengeance ne fut pas du goût de Pressine, qui condamna Mélusine à se transformer par moitié en serpent chaque samedi.

Quand Mélusine épousa le comte Raymondin de Forez, elle lui fit promettre de ne pas chercher à la voir le samedi sans quoi les forteresses qu'elle avait bâties (Tiffauges, Mervent, Vouvant et Pouzauges) tomberaient en décrépitude. À votre avis, qu'est-il est arrivé ? Quoi qu'il en soit, Mélusine veille depuis le Moyen Âge sur la destinée des villes et des forêts des environs. Peut-être l'apercevrez-vous au fil d'une rando... Mais faites gaffe, pas un samedi !

Adresses et infos utiles

Parc naturel régional du Marais poitevin : *2, rue de l'Église, 79510 Coulon.* ☎ *05-49-35-15-20.* • *parc-marais-poitevin.fr* • Toute l'actualité du parc sur l'ensemble du Marais, ses animations et ses manifestations. Idéal pour préparer son séjour.

■ Une adresse militante : ***Coordination pour la défense du Marais.*** • *marais-poitevin.org* • Engagée dans la lutte pour la survie du Marais.

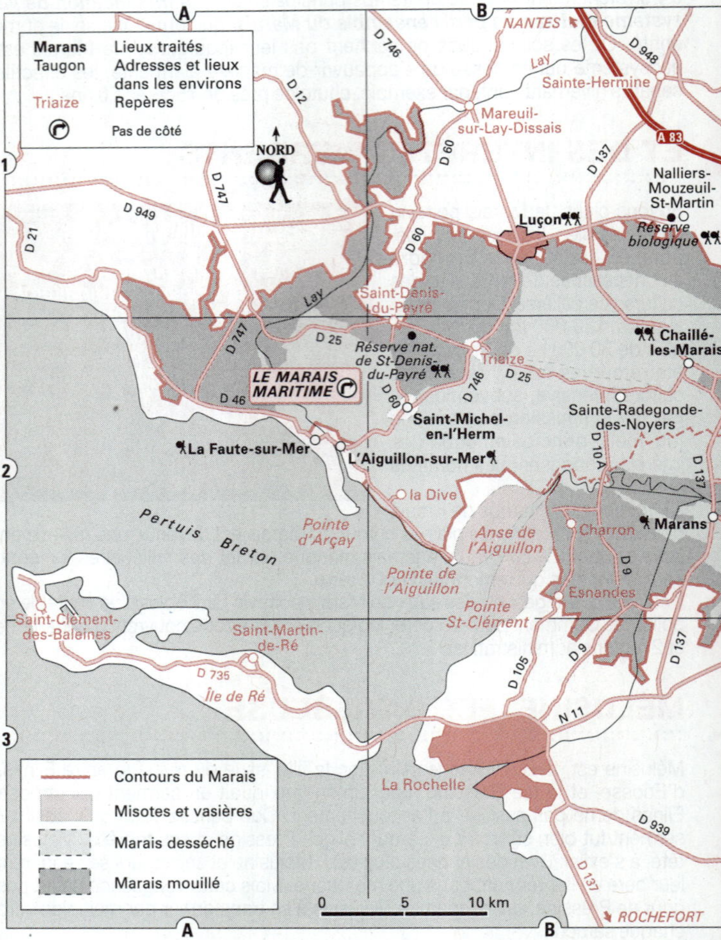

Découvrir le Marais de façon originale

– ***Randonnées pédestres :*** pour profiter pleinement des lieux sans s'y « enliser », nous conseillons vivement de vous munir de cartes IGN, en vente dans la plupart des offices de tourisme de la région...

À VTT ou à vélo : 800 km de pistes cyclables entièrement sécurisées, dont une partie en site propre, sillonnent le Marais. Cartes détaillées en vente dans les offices de tourisme, les Maisons du parc et chez certains prestataires (loueurs de cycles). Bon à savoir : vous pouvez acheter en ligne les cartes cyclistes dont vous avez besoin. ● *cartovelo.com* ● Voir aussi *La Vélo Francette.* ● *lavelofrancette.com* ●

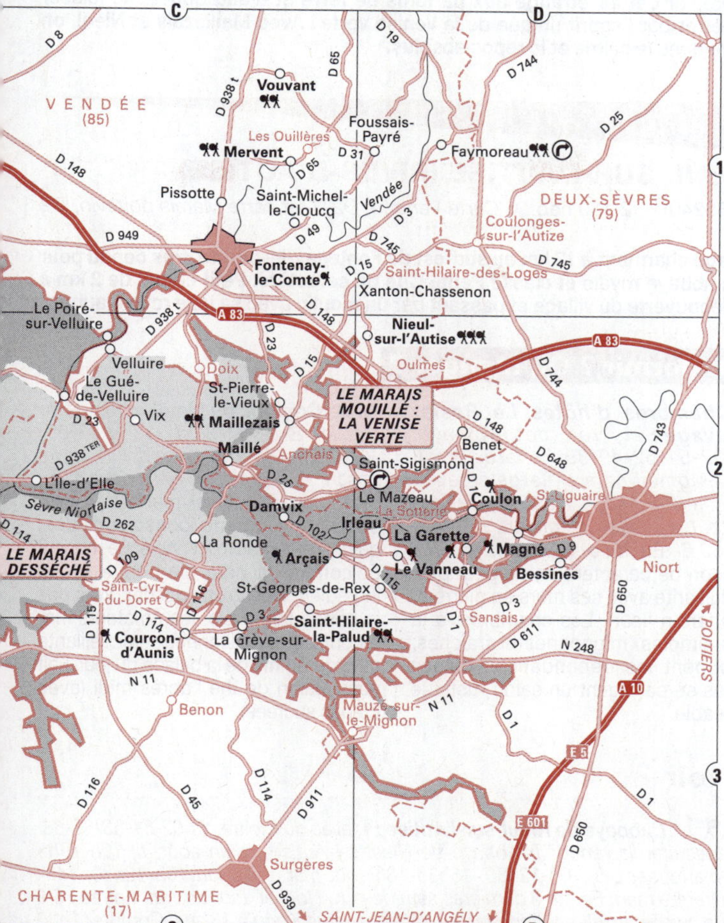

LE MARAIS POITEVIN

– *En barque :* possibilité de découvrir le Marais en barque, accompagné d'un guide ou seul. Il existe une trentaine d'embarcadères sur tout le Marais mouillé. Nous en signalons certains dans nos pages.

LE MARAIS MOUILLÉ : LA VENISE VERTE

Le cœur du Marais, et aussi sa partie la plus visitée. Ici vivent des hommes et des femmes qui ont façonné un territoire de toutes pièces et qui n'ont de cesse d'aimer le faire partager. Alors il faut savoir se promener, marcher,

apprécier cet air étrange aux parfums de terre et d'eau douce, se laisser pénétrer par l'esprit unique de la Venise verte ! Avec Maillezais et Nieul, on entre dans le calme et le repos absolus.

NIEUL-SUR-L'AUTISE (RIVES-D'AUTISE)

(85240) 2 130 hab. *Carte Vendée, D2-3, et carte Marais poitevin, D2*

Village charmant à 12 km au sud-est de Fontenay-le-Comte, très connu pour son abbaye royale et classé Petite Cité de caractère. Petit circuit de 2 km à la découverte du village et passant par un moulin avec sa jolie roue à aubes.

Où dormir ? Où manger ?

Chambres d'hôtes Le Rosier Sauvage : *1, rue de l'Abbaye. ☎ 02-51-52-49-39. • lerosiersauvage@gmail.com • lerosiersauvage.c.la • Avr-sept. Résa conseillée, surtout les soirs de concert. Doubles 50-53 €.* En face de l'abbaye, une maison de caractère on ne peut plus séduisante avec ses murs en pierre et son jardin fleuri. Les chambres, à la fois simples, mignonnes et fraîches, occupent les dépendances où les hôtes se partagent un salon rustique agréable.

Crêperie du Moulin : *15, rue du Moulin. ☎ 02-51-50-47-13. 07-69-40-43-29. En été, tlj sauf lun ; hors saison, se renseigner. Résa conseillée. Carte 15-20 €.* Quel meilleur voisin, pour une crêperie consciencieuse, qu'un vieux moulin à l'ancienne mode ? Et comme la pâte bien cuite et les ingrédients locaux ne déshonorent pas la bonne farine bio, les amateurs inscriront cette maisonnette accueillante au programme de la balade du jour. Fait aussi salon de thé l'après-midi (avec crêpes sucrées).

À voir

L'abbaye de Nieul-sur-l'Autise : *1, allée du Cloître. ☎ 02-51-53-66-66. • sitesculturels.vendee.fr/Abbaye-de-Nieul-s-l-Autise • Juin-août, tlj 10h-19h ; avr-mai et sept, tlj 10h-12h30, 13h30-18h ; oct-mars, mer-lun 10h-12h30, 14h-18h (fermé mar). Fermé 3 dernières sem de janv, Noël et Jour de l'an. Entrée : 6 € (visite guidée en juil-août comprise) ; réduc ; gratuit jusqu'à 18 ans. Compter 1h30 de visite. Carnets d'aventure gratuits 5-13 ans tte l'année. Saison culturelle avec concerts, visites à thème...*

– Juil-août, spectacle théâtral quotidien sur le bestiaire de l'art roman.

Fondée en 1068 par le seigneur de Vouvant, l'abbaye bénéficiait de la protection des ducs d'Aquitaine et des comtes de Poitou. Louis VII passa ici en 1142 avec sa femme Aliénor d'Aquitaine. Petit cadeau pour gâter sa jeune épouse, originaire de la région : le roi prit l'abbaye sous sa protection et l'éleva au rang d'« abbaye royale ». Vendue comme bien national en 1791, elle ne fut relevée par Prosper Mérimée qu'au XIXe s, lorsqu'elle fut enfin classée Monument historique.

– La visite commence par des ***galeries*** sous de belles charpentes : livres tactiles puis passage par une passerelle, d'où l'on admire le jardin d'inspiration médiévale, afin de rejoindre l'expo d'instruments de musique médiévaux qui figurent tous sur des bas-reliefs des édifices religieux du coin. Une section assez magique avec le son et l'instrument s'y rapportant, dans une semi-pénombre. Puis on découvre les reproductions de sculptures du portail de l'église de Benet, exposées dans l'ancien ***dortoir.***

– Une bonne mise en condition avant de pénétrer dans le superbe ***cloître,*** le seul en Vendée à avoir conservé intactes ses 4 galeries romanes. Dans la salle capitulaire, on remarque un lavabo du XIIIe s.
– Puis on gagne la ***Maison Aliénor*** (édifice du XIXe s), qui propose un voyage virtuel dans le passé de l'abbaye, à l'aide de technologies ludiques et futées. On découvre les couleurs d'origine des murs de l'abbaye, guidé ensuite par des hologrammes dans la bibliothèque, avant de s'intéresser aux 500 gravures sur cuivre (1859-1900) d'Octave de Rochebrune représentant des paysages de Vendée. Une mine d'infos pour les historiens !
– Sur la ***façade de l'église*** (en visite libre), typiquement poitevine, on observe de beaux chapiteaux historiés, en particulier ceux représentant les 7 péchés capitaux. Qui peut les citer de mémoire ? À l'intérieur, ça penche !

La Maison de la meunerie : *☎ 02-51-52-47-43. • maisondelameunerie-vendee.fr • Ouv fin mars-vac de la Toussaint. Entrée : 5 € ; réduc ; gratuit moins de 13 ans. Compter 1h.* Site de 1728 doté d'un moulin à eau en activité, témoignage de la vie en milieu rural au début du XXe s, au fil d'une histoire libre, contée par Suzanne, la fille du meunier. Au programme, des expos, des démonstrations commentées, une visite « masquée » pour les moins de 3 ans, une appli Baludik « Auguste en quête du moulin » (plus de 9 ans), etc. Boutique (farine et biscuits du marais).

Fête et manifestation

– ***Festival des Voûtes célestes :*** *mai-juin.* L'abbaye de Nieul accueille (avec celles de Maillezais et de Grammont) des concerts de musiques baroque et classique.
– ***Fête de la Meunerie :*** *dim-lun de Pentecôte, à la Maison de la meunerie, les années impaires.* Costumes traditionnels, moulin en fonctionnement et vieux métiers.

MAILLEZAIS

(85420) 1 000 hab. *Carte Vendée, D3, et carte Marais poitevin, C2*

Véritable capitale du Marais, Maillezais fut le siège d'un grand évêché, célèbre pour avoir accueilli Rabelais et Agrippa d'Aubigné. L'histoire de Maillezais est intimement liée à celle du Marais et de son abbaye.

Adresse utile

Office de tourisme Sud Vendée Marais poitevin : *2, rue du Dr-Daroux. ☎ 02-51-87-23-01. • maraispoitevin-vendee.com • En face de l'église. Juil-août, tlj 9h30-13h, 14h-18h30 (fermé dim ap-m) ; hors saison, horaires réduits.* Fiches randos, circuits à vélo, cartes de pêche. Billetterie du Puy du Fou. De mi-juillet à fin août, balades autour de la faune et de la flore du Marais poitevin.

Où dormir ? Où manger dans le coin ?

Camping municipal de l'Autize : *route de Maillé, à Maillezais. 06-43-19-14-90. • camping.lautize@orange.fr • Juin-sept. Empl. pour 2 env 13 €. 40 empl.* Bien situé, dans le centre-bourg et convivial. Équipement

LE MARAIS POITEVIN

bien tenu, vastes emplacements et terrains de tennis sur place.

Chambres d'hôtes L'Ancienne Ferme du Peux : *7, Le Peux, 85420* ***Saint-Pierre-le-Vieux.*** *☎ 02-51-00-78-44. 06-26-81-23-14. • robuchon.lepeux@orange.fr • À 3,5 km de Saint-Pierre-le-Vieux par la D 23 en direction de Souil et Fontenay-le-Comte. Double 50 €. Dîner 15 € tt compris.* De l'extérieur, on n'imagine pas le confort douillet de cette vieille ferme : parquet et meubles choisis font des 2 chambres un cocon idéal pour se reposer. Également une jolie salle à manger, où la gentille proprio régale son monde de recettes maraîchines qu'elle cuisine à merveille. Les enfants découvriront les paons et les animaux de la ferme. Salon de jardin, kitchenette, barque et vélos à disposition.

Des restaurants de cuisine locale auprès de chacun des embarcadères : ***L'Échauguette*** pour l'embarcadère de l'abbaye et ***L'Auberge de l'Abbaye,*** de l'autre côté de la route, auprès du Petit Port Sauvage. Terrasse ombragée dans les 2 cas. Dans le village, ***L'Atelier des Sens,*** un beau bistrot à l'esprit bio.

À voir

L'abbaye de Maillezais : *☎ 02-51-53-66-80. • sitesculturels.vendee.fr/Abbaye-de-Maillezais • Juin-août, tlj 10h-19h ; avr-mai et sept, tlj 10h-12h30, 13h30-18h ; hors saison, se renseigner (fermé mar). Fermé en hiver. Entrée : 6 € ; réduc ; gratuit jusqu'à 18 ans. Animations en saison. Carnets d'aventure gratuits 5-13 ans tte l'année. Saison culturelle avec concerts, visites à thème...*
– Juil-août, spectacles quotidiens sur l'histoire de la construction du Marais poitevin et sur Rabelais.

Fondée au XIe s par les bénédictins, l'abbaye était puissante et riche. Elle fut pillée à plusieurs reprises, ce qui ne l'empêcha pas de prendre part aux grands travaux d'assèchement du Marais, aux côtés des abbayes de Saint-Michel-en-l'Herm, Nieul, L'Absie et Saint-Maixent. Lorsque Jean XXII éleva l'abbaye au rang d'évêché en 1317, l'église, devenue cathédrale, connut différentes campagnes de travaux d'agrandissement jusqu'à son apogée à la Renaissance. Elle était d'ailleurs surnommée « la cathédrale du Marais ».

UN ÉPICURIEN À LA MAIN VERTE

Geoffroy d'Estissac, évêque bâtisseur d'une grande érudition, accueillit l'abbé Rabelais pendant 5 ans à Maillezais. L'auteur de Gargantua aurait apporté avec lui des tomates et des melons d'Italie. Et ces fruits auraient poussé pour la 1re fois en France à Maillezais.

Sérieusement mutilée pendant les guerres de Religion, il n'en reste plus grand-chose : user de son imagination et s'aider des bornes interactives futées pour deviner la splendeur du sanctuaire au temps de sa gloire. L'abbaye a heureusement fait l'objet d'une remarquable mise en valeur pour mieux comprendre son architecture, son histoire, mais aussi la vie monastique partagée entre prière et travail.

Par ici la visite

La cathédrale mesurait 105 m de long, et les voûtes s'élevaient à 100 pieds (34 m) de hauteur. Pour mieux s'en rendre compte, monter à l'étage de la tribune ou, mieux encore, au sommet de l'une des tours, pour observer un tracé au sol qui suggère l'ancien plan. En prime, vue sur les marais alentour. Les 7 clochers dominaient la région de leurs 55 m. On peut encore voir le narthex et le mur nord percé de baies cintrées avec de beaux chapiteaux. Voir aussi l'étonnante cuisine des convers, octogonale et culminant à 12 m de haut, le bâtiment abritant l'hôtellerie de prestige et les réfectoires des convers, et 2 magnifiques celliers, l'un pour le sel, l'autre pour le vin. Une belle visite, émaillée de commentaires audio vivants et de projections bien conçues, dont certaines, passionnantes, en 3D. Muni d'un casque, promenez-vous alors au cœur de l'abbaye en superposant le réel au virtuel.

L'église Saint-Nicolas : malgré une restauration destructrice au début du XXe s, on discerne encore quelques traits caractéristiques de l'architecture romane poitevine. Beau portail à voussures sculptées du XIIe s. Remarquer aussi les médaillons qui ornent les corniches de l'abside et du portail (l'avare, le singe, les amoureux, le joueur de viole).

À faire

Balades en barque et canoë

Tarifs comparables : *autour de 18 €/barque pour 1h (1-3 pers) sans guide, et 8-10 €/pers avec guide pour la même durée.*

Embarcadère de l'Abbaye : *le Vieux-Port (port de l'Abbaye).* ☎ *02-51-87-21-87.* • *marais-poitevin-tourisme.com* • *Pâques-Toussaint : en été, tlj 10h-19h ; sinon, tlj 10h-12h, 14h-18h.* Le seul embarcadère associatif du Marais poitevin, qui s'efforce en plus de réduire l'attente agréablement les jours de forte affluence. L'association fournit un job aux jeunes du coin en les formant à la connaissance et au respect de leur milieu, et intervient dans l'entretien des berges et du marais. Elle propose des sorties en barque avec batelier (résa la veille conseillée) ou libres, avec retour pédestre (1h + 3h), mais aussi la location de vélos.

Le Petit Port Sauvage : *en face de l'abbaye, attenant à* L'Auberge de l'Abbaye. *06-75-48-39-98. Pâques-Toussaint.*

Autize Loisirs : *Yvon Thibaudeau, RD 23, à 2 km, direction Fontenay. 06-95-57-64-55. Face à l'aire de loisirs. Juil-août, tlj 10h-19h, plus le w-e en sept.* Location d'embarcations à pédales, de barques, de canoës, de kayaks, de *paddles*.

DANS LES ENVIRONS DE MAILLEZAIS

La coutellerie du Marais poitevin : *Souil, 85420* ***Saint-Pierre-le-Vieux.*** ☎ *02-51-87-20-89.* • *lagorgeamanu.fr* • *À 6 km au nord de Maillezais. Ts les ap-m sauf dim, le mat sur rdv. Appeler avt.* Après avoir fait ses classes au Puy du Fou, Manu a posé ses outils dans cette forge-grange aux airs de caverne d'Ali Baba, où il confectionne couteaux, bijoux, objets de déco en bois, métal, matières recyclées… Il a même inventé un élégant couteau des marais !

SAINT-SIGISMOND *(85420)*

Par la D 68, 3 km après Anchais. Village plutôt mignon et tranquille. En y passant tôt le matin ou le soir, la lumière n'en est que plus belle.

L'Embarcadère : ☎ *02-51-52-97-45. 06-86-53-09-59.* • *vincent.liebot@orange.fr* • *Service continu. Congés : de mi-oct à Pâques. Carte 10-20 €. CB refusées. Apéritif maison offert sur présentation de ce guide.* Accueil gentil comme tout et possibilité de grignoter des petits plats plutôt sympathiques. Si vous ne pouvez ou ne voulez plus repartir, le patron loue des gîtes à 50 m dans le village, impasse du Paradis (tout un programme). Location de bateaux.

Promenades sur l'Autise : *embarcadère de l'Autize.* ☎ *02-51-52-97-45.* • *embarcadere-autize.business.site* • *D'avr à mi-oct.* Un des plus beaux coins du

Marais. La balade s'avère somptueuse au milieu des conches bordées de frênes. On peut y observer hérons, cygnes, poules d'eau et des ragondins. Le ragondin a été importé d'Amérique du Sud pour sa fourrure au XIXe s. Considéré comme une espèce invasive, il a colonisé le Marais poitevin au XXe s.

LE MAZEAU *(85420)*

À 2 km de Saint-Sigismond, par la même route. Village à la lisière des prairies naturelles humides, quadrillées par de multiples conches et fossés. Un des rares endroits où les loutres viennent encore nicher.

Où camper ? Où manger ?

Le Relais du Pêcheur : *12, route de la Sèvre. ☎ 02-51-52-93-23. • campinglerelaisdupecheur@orange.fr • lerelaisdupecheur.fr • Ouv de début avr à mi-oct. Tentes 13,50-15 € ; roulotte. 56 empl.* Camping agréable car à taille humaine, assez ombragé. Situation privilégiée au cœur du Marais poitevin. Petite piscine hors sol et non chauffée. Snack en saison. Roulotte et bungalows toilés. Bel accueil.

Au Bord de l'Eau : *rue du Port, à côté de l'embarcadère. ☎ 02-51-51-20-71. Ouv le midi tlj sauf lun, plus le soir dim (pizzas) et jeu-sam en juil-août (fouées). Menus env 13-14 € à midi, 18 € le soir ; plat env 9 €.* On mange les pieds dans l'herbe, sous les arbres. Un vrai bonheur ! Cuisine locale avec des spécialités simples et conviviales. Le plus : le four à bois d'où sortent, certains soirs, fouées et pizzas encore fumantes.

À faire

Promenades en barque : *départ de l'embarcadère de la Venise verte, port du Mazeau. ☎ 02-51-52-90-73. Avr-sept ; hors saison, sur résa.* Location de vélos et de canoës également.

L'Échoppe du Marais : *4, pl. des Peupliers. ☎ 02-51-52-91-83. 06-07-85-84-87. Juil-août, tlj 9h-19h ; sept-juin, mar-sam 9h-12h30, 15h-19h, dim 9h-12h30.* Produits sucrés et salés et vins locaux de la région. Également des biscuits maison, les « Biscuits de la Venise Verte » et, moins local, des whiskys et des rhums.

BENET *(85490)*

Un village qu'on aurait tort de ne pas prendre au sérieux à cause de son nom. Très belle église du XIe s. Du joli petit port d'Aziré, belles balades le long du canal vers la barque à chaîne. Si vous passez par là le 1er dimanche de juillet, vous allez vous régaler avec la fête du *Préfou.*

COULON (79510) 2 240 hab. *Carte Marais poitevin, D2*

Vitrine du Marais et de la Venise verte, Coulon est un village de caractère, un des plus beaux des Deux-Sèvres. Aux confins des provinces de l'Aunis, du Poitou et de la Saintonge, le port de Coulon fut l'un des plus considérables du bassin de la Sèvre niortaise. Aujourd'hui, c'est le village du Marais

poitevin possédant le plus d'embarcadères... et, par conséquent, le plus visité. Il faut dire que l'endroit est magique. Peupliers, palmiers et bananiers (si, si !), frênes têtards, lentilles, vaches dans les prés... tout est réuni pour la photo. On peut également découvrir ici l'habitat maraîchin traditionnel où une barque attend devant chaque maison.

Adresses et info utiles

Office de tourisme : *à la Maison du Marais poitevin, pl. de la Coutume. ☎ 05-49-24-18-79. • niortmaraispoitevin.com • Pâques-Toussaint, tlj 10h-12h30, 14h-18h30.* Divers ouvrages et de très bonnes cartes de balades à pied, à vélo ou en barque. Vente de billets pour de nombreux sites, animations et sorties d'été.

Location de vélos : ***La Libellule,*** *pl. de l'Église. ☎ 05-49-35-83-42. Avr-oct.*

Plusieurs ***embarcadères*** sur le chemin de halage. Nombreuses formules de balades.

Où acheter des produits régionaux ?

Boutique Saveurs Régionales : *10, pl. de l'Église. ☎ 05-49-35-99-96. Avr-nov, tlj 10h-19h. Autre adresse : 13, rue de l'Église.* Liqueur d'angélique, pineau des Charentes, poire Williams, cognac, mais aussi une création originale que l'on ne trouvera que chez lui, la fleur de caramel salé.

La Tête de Mule : *à l'ancienne laiterie de Coulon, à la sortie du bourg en direction d'Irleau. ☎ 05-49-24-35-94. • brasseriedumarais.fr • Juil-août, lun-sam 10h-19h, dim 14h-19h ; avr-juin et sept, ven-sam 10h-18h ; oct-mars, ven 14h-18h, sam 10h-17h. Visite guidée sur résa lun, mer et ven-sam à 17h15 : 2,50 €.* C'est la brasserie du Marais, dont l'étiquette fait référence à la célèbre mule poitevine. Mais les stars, bien sûr, ce sont les bières artisanales. Terrasse composée de palettes de récup et visite pour découvrir pas à pas le processus de fabrication. Également d'excellentes limonades.

À voir. À faire

L'église Sainte-Trinité : XIe-XVe s. D'origine romane, elle a subi quelques ajouts de style gothique (nef sud et sa porte). Nombreux vitraux et une architecture dont on perçoit les divers remaniements du XIXe s.

Le chemin de halage : suivre les venelles et ruelles partant de l'église jusqu'à la Sèvre – en fait, d'anciennes voies d'eau comblées. Balade sympa le long des quais, de part et d'autre de la Sèvre canalisée (lavoirs, cales, embarcadères).

La Maison du Marais poitevin : *5, pl. de la Coutume. ☎ 05-49-35-81-04. • maison-marais-poitevin.fr • ♿ Avr-oct, tlj ; dernière entrée 1h avt la fermeture. Entrée : env 7 € ; réduc. Différentes activités pédagogiques pour les enfants et expos thématiques.* Au gré de la visite, enrichie par les interventions des guides et une équipe de passionnés, on saura tout de l'apprivoisement du Marais par l'homme et du mode de vie de ses habitants : reconstitution d'un intérieur traditionnel, section sur l'anguille (80 % de la population a disparu en 15 ans !), salle consacrée à la batellerie locale (avec un atelier de construction de sa célèbre plate), et le *Maraiscope,* audiovisuel retraçant l'histoire du Marais. Une visite paisible, reposante... comme le Marais.

En juillet-août, ***balades découverte*** mêlant marche et promenade en bateau organisées par la Maison du Marais poitevin : les guides vous emmènent de sentier en chemin d'eau à la découverte des particularités du Marais (histoire, habitat traditionnel, hydraulique, faune, flore...). *Résa indispensable.*

Le Pibalou : *6, rue de l'Église. ☎ 05-49-35-14-14. 06-15-55-36-55. À côté de l'église. Résa conseillée. Tarifs : 10 € ; 7 € jusqu'à 12 ans ; gratuit jusqu'à 5 ans. Formule « Forfait nature » avec barque + petit train 20 €/adulte et 14 €/enfant ; également 2 autres formules (dont 1 en calèche).* Un parcours de 1h dans un petit train vert pour visiter le Marais sans se fatiguer. Mais, nous direz-vous, le Pibalou, c'est quoi ? Eh bien, ça vient de « pibale », le petit de l'anguille, tout simplement !

Promenades en barque

La Trigale - DLM Tourisme : *6, rue de l'Église. ☎ 05-49-35-14-14. • lemaraispoitevin.fr • Avr-oct, tlj 9h-19h.* Nombreuses formules avec ou sans guide, dont une qui combine promenade en barque et repas régional ou virée à vélo. Propose aussi la location de canoës.

Embarcadère Cardinaud : *av. de la Repentie (route de Magné). ☎ 05-49-35-90-47. • cardinaud@marais-poitevin.com • embarcadere-cardinaud.fr • À l'entrée de la ville. Tte l'année. Loc de bateau libre ou avec guide. Promenade sans guide 18 € pour 1h pour 7 pers. Promenade en visite guidée collective de 1h 9 €/pers, de 1h30 12,50 €/pers ou de 2h 16 €/pers ; respectivement 7, 9,50 et 11,50 €/enfant. Visites guidées privées de 1h 16 €/pers, 1h30 22 €/pers ou 2h 27,50 €/pers (12, 16,50 et 20,50 €/enfant). Possibilité de balades à l'aube (7h-9h avec petit déj) ou au crépuscule (20h-22h avec dégustation de produits régionaux) 37,50 € ; réduc.* Très organisé et professionnel.

Manifestation

– **Rallye du marais** *(canoë-kayak) : dernier w-e de juin.* Le plus grand rassemblement nocturne de canoës en France, où chaque participant est déguisé.

LE MARAIS POITEVIN

LA GARETTE

(79270) 350 hab. *Carte Marais poitevin, D2*

Village maraîchin typique dont les maisons s'étirent le long de la Vieille Sèvre et d'une conche, avec un double accès : par la cale (petit port sur le fleuve) et par la rue des Gravées. Le village se résume d'ailleurs à cette unique rue, très belle, avec un herbier sculpté le long du sol pavé, où se succèdent de petits embarcadères. Le « coteau pentu » donne lieu à un étagement de maisons qui s'imbriquent, et chaque propriété bénéficie d'un accès à la « conche des cabanes ». L'architecture ancienne a été préservée (façades traditionnelles, tuiles rustiques dites « tiges de botte »), ce qui donne du cachet au village...

MAGNÉ

(79460) 2 680 hab. *Carte Marais poitevin, D2*

Si vous traversez en voiture cette charmante bourgade fleurie, il y a peu de chances pour que vous remarquiez sa particularité. Magné est en fait une île enserrée entre le cours principal de la Sèvre et le bras du Sevreau, avec 4 ponts la reliant aux autres communes. La place de l'Église et les bords de Sèvre invitent à la flânerie.

À voir. À faire

L'église collégiale Sainte-Catherine : de style gothique du XVIe s, avec son vieux portail signé Mathurin Berthomé et sa belle rosace (à voir depuis l'intérieur). Après la Révolution, elle fut utilisée successivement comme entrepôt à fourrage et hôpital militaire.

À quelques mètres, un ***pont-levis,*** qui n'a rien de médiéval, enjambe la Sèvre. À côté, le ***four Pontet,*** remis à neuf, utilisé comme salle d'exposition, et dernier four de potier, témoin d'un artisanat qui apparaît dans la région dès le Néolithique.

Sur l'autre rive, petite ***balade*** le long du chemin de halage, agréablement entretenu. Il mène jusqu'à l'écluse du Marais-Pin (1864) au lieu-dit de la Motte-qui-Branle. La légende dit que le sol y est si instable qu'on le sent se dérober sous nos pas... En tout cas, l'écluse, elle, n'a pas bougé et témoigne des grands travaux hydrauliques de la fin du XIXe s dans la région, pour réguler et gérer les flux de l'eau. Réserve de pêche, baignade interdite !

BESSINES (79000) 1 463 hab. *Carte Marais poitevin, D2*

Située à l'entrée du Marais mouillé, Bessines est le village natal de Jean Richard, ex-commissaire Maigret à l'écran et directeur de cirque. Sympathique et discret embarcadère des Trois-Ponts en sortie du village, sur la route de Magné, et église romane Saint-Caprais. De là, un chemin de promenade permet de rejoindre le cœur du village.

LE VANNEAU (79270) 800 hab. *Carte Marais poitevin, D2*

Verdoyant petit port, rénové avec goût, peu fréquenté puisque dépourvu d'embarcadère. Jardins potagers sur la motte, d'accès public. Tout à côté, la Belette, rue typique en bord de conche avec des maisons ayant entrées sur rue et sur l'eau, comme à Arçais, La Garette ou Saint-Hilaire-la-Palud. Bon point de départ pour une balade à pied autour des canaux à travers de petites forêts, et pour rejoindre Irleau.

Manifestation

– ***Marché sur l'eau :*** *dernier sam de juil, port du Vanneau.* Le matin, vente de produits régionaux et artisanaux, et animations sur l'eau, suivies d'un déjeuner champêtre. Balades à pied, à vélo ou en barque. Le soir, bal et feu d'artifice sur le Marais.

DANS LES ENVIRONS DU VANNEAU

Saint-Georges-de-Rex : un charmant village, avec sa grande fontaine, ses 4 lavoirs, son pigeonnier. Quelques curiosités, comme les ruines de la forteresse féodale, aux douves encore remplies d'eau *(ne se visite pas).* Et si le Christ en croix qui marque l'entrée du village est noir, dans l'église, celui du retable polychrome du XVIIe s est habillé en bleu-blanc-rouge !

Rando'Âne : *s'adresser à la chambre d'hôtes* Du Coq à l'Âne, *à* ***Saint-Georges-de-Rex.*** *● ducoqalane.fr ●* Pour ceux qui voudraient découvrir le Marais autrement qu'en barque ou à vélo, la balade accompagnée d'un âne s'impose. Animations pour enfants. Propose également des chambres d'hôtes.

L'Asinerie et Savonnerie du Marais poitevin : *12, rue du Moulin, 79210* ***Saint-Georges-de-Rex.*** *☎ 05-49-35-06-28. ● ducoqalane.fr ● Fin mars-fin oct, tlj (sauf lun hors vac scol) 14h-18h. Entrée : 6 € ; réduc.* Les propriétaires de la chambre d'hôtes *Du Coq à l'Âne* (voir ci-dessus) font feu de tout bois. Avec le temps, ils ont développé un vrai site touristique. La visite comprend désormais une découverte ludique et pédagogique de leur asinerie. Un parcours à la déco Far West jalonné de jeux permet d'aller à la rencontre des ânes bien sûr, mais aussi d'animaux insolites tels que des alpagas, des porcs laineux et des vaches de race Highland. Également une présentation de leur savonnerie artisanale, où tout est fabriqué à base de lait d'ânesse cru, et un snack où l'on pourra déguster une glace au lait d'ânesse. Tout un programme !

IRLEAU (79270) 410 hab. *Carte Marais poitevin, D2*

Un petit village au nom évocateur, lente déformation du mot « îlot ». La route entre Coulon et Irleau suit le cours du... fleuve (la Sèvre se jette dans la mer, donc on parle bien d'un fleuve !). Vous pourrez y voir un de ces barrages-écluses qui ont permis, au XIXe s, de rendre la Sèvre navigable de Niort à Marans. Possibilité de faire de longues balades au calme, entre les canaux jusqu'au Vanneau, loin de la route principale souvent dangereuse. Passez l'écluse et suivez les chemins...

ARÇAIS (79210) 650 hab. *Carte Marais poitevin, C2*

Un village typiquement maraîchin, à l'image de La Garette. Au XIIIe s, déjà, Arçais était un port dynamique où transitaient bois, vin, céréales... Juste en face de l'embarcadère, un logis de rêve du XIXe s nargue la rivière (propriété privée). Emprunter le chemin de halage et découvrir les marais dans les environs. Sur le petit coteau, belle vue sur le Marais sauvage. Prisé des artistes, qui viennent de plus en plus s'installer au village.

Adresse et info utiles

Office de tourisme : *pl. de l'Église. ☎ 05-49-24-18-79. ● niortmaraispoitevin.com ● Pâques-fin sept, tlj sauf dim ap-m 10h-12h30 (13h dim), 14h-18h30.* Ouvrages, cartes pour la rando et le VTT, billetterie pour les sites, animations et sorties d'été. Billetterie des activités de loisirs et entrées de site.

Embarcadères : il y en a 3 sur le port. Arçais se targue d'être le seul village du Marais à posséder 40 km de canaux navigables et une superficie de 1 000 ha de Marais mouillé. Passez voir notamment l'équipe d'***Au Martin Pêcheur*** *(☎ 05-49-35-62-34 ; ● aumartinpecheur.com ●),* qui connaît une foule d'histoires sur le Marais. Promenades en barque libres ou commentées, location de canoës et kayaks. Accueil compétent.

À faire

Le chemin de halage : il démarre au pied du logis. Ce vieux chemin longe le quartier de la Garenne. On voit des fermes à flanc de coteau, dont les dépendances descendent jusqu'au bief Minet. Même si certains bâtiments sont en ruine, remarquez les superbes appareillages de pierres. Entre chaque maison s'ouvrent des venelles pour accéder aux barques. Elles permettent juste le passage d'une brouette !

La Bicyclette Verte : *36, route de Saint-Hilaire-la-Palud. ☎ 05-49-35-42-56. ● maraispoitevin-bicyclette.com ● Début juin-sept, presque tlj ; le reste de l'année, sur résa.* Location de tous types de vélos, bien entretenus, avec tout le matériel adéquat. Accueil très sympa.

SAINT-HILAIRE-LA-PALUD

(79210) 1 590 hab. *Carte Marais poitevin, C2*

2 hameaux, La Rivière et Montfaucon, pour un seul village : Saint-Hilaire-la-Palud, qui se proclame – attention ! – « capitale du Marais sauvage des Deux-Sèvres ». Ce village est l'un des points de départ pour une balade dans le Marais.

PALU ? PAS VU !

Le nom de Saint-Hilaire-la-Palud vient du latin palus, qui signifie... « marais ». D'où d'ailleurs l'origine du mot « paludisme » ! Vous voilà dans la partie la plus sauvage et la moins connue du Marais, mais pas de panique : le moustique infecté ne sévit plus sous ces latitudes, et les libellules du Marais dévorent la plupart des moustiques !

Adresses et infos utiles

Point d'information touristique : *2, route de Niort, au bureau de poste. ☎ 05-49-24-18-79. ● niortmaraispoitevin.com ● Tlj sauf mer et dim 9h-12h30.* Infos complètes, cartes (randos et VTT) et agenda des animations d'été.

Bus Tanlib : les lignes n°s 21 et 22 relient Niort à Saint-Hilaire-la-Palud et Coulon, en passant par le Marais. Au départ de Niort tte l'année ; horaires et tarifs : *☎ 05-49-09-09-00 ; ● mobilite79.fr ●*

Embarcadère du port de Montfaucon : *☎ 05-49-35-34-97. ● embarcadere-port-montfaucon.fr ●* Un peu moins connu que Coulon, Arçais ou La Garette, et dans une partie plus sauvage du Marais, donc logiquement moins fréquenté. Bon accueil et petit historique sur le Marais avec plans, cartes et vieux outils, avant chaque départ en visite guidée *(résa conseillée pour éviter l'attente).* Location de barques en visite libre également. Propose aussi la location de canoës et de vélos.

Embarcadère du Camping Le Lidon : *06-28-03-49-43.* Ici, on s'inscrit dans l'écotourisme : découverte du Marais avec un guide naturaliste, à travers les activités du milieu, l'agriculture traditionnelle, la vie locale, la défense de la culture, des traditions et de l'environnement, etc. Vraiment intéressant !

Base de canoë-kayak : *à la base nautique du Lidon. ☎ 05-49-35-31-60. En saison, tlj 14h-20h.* Propose des locations ou une initiation.

Où goûter des produits régionaux ?

Les Fromages d'Emma : *38, rue de Pied-Blanc. 06-83-16-50-33. • lesfromagesdemma@orange.fr • En principe, mar et ven 17h-19h.* Arrêt obligatoire pour tous les amateurs de fromages de chèvre, car ceux d'Emma, de fabrication fermière et au lait cru, sont rudement bons ! Et si vous êtes sympa, vous pourrez même assister à la traite.

À voir

Le parc ornithologique et l'embarcadère Les Oiseaux du Marais poitevin : ***Le Petit-Buisson.*** *☎ 05-49-26-04-09. • oiseauxmaraispoitevin.com • Fléché depuis Saint-Hilaire. Des vac scol de Pâques à mi-sept, tlj 10h-19h ; mars-Pâques et de mi-sept à la Toussaint, tlj sauf lun 14h30-19h. Entrée : 9 € ; réduc. Possibilité de forfait : visite du site et balade en barque (avec ou sans guide) et de canoës. Jeux pour enfants, aire de pique-nique et resto à base de produits frais et locaux (bons fromages) sur place.*

Imaginez une zone vierge du Marais entièrement dévolue à la faune locale et aux oiseaux (70 espèces), un petit paradis de 8 ha aménagé en une immense volière, le plus souvent à ciel ouvert. C'est le pari gagné par 2 passionnés, le long d'un sentier qui serpente entre conches et parcelles aménagées. Des petits modules pédagogiques apportent juste ce qu'il faut d'explications, souvent agrémentées d'anecdotes savantes ou de devinettes pour petits et grands sur le héron bihoreau, la grue cendrée, les oies à tête barrée, les cygnes chanteurs ou même les ibis sacrés... Également des oies grises, et, en saison, des chevaux de trait mulassiers et d'adorables baudets du Poitou, au formidable manteau laineux.

Enfin, on ne manquera pas de se perdre dans le labyrinthe fait de frênes têtards, d'aubépines et de saules. Un bon complément à la végétation du Marais, qui est préservée sur le site. La visite s'achève par un beau film de 20 mn.

Le *Restologique* propose des plats à base de légumes frais du Marais accompagnés de produits locaux.

DAMVIX

(85420) 760 hab. *Carte Vendée, D3, et carte Marais poitevin, C2*

Les bords de la Sèvre niortaise offrent de beaux points de vue sur un long chapelet de maisons traditionnelles maraîchines, dans un charmant décor de verdure. Le village a longtemps vécu de la pêche de poissons d'eau douce. De cette époque ne reste que le petit port. Comme beaucoup de villes dans les environs, Damvix vit surtout en été, au rythme des vacanciers qui se dispersent sur les chemins de randonnée et les voies navigables.

Adresses utiles

Location de barques, canoës et vélos : ***embarcadère La Grenouille Bleue.*** *☎ 02-51-87-14-00. • lagrenouillededamvix.fr • Avr-oct.*

Bateaux électriques : *07-81-54-62-58. Loc avec le* Happy Day, *10 pers max pour 1h.* Possibilité de petit déj sur l'eau et d'un repas froid vendéen sur résa.

Où camper ? Où manger ? Où acheter des douceurs ?

Camping des Conches : *route du Grand-Port. ☎ 02-51-87-17-06. • campingdesconches@orange.fr • camping-des-conches.fr • D'avr à mi-oct. Empl. env 14-16 € pour 2 ; locatifs 3-6 pers. 79 empl.* En lisière du bourg, un camping arboré agréable et bien tenu, environné par les canaux du Marais. À proximité : restaurants, embarcations à pédales, canoës, pêche, tennis. Piscine chauffée. Location de vélos.

Le Marais : *8, rue de la Garnauderie. ☎ 02-51-00-44-74. • reservation@restaurantdamvixlemarais.fr • Dans le village. Fermé dim soir, lun et le soir mar-mer, plus le soir jeu-sam hors saison. Congés : fin sept-début oct et fêtes de fin d'année. Formule déj en sem 11,90 € ; menus 26-35 €. Apéritif maison offert sur présentation de ce guide.* Quelques tables sous les grands parasols à même la rue ou dans la salle à l'ancienne après avoir traversé le bar. C'est ici qu'œuvre Vincent, chargé de mettre les plats de Marie (aux fourneaux) en valeur avec ses vins. Une cuisine du marché bien ficelée pour un rapport qualité-prix des plus convenable.

La Gambille : *Les Vergnaies. ☎ 02-51-87-10-27. Au niveau du pont, face à l'embarcadère. Fermé jeu. Compter 16-30 €.* Le cadre classique et simple n'a rien d'extravagant, mais cette bonne petite table régionale soigne ses plats, principalement des spécialités locales et des produits de la mer.

Les Trésors du Marais : *9, impasse de la Bergerie. 06-89-33-25-26. Fermé lun en juil-août ; horaires plus restreints hors saison.* Boutique de créateurs régionaux : poterie, bois, bijoux, cosmétique...

MAILLÉ

(85420) 790 hab. *Carte Vendée, D3, et carte Marais poitevin, C2*

Entre Damvix et Maillezais, un bourg sans histoires où l'on peut embarquer pour une balade sur les canaux jusqu'à Maillezais par « la jeune Autize », un canal de 9 km. Noter l'église romane du XIIe s, dont il ne subsiste que la façade. Beau portail en arc brisé et orné de voussures aux sculptures figurant acrobates, musiciens, jongleurs...

Adresses utiles

Embarcadère des Capucines : *7, pl. du Port. 06-83-52-02-52.* Les Capucines sont des bateaux électriques de 9 places maximum, insonores et inodores, équipés d'une grande table centrale. Un bon plan pour aller pique-niquer dans le Marais. Également location de vélos.

Embarcadère Le Passage de la Venise Verte : *La Vieille-Vaigue, D 25 bis. ☎ 02-51-00-62-61. • bateaux-balades-marais-poitevin.com •* Location sans guide : barques, canoës, bateaux à moteur sans permis. Également des vélos et snack sur place.

Original Vélo Tour : *3, rue du Gros-Noyer. 06-67-96-97-88. • originalvelotour.fr • Avr-Toussaint.* Balades guidées, commentées et gourmandes à vélo, dans le Sud-Vendée et le Marais poitevin.

Où camper ?

La Petite Cabane : *7, pl. du Port. ☎ 02-51-87-07-52. • camping.lapetitecabane@gmail.com • ville-maille.fr • ♿ À droite après le petit pont. Avr-sept. Tente env 11 € ; bungalows toilés. 42 empl.* Petit camping tout simple, à l'atmosphère conviviale et familiale. Environnement champêtre et nombreux emplacements à deux pas de la rivière.

Où acheter du vin ou de la bière dans le coin ?

Brasserie La Cibulle : *7, rue de la Poste, à Maillé. ☎ 02-51-00-39-74. En saison, mar-sam ; visite guidée jeu à 17h (sans résa, 3 €/pers). Hors saison, ouv seulement sam, plus mer et ven ap-m.* Une dizaine de bières traditionnelles différentes aux noms plus ou moins locaux : *american amber* (médaillée), aliénor, abbaye de Maillezais, etc.

Vignobles Mercier : *chemin des Vignes, 85770 **Vix.** ☎ 02-51-00-60-87. • mercier-vins.com • À 7 km à l'ouest (D 25). Lun-ven 9h-12h30, 14h-18h30 ; sam 9h30-12h30, 15h-18h.* Frais et gouleyant, le vin de Vix est le moins connu de tous. Une raison de plus pour le découvrir, d'autant que la maison propose d'intéressantes formules de visites œnotouristiques dans son bel espace d'accueil.

Estelle et Christian Chabirand : *prieuré la Chaume, 35, chemin de la Chaume, 85770 **Vix.** ☎ 02-51-00-49-38. À 7 km à l'ouest (D 25). Juil-août, fermé dim ; hors saison, ouv seulement ven-sam ; sinon sur rdv.* Un vignoble jeune et certifié bio. La ténacité des propriétaires et leur volonté de bien faire se sont vite avérées payantes.
– Possibilité de circuit œnologique de 63 km (*Route des vins du fief de Vix ; • fiefsvendeens.com •*), mêlant vignoble et patrimoine.

LE MARAIS DESSÉCHÉ

Très étendu, il représente plus de 50 000 ha, soit la grande majorité du Marais poitevin. Ici, le paysage change radicalement. L'absence pratiquement totale d'arbres le rend plus uniforme, à l'image des polders de Hollande. Les villages se sont réfugiés sur les anciennes îles du golfe des Pictons. Ici, les Maraîchins sont agriculteurs, traditionnellement tournés vers l'élevage. Mais les céréales envahissent de plus en plus cette partie du Marais, où le comblement des conches va bon train. Bourgades principales : en Vendée, Chaillé-les-Marais, et en Charente-Maritime, Marans et Courçon-d'Aunis. Mais, si on veut être exact, le marais desséché court jusqu'aux portes de Longeville, au nord de La Tranche-sur-Mer.

CHAILLÉ-LES-MARAIS

(85450) 1 820 hab. *Carte Vendée, C3, et carte Marais poitevin, B2*

La capitale du Marais desséché. Les maisons, adossées à la falaise, bordent la rue principale, parallèle à la nationale. Juste à côté, le lieu-dit de l'An-VI rappelle que ce coin de Vendée serait toujours resté républicain durant la période révolutionnaire.

Adresse utile

Bureau d'information touristique : *à la* ***Maison du Maître de digues,*** *7, rue de la Coupe-du-Rocher, à la sortie du village, en direction de Luçon. ☎ 02-51-56-37-37. • sudvendeelittoral.com • Juil-août, tlj 9h30-12h30, 13h30-18h ; le reste de l'année, horaires plus restreints l'ap-m.* Billetterie, cartes de pêche.

Où camper ?

Camping de l'Île Cariot : *rue du 8-Mai. ☎ 02-51-56-75-27. 06-75-70-24-13. • camping.ilecariot@gmail.com • camping-chaille-les-marais.com • À 300 m du bourg. Avr-sept. Empl. env 13-15 € ; loc de chalets, bungalows, tentes et caravanes. 43 empl.* Structure modeste en taille et au confort 3 étoiles, avec piscine chauffée, épicerie, snack et animations en juillet-août. Ambiance familiale et toutes sortes d'activités dont un embarcadère pour canoës (gratuits) et des vélos en location. Accueil tout sourire.

Où dormir ? Où manger dans les environs ?

Camping

Ô P'tit Marais : *Drapelle, 85770* ***Vix.*** *☎ 02-28-13-96-89. 06-30-51-85-70. • camping@optitmarais.fr • optitmarais.fr • À 15 km à l'est (D 25). Mai-sept. Compter 12-14 € pour 2 ; bungalows et tipis 2-5 pers. Repas 15-20 €. Apéritif maison offert sur présentation de ce guide.* En bordure de la Sèvre Niortaise, sur le tracé de *La Vélo Francette*, ce camping ombragé par des frênes accueille les amoureux d'authentique. Location d'embarcations à pédales et de canoës, pêche. Petite restauration. Guinguette et animations musicales en saison. Un super endroit pour se mettre totalement au vert.

De prix moyens à chic

Auberge de la Rivière : *2, rue du Port-de-la-Fouarne, 85770* ***Velluire.*** *☎ 02-51-52-32-15. • reservation.aubergedelariviere@orange.fr • hotel-riviere-vendee.com • À 14 km à l'est par les D 25 et D 65. Resto fermé lun et mar midi, plus jeu midi et dim soir hors saison. Doubles 78-108 €. Menus 26 € (midi en sem), puis 34-63 €. Réduc de 10 % sur le prix de la chambre sur présentation de ce guide.* Si vous avez des envies de calme et de raffinement pour un week-end en amoureux, voici une élégante adresse. Au centre du bourg, laissez-vous glisser d'abord vers la rivière, puis vers la salle à manger, où l'on découvre une cuisine de caractère qui marie tradition et modernité. Pour la nuit, des chambres pimpantes et accueillantes, la plupart orientées face à la rivière. Jolie balade en barque le long de la Vendée.

Chambres d'hôtes La Pérotine : *23, rue Jean-Moulin, 85770* ***Le Poiré-sur-Velluire.*** *☎ 02-51-52-35-00. • laperotine85@gmail.com • laperotine.com • À 16 km à l'est par les D 30 et D 68. Doubles à partir de 54 € ; familiales.* Derrière une large façade de pierre, de belles chambres doubles et une suite, toutes décorées et meublées chic à l'ancienne façon. Pas étonnant, la propriétaire était antiquaire. Elle adore recevoir et prodiguer de bons conseils pour visiter les environs. Vélos à disposition.

Chambres d'hôtes L'Isle de Bourbon : *9, rue de l'Église, 85770* ***Le Gué-de-Velluire.*** *☎ 02-51-69-27-42. 06-98-25-72-69. • lisle.bourbon@gmail.com • lisle-de-bourbon.fr • À 15 km à l'est. Avr-oct. Double 60 € (dégressif). Table d'hôtes (repas réunionnais) 25 €.* Marc, originaire de La Réunion et grand voyageur, accueille ses hôtes dans cette ancienne résidence épiscopale au centre du village. Il propose 2 chambres d'hôtes avec salle de bains. Agréable jardin de 2 000 m² bien ensoleillé le matin, où est servi le petit déj. Promenades en barque à proximité.

Chambres d'hôtes La Claverie *(chez Marie et Philippe Huet) : 2, rue du Moulin-Neuf, 85450* ***Sainte-Radegonde-des-Noyers.*** *☎ 02-51-30-89-38. • la-claverie-des-noyers.com • À 5 km au sud (D 25). Avr-oct. Double 85 € ; suite parentale. Table d'hôtes 40 €.* Dans une maison en léger retrait de la route, des chambres donnant sur un agréable jardin. Déco très soignée : tapis d'Orient, vieux meubles, tableaux, livres... Philippe écrit, accompagne des groupes et cuisine aussi. Ambiance voyageuse et légèrement tournée vers le Bénin, où le couple passe l'hiver.

À voir

La Maison du Maître de digues : *7, rue de la Coupe-du-Rocher, à la sortie de Chaillé, direction Luçon. ☎ 02-51-56-77-30. • maisondumaitrededigues.fr • Juil-août, tlj 9h30-12h30, 13h30-18h (fermé mat des j. fériés) ; hors saison, se renseigner. Congés : janv. Entrée : 5 € ; réduc ; gratuit jusqu'à 18 ans. Livret-jeu, appli « Baludik » (jeu de piste).* Quel meilleur endroit pour évoquer l'histoire du Marais ? Car cette belle « cabane » (une ferme traditionnelle en patois), où vivait le technicien chargé d'entretenir le réseau hydraulique du secteur, partage ses bâtiments entre le siège du Syndicat des marais et une exposition. Revivez sa vie grâce à un film (très bien fait), la reconstitution de son habitat et de son environnement. Jeu pour les enfants. Chèvres poitevines et baudets du Poitou sur le site. Toutes sortes d'activités (balade gourmande, activités pédagogiques, mise en service du four de la ferme dans le cadre des fêtes du Four en juillet et août...).

DANS LES ENVIRONS DE CHAILLÉ-LES-MARAIS

La réserve biologique départementale de Nalliers – Mouzeuil-Saint-Martin : *les Huttes, 85370* ***Nalliers.*** *☎ 02-51-97-69-80. • sitesnaturels.vendee.fr • À env 5 km au nord de Chaillé-les-Marais par la D 10 ; c'est fléché. Réserve ouv tte l'année, accès libre. Maison de la réserve juil-août, tlj 11h-19h ; début mai-juin, mar-dim et j. fériés 14h-18h (fermé lun) ; sept-fin oct, ouv seulement mer et w-e 14h-18h ; vac de la Toussaint, tlj 14h-18h. Fermé nov-fin mars. GRATUIT. Visites guidées gratuites.* Un endroit méconnu, donc tranquille. 2 sentiers de découverte permettent d'arpenter ces 132 ha de nature préservée. Le plus court (1 km, compter 1h) retrace la vie des huttiers, habitants du marais. Le sentier d'observation (3 km, soit 2h) part, lui, à la rencontre de la faune et de la flore du Marais. Jeux de piste en été, nombreuses animations nature pour enfants. Prêt de jumelles.

Embarcadère Le Guétréen : *pl. du 8-Mai, 85770* ***Le Gué-de-Velluire.*** *06-73-59-40-43. • guedevelluire.fr • Mar-dim, à partir de 15h.* Balades en barque.

MARANS (17230) 4 630 hab. *Carte Marais poitevin, B2*

Autrefois « île enfermée de marais bocageux » (selon les mots d'Henri IV), Marans était une ville portuaire à l'intérieur des terres, reliée à l'océan et à La Rochelle par le canal de Marans (du XIXᵉ s). Un passé riche, dont témoigne encore la présence de belles demeures des XVIIᵉ et XVIIIᵉ s.

Aujourd'hui, Marans ne rigole pas tous les jours et subit la tyrannie d'un trafic routier dense et bruyant, mais elle demeure la porte d'entrée principale, par la Sèvre niortaise, du Marais poitevin, côté Charente-Maritime.

OH ! LA BELLE POULE !

C'est à partir du XIIe s qu'apparaît la poule de Marans, reconnue tant pour ses œufs de couleur rousse que pour sa chair. Cette qualité, elle la doit à un joli croisement entre des coqs d'origine lointaine et les poules du Marais poitevin. On compte moult variétés de marans, qui ont pourtant perdu quelques plumes au cours du XXe s, notamment après la guerre. On a même frôlé la disparition de l'espèce.

Adresses utiles

Office de tourisme Aunis – Marais poitevin – Bureau de tourisme de Marans : *1, pl. Cognacq. ☎ 05-46-01-12-10. • aunis-maraispoitevin.com • À env 300 m sur la droite de la rue principale en venant du pont. Juil-août, tlj sauf dim ap-m 9h30-12h, 14h-18h30 ; sept-juin, lun-ven sauf jeu ap-m 9h30-12h30, 14h-17h30.* Organise des visites et goûters à la ferme et des sorties pêche... Cartes des circuits à vélo. Livret découverte de la ville gratuit, découverte du patrimoine (balade d'environ 1h30). Billetterie.

Embarcadère du Marais poitevin : *73, quai Joffre. 06-65-35-50-19. Près du vieux pont. Avr-oct, tlj 9h-19h.* Base avec bateaux électriques pour une approche plus douce de la faune. Location de bateaux à pédales et à moteur sans permis au forfait horaire ou à la journée *(27 €/h pour 1-4 pers).* Une bonne solution pour une visite du Marais poitevin. Très bel itinéraire de 5h30, avec passage par aire de pique-nique *(80 € pour 1-4 pers).*

Marais Plaisance : *D 137, entre le Super U et le Marais Fleuri. 07-82-64-73-29.* Location de canoës et kayaks, de bateaux à moteur sans permis, de *stand up paddles,* etc. *(27 €/h pour 1-4 pers).*

Cycles Nadeau : *68, rue Gambetta. ☎ 05-46-01-03-50. Lun-sam. Congés : 2de quinzaine d'août. Compter env 15 €/j. ; forfait couple 20 € (2 vélos).* Location de vélos et VTT.

Où camper dans les environs ?

Camping Le Petit Booth : *79 bis, rue Nationale, 85770* ***L'Île-d'Elle.*** *☎ 02-51-52-00-67. • lepetitbooth.com • À 6 km au nord-est (D 137 et D 938ter). Compter 13-19 € pour 2 avec voiture ; locatifs ; petit déj possible.* Un camping familial au bord de la Vendée, auquel il ne manque rien : snack-épicerie, piscine, activités sportives dont des canoës et barques en location, etc. Emplacements semi-ombragés pour les tentes. Sinon, *pods,* caravanes vintage et même cabanes de *hobbit.* Et toujours un bout d'herbe réservé aux cyclistes. Sympa !

À voir. À faire dans le coin

L'église Saint-Étienne : *au milieu du cimetière.* Construite au XIIe s. Il ne subsiste que quelques murs et un clocher octogonal très particulier.

L'église Notre-Dame : en 1988, grâce à la générosité du Marandais Barthélemy Fabbro, on édifia enfin le clocher de cette église inachevée depuis le début du XXe s, faute de moyens financiers. Campanile de verre et de béton conçu par les architectes Pasquel et Chicot, il mesure 52 m et abrite une belle salle panoramique.

➢ ***Balade le long du canal :*** pousser ses gambettes jusqu'aux écluses des Enfrenaux, avant-dernier barrage entre les eaux de la Sèvre niortaise et l'océan. Une balade qui rappelle l'importance des voies navigables dans l'histoire prospère de La Rochelle, à laquelle Marans reste très liée. L'activité portuaire de Marans (haute place protestante) s'est essoufflée après la révocation de l'édit de Nantes. La ville livre désormais son port et ses canaux à la navigation de plaisance.

Objectif Marais poitevin : *à **L'Île-d'Elle** (85770). 06-70-78-89-72. • objectifmaraispoitevin.com • Sur résa seulement.* Balade en bateau électrique sur la Sèvre Niortaise (1h45).

Voies cyclables : *La Vélodyssée* et *La Vélo Francette* passent par Marans. De belles balades en perspective. *• lavelodyssee.com • lavelofrancette.com •*

COURÇON-D'AUNIS

(17170) 1 700 hab. *Carte Marais poitevin, C3*

Village carrefour entre le Marais poitevin et la forêt, qui en constitue une des principales portes d'entrée. Courçon, autrefois très connue pour ses foires aux bestiaux, vaut surtout pour son église dite fortifiée et ses tumulus. Pour info, le village a été bâti sur l'un des points culminants de la région, soit à... 25 m d'altitude. Ouvrez grands vos poumons !

À voir. À faire dans le coin

L'église Notre-Dame : église romane d'apparence fortifiée de la fin du Xe s. De cette époque demeurent la nef, l'échauguette (la petite tour d'angle), le portail et le clocher (remanié aux alentours de 1900). Fortement restaurée au XXe s, elle a été flanquée de pseudo-fortifications purement ornementales dont elle aurait pu se passer ! À l'intérieur, très belle reproduction d'un tableau d'un disciple de Raphaël qui se trouve au Louvre, *La Sainte Famille*. Les 4 magnifiques vitraux au fond du chœur représentent saint Guillaume (duc d'Aquitaine), Jeanne d'Arc, Saint Louis et saint Bernard.

➢ ***Découverte du Marais, location de barques :*** *embarcadère des Écluses de Bazoin, 17170 **La Ronde**. ☎ 05-46-56-41-28. • polenature-maraispoitevin.fr • Juil-août, tlj 10h-19h ; mai-juin, mer-dim 13h-18h. Compter 19 €/barque (2-4 pers) pour 1h30 de loc avec plan ; balade guidée 20 €/pers pour 2h (min 2 pers).* Légèrement plus cher avec accompagnateur mais très intéressant compte tenu de la richesse de la flore et de la faune dans ce secteur du Marais poitevin.

DANS LES ENVIRONS DE COURÇON-D'AUNIS

La Briqueterie : *La Grève-sur-Mignon.* 06-61-58-06-28. • aunisatlantique.fr • À droite du pont de la D 3 vers Niort, à la sortie du bourg. De mi-juin à mi-sept, ven-dim 14h-18h. Ateliers et visites des « bris » (à pied) payants (se renseigner).* Un haut lieu du patrimoine industriel régional, au cœur du Marais. Du bri à la brique, un parcours didactique retrace l'histoire de la 1re tuilerie mécanique du Marais. Un espace d'écohabitat dédié à l'écoconstruction et à l'écorénovation.

LA BAIE DE L'AIGUILLON : LE MARAIS MARITIME

Au-delà des digues s'étend la baie de l'Aiguillon. Depuis les travaux titanesques entrepris par l'homme pour tenter d'endiguer les marées, cette baie ne cesse de se réduire. L'ancienne ouverture du golfe des Pictons, large de près de 40 km avant l'assèchement du Marais, ne dépasse pas 5 km aujourd'hui.
Derrière, ce sont des dizaines de milliers d'hectares conquis sur la mer. D'abord les prés-salés (on dit mizottes), recouverts par la mer lors des plus fortes marées : seules quelques essences halophiles (qui aiment le sel) y poussent. À marée basse, on aperçoit les vasières plantées de pieux. On y élève des moules de bouchots. Puis viennent les prés gagnés sur la mer, peuplés, eux, d'essences halophytes (qui résistent au sel), où pâturent parfois quelques moutons de prés-salés.
Mais le spectacle le plus grandiose reste sans conteste l'escale de milliers d'oiseaux migrateurs. En janvier, on en dénombre jusqu'à 150 000 !

FALLAIT Y PENSER !

Le système des portes du Brault et des Grands-Greniers est on ne peut plus élémentaire : les 2 battants sont plus larges que le canal. L'ouverture étant orientée vers la mer, lorsque la marée monte, le courant ferme les battants, qui se coincent. À l'inverse, à marée basse, le flux, plus fort du côté du Marais, fait ouvrir les 2 panneaux. Le Marais se trouve ainsi protégé contre la mer, mais on peut aussi y retenir l'eau.

SAINT-MICHEL-EN-L'HERM

(85580) 2 280 hab. *Carte Vendée, C3, et carte Marais poitevin, B2*

Ancienne île du golfe des Pictons, désormais en partie asséchée, Saint-Michel est une jolie bourgade occupée dès l'époque celte. La ville est liée à l'histoire de son abbaye, un des hauts lieux de l'épopée des assèchements.

Adresse utile

Point d'information touristique : *5, pl. de l'Abbaye. ☎ 02-51-56-37-37. • sudvendeelittoral.com • Juil-août, lun-ven 9h30-13h, 14h30-18h, sam et j. fériés 9h-13h (fermé sam ap-m et dim) ; le reste de l'année, horaires plus restreints.*

Où camper ? Où manger ?

La Dive : *12, route de la Mer. ☎ 02-51-30-26-94. • contact@camping-la-dive.com • camping-la-dive.com • ♿ À la sortie de Saint-Michel par la D 60, en direction de la mer. Avr-sept. Compter 16-29 € pour 2 ; locatifs également.* Ne pas s'arrêter aux 4 toboggans, aux piscines et aux jeux gonflables qui pourraient laisser craindre le pire côté décibels.

Ce camping assez bien paysager et aux emplacements bien délimités se révèle plutôt familial. On y trouve toutes sortes d'hébergements, de l'emplacement nu au mobile home le plus confortable, en passant par les roulottes et les cabanes perchées. Petit parc avec animaux de la ferme.

La Rose Trémière : *4, rue de l'Église. ☎ 02-51-30-25-69. Fermé dim soir et lun-mar. Menus 30-59 €. Café offert sur présentation de ce guide.* Au cœur du village, cette table consciencieuse offre une savoureuse cuisine de terroir à déguster dans une salle à manger cossue ou dans la salle bistrot « l'Atelier ». Attention, n'arrivez pas trop tard, le service n'est assuré que jusqu'à 13h15 (13h30 le dimanche).

À voir

L'abbaye royale : *se présenter d'abord au point d'info touristique. Juil-août, lun-mar et jeu-ven ; visite guidée seulement. Tarif : 5 € ; réduc. Forfait avec le musée Deluol : 6 €.* Fondée par des moines venus de Noirmoutier en 682, l'abbaye subit les assauts des Normands 2 siècles plus tard, puis un incendie. Elle est le théâtre de massacres durant les guerres de Religion. Ce sont les bâtiments du XVIIe s que l'on visite. Cependant, 2 belles pièces plus anciennes sont visibles : le chauffoir du XIIe s et la salle capitulaire du XIIIe s.

Le musée Deluol : *rue de l'Étendard. ● musee-andredeluol.fr ● Juil-août, lun-ven 14h30-18h (fermé w-e). Tarif : 4 € ; réduc. Forfait avec l'abbaye royale : 6 €.* Sculpteur, peintre, dessinateur au pastel... André Deluol (1909-2003) fut un touche-à-tout, inspiré surtout par le corps humain. On peut admirer ici 150 de ses œuvres, avec des supports aussi divers que le marbre, le bois ou la pierre.

DANS LES ENVIRONS DE SAINT-MICHEL-EN-L'HERM

La réserve naturelle nationale Michel-Brosselin : *gérée par la LPO et l'ONCFS, Pôle des espaces naturels du Marais poitevin, 2, rue du 8-Mai, 85580 **Saint-Denis-du-Payré.** ☎ 02-51-28-41-18. ● reservenaturelle-saintdenisdupayre.fr ● (label 4 handicaps). Juil-août, dim-ven 9h30-12h30, 15h-19h (fermé sam) ; fév-juin et de sept à mi-oct, ven 9h30-12h30 ; vac scol d'hiver, de printemps et de la Toussaint, lun-ven et dim ap-m 9h30-12h30, 14h-18h. Tarif : 5 € ; réduc. Programme d'animations à thème tte l'année (se renseigner).* Sur 207 ha de prairies humides protégées, une multitude d'oiseaux d'eau migrateurs au rythme des saisons (grues, cigognes, spatules, petits échassiers, canards...). Pour les découvrir, un sentier sur pilotis permet d'accéder facilement à l'observatoire. Longues-vues et guides naturalistes en permanence.

L'AIGUILLON-SUR-MER ET LA FAUTE-SUR-MER

(85460) *Carte Vendée, C3, et carte Marais poitevin, A2*

L'autre visage du Marais poitevin, tourné vers l'Atlantique. Ici, la moule de bouchot est l'objet d'un véritable culte. Les 3 communes de L'Aiguillon, La Faute et La Tranche représentent en effet le principal centre mytilicole de l'Hexagone, grâce à la température de l'eau assez douce et à la richesse du plancton.

Entre le XIIe et le XIXe s, L'Aiguillon fut un village nomade. Établi sur un massif de dunes, il devait subir régulièrement les assauts de la mer. Il ne trouva sa place actuelle qu'à partir de 1732, après avoir été totalement détruit. Au XIXe s, on construisit une digue pour protéger le village. Digue qui n'a malheureusement pas suffi à arrêter les assauts de la terrible tempête Xinthia en février 2010 : submergées en quelques instants par l'océan, L'Aiguillon-sur-Mer et La Faute-sur-Mer ont payé un terrible tribut humain à cette tempête...

Adresses utiles

Bureau d'information touristique : *av. Amiral-Courbet, à **L'Aiguillon.** ☎ 02-51-56-37-37. • sudvendeelittoral.com • Juil-août, tlj 10h (9h mar et ven, j. de marché)-13h, 14h-18h ; le reste de l'année, j. et horaires plus restreints.*

Bureau d'information touristique : *au rond-point fleuri, à **La Faute.** ☎ 02-51-56-37-37. • sudvendeelittoral.com • Juil-août, tlj 10h (9h jeu et dim, j. de marché)-13h, 15h-19h ; le reste de l'année, horaires plus restreints.*

Où manger ?

La Pergola : *320, route de la Pointe, lieu-dit les Caves, à **L'Aiguillon.** ☎ 02-51-56-41-08. Fermé mer, plus d'autres j. hors saison. Menus 18,50 € (sauf dim et j. fériés), puis 29-39 €.* Idéalement située face à l'estuaire du Lay, le pont de l'île de Ré dans le viseur, cette grande salle simple et agréable profite d'une vue splendide à travers ses larges baies vitrées... à moins d'avoir la chance de dénicher une table sur la terrasse, presque les pieds dans l'eau. Ici, homards vivant en vivier et autres coquillages mettent peu de temps pour arriver dans votre assiette.

Julie dans la Cuisine : *86, route de la Pointe, à **L'Aiguillon.** ☎ 02-51-56-27-67. Fermé dim soir et lun. Menus 13 € (midi en sem), puis 23-36 €.* Posé face aux marais, un vaste bâtiment doté d'une bien agréable terrasse en bois, point de rendez-vous des familles et amateurs du coin. Carte brasserie terre-mer de très bonne tenue, la choucroute de la mer en spécialité, le tout à base de produits locaux. Service jeune et sympa comme tout.

À faire

***La plage de La Faute-sur-Mer** (85460) :* très belle, sur 11 km et assez peu fréquentée si l'on prend la peine de s'éloigner vers l'extrémité de la zone préservée de toute construction. Impec' pour le char à voile.

Observation d'oiseaux : c'est le coin rêvé pour les ornithologues avertis ou non. À La Faute, face à l'estuaire du Lay, entre eau douce et eau de mer, suivre une visite organisée à la ***pointe d'Arçay*** ou se rendre à la ***Rade-d'Amour,*** site aménagé avec belvédère. Côté océan, on conseille la ***réserve naturelle nationale de la casse de la Belle-Henriette*** (webcam sur le site). Sinon, pousser jusqu'à la ***pointe de l'Aiguillon.*** Outre le superbe panorama sur la baie, des animations toute l'année par la LPO Vendée (Ligue pour la protection des oiseaux).

Boucles vélo : on conseille la boucle cyclable de la presqu'île : 12 km en site propre et sans relief ! Et *La Vélodyssée,* qui passe par ici.

Atlantic Wake Park : *3, allée du Banc-Cantin, à **L'Aiguillon.** 06-76-27-55-04. • atlanticwakepark.com • Avr-nov. Tarifs selon activités et durée.* Cette base de loisirs installée au plan d'eau proche du port est destinée aux amateurs de sports de glisse pour pratiquer ski nautique, *paddle, wakeboard, wakeskate, wakefoil* ou *kneeboard.* Le grand téléski de 750 m peut accueillir jusqu'à 10 personnes en même temps ! Parcours pour débutants le matin de 9h à 10h. En été, *Splash Game,* un parcours aventure gonflable, et *Warrior Game,* un parcours aventure suspendu au-dessus de l'eau !

Skate Park : *entre* ***L'Aiguillon*** *et* ***La Faute.*** Très grand, joliment aménagé. Aire de jeux pour enfants également.

HOMMES, CULTURE, ENVIRONNEMENT

ARCHITECTURE ET PATRIMOINE

La région des Pays de la Loire est constituée d'un maillage étroit de petits pays sous influences bretonne, charentaise, poitevine, normande... Guère de cohérence architecturale donc, bien au contraire. À mesure que l'on descend en latitude, les toits d'ardoises se couvrent de tuiles et l'ambiance évolue radicalement. Les murs, quant à eux, hésitent entre schiste, granit et calcaire. Ainsi, au château de Nantes, une fois passées les rudes murailles en bloc de granit, on découvre l'élégante résidence Renaissance en pierre de tuffeau. À Angers, les tours du château sont rayées en noir et blanc, comme un millefeuille de schiste et de tuffeau.
Signalons aussi quelques spécificités locales comme les 3 000 chaumières recensées dans le parc de la Brière en Loire-Atlantique, ou encore les rares bourrines subsistant dans le marais breton-vendéen, ces maisons basses au toit de roseaux. Dans la région de Saumur, c'est l'habitat troglodytique qui se distingue, adossé à la falaise de tuffeau. En plaine, ces habitations sont creusées dans le falun (roche plus tendre) vers Doué-la-Fontaine. Cela donne de superbes villages aux couleurs mordorées le matin ou en fin d'après-midi.

Le style Plantagenêt

Caractéristique du département du Maine-et-Loire, mais que l'on retrouve dans l'Ouest (dans la cathédrale du Mans, en vallée du Loir, en Poitou-Charentes...), et le Sud-Ouest, il s'agit d'une architecture de transition entre le roman et le gothique née, comme on peut s'en douter, sous les Plantagenêts. Le style Plantagenêt se distingue principalement par des voûtes d'ogive très bombées : à l'inverse de l'architecture gothique traditionnelle, où la clé de voûte est située au même niveau que les clés des formerets et des doubleaux, la voûte angevine hisse sa clé de voûte 3 m au-dessus des autres. Effet de perspective garanti !
Avec le temps, il y eut, comme de juste, des évolutions. On peut différencier 2 époques. La 1re se reconnaît à ses voûtes divisées en 4 ogives et 4 branches d'ogives, tandis que la 2de opte pour des voûtes partagées par 8 liernes, avec comme conséquence une impression de rondeur proche de la coupole. Le transept et le chœur de la cathédrale d'Angers en sont un parfait exemple.

Les moulins

Aujourd'hui, il ne reste que quelques moulins à vent en Vendée, que l'on restaure patiemment, les autres furent détruits pendant la Révolution. En Maine-et-Loire, en revanche, beaucoup de moulins à vent sont restés debout, ce qui propulse le département à la ***2e place nationale en nombre,*** après le Nord : environ 25 fabriquent de la farine, 40 sont en état de fonctionner. Moulins tours,

CODE DE GUERRE

Pendant la Révolution, les Vendéens imaginèrent un code pour transmettre la position des troupes révolutionnaires en utilisant les ailes de leurs moulins... Il fallut aux républicains un certain temps avant de découvrir le secret. Par la suite, ceux-ci s'évertuèrent à détruire systématiquement tous les moulins à vent et à eau. Tous suspects, donc tous coupables !

chandeliers, pivots, mais aussi caviers (une spécificité de l'Anjou) : en 1860, le département en a compté jusqu'à 2 000. La vallée du Loir, quant à elle, compta jusqu'à 60 moulins à eau ou à vent au XVIIIe s. Beaucoup sont encore debout.

CUISINE

Certes, la région n'a pas inventé la chantilly et le foie gras, mais la cuisine des Pays de la Loire ne se limite pas non plus qu'aux cochonnailles dont ripaillaient les émules de Gargantua. Ici, c'est la géographie qui dicte le menu. Une ***profusion de cours d'eau*** ? Ce sont des sandres, des brochets... Mais aussi, tout au long des vallées, le gras limon qui plaît aux primeurs. Une ***côte maritime*** ? Voici le sel, les crustacés et les poissons de mer. De ***larges pâturages*** ou le ***bocage*** ? En avant le beurre, la charcuterie et les fromages de chèvre. Le Pays nantais se révèle une Mecque des ***légumes*** : sa mâche a conquis l'Europe entière.

LE FION, C'EST BON

Ne vous méprenez pas. Ce plat au nom déroutant évoque une pâtisserie vendéenne. Cette pâte brisée composée de lait et d'œufs, parfumée à la vanille et à la cannelle, était la récompense du marin.

De même, on sert les ***champignons de Paris*** dans les restos troglodytiques sous le nom de ***galipettes*** car, en s'épanouissant (8 cm de diamètre minimum !), ils perdent pied et font la culbute. À déguster dorés et garnis de rillettes, de fromage de chèvre et même d'escargots ! La Vendée fait dans les ***mogettes,*** ces petits haricots de marais aux couleurs diverses, que l'on cuisine à toutes les sauces (même en potée) et que l'on accompagne de ***jambon vendéen.*** Sur la côte, la ***fleur de sel de Guérande*** – non lavée ni broyée – est une friandise à déguster sans accompagnement, sur une tartine de beurre local. Les mêmes marais salants et ceux de Vendée produisent aussi la ***salicorne,*** une petite algue qui, cuite à la vapeur, accompagne les poissons, et, préparée en saumure, remplace nos bons vieux cornichons avec les viandes froides et les terrines. Quant aux volailles, elles ont trouvé dans la région l'un de leurs plus beaux terroirs : tandis qu'à ***Loué*** les chapons, dindes, poulets et pintades de la Sarthe conjuguent l'abondance et la très haute qualité, les ***canards de Challans,*** en Vendée, font valoir la finesse de leur chair rouge.

Le repas idéal

Spécialités du terroir

Commençons tout de même par les ***cochonnailles.*** Au Mans, ce sont des ***rillettes,*** mais aussi des ***boudins blancs.*** L'Anjou décline ***rillauds, andouillettes*** et ***gogues*** (sortes de boudins noirs de légumes liés au sang de porc). La Vendée transforme le porc en ***andouilles, pâtés de foie au cognac,*** sans oublier la fameuse ***fressure,*** qui n'est guère autre chose qu'un boudin sans peau. Dans le Saumurois, on a ressorti des troglodytes et des vieux parchemins de Rabelais la recette des ***fouées*** ou ***fouaces,*** sortes de petits pains ronds cuits au four sous vos yeux dans les restos troglodytiques, et garnis de mogettes, beurre salé, rillettes, fromage de chèvre, et même de foie gras !

Spécialités de poisson

La mer et la Loire vont se charger de tempérer ces lourdeurs. Loin de se contenter de ***sardines grillées*** (comme à Saint-Gilles), la Vendée raffine ses préparations poissonnières avec la ***chaudrée*** (seiches et petits poissons plats pochés au muscadet). Nantes, en revanche, dispute à l'Anjou la paternité du célèbre ***beurre blanc,*** qui ne serait autre, d'après la légende, qu'une sauce béarnaise ratée fort à

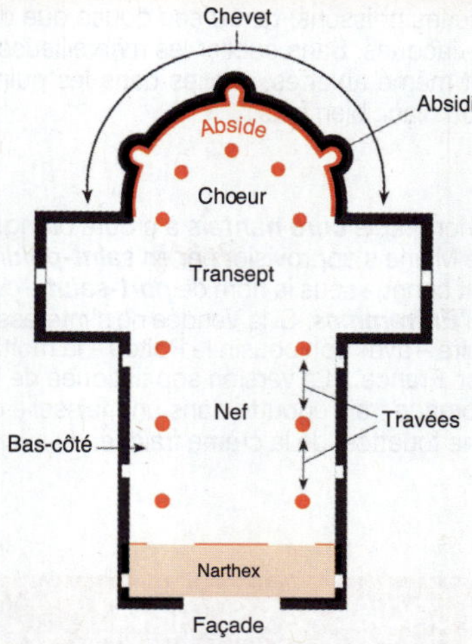

PLAN D'UNE ÉGLISE ROMANE

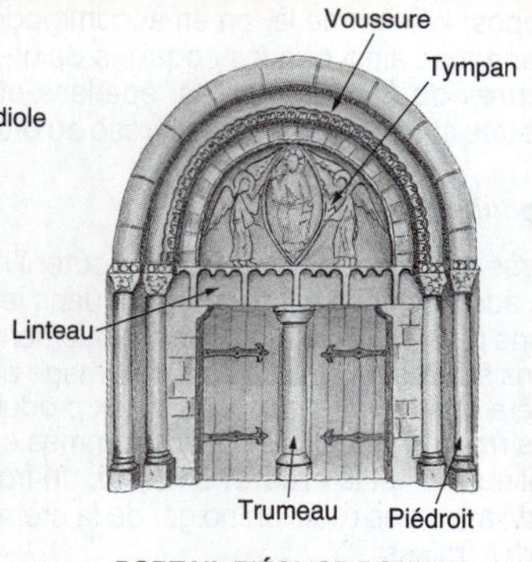

PORTAIL D'ÉGLISE ROMANE

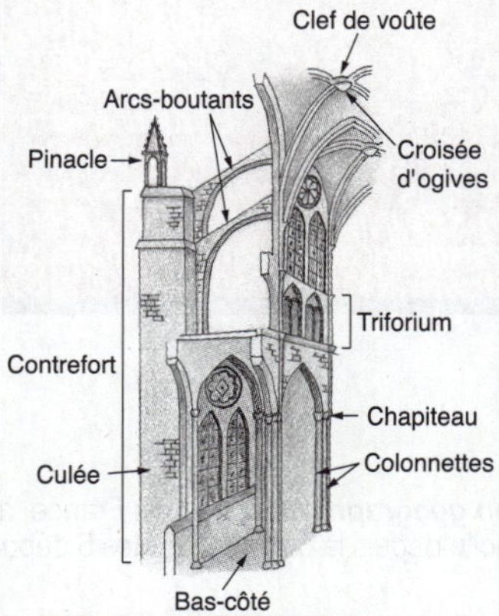

COUPE TRANSVERSALE
D'UNE ÉGLISE GOTHIQUE

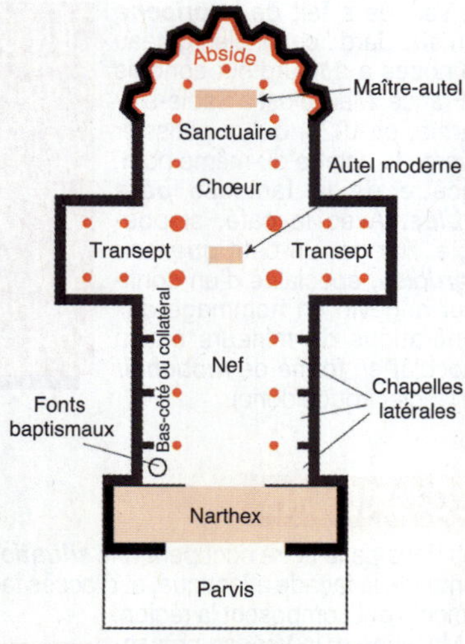

PLAN D'UNE ÉGLISE GOTHIQUE

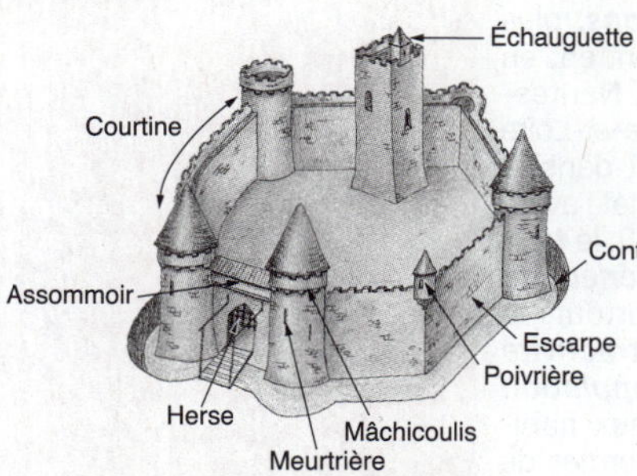

CHÂTEAU FORT

propos. Ici comme là, on en accommode les poissons, tant d'eau douce que de pleine mer, ainsi que les coquilles Saint-Jacques. Sans oublier les merveilleuses ***fritures de Loire,*** anguilles, éperlans et même ablettes, servies dans les guinguettes et à arroser d'un petit rosé ou d'un blanc bien frais !

Produits laitiers

Après un détour à Nantes pour goûter l'honorable ***curé nantais*** à croûte orange, les adeptes de la vache courront dans le Maine s'approvisionner en ***saint-paulin*** – une pâte pressée très douce, également connue sous le nom de ***port-salut*** – ou, dans sa version plus typée, en fromage d'***Entrammes.*** Si la Vendée ne s'intéresse guère à la vache, c'est pour mieux produire – avec son cousin le Poitou – la moitié des ***fromages de chèvre*** consommés en France... La version sophistiquée de la caillebotte est le ***crémet d'Anjou,*** un fromage frais égoutté dans une faisselle et servi avec des œufs en neige, de la crème fouettée, de la crème fraîche, du sucre et des fraises.

Desserts et douceurs

La Vendée a fait de la ***brioche*** son étendard : cet ancien gâteau de noces a aujourd'hui conquis la France. Mais c'est à Sablé-sur-Sarthe, en 1923, qu'un pâtissier inventa la galette du même nom, ancêtre de la fameuse ***pâte sablée.*** Avec le café, si possible, finir par un petit ***quernon d'ardoise,*** spécialité d'un confiseur angevin en hommage aux générations de mineurs ou un chocolat en forme de ***mouchoir*** de Cholet (rouge donc).

UN CROISÉ PAS SI TARTE

Le pâté aux prunes angevin (un dessert !) se cuisine avec des reines-claudes, ces fruits portant le nom de Claude de France (1499-1524), femme de François Ier. Les pruniers, originaires du Moyen-Orient, furent découverts lors des croisades : des plants auraient constitué le seul trophée rapporté par un chevalier malchanceux. D'où l'expression « y aller pour des prunes ».

ÉCONOMIE

Les Pays de la Loire occupent une ***situation géographique*** idéale en France, au centre de la façade atlantique, et d'accès facile depuis la capitale. Sur les 5 départements qui composent la région, la Mayenne et la Vendée présentent encore un visage essentiellement agricole, alors que les ***grandes agglomérations,*** plus industrielles, se concentrent en Loire-Atlantique (axe Nantes-Saint-Nazaire), en Maine-et-Loire (axe Angers-Cholet) et dans la Sarthe (Le Mans). Résultat : avant la crise sanitaire de 2020, le ***taux de chômage*** restait ***inférieur au taux national,*** et, surtout, la région exerçait une ***attractivité croissante sur la population jeune*** : 30 000 nouveaux habitants tous les ans. En termes de population, de superficie et

APPUYONS SUR LE CHAMPIGNON !

La France, avec 115 000 t annuelles, se place en 4e position des producteurs mondiaux de champignons, après les Pays-Bas, la Chine et la Pologne. Le Saumurois, en bonne région équestre (le fumier est presque servi sur un plateau !), assure 70 % de la production française. Les champignons de Paris, c'est ici ! Mais le marché perd un peu pied : le pays comptait 377 producteurs en 1970, contre une soixantaine de nos jours.

de PIB par habitant, la région se situait au ***5e rang national.*** Des estimations qui risquent d'évoluer à partir de 2021, comme partout ailleurs.

L'élevage, les cultures céréalières, la viticulture, le maraîchage et l'horticulture (grâce au leadership européen de l'Anjou dans ce domaine) constituent les principales ***activités agricoles régionales.*** Les Pays de la Loire figurent au palmarès des 1res régions agricoles françaises en surface totale et en nombre d'emplois. Signalons au passage que l'on doit au Pays nantais la production nationale de muguet.

UN BRIN DE CHANCE

Le 1er mai 1561, le roi Charles IX décida d'offrir aux dames de la cour du muguet, en gage de porte-bonheur. La tradition était née parmi les aristocrates, mais elle n'a été vraiment popularisée qu'à partir de 1900. Quant à la fête du Travail, elle trouve ses origines dans une manif à Chicago en 1886. Sans aucun lien historique, c'est juste la bonne saison qui a rendu le muguet et la fête du 1er-Mai indissociables. Et fait le bonheur des producteurs nantais !

Avec un maillage d'entreprises bien développé (le triangle Saint-Nazaire/Angers/Cholet produit 60 % de la richesse de la région), les Pays de la Loire affichaient jusqu'en 2020 un 6e rang ***parmi les régions françaises les plus industrielles.*** Au palmarès des moteurs économiques : l'***agroalimentaire*** (près de 50 000 salariés, la Mayenne a par exemple vu naître le leader mondial de l'industrie du lait, *Lactalis*), la ***métallurgie,*** l'industrie du caoutchouc et les matériels de transport, les ***pôles de recherche*** comme Végépolys en Anjou, les nouvelles technologies s'intéressant aux territoires connectés et à la ***révolution « Smart world »,*** etc. Citons encore la région de Cholet, championne française de la fabrication de la mode pour enfants et des chaussures grâce notamment au leader européen *Éram*.

Quant à la ***construction navale*** (1re région de France) et à l'***aéronautique,*** elles ont elles aussi plus qu'un œil rivé sur l'actualité et l'économie de demain : la région comptait, en 2019, 25 000 emplois dans l'aéronautique, dont 5 000 rien que pour Airbus.

Tourisme : une année 2020 chamboulée

Zoom sur le ***tourisme*** avec les 450 km de littoral, 735 lieux de visite et la très populaire *Loire à Vélo* (environ 1 million de personnes l'empruntent chaque année). Un secteur représentant 6,3 % du PIB régional et 65 000 emplois. Les Pays de la Loire accueillent en temps normal ***18 millions de touristes par an*** et figurent parmi les régions les plus visitées de France par des Français. Une clientèle locale providentielle au moment de la crise Covid à l'été 2020, alors que les étrangers (environ 20 % des visiteurs habituellement) avaient déserté la région.

Si la saison touristique restait comme partout en recul, le littoral tirait logiquement le mieux son épingle du jeu. À noter, le succès du vélo : avec l'exceptionnel maillage d'itinéraires cyclables et de véloroutes, les Pays de la Loire ont enregistré une augmentation de la fréquentation en 2020 de l'ordre de 30 %. Vendez votre mobylette !

Histoires de biscuits

Les Pays de la Loire semblent placés sous le signe des biscuits. La Loire-Atlantique en possède 2 phares : LU et BN. Le sigle LU illustre l'union d'un monsieur Lefèvre et d'une demoiselle Utile. Lancé en 1887, le petit-beurre gravé aux festons arrondis sera la locomotive d'une gamme destinée à s'étoffer avec succès (le « Biscuit Thé » étant considéré par certains comme le roi du genre). L'année 1896 voit un concurrent s'élancer en la personne du Nantais Pierre Cossé. Il ne gravera

pas ses propres initiales, mais celles de son entreprise : BN, c'est-à-dire Biscuiterie nantaise. La consécration attendra le lancement du « Choco BN », en 1922, casse-croûte rustique au cacao que les mères attentives glissent, depuis lors, dans les cartables et les salopettes. Plus à l'ouest, près de Saint-Brevin, on trouve la biscuiterie des *galettes St Michel* à Saint-Michel-Chef-Chef.
L'autre vedette des écoliers est à chercher du côté de la Sarthe. La tradition des « petits sablés » a refait son apparition à Sablé-sur-Sarthe entre les 2 guerres mondiales.

ENVIRONNEMENT

Pas de doute, la région est bien placée ***sous le signe de l'eau*** : les départements portent le nom de la Loire ou de ses affluents (navigables pour la plupart), quand ils ne font pas référence à l'océan Atlantique et à ses 450 km de littoral (10 % des côtes françaises).
Classée partiellement au Patrimoine mondial naturel de l'Unesco en 2000, la ***Loire*** abrite une faune ultra-riche où le saumon a fait son grand retour parmi d'autres poissons migrateurs, comme l'anguille et la lamproie, et l'immense courant d'air océanique qu'elle draine jusqu'au cœur des terres confère à la région un ***microclimat « océanique »,*** assez unique en Europe. Saules pas toujours pleureurs, frênes taillés en « têtard », pins méditerranéens et même palmiers se sont acclimatés tout en douceur.

LA DAME AU MAGNOLIA

L'introduction du magnolia en France date de 1711. Rapporté d'Amérique, le plant est stocké dans l'orangerie d'un château près de Nantes, et dessèche. Le jardinier a pour ordre de le jeter, mais la châtelaine le replante en douce. Il faudra attendre quelques années avant que le miracle se produise : une 1re floraison et un véritable enchantement ! Un descendant direct de ce plant est encore visible au jardin des Plantes de Nantes.

Parmi les ***espèces rares,*** on peut citer les ***râles des genêts*** (pas une plante, mais un oiseau nichant dans les zones humides) et la ***fritillaire pintade*** (pas un volatile cette fois-ci, mais une tulipe sauvage), tous 2 symboles des basses vallées angevines, une zone inondable aux abords d'Angers.
Parmi les autres zones humides figurent en Loire-Atlantique les ***marais de la Brière*** et le ***lac de Grand-Lieu*** (l'un des plus grands lacs d'eau douce de France) ou encore, dans le sud de la Vendée, le ***Marais poitevin*** bien sûr.
D'ailleurs, du Marais poitevin aux Alpes mancelles en passant par les bocages (enfin... ce qu'il en reste !), il fallait bien 3 parcs naturels régionaux pour mettre de l'ordre dans cette très grande diversité de milieux naturels et de paysages.
Revers de la médaille, la région battant des ***records d'attractivité*** (Nantes en tête du peloton national). La proportion des ***milieux naturels*** diminue comme peau de chagrin au profit de l'urbanisation, du tourisme et de l'agriculture intensive, sans compter les ***risques accrus d'inondation.*** Seuls 15 % du territoire sont couverts de forêts (2 fois moins que la moyenne nationale).

GÉOGRAPHIE

Perche, Maine, Anjou... Leurs noms fleurent bon la campagne, féconde et douce, des vieux livres d'histoire. Si l'industrie fait vibrer quelques villes – Nantes, Angers, Cholet, Le Mans... –, les Pays de la Loire ressemblent à ce qu'en montre la carte : une ***vaste plaine*** par endroits ***bosselée de bocages,*** et que jaunissent à peine, au nord (417 m en Mayenne, au mont des Avaloirs) et au sud (290 m en Vendée, à Saint-Michel-Mont-Mercure), les chicots du vieux Massif

armoricain. Alors qu'ils ne furent créés qu'en 1955 sur des bases artificielles, avant tout politiques et administratives, les Pays de la Loire sont restés inchangés lors de la réforme des régions en 2015. Pas de fusion avec la Bretagne, ni avec la région Centre, ni avec le Poitou-Charentes. Peut-être parce que la région louche vers les 3 à la fois !
Si le Val (Maine-et-Loire et Loire-Atlantique) garde sa cohérence, les ensembles qui lui font cortège (Sarthe et Mayenne au nord, Vendée au sud) appartiennent incontestablement à des mondes opposés.

UN DÉPARTEMENT À 2 VISAGES

Le Lay, ce fleuve vendéen peu connu, est constitué de 2 rivières en amont : le Grand Lay et le Petit Lay, qui se rejoignent à Chantonnay. En 1790, les 2 Lays devaient donner leur nom au département, comme on créa les Deux-Sèvres. Mais pour ne pas froisser, par un malheureux amalgame, les 2 députés de Vendée, qui n'étaient franchement pas beaux, on retint finalement un cours d'eau mineur, la Vendée !

Le ***Maine,*** au nord, est-il vraiment ligérien ? Rouen n'est pas loin, et Paris tout proche. Le ***Saumurois*** des ceps et des tournesols ainsi que l'***Anjou*** proprement dit, aux paysages suaves, sonnent ensemble comme une arrière-pensée de la Touraine. Les usines se multiplient pour former le poumon industriel de la région, dont le plus beau fleuron est le ***port de Nantes/Saint-Nazaire,*** 4e port maritime de France, qui occupe 60 km de l'estuaire. ***Ligérienne*** de fait, la Loire-Atlantique reste ***bretonne*** par tradition. Les noms de lieux portent souvent le sceau de la blanche hermine : Pornic, Le Croisic, Guémené-Penfao voisinent avec les très français Clisson et Châteaubriant. Sans surprise, c'est la ***côte,*** notamment celle de Guérande, qui bretonne avec le plus d'entrain. L'influence se poursuit jusque dans l'***île d'Yeu*** de la Vendée voisine : son âpreté suggère qu'elle a dérivé, un jour, depuis le golfe du Morbihan... Noter qu'à Nantes, originellement, on ne parlait pas breton mais gallo (sorte de vieux français). C'est l'exode massif de paysans bretons au tout début du XXe s qui a favorisé l'implantation du breton dans la ville.

HISTOIRE

– ***De 800 à 100 av. J.-C. :*** nos ancêtres les Gaulois arrivent d'Allemagne. Les Cénomans s'installent en Sarthe et en Mayenne (capitale : *Vindunos,* c'est-à-dire Le Mans), les Diablintes dans le Maine. Les Namnètes donneront leur nom à Nantes (qui s'appelle alors *Condevincum*), les Pictons au Poitou et les Andécaves à Angers (baptisée à l'époque *Andegavum*).
– ***831 :*** avènement de Nominoë, le « Charlemagne breton ». 15 ans plus tard, le Franc Charles le Chauve reconnaît ce dernier comme roi souverain de Bretagne. Comme la Loire sert de frontière, tout le monde s'y étripe...
– ***Du XIe au XIIIe s :*** essor des grandes maisons ducales – Anjou, Maine, Poitou –, qui se bagarrent avec entrain pour un ruisseau ou 3 villages. Une grande famille émerge : les Plantagenêts qui deviennent aussi rois d'Angleterre. Toute la France de l'Ouest – hormis la Bretagne – est ainsi administrée par Londres. Paris pâlit. Le roi de France n'aura plus qu'un but : bloquer les Plantagenêts dans leur île. Nom de l'opération : la guerre de Cent Ans.
– ***De 1399 à 1442 :*** le duc Jean V hisse la Bretagne à son apogée. À cette époque, sa marine est la plus puissante du monde ! Couronné à Rennes, il préfère régner à Nantes, dans son magnifique château. Pendant ce temps, la défaite d'Azincourt succédant à la déculottée de Poitiers, la France s'enfonce dans le désastre. L'Anjou et le Poitou se retrouvent en pleine mêlée.
– ***1481 :*** Anjou et Maine sont rattachés au domaine royal.

– ***1532 :*** la Bretagne intègre à son tour la France.

– ***XVIe s :*** les rois mettent à la mode l'Orléanais et la Touraine, mais aussi l'Anjou. À l'ombre de l'université d'Angers, on écrit (Rabelais), on versifie (Du Bellay), on guérit (Ambroise Paré). Des châteaux superbes sortent de terre. Suivent les guerres de Religion. C'est à Nantes qu'Henri IV promulgue, en 1598, l'édit qui les stoppe : un royaume, 2 religions.

– ***XVIIe s :*** tournant le dos aux campagnes miséreuses et à l'agitation bretonne (révolte des Bonnets rouges, en 1675), Nantes lance sa flotte vers les colonies, et s'assure une prospérité coquette avec le trafic d'épices et d'esclaves.

– ***La Révolution française :*** la répression contre l'Église, la conscription et les excès de la Terreur font bientôt fermenter les campagnes dans toute la région (voir « Les guerres de Vendée »).

– ***1939-1945 :*** en 1939, Angers recueille au château de Pignerolles le gouvernement polonais en exil. En juin 1940, les cadets de Saumur défendent valeureusement la Loire, axe stratégique de l'invasion allemande. Le 20 octobre 1941, assassinat à Nantes du colonel Hotz, réprimé 2 jours plus tard par l'exécution de 48 otages, parmi lesquels Guy Môquet. Alors que les Américains libèrent la Normandie, une poche de résistance allemande se crée dans la région de Saint-Nazaire à partir d'août 1944. Les Alliés ne viendront à bout de cette poche que le 11 mai 1945, soit 3 jours après la signature de l'armistice. Le maréchal Pétain est condamné à la réclusion criminelle à perpétuité à la citadelle de l'île d'Yeu de 1945 à sa mort en 1951.

– ***28 février 2010 :*** la tempête Xinthia touche de plein fouet la côte vendéenne : L'Aiguillon, La Faute, La Tranche-sur-Mer, le port des Sables-d'Olonne... Plusieurs dizaines de victimes et des dégâts considérables.

– ***2012-2014 :*** Jean-Marc Ayrault, maire de Nantes, est nommé 1er ministre, succédant à François Fillon, Sarthois et ancien président de la Région Pays de la Loire.

– ***2015 :*** suite au débat sur la réforme des régions, les Pays de la Loire restent finalement entiers, au grand désespoir des Bretons. Les élections régionales de décembre sont remportées par la droite (Bruno Retailleau puis Christelle Morançais).

– ***2016-2018 :*** le feuilleton Notre-Dame-des-Landes occupe les esprits. Lors du référendum consultatif mené en Loire-Atlantique en juin 2016, le « oui » à l'aéroport de Notre-Dame-des-Landes l'emporte à 55 %. Mais le débat sur ce projet vieux de plus de 45 ans ne sera clos qu'en janvier 2018 : le projet est définitivement abandonné, reconversion de la ZAD (900 ha jadis destinés à l'aéroport).

– ***2019-2020 :*** 1re vague de Covid-19 à partir de mars 2020 ; la région Pays de la Loire reste l'une des moins touchées de France. Difficile saison touristique estivale 2020, mais on note le succès des itinéraires cyclables et des véloroutes, avec une augmentation de la fréquentation de l'ordre de 30 % !

L'HISTOIRE DE LA BLANCHE HERMINE

Un chasseur poursuivait une hermine pour s'emparer de sa précieuse fourrure blanche. L'animal fuit et s'arrêta soudain devant une mare boueuse. La duchesse Anne de Bretagne aperçut l'hermine qui, au lieu de sauver sa peau, refusa de se salir en plongeant. Le chasseur la tua, ce qui émut la duchesse, à qui l'on doit ainsi la devise de la Bretagne : Plutôt la mort que la souillure.

LIBERTÉ SURVEILLÉE

L'édit accordant la liberté de culte aux protestants fut signé en 1598. Mais pourquoi à Nantes ? Pour soumettre la ville, ultra-catholique et entre les mains du chef de la Ligue, le duc de Mercœur. Gouverneur de Bretagne, celui-ci était ouvertement hostile à Henri IV. Un symbole fort qui valut même un déplacement du roi.

LA LOIRE

Baudelaire la voyait en vert, Heredia en blond, Jules Lemaître en bleu et La Fontaine en cristal... Qui est vraiment la Loire ?
Du Puy-en-Velay jusqu'à Nantes, ce sont 1 000 km de course de fond où la Loire engloutit dans la foulée tout ce qui se présente : l'Allier auvergnat, le Beuvron solognot, l'Indre et le Cher berrichons, la Vienne poitevine et la Maine angevine (alimentée par la Mayenne, le Loir et la Sarthe) viennent grossir cette longue autoroute liquide où flotte tout un monde d'îlots chevelus (plus de 35 rien qu'en Anjou, dont la plus longue île fluviale d'Europe avec ses 14 km, l'île de Chalonnes).
Dans notre mythologie nationale, la Loire incarne des valeurs lumineuses : amabilité, douceur et civilisation. On oublie qu'elle est aussi un ***fleuve encore partiellement sauvage,*** et l'un des plus capricieux. Moins impétueuse que le Rhône, moins sinueuse que la Seine, elle a opté pour les records d'endurance. ***L'unité de la Loire, c'est son incohérence.*** Tributaire des climats du Massif central, la Loire des débits ordinaires accuse d'incroyables amplitudes. Un hiver, elle déverse dans l'océan 100 m³/s, un printemps, elle pousse à 6 000 m³/s en seulement quelques jours. Ces derniers étés, au plus fort des canicules, elle n'a jamais été autant à sec. On ne s'étonnera pas que les gabares chargées à ras bord qui firent, 2 000 ans durant, la fortune d'Orléans et d'autres villes sur son parcours aient moins bien résisté qu'ailleurs.
À force de voir l'Anjou dévasté par les crues tous les 10 ans, on rêva d'apprivoiser le monstre. Il fallut 150 ans pour ériger la grande levée de 69 km entre Angers et Saumur, débutée sous Henri II Plantagenêt et consolidée au XIXe s sous Napoléon III. Mais le danger demeure : aujourd'hui encore, une crue d'amplitude historique laisserait sur le carreau des centaines de milliers de sinistrés. Mais face au retour des saumons, peu à peu le fleuve reprend des couleurs, couronné par le classement d'un tronçon (entre Sully-sur-Loire et Chalonnes) au Patrimoine de l'Unesco en 2000.
La mission Val de Loire a été créée à la suite de ce classement. • valdeloire.org •

LES GUERRES DE VENDÉE

« Si j'avance, suivez-moi, si je recule, tuez-moi,
si je meurs, vengez-moi. »

Général vendéen Henri de La Rochejacquelein

Le fardeau des injustices

Les provinces de l'ouest de la France accueillirent plutôt favorablement la prise de la Bastille et les principes fondamentaux de 1789. Toutefois, la ***suppression des marchés,*** bénéficiant de privilèges fiscaux importants, fut reçue comme une brimade dans la région. La religion se retrouva également au centre des polémiques. Ici, les paysans entretenaient des rapports assez peu conflictuels avec un clergé complaisant. La ***nationalisation des biens de l'Église,*** la suppression des ordres religieux et l'***élection des prêtres*** furent mal comprises mais ne donnèrent lieu qu'à quelques échauffourées. En 1792, les Vendéens vécurent comme une trahison l'***exécution de Louis XVI.*** Il était « l'oint du Seigneur » et avait accepté la Constitution sans trop rechigner. Il n'y avait donc aucune raison de le guillotiner. La grogne commençait à monter...
La guerre déclarée aux monarchies européennes, avec la décision de ***lever une armée de 300 000 hommes par la conscription,*** fut la goutte d'eau qui fit déborder le vase, même si seulement 3 % des Vendéens étaient concernés par cette mobilisation.

Dès lors, le fardeau des injustices et des incompréhensions fut trop lourd à porter pour la Vendée, département issu du décret de 1790. Par cette insurrection, elle acquit le statut de province, fédérant autour d'elle une partie de la Loire-Atlantique, des Deux-Sèvres et du département du Maine-et-Loire dans un rectangle allant de Paimbœuf au sud d'Angers en longeant la Loire, descendant jusqu'à Parthenay et revenant vers Les Sables-d'Olonne. Cette Vendée militaire devint l'emblème d'une révolte populaire, rurale et religieuse réunissant plus de 700 paroisses éparpillées dans ce vaste périmètre.

Bleus, Blancs... et beaucoup de rouge

Fourches, faux montées à l'envers, faucilles furent les 1res armes de cette jacquerie où les paysans, pieds nus ou en sabots, s'agenouillèrent avant de monter au combat. Manquant de chefs et d'expérience militaire, les paysans se tournèrent alors naturellement vers les châtelains. Certains se laissèrent convaincre à contre-cœur d'entrer en guerre. L'émeute populaire se changea en une guerre de principe. On se battait pour « Dieu et le roi ».
De mars à juin 1793, les victoires des Blancs se succédèrent. Quelques villes furent prises (Chemillé, Thouars, Fontenay, Saumur), la Convention s'inquiéta. ***Jacques Cathelineau,*** un colporteur, devint le 1er généralissime des Vendéens. Tué à Nantes moins de 15 jours après son élection, il fut remplacé par ***Maurice d'Elbée,*** un officier français engagé dans l'armée polonaise. Il dut s'opposer à l'offensive républicaine lancée par Paris. Autre figure, ***Henri de La Rochejacquelein*** (1772-1794), le plus jeune des généraux vendéens. En dépit de ses 21 ans, il fut nommé généralissime, mais dès 1794 l'« Achille de la Vendée » fut tué dans une escarmouche.
En octobre 1793, 80 000 « soldats » traversèrent la Loire avec femmes et enfants, et partirent chercher des renforts auprès des chouans en révolte, en espérant également le soutien des Anglais. Qui ne vinrent pas. Cette fameuse ***Virée de Galerne*** tourna à la débâcle : Granville ne fut pas prise, il fallut redescendre. L'armée blanche décimée était au bout du rouleau. Le 25 décembre (joyeux Noël !), les survivants furent exterminés à Savenay, sauf peut-être une poignée de 5 000 hommes.

Les colonnes infernales

En 1794, la Convention envoya des « ***colonnes infernales*** » sous le commandement d'un général de 26 ans, ***Turreau.*** Il avait pour mission « d'exterminer les brigands jusqu'au dernier ». Il œuvra dans ce dessein avec un soin tout particulier. Bien qu'exsangue, la Vendée trouva la force de se révolter encore une fois et suivit son nouveau chef, ***François-Athanase de Charette de La Contrie*** (1763-1796). Adversaire redoutable pour les républicains, il ne put empêcher les massacres, les incendies de villages, les noyades dans la Loire qui se suivirent durant toute l'année. Les Lucs-sur-Boulogne, véritable Oradour du XVIIIe s, où l'on dénombra 560 victimes, reste le lieu emblématique de ces tueries programmées par le gouvernement de la Terreur. On peut y visiter aujourd'hui un éloquent mémorial. Marx, écrivant à Engels en 1870, analysa cette Terreur comme étant le fait « d'une bourgeoisie parisienne qui a chié dans ses culottes » !
Charette signa la ***paix*** le ***17 février 1795*** en obtenant des garanties concernant la liberté religieuse et l'exemption de conscription. Il aurait également négocié la restauration de la royauté. Réalité ou prétexte : s'estimant trahi, il reprit les combats quelques mois plus tard avec une poignée de fidèles mais tomba sous le nombre des troupes lancées à ses trousses. Arrêté le 23 mars 1796 dans le bois de la Chabotterie, il fut fusillé à Nantes 1 semaine plus tard. La guerre de Vendée et ses nombreux épisodes était finie... Pas les polémiques.

Chouans ou pas chouans ?

Dire des Vendéens qu'ils sont des chouans frise l'hérésie. La vraie chouannerie, liée à la production de sel et aux fraudes qui l'accompagnaient vient du Maine, de Bretagne, du haut Anjou et de Basse-Normandie. Rien à voir avec le bas Poitou. Le terme « chouan » fut galvaudé au XIXe s par un amalgame facile dû à l'indifférence générale des historiens pour une guerre franco-française plutôt gênante. Pour être plus exact, il faut préciser que les Vendéens ont tout de même « chouanné », mais bien avant la Révolution.

– Pour creuser le sujet, consulter par exemple *Les Guerres de Vendée pour les nuls,* de Michel Chamard, First, 2017.

CHOUX, HIBOUX...

Autrefois, les faux-sauniers, spécialistes de la contrebande du sel, signalaient à leurs camarades l'approche des gabelous en imitant le cri de la chouette. L'animal ayant pour surnom le chat-huant, on les appelait les « chouans ». Par amalgame, les insurgés de l'Ouest, opposés au pouvoir révolutionnaire en place, se virent affublés de ce surnom.

PERSONNAGES

– ***Les auteurs de B.D. :*** mentionnons ***Jean-Louis Pesch*** (*Sylvain et Sylvette,* c'est lui !) et ***Étienne Davodeau*** (lire *Les Ignorants,* par exemple), tous 2 nés en Maine-et-Loire. Quant au Tourangeau ***Pascal Rabaté,*** il s'est formé à l'école des beaux-arts d'Angers. Son ouvrage *Les Petits Ruisseaux* a donné lieu à un film, tourné en partie en Anjou.

– ***Fabrice Amadeo** (1978, Château-Gontier) :* diplômé de Sciences-Po, journaliste, écrivain et surtout navigateur, on l'a vu franchir la ligne du Vendée Globe, la route du Rhum, la Transat Jacques-Vabre et autres joyeusetés océaniques.

– ***David d'Angers** (1788-1856) :* 1er Prix de Rome en 1811, ce sculpteur romantique fut l'ami intime de Victor Hugo. On doit à cet homonyme du peintre David (mais aucun lien de parenté), entre autres, le fronton du Panthéon. Un musée lui est consacré à Angers.

– ***Fanny Ardant** (née en 1949) :* native de Saumur, l'actrice et réalisatrice à la voix sensuelle comme nulle autre a été révélée par François Truffaut *(La Femme d'à côté).*

– ***Hervé Bazin** (1911-1996) :* toute la région de Segré (Anjou) dans son livre fétiche, *Vipère au poing.*

– ***Les Bollée :*** toute une famille de Géo Trouvetout manceaux, spécialisée dans l'automobile. Le plus connu est le papa, Amédée, qui, en 1873, équipe les véhicules de la traction à vapeur, grâce à laquelle il franchit 8 ans plus tard le record des 60 km/h.

– ***Anne de Bretagne** (1477-1514) :* mariée à Charles VIII en 1491, puis à Louis XII, la bonne duchesse offrit la Bretagne à la France, selon un vœu arraché à son père.

– ***Aristide Briand** (1862-1932) :* né à Nantes, député en 1902, à plusieurs reprises ministre et président du Conseil. Défenseur de la paix après la Première Guerre mondiale, il participe activement à la création de la SDN. Prix Nobel de la paix en 1926.

– ***Patrice Chéreau** (1944-2013) :* né à Lézigné, en Maine-et-Loire. La carrière du réalisateur de cinéma de *La Reine Margot* ou encore *Intimacy* fut également marquée par le théâtre et l'opéra.

– ***Georges Clemenceau** (1841-1929) :* né à Mouilleron-en-Pareds et enterré à Mouchamps (Vendée), le « Tigre » fut président du Conseil qui mena la France à la victoire de 1918.

– ***Jacques Demy*** *(1931-1990)* **:** *Jacot de Nantes* – tel est le nom du film qu'Agnès Varda, sa femme, lui a consacré. Il eut beau naître à Pontchâteau, c'est Nantes qu'il choisit pour son 1er long-métrage, *Lola,* avant d'écumer toute la côte océane – *Les Demoiselles de Rochefort, Les Parapluies de Cherbourg...* –, armé d'une solide bonne humeur et d'un sens de la fable élégante.

– ***Alfred Jarry*** *(1873-1907)* **:** Tristan Tzara et les surréalistes doivent une fière chandelle (verte) au créateur d'*Ubu roi* et fondateur de la pataphysique, né à Laval.

– ***Les marins* :** non seulement ***Éric Tabarly*** était nantais, mais les ***frères Peyron, Marc Pajot*** et ***Laurent Bourgnon*** sont tous de Loire-Atlantique. Mille sabords !

– ***La musique actuelle* :** Nantes a vu naître ***Jeanne Cherhal*** (1978) ou ***Christine and the Queens*** (1988), Chantonnay en Vendée ***Philippe Katerine*** (1968), Le Mans la chanteuse de RnB ***Leslie*** (1985). La scène actuelle angevine vibre entre autres aux sons nomades du groupe angevin ***Lo-Jo.*** Mais il y a tant d'autres talents dans la région, comme l'hilarant groupe de percussionnistes choletais ***Les Fo'Plafonds,*** qui a engrangé plus de 10 millions de vues pour son remake de *Pulp Fiction...*

– ***Ambroise Paré*** *(1510-1590)* **:** né à Laval, ce contemporain de Rabelais invente la chirurgie moderne en soulageant les souffrances des blessés sur les champs de bataille.

– ***Le bon roi René*** *(1409-1480)* **:** plus connu comme roi de Provence, ce contemporain de Louis XI était aussi duc d'Anjou. Il laissa le souvenir d'un prince exquis et cultivé.

– ***Le Douanier Rousseau*** *(1844-1910)* **:** le père de la peinture « naïve » se prénommait Henri et naquit à Laval.

– ***Les sportifs* :** citons pêle-mêle les tennismen Jo-Wilfrid Tsonga (Le Mans, 1985) et ***Nicolas Mahut*** (Angers, 1982, vainqueur de Roland-Garros en double en 2018) ou encore le basketteur choletais ***Rudy Gobert*** (né en 1992). Il fut précédé par ***Antoine Rigaudeau*** (né en 1971), l'un des 1ers basketteurs français à tenter sa chance en NBA. On ne compte plus les cyclistes ou les footballeurs d'aujourd'hui et d'hier comme ***Maxime Bossis*** (1955, né en Vendée). Il faut dire que la région compte dans ses clubs le FC Nantes, le SCO d'Angers, les champions de France des Herbiers, etc.

– ***Jules Verne*** *(1828-1905)* **:** ce Nostradamus nantais de la technologie projeta, vers des mondes inconnus, les inventions embryonnaires de l'ère industrielle. Son statut d'auteur parmi les plus traduits fait souvent oublier la « morale » de son œuvre, pessimiste, misanthrope, voire paranoïaque.

UNE VIE ÉDIFIANTE

D'abord médecin, Clemenceau devint journaliste et partit aux États-Unis enseigner l'équitation. Il épousa une Américaine dont il divorça. Terrorisant ses adversaires, ses combats étaient justes. Il batailla ainsi pour rétablir l'honneur de Dreyfus (on lui doit le titre légendaire du plaidoyer de Zola, « J'accuse ») et créa les fameuses « brigades du Tigre ». Opposé à la colonisation, on lui doit aussi beaucoup dans la victoire de la Première Guerre mondiale. Et en remerciement... il perdit les élections !

TROP DE LA BALLE !

Le tennisman angevin Nicolas Mahut se souviendra longtemps de son match contre l'Américain John Isner à Wimbledon en 2010 : d'une durée de 11h05 sur 3 jours dont 8h11 rien que pour les 138 jeux (!) du 5e set. Ce match le plus long de l'histoire du tennis – et de loin – fut gagné par Isner, qui totalisa 92 jeux remportés contre... 91 pour Mahut. Chapeau aux 42 ramasseurs de balles !

PLÉIADE : LES RIMES ET LA RAISON

« Plus mon Loir gaulois, que le Tibre latin,
Plus mon petit Liré, que le mont Palatin,
Et plus que l'air marin la douceur angevine. »

Joachim Du Bellay

Les Pléiades, dit *Le Robert,* sont les 7 filles d'Atlas que Zeus changea en colombes avant de les envoyer briller dans le ciel. La Pléiade, elle, est une constellation de 7 poètes que la Renaissance fit surgir – à l'exception de Pontus de Thyard et d'Étienne Jodelle – dans l'orbite des Pays de la Loire. ***Joachim Du Bellay*** à Liré, ***Rémi Belleau*** à Nogent-le-Rotrou, ***Jacques Pelletier*** au Mans, ***Antoine de Baïf*** à La Flèche et ***Pierre de Ronsard,*** le chef d'école, dans le Vendômois, soit à proximité immédiate des cours royales. Tantôt élégiaques, tantôt satiriques et le plus souvent érudits, ils ont redécouvert la poésie à la lumière des Anciens : Horace, Virgile, puis Pétrarque.
C'est Ronsard qui a le moins vieilli. Amoureux sensuel (« Dedans et dehors mes entrailles / Une ardente chaleur me point / Plus fort qu'un maréchal ferrant ne joint / Le fer tout rouge en ses tenailles »), courtisan fidèle, il régale successivement de ses sonnets Henri II, François II, Charles IX et Henri III. Le « Prince des poètes » vaut surtout pour ses derniers vers, marqués par l'approche de la mort : « Vous estes déjà vieille, et je le suis aussi / Joignons notre vieillesse et l'accolons ensemble / Et faisons d'un hiver un printemps adouci. »

SITES INSCRITS AU PATRIMOINE MONDIAL DE L'UNESCO

UNESCO – Organisation des Nations Unies pour l'éducation, la science et la culture · En coopération avec le Centre du patrimoine mondial

Pour figurer sur la liste du Patrimoine mondial, les sites doivent avoir une valeur universelle exceptionnelle et satisfaire à au moins un des 10 critères de sélection. La protection, la gestion, l'authenticité et l'intégrité des biens sont également des considérations importantes.
Le patrimoine est l'héritage du passé dont nous profitons aujourd'hui et que nous transmettons aux générations à venir. Nos patrimoines naturel et culturel sont 2 sources irremplaçables de vie et d'inspiration. Ces sites appartiennent à tous les peuples du monde, sans tenir compte du territoire sur lequel ils sont situés. Pour plus d'informations : • *whc.unesco.org* •
Pour la région Pays de la Loire est concerné le ***Val de Loire entre Sully-sur-Loire et Chalonnes*** (2000). Et, depuis 2011, l'***équitation de tradition française*** propre à Saumur est inscrite au Patrimoine culturel immatériel de l'Humanité.
Noter qu'en Anjou la ***boule de fort*** et la ***boule de sable*** sont inscrites à l'Inventaire du patrimoine culturel immatériel français établi par le ministère de la Culture.

VINS ET ALCOOLS

Sur les rives sud de la Loire essentiellement, mais aussi un peu au nord, sur les vieilles roches du Massif armoricain, le secteur viticole de la région des Pays de la Loire est une incroyable mosaïque de terroirs : granit, schistes, grès... Bref, un beau mélange ! Le vignoble y occupe des coteaux bien ensoleillés et agréablement balayés par la petite brise de l'océan.
Abstraction faite des ***fiefs-vendéens,*** petits rouges ou blancs légers, et des vins du Loir dans la Sarthe (***jasnières*** et ***coteaux-du-loir***), si peu connus et pourtant si délicieux, la région appuie son renom viticole sur 2 aires distinctes : les coteaux de la Loire et le Pays nantais.

– Les professionnels des vins du Pays nantais, de l'Anjou, du Saumurois et de la Touraine se sont regroupés au sein des ***Vins du Val de Loire.*** Ils ont mis en place une ***route touristique fléchée*** qui suit la Loire de Pornic à Blois, avec différentes variantes selon les régions traversées. Carte, infos et liste complète des 350 caves touristiques (sur le millier de domaines viticoles répertoriés) sur • *vinsvaldeloire.fr* •

Les vins d'Anjou et de Saumur

« De tous les vins de mon cellier, Anjou, Lorraine et Provence, le meilleur est le premier. »

Le roi René d'Anjou

Aussi loin que l'on puisse remonter, c'est-à-dire au Ier s av. J.-C., la région a toujours cultivé la vigne. Au Moyen Âge, les moines développèrent le vignoble autour d'Angers (le vin de messe !) et des bords de Loire. Au XIIe s, le comte d'Anjou Henri II Plantagenêt, qui était aussi roi d'Angleterre, fit venir des vins du comté à la cour d'outre-Manche et accorda son auguste « droit de banvin », c'est-à-dire de vente. Le vignoble connut alors une véritable période de prospérité. Par la suite, les Hollandais changèrent un peu la donne. Aux XVIe, XVIIe s et XVIIIe s, ces habiles négociants développèrent le commerce des « vins de la mer », c'est-à-dire ceux qui pouvaient supporter le voyage en bateau, ne conservant principalement que le chenin blanc. Ce sont les coteaux-du-layon, ces blancs liquoreux, qui sauvèrent pratiquement le vignoble angevin.

Production et cépages

L'Anjou compte 32 AOP. 2 principaux ***cépages*** sont à retenir : le ***chenin*** pour les blancs et le ***cabernet franc*** pour les rouges et les rosés. Cela dit, d'autres cépages interviennent souvent dans l'élaboration du vin : le chardonnay et le sauvignon pour les blancs, le gamay, le groslot ou le cabernet-sauvignon pour les rouges. Concernant les vins joliment baptisés « tranquilles » – c'est-à-dire non effervescents –, secs ou moelleux, l'Anjou produit 40 % de rosés (rosé-de-loire, rosé-d'anjou et cabernet), 25 % de rouges (gamay, anjou, anjou-villages, saumur-champigny et saumur), 20 % de blancs (anjou, saumur, coteaux-du-layon, coteaux-de-l'aubance ou coteaux-de-la-loire – mais aussi les petites célébrités locales comme le bonnezeaux, le quarts-de-chaume, le savennières ou encore le coteaux-de-saumur). Mais la production régionale compte aussi 15 % de vins à bulles (saumur, anjou et crémant-de-loire).

Le Pays nantais

À défaut de grands vins, le Pays nantais a le ***muscadet*** : ami des fruits de mer, il a conquis tout l'Hexagone et pris du galon depuis quelques années. On compte 4 AOP muscadet : *muscadet, muscadet-coteaux-de-la-loire, muscadet-sèvre-et-maine* et *muscadet-côtes-de-grand-lieu.* On le récolte un peu partout, des coteaux de la Loire au pays de Retz. Quant au cépage baptisé ***gros-plant,*** ce n'est autre que la « folle blanche », ainsi nommée parce que ses vins, en Vendée et ailleurs, passent pour rendre fou !

Côté liqueurs

Côté liqueurs et tord-boyaux, c'est à Angers qu'Adolphe et Édouard ***Cointreau*** mirent au point la recette du célèbre nectar à base d'écorces d'orange, et c'est encore à l'Anjou qu'on doit le ***guignolet,*** élaboré à partir de griottes macérées dans l'alcool, la menthe pastille ***Giffard*** et, à Saumur, le triple-sec ***Combier.***

PETITS TRUCS ET ASTUCES POUR ÉVITER LES ABUS ET MAUVAISES SURPRISES

Un routard informé en vaut 2 ! Pour éviter les désagréments en tous genres, il est bon de les connaître. Voici un petit vade-mecum destiné à parer aux coûts et aux coups de bambous.

Bien sûr, nos enquêteurs veillent au grain, et les établissements qui ne répondent plus à nos critères ou abusent sont vite supprimés de nos guides. La réciproque est aussi valable. N'oublions pas que les hôteliers et restaurateurs font un métier difficile. S'ils se doivent de toujours garder le sourire, nous nous devons de les respecter en n'arrivant pas chez eux en terrain conquis.

À L'HÔTEL

1 – Arrhes ou acompte ? : au moment de réserver votre chambre par téléphone – par précaution, toujours confirmer par écrit (ou mail) –, il n'est pas rare que l'hôtelier vous demande de verser à l'avance une certaine somme, celle-ci faisant office de garantie. Il est d'usage de parler d'arrhes (et non d'acompte). Légalement, aucune règle n'en précise le montant. Toutefois, ne versez que des arrhes raisonnables : 25 à 30 % du prix total, sachant qu'***il s'agit d'un engagement définitif sur la réservation*** de la chambre. Cette somme ne pourra donc pas être remboursée en cas d'annulation de la réservation, sauf cas de force majeure qu'il vous faudra justifier (maladie ou accident) ou en accord avec l'hôtelier si l'annulation est faite dans des délais jugés raisonnables. Si, au contraire, l'annulation est le fait de l'hôtelier, il doit vous rembourser le double des arrhes versées. Si vous avez réservé une chambre (sans avoir rien versé) et que vous avez un empêchement, ***passez un coup de téléphone pour annuler,*** c'est la moindre des politesses.

2 – Subordination de vente : les hôteliers ont interdiction de pratiquer la subordination de vente. C'est-à-dire qu'***ils ne peuvent pas vous obliger à réserver plusieurs nuits d'hôtel si vous n'en souhaitez qu'une.*** Dans le même ordre d'idées, on ne peut vous obliger à prendre votre petit déjeuner ou vos repas dans l'hôtel ; ce principe, illégal, est cependant toléré en pratique, surtout en haute saison, dans les zones touristiques, où la demande est bien plus importante que l'offre !

3 – Les réservations en ligne : elles se sont généralisées. Mais voilà, si les centrales de réservation en ligne sont devenues incontournables, elles ne garantissent pas systématiquement de meilleurs prix qu'en direct. En outre, les promesses ne sont pas toujours tenues et l'on constate parfois des dérives, telles que promos bidons, descriptifs exagérés, avis d'internautes truqués... Les hôteliers s'estiment souvent étranglés par les commissions abusives prélevées au passage. ***N'hésitez pas à réserver directement auprès de l'hôtel.*** Aujourd'hui, la plupart alignent leurs prix sur ceux des sites commerciaux. Autre avantage, vous pouvez préciser le type de chambre souhaité (sur rue, sur jardin) et obtenir des renseignements fiables sur l'établissement.

4 – Responsabilité en cas de vol : un hôtelier ne peut en aucun cas dégager sa responsabilité pour des objets volés dans la chambre d'un de ses clients, même si ces objets n'ont pas été mis au coffre. En d'autres termes, les éventuels panonceaux dégageant la responsabilité de l'hôtelier n'ont aucun fondement juridique.

AU RESTO

1 – Les prix : ils sont libres, mais ***l'affichage est obligatoire*** à l'extérieur de l'établissement, de manière visible. Tous les menus doivent être affichés, même le moins cher. Ils doivent être identiques à ceux que l'on vous présente à l'intérieur.

2 – Formule ou menu ? Généralement, la formule est une proposition écourtée comprenant entrée + plat ou plat + dessert. Avec parfois un verre de vin et/ou le café. De fait, elle est moins chère que le menu, en principe complet (entrée + plat + dessert). Très souvent, les formules et les 1ers menus (les moins chers) ne sont ***servis qu'en semaine et/ou seulement au déjeuner,*** et plus rarement avant certaines heures (12h30 et 20h environ). C'est parfaitement légal, à condition toujours que ce soit clairement indiqué sur le panneau extérieur et sur le menu que l'on vous présente une fois installé. Il arrive qu'il disparaisse comme par enchantement (humm, mauvais signe...). Demandez-les, ça ne mange pas de pain.

3 – Attention aux suppléments. Certains menus imposent 3 suppléments pour 5 plats proposés. Cherchez l'erreur !

4 – Le « fait maison » : depuis que la législation existe, pour parer au sous-vide et tout congelé, et parallèlement valoriser le travail de restaurateurs scrupuleux, le « fait maison » (logo d'une casserole surmontée d'un toit de maison avec cheminée) apparaît comme un faire-valoir évident et rassurant. Même s'il ne garantit pas le 100 % maison (la loi est un peu tordue, et il n'y a pas de contrôle), ni la qualité du chef ! Cela dit, ***c'est un bon début.***

5 – La carte en dit long ! Voici, foi d'enquêteur, quelques trucs très simples pour analyser un menu : tout d'abord la ***brièveté de la carte*** est un bon gage de fraîcheur ; quand les produits sont locaux et de saison, c'est encore mieux ! On peut aussi questionner le serveur. Sa franchise (ou son embarras) vous en dira long. Autre indice : si la carte n'est composée que de plats passe-partout dont certains peuvent nécessiter des cuissons très longues (parmentier de canard, suprêmes de volaille en sauce, souris d'agneau, bourguignon...), ce n'est pas forcément bon signe, surtout s'ils sont servis trop rapidement. Même topo avec les desserts bistrotiers type tarte Tatin, mi-cuit ou mousse au chocolat, crème brûlée, panna cotta, tiramisù qui sortent soit du congélateur, soit d'une brique ! Tout comme les mignardises qui accompagnent le café gourmand souvent surfacturé, insipide... et certainement pas « maison ». Un bon chef n'est pas forcément un bon pâtissier. Et il a rarement le temps de préparer 36 desserts ! Enfin, en dehors des zones côtières, on évite les poissons et fruits de mer le lundi... les livraisons ayant rarement lieu le week-end !

6 – Commande jugée insuffisante : sachez qu'il est illégal de pousser le client à la consommation.

7 – *Doggy bag* : la lutte anti-gaspi a du bon ! Si la pratique du *doggy bag* est déjà bien répandue dans certains pays, en France on a longtemps traîné la patte. À partir de juillet 2021, les restaurateurs seront dans l'obligation de proposer à leurs clients ce qu'ils auront laissé dans leur assiette. Dans les faits, certains le pratiquent déjà. Alors, n'hésitez pas à le demander, même si cela n'est pas (encore) dans nos habitudes culturelles.

8 – Eau : une carafe d'***eau du robinet*** est ***gratuite*** à condition qu'elle accompagne un repas. On ne peut pas vous la refuser, sauf si elle est jugée impropre à la consommation par décret. Dans certains restos, on vous l'apporte d'office en guise de bienvenue. Un vrai bon point ! La bouteille d'***eau minérale*** doit, quant à elle, comme le vin, être ouverte devant vous. L'arnaque consiste parfois à proposer d'emblée une eau minérale, facturée au prix fort. À la question du serveur : « ... et pour l'eau, plate ou gazeuse ? », vous pouvez répondre : « une carafe, s'il vous plaît ».

9 – Vins (et autres alcools) : la marge la plus importante des restaurateurs ! Et certains en abusent... Au-delà de 2 verres (gare aux prix exorbitants), il peut être plus intéressant de commander une bouteille, quitte à l'emporter en fin de repas si elle n'est pas terminée. Sinon, ne pas hésiter à demander un ***petit vin de pays en pichet,*** l'occasion de découvrir ainsi des petites cuvées locales et bon marché.

les ROUTARDS sur la FRANCE 2021-2022

(dates de parution sur • **routard.com** •)

Découpage de la FRANCE par le ROUTARD

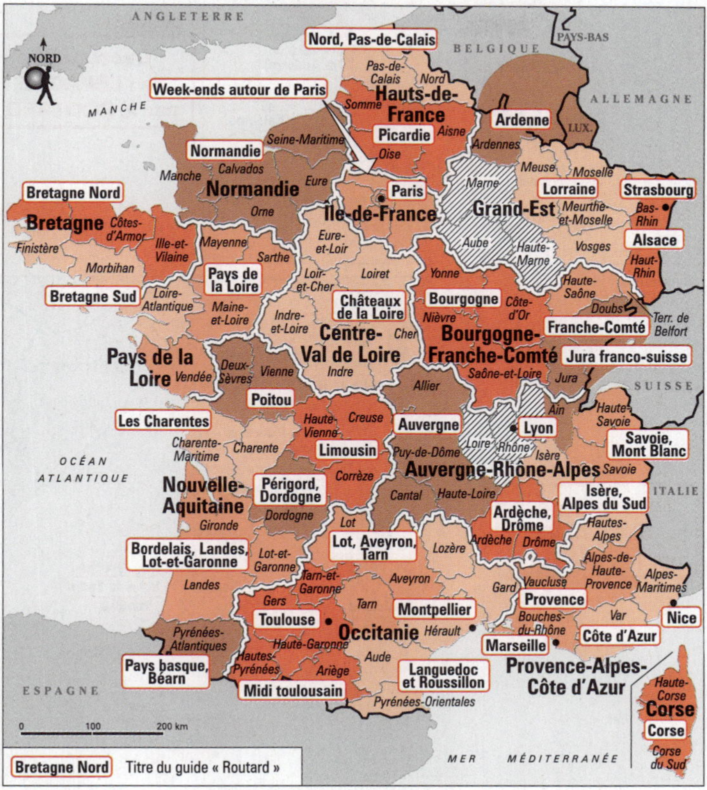

Autres guides sur la France

- Nos meilleurs campings en France
- Nos meilleures chambres d'hôtes en France

Autres guides sur Paris

- Paris
- Paris balades
- Restos et bistrots de Paris
- Le Routard des amoureux à Paris
- Week-ends autour de Paris

Le Routard à vélo

- EuroVelo6
- La Bourgogne du Sud à vélo
- La Flow Vélo
- La Loire à Vélo
- La Vélodyssée (Roscoff-Hendaye)
- Le Canal des 2 mers à vélo
- Paris Île-de-France à vélo
- ViaRhôna
- Les plus belles escapades à Vélo en France

les ROUTARDS sur l'ÉTRANGER 2021-2022

(dates de parution sur • **routard.com** •)

Découpage de l'ESPAGNE par le ROUTARD

Découpage de l'ITALIE par le ROUTARD

Autres pays européens

- Allemagne
- Angleterre, Pays de Galles
- Autriche
- Belgique
- Bulgarie
- Crète
- Croatie
- Danemark, Suède
- Écosse
- Finlande
- Grèce continentale
- Hongrie
- Îles grecques et Athènes
- Irlande
- Islande
- Madère
- Malte
- Norvège
- Pays baltes : Tallinn, Riga, Vilnius
- Pologne
- Portugal
- République tchèque, Slovaquie
- Roumanie
- Suisse

Villes européennes

- Amsterdam
- Berlin
- Bruxelles
- Budapest
- Copenhague
- Dublin
- Lisbonne
- Londres
- Moscou
- Naples
- Porto
- Prague
- Saint-Pétersbourg
- Stockholm
- Vienne

les ROUTARDS sur l'ÉTRANGER 2021-2022

(dates de parution sur • *routard.com* •)

Découpage des ÉTATS-UNIS par le ROUTARD

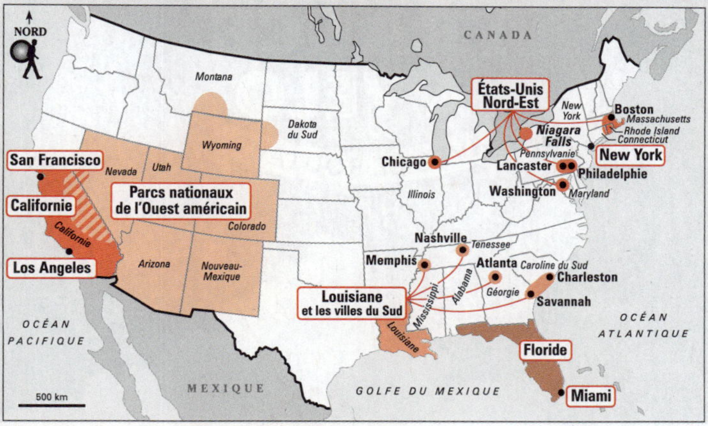

Autres pays d'Amérique

- Argentine
- Brésil
- Canada Ouest
- Chili et île de Pâques
- Colombie
- Costa Rica
- Équateur et les îles Galápagos
- Guatemala, Belize
- Mexique
- Montréal
- Pérou, Bolivie
- Québec et Ontario

Asie et Océanie

- Australie côtes est et nord + Red Centre
- Bali, Lombok
- Bangkok
- Birmanie (Myanmar)
- Cambodge, Laos
- Chine
- Hong Kong, Macao, Canton
- Inde du Nord
- Inde du Sud
- Israël et Palestine
- Istanbul
- Jordanie
- Malaisie, Singapour
- Népal
- Shanghai
- Sri Lanka (Ceylan)
- Thaïlande
- Tokyo, Kyoto et environs
- Turquie
- Vietnam

Afrique

- Afrique du Sud
- Égypte
- Kenya, Tanzanie et Zanzibar
- Maroc
- Marrakech
- Sénégal
- Tunisie

Îles Caraïbes et océan Indien

- Cuba
- Guadeloupe, Saint-Martin, Saint-Barth
- Île Maurice, Rodrigues
- Madagascar
- Martinique
- République dominicaine (Saint-Domingue)
- Réunion

Guides de conversation

- Allemand
- Anglais
- Arabe du Maghreb
- Arabe du Proche-Orient
- Chinois
- Croate
- Espagnol
- Grec
- Italien
- Japonais
- Portugais
- Russe
- G'palémo (conversation par l'image)

Livres-photos/Livres-cadeaux

- La France de Stéphane Bern **(nouveauté)**
- Voyages
- Voyages : États-Unis
- Voyages : France
- Voyages : Italie
- Road Trips Monde
- Road Trips en France **(nouveauté)**
- 120 coins secrets en Europe
- 50 voyages à faire dans sa vie
- 1 200 coups de cœur dans le monde
- 1 200 coups de cœur en France
- 52 week-ends dans les plus belles villes d'Europe
- 52 week-ends coups de cœur en France
- 52 escapades nature en France **(nouveauté)**
- Cahier de vacances du Routard

Nous tenons à remercier tout particulièrement Loup-Maëlle Besançon, Thierry Bessou, Gérard Bouchu, François Chauvin, Grégory Dalex, Fabrice Doumergue, Cédric Fischer, Carole Fouque, Nicolas George, Michelle Georget, David Giason, Claude Hervé-Bazin, Emmanuel Juste, Dimitri Lefèvre, Fabrice de Lestang, Romain Meynier, Éric Milet, Pierre Mitrano, Jean-Sébastien Petitdemange, Thomas Rivallain et Jean Tiffon pour leur collaboration régulière.

Brice Andlauer
Jean-Jacques Bordier-Chêne
Agnès Debiage
Coralie Delvigne
Jérôme Denoix
Tovi et Ahmet Diler
Clélie Dudon
Sophie Duval
Alain Fisch
Bérénice Glanger
Adrien et Clément Gloaguen
Sébastien Jauffret
Alexia Kaffès
Augustin Langlade
Jacques Lemoine
Aline Morand
Louis Nagot
Caroline Ollion
Martine Partrat
Odile Paugam et Didier Jehanno
Céline Ruaux
Prakit Saiporn
Nejma Tahri Hassani
Alice Tonasso
Caroline Vallano

Direction : Sidonie Chollet
Direction éditoriale : Élise Ernest
Édition : Matthieu Devaux, Olga Krokhina, Gia-Quy Tran, Julie Dupré, Emmanuelle Michon, Pauline Janssens, Amélie Ramond, Margaux Lefebvre, Ionah Vasseur et Julie Wood
Ont également collaboré : Christine de Geyer, Magali Vidal et Jeanne Labourel
Cartographie : Frédéric Clémençon et Aurélie Huot
Contrôle de gestion : Jérôme Boulingre et Yannis Villeneuve
Secrétariat : Catherine Maîtrepierre
Fabrication : Nathalie Lautout et Audrey Detournay
Relations presse : COM'PROD, Fred Papet. ☎ 01-70-69-04-69.
● *info@comprod.fr* ●, Martine Levens (Belgique) et Maureen Browne (Suisse)
Illustration : Anne-Sophie de Précourt
Direction marketing : Stéphanie Parisot, Élodie Darty et Charlotte Brou
Couverture : le-bureau-des-affaires-graphiques.com
Silhouette du Routard : Clément Gloaguen (d'après Solé)
Maquette intérieure : le-bureau-des-affaires-graphiques.com, Thibault Reumaux et npeg.fr
Direction partenariats : Jérôme Denoix
Contact Partenariats et régie publicitaire : Florence Brunel-Jars
● *fbrunel@hachette-livre.fr* ●

INDEX GÉNÉRAL

INDEX GÉNÉRAL

INDEX GÉNÉRAL

LISTE DES CARTES ET PLANS

UNE PANDÉMIE INOUÏE !

Depuis toujours, le **Guide du *Routard* se plaît à dénicher hôteliers et restaurateurs** qui accueillent nos lecteurs avec sourire et professionnalisme. Malgré toute notre vigilance, certains d'entre eux auront malheureusement fermé quand ce livre sortira. De même, les horaires et modalités d'accueil de certains sites et musées auront été momentanément modifiés. Cette terrible **pandémie de Coronavirus** a, on le sait, des conséquences importantes pour tous les professionnels du tourisme. **Nous sommes de tout cœur avec eux !**

Remarque importante aux hôteliers et restaurateurs

Les enquêteurs du *Routard* travaillent dans le plus strict anonymat. Aucune réduction, aucun avantage quelconque, aucune rétribution n'est jamais demandé en contrepartie. Face aux aigrefins, la loi autorise les hôteliers et restaurateurs à porter plainte.

Avis aux lecteurs

Le Routard, ce n'est pas comme le bon vin, il vieillit mal. On ne veut pas pousser à la consommation, mais évitez de partir avec une édition ancienne. Les modifications sont souvent importantes.

Les réductions accordées à nos lecteurs ne sont jamais demandées par nos rédacteurs afin de préserver leur indépendance. Les hôteliers et restaurateurs sont sollicités par une société de mailing, totalement indépendante de la rédaction, qui reste donc libre de ses choix. De même pour les autocollants et plaques émaillées.

Avec routard.com, choisissez, organisez, réservez et partagez vos voyages !

✓ Rejoignez la plus grande communauté francophone de voyageurs : **plusieurs millions d'internautes.**

✓ Échangez avec les routarnautes : forums, photos, avis d'hôtels.

✓ Retrouvez aussi toutes les informations actualisées pour choisir et préparer vos voyages : près de 300 guides destinations, une centaine de dossiers pratiques et un magazine en ligne pour découvrir tous les secrets de votre destination.

✓ Enfin, comparez les offres pour organiser et réserver votre voyage au meilleur prix.

Les **Routards** *parlent aux* **Routards**

Faites-nous part de vos expériences, de vos découvertes, de vos tuyaux et de vos coups de cœur. Aidez-nous à remettre l'ouvrage à jour. Indiquez-nous les renseignements périmés. Faites profiter les autres de vos adresses nouvelles, combines géniales... On adresse un exemplaire gratuit de la prochaine édition à ceux qui nous envoient les meilleurs courriers, pour la qualité et la pertinence des informations.

Quelques conseils cependant :

– Envoyez-nous votre courrier le plus tôt possible afin que l'on puisse insérer vos tuyaux sur la prochaine édition.

– N'oubliez pas de préciser l'ouvrage que vous désirez recevoir, ainsi que votre adresse postale.

– Vérifiez que vos remarques concernent l'édition en cours et notez les pages du guide concernées par vos observations.

– Quand vous indiquez des hôtels ou des restaurants, pensez à signaler leur adresse précise et, pour les grandes villes, les moyens de transport pour y aller. Si vous le pouvez, joignez la carte de visite de l'hôtel ou du resto décrit.

En tout état de cause, merci pour vos nombreux mails.

122, rue du Moulin-des-Prés, 75013 Paris

• *guide@routard.com* • *routard.com* •

Routard Assurance *2021*

Enrichie au fil des années par les retours des lecteurs, *Routard Assurance* reste l'assurance voyage référence des globe-trotters. Tout y est inclus, même la **Covid** : frais médicaux, assistance rapatriement, bagages, responsabilité civile... Avant votre départ, appelez *AVI* pour un conseil personnalisé. Besoin d'une **attestation Covid,** d'un avis médical, d'une prise en charge dans un hôpital ? Téléchargez l'appli mobile *AVI International* pour garder le contact avec *AVI Assistance* et disposer d'un vaste réseau médical à travers le monde. *AVI Assistance* est disponible 24h/24 pour une réponse en temps réel. De simples frais de santé en voyage ? Envoyez les factures à *AVI* dès votre retour, ils vous remboursent sous une semaine. *Le Colisée Gardens, 10 avenue de l'Arche, CS 70126, 92419 Courbevoie Cedex. ☎ 01-44-63-51-00. • avi-international.com • Ⓜ La Défense.*

Édité par Hachette Livre (58, rue Jean-Bleuzen, CS 70007, 92178 Vanves Cedex, France)
Photocomposé par Jouve (1, rue du Docteur Sauvé, 53100 Mayenne, France)
Imprimé par Lego SPA Plant (via Galileo Galilei, 11 38015 Lavis, Italie)
Achevé d'imprimer le 11 février 2021
Collection n° 15 - Édition n° 01
53/4767/5
I.S.B.N. 978-2-01-712939-4
Dépôt légal : février 2021

PAPIER À BASE DE FIBRES CERTIFIÉES